海峡两岸继续教育论坛15周年文集：理论与研究

张宏建　主编

JIXU JIAOYU FAZHAN YANJIU
HAIXIA LIANGAN JI GANGAO GAOXIAO JIXU JIAOYU LUNWENJI

# 继续教育发展研究

海峡两岸暨港澳高校继续教育论文集（上册）

浙江大学出版社
ZHEJIANG UNIVERSITY PRESS

# 编 委 会

融合　创新　发展

金山水

# 序

　　继续教育是现代高等教育体系的有机组成部分，也是研究型大学面向知识经济和学习型社会的重要使命。当今世界正在加快开放创新的转型，教育资源在全球范围的流动和开放共享成为新常态，研究型大学需要构建更加开放的办学生态系统和大学治理结构。基于开环和开源的教育网络，将使研究型大学与全世界的学习者实现自由链接、互联互通，满足更加多样化、专业化的知识更新需求。在这一趋势下，研究型大学更应该提供高端化、专业化的继续教育资源，以适应终身学习和知识更新的需要。作为知识中心和创新中心，研究型大学应当充分发挥其强大的学科、人才和科技优势，更加高效地整合校内外教育资源，为构筑终身教育体系、创建学习型社会贡献力量。

　　浙江大学高度重视继续教育，坚持将继续教育摆在学校人才培养的重要位置。学校按照"高端化、品牌化、国际化"和"讲规范、讲质量、讲效益、讲声誉"的要求,整合校内外高端教育资源,引导开展高水平的培训项目,建设具有较强影响力的干部教育培训基地,不断提升继续教育规模和质量,多年来培养了大批中高级管理人才和专业技术人才。面向未来,我们将进一步提升浙江大学继续教育品牌,扩大学校优质教育和创新资源的溢出效应,不断推出定位精准、特色鲜明的高端教育培训项目,为各行各业培养更多高层次、高素质的复合型人才。

"海峡两岸继续教育论坛"由海峡两岸暨港澳知名高校于2000年共同发起成立。15年来,在各会员单位的信任和支持下,论坛已经发展成为海峡两岸暨港澳高校继续教育领域交流经验、分享成果、共谋发展的重要平台,对继续教育创新发展起到了示范引领作用。这本论文集荟萃了多年来海峡两岸暨港澳高校同行丰硕的研究成果和实践思考,相信它的选编出版,一定会显著提升论坛的影响力和辐射范围,进一步推动继续教育理论研究的深入开展和办学实践的改革创新,为继续教育更好地服务国家、社会和区域经济发展,以及推进国家"双一流"建设做出更大的贡献!

浙江大学校长  吴朝晖

2016 年 10 月

# 目　　录

## 第一篇　发展与对策研究

## 第二篇　理论研究与实践

## 第三篇　区域特色比较

# 发展与对策研究

# 香港的经验：回顾和前瞻

香港大学　杨健明

【作者简介】

杨健明，男，香港大学专业进修学院前任院长，现任香港管理学院院长，《国际持续教育及终身学习》期刊主编，研究方向为高等教育、继续教育、终身学习。

本文为2000年第一届海峡两岸暨港澳高校继续教育论坛收录论文。

人力资源的宝贵，关键不止在于它的量，而更在于它的质。要提高人力资源的素质，教育自然是最为重要的一环。随着社会变化的步伐不断加快，人们开始认识到，除了正规教育外，一项同样重要的教育模式是持续教育（或称继续教育）。在某种意义上说，要在瞬息万变的全球化浪潮下保持高度的竞争力，持续教育的发展其实比正规教育更为迫切。

## 一、香港的经济转型与持续教育的发展

在过去的二十年以来，香港的经济结构出现了不少变化。这些变化的背后，既有着世界性的因素，亦有着地区性的因素。

在世界性的因素方面，随着机械化和自动化的出现，制造业在经济中的主导地位逐渐被服务行业所取代。而随着电脑化和信息化的飞跃进展，以前的服务行业也逐渐转化为高科技和高增值的信息化服务行业。

在地区性的因素方面，随着内地的经济改革和开放，香港和内地的经济联系日益紧密。其中一项重要的发展是，大量厂商将生产线北移，从而加速了香港经济从"劳动密集"到"资本密集"，进而到"知识密集"的模式转移。

经济变迁自然会导致人力需求方面的转变。如果这种变迁是缓慢的，那么这种人力需求的转变，可以通过正规教育的调整来满足。但如果经济变迁相对

较为迅速,则正规教育将无法及时地做出回应。在这种情况下,持续教育将发挥重大的社会作用。它能够令完成了不同级别正规教育的人,最灵活和最有效率地进行再教育、再进修、再培训,以适应转变了的劳动力市场。

持续教育过去十多年来在香港的发展,无疑是十分惊人的。以香港大学为例,1981—1982 年间报读校外课程的为 23000 人次,1997—1998 年为 69000 人次,1998—1999 为 83000 人次,而 1999—2000 年则超过 90000 人次。越来越多人开始认识到,随着科技的突飞猛进,知识和技能的更新周期正不断缩短。无论是保持个人还是社群甚至国家(地区)的竞争力,持续教育和终身学习已经成为必需品而非奢侈品。

### 二、亚洲金融风暴后的持续教育

1997 年,亚洲金融风暴爆发,香港经济大幅衰退,导致众多企业倒闭,失业人数高涨。金融风暴过后,人们终于清醒过来,并且认识到,在这个恶劣的经济环境条件下,具有真才实学对提高自己的竞争能力的重要性。结果是,社会整体对再进修和再教育的需求大大增加。

去年,香港大学专业进修学院进行了一项持续教育的市场调查。调查结果显示,在 18 岁及以上的人口中,有超过五分之一曾于调查前的 12 个月进行持续进修,而打算在未来 12 个月进修的,更有四分之一之多。此外,这些人士打算用于进修的开支,更达 90 亿港元之巨。可见"终身学习"已成为了现今社会一个重要的组成部分。

香港大学专业进修学院的口号是"卓越专业水平、美好生活素质"(Professional Excellence＋Quality of Life)。多年来,香港大学已不断在社会上大力提倡"终身学习"的概念。1998 年,香港特别行政区行政长官董建华先生在他的施政报告中,首次提出以"终身学习"作为香港教育及人力资源开发的基石。香港教育统筹委员会在 1999 年伊始发表的"教育目标"咨询文件,亦多次强调"终身学习"这一至为重要的教育理念。而在 9 月发表的第二号咨询文件《教育改革建议》明确地提出了"终身学习"是个人及香港成功的重要基础,政府、教育界和社会各界、学习者本身,都有责任为终身学习做出贡献。

### 三、香港持续教育面对的挑战

展望未来,香港的持续教育将面对以下各项挑战:

首先,如今社会上下都非常关注的教育改革,是关乎整个香港未来发展以及我们子女长远利益的重大改革。"终身学习、自强不息"这个口号已经被提出来了,接下来的要务是认真地研究这一理念如何能在新的教育体制中得到贯彻和落实。

第二，随着社会上的专业化发展（如地产从业员的发牌制度和中医师发牌制度的推行等），提供持续教育的机构，必须加强与专业团体的合作，发展出合适的课程和考核制度，以满足各行业在法例上和专业上的要求。

第三，加强与外国大学的合作交流，提供多样化的大专课程，特别是一些在香港无法提供（如营养学）的学位课程。加深大学高层对持续教育的了解，并使他们认识到，高素质的持续教育服务，已成为所有现代大学不可缺少和不可分割的一部分。

第四，香港的持续教育机构大多能在财政上实现自负盈亏，所以政府的角色，主要不在于财政上的支持，而是在于政策上的提倡与统筹。

最后，互联网的兴起及网上远程教育的发展，正为全世界的高等教育和持续教育带来巨大的挑战。香港的持续教育界亦同样可以利用这些新技术，令香港的持续教育服务冲出香港，拓展至中国内地及东南亚各国家和地区。

# 走进 WTO,我国成人、继续教育在国际化、全球化进程中面临的新挑战

北京大学　李国斌　杨学祥

【作者简介】

　　李国斌,男,北京大学继续教育部副部长,研究员,研究方向包括教育管理、教育史、成人教育、继续教育等。

　　杨学祥,男,北京大学继续教育部副部长,经济学博士,研究方向包括教育管理、成人教育、继续教育等。

本文为2001年第二届海峡两岸暨港澳高校继续教育论坛收录论文。

　　20 世纪 90 年代,随着跨越世纪之交躁动的风起云涌,人们关注的焦点问题也一个个地潮起潮落。进入 21 世纪后,随着中国加入 WTO(World Trade Organization,即"世界贸易组织")日期的逐渐临近,对国际化、全球化问题的讨论又再度兴起。在这个问题上,政治家的高瞻远瞩、社会学家的仔细研究、战略家的冷静思考、教育家的耐心引导与新闻界的热烈炒作形成了鲜明对比,并由此勾勒出了一幅立体感强烈的社会发展蓝图。人们站在不同的立场、从不同的角度、以各种不同的思维方式和方法审视着中国加入 WTO,走向国际化、全球化的历史进程,同时也在深刻地思考着它的未来。

　　随着加入 WTO 日期的迫近,中国教育国际化、全球化的问题也客观地摆到了我们面前。我国的教育究竟如何适应国际化、全球化的大趋势? 具有几千年文化传统的中国教育事业面临着什么样的机遇和挑战? 厚重的历史文化传统又应如何在教育国际化、全球化的过程中发挥作用? 各种教育形式,基础教育、高等教育、职业技术教育、成人继续教育甚至幼儿教育、老年教育都应怎样应对加入 WTO 后的挑战? 这是人们不断思考的问题,也是我们教育界必须回答的问题。

### 一、"山雨欲来风满楼"——走进 WTO,教育国际化、全球化已成必然趋势

关于国际化、全球化,许多文献上都有讨论。一般认为,所谓国际化是特指国家与国家(或地区)之间的关系,其基本特征是多国家多地区的多边交往,是人类对相互依存关系(包括人与人、人与自然、人与社会)认识的深化与发展。"化"是使这种认识和实践不断深化、完善和发展的过程;而全球化则是以全人类生存在同一个地球村为出发点,通过不断国际化的过程,寻求人类共同的发展趋势和环境,以实现共同发展的目标。从这个意义上讲,加入 WTO 就是顺应历史潮流,走向国际化、全球化的一个具体步骤。早在 1848 年,马克思、恩格斯就曾指出,"由于开拓了世界市场,使一切国家的生产和消费都成为世界性的了……过去那种地方的和民族的自给自足和闭关自守状态,被各民族的各方面的相互往来和各方面的互相依赖所代替了"。一个多世纪后的今天,世界的政治、经济、文化都发生了极其广泛而深刻的变化,全球化趋势的明显加强就是社会进步的重要特征之一。1986 年以来,中国力争恢复 GATT(General Agreement on Tariffs and Trade,即"关税与贸易总协定")缔约国地位并加入 WTO 也正是顺应历史潮流,推动人类社会迈向国际化、全球化历史进程的重要一步。由于众所周知的原因,中国在加入 WTO 的道路上历尽坎坷,但终归是"青山遮不住,毕竟东流去"。正如 WTO 首任总干事雷那托·鲁杰罗所说:"一个对外开放的中国不能袖手旁观地让别人制定游戏规则。一个经济快速增长的中国不能失去有保证地进入全球市场的机会。一个依赖技术和现代化的中国不能落后于世界经济全球化的飞速进程。"中国加入 WTO 已成为定局。

"山雨欲来风满楼",在这种新的形势推动下,中国的教育界早已开始了加入 WTO 后中国教育面临的机遇与挑战的研究。成人、继续教育作为现代化教育的前沿阵地,更是未雨绸缪,在积极参与加入 WTO 面临的新情况、新机遇、新挑战和新发展大讨论的同时,还积极开展了迎接加入 WTO 的教育准备工作。据澳门《成教学刊》第 45 期报道,澳门成人教育学会最近曾与核数师暨会计师注册委员会联合举办"澳门会计制度国际化"座谈会,讨论"本地会计制度迈向国际标准的情况及进程"。澳门政府官员、工商团体代表、金融界及各阶层专业人士 200 多人出席并听取了专题讲座。内地的北京大学、清华大学也受托举办了多期金融、保险业省级高层经理研修班,使各有关行业为加入 WTO 做好人才准备。这些活动的开展,将使成人、继续教育领域迎接加入 WTO,推进各行业国际化、全球化进程的工作更加有声有色,更加丰富多彩。

### 二、"他山之石"——加入 WTO,成人、继续教育在教育国际化进程中充当先锋

成人、继续教育是现代教育的前沿阵地,在教育现代化、国际化、全球化进程中首当其冲。

研究 WTO 的有关条款,我们不难看出,由于当今世界经济贸易与教育紧密结合,加入 WTO 后,它也必然推动教育进入一个广阔的世界大市场并朝着现代化、国际化、全球化的方向发展。

根据我国加入 WTO 所作出的承诺,除了由各国政府彻底资助的教学活动以外(如军事院校),凡收取学费、带有商业性质的教学活动均属教育贸易服务范畴。它覆盖了学前教育、基础教育、高等教育、成人(继续)教育和技术培训、特殊教育等。所有的 WTO 成员均有权参与教育服务竞争。这种教育服务主要包括提供远程教育服务、鼓励出国留学、提供海外办学、鼓励人才流动等方式。具体地说,WTO 鼓励成员到海外办学,允许其他国家或地区的教育机构在所在国家、地区颁发学位证书或学历证件,鼓励成员互认学历互派留学生、访问学者,支持人才流动,减少移民限制,取消政府对教育市场的垄断,加强教育服务交往等。

由于教育关系到国家主权、社会道德和民族文化的继承、传播等重大方面和广阔领域,特别是教育的特殊性决定了它在各国、各地区的发展中的特殊战略地位,所以 WTO 的各个国家或地区成员对教育开放都持相对慎重态度。到 1999年 12 月底,WTO 的 135 个国家或地区成员中真正做出教育开放承诺的寥寥无几,除墨西哥、瑞典、新西兰、莱索托及东南亚一些国家或地区的教育市场开放程度较高外,其他成员教育市场的开放都是有限的。欧共体则明确表示,它更愿意成为世界教育服务的出口国,而不是进口国。一些"老牌"的发达国家虽然在WTO 成员中位置显赫,但对教育市场的开放却仍停留在有限范围。在西欧、北美、日本等发达国家和地区,开放教育市场的承诺更多地局限于成人教育和技术培训等继续教育。美国宁愿千方百计地引进国外高层次的科技人才,也不愿意开放本国的教育市场,更不愿意大大方方地允许别国到其国内办学。并且,日本、美国、加拿大等国家凭着其自身教育、科技较为发达的优势,更多的是对发展中国家教育市场给予极大关注,并力图越来越快地去抢占这些国家和地区的成人、继续教育市场。

虽然 WTO 的游戏规则强调的也是公平、透明、自由、对等,教育服务规则中也特别强调要取消政府对教育市场的垄断,但各成员对教育开放所持的态度还是相当谨慎的。谨慎归谨慎,加入 WTO 后所形成的教育国际化、全球化的历史潮流是谁也阻挡不了的。越来越多的跨国界、跨民族、跨文化的成人、继续教育

就是这时代大潮激荡起的浪花,它预示着教育国际化的进程正在加快,教育全球化的新阶段正在到来。

综观加入 WTO 各国家或地区的教育开放情况,我们不难看出,成人、继续教育在跨国家、跨民族、跨文化的教育交流与合作中处于前沿位置,它因办学形式灵活,涉及的教育内容广泛、生动且与经济、社会发展前沿结合紧密,资金支持又很少来自政府的财政拨款,所以政府对其的制约和控制也相对较少。这些特点的存在使其在教育与国际接轨的过程中充当着尖兵和发挥着先导的作用。"春色满园关不住,一枝红杏出墙来。"当中国加入 WTO 后,教育国际化的趋势必然把成人、继续教育首先推向前沿,中国成人、继续教育将作为"出墙红杏"倍受人们的关注,同时它也将为中国教育的扩大开放进而走向国际化编织联系的纽带,筑起沟通的桥梁。因此,在中国加入 WTO 的前夕,我们成人、继续教育工作者聚集在香江岸边,共同探讨成人、继续教育面临的新机遇与挑战,就更显得意义重大。

**三、"达摩克利斯之剑"——加入 WTO 后,成人、继续教育面对着新的机遇与挑战**

在教育国际化、全球化的过程中,成人、继续教育的红杏出墙、捷足先登,无疑会形成报春之势,但它也必须面对着春寒料峭的考验。加入 WTO 后,教育国际化、全球化的迅速发展,使捷足先登的成人、继续教育同样面对"达摩克利斯之剑"——既会迎来难得的发展机遇,又会面临严峻的挑战。对此,国内外学者论述颇多,现撷其扼要,浅谈几点看法。

(1)成人、继续教育是借鉴、传播民族优秀文化的重要桥梁。加入 WTO 后,东西方文化的交汇必然会带来更为强烈的文化碰撞。这种碰撞既表现为中华民族优秀文化广泛地对外传播、弘扬,又表现为对外来优秀文化的吸收、融合;既要敏锐地珍视中西方文化对接、撞击产生的新文化闪光点,又要抵制腐朽的外来文化的影响。加入 WTO 后,各种文化的交汇、融合、对接、撞击都会在成人、继续教育这座桥梁上发生,并将深刻地影响社会文化的发展。美国学者亨廷顿曾指出,"在民族内部,在各地区、各民族集团和各社会阶层之间,可能存在大的文化差异","因此,西方发达社会的典型对于一个现代的伊斯兰社会、非洲社会、佛教社会或印度社会,也许不能成为有意义的模式或参考群体。目前非西方世界的各个社会都在以西方标准衡量自己,并以此为准发展自己所缺;而停止改变这些社会的尝试,变换发展模式,即建立适合各国自身文化模式的世纪可能已经到来了"。对此情况,成人、继续教育工作者必须有足够的思想准备。

(2)加入 WTO 后,国力竞争日趋激烈。国力竞争本质是经济、科技、文化的竞争。这些竞争最终都要体现在知识、人才的竞争上。在人类社会国际化、全球化的进程中,人才流动是必然趋势。从理论上看这种流动机制是不偏不倚的,是中立性的,是公平的,但现实中却不尽然。由于经济发展不平衡,人力资源、国力状况等存在极大差异,所以必然导致人才流动关系上的不平等。联合国开发计划署《1992 年人力开发报告》中曾指出,到 1987 年,非洲近 1/3 具有高级技能的人才外流,而且主要是流入欧洲的发达国家,仅 1985—1990 年的 5 年间流失的中高级管理人才和其他类型人才就达 6 万之多。这种不对等的人才流动、不公平的人才竞争给发展中国家的发展造成了深刻的影响。在此层面上,WTO"对发展中国家和地区成员予以照顾"的宗旨原则并没有完全体现出来。对于中国来说,这种不对等的人才流动现象也很严重。一方面是大量人才流出难以返回,另一方面是高级人才难以引进。在人才竞争中中国仍处于不利地位。在这种状况下,担负着培养造就当班人任务的成人、继续教育压力将进一步加剧,它不仅要培养造就用得上、留得住、站得稳的高级专业人才,而且要面对与国际接轨的现实,培养国际通用型人才,直接参与人才培养的竞争。

(3)成人、继续教育面临着激烈的生源竞争。我国第五次人口普查结果表明,中国大陆 31 个省、自治区、直辖市总人口 126583 万,接受过大专以上高等教育的 4571 万人,占 3.61%,接受高中(含中专)层次教育的 14109 万人,占 11.15%,15 岁以上的成年人占总人口的 77.11%。其中绝大多数成年人都需要通过成人、继续教育提高学历层次和科学素养水平。但发达国家把教育作为一种产业发展的结果,必然要争夺发展中国家的教育市场。欧共体国家之所以提出要成为教育输出国,除了出于传播本国文化、价值观,吸引外国优秀人才的考虑外,更重要的是出于发展本国教育产业的客观需要。加拿大的一项测算结果表明,招收一名外国留学生,除学费收入、生活消费收入外,还会为本国带来零点几的就业机会。这种发达国家为发展本国教育产业而瞄准中国巨大的潜在的教育市场的状况,也使中国的成人、继续教育面临着生源竞争的挑战。

(4)争夺办学主体。加入 WTO 后教育市场必然要有相应的开放,办学主体会出现多元化的结构趋势。西方发达国家进入高等教育大众化过程后,伴随着人口出生率的下降,教育资源(特别是高等教育资源)出现了相对过剩的现象。将过剩的教育资源充分利用并获取相应利润是他们看好中国的教育市场并力图挤进中国办学主体行列的原因之一。加入 WTO,不管教育市场是有限开放还是无限开放,位于教育开放最前沿的成人、继续教育都会首当其冲地面临争夺办学主体的挑战。

(5)争夺成人、继续教育的制高点、争夺教育的发言权。联合国教科文组织国际教育发展委员会《学会生存——教育世界的今天和明天》的报告中指出,"教育过程的正常顶点是成人教育",并指出要"建立一个不断演进的知识体系——'学会生存'"。如果研究继续教育在终身教育体系中的位置,我们不难看出,继续教育处于终身教育体系中成人教育阶段的最高层次。它的发展情况好坏和质量高低在一定程度上反映一国教育科技文化水平高低并标志着教育是否处于领先地位。正是注意了这一点,原美国总统克林顿才在 1993 年 5 月 20 日致美国工程教育协会成立 100 周年纪念会的信中指出,美国要迅速把握住全球工程和技术的挑战,进一步加强美国在世界上科技、教育和人才方面的领先地位。

由于我国教育基础薄弱,且尚未跨出精英教育阶段,成人、继续教育开展较晚,教育质量、水平与发达国家相比还有较大差异。因此,加入 WTO 后,中国的成人、继续教育就面临能否迅速抢占制高点、掌握控制权并争取发言权的挑战。

**四、勇做弄潮儿,"手把红旗旗不湿"——加入 WTO 后,成人、继续教育改革发展的对策**

加入 WTO 后,教育国际化、全球化的时代大潮必将汹涌澎湃地冲击中国大地,整个教育体系都要接受这时代大潮的洗礼。成人、继续教育既然已被时代大潮推上了教育国际化、全球化的先锋位置,就应该勇挑历史重担,主动抓住机遇,积极迎接挑战,勇做时代弄潮儿,并且真正做到"弄潮儿向涛头立,手把红旗旗不湿"。为此,了解世界成人、继续教育的发展动态,把握世界成人、继续教育的发展方向,深入开展成人、继续教育改革,研究迎接挑战的对策就是完全必要的。

第一,开阔眼界,更新观念,敞开胸怀,迎接成人、继续教育国际化、全球化的时代大潮。马克思、恩格斯早就指出,进入近代社会以来,"过去那种地方的和民族的自给自足和闭关自守状态,被各民族各方面的互相往来和各方面的互相依赖所代替了。物质的产生是如此,精神的产生也是如此,各民族的精神产品成了公共的财产"。由于历史的原因,我国在相当长的一段时间里处于半封闭状态,其结果是人们的思想观念和教育体制、体系、制度等都不同程度地存在着与国际接轨不适应的状况。改革开放 20 年来,教育朝着"面向世界、面向未来、面向现代化"的方向迈出了可喜的步伐,但传统的教育观念、教育思想仍严重地存在并束缚着人们的手脚。因此,要实现成人、继续教育与国际接轨,就必须更新教育观念,转变教育思想,树立起现代化的、具有兼收并蓄精神的大教育观。在迎接教育国际化的大潮中,成人、继续教育应该有海纳百川的广阔胸怀,有呼吸宇宙、吐纳风云的气魄,以优秀的民族文化底蕴为基础,进一步开阔视野,扩大开放,主动地把世界各国、各民族创造的优秀文化、先进的文明吸收进来,把优秀的民族文化传播出去,使各国、各民族所创造的文明成果首先在成人、继续教育的"立交桥"上碰撞对接,真正起到"优秀民族文化与世界先进文明"成果交流借鉴的桥梁作用,为人类社会的文明发展做出新的贡献。

第二,研究、把握 WTO 的教育服务"游戏规则",为顺利地实现成人、继续教育与国际接轨,争取成人、继续教育的发言权做好准备。中国加入 WTO 贸易谈判代表、外经贸部副部长龙永图说,很多人"以为中国加入世界贸易组织,是中国市场和国际市场的全面接轨,这是不对的,我认为,更为重要的是,或者说意义更深远的,是中国的这一套市场经济规则和国际规则的接轨"。加入 WTO 后,成人、继续教育只了解国际上的最新发展、前沿动态是不够的,还必须了解、研究 WTO 关于教育服务的"游戏规则",否则,"对接"就成为一句空话。在 WTO 的"游戏规则"中,教育服务是包含在与文化贸易相关的七类服务中的一类,它与文化贸易服务一起作为国际贸易中的"特殊服务"被列入《服务贸易总协定》(General Agreement on Trade in Service,缩写为 GATS)之中,WTO 对这种"特殊服务"的"游戏规则"也作了相应的规范。走进 WTO 之际,我们必须了解并灵活运用教育服务的有关"游戏规则",以适应成人、继续教育国际化的历史进程。同时在实践中也要主动争取教育上的发言权,改变一个对外开放的中国还"袖手旁观地让别人制定游戏规则"的状况。

第三,瞄准加入 WTO 后对人才的需求变化情况,通过成人、继续教育培养造就一大批懂得并能灵活运用 WTO"游戏规则",熟悉国际贸易、经济的国际事务专家。加入 WTO 后,我国的经济结构、产业结构、贸易结构都要进行调整,旧的行业规范已不再适应社会发展需要,原来的市场经济规则也面临着与国际接轨的问题。这就需要大批懂得 WTO"游戏规则"、熟悉国际事务的专门人才。受中国教育发展相对落后状况的制约,靠全日制教育很难在短短几年内培养出大批急需的专门人才。现实有效的办法是发展成人、继续教育的特点优势,对有一定专业知识基础的在职人员进行扩充、提高的继续教育,培养出一大批熟悉国际经济、国际金融、国际贸易、国际司法、国际经济法、国际工商管理、国际财务结算管理以及国际航空、电信领域的专门人才,以满足中国加入 WTO 后对有关专业人才的需求,并通过他们的工作,维护中国在国际竞争中的地位和利益。

与此相关的是,培养国际型的高级专门人才要有国际型的高水平师资。从目前成人、继续教育师资队伍的现状看,普通高等学校的情况好于独立设置成人高校和社会力量办学的高校,但总体上不适应的状况仍很严重。在对师资队伍建设进行重点调整的同时,还要充分利用改革开放的大环境,通过与海外、境外联合开设课程,开展联合办学,借用其他国家、地区的师资力量,培养自己急需的各类高层次专业人才。"他山之石,可以攻玉",这种符合教育国际化方向的培养方式是能够为我们的教育事业做出贡献的。

第四,深化成人、继续教育体系和结构改革,提高成人、继续教育质量,培养造就有改革创新精神的高素质人才。与加入 WTO，走向国际化、全球化的要求相比，我们的成人、继续教育还有诸多的差距与不适应。由于受经济、文化、观念及其他客观条件的限制，我国成人、继续教育存在着层次偏低的问题；科类结构也往往局限于传统的学科框架格局上，缺少主动适应和应变的能力；课程体系、内容陈旧，反映科学新发现、新发展、新理论、新知识、新技术的内容不够；在教学目标上，对培养创新精神、全面提高能力和素质没能给予足够重视；教学手段、方法落后，传统的课堂教学模式没有多大改变，学生常处于被动接受的地位；对教师的过分依赖，使学生缺乏主动钻研精神；卫星通信、多媒体、网络教育等现代化教育手段未能普及，又难以给学生创造一个宽松、自由、个性发展的学习环境。这些问题的存在，都会制约加入 WTO 后与国际接轨的步伐。因此，要顺应教育国际化、全球化的时代潮流，就必须沿着"教育要面向世界、面向未来、面向现代化"的方向，继续推进成人、继续教育的体制、体系、内容和教学手段方法的改革，使成人、继续教育发挥其特点优势，培养造就出高质量、高水平、高素质、高创造力的各类专业人才，真正在教育国际化、全球化、现代化的时代潮流中发挥先导作用。

第五，加强国家、地区间成人、继续教育及与其他教育的合作交流和沟通，采取实际步骤推动成人、继续教育的国际化进程。各校应采取更为灵活的政策和措施，以"请进来，走出去"的方式坚持合作开设课程，支持互派教师，互认学分，互认学历，进而提高我国成人、继续教育在世界上的竞争能力，缩小我国成人、继续教育与世界上发达国家教育的差距，为加入 WTO，实现成人、继续教育体系、制度、规则的全面接轨铺平道路。

第六，积极建议政府下放成人、继续教育的办学权利，建立、完善质量评价体系，加快教育立法步伐，规范成人、继续教育办学秩序，放开成人、继续教育市场，鼓励平等竞争，为成人、继续教育抓住机遇，主动迎接挑战创造良好的外部环境。

总之，加入 WTO 在即，我国的成人、继续教育确实面对着众多的机遇和严峻的挑战。但是，只要我们采取得力的措施，不断增强自己的"内功"和对社会进步的反应能力，我们就能够争取到良好的外部环境，真正担负起历史赋予我们的重任，在加入 WTO 带来的教育国际化、全球化的时代大潮中伫立涛头，永远"手把红旗旗不湿"。

# 论加入 WTO 后发展高校继续教育的对策

浙江大学继续教育学院

本文为 2002 年第三届海峡两岸暨港澳高校继续教育论坛收录论文。
本文发表于《继续教育》2002 年第 4 期。

随着多哈一声锤落，中国加入了 WTO，使我们最终拥有了期盼多年的与世界各国在同一贸易规则下的平等竞争机会。这无疑为我国深化贸易体制改革，加快结构调整，促进科技创新和提高国际竞争力，在更高层次、更宽领域参与全球经济带来了历史性的新机遇。但同时，我国宏观经济和部分产业的诸多领域也将不可避免地面临严峻的挑战。在这样一个特殊的历史时期里，高等学校继续教育能否把握时代变化的基本特征，探求继续教育的发展规律，是决定高等学校继续教育能否在经济全球化浪潮中迅速拓展市场需求，以适应继续教育国际化发展方向的前沿问题。

## 一、继续教育市场背景分析

从全球范围来看，经济愈发达的国家和地区，继续教育的需求就愈大，继续教育的规模也随之越来越大，继续教育经费的投入也越来越多。根据有关资料，1996 年美国企业投入的继续教育经费达 560 亿美元。1998 年德国私营企业投入的继续教育经费达 343 亿马克。这些发达国家已从原先传统的正规化教育体制，逐步把重点转向继续教育，建立终身教育体系。

近十年，随着我国经济的快速发展，继续教育市场悄然兴起。从深层次看，继续教育是在企业中达到承认个体素质差异，形成激励机制等目标的重要手段。随着经济的不断发展，越来越多的企业意识到人才培养的重要性，尤其是加入WTO，高素质人才日益成为综合国力竞争的核心。培养一支高层次、高效能、高素质、懂经营、擅管理的专业技术人才队伍已迫在眉睫。虽然近两年来，高层次的继续教育有了很大的发展,但就目前我国的培训市场来看,中低层次的培训仍然是继续教育的主流。有关资料显示,我国每年有将近1亿人参加各式各样的培训,其中近80%的人参加的仍是工作技能方面的中低层次培训。高等学校由于有科研、师资方面的独特优势,应该充分发挥其在继续教育市场中的主导作用,占领继续教育高层次培训市场。据有关资料统计,加入WTO后,现阶段我国各工商企业需要25万名职业高级经理,30万名懂得国际会计准则的人才,50万名IT行业人才。近年来,我国企业每年用于继续教育的经费支出达400亿元人民币左右,而且每年以20%的速度增长。每年参加继续教育的人数接近1亿人。从宏观方面来看,我国的经济正处于稳定的高速增长期,预计在未来几年内仍将以7%左右的速度增长。2001年中国加入WTO、2008年第29届奥运会又在北京举办,这一系列的有利因素必将大大刺激我国经济的高速发展。经济的发展必将导致更多的人才需求,而继续教育就是一个培养人才的绝好途径。继续教育在这样一个大好的环境下必定能长足发展。有关专家预测,十年后内地继续教育市场将达到1000亿元人民币的行业需求,前景一片光明。

### 二、加入 WTO 对继续教育产生的影响

面对这样一个广阔的市场,对于在世界上还不占优势的中国继续教育来讲,加入WTO意味着将对强手如林的外国高等学校以及专业培训机构敞开大门,生源与教育市场的争夺将不可避免。当前,继续教育将面临办学理念、办学体制、管理方式等方面前所未有的冲击和震荡。高等学校作为继续教育的生力军,必须对当前的继续教育市场有一个清醒的认识。加入WTO对我国继续教育产生的影响主要有以下几个方面:

(1)生源争夺更趋激烈。国外高校和办学机构大量涌入,继续教育市场竞争更加激烈。外国办学机构进入的主要方式有:联合办学,授予外国学位的形式;通过资本介入的形式,与国内的其他机构合资办学;随着跨国公司越来越多地进入国内市场,他们会以职业培训的形式进入教育市场;以非设立方式介入我国教育市场,国外教育机构利用其先进的信息技术抢占我国教育市场,如网络大学、远程教育。

(2)继续教育运行机制与国外存在强烈反差。中国还处在从计划经济向市场经济转轨的过渡期,市场经济体系还很不完善,尤其是教育体制。但是,国外一些发达国家的教育市场已十分成熟,办学机制的优势十分明显。

(3)继续教育内容、方法及手段滞后。继续教育的高层次性,决定了它的内容需有超前性和未来性。但据调查,目前继续教育内容比较陈旧,教学方式、方法比较落后,多媒体教育手段、远程教育手段还远未得到广泛应用,严重影响了

继续教育质量的提高。

(4)继续教育管理人员素质亟待提升。随着教育国际化步伐加快,继续教育层次的提高,对从事继续教育管理工作人员的素质提出了更高的要求,他们急需在知识面、继续教育理念和实际工作能力上尽快得到提升。

### 三、对策:抢占市场,提高自身的竞争力

(1)转变办学观念。应对 WTO 对高等继续教育的挑战,我们首先应在观念上与 WTO 的运行规则站在一个平台上。当前许多发展中国家在实施"教育先行"战略,以教育促进经济发展。目前较为紧迫的观念上的调整主要在三个方面:一要树立起继续教育市场的观念,二要树立起继续教育产业的观念,三要树立起继续教育经营的观念。这三个问题,最重要的是对继续教育产业的认识问题。WTO 的规则很清楚,高等教育就是产业,是社会投资和消费的重要领域,可以创造产值和形成利润。早在 1993 年,美国以接受研究生和继续教育为主的教育出口中国的贸易净收入达 55 亿美元,相当于当年中美贸易总额的十分之一。当前国内一些著名高校已对这一问题有了较为深刻的认识。国内部分著名的大学已将继续教育学院分为两大职能,一个是管理职能,另一个是以市场化方式运作的办学实体。我校目前也已经对这一问题开始深入探讨。

关于国际化问题,我们应该有一个全面的认识。加入 WTO 后,国内的教育市场将从有限开放改变为全面开放、从单方面自主开放改变为受法律约束的开放、从单向开放变为双向开放。因此我们必须采取走出去、请进来的方式和国外著名高校联合办学。国内一些办学实力较强的大学都已经开始在做这件事,如清华大学经济管理学院和哈佛大学商学院联合推出"高级经理研修班",聘请哈佛大学商学院的一流教授和清华大学经济管理学院的一流教授共同授课。尽管学费高昂,但首期高研班就有来自国内外的 87 位 CEO 参加。与哈佛大学商学院这样的国际一流院校合作培训高层管理人才,必将极大地推进我国企业高级管理人才队伍的建设。

(2)充分利用社会资源与企业合作。著名高校知识密集,人才济济,现代化教育设备齐全,在国际上有较大影响。由于社会各界对名牌大学印象深刻,其品牌优势突显。但目前处于发展期的内地培训市场充斥着不少"杂牌子",各式各样的培训机构和公司共同瓜分着市场。随着市场的不断发展,将不断吸引有资金、人力、市场资源丰富的大公司介入。这些大公司具有在资金、经营市场和开发方面的优势,具有丰富的市场化操作经验,如果与高校的品牌、师资、教学方面的巨大优势相结合,将完全是一个强强联合的过程,这样的合作将更具竞争力。

(3)加强与政府部门的合作。继续教育是科技和市场经济发展的产物,因此

它的发展也是与市场经济的发展相适应的。我国开展继续教育为时仅十几年，且当前市场经济发展尚未完善，许多人对继续教育的重要性认识不足，因此加强与政府部门的联系，利用行政手段去推动继续教育的发展，仍不失为发展继续教育的最有效途径之一。近几年，我校加大与国家部委、地方政府的合作力度，取得了显著的成绩。如我校与云南省人民政府自 1998 年签订了全面人才培训协议后，已为云南省培养各类专业人才 600 多人。2002 年云南省与我校合作的培训项目有 14 个，培训人数将达到 1200 人。同时我校还与中央组织部、国家农业部、卫生部、人事部、建设部密切合作，承担全国性的培训任务，成效十分明显。这种形式的合作，拓展了我校高层次继续教育的办学渠道，提升了办学层次，使我校继续教育得到了长足的发展。

　　总之，高校必须面对加入 WTO 以后的新形势、新任务和新问题，不断探索，深入研究，共同提出对策，使我国高校的继续教育在国际竞争中不断取得新的进展。

# 继续教育在经济全球化下的冲击与发展

香港中文大学  洪宇澄

【作者简介】

洪宇澄,男,香港中文大学专业进修学院,艺术、设计及人文学科学部总监,研究方向为继续教育。

本文为 2003 年第四届海峡两岸暨港澳高校继续教育论坛收录论文。

## 引　言

全球化是 21 世纪的重要特征。在个人的生活、企业的运作、社会的发展等各层面,全球化都以不同形式介入,产生不可避免的影响。这种影响不再是无形的或缓慢的,而是一种冲击,一种机会。在不同的社会中,它的影响有着不同的深度和广度。因此,本文试以正在发生的全球化运动为前提,讨论其在人力资源层面的影响,特别是对香港特别行政区就业问题的冲击,继而探讨继续教育由此所面临的困难及可能发展的方向。

## 1　经济全球化的冲击——以香港特区为分析个案

全球化是发生着的、现在式的运动。社会学、政治学、经济学、文学、哲学、财务学、企业管理、教育学等方面的学者均可按其研究的主题,探讨全球化在不同对象及范围下之影响。不论研究结论如何,他们都同意全球化对人们的社会生活(social life)产生巨大的改变这一观点,这种现象对经济及文化层面之影响尤其显著。从教育层面而言,经济全球化的影响是直接的,而文化全球化就显得较为复杂及多样(注 1)。本文试从经济全球化的特征及其对继续(持续)教育所带来的冲击和发展作出讨论。

### 1.1　经济全球化与继续教育

经济全球化是不争的事实,随着中国加入世界贸易组织(WTO),经济全球化的力量及其对我们的影响是明显的,而由此带来的改变是深远的。本文试就其与继续教育关联的现象陈述如下。

#### 1.1.1　劳动力结构的调整

随着中国市场开放的深化,不单是工业生产基地的转移(如台湾及香港地区),导致低技术密集式劳动人口的失业;进入21世纪,服务业的工种转移至内地亦方兴未艾。这些服务业的工种包括后勤支持、采购等,甚至连一些高增值行业,如平面设计、计算机程序设计等亦有分流或全部移入内地的趋势。

除了工资是直接成本因素外,就业人口的教育水平亦是重要的因素。以香港地区为例,20世纪70年代末以来,香港工业得益于内地的经济开放政策,大量轻工业将生产基地成功建立在珠三角地区。这样,一方面保证了生产成本出口价格的优势,另一方面带动了香港作为转口贸易、进出口商贸的经济结构转型。1984年后,香港地区政府每年只能卖地50公顷,引致大部分的地区生产总值(GDP)变为由内部需求及有关服务业带动。香港经济的第二次转型主要依靠进出口业的蓬勃发展,地产市值每年递增(1997年前),从而带动金融业及内部消费有关行业的兴盛(注2)。这次的成功转型,解决了就业人口的转型问题,却令香港失去提升人口教育素质的机会。

#### 1.1.2　经济转型与教育水平

由于20世纪80年代至90年代初,香港的GDP都是上升的,失业率的问题并不是重要的社会议题。在90年代初教育的投资大幅增加,但适龄大学人口比例占香港的总人口只从1991年的8％上升至1996年的13.2％,及2001年的17.5％,以大专生比例计算亦只是25％。而韩国作为制造业发达的国家,其大专生比例却有六成。所以,我们可以说"香港的教育水平是四小龙最低的"(注3)。香港的失业率在2003年9月份政府的统计数字中为8.6％,但这仍未计算失业超过一年而放弃寻找工作的人口,更令人忧心的是大学生的失业率已达4.5％(注4)。上述所显示的数字令人忧心,不是因为数字本身,而是因经济转型带来的就业问题,及经济全球化加深了这个问题的严重性。

这个失业率的情况,一方面反映了香港与内地在经济融合的过程中,两地生产成本及物价差异导致的调整。企业为了保持及提升竞争力,必须降低生产成本,因此引发了更多任务转移的情况,本地就业市场便收缩起来;另一方面,失业率居高不下,也显示了经济全球化下的经济转型问题。香港是一个开放式的经济体系,仅依靠本地六百多万人的消费是难以维持现有的生活水平的,"香港的入口及出口数值分别都是本地生产值的一倍,显示香港是一个开放型的经济社会,而本地消费只占地区生产总值的七成"。作为一个高度开放型的经济体系,在经济全球化的巨浪里,加上物业泡沫破裂的影响,仅靠内部需求的刺激,香港的经济要回复昔日高增长的情况,短期内并不乐观(注5)。

随着近年更多服务业的工种转往内地,就业市场出现收缩的情况,而新的经济增长动力未见成效。如创意产业的提倡和 CEPA(内地与港澳特区政府《关于建立更紧密经贸关系的安排》)落实后的影响,是否可以成为经济增长的火车头,仍是未知之数(注6)。企业没有积极投资,就业市场自然未能膨胀起来。而香港薪酬水平虽经过六年的调整,但仍比内地高,工资还有下调压力,故此高失业数字预料在未来数年仍会存在(注7)。

### 1.2　继续教育在经济全球化下的发展契机

上述失业情况,部分由于香港经济结构的转型,这可说是与内地融合过程中的必然现象;部分由经济全球化加速了低技术、劳动力密集工种转往低成本地区所致。但失业问题是否仅由于经济不景气造成呢? 假设香港的经济复苏,失业情况就可以改善,甚至恢复到以往香港低失业率的情况了吗?

踏入今年(2003 年)9 月后,香港的股市上升,成交金额已接近三年前的科网股热潮的时候。在房地产市场上,个别大型发展商亦加价出售新落成的楼宇或楼花,这些是否意味着香港经济走出谷底,踏入上升轨迹了呢? 大多数经济学家都会同意,真正经济复苏的出现必须体现在 GDP 增长、失业率下降和内部投资恢复。没有这些的配合,不断飚升的股市只反映金融市场的活跃而已,并不是基本经济因素的改善。香港的外部经济在过去两个季度,如贸易和转口都有增长,但失业率并没有明显改善。这个现象如何解释呢? 因为香港企业的离岸活动,招聘工人和投资扩大都不在本地进行,而在内地厂房或其他部门,如物流业等后勤部分增长。香港 GDP 有所增长但失业率并没有因经济增长而改善,这可称为"失业性复苏"。

"失业性复苏"这个经济现象并不是香港独有,在和内地经济融合的经济体系中,台湾亦有此情况。在全球化的经济活动中,经济增长的同时职位仍然大量流失,是经济全球化的新现象(注8)。

#### 1.2.1　香港特区政府针对失业问题的措施及方向

在 1.1.2 中,本文指出香港在经济全球化下,失业率居高不下,教育水平偏低是一个重要因素,是香港进入知识型经济(knowledge-based economy)的一个负面因素。加上与内地的融合过程中,低技术工种更快流失,使失业问题更趋严重。就算外部经济复苏,企业投资亦不在本地,导致出现失业性复苏的情况。

香港特区政府亦了解此情况,故此推出雇员再培训项目,帮助中年人士因低技术工种的流失而失业的再就业计划。劳工处亦推出青少年就业计划。为舒缓失业人口中低技术人士的情况,政府曾大力鼓励知识含量较低的本土经济活动及行业,如在具有地方特色的地区推动本土旅游、售卖本地的工艺产品等。

这些都是本地需求的经济活动,姑且不论其是否有经济效益或解决失业率的短期作用。本地消费占香港 GDP 约七成,但其中很大比例是外来物品,对本地 GDP 贡献极有限。就算是香港特区政府大力推动的旅游业,固然可带来较多就业机会,但对 GDP 的贡献却很小。(在 2002 年,旅游业约占 GDP 的 5%。)

特区政府当然明白上述情况,故在 2000 年提出要在未来十年将香港的专上人口提升至六成,借以提升香港的人口的教育素质(注 9)。另外,在产业政策上,特区政府大力鼓励创意产业(creative industries)及文化产业(cultural industries),曾成立"文化委员会",该会于 2002 年提交一份咨询文件,题为《一本多元　创新求变》(注 10)。另外,特区政府中央政策组于 2003 年 9 月 16 日公布《香港创意产业基线研究》的报告(注 11)。特区政府的各个部门亦举办多次业界及地区性的交流研讨会(注 12)。另外,特区政府在 2003 年 6 月底与国家签订"内地与香港关于建立更紧密经贸关系的安排"(CEFA),社会上一般认为 CEFA 对高增值工业(如拥有品牌知名度的高价时装)及部分服务业,包括专业服务会有所助益(注 13)。

在未来产业大方向上,特区政府以金融、物流、旅游及商贸(及有关专业服务)为四大支柱产业,以"亚洲世界大都会"为城市发展的愿景。在这个发展过程中同时与珠三角地区进行多方面的融合。

### 1.2.2　继续教育与人才竞争力

上述特区政府提出的未来经济发展大方向,是一种长期的策略。但适龄大专生人口最快也要八年后才能有六成的比例。因此要进入知识经济年代,就显得力有不逮,而长期策略在短期内并不能解决高失业率的社会问题。进一步分析,是就业市场出现劳动力人口过多还是企业要求就职人士的素质与求职者水平相距太大呢?

(1)经济全球化加速低技术产业的转移,服务业亦因通信技术的发展由高成本地区转移至低成本地区。

(2)香港特区与内地的融合特别是与珠三角地区的融合带来冲击。融合带来物价、地价、工资等成本的调整,这个调整自 1997 年至今(2003 年)六年,就地产价格来说,最多已调整六至七成,但未能说调整已经完成。香港的普遍薪酬水平仍比内地偏高。

（3）薪酬水平的偏高,令更多工种(包括服务业)转移,失业率居高不下。如果工种流失情况持续,没有新投资来创造新的职位,就业情况便不能改善。有新的投资才能提供新的职位,那新的投资在什么行业、什么职位上呢?

（4）在香港新投资的行业,不能是低技术的工业,或没有成本效益的密集式工种。外来投资者来香港,必会选择成本效益能够支持香港较高工资水平的行业,就是知识含量高的行业。就香港现有的工资水平,薪酬必须与生产力成正比,才有企业投资的诱因条件。而教育水平是就业人口竞争力的重要指标。

（5）为解决失业与教育水平问题,在理论上可有短期与长期措施。短期舒缓的措施,包括鼓励更多市民北上就业及提供培训课程帮助再就业,尤其是低技术劳动力工种的转型。长期措施是朝高教育水平的劳动人口结构发展,走向知识型经济结构为主的就业市场。香港特区政府根据市民持续进修的需要及鼓励市民终身学习(lifelong learning),除了在个人持续进修上有"个人进修开支"扣税减免外,也提供"免入息审查贷款"服务。另外,特区政府工业贸易署提供"中小企业培训基金",鼓励中小企业员工参加与企业业务有关的培训课程(注14)。

（6）从上述这些持续进修及再培训计划可见,继续(持续)教育系统在经济全球化下,在帮助社会舒缓失业问题方面扮演着一个重要的角色。

## 2　面对经济全球化,海峡两岸暨港澳高校继续教育的交流合作与发展

### 2.1　课程合作

在 2002 年 6 月 1 日,香港特区政府成立港币 50 亿元的持续进修基金(Continuing Education Fund),具体落实为给有志进修的人士提供资助(注15),让本港劳动人口为知识型经济做好准备。从政府所指定范畴的课程来看,它们大部分都与经济活动的融合和提升个人生产力有关,行业包括物流业、金融服务业、商贸、旅游业。技能范畴包括语文、设计及工作间的人际及个人才能等。其中的物流业、商贸、旅游业及语文(特别是普通话)是直接与内地业务相关的。本地的继续教育机构已提供大量上述的有关课程。而自 2003 年 9 月 1 日始,持有大学学位的人士也可申请此基金的认可课程,可获发还课程部分款项(注16)。

本地的继续教育机构,在设计针对大学学位持有人士的课程时,如商贸范畴,可与内地继续教育机构合作,来提高课程的广度及深度,提供更贴近内地市场状况的课程,如增加参观、考察投资于内地的跨国企业和大型国有企业的课程内容,以及加入认识内地政治、历史、文化价值观等软性的课程内容,希望持有大学学位的参加者能在知识及视野上更充实及开阔。

### 2.2　内地职业资历的认可

内地为提高就业者素质,完善与规范就业市场,自 1994 年已确认实施职业

资格证书制度,并提出在全社会实行学历文凭制度和职业资格制度并重的发展方向。2002 年 7 月,国务院组织召开的全国职业教育工作会议上,确立了大力推广职业资格证书制度,以培养不同等级技术技能的人才为发展方向。持证者在内地求职、任职及开业的资格凭证,是内地企业机构招聘、录用人员的参考依据。职业资格范畴广泛,包括推销员、公关员、企业人力资源、物业管理、物流管理、电子商务等。

对有志进入发展的香港、澳门或其他地区人士,这是一个技能证明,对发展内地事业,尤其是在专业资历上具参考价值。有关这些资格凭证培训及备考课程的开办现在是方兴未艾,相信具有相当的市场潜力(注 17)。最近香港中文大学专业进修学院就与"华证教育中心"(注 18)合办的"国家网络技术水平考试"(The National Certificate of Network Engineer,NCNE)就是其中一个例子。

另一方面,香港特区政府的考试及评核局计划于 2005 年在内地举办英文科会考,香港特区立法会将在本年(2003 年)10 月二读及三读修订条例草案。借着英文科会考可以为内地的香港家庭提供服务,又可为内地年轻人提供一个机会(注 19)。由此可见,继续教育在专业资历认可及技能认可(如语言能力)上具有广阔的拓展空间。

### 2.3　多层次多方位的培训与交流

中国加入 WTO 后,积极参与全球化(注 20),不同的政府单位,包括中央部委下属机关和省(区市)机关都踊跃出外考察,接受短期或中长期的培训。香港特区由于在地理位置上的优势,加上不少本地的基金支持,故一向都有内地公务员的培训课程举行。香港中文大学专业进修学院先后接受香港蒋氏工业慈善基金、香港培华教育基金等的邀请,分别承办过"中国机械制造工业高级管理研讨班""中国高级公务员经济管理研讨班"等。随着 CEPA 六项附件在 2003 年 9 月 29 日的正式签署及在 2004 年 1 月 1 日的正式实施,内地与香港经济的交流融合必将更为频繁。可以预见,政府单位、私营企业及其他民间机构都会纷纷前来香港洽谈合作,组织更多交流与培训的项目。因此,继续教育机构将会有更多的合作机会。

### 2.4　发展多形式的跨地域课程

随着信息科技的发展,课程的规划可以有更多可能性。如在遥距课程(distance learning)设计上,除了传统的邮递加上部分面授外,网络学习(e-learning)将成为新的趋势。但是,e-learning 的成本并不便宜,必须有足够的学生数目才有投资的效益。因此,e-learning 比较适合地域广阔,学生来源在地理位置上为多点的、远距离的地区,这些地区才具投资硬件的经济效益。在未来 e-learning 的发展上,如能够以跨地域的视野来发展硬件设备和软件内容都可调节的机制,e-learning 的前景将是灿烂的,而且追求终身学习的学员将受益无穷。

　　然而,传统的遥距教学模式仍有其优点。如本院的社会科学课程将两个遥距课程引入澳门,与澳门明爱庇道学校成人教育部合办"基础辅导证书课程"和"幼儿教育证书课程"。这种以传统遥距学习模式为主,辅以一定时数的面授导修,学员对课程的教学内容反映良好(注21)。对澳门的成人学生而言,他们可以多一个进修的渠道,接触本地以外的课程,开阔视野。而对本院来说,可将已开发的课程推展到另一地区,从中学习新的办学经验,有利于开拓继续教育的市场,增加日后合作办学的机会。由此可见,我们在继续教育领域中还有很多合作模式是值得探讨的。

　　2.5　香港学生副学位的进阶课程与内地学生学位的预备课程

　　自 2000 年起,香港特区政府决意扩充专上教育,目标是在 10 年内使六成高中毕业生可以接受专上教育。香港的继续教育机构近年致力提供的副学士学位(associate degree)和高级文凭(higher diploma)课程就是响应政府的措施。由于大部分就读副学士学位和高级文凭的学生都希望能够继续进修,修读学士学位课程,但因本地大学未能在大学第二年级提供足够学额予他们继续升学,所以各举办副学位(sub-degree)课程的机构都积极寻求海外伙伴,引入进阶课程(top-up programme)。现在大部分的进阶课程都是以升读海外大学为目标,主要以美国、澳大利亚、英等国家的大学为主。其中也有办学团体积极开发内地较著名大学的进阶课程。相信随着经济的发展,香港与内地的融合,部分家长及学生将渐渐认同经济蓬勃发展的内地是他们展开事业的理想地。如果能够早日透过进阶课程到内地升学,取得内地学位,将有助于他们了解内地的人事风俗,早日建立个人的人际网络。相信这些因素都会促使他们选择内地大学的进阶课程。

　　另一方面,香港的副学位课程办学机构也在积极部署将副学士或高级文凭课程引入内地。与内地办学机构合作,将这些课程引进内地,招收内地高中生或成人学生就读,既可扩大现有课程的生源,也是一种新的办学经验。而对内地学生来说,他们可借着在内地就读两年的留学预备课程,主修有兴趣的科目,完成后可获香港办学机构所颁的副学位,并可申请入读与香港办学机构有学分承认协议的海外大学,衔接相关的进阶课程。学生仅需两年时间在海外就读,就可以拿到一个海外大学的学位,相对于一般海外大学三年或四年的学位课程,既节省一笔可观的金钱,又能减轻父母对年轻学子太早出国不能适应的忧虑。这样的办学模式,可说是一个双赢的方案,实是增进两地办学机构合作的契机。

因此，香港副学位课程的办学机构将越益有诱因，积极联络内地高等教育机构，倡办进阶课程。我们明白，这个良好愿望的实现并不是一蹴而就的，内地高等院校的意愿及政府有关的办学规定也是重要因素。

### 2.6　政府对中外办学的规范化

今年（2003 年）2 月 19 日，中华人民共和国国务院第 68 次常务会议通过《中华人民共和国中外合作办学条例》，自 2003 年 9 月 1 日起施行。这个法规的出现，对国内外的继续教育机构都具有约束性。条例清楚列明中外合作办学中，办学机构的资产财务、组织与管理等有关规定。这是"国家鼓励引进外国优质教育资源的中外合作办学。国家鼓励在高等教育、职业教育领域开展合作办学"。（第三条）条例规定，香港特别行政区、澳门特别行政区和台湾地区的教育机构与内地教育机构的合作办学，均参照此条例的规定来执行。有了这个条例，我们的继续教育将在一个更规范、更清晰的平台上，加强彼此间的合作。

### 3　结语：迈向终身教育的理想

全球化运动影响着人们生活的所有层面，是一种新生活情境，冲击着人们关于学习、工作、思考以至价值的模式（注 22）。其中经济全球化对人们有关工作及学习的行为产生巨大影响。

人才的广泛流动使企业界对员工的教育水平和职业技能的要求越来越高。在经济全球化下，一个人的职业生涯中可能要转换几次职业性质和工种，不论对企业界人力资源的管理或是个人事业发展的规划都是很大的挑战。因此，工作技能及不同知识的学习将变成一种终生的事情（learning throughout life）（注 23）。

终身学习（lifelong learning）不仅是一种学习模式，更是一种态度、一种生活上的价值和理想。人的整个生命阶段都是学习，不断的学习，"学会求知"（learning to know）、"学会做事"（learning to do）、"学会共处，学会与他人一起生活"（learning to live together，learning to live with others），最终及最基本的是"学会做人"（learning to be）（注 24）。在 21 世纪，学习不再是一种工具，不仅是学历证明、工作技能的知识，学习本身就是一种价值。一个理想的学习模式就是终身学习，这对个人来说是一种"内在的财富"（the treasure within），对社会来说是可持续发展的基础。因此，"终身教育"这个概念被联合国教科文组织（UNESCO）视为是进入 21 世纪知识年代的关键（注 25）。而我们的继续教育机构可在华语经济圈内发挥自己的作用，增加彼此间的合作，为终身学习时代的来临作出努力。

**注释:**

1. Stromquist, Nelly P. and Karen Monkman (2000). "Defining Globalization and Assessing Its Implications on Knowledge and Education", p. 3. 另有关文化全球化的讨论,特别是其对在不同国家或地区、不同文化系统的影响,参见《杭廷顿 & 博格看全球化大趋势》(Many Globalizations) (2002)。而有关全球化与教育,尤其是大学教育的关联,可参见金耀基 (2003),《全球化与大学之定位》。

2. 廖柏伟(2003),《香港经济:转型、通缩与展望》。

3. 参见《香港经济前景令人忧喜参半——访中文大学副校长廖柏伟教授》(2003),《信报财经月刊》,p.54。文中说香港就业人口中 40%学历只有中三程度或以下。

4. 参见《香港经济前景令人忧喜参半——访中文大学副校长廖柏伟教授》(2003),《信报财经月刊》,p.54,及廖柏伟(2003)。

5. 参见《香港经济前景令人忧喜参半——访中文大学副校长廖柏伟教授》(2003),《信报财经月刊》,p.51。香港的本地生产总值于 2002 年为 1.27 万亿港元。有不少经济学者认为香港近年的通缩情况是由于生产力下降所致。而教育投资是改善生产力的重要因素,参见雷鼎鸣(2003)。

6. 陈文鸿(2003),《不可遏止的北移——珠三角成本与非成本优势吸引香港资源》,pp.24-35。及何添生(2003),《CEPA 能救楼市吗》,pp.32-33。

7. 据一位从事室内设计同时在香港及深圳开设公司的朋友告之,一个具大学学历且有三年工作经验的绘图师,在深圳的月薪约为人民币 3000～4000 元。香港则需月薪港币 15000元。这是以工作素质在同一水平来比较的,可见仍有 4～5 倍的薪酬差距。而在珠三角地区大部分香港投资的工厂里,同一工种,如中级文员薪金可相差 10 倍。

8. 参见《股市好信心增,经济差待转型》(2003)(社评),《信报财经新闻》。美国近月(2003 年 8、9 月)的经济数据有所改善,但失业率仍然高企,亦是"失业性复苏"的现象。美国和日本工业界及劳工组织因此将矛头指向中国的人民币汇率,认为这是他们国内通缩及失业率攀升与经常账户巨额赤字的元凶。参见胡祖六(2003a,2003b),《人民币:重归有管理的浮动》、《人民币温和升值料对出口影响微》。

9. 参见《香港经济前景令人忧喜参半——访中文大学副校长廖柏伟教授》(2003),《信报财经月刊》,p.52。

10. 参见香港特别行政区行政长官 2000 年施政报告.

11. 报告分析了香港 11 个创意产业对经济的影响、就业情况、强项和弱点、未来的挑战和内地市场的重要性。参见《创意政策推动创意产业》(2003),《信报财经新闻》。

12. 在 2003 年 9 月有香港特区政府中央政策组举行的"创意产业　创意香港"研讨会,及民政事务局主办的部长级会议"亚洲文化合作论坛:文化、创意、商机"研讨会。

13. 参见翁以登(2003),《抓紧 CEPA 机会,并享服务业先机》及梁振英(2003),《"更紧密经贸安排"下的专业服务》。

14. 参见《终身学习、全人发展——香港教育制度改革建议》2000 年,pp.113-114。另有关"免入息审贷款计划"参见 www.info.gov.hk/sfaa,有关"中小企业培训基金"参见 www.

smefund. tid. gov. hk。

15. 申请人在圆满修读有关课程后,可获发还 80% 的学费或 1 万元,数额以较少者为准。

16. 有关"持续教育基金"事宜,可参考 www. gov. hksfaacef 上的资料。

17. 坊间现有的课程,主要是培训课程及备考课程两类。而 CEPA 的实施,对香港专业人士是一个新的机会。参见梁振英(2003),《"更紧密经贸安排"下的专业服务》。

18. "华证教育中心"乃中国国家信息产业部(MII)国家信息化工程师认证考试管理中心(NCIE-MC)正式确认之国家信息代工程师认可培训中心.

19. 《考评局计划内地办英文科会考》(2003),《信报财经新闻》。

20. 中国的政府领导人及大多数知识分子都认同全球化是历史趋势,视为是中国近代史一系列应付外界挑战、恢复国家地位的一部分,认为"发展—现代化—全球化"是环环相扣的。中国要现代化就必须面对及接受全球化。参见阎云祥(2002),pp. 76-79。

21. 在 2003 年 8 月 18 日,本院院长李仕权博士及课程主任文婉莹女士曾到澳门明爱与"基础辅导证书课程"学员举行座谈会,了解他们对课程的意见,反映正面,学员希望有更多机会进一步进修相关课程。

22. 有关文化全球化问题的讨论,参见博格(2002)、萧新煌(2002)及金耀基(2003)。

23. 有关终身学习及继续教育的关联讨论,参见 UNESCO,《终身学习》(1998)。

24. 参见 UNESCO,《教育的四个支柱》(1998)。

25. 参见雅克·德洛尔(Delors)(1998),p. 8。

**参考文献:**

[1] Carnoy, Martin. Globalization and Education Reform[G]//Nelly P. Stromquist & Karen Monkman(eds.). *Globalization and Education—Integration and Contestation across Cultures*. Rowman & Littlefield Publishers, Inc., 2000:43-61.

[2] Stromquist, Nelly P. & Karen Monkman. Defining Globalization and Assessing Its Implications on Knowledge and Education[G]//Nelly P. Stromquist & Karen Monkman (eds.). *Globalization and Education—Integration and Contestation across Cultures*. Rowman & Littlefield Publishers, Inc., 2000:3-25.

[3] UNESCO. *Learning: the Treasure Within* (Report to UNESCO of the International Commission on Education for the Twenty-first Century)(2nd edition)[M]. UNESCO Publishing, 1998.

[4] UNESCO. 教育的四个支柱[G]//学习——内在的财富(国际 21 世纪教育委员会向联合国教科文组织提交的报告). 北京:中国教育科学出版社,1998:75-88.

[5] UNESCO. 终身学习[G]//学习——内在的财富(国际 21 世纪教育委员会向联合国教科文组织提交的报告). 北京:中国教育科学出版社,1998:89-102.

[6] 博格. 导论:全球化的文化动力[G]//杭廷顿(Sammel P. Huntington)、博格(Peter L. Berger)(编). 杭廷顿 & 博格看全球化大趋势(Many Globalizations). 王柏鸿,译. 台北:台北时报出版,2002:18-36.

[7] 陈文鸿.不可遏止的北移——珠三角成本与非成本优势吸引香港资源[J].明报月刊,
2003,38(10):24-35.

[8] 创意政策推动创意产业[N].信报财经新闻(文化版),2003-9-25:34.

[9] 股市好信心增,经济差待转型(社评)[N].信报财经新闻,2003-9-26.

[10] 何添生.CEPA能救楼市吗[J].明报月刊,2003,38(10):32-33.

[11] 洪长泰.人文教育的危机[G]//黎志添,刘国英,张灿辉(编).在求真的道路上——贺沈
宣仁教授七秩之庆.香港:香港中华书局,2003:283-301.

[12] 胡祖六.人民币:重归有管理的浮动[N].信报财经新闻,2003-9-3(a):22.

[13] 胡祖六.人民币温和升值料对出口影响微[N].信报财经新闻,2003-9-4(b):26.

[14] 金耀基.全球化与大学之定位[R/OL].香港中文大学四十周年校庆博览公开讲座,
2003-9-20(公开讲座).讲座内容可参见 www.hkedcity.net/article/special/cuhkfair.

[15] 考评局计划内地办英文科会考[N].信报财经新闻(教育版),2003-9-9.

[16] 雷鼎鸣.香港通缩透视[J].明报月刊,2003,38(10):44-45.

[17] 梁振英."更紧密经贸安排"下的专业服务[N].信报财经新闻,2003-9-30.

[18] 廖柏伟.香港经济:转型、通缩与展望[R/OL].香港中文大学四十周年校庆博览公开讲
座,2003-9-23(公开讲座).讲座内容可参见 www.hkedcity.net/article/special/cuhkfair.

[19] 刘国强.全球化发展与儒家价值教育的资源[C]."全球化:教育变革新领域"国际研讨会
发表,2002-12-20/21(未出版)(香港中文大学教育学院).

[20] 翁以登.抓紧CEPA机会,并享服务业先机[N].信报财经新闻,2003-9-16:27.

[21] 香港经济前景令人忧喜参半——访中文大学副校长廖柏伟教授[J].信报财经月刊,
2003(9)(总318期):50-54.

[22] 萧新煌.共存与融合——当代台湾的文化全球化与本土化[G]//杭廷顿(Sammel P.
Huntington),博格(Peter L. Berger)(编).杭廷顿 & 博格看全球化大趋势(Many
Globalizations).王柏鸿,译.台北:台北时报出版,2002:38-57.

[23] 雅克·德洛尔(Jacques Delors).教育:必要的乌托邦[G]//学习——内在的财富(国际
21世纪教育委员会向联合国教科文组织提交的报告).北京:中国教育科学出版社,
1998:1-20.

[24] 阎云祥.管理全球化——中国国家权力和文化的变迁[G]//杭廷顿(Sammel P.
Huntington),博格(Peter L. Berger)(编).杭廷顿 & 博格看全球化大趋势(Many
Globalizations).王柏鸿,译.台北:台北时报出版,2002:58-85.

[25] 终身学习、全人发展——香港教育制度改革建议[R].香港教育统筹委员会,2000-9.

# 全球化潮流下看成人持续教育的发展与挑战

香港浸会大学　张羡英

【作者简介】

　　张羡英,女,香港浸会大学持续教育学院通识专业课程总监,曾于中国香港地区和加拿大及澳洲学习,获香港中文大学荣誉文学士学位(主修历史),加拿大多伦多大学教育硕士学位及西澳洲大学教育研究院教育博士学位。在港从事持续及高等教育课程发展及行政工作多年,其间亦曾在大专院校担当兼任客席讲师,研究兴趣包括成人教育、持续专业教育、幼儿教育等。

　　本文为 2003 年第四届海峡两岸暨港澳高校继续教育论坛收录论文。

## 一、全球化的特点及其对经济、社会的影响

20 世纪 80 年代末人们开始谈论全球化的现象在社会、经济、政治及文化方面所造成的各种影响(Mok & Currie,2002)。所谓全球化,既包含打破地域、种族和文化界限的国际一体化,亦标志着不同的国家族群趋向经济一体化的方向发展(邹崇铭,2000)。全球化对教育的影响可分下列三方面说明。

1. 全球化形势下的国际氛围:国界泯灭与巩固的冲突

在全球化的大气候下,信息科技的发展及国际贸易的发达表面上泯灭了国与国之间的界限,国际组织如联合国(United Nations)、国际货币基金组织(International Monetary Fund)、经济合作与发展组织(OECD)及世界经济贸易组织(World Trade Organization)等分别发挥了协调国际沟通与合作的功能,促使国家之间多了合作的机会。但从另一方面而言,各国在合作的过程中由于门户大开而须面对来自其他国家跨国企业的竞争及威胁,因此,维护本国利益的意识亦相对加强,此由近年经贸协议的签订及其他各国的反应中可见一斑。同时,

经济的一体化也产生了不少矛盾,需要相应的监管和协调。2003 年,内地与香港、澳门特区政府签署《关于建立更紧密经贸关系的安排》(CEPA)后,便需要内地与香港建立更多的共识,规范及增强互动交流,才能带动预期的实质效应。所以,有学者亦指出全球化过程中全球与本土这两个名词之间实在包含着互相牵引的一种复杂关系。恰当地平衡全球性与地区文化这两方面的张力,实在是持续教育走向国际化发展的一项大挑战。

2.全球化形势下的社会环境:个人机会与威胁的冲突

全球化浪潮下的社会需要不断开拓新知识与职位,劳工市场亦因生产资本的迁移而超越地区界线,这使得个人发展的机会相对增加;另一方面,个人亦面对外来人才及科技的威胁。如香港的大学毕业生这几年已可北上工作,多了选择,但亦同时受到内地学生及专才的威胁。因此,在本专业上精益求精及不断扩展自己多方面的知识方能在社会及劳动市场上立足。而且,随着公共管理的市场化,"铁饭碗"的情况已不复存在,不断进修增值已成为潮流,提高个人知识水平是个人在劳动市场生存的必经之路。这样的社会环境便为持续教育带来了无限的发展空间。

3.全球化形势下有关知识观的转变:知识的多元化及工具性角色

全球化塑造了知识型经济与多元化社会,亦改变了知识的定义。在高科技快速发展及五花八门的信息传播中,知识的功能也不断被重构。对于教育工作者而言,全球化改变了社会人士对"知识"的传统看法,且其影响极为深远。现今有关知识方面的论述包括下述四项:

(1)知识与市场的互动和辩证。在全球化的社会形态下,知识与市场的经济挂钩,知识塑造市场的新趋势,市场亦给予知识经济方面的回报,从而再激发新知识的产生。一个明显的例子便是微软公司的软件开拓了 21 世纪文件处理的新领域,形成庞大的市场需要;该公司亦由节节上升的销量中获得丰厚的经济回报,遂不断研究级数更高的文件处理方式。知识成为一个企业在市场上竞争的核心能力,只要能掌握不可替代的知识,该企业就能在市场上拥有广大的顾客群,知识或拥有知识的人才遂成为导引这个组织前进的重要资源(OECD,1996)。

(2)知识是获得物质和权力的重要途径。由于在全球化浪潮下,知识及科技发展迅速,不同行业亦需各类专才方能掌握及运用最新信息,于自由市场中占一席位。因此,各行业对雇员入职的学历与非学历的要求亦不断提高,拥有高学历及成熟的情绪智商者往往拥有较高职位。至此,知识与个人的市场价值挂钩,比之十数年前,知识更是获得物质酬赏及权力的重要途径(王仁癸,2000)。

（3）知识的实用性势不可当。在市场主导的经济及社会环境下，已出现实用知识（如信息及科技知识）逐渐凌驾学术知识（如道德与哲学及纯数理论科目）的趋势。这从近年大学本科收生情况如报读哲学、文学及理科课程的学生日减，报读工商管理、旅游、传理及计算机学系等应用性较强学科的学生人数日增中可见一斑。此外，很多时候知识亦被定义为必须展现于行动之中才算是有价值。

（4）知识成为日常生活的基础。现今的社会处于一种近乎无国界、数码化、步伐急速及思潮日新月异的环境中，追求各项生活知识如营养保健、教养子女的方法、入学指南、减压方法及人际关系的技巧等已成为维持身体健康及愉快生活的基本条件，构成现代人生活的重要部分，俨如大众文化，是故有学者亦然。这便促使教育、消闲及娱乐之间的分界日渐模糊。

## 二、全球化浪潮对教育的影响及有关论述：持续的需求及职业的配套

处于以上的经济及社会浪潮中，教育的重要性及含义亦正历经一场全面蜕变。当权威不再是知识的全部，当知识不再是一成不变的金科玉律时，我们对教育的看法亦有了下述新的理解。现今有关教育方面的新论述包括如下几个方面。

### 1.教育变成一种超时空的持续需求

全球化后，信息科技及各种知识不断更新，造成知识的内容经常处于一种变动的状态中，因此，教育往往需要超越时空的限制，个人于完成某一阶段的教育后（如从前完成中学或大学学习后）尚须继续学习，亦须学习本科及本土以外的知识（Hake，2000）。不断提升个人教育水平及持续地掌握新知识已成为社会成员的一种生存策略。

### 2.教育与职业的持续关系

全球化后，人口及资金的流动迅速，造成本地产业结构的变化，某些职位竞争可能异常激烈，另一些职位却为了迎合产业界之新需求而迫切需要培育人才。因此，持续地进修及提高个人的知识水平，或所谓的"增值"，已成为保障个人职位及获得升迁的重要条件。在此水涨船高的形势下，一般工作对学历的要求不断上升，如现时在香港应征文员的申请人的学历往往已由中学升至预科，应征警察的申请人已由中学升至大学毕业生。因此，现今教育及学历在寻觅职业及提高个人就业能力方面已变成不可或缺的条件。

### 3.职业训练主义的盛行

在全球化下的知识型社会，由于"实用知识"的主导，不少院校都走向"实用"路线，为特定行业提供高程度的职业培训，为失业待业人士提供转业训练。这些

职业导向的课程不单会为各专业人员(如医生、律师、会计师等)提供继续进修的机会,也有为半专业(如社会工作、幼儿教育、护理、美容等)的行业培育职前及在职人才。近年各院校便设立不少别具新意的课程供在职人士回流就读,协助相关行业走向专业化的更高层次。浸会大学持续教育学院中的物流、职安健、旅游、护理、幼儿教育、图书馆学、美容及辅导等兼读课程的开办与此不无关系。

### 4.持续进修的生活模式

如上所述,持续进修已成为现代人职业及生活的基础,因此持续进修已超越年龄及阶层的限制,成为所谓后现代化社会新人类日常生活文化的一部分,无论是晚间修读、停薪留职,还是部分时间给假制的模式在各大专持续教育院校都甚为流行。从前像直通车般利用前半生一次性完成早期教育,然后下半生一直工作的生活形式,现已转变为垂直式的"读书—工作—读书—工作"或横向式的"读书工作—读书工作"生活模式了。

## 三、面对全球化挑战,持续教育角色的变更

此部分的文章包括在 20 世纪 90 年代始全球化下的持续教育于香港社会所扮演的角色,并会以香港浸会大学持续教育学院的课程及运作作为阐释的实例。

### 1.从辅助性到自主性

2000 年后的近几年,附属于香港特区政府资助的大学内的八所持续教育学院已发展为财政独立的组织,某种程度上他们均可以决定组织内大部分的资源分配。与内地不少继续教育学院相比,香港浸会大学持续教育学院不单是一行政机构,还有基本办学的自主权,在通过内部的质素评估检定工作后,便可以自行规划具特色之学位以下课程的办学内容及颁授相等学历。至 2003 年度,该学院共可颁发逾 40 项不同程度的证书、文凭、专修证书及专修文凭,及时响应社会不断增加的人力培训需要。

### 2.从补偿性到提升性

香港早年开办的持续教育课程多为正规教育下流失的学习者提供基础程度及一般性的职业导向课程。20 世纪 90 年代始,已不再局限于此,所开办的课程大多集中针对中等阶层雇员在专业工作上的增值及素质提升(Cheung,2003)。香港浸会大学持续教育学院分别于 90 年代开始陆续为护士、小学教员、幼儿教育工作者及中医药从业员继续进修而提供学士学位或相等程度的课程。香港浸会大学迄今亦与十数所海外大学合办了学士、硕士甚至博士程度课程,逾 20 多项,协助提升本地人才素质,使更多本地人有修读高等教育课程的机会和选择。

### 3.从边缘化到主流化

香港浸会大学持续教育学院成立于 1975 年,初期名为"校外课程部";1984年易名为"校外进修部";1990 年提升为"校外进修学院";至 1995 年升格为香港浸会大学"持续进修学院";而于 2001 年易名为香港浸会大学"持续教育学院"。现时为香港浸会大学七所学院之一。回看学院的历史,与许多国家大学里的持续教育发展的历程不谋而合,慢慢摆脱了过往的边缘角色,建立起自己专业的主流地位,近年且逐步转化为大学的有机组成部分,对于大学的重要政策决定往往有所参与及发挥举足轻重的影响。学院每年修读的学员人次逾 50000;学院亦每每配合大学办学理念,消解大学是象牙塔的批评,紧密联系社会及为不同阶层人士开办课程。于 1992 年成立汉语中心,率先在港进行推普教育工作;于 1997年又成立中医药专业教育中心,为中医从业争取资历而多方努力。本年夏季又立时响应特区政府的技能提升计划,为逾 1000 名于旅游及零售业内失业的人士提供培训,延展终身教育的理念。

### 4.从本土化到国际化

在全球化的国际环境下,人才资源四处流通,所以持续教育也需要把视野扩大到香港以外的地区。学院在 1995 年开始与北京师范大学合办的"普通话教师"培训课程及早前的中医药专业文凭课程均有引进国内外的教授专家到港担任访问学者,提升大学及"持续教育学院"的地位。于 2002 年初,在深圳成立了本大学的研究及持续教育中心,为大学进一步拓展继续教育设立了发展的新平台。本院校又与世界各国,尤其是澳洲各大学采用不同协作方式合办学士、硕士及博士等课程,凡二十余项。自 1989 年始迄今已培养了本科毕业生达 5000 多名,这些课程之编排亦获得国际评估机构的鉴定,质素获得相当程度的保证。除此,本院校以英语为授课语言之国际学院由 2000 年创办至今,亦已收取全日制副学士课程 1000 名学员,为其于大学基础知识上奠定继续升读大学的条件。

### 5.市场化及商品化:具实用价值及用者为上的精神

由于香港的大学内之持续教育学院并无获得政府直接的资助,运作经费主要来自报读者的学费,所以开办的科目须切合时代的需求及成本效益方能于竞争激烈的教育市场中获得生存及拓展空间。因此,浸会大学持续教育学院所开办的多项课程皆与有关行业的需求衔接。如工商管理、物流课程、珠宝首饰制作、语言训练、辅导学、护理学及教育等皆能协助报读者在该行业获得一定的发展机会。此外,持续教育于课程策划及推行方面亦发展出以用者为中心的精神,在课程设计及推行形式方面均会配合用者的需要及时间安排,就像商品之于市场,为了增加销售,迎合"顾客"的要求往往成为课程开办与否的决定因素。在全球化的自由开放市场下，教育发展及管治方式受市场化、企业化及私有化的影响愈益明显。

### 6.多元化与科技化：学科的拓展及授课形式的革新

为建立更多途径和合时机会予学生终身学习的机会并兼顾不同背景学员的需求及时间限制，持续教育在课程发展方面亦趋向多元化。除传统学科外，近年亦糅合了不同学科的元素增开了旅游、物流及设计等专业化课程，供在职人士就读。此外，学院亦采取多样化及弹性的授课形式，如兼读制、部分时间给假制、学习团、校外参观、遥距学习等形式进行教与学。在学习方式的设计方面，亦十分重视自我导向学习、经验学习及高峰学习等模式，旨在吸引更多成年人再学习，及为繁忙的上班一族设计既减省交通时间亦可得导师面授接触的修课形式。

## 四、成人持续教育机构在全球化中的定位及对策

在全球化的环境里，现代政府正开始改变他们的管治模式。已有很多证据显示香港特区政府已经采用了一个市场导向之经营方针去改革教育制度。面对现今学校及高等教育无日无之的变革，我们也要有所反省。什么是持续教育与其他形态体制教育应有的关系？持续教育应如何立足香港社会？这便是需要反思的定位问题。下述五方面的发展原则希望能为我们提供一点点的端倪。

### 1.建立社群认可：改变社会人士对成人持续教育的狭隘看法

一方面须改变社会人士认为持续教育是为失学逃兵及成年人获得补充教育的途径之观念，使广泛的大众人士认识到持续教育是每个人适应瞬息万变的社会赖以提升人力资源的可取方法。另一方面须改变社会人士认为持续教育的质素不如正规教育的看法。事实上，在全球化的发展趋势下，正规与非正规教育之间的界限已渐显模糊。

### 2.强化课程质素的保证工作策略

为建立社会人士对持续教育质素的信心，个别院校已设有各种保证课程质素的机制，如观课、试题检定、教材更新、学生意见回馈调查及学术评审制度等，以确保教学质素。此外，院校亦有举办不同形式的成教导师培训专业发展课程，以提高导师在专业、教学、课堂管理及与学生沟通等方面的技巧。成教能否获得社会大众的认同实有赖其"质素保证机制"是否够强及受到重视，把我们既有的质素保证活动制度化起来应该是持续教育机构未来新的发展重点。

### 3.肯定非传统持续教育课程学员的多元化需要及提供适当的支持

现时到持续教育学院进行学习人士之个人背景，已不再局限为在职的晚间

成年学员。于时间的运用、报读课程的目的、对学院期望，及能应付功课难度与财政负担等方面，新一代加入继续进修行列的学员，会有很不相同的需要，学院须本着"求同存异"的开放态度设计适合其要求的课程及提供支持。像近年的"毅进"计划及副学士课程，由于学员多为没有工作经验的年轻学子，有关设置往往与全日制及正规课程的安排应不遑多让。

4.融合及发展持续教育机构独特的组织管理模式

成人持续教育机构如本学院之所以能与时并进，在 1997 年后的香港发展尤为神速，实在有她自己所拥有的独特性。如就附属于香港的大学内的多所持续教育院校而言，她们的发展亦渐走向高度的制度化。我们在香港特区政府还没有发展教育私有化改革前，已经累积了数十年利用市场原则去管理"正规"课程的办学经验。面对全球化的挑战，持续教育机构必须充分利用其独特的管理经验及组织模式，发挥其既富弹性及速度又十分程序化的运作方式，在教育理想与市场现实之间，不断求取均衡的发展及双向互利的安排，务求达到资源运用的最佳效果。

5.重整与正规大学及外围组织的关系

在全球化的经济竞赛中，香港的高等教育在变，持续教育学院与其处身的大学的关系亦跟随相同的轨迹不断转变。学院不仅是大学的一个外展部门，在新课程的推行方面亦扮演多元的角色（Marks，2002）；与大学不同学部也建立了很微妙的关系，相互依存。如本院负责管理及开办的副学士课程，及近年与大学的好些学系如教育学系、体育学系、社会工作学系等合作策划诸如体适能导师及辅导训练课程等均为例证。此外，院校亦紧密留意及通过香港的持续教育联盟参与香港特区政府在教育及有关人力发展政策方面的制定过程，并作出相应的配合，举办合适的课程以响应社会的需要，使香港浸会大学持续教育学院成为一个更有活力的有机组织，继续服务社会。

## 五、结　语

诚如前文所言，知识发展与市场的需求互为影响，因此，持续教育长远的发展亦须兼顾教学研究及市场需要两部分，以紧扣时代脉搏，提供最适切社会需要的课程。我们相信教育须带领时代的步伐，走在市场文化之先，故此，本院校亦会本着"立足香港、依托内地、面向国际"的胸襟和精神，不断了解新知识，加强与不同地区持续教育工作者的交流，敢于创新和勇于面对在全球化浪潮下来自四面八方的新挑战。

**参考文献:**

[1] Cheung, S. Y. Responding to the Challenges of Changing Educational Needs [D]. Unpublished EdD Paper,2003.

[2] Hake, B. Lifelong and continuing education [J]. *Studies in the Education of Adults*,2000.

[3] Marks, A. Weaving the seamless Web: Why higher education & further education need to merge if lifelong learning is to become a reality[J]. *Journal of Further and Higher Education*, 2002,26(1):75-80.

[4] Mok & Chan. *Globalization and Education* [M]. Hong Kong: Hong Kong University Press,2002.

[5] OECD. *The Knowledge-based Economy*[M]. Paris:OECD,1996.

[6] 王仁癸.知识经济时代的成人学习[G]//成人学习革命. 台北:师大书苑有限公司,2000.

[7] 邹崇铭.千禧年·全球化·新思维[M]. 香港:明报出版社,2000.

# 新时期高校继续教育发展的几点思考

天津大学　钱桂荣　尚富蓝　张立昇　唐旨娴

【作者简介】

　　钱桂荣，女，天津大学成人教育学院院长，研究员，研究方向为继续教育管理。

　　本文为 2003 年第四届海峡两岸暨港澳高校继续教育论坛收录论文。

在科学技术迅速发展、日新月异的今天，通过接受继续教育提高自身素质，以应对日趋激烈的竞争环境，已经成为现代社会的共识。这方面需求的增加，也是人类步入学习化社会的重要标志。

高等学校作为实施教育的社会机构，通过开展继续教育促进经济建设和社会发展是其与生俱来的功能，而且应当成为继续教育的主力军。然而，高等学校开展继续教育的实际状况并不如人意，有的还存在一定的误区。原因可能是多方面的，但关键还在于高等学校内部。高等学校只有坚持"以改革求发展，以优势求特色，以质量求支持"的原则，才能从根本上改变这种状况，在继续教育中发挥应有的作用。可以说，在新形势下专门就此问题开展研究，已成为高等学校开展继续教育工作的重中之重，也是高等学校教育教学改革的焦点之一。

**一、高等学校开展继续教育必须树立主动服务社会的意识，形成有效的互动机制**

所谓继续教育是指社会成员在完成就业前必要的教育和训练，进入某一领域从事某项工作后，出于职业生涯和个人发展需要而谋求的教育和培训。一般而言，继续教育具有明确而具体的目标，指向特定的内容，采取灵活的形式，能够在较短的期间内完成并能够取得实际效果。在实践中，继续教育多是指短期的课程、培训、研讨等非学历非学位的教育。

理论上,高等学校利用自身的优势和资源为社会服务是自己的"天职"。但由于较长时期处于计划经济体制下,高等学校关注和执行的是上级主管部门的指令,淡漠了主动服务经济建设和社会发展的职责。久而久之,高等学校甚至不了解实际需求,脱离实际生产,与之相联系的继续教育往往只停留在口头上。

实行改革开放,特别是向市场经济转轨以后,高等学校虽然不同程度地意识到应主动贴近市场,主动开展服务,才能获得自身发展所需要的支持。但长期形成的观念并不能在一夜之间发生突变,结果导致社会需求与学校供给"擦肩而过":高等学校的研究成果难以进入市场,找不到合适的用户,不能及时转化为现实的生产力;当社会迫切需要技术支援、现有人才需要进修提高时,高校却因渠道不畅、信息不灵而反应不敏感,甚至"视而不见,充耳不闻"。

因此,高等学校要充分发挥其在继续教育中应有的作用,当务之急就是转变观念,提高认识,主动开展服务。高等学校只有走出校门,深入实践,了解企业和社会有关部门的需求,同时采取有效方式宣传自己的优势、特色、服务面向与功能,密切学校与市场及实际需求的联系,增强相互之间的了解,才能增强继续教育的活力,推动继续教育的发展。

换一个角度看,增强高等学校服务功能的途径很多,但通过继续教育建立学校与社会联系的桥梁恐怕是最佳选择之一。首先,学校是教育机构,开展继续教育和培训是"拿手好戏",也是学校"盘活存量"、发挥人力资源潜能,提高办学效益的有效措施。其次,继续教育是实现教育与生产劳动相结合的最佳契机,因为继续教育所要求的一定是生产实际最需要的,它必然要求学校深入生产实践,了解最新动态,掌握需求信息,才能确定合适的教学内容和培训方式。而且,继续教育的教学过程更是教学互动、教学相长的过程。第三,继续教育是学校与国民经济部门建立合作、协作关系的媒介,因为开展继续教育不是高等学校的单向输出,而是双向的交流,学校在服务企业、社会有关部门的过程中会得到不同形式的回报,包括使自身的无形资产增值,有利于产学研紧密结合,有助于毕业生就业,能够获得有关方面资金和物质方面的支持。

天津大学继续教育改革与发展的实践成果从一个侧面佐证了这一点。我校曾就如何在管理科学领域深化继续教育改革专门开展讨论,最终统一了认识,明确提出要变"等客上门"为"服务上门"。在经过大量的市场调研后,主动与国家建设部、国家计委等部门联系,先后承担工程造价、重大专案稽查特派员培训任务,并成为国家级培训基地。在打开局面以后,继续教育得到持续拓展,相应的任务接踵而来。2003年我校又先后被国家质量监督检疫总局、中国工程咨询协会、国家建设部授权为设备监理工程师、咨询工程师、(投资)建造师培训基地。

可以说,继续教育为学校树立了良好的形象和声誉,又为学校发展创造了良好的环境和机遇。

## 二、高等学校开展继续教育必须与自身发展的定位、目标、任务相协调

高等教育是一个结构化的整体系统。高等学校是组成该系统的要素,彼此之间既有分工又有联系,每所高校"扮演"不同的角色,具备不同的功能,承担不同的任务。高等教育系统正是以这种有序的分工与合作,适应了社会多样化的需要与需求。

不言而喻,社会不同机构和部门对继续教育的需要和需求也是多种多样、丰富多彩的。诸多高校之间只有相互协调、分工合作、密切配合,才能满足客观的需求。每一所高校要根据自己的背景、优势和特色确定提供服务的面向、层次、类型。

高等学校开展继续教育首先要选择恰当的定位。因为高等学校的师资队伍、办学条件、育人环境、文化底蕴、优势特色均是围绕学校的定位、目标、任务构建起来和沉淀下来的。只有当所开展的继续教育与学校的定位、目标、任务相一致时,才能得到学校的支持,才能真正发挥学校的优势,有所作为。已有的实践表明,研究型重点大学往往对基础性、理论性、开发性问题更感兴趣,而培养应用型人才的高等学校则以技术应用、技术推广见长。两类学校开展继续教育的内容、类型也会因此而各有千秋。在这种情况下,继续教育往往能够与学校的建设与发展形成协调互动关系,相互支援,相互促进。如果不顾学校原有背景,盲目地承担学校不具优势的专案,结果多是工作不能持久,质量得不到保证,甚至出现劳民伤财的副作用。

近年来,为适应经济建设和社会进步以及教育环境的新变化,天津大学在开展继续教育过程中特别强调要注意发挥优势学科的作用,并按照这一思路,制定了一系列政策措施和鼓励办法,增强继续教育的办学活力,实施的效果令人振奋,也发人深思。其中最典型的实例是,我校充分利用化工学院拥有国内一流学科、师资、设备条件、学科成果的优势,瞄准企业需求,本着"人无我有,人有我优"的原则,为大中型企业部门的技术骨干举办了推广新理论、新技术、新工种的系列高级研讨班,推动了企业的技术改造和技术更新,取得了显著的经济效益和社会效益。与此同时,学校也更加准确地了解、掌握我国化工工业的发展前沿,为培养高层次人才奠定了扎实的基础。

## 三、高等学校开展继续教育必须与师资队伍建设相一致

高等学校实施继续教育的主体是教师。目前绝大多数高等学校并不设置专

职继续教育的教师,而是采取根据继续教育专案需要聘请教师的做法。随着经济建设和社会发展对人才的倚重,国家、社会、个人在不断加大对继续教育投入的同时,也对继续教育提出更多和更高的要求。而继续教育的质量和效益在相当程度上取决于教师的素质和水平。所以,所有开展继续教育的学校都想聘请最优秀的教师承担教学任务。

高等学校的定位、目标、任务确定之后,也对师资队伍建设提出相应的要求和规范。每位教师发展的方向、路线、速度都与此规则息息相关,并以此为基础建立起自我激励机制和自我约束机制,融入自己的职业生涯。

由此,我们不难想象,尽管通过承担继续教育任务为社会服务也是每位教师应尽的职责之一,但这是有条件的,即教师承担继续教育任务,应与其个人发展的需要相一致,相吻合。从客观上看,教师的时间、精力是有限的,其目标也必然是有限的,只有两者一致并能相辅相成,继续教育任务才能得到基本的保障。从主观上说,当两者协调时,高等学校才能制定既保证学历教师教学又兼顾继续教育的政策措施,才能调动和发挥教师的积极性、主动性和创造性,使继续教育真正成为学校教育的有机组成部分,并保持在较高的水平上。

从主观上说,我校在开展继续教育的过程中,当然希望优势学科专业的骨干教师"挑大梁""创名牌",但在客观上,我们实事求是地考虑到这些教师的负担比较重的情况,制定了一系列有效的"双赢"措施。即在聘请"大师""名师"讲课时,教学内容一定要"新""高""精",而且是他们的优势和强项;在安排学时上,坚持"少而精""短而优"和"相对集中"的原则,尽可能为他们创造良好的继续教育环境,使他们能够在最优安排中发挥自己的作用,使接受继续教育者获得最大利益。在较为常规性的继续教育专案中,我校多选聘年富力强、经验丰富的教师,承担与其教学科研相关或相近的继续教育任务,这样既有利于他们充分发挥自己的潜力,又不干涉、影响他们的工作,还会为他们深入生产实践提供可行的渠道。

近年来的实践效果表明,开展继续教育注意与师资队伍建设、与教师发展需要相一致,是行之有效,符合国情、校情的。坚持这样做,使继续教育与师资队伍建设合拍,两者就能相得益彰,共同发展。

# 相互学习，开拓创新，迎接挑战，
# 为促进高校继续教育发展而奋斗

上海交通大学　杨海兴

【作者简介】

　　杨海兴，男，上海交通大学原成人教育学院院长，教授，研究方向包括工程力学、高等教育管理、继续教育管理。

　　本文为 2003 年第四届海峡两岸暨港澳高校继续教育论坛收录论文。

　　20 世纪末，国家制定了"教育发展规划"和"振兴行动计划"，倡导高等教育大众化和终身化。中国经济的高速发展促进了社会对继续教育需求的日益增长。这本应给高校的继续教育带来更加广阔的发展机遇，然而由于种种内外因素的制约，近年来中国普通高等院校的继续教育反而面临巨大的挑战。

　　首先，挑战来自部分高校决策者的观念。目前中国普通高等院校，特别是受"211 工程"资助的重点高等院校，由于受"上水平，争办世界一流大学"的压力，相当一部分高校领导者对高校今后是否还需要开办继续教育产生了种种疑虑。有人认为，要建设成"世界一流大学"，就必须有所为，有所不为，就应该让继续教育逐步淡出"一流大学"的教育舞台。

　　其次，挑战来自继续教育在高校内部地位的变化。随着普通高等教育连续多年的扩大招生，特别是同样利用晚上和双休日授课的 MBA 和工程硕士的大量增加，造成学校教学资源的高度紧张，使得原本依靠学校潜在教学资源办学（教育行政部门的观点）的高校继续教育处境日趋艰难。

　　再次，挑战来自办学模式。由于国家继续教育宏观政策发展滞后，许多高校的继续教育停留在机关模式，利用高校教育资源的边际效应能做多少是多少，缺少应有的办学自主权，缺乏自我调节、自我约束和自我发展的运行机制，以至于高校继续教育日渐沦落成为高中后教育市场中的弱势群体。

最后,挑战来自外部环境。全日制高等职业教育连续多年的超常规发展,广播电视大学的开放式招生,高校网络教育学院和独立学院的迅速崛起,民办高校扫荡式的"张网捕捞",进一步加剧了高等教育生源市场的竞争。以上海为例,普通高等教育入学考试 150 分(总分 630 分)以上均可进入大学学习,高校继续教育的生源市场面临一定的萎缩。另外,尽管政府对高校继续教育没有任何财政拨款和补贴,但是政府教育行政部门和物价部门始终认为高校继续教育是利用高校教育资源的边际效应,因此迄今为止高校继续教育的收费标准远远低于其他同等教育。以全日制学历教育为例,普通日校收费约 11500~12800 元/人(其中个人交费 5000~6500 元,国家补贴 6300~6500 元/人),普通高校独立学院收费约 15000 元/人,普通高校网络学院收费 8100~14000 元/人,普通高校技术学院收费 8000 元/人,民办大学收费 8000~12000 元/人,而成人教育学院全日制学历教育最高只能收费 4800 元/人,差距实在太大了。

面对这些挑战,怎么应对? 这是每一个高校成人教育学院或继续教育学院必须思考的问题。自 1997 年 7 月以来,我和我的同事们多次前往香港和台湾,香港和台湾一些高等学校的做法值得我们借鉴。分析所面临的内外环境和挑战,我们首先应从内因着手变革,采取以下五个发展战略:

战略之一:实施体制变革,让成人教育学院与机关彻底脱钩,转化为办学实体。借鉴香港一些大学的做法,结合内地的实际情况,我们设计的办学实体不是一级法人实体,而是"自收自支、独立运作"的学校二级办学实体,将收到学费的 20% 交给学校作为无形资产及管理费,其余 80% 用于教学和办公用房的租金、物业管理和水电费、多媒体设施维护费、学院教职员工的工资和四金、教师酬金和奖励费、教学实验和业务费、学生的奖励和活动费,以及学院的发展基金等。管理体制的变革是非常重要的,以上海市为例,近几年发展很快,其中一个重要原因就是上海市领导采用了"二级政府三级管理"的模式,即市政府、区或县政府和街道三级管理。这一模式给了区、县政府很大的自主权,极大地调动了区、县政府的积极性,互相学习,互相竞争,工作愈做愈好,面貌日新月异。1998 年以来,我校学习上海市的经验也采用"二级实体三级管理"的模式,即校办学实体、院办学实体和系、所三级管理,极大地调动了学院的办学积极性。

战略之二:外延发展。作为办学实体的学院要发展必须有硬件和软件。由于学校走读非全日制研究生大规模增加,根据学校的总体规划,我校成人教育将逐渐撤出我校在城中心的徐汇校区,无法继续利用我校教育硬件的边际效应。根据香港一些大学的经验,外延发展是唯一出路。根据这一发展战略,我院于 1999 年租用改建第一栋学生公寓;2000 年租用改建第二栋学生公寓,租用商业用房办公;2001 年在凯旋路 1788 号建立加华教育中心(3500 平方米的远程多媒体教学大楼);2002年加华教育中心将扩建为近4800平方米,租用改建第三、四栋学生公寓;2003年在凯旋路2088号建立新的多媒体教学和行政大楼(7200平方米),租用改建第五栋学生公寓。至此,我院有了自己的凯旋路校区,该校区有两栋大楼,相距200米,共有65间大小不同的多媒体教室,7000多个座位,全部装有空调,设施先进,交通便捷,紧靠轨道3号线和4号线,距我校徐汇校区1.5千米。2004年后我院95%的学生(除在徐汇校区我院4间远程多媒体教室和2间机房上课的5%学生外)迁往我院凯旋路校区上课。经过5年的发展,目前我院拥有固定资产(按实际投入的资金计算)约3000万元,包括68间(面积12000平方米)远程多媒体教室、专用计算机机房设备、办公网络化的设施和5栋学生公寓的家具及相应的改造装修等。这些固定资产都是根据学校政策用学院发展后积累的资金或自筹资金投入的,学校没有提供任何资金。

战略之三:"解放思想,开拓创新"。在改制以前,作为学校机关的成人教育学院,其职责仅限于管理夜大学教育,独立自主发展一些其他的教育项目(比如培训)被认为是违反规定。改制后,我院组织员工学习邓小平理论的精髓和思想基础"解放思想,实事求是",继而又以江泽民同志"与时俱进"的思想为指导,学习香港、台湾许多大学的做法,大胆开拓创新。1998年发展入学前培训,夜大学实施远程教育;1999年发展自考助学教育,开始聘用外校教师;2000年开展国际合作大学后继续教育(包括国际远程教育),经批准在我院合作举办澳大利亚阳光海岸大学商学院的研究生正规教育,首次聘用外国教师任教;2001年建立自己的网站,推行网络和办公自动化,计算机管理工作上新台阶,招聘专任教师,员工投资组建成星科技有限公司;2002年组建有一定规模的专任教师队伍,招收港澳台先修班学生;经批准在我院合作举办英国Heriot-Watt大学爱丁堡商学院的研究生正规教育;2003年"非典"期间实施网上教育,招收港澳台全日制本科学生,发展全日制本科预科班,筹备成立员工投资的成星服务有限公司。以上列举的开拓创新工作,为发展高校继续教育,构筑终身教育体系奠定了基础,做出了贡献。

战略之四:"努力提高教育质量"。我们采取了一系列保障教学质量的措施:成立成人教育课程建设委员会;建立一支有一定规模的成教学院专任教师队伍,按不同学科组成教研室,直接参与教学,并与兼职教师共同开展教研活动,协助专业主任和管理部门,使更多的兼职教师参与成人教育研究;组织有经验的教师制作多媒体教案和课件;根据本科教育会议精神,修订专业教学计划;组织一支兼职的教学管理队伍,完善了一系列教育管理制度(包括期中教学调查,教学现场巡视,取消补考,实行重修制;严格考试管理;教师、班主任、教学管理人员奖励制度;夜大学优秀学生奖励制度等);对任课教师的教学质量及时跟踪,加强监控,设立"院长信箱"及时处理学生来函;充分发挥成人教育学院网站(www.sjtuce.net)的作用,先后为学生开设《英语工作室》《虚拟课堂》和《网上作业》等栏目。其中《网上作业》用于学生作业的网上提交和教师批改,同时供所有学生浏览,以便相互学习,取长补短。《英语工作室》内容丰富,覆盖面广,更新速度快,为英语教师提供了大量可用的教学素材,为成教学生提供了各种可供选择的课后学习材料,成为课堂教学的延伸。

战略之五:倡导"小河喷涌,大河奔腾"的学院文化。以往习惯上人们认为"大河有水小河满",而我们认为必须把调动为成教事业奋斗的教职员工的积极性作为首要出发点,努力营造良好的工作氛围,充分利用利益分配杠杆,调节、引导教职员工的工作积极性和创造力,通过自身的努力,在为事业奋斗的同时,也能获得自身价值的实现。什么时候教职员工有积极性,"小河喷涌,大河奔腾",成教事业就快速发展;什么时候挫伤了教职员工的积极性,成教事业就停滞甚至萎缩。为了调动广大教职员工的积极性,我们实施了组织机构扁平化:减少中间环节,充分调动所有员工当家做主、参与管理的积极性,大大提高了工作效率。为了充分发挥员工的聪明才智,我院实行民主决策制度,每周一次院务会议雷打不动,使每个干部和群众了解学院的每一个发展,重大事情充分讨论,集体决策。

上海交通大学成人教育学院正是在实施以上战略的背景下实现了飞速的发展。仅以学费总收入为例,从 1998 年至 2002 年五年中每年增长 50% 左右(1998 年为 771 万元,1999 年为 1082 万元,2000 年为 1964 万元,2001 年为 3080万元,2002 年为 4500 万元),实现了跨世纪的飞跃。

有很多大学的成人教育学院在快速发展之后会出现停滞和衰退现象,原因是高校继续教育依然面临挑战,有些是原来固有的,有些则是新产生的。目前,快速发展之后的高校继续教育面临的主要挑战有:①高校决策者对继续教育的认识跟不上时代的发展;②政府教育和物价部门的决策者对高校继续教育学费的低定位限定。应对这些主要挑战,最关键的是要作充分的宣传、沟通工作,让决策者们转变思想观念。

纵观世界继续教育的发展历程,国际一流大学都非常重视高校继续教育。最早提出大学为社会服务的思想,并将继续教育广泛推向美国社会的是威斯康星大学,最早设立和授予成人教育学博士学位的是美国哥伦比亚大学。哈佛大学也是美国最早开办继续教育的世界名校,早在 1871 年哈佛就创办了暑期学校,兴办面向社会服务的继续教育。1910 年哈佛创建扩展教育学院,举办学历性质的成人高等教育,逐渐形成了大学内部比较完整的高中后乃至大学后的终身教育办学体系;到哈佛接受继续教育的对象,既有将军、总统私人顾问、国际知名大法官、世界著名专栏作家、全球知名企业的首席执行官,也有一般国家公务员、普通教师和工程技术人员。20世纪80年代以来,每年到哈佛接受继续教育的人数,是哈佛正规本科生和研究生总和的三倍。继续教育进入哈佛,改变了大学原有的性质,哈佛大学已经不再是传统意义上只关心年轻人成长进步的学校,而是一所从事高中后乃至大学后终身教育的世界一流大学,它不仅培养未来世界的全球精英,而且直接参与造就当今世界级的领袖人物,大学因此真正从社会的边缘地位走向社会的中心,扩大了它的社会资本和无形资产。正如哈佛大学第25任校长德里克·博克(Derek Box)在哈佛建校350周年校庆所说:大学的职责是报效养育自己的社会,大学应不断考虑采用多种形式为社会服务,为社会发展、为提高人的素质做出更大的贡献。只有这样,大学才能在改革发展与竞争中紧紧依赖于和服务于社会而走向繁荣。继续教育原本就应该是创建世界高水平大学的一个重要的组成部分。中国在建的高水平大学,在未来的发展过程中,不应在终身教育的全球化潮流面前裹足不前,不应排斥继续教育在高水平大学中的存在与发展,而应该更加积极地去思考如何改造、振兴和逐步完善自己业已初步成型的继续教育。如何去提高继续教育的办学质量和办学效益,应该在学校长远发展规划中给予足够的重视,并且对发展高校继续教育做出贡献的教职员工给予奖励。我国政府的教育和物价部门应该改变对继续教育的物价歧视政策,为了我国经济发展的长远利益,制定与高校独立学院相同的收费标准,以进一步推动高校继续教育的发展。

上海交通大学校友江泽民同志在2001年APEC会议期间提出构筑终身教育体系、创造学习型社会的思想,为我们描绘了一幅新时期开展继续教育的壮丽蓝图。作为构筑终身教育体系的工作者,我们将相互学习,开拓创新,不断迎接新的挑战,为促进高校继续教育发展继续努力奋斗。

# 全面构建继续教育体系，
# 促进西部地区经济大发展

四川大学　刘　娅　邓生庆　聂忠民

**【作者简介】**

　　刘娅，女，四川大学成人(职业技术、继续)教育学院副院长，副教授，研究方向为成人教育、继续教育。

　　邓生庆，男，四川大学成人(职业技术、继续)教育学院院长，教授，研究方向为逻辑学、继续教育。

　　聂忠民，男，四川大学成人(职业技术、继续)教育学院办公室主任，副教授，研究方向为成人教育。

　　本文为2003年第四届海峡两岸暨港澳高校继续教育论坛收录论文。

　　当前,中国经济发展已到了地区差距扩大不能再加剧、西部地区必须优先发展才可能带动大局转变的关键时期。尽管西部大开发战略实施三年以来,西部各地在转变观念、改善投资环境等方面取得了长足的进展,国家在西部交通运输、通信和水利等领域也都加大了投资力度,并在西部开工建设了一批大项目,同时加快"西气东输""西电东送"、进藏铁路等一批重大专案的建设工作,使得整个西部的经济获得了高速的发展,但是长期以来西部地区财政能力薄弱,教育资源不足,尤其是劳动力素质低下已经成为制约经济发展,甚于区位劣势的掣肘环节(潘涌,2001)。来自权威部门的研究表明,资本投入对西部地区经济增长的作用最小,而对知识、教育等投资的增长作用最为明显。在西部地区,由于人才需求量大,需求迫切,但发展教育的经费有限,因此最经济、最有效的途径就是发展继续教育。全面构建继续教育体系,把继续教育作为有效的资本投入,是加强西部地区人才资源建设的重要途径,也是促进西部经济腾飞的必然要求。

### 一、继续教育对西部大开发的重要意义

1. 西部大开发的重要因素是人,人才资源是第一资源

目前,尽管国家对西部地区教育事业在规划、政策和经费等多方面的支持力度明显加大,西部教育发展仍然相对落后,由此带来的突出问题就是人才总量明显不足,人才严重短缺。调查表明,平均每万名劳动者中中专以上学历及初级以上职称人员仅 92 人,还不到东部地区的十分之一。而西部地区除了与东部的差距外,还更面临着知识经济和全球化经济的激烈挑战,尤其是中国入世后,爆炸式的国际竞争将更加剧烈。竞争依赖于科技进步和技术的不断创新,而两者又以人力资源的开发、培养为基础。要迎接激烈的挑战,必须将西部的投资重点从对资源开发、能源专案开发转向人力资源开发(西部开发课题组,2000)。国家人事部部长宋德福在全国人事厅局长会议中指出:"现在开发西部最根本的是人才,不解决西部地区的人才资源问题,开发西部地区是有很大障碍的。"国家发展计划委员会主任曾培炎在九届全国人大三次会议期间也指出:"西部大开发是一项长期、艰巨的任务,是一个规模宏大的系统工程,需要经过几代人的努力,实施西部大开发战略,人才是关键。"因此,全面启动人才培养工作,把人才资源作为第一资源,对整个西部经济发展起着举足轻重的作用。

2. 西部地区人才资源建设的主要内容

西部地区由于经济发展落后,教育投入更加薄弱,由此造成人员整体素质偏低。其次,随着经济体制和政治体制的改革和完善,出现了大量人员分流、下岗、转岗、失业和再就业的现象,政府职能的转变和自动化程度的提高,也将党政机关、事业单位的部分人员分流。一方面是失业率高;另一反面,经济结构、产业结构、生产结构的变化,促进了社会结构、职业结构和教育结构的变化,由此不断涌现出了一大批新的职业。

知识经济作为 21 世纪的主流经济,各国的经济发展越来越建筑在知识和信息的基础上。科学技术的急速发展,尤其是电脑信息技术渗透到社会生活的各个角落,使我们的社会成为一个信息化、知识型社会,知识更新速度加快。新的机遇给就业者提出了新的要求,要求就业者具有多种职业技能,有较强的适应能力。

在这样的形势下,人才资源建设的主要内容应该是培养持续、自觉接受教育和学习的观念和能力。这样既可以全面提高劳动者的就业率,同时也提高就业者的职业技能、创新能力,从而适应知识经济是学习型的经济,实现持续发展新知识和知识经济的目标。

3.继续教育是实现人才资源开发的最有效途径

当前,社会经济高速发展,信息化程度不断提高,在这样的环境下,无论是社会发展的趋势,还是社会生活中个人的意志,接受继续教育已成为生活必需。在发达国家,全社会办继续教育,全体公民参加各种各样的继续教育,已经成为一种规模宏大的社会潮流。如美国目前每6个从业人员中就有1个在大学进修或攻读学位,澳大利亚每年有150万人参加培训,占总就业人口的六分之一。法国有60%以上的企业设有继续教育中心,英国建立了"信息技术中心",日本采取轮训的方式培养人才(董华,2002)。

在西部地区,为实现经济跨越,在短时间内靠全日制教育很难实现劳动者职业能力的转变和大批急需专门人才的培养,现实有效的办法就是发展继续教育的特点优势,提高劳动者适应新职业的能力,同时对有一定专业知识基础的在职人员进行扩充、提高,满足知识持续更新需求,并以此积极提高自身的知识素养和创新能力。而尤其重要的是在西部地区目前教育经费不足、人才需求迫切的情况下,发展继续教育应该是加强人才资源建设最经济、最有效的重要途径。

现代信息技术的发展,也为继续教育的发展创造了无限空间。继续教育可充分利用信息技术通过远距离方式把教育服务送到需求者身边。正如一所美国著名大学所倡导的:他们不能到我们这里来,就让我们到他们那里去。这既体现了继续教育培训的主动性,同时也反映了继续教育方便快捷的特点,这对加强人力资源建设是一个重要保证。

## 二、全面构建继续教育体系,促进西部地区经济大发展

围绕西部经济发展,更新观念,拓宽视野,针对东西部差距、知识经济、中国入世等因素,探索真正适合西部继续教育的新路子,构建适合西部继续教育的新体系是非常重要的。

1.继续教育持续发展需要进一步开放观念

首先要充分认识继续教育在西部开发中的重要作用,使其得到更长足的发展。其次,更应该重视继续教育的可持续性,进一步开放思想和观念,根据社会需求、企业需求,拓展继续教育的各种功能。如国外继续教育的功能就较为齐全,加利福尼亚大学伯克利分校的扩展大学,不仅提供各种继续教育培训,而且还为企业提供咨询,即为企业如何以更有效的方式经营提供咨询和策划。结合西部地区发展,继续教育对西部资源开发、资源合理配置和流动、生态环境保护、水资源合理利用、治理水土流失和荒漠化等方面,都是大有可为的。利用继续教育智力支边、智力扶贫是结合西部经济发展襟怀的又一重要策略。继续教育可

以通过紧紧围绕提高农业经济效益、社会效益和生态效益方面的生产科技问题，培养具有科研开发能力和成果推广能力的农业技术人才，进而为农业产业现代化服务。

2.加强继续教育教学改革，提高培养质量

根据西部发展和人才需求，深化继续教育教学改革，使继续教育真正成为人才建设的重要途径。

调整课程结构，突出高科技特点：由于受经济、文化、观念及客观条件的限制，西部地区继续教育普遍存在层次偏低的问题，更多的是停留在缺什么补什么的水平上，科类结构往往局限于传统的学科框架上，缺少主动适应和应变能力，课程内容陈旧，反映科学新发现、新发展、新理论、新知识、新技术的内容不够。但是二十余年的改革，西部地区已进入产业结构和行业结构的转型期，利用高新技术提升传统产业发展水平已成为经济主流。毫无疑问，西部地区的社会就业岗位亦将发生巨变，并形成一个不断向高知识、高科技含量靠近，向国际化靠近的就业新态势。因此重构继续教育课程体系，融入现代科技发展是继续教育真正发挥作用的必要条件。

多角度扩展教育内容：继续教育在人才资源开发上的一个重要问题是对知识、技能的一般传授、补充更新和拓宽。但是随着社会发展，如何激发人的潜能，以及在激烈的竞争环境中如何调整心态，培养健康的人格都是非常重要的。继续教育的内容除了注重职业教育，还应该进行个体超越性教育、个体健康性教育等，全面扩展继续教育的内容。

建立以创新精神培养为主的教学目标：西部地区经济的发展，要求以创新的优势来弥补区位、资本上的不足，以创新的速度、方向和强度来决定经济的成败。过去，西部继续教育对培养创新精神，全面提高能力和素质，没能给予足够重视，因此继续教育改革的一个重点就是应突出创新能力和创造性思维的培养，其着力点是打破传统的以教师为中心的模式，发展以激发学习兴趣，挖掘学习潜能的创新型培养新模式。

健全质量评价体系：建立科学完善的继续教育评价体系，是继续教育持续、健康发展的重要保证。为适应新时期继续教育是创新教育的目标，在评价体系上应作相应的调整，采取考试和考查相结合的灵活方式，侧重考核学习的能力、创新思维的能力、创新工作的能力。

加强个性化培训：继续教育在注重大众化的同时，应更多地体现培训的个性化，社会需要的是在不同的领域、不同的环境均能发挥作用的有专业技术特长的人才，而不是规格统一的流水线成品，因此培训应有针对性，如针对企业实际需求,制定一些功能表式的培训内容。

### 3.加强外部联系,促进继续教育发展

信息的高速发展,打破了各教育系统在空间上彼此孤立的状况,实现了教育资源在空间上的连接,使其更具整体性和广阔性。继续教育可以充分利用这种优势,进一步整合资源,加大发展,使整个西部经济全面推进。

由于区域经济差距,东部地区发展比较快,继续教育起步也比较早,积累了一定的经验,因此应充分利用改革开放大环境,采取东部支持西部的策略,加强与东部合作交流、沟通,利用卫星通信、多媒体、网络教育等现代化手段,争取实际步骤推动进程,采取灵活的政策和措施,给学生创造一个宽松、自由、个性发展的学习环境。如东西部合作开设课程,支持互派教师,互认学分,互认学历,联合开发继续教育、人才培养与交流,在此交流中,既培养了西部急需的各类高素质人才,同时也可以引进人才,进而带动资源开发、经济互补、技术合作等方面的发展。

中国成为 WTO 会员国,意味着教育服务的入世。从目前的发展态势看,外国教育机构对中国教育市场最为感兴趣的是高等教育市场,其中一个明显的竞争手段就是抢占继续教育培训市场。如国外各种职业资格认证考试已在西部出现,剑桥职业外语水平考试(BULATS)、美国管理会计师考试(CMA)、澳大利亚会计师考试(CAT)、专案管理专业资质认证(PMP)等。外国大学进入西部教育市场,对西部大学继续教育的发展构成了强大的竞争力。但是,竞争意味着更多的机遇,西部继续教育应该更多地借鉴国际继续教育先进的管理规范和办学理念,把握国际发展动态,精心打造、培养熟悉国际规则的高级人才,加快西部地区与国际发展接轨的进程。

### 4.发挥大学和企业优势,全面建设继续教育体系

大学的支持:在各类高等教育中,继续教育是一种最为市场化的教育形式,兼备了外向、开拓的特征。因此它是一种使大学向外扩展其服务功能和范围的最好方式。反之,继续教育的发展也离不开大学独特的师资资源、浓厚的学术气氛和人文环境的支持。所以大学从扩展市场功能、发展教育产业,以及社会赋予大学的责任等方面都应对继续教育予以积极的支持。

企业培训:继续教育需要大学的支持,但同时必须打破教育需要完全依赖学校的误区,树立企业教育为继续教育又一主战场的观点。建立企业培训,是加强企业人力资源的重要措施。企业建立规范的培训制度,并纳入企业总体规划,引进量化考核,使之成为企业生产、科研、教育的结合点。

总之,我们应结合西部的实际情况,与时俱进,不断创新,构建适合西部发展

的继续教育新体系,为促进西部人才资源建设,推动西部地区经济全面快速启动,实现整个国民经济跨越式发展做出贡献。

**参考文献:**

[1] 董华.继续教育概论[M].北京:中国社会科学出版社,2002.

[2] 潘涌.论开发中国西部的教育发展战略[J].高教探索,2001(2):34-38.

[3] 西部开发课题组.中国西部大开发指南[M].长春:吉林文史出版社,2000.

# 从应答到主动:发展成人高等教育的新思考

天津大学　靳永铭　钱桂荣　张立升

【作者简介】

靳永铭,男,天津大学继续教育学院院长,职成网党总支书记,研究员,研究方向为高等教育管理。

钱桂荣,女,天津大学继续教育学院原院长,研究员,研究方向为高等教育管理。

张立升,男,天津大学继续教育学院继续教育部主任,副教授,研究方向为继续教育管理。

本文为2005年第六届海峡两岸暨港澳高校继续教育论坛收录论文。

## 一、成人高等教育面临的压力和挑战

进入21世纪后,在高等教育大众化进程中扮演重要角色的成人高等教育不知不觉地感受到了压力的存在和增大。首先,是高中阶段应届毕业生参加自考的人数逐年减少;第二,高中阶段毕业生选择接受成人高等学历教育的数量也在逐步下降;第三,成人学员对成人高等教育变得越来越"挑剔"、越来越"功利";第四,受学习型社会日益临近、终身教育体系逐步构建、大众企业内部自行开展职业培训、普通高等教育放开年龄限制等种种因素的影响,部分人开始质疑成人高等教育的地位和发展的必要性。然而越是在这种形势下越有必要研究问题形成的原因,探索解决方案,寻求走出困境的途径。

## 二、成人高等教育面临问题的成因分析

### 1.成人高等学历教育生源历史性回归的趋势

普通高等学校大规模的扩招,高等职业教育的迅速崛起,使得高中阶段教育

的毕业生有了更多的接受全日制高等教育的机会。也就是说，越来越多的应届高中生可以直接选择接受普通高等教育或高等职业教育，而不必通过成人高等教育实现自己接受高等教育的理想。这导致了成人高等学历教育生源的变化：应届高中毕业生数量减少，成人学生数量相对增加，总体生源数量萎缩；成人高等教育的生源结构有逐步回归到"高等教育热"以前以"成人"为主的趋势。

2．人们日益追求教育投资效益的现实需求

随着市场经济体制和机制的完善，经济建设对人才需求的多样化的现实，以及人们对非义务教育阶段高等教育投资认识的深入，高等教育发展的多元化态势越来越明显。比如，职业资格证书成为继文凭热之后新的追求亮点，高等教育层次的非学历教育"登堂入室"，各种各样的非学历教育机构"纷至沓来"。不言而喻，如果弱化服务成人的需要而热衷于面向应届高中毕业生学历教育的成人高等教育就必然很难适应这一变化，无法做出回应，因而会在相当程度上影响自身的适应和发展。

3．成人高等教育教学改革相对滞后

随着就业市场和人才市场竞争的加剧，人们对高等教育的期望也在潜移默化地发生变化，"知识本位"逐步让位于"能力本位"。而本应直接应对市场需求的成人高等教育，对此反应却显得格外滞后。不少学校成人高等教育的办学理念、专业设置、教学模式还在照搬照抄普通高等教育，强调学校中心，强调理论知识体系，强调课堂学习为主，强调以教为主，而忽视市场需求的变化，忽视实际工作能力的培养，忽视成人学习的特点和需要，忽视服务成人学习的宗旨，降低了成人教育的实用性和有效性。

4．成人高等教育研究落后于实践

成人高等教育发展需要理论的指导，但理论研究落后于实践需要是不争的事实。就目前整体而言，大多数成人高等教育的宏观研究停留于实践、感性、局部的经验性描述水平上，理论研究成果缺乏科学性、普遍性，难以指导迅速发展变化的实践。微观方面对教学基本规律研究不足，成人高等教育"普教化"的现象相当普遍，导致了成人高等教育定位不准、身份模糊，直接制约了事业的发展。而且需要指出的是，理论研究若不能处理好与实践的关系，不能摆脱就教育论教育的怪圈，不能改变与经济、社会现实和发展脱节的状况，成人高等教育研究就难以发挥应有的作用。

### 三、努力探索成人高等教育发展的思路与对策

#### 1.更新成人高等教育观念,树立新的办学理念

成人高等教育改革与发展的基础是观念的转变和更新,那么首先就要对成人高等教育有正确的理解。即它不应仅仅从学习者的年龄上来区分,不应被视为弥补未获得受高等教育机会的一种补偿性教育手段;同时,更应消除所谓成人高等教育可以被终身教育或其他教育替代的片面观点。成人高等教育的服务对象是成人。成人有自身的特点,需要有相应的教育形式来满足他们在工作和生活之外的学习需求。成人高等教育与全日制高等教育相比,更容易起到提高在职人员知识和技能水平的作用;与职业教育相比,更容易起到满足个人兴趣爱好、高雅休闲等纯粹的个人发展的精神需要,达到全面提高民族素质的目的。而终身教育和学习是一种理论、一种思想,它强调教育是贯穿一生的过程,成人高等教育则是实现终身教育的形式与途径之一。过程与途径不可互相替代。毋庸置疑,成人高等教育具有独特地位,是其他教育形式所不能替代的部分。

其次,成人高等教育一定要牢固树立服务成人的宗旨。想成人之所需,急成人之所急。具体讲,就是要本着终身教育的宗旨,建立一个开放、灵活的成人教育体系,为成人学习者创造尽可能多的机会,使成人在任何时候、任何地点都能从事学习,都能找到适合自己的教育内容与教育方式。这也是我们常说的继续教育的任务之一。

第三,树立市场经济条件下新的办学理念。成人高等教育要从我们已经熟悉和习惯的,从以专业教育为追求、以学校教育为平台、以教育者为主导的模式向以人生教育为追求、以社会教育为平台、以学习者为主导的模式转变,成为有助于人的终身学习、持续发展的途径,成为有助于建设学习型社会的基础,成为有助于构建和谐社会、提高全体国民素质的保证。

#### 2.科学定位,制定合理可行的发展战略

在市场经济体制下,高等学校所处的环境是快速变化、充满竞争和风险的,遵循的是"适者生存,优胜劣汰"的法则。因此,成人高等教育要想健康持续地发展,就要根据本校的基础条件、办学优势进行理性思考,科学定位,制定合理、可行的发展战略。

经验表明,凡是学校经过充分预测和论证制定中长期发展规划、制定风险防范机制、制定可行有效的应对预案的,都能"处变不惊",保持稳定协调发展。对普通高校的成人(继续)教育学院而言,尽管可以依托本校实力规避风险,但也绝非"高枕无忧",反而更要在顺应本校发展战略的前提下,制定适应市场的规划与策略。

3.建立主动服务成人、服务社会需要的有效机制

在我国高等教育实现大众化以后,人们选择教育的机会增加了,投资教育包括成人高等教育的理性成分提高了。在这种情况下,优质的教育服务就会"脱颖而出"。当然教育质量和投资效益是投资者首先要考虑的。当教育质量一样时,能够主动提供服务者往往能够"占先"。近年来,普通高等学校之间的"生源大战"及其结果应该给予我们以启迪。实践中的例证也证明,成人高等教育也是如此。

所以,高等学校成人继续教育必须转变观念,建立适合本校情况的、有效的主动服务成人与社会需要的机制。在操作层面上,要从被动地应答转向主动地服务,主动走出去,调查研究,了解市场需求,了解受教育者的需求及其变化。要建立更加灵活的教育教学机制,使成人不受层次、资格、专业、入学考试、工作性质的限制,根据个人意愿、兴趣及职业发展的需求主动选择学习的内容、方式、途径。比如,与大中型企业合作,开展"订单培养",主动服务企业。再如,实行适应成人学习的学分制,方便成人处理"工学矛盾",保证学习时间和学习质量。要根据实际需求设置和调整专业,改进教学内容和教学方式,这一点真正落实了,取得实效了,所谓主动服务才能真正实现。

4.深化成人高等教育教学改革

教学改革是核心和永恒的命题,也是非常紧迫和必须做好的课题。成人高等教育教学改革面临的问题量大面广,而且不同高校的成人继续教育的侧重点不同。这就需要高校从实际出发确定教学改革的范围和重点。根据对总体情况的分析,成人高等教育教学改革的重点有三个方面。

第一,根据社会需求和学员需求选择教学内容和教学方法,强化能力培养。教学内容适应社会需求,主要应从经济结构、产业结构调整及科技发展和技术应用等角度设置专业、调整专业,然后根据培养目标精心进行课程编制,以利于学员构建合理的智慧结构。

教学内容适应学员需求,主要应分析研究他们求学的目的和目标。就现实而言,学员接受成人高等教育相当多数是出于岗位工作需要。这样,学校就应突出专业特色,注重教学内容体现本领域新技术、新材料、新工艺应用,强调构建应用型人才智慧结构,突出能力培养,强调学以致用。教师应尽可能地结合岗位需要讲授理论知识,指导学员结合岗位进行教学实习、实践。条件允许时,可以聘请来自工作一线的技术人员做兼职教师,讲授部分实践性较强的内容。还有一部分学员是基于长远考虑,为转换岗位做准备。对这些学员,学校就需要引导他们与前一部分学员开展小组学习、合作学习,条件允许时为他们搭建必要的平台

和桥梁,比如开展小组讨论,举行学员论坛。

第二,成人学员往往是带着问题来学习的,目的明确,希望学习有针对性、实用性,最好能够"立竿见影"。这时,学校就要通过适当的方式,引导学员正确处理理论学习、生产实践和教育效益的关系。比如,加大入学教育和课程学习的指导,让学员从总体上了解专业培养方案、课程设置,清楚课程之间的关系以及每门课程的功用,使学员能够根据自身需要制定学习计划,确定学习重点,在原有基础上获得最大程度的提高。同时,也充分调动学员学习的积极性、主动性和创造性。

第三,要建立一支相对稳定、专兼结合的师资队伍。成人高等教育也和其他教育一样,需要有一支素质高、能力强、水平高的教师队伍。但与其他教育机构不同的是这支队伍是专兼结合的,在很多情况下是以兼为主的。对学校而言,在理论上这可以按需优选"精品教师",在专业调整时减少"后顾之忧",但实际上还是需要下大力气才能做好的,况且高校扩招后师资短缺现象短时间内相当严重。还有,就是这支队伍的教师的"流动性"太强,会因缺少专业带头人和骨干教师而使专业建设和教学改革难以组织实施,更难于持续进行。为此,要因地制宜地采取有效措施,加强师资队伍建设。

5.拓宽服务面向,满足社会多样化需求

成人高等教育包括学历教育和非学历教育。上面探讨的多是学历教育范畴以内的问题和课题,而成人高等教育拓宽服务面向主要是指非学历教育部分。这既包括讨论较多的高层次继续教育,特别是完成高等学历教育以后的知识更新和新理论、新技术、新工艺、新材料的推广应用;在新形势下,还应包括服务流动人口、进城务工的农民工。从这个意义上讲,成人高等教育既有均等教育机会、构建社会公平的功能,又有提高公民素质、增强其适应社会发展能力的功能,因此,必须认真对待和思考。而且在这方面高校成人继续教育有所作为的空间相当大,不少方面还是创造性的。

6.加强成人高等教育研究

事实证明,成人高等教育研究缺乏或不足,遇到问题和挑战时就会摇摆不定。要改变高校成人教育研究薄弱的状况,首先要重视成人高等教育研究,改变高校成人教育只是单纯地培养人才的观念。而改变这一状况要从领导者和管理者开始,要在制度和政策层面得到保证。其次,要注意加强成人高等教育的基础研究,改变"成教普教化"的状况。这需要专门的教育研究机构担当主力。第三,在更为广泛的范围内,组织和鼓励广大教师、管理人员结合本职工作开展研究。当前,高校包括成人教育的教师和管理人员在职务晋升时都要求有学术性成果。

这对加强成人高等教育研究是十分有利和有力的。加强成人高等教育关键在于引导,使其成为有目的、有计划、有组织的行为。第四,要注意成人高等教育研究成果的推广和应用。因为成果只有应用,才能使更多的人意识到研究的重要性和实用性,使研究者的价值得以实现,激励他们更加努力;也使应用者受到鼓励和引导,积极参加到研究中来。

**参考文献:**

[1] 何红玲,夏家夫.我国成人教育研究的回顾与反思[J].陕西师范大学继续教育学报,2002(4).:16-19

[2] 李岚清.李岚清教育访谈录[M].北京:人民教育出版社,2003.

[3] 钱桂荣,尚富兰,等.成人高等教育持续发展的实践与思考[J].天津成人高等学校联合学报,2004(3):3-5.

[4] 孙喜亭.中国教育学近50年来的发展概述[J].教育研究,1998(9):19-28.

[5] 叶忠海.大学后继续教育论[M].上海:上海科技教育出版社,1997.

[6] 中央教科所成人教育研究中心.中国成人教育:展望与选择[R/OL].2003-10-20.http://www.doc88.com/p-9169380161968.html.

# 不再边缘:
# 香港的大学成人持续教育发展新趋向

香港浸会大学　张羡英

【作者简介】

　　张羡英,女,香港浸会大学持续教育学院通识专业课程总监,曾于中国香港地区和加拿大及澳洲学习,获香港中文大学荣誉文学士学位(主修历史),加拿大多伦多大学教育硕士学位及西澳洲大学教育研究院教育博士学位。在港从事持续及高等教育课程发展及行政工作多年,其间亦曾在大专院校担当兼任客席讲师,研究兴趣包括成人教育、持续专业教育、幼儿教育等。

　　本文为 2005 年第六届海峡两岸暨港澳高校继续教育论坛收录论文。

## 一、前言:历史背景

### 1. 香港早期的成人教育

在香港,成人教育的发展已经有 50 多年的历史。二战后至 20 世纪 80 年代末,香港各院校及成人教育机构开办的培训课程多为学校教育下流失的学习者或基层劳工适应社会提供短期及实用性学习机会而设(Fisher-Short,1974)。成人教育的存在建基于当前社会不同的学习需要,期望社会上有更多的人能获得更多接受教育的机会。随着历史环境的不断变迁,香港的成人教育在过往的十多年所涵盖的范畴亦不断扩大、变化(Cribbin,2002;Cheung,2003)。

### 2. 1997 年后香港社会教育环境的变化

为了改善香港的人力资源以应付经济结构转型,促进香港发展成为知识型社会,自 1997 年香港回归祖国以来,新成立的香港特区政府对香港教育体系进行了大规模的综合性反思。受到"新自由主义的意识形态"的广泛影响,特区政府特别关注教育在改善社会经济竞争力中所扮演的角色,以及其他包括"问责性""管理效能""用者自付的教育理念"及"企业型大学"等概念(Mok & Chan,2002)。1999 年,特区政府教育委员会呼吁社会各界响应"终身教育"(EC,1999),强调教育和各种培训的结合是社会发展的重要推动力,这是香港教育史上史无前例的做法。为落实其终身教育议程,教委会同时也引入了持续教育的概念,设立 50 亿元的"持续进修基金",供香港每一位 18 至 60 岁的居民在成功修读可获发还款项课程后,获取上限 10000 港元的学费资助(EMB,2001)。与此同时,政府也鼓励大专院校开办全日制副学士课程及社区学院,使香港的高等教育的入学率能最迟于 2010 年达至 60%的指标。

### 3.大学成人持续教育在新时期面对的挑战

在全球化的经济环境里,社会生态及工作世界不断产生变化,教育往往需要超越时空及年龄的限制而持续进行和发展,加上香港特区政府在教育政策上的上述种种新思维,造成了社会对持续教育所能提供的各种教育机会需求高速增长(Shen,Lee & Chan,2000)。一些公立大学外展延伸的成教机构,为了"与时并进"及自负盈亏,往往身不由己地对社会不断改变的教育新需求变得更加敏锐,他们会更努力求取不同的适应策略去响应工作中的种种新挑战。这些挑战包括:教育市场的不断扩展及日趋激烈的竞争、学生数字急剧上升及学生组成的变化、因组织不断膨胀所带来的工作氛围及对外关系上的改变等。

## 二、成人持续教育的特性及其在整体教育发展上的社会功能

在进一步探讨大学成人持续教育机构的发展状况前,我们有必要先说明一下何谓"成人持续教育"及业界对有关概念的一般理解。

### 1.相关概念的阐释

一直以来,社会上及学界均认为"学校教育"是人类教育事业的主流。世界上多数国家会为其儿童及青少年于指定的环境及时空全时间提供既定的教与学活动。由于其形式受建制的规范,故亦多被视为正规教育;而任何于学校以外发生,无论是非刻意或有组织的学习活动,只要目的是满足社会里不同群体背景的青少年和成人的特别学习要求,则会被视为"非正规教育"。成人教育通常会被划归为非正规教育的一种。事实上,"成人教育"与一般的"学校教育"的主要分别在于学员的年龄、学习的特性及其非传统的办学方式。至于"持续教育"一词,各国在使用上含义广狭不同,过去曾有多番争论。联合国教科文组织曾指出广义的持续教育是在一定正规教育之后,对在职成人进行各种各样的教育,包括高一级的正规教育和自学。英国的教育科学部对"持续教育"的界定是,"持续教育

包含继初始教育(initial education)之后的任何教育",也不限于在职人员,并常与成人教育混用。在美国,著名成教学者 Cervero 于 1989 年开始结合"成人教育"与"持续教育"二词,首先使用"成人持续专业教育"(ACPE—Adult Continuing Professional Education)此一新名词去描述大量成人为了工作及专业的提升而继续进修的新的社会现象。在这篇文章里,作者把"成人教育"与"持续教育"二词结合使用,其中也包括了持续专业教育的组成部分。

2. 提供正规学校教育的成人持续教育机构

在 1997 年后,根据特区政府新的教育政策及经济状况改变所带来的前所未有的新局面,多位本地大学内的成人及持续教育领导人,无论有意识或无意识地,均曾于访问中向笔者透露,曾为其机构在教育体制改变中的地位及社会功能作出不少的苦思。正如作者于两年前在澳门的论坛上所指出:香港的大学成人持续教育不再单是学校以外为成人提供的补充教育,而是提升全民素质与正规学校教育等量齐观的重要领域(Cheung,2003)。除了继续提供以改善专业技能为目标的课程,他们也开始为十七八岁的年轻学子提供全日制正规课程。各院校开办的具进升含意及资历颁授的"毅进课程"及"副学士课程"即为显例。在这段时间,各成人持续教育院校的学员人数已不再如回归前纯以年长兼读学生(mature part-time students)为大多数。由是观之,香港的大学成人持续教育机构的实践现况,正在朝着开办高一级正规化课程的方向发展。

### 三、大学成人持续教育响应社会新挑战的模式

面对上述新挑战,香港的大学成人及持续教育机构究竟如何自处? 如何作出回应? 如何快速地开出多样的课程? 又或如何协助其母校大学(parent university)为广大社会人士提供更多的继续教育的渠道?

综合观察所得,几乎所有笔者访问过的业界主管人员均感觉到这是成教界一个新时期来临的信号,标示处于边缘的成教工作者必须步上舞台的前沿,故他们或主动或被动地均经历了一个自我反思的过程,需要检讨自身既有的工作方式,令其更切合新时期的新需要。这种自我重新界定角色的结果肯定了成人及持续教育机构的工作方式及形态。在实际担负及适应这新角色时,他们采用了连串适切的策略,如重点依赖现有的基础设施及办学经验、与校内及校外的伙伴广泛合作、主动宣传,以及在教学质量监控上多下功夫等。

根据作者研究归纳,大学成人持续教育机构为应付后过渡期的工作挑战而使用的不同策略可分为三大类,形成一个如图 1 所示的"相连策略之三角"模式(the triangle of inter-related strategies)。

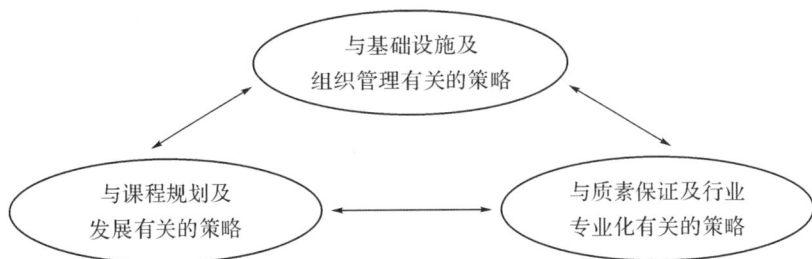

图 1 相连策略之三角

现就此三组响应策略简单说明如下。

1. 与基础设施及组织管理有关的策略

第一组策略为"与基础设施及组织管理有关的策略",当中涉及：(i)完善化教学设施；(ii)提高员工学术水平；(iii)与所属大学及个别学院建立良好关系；(iv)积极参与大学决策过程；(v)与政府及外界机构加强联系。为达到此目的，各大学内的成人持续教育机构需要不断更换新设备及强化基础设施，提升教师素质，与所属大学及个别学院建立互惠互利的关系，及与政府部门建立更多更紧密的工作联系。

2. 与课程规划及发展有关的策略

第二组的策略为"与课程规划与发展有关的策略"。为了让社会劳动人口依自己所能、所需及所喜，随时可到教育机构学习，成人持续教育机构应不断开创更多的教育机会。不管是部分时间学习还是全天学习，也不管是职业进修课程或是通才取向学科课程，大学成人持续教育正朝着多元化入学、多元化学习方案、满足多元化社会的学习新需求等方向大步迈进。

开始的时候，成人及持续教育机构会用"叠马"或"编织"的方式把长久存在的既有的短期课程剪裁成为资历颁授的证书/文凭课程，让课程更合乎新一代学员追求资历的需要。在课程规划上，除了设计更职业化导向的课程外，几乎所有院校均会同时强调采取更市场化导向的课程发展推广手法。可是，若仅依赖既有的短期课程是无法满足各种高资历的学员的新需求。因此，在新的一套策略之下，成人持续教育发展比以前更重视抓紧与外围伙伴合作办学的机会，锐意加强机构协作及海外联系，而个别员工亦会更积极参与各种外展活动，投身社区服务，与本地学校、专业人士、商界、政府机构及海外学府合作，共同提供各式各样创新与迎向市场导向的课程及服务。

3. 与质素保证及行业专业化有关的策略

第三组策略为"与质素保证及行业专业化有关的策略"，即设法确保所提供的产品——课程的质量。这些策略包括制定质量保证框架，确立成人持续教育为专业机构。随着成人及持续教育机构在提供机构产品时变得更趋市场导向、更趋企业化，个别学员是否满意课程成了重点。业界普遍认同，高质素的课程与服务对维持品牌、大学声誉及学生来源是必需的。质量保证同时也是吸引海外伙伴加入合作计划的诱因。所以个别机构会积极开展其课程及服务质量的各种保证机制的制度化及规范化活动。

为了共同解决专业问题，使成人及持续教育机构开办的课程获得社会更多人士的认可，香港有关成人教育的 11 所机构，包括所有附属于香港八所公立大学的专业持续教育单位，于 1994 年成立了彼此之间的专业联盟。联盟不但凝聚了机构之间特有的专业实务知识，亦协助建立了共同支持的品质保证基准，促进成员间的专业交流与合作。此名为"香港专上学院持续教育联盟"（Federation for Continuing Education in Tertiary Institutions，FCE）的组织，在 1997 年后日益受到政府重视，其历届主席往往代表成员与政府进行谈判，寻求资助；在寻觅办学机会时，变得更为活跃地去倡导持续教育的专业化及社会功能。

### 四、结语：成人持续教育应往何处去？

综上所述，我们可得知大学的成人持续教育在近年的几个主要发展方向，及其赖以全力发展与办学的"三角策"。有关院校应就此"三组策略"检讨目前的实践方式是已很健全，还是有所缺失？支持教学的基础设施是否足够及能与课程配合？多元化的课程是否只重数量而忽视了质素保证的工作？个别院校的竞争又会否白热化至形成对专业建立的最大阻碍？

大学成人及持续教育机构能快速及成功地适应自 1997 以来出现的挑战，在香港是前所未见的。单在十年之内，成人及持续教育界已由教育体系的边缘部分转变为积极、地位重要的社会议论教改的成员。纵使在成人及持续教育界是否已完全融入主流教育体系这一点上仍尚未有结论，大多数人都会同意成人及持续教育已是香港教育体制不可或缺的部分。如果"主流教育"一词只限于由幼儿园至大学的正规教育的话，那成人及持续教育就是非主流教育，因为其主要功能乃为完成初步正规教育的成人提供持续教育机会。可是，如果教育涉及为社会上大多数人提供正规教育以外的系统化学习机会的话，那这部分的主流教育就只有大学专门从事成人及持续教育的机构利用其"多快好省"的办学方式才能办得到。

这篇文章的目的是建立新视点，让社会人士更能明白在回归后大学成人及持续教育的发展新趋向。有关研究的结果显示，它们尽管往往是先有蓝图，配以行动步骤，然后才充实内涵、完善规划，但在面对后现代社会里"一切都在万变"

之中的持续教育界时，它们也并非毫无依循：一点既有的传统办学智慧，一些非正规化开办正规课程的创新方法，以及一股勇于尝试的企业家精神，塑造了一系列有利发展的策略，令大学成人及持续教育机构在过往的十多年中能更有效地应付历史新时期的新挑战。香港的大学成人持续教育发展，不再边缘！我们深信，再实践一段时间，成人及持续教育迈向专业化的道路指日可待。

**参考文献：**

[1] Cheung，S. Y. 全球化潮流下看成人持续教育的发展与挑战[C]//苏肖好，主编. 第四届海峡两岸暨港澳高校继续教育论坛文集. 澳门：澳门大学出版社，2003.

[2] Cribbin，J. Growth and development of lifelong learning in Hong Kong[G]// J. Cribbin & P. Kennedy ( eds. ). *Lifelong Learning in Action*：*Hong Kong Practitioners' Perspectives*. Hong Kong：Hong Kong University Press，2002：15-34.

[3] Education Commission. *Document on Framework of Education Reform*：*Learning for Life*[M]. Hong Kong：Government Printer，1999.

[4] EMB. EMB Paper CR3/3037/01 Dated December 2001 to FCE on Background to the Establishment of a Continuing Education Fund[R]. Hong Kong：Author，2001.

[5] Fisher-Short，W. Lead paper on urbanization and adult education：some questions for consideration[R]// Report of the Commonwealth Regional Seminars on Adult Education and National Development ( Occasional Paper No. XXVI ). The Commonwealth Foundation，1974.

[6] Merriam，S. B. & Cunningham，F. ( Eds. ). *Handbook of Adult and Continuing Education*[M]. San Francisco：Jossey-Bass，1989.

[7] Mok，J. K. H. & Chan，D. K. K. ( Eds. ). *Globalization and Education*：*The Quest for Quality Education in Hong Kong*[M]. Hong Kong：Hong Kong University Press，2002.

[8] Shen，S. M. ，Lee，W. C. & Chan，F. T. *A Survey on the Demand of Continuing Education in Hong Kong* [R]. Research Report Serial No. 003. Hong Kong：HKU-SPACE，2000.

# 浅谈 21 世纪继续教育国际化发展的必然趋势

复旦大学　徐韶瑛　龚士珍

【作者简介】

　　徐韶瑛，女，复旦大学继续教育学院行政部部长兼院办公室主任，副研究员，研究方向为高等教育、继续教育等。

　　龚士珍，女，复旦大学继续教育学院党总支书记，副研究员，研究方向为高等教育、继续教育等。

本文为 2007 年第八届海峡两岸暨港澳高校继续教育论坛收录论文。

## 一、继续教育国际化的背景

随着科学技术的飞速发展，尤其是进入 21 世纪后，国际社会人、财、物的流动日益频繁，打破了传统的疆域界限，国际政治、经济和文化呈现出相互作用、相互影响、相互渗透的态势，经济一体化、全球化的趋势正越来越深入。

中国要融入世界经济的大潮中，就必须了解国际市场的"游戏规则"，就必须在各个方面与国际接轨。在经过 15 年的不懈努力之后，我国终于成为世界贸易组织大家庭中的一员，这标志着中国经济正在更广的领域、更深的层次上融入世界经济的大潮之中。

与世界经济日益接轨的我国经济和社会必然对教育提出新的要求。经济的全球化、贸易的自由化必然导致不同文化的相互激荡，相互交融。而教育作为传承文化的一种载体，它加强了国际合作与交流，加快了国际化的步伐。经济全球化把世界连成了一体，经济的国际化需求引发了人才的国际化需求，而人才的国际化需求又引发了教育的国际化需求。正是在这样一种大背景下，教育国际化被日益提到重要的议事日程上来，成为当前社会关注的一个热点。

继续教育也不例外。我们要进入国际社会，同样其他国家的组织和个人也要进入我们的市场，人、财、物的交流和转换，都要求我们了解和掌握不断变化、不断更新的市场规则、市场要求、市场观念等，以使我们的劳动力大军跟上时代的步伐，适应市场的需要。要实现这一目标，继续教育身负重任。因此，继续教育必须在层次上、体系上、内容上加快更新，提高水平，走向国际化，否则是不能适应人类社会发展需要的。

### 二、教育和继续教育国际化的本质

教育国际化实际上就是指在世界经济全球化、贸易自由化的推动下，在教育贸易市场开放的前提下，教育资源在全球进行配置，教育要素在全球加速流动，教育的国际交流与合作日益频繁；世界各国教育的相互影响、相互依存程度不断提高，各国教育相互交流、相互竞争、相互包容、相互激荡，共同促进世界的繁荣和发展；各国在人才培养目标的确定、教育内容的选择以及教育手段和方法的采用等方面不仅要满足本国、本土化的要求，而且还要适应全球产业分工、贸易互补等经济文化交流与合作的新形势。

其核心或者本质，就是在经济全球化、贸易自由化的大背景下，各国都想充分利用国内和国际两个教育市场，优化配置本国的教育资源和要素，抢占世界教育的制高点，培养出在国际上有竞争力的高素质人才，为本国的最高利益服务。

众所周知，在知识经济日益显现的时代，国家综合实力的竞争，归根到底就是人才的竞争。谁拥有数量多、素质高、具有创新精神和富于创新能力的人才，谁就能把握社会经济发展的主动权，在激烈的竞争中立于不败之地。因此，教育国际化的最终目的是培养具有国际意识、国际交往能力、国际竞争能力的人才，这种人才才能立足于本土，放眼于世界，积极主动地参与国际竞争。

### 三、中国继续教育在国际化趋势背景下的应对之策

（1）我们不能盲目地引进国外教育的一切，也不能盲目地排斥国外教育的一切，而是要花精力研究业已存在的教育国际化现象。只有研究清楚了教育国际化的准确含义和本质目标，才能建立教育国际化的科学观念，用以指导我们教育国际化的走向。要研究国际教育领域的新观念、新经验、新情况、新动向，从中学习和借鉴我们所需要的东西，以我们自己固有的好东西为经，以国际教育领域的新东西为纬，进行教育创新，把教育国际化作为一个重要手段，带动或推动我们的教育走向现代化。还要研究我们当前已经开始的教育国际化的一些做法、经验以及存在的一些不尽如人意的地方，加以总结、提炼并进行必要的引导。

如果说在加入世贸之前，我们的教育国际化基本上是处在一种无规章可依的自发状态，那么在加入世贸以后，我们的教育国际化就步入了有规则可依的自

在状态,必须信守承诺。我国根据《服务贸易总协定》的精神,并结合我国教育的实际情况,对除了特殊教育服务(如军事、警察、政治和党校教育)和国家义务教育之外的其他教育服务领域都作出了开放的承诺。可见,加入世贸以后,我国教育领域的开放程度是相当大的,并且教育开放的重点领域主要是在高等教育、职业教育和成人教育。

关于服务贸易提供的四种方式,我国对其中教育服务的跨境交付不作承诺(教育服务的跨境交付是指一个成员国的学生可以通过网络或者其他媒体接受国外的教育,获得国外的文凭,但在缴纳学费等费用时,可以通过所在国的银行或者邮局汇款,而不必亲自到国外去学习和交费)。说白了就是对国外现代远程教育进入我国不作承诺,个案处理,自主决定。现代远程教育在我国刚刚兴起,尚未完善成熟,涉及教育的监管、课程内容的审核、教育质量的把关、互联网络的管理以及金融的开放等一系列问题,比较复杂,因而对跨境交付眼下不作承诺,实为明智之举。

对教育服务的境外消费没有限制是指一个成员国的学生可以到另一个成员国求学而不受任何限制。教育服务的境外消费已是教育国际化的重要标志和必然趋势,对此不作限制,是顺乎潮流的。

对教育服务的商业存在的限制主要是通过行政审批管理和政府定价来体现的。行政审批管理是各级政府分级管理,分级审批;政府定价而非市场定价是我国教育非营利性的要求。

对教育服务中自然人流动的限制主要体现在对自然人所具备的资格限制和居留时间等的限制,不是任何人到我国来任教,我们都欢迎,都给予国民待遇。只有达到了我方的要求,具备了一定资格,方可被允许在学校任教。

(2)学校是教育的承载者,也是教育的主体。教育的国际化必然要求学校的国际化。学校的国际化就必然要求学校从全球范围内网罗人才,延揽人才;必然要求学校从世界范围内招募生源;必然要求学校的教学科研活动与国外同行间的交流合作日益密切,最终体现在学校培养造就出在国际上有影响的大师级的领军人物和具有国际视野、能适应世界经济社会发展的高素质人才以及创造出具有自主知识产权、原创性的科研成果。

(3)坚持发展,用加快发展的办法来解决教育供求矛盾,促使学校面向社会、面向教育需求市场,开放式办学,依法提供多层次、多种类型的教育,满足广大人民群众接受高水平优质教育的迫切愿望,形成全民学习、终身学习的学习型社会,促进人的全面发展。如果说经过20多年的改革开放和经济发展,我国社会的大多数行业已经告别计划经济时代的各种短缺匮乏,从卖方市场步入了买方市场,那么就教育而言,无论是基础教育还是高等教育,仍然处在卖方市场,特别是优质的教育资源仍然十分有限,供需矛盾突出,布局结构不合理,与人民群众日益增长的要求接受优质教育、特色教育、个性化教育等的愿望还有相当的距离。当代人们提出的终身教育、学习型社会等理念都从不同的角度阐述了接受教育对一个人和对一个国家的重要性。从这个意义上讲,入学难不是教育界的光荣而是耻辱,是教育发展不充分造成的。各类教育的供给不能适应和满足社会对各类教育的需求,供求矛盾较为突出,这说明教育事业发展得还不够快,教育结构与社会需要结构还没有完全对接好,教育界上下努力工作的余地还很大,教育界任重而道远。

(4)在加入世贸组织的形势下,根据我国的法律法规,我们还可以用中外合作办学的形式,有策略地让出我国的部分教育市场,积极引进国外优质的教育资源,以博采众家之长,为我所用,加快教育事业的发展。当然,在中外合作办学的过程中,必须遵守我国的法律法规,不能因为有外方的介入而享有任何教育上的特权;必须掌握中外合作办学的领导权,维护我国的教育主权;必须接受我国政府的监督和管理,涉及学历教育的招生应纳入计划管理,收费应由政府部门定价,教育质量应由政府部门监控评估。

(5)大力实施走出去的战略,寻求我国教育发展的新空间。随着科技的发展、社会的进步,世界正在变小,人类社会从来没有像现在这样相互依存,共同发展。任何一个国家和民族都不可能远离其他国家和民族而独立存在。教育国际化不仅需要输入,而且也需要输出,要变单方的交流为双向的输入输出,以增加相互的了解和沟通。因此,我们也要面向国际教育市场,满足国际社会接受我国教育的需求。我们的高校也有一个积极主动地走出去,面向海外教育市场,寻找教育发展机遇和空间的问题。随着我国经济的快速发展,综合国力的不断增强,在国际事务中所起的作用越来越大,外国人认识和了解中国的愿望渐入高潮。海外学生从学习中国文化、中医中药等传统优势专业开始,正在向中国的政治、经济、科技等领域扩展,就说明了来自海外的这种教育需求正在不断地增长。我们要抓住时机,把握好我国教育在国际上的地位,找准自己的位置,找到努力的方向,积极主动地走向世界,推介我国的教育,提升我国教育在国际上的知名度和影响力。与发达国家相比,我国的教育在某些方面还有很大差距,但与大多数发展中国家相比,我国的教育还是走在前列的,是有可学可借鉴之处的。中国目前是世界人口大国、教育大国,也是留学生的最大输出国,但不是教育输出国,更不是教育强国。我们要认清形势,既不能闭关锁国,夜郎自大,也不能崇洋媚外、丧失信心、自暴自弃、坐以待毙。

当然,教育的国际化不等于教育的一体化、统一化、趋同化,更不能简单地等同于西方化。教育的国际化是在教育充分本土化的基础上,以充满自信的精神风貌,大步走向世界,参与国际教育竞争。世界是丰富多彩的,丰富多彩的世界需要具有鲜明地域、民族等个性色彩的教育。没有个性的差异,就没有交流合作的必要;没有个性间的相同相通之处,就没有交流合作的基础。我国的教育既要面向我国的社会主义现代化事业,又要面向世界,面向未来,迎接经济全球化、教育国际化的挑战。

### 四、海峡两岸暨港澳高校继续教育合作的可为之处

诚然,2000年由浙江大学发起,由内地、香港、台湾和澳门多所著名高校参加的海峡两岸暨港澳高校继续教育论坛的成立顺应了历史发展的潮流。高等教育国际化的趋势将向着无边界高等教育的兴起、依靠网络技术的飞速发展向全球提供远程教育、地区之间和国与国之间的教育交流日益频繁等三个方向快速发展。"继续教育论坛"的成立和发展对推动继续教育事业的交流和发展,促进继续教育事业向多学科、多形式、高层次方向迈进做出了有益的探索。

海峡两岸暨港澳各高校在各自的继续教育办学过程中进行了许多有益的探索和实践,积累了丰富的办学经验。这些经验中又有许多共性的东西,非常值得相互借鉴和学习。继续教育论坛的建立为这样的交流提供了重要的平台。

在全球经济、教育一体化发展,在中国加入世界贸易组织,教育也将大规模、实质性地走向国际化的背景之下,论坛自成立之初至今宗旨不变,并经过七年的发展,已经并将继续在以下几方面具有较大的发展前景:

(1)以论坛为基础,推动继续教育理论研究的不断深化,从而更加有效地指导继续教育的实践。可以采用开展学术交流、学者互访、合作研究等形式,如邀请外国专家、学者来国内高校进行短期访问、讲学,开展科研项目的合作研究,必要时进行联合科学考察等,这有利于加强高校理论研究水平的提高。另外,还可以举办国际性学术会议、国际性展览会等,积极开展国际交流与合作,建立和完善继续教育的理论体系,这是当前和未来继续教育国际交流的新领域。中国学术期刊也要努力走向国际,成为本领域国际学术争鸣的阵地之一。

(2)以此为交流平台,展示海峡两岸暨港澳高校开展继续教育的成功经验。互通有无,开展有关项目的合作,加快社会需要的实用型、创新型人才培养,促进继续教育不断适应本地区经济建设、科技进步和社会发展的需要,为亚太地区实现经济可持续发展做出应有的贡献。

各高校可在借鉴其他学校开展继续教育经验的基础上,引进先进的教学理念和管理模式,改革教学管理和课程设置中存在的不尽合理之处,大力改革教学的内容、方法和评估体系;注重学科之间的交叉与渗透,形成新的学科增长点;注重对传统学科进行整合优化,鼓励传统学科与相关应用学科相结合;更新教学内

容,补充国外先进的科学文化知识和科技成果;建立与国际接轨的教学工作评价体系和运行机制;采用国际上先进的教材,引进国外专家、学者;充分利用现代化教学手段,提倡参与式、探究式和研究性教学等。

(3)互派学员,师资互访。国内经济与国外经济的联合,迫切需要大批外向型、国际性人才,这也是世界各国高校加强国际教育交流与合作的目的。利用国外先进技术,跟踪世界高等教育发展的前沿水平,培养教学与实践双重能力的人才,促进继续教育的发展。

(4)利用网络优势,拓宽共享范围。发挥远程教育开放、共享教学资源的特点,共同开发网上精品课程,制作高质量教学软件或教育节目,再通过远程传输,实现跨越时空的教育资源共享。这将极大地推进教育的国际化进程,并为教育国际化提供有力的手段与捷径。

(5)可以尝试构建区域内统一的教育质量标准和保证体系,逐步做到相互间承认学生所修读的有关课程。

## 结束语

在一个受知识推动的世界文化环境中,社会对继续教育的需求只会不断增强。21世纪继续教育的发展正在从教育的边缘走向中心,面临着难得的发展机遇与挑战。高等学校继续教育必须回应这一变化所带来的挑战和机遇,为学习者提供高质量的,又能负担得起的教育和培训机会。在这样一个日益壮大的追求继续教育和学习的市场中,继续教育必将更加繁荣,必将在满足人们终身学习需求的过程中发挥更大的作用。

**参考文献:**

[1] 阿春林.高等学校实施国际教育交流与合作的有关问题[J].青海师范大学学报(哲学社会科学版),2003(3):110-114.

[2] 陈斌.中国远程教育国际交流史研究[J].远程教育杂志,2006(4):28-31.

[3] 陈晋南.社会变革中的国际及国内成人高等教育[J].成人教育,2006(1):10-14.

[4] 刘冰,马海燕."入世"后中国高等教育发展的思考[J].教书育人,2005(32):9-10.

[5] 唐景莉,等.适度超前:中国教育的新发展观[J].发展,2005(5):31-32.

[6] 王迪涛.浅谈我国继续教育国际交流的新领域[J].中国成人教育,2003(12):58.

# 中国成人高等学历教育未来发展前景分析

北京大学　李国斌　张海平

【作者简介】

　　李国斌,男,北京大学继续教育部副部长,研究员,研究方向包括教育管理、教育史、成人教育、继续教育等。

　　张海平,男,北京大学继续教育学院职员。

　　本文为2008年第九届海峡两岸暨港澳高校继续教育论坛收录论文。

## 一、引　言

人类社会即将进入21世纪的第二个十年。

科学技术的突飞猛进,信息化大潮的迅猛发展,正使当今世界发生深刻而广泛的变化,同时也推动着国际社会快步进入一个新的大变革、大调整时期,各个国家、各个民族都在这种发展中积极调整着自己在国际发展格局中的相对位置,为未来发展赢得新的机遇。

在这种形势下,教育在社会发展、科技进步、经济繁荣和文明提高中的基础性地位也进一步凸显。面对国际格局调整和社会发展新形势,各国都采取了积极的措施,大力调整教育发展战略,创新教育体制、体系,完善终身教育、终身学习机制,努力在人才培养方面占得先机,使国家、民族在国际发展格局的调整中保持有利的态势,同时也推动了以完善终身教育体系、建设学习型社会理念为先导的世界教育改革新潮流。

成人教育是随着社会化大生产的发展而诞生的新的教育形态,也是当今各国教育事业的重要组成部分和社会现代化发展的重要标志。在数百年的发展实践中,成人教育孕育了终身学习与终身教育的思想、观念和体系,同时也为终身学习、终身教育体系奠定了坚实的结构基础,完成了终身教育体系主要支柱的构建任务,开辟了通往学习型社会的宽敞通道。因成人教育具有与社会发展关系密切、联系广阔,对社会进步需求变化反应敏锐的特性,故而在教育改革大潮来临之际常被抛向潮头和巅峰的位置。"春江水暖鸭先知",在当前这场波及世界范围的教育改革浪潮中,成人教育又一次被推到了前沿位置。成人教育改革、发展方向的讨论也成为当前教育界讨论的热点问题,所形成的争论"焦点"也格外引人注目。

基于这种感知和认识,本文拟以科学发展观为指导,从社会发展需求的角度出发,采用社会科学研究最普遍的方法,对我国成人教育领域讨论最热烈的问题之一——成人高等学历教育未来发展走势做一点分析和研究,以期为成人教育改革的大讨论再增一家之言,激发一点新的思想火花,为成人高等教育研究增加一些新的参考资料。

## 二、问题的提出

我国成人高等学历教育的发展始于 20 世纪 50 年代,60 年代中期后因众所周知的原因一度停滞。70 年代末至 80 年代中得到恢复。1985 年后,国家重新确立了高等教育"还是要两条腿走路"的方针,成人高等学历教育有了较大发展,90 年代初成人高等学历教育随着我国改革开放和现代化建设步伐的加快而进入了改革、发展、提高的新阶段。

在人类社会跨入 21 世纪的前前后后,我国确立了全面建设小康社会的新目标。科教兴国、人才兴国战略的实施极大地推动了高等教育事业的发展,"211"工程、"985"工程及高等学校结构调整等战略措施的实施,加强了各校的发展实力,促进了各校办学水平的提高,同时也为各类高等学校扩大招生规模、迅速提升我国的高等教育毛入学率创造了条件。2000 年前后我国高等教育顺利实现了由精英教育阶段向大众化教育阶段迈进的历史性跨越,高等教育毛入学率也由 1998 年的 9.8% 迅速提升至 2002 年的 15%。

尽管这一时期成人高等学历教育为社会发展培养了数以百万计的各类急需专业人才,对高等教育毛入学率的贡献每年都在 3.3～5.0 个百分点之间,但在新一轮高等教育改革大讨论中,成人高等学历教育是否还要继续发展的问题却成了争论的焦点问题之一。虽然成人高等学历教育今后仍要在主动适应中不断改革发展的呼声强烈,但那些相反的意见和观点,则又不能不引起社会更为广泛的关注。科学地分析、认真地研究、系统地回答这些讨论中提出的问题,是当今成人教育理论研究和实践探索人员必须面对的新课题,也是我们这一代成人教育工作者必须完成的历史任务。

### 三、成人高等学历教育发展前景分析

(1)我国 50 年来新生人口曲线告诉我们,未来成人高等学历教育生源仍呈上升趋势。

讨论中有一种观点认为,成人高等学历教育报考人数逐年减少,生源几近枯竭,今后若干年内已无发展可言。持这一观点者所提供的论据主要是 90 后独生子女增多,人口出生率下降和普通高等学校招生年龄限制放宽等。事实果真如此吗? 只要我们对 50 多年来中国人口出生率和成人高等学历教育招生报名的有关情况做一概括了解和关联分析,就会得出与此观点相反的结论。

图 1 给出了我国近 56 年中各年度新生人口变化的曲线。在这个曲线中,四个人口出生高峰值特别引人注目。

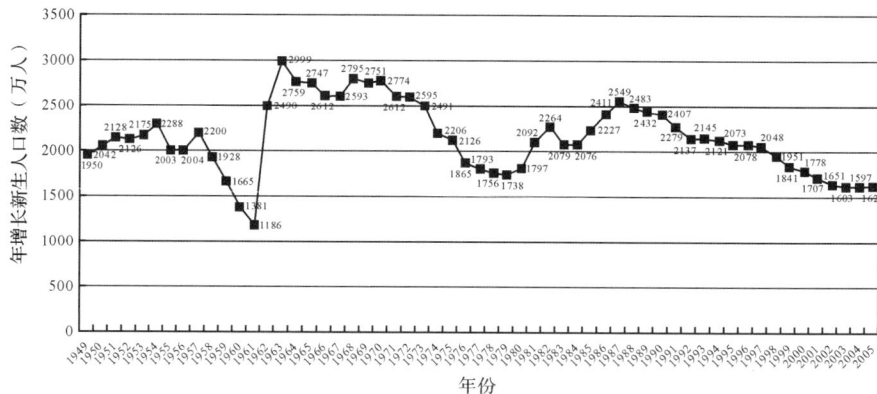

图 1 我国 1949—2005 年新增人口曲线

资料源于:何爱国,《从"单位人"到"社会人":50 年来中国社会整合的演进》,学术中国。

第一个高峰值出现在 20 世纪 50 年代中期。尽管此后的一段时间内国家尚未实行计划生育的政策,并曾一度鼓励出生率的提高,但因在 1959 年至 1962 年期间自然灾害严重,国家遇到了暂时的经济困难,因此人口出生率也急剧下降。1963 年经济好转后,我国人口出生达到了第二个高峰值——年出生人口为 2999 万——也是历史上最大的高峰值。

第三个高峰值出现在 80 年代初期,其峰值与 50 年代初的峰值相差无几,为 2264 万。此时我国已实行了计划生育的基本国策,这一高峰的出现有两个原因,一是 1980 年以前我国各地提出的晚婚晚育政策一般都把结婚年龄控制在男 27 岁、女 25 岁以上,结果是 1954 年后高峰期及以前出生的人在这一时段都到

了结婚生育年龄。二是 1980 年颁布的新婚姻法规定,结婚年龄控制在男 22 岁、女 20 岁,结果把 1957 年、1958 年高峰期出生者的婚育年龄提前到 20 世纪 80 年代初期。两个出生人口高峰的人婚育时间的叠加是造成第三个人口出生高峰的直接原因。

第四个高峰出现在 1987 年前后,年出生人口 2549 万,这恰恰是 1963、1964 年人口出生高峰期出生者到了婚育年龄,开始结婚生育的结果。如果对照我国普通高等教育、成人高等学历教育招生报名情况(见图 2)就可以看出:

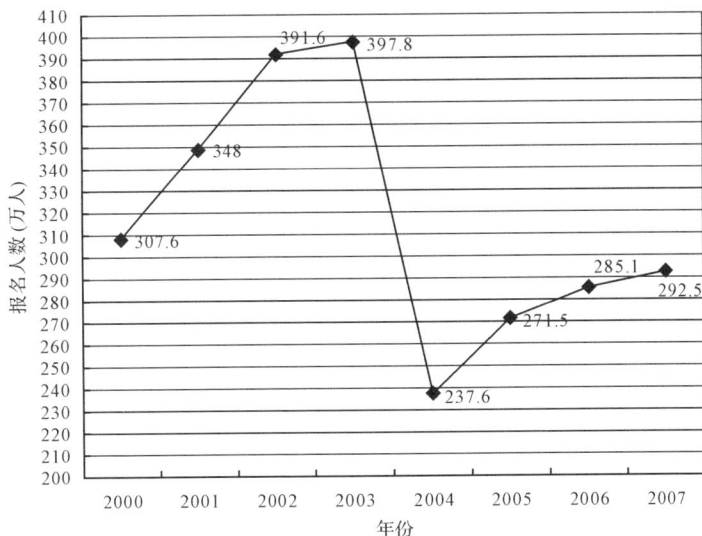

图 2　2000—2007 年全国成人高等学历教育招生考试报名人数统计

1998—2001 年是我国高考报名人数最多的年份。这一大学适龄人口高峰的突起恰恰是以 20 世纪 80 年代初期人口出生高峰为基础的。我国大学学龄人口一般在 18～22 岁,如果利用坐标变换的办法把我国年出生人口曲线沿横坐标平移 18～22 年,或者把 1980 年前后生育高峰出生的人年龄加上 18～22 岁,就可以发现,上大学适龄人口的高峰必然出现在 1998 年至 2001 年间。尽管国家针对大学适龄人口高峰期的到来采取了扩招政策,但在 1999 年我国大学毛入学率还在 10.5%(见表 1:1990—2006 年我国高等教育毛入学率一览,其中包括了成人高等学历教育的贡献,下同)的情况下,仍有 89.5% 左右的人不得不暂时放弃上大学的机会,直接进入社会劳动大军行列,并成为成人高等学历教育的重要生源储备。2000 年至 2003 年全国成人高考报考人数一路攀升,其根本的原因就是这种储备持续不断释放的结果,也是成人高等学历教育学生平均年龄不断下降的原因之一[①]。

表 1　1990—2006 年我国高等教育毛入学率一览　　　　单位(%)

| 年　份 | 毛入学率 | 普通高等教育贡献 | 成人高等教育贡献 |
|---|---|---|---|
| 1990 | 3.7 | 1.6 | 1.2 |
| 1991 | 3.6 | 1.7 | 1.2 |
| 1992 | 3.9 | 1.9 | 1.3 |
| 1993 | 5.0 | 2.3 | 1.7 |
| 1994 | 6.0 | 2.8 | 2.4 |
| 1995 | 7.2 | 3.1 | 2.8 |
| 1996 | 8.3 | 3.4 | 3.0 |
| 1997 | 9.1 | 3.6 | 3.1 |
| 1998 | 9.8 | 4.0 | 3.3 |
| 1999 | 10.5 | 4.9 | 3.6 |
| 2000 | 12.5 | 6.3 | 4.0 |
| 2001 | 13.3 | 7.9 | 5.0 |
| 2002 | 15.0 | 9.1 | 4.6 |
| 2003 | 17.0 | 11.1 | 4.0 |
| 2004 | 19.0 | 12.5 | 4.3 |
| 2005 | 21.0 | 13.9 | 3.9(含网络为 6.3) |
| 2006 | 22.0 | 14.9 | 4.5(含网络为 6.9) |

　　用同样的方法,如果我们把人口出生曲线的坐标按我国大学适龄人口的年龄区间沿横坐标向后平移 18～22 年,我们就可以发现,下一个大学适龄人口高峰将在 2005—2009 年出现。这与人口学专家预料我国高等教育学龄人口到 2008 年达到高峰的 1.25 亿,之后开始下降的结果不谋而合。即使届时毛入学率达到专家们预测的目标——25%,而且这 25%全从 1.25 亿适龄人口中选拔,也不过有 3000 万左右的人能升入全日制普通高等学校,其余的 9000 多万高中阶段毕业生又不得不走向社会的各工作岗位,并充实到成人高等学历教育未来生源队伍中来。如果我们按现在成人高等学历教育在校生平均年龄为 28 岁计

---

① 　关于成人高等学历教育学生平均年龄下降问题,是成人高等教育领域一直争论的问题。有些人认为成人教育培养的已不是"成人",并因此否定成人高等学历教育存在的价值。对此,笔者绝对不敢苟同。但此问题不是本文讨论的主题,故不在此讨论。

算,把 2005—2009 年间高考适龄人口峰值向后平移 6 年(假定没有其他不确定因素的影响),就可以发现成人高等学历教育报考的高峰期应是在 2011—2015 年左右。这是个显而易见的分析结果。运用简单的坐标平移方法,就可以从人口出生变化曲线的分析中得出相应的结论。

解放思想、实事求是是我们进行科学研究必须遵循的思想方法。如果我们真正以科学发展观为指导,从人口学角度实事求是地去研究我国人口出生率变化、劳动人口变化情况与成人高等学历教育生源储备之间的关系,就不难看出,成人高等学历教育的生源在今后相当长的一段时间内仍处于扩大的趋势。尽管随着计划生育基本国策的实施和人们生育观念的转变及高等教育招生报考年龄限制的放宽、毛入学率的不断提高等因素的影响,成人高等学历教育生源的绝对储量不会增加,但只要将人口出生曲线沿横坐标(年份)向后平移,就可以发现,今后成人高等学历教育报考生源仍呈上升趋势,并有可能出现新的报考高峰。成人高等学历教育报名人数 2004 年、2005 年连续两年出现下滑[①]后,在 2007 年出现了上扬的趋势(见图 2),本身就是这一发展趋势的必然结果,同时也清楚地预示着新的成人高等学历教育报考高峰期即将到来。

(2)历史上的成人高等学历教育为我国高等教育毛入学率的提高做出了不可磨灭的贡献,推进高等教育大众化进程需要继续发展成人高等学历教育。

成人高等学历教育是我国现代高等教育体系的重要组成部分,也是提高高等教育毛入学率、推进高等教育大众化进程的重要方式之一。从表 1 中不难看出,1990—2002 年间,我国成人高等学历教育对高等教育毛入学率的贡献比例都在 30% 以上。2003 年以后,由于普通高等教育扩招及放开入学年龄等因素的影响,成人高等学历教育的贡献比例才相对下降为 22% 左右。"三分天下有其一",如果没有成人高等学历教育的发展,我国高等教育毛入学率仍旧会停留在精英教育阶段。成人高等学历教育对我国高等教育毛入学率的提高是做出了卓越贡献的,这是应该载入我国高等教育历史史册、任何人都否认不了的历史功绩!

有专家研究表明,我国现在的高等教育毛入学率只相当于美国 20 世纪 40 年代的水平。在我国教育发展水平和人力资源水平还不高、与教育强国的发展目标距离较远、高等教育资源相对不足与需求旺盛的矛盾依然突出、国家在财政

---

[①] 2004 年成人高等学历教育报名人数下降与 2003 年的招生考试政策调整有直接关系。2003 年因"非典"的影响,成人学历教育招生考试时间推迟到 10 月份进行。原本为 2004 年生源中有一部分提前在 2003 年参加了成人学历教育招生考试并被录取,因此才导致 2004 年报名人数急剧下降。

性教育经费占 GDP 的比例未达到 4％的情况下,"穷国办大教育"的现实依然没有根本改变。国家也不可能再投入更多的资源创办更多的新大学,去解决十三亿人口的高等教育普及问题。因此,现实可行的办法是继续坚持普通高等教育与成人高等学历教育"两条腿走路"的方针,积极调整各类高等教育的结构和布局,整合社会上可利用的高等教育资源,调动一切可调动的积极因素,"继续发展各类成人教育"①,以推动我国高等教育顺利走过大众化阶段而跨入普及化的新里程。从这个意义上讲,大力发展成人高等学历教育,进一步推动成人高等教育的改革,促进我国高等教育的大众化历史进程,仍是今后一个时期成人高等教育必须承担的历史任务,也是保证我国高等教育在大众化阶段不断发展的重要前提。

(3)我国社会新增劳动力素质的提高要求成人高等学历教育进一步发展,成人高等学历教育将继续担负着提高劳动力素质的重要任务。

成人教育是伴随着社会化大生产诞生且与社会发展相适应的新的高等教育模式。随着我国社会主义现代化建设事业的发展,成人高等教育的需求仍在继续增长,这是个不言而喻的事实。

知识经济时代、信息化社会的到来,国力竞争、科技竞争的加剧,已把人才竞争推到一个国家能否秀出于世界民族之林的核心地位。新一轮国际产业的重组、转移和资金技术的跨国流动正使全球产业格局进入新的调整震荡时期。一个国家科技创新能力的强弱、劳动力素质的高低已经成为当今世界产业格局调整、重组的关键因素。在我国,科教兴国、人才兴国、可持续发展战略的实施,要求教育必须优先发展,并为我国由人口大国向人力资源大国的目标迈进,促进我国社会政治、经济、文化的发展奠定坚实的教育基础。但我们也必须清醒地看到,我国教育发展水平和人力资源水平并不高。2000 年第五次人口普查结果表明,15～60 岁的劳动人口中只有 6.3％接受过大学专科以上层次的教育,平均受教育年限只在 7～8 年。有资料统计,到 2004 年,我国 15 岁以上劳动人口平均受教育年限已达到 8.3 年,但仍低于世界一些中等发达国家 2001 年的人均受教育年限 3 年以上。这种现实告诉我们,若要提高我国劳动力科技、文化素养,变人口大国为人才大国,就必须对成人高等学历教育发展给予高度重视,必须给成人高等学历教育相应的社会地位,并大力促进它的积极发展。

在现代社会,劳动者"创造现实的财富已经不再依靠劳动时间和相应的劳动数量了。……相反地却决定于一般的科学水平和技术进步程度或科学在生产上

---

① 第十届全国人民代表大会第四次会议批准的《中华人民共和国国民经济和社会发展第十一个五年规划纲要》,《人民日报》2006 年 3 月 17 日,第 6 版。

的应用"①。在我国全面推进小康社会建设的历史进程中,劳动人口受教育程度偏低的状况无疑会影响到我国经济、政治、文化的发展和社会的进步。发展成人高等学历教育,提升我国劳动人口受教育程度,改善我国人力资源状况,是成人高等学历教育义不容辞的重要任务。我国劳动人口占总人口比例平稳地攀升(见表2:我国不同年龄段人口占总人口比例变化情况)也再一次呼吁成人高等学历教育未来十年仍必须承担较为繁重的培养各类劳动者、科技人才,提高劳动者科技文化素质和适应社会发展能力的艰巨任务。

表2 我国不同年龄段人口占总人口比例变化情况

| 年 份 | 0～14 岁学前和义务<br>教育学龄人口占比(%) | 15～64 岁<br>劳动力人口占比(%) | 65 岁以上<br>老龄人口占比(%) |
| --- | --- | --- | --- |
| 1953 | 36.3 | 59.3 | 4.4 |
| 1964 | 40.7 | 55.8 | 3.5 |
| 1982 | 33.6 | 61.5 | 4.9 |
| 1990 | 27.7 | 66.7 | 5.6 |
| 2000 | 22.9 | 70.2 | 6.9 |
| 2004 | 21.5 | 70.9 | 7.6 |
| 2005 | 20.3 | 72.0 | 7.7 |
| 2006 | 19.8 | 72.3 | 7.9 |
| 2007 | 19.4 | 72.5 | 8.1 |
| 2010 年预计 | 21.0 | 70.3 | 8.7 |

此资料根据国家统计局公布的人口普查数据整理。2010 年的数据引自一份内部调研报告。

(4)成人高等学历教育为解决"功能性文盲"问题开辟了新的途径,复合型专业人才需求量的增加要求成人高等学历教育今后必须有新的发展。

1990 年在泰国宗迪恩召开的世界全民教育大会通过的宣言中指出,"功能性文盲已成为包括工业化国家在内的所有国家的严重问题"②。随着科技的进步、知识更新速度的加快和产业结构的调整、人才流动性加大以及人们择业观念的更新,"功能性文盲"问题在我国也日益凸显。社会对掌握多种专业知识和技能的复合型人才需求量的进一步增加等都促进了成人高等学历教育需求的不断扩大。通过成人高等学历教育修习新的专业知识和技能、获取多个专业学历,把

① 关世雄、张念宏主编,《成人教育手册》,北京出版社,1986 年版,第 5 页。
② 赵中建编,《教育的使命——面向 21 世纪的教育宣言和行动纲领》(联合国教科文组织教育丛书),教育科学出版社 1996 年版,第 13 页。

自己培养成为适应社会发展需要的复合型人才,提高自己适应现代社会生活的生存能力,已成为各类成年人防止沦为"功能性文盲",避免"功能性失业"的重要途径。近几年成人高等学历教育中修习第二专业、跨学科选修专业的人数不断增加的事实再一次告诉我们,未来的成人高等学历教育要担负起更多的扫除"功能性文盲"、培养成年复合型专业人才的历史任务。这一历史任务的提出为成人高等学历教育发展指出了新方向,增加了新动力。成人高等学历教育也将在社会需求变化的导引下,沿着"面向世界、面向未来、面向现代化"的方向,在新的历史时期实现新的发展。

(5)成人高等学历教育为终身教育体系的建设奠定了重要框架结构基础,终身教育体系的完善将促进成人高等学历教育的进一步发展和改革。

联合国教科文组织国际教育发展委员会在《学会生存——教育世界的今天和明天》的报告中指出,"终身教育只不过是应用于一种较旧的教育实践即成人教育(并不是指夜校)的一个新术语,……到现在,终身教育这个概念,从个人和社会的观点来看,已经包括整个教育过程"[1],同时提出建议,"今后十年内,教育策略应把迅速发展校内与校外的成人教育,作为优先的目标之一"[2]。

成人教育在其实践中孕育了终身教育思想理念,衍生了终身教育概念,也为终身教育理念奠定了重要的实践基础。"教育过程的正常顶点是成人教育"[3],只有把成人教育纳入终身教育体系结构之中,以成人教育作为其体系结构框架的主干组成部分,终身教育才是系统的、完整的体系,也"才能变成有效的、公正的、人道的事业"[4]。

首先,终身教育的目标是创造一个公平、公正以及不同年龄层、不同地区、不同社会利益群体接受教育的机会均等的教育体系。包括成人高等学历教育在内的成人高等教育以其多层次、多类型、多种办学形式和手段的教育服务,较好地解决了为社会人数最多的年龄层——处于劳动力人口层面的社会成员提供终身的高等教育需求,有效地缓解了不同年龄层接受高等学历教育机会不均等问题所带来的社会矛盾,促进了高等教育的可持续全面发展。

其次,成人高等学历教育一改传统高等教育封闭的"象牙塔"式的办学模式,以其广泛性、开放性、多样性、灵活性的特点和优势为最广大的社会成员开发智力、提高科学素养和培养适应现代社会生活的能力拓展了广阔的空间接口,同时也利用远程教育手段把那些优质的高等教育资源送到贫困、偏远和不发达地区,

---

[1][2][3][4]　联合国教科文组织国际教育发展委员会编著,华东师范大学比较研究所译,《学会生存——教育世界的今天和明天》,教育科学出版社,1998 年版,2002 年 3 月第 8 次印刷,第 180、248、247、179 页。

直接满足了这些地区人们的高等教育需求,一定程度上缓解了教育资源分配不均等、高等教育发展不平衡的问题所造成的社会矛盾,促进了高等教育资源公平分配原则的实现,也促进了社会和谐发展局面的形成。

第三,"终身学习框架包括生命周期中的所有学习——从婴儿到退休的各种环境下的正规、非正规和非正式教育"[①]。在生命周期中的所有学习中,最为关键的莫过于大学阶段的学习。因其是人的一生中走向职业生涯或为转换职业生涯奠定知识、能力、科技水平基础的重要阶段,所以在终身学习框架中它所处的地位和体现的价值更为重要。发展成人高等学历教育,在各类成年人中普及高等学历教育,进而为大学后继续教育奠定广泛而深厚的生源基础、促进大学后继续教育的发展是我国完善终身教育体系、保障"人民享有接受良好教育的机会""形成全民学习、终身学习的学习型社会,促进人的全面发展"[②]所面临的新任务,也是成人高等学历教育必须完成的历史任务。

第四,终身教育是"由一切形式、一切表达方式和一切阶段的教学行动构成一个循环往复的关系时所使用的工具和表现方法"[③],因此,以成人高等学历教育的特有优势,为社会架起"横向沟通、纵向衔接"的高教立交桥就成了终身教育体系建设的关键问题。包括成人高等学历教育在内的成人高等教育改革发展形成的开放式的高教平台,极大地沟通了学校教育与社会教育、正规教育与非正规教育、普通教育与职业教育、中等教育与高等教育、大学基础教育与大学后继续教育等教育系统之间的联系与协作管道,促进了各类教育的和谐发展。实践证明,成人高等教育在终身教育体系建设工程中发挥了"中流砥柱"的作用,并以扛鼎之势支撑着现代化国民教育体系的结构框架,推动着终身教育体系伟大工程的实施,促进着学习型社会的建设和发展。终身教育体系和学习型社会的建设,也强化了成人高等教育的功能和作用,提高了人们对它的认识,促进了人们高等教育观念的更新,并为其发展展现了广阔前景。完全可以预期,成人高等学历教育必将在终身教育体系完善、学习型社会的建设中浴火重生,实现新的升腾。这种升腾也必将在今后的发展历程中展现出来,并把更加辉煌的成就镌刻在中国高等教育发展的历史丰碑上。

### 四、结束语

积极发展各类成人高等教育,是传统的学校教育向终身教育过渡的重要举

---

① 世界银行报告,《全球知识经济中终身学习——发展中国家的挑战》,高等教育出版社,2005 年。

②③ 江泽民,《全面建设小康社会,开创中国特色社会主义事业新局面——在中国共产党第十六次全国代表大会上的报告》,人民出版社,2002 年版。

措,是完善终身教育体系的重要步骤,它代表着当前世界高等教育改革的新潮流,推动着学习型社会的发展进程,对于我国提高全民族的科学文化素质、增强国力、促进和谐社会建设、实现中华民族的伟大复兴都具有重大的历史意义和现实意义。我国完善终身教育体系、建设学习型社会伟大工程的实施,进一步更新了人们的教育观念,为成人高等学历教育今后的发展指出了新的方向,提出了新的更加艰巨的历史任务。人类社会现代化、信息化的发展为成人高等教育展现了广阔的发展前景,并预示着这个与先进生产力、先进文化发展并生的教育形态将迎来一个更加光辉的未来。因此,那种"成人教育已近黄昏"的奇谈怪论是毫无根据的!至于那种对"成人教育是我国教育事业的重要组成部分,是教育为现代化建设服务的重要途径,是传统学校向终身教育发展的充满活力的新型教育制度","蓬勃发展的成人教育是构建终身教育体系和建设学习型社会的重要支撑,是社会文明进步的重要标志"①的科学论断和结论熟视无睹、随意砍掉成人教育的某种办学形式、诋毁成人教育的时代地位和历史作用的思想行为,无疑是有悖于时代发展潮流、违背教育规律、缺乏战略远见的思维方式,也是置中国完善终身教育体系、建设学习型社会的目标于不顾,随意拆毁已初步形成的终身教育体系框架结构中部分基石的错误行为。

我们完全可以预期,在今后相当长的一段历史时期内,成人高等学历教育仍将一往无前地继续改革、发展,并在我国现代国民教育体系的建设中发挥更大作用,创出新的辉煌!

---

① 陈至立,《充分发挥成人教育在全面建设小康社会中的重要作用——纪念〈关于改革和发展成人教育的决定〉颁布二十周年》,《中国教育报》,2007 年 6 月 22 日第 1 版。

# 我国继续教育现状分析及对策研究

天津大学　余建星　靳永铭　杨丽芸　薛　晖

【作者简介】

　　余建星,男,天津大学副校长,教授,博士生导师,研究方向为高等教育管理等。

　　靳永铭,男,天津大学继续教育学院院长,研究员,研究方向为继续教育管理。

　　杨丽芸,女,天津大学继续教育学院副院长,副研究员,研究方向为继续教育管理。

　　本文为2008年第九届海峡两岸暨港澳高校继续教育论坛收录论文。

　　为适应经济全球化和社会信息化的发展趋势,按照中国全面建设小康社会的要求,努力造就数以亿计的高素质劳动者、数以千万计的专门人才和一大批拔尖创新人才,构建终身教育体系与学习型社会,高校继续教育将面临新的课题与挑战。

## 一、高等学校继续教育的发展现状及存在的问题

### 1.全社会对终身教育理念的认识尚需提高

　　当前,我国终身教育和学习型社会的相关理论研究和实践探索还处于初始阶段,对终身教育、学习型社会及继续教育的认识还未形成全社会的共识。主要表现在:我国的继续教育起步较晚,相关终身教育的立法还不健全,国家应加快相关教育立法,发挥导向作用,规范各类继续教育的办学行为;社会各行业、各部门对在职人员的岗位培训、转岗培训和大学后的继续教育的认识还比较薄弱,企业员工的培训率较低,缺乏与高校教育部门的广泛沟通与合作;目前大多数高校继续教育的功能仍以成人学历教育为主,延续普通高校的传统教学方式,缺乏办

学活力,各项改革措施滞后,与当前不同层次人才对于再学习提高的需求不相适应;以终身学习的理念,改革学校的教育思想、教育内容和教育方法,特别是加强对学习者的学习兴趣和学习能力的培养都有待于进一步的改革;一些高校对继续教育应发挥的作用认识不够,对教学与管理的投入都不足,影响了继续教育的进一步发展;作为受教育者个体如何把接受教育当成自己的需求和自觉行动,是每个公民的一项义务的理念的建立尚待时日。为世界上数量最大、教育水平相对较低的劳动大军提供较高质量的培训和继续教育,是我国教育和社会发展面临的巨大挑战,也是建设终身教育体系最艰巨的任务。

2.成人学历教育质量的下滑趋势

开展成人学历教育仍是当前普通高校继续教育的任务之一。近年来,随着普通高校的扩招、远程教育、新高职教育、高等教育自学考试、民办教育等各类招生的扩大及计划生育政策的落实,适龄人数的降低,成人高考报名人数逐年减少,录取分数有所下降,生源质量也明显下降,给教育、教学带来很大的困难。如何提高教育质量,成为普通高校继续教育十分关注的问题。

3.现行的教育管理模式已不相适应

在我国,长期以来继续教育主要是成人学历教育,且大多模仿甚至沿袭普通高等教育的综合培养方案及管理模式,缺乏对成人学生特点的研究和把握。随着高等教育大众化的发展,接受成人教育人员结构的变化凸显现行的管理模式的欠缺。成人教育是以培养应用型人才为目的的大众化教育,与精英教育的定位和培养目标不同。个人在成长中,由于生理、心理及文化的影响,其价值观、能力、知识水平都存在差异,而人们往往根据自身的特点选择学习方式、学习内容及学习类型等,因此成人高等教育在培养目标、培养计划、课程设置、教学方法、教学模式方面都应呈现出灵活性、多样化的特点。所以我们必须研究成人教育的特点,建立一系列与成人特点相适应的管理制度和管理模式。

4.各类办学标准不一,社会的认知度不一

近年来相继出现了多种新的办学形式,如独立学院、远程教育、新高职、开放大学、各类培训教育等。由于管理机构政出多门、职责不协调,致使各项政策不统一,如入学方式、评价标准、教学要求、毕业标准等不一致;特别是一些办学机构为牟取利益,降低培养标准,教育质量参差不齐,致使社会对各类教育形式的认知度的不同,用人单位和受教育者也感到困惑。

5.继续教育规范管理有待加强

终身学习和终身教育体系的机制还有待于建立和完善,目前成人教育、社区教育、教育培训等继续教育还处在研究和探索阶段,继续教育还没有真正地在终身学习、学习型社会的目标中发挥其更大的作用。

终身教育体系及机制相配套的法律、法规还需完善。即使国家有了一些在职人员接受继续教育的法律规定,也还缺乏必要的实施细则,缺乏相应的监督机制,从而影响高校为在职人员提供切实有效的培训和继续教育服务。

全民学习、终身学习的理念在社会上还没有真正树立起来,大部分公民还没有参与继续教育培训的主动性;许多单位并没有把人才的教育培训纳入单位发展规划;继续学习制度和经费保障制度、教育培训的激励约束机制、竞争上岗和职务聘任制度等还没有真正建设起来,激发不了人们终身学习的要求。

### 二、继续教育发展的对策思考

#### 1.确立继续教育的地位和作用

1993年《中国教育改革和发展纲要》首次提出"终身教育"的概念,1995年颁布的《教育法》以法律形式规定了"建立和完善终身教育体系"的任务,1999年教育部制定的《面向21世纪教育振兴计划》进一步明确"终身教育将是教育发展与社会进步的共同要求",指出要建立终身教育、终身学习体系。教育理论、教育思想直接影响和支配着教育行为,终身教育理论经过半个多世纪的发展,已经得到世界各国的普遍认可和广泛应用。我国要建立终身教育体系,一方面要加快完善相关的教育立法,运用法律手段保障、规范、监督、促进继续教育健康的发展,另一方面还要提高对终身教育体系和学习型社会的认识,认清它对经济和社会发展以及社会成员自身发展的重要性和紧迫性,领会终身教育体系的内涵,把握其本质与特征,使终身学习成为全社会自觉的、有领导的、有组织的活动。

工业化社会向知识型社会过渡,知识成为人们竞争的资本,成人在现代社会中所面临的挑战和竞争压力越来越大,因此,不断学习成为人们的强烈需要。人才已经成为国家的重要战略资源,人才强国也成为各国积极追求的发展目标,大力发展继续教育是中国由"人口大国"向"人才大国"转变的重要途径。学习型社会的热潮已在全国兴起,终身学习、终身教育理念正渐入人心,继续教育是向学习型社会迈进的必由之路。

高等学校继续教育是构建终身教育体系的一支重要力量,是学习型社会发展的直接推动力。应进一步明确普通高等学校继续教育的职责,发挥高校继续教育的优势。继续教育是学校联系社会、服务社会、发挥各学科在本领域的影响力和促进教育改革、提高师资理论联系实际水平的重要途径。发展多科性、综合性的继续教育,有利于学科的综合开发与利用,促进学科向应用方向发展,有利于学术水平的不断提高。而接受继续教育人员来自社会、生产第一线,对教师的实践经验要求高,有利于教师研究和实验能力的提高。

2.更新观念,改革教育教学模式,提高教育质量

随着我国教育大众化时代的到来,成人学历教育的需求逐年下降,但当前的规模仍很可观,教育教学的改革、教育质量的提高不容忽视。成人教育是终身教育的重要领域,成人教育在构建学习型社会中有着越来越重要的作用。普通高等学校在成人高等教育中起着示范作用。首先要树立正确的成人教育质量关,树立"学会认知、学会做事、学会合作、学会生存"的教育目标,最大限度地满足经济和社会发展的需求,根据成人的学习目标和学习特点,从教学各个环节入手进行系统的改革,创建成人教育的质量保障体系,进一步全面提高成人教育质量。针对成人学员有一定工作经历和较丰富的实践经验及学习经历间断的特点,建议采取宽进严出的政策,以更多地吸引鼓励更多的学员参与到学习中来,提高学习的积极性,在培养过程中严格要求,不降低标准和要求。充分发挥高校优势学科和优质教育资源作用,加强与大型企业、行业、事业单位合作,培养多层次、多样化的人才,是高校继续教育服务企业、服务社会的最有效途径之一。在市场经济下,企业是市场活动的主体,企业管理者认识到提高管理层和职工素质、更新知识结构的重要性。高校继续教育能够直接了解企业的需求,更有针对性地培养企业急需的人才。近几年我校继续教育为在天津的台资企业中芯国际培养了三届近百名在职人员,深受企业的欢迎就是很好的例证。

3.大力开展非学历教育

国民教育体系和终身教育体系是相互关联的体系,以高校为核心的国民教育体系是建设终身教育体系和学习型社会最重要的因素。

转变教育观念,强化终身教育的理念,大力开展非学历教育。在当今时代,单纯的全日制普通高等教育已不能满足社会人的需要,也不能满足日新月异的社会发展。大学毕业并不是教育的终结,而是接受继续教育的开始,只有在工作中进一步学习,不断地充实自己,提高自己,才能适应社会的不断发展。只有高等教育的决策者、大学领导及受教育者树立大教育、大培训的观念,促进教育的大众化,才能在开展和接受继续教育的过程中有自觉的行动,才能更好地发挥高校学科优势,开展多层次的培训教育。

近年来,为与经济发展相适应,各个领域与国际接轨的趋势日益明显,从而推动了我国体制改革的进一步深化,尤其是人事制度及专业技术人才社会评价制度的创新。高校可根据自身的学科优势,积极开展有利于学科发展和科研合作的各类培训教育,开展本领域的各层次的培训,满足企业家、专业技术人员、领

导干部、高级技师等类人员进一步充电的需求。

### 4.利用远程教育开展继续教育

现代科学技术的发展已经从学习途径和学习手段等方面极大地拓宽了继续教育的发展道路,给继续教育改革和发展提供了巨大的推动力。首先要通过教育信息化和现代远程教育的途径创新,实现终身教育体系和学习型社会建设的跨越式发展。其次,充分利用先进的现代教育技术与网络教育,开设高质量的课程,组织高水平的教师进行授课。第三,逐步实现教学和管理模式的现代化,开创继续教育与现代远程教育相结合的新局面,使学校教育、社会生产、人民生活三位一体地融合,为社会营造出一个名副其实的学习型社会氛围。

### 5.加强师资队伍建设,提高教师自身的素质

教师已经不是学生获得知识的唯一来源,学校、课堂也不是学习的唯一场所,学生可以跨越时空限制,通过各种渠道去寻找、选择、挖掘各种知识。因此,教师更要注意引导和帮助学生提高正确选择、辨别、分析和应用各种信息知识的能力,使学生懂得学什么、怎么学。

要不断提高教师的教学水平,因为接受继续教育的对象大都来自生产、工作第一线,有着丰富的实践经验,他们往往是带着问题来学习的,这对教师的要求更高了。因此应建立起教师的再学习体系,加强教师的选聘、培训和考核工作。

### 6.加强交流与合作,促进继续教育事业又快又好地发展

进入 21 世纪,随着中国加入 WTO,中国教育的国际化、全球化问题已客观地摆在我们面前,继续教育是世界各国特别是发达国家的多种教育形式之一,在各国经济和社会发展中起着重要作用,发展继续教育成为发达国家教育布局不可缺少的组成部分。我国继续教育基础相对薄弱,刚刚跨入教育大众化阶段,因此,开展国家间、地区间继续教育的合作交流与沟通凸显必要。开阔眼界,更新观念,面对继续教育国际化、全球化的到来,主动把世界各国各民族创造的优秀文化、先进的文明吸收进来。这就要求高校采取实际步骤推动继续教育国际化进程。高校也要根据自身优势确定发展战略,选择发展道路,实现发展目标,促进继续教育事业又快又好地发展。

**参考文献:**

[1] 李盛聪,刘幸.论成人高等教育存在的问题与改革创新[J].中国成人教育,2007(3):16-17.

[2] 杨桂青.构建中国特色终身教育体系和学习型社会[N].中国教育新闻网,中国教育报,2008-1-19.

# 香港高校发展持续教育的空间与困难

香港浸会大学　张羡英

【作者简介】

张羡英,女,香港浸会大学持续教育学院通识专业课程总监,曾于中国香港地区和加拿大及澳洲学习,获香港中文大学荣誉文学士学位(主修历史),加拿大多伦多大学教育硕士学位及西澳洲大学教育研究院教育博士学位。在港从事持续及高等教育课程发展及行政工作多年,其间亦曾在大专院校担当兼任客席讲师,研究兴趣包括成人教育、持续专业教育、幼儿教育等。

本文为2010年第十一届海峡两岸暨港澳高校继续教育论坛收录论文。

## 一、前　言

教育必须随着社会环境的改变而不断演化,持续教育亦不例外。在香港,持续教育在 2000 年后的十年经历了前所未有的急速发展,这无疑符合西方先进国家持续教育界发展的历史潮流。持续教育变革的步伐一定要走下去,但尚需要适当的规划,才会迈向平坦的发展之路。本文将会概括香港社会背景,回顾近年持续教育界的演化,检讨现行附属于本地大学的持续教育院校的发展策略,借以探索未来方向,实现香港持续教育的"可持续发展"。

## 二、不断变化的全球社会环境与香港的持续教育

在知识为本的经济社会中,培养高端人才对于社会持续经济增长有莫大帮助。持续教育的存在与发展,与社会经济的发展及政府的政策有密切关系。1997 之前,英式大学的教育视颁授学位为珍贵的特权,香港即使经济繁荣,位列"亚洲四小龙",但公立大学入学率依然停留在 18％左右。特区政府管理下的香

港高等教育明显地不只着重公立高等教育的发展，而是通过有限度的监督及适量扶持的措施，走向鼓励公私共同发展的高教模式。香港现有 13 所可颁授学位的高等院校，其中由公帑资助的大学 8 所，财政自给的私立院校 4 所，由公帑资助的香港演艺学院 1 所。而其中有 5 所相关持续教育学院正全速为开办四年制的学士学位课程接受香港学术及职业资历评审局（HKCAAVQ）的评审，积极考虑脱离其本部升格为私立大学，向这条艰苦而具挑战性的道路迈进。可以想象，在不久的将来，香港的高等教育将进入异彩纷呈的时代。

回顾历史，"成人教育"便是持续教育的代名词。二战后至 20 世纪 80 年代末，香港各院校及成人教育机构开办的培训课程提供短期及实用的学习机会，主要对象为辍学者、基层劳工或新移民（Fisher-Short，1974）。这其中包括欠缺继续进修专上教育机会的不少有能学子（Cribbin，2002）。

自 1997 年主权回归以来，香港特区政府大规模而综合性地反思香港教育体系。1999 年，特区政府教育委员会呼吁社会各界响应"终身教育"（香港教委会，1999），强调学校教育和各种职业培训的结合是社会发展的重要推动力，并引入了持续教育的概念，设立 50 亿元的"持续进修基金"，以资助成年学员进修（EMB，2001）。同时，政府也鼓励大专院校开办全日制副学士课程及社区学院，使香港的高等教育的入学率能于 2010 年达至 60％的指标。在随后数年，香港的持续教育院校遂纷纷响应政府的诉求，使得本地高中毕业生接受高等教育的整体比率由 2000 年的 33％逐步攀升至近年的约 70％（杨健明、沈雪明，2008）。

香港特区政府教育政策的嬗变，无疑受到了全球高等教育环境变迁的影响。早在 20 世纪 60 年代，很多国家，特别是欧美的先进发达国家，已看准扩展高等教育是增长经济及提高社会生产力水平的必然要素，同时，高等教育亦有多样化模式发展（diversified model）的需求（Guri-Rosenblit et al，2007）。至 80 年代末，人们开始谈论全球化在社会、经济、政治及文化各方面对教育的影响（Mok & Chan，2002）。全球化下的后现代社会环境令个人多了发展机会与威胁，使得教育变成一种超越时空的持续需求，导致了"知识型社会"的出现（邹崇铭，2000；张羡英，2003）。

在这全球化浪潮下，香港自不能独善其身。随着经济结构转型，香港工业北移，产业重心进一步偏重金融、物流等服务性行业。经济结构的改变必然导致人力资源结构的改变，"技术""技能"的定义更新换代，一般的中学学历或简单的职业训练已不能满足个人在知识型社会里长久的竞争力提升的需要，更遑论推进全民终身学习的教育理念。正如"全美学院及大学协会"（AAC & U，2002）于 2002 年的一项调查指出，现今社会的人拥有一个学士学位就像 100 年前的人拥有中学毕业一纸文凭那么普通,因此香港特区政府着手提升高等教育的入学率,已是大势所趋。

要在短期间大幅提升高等教育的入学率,响应终身教育理想的浪潮,使高等教育走向大众化,甚或进而普及化,香港社会不大可能单单依赖原有的正规大学系统(OECD,1990;MacDonald & Stratta,2001);况且,建立多样化的高等教育系统亦有其必要。如上文所言,2000年前后,本地多所公立大学附属的持续教育学院为响应政府的新政策,大力发展初期高等教育的商机,以开办全日制副学士课程为主的社区学院应运而生。起初,这些学院与政府合作,成功承办专为完成中学课程的"双失青年"(失学、失业)而设的毅进课程,予其资历确认,及继续升学的"跳板"。这"毅进课程"的平台奠定了双方进一步合作的基础,持续教育机构为香港特区政府落实其教育政策及终身教育的目标做出贡献,不得不归功于其多样性的特点及传统:勇于响应外围环境的挑战、与时俱进、灵活运用资源及多元文化的课程设置。

应该需要特别指出,整个教育事业的变革,并不是只有从上而下,或从宏观到微观的单向推力可以成就。在后现代社会,以前界限分明的权力结构趋向模糊,固有规范被打破,个人由以往机械式地被推到正规教育机构,接受固定、制度化的正规教育,一改而变为主动地、自发地渴求知识,视学习、"自我增值"为一种生活态度。知识融入生活、工作,使学习和生活、工作的分野变得模糊。随着越来越多人有此意识转变,个人对此进一步的反应是:一则追求更高学历,或深造固有技能;二则追求多方向发展,横向增加更多学历和加强创意技术。以香港专上学院持续教育联盟(简称联盟)于1999、2001、2003年的三次调查为例,平均三成本地成年市民都曾参加过各种进修活动,自费课程包括自资学士学位、副学士学位、高级文凭[①]及持续教育学历,学费总支出近100亿港元;另一项针对成人学员的调查显示,于2009年,香港参与持续教育学习的人次估计已由2005年的40万人跃升至139万人(杨健明,2010)。由此可见,香港的持续教育已进入了历史发展的新阶段,持续教育已成为香港一个普遍的社会现象。

### 三、香港持续教育的新特征

在美国,"成人教育"(adult education)、"持续教育"(continuing education)和"持续专业教育"(continuing professional education)三个术语在使用上经常混用,故有学者采用"成人持续专业教育"(adult continuing professional education)来

---

① 经香港特区政府评审的全日制自资专上课程,于2010年6月的网上统计数据显示,这前三类的专上课程达370多项,学生人数共57200人。

泛指社会上大部分公民为了工作及专业提升而继续进修的社会现象（Cervero，2000）。就本人回顾文献所得，"成人教育"给人的印象较负面（Apps，1979），而"持续教育"一词则越来越获普遍认同。附属于香港的大学的持续教育学院的命名现已一律不用"成人"这字眼，尽管其生源仍以成人为多。以香港浸会大学持续教育学院于2009年度的一项统计为例，全日制课程的学生与晚间兼读课程的成人学员的比例约为三七之比，而成人学员来自企管经贸行业者占整体约四成。

在后现代社会，个人的学习与工作历程，已不是一条单一直线式的标准化道路，即"学习—工作—退休"所能概括，反而出现了各种可能性和支项可供选择，如"学习—工作—再学习—再工作"这类两者反复交替的模式，甚至学习与工作在同一时期进行，亦即许多港人目前工余进修的模式。此外，持续教育的扩展使得个人接受正规教育的历程亦出现不同的可能性，例如"正规教育—持续教育—正规教育"这类两者交替的情况，此亦正是目前毅进/副学士及若干成人学员的理想发展路线之一。若加入全球化因素作考虑，个人的选择更多，人生路线将更多元化，例如本地持续教育学院与海外大学合作提供的自负盈亏的衔接学士学位的课程便有数百项。只是，循非传统路径一路走来，最终完成学位的学员，其能力在大众眼中可能仍不及一直在本地传统正规教育下训练的大学生。政府既鼓吹多元化高等教育，却又未帮助接受了非传统高等教育的学生取得应有的回报与尊重，他们当中有些人已付出了一年数万元的学费，还有无法量化的青春与努力，若政府和教育机构只顾发展教育产业，却罔顾学生的利益，最终这产业还是搞不起来的。针对这方面的批评，香港特区政府特首于2010年10月发表的《施政报告》便制定了若干建议，表示会每年增拨10亿港元扩大专上学位课程规模，另设25亿港元基金，利用其收入约1亿港元，为自资专上课程的学生提供奖学金、质素提升资助和评审资助。

如果我们接受了"终身学习"的理念，如果我们坚信成年人的学习能力，那么亦应该认同，学习并无年龄或在职与否之分。持续教育院校在社会中扮演了很多角色，它既是新课程的"开拓者"，重返校园者的"加油站"，也可是知识的"传播人"。那么，目前香港发展得如火如荼的初期高等教育，便应该也包含在持续教育的概念以内。

事实上，近年来，由于承办了主要以全日制形式营运的毅进与副学士课程，本地持续教育机构服务已不再只侧重以成人为对象，亦不只侧重提供晚间兼读课程。在组织架构上,服务非成人学员①(Belanger,1997)的新部门(社区学院等)发展一日千里,甚至后来居上。由于服务对象迥异,不同部门虽能在个别范畴互相协调,但若长期维持在持续教育机构管理的"同一屋檐下",是弊多是利多,仍存在疑问。正因如此,持续教育机构的内部体制面临巨大冲击,亟待厘清地位,改良架构,来为将来持续教育行业的健康发展辟出道路。

### 四、香港的成人持续教育发展的"三角策"

作者曾于第六届论坛提出,大学附属持续教育机构营运的不同策略可分为三大类,三大策略又互相关联,形成如图1所示的"相连策略之三角"模式(the triangle of inter-related strategies)(张羡英,2005)。现根据这三组策略探讨一下近年本地高校持续教育界发展的趋势,并指出需要正视的议题。

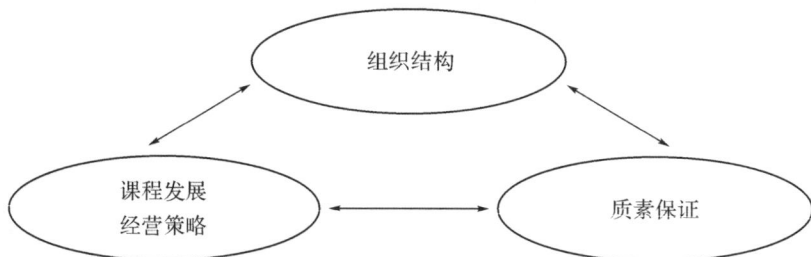

图1　相连策略之三角

以下简单说明此三种策略。

1.组织结构

经历了20世纪90年代的全速发展,现时香港的八所公立大学的持续教育院校的组织结构更具规模亦更制度化。在硬件设置上,包括教学设施及基础建设的资源投放,均是前所未有。若论收入,某些高校的持续教育学院甚至多过单靠政府资助的一所较小型的公立大学。至于教学团队方面,全职教员已达一定数量,其学术水平节节提升,已有硕士或博士学位的教员比例逐渐增加。由于副学士课程设置须与本部的全日制大学课程接轨,与所属大学的个别院系的合作关系更加密切,有关的部门负责人也积极参与大学决策。为了向政府争取更多的资助,平衡经营,院校亦经常参与联盟的倡导活动,与外界保持紧密联系。组织强化后的附属于大学的持续教育学院扩大了规模,各项功能兼备,往往享有颇

---

① 据联合国教科文组织权威的界定及OECD于20世纪90年代中的一次欧洲国家的调查所采纳的定义,成人学员是指任何超过16岁却没有注册任何全日制课程的学生。

大自由，拥有独立的行政实体，自行统筹及管理各项活动，如财务、招聘及宣传工作等，既能独立运作，亦同时与所属大学及外界的关系更错综复杂，互为影响。

### 2.课程发展经营策略

自 2002 年香港特区政府推出了 50 亿港元的持续进修基金（CEF，2002）后，本地大学内的持续教育院校已把大部分短期课程剪裁成学时较长的资历颁授课程（颁授项目包括证书、文凭、专业文凭及高等文凭），在持续教育基金内已有多项此等课程。以浸大持续教育学院为例，截至 2010 年度所开办的副学位以下的相关课程便有 100 多项，其中以商业金融范畴者居多。

在这十年来的转型期间，本地持续教育机构的课程发展大致可分为高端持续专业教育（Merriam & Brockett，1997）和持续高等教育两大类型。具体有下述四种课程规划：①在既有的课程基础上，不断设计资历颁授的证书/文凭/高级文凭及副学士课程；②针对学员提升竞争力及改善职业发展的需求，强调社会的认受性及与行业的关系，不断为企业提供特设培训课程；③为了迅速响应培训市场的需要，广泛"借助外力"，与境外高校、本地专业学会及社团联合起来，利用相互的资源优势，合作开办课程（张羡英，2007）；④采用市场导向的方式，配以强大的推广及公关宣传活动，树立院校的课程品牌。

### 3.质素保证

在大量扩充课程数量后，各持续教育院校不能再像从前以依赖市场的无形之手及自然淘汰的方法进行课程的素质保证工作。业界普遍认同、高素质的课程与服务，对维持自己课程品牌声誉与学生来源是必需的因素。自 1994 年香港专上学院持续教育联盟成立以来，各成员院校的质量保证工作亦越趋专业化。各机构均根据自身行业的特点及大学的历史而加强教学管理和课程评估的内部质素保证机制。至 2005 年前后，特区政府对办学院校的监管工作亦有了突破性的发展。

经过两年多的筹备及咨询业界，在港受政府大学教育资助委员会资助的八所大学于 2006 年正式成立了另一独立的名为"联校素质检讨委员会"（Joint Quality Review Committee Limited①）的组织，负责确保本地大学内各成员持续教育学院开办的自负盈亏副学位程度课程的质素。特区政府进而于 2008 年 5 月

---

① "联校素质检讨委员会"乃香港"大学教育资助委员会"资助之八所院校联合成立的素质检讨机构。委员会乃独立的团体，负责制订及推行同行检讨架构，以确保各院校成员的持续进修部门及其他学系开办的自资副学位课程的素质。

5 日正式推出《学术及职业资历评审条例》，设立了"七层资历架构"(qualifications framework①)，就本地各持续教育课程的等级及水平做出统整评核和登记，为其质素保证机制提供立法框架。"素质会"于 2008—2009 年间对香港的大学内的八所持续教育学院进行了"院校评审"(institutional review)，修订报告促使其做出更规范化的课程保质工作。此外，在联盟的组织下，各持续院校亦进行了不少的互动，如举行年度的质素保证研讨会，互相观摩，共同交流办学心得，取长补短。

　　4.三角相连关系

　　上面三组策略之间，有着密切关系。"组织结构"愈壮大，人手及资源愈多，课程规划与发展愈容易进行，经营策略变得更具弹性、更多元化及更趋向专业化。课程愈多元及专业，质素控制的要求愈高，质量保证方面便愈需提升。质量有保证，又可使持续教育院校的专业地位提高，在高等教育界的地位愈趋巩固、愈趋主流。

### 五、进一步发展的空间与阻力

　　自 2005 年起，上述三者的相辅相成的关系开始出现变化。当持续教育部门不断发展、经营策略不断进取及质素保证不断加强时，香港高等教育发展的生态亦出现新的变量。上述的三角策略要进一步发展，各自都遇到新的挑战和困难，这使以前三者的相辅相成的关系起了变化。以下探讨各项策略面对的新矛盾与张力。

　　1.组织结构的矛盾

　　持续教育部门过去十多年的兴旺，使它们愈来愈容易融入其所属大学的架构内。其从持续教育市场赢取的庞大利润，大为扩张的编制与人手，以及新建的校舍等，都非常触目，使大学本部另眼相看。很多持续教育部门主管亦因而较受大学本部重视，确认持续教育为大学教育重要的一环，持续教育部门是大学架构中不可或缺的一部分；大学当然亦接受持续教育部门可提供的人力、硬件甚至财政上的支持。这现象我在先前的研究报告中提出过，是持续教育"不再边缘"的好日子。

---

① 资历架构由一系列资历等级组成。这个架构不但订明资历持有人所拥有的知识和技能，让学员及雇主可以根据此订定目标，架构并提供资历衔接途径，使学员知道怎样达到目标。这个由七级"资历级别通用指标"组成的资历架构，适用于不同界别，并贯通主流教育、职业培训和持续进修多方面的资历。中国香港特区政府的此一资历架构与其他国家的资历制度原则上大致相若。

　　然而,当持续教育部门在大学中的地位愈稳固,愈融入大学的庞复机构时,它的自主性亦会相应减少。昔日由于其边缘地位,受大学本部忽略,持续教育部门可以自行制定及执行大大小小的政策。但现在既成为大学本部的一部分,大学这庞大机器的繁文缛节,持续教育部门都要跟随,并且持续教育部门受到更紧密的监察,灵活性因而降低。例如以前市场若有新的需要,持续教育部门能迅速订立一个新的回应策略,制定相关课程,务求尽快响应学员需求。但现在这些新的构思及其推行,往往需经过层层委员会的评量、审批与通过,过程较前繁复,而所需时间亦长,使课程及重要决策不能及时落实而失去了重要的时效性。

　　就组织的内部而言,因过去十多年的全速发展,单位多了,事务多了,人手编制复杂了,权力分配不均,大组织所有的毛病(例如单位间协调不够、信息及指令的传讯及接收的障碍、赏罚不够制度化、同事间沟通不足等)当然亦随之而来。这些不可避免的科层组织缺点,多少都会影响部门的运作,减弱适应市场需求的能力。

　　如何改变现状,寻找全新的发展方向,有学者(King & Learner,1992)曾研究数百所美国的持续教育院校,并将常见的架构归为四类:首先分别是两个极端,一者为外向的企业型,二者为内向的学术型。两种模式混合的便为混合型,其弊处在定位模糊,经营策略飘忽。但机构若能成功综合企业型的利益与学术型的创新,既能自负盈亏,拓展资源,又能协助维持大学的学术声誉,则达到第四类型——综合型。令人担忧的是现时香港多所高校内的持续教育机构的组织模式多属于混合型,一边是大学的管理较学术取向,另一边是成人持续教育学部则较以企业手法营运,形成了不少内部矛盾,有待解决。

　　2.经营策略的限制

　　十几二十年的长足发展,使持续教育机构能掌握市场动态,灵活制定课程,以尽快响应市场之需。所以,各式各样的课程应运而生,使人眼花缭乱。当下游课程(例如最基础的为蓝领成年人或低技术工人而设的短期技术或语文课程)及中游课程(有连贯性的证书及文凭课程)成了发展的园地后,持续教育机构很自然地会向上游课程推进。但目前的高等教育生态,却为上游课程设下了不少的限制。

　　近年来,副学士课程发展得如火如荼,大学附属持续教育机构看准机会,加入战圈。由于副学士学位的认受性仍然不足,办副学士机构愈能保证其毕业生能被公立大学录取至衔接学士课程,其受欢迎程度便愈高。由于衔接课程的学位有限,现时只有两三家附属大学持续教育机构是能站稳阵脚的,其他的私营机构很多都正在面对所谓的"红海之战",经营困难。在困局中找出成功路线,是非常大的挑战。一个做法当然是与海外大学合办衔接学士学位课程，而这种安排已是持续教育机构向来都有的做法。但附属于一所大学持续教育部门所办的副学士课程，如大部分都要像不附属于大学的持续教育机构一样，依靠海外学校来办衔接学士学位，而非直接升上大学本部，在学生及家长眼里，自然大为失色。

　　那么若向本身所属大学商讨，寻求由大学本部合作开办衔接学士学位，又是否可行呢？相信暂时难度不少。首先是资源问题。大学本科学系是否能有足够人手应付大为增加的学生人数？另外是学生质素问题。副学士毕业生当中，质素非常优秀要进入正规大学学系绝无问题，但如要大学录取成绩较次者，有关方面不免因忧虑学生的整体质素下降而很难接受。如果以大学名义，成立私立大学来运作，又是否是解决办法呢？这不是不可能的，但依目前香港的法律，需有关的院校完全脱离其附属的大学及通过严密繁复的机构评审程序，才能开办自资的学位课程。要知道，成立私立大学，并非一件轻而易举的事。评审一门学位课程动辄耗时数年，并需交评审费数十万港元，故成为一所私立大学要走的路途便更长远。

　　倘若争取办好副学士课程及其办衔接学士学位的渠道都荆棘满途，那么若想在所属大学中开办授课式的硕士或以上的课程，暂时更是难以登天。其实，现在香港每所大学都有很多学系开办自负盈亏的授课式硕士课程。正规学系既然自己可以开办课程开拓资源，为何要由持续教育部门为它们执行？正规学系开办自负盈亏的授课式硕士课程，为已有大学学位的在职人士提供进修机会，这当然是持续教育的一种。从这角度看，持续教育已不再一定只是上述所指的持续教育部门才能或才可开办，正规学系亦可实践持续教育。另一方面，很多持续教育机构所办的副学士课程及与海外大学衔接的学位课程，却其实又是正规的课程。所以，想深一层，现在的持续教育与正规教育的界线愈来愈模糊，持续教育机构开办很多正规专上或大学课程，而大学正规学系亦会提供持续教育性质的课程。

　　由上述讨论，可见持续教育部门要向上游发展课程，目前是困难重重。如何突破现有的限制，迈向上游，要靠持续教育工作者乐于尝试，不断为自身创造发展的条件，才不会划地自限。在终身学习的浪潮里，为成人学员增值而设的课程，应该仍是持续教育机构的市场。社会不断转变，持续教育机构要有灵活的头脑、有效的资源，只要随着社会的发展，冲破障碍、勇于拓荒，相信它们仍是可以有发展的空间的。

### 3.质量保证的困难

　　质量保证是持续教育专业化的基石，昔日如是，现在及将来亦然。自 2000

年开始,由于持续教育发展迅速,并朝着专业化方向迈进,故此质素保证便刻不容缓。2005年前后,政府推出的一连串监控的措施,使课程质量得以保证,以适应社会人士及认真的报读者愈来愈严谨的要求,亦收汰弱留强之效。作为图1中三个持续教育发展策略之一,质量保证扮演着非常重要的角色。

另一方面,近年来报读课程的人顾客心态甚浓,他们要求学有所得,加上市场推广及维护品牌的需要,确保课程质素、加强行业专业化的任务日益重要。可是,特区政府于2008年5月通过立法推出的资历架构条例,亦为持续教育机构衍生了复杂的行政工作。尽管现阶段院校可自愿性地选择不把课程表列于资历名册内,但没有了此一校外的标准保证,课程对学员吸引力必定大减。因此,一方面若要开办新课程,需要的前期准备工作大为增加;另一方面,为符合资历架构的审批,机构内部亦必须对现有课程作密切的质素监控,例如设置新课程时需在名称及课时上有所统一、系统地收集行业及专家对课程的意见、听取学员的反馈、留意报读人数的消长等。

多元化的课程、流动的师资、异质性强的生源是成人持续专业教育的特点,也增加了质素评核的难度。珠宝设计与普通话课程的质素评核标准之间,可想而知差异甚大;也可以想象,对来自不同种类的合作伙伴,不同背景、不同行业的兼职导师下达统一的教学标准要求也极具挑战性。因此,课程在数量及类别上的扩展,本身也将加大质素控制的难度,这便制约了机构开办更多新课程的尝试。

4. 小结:永恒的矛盾?

上面探讨过组织结构、经营策略与质量保证三方面在持续教育下阶段发展的新关系。组织壮大后比以前更加融入大学架构之内,摆脱了过去的边缘角色。然而融入主流后,其自主性及灵活性都受到了大学庞大科层制度的牵制,削弱了课程适应市场变化的能力。持续教育不断发展,亦鼓励争取上游的副学士、学士及以上课程的开办机会,但暂难说服大学正规学系与之全面合作,自负盈亏的授课式硕士课程更是正规学系乐意自己开办的课程。于是上游课程遭到很大限制,暂不容易克服。持续教育部门仍得在中、下游课程市场创立新高。

每一个策略变更均存在权衡取舍,上述的三角策略亦不例外。面对过往十年香港社会经济及高等教育方面的新环境及新变化,各本地高校持续教育管理者无不需要面对各项策略调整隐含的内在矛盾,才能把各个变项调整至最适状态。

**六、展望未来:持续教育的可持续发展性**

在全球化的今天,高等教育近年面临的转变越来越急剧,这些变化促使传统大学与持续教育进入了所谓的"聚合期"(convergence)(Jarvis,1999;Wagner,1999)。借着功能上的相互依存(functional-interdependence)(Cheung,2006),本地大学的持续教育学部在其大学创新发展的过程中可说是发挥了重要的"催化剂"作用,这是成教历史上从未有过的。

香港高校内各持续教育部门的未来与其大学本部的历史条件及有关领导的管治作风及价值取向息息相关,人们正在观察本地公立大学在进入 2012 年新学制的年代后,他们两者之间的关系。我们深信创新理念来自观点间的正向交流,并加上团结一致、共同解决问题的努力。集中资源"共舞"比碎裂资源"独舞"无疑更胜一筹。长远而言,虽然相对于大学本部的核心活动,持续教育仿如"外围活动",但我们相信,将来她对大学自身的教研必有补充作用,而且亦能辅助本部实践其社会责任,落实全人教育的办学理念。持续教育在大学与瞬息万变的社会需要之间,扮演沟通彼此的桥梁角色,此角色在后现代的教育环境下,必定日益重要。可以预期,在大学教育普及化的新世纪,持续教育与高等教育将会是一对"良佳"的合作伙伴(Marks,2002),在繁星点点的历史天空下互相辉映。

长远来说,综合型的持续教育机构是可持续发展的终极方向。就组织结构而言,其内部应是由各自专注于核心功能的部门和专项小组以松散灵活的组织方式捆绑起来的。若高层人员能以人性化的手法管理,专业的课程部门和热诚的工作团队能共同为机构理念和利益服务,相互尊重,保持高昂的士气,各展所长,定能实现自负盈亏和教育理想两大目标。至于就贡献社会而言,可持续的持续教育不应只为了利润而完全变得市场导向和功利取向,反之,必须同时正视学员的情感需求,营造人性化的学习环境,让他们享受学习,而不是一味受金钱、证书、地位等因素推动,进而帮助学员实现在公义、道德、社会责任等方面的追求。

笔者尝试在本文概念化地总结了一些香港高校持续教育常见的发展策略及其内在矛盾,除了分享经验,亦在抛砖引玉,与同行一起思考应对方法,为香港的持续教育机构做好"可持续发展"的准备,跨过转型期的十字路口,迈向较为平坦的发展之路。

**参考文献:**

[1] Apps, J. W. *Improving Practice in Continuing Education*[M]. New York:McGraw Hill, 1985.

[2] Association of American Colleges and Universities. *Greater Expectations:A New Vision for Learning as a Nation Goes to College*[M]. Washington, D. C. :AAC & U, 2002.

[3] Belanger, P. & S. Valdivielso (Eds. ). *The Emergence of Learning Societies:Who Participates in Adult Learning?* [M]. New York:Pergamon Press, 1997.

［4］Cervero，R. M. Trends and issues in continuing professional education［G］// *New Directions for Adult and Continuing Education*，No. 86. San Francisco：Jossey-Bass，2000.

［5］Cheung. How university-based adult continuing education organizations have responded to HK's changing education needs since the 1997 transfer of sovereignty［J］. *Journal of Research in Post-Compulsory Education*，2006，11(2)：153-173.

［6］Cubbin，J. Competition & collaboration：Hong Kong provider's & partners［G］// J. Cubbin & P. Kennedy (eds.). *Lifelong Learning in Action：Hong Kong Practitioners' Perspectives*. Hong Kong：HKU Press，2002.

［7］Education & Manpower Bureau. EMB Paper CR3/3037/01 Dated Dec 2001 to FCE on Background to the Establishment of a CEF［R］. HK：Author，2001.

［8］Fisher-Short，W. Lead paper on urbanization & adult education：Some questions for consideration［R］// *Report of the Commonwealth Regional Seminars on Adult Education & National Development*（Occasional Paper No. XXVI）. The Commonwealth Foundation，1974.

［9］Guri-Rosenblit，S. et al. Massification & diversity of higher education systems interplay of complex dimensions［J］. *Higher Education Policy*，2007(20)：373-389 (International Association of Universities).

［10］MacDonald. C. & Stratta. E. From access to widening participation：responses to the changing population in higher education in the UK［J］. *Journal of Further and Higher Education*，2001，25(2)：249-258.

［11］Marks. A. Weaving the "Seamless Web"：Why higher education & further education need to "merge" if lifelong learning is to become a reality［J］. *Journal of Further & Higher Education*，2002，26(1)：75-80.

［12］Merriam，S. B. & R. G. Brackett. *The Profession & Practice of Adult Education—An Introduction*［M］. San Francisco：Jossey-Bass，1997.

［13］Mok & J. K. H. Chan，D. K. K. (Eds.). *Globalization and Education：The Quest for Quality Education in Hong Kong*［M］. Hong Kong：HKU Press，2002.

［14］OECD. Education in OECD countries，1987—1988：A compendium of statistical information［G］// B. R. Clark & G. R. Heave (eds.). *The Encyclopedia of Higher Education*. Oxford：Pergamon，1990：154-158.

［15］邹崇铭. 千禧年・全球化・新思维［M］. 香港：明报出版社，2000.

［16］香港"持续进修基金"(Continuing Education Fund). http://www. sfaa. gov. hk/cef/.

［17］香港学术及职业资历评审局（Hong Kong Council for Accreditation of Academic and Vocational Qualifications）. http://www. hkcaavq. edu. hk/zh/main. asp.

［18］香港学术及职业资历评审局条例（Accreditation of Academic and Vocational Qualifications Ordinance（CAP 592））. http://www. legislation. gov. hk/blis_pdf. nsf/

6799165D2FEE3FA94825755E0033E532/82102F70A92CA83E482575EF001FF6CB?
OpenDocument&bt＝0.

［19］香港特区教育委员会.二十一世纪教育蓝图——教育制度检讨:改革方案[R].1999-9.

［20］香港特区教育委员会.教育制度检讨:教育改革建议[R].1999-9.

［21］张羡英.全球化潮流下看成人持续教育的发展与挑战[C].第四届海峡两岸暨港澳高校
继续教育论坛.澳门大学,2003.

［22］张羡英.不再边缘:香港大学成人持续教育发展新趋向[C].第六届海峡两岸暨港澳高校
继续教育论坛.香港中文大学,2005.

［23］张羡英.合作无界:继续教育在浸大持续教育学院的课程发展模式[C].第八届海峡两岸
暨港澳高校继续教育论坛.四川大学,2007.

［24］杨健明,沈雪明.香港高等继续教育:新发展、新机遇、新策略[C].第九届海峡两岸暨港
澳高校继续教育论坛.台湾"中国文化大学",2008.

［25］杨健明.调查社会需求提升继续教育竞争力[C].第十一届海峡两岸暨港澳高校继续教
育论坛.香港浸会大学,2010.

# 高龄教育之展望

台湾东吴大学　刘宗哲

【作者简介】

　　刘宗哲,男,台湾东吴大学推广部主任,台湾东吴大学企业管理系教授,美国克里夫兰州立大学企业管理博士,研究方向包括信息管理、顾客关系管理、统计分析。

本文为2011年第十二届海峡两岸暨港澳高校继续教育论坛收录论文。

## 一、前　言

没有人类,社会就无法运作,所以社会运作的基础为人,而人口结构的组成影响着整体社会的脉动。

科技的发展、经济结构的改变、医疗水平的提高、环境卫生的改善,已促使人类的平均寿命不断地延长,加上二战后大量婴儿潮族群陆续步入老年期,人口老龄化现象已经渐渐成为21世纪全球面临的最大挑战之一。

依据联合国世界卫生组织制定的标准,一个国家(地区)65岁以上的老年人口占全体人口比例超过7%时,称为高龄化社会(ageing society);当比例超过14%时,依据相同之标准,则称为高龄社会(aged society)。联合国人口分析数据显示,目前全球许多国家(地区)皆已步入高龄社会,2000年高龄化程度最显著者为意大利,其次为德国与日本,预估在2050年时,意大利、德国、日本等国的高龄化程度将超过35%。从前述数据可以得知,"人口结构高龄化"是目前全球所面临的重大议题(张慈映,2004)。

二战后婴儿潮一代,虽然只占全球总人口数的20%,但是却控制40%的国民可支配所得,以及77%的私人投资,所以这一代人口可说是史上最有价值的老年人。这一代族群的庞大经济规模与价值自然无法轻易忽视。基于二战后婴儿潮一代已经习惯需求被聆听、被满足的消费形态,故在面对此庞大的消费族群时,商业界与学术界无不使出浑身解数,积极开发推展使其易于适应老年生活的相关产品(张慈映,2004)。

近年来,台湾地区因为公共卫生及医疗技术的进步,死亡率逐年下降,平均寿命延长;另一方面,由于人民的生育技术及观念改变,出生率逐年降低,造成少子化现象,更加速高龄化社会的来临。台湾在 1993 年进入"高龄化社会"之后,至今已有 15 年的历史,老年人口在这期间更急剧地增加。台湾户政管理部门公布,至 2011 年 1 月底,65 岁以上的人口占总人口比例已达 10.75%(2489282人)。按台湾"经建会"预估,2017 年台湾的高龄人口将达到 14%,约 331 万人,即将进入"高龄社会";预计在 2025 年后进入"超高龄社会"。2018 年新生儿的出生人数将会减少到 17.5 万人左右,与死亡人数接近,其后将迈入人口负增长时代。

随着社会人口高龄化来临,老年人需求逐渐受到重视,而高龄教育是实现此需求不可或缺的一环。高龄教育的目的有:①加强身心保健,促进健康;②提供新角色所需要的知能;③充实生活与精神内涵,提高生活满意度;④增进自我成长,体验生命的意义与价值。由此目的亦可窥见老年人的需求内容为何。另外,台湾教育主管部门在 2007 年调查老人及届龄退休者的学习需求,依序为家庭与人际关系、养生保健、休闲娱乐、社会政治、自我实现与生命意义及退休规划与适应(黄富顺,2007;王政彦,2009)。

大学如能善用既有设备,并结合邻近地区资源,另创高龄者终身学习的需求及教育机会的提供,将为大学推广教育带来新的契机,开拓新的市场。另一方面,也能减轻人口高龄化现象所带来的社会负担。如何将社会变迁所带来的问题转变成助力,教育将占有举足轻重的地位。

**二、高龄教育概述**

65 岁以上的老年人口有越来越多的趋势,人口老龄化是世界一致的现象,东西方社会都逐渐走向高龄化社会。具体作为概述如下。

1. 美国

美国最具特色的高龄教育组织,应属老人寄宿所。美国的社会学家马丁·诺顿(Martin Knowlton)及其友人毕安可(David Bianco)在欧洲徒步旅游四年后,自欧洲的青年旅舍得到老人寄宿所的灵感,于是此种高龄教育组织在 1974年产生了雏形。徒步旅欧期间,他们也观察到欧洲老年人参与小区活动的活跃,于是规划了老年人寄宿所。此活动的目的在于发展老年人的兴趣,拓展其视野,并使之有机会交换不同的人生经验。

2. 英国

1981 年的"老人教育权利会"(Forum on the Rights of Elderly to Education, FREE)以及之后的一些自助团体,例如第三年龄大学(University of the Third Age)与教育老人协会(Association of Educational Gerontology)的推展,开启了英国高龄教育的脚步。

除此之外,英国大学推广部门、扩充教育学院、劳工教育协会及部分工艺学校,也招收高龄学生,但人数不多。由于学费负担过重、教学设施不良、课程时间规划不当及交通时间不便等因素,大多数老年人转而选择自助团体作为接受教育的途径。由此可知,英国高龄教育的实施非常依赖自助团体,其典型代表为设立于尚德兰(Sunderland)的"退休行动中心"及第三年龄大学。

成立于 1982 年的"退休行动中心",除了提供退休前准备课程和咨询服务外,还设有志愿站,提供志愿工作或付费工作的机会给退休老年人,并且在当地电台开办一个节目,提供退休与老化的相关信息。该中心还设有信息处、餐饮设备,并组织志愿团体开设当地历史、手工艺和写作等课程。

而第三年龄大学是受法国第三年龄大学兴起的影响。所谓的"第三年龄",是将人的一生分为四个年龄期:①儿童及青少年期;②职业及谋生期;③退休期;④依赖期。第三年龄期指的就是退休期。退休期受到重视的原因是,如有良好的第三年龄期,就能减少年龄期之间的调适问题,并缩短第四年龄期的依赖。

3. 法国

1973 年由法国大学教授维拉斯(Pierre Vellas)首创的"第三年龄大学"是法国最著名的高龄教育机构。第三年龄大学成立于法国托洛斯大学(University of Toulouse),成立的主要目的在于改善老年人的生活条件,提升其生活水平,并协助公、私立机构进行老人的服务工作,仅招收年满 65 岁以上的学生,每年约有 8～9 个月的课程安排。此种机构提供老年人自行活动方案,其中有关身体健康的内容最受重视。课程内容包括语言、历史、电影、探险、瑜伽、游泳、心理学、社会及文化、当代社会问题、妇女地位的变迁等,学术的、社会的和文化的活动亦有提供。常用的教学方式包括会议、小组讨论、阅读团体及老师指导参观博物馆或古迹等。

4. 德国

随着国家人口结构的逐渐改变,德国多年来相当重视高龄教育的推动。若以统整的观点来论述,德国高龄教育实务推展中,较具特色的部分大致如下(黄富顺,2007)。

(1)大学高龄教育形态:尝试把大学开放给不同的年龄层,并且借此机会提升高等教育阶段的对话及知识传递。此种教育主要可分为四种课程形态:①正规教育与以目标团体为导向的课程;②结构性课程;③提供从事职业后或荣誉工作活动资格课程;④大学旁听课程。

(2)叙述咖啡馆:是一种以学习者为出发点的学习形态,探讨的核心为参与者的生活现况、生活事件及生活体验。兴起目的是希望借以满足并促进高龄者的社会参与,让其在继续学习的情况下,避免被社会环境所孤立。

(3)民众高等学校的高龄教育:是德国高龄教育活动的最大供应源。实施高龄教育一直以来就是民众高等学校的传统。19 世纪 60 年代中期起,学校特别加强了高龄者的文化与教育措施,课程的内容主要包含健康教育、艺术与手工艺创作、老人戏剧、计算机数据处理、地理学与地方志、政治与当代历史以及老人法律问题等。

(4)德国高龄教育的实施模式(柏林 BANA(Berliner Model：Ausbildung fur Nachberufliche Arbeitsbereiche)模式):由柏林工业大学所发展。BANA 指的是"退职后的工作领域教育",这是向已不再从事职业的工作民众提供的继续教育活动,是一种强调工作取向的证书课程,学习过程相当强调实习活动。

5.日本

日本的高龄教育机构有文部省委托市町村设立的高龄者教室、学校函授部门、放送大学、公私立大学附设的老人教育部门、百寿大学及老人大学等;此外提供老人教育的机构,尚有小区中的各种老人总合中心、老人学习营、劳动者教育协会、长寿会、老人俱乐部及公民馆等。"高龄者教室"为其中最值得注意的教育机构,此机构是以 65 岁以上的老年人作为教学的对象,开办经费由政府补助,每班 20 人,每年学习时间为 20 小时以上,学习内容包含"趣味、教养""维护健康之知识、技能""了解社会变化""了解年轻一代""社会服务"及地区性之各种学习。

6.韩国

韩国设立的高龄教育机构大致可分为六种(黄富顺,2007):①保健福利部援助设立的老年人福利会馆和老年教室,提供老年人业余生活,开设老人健康、保障收入等课程;②保健福利部援助设立的终身福利馆,针对老年人开设的内容有韩国文字、算术、个人兴趣、体操、观光、野餐、敬老活动、书法、表演、传统韵律操;③由老年人团体大韩老人会援助成立的老年学校和老人大学,开设内容有语言、书法、乐器演奏、韵律、体操等课程;④附属于大学的终身教育学院;⑤宗教机构;⑥其他民间团体。

7. 中国大陆

中国大陆发展高龄教育采取多元形式（黄富顺，2007）：①依托小区开展高龄教育；②开办老人大学，管理方面强调依照老年人的需求、特点，其性质实际上是对社会开放的、以老年人为对象的非正规、非正式教育；③单位所属退休人员的老年教育；④办理老年广播电视教育、网络教育。

### 三、中国台湾地区高龄教育现况

台湾地区的高龄教育主要由社会和教育行政主管部门两方面同时进行、推动。早期大多由社会行政主管部门以社会福利的观点推展；近年来，才由教育行政主管部门以基本人权的角度推动（黄富顺，2007）。

在相关部门的政策主导下，高龄教育的实施已经开始有明显的发展（黄富顺，2007）。综合观察台湾高龄教育的实施，可以从五个方向得到了解：一为社政部门所办理的长青学苑，二为教育部门的老人社会大学或高龄学习中心，三为民间组织所办理的老人大学，四为宗教团体所办理的松年大学，五为教育行政主管部门试办的乐龄大学计划。

1. 社政部门所办理的长青学苑

这是依据老人福利法所办理福利性质的老人教育场所，办理目的是推动老人社会人际关系，提升生活情趣以及充实精神生活。1982 年 12 月 3 日，高雄市社政部门与高雄市女青年会合作开办"长青学苑"（俗称老人大学），其后发展为 1983 年 6 月 1 日开办的台北市长青学苑。乘此之风，此后各地方公私立机构陆续开办老人教育活动。各地长青学苑所开设的课程大致可分为语言、技艺研习、文史、卫生保健、社会经济和计算机六大类。

2. 教育行政主管部门所办理的老人（长青）社会大学

由教育行政主管部门所属台东及台南社会教育馆附设办理。新竹及彰化未附设专属老人大学，其老人大学教育活动纳入艺文研习或其他社教活动中。

3. 民间组织（协会、基金会）所设立的老人大学

此种老人大学名称不一，组织、性质、活动等也不尽相同，各个皆有其重点及方向。其中规模最大的老人教育专属机构应为台北市老人教育协会于 1989 年所附设的老人大学。

4. 宗教团体所办理的老人教育机构

台湾的宗教团体，包括佛教、天主教、基督教等，都或多或少地办理老人教育活动，或设置老人教育的专属机构。比较重要的为天主教圣母圣心修女会创办

的晓明长青大学、基督教长老教会创办的松年大学、佛光山于台北道场佛光缘社教馆创办的松鹤学院。

5. 2010 年教育行政主管部门试办乐龄大学计划

其中值得一提的是，教育行政机关鉴于法国"第三年龄大学"、美国"老人寄宿所"等成效良好，特别在 2008 年参考其运作模式，运用大学师资、教学设备及校园环境，结合 13 所大学试办"老人短期寄宿学习计划"，开拓老人学习的创新模式，计有 820 位 60 岁以上的老人参与。2009 年持续补助 28 所大学办理"乐龄学堂"计划，计有 1975 位老人参与，其中保留 28 梯次给急需关怀的老人，让长者于退休后，有机会进入大学和年轻学子共同学习、互动（王政彦，2009）。

2010 年，结合岛内 56 所大学推动亚洲首创的"乐龄大学"计划，颠覆了过去大学的资源都以培育年轻学子为主的状况，将大学丰富的资源开放给身体健康状况佳、知识水平较高、经济状况良好的婴儿潮一代。对于这群 10 年后将转变为老年人的 260 万人口，不限学历，采用大学学期制，每学期授课 18 周，每周以安排 9 节课为原则，课程内容包括概念性课程、知识性课程、休闲性课程及运动性课程。上课模式有班级课堂教学、代间学习体验、混龄学习及参访活动，并按照各办理学校之发展特色规划设计。

同年，台湾东吴大学本着顺应社会需求、善尽社会责任的原则，参与了"乐龄大学"计划，由推广部负责协调整合各单位资源，拟订"乐龄大学"计划并推动，特别规划一系列适合中高龄学员需求之课程。计划课程内容之师资包括本校四个学院（外国语文学院、理学院、法学院、商学院）、三个行政单位（心理咨商中心、课外活动组、推广部）以及产业界（台湾银发族协会）师资。计划包括安排学员体验本校两个校区（外双溪校区、城中校区）之不同风格与特色，同时利用本校校区交通之便利性，与本校邻近丰富的学术及文化资源相结合。在本校学术单位及行政单位的通力协助下，期望能使高龄者体验快乐、精彩、充实的大学生活，不与社会脱节，更可以融入年轻族群与银发族社团之活动。

2010 年 11 月至 2011 年 6 月，"乐龄大学"整体课程规划如下（课程内容涵盖 2007 年教育行政主管部门有关老人及届龄退休者的学习需求调查结果）：家庭与人际关系、养生保健、休闲娱乐、社会政治、自我实现与生命意义及退休规划与适应。

课程设计共有九个系列。每个系列为期 9 周，每周上课 3 小时。每学期有 3 个系列同时进行，上课时间为每周一、三、五上午 9 点 10 分至 12 点。下表为本计划之总览，内容包含执行期间、实施地点、课程名称、支持单位等信息。

| | 系列一<br>（星期一，9：10—12：00） | 系列二<br>（星期三，9：10—12：00） | 系列三<br>（星期五，9：10—12：00） |
|---|---|---|---|
| 2010 学年上学期<br>共九周<br>（双溪校区） | 开训与双溪校园导览<br>轻松学计算机<br>（推广部） | 日本文化体验<br>（外语学院日文系） | 潜能的活化<br>（理学院心理系） |
| 2010 学年下学期<br>共九周<br>（城中校区） | 城中校园导览<br>乐活讲座 & 文化巡礼<br>（银发族协会） | 法律与生活<br>（法学院法律系） | 生活赢家<br>（商学院企管系） |
| 2010 学年下学期<br>共九周<br>（双溪校区） | 生命科学与医疗保健<br>（理学院化学系） | 心理健康照护<br>（心理咨商中心） | 社团活动<br>（课外活动组）<br>结训（推广部） |

### 四、结　论

儿童、青少年为教育学长久以来的重心。但近年来，由于各个先进国家（地区）医药卫生的进步、工商业的发达、生活水平的提高，人类平均寿命延长，老年人人口逐年增长，再加上少子化的现象，老年人口渐渐成为人口结构中的重要部分。面对社会变迁所形成的高龄化现象，如何推动发展高龄者教育，充实高龄者精神生活，为当前重要之议题。

大学是社会生活的缩影，而学校教育机构不仅是传递知识的地方，更负有社会文化传递与革新的功能，应与小区建立生命共同体及分享资源。面对社会现象，配合行政政策，借由大学推广教育的力量，让高龄者有机会走入大学，分享个人所长与生活经验，感染年轻学子的活力，保持身心机能的健康发展，培养积极的人生观，发挥退而不休的精神，有助于其改进自己生活的能力与质量，并过着有尊严、有价值、健康、快乐的晚年生活。

随着社会变迁的脚步，针对高龄现象，政府机关、民间团体乃至各级教育机构，无不顺应潮流而为。大学如能把握住此趋势，有效利用既有资源，结合邻近地区，并依高龄者的需求，开发设计多元课程，促使有增无减的高龄学习者愿意花钱投资打造自己的晚年生活，将能为大学推广教育开拓新的市场、新的面向，进而形成双赢的局面。

**参考文献：**

［1］王政彦.健康终老、幸福家园［R］.高雄：高雄师范大学教育学院，2009.

［2］张慈映.全球高龄化浪潮是危机也是商机［N/OL］. MD News，2004（61）. http://www.bpipo. org. tw/media/mdnews/61/6104. html.

# 澳门回归后地区发展及其对继续教育的影响

澳门大学　梁成安　徐梦琳

【作者简介】

梁成安,教授,澳门大学持续进修中心主任,教育学院副教授。

徐梦琳,澳门大学教育学院研究生。

本文为2012年第十三届海峡两岸暨港澳高校继续教育论坛收录论文。

## 一、背　景

澳门与香港、广东一起围成珠江三角洲,距香港 60 千米,距广东 145 千米,占地 29.2 平方千米。1557 年,葡萄牙殖民者获得澳门永久居住权。在被葡萄牙统治期间,博彩业被批准为澳门的支柱产业。1999 年,澳门回归祖国。此后,中央政府允许澳门进一步开放赌权,实现与世界博彩业接轨,良性竞争,优势互补。博彩税收成为澳门政府的主要财政来源,人民生活水平相应提高。旅游、服务业长盛不衰,经济蓬勃发展,前景乐观。2008 年后,澳门的博彩利润甚至赶超美国拉斯维加斯。因其自身独特的历史背景、经济体制,汇聚多元文化,澳门这座微小的城市日益吸引着周边地区的游客前来一睹风采,旅游业的旺盛又进一步促进了人才涌入,推动澳门的旅游、服务业蓬勃发展。

## 二、回归后的澳门

### 1.人口变化

由图 1 可知,澳门人口从 2001 年的 435235 人上涨至 2011 年的 552503 人,年平均涨幅高于回归以前。澳门回归后,由于经济社会发展的需要,大量劳工涌入澳门,在澳定居,并对其发展做出贡献。因其独具特色的体制以及发达的服务业,澳门吸引了许多打工者前来谋生,并落户于这座城市,从而提高了澳门的年

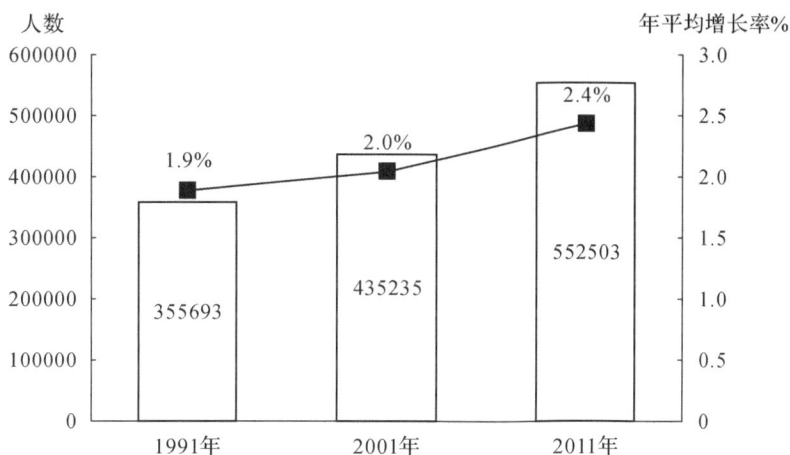

图 1 澳门人口变化

资料来源:澳门特别行政区统计暨普查局,2011 人口普查详细结果,2012。

平均人口增长率。

由图 2 可知,多数人口处在 15～64 岁之间,这也是外地雇员及学生所在的年龄区间,因他们多数处于 20～49 岁,减缓了澳门人口的老龄化趋势,为澳门注入了宝贵、有活力的人力资源。澳门本地人口在性别分布上,女性多于男性。而

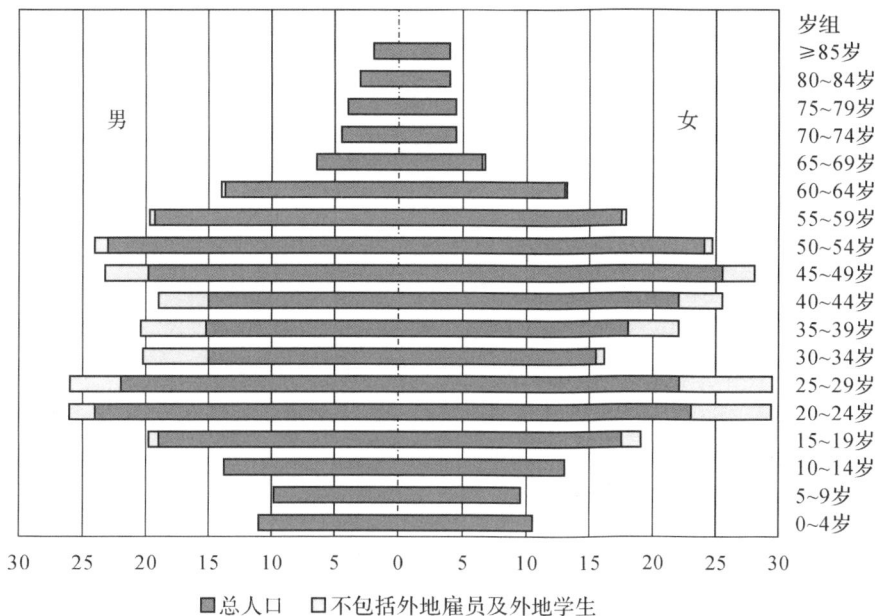

图 2 2011 年不同性别、年龄层的人口分布

资料来源:澳门特别行政区统计暨普查局,2011 人口普查详细结果,2012。

在外地雇员及外地学生中,女性也略占多数,这可能是因为澳门以旅游、服务业见长,工业、制造业所占比重甚小,而餐饮业、宾馆、度假村等服务行业对女性雇员的需求高于男性。

　　表1反映澳门外地人口的来源情况。由表可知,出生地为非澳门本地的人口从2001年的242826人增至2011年的325892人。在所有的外地出生人口中,内地人口比例最大,占80%左右,十年间该比例变化不大。香港在澳人口比例占到7.3%,十年间该比例保持稳定。2001年至2011年间,菲律宾在澳人口涨幅较大,从5221人增至13518人,增加了1倍有余,他们在澳从事家政服务、保安比较多。亚洲其他各地区在澳人口也占到一定的比例。可见,澳门较高的经济水平、良好的社会环境以及特殊的地理位置吸引着整个亚洲的劳工前来生产、劳作,而不同地区劳工的涌入又为澳门这座微小、休闲、开放、发达的城市添加了多元文化和谐相处、相得益彰的独特魅力,其开放、兼容将吸引更多的不同地区的人。

表1　2001年与2011年不同出生地的在澳人口分布

| 前居地 | 2001年 | | 2011年 | |
| --- | --- | --- | --- | --- |
| | 总数(人) | 比例(%) | 总数(人) | 比例(%) |
| 总数 | 242826 | 100.0 | 325892 | 100.0 |
| 中国内地 | 198921 | 81.9 | 255334 | 78.3 |
| 中国香港 | 17841 | 7.3 | 23673 | 7.3 |
| 菲律宾 | 5221 | 2.2 | 13518 | 4.1 |
| 其他亚洲国家或地区 | 13941 | 5.7 | 25266 | 7.8 |
| 葡萄牙 | 1746 | 0.7 | 2202 | 0.7 |
| 其他国家或地区 | 5156 | 2.1 | 5899 | 1.8 |

　　资料来源:澳门特别行政区统计暨普查局,2011人口普查详细结果,2012。

　　图3反映了2001年至2011年间澳门不同行业就业人口的分布与变化。由该图可知,与2001年相比,2011年批发零售业、运输业及制造业的人口明显下降,尤其是制造业,从19.8%降至3.4%。服务行业如文娱博彩、酒店饮食、不动产及工商服务业的人口显著增加,其中以文娱博彩与其他服务业最为明显,从11.6%增至25.6%,十年间增加了1倍多,表明随着经济的不断发展,人们从事的职业向服务业靠拢。澳门在十年间经历了经济转型,之前从事制造业、批发零售、运输仓储业的劳工纷纷转投博彩服务业。

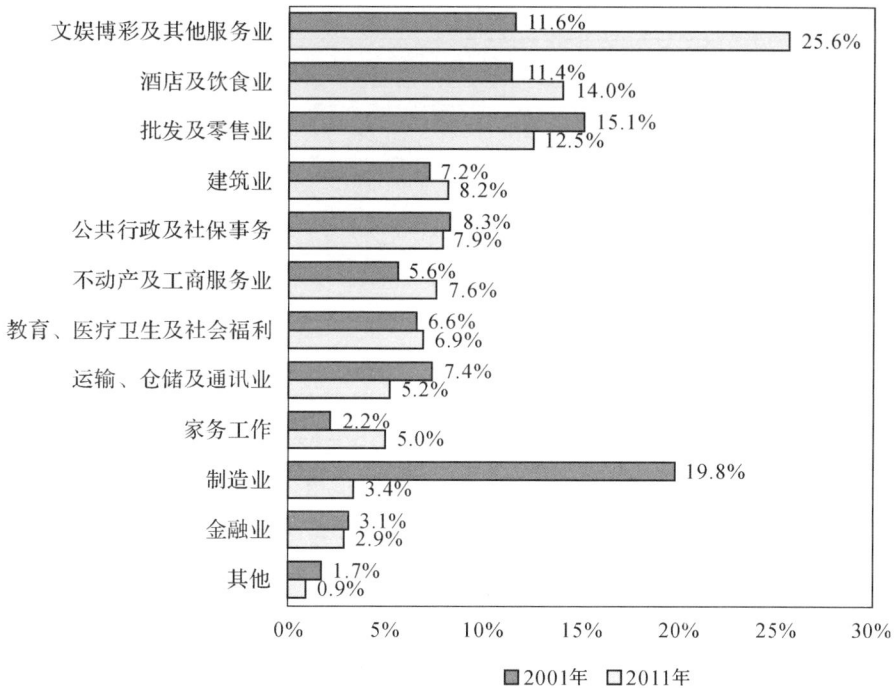

图 3　2001 年与 2011 年不同职业的人口分布

资料来源：澳门特别行政区统计暨普查局，2011 人口普查详细结果，2012。

2. 区域面积、收入的中数、博彩收入及人均 GDP 方面的变化

表 2　区域面积、收入的中数、博彩收入及人均 GDP 方面的变化

| 年　份 | 区域面积<br>（km²） | 收入的中数 | | 博彩收入<br>（billion<br>MOP＄） | 人均（GDP<br>thousand<br>MOP＄） |
| --- | --- | --- | --- | --- | --- |
| | | 整体<br>（MOP＄） | 与博彩有关行业<br>（MOP＄） | | |
| 2000 | 25.4 | 4822 | 6156 | na | 120 |
| 2001 | 25.8 | 4658 | 6187 | na | 121 |
| 2002 | 26.8 | 4672 | 5965 | 23 | 128 |
| 2003 | 27.3 | 4801 | 6466 | 30 | 143 |
| 2004 | 27.5 | 5167 | 7080 | 44 | 180 |
| 2005 | 28.2 | 5773 | 7837 | 47 | 198 |
| 2006 | 28.6 | 7000 | 10000 | 58 | 234 |
| 2007 | 29.2 | 8000 | 12000 | 84 | 279 |
| 2008 | 29.2 | 8000 | 12000 | 110 | 308 |
| 2009 | 29.5 | 8500 | 12000 | 120 | 318 |

续表

| 年　份 | 区域面积（km²） | 收入的中数 | | 博彩收入（billion MOP＄） | 人均（GDP thousand MOP＄ |
| --- | --- | --- | --- | --- | --- |
| | | 整体（MOP＄） | 与博彩有关行业（MOP＄） | | |
| 2010 | 29.7 | 9000 | 12000 | 190 | 421 |
| 2011 | 29.9 | 10000 | 13000 | 269 | 532 |
| 变化（％） | 118 | 207 | 211 | 1145 | 443 |

数据来源：澳门特别行政区统计暨普查局。
注："na"表示没有相关资料。

表2反映，2011年澳门的区域面积较2000年增长了18％；博彩业拉动澳门经济迅猛发展，人均月收入的中数较2000年上涨107％，与博彩有关的行业收入涨幅更大，达到111％；人均GDP较2000年上涨343％。从澳门土地面积的变化可知，由于澳门土地资源少，而休闲、旅游业发展又急需更多土地来开发经济、容纳游客，围海造地成为不二选择。十年间，博彩收入增长了十倍（1045％），横向对比来看，人均GDP上涨343％，不到前者的三分之一。显然，博彩利润除了增加人们的福利以外，尚有很大的利用空间。博彩行业应肩负起社会责任，注重对医疗、教育、福利的支持，以使澳门社会有序、和谐、可持续发展。

表3反映，从2001年至2011年，澳门总就业人口数从215059人增至337716人，并且，澳门九大行业的人口分布均发生了变化。管理层人员、专业人员、技术员、文员及服务业人员比例均上涨，基层工作者如渔农业、工匠、机器操作员与非技术性工人的人口比例均下降。与博彩服务业有关的行业人数涨幅最大，从19％增至28％，而第八大类行业降幅最大，从12％降至5％。可见，十年间，澳门经济转型很大程度上影响了行业人口分布，基层、非技术性工作岗位需求降低，服务业及需专业技能的岗位需求增加。

表3　2001年与2011年澳门不同行业的人口分布

| 总就业人口（人） | | 2001年 | 2011年 |
| --- | --- | --- | --- |
| | | 215059 | 337716 |
| 职业 | | 占比（％） | 占比（％） |
| 第一大类 | 立法议员、政府官员、社团领导人、企业领导及经理 | 6 | 7 |
| 第二大类 | 专业人员 | 3 | 5 |
| 第三大类 | 技术员及辅助专业人员 | 10 | 11 |

续表

| 总就业人口(人) | 2001 年 | 2011 年 |
|---|---|---|
| | 215059 | 337716 |
| 职业 | 占比(%) | 占比(%) |
| 第四大类 文员 | 19 | 28 |
| 第四大类 直接与博彩投注服务有关(如荷官、巡场、筹码兑换员等) | na | 12 |
| 第四大类 其他 | na | 16 |
| 第五大类 服务、销售及同类工作人员 | 20 | 21 |
| 第六大类 渔农业熟练工作者 | 1 | 0 |
| 第七大类 工业工匠及手工艺工人 | 12 | 8 |
| 第八大类 机台、机器操作员、司机及装配员 | 12 | 5 |
| 第九大类 非技术工人 | 16 | 15 |
| 总　计 | 100 | 100 |

数据来源:澳门特别行政区统计暨普查局。

### 3. 教　育

#### 表 4　2001 年与 2011 年澳门不同年龄的教育程度人口

| | 年份 | 总数(人) | 初中占比(%) | 高中占比(%) | 非学位课程占比(%) | 学位课程占比(%) |
|---|---|---|---|---|---|---|
| 整体 | 2001 | 424203 | 22 | 16 | 2 | 6 |
| 整体 | 2011 | 539131 | 23 | 26 | 2 | 15 |
| 年龄 | | | | | | |
| 25~29 | 2001 | 31804 | 31 | 24 | 4 | 19 |
| 25~29 | 2011 | 56312 | 18 | 35 | 3 | 36 |
| 30~34 | 2001 | 34943 | 32 | 20 | 4 | 13 |
| 30~34 | 2011 | 42331 | 19 | 33 | 4 | 33 |
| 35~39 | 2001 | 45256 | 30 | 21 | 2 | 7 |
| 35~39 | 2011 | 44661 | 27 | 29 | 3 | 26 |
| 40~44 | 2001 | 46214 | 26 | 22 | 2 | 5 |
| 40~44 | 2011 | 44822 | 32 | 26 | 3 | 18 |
| 整体 | 2001 | 424203 | 22 | 16 | 2 | 6 |
| 整体 | 2011 | 539131 | 23 | 26 | 2 | 15 |

续表

| | 年份 | 总数(人) | 初中占比(%) | 高中占比(%) | 非学位课程占比(%) | 学位课程占比(%) |
|---|---|---|---|---|---|---|
| 45～49 | 2001 | 37357 | 22 | 18 | 2 | 4 |
| | 2011 | 51324 | 31 | 26 | 2 | 11 |
| 50～54 | 2001 | 25167 | 21 | 16 | 2 | 4 |
| | 2011 | 48063 | 27 | 24 | 1 | 6 |
| 55～59 | 2001 | 13728 | 20 | 16 | 3 | 7 |
| | 2011 | 38347 | 22 | 18 | 1 | 6 |
| 60～64 | 2001 | 9911 | 12 | 13 | 2 | 8 |
| | 2011 | 26036 | 21 | 16 | 1 | 5 |
| ≥65 | 2001 | 31688 | 6 | 6 | 1 | 3 |
| | 2011 | 39964 | 12 | 11 | 1 | 6 |

数据来源:澳门特别行政区统计暨普查局。

表4说明,过去10年中,成人的教育水平总体提高了。拥有高中及以上学历的人数比例较2001年有明显增加,从6%增加到15%。从不同的年龄段来看,25～29岁的年轻人在2001年获得学位的比例是19%,而10年后同样是该年龄段的年轻人中有36%能拿到学位证。2001年,30～34岁的澳门人中仅有13%的人有学位证,10年后该比例升至33%。35～49岁的人拿到学位证的比例在10年间涨幅较大。可见,随着经济转型、对人才需求的增加,澳门人对高等教育越来越重视,拿到学位证的人数明显上升,成为服务、技术行业的生力军。

表5　2001年与2011年不同年龄的教育程度人口(另类表达)

| 年龄 | 年份 | 总数(人) | 初中占比(%) | 高中占比(%) | 非学位课程占比(%) | 学位课程占比(%) |
|---|---|---|---|---|---|---|
| 25～29 | 2001 | 31804 | 31 | 24 | 4 | 19 |
| 35～39 | 2011 | 44661 | 27 | 29 | 3 | 26 |
| 30～34 | 2001 | 34943 | 32 | 20 | 4 | 13 |
| 40～44 | 2011 | 44822 | 32 | 26 | 3 | 18 |
| 35～39 | 2001 | 45256 | 30 | 21 | 2 | 7 |
| 45～49 | 2011 | 51324 | 31 | 26 | 2 | 11 |
| 40～44 | 2001 | 46214 | 26 | 22 | 2 | <u>5</u> |
| 50～54 | 2011 | 48063 | 27 | 24 | 1 | 6 |

续表

| 年龄 | 年份 | 总数（人） | 初中占比（%） | 高中占比（%） | 非学位课程占比（%） | 学位课程占比（%） |
|------|------|-----------|-------------|-------------|------------------|----------------|
| 45～49 | 2001 | 37357 | 22 | 18 | 2 | 4 |
| 55～59 | 2011 | 38347 | 22 | 18 | 1 | 6 |
| 50～54 | 2001 | 25167 | 21 | 16 | 2 | 4 |
| 60～64 | 2011 | 26036 | 21 | 16 | 1 | 5 |

数据来源：澳门特别行政区统计暨普查局。

由表5可知，2001年25～29岁的澳门人有19%获得学位证，该批人10年后有26%的人获得证书，虽有增长，但比例小于2011年25～29岁拿到学位证的人，同样的情况出现在其余年龄段的人群。该表反映，多数学士学位持有者于25岁或参加工作之前已完成学业。中学毕业后边工作边拿学位，机会不大。这个现象实在值得探讨。

### 三、讨　论

成人教育是个人能力与社会需求互动的产物，既要传授理论知识，又要培养与时俱进的专业技能，提高学生的就业竞争力、社会适应能力，以取得更广阔的发展空间。澳门回归后，因发展的需要，区域面积增加，人口增长速度上升，行业发展越来越侧重于服务业，非技术工人的需求降低，管理、技术方面的专业人才需求迅速增长。尽管澳门回归后成人的教育水平总体上有所提高，但拥有学士学位者仅占15%，而对于中学学历的工作者来说，继续攻读学位的机会较小。澳门社会的经济类型越来越需要有较高文化素质的人才，而打工者亦渴望通过知识获得更好的就业机会。澳门的持续繁荣、安定不是依赖现有的博彩收入，而是通过教育。继续教育正是这样一个连接个人需求与社会发展的平台，澳门的继续教育需认清地区经济发展的特色、市场需求以及现今从业者的文化水平、工作能力，从而科学设置课程、实践项目，以输送与社会要求相匹配的人才。

由图1、图2、表1可知，澳门回归祖国后，人口增长幅度上升，内地劳工大量涌入，东南亚国家的劳工数量亦上升，补充了澳门的人力资源。而从图3、表3可知，10年来随着赌权开放，国际竞争激烈，信息技术迅速普及，手工、制造业及非技术行业的岗位急剧减少，对博彩服务业、专业人士、管理层人士的需求激增，而服务业竞争的关键是科技与人才。博彩设施、酒店管理、旅游服务、会展布置、商贸服务、生态建设，这些澳门赖以为生、引以为荣的行业无不面临着来自美国、新加坡以及周边地区的激烈竞争，要发挥澳门的优势，持续振兴博彩、旅游业，坚持会展、文化、商贸服务多元化发展，防止客户外流，从业人员的科技、专业知识的亟待提高。由表 2 可知,澳门的博彩收入有三分之二的利用空间,政府应加大对继续教育的人力、财力投入,使从业者接受职业培训的愿望不至于受制于资金限制,聘请会展布置、博彩管理等方面的一流教师以及酒店高级培训师,使更多渴望知识、技能者能够有机会继续学习,并且学有所用,打造有澳门特色的继续教育,推动珠三角共同繁荣。

# 21世纪高校继续教育的特点、重点和难点分析及对策

浙江大学　胡平洲

【作者简介】

　　胡平洲,男,浙江大学继续教育管理处外联与发展办公室副主任,硕士,讲师,主要从事继续教育研究。

　　本文为2012年第十三届海峡两岸暨港澳高校继续教育论坛收录论文。

## 一、我国高校继续教育的特点

第二次世界大战后,一大批工程师为了工作的需要再进入大学更新知识等活动确立了现代意义上的继续教育,美国称之为继续工程教育。其基本含义是专业工作者如工程师、医师、教师、律师等随着工作环境和工作所需的知识技能的改变,急需进行知识更新所需要的重新学习和训练,其组织者往往是大学或者专业工作者协会,只关注知识技能的更新而与学历脱钩。继续教育也被定义为大学后的专业培训与教育。在中国高等教育毛入学率达到23%的今天,继续教育不再是学历补偿教育,大学后的培训与教育才是其应有之义。因此,本文所指的继续教育与世界其他各国的基本内涵是相同的:大学后的、面向成人的、基于专业知识技能更新的一种教育形式。21世纪的高校继续教育有如下几个特点。

### 1. 全球视野下发展继续教育

首先是全球参与竞争的继续教育。我国自2001年加入世贸组织以来,继续教育已经成为发达地区参与竞争的一个重要领域。根据世贸组织的有关规定,除政府完全出资的教学活动以外,凡收取学费、带有商业性质的教学活动均属于服务贸易范畴,因此继续教育是一种基于市场的服务,应该而且必须按照市场规律及公平竞争的机制来确立其基本运行方式。

　　据估计,目前我国各种培训机构达 20 万家,高等教育培训机构近 3000 家,中等教育培训机构 700 家,除民营的 2 万多家以外,其余的均以外资独资或合资的形式出现。我国 3000 多家高校的继续教育所面临的竞争是非常激烈的。目前,在 IT 培训、外语培训和管理类培训中,中小型培训机构占据着绝对的优势,民营的不少培训机构也已经成为巨型航母,纷纷成为上市公司,如新东方、安博、环球雅思、学大等 11 家教育培训机构在海外上市。高校继续教育的优势地位相当明显:占有大量的优质教育资源,如师资、场地、资金等;高校长期从事继续教育行业,具备比较系统的知识技能;高校的科研水平和成果转化又是其他中小型教育培训机构所不具备的。尽管如此,机制不灵活、体制不健全成了高校继续教育参与市场竞争的短板。外资的优质教育培训机构更具有品牌优势。全球视野下的继续教育应该是开放的、公平竞争的和遵循优胜劣汰原则的。

　　全球视野下发展继续教育,还需要考虑技术变革的全球性态势。信息技术、生物工程和新能源新材料等方面产生的革命性变化必然对继续教育产生巨大的影响,继续教育本身需要新技术的支撑,继续教育的内容要具备前瞻性。全球视野下的继续教育还必须考虑文明之间的对话。不同文化的国家在全球化影响下,需要在接纳全球文化与保存本土文化之间取得良好的平衡。

　　2.终身教育理念下发展继续教育

　　一个人在学校接受的是最基本的教育,人才的成长过程最终需要接受实践的检验。学习是一种生活方式,贯穿人的一生。我国现在正在大力推进建设学习型社会和建立终身教育体系。教育的价值取向也从社会需要转向更为基本的人自我发展的内在需要。从人力资本投资转向生存消费观是终身教育最为根本性的变化。我国要从人口大国转变为人力资源大国,就是以教育的经济价值取向为依据的。认为从社会对教育的要求来看,教育无疑是极具投资价值的。通过教育能够快速提高受教育者的素质。舒尔茨的人力资本理论认为,通过教育可以提高人的生产效率。国内通过对武钢的员工培训的研究发现继续教育投入和产出比为 1∶12。也就是说在员工培训中投入 1 元可以得到产品或服务增值 12 元。这样的结果使得企业舍得在员工的培训上进行投资。另一方面,教育和培训的消费取向在终身教育的理念下得以确立。个人意识到通过学习和培训能拓宽视野、培养创造性思维,通过闲暇教育能提升自身身心健康、文化品位和生活品质。学习和培训不再是企业的专利,而是员工自身发展和提高的需要。继续教育作为一种个人消费的观念也逐步得以确立。目前我国城乡社会消费中居于前列的就是食品、居住和学习。

　　终身教育理念下发展继续教育就要求继续教育除新技术新知识等专注职业

能力提高的内容外，也要在个人娱乐、交际能力、健康教育、人文关怀等方面予以同样的重视。使人学会学习、学会生存将是继续教育成功的核心。终身教育所提倡的人人学习理念也使得企业不能再依靠少数精英员工的在职进修来保持竞争能力，而是需要所有在职人员能终身更新知识和技能，并成为不断学习的劳动者。从这个意义上看，继续教育要面向全社会所有的人群，从而促进社会发展和人自身的发展。因此，继续教育应该是全民的教育。

## 二、高校继续教育的重点及难点

在上述两个大背景下发展高校的继续教育，就要求高校在继续教育方面有所为有所不为，既要参与继续教育的市场竞争，又要突出重点，使优质资源得到有效利用。高等学校作为全社会的知识高地，汇聚了一大批高水平的师资和大量的优质教学资源及海量的科研成果。同时，高校又承担着传承与创新社会文化和知识、服务区域经济和社会发展的重要使命。因此，高校继续教育的重点将围绕国家发展战略和区域社会经济特点来展开。

1.高校继续教育要以国家人才发展战略中的六类人才培养为重点

根据《国家中长期人才发展规划纲要（2010—2020年）》提出的国家整体人才培养规划，要求今后十年统筹抓好党政人才、企业经营管理人才、专业技术人才、高技能人才、农村实用人才以及社会工作人才等人才队伍建设，培养造就数以亿计的各类人才，数以千万计的专门人才和一大批拔尖创新人才。通过培养造就一批善于治国理政的领导人才，一批经营管理水平高、市场开拓能力强的优秀企业家，一批世界水平的科学家、科技领军人才、工程师和高水平的哲学社会科学专家、文学家、艺术家、教育家，一大批技艺精湛的高技能人才，一大批社会主义新农村建设带头人，一大批职业化、专业化的高级社会工作人才，充分发挥高层次人才在经济社会发展和人才队伍建设中的引领作用。高校继续教育可以而且也应该在六类人才的培养中发挥重要作用。在党政人才培训中，国家已经建立了以中央党校、国家高级行政学院、社会主义学院和延安干部学院、井冈山干部学院、浦东干部学院等为核心，辅以13所中共中央组织部高校干部培训基地的体系，以适应大规模培养干部、大幅度提升干部素质的需求。应该说，13所高校均为"985"学校，基本涵盖了国家经济和社会重大发展战略所需要的社会发展模式与社会管理改革、区域社会和经济发展先行先试地域。此类高校在党政人才培训方面承担了重要的任务，应该是这些高校继续教育的重点。

在社会主义新农村建设和国家西部开发大战略中，浙江大学依托浙江大学中国西部发展研究院和浙江大学中国农村发展研究院等机构，培养了大批高水平人才。浙江大学继续教育在为西部地区培养人才的过程中,注重建立适合当地经济建设的人才智能梯级结构,在培训观念、办学方式、课程设置等方面拓宽思维,支持和鼓励对西部人才的培养,利用现代远程教育技术进一步拓展培训地域和行业领域,加大对西部人才培养的力度,为西部地区人才培训做出了较大的贡献。自 1999 年以来,浙江大学继续教育已为西部 16 个省(区、市)培养了 1.8万高层次管理人才和专业人才;在新农村人才培养方面也建立了"湖州模式",以面向农村、发展农业、造福农民为己任,为社会培养高质量的农业与农村经济管理人才;还承担了国家商务部委托的"反贫困国际高级研修项目"和加拿大CIDA 委托的"农产品现代物流与供应链管理研修项目"等项目,受到国内外的瞩目。

基于高校知识高地、人才高地和优质教育资源汇聚的特点,各高校理应以国家的人才战略和社会经济发展战略为重点,开展六类人才的培训工作。

　　2. 高校继续教育的难点问题

高校继续教育的难点问题和整个继续教育在我国的发展状况相关。许多研究表明,目前管理体制不顺、协调机制不畅、立法状况滞后等情况制约着继续教育的大发展。1988 年,国务院机构改革,专业技术人员的继续教育归国家人事部主管,但实际操作起来各行业之间相互分割,对在职人员的继续教育并没有做出具体的规定,如继续教育的学分、继续教育的形式、继续教育机构的审批和设立、继续教育费用的分担机制等均没有具体的要求。继续教育的健康成长需要有统一的协调机制,同时也急需终身教育法的出台。立法缺失和公共政策研究缺乏,使得政出多门,无法对继续教育工作建立约束性条件,阻碍了继续教育的发展。

### 三、促进高校继续教育大发展的对策

根据刘延东国务委员《开创继续教育工作新局面,为建设人力资源强国贡献力量》的讲话精神,我国高校的继续教育面临着良好的发展机遇。这一方面是源于推进创新型国家建设的重要战略布局、提升国家核心竞争力的需要,也是目前转变发展方式、促进产业转型升级和产业结构调整的需要,同时也是满足社会成员多样化学习需求、促进社会公平的要求,更是构建终身教育体系和学习型社会的必然要求。

面临这样良好的战略机遇,高校继续教育首先应采取品牌化发展策略,通过专业化建设和优秀团队建设,做精做细;通过校友工作和受训学员回访等增加学员对学校的认同感;最为关键的是以品牌来吸引受训人群。

其次,应加快高校继续教育信息化建设,适时推出适合云计算时代的、以泛在学习理念为指导的、个性化学习方案为中心的新型继续教育培训模式。通过管理提前,加强对继续教育的管理和指导,在管理中体现服务,在服务中加强管理。

第三,高校继续教育大发展还需要积极争取社会资源,推进地校和校企之间的合作,加快继续教育校外资源的拓展。据估计,继续教育市场达 2000 亿～3000 亿元,目前高校继续教育在该领域继续占据绝对优势,但高校本身随着各项事业的开展,也面临办学空间紧张的问题。因此,应通过地校合作的形式以及与大型企业的战略合作,为继续教育争取更大的办学空间和更多的社会资源。

总之,高校继续教育机遇与竞争并存,承载的使命艰巨。通过坚持不懈的努力,高校继续教育一定能为中华民族的伟大复兴做出巨大的贡献。

# 新媒体环境下继续教育项目
# 突发事件的处置与媒体应对

复旦大学　李　卓

【作者简介】

　　李卓,女,复旦大学继续教育学院,从事教育管理工作,传播学博士,助理研究员,研究方向为继续教育、跨文化传播和公共关系。

　　本文为2012年第十三届海峡两岸暨港澳高校继续教育论坛收录论文。

## 引　言

在社会转型的大背景下,各种社会矛盾日益凸显,人们的价值观趋向多元,环境的高速变动带来各方面的不确定性与复杂性。近年来中国进入了社会矛盾的突发期和高发期,重大突发事件不断涌现,对整个社会都产生了极其重大的影响。

突发事件频发的这些年,正是网络新媒体突飞猛进的发展阶段。据2012年7月中国互联网络信息中心发布的第30次《中国互联网络发展状况统计报告》,中国网民共计5.38亿人,其中电脑网民3.8亿人,手机网民3.88亿人。互联网普及率为39.9%。在新媒体时代,受众不再被单一的媒介声音所主宰,而是人人皆记者,每个人都可以在网络平台上发出自己的声音,形成新的网络舆论阵地。

高校继续教育当前正面临着转型和变革,要在危机频发、信息飞速传播的当下实现继续教育的科学和可持续发展,建立并完善有效的危机应对机制、善用传播媒介、学会与媒体打交道是当务之急。

### 一、新媒体时代继续教育项目突发事件的特点及其传播

所谓突发事件,是指由自然的、人为的或社会的因素而引起的,突然发生的、

不以事件的相对人和事件管理者的意志为转移、事前难以预测、作用范围广泛且在一定范围内对现有社会生活秩序造成影响甚至冲击或危害的公共事件。从危机应对的角度看,突发事件有三个主要特点:一是对某些组织机构、相关的利益人和普通民众造成损害,必须进行处理;二是具有突发性,难以预测;三是留给应对者的反应时间非常短。

继续教育项目突发事件指那些发生在高校内,或虽未发生在校内,却与高校继续教育中的人或事有密切联系的,事前难以预测、作用广泛且对高校甚至社会造成一定威胁和危害的公共事件。高校继续教育项目突发事件与一般的高校突发事件有相同点,也有不同点,主要的不同点体现在突发事件的诱因上。

1. 继续教育项目突发事件的特点

高校突发事件根据诱因不同可分为传染性疾病类突发事件、重大事件类突发事件、灾变类突发事件、人际关系类突发事件、人为因素类突发事件、环境压力类突发事件、利益类突发事件、管理类突发事件。高校继续教育项目主要包括学历教育和非学历培训两个类别,其突发事件的诱因多数可归为利益类或管理类的问题和矛盾。

在利益类突发事件中,各种具体利益的损害是引发突发事件的导火索。例如因学校办学不规范,招生宣传有虚假,导致学生利益受损,以及因资源整合,学校合并,师生搬迁触及一部分人的利益等。

管理类突发事件是由于校方内部管理存在的各方面问题得不到及时有效的解决而引发的突发事件。如因教学管理问题而引发的罢课、联名抗议;因学生管理引发的学生或其父母滋事,策划具有攻击性的恶意匿名上访信件和网络帖子等。

此外,高校继续教育项目突发事件中,学生身份具有特殊性,其除了作为继续教育学生的身份外,还在社会上拥有广泛的工作、生活人脉资源和一定的经济基础。因此继续教育突发事件的影响往往超过事件本身,与社会联动,从而进一步扩散,有内外互动效果,产生放大或辐射效应。

2. 新媒体环境对突发事件传播的影响

在网络环境下,普通民众知道网络的巨大威力,便会寄希望于通过网络媒体为自己伸张正义、讨公道,借助网络的影响力提高自己对抗权力的能力。互联网的普及使危机信息的传播往往比突发事件本身发展要快得多,容易形成短时间内的社会关注与聚焦,并产生舆论负功能。

在高校发生突发事件时,部分学生利用经常使用的论坛、贴吧和QQ群组等媒介手段,将一些负面消息迅速而广泛地传播。网络信息的广泛快速传播对突发事件带来的影响是难以预计的,有不良企图的人借助网络发帖、短信群发等方式误导人们,在网上进行歪曲报道和煽动,甚至探讨实施聚众闹事的步骤。其他网民的大量跟帖则非常容易实现网上网下互动、校内校外呼应的态势。此外,需要引起重视的是,网上的声音往往一边倒,较为偏激,多是对校方表示不满以及煽动性的言论,很少是正面引导、平息事件的声音,这很可能使问题进一步激化。

在应对危机时,相关管理者不能以网络舆论不代表现实民意及其存在某种弊端为由,对突发事件中出现的网络舆论置之不理,而是应该善待网络舆论,并将其视为对自身管理能力的一种挑战,收集、分析意见,解决问题。

## 二、继续教育项目突发事件的应对原则及策略

### 1.处置突发事件的原则

“以人为本”是处置突发事件的基本理念,也是校园突发事件管理的最高准则。继续教育项目的管理者在处理危机时所依据的原则应该是尽可能减少对学生或校方的安全和利益的直接威胁,而不是减少负面新闻。根据这样的原则来处理危机,才能真正做出有效的正确的决策。在非典事件和哈尔滨松花江水污染事件中,管理部门最初由于种种原因并未做到“以人为本”来处理危机,一再贻误时机,从而对解决危机造成了更大的困难。

当继续教育项目突发事件产生后,及时沟通是化解事件的重要途径之一。在公共关系理论看来,突发事件应急处置的沟通是帮助公众理解影响他们的生命、感觉和价值观的事实,让他们更好地理解突发事件,并做出理智的决定。应急沟通不只是告诉人们“你想他们做的事”,更重要的是告诉他们“你理解他们的感受”。高校突发事件处置中,沟通管理包括四个方面:内部师生员工、学生和家长、媒体以及其他有关社会组织。要努力用沟通防治突发事件,忽略任何一方的应急沟通都不能算是完美的。

“以学生为本”应该成为继续教育管理者在处置突发事件时的基本理念。在应对涉及利益或管理问题的突发事件时,当务之急不是撇清责任,而是应该彻查自身,尽可能地减少对学生直接的利益损害,并公开地向学生表示歉意,自觉主动地接受监督,体现高校的坦荡胸怀。

### 2.危机应对策略

内地高校在非公共安全事件发生后,更希望把事件的影响控制在一定的范围内,这一范围越小越好;至于对外主动传播信息,更是不可能,当媒体闻风而来时,能够做出迅速反应已是最好的处理。面对师生的猜测,内地高校多半采用删帖、禁止谈论等方式;在应对危机中,内地高校展示出了“我害怕”传播的态度。

美国高校的危机应对方案较为完善,这些方案的电子版本可以在各个高校的主页轻松地找到。媒体和网络对于美国高校来说,不仅是报道正确消息、遏制流言的需要,更重要的是,他们认为高校在应对危机事件时,需要向当事人(师生及家长)以及公众传播正确的信息,而媒体是达成这一目的的非常好的渠道。因此,在应对危机中,美国高校展示出了"我需要"传播的态度。

美国高校的危机应对策略可以概括为向媒体迅速地提供准确的信息,包括对事件本身的说明、校方的立场和态度、采取的相关措施,以及这些措施所带来的成效;随着事件的发展,校方必须尽快向媒体提供相应的最新信息,掌握话语权和主动权。

传播准确的信息在危机应对中至关重要。对内,准确的信息传达有利于部门和公众做出正确有效的反应,也有利于安定人心;对外,向媒体发布准确的信息有利于减少见诸报端的负面新闻,减少其给高校带来名誉等各方面的损失。2009年3月,深圳新闻网一则《深大成人教育学院女大学生厕所内遇害?》的新闻报道中,市民向记者爆料深大成人教育学院发生了一起命案,记者前往院长办公室,院长只说了一句:"都交给警方处理了,你们去问派出所吧。"记者随后向多名目击者了解信息。由此可见,校方失去了向媒体和公众准确传播信息的宝贵机会,失去了话语的主动权。

此外,信息传播的时效性非常重要。对学校和新闻媒体来说,时间是新闻传播的重中之重,危机应对团队也应在第一时间召集起来。只有第一时间发布官方信息,才能有效地减少流言的传播。美国路易斯安那州立大学明确要求,第一份简报或声明必须在危机发生后的五小时内发布。人民网的舆情研究中心也提出"黄金四小时"的政府危机应对法则。在上述深大成人教育学院的案例中,记者向咨询处老师提出采访,该老师称"需要等到周一学校领导上班才能进行采访",可谓违背了危机应对的时效性原则。

由此可见,面对继续教育项目突发事件,既不能"失语",也不能"妄语",要做到"速报事实,慎报原因",随着事件的发展,更新信息,掌握话语权和主动权。

### 三、媒体应对和媒介使用

对内地高校来说,在危机过程中神出鬼没的媒体是令他们头痛的对象,媒体仿佛一把双刃剑,既能报道高校的成就,也能将高校危机所带来的负面影响成级数放大,防不胜防。正是出于这样的顾虑,内地高校在面对危机时,总是对记者怀有忌惮,而不是以配合的态度积极主动向媒体提供信息。一旦发生危机,内地高校大多选择沉默、拖延,甚至隐瞒部分事实,一切以减弱媒体报道影响为主。这样的想法是人之常情,但在媒体的聚焦效应下,却更容易带来危机:遮掩部分事实反而会引发更多的猜疑。在发生继续教育项目突发事件时,管理者要学会与媒体打交道,善用传播媒介。

### 1.如何与媒体打交道

首先要开诚布公。要坦白负责,不隐瞒,不欺骗,诚实坦白地向媒体发布信息,并不断地更新信息。在媒体采访过程中,为记者提供便利的"软件"和"硬件"支持。应该将危机应对视为校方提升诚信度和美誉度的机会,而不应该接到记者的电话就马上挂断。

其次,对外发布的信息要清晰统一。在危机应对时,需要指定新闻发言人,通过他向公众和媒体发布权威信息,回答质疑,而其他部门和个人不需要负责面对媒体,只需要将媒体介绍给相应的新闻发言人或新闻发布部门即可。值得注意的是,发生危机时应该确保内部公众,从教师、门卫到清洁人员都知悉新闻发言人制度,并确保记者能及时联系到新闻发言人。

对继续教育学院的院长来说,要时刻注意从公众利益而不是本组织的利益的角度谈问题。不要与记者争论或失去自制地激动起来,如果一个问题里包含不喜欢的冒犯语言或者无知言语,不要去重复甚至否认它们。如果记者问一个直截了当的问题,就给一个同样直截了当的回答。问题越棘手,回答就应该越简短。如果不知道某个问题的答案,应该仅仅说:"我不知道,但是我将为你找到答案。"

### 2.善用网络

在新媒体时代,应对危机既要"上网看",还要"上网说"。很多高校继续教育学院或部门都有自己的官方微博。在使用网络媒介传播信息时,要注意网络媒介的特点,善用网络。

在微博上传播信息时首先要忌官腔,有学者提出,要大胆、坦率和诚实地交流,说话有街坊味。平常日子沟通感情,关键时刻发布新闻。其次不能只发不回,单向传播,没有互动,那只会让用户感觉你冷漠和高傲。要直面评论,上网是为了倾听民意,不能删除或关闭博友的评论。三是要与实际行动联系起来,从虚拟的网络落实到日常工作中,真正解决实际问题。

## 四、结　论

在网络上有学者如此评价继续教育的现状:"明眼人都知道当下继续教育问题颇多……譬如,继续教育没有一套完整的科目指南,课程、课时设置的随意性大;教学方式单一,方法呆板,任务式教学占比高,难以激发学员的求知欲;继续教育管理不到位,培训机构重盈利轻质量,重入学轻毕业,重形式轻内容,重结果轻过程;继续教育立法工作滞后,目前从中央到地方,没有构成配套的继续教育法规体系。"姑且搁置上述评论是否夸大事实,但它确实能警醒继续教育领域的工作者充分认识面临的危机,建立并完善有效的危机应对计划,以负责任的态度积极面对媒体和公众。

继续教育的管理者首先要知悉学生对于自己学校经历的看法,让学生能够及时了解学校的政策,保证各项课程能满足他们的需要和激发他们的能力并创造一种让他们以学校为骄傲的氛围。其次,要促进公众对继续教育的了解,提高学校对继续教育参与和支持的水平,加强与校园内外受众的沟通。正如前人所说:"正当媒介在报道教育问题上变得更加咄咄逼人的时候,我们必须在引导公众和意见领袖方面更有魄力。我们需要清晰的语言,而不是学术术语。我们必须走近这些意见领袖,而不能等他们来找我们。"继续教育也需要通过合适的时机不断提供对社会做出成就和贡献的例子,帮助平衡媒介的报道。

**参考文献:**

[1] 陈光.高校突发事件应对策略论[M].北京:光明日报出版社,2011.

[2] 宫承波,等.重大突发事件中的网络舆论:分析与应对的比较观[M].北京:中国广播电视出版社,2012.

[3] 国家中长期教育改革和发展规划纲要(2010—2020年)[Z].

[4] [美]卡特里普,等.有效的公共关系[M].北京:华夏出版社,2002.

[5] 刘向信.高校突发事件应急机制研究[M].北京:社会科学文献出版社,2009.

[6] 罗倩.它山之石可以攻玉:从中美对比看高校应对危机传播[J].新闻大学,2010(2):157-160.

[7] 叶忠海.成人教育学通论[M].上海:上海科技教育出版社,1997.

[8] 余小波.中国成人高等教育转型研究[M].长沙:湖南大学出版社,2010.

# 高校非学历教育发展的困境与展望

西安交通大学　苗树胜　张宏图

【作者简介】

苗树胜,男,西安交通大学继续教育学院副院长,副研究员,研究方向为职业教育、成人教育。

张宏图,男,西安交通大学继续教育学院培训中心副主任,讲师,研究方向为非学历继续教育。

本文为2012年第十三届海峡两岸暨港澳高校继续教育论坛收录论文。

人类社会进入以知识经济、信息网络和国际化为重要特征的 21 世纪后,社会生活的各个领域都在发生深刻的变革,作为承担高校服务社会职能的继续教育也面临新的机遇和挑战。一方面表现在,高等教育适龄人口开始急剧下降,高考录取比例不断提高,成人高等学历教育生源也在不断减少,招生难问题凸显;另一方面表现在,随着科学技术的飞速发展,知识更新速度越来越快,各类人才需要不断更新知识才能满足社会对人才的需要,从而对继续教育提出了新的要求。今天的继续教育已经发展成以终身教育理念为指导的宽门类、多样化、灵活性地开展的包括成人学历教育、大学后继续教育、各类行业或专业培训的大众教育,并且已经成为社会化终身教育体系的重要组成部分,这为建设学习型社会奠定了基础。《国家中长期教育改革与发展规划纲要(2010—2020 年)》(以下简称《教育规划纲要》)明确指出:继续教育是面向学校教育之后所有社会成员特别是成人的教育活动,是终身学习体系的重要组成部分。更新继续教育观念,加大投入力度,以加强人力资源能力建设为核心,大力发展非学历继续教育,稳步发展学历继续教育,广泛开展城乡社区教育,加快各类学习型组织建设。倡导全民阅读,推动全民学习。到 2020 年,努力形成人人皆学、处处可学、时时能学的学习型社会。这就为 2020 年前继续教育的发展指明了方向。

### 一、高校非学历继续教育现状及影响其发展的主要问题

面对高校继续教育发展的形势变化,清华大学 2002 年就率先转型,果断退出成人高等学历教育,全身心投入以高端培训为主的非学历教育培训。2004 年清华大学的非学历教育培训毛收入就达到 3.7 亿元,到 2011 年,非学历教育培训毛收入已突破 8 亿元。但是,大部分高校的继续教育仍然是以成人学历教育为主,2011 年非学历教育培训毛收入超过亿元的高校只有 21 所,和全国 2100多所高校相比,只占到 1%,有一些高校到目前为止还没有设置专门的机构负责非学历教育培训工作。

笔者认为,影响高校非学历继续教育发展的主要问题有以下几个方面。

1. 缺乏支撑非学历继续教育发展的法律、政策和措施

在我国,从学前教育、小学教育一直到硕士生培养、博士生培养,有一套完整的体系和组织领导系统,也有如《义务教育法》《教育法》《高等教育法》《学位条例》等法律的支撑,还有许多相关配套的政策和措施,成人高等学历教育(含网络学历教育)也可参照执行。而非学历继续教育,既没有形成一套完整的体系和组织领导系统,更无法律可依,即使有一些政策和措施,也带有明显的行业特征。2006 年,英国政府颁布了《继续教育:提高技能,改善生活机遇》白皮书,旨在提高英国青年人和成年人的知识技能,并使国内所有成人在一生中都能获得技能提高和再培训支持,实现继续教育的功能,迎接社会发展提出的新挑战。为实现这一目标,英国政府制定了一系列法律法规、政策来领导和组织实施继续教育的各类机构,保障各种继续教育活动的高效运行。美国制定了多部法案,为继续教育的发展提供了强有力的保障。德国涉及继续教育的法律和条例达 30 多部,政府为继续教育的发展保驾护航。

2. 观念落后是影响高校非学历继续教育发展的重要因素

我国绝大部分高校长期以来都不太重视继续教育学院的发展,在学校的会议和文件中很难发现有关研究继续教育发展的内容。许多高校,从校领导到一般行政干部,从博导、教授到普通教师,都把继续教育排除在正规教育之外,认为继续教育是"副产品",继续教育的内容"没有学术水平"。许多高校的职能部门和各专业院系也不大支持继续教育工作,继续教育学院通过正常渠道不能名正言顺地享用学校的各类资源。一些院系对继续教育学院举办的高端培训说三道四,有人认为继续教育学院没有能力举办高端培训,有人认为继续教育学院抢了他们的生源,让学校阻止继续教育学院开展高端培训项目。在许多高校的继续教育学院内部,做学历教育工作的一些同志对非学历培训的市场化运作机制,特

别是政策倾斜和激励机制持否定态度。这些现象都是观念落后造成的,也严重影响和制约了继续教育,特别是高校非学历继续教育的发展。

3.从事非学历继续教育的人员素质难以满足发展的要求

继续教育学院从事非学历培训人员的整体素质直接关系到非学历继续教育工作的质量、客户满意度和效益。与社会培训机构相比,大部分高校继续教育学院从事培训管理工作的同志普遍缺乏对培训市场的了解,市场运作经验更是无从谈起,缺乏开拓培训市场的能力。由于高校用人体制机制的僵化,许多管理人员甚至缺乏做好培训工作的动力和勇气。笔者也了解到,许多高校的继续教育学院在推行人员聘任制,以此来调动工作人员的积极性和主动性。但是,如果不采用企业化运作,没有激励机制,则很难把综合素质高、业务能力强的同志聘任到培训管理工作岗位上来,加之人员聘任所带来的流动性,也很难保证把有一定经验的同志继续留在培训工作岗位上。同时由于高校用人、工资、财务等制度的局限,也很难参照市场的用人机制,招聘若干有较高学历、有非学历培训工作经验的年轻人做项目负责人。如果继续教育学院不能把从事非学历继续教育工作的管理人员送出去学习、交流、培训提高,那么从事非学历继续教育的人员的素质就难以满足发展的要求,非学历继续教育也就不可能快速发展。

4.高校非学历继续教育的体制机制也是影响发展的重要因素

谈到体制机制,它是一个涉及面很广的问题。笔者在这里主要讨论高校继续教育学院开展非学历继续教育的体制机制问题。首先表现在大部分高校用人政策僵化,聘任工作流于形式,学院内能力弱的人无法不聘,工资奖金照发,校外能力强的年轻人,因为工资低又聘不进来,不能满足培训工作的市场化要求。其次表现在财务工作上。据笔者了解,我国大部分高校的继续教育学院都没有相对独立(学校财务处监管)的财务部门,学院的各项财务手续都必须按照大校财务部门的规定办理,和非学历培训的市场化运作不能相互衔接,激励政策也难以落实。第三表现在市场化运作上。目前,我国高校继续教育学院开展非学历培训的规模、质量、效益等差别很大,许多高校仍然停留在"等、靠、要"的传统办学思路上,没有引入市场化运作机制,没有把办学思路转到依靠市场、服务市场的需求上来,转到主动出击、开门办学、开放式办学上来,转到提高质量、适时开发新的培训项目,增强培训的吸引力与竞争力上来。

**二、非学历继续教育发展展望**

鉴于对以上问题的分析,笔者就大力发展非学历继续教育,推动学习型社会的建设谈几点看法。

1. 从政府层面分析

从政府层面来看,首先要借鉴发达国家的做法,积极推动非学历继续教育立法,规范非学历继续教育行为。以法律法规的形式确定从事非学历继续教育机构的组成、市场准入制度、检查评估制度、质量标准以及经费的来源渠道和政府的资金支持方式。

其次,由于学历教育是教育部门的管理工作,而非学历教育是全社会的事情,大力发展非学历继续教育是学习型社会建设和发展的必然趋势。《教育规划纲要》指出,到 2020 年我国"努力形成人人皆学、处处可学、时时能学的学习型社会"。要实现这一目标,政府就必须尽快成立领导小组,承担起创建学习型社会的领导重任,要求国家各部委、各级政府、各类办学机构、社会团体以及商业机构统一协调,纵向衔接,横向沟通,避免不必要的重复和浪费,为所有社会成员提供多次的学习机会、多样的学习内容和更加便捷、灵活的学习方式。

第三,政府应加大力度,整顿职业资格认证培训市场,扭转滥发职业资格证书的局面,好的培训机构保留,没有信誉的坚决取缔。可以由领导小组下设的专门委员会组织行业管理部门和行业管理学会的专家学者,结合行业人力资源需求和行业发展目标重新制定行业终身学习体系资质认证和水平认证标准,推进各类认证培训。劳动人事部门应将学习成果与劳动者的发展联系起来,激发劳动者自发参与培训的积极性,这必将有力推动终身学习体系的建设。

2. 从高校层面分析

从高校层面来看,首先要更新继续教育观念。从校领导到一般行政干部,从博导、教授到普通教师,都要明确认识到继续教育是面向学校教育之后所有社会成员特别是成人的教育活动,是终身学习体系的重要组成部分。发展继续教育、服务终身教育体系是高校义不容辞的义务,是社会赋予高校的一份责任。继续教育是高校人才培养的组成部分,是高校服务社会的重要窗口,同时也是高校体现大学价值与影响的重要载体。所有高校都应把继续教育的发展纳入学校整体发展战略规划之中,职能部门和各专业院系也要在不影响本科生教育、硕士生和博士生培养的前提下,支持继续教育工作。从清华大学继续教育学院近十年所取得的成绩看,继续教育不仅没有损害学校的声誉,反而为学校赢得了很好的社会声誉;不仅没有挤占学校资源,反而为学校创造了更多的资源。

其次,大部分高校的继续教育学院应按照《教育规划纲要》"大力发展非学历继续教育,稳步发展学历继续教育"的要求调整办学思路,为创建学习型社会承担起高校应尽的职责。主要应做好以下几方面的工作:

(1)积极探索高校如何向社会开放,继续教育学院如何扮演开放大学窗口这一重要角色,如何把高校的优质资源从校园内更多地输送到校园外,面向社会开展多层次、多形式、多内容、高质量、高效益、精品化、实用性的继续教育。

(2)建立和完善非学历继续教育的各项规章制度,制定培训质量标准,按照质量标准修订原有的培训方案,确保培训工作的质量、多样性和专业化。

(3)重视管理人员自身素质的提高。有计划地对现有管理人员进行专门培训,提高其市场营销素质和项目管理能力;合理配置管理人员结构,组建一支有一定素质的培训队伍。

(4)组建一支结构合理的专兼职培训教师团队。教师团队既有本校教师,也有外校教师;既有本省教师,也有外省教师;既有国内教师,也有国外教师。同时还要把企业高水平的管理专家和技术专家充实到培训教师团队,使继续教育真正体现职业性、开放性、灵活性、市场化的办学特色。

(5)稳步推进非学历继续教育的市场化运作程度,但是不能将其和一般的商业运作模式等同起来,非学历继续教育的市场化必须在满足教育规律的基础上确立运行规范,才能保证其健康发展。

(6)在人事制度、激励机制、财务管理等方面争取更多的政策倾斜,稳步推进制度改革,创造一个更加宽松的管理环境,以适应培训项目市场化运作的要求。

(7)充分发挥网络学历教育平台的作用,积极探索网络非学历继续教育的可行性和运作模式,建设以卫星、电视和互联网等为载体的远程开放继续教育及公共服务平台,为学习者提供方便、灵活、个性化的学习条件,以适应"人人皆学、处处可学、时时能学"的要求。

总之,大力发展非学历继续教育是学习型社会建设和发展的必然趋势,高校是开展非学历教育的主力军,继续教育学院应充分发挥高校的学科和专业优势,以更新知识和提高素质为重点,积极开展非学历教育培训,为创建学习型社会做出应有的贡献。

**参考文献:**

[1] 冯琳,张爱文.定位与发展的启示——清华大学继续教育访谈录[J].中国远程教育,2005(6S):18-21.

[2] 李红亮.近十年中国高校继续教育研究综述[J].继续教育研究,2010(4):54.

[3] 汛桥.大学继续教育如何做非学历培训[DB/OL].新浪博客,2010-04-08.

[4] 严继昌.实现我国继续教育发展战略目标的八点建设性意见[J].现代远程教育研究,2011(5):3-8.

[5] 于飞.国外继续教育研究及对我国的启示[J].广西广播电视大学学报,2008(3):12-15.

# 大学继续教育市场化发展策略研究

武汉大学　杜晓成　胡　锐

**【作者简介】**

杜晓成,男,武汉大学继续教育学院院长,教授,法学博士,研究方向为法学、继续教育、干部教育培训等。

胡锐,男,武汉大学继续教育学院主任,硕士,讲师,高级职员,中国管理科学研究院,研究员,研究方向为经济学、法学、教育管理、继续教育等。

本文为2012年第十三届海峡两岸暨港澳高校继续教育论坛收录论文。

此文发表于《继续教育》2012年第6期。

大学继续教育市场化是当今世界各国大学继续教育的基本发展趋势之一,也是大学继续教育走特色化发展之路的必然选择。大学继续教育市场化发展与继续教育终身化、产业化和社会化要求是一致的。这要求大学继续教育在创建特色并推进市场化发展策略的同时,在吸取和融合市场化带来的一系列新思想、新方式的基础上,趋利避害,预防继续教育市场化的负面作用。本文从大学继续教育市场属性分析入手,全面探讨和研究大学继续教育市场机制的建立与市场化运作模式,并对大学继续教育机构推行企业化管理和加强文化建设进行系统的思考,以期构建我国特色的大学继续教育发展新路径。

## 一、继续教育市场化属性分析

市场属性是大学继续教育的基本属性,经营和管理继续教育就要用市场化模式和手段。新的形势要求我们必须用全新的视角审视全球化背景下的大学继续教育,用市场理念打造"走向市场"的继续教育事业,通过引入市场机制,采取市场化的管理模式,促进大学继续教育良性发展。

（一）市场化内涵

所谓市场化，是指在市场经济背景下出现的一种非强制性交易制度。交易主体的交易行为并非凭借某种外力因素而是自身衡量利弊的结果。简言之，市场化就是对市场地位和市场作用的强化，主张以市场方式解决交易产品的供需问题，强调市场可以有效调节社会资源的分配。

市场化是在开放的市场中，以市场需求为导向，以优胜劣汰为手段，实现资源充分合理配制、效率最大化目标的机制。通俗地讲，利用价格机制达到供需平衡的一种市场状态叫市场化，其实就是市场扩大，内容开放。

（二）大学继续教育市场特征与属性

大学继续教育市场化属性的基本内涵是在大学继续教育中要树立市场意识，研究继续教育市场变化，服务继续教育市场发展需求，为办学主体在市场竞争中取得优势，促进大学继续教育的科学发展。大学继续教育市场属性具体体现以下几个方面：

（1）办学理念上体现市场性。大学继续教育管理突出市场性是大学继续教育发展与时俱进的内在要求，它要求办学主体的办学行为以市场为导向，研究市场需求和发展趋势，能对市场变化做出敏锐反应，从市场需求出发进行专业设置、课程开发、人才培养计划制订等，提高人才培养质量。管理导向的市场性要求办学主体注重开发继续教育市场，引导市场需求的发展，在学历教育层次、非学历继续教育、人才培养规格等方面尤为如此。

（2）发展思路上体现经营性。随着大学继续教育领域市场机制的引入，优胜劣汰的竞争法则要求大学继续教育办学主体在管理思路上更加重视办学的整体效益。教育具有公益属性，但大学继续教育不能仅以取得社会效益为唯一目标，也要追求自身效益的最大化，要注重对办学资本的经营，追求兼顾办学使命前提下的经济效益最大化，使每一份投入都尽可能获得最大的收益。

（3）办学方式上体现竞争性。优胜劣汰是市场的法则，大学继续教育市场的发展也要突出竞争性。对政府管理部门来说，要建立公平竞争的发展环境，建立办学机构的准入与退出机制，使办学主体可以公平竞争，实现优胜劣汰，促使办学主体不断提高教育质量；对办学主体来说，要形成公平竞争的用人机制，通过能上能下、有进有出的管理机制把能力最强的人选聘到最适合他的岗位上去，建立专家型的管理队伍，体现专业人做专业事。

（4）办学环境上体现法制性。维护公平竞争的市场秩序，是政府市场监管职能的中心任务。市场的正常运行，离不开健全法制的保驾护航，大学继续教育的健康发展，同样离不开完善的法制环境。大学继续教育要健康发展除了呼吁政府相关部门要加快大学继续教育有关法律法规的制订外,大学继续教育管理部门自身也要加强制定和建立健全与市场对接的政策与机制。

继续教育的市场化特征还表现在:学习需求的多元化,办学方式的开放化和生源结构的市场化,招生计划相对自主,专业设置更灵活,教学经费市场化,就业市场化。

在这种"适者生存,不适者淘汰"的高等教育生态环境中,作为高等教育系统中一个重要组成部分——继续教育必须迎接市场化的挑战与洗礼,主动适应市场经济发展的需要,把按需办学、走市场化的道路作为其发展的立足点。

## 二、继续教育市场化机制建设

大学继续教育市场化机制,就是在社会主义市场经济条件下,继续教育工作要遵循市场经济规律,以培训质量、效益和成本为核心,整合各类教育资源,以市场需求为导向,运用市场规则和手段来组织各类继续教育工作,以满足社会各类各层次人群对继续教育的要求。建立和运用市场化机制开展继续教育是提高办学质量的重要途径,实现办学资源的优化配置具有十分重要的基础性作用。进一步强化对继续教育办学的调控和监督是保障培训市场化机制正常运行的重要手段,也是继续教育管理工作的重要职能。

目前,在继续教育大力发展的关键时期,建立市场化机制是大学继续教育市场化建设的核心内容。市场化机制就是按照市场规律,建立有效的管理机制、激励机制、监督机制、制约机制等,形成系统的现代企业制度,完全适应市场经济的发展,使企业真正具有生机与活力,强劲发展。

(一)用现代企业制度框架规范大学继续教育办学

大学继续教育几十年的探索和实践证明,建立市场化机制已经成为目前拓展发展空间和渠道的重要措施。我们必须在市场化机制的建立上下大功夫,实现继续教育发展新的突破。

(1)建立市场化的组织结构,夯实基础。我们必须摒弃原有的思维定式,跳出计划经济体制,打破原有的管理模式,建立完全市场化的科学严密的组织结构,形成适应市场经济的职责机构,为市场化机制的建立和运行奠定坚实的基础。

(2)建立市场化的信息机制,强抓机遇。信息的现代化管理,是大学继续教育走向科学化管理的重要标志。市场信息、需求信息、学员信息、招生信息、管理信息等大量最新信息的收集,能够使继续教育在项目策划、学员招生、市场营销、质量监管等重大决策上,捕捉最新机遇,抓住发展机遇,利用最佳机遇,为继续教育实体办学求得发展,做大做强。

(3)建立市场化的管理机制,实现高效。继续教育在市场经营中,从项目开发、推广、营销到教学实施、质量监控等,必须形成环环相扣的市场化运行机制,做到职责到位,责任到人,从而使办学的管理机制科学化高效运转,保证继续教育办学在市场竞争中具有较强的核心竞争力。

(4)建立市场化的激励机制,增强活力。人的因素是第一位的,大学继续教育必须通过建立市场化的有效激励机制,创造公平、合理、有序的优良工作环境,促使各种积极因素充分发挥作用,从而吸引人才、留住人才、培养人才,创造奇迹。

(5)建立市场化的监督机制,依法而治。大学继续教育办学依然要接受市场监督、市场制约。可以通过建立多元化产权结构、实行会计报告制度及办学信息公开制度等,加大监督制约力度。

建立以市场化机制为核心内容的现代企业制度,是大学继续教育改革和发展的重中之重,是增强自身活力、强劲发展的根本,为大学继续教育带来生存和发展的强大动力。

(二)构建灵活的办学机制,实现办学形式的多样化

(1)实施"走出去"战略,稳步发展学历继续教育。在竞争日益激烈的"生源战"中,单一的办学形式已不能适应目前的要求。市场化运作下的大学继续教育应该着手在校外设立函授站、办学点,积累办学经验,逐步扩大办学规模,有条件的学校甚至可以在海外设点,提供全球性教育服务。

(2)加强校企联合,大力发展非学历继续教育。加入WTO后,越来越多的企业意识到必须通过人才的竞争获得发展,而要想形成人才竞争的优势,岗位培养和专业技术培训是必不可少的,它具有相当的灵活性和实用性,培训投入具有高回报率,短期培训能给企业带来长期效益。高校雄厚的师资力量能给企业培训提供有力的智力支持,同时,企业又能给高校一定的物质回报。因此,校企联合前景较好。

(3)拓展社区教育,推进教育进基层战略。社区作为开展社会性和文化性活动的重要舞台,已越来越受重视。开展形式多样的社区教育,是全面提高城市居民素质的客观要求。社区教育已向满足社区成员多元化终身教育需求方向转变,这也必将成为终身教育体系和学习型社会中开展各类继续教育活动的重要途径。因此,开拓社区教育市场是大学继续教育发展的一项重要渠道。

(三)构建资源优化配置机制,提高继续教育资源使用效率

资源优化配置在大学继续教育发展中具有十分重要的基础性作用,要围绕

市场化机制的要求,进一步整合学校和社会的各类办学资源,实现资源的优化配置。一是要优化组织结构,按照市场化机制的要求进行职能调整或重组重构;二是要改善和优化师资队伍结构,紧紧围绕继续教育核心业务来配置师资,实现师资来源渠道多元化;三是要整合其他各类办学资源,如基础设施设备、网络平台和各类教材等,以适应市场化机制的要求;四是要善于运用外部资源,善于借助"外脑",实现与社会优势资源的共享。

### 三、继续教育市场化运作模式分析

大学继续教育市场化运作,是由继续教育办学的本质特点所决定的。大学继续教育与高校全日制学历教育是相伴而生的,都是高校履行人才培养和服务社会基本职能的重要途径。高校全日制学历教育是大学继续教育的基础,大学继续教育是高校全日制学历教育的拓展和延伸,两者相辅相成,但大学继续教育具有与全日制学历教育明显不同的特质。如果说全日制大学学历教育更多地体现了公共性、计划性、严肃性(各层次、各专业的学历教育均是严格按照权威部门的既定大纲和相应规范要求进行的,且部分办学经费纳入政府财政渠道,操作上显得严肃、固定和程式化),那么大学继续教育则基本不具备公共产品属性,其对象和内容也是多种多样的,经费除少数专项培训由政府资助外,一般无财政拨款,操作上有着很大的灵活性。这一重要区别决定了大学全日制学历教育与大学继续教育有着截然不同的发展路径。倘若大学全日制学历教育是以政府为主体的计划运作模式,那么大学继续教育则应该是以市场为导向的企业化运作模式,即市场化运作模式。

#### (一)优化管理体制是市场化运作的前提

大学继续教育自身的特点,如教育对象的广泛多样、教育内容的无所不包、教育形式的灵活多样、教育层次的完整齐全等,决定了任何政府都无法包办大学继续教育事业,无法全面满足如此复杂多样和个性化的大学继续教育需求。大学继续教育办学主体的多元化是由大学继续教育本身特性所决定的。因此,大学继续教育管理体制必须从行政运作转变到市场运作,转变政府职能,由大包大揽、高度集中统一转变为宏观调控、综合协调、宏观指导,给予大学继续教育机构足够的办学自主权,这是大学继续教育市场化运作的前提。

#### (二)观念转变是市场化运作的保证

继续教育市场是一个潜在的庞大市场,能否有效开发的关键是继续教育机构自身的素质如何,其市场化运作能力如何。大学继续教育机构要提高其市场化运作的能力和水平,必须首先实现自身观念的转变。一是危机意识和开拓精神。大学继续教育机构必须首先对当前的继续教育发展现状有一个清醒的认识,对继续教育的未来发展具有危机意识。二是市场意识和企业思维。大学继续教育机构必须具有强烈的市场意识,树立明确的企业思维,以提高市场反应力和成本效益意识。大学继续教育要面向市场办学,就必须进行市场调查,分析市场需求,确定自己的服务对象即谁是自己的顾客,准确进行自身市场定位,根据市场需求开发大学继续教育项目、设置专业课程。三是服务意识和质量理念。大学继续教育机构必须明确大学继续教育的服务特性,增强服务意识,建立完善的学生顾客服务体系,倾听学员心声,方便成人学习,为成人学习者提供学习支持和评估服务;着力提高大学继续教育的质量,树立自己的品牌形象。四是竞争意识和国际视野。大学继续教育机构只有充分树立竞争意识,才能在与国内外教育机构的激烈竞争中有立足之地;同时,随着中国全球化进程的加快,国外教育机构已经开始抢占中国继续教育市场,中国的大学继续教育机构不仅要在国内同他们进行竞争,有实力的大学继续教育产业化集团还要"走出去",积极开拓国外市场。

(三)市场化运作是大学继续教育转型的捷径

创新继续教育办学模式,市场化运作是必不可少的手段。市场化趋势大发展的今天,走创新发展之路必须转换继续教育办学模式,积极探索新的途径,以便更好地适应市场的发展。大学继续教育的创新之路也是多层次、多方面的。

(1)推行项目运作制。项目运作制是以项目为单位进行市场化运作与管理的模式。项目运作制推动了大学继续教育办学实体内部实施企业化,是对人力资源实行优化管理的有益途径。以项目为载体组成的运作团队,具有便捷、责任明确、运作灵活等特点。项目负责人拥有一定程度的人、财、物管理支配权,对项目运作在一定范围内有决策自主、成本自负、分配自定的权利,能有效地激发员工的使命感、责任心和成就感。

(2)项目实施过程按市场化运作。市场化运作,包括专业设置与课程标准、项目策划与营销、社会需求调研与学员招生、教学实施与质量监控等环节,这些环节都应当以市场为导向,走市场化道路,到现在已有了较成熟的做法。

(3)丰富大学继续教育市场化运作的途径。大学继续教育市场化推进的主要途径包括:建立办学的专业化团队、形成办学的标准化流程、坚持办学产业化发展、实施办学规模化经营、打造办学品牌化营销等。

**四、推行继续教育企业化管理**

要使大学继续教育市场化运作过程能顺利进行,关键在于人。实施企业化管理,必须建立绩效管理模式,进行以绩效管理、人力资源管理为主要内容的大学继续教育企业化管理创新。

(一)企业化管理的内涵和特征

企业化管理以"企业化"为内容而区别于企业管理,具有自身的针对性,它是以事业单位的管理实践作为自己的实践客体。它既不是把实施对象变成具有独立法人地位的企业,也不是简单地把企业管理的一套办法照搬过来,而是从实际出发,把企业管理中一些适合于事业单位管理需要的原则和方法进行合理的移植和借鉴。它是以实施对象所提供服务的商品性或有偿性为前提,以经济办法为调节手段,按照所有权与经营权相分离的原则,通过一定目标管理的形式,确立实施对象与隶属主体之间的责、权、利关系的一种经营管理制度。由此可见,实施企业化管理,并不改变实施对象的事业性质,只是按照企业管理的基本原则重新调整实施对象与隶属主体的事业关系和经济关系。既区别于单纯的事业型管理,又区别于实行企业管理的经济实体。目的在于把市场机制纳入事业管理之中,以增强实施对象自主经营、主动服务的活力,从而尽可能地激发实现事业管理总体目标的积极因素。

因此,大学继续教育内部企业化管理具有商品性、目标管理的制约性、行为的专向性、非营利性等特点。

(二)企业化管理是企业管理基本原则的延伸和发展

大学继续教育企业化管理是指继续教育机构通过参照企业管理的运作方式来管理事业单位,将事业单位置于市场竞争的环境中,通过出售自己的服务而获得收入,取得更大的社会效益。

大学继续教育实行企业化管理是为了壮大办学单位的自身实力,增强办学单位在市场经济中的竞争能力。目前,大学继续教育办学实体机构改革的重要途径就是实行企业化管理。

在实践中,科学地实施企业化管理必须以企业管理的基本原理为指导,确立内部企业化管理单位与隶属主体之间的经济关系,确立职工与所属内部企业化管理单位之间的经济关系,合理地确定内部附属生产单位在实施企业化管理之后与其他各内部单位在相互提供服务或劳务之间的经济关系。企业化管理的实质是提高运作效率,降低运行成本,主要目的并不是去盈利,而是为了谋取更好的社会效益。通过对继续教育办学单位企业化管理的改革,一方面最大限度地为本单位增收节支,增强单位自身的经济实力,弥补资金的不足,为国家减轻学校负担;另一方面通过单位的外部扩张,实现继续教育办学机构产权主体的多元化,壮大办学规模,增强竞争力和抗风险的能力;同时,实行企业化管理,大学继续教育还可以通过学习借鉴市场经济体制下企业先进的管理理念和管理经验,提高自身的管理水平,把握未来发展先机。

(三)大学继续教育实行企业化改革的主要措施

(1)确立办学单位的经营管理主体。产权明晰是现代企业管理的基本要求。鉴于大学继续教育机构资产的特殊性,由学校资产管理部门对继续教育办学实体的资产进行核查和产权的界定,确定用于继续教育办学的资产数额,明确学校资产管理部门作为国有资产的出资人代表,委托继续教育办学机构承担日常管理和保值增值的责任。与此同时,明确资产所有者和经营者两者之间的关系。

(2)精简事业单位内部机构,建立高效的管理机制。从继续教育办学实际需要出发,改革内部组织构架,建立科学的岗位制度,明确工作人员的责任。大学继续教育办学实体单位模拟企业化运作,其主管机构履行协调职能,而办学单位则独立核算,相互监督制约,形成产权明晰、责权分明、协调高效的运作机制。

(3)引入科学的企业管理方法。引入科学的企业管理方法,如绩效管理、目标管理等。在事业单位实施绩效管理,可通过绩效管理包括绩效计划、绩效考核评价等及时准确地获得职工的工作信息,为薪酬调整、奖金发放以及员工的升职、降职、调岗、培训等提供重要的依据,从而提高事业单位对员工管理的有效性,充分调动员工的工作积极性和创造性,提高事业单位的经济效益和社会效益。所谓目标管理(management by objectives,MBO)是指组织通过参与管理的方式定目标,并经过逐级分权使下层享有充分的自主权,实现自我控制和自我管理,以达到预期目标的一种管理方法。

(4)建立一套与企业管理相适应的人事管理制度。打破身份职称界限,全面推行聘用合同制。以聘用合同的形式确定单位与职工之间的人事关系及双方的义务和权利。建立岗位管理制度,科学合理地设置岗位,明确不同岗位的职责、权利和任职要求,建立岗位管理制度,依据"因事设岗,精简高效,结构合理,群体优化,竞争激励"的原则,把职工的身份管理转变为岗位管理。加强聘用管理,健全考核制度,与职工签订聘用合同后,要加强聘后管理,建立健全聘后管理的各项规章制度。考核是人员选拔任用、培训、进修、人员奖惩、工资报酬等的主要依据,所以一定要建立健全考核制度,充分发挥人员考核的约束激励作用。建立灵活的用人机制,推行岗位固定与岗位流动相结合、专职与兼职相结合的用人制度。鼓励事业单位的人才流动,充分发挥人才市场的资源配置作用,实现人才资源配置的社会化、市场化。

(5)建立形式多样、自主灵活的分配激励制度。根据"效率优先,兼顾公平"的分配原则,根据个人能力和工作绩效的不同,合理拉开工资报酬的差距;按照按劳分配和按生产要素分配相结合的原则,积极探索按照岗位责任定年薪、按年度业绩定奖惩及按特殊贡献定奖金等灵活的分配激励制度;重视人才,工资报酬向关键岗位和优秀人才倾斜,同时要建立与事业单位企业化管理相适应的养老、医疗、失业等保险制度。

继续教育企业化管理不仅是一个理论问题,而且也是一个实践问题。它具有自身的内涵、特点和实践基础,需要在继续教育办学实践中不断地加以完善和深化。随着继续教育办学实践的发展,其企业化管理这一改革形式,将对促进大学继续教育事业发展转型起到重要的推动作用。

### 五、继续教育文化建设思路

企业文化建设越来越成为现代企业竞争的一种重要的"软实力"。加强文化建设是大学继续教育寻求持续创新的长效机制,大学继续教育文化建设是办学核心竞争力的重要组成部分。继续教育文化建设主要通过办学模式、办学思路、办学理念的不断创新来体现其智力支撑的作用,使其符合大学继续教育长远战略发展的需要。

（一）继续教育文化的构成要素

大学继续教育文化建设是一个系统工程,其文化内涵通常是由理念文化、制度文化、行为文化和物质文化等四个层次构成。

（1）理念文化。办学理念是指大学继续教育在长期办学过程中形成的文化观念和精神成果,是一种深层次的文化现象,它在整个文化系统处于核心的地位。办学理念又包括使命、愿景、精神、价值观、伦理观等内容,是意识形态的总和。

（2）制度文化。制度文化是大学继续教育在长期办学实践中生成和发育起来的一种文化现象,它是约束办学机构和员工行为的规范性文件。它是大学继续教育文化的基础和桥梁,把理念文化、行为文化和物质文化有机地结合成一个整体。制度文化一般包括领导体制、组织机构、办学制度、管理制度和其他的特殊制度。

（3）行为文化。行为文化是指企业员工在生产经营、学习娱乐中产生的活动文化,包括企业经营、教育、宣传、人际关系活动、文娱体育等活动中产生的现象。它是企业经营作风、精神面貌、人际关系的动态体现,也是企业理念的折射。

（4）物质文化。企业文化作为社会文化的一个子系统,其显著的特点是以物质为载体,物质文化是它的外部表现形式。优秀的企业文化总是通过重视产品的开发、服务的质量、产品的信誉和企业的生产环境、办公环境、文化设施等来体现。

企业文化的以上四个层次是紧密联系的。物质文化是企业文化的外在表现和载体，是行为文化、制度文化和理念文化的物质基础；制度文化是理念文化的载体，同时又规范行为文化；理念文化是形成行为文化的思想基础，也是企业文化的核心和灵魂。

（二）构建大学继续教育文化建设的程序和途径

（1）文化建设阶段。过程一般可以分为六个阶段，这六个阶段之间是前后继承的关系，前一阶段是后一阶段的前提，后一阶段是前一阶段的继续。具体流程为：调查分析（办学历史、办学机制、价值观、办学环境、发展战略、员工素质）—总体规划—论证试验—传播执行—评估调整—巩固发展。

（2）途径。创建大学继续教育文化有两条途径，即内在途径和外在途径。内在途径是通过继续教育办学内部的各种活动，完善自身的机制，形成有利于文化"生长"的土壤。外在途径指通过继续教育办学这一对外传播活动，向社会辐射办学影响，为文化建设创建良好的环境。

企业文化建设是一项长期的系统工程，应将继续教育文化建设纳入继续教育发展战略规划，通过长期的努力和整体的提高逐步实现办学目标，努力形成合力。因此，企业文化是增强办学核心竞争力的重要途径，是推进继续教育品牌建设的重要措施，是实现继续教育战略管理目标的重要推力。

## 六、推进大学继续教育市场化运作的政府行为

从经济全球化的发展趋势看，教育产业化是世界经济和社会发展的必然产物，走产业化道路是继续教育在前进过程中的必然选择，应以社会需求为导向、以促进自身发展为目的，通过构建继续教育内在的投入与产出机制，理顺继续教育投资者、办学者、受益者之间的关系，加强产、学、研各环节的相互结合，建立继续教育发展的新体系。

（一）建立市场化的监管体制

大学继续教育应建立有利于市场化运作的管理体制，理顺政府管理部门和办学主体的关系，加强宏观管理，让办学主体拥有更多的办学自主权，激发其办学积极性和主动性，使其能够灵活地适应大学继续教育市场的变化；继续教育政府管理部门应转变职能，把管理重心放到加强对继续教育的宏观管理上，成立跨部门的协调领导机构，重在完善法制，制定市场规则和发展规划，营造统一、开放的继续教育市场环境，对继续教育市场竞争进行合理引导；加强继续教育监督机制建设，引导社会评价机构建设第三方评价监督机构，强化对大学继续教育办学质量的多元化评价与监管。

### (二)形成经营型的管理思路

随着我国教育市场的对外开放,继续教育市场竞争日趋激烈。继续教育管理不仅要尊重教育发展的规律,也要重视继续教育资本的经营。大学继续教育要在保证教育质量的前提下,更加注重积累办学资本,科学规划大学继续教育办学结构,使办学规模、效益和质量达到平衡和统一,把向管理要质量与向管理要效益有机结合起来。

### (三)树立服务型的管理理念

继续教育管理树立与坚持服务型的管理理念,政府有关部门要把管理重心放到为继续教育的健康发展提供指导与环境保障上来,加强继续教育的立法工作,进一步完善继续教育的法制环境,通过法制来规范办学主体的办学行为,为继续教育的发展营造适宜的环境,促进大学继续教育的发展;同时,继续教育的发展动力源于成人学习者的学习需求,继续教育管理者要研究市场的人才需求状况,根据学习者的需求设置专业和课程,最大限度地满足成人学员的学习需求。办学主体应根据成人学员的兴趣、爱好和能力因材施教,把教学重心和管理重心转移到学习者身上,树立学员至上的意识,全心全意为学员的发展服务。

### (四)形成竞争型的管理机制

竞争型的管理机制,首先包括竞争型的运作环境。政府管理部门要努力创设公平竞争的外部环境,使大学继续教育办学主体在竞争过程中获得发展,不断提高办学质量,增强其应对市场变化和挑战的能力;建立大学继续教育办学机构的准入和退出机制。政府管理部门可以根据办学主体的总体办学水平,在政策、经费等方面给予适当倾斜。其次,竞争型的管理机制还应包括灵活的用人机制。一支结构合理、高效的管理队伍对大学继续教育的发展至关重要。办学主体要在管理队伍建设过程中引入竞争机制,形成竞争型的人才管理机制,使管理人员能上能下、有进有出,促进管理人员的合理流动,提高管理队伍的整体水平。

### (五)完善法制化的外部环境

市场的正常运行,离不开外部环境的支持,而适宜的外部环境的形成需要法律制度做保障。大学继续教育的良性运营,必须以完善的法律制度为依托。随着我国教育市场的开放,大量的境外办学机构将会进入我国继续教育市场,继续教育领域内的竞争将会越来越激烈,因此完善法制、规范继续教育的市场竞争就成为必需;我国继续教育办学主体要走出国门参与国际继续教育的竞争与合作,就必须对国际大学继续教育市场规则有所了解,也必须以相关的法律为依托。只有具备了相关的法律保障,才能保证继续教育市场的正常运行,才能保证竞争的合理有序和平等公正。而到目前为止,我国相关的法律却十分欠缺,因此,推动继续教育立法,培育法制化的大学继续教育发展环境,依法管理,遵章办学,平等竞争,就成为大学继续教育管理工作者乃至全社会的重要任务。

**参考文献:**

[1] 陈红君,罗大贵.我国成人高等教育发展的问题与对策探析[J].继续教育研究,2010(2):46-48.

[2] 丁红玲,桑宁霞.关于我国成人高等教育有效需求的研究(下)[J].中国大学继续教育,2010(4):5-8.

[3] 杜茜.市场理念下的成人高等教育发展探析[J].河北大学成人教育学院学报,2010(1):19-20.

[4] 古大伟.论成人教育市场的建立、完善和社会功能[J].齐齐哈尔社会科学,1997(1):42-43.

[5] 华婷,齐振彪.成人高等教育市场拓展策略研究[J].继续教育,2010(6):39-40.

[6] 李志远.我国成人教育的市场供求分析[J].中国成人教育,2006(7):10-11.

[7] 刘琳.现代成人教育市场问题实证研究[J].成人教育,2003(10):7-10.

[8] 吕志江.浅谈电大在成人教育市场中的竞争策略[J].中国远程教育,2001(6):34-35.

[9] 马林.成人教育市场与成人教育发展[J].华南师范大学学报(社会科学版),2004(6):150-153.

[10] 美国权威教育专家:中国成人教育市场发展空间很大[J].现代技能开发,2003(2).

[11] 桑宁霞,丁红玲.关于我国成人高等教育有效需求的研究(上)[J].中国大学继续教育,2010(3):5-8.

[12] 邵晓枫.解读成人高等教育培养目标——从与普通高等教育、高等职业教育比较的角度[J].职教论坛,2010(1):29-33.

[13] 王海滨.成人教育市场的经济学分析[J].高等农业教育,2006(2):62-64.

[14] 许东风,刘洪林.普通高校成人高等教育的现状与对策[J].继续教育研究,2010(6):27-29.

[15] 徐国璋,袁小鹏.论成人教育的市场需求及运作机制[J].黄冈师范学院学报,2001(1):92-94.

# 高校继续教育的整合与发展

中山大学　曾祥跃　谢富康　刘正生　诸　华

【作者简介】

曾祥跃,男,高等继续教育学院(网络教育学院)院长助理,副研究员,研究方向包括网络教育、继续教育等。

谢富康,男,高等继续教育学院院长,教授,研究方向为教育管理、神经组织的发育和再生等。

刘正生,男,高等继续教育学院(网络教育学院)副院长,副研究员,研究方向为继续教育。

诸华,女,高等继续教育学院(网络教育学院)院长助理,助理研究员,研究方向为教育管理、继续教育。

本文为2013年第十四届海峡两岸暨港澳高校继续教育论坛收录论文。

本文发表于《当代继续教育》2014年第3期。

继续教育作为面向已结束了初始的学校教育之后走上社会的所有社会成员的教育活动,可分为学历继续教育和非学历继续教育。随着学习型社会的到来,国家对继续教育的政策支持,高校学历继续教育获得了稳步发展,非学历继续教育得到了快速发展。然而,目前高校学历与非学历继续教育基本上是独立运行的。虽然这种独立运行模式在继续教育发展初期具有较大的优势,也为继续教育的发展做出了较大贡献,但是随着继续教育的深入发展,高校学历继续教育与非学历继续教育分别遇到了发展的瓶颈。

## 一、发展之困

### (一)非学历继续教育发展之困

近年来,为快速开拓非学历继续教育市场,很多高校采取了项目负责制的运作模式。这种以项目开拓为重点、以项目绩效为核心、由项目组负责项目全过程的运作模式,适应了非学历继续教育市场短、平、快的特点,促进了高校非学历继续教育的快速发展,然而项目负责制也为高校非学历继续教育的进一步发展带来了困难。

#### 1.规模化问题

在项目负责制的运作模式下,一般按照培训领域划分项目组。随着高校培训市场的扩大,培训项目的增多,高校所设立的项目组也在增多,培训项目也越分越细,项目组之间的边界也变得越来越模糊。为了实现自身利益的最大化,相邻或相近项目组就会在生源上相互竞争,在教学师资、学生资源、市场资源等方面相互隔离。这种不正常的内部竞争和隔离,直接影响高校非学历继续教育市场规模的进一步扩大,而且,项目负责制越深入,这种问题越突出。

#### 2.专业化问题

在项目负责制的运作模式下,一个项目组不仅要负责项目的策划、招生宣传、报名入学,还要负责教师聘请、教学组织以及学生管理等大量工作。基于成本和效益的考虑,项目组成员往往身兼数职,既要负责招生,又要负责教学组织与实施。因此,这种运作模式难以将各项工作做精做细,更不用说实现各项工作的专业化和精细化,自然也难以为学生提供专业化、系统化的教学服务。

总的来说,项目负责制就像“个体户”,其机制灵活,容易占领市场,但是对市场的开发难以做到系统化、规模化,其服务也难以做到精细化、专业化。

### (二)学历继续教育发展之困

学历继续教育的发展同样也面临诸多问题,所面临的问题主要有市场开拓问题和教学改革问题。

#### 1.市场开拓问题

随着高校扩招的持续进行,学历继续教育的生源市场在逐渐萎缩。近年来,成人高考的录取分数线已经低得不能再低,很多高校的成人高考招生计划数甚至大于报考人数。为适应这一变化,高校需要较强的市场开拓能力来维持或扩大自己的市场份额。然而,长期以来学历继续教育的办学垄断性和学历文凭的诱惑性,使得高校即使采取“姜太公钓鱼”式的招生宣传,也能招收到学生。因此,长期处于养尊处优状态的学历继续教育,市场意识相对薄弱,市场开拓能力不足,难以支撑高校学历继续教育的进一步发展。

### 2.教学改革问题

长期以来,学历继续教育存在着理论性教学有余、实践性教学不足的问题,学生所学到的专业知识往往脱离工作实际。如果学历继续教育没有学历文凭的诱惑,很难想象它能够轻易地招收到学生。尽管学历继续教育管理者们早已认识到这一问题,而且也在不断地采取教学改革措施,然而收效甚微。学历继续教育的教学内容仍然与应用型人才的培养目标相距甚远。由此可见,学历继续教育的教学改革问题的解决,只能在学历继续教育之外寻找答案。

## 二、整合之利

整合高校继续教育,能够为解决学历与非学历继续教育的发展之困提供方法和途径。学历与非学历继续教育的整合,具有人员互补、教学相长、资源共享以及市场共赢之利。

### 1.人员互补之利

基于学历与非学历继续教育的办学定位,两者的从业人员构成具有较大差异。由于非学历继续教育重在市场和项目的开拓,因此,其人员构成主要以市场开拓型人才为主。学历继续教育重在教学的组织与实施,其人员构成以管理型人才为主。整合学历与非学历继续教育,可以利用非学历继续教育的市场开拓型人才,加强学历继续教育的市场拓展力量;也可以利用学历继续教育的管理型人才,加强非学历继续教育的教学管理,完善教学体系,精细教学环节,提升非学历继续教育的教学管理和教学服务能力,促进非学历继续教育的专业化。

### 2.教学相长之利

学历与非学历继续教育的教学各具特点。首先在师资上,非学历继续教育的师资以实践型教师为主,教师主要来自企业、行业、系统,实践经验丰富。学历继续教育的师资主要来自高校,具有丰富的理论知识,但实践经验往往不足。其次,在教学内容上,非学历继续教育重视实践教学,教学内容以应用型知识为主,不太强调知识的系统性和完整性;而学历继续教育重视理论教学,教学内容以理论性知识为主,强调知识的系统性和完整性。整合学历与非学历继续教育后,学历继续教育可以利用非学历继续教育的教师资源、教学方法,促进实践性教学,实现学历继续教育的教学改革;而非学历继续教育,则可以借鉴学历继续教育成熟的教学体系,完善非学历继续教育的教学环节和教学过程,实现非学历继续教育教学的专业化和精细化。

### 3.资源共享之利

整合学历与非学历继续教育，可以促进学历与非学历继续教育的资源共享，打破项目负责制运行模式下各项目组之间的资源共享壁垒。一是共享教学资源，将学历继续教育的部分课程共享给非学历继续教育学生，可以丰富非学历继续教育学生的学习内容，提升学生学习的附加值；将非学历继续教育的实践性教学内容共享给学历继续教育学生，则能帮助学历继续教育学生理论联系实际，增加学生理论知识的应用能力，从而提升高校学历继续教育的应用型人才的培养水平。二是共享教师资源，通过建立统一的教师资源库，可以实现学历与非学历继续教育的师资共享，为各类教育项目提供更多、更好的师资选择。三是共享学生资源，通过构建各类在校学生、毕业学生的信息库，实现继续教育学生资源的共享，为各类继续教育项目的开拓提供强有力的支持。

### 4.市场共赢之利

通过整合学历与非学历继续教育，可以形成一个统一的继续教育市场，不仅能够改变独立运行模式下非学历继续教育人员只能宣传非学历继续教育项目，学历继续教育人员只能宣传学历继续教育项目的状况，而且能够通过为社会大众提供融学历与非学历继续教育项目为一体的继续教育项目群，最大限度地满足社会大众的学习需求。因此可以说，整合学历与非学历继续教育，能够实现两者的市场共赢。

由此可见，只有整合高校学历与非学历继续教育，方能彰显各自的优势，解决学历与非学历继续教育的发展之困，促进高校继续教育的可持续发展。

## 三、整合之法

高校继续教育的整合目标是，提升高校继续教育的专业化、市场化水平，实现高校继续教育的可持续发展。高校继续教育的整合包括组织体系、营销体系、教学体系和学生服务体系四个方面。这四个方面相互联系、相互影响，互为一体。

### (一)组织体系的整合

组织体系的整合，旨在建立一体化的组织架构。整合高校继续教育组织体系，需要采取基于专业化取向的职能分工，对学历与非学历继续教育的组织机构及人员进行重新调整和布局，组建融学历与非学历继续教育为一体的发展规划部门、招生营销部门、教学服务部门和学生服务部门。其中，发展规划部门负责继续教育发展的顶层设计，进行继续教育的调研与策划，拟订继续教育的发展战略，打造继续教育品牌；招生营销部门负责整个继续教育的招生营销工作，人员构成以非学历继续教育的市场开拓型人才为主，同时辅以原学历继续教育的招生人员;教学服务部门,负责所有继续教育项目的教学组织与实施,人员构成以学历继续教育的管理型人才为主,同时辅以非学历继续教育的教学服务人员;学生服务部门,负责所有继续教育学生的服务工作,同时负责校友会、同学会的建立和管理工作。

组织体系的成功整合,需要两方面的配套,一是人员培训的配套。通过强有力的人员培训,促进原来的非学历继续教育人员熟悉学历继续教育,原来的学历继续教育人员熟悉非学历继续教育,同时也要做好各类人员的安抚工作(曾祥跃、文术发,2005)。只有这样,才能实现各类人员思想上和业务上的真正融合。二是激励机制的配套。需要采取基于职能分工的考核与激励机制,即按照部门的职能分工采取不同的考核和激励机制,比如对于招生营销部门,可以采取基于招生绩效的考核和激励机制,而对于教学服务部门和学生服务部门,则可以采取基于服务质量的考核和激励机制。

(二)营销体系的整合

营销体系的整合,旨在建立融学历与非学历继续教育招生营销工作于一体的营销体系和营销网络,将学历与非学历继续教育项目作为整体推向继续教育市场,比如统一招生营销策划、统一制作招生宣传册等。

一体化营销体系能否成功建立,一是取决于招生营销部门的负责人对各类继续教育招生营销工作的整体把握和宏观策划能力。生搬硬套地将学历与非学历继续教育的招生宣传放在一起难有实际效果。二是取决于招生营销部门的工作人员对各类继续教育项目的全面了解,能否根据客户的实际需要,适时、适度地向客户推荐学历或非学历继续教育项目。

(三)教学体系的整合

继续教育教学体系的整合,旨在构建融学历与非学历继续教育教学为一体的教学体系,教学体系的整合又分为课程体系、质量标准、教学形式以及学习成果四个方面的整合。

1. 一体化的课程体系

为实现学历与非学历继续教育课程体系的整合,可以建立积件式一体化的课程体系。所谓积件式一体化的课程体系是指将学历与非学历继续教育的课程整合在一起形成一个课程库,实现两者课程体系的一体化。一门课程就是一个积件(元件),学历与非学历继续教育项目的形成来自于课程库中课程的有机组合,高校可以利用课程库,设计、开发多类型、多层次的继续教育项目。同时,可以根据社会的需要或新项目的开发不断增加、更新课程库中的课程。这种整合了学历与非学历继续教育课程的课程库,不仅能够大大丰富高校继续教育的课程资源,还能为学历与非学历继续教育项目之间的资源共享奠定基础。

课程体系整合的成功实施,一是取决于学历与非学历继续教育课程之间的有机衔接,其中学分制是实现两者衔接的纽带和基础。为此,高校需在学历与非学历继续教育中采取学分制,实行学分制的管理,并建立学历与非学历继续教育的互认机制。二是取决于学历与非学历继续教育课程资源的网络化程度,目前来说,最容易共享的教学资源是网络教学资源。随着网络学历继续教育的推行,学历继续教育资源的网络化已逐渐成为一种常态,而非学历继续教育资源的网络化尚处于初级阶段,但是随着高校网络非学历继续教育项目的推进,高校非学历继续教育逐渐从高端培训走向大众化培训,非学历继续教育资源的网络化也将成为一种趋势和方向。

2.统一的课程质量标准

由于学历与非学历继续教育的培养对象以在职人员为主,其培养目标也都是应用型人才的培养,因此学历与非学历继续教育具有统一质量标准的基础。不论是学历继续教育,还是非学历继续教育,其教学的最终落脚点都是课程,因此,可以基于课程建立课程的质量标准。

为此,高校需要为每一门课程制定以应用型人才培养为目标的质量标准。课程质量标准制定后,不论该课程用于学历或非学历继续教育,都执行这一标准,从而实现课程质量标准的统一。同时,由于课程质量标准是统一的,课程的教学质量也是有保障的,因此,课程学分也就能够互通互认,学历与非学历继续教育间的学分也就能够自由转换。

3.丰富多样的教学形式

整合学历与非学历继续教育,可以进一步丰富继续教育的教学形式。对于非学历继续教育,可以利用学历继续教育的网络学习平台,实施网上教学和网上师生交互。而对于学历继续教育,则可以在条件许可的情况下,组织学生参加非学历继续教育的面授课程,增加学生与教师面对面的交流机会。由于课程的质量标准是统一的,因此也不用担心两类课程的授课质量有差异。

4.阶梯式的学习成果认证系统

通过整合学历与非学历继续教育,高校可以将各类培训证书和学历证书统一起来,形成一个多层次、多类型的阶梯式学习成果认证(证书)系统,从而满足学生多样化的证书需求,比如,学生完成一门课程的学习,可以获得单科证书;通过几门课程或一个模块课程的学习,可以获得某一项目的培训证书;完成某一专业技能的全部课程学习,则能获得专业技能培训证书;如果完成专业教学计划规定的全部课程,达到专业毕业要求,则可以获得学历证书。

阶梯式学习成果认证（证书）体系的顺利实施，关键在于高校继续教育学分银行的建立，只有建立了学分银行，才能实现学历与非学历继续教育学分的互通互认，真正实现继续教育学习成果认证的一体化。

（四）学生服务体系的整合

整合学历与非学历继续教育的学生服务体系，可以实现统一的学生信息管理，实行一体化的学习支持服务。

1. 统一的学生信息管理

建立统一的学习信息管理系统，能够帮助高校实行统一的学生信息管理。考虑到学历与非学历继续教育对学生信息的管理要求不同，在学生信息管理系统中，可以分成学历与非学历继续教育两个管理模块，两个管理模块之间的数据可以互通互认。当非学历继续教育学生就读学历继续教育时，可以将该学生的信息从非学历继续教育管理模块转移到学历继续教育管理模块，反之亦然。一体化学生信息管理系统的成功建立，关键在于各类学生信息的统一和规范。

2. 一体化的学习支持服务

高校通过设立学生服务部门，整合学生管理信息，培训专业化的学习支持服务人员，可以实现学习支持服务的一体化，面向学历与非学历继续教育学生，提供专业化、网络化、全天候的学习支持服务。

3. 多层次、一体化的校友系统

从资源的角度看，学历与非学历继续教育的毕业生是高校继续教育的可再生资源，为此，高校应该充分认识到校友的重要性，配备负责校友工作的专门人员或岗位。高校可以分项目、分类型建立多层次、多类型的校友会，并形成包含学历与非学历继续教育毕业生的校友总会，实现对继续教育校友的一体化管理。高校可以通过开展校友活动等形式，维系和培育与校友的良好关系，为自身的可持续发展提供源源不断的有生力量。

（五）整合的步骤

将学历与非学历继续教育进行全面整合具有诸多好处，然而，整合工作却是一项浩大的工程，不仅牵涉到组织机构的调整、人员工作内容的变化，还牵涉到招生营销、教学服务和学生服务等运作运行模式的改变。对于追求稳妥的高校，可以采取分步实施的办法，先在非学历继续教育领域或学历继续教育领域试行这一整合办法，在整合成功后再进行学历与非学历继续教育的全面整合。

**四、发展之道**

高校继续教育的发展应在战略层面上整体规划、战术层面上分别发展。

### (一)战略层面的整体规划

高校继续教育是大学履行社会服务职能的重要体现,是促进学校教学、科研、生产各项活动进入良性循环的重要保证(单正丰、倪浩,2013)。为此,从战略的角度考虑,高校应该将继续教育纳入全校的发展规范,全盘考虑高校的继续教育发展,制定高校继续教育的发展规划和发展战略。在继续教育领域内,又应该全盘考虑学历与非学历继续教育的发展,统一规划学历与非学历继续教育的发展,应充分利用两者人员互补、教学相长、资源共享、市场共赢等优势,彰显优势,促进高校继续教育的持续发展。

高校继续教育的发展战略犹如一棵大树的成长。高校的品牌是根,学历继续教育是茎,非学历继续教育是枝和叶。高校继续教育的发展,应以高校的品牌和声誉为根基,通过发展学历继续教育提升继续教育办学质量,并为非学历继续教育提供资源和资金的前期支撑。通过非学历继续教育的开拓,在非学历继续教育领域"枝繁叶茂"。最终,高校的继续教育"叶落归根",进一步增厚高校的品牌和声誉,形成一个良性的生态循环。

### (二)战术层面的发展策略

从战术层面考虑,学历与非学历继续教育应采取不同的发展策略,进行分别发展。对于学历继续教育,应该采取做精做细的发展策略;对于非学历继续教育,则应采取做大做强的发展策略。

#### 1. 做精做细学历继续教育

我国学历继续教育历史悠久,1950年中国人民大学夜大学的正式招生标志着我国学历继续教育的开始(曾祥跃、赵过渡,2010)。我国学历继续教育经过长期的发展,市场已经成熟,每所高校都有了自己相对稳定的市场份额。因此,高校学历继续教育市场开拓的空间是有限的,学历继续教育的竞争也将主要集中于教学资源与教学服务上。为此,高校学历继续教育的发展策略应该是做精做细,即在教学资源上做精,在教学服务上做细,通过做精做细,提升核心竞争力。

在教学资源建设上,高校应采取精品资源建设策略,打造精品教学资源,为学历继续教育学生提供优质的学习资源,同时也能将优质资源共享给非学历继续教育学生。在信息技术高速发展的今天,开发基于网络的教学资源已经是一种趋势和方向,教育部精品课程、精品资源共享课以及公共视频课评选的陆续启动也是对高校精品教学资源建设的一种引领。

在教学服务上,高校应该做得更细,为学生提供更为细致、更为人性化的学习支持服务。多样化、人性化、专业化的学习支持服务,不仅是学生学习的内在需求,也是高校自身发展的需要。

2.做大做强非学历继续教育

做大做强非学历继续教育是基于非学历继续教育的发展而提出的。做大做强非学历继续教育,就是要做大市场,增强办学能力。

一是要做大非学历继续教育市场。相对于学历继续教育,非学历继续教育发展时间较短,市场空间较大,并有很多市场空白,可以说,非学历继续教育还处于"圈地运动"时代。占领非学历继续教育市场,是目前的主要发展方向,高校应尽快做大非学历继续教育,扩大市场份额。

二是要增强非学历继续教育的办学能力。随着非学历继续教育的不断发展,非学历继续教育也会从量的扩大到质的提升。在完成"圈地运动"后,高校非学历继续教育的竞争也将变成办学质量的竞争,因此,增强非学历继续教育,提升办学质量,将是非学历继续教育的最终归宿。

《国家中长期教育改革和发展规划纲要(2010—2020 年)》提出要"大力发展非学历继续教育,稳步发展学历继续教育……到 2020 年,努力形成人人皆学、处处可学、时时能学的学习型社会"。高校继续教育的发展可谓是任重而道远,机遇与挑战并存,我们要充分利用继续教育的发展契机,整合学历与非学历继续教育,促进高校继续教育的可持续、跨越式发展。

**参考文献：**

[1] 教育部.国家中长期教育改革和发展规划纲要(2010—2020 年)[EB/OL].2010[2013-08-08],http://edu.ifeng.com/news/detail_2010_07/30/1859314_0.shtml.

[2] 单正丰,倪浩.现代大学制度视域下大学继续教育发展定位考量[J].国家教育行政学院学报,2013(3):21-24.

[3] 曾祥跃,文术发.现代远程教育、成人教育和继续教育的整合策略[J].继续教育,2005(11):17-18.

[4] 曾祥跃,赵过渡.我国成人高等学历继续教育政策的功能分析[J].现代远距离教育,2010(3):15-20.

# 中国 TOP 大学继续教育发展:成就与挑战

上海交通大学    蔡保松    刘    阳

【作者简介】

　　蔡保松,男,上海交通大学非学历教育管理办公室副主任,教务处副处长,副教授,研究方向为继续教育。

　　刘阳,女,上海交通大学非学历教育管理办公室,助理研究员,研究方向为继续教育。

本文为 2013 年第十四届海峡两岸暨港澳高校继续教育论坛收录论文。

　　清华大学、北京大学、上海交通大学、浙江大学、复旦大学、哈尔滨工业大学、中国科学技术大学、南京大学和西安交通大学是首批进入国家"985 工程"建设的大学。这九所大学虽然其数量不到全国高校总数的 1%,但年度科研经费、两院院士以及国家重点学科拥有量等关键指标占到 30%~40% 的比例。"985 工程"的实施,更使这九所大学在学科建设、队伍建设、科学研究、人才培养、社会服务等方面取得突出的成就。中国这九所大学的发展与我国的经济、科技、文化和教育息息相关,是我国创新性知识传播、生产和应用的中心,在社会发展、经济建设、科技进步、文化繁荣、国家安全中发挥着重要作用。在国家经济转型发展的新阶段,它们也肩负着在新形势下探索我国继续教育发展方向的重任(王占军,2003)。

## 一、中国 TOP 大学在继续教育探索中取得的成就

　　发展继续教育,是 TOP 大学与社会联系,发挥 TOP 大学教学成果、科研成果服务社会的优势的重要途径。在 TOP 大学的继续教育发展中,保持继续教育与母体大学的人才培养速度、规模、类型及培养人才的主要目标相适应,始终是继续教育探索必须遵循的原则。探索与母体大学地位相适应的继续教育办学模

式,始终是 TOP 大学人才培养中对社会做出贡献的一个中心内容。

(一)教育理论上的贡献

1. 指向公众利益的"院系调整思想"(李杨,2004)

20 世纪 50 年代形成的院系调整思想认为,大学的人才培养要与国民经济发展和人才需求相适应,为社会经济建设提供人力资源支持,使大学与社会生产、生活实际紧密地联系在一起。在这一理念指导下,九所高校开展了深层次的院系调整与教学模式改造,通过培养人才和输送知识两条渠道,直接服务社会经济建设。在 20 世纪 50—60 年代,院系调整的核心内涵是"指向公众利益的合作,也即大学与社会行业、企业的双边及多边的交流与配合"。院系调整后,九所大学对国家各行业的发展起到了显著的推进作用;大学围绕国民经济主要生产领域开展研究和提供知识推广服务,为行业发展提供政策建议、信息支持、工艺技能人才培养。院系调整使大学的人才培养直接与社会需求对应起来,教学和科研得以直面新中国成立初期的社会生活,成为中国高等教育实用化、大众化的重要制度基础,开创了我国高等教育新的时代。

2. 塑造文化价值系统的"高校合并思想"(卢兆彤,2000)

教育作为社会的文化和价值系统,对社会的诸多方面有深刻的影响。20 世纪 90 年代进行的高校合并正是针对这一高等教育理念进行的改革。这九所大学在这一时期,按照塑造文化和价值系统的思想,探索建立起与市场经济体制相适应的、与世界文明接轨、与现代生活合拍的大学教育模式,进行了不同程度的合并和整合工作。

在塑造文化价值系统,组建多学科性、综合性大学的过程中,TOP 大学更是进行了深层次的探索,形成了具有教育教学、科学研究、服务社会和文化传承功能的综合性大学,并逐步建立起大学作为社会精神引领标杆的社会责任体系。以上海交通大学为例,1999 年与上海农学院合并、2005 年与上海第二医科大学强强联合使学校综合水平得到大幅度提升,从一个服务于行业的专业性大学,发展成为一所"综合性、研究型、国际化"的国内一流、国际知名大学。

(二)成人继续教育对教育大众化的贡献

成人学历继续教育对我国高等教育做出的最重要贡献是促进了高等教育大众化。从 20 世纪 90 年代至今,我国的成人学历教育对我国高等教育的贡献率一直保持在 4%～5%,为国家培养了 2700 余万名建设人才。

非学历教育是与成人学历教育相伴相生的教育形式,是成人教育的新形式。从 20 世纪 50 年代开始,九所高校响应国家"走出校门,面向社会,面向生产实践"的号召,在学校内部增设专修班、短训班,为国家培训急需的各类人才。进入80年代,除了函授、夜大学、各类短训班和辅导班外,这些高校还广泛接受各种进修生,参与各种形式的社会服务活动。在咨询决策方面,这些大学与社会紧密联系,参与地方发展规划、提供各种咨询、与企事业单位和政府机关进行合作研究。同时,这些高校与社会研究、生产部门建立了各种形式的教学—科研—生产联合体,引领我国大学的社会服务。在近几年的发展中,清华大学继续教育的发展是一个突出的例子。清华大学采用完全非学历教育的培训形式,为国家培养了大批行业领袖、一线工作人员和大批基层党政干部,有力地促进了清华大学的高端文科建设。

成人学历继续教育与普通本科教育相比,拥有入学形式开放、培训目标多元、办学层次多样和学习方式灵活等特点,这些特点决定了我国的成人学历教育将是我国建设终身教育体系的主要力量。成人学历继续教育在今后相当长的一个时期,在我国继续教育体系中仍将扮演主要的角色。

### 二、中国 TOP 大学继续教育改革面临的挑战

现阶段中国 TOP 大学继续教育改革要满足两个基本条件:一是继续教育的办学要和母体学校的地位和使命相一致;二是继续教育的转型发展要与新时期继续教育的内涵相适应。

(一)TOP 大学战略目标定位下的继续教育挑战

TOP 大学是我国人才培养的中心,始终是我国"高等教育中对社会做出贡献的一个最中心的部分"(克拉克·科尔,2001)。这一定位决定了 TOP 大学继续教育要在国家发展的重点领域开展人才培养,为国家的主流人才培养服务。

从这一要求出发,TOP 大学继续教育的目标定位就要区别于普通大学和社会教育机构,要站在国际竞争的高度,与国际高端教育机构争夺人才培养的高端市场。为实现这一目标,TOP 大学的继续教育改革要深层次思考大学的战略定位、区域经济发展重点等问题,要在区域经济发展中发挥大学的引领作用。如地处全国金融中心的上海交通大学的继续教育发展,要根据上海建设国际化大都市的区域经济要求,深入国际金融中心和航运中心的相关领域,谋划继续教育的发展方向。

在当今社会,由于知识更新的速度加快和社会择业模式的转变,社会管理变得越来越复杂。在这种情况下,一方面,政府必须引导社会经济变革而不是直接管理;另一方面,经济变革是一个系统性的工程,政府需要依赖专家、教授进行系统的研究。在实施过程中,由大学为经济变革培养足够的人才。在这方面,研究

型大学在政府主导的经济、产业结构调整和升级中的资源人才优势非常明显。服务政府主导的经济、产业结构调整和升级的培训从而成为研究型大学非学历继续教育培训的新型增长点。

(二)继续教育的发展要与继续教育的内涵相适应

教育技术引发了继续教育的内涵和方式的变革。在内涵上,继续教育已经从相对基础的补充知识教育向相对专业化的职业提升和生活质量提高转变。继续教育新的内涵决定了继续教育将走自己独立的发展模式,而不是作为学历教育的补充。

继续教育要向职业素质提升和生活质量提升的教育内涵发展。现代教育技术的发展使教师和学生在时空上可以分离:一对多的教育模式在互联网条件下可以实现点对点教育。虚拟学校和虚拟教室在技术上使人们可以在较大的空间跨度上方便地学习。保罗·朗格朗(1985)认为,非正规教育和非正式教育在现代社会具有重要的作用。随着我国高等教育进入"大众化"阶段,人们的知识需求发生了变化,普通学历教育转向宽口径、强基础的教育方向,继续教育则转向专业化、重实践的人才培养模式。在教学内容设计上,基础性、长时间、系统化的教学内容逐渐转向专题式、短时间、微课程化的教学内容;在教育方式上,逐渐从以课堂教学为主向基于互联网和现代多媒体技术的空中课堂转移,人人可学、时时能学的终身教育模式正在形成,虚拟教育形式快速发展。

### 三、TOP 大学继续教育探索发展的理论基础

在 TOP 大学继续教育的发展探索中,大学继续教育的性质、继续教育与母体大学的适应性是探索创新的基础。

(一)TOP 大学继续教育"教育市场化"的认识

传统的教育思想认为教育必须建立在非市场化基础之上,教育市场化会导致教育的异化。但近几年 TOP 大学的继续教育探索中,市场化反而很好地适应了社会发展的要求。这种现象引起学术界和社会的关注,使人们对教育市场化的认识有所改变。市场化的教育之所以能够在探索中成功,我们认为,是由于市场化的教育产品包含了更多的教育附加价值。

在市场化的教育中,课程设计的出发点是满足学习者的需要。课程的设计者一般都要深入企业、社会进行充分的沟通与论证,课程设计的目标是解决学习者工作实践中遇到的瓶颈。在教育方式上,以学习者为中心,课程设计能够取得最佳教育效果。因此,市场化的教育往往能够使学习者获得超过心理目标的学习收获,产生的直接结果是市场化的教育产品对学习者更具有"诱惑力"。在市

场化的教育中,知识传递表现出更高的效率。市场化教育的质量提高效应还得益于企业化运营方式。企业化运营方式使知识决策过程能够快速地反映市场的需求,提高知识推广的有效性。

(二)TOP 大学继续学历教育与母体大学发展战略相适应的认识

我国成人学历教育兴起于 20 世纪 80 年代。当时的背景下,普通高校的培养能力有限,社会需求巨大。一方面,我国普通高等教育经过 30 年的高速发展已经实现大众化,进一步向普及化发展;另一方面,经过 20 年的成人高等学历补偿教育,"文革"所造成的知识断层已经基本上被填平,学历补偿教育的任务基本完成。继续教育在 20 世纪 80 年代与母体大学专业相依托,满足社会需求,很好地适应了母体大学的人才培养战略。现阶段,我国成人继续教育持续多年的生源质量下降与 TOP 大学普通教育逐步走向世界形成了越来越明显的差异。生源质量下降导致成人学历教育毕业生质量与母体学校普通教育毕业生质量的差距拉大,毕业生培养质量下降导致母体大学教育专家开始排斥成人学历教育。因此,探索新方向,使继续教育办学与母体大学的人才培养战略相适应是 TOP 大学探索继续教育发展道路的任务。

**四、TOP 大学继续教育发展策略**

(一)TOP 大学继续教育的高层次发展策略

中国 TOP 大学的定位是世界一流大学,因此,与母体相适应的继续教育也应该是具有与世界一流大学同样水平的继续教育。这就要求 TOP 大学的继续教育转变思路,将推广 TOP 大学的教学科研成果作为继续教育知识的源泉,服务对象定位于国家战略的主要领域和较高水平人才的培养;在市场定位上,要致力于高效益、高水平的市场,与世界一流大学共同分享世界教育高端资源。因此,继续教育定位高层次包含两个方面的内涵:一是高层次人才的培养,也就是在人才培养的对象上着重培养行业、领域内的优秀人才和处于行业顶端或重要部门的人才;要致力于与母体大学学科相关的领域或主要领域高端知识的推广。二是战略性人才的培养,要专注于国家重大领域和即将发展的高新领域人才的培养,占领社会紧缺人才培养的制高点。

(二)TOP 大学继续教育的专业化与国际化

依托 TOP 大学本身具有的教学和科研优势,向人才培养的行业细分领域发展是 TOP 大学继续教育专业化和国际化发展的内涵。继续教育的发展要转变以普及性知识为主的教学内容,逐步走向知识的高端领域,成为母体大学知识体系中精华的传播工具,服务于母体大学的专业推广和国际化发展。如继续教育办学应成为 TOP 大学与社会联系的桥梁,通过继续教育发挥研究型大学对社会经济发展的促进作用,并体现研究型大学的专业特征。

TOP 大学的继续教育要走向国际化。在经济全球化的背景下,TOP 大学有进入国际高端教育市场的能力,有转化国际优秀教育资源的能力。TOP 大学的继续教育要通过加强国际交流与合作,积极创造条件与国外高等院校建立联系和合作办学关系,引进先进、新颖的教育和培训项目,探索新时期国际继续教育办学的特点与规律,指导高校继续教育转型实践,提升我国继续教育办学水平。

继续教育发展的高层次及专业化、国际化趋势是新形势下继续教育的发展特征,TOP 大学要勇敢地面对这一趋势,利用综合知识技术优势和品牌优势,以高层次、专业化和国际化为特征进军高端教育培训市场,逐渐成为高端教育培训市场的领军者,并为 TOP 大学参与区域产业发展做出贡献。同时进一步促进 TOP 大学参与国际高端教育市场的竞争,引领我国继续教育的转型发展。

我们应该看到,在研究型大学学历继续教育向非学历继续教育转化的过程中,高校继续教育体系中的学历教育和非学历继续教育虽然是两种不同形式的继续教育,但两者互相关联,密不可分,都属于终身教育的有机组成部分,在今后相当长的一段时期内,学历继续教育和非学历继续教育还要并存发展,互为依托。因此,实现学历继续教育向非学历继续教育的转型必须是渐进的。

**参考文献:**

[1] 保罗·朗格朗.终身教育引论[M].北京:中国对外翻译出版公司,1985.

[2] 克拉克·科尔.高等教育不能回避历史——21 世纪的问题[M].杭州:浙江教育出版社,2001.

[3] 卢兆彤.新中国成立后两次高校合并的比较研究[J].清华大学教育研究,2000(2):77-80.

[4] 李杨.五十年代的院系调整与社会变迁——院系调整研究之一[J].开放时代,2004(5):15-30.

[5] 王占军.中国研究型大学建设与发展[M].北京:高等教育出版社,2003.

# 学习型社会背景下对继续教育创新发展的思考

哈尔滨工业大学　常永吉　邵丽雁

**【作者简介】**

　　常永吉,男,哈尔滨工业大学继续教育学院学籍与学生办公室主任,助理研究员,研究方向为继续教育。

　　邵丽雁,女,哈尔滨工业大学继续教育学院办公室文秘,研究方向为继续教育。

　　本文为2014年第十五届海峡两岸暨港澳高校继续教育论坛收录论文。

## 一、引　言

　　所谓学习型社会,就是有相应的机制和手段促进和保障全民学习和终身学习的社会,其基本特征是善于不断学习,形成全民学习、终身学习、积极向上的社会风气。20世纪70年代,联合国教科文组织提出:人类要向着学习型社会前进。此后,美国、德国、意大利等许多国家相继开展了学习型社会创建活动。继续教育是面向学校教育之后所有社会成员特别是成人的教育活动,包括学历继续教育和非学历继续教育,是终身学习体系的重要组成部分。继续教育是建设学习型社会的重要途径,如何保证继续教育创新发展,使其在构建终身教育体系、建设学习型社会中发挥应有的作用,是我们继续教育工作者面临的一个重要课题。

## 二、学习型社会背景下的继续教育

　　(一)学习型社会的构建是我国继续教育发展的重大背景

　　2001年,江泽民在"亚太经合组织人力资源能力建设高峰会议"上提出了

"构筑终身教育体系,创建学习型社会"的要求。党的十六大把形成学习型社会确立为全面建设小康社会的目标和任务之一,提出了"形成全民学习、终身学习的学习型社会,促进人的全面发展"的目标,为我国创建学习型社会指明了方向。党的十七大报告也把教育提到了首要地位上,"优先发展教育,建设人力资源强国""健全面向全体劳动者的职业教育培训制度",并且强调了"发展远程教育和继续教育,建设全民学习、终身学习的学习型社会"。2010年7月颁布实施的《国家中长期教育改革和发展规划纲要(2010—2020年)》提出"加快发展继续教育,更新继续教育观念,加大投入力度,以加强人力资源能力建设为核心,大力发展非学历继续教育,稳步发展学历继续教育","到2020年,努力形成人人皆学、处处可学、时时能学的学习型社会"。党的十八大报告提出"积极发展继续教育,完善终身教育体系,建设学习型社会"。以上充分说明,从国家层面上,我国为构建学习型社会、发展继续教育提供了宏观的政策支持,使继续教育的发展迎来了机遇。

(二)社会发展对继续教育的需求越来越大

21世纪,人类社会进入了知识经济时代。在这个信息技术相当发达的时代,整个社会环境发生了翻天覆地的变化,主要表现为:①信息载体多样化;②信息资源的种类增多;③信息量激增;④提供信息的渠道越来越多;⑤知识老化周期缩短;⑥职业变更频繁(王红英,2006)。日本全国科技政策研究所预测,2011—2020年的10年内,人类知识将比现在增加3~4倍。因此,人类从工业时代步入信息时代,科技进步速度将显著加快,信息总量也将日益增长,终生受用的一次性教育模式已不能适应快速增长的知识,将逐步被终身学习和终身教育所替代。在德国,继续教育是成人教育的代名词,也是终身教育的代名词。德国教育和科学部竭力主张把继续教育提高到最高的教育位置上,提出只有终身学习,不断提高全社会成员的素质,才能适应社会、科技、文明发展的需要(张建中,2003)。

由上述可知,随着知识经济时代的到来,"一次性学习终身受用"已不适应,每个社会成员都需要边工作、边学习、边提高,这就要求我们采取有效手段为全民人人皆学、处处可学、时时能学创造制度环境和条件保障,推动形成良好的学习氛围和社会风气。在这个过程中,作为终身教育的重要组成部分,继续教育在知识传播、更新、创新方面将发挥越来越大的作用。

**三、为保证继续教育创新发展而应采取的措施**

在学习型社会背景下,尽管继续教育迎来了国家支持、社会需求等难得的发展机遇期，我们也应清醒地看到，我国的继续教育与基本形成学习型社会的目标还存在较大差距，为实现"提高国民素质，培养适应不断发展的社会需要的人才"的教育发展目标，我们应积极应对挑战，采取有效措施，保证继续教育创新发展的旺盛的生命力。

（一）拓宽视野，更新观念

2011年，刘延东国务委员在全国继续教育工作会议暨高等教育自学考试制度建立30周年纪念大会上的讲话中指出，"继续教育仍然是我国教育体系的薄弱环节，还不能适应经济社会快速发展需要和广大社会成员的多样化学习需求。继续教育发展理念相对落后，社会的重视程度不够"。同时还指出，"近年来，许多发达国家纷纷把继续教育提升到国家战略层面。一是将继续教育作为促进经济发展的重要支柱。英国、丹麦政府发布白皮书，提出专门的继续教育改革计划。美国在应对金融危机、财政收入困难的情况下，依然投入120亿美元，支持60%学生是半工半读成人的社区学院，力图通过大规模继续教育提高就业率。二是加强学校向社会的开放与服务。美国四分之三的大学和所有的社区学院都举办各类成人教育和继续教育项目，日本98%的大学面向社会举办继续教育。三是探索各类学习成果的沟通衔接机制。欧盟建设了欧洲国家的学分转换系统，英联邦国家建立了学历资格和职业资格相互沟通的国家资格证书体系。四是强化制度法规保障。美、德、法、日等国都出台成人教育、终身教育的专门法规。印度、巴西等新兴经济体以及泰国、马来西亚等发展中国家，也纷纷加快继续教育信息化步伐，发展远程开放教育。发展继续教育已成为全球潮流，成为各国政府、社会与公民的普遍共识"（刘延东，2012）。

综上所述，我们应该从全社会的角度认识到继续教育的重要性，树立起正确的教育理念，坚持不断扩大对外交流和交往，学习和借鉴其他国家在继续教育方面的先进经验，才能保证适合我国国情的继续教育实现更大发展。

（二）构建自主学习模式和强制培训手段相配合

在我国，有相当一部分人参与继续教育学习的目的是为了职业升迁、职称评定、获得学历文凭等，而对知识本身渴求的内在动机较弱，学生的整个学习过程只是草草应付，最终获得的知识与技能有限。因此，构建终身教育体系下的自主学习模式是非常必要的。

一方面，要采取有效手段激发学生的学习兴趣。由于继续教育的面向对象大多是在职从业人员，具有一定的实践经验，需要学习与自己本职工作相关的前沿科学内容，这就要求我们能根据社会发展需求及时调整教学内容，最大可能地满足学习者的需求，从而调动学习者的学习积极性。

另一方面，我们应重点强调考查学员学以致用、创新思考的能力。利用先进的技术手段建立一套客观公正的评价体系。由于计算机网络具有强大的数据库信息自动处理功能，这一功能可被有效地运用于网络系统，学习者的咨询、报名、交费、选课、查询、学历学籍和非学历培训管理、作业、测评等都有翔实的记录，可为学习的客观公正评价提供可能，避免学生轻视学习过程、混文凭等不正确思想的滋生，同时学习者也可根据这些信息掌控自己的学习过程。

在构建自主学习模式的同时，还应该"对于行业专业技术人才，对强调时效性、技能型的专业，严格进行知识更新，实行强制培训"（祖静，2014），以满足行业发展的需要，使之有利于学习型社会的构建。

(三)关注并合理利用现代信息技术手段，创新继续教育实施手段

信息技术的发展给继续教育带来了发展的动力，为继续教育提供了丰富的信息资源和手段，但我们不应盲目追求最新、最高的技术，应根据继续教育的实际需求，开展灵活多样的继续教育活动，以保证其在教育教学中的有效应用。

近年来，我国继续教育工作者在探索如何在继续教育工作中合理利用现代信息技术手段方面做了有益的探索。如，2003年12月9日北京师范大学何克抗教授在全球华人计算机教育应用大会上介绍了混合式学习(blended learning)模式理念后，国内很多专家学者开始对其在不同学科中的应用进行了研究。其中，大连外国语学院继续教育学院在继续教育的英语教学中采取了混合式学习模式，把面对面的课堂学习与网络学习相结合，发挥了学生学习的主动性，为学生的自主学习奠定了基础(王新，2011)。华南理工大学继续教育学院通过开设网络成人教育直属班，采取网络成人教育模式，将现代远程教育与传统成人教育优势互补结合而成一种新型成人教育培养模式，在成人和网络教育融合培养模式上进行了尝试(陈滔滔，郑小娟，2011)。哈尔滨工业大学继续教育学院在黑龙江省专业技术人员继续教育知识更新培训项目中对非学历继续教育采取时空分离形式的网络教育学习方式，既解决了工学矛盾，又提高了培训效率。

(四)建设高质量的继续教育专业化师资队伍

首先，拥有一支高质量的继续教育专业化师资队伍是继续教育得以发展的重要保证。无论是英国、美国还是德国，都非常重视提高继续教育师资队伍的专业素质和专业技能(王运宏、易志勇，2010；刘晟，2012)。因此，为满足继续教育创新发展要求，我们要注重专兼职教师队伍建设。专职教师主要以在职教师为主，他们熟悉本校继续教育情况，教学经验丰富，是开展继续教育活动的依托，应当使之成为师资骨干队伍；同时，把一部分已经退休但身体状况和教学效果都较好的老教师聘为专职教师，发挥他们教学经验丰富以及以老带新的作用。此外，

兼职教师也是继续教育师资队伍的一个重要组成部分,是解决师资短缺的有效途径。兼职教师可根据需要从企事业单位聘请有相关行业产业经验的专业技术人员。其次,要注意加强继续教育师资队伍的培训,使从事继续教育的教师不断更新理论知识、教育理念和教育教学方法。此外,采取高校之间特色专业师资队伍共享的方式,加强高校之间的合作,充分发挥各高校的专业师资队伍的优势,努力实现优势互补。

(五)逐步推进创新人才的培养

目前,我国的继续教育体系与以前相比虽然有了很大的进步,但几乎所有继续教育提供的学习项目都是以学校课程为主,且接受学历继续教育的受教育者多是未完成基本学习且缺乏实际工作能力的人员,而非学历培训也往往是低端培训,并且主旨在于获得学历证书或相应的资格认证。这种教育模式使得我国的继续教育往往流于形式,教育过程失去了应有的作用和意义,并不能提高学生的实际能力。而北欧国家和美国的继续教育更多的是面向市场需求,更多的是突出教育内容和人才培养的创新。这是非常值得我们学习与研究的。作为普通高等教育的发展与延伸,继续教育应该具有更多的实践性与创新性,是一种更高层次的教育模式。由于继续教育具有周期短、形式灵活、教学内容更新换代速度快等特点,所以继续教育与国家及全球经济发展的联系程度更加紧密。继续教育应该与先进科学研究和实际生产力相结合(刘立东,2013)。未来经济发展更多的是依靠企业与企业之间、国家与国家之间的人才竞争,为此,我们应该立足创新继续教育教学的内容,以实用性和前沿性为原则,利用教学机构与市场发展相结合的优势,加强人才的创新能力培养。

(六)实现学历教育与非学历教育的有效融合

《国家中长期教育改革和发展规划纲要(2010—2020年)》明确提出,"要稳步发展学历教育,大力发展非学历教育","协调好学历教育与非学历教育的关系,使二者相互促进、协调发展"。实现学历教育与非学历教育的有效融合,是构建终身教育体系和学习型社会发展的必然趋势,二者的融合发展必将使继续教育领域发生深刻变化。需要注意的是,融合发展并不是简单的模式组合,应该遵循积极探索、稳步推进、有效融合的原则,在教学内容、教学手段和服务方式等方面进行相互渗透和借鉴,保证教学资源的合理使用,实现学历教育与非学历继续教育之间的学分互认与转换,搭建全民终身学习的"立交桥",使其更好地服务于学习型社会的建设。

**参考文献：**

[1] 陈滔滔,郑小娟.网络成人教育创新模式的探索[J].中国成人教育,2011(19):117-118.

[2] 刘立东.北欧继续教育模式初探[J].科技通报,2013,29(3):227-230.

[3] 刘晟.欧美继续教育发展对我国的启示[J].继续教育,2012(12):62-64.

[4] 刘延东.在全国继续教育工作会议暨高等教育自学考试制度建立 30 周年纪念大会上的讲话[EB/OL].http://www.lntzy.com/dzbzhxx2012-03-23/807.html.

[5] 王红英.信息时代图书馆与全民的终身教育[J].继续教育研究,2006(3):14-16.

[6] 王新.混合式学习模式与继续教育、终身教育的内在联系[J].佳木斯教育学院学报,2011(5):227,238.

[7] 王运宏,易志勇.谈德国职教师资的继续教育[J].继续教育研究,2010(4):22-24.

[8] 张建中.信息时代终身教育新的变革[J].盐城工学院学报(社会科学版),2003(4):44-46.

[9] 祖静.构建创新型继续教育模式的探讨[J].继续教育研究,2014(2):9-12.

第二篇 <<<

# 理论研究与实践

# 迎接知识经济挑战 构筑继续教育新体系

浙江大学 来茂德

**【作者简介】**

来茂德,男,浙江大学副校长,博士,教授,主要从事医学专业病理学、分子生物学、继续教育研究。

本文为 2000 年第一届海峡两岸暨港澳高校继续教育论坛收录论文。

随着新技术革命的发展,继续教育必然成为高等教育的重要组成部分,其在经济发展中所发挥的作用越来越受到人们的重视。在知识经济时代,教育(形式、内容)也将随同知识、技术的高度综合、分化而综合、渗透交叉,在新的终身教育体系中,作为学历教育的继续教育必然成为高等教育的重要一翼(可通过夜大、函授、自学考试、远程教育、电视大学等方式完成);作为非学历教育,由于常规高等教育规模的有限性和学习、培训内容和方式的局限性,继续教育将在大学后教育和中学后教育体系中担当越来越重要的角色。在这一过程中,常规的高等教育机构无疑将担当起非常规高等教育——继续教育的重要责任,并对社会和公民做出不同于常规教育所应有的贡献。

## 一、浙江大学高等教育发展现状

浙江大学在长期的办学过程中,以严谨的"求是"学风,利用自身的学科、人才和师资优势,根据我国经济建设、社会发展对人才的需要,形成了具有本校特色的继续教育办学模式。

1.浙江大学继续教育已初具规模

1987 年 2 月经原国家教委批准正式成立了浙江大学成人继续教育学院,院长为现任中国科学院院长的路甬祥院士。1990 年浙江大学即取得了国际继续工程教育协会团体会员的资格。1994 年 9 月正式成立浙江大学继续教育学院,学院坚持开门办学,以全校的师资和科研为背景,适应社会各界多方的需求,仅1999年开展各种培训班200余个,培训学员3万余人。

2.浙江大学多学科、多形式、多层次的继续教育办学格局已初步形成

浙江大学的学科涵盖哲学、经济学、法学、教育学、文学、历史学、理学、工学、农学、医学、管理学等11大门类。依托学校的学科优势,浙江大学积极开展多层次、多类型、多形式的各类培训,其类型有高级技术、管理干部进修班、领导干部研习班、技术岗位培训班等。

3.浙江大学继续教育与管理体系已基本建立

浙江大学为加强继续教育的管理工作,成立了继续教育学院。在继续教育学院统一归口管理下,在20个学院成立了继续教育中心,初步形成了归口管理、统分结合、组织健全、人员落实的管理体系,并先后同国家有关部委,大中型企业、地方政府合作共建了14个培训基地。

## 二、继续教育面临的机遇与挑战

1.从世界经济发展的趋势和环境看,继续教育已成为全球范围内的发展需要

当今全球经济发展在高新技术尤其是信息技术的支持下,正在向经济一体化的方向迈进。其显著的标志是全球统一市场正在形成,全球金融市场一体化的趋势已出现。在全球范围内流动的不仅是有形的物质资源和货币资金,而且还有无形的知识、信息、数据等。

继续教育,这一工业化社会的产物,既反映了教育发展的客观规律,又顺应了时代和人类发展的需要,是提高国民素质、增强国力的重要举措;对一个企业来说,继续教育是开发新技术、新产品,提高产品质量,最终增强竞争力的有力途径;而对处于社会大环境中的个人而言,继续教育则成为其与社会的润滑剂,既可以提高自身素质以改善工作质量,也可以改善自身的生活条件。

随着知识经济时代的到来,全球经济一体化格局的形成,国际竞争的日益加剧,提高国家、企业的综合竞争力和开发人力资源的紧迫需求,必然从根本上、从内因和外因两方面促进继续教育全方位的发展。继续教育面临着前所未有的发展机遇。

2.从我国的发展情况看,继续教育已成为社会经济发展必不可少的组成部分

科学技术是第一生产力,继续教育是把科技转化为生产力的桥梁、纽带和有

效工具,因此,继续教育作为开发人力资源、培养人才的基础性产业,将与中国的经济发展产生最为密切的联系。

20 世纪 90 年代以来,我国的经济正经历着一系列的巨大变革,正在实现两个具有全局意义的根本性转变,即经济体制从传统的计划经济向社会主义市场经济转变、经济的增长方式从粗放型向集约型转变。

国内经济的这一系列整改和发展,为继续教育创造了一个良好的发展局势,开辟了广阔的市场。道理很简单,中国经济的规模发展为继续教育带来了非常大的市场。用朱镕基总理的话来说,我们搞市场经济,全国需要 10 万名注册会计师,与 10 万名注册会计师配套需要 30 万名专业会计人员;与之配套,我们要搞好国有企业,也起码要有 20 万名工商管理硕士以及 60 万名有工商管理知识的专业管理人员。据推算,“九五”期间全国国有企业培训的现职及后备人员总数将超过 100 万人。可以说中国经济的发展将使继续教育进入一个良好的发展时期,反过来,继续教育的发展将给经济的腾飞以强大的推动力。

经济的快速发展提出了许多新内容、新课题。继续教育是与经济联系最为紧密的一种教育形式。我国经济体制的改革、产业结构的调整,必然直接影响到继续教育管理体制、办学体制、运行体制、培训内容与方式等方面的调整,换句话说,经济发展的每一个变化,都会为继续教育带来新问题、新挑战。

此外,继续教育工作面临的最大挑战是我国整体国民素质较低与经济发展速度较快之间的矛盾。要改变我国人力资源的落后状况,尽快赶上世界发达国家,使之与经济增长相适应,任务非常艰巨。因此,继续教育在面临良好发展机遇的同时,也面临着严峻的挑战。

### 三、继续教育的工作目标

(1)充分发挥浙江大学的学科和师资优势,为浙江省乃至整个东部地区率先实现现代化服务。

(2)适应形势发展需要,大力开展中西部地区人才培训工程。

(3)抓住机遇,深化改革,创新模式,提高培训层次。

(4)加强继续教育校企合作,产学研结合,加快科技成果转化为生产力的步伐。

(5)实施“科教兴农”战略,为促进农业产业化、农业现代化服务。

(6)围绕我国卫生事业的改革与发展,进一步完善继续医学教育模式,并有突破性进展。

(7)加强国际交流与合作,开拓海外合作培训市场。

(8)健全管理机构,提高教学质量。

(9)加强继续教育理论研究。

# 大力发展网络教育,提高全民族素质

天津大学　郁道银　张树俊　王保春

【作者简介】

郁道银,男,天津大学副校长,教授,博士生导师,研究方向为高等教育管理等。

张树俊,男,天津大学网络教育学院院长,副研究员,研究方向为高等教育管理。

本文为2002年第三届海峡两岸暨港澳高校继续教育论坛收录论文。

## 一、远程教育发展的概况

随着信息技术的飞速发展,网络的普及已经远远超过了其他科技手段,特别是网络在现代教育中的爆炸性渗入和迅速蔓延,对现存的教育制度、教育理论、教育模式、课程内容、教师职能和学生学习方式等提出了严峻挑战。不可否认,以网络为主要载体的远程教育正向人们展示着一个崭新的、广阔的学习世界,它为任何愿意获取知识的人提供了学习的权利和机会,它突破了传统教育的时空束缚,与课堂教育、广播教育、电视教育共同构成了多元化的教育体系。

目前,尽管世界各地对远程教育的理解有所差异,但在远程教育的一些最基本的特征上,认识还是相近或一致的。远程教育在办学体制上,大致可分为两类:一类是独立设置的开放大学,如我国的中央广播电视大学、美国的国家技术大学(NTU)、英国的开放大学等;另一类是普通院校的远程教育部门,如美国各高校的网络大学,我国教育部批准试点的清华大学、浙江大学、北京邮电大学和湖南大学等。从学习的方式来看,大致可分为两类:一类是以群体学习为基础的远程教育,如我国各地的电大分校;另一类是以个体学习为基础的远程教育,如美国加州的网络学校等。在教与学的交互方式上,有教师和学生准永久性分离状态(无面对面人际交流,各种交互完全通过电子网络等媒体);也有分离状态的远程教学和面授辅导、答疑相结合的方式,如我国各地电大分校所采取的形式。

为了更好地利用网络开展远程教育,许多国家都积极采取措施,努力扶持和发展这种教育方式。

首先,为推进网络教育的普及与发展投入大量资金。例如,1997 年美国总统克林顿在向国会提交的国情咨文中提出,将要投入 510 亿美元的巨额预算用于实施一项称为"美国教育行动"的宏伟计划,以实现每一个 12 岁的儿童都能上网、每一位 18 岁的青年都能接受高等教育、每一位成年美国人都能进行终身学习的目标;美国政府 1997 年决定,在 5 年内拨款 20 亿美元,作为公立学校建立网络教育系统的额外资助,学校所需的硬件设施则由国家全部包下来。日本从 1996 年开始进行网络教育试验,为此政府已拨款 1200 亿日元,还将陆续拨款 2000 亿日元,希望在 2002 年以前使全国所有的学校入网,并将网络教育与正在实施的多媒体计划相结合。巴西政府投资 1.5 亿美元,建立了全国互联网教育科研系统。瑞典国会在 1998 年通过了政府提交的《学习的工具——全国中小学实施信息通信技术计划》,政府在此后 3 年内为该计划拨款 15 亿克朗,同时带动地方政府为此项目进行投资。

其次,不断扩大网络教育的普及化程度。据联合国教科文组织统计,1998 年全世界已经建立网站的大学超过 4500 所,预计到 2000 年全世界 85% 的大学将在网上开辟自己的网站,其中的四分之一左右会在网上开设网络教育课程。有关资料表明,美国已有 420 多所大学建立了网上虚拟学校,开设了 200 多个专业,通过互联网进行学习的人数正以每年 300% 以上的速度增加。瑞典的互联网用户已占全国人口的 44.3%,人均上网比例居世界第一,91% 的公立高中和 56% 的九年制义务教育学校已接入互联网。

再次,教学培训的层次和内容更加宽泛多样。其一,通过远程教育扩大高等教育范围。许多国家都在积极利用互联网来开辟和拓宽高等教育的渠道。网络教育为失去接受学校高等教育机会的不同年龄的人群带来了希望。其二,开展继续教育。在经济与技术飞速发展的当今社会,知识更新的速度正在不断加快,一个人只有不断地充实自己,才能在日益激烈的竞争中立于不败之地,这使"终身学习"成为每个人一生中的必要活动。但对于已经工作的人来说,长期脱产到学校去参加学习与培训往往是不现实的,他们需要的是一种能够由自己决定学习内容、时间和地点的学习方式,网络教育正好能满足这种需求。其三,完善基础教育。目前国外的中小学网校不搞同步练习,网上不再重复课堂教学内容,而是注重课外辅导,加强综合能力的培养。

由此可见,当网络的普及已经远远超过了其他科技手段,而发展成为广泛的生存状态,并深入经济、社会、生活的各个领域的时候,以网络为主要媒介的现代远程教育成为改革传统教育模式的强大动力和有效手段已经成为不争的事实。

## 二、中国现阶段实施现代远程教育工程的优势

### (一)中国远程教育发展回顾

远程教育在中国的发展经历了三代。第一代是函授教育。这一方式为中国培养了很多人才。第二代是 20 世纪 80 年代兴起的广播电视教育。中国的这一远程教育方式和中央广播电视大学在世界上享有盛名。第三代是在 20 世纪 90 年代,随着信息和网络技术的发展,产生了以信息和网络技术为基础的现代远程教育,它是一种通过音频、视频(直播或录像)及包括实时和非实时在内的计算机技术把课程传送到校园外的全新的教育方式。现代远程教育弥补了函授教育和广播电视教育中信息单向传输、传输受时间限制、师生之间沟通交流受传输模式制约等缺点,运用更先进的网络技术,打破了时间和空间的限制,使实现真正意义上的虚拟大学成为可能。

### (二)开展现代远程教育符合中国实际情况

中国是一个有着 13 亿人口的泱泱大国,中国教育事业在新中国成立之后的 50 年中,走过了艰苦卓绝的伟大历程,向全世界展示了一个人口众多的发展中国家是怎样在其薄弱的经济基础和悠久的文化积淀上营造现代教育的系统,持续提高国民素质,为国家的繁荣与富强而努力拼搏的。网络界和教育界的有识之士已经越来越强烈地意识到,现代远程教育已经成为提高全民素质、构建社会终身学习体系最为有效的手段。

远程教育有其独特优势:使任何人,可以在任何时间、任何地点,从任何章节开始学习任何课程;促进全民教育和终身教育的开展,尤其是开展以学历学位教育为主的高等教育。教育部已将大力推进网络教学列为高校工作的重点,在网络教育应用开发方面,投资 4000 万元支持高校网络教材和网络教育师资队伍建设,用两年的时间建立 200 门左右网络课程,包括网上学习、师生交流、辅导答疑、网上作业和网上测试等。

将网络运用于现代教学,已经成为人们普遍接受的观点。据联合国教科文组织对文盲的新界定,现代文盲是不能识别现代符号信息和图表的人、不能运用计算机交流与管理信息的人。动态的文盲定义正冲击着现代教育制度。

### (三)确保现代远程教育质量,使之健康持续发展下去

不可否认,从运用网络技术传播信息的角度看,网络技术应用于教育行业比应用于其他传统行业更为复杂。因此,保证网络教育质量在教育界已逐渐达成

共识。

与其他教育形式相比较,现代远程教育具有更加独特的作用:①使教育资源共享变为现实;②为学习者提供个性化学习条件;③有助于实现交互式学习;④有利于促进教育社会化和学习社会化。

然而,任何事情在具备优势的同时,也不可避免地存在着一些劣势。网络在使教育资源共享变为现实的同时,也使教育资源的重复建设成为进一步发展远程教育、提高教育质量的瓶颈。因此,加强网上教育资源的建设对于广大教育工作者来说已责无旁贷。国外有人提出,"远程教育是一种新型的、工业化的和技术性的教育",它应包括四部分人员:教师,软件工程师,懂得多媒体传播特点、富有创意的美工人员,教育心理学家。如何将这四部分人员科学、合理地组织起来,最大限度地发挥远程教育的优势,最大限度地解决远程教育中存在的问题,已成为从根本上保证远程教育质量的关键。

天津大学网络教育学院自 2000 年 7 月成立以来,始终奉行"教育质量是网络教育的生命线"的宗旨,并将其贯彻于各项工作中。在实际的教学环节中,学院也始终把握住"质量第一"的原则。为确保教学质量,学院制定了一整套完整而且严格的培养方案、教学大纲等教学文件,并采取了一些切实有效的措施。经过一年多的努力,学院已经在实践中摸索出一条"以教育观念转变为先导,以课程体系改革为核心,以课程软件开发为重点,以信息网络及实施双向视音频交互平台建设为基础"的符合中国实际情况的现代远程教育的发展之路。通过对国内外现代远程教育多种教学模式的全面分析和认真比较,学院将校内成熟的教学与管理经验移植到远程教育的各个环节当中,建立了符合目前中国实际情况的新型网络教学模式,即在校外设立教学中心,实行学院和教学中心二级管理,发挥广域网和教学中心高速局域网的优势,通过镜像网站,利用多媒体教学课件和网络流式媒体课件进行集中授课。截至目前,天津大学网络教育学院已在全国 11 个省 19 个市设立了 29 个校外教学中心,共计招收学生 2800 余人。学院始终将天津大学校训"实事求是",以及"严谨治学、严格教学要求"的"双严"方针贯彻在实际工作中。目前,学院学生已经得到社会各方面的认可,教学工作也已初步取得可喜成果。

尽管中国教育的网络建设正呈现出蓬勃发展的良好态势,现代远程教育也有了长足的发展,但与发达国家相比,仍有很大差距。如思想观念转变问题,利用网络开展现代远程教育对于学生来讲是"学习的革命",对于人们的思想观念来说也是一场"革命"。不论是教育工作者,还是学生和学生家长,在对人才观、学习观的认识上,都有一个心理适应过程,今后,应进一步加强这方面的研究工作。

　　进入 21 世纪,中国教育发展的趋势是由应试教育向素质教育转变,而远程教育正是完成这种转变的典范。虽然,现代远程教育在现阶段的发展还需要一个认识和巩固的过程,但是,随着计算机的普及,远程教育,特别是远程高等教育,将会为更多意欲接受高等教育和远程教育的人提供机会,这对中国这样一个人口大国构建社会终身学习体制,彻底扫除文盲、法盲和科技盲意义重大。

# 成人教育的道与术：核心功能分析与实践

澳门大学　郑庆云

【作者简介】
郑庆云,现任澳门大学校外课程及特别计划中心主任。
本文为 2006 年第七届海峡两岸暨港澳高校继续教育论坛收录论文。
本文发表于《继续教育》2006 年第 12 期。

## 引　言

在传统中国文化中,道与术往往相提并论。中国文化重道,认为举凡一切体系与个人的发展,均离不开"道"。"道",在儒释道三方面虽各有见解,但也可简而言之,"道"乃一切发展的终极取向。"术",则泛指一切方法、工具。而致道所需的术,亦称为"道术"。

因此,本文所称谓之成人教育的道与术,实际上是指成人教育的终极取向和履践的路径。

## 一、成人教育的先驱

"成人教育"一词,最早见于 20 世纪初,其中最具影响力的教育家之一是美国的 E. C. Lindeman。他于 1885 年出生于美国密歇根州(Michigan)的一个草根家庭,直至 22 岁才进入密歇根州农业学院(即现在的密歇根州立大学)的预科班学习至大学毕业。最后加入纽约社工学院(即现在的哥伦比亚大学社工学院),一直到 1950 年退休。

他是一个多产的作家,除了有关成人教育的论著外,还有其他相当广泛的题材,不过都可归纳为社会科学范畴。早在 1921 年,他已著有《小区与小区组织》等文章,以后陆续在这方面撰写了不少文章与专著,包括与 John Hader 合作的

《社会研究》(1933)、《社会教育》(1933)、《民主生活》(1951,1956)等。

　　Lindeman 可以说"主要是一个社会工作者,然后是哲学家,而他有关成人教育的观点在相当程度上受自身身份的影响"(Huey Long,1989:xviii)。不管是从事成人教育的研究,还是社会工作的研究,他有一个特色,就是"永不会把人的问题与哲学分离,而且还要求其他人也要这样做"(Konopka,1958:12)。有趣的是,他的想法和中国传统的想法十分接近。因为"道"或者终极取向是一种形而上的哲学思想,西哲与中哲虽有歧异,但对形而上的探求则一致。而他在这方面的努力是成功的,"他不仅可以把教育、社会科学和社会问题与当时的问题关联起来,还可以成功地把社会科学的概念与自然科学和哲学结合在一起。他是很多方面的先行者,他是一个成功结合科学与社会及其程序的一个社会科学先驱,也是一个结合成人教育与社会哲学的先驱"(Leonard,1991:xxiii)。

　　另一个不可不提的对(成人)教育有影响的人是一位俄裔美籍女士 Ayn Rand。严格来说,她其实是一位小说家与哲学家,但她的教育观点却出奇地与教育之道相吻合,而且她的客观主义(objectivism)与反工业革命的观点,甚有启导意义,故一并在本文中提出来参考。

　　Rand 于 1905 年出生于俄国圣彼得堡的一个中产阶级家庭,基于历史原因,她向往国外杂志所描述的光明世界,在幼年已决意成为作家。在俄国十月革命后的 1921 年,她重回圣彼得堡并在 Petrograd 大学修读哲学与历史。1926 年她到达美国纽约,为当时的地方建设所感动。到了芝加哥后,她决定不再回苏联。她起初从事戏剧写作,并陆陆续续出版了几本著作,如 *Fountainhead* 及 *Atlas Shrugged* 等,而后者更被誉为在美国继《圣经》后最有影响力的著作。虽然这已被澄清为一个并不全面的调查,但仍可以说明 Rand 在美国也必然有一定的影响力,才会产生这样的误会。Rand 说她的哲学,扼要而言,是有关人作为"英雄个体"(heroic being)的一种概念。她认为人是以个体的快乐为其生命的道德目的、以建设性的成就为其崇高的事业、以理性为其绝对特质的个体生命。这成了她的哲学思想客观主义的最佳注脚,亦是她有关教育之"道"的基础。

　　事实上,在过去一个世纪中,对教育以至成人教育有贡献及建树的人物多不胜数,本文有意选取上述两位学者为代表,是因为他们的教育终极取向均在哲学方面,这和某些教育家有明显的区别。

## 二、成人教育之道:核心价值和意义

　　先说 Lindeman 的"道"。Lindeman 最为人津津乐道的著作是 *The Meaning of Adult Education*。此书完成于 1926 年,之前 Lindeman 写了一些有关成人教育的文章,且为小区组织的理论写了一些书。事实上,英国重建部(Ministry of Reconstruction)的 *The 1919 Report* 对成人教育的理论与实践的基础已有相当重要的贡献,而当时美国的一些思潮,如 Mansbridge(1920)有关工人阶级的教育问题及 Yeaxlee(1920)有关教育国家(educated nation)的建设等,对 Lindeman 的成人教育理念均产生了相当大的影响。这些思潮和有关的理念在他心中酝酿了多年,最后成为 *The Meaning of Adult Education* 的主要思想。所以他这本书很快便完成了。虽然他的理念都非由他原创,但是由他汇总整合,所以 David Stewart 对他的评语,"作为一个社会哲学家,他很大程度上是促进了,而非发明了成人教育理论",相当中肯。

Lindeman 的教育理念并不局限于教室与正式课程的发展,他更关心的是日常生活中的教育机会、一些非职业性的理想等。他认为教育的注意点应放在环境需求乃至经验之上,而非学科的规划上面。[①] 按照 Lindeman 的说法,成人教育或者更广义的教育的特点如下:

(1)教育就是生命,它不光是为了让人们为未来的一些未知生活做准备而出现的。他认为人类的整个生命都在学习,因此,教育没有终结。而成人教育之所以称为成人教育,并不是因为它以成人为对象,而是因为只有成年人、成熟的观念等方可为成人教育划定界限。

(2)教育是一个生命追寻非职业性的理想的过程。教育对一个工人来说,不仅是一个教导他如何工作的过程(即非简单的"术"),还是使他明白工作的意义的过程。

(3)成人教育应围绕环境需求等开展,而非已建立的学科。而我们现有的教育体系刚好相反。按传统,学生需要自己调适,使自己适应已建立的课程。Lindeman 认为,成人教育的课程应围绕学生的需要和兴趣确定。每一个成人都有其特质:工作、娱乐、家庭生活、团体生活等。而成人教育应以此为起点。课程根据需要而设置,这意味着学习是基于一系列现实情况而进行的,而知识将建立在现实真相之上,而非抽象的观念。(这和 Rand 的客观主义有异曲同工之妙。)

(4)成人教育资源的最高价值在于学习者的经验,如果教育是生命,则生命就是教育。太多的教育让人无意义地摒弃个人的经验与知识,而心理学却告诉我们"我们该学习如何做",因此,纯粹的教育应可以将实践与思想很好地结合在一起。

(5)权威式的教育、考试,只会排除原创思想,容许僵硬的教学模式。Lindeman 建议把这些从成人教育中剔除。Yeaxlee 曾说"朋友是互相教育的",

---

① 见 http://www.infed.org/thinkers/et-lind.htm 有关 Eduard C. Lindeman 的文章。

而 Walt Whitman 则将成人教育进一步描写成"从简单中学,以启导智慧"。因此理想的成人教育应该容许一部分想保持个人心灵思想敏锐的成人在适当的环境中开始学习,由他们的经验出发,然后再从书本或其他事实中寻求另一种解答。他们的讨论应该由老师引导,但老师们也应该是智慧的追求者而非先知。Lindeman 相信这就是成人教育所应有的模式。

其后,Lindeman 在他另一篇文章中提出了一个有承担动力的教育模式,他说:"这个模式是非正规的、非传统的、非单为培养技术……而是与他们的小区相关的……它的一个目的是改善社会的互动……我们要作出改变,但这必须理性地、明白地进行。"而他对成人教育的一个最重要的诠释是:"正规教育可以是为生命作出准备,但成人教育则是一项改变生命的重要工具。"

至于 Ayn Rand,她建立了自己的客观主义哲学体系,她并没有以教育家自居。不过她对教育的看法与 Lindeman 有着相同的旨趣,她认为"教育的唯一目的是教导学生如何面对生命,帮助其发展个人思想,并且给予其面对现实生活的工具。因此他所需要的是理论上和概念上的东西。学生必须学会并掌握如何思考、如何理解、如何整理、如何证明等能力,必须学懂过去所发现的知识中的要素,并且使自己有能力开发新的知识"(Ayn Rand & Peter Schwartz,1999)。

在一次新书发布会中,Rand 被问及可否用简洁的语言来归纳客观主义的具体内容时,她这样回答:"①形而上学:客观真实;②知识论:理性;③伦理:自我兴趣;④政治:资本主义。"她进一步解释:"所谓客观主义就是说,①必须服从自然之道,单凭想象是无法成事的;②你不能同时吃掉你的蛋糕且同时拥有它;③人是自身的终结;④要么给我自由,要么给我死亡。"很明显,这样的理念如果运用到生活当中,那么可以想象,只要给予适当的引导,这个个体必然会自己寻求和掌握新的客观知识,且活在一个"逍遥"的境界,毫无疑问,这就是本文所讲的教育之道。

无论是 Lindeman 还是 Rand,他们对教育的观点是相同的:教育超越了知识或技术的传授,我们应该把教育视为一种创造生命、改造生命的工具和过程。这就是笔者所认为的成人教育的道,也就是成人教育的核心功能和意义所在。

### 三、成人教育的实践

前文介绍了成人教育的核心功能,这里分析一下成人教育在实践方面应走的道路。

按照 Lindeman 及 Rand 的理想,要实践成人教育,有五个方面需要注意:

(1)按当时的环境与小区(社会)需求来制订课程,而非运用既定的课程进行教育培训。笔者相信目前大多数的成人教育团体,均是以这个方向来进行教学安排和规划的。但老实说，这样的安排也是最近十多年才出现的，由此可以想见 Lindeman 的洞察力是如何惊人，他早了足足六十年已有这样的见识。

（2）成人教育过程必须糅合学员的个人经验。众所周知，书本上的理论与理想世界往往与真实世界有一段距离。单从理论和概念出发，只是构成 Lindeman 所论述的成人教育的起点而已，因为学员必须在有限的时间与资源条件下完成所分派的任务，故经验往往是可以比理论更宝贵的参考。有了这个前提，在课程的编排上便需要照顾这方面的需要。具体的问题是实践和正规教育中所应传授的理论部分的比重该如何厘定？而学习结果又该如何评核？

（3）角色的转变。传统正规教育教师是一种学术或知识权威的象征，而在 Lindeman 的构思之下，他认为这只会阻碍学员的创意，更何况在学员中间，他们的经验有可能比导师更多，接触面更广，因而导师所传授的知识与技术，有可能只代表其中的一个方面而已。因此 Lindeman 认为只有把权威式的教育摒弃，成人教育的活力才能释放出来。

（4）两位学者不约而同地认为教育的真义在于它赋予了生命意义，不仅仅是知识或技术的传授（亦即"道术"的传授，非止于"术"而已）。这在实践方面，好像为成人教育工作者出了一道难题。因为生命的意义非由单纯的引导可以成就，更何况社会上每个人的价值观、文化、家庭与社会环境千差万别。那么应该如何实践这一点要求？

（5）两位学者都肯定生命就是教育，而教育也就是生命。因此，如何启迪学员接受终身教育、培养他们的学习兴趣，进而把自身从生活的"术"中抽离，上提到"道"的境界，把学习视为自身的一种超越，在知识的领域中建立自己的人生观与生命的意义。如此，则前面第（4）点的要求亦可同时完成。

### 四、目前所面对的挑战

下面仅就澳门目前的环境做出分析。

随着赌权的开放，澳门正成为一个新的纪元：从单纯的旅游及博彩业转变为旅游及博彩娱乐事业。这一种转变，也为目前的成人教育甚至基础教育带来了一定的影响。

（1）首先是人力资源方面的需求。虽然澳门正成为一个崭新的、结合博彩业的旅游娱乐都会，但仍是以博彩业为主要经济动力，因此近年来有关成人教育的培训，从数字上来说，多是以博彩业技能课程为主。在某种意义上说，这其实满足了 Lindeman 所述的第一个实践要求，那就是培训课程必须与当时的环境与小区相配合。然而，由于博彩业的前景一片光明，所以社会基层莫不以此为就业和学习的首选。而这方面是纯粹的术科，不能为学习者启发终身教育的意义所在。如果不能制造新的诱因,重新把这些完成课程的学员吸引回教育机构中再学习,则成人教育培训能否完成两位学者的理想,便是一大未知之数。

(2)学习人口数字偏低。澳门的总人口四十余万,就业人口约占三分之一。单以数字上算,如果能使终身学习成为一种风尚,则成人教育的对象也应该有六七万人之众。据非正式统计,全澳每年参与非学历成人教育课程约一万五千人次。这个数字使成人教育机构不容易为区域人群设计配合其发展且题材广泛的课程。

(3)对非职业性课程的需求偏低。环顾澳门目前所提供的课程,多是以术科为主,如果不能和职业需求挂靠的话,那么课程的接受程度就会偏低。如此一来,离实践 Lindeman 等人的理想又远了一步。

**五、成人教育在澳门的一些设想**

如果我们肯定了成人教育之“道”在于全人培养,其目的是启导学员寻求生命的意义,那么,笔者对目前澳门的成人教育有一些粗浅设想:

(1)Bill Creech 说过,教育的其中一个目的是为社会(雇主)培养所需的人才,这和 Lindeman 等人说要配合小区发展而制定课程是相同的。但笔者认为这有两个考虑方向:①目前社会需求;②未来发展需求。成人教育机关要为社会解决当前的人才技术问题,必须加强与政府及雇主团体的联系,使三方对目前的技术需求与时间表有深入的认识,在澳门这块弹丸之地,三方的紧密合作将使有限的资源得到充分运用。另一方面,除了要解决当前的问题外,政府与教育机关应为未来社会发展的趋势做好准备。一些本地所欠缺的人才技术应及早规划,并予以执行,使其适应未来的长远发展。这两方面,澳门仍然没有一个相配合相适应的机制,因此,目前也只能较好地处理好当前的需要。至于长远发展方面,笔者以为教育机构也有义务提出各自的设想,让有关当局根据其资源与长远规划,研究是否可行,然后再付诸实行。

(2)如前文所言,目前澳门对非职业性课程的需求偏低,究其原因,也应该是两方面的。其一,人们普遍认为只有职业性课程才是他们生活上所需要的;其二,笔者相信是教育机构不得不面对经济效益问题而在课程上面有所取舍。如果教育机构能够找出一个方法,使职业性课程的收益可以用来补贴非职业性课程的收益,将不失为一个可行之道。

(3)要实践成人教育的核心价值,不是一个无成本的过程。但是作为一个教育机构,是有义务和责任把取诸社会的资源,反馈于社会的。由于目前澳门的成人教育课程是以短期课程居多,因此教育机构除少数公营者外,实在有必要找出一种有长远收益的方法,使教育机构可以长久且稳定地营运,从而逐渐实践教育的核心价值。这方面,笔者认为可以通过引入合作伙伴,为这些在职人士提供一些学历学位课程,一方面可以保证教学的质量,另一方面可为教育机构提供一些长远发展的储备,用以实践教育的理想之道。

(4)澳门是一个非常小的地区,太多的教育机构同时提供类似的课程,协调工作做得不好,只会诱发恶性竞争,犹幸澳门尚未出现这样的情况。但由于各教育机构都各有特色,如果各机构能联合组成一个合作平台,让机构间的学历可以相互承认,这对社会大众来说,未尝不是一个学习诱因。而另一方面,这样的一种良性合作关系,更容易让每个教育机构利用各自的资源优势向社会提供更优质的课程,这对社会与教育机构来说,是一种双赢的局面。香港有院校提出学分制,这其实也是一种很值得我们思考的发展方向。

(5)最关键的,其实是培养出一种终身学习的风尚。这并非一个或者一批教育机构就可以成就的事,这当中必须有政府与雇主的参与,方能成事。在这方面,也许需要政府制订一些长远发展的人力规划,然后推出一些(奖励)政策,鼓励雇主与雇员共同参与。久而久之,当雇员发觉和接受终身学习是他们生活中的一部分,他们借此机会进一步思考学习的过程将会为他们的生命带来什么改变的时候,我们将向 Lindeman 等人的教育理想迈进一大步。当然,这个政策的推行,也必须考虑周全,以避免出现一些只图政府资助、滥竽充数的课程。

## 六、结　语

事实上,由于资源匮乏,很多教育机构在实践他们的教育理想之时,不得不向现实低头,使教育之道不能贯彻,这是笔者引以为痛之处。本文的目的,仅止于重新回顾教育理想,尤其涉及终身学习的成人教育的理想之道和核心价值,从而对履践成人教育之道提出了一些粗浅的看法。抛砖引玉之意,彰彰明甚。然而笔者相信,只要不忘教育之道,并以之为终极的取向,则 Yeaxlee 等学者所谓教育国家(educated nation)的理想,必将有实现的一天。

**参考文献:**

[1] Konopka, G. *Eduard C. Lindeman and Social Work Philosophy*[M]. Minneapolis: University of Minnesota Press,1958.

[2] Leonard, E. Lindeman. *Friendly Rebel: A Personal and Social History of Eduard C. Lindeman*[M]. Adamant, Vermont: Adamant Press,1991.

[3] Lindeman, E. C. *The Community: An Introduction to the Study of Community Leadership and Organization*[M]. New York: Association Press,1921.

[4] Lindeman, E. C. *Social Education: An Interpretation of the Principles and Methods*

Developed by The Inquiry During the Years 1923—1933 ［M］. New York：New Republic，1933.

［5］Lindeman，E. C. The Democratic Way of Life（with T. V. Smith）［M］. New York：Mentor Books，1951.

［6］Lindeman，E. C. The Democratic Man：Selected Writings of Eduard C. Lindeman ［M］. Boston：Beacon Press，1956.

［7］Lindeman，E. C. & Hader，J. Dynamic Social Research ［M］. New York：Harcourt，1933.

［8］Long，H. Preface to the 1989 Edition. In：Lindeman，E. C. The Meaning of Adult Education ［M］. Norman，Oklahoma：Oklahoma Research Center for Continuing Professional and Higher Education，1989.

［9］Mansbridge，A. An Adventure in Working-class Education：Being the Story of the Workers' Educational Association，1903—1915［M］. London：Longmans，Green and Co，1920.

［10］Rand，Ayn & Peter Schwartz. The Return of the Primitive：The Anti-Industrial Revolution［M］. Meridian，1999.

［11］Yeaxlee，B. A. An Educated Nation［M］. London：Oxford University Press，1920.

# 浅谈知识经济时代继续教育的特色化发展

复旦大学 徐韶瑛

**【作者简介】**

徐韶瑛,女,复旦大学继续教育学院行政部部长兼院办公室主任,副研究员,研究方向为高等教育、继续教育等。

本文为2006年第七届海峡两岸暨港澳高校继续教育论坛收录论文。

回顾历史,继续教育自100多年前酝酿诞生,并于20世纪60年代兴起至今,由于其对社会的巨大贡献,正在世界各国得到越来越多的关注。中国的继续教育事业经过几十年的奋斗,在政府的高度重视和积极支持下,在几代教育工作者辛勤耕耘、努力实践的基础上,已形成了一定的规模,并取得了令人瞩目的成绩和效益。

目前,关于继续教育的价值,学术界公认的有以下两种学说:从开展继续教育归宿点的视角分析,普遍认同开展继续教育具有四大效益,即人才效益、科技效益、经济效益和社会效益;从开展继续教育的出发点分析,则认为继续教育具有四大功能,即具有提高人才素质的功能、促进科技发展的功能、推动经济发展的功能和促进社会发展的功能。

笔者认为,不管"效益"说也好,"功能"说也好,从中都可以得出这样一个结论:继续教育作为终身教育体系中一种最重要的教育形式,能为整个人类的发展和社会的进步造就各类急需的人才。继续教育是历史发展的必然,有远见的各国政府和领导者正在把发展继续教育置于日益重要的地位。

## 一、科学地理解和认识知识经济时代继续教育的战略价值

21世纪是知识经济发展与腾飞的世纪,很多人因此把如今的时代称为知识经济的时代。所谓知识经济,是指以知识和信息的生产、分配、传播和应用为基

础的经济。

知识经济是建立在信息技术以及应用知识基础上的;生产经营以个性化、多样化、高质量为特征;知识已不仅仅是一项生产要素,而是已成为社会生产的支柱与主要产品;第二产业在国民经济中的比重不断下降,服务业和知识产业的地位不断上升;企业管理的重点转向科技开发、职工培训以及无形资产增值,企业创造知识的能力不断提高。

在知识经济时代,继续教育的战略价值就在于能有效地缩小科技人员增长与科技知识增长之间的差距。

知识经济时代,科技知识量的增长呈指数增长规律,就时间而言,大约五年左右就翻一番;而科技人员的数量增长则是呈 S 型增长规律。因为科技人员的成长有一个职前准备期—适应期—称职期—成熟期的较长的过程,其培养时间大约需要 20 年。而且随着知识老化周期的不断缩短,一个大学生无论他在学校所学的知识多么"新",多么"现代化",工作若干年后,都会碰到专业知识过时的问题。因此,仅靠不断扩大从基础教育到普通高等教育的一次性学校教育规模,并提高其教学质量来培养和增加科技人员,解决科技知识增长与科技人员增长之间的矛盾是根本不可能的。

人类社会迈入 21 世纪,现代教育体系已基本形成,在培养具有较高技能、最新知识和创新能力的人力资源的同时,还必须大力发展继续教育,以满足知识型劳动者终身学习的需要。正如联合国教科文组织国际教育发展委员会《学会生存——教育世界的今天和明天》所言:"教育过程的正常顶点是成人教育。"而继续教育就是终身教育体系中成人教育的最高层次。它能提高各类在职专业技术人才的素质,使他们成为一专多能的、掌握广博科技知识的、能够驾驭多种科学技术的综合人才。

## 二、知识经济时代继续教育特色化发展的要求

所谓"特色",是指事物所表现出的独特的色彩、风格等。而"风格"可指一个时代、一个民族、一个流派或一个组织、一个人的作品、行为等所表现出的主要的思想特点和艺术特点等。

第一,在知识经济时代,开展继续教育首先是要能够反映这个时代的特征,与时代前进的脉搏同步,与社会发展的需求同步。必须结合国家发展的总体目标和 21 世纪人才培训工程,为国家培养和造就各类急需的高层次人才和紧缺人才。

第二,知识经济时代人的高素质和创造性来自于自觉的学习和锻炼,是主动、充分吸收人类文明的结果。时代在呼唤建立较为发达和完善的终身教育制

度和体系,以满足人们自觉学习、锻炼,不断汲取知识的需求。这也要求继续教育的管理者坚持理论与实践相结合,坚持"学中干""干中学",把培训学习与知识及技术的创造、传播和应用紧密结合起来,努力使继续教育的成果及时转化到工作中去,推动知识经济的发展。

第三,继续教育要满足不同基础、不同层次人员学习的需要。这对指导培训工作、组织教学、提高培训质量等都是极为重要的,也是知识经济时代继续教育的突出标志。

第四,要充分考虑知识经济时代人的个性化以及劳动分散化的多样性特征。个性化以及劳动的分散化,使人们不可能随时随地重新回到校园学习,因此继续教育必须把统一性和因材施教结合起来,广开学路,采用多渠道、多形式、多方法、全方位的继续教育方式。既要有传统的课堂面授,又要有超越时空的新型的继续教育网、把继续教育送入千家万户培训学校——"虚拟学校",使教学过程模拟在互联网上,使教材上网、图书资料共享,学员在网上选课、学习,教师在网上个别辅导、批改作业,以满足学员接受继续教育的需求。

### 三、知识经济时代高校继续教育的特色化发展

1.高校继续教育特色化发展不可或缺的要素

- 认真调查研究,形成明确的办学思想和思路,这是首要的中心任务;
- 制定切合实际的办学目标,这是奋斗的方向;
- 科学的办学策略和方法,是通向成功的法宝;
- 高素质的师资队伍,是获得成功的质量保证;
- 具有一定素质的受教育对象群体,是"办学特色"创建的主体,所以也要积极地去开拓,主动地去发展。

2.高校继续教育特色化发展的具体举措

(1)办学特色要有所具体体现,特色项目的选定十分关键。

项目的准确选定既决定了高校继续教育发展的方向以及学员技术能力发展的方向,也决定了学校实施该项目后能否形成"特色"并取得"特色"效应。高校应该依托专业学科优势,依托学校优秀的师资队伍和教育资源以及雄厚的科研实力、广泛的国际影响力和合作力,突出特色,把着力打造系列化精品培训项目作为实施继续教育培训品牌化发展战略的重要途径和方式,并争取进一步形成若干品牌项目群,推动继续教育朝着项目精品化、系列化方向发展。

特色项目的选定原则:

- 新颖。要及时追踪城市发展中的热点问题,确保培训内容的新颖性,为

学员更新观念、开阔思路提供有效保证。

• 快速。现代信息社会,寻找和发现热点领域也许并不算太困难,但必须发挥强大的核心研发能力和快速敏捷的反应能力,迅速地就所感兴趣的热点提出切实可行的执行方案,这样才能在激烈的培训市场竞争中掘得"第一桶金"。

• 前瞻。追踪社会热点问题,并不是赶时髦、凑热闹,人云亦云,而是力求挖掘热点现象背后的本质。独特的办学思想源于对素质教育思想的深入学习和独特的认识,源于对其他学校先进经验及本校办学实践的深刻反思。那些只求"四平八稳"的办学者是不能办出自己学校的特色的。

• 客观。要客观地分析本校的办学实际及条件和经验,以及校外可供利用的教育资源,包括目前可利用的和待开发利用的校外教育资源,充分争取一切可以为己利用的优质资源。

(2)强化质量观念,规范流程,不断完善质量保证体系。

• 内容要新,方法要活。继续教育的质量如何,很大程度上取决于教学内容和教学方式。

教学内容和课程设计要以世界科学技术发展中有关的新理论、新技术、新方法和新的发展趋势为重点,注重针对性、实用性、科学性和先进性。在教学内容和课程设计中强调"新"和"用"。

教学形式和方法要灵活多样。教学是培训的核心,须改革陈旧的课堂教学模式,可采用开课面授、专题讨论、实地指导、启发式研讨、案例教学、电视声像教学等多种形式施教。调动学员学习的积极性,鼓励企业员工主动、独立思考,培养具有一定的分析问题和解决问题的能力。在学习方法上可采取自学、辅导、研讨、交流、考察、咨询等方式。在教学形式和学习方法上强调灵活、多样、不拘一格,并依托现代远程教育网络,实现跨越时空的资源共享,这也是建立终身教育体系和实现学习型社会的必由之路。在培训手段及方法上,新技术的运用使培训效率更高。随着信息、通信技术的发展,必然要突破过去传统的课堂教学模式,借助多媒体辅助教学,优化培训过程。

• 组织一支稳定的高水平的师资队伍。开展继续教育,提高继续教育质量的关键在于教师。

在充分利用学校现有条件的基础上,进一步挖掘办学资源,尤其是举办继续教育最需要的一流的师资力量,通过内请外聘等方法,逐步建立继续教育优秀师资库。

强化教师队伍建设必须做到:①可采取内聘外请,专兼职相结合等多种办法来选拔一批优秀教师从事继续教育工作。②抓好教师培训,及时解决知识陈旧、老化的问题,通过短期培训来提高教师的教学水平。③完善考核制度,对教师实行聘任制、考核制,优胜劣汰,有进有出,相对稳定。出色的培训师,不仅要有较高的学术水平,还需要具备出色的表达能力、高超的讲课艺术。项目组在长期的实践中,应对教师擅长的课程、授课的特点、学员的反馈意见等进行系统跟踪和分析,及时进行调整,逐步形成结构合理、规模适当、能力较强、水平高超的师资库,较好地适应和满足业务发展的需要。

• 注重可持续发展,重视培养一支专业、高效的项目研发推广队伍。

面对培训市场的激烈竞争,必须建立一支项目研发和市场推广队伍。这种项目研发不同于专家学者对课程细节的深入研究,而更多地侧重于对客户需求的领悟和对课程框架的设计。只有具备了这种能力,才能抓住市场机会,促进项目在各地的推广,形成独具特色的培训品牌;始终保持继续教育培训项目的发展活力和创新动力,把培训项目做深做强,并及时针对客户的实际需要,提供整体培训方案,以增强市场快速反应能力,提高市场核心竞争能力。

• 精益求精,聘请专家顾问对培训课程深入研究,提出具体改进意见,为特色项目保驾护航,使之永葆青春。

此类专家既可聘请来自院系的教授,也可聘请来自政府的高级官员,或者来自大型企业的公司老总,从项目立项、课程设置、推荐师资等多个环节指导项目的运作。实践证明,这对项目的整体建设有重要作用,能使培训项目真正做到"人无我有,人有我优",形成具有优势的办学特色。

(3)树立服务意识,加强学校和企业的沟通和合作。

继续教育的开展必须面向社会,面向企业,与实施科教兴国战略,促进教育、科技和经济的发展紧密结合。学校要在培养人才、科学研究、技术和产品开发等方面和社会紧密结合,尤其要和企业紧密结合,相互合作,相互促进。近几年来,发达国家和我国一些城市的著名大学都在校园附近兴建科技园区,大企业和高等学校在继续教育方面合作办学已成为大学和企业加强合作的普遍形式。发展继续教育必须打通与行业主管部门、地方政府和企业的合作渠道,建立相对稳定的合作关系。

当前,企业对员工的培训一般可分为知识培训、技能培训和素质培训三种层次。目前实际操作的,主要还停留在第一和第二层次,第三层次的素质培训仍处于萌芽阶段。但是笔者认为,企业今后应该也必将越来越重视对员工价值观、人生观、企业理念等方面的素质培训。

继续教育不同于其他形式的教育,是传统学校教育向终身教育发展的一种新型教育制度。它既可以独立办学,也可以联合办学,甚至积极拓展与海外培训机构的合作;既可以依托一所大学,也可以发挥系统优势,在实际办学中形成规模效益。大规模的培训活动是继续教育提高社会效益的一种重要手段,也是在较短时间内为国家和社会解决紧缺人才的卓有成效的办法。

　　综上所述，大力开展继续教育是高等学校的一项重要任务，是全球高等教育历史发展的必然趋势。高校必须认清形势，转变观念，积极参与继续教育，努力探讨继续教育内在的规律，办出各自的特色。这也是国家发展继续教育指导方针所要求的，并以此实现一个地区办学特色的多样化，实现异彩纷呈的中国继续教育的特色。

**参考文献：**

[1] 丁颖海. 知识经济对我国继续教育发展的影响[J]. 继续教育研究，2004(4)：6-7.

[2] 杜汪洋，赵莎. 新形势下继续教育方式方法的思考[J]. 成人教育，2005(7)：61-62.

[3] 李森林，朱广慧，马永斌. 突出特色，打造系列化精品培训项目[J]. 继续教育，2004(10)：33-35.

[4] 唐景莉，翟博. 适度超前：中国教育的新发展观[J]. 发展，2005(5)：31-32.

[5] 赵丽敏. 形成办学特色，推进素质教育[J]. 素质教育研究，2003(9)：18-20.

[6] 朱罡. 在全新观念指导下开展和发展继续教育的途径[J]. 长春大学学报，2003(4)：65-66.

# 继续教育:社会需求与专业特色

南京大学 杨冬梅

**【作者简介】**

杨冬梅,女,南京大学继续教育学院副院长,副教授,研究方向为教育管理。

本文为 2006 年第七届海峡两岸暨港澳高校继续教育论坛收录论文。

在当今以知识为基础的社会环境下,社会经济发展对高等学校提出了新的目标和期望,要求高校更加面向社会办学,强化与拓展服务社会的功能,将高校的人才培养与经济建设更密切地结合在一起。继续教育作为高校服务社会的重要手段,如何在新的形势下发挥高校的学科优势,构建立体化人才培养体系,从而更好地为社会发展和经济建设服务,满足人们教育和发展的需要,成为一个重要的研究课题。

## 一、继续教育的现实意义

### 1.继续教育是终身教育观的具体实践

现代社会的发展瞬息万变,随着全球化、信息化进程的不断深入,科学技术迅速发展,信息与知识呈几何级数增长,知识更新的速度与频率极大地加快,更新的周期缩短。传统的学校教育已经不能满足快速发展的社会的需要。有专家研究指出:"现代人如果一年不学习,所拥有的全部知识就会折旧 80%。"①美国的工商管理硕士教育也把学生在校学到知识的有效期定为两年。所以学习、不断地接受教育成为当代人生存与发展的第一要务。Google 中国区总裁李开复曾说过,"只为了文凭而学习,只知道在大学期间学习的人,即使获得了文凭,也

---

① 经验与知识折旧定律,http://bbs.jxcn.cn/showthread.php? t=90451。

一定会在今后的工作中成为'陈旧'的落伍者"①。联合国教科文组织在20世纪70年代提出"向学习化社会前进",我国在《面向21世纪教育振兴行动计划》中把终身教育列为一项行动目标,党的十六大更是把构建学习型社会作为全面建设小康社会的必备条件。这就为继续教育提供了广阔的发展空间,继续教育将成为"专业培训、知识更新和进修的终身源泉"②。

2.继续教育是社会经济发展的现实需要

知识经济时代人才成为核心竞争力,决定着各国经济实力与综合国力的强弱。我国的人才强国战略将人才培养作为推进事业发展的关键因素,要求"努力造就数以亿计的高素质劳动者、数以千万计的专门人才和一大批拔尖创新人才,建设规模宏大、结构合理、素质较高的人才队伍"③,将我国建设成人才强国,完成全面建设小康社会的历史任务。

全面建设小康社会,加快推进社会主义现代化发展的进程必然会带来产业转型、社会转制的局面,不适应社会经济发展的行业和岗位将遭到淘汰,或者需要进行技术性的改进和提升;新兴产业的知识含量、技术含量与信息含量日益加重。这就要求社会从业人员,包括许多已经接受过系统的高等教育的人员,要适时进行充电,接受新知识、新技能的培训,提高其职场竞争能力和岗位转换能力。

3.继续教育是构建和谐社会的重要途径

马斯洛的需求层次理论指出,人在基本的生存问题得以解决后,还有更高层次的追求,希望为社会发展做出更大的贡献,得到社会的认同与尊重,实现自我发展与完善,体现自我的价值。而继续教育的目的正是要谋求"社会的发展和人的潜力的实现"④。

继续教育有助于社会的稳定。切实有效的职业技能培训可以提高受教对象的就业能力,缓解其面对竞争时的焦虑感与压力感,避免因经济结构转型带来的功能性失业情况发生,以及后续社会不安定因素的出现。

继续教育也是一种养成教育,不仅包括职场技能培训,而且也要涵盖人文和科学素养的发展,以及社会文化生活的教育,通过向社会传达先进的文化理念,促进受教者超越自我、完善人格,促进社会的和谐发展与文明传承。"只有在精

---

① 李开复:《做最好的自己》,人民出版社,2005年9月。
② 1998年世界高等教育大会,《21世纪高等教育:展望与行动宣言》。
③ 中共中央国务院关于进一步加强人才工作的决定,2003年12月。
④ 前联合国教科文组织总干事勒内·马厄,联合国教科文组织的纲领性文件《学会生存》。

神层面得以发展的前提下,我们的潜能才能充分地发挥"①。

## 二、继续教育的目标导向:社会需求

### 1. 市场需求导向

继续教育不是义务教育,也不同于正规的学历教育,它是社会经济发展所派生的一种教育模式,其规模、形式、内容及发展方向受市场需求的制约。

参加继续教育的人员学习目的非常明确,而且显现出个性化的特点,有为获得谋生技能而学习的,有为追求职场提升和职业发展而学习的,有为提高生活质量而学习的,有为扩大社会交往层面而学习的,还有为人格的养成与完善而学习的。因此,他们对继续教育项目的内容、形式有着具体的要求,选择的自主性较强,而且由于受教者多为有职业经历的成年人,他们往往将参加继续教育培训视作为人力资本的投资,个人既然投入了时间、精力、金钱等成本,那么他们对于教育的效果、学习的回报等就会做一番考量。这就提示我们,有助于受教者知识技能更新或者社会地位的提高,抑或有助于其个人生活改善的继续教育项目才会具有较为广阔的市场前景。

传统的高等教育因为制度的约束和教育周期的限制,在当今高速发展的社会经济中显现出一定的滞后性,专业设置、课程设计、教学内容等都在一定程度上与社会需求相脱节。继续教育则由于其周期短、内容灵活、手段多样而更容易与市场接轨,目前继续教育中面向受教群体的个性要求而推行的"订单式培养"等模式,就体现了继续教育的市场意识与需求导向。

### 2. 社会评价导向

任何一个继续教育项目的开展,不仅要形成一定的经济效益,还应产生一定的社会效益,应得到社会肯定性的评价与认可。

继续教育是对终身教育观的具体实践,是社会经济发展的需要,同时也是构建和谐社会的基本途径,因而在选择和设计继续教育项目时,就不仅要注重是否能够提高个人的职业技能,还要考虑是否有利于个人的素质养成与价值实现;不仅要注重是否能够解决当前的矛盾与问题,还要考虑是否有利于对社会的长久贡献;不仅要注重是否能够促进单个组织的发展,还要考虑是否有利于社会整体的协调与发展。

通过分析继续教育项目所涉及的各种主客观因素,对项目的社会影响、互适

① ［美］彼得·圣吉:《第五项修炼:学习型组织的艺术与实务》,天下文化出版股份有限公司,1994年。

性以及社会风险进行可行性研究,了解项目的可接受程度,以及可能存在的困难与社会风险,可以看出,只有社会认可度高、社会正面评价多的继续教育项目才会得到社会成员的接受与积极参与,才可能有持久的竞争力与生命力。

3."以人为本"导向

以人为本就是以人为中心,促进人的自由、全面的发展。以往政府部门或企业组织的一些继续教育项目成效不太明显,究其原因,是由于没有考虑受教者个体的具体情况和学习需求,脱离现实,缺乏实用性,因而学员被动地受教,甚至有的还表现出明显的排斥性。

继续教育要把人的因素放在第一位,将人的发展作为主要的责任及教育的重心。教育项目的设计要体现受教群体在职学习的特点与要求,建立开放、灵活、多样性的教育平台,方便人们根据工作、生活中的不同需求,选择性地进行学习。这样,不仅有助于学员主动地投入继续教育活动中,增强学习的实效性,而且有助于人的潜能的开发,社会的总体进步。

4.引领发展导向

大学的价值在于,它是社会知识的源泉、思想的动力,"不仅仅要适应目前的市场经济和经济建设的需要,而且更应该站在市场经济的前面,站在社会发展的前面,去引导市场经济,引导社会发展"[1]。现代社会瞬息万变,新的知识、技术以及新的行业不断地涌现,其中发展潜力大、发展前景好的技术与产业对人才的需求会愈益增多。在制度化的正规学历教育未及进行专业调整与新专业建设之际,灵活性相对较大的继续教育可通过培训项目培训并储备适用性人才,以适应不断发展的社会需要,同时尝试新专业的建设和课程设置,促进高校的专业体系更加适应社会发展的需要。

### 三、继续教育的特色化建设之路

目前社会上从事继续教育的机构很多,政府部门有附设的培训中心、企业有内部的培训部,近年来,民间及国外的各种各样的培训机构也纷纷建立。相比其他教育机构,高校的继续教育没有政府的垄断优势,比不上一线企业培训的实用性,也没有民间培训的灵活机制,其特色化建设的重点在于以下几个方面。

1.以高校的综合优势为依托

知识经济时代,国家之间、企业之间的竞争愈益集中于人才,尤其是高科技

---

[1] 中国科学院院士、原华中理工大学校长杨叔子演讲记录:"传统文化·人文底蕴·大学教育"。

人才的竞争。无论是发达国家还是发展中国家,都把高层次人才的培养与获取作为其人才发展战略的核心,我国的人才强国战略也提出要着力抓好创新型人才和领军人才的培养工作。高校尤其是综合型大学,由于其丰富的人才培养经验、雄厚的科研实力以及系统的专业学科体系,责无旁贷地要承担起高层次人才的培养工作。欧美等发达国家都充分重视发挥大学在培养、培训高新技术人才方面的作用,我国近年来各行各业的领军人才培训计划,党政人才、企业经营管理人才和专业技术人才三支队伍的建设,也多是依托高校开展的。

高校针对高层次人才开展的继续教育,知识的传播与应用性技能的训练是其次的,因为这些受教者本身已经是各行各业的领导者或专业技术人才,具备了相当丰富的知识和强大的学习能力。他们参加继续教育,是希望能够借助大学的学术平台与科研实力,得到思想的启迪与思维的拓展,了解社会经济发展的前沿信息,增强前瞻性意识、系统性思考的能力以及创新的动力与能力。

同时,高校在继续教育方面的优势还在于其丰厚的文化底蕴。继续教育的内容是多方面的,高校虽然在实用技能培训方面优势不明显,但是其综合性的学科群体,多年沉淀下来的文化传统,是行业部门和民间培训机构所无法比拟的。因此高校的继续教育要突出其文化传承与人文精神培养的特点,使受教者在大学的氛围里感受大学之大气,从而促进个人素质的养成。

2.实现教育资源的优化整合

高校的继续教育要充分利用学校现有的教育资源,提高效益,避免教育资源的重复建设与浪费。学历教育中的一些应用性教学可供借鉴,现在许多高校都已经建立起远程教育的网络体系,网络平台也有助于改进继续教育的手段,提高其教育实效,促进高校继续教育的立体化教学与培养体系的形成。

高校之间可开展协作,共同打造继续教育的市场。目前许多企事业单位的行业协会都在借助其行业优势推广继续教育的项目,尤其是职业资格认证方面的培训,各个高校各自为战,根本无力与之竞争。高校之间也可以考虑借助继续教育学会等组织,共同设计或引进继续教育项目,共同打造市场,共同赢得竞争优势。

教育的实用性不强一直是高校继续教育的薄弱点。要克服这一弊端,高校应主动与企业联合,以自身的学科优势与科研力量为后盾,结合企事业单位的人才需要,建立起面向社会的特色专业基地。根据企事业单位的需要在项目的设计上加强实用性研究,有针对性地开发设计继续教育项目,并主动吸纳社会的专业技术人员和民间培训机构的高素质培训师来承担实训课程的教学。这既有利于增强高校继续教育的实效性,也有利于企事业单位节约培训成本,加强培训的系统性并获得持续发展。

随着中国对外开放度的提高,国外的教育培训机构也相继涌入,它们在教育理念、制度化建设以及项目设计与开展等方面具有较为成熟的经验。与国外教育机构进行合作,学习其成功的经验,引入其有发展前景的培训项目,聘请其有培训经验的师资,有助于继续教育项目与国际接轨,提高竞争力。

3. 适当引入市场机制

继续教育是以市场需求为导向的,其灵活的机制使高校摆脱了行政指令计划的束缚,但同时也要求高校的继续教育工作面向市场,按照市场规律办事。

正如企业经营一样,企业的"品牌管理的重点是关注顾客,而不是为品牌而品牌"①,高校继续教育项目的设计也要避免过度迷恋自身的学科优势、不顾受教群体的现实需要的现象。通过细分市场的调查与研究,了解不同的受教群体的个性化需求和心理预期,有针对性地进行项目设计和课程准备,有助于高校赢得市场,促进教育目标的实现。

高校的师资具有较强的理论功底和科学研究的能力,但是缺乏实际操作的经验和专业培训的技能。高校的继续教育面向市场,就要建立完整的培训师体系,不是以教师所拥有的知识为选择依据,而是以运用知识的能力和培训的效果为指标,可以是高校教师兼任,也可以从社会上聘请行业骨干或专业培训师来担任。

市场化的继续教育对管理人员的要求也愈益提高,继续教育机构不仅是学校的一个管理部门,管理人员也不能仅仅担当行政管理的职能,而是要具备相当强的对继续教育项目进行计划、组织、指导和控制的能力,具备市场推广、产品创新等职业能力。目前许多高校所推行的项目管理模式就是一个较好的尝试。

综上所述,社会经济的发展要求高校的继续教育走特色化建设之路,以高校综合的学科体系、雄厚的师资力量和高水平的科学研究为依托,面向社会、面向市场,构建高层次、立体化的人才培养体系,从而在学习型社会的建设中发挥高校的领军作用。这是高校继续教育可持续发展的必由之路。

---

① "哈佛专家纵论全球管理新趋势",《经理人》,2006 年 1 月。

# 特色教育战略的选择

上海交通大学 杨海兴 刘路喜

【作者简介】

杨海兴,男,上海交通大学原成人教育学院院长,教授,研究方向为工程力学、高教管理。

刘路喜,女,上海交通大学继续教育学院副院长,教授,研究方向为应用语言学、继续教育研究与管理。

本文为2006年第七届海峡两岸暨港澳高校继续教育论坛收录论文。

2007年发表在《继续教育在学习型社会的创新与发展》书中,由北京大学出版社出版。

2006年5月上海交通大学迎来了成人高等教育办学五十周年。回顾五十年来高校成人高等教育(包括学历教育、继续教育和岗位培训)发展的历程、研究中国高校成人高等教育进一步发展的战略、探索新一轮中国成人高等教育前进之路是值得每一个高校成人教育工作者思考的问题。

## 一、高校成人高等教育"一体化"发展阶段

中国高校成人高等教育的大规模举办始于1956年的高等业余教育、函授教育。根据"中央关于实行两种劳动制度、两种教育制度的方针",在各地党委和政府的重视和具体领导下,我国"全日制、半工半读、业余三种教育形式并举",在1956—1966年的十年内全国共发展高等业余学校1061所,学员43.4万余人,不但有了相当大的数量,而且有了相当好的质量。时任高等教育部部长的蒋南翔同志于1965年11月19日在南京召开的全国高等函授教育会议上有一段精辟的总结:"业余、函授教育最容易办,具有强大的生命力和远大的发展前途。"这

是在中央的直接领导下发展最快、最为经济的一种办学形式，符合中国经济发展的现实，受到广大群众的欢迎。

1966—1976 年，我国教育遭到很大破坏，相当多走上工作岗位的职工没有接受较好的教育和职业培训，他们迫切要求学习，国家也需要更多的专门人才，因此我国高校成人高等教育要担负学历教育任务，要进行补课。党的十一届三中全会以来，经过 3 个五年计划的积极努力，我国普通高校举办的成人教育有了很大的发展，到 1989 年全国成人高等教育在校生发展至 174.2 万人，举办成人高等教育的普通高校增加到 634 所，其他各类成人高校 1333 所，初步形成了具有多种形式、多种层次、多种内容、面向多种对象的办学体系，培养了大批本、专科社会所需人才，为推动经济和社会发展做出了贡献。正如李鹏同志 1986 年12 月 5 日在全国成人教育工作会议上所说的："成人教育的大发展，是经济发展的客观反映，是改革开放的需要，是实现干部四化的需要。"李鹏同志还提出，"成人教育的任务比较广泛"，还包括"新知识、新技能的继续教育"和"社会文化和生活教育"。相比之下，后两类发展缓慢。

随着成人教育的快速发展，高校成人教育也出现了一些亟待纠正和解决的问题：投入不足、办学规模过大；管理薄弱、教育秩序松弛；未经批准、无计划乱办学等。1990—1991 年全国高校在国家教委的统一部署下开展治理整顿，在整顿的基础上，1992 年 1 月 7 日国务院办公厅转发国家教委 1992 年 10 月 7 日《关于进一步改革和发展成人高等教育的意见》，提出了今后一个时期成人高等教育改革和发展的总体目标，包含三层内容：①动员社会各方面的力量大力支持，积极兴办各种形式、各种层次、多种规格的成人高等教育；②高等层次岗位培训、大学后继续教育以及学历教育是成人高等教育的重要组成部分；③大力推进成人高等教育管理体制的改革。在此意见的鼓励下，许多高校领导人从思想上对成人高等教育有了新的认识，许多高校纷纷撤销成人教育处，建立成人教育学院，大力发展成人教育。1992—1994 年的三年间，成人高等学历教育招生数量增加很快，从 24.3 万人增加到 46.3 万人。在学历教育发展的同时，高校继续教育也已经有一定规模，不少高校认识到高校应当成为继续教育的主力军。

综上所述，在 1956—1997 年的四十多年中，高校成人高等教育呈现一体化发展，而每一次的发展都和中央（刘少奇、李鹏、蒋南翔、国务院、高等教育部、国家教委）的直接领导有关。例如，"两种教育制度"是刘少奇同志提出来的（蒋南翔，1980 年）；关于"成人教育的作用是能够直接提高劳动者和工作人员的素质，因而可以直接提高经济效益和工作效率。所以，成人教育在我国教育事业中具有极其重要的地位"是李鹏同志 1986 年 12 月 5 日在全国成人教育工作会议上阐明的；"把高等层次岗位培训、大学后继续教育作为成人高等教育的重点，为此，要制定政策和措施鼓励、促进其大力发展，并形成制度；学历教育是成人高等教育的重要组成部分，要完善学历教育体系，增加投入，根据需求积极发展"是国务院办公厅转发国家教委 1992 年 10 月 7 日《关于进一步改革和发展成人高等教育的意见》中指出的。

### 二、高校成人高等教育"百花齐放"快速发展阶段

1998 年 3 月 10 日新一届国务院机构改革方案经第九届全国人民代表大会一次会议通过，国家教育委员会更名为教育部。原成人教育司撤销，高校成人高等教育划归高等教育司、发展规划司和学生司共同管理，其中发展规划司和学生司只管学历教育，高等教育司主管成人高等教育中的学历教育、继续教育和岗位培训。但查询主管成人高等教育的高等教育司远程与继续教育处网页（2006 年 6 月 12 日），可以发现 11 条消息中，成人高等学历教育 1 条（1999 年发布），中央广播电视大学 2 条（2000 年和 2001 年发布），远程和网络教育 8 条（2000—2006 年），继续教育和岗位培训 0 条。显然，在教育部体制改革以后，中国高校的成人高等教育（包括学历教育、继续教育和岗位培训）面临一个崭新的时期：中央领导的直接声音听不到了，社会上各种声音此起彼伏，使有些高校感到迷茫。

尽管如此，由于我国普通全日制高等教育在 1999—2005 年实现了突破性进展，招生规模翻了两番，在校生已经超过 2000 万人，我国成人高等教育也跟着突飞猛进，其中成人学历教育以上海为例，在校学生约 30 万人，是普通高等教育在校学生总数（约 60 万人）的二分之一；继续教育以清华大学为例，在学校领导的重视下，2003—2005 年中学费以每年约 50% 的速度递增，2005 年全校继续教育学费收入达到 4.8 亿元，可以说全国成人高等教育呈现百花齐放的局面。

百花齐放局面的一大特点是不少高校的成人（继续）教育学院由职能机关改为办学实体。原因在于这些高校的教学资源越来越紧张，不少高校大学生和研究生对在职的成人学生晚上占用国家给予普通高等教育投入建造的教室非常不满，屡屡在网上提出强烈反对意见，认为国家给予他们的投入不应该补贴成人高等教育的在职成人学生。为了安定团结，根据国家财政对高校成人高等教育没有投入但又要办好的实际情况，不少高校改变了利用学校教学资源的边际效应办学的固有模式，决定成人（继续）教育学院不再无偿使用学校资源，要求利用社会资源外延发展、根据学费收入独立核算办学。

百花齐放局面的另一特点是不同高校所从事的成人高等教育的内容不再是千篇一律了，例如，上海交通大学成人教育学院既从事成人高等学历教育，也从事继续教育和岗位培训；清华继续教育学院只从事继续教育；但相当一部分高校成人（继续）教育学院只从事成人高等学历教育。由于中国成人高等学历教育的

学费标准是依据可以利用学校教学资源的边际效应制定的,学费不到同类网络教育的二分之一,这种不太合理的学费定价,加上国家无任何财政拨款,造成教育投入严重不足,严重制约成人高等教育的健康发展。

### 三、"十一五"高校成人教育发展的瓶颈

2006 年是"十一五"的第一年,高校成人教育究竟如何发展? 自然引起人们的关注,首先关注的是发展瓶颈。

由于 1998—2005 年,中央没有对高校成人教育发展直接指示,所以社会上对高校成人教育的各种议论褒贬不一,而且褒少贬多,很多贬词还直接来自教育部的有关处室,使不少高校成人教育工作者产生迷茫。这是高校成人教育发展的首要瓶颈。要解决这一瓶颈,关键是改变观念,改变我们自己的思维方式。进入 WTO 以后,我们必须树立依法办学的思想,而不是总听领导人的讲话。

1995 年 3 月 18 日,全国人大八届三次会议通过的《中华人民共和国教育法》第十九条明确规定:"国家实行职业教育制度和成人教育制度。""国家鼓励发展多种形式的成人教育,使公民接受适当形式的政治、经济、文化、科学、技术、业务教育和终身教育。"成人教育既然是教育法规定的国家制度,高校成人教育工作者应该满怀激情奉献于这一事业。正如上海交通大学校长谢绳武给上海交通大学成人教育五十周年的题词:"奉献成教事业,培育一流人才。"当然,这里说的一流人才是大众化教育的一流人才,是优秀的应用型人才,与上海交通大学的普通教育培养的精英人才是不同的。事实上,党的第三代和第四代领导集体始终关心我国成人教育的发展,他们的指示是和教育法一脉相承的。例如,江泽民同志在 1997 年 9 月 12 日党的十五大的报告中指出,"积极发展各种形式的职业教育和成人教育"。温家宝同志 2006 年 5 月 10 日主持国务院常务会议听取高等教育工作汇报,会议强调大力"发展各种形式的成人和继续教育"。我们一定要逐渐习惯依法办学,即使没有中央领导对高校成人教育工作的直接指示,我们也要把高校成人教育事业做好。

"十一五"期间,高校成人教育发展的第二个瓶颈是收费问题。50 年来高校成人高等学历教育的收费始终依据 50 年前中央实施"两种教育制度"的最初构想设计的,因为成人教育"不需要盖房子,不需要对毕业生进行统一分配",所以"在经济上最节省"。国家投入普通高等教育的教室晚上可以给成人教育学生用,只需收一点电费;国家为普通高等教育建设的教师队伍晚上可以给成人教育学生上课,只需付一点报酬;在国家全额拨款支持教育投入的年代里,所有的学生(包含成人教育的学生)只是象征性地交一点费用。现在情况完全不同了,所有高校的普通高等教育都有国家财政拨款,而成人高等教育没有任何财政拨款。

以上海交通大学为例,普通高等教育的学费收入分两部分:国家每个学生每学年拨款约 6000 元,学生自己每年交学费 5000～6500 元,每个学生的名义办学成本为 11000～12500 元;而对于成人高等教育,国家没有一分钱投入和补贴,而学生的学费又定得比普通高等教育低。政府这种极不合理的学费定价标准,在高等教育快速发展、学校教育资源十分紧张的时期,已经成为高校成人教育发展的桎梏。横向比较,高校成人教育学院与高校网络教育学院处于同样的教育服务地位:①没有国家财政投入;②依靠学费收入办学;③全成本核算,自己承担一切办学费用;④均开展成人教育;⑤办学设施相近。但两者的学费标准却有天壤之别。面对收费瓶颈,我们每一个高校成人教育工作者都应该大声疾呼,并通过高校校长、财务处向政府积极反映。我们坚信,这种不合理的现象总有一天会改变。

高校成人教育发展的第三个瓶颈:投入不足。这一瓶颈与第二个收费瓶颈是紧密相关的,收入不够,投入也就不足。投入不足和高校领导的办学理念也息息相关,有的高校领导办成人高等教育是为了挖钱,为了创收,或作为权宜之计,有这种理念的高校领导肯定不会对成人高等教育投入。事实上,"普通高校中的成人高等教育是普通高等教育的重要组成部分,它与本科生、研究生教育一起构成高等教育的一个整体"。成人高等教育在普通高校里是一个重要的办学模式,是现代教育的体现,反映一个大学是不是有现代化办学思想的一个重要方面。面对投入不足瓶颈,我们每一个高校成人教育工作者都应该大声呐喊,通过转变高校领导人的办学理念,增加教育投入,提高教育质量。

**四、特色教育:"十一五"发展的战略选择**

上述三个瓶颈,第一个通过我们自己改变观念就可以解决,第二个通过我们大声疾呼最后由政府解决,第三个通过我们大声呐喊推动校领导支持解决。对上海交通大学而言,第一、第三个瓶颈已基本解决,最难解决的是第二个瓶颈。在这些瓶颈问题没有完全解决之前,我们必须对"十一五"高校成人教育发展做出战略选择,以完成教育法赋予高校成人教育工作者的历史使命。为此,上海交通大学成人教育学院确立了"层次叠加、特色教育、国际合作和人才建设"四大发展战略,而以特色教育战略为龙头。

实施特色教育战略首先立足于有所为有所不为。由于对高校的成人教育,国家没有投入而又限制收费,投入不足已成为桎梏,我们无法全面实施品牌教育,但又必须提高成人高等教育的质量,因此必须抓住重点追求卓越。其次,立足于学院发展的实际情况,扬长避短,发挥优势。最后,要切实真抓实干,具体落实以下三个特色教育。

第一特色:根据上海国际大都市的要求,注重培养英语能力强的复合型专业人才,主要通过扩大全英语授课"专升本"经管类专业的数量、范围和质量来实现。参加学习的除了国内学生,要特别注意多招收欧美国家的学生,让中外学生同堂上课。学院聘请了许多具有很高英语水平的专业教师,他们中相当一部分都具备海外留学背景和相关的商业实践经验。在教学模式上,学院以原版教材面授为基础,同时辅助以多样化的教学手段(如小组讨论、案例分析、网络资源利用等)。学院教师还不辞辛劳专门开辟答疑时间,对基础薄弱、学习有困难的同学进行个别辅导,以确保每位同学都能够在最短的时间内适应全英语授课。为创造全英语学习环境,学院努力开拓 10 多门外籍人士职业技能培训课程,用全英语进行高层次的岗位培训,来自美国、英国、俄罗斯、澳大利亚、德国、新西兰、荷兰、西班牙、加拿大、新加坡以及日本等国家的几百名学员参加了学习。学院创造条件让中外学生相互交流。此外,学院积极联系境外大学,实施学院学生与境外大学生的双向学习交流,2006 年有三批境外学生来学院进行短期和中长期学习。

第二特色:根据上海科教兴市的要求,注重提高学生的综合素质、实践能力和创新精神,落实教育的社会性。根据学院"终身教育,恒世智民,服务国家,造福社会,广育英才"的使命,上海交通大学的成人教育应定位于培养优秀的应用型人才。学院组织专业主任带领各个学科的教师根据这一要求重新编写了近 300 门课程的教学大纲,多次讨论并修改完成了所有专业的教学计划。学院鼓励教师在教学中注重特色教育,支持专任教师在完成教学任务之余,在其他相关行业兼职锻炼,使教学与实践相结合。学院注重校企合作,联合知名 IT 企业培训机构和长三角旅游人才中心、五星级酒店开办理论紧密结合实际的特色班。学院鼓励学生开展实践创新的多种活动,创建学习小组,开展各种社团活动,使学生能将课堂知识在实践中加以理解。例如,学院组织会计学、信息管理与信息系统、金融学、国际商务、工商管理、电子商务等经管类专业学生,开展 ERP 企业资源计划沙盘模拟大赛,培养学生综合运用企业战略、市场营销、财务分析、生产运作、物流管理等各方面知识,进行企业经营决策与市场运作。

第三特色:根据入学成人教育学生的不同水平开展有针对性的教育,注重研究成人学生不同的生活经历、不同的职业背景、不同的生存境遇和不同的发展需求对成人教育的影响,落实教育的个体性。例如,学院的高端研修"致力于人的发展"的理念,整合学院和社会各界的优秀师资力量,采用知识框架核心内容讲解、案例分析、商战模拟、沙盘推演、零距离研讨、小组项目等新颖多样的教学方式,通过组织户外拓展活动、学员沙龙、企业参观考察、游学等丰富多彩的学习辅助活动开展教学,成为上海、浙江、江苏、云南等地的 1000 多名企事业单位高级管理人员、民营企业董事长和总经理职业人生的加油站;学院的岗位培训努力吻合上海产业升级和发展的要求,借助国外先进技术和教师力量,对中国学生进行职业培训(三维动画教育课程);学院的英语教育根据学生的英语程度分班教学,开展全日制助学和全球大学预科教育,为特殊需求的学生群体提供服务;学院根据市场需要,对包括医学和农村紧缺人才在内的各类在职人员进行各种类型的培训等。

　　实施特色教育战略必须加快学院的人才队伍建设。学院设置专职教学系列教授或副教授岗位,要求教师把大部分精力和时间投入教学工作中,并对教学改革、教学建设、教学质量负全面责任。努力增加掌握专业前沿、熟悉成人教育、能用英文授课的高水平教师,明显改善学院专任师资队伍的学术背景和层次。采取"引进和培养相结合"的模式培养教师,每年派出一定数量的教师,到国内外接受与专业相关的短期培训。每年派出一定数量的管理开发人员出访,学习国内外先进的管理理念和办学思想,了解先进教学内容的合理组合,设计符合时代需求、人们乐意学习的优秀课程。鼓励各类人才正常流动,使每类人才都有职业生涯的发展前景。

　　上海交通大学成人教育学院正在努力实施特色教育战略,进一步转变观念,依据教育法赋予的使命积极奉献力量,探索在新形势下如何进一步转变政府相关领导的办学理念,力创高校成人教育事业新的辉煌。

**参考资料:**

[1] 蒋南翔.在高等函授教育会议上的讲话,1965年11月19日.

[2] 蒋南翔.在高等学校举办函授、夜大学工作座谈会上的讲话,1980年4月.

[3] 李鹏.在全国成人教育工作会议上的讲话,1986年12月5日.

[4] 国家教委,国家科委,国家经委,劳动人事部,财政部,中国科协.发布《关于开展大学后继续教育的暂行规定》的通知,〔1987〕教高三字020号,1987年12月15日.

[5] 国家教委.关于普通高等学校成人教育治理整顿工作的若干意见,1990年6月5日.

[6] 国务院.国务院办公厅转发国家教委关于进一步改革和发展成人高等教育意见的通知,国办发〔1993〕3号,1993年1月7日.

[7] 中华人民共和国主席令45号,中华人民共和国教育法,1995年3月18日.

# 继续教育应是一种全民化教育

## ——论继续教育与成人教育、职业教育及远程教育的关系

香港大学　张伟远

【作者简介】

张伟远,男,首席研究员,香港大学专业进修学院持续教育及终身学习研究中心总监,网络教学中心总监,《国际持续教育及终身学习》期刊主编,研究方向为远程教育、网络教学、继续教育、终身学习。

本文为2006年第七届海峡两岸暨港澳高校继续教育论坛收录论文。本文发表于《中国远程教育》2007年第1期。

在建构终身学习的社会中,继续教育、成人教育、职业教育以及远程教育都扮演着重要的角色,而且起着越来越重要的作用。然而,在我国教育体系中,继续教育、成人教育、职业教育以及远程教育的各自特征和相互关系一直是混淆的,尤其在整个的教育体系中,这四类教育在教育对象上更是互相重叠。这种概念上的混淆和教育对象的重叠造成的结果是,形成继续教育、成人教育、职业教育以及远程教育在管理机构和办学单位上的并存,这四类教育机构都是以在职成人学习者为主要教育对象。由于机构重叠,容易造成管理资源上的重复、教学资源开发上的重复、技术资源开发上的重复、研究资源使用上的重复、生源竞争上的重复等。

面临学习型社会的要求,学习将伴随人们的一生,这就要求教育机构为全社会人士提供终身学习的机会。然而,我国作为一个发展中的大国,要建立一个终身学习的社会,必须注重采用现代信息技术,进行教育资源的共享,包括管理资源、教学资源、技术资源、研究资源等,避免同类教育机构各自为政,避免各自开发同类教学和技术资源。只有通过教育资源共享,才能达到良好的成本效益,从而发挥发展中大国办教育的优势。

因此,我们有必要辨别和分析继续教育、成人教育、职业教育以及远程教育这四类教育的特征和相互关系,各类教育在整个教育体系中的位置,以供教育规划和教育政策制定者参考。

### 一、关于继续教育对象的界定

张伟远(2006)对我国内地的政府文件和教育辞典进行了文献分析,发现对继续教育的对象有着不同的解释,概括起来,主要有五种不同的界说,见表1。

表1　关于继续教育对象的五种界说

| 界　说 | 文献举例 |
|---|---|
| 界说一:<br>　继续教育的对象是已经具有一定学历和专业技术职称的在职人员。 | 对已获得一定学历教育和专业技术职称的在职人员进行的教育活动。学历教育的延伸和发展,使受教育者不断更新知识和提高创新能力,以适应社会发展和科学技术不断进步的需要。(顾明远主编,1991年) |
| | 学历教育的延伸和发展,是成人教育的重要组成部分。主要指对已获得一定学历教育和专业技术职称的在职人员不断进行的旨在更新知识和提高职业能力,以适应社会发展和科技进步的教育。(关世雄主编,1990年) |
| 界说二:<br>　继续教育的对象是已经具有大学本科学历的在职人员。 | 继续教育在成人教育中作为一个术语,具有特定含义,专指大学本科后的在职教育而言,包括理、工、农、医、文、法、管理等。(张维主编,1990年) |
| 界说三:<br>　继续教育的对象是已经具有大学专科以上学历和中级以上专业技术职称的在职人员。 | 大学后继续教育的任务主要是,对具有大学专科以上学历和中级以上职称的专业技术人员和管理人员经常地进行扩展知识、提高技能。(国务院转发国家教育委员会《关于改革与发展成人教育的决定》,1987年) |
| | 大学后继续教育的对象是已具有大学专科以上学历或中级以上专业技术职务的在职专业技术人员和管理人员,重点是中、青年骨干。(国家教委、国家科委、国家经委、劳动人事部、财政部和中国科协发布《关于开展大学后继续教育的暂行规定》的通知,1987年) |
| 界说四:<br>　继续教育的对象是已经具有中专以上文化程度或初级以上技术职称的在职人员。 | 企业继续教育的对象是有中专以上文化程度或初级以上技术职务,从事生产建设、科研、设计、科技管理及其他技术工作的在职科技人员。(国家经委、国家科委、中国科协关于印发《企业科技人员继续教育暂行规定》的通知,1987年) |

**续表**

| 界　说 | 文献举例 |
|---|---|
| 界说五：<br><br>　继续教育的对象是高中后和大学后的在职人员。 | 积极发展多样化的高中后和大学后继续教育,统筹各级各类资源,充分发挥普通高等学校、成人高等学校、广播电视大学和自学考试的作用,积极推动社区教育,形成终身学习的公共资源平台。(中华人民共和国教育部,2004) |
| | 高职、本科、研究生教育有一条线是在全日制学校内接受教育,另外一条线就是对在职人员进行继续教育,两者不能混同起来。继续教育中同样有高职、本科、研究生层次,成人教育、网络教育、电大教育、自学考试等都应该以在职人员的继续教育为主。(周济,2003) |

从表 1 可以看到,关于继续教育对象的五种界说的异同,主要表现在对学习者的学历要求、职称要求及在职要求。首先,从学历要求来看,界说一提出有一定的学历要求,但没有提出哪一层次的学历要求;界说二提出的学历要求是大学本科;界说三提出的学历要求是大学专科;界说四提出的学历要求是中专;界说五提出的学历要求是高中。其次,从职称要求来看,主要是与学历相对应的技术职称,如与大学专科学历相对应的是中级技术职称;与中专学历相对应的是初级技术职称。第三,在界说一至界说四中,都明确说明继续教育的对象是在职人员,界说五没有完全排斥非在职人员。然而,这五种对继续教育对象的界定,能适应知识经济社会的新的要求吗? 这一问题在后面再进行讨论。

从以上的文献分析可以看到,继续教育是以成人为主要对象的,是职业方面的教育。那么,继续教育和远程教育的关系怎样呢? 表 2 是几种典型的解说。

**表 2　继续教育和远程教育的关系**

| | 资料来源 |
|---|---|
| 　实施现代远程教育工程的重要目标和任务之一,是建立和完善继续教育制度,适应终身学习和知识更新的需要。<br>　大力发展现代远程教育,探索开放式的继续教育新模式。 | 中华人民共和国教育部,2004 |
| 　2002 年 7 月教育部明确职工远程教育的发展方向是继续教育,并说明继续教育包括学历教育和非学历教育。 | 丁新,2004 |
| 　借助现代信息技术开展远程培训是继续教育的重要发展方向。 | 陈希,2005 |

从表 2 来看,远程教育是继续教育的新模式,是继续教育发展的方向。这说明继续教育也包含远程教育。

## 二、关于成人教育对象的界定

从上节的文献分析可以看出,继续教育的对象主要是成人。那么,在我国,成人教育的对象又包括哪些群体呢? 表 3 列出关于成人教育对象的界定。

表 3　成人教育对象的界定

| 成人教育的对象 | 资料来源 |
|---|---|
| 　　成人教育主要是对已经走上各种生产或工作岗位的从业人员进行的教育,能够直接有效地提高劳动者和工作人员的素质,从而可以直接提高经济效益和工作效率。 | 国务院批转《国家教育委员会关于改革和发展成人教育的决定》的通知(国发〔1987〕59 号) |
| 　　我国的成人教育范围广泛,从扫盲到大学后继续教育、从正规教育到非正规教育、从传统学校教育一直延升到终身教育。 | 董明 传著,1997 年,第 2 页 |
| 　　从成人文化程度角度划分,成人教育包括成人扫盲教育、成人初等教育、成人中等教育、成人高等教育、成人大学后继续教育等层次。<br>　　按教学手段分类,成人教育可以分为函授教育、自学考试、回归教育、广播电视教育。 | 唐亚豪编著,2002 年,第 42 页 |
| 　　成人教育包括各级各类以成人为教学对象的学校教育、扫盲教育和其他形式的教育,包括成人高等学历教育。 | 中华人民共和国教育部,2006a |

　　从表 3 可以看出,成人教育的对象很广,包括所有以成人为对象的各种类型的教育,它不仅包括了继续教育,也包含远程教育、职业教育和非职业教育。

### 三、关于职业教育对象的界定

　　当继续教育和成人教育的对象互相重叠时,职业教育与继续教育和成人教育的关系又是怎样呢? 让我们看看表 4 中对职业教育对象的界定。

表 4　职业教育对象的界定

| 职业教育的对象 | 资料来源 |
|---|---|
| 　　我国目前的教育已形成了一个比较完整的体系,即巩固普及基础教育,大力发展职业教育,提高高等教育。其中,职业教育占有非常重要的位置,因为职业教育是面向社会各个方面,面向各个阶层,面向人人的。只有把职业教育办好,才可能真正使其成为面向人的教育! | 中华人民共和国教育部,2006b |
| 教育部 2006 年职业教育要点节选:<br>　“中等职业学校继续扩招”;<br>　“高等职业教育要切实加强内涵建设”;<br>　“围绕‘成人继续教育和再就业培训工程’,广泛开展多种形式继续教育和培训”;<br>　“紧密结合‘农村远程教育网络’的建设和应用,充分利用‘全国农科技网联’和中央农业广播电视学校。中央广播电视大学燎原学校的力量……大面积开展培训活动,为建设社会主义新农村服务”;<br>　“进一步发挥网络高等教育、自学考试在继续教育中的作用”。 | 中华人民共和国教育部,2006c |
| 　　积极发展远程中等职业教育。充分利用中央农广校、电视中专等远程教育机构,举办中等职业学历教育和培训;鼓励支持有条件的中等职业学校举办远程学历教育和培训,进一步扩大中等职业教育办学规模。 | 中华人民共和国教育部,2005 |

　　从表 4 可以看到，职业教育不仅包括中等职业教育，还包括高等职业教育；不仅包括成人教育，也包括继续教育；不仅包括教育培训，也有远程教育。由此看来，职业教育包含继续教育、成人教育以及远程教育。

### 四、关于远程教育对象的界定

　　远程教育相对来说是一种新型的教育模式，但发展迅速，并且已经形成了一门成熟的学科。那么，在教育对象方面，远程教育与继续教育、成人教育以及职业教育方面的异同是什么呢？让我们看看表 5 中引用的界定。

表 5　远程教育对象的界定

| 远程教育的对象 | 资料来源 |
| --- | --- |
| 我国远程教育的主要对象是成人，属于成人教育范畴。既有学历教育，也有非学历教育。远程教育举办的学历教育中，既有高等教育（主要是由大学本专科教育、个别普通高校的函授教育提供成人在职研究生教育），也有中等职业技术教育以及非学历教育和培训。 | 丁兴富，2001 年，第 104 页 |
| 远程学习者的特点：相当一部分是在职人员；一般肩负着工作和家庭的双重责任，通常由此不能参加传统学习教育，以业余为主；具有一定的实践经验；通常不属于社会中的优势群体。 | 陈丽，2004 年，第 109 页 |
| 远程学习的灵活性特征特别适合在职人员的学历教育和在职培训，也适合那些不方便进行面授学习的特殊群体，包括妇女群体、长者群体、外来人员群体、残疾人士群体、在囚群体以及中小学的特殊学生（残障学生和天才儿童）等。 | 张伟远，2005 年 |

　　从表 5 可以看出，远程教育适合的范围很广，因为任何一类学习群体，都可以通过远程方法进行学习，远程教学的灵活性又特别适合在职成人和特殊群体。由此看来，远程教育包含继续教育、成人教育以及职业教育。

### 五、分析和讨论

　　在教育体系中，如果缺乏统一的分类标准，就会造成各种教育之间互相交叉、相互重叠的情况。这明显表现在继续教育、成人教育、职业教育以及远程教育的关系之中。

　　首先，继续教育是指离开正规学校后继续接受的教育，它可以延伸到人的一生。继续教育从学习者的年龄来看，是以成人为主要对象的；从学习者的学习时间来看，可以是全日制的，也可以是非全日制的；从学习内容来看，可以是职业的，也可以是非职业的；从教学模式来看，可以是远程的，也可以是面授的。因此,根据教育的连续性来划分,继续教育包含成人教育、职业教育以及远程教育。

第二,继续教育、职业教育以及远程教育的主要对象都是成人,所以这三类教育与成人教育的对象重叠。从成人教育的角度来看,可以从成人的扫盲教育一直到成人的大学后继续教育;可以从职业教育到社区教育;可以从面授教育到远程教育。因此,根据教学对象的年龄来划分,成人教育包含继续教育、职业教育以及远程教育。

第三,职业教育是对教学内容而言的,即学生学习的内容是与工作相关的。职业教育是所有进入工作阶段或者在工作岗位上的人们都需要接受的教育,职业教育可以通过面授或者远程的教学途径进行。因此,根据教学的内容来划分,职业教育包含继续教育、成人教育以及远程教育。

第四,随着信息交流技术的飞速发展和在教育中的应用,远程教育已经发展成为一门独立的学科,远程教育的理论和方法不仅在远程教育机构广泛应用,而且正在整合到面授的课堂教学之中。由此,远程教育可以应用于继续教育、成人教育、职业教育之中。因此,根据教学的模式来分,远程教育包含继续教育、成人教育以及职业教育。

可以看出,继续教育、成人教育、职业教育、远程教育四种教育在教育对象上互相包含的原因是缺乏统一的划分标准。继续教育是按照教育的连续性来划分的,它是相对于正规教育而言;成人教育是按照学习者的年龄来划分的,它是相对于未成年人的教育而言;职业教育是按照教学内容来划分的,是相对于学术性内容而言;远程教育是按照教学模式来划分的,是相对于面授教学而言的。四种不同的划分标准,产生了四类互相重叠的教育。

### 六、构想:四类教育在教育系统中的位置

要科学地澄清继续教育、成人教育、职业教育以及远程教育之间的关系,我们需要分析教育的整体结构,探讨各种教育在整个教育体系中的位置。按照联合国教科文组织1978年拟定的《国际教育标准分类》,我国教育可以相应地分为8个层次:学前教育;初等教育;初级中学教育;高级中学教育;专科教育;本科教育;研究生教育;不能限定级别的各种教育,如短期培训课程(金一鸣,1999:28-34)。

基于以上的教育体系标准,根据我国目前教育的各种类型,笔者尝试建立一个我国教育体系的构想模型,详见图1。

图1构想的我国教育体系包括:两个系列、九个层次、两类对象、三种模式。两个系列是指所有的教育类型都可以划分为两个系列,一是正规教育系列,二是继续教育系列,这两个系列在义务教育后可以是互相贯通和衔接的。教育的九

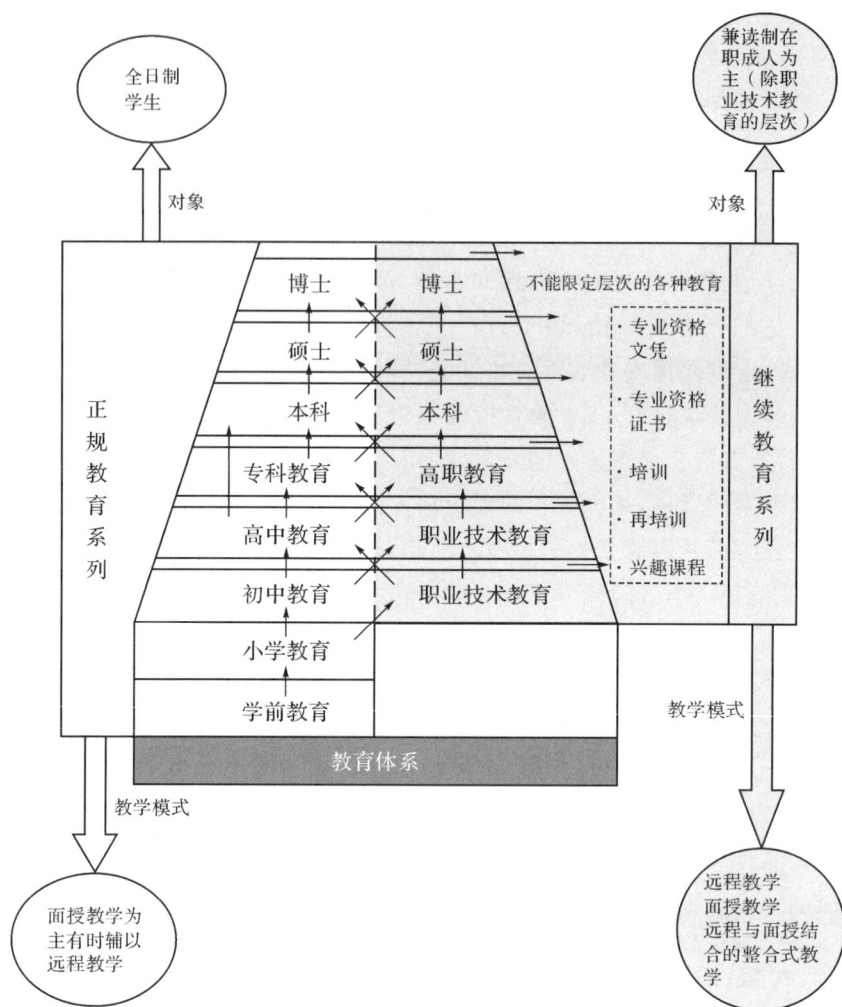

图 1　我国教育体系的构想模型

个层次是：学前教育、小学教育、初中教育或者同等水平的职业技术教育、高中教育或者同等水平的职业技术教育、专科教育或者高职教育、本科教育、研究生教育(硕士)、研究生教育(博士)、不能限定层次的各种教育(如专业资格文凭、专业资格证书、培训课程、再培训课程、兴趣课程)。两类对象是指教育的主要对象是全日制学生和兼读制的成人学习者。三种模式是指：面授教育、远程教学、面授和远程结合的整合式教学。

根据以上分析，继续教育和正规教育并列；继续教育可以是职业的，也可以是非职业的，由此，职业教育可以作为继续教育的一个组成部分；继续教育的主要对象为成人，这是继续教育对象的年龄特征；继续教育可以采用远程教学的模式,特别是对于那些由于种种原因不能接受面授教学的人们提供多元化的教育机会。

### 七、建议:继续教育的重新定位

面临知识经济社会到来的挑战,我们需要与时俱进,新时期的继续教育不能只是适应工业化社会的人力资源要求,而应该转为符合知识经济社会的要求。因此,我们有必要重新审视继续教育的界定。

在工业化社会中,企业中的员工分配和所要求的知识结构是呈金字塔形的,最高层是极少数的精英员工,需要掌握最高级的知识和技能,而层次越低的职位,员工的数量越大,但要求的知识和技能越低,由此,与工业化社会要求一致的教育系统也相应地呈金字塔形,大学教育为塔尖,注重精英教育,为企业培养少数精英人才,相应的继续教育也是为企业的精英人才提供在职进修,所以对学习者有一定的学历或职称要求,这是与工业化社会需要一致的精英继续教育。

然而,全球知识经济的出现打破了金字塔形的工业化社会结构,而形成了一种人人需要在职进修的扁平式社会结构(相对于金字塔结构而言)。在新的社会结构中,企业不再能依靠少数精英员工的在职进修来保持竞争能力,而是需要所有在职人员能终身更新知识和技能,并成为不断学习的、灵活发展的、自主的劳动者。面临现代社会所要求的一种新的教育和训练模式,我们应该积极回应这种社会的要求,继续教育应该面向全社会人士,让所有人都有机会利用知识,促进自身和社会的发展。

由此,知识经济社会的继续教育对象应该是更加宽广的,它包括所有已经离开正规教育的人们所受的各种各样的教育。杨健明教授总结(杨健明,2006年),继续教育的对象至少有六类:为了获得专业资格的人士、为了提高职业水平的专业人士、为了转换职业获得新的专业资格的人士、为了提高和更新工作技能的人士、为以前没有机会接受高等教育的人士圆"大学梦"、为了个人兴趣和发展的人士。所以,继续教育不应再是有一定学历或者专业技术职称的人员的特权,而应该是一种全民化的教育。

### 八、结　论

本文对我国继续教育、成人教育、职业教育及远程教育四类教育的对象和相互关系进行了研究,发现由于分类标准的不一致,造成四类教育在对象上互相重叠和包含,不利于教育资源的共享。笔者建议,从整个教育体系来看,继续教育应该是和正规教育并列的两个系列,职业教育是继续教育的一个组成部分,成人是继续教育的主要对象,远程教育是继续教育中的重要教学模式。同时,根据知识经济和学习型社会的要求,继续教育不应该再是一种精英继续教育,而应该是一种全民化教育。

**参考文献:**

[1] 陈丽. 远程教育学基础[M]. 北京:高等教育出版社,2004.

[2] 陈希. 与时俱进,服务社会,不断开创继续教育新局面——在清华大学继续教育学院成立20周年暨夜大学成立50周年庆祝大会上的讲话[DB/OL]. 2005-5-16. http://news. tsinghua. edu. cn/news. php? id/10454.

[3] 丁新. 中国远程教育发展的十大趋势[J]. 中国远程教育,2003(2):17-22.

[4] 丁兴富. 远程教育学[M]. 北京:北京师范大学出版社,2001.

[5] 董明传. 成人教育决策与管理[M]. 上海:文汇出版社,1997.

[6] 顾明远. 教育大辞典[M]. 上海:上海教育出版社,1991.

[7] 关世雄. 成人教育辞典[M]. 北京:职工教育出版社,1990.

[8] 国家教委、国家科委、国家经委、劳动人事部、财政部和中国科协发布《关于开展大学后继续教育的暂行规定》的通知. 1987年12月15日.

[9] 国家经委、国家科委、中国科协关于印发《企业科技人员继续教育暂行规定》的通知. 1987年10月27日.

[10] 国务院批转《国家教育委员会关于改革和发展成人教育的决定》的通知(国发〔1987〕59号). http://www. moe. edu. cn/edoas/website18/info12505. htm.

[11] 国务院转发国家教育委员会关于改革与发展成人教育的决定. 1987年6月23日.

[12] 金一鸣. 中国教育类别与机构的研究[M]. 上海:上海教育出版社,1999.

[13] 唐亚豪. 成人教育新论[M]. 长沙:湖南师范大学出版社,2002.

[14] 杨健明. 终身学习社会中的持续教育:香港的模式[C]. 第五届成人教育与社会发展国际研讨会,澳门,2006年8月1—3日.

[15] 张维. 世界成人教育概论[M]. 北京:北京出版社,1990.

[16] 张伟远. 关于终身学习社会中继续教育对象的重新思考[C]. 第五届成人教育与社会发展国际研讨会,澳门,2006年8月1—3日.

[17] 张伟远. 在知识经济时代中建构终身学习体系:远程学习的优势及作用[C]//梁文慧. 成人教育与终身学习(论丛第一辑). 2005:305-314.

[18] 中华人民共和国教育部.《2003—2007年教育振兴行动计划》学习辅导读本[M]. 北京:教育科学出版社,2004.

[19] 中华人民共和国教育部. 中国教育发展概况[DB/OL]. http://www. moe. edu. cn/edoas/website18/info4009. htm. 2006a.

[20] 中华人民共和国教育部. 职业教育是面向人人的教育:温家宝总理考察重庆第二财贸学校侧记[DB/OL]. http://www. moe. edu. cn/edoas/website18/info19400. htm. 2006b.

［21］中华人民共和国教育部.附件：教育部 2006 年职业教育工作要点.2006c.

［22］中华人民共和国教育部.教育部关于加快发展中等职业教育的意见（教职成〔2005〕1 号）
　　　〔DB/OL〕.http://www.moe.edu.cn/edoas/website18/info11977.htm.2005.

［23］周济.历史性的跨越　新征途的重任〔G〕//中国教育年鉴编辑部.中国教育年鉴 2003.
　　　北京：人民教育出版社,2003.

# 新时期高校继续教育特色化的探索与实践

中山大学　吴景立　陈金华

【作者简介】

　　吴景立,男,中山大学成人教育管理处科长,讲师,研究方向为高等教育管理。

　　陈金华,男,原中山大学成人教育管理处,处长,教授,研究方向为高等教育管理。

　　本文为2006年第七届海峡两岸暨港澳高校继续教育论坛收录论文。

随着我国经济的高速增长、产业结构的调整、科学技术的发展,以及社会层面的种种变革,社会对人才的需求迅速增长,对人才素质要求日益提高,继续教育在人才培养中的地位越来越重要。根据《国务院关于〈中国教育改革和发展纲要〉的实施意见》,我国要"大力加强在职干部的培养提高和继续教育工作。要以高等学校为依托,充分调动社会各方面的积极性,逐步建立规范化的继续教育制度"。高校是知识文化传播的主战场,具有培养人才、科学研究、社会服务三大职能。继续教育是高校服务社会的一种重要方式。继续教育培训市场的竞争越来越激烈,能否走出一条特色化的道路已经关系到继续教育的生存和发展。如何发挥自身优势,办出特色,创出品牌,是新时期高校继续教育必须面对的现实问题。中山大学继续教育培训工作多年来与时俱进,发挥自身的优势,在继续教育工作的管理体制、培训项目的开发,以及教学质量的控制及教学方法、方式上积极探索,努力完善,不断拓新,在继续教育领域逐渐形成了自己的特色。

## 一、继续教育特色化的概念

所谓"特色"是指超出一般的、具有独特的色彩和风格。"继续教育特色化"是在先进的教育思想理念指导下,在继续教育实践中,遵循教育规律,结合继续教育的特点,从实际出发,形成独特的办学风格。世界各国继续教育的对象不尽相同,根据我国的国情,我国继续教育的对象是具有较高文化知识的科技人员、专业人员和管理干部。在我国现阶段,较高文化是指中专毕业以上水平。因此,我国的继续教育不能单单看成是大学后的继续教育。在我国,进行继续教育的目的是不断更新、补充现有工作人员的知识,不断提高工农业生产单位、教学与科研单位的素质,以满足引进推广新技术的需要,迅速将新的科技知识运用于生产,为社会主义现代化建设服务。进行继续教育的人由于本身的素质、层次和岗位不一样,因而其进行继续教育的具体目的和任务又各不一样。市场经济对人才需求的多变性、多样化、层次性和即时性构成了对继续教育的不同需求。只有形成具有自身特色的行之有效的管理模式和教学模式,才能促进继续教育的发展,才能不断提高教育质量,才能不断满足社会对人才的需求。

## 二、继续教育特色化的时代内涵

继续教育是一种社会现象,是培养人才、使劳动者不断获取新知识新技术和新方法的社会实践活动。在建设学习型社会、构建终身教育体系的进程中,继续教育扮演着举足轻重的角色。继续教育和终身教育的思想,中外思想家、教育家早在两千多年前就已经提出了;到了 20 世纪 80 年代前后逐渐形成了继续教育的体制和机制,出现了专门从事继续教育的机构;进入 21 世纪,伴随经济的发展及人才需求的变化、社会外部环境及继续教育本身的内在要求,继续教育已经跳出作为一种教育的办学形式的框框,它已经同建设学习型社会、构建终身教育体系的社会实践紧密联系在一起。终身教育体系包含三个阶段:第一阶段是学前教育;第二阶段是通常所说的学龄的、正规的传统校园教育,即学历学位教育;第三阶段则是学历学位教育后的"继续教育"。继续教育作为终身教育的第三阶段,可能是时间最长的阶段,同时也是三个阶段中被认识得最晚、最年轻、最薄弱的阶段。搞好继续教育,中国的教育问题、人口素质问题才能真正得到解决。从某种意义上说,继续教育在终身教育三个阶段中意义最重大,是实施终身教育的关键所在。

（一）特色化的继续教育是建设学习型社会、构建终身教育体系的需要

随着知识经济和信息时代的来临,终身教育、继续教育、学习型社会理念深入人心,社会各界对继续教育的需求迅速增大。如今,终身教育、建立学习型组织不再是空泛的概念,而是正在变为可操作的实践。许多党政机构和企事业组织的领导人意识到,组织唯一持久的优势,就是具备比竞争对手学习得更快、学得更好的能力,"爱学才会赢"的观念得到广泛认同。

(二)特色化的继续教育是经济结构演变和经济迅猛发展的需要

以产业结构的调整、产业部门中的行业结构变化为特征的经济、科技发展趋势,带来了社会经济结构的巨大变化。这些变化,对现代社会的职业岗位结构产生了巨大影响,使得新的技术含量高的岗位不断产生,旧的技术含量低的岗位持续消失。同时,原有教育制度培养的大量"标准化人才"已不适应今天信息化经济对富有独创性和个性人才的需求。因此,作为与经济发展联系最为紧密的一种教育形式,继续教育必须不断调整、更新教育结构和内容,使继续教育的内容和方式具有自身的特色,以满足人们日益变化的学习需求。

(三)特色化的继续教育是高校发挥社会功能的需要

继续教育是大学事业的重要组成部分,近年来,继续教育在学校日益受到重视,继续教育正从教育事业的边缘慢慢向中心靠近,学校逐渐认识到,继续教育是大学服务社会的重要视窗,是社会了解大学的重要渠道。通过开展继续教育,大学不仅将先进文化传播给当代中国社会的精英人物,更重要的是传播了大学的办学理念和大学的人文精神,使社会对大学的使命有了切身的认识和了解,从而给学校带来一定的社会效益。继续教育是大学服务社会的体现,大学通过市场运作开展继续教育,取得经济效益,本身就是知识经济的一个重要体现。从哈佛大学、牛津大学的情况可以看出,大学培养人才,不仅仅是培养普通本科生和研究生,继续教育学生也占有相当的地位。哈佛大学常年在校的继续教育在读生规模是该校正规本科生和研究生总数的三倍。哈佛大学不仅是全球本科教育和研究生教育的一流机构,也是世界一流的终身教育基地。因此,卓越的大学地位取决于卓越的教育,卓越的大学教育包含着特色化的继续教育。

### 三、继续教育特色化的探索与实践

(一)规范管理,优化办学秩序

继续教育面临着激烈的市场竞争。这种竞争,一方面来自兄弟院校和政府部门所属的培训中心,另一方面来自国外的教育培训机构。面对激烈竞争的形势,规范的管理和运作尤其显得重要。品牌高校更应从战略的高度,以长远的可持续发展的视野去引领目前的继续教育培训市场,坚持有所为有所不为的原则,不能急功近利。中山大学在规范继续教育办学管理方面,结合自身实际进行了一些探索,对继续教育体制进行了调整,实施办学与管理职能分开。学校还成立了清理违规办学领导小组,查处违规办学行为,有效地维护了中山大学的品牌形象,进一步优化了校园办学秩序。实践证明,管理体制调整后,中山大学的继续教育获得了快速发展,规模扩大了,类型增加了,水平提高了,管理规范了,效益显著了。

### (二)面向行业,拓展培训项目

在继续教育项目的选择上紧密联系行业的实际,设置一批针对性强、充分体现地域和资源优势的培训项目群,使继续教育的内容更加贴近地方经济发展的需求。确定培训项目之前积极做好人才需求调查,会同用人部门及企业,做好项目的预测工作。根据学校所处的区域经济、地理环境,结合自身的学科优势,在继续教育培训项目上体现出鲜明的地域特色。办学实践表明,继续教育内容突出了"地方性、职业性、应用性"的特点,使接受高校继续教育者进得来,学得好,出得去,用得上,形成了良好的社会效益和可持续发展的培训市场。

如我校发挥行政管理专业的学科优势,面向党政机关、事业单位开办干部领导力培训班,根据中央提出的"落实科学发展观,提高执政能力,坚持五个统筹,建构社会主义和谐社会"的战略发展要求,大规模培训干部,大幅度提高干部素质,围绕政府事业单位领导干部应具备的领导力、执政力、决策力、洞察力、学习力、创新力形成了培训项目群,为创建服务型、效率型、学习型组织提供卓越的知识动力、智力支持和人才保障,对推动公共行政事业发展与现代社会变革进程做出了积极的贡献,取得了良好的社会效益。又如,我校根据华南地区经济和金融服务业发展的需要和个人理财观念转变的情况,利用我校金融、管理、会计等学科的综合优势,针对银行、证券、保险行业及其他投资咨询机构开办中山大学CFP理财规划师专业课程研修班,培训课程以"人生理财规划"为核心,课程内容与广东省职业鉴定考试接轨,整个课程通过案例研究和项目分析、研讨,为学员提供个人理财规划领域的专业知识,使学员熟练掌握个人理财基本技巧,具备独立为客户量身定制理财规划、开展理财服务和个人金融营销的能力。

### (三)以人为本,树立服务意识

继续教育培训是高等院校教育服务社会的一种方式,其本质就是服务,要把充分满足学员的合理要求作为高校继续教育工作努力追求的目标。继续教育工作者要调整心态,贴近市场,始终把学员看作客户、看作上帝,认真把握学员动态需求,并把服务意识渗透于培训的全过程。一方面,要追求精细服务、优质服务、特色服务。另一方面,提供教育增值服务,送教上门,跟踪指导。以在职经理MBA课程研修班为例,该研修班的培养目标是培养造就一批符合全球化、适应国际竞争要求的企业中高层管理人才和商界精英,迅速提高企业管理者的现代管理水平。学员多数是企业董事长、总经理、部门经理或主管人员。在办班过程中,提供周到精细的服务,课间提供茶点,上课当天安排集体用餐,为学员与授课教师之间、学员与学员之间提供多一些沟通和交流的机会。学员结业后作为中山大学校友,编入《中山大学校友录》,邀请他们参加 MBA 同学会等,使学员的大学归属感、荣誉感和团队精神得到延伸。培训期间根据学员的实际情况,在专家的指导下,组织学员们深入到学员所在企业进行互访,就其经营理念、企业创新等方面进行考察分析,就其存在的问题探讨解决方案,其成功之处又可以让其他学员学习和借鉴,这样一来真正提升了培训的实效与价值。

(四)打造品牌,以质量创特色

"品牌"的本义就是"优质",办学的优质特性是形成"教育品牌"的决定性因素。中山大学是一所包括人文科学、社会科学、自然科学、技术科学、医学、药学和管理科学等在内的综合性大学,由孙中山先生创办于 1924 年,素有"华南第一学府"的美誉。我校在开展继续教育工作中,秉承"优质办学,服务社会"的办学理念,发挥重点名校的品牌优势,采用灵活的机制去整合优质的教育资源,根据培训的需求,有效地整合开发校内与校外、国内与国外的各种教育资源,为社会提供优质服务。倡导"诚信、责任、团队"的价值观和敬业精神,追求"理性、高尚、和谐、致远"的培养目标,推行"真诚、实用、系统、深入、灵活"的培养模式,为社会培养急需的应用型人才和创新人才。近几年来,中山大学发挥地处珠三角地区的优势,开办 MBA 高级课程研修班 100 多期,每年面向企业培训并结业的学员有 4 万多名,受到社会各界赞誉,取得了令人瞩目的成绩。实践告诉我们,以教学质量为根本,打造品牌,是继续教育生存和发展的不竭动力。

1. 特色化的课程设计

继续教育特色化,对于教学内容中的课程设计也提出了更高的要求。参加继续教育学习的学员大多已具备一定的工作经验,是带着问题前来学习的,有的学员可能是某个岗位的重要领导,或某个行业的专家,他们参加培训的目的是希望在更大层面上开拓自身的视野、改善已有的知识结构。因此课程设计更加注重针对性和实用性,同时体现出前沿性、综合性和跨学科性。比如,我校举办的"总裁领导力研修班",在课程模块中,增加了人文素养和艺术修养课程,如《孙子兵法》与企业战略管理""《易经》与太极管理体系""国学与管理"等课程。

2. 特色化的师资组合

师资队伍是开展继续教育的关键。继续教育的师资队伍,主要来源于大学内部,但又不完全局限于大学内部。其他高校的优秀教师、来自政府机关的决策者以及执行者,以及来自各个行业的精英都可以成为继续教育主讲教师的来源。特别是聘请来自政府机关和各个行业的主讲教师,对于启发学员的智慧、拓展学员的视野都很有益处。此外,学校还聘请生产第一线的专家进课堂,把企业最新的技术、最新的管理理念、企业的精神带到学校,使学生感受到企业的精神,从中接受良好的职业道德教育。作为专门的继续教育机构,在师资队伍的建设上,一定要对教师倾注感情和心血,让他们感到自身的价值和意义。同时,在课堂外要创造机会让他们跟学员多多交流,以使他们的课堂讲授更具有针对性。

3. 特色化的教学管理

整个教学工作分四个流程进行规范管理,即前期准备工作、全套管理服务工作、全程质量监控、后期教学评估工作。其中,"前期准备工作"是基础,主要包括联系师资、安排课表、确定场地等。"全套管理服务工作"是重点,主要包括在教学过程中及时与教师、学员做好沟通,倾听教师、学员对教学的意见,做好日常管理和服务工作。"全程质量监控"是关键,在教学过程中随时监控教学质量,及时在教师和学员中回馈双方的意见。"后期教学评估工作"主要包括全体学员对课程设计和教师讲授的问卷调查;根据调查分析结果,及时对培训班的整体教学质量做全面评估。

4. 特色化的实践环节

为把继续教育培训办得高水平、高质量、高效益,我们针对各类培训班的性质、内容、特点和要求,采取省内与省外、国内与国外相结合的实践与考察。如在专家的指导下,根据培训计划,组织"总裁 MBA 高级研修班"学员到国内、国外的知名企业参观考察,边教学,边实践,实现了"理论与实践"的结合。

总之,面向 21 世纪的继续教育面临诸多挑战,随着社会经济发展与人才需求的变化,以质量求生存,以特色求发展,是高校继续教育的必然选择。

参考文献:

[1] 贺向东,等.中国成人教育管理运作全书[M].北京:中国物资出版社,1998.

[2] 黄金柱.关于对继续教育创新的思考[J].胜利油田职工大学学报,2005(5).

[3] 李辉.美国成人教育的社会化运行机制及其对我国的启示[J].继续教育研究,2004(5):32-34.

# Import of higher education programmes and the "capacity building" of local education system: Hong Kong experiences

**Mr. Steven S. K. Kwok    Dr. Victor S. K. Lee**
**The Chinese University of Hong Kong**

【作者简介】
　　郭世杰,男,香港中文大学专业进修学院研究经理;研究方向为继续教育。
　　李仕权,男,香港中文大学专业进修学院院长,博士;研究方向为继续教育。
　　本文为 2008 年第九届海峡两岸暨港澳高校继续教育论坛收录论文。

## 1. Introduction

The developments of post-secondary education directly affect the "capacity building" of the education system of a country or region; in turn, the latter has tremendous impacts on the economic and social developments of that country or region. In this regard, this paper will first review some definitions and theories about "capacity building" of education system. At the empirical level, this paper takes Hong Kong as the case under study; it first analyzes the two major features of the traditional higher education landscape in Hong Kong, namely elitist publicly-funded higher education sector, and the governments' traditional laissez-faire approach to human resource development of the city. Then, the paper turns to the recent changes in Hong Kong, including the rapid expansion of the sub-degree programme sector, and the corresponding drastic growth of the imported higher education programmes, and analyzes the consequences of these changes. This paper will focus on the remarkable expansion of the imported top-up degree programmes, and on the effects of such import on "capacity building" of education system in Hong Kong. It is concluded that the import of cross-border education has greatly eased the problems caused by the severe shortage of private higher education provision in Hong Kong.

## 2. Import of cross-border higher education and "capacity building"

The latest major approach to human resource development is capacity building; the notion of capacity building is different from human resource development or human capital development. It is noteworthy that the notion and theories of capacity building did not originate from the field of education or learning, but from the field of foreign trade and international aid(Garrett & Verbik, 2003; Marginson & McBurnie, 2004; Vincent-Lancrin, 2004a, 2004b, 2007). Vincent-Lancrin(2007:53) provided two important definitions of capacity building, as follows:

"Capacity is the ability of people, organisations and societies as a whole to manage their affairs successfully. Capacity development is the process whereby people, organisations, and society as a whole unleash, strengthen, create and maintain capacity over time. "(OECD, 2006)

"Capacity is the ability of individuals, organisations and societies to perform function, solve problems, and set and achieve goals. Capacity development entails the sustainable creation, utilisation and retention of that capacity, in order to reduce poverty, enhance self-reliance, and improve people's lives. [...] Capacity development builds on and harnesses rather than replaces indigenous capacity. It is about promoting learning, boosting empowerment, building social capital, creating enabling environments, integrating cultures, and orientating personal and societal behaviour. "(www. capacity. undp. org)

The notion of capacity building—or capacity development—first emerged in the late 1980s, and became well-known in the 1990s. The shift from traditional foreign development aiding to capacity building or capacity development can be illustrated by the famous proverb: "Give someone a fish and he eats for a day; Teach someone to fish, and he can feed himself for a lifetime." The concept of capacity building signals a shift from assistance to a less dependent "help yourself" attitude in the development community. (Vincent-Lancrin, 2007:52-53)

Capacity building is based on learning and acquisition of skills and resources among individuals and organizations. The acquisition of skills should be seen in opposition to transfer of technology or technical assistance, neither of which has necessarily led to individual and/or organizational learning in developing countries or regions. (Vincent-Lancrin, 2007:52-53).

Nevertheless, this paper adopts the definition from McBurnie and Ziguras (2007:80), which is more specific and relevant than other definitions: "the term 'capacity building' to describe the use of transnational education to increase the capacity of the local education system, primarily in terms of the number and size of reputable higher education providers".

### 3. Hong Kong's pre-2000 higher education landscape

For an empirical analysis of capacity building, this paper takes Hong Kong as the case under study.

#### An elitist publicly-funded higher education sector

In Hong Kong of China, both the colonial and the SAR[①] governments have been committed to the policy of nine-year free and compulsory primary and junior secondary education since 1978; nevertheless, the higher education sector has long been underdeveloped, compared to those in other Asian countries and regions, such as Japan, Korea(R. O.) and Taiwan of China. This was partly because for many years, Hong Kong's publicly-funded higher education sector had remained small and elitist in character, and partly because the development of the private post-secondary sector had long been hindered by government policy until recently.

Before the 1980s, Hong Kong had a very elitist university education sector, with less than 5% of the 17—20 age group receiving publicly-funded university education at The University of Hong Kong and The Chinese

---

① SAR stands for "Special Administrative Region".

University of Hong Kong. Afterwards, the participation rate of university education increased slowly to 8% by the end of the 1980s, and then to about 18% in 1994-1995, with around 14,500 student places available for first-year, first-degree programmes each year. In 1991, a brand new publicly-funded research university was opened, namely The Hong Kong University of Science and Technology. Besides, in the 1990s, four tertiary institutions were granted the formal university title. Nevertheless, the proportion of the 17—20 age cohort receiving publicly-funded university education has consistently remained at about 18% until nowadays(French, 1999; Hong Kong Yearbook, 1997; Lee & Gopinathan, 2003; Ngok & Lam, 1994; Yung,2002).

### A laissez-faire approach to cross-border higher education

Traditionally, it seemed that in Hong Kong, neither the colonial nor the SAR government committed itself financially to the further provision of the publicly-funded university education beyond the 18% level, especially when it involved large recurrent expenditure, and/or when the financial state of the government was not favourable. Against such a backdrop, for the local policymakers, both overseas studies, and the import of cross-border educational programmes have presented themselves as "easy" ways forward—or easy "quick fixes"(Lee, 2002; Lee & Gopinathan, 2003).

In Hong Kong, the University Grants Committee, under the auspices of the governments, has extensively regulated Hong Kong's eight publicly-funded higher education institutions, and shaped their developments as a whole, mainly through its financial strings and policy recommendations. In the view of some Mainland scholars, Hong Kong's publicly-funded university education sector might appear to be fairly centralized and extensively regulated.

On the other hand, Hong Kong's self-financing post-secondary education sector has been growing rapidly and has largely been determined by the "invisible hands" of the free market economy, i. e. the forces of demand and supply, consisting of numerous stakeholders concerned, on both seller and buyer sides, and from inside and outside of Hong Kong ( Kwok, 2004; Postiglione & Kwok, forthcoming).

Likewise, Hong Kong governments have traditionally adopted a laissez-faire approach towards cross-border higher education and the capacity building of the city's higher education system. In the spirit of the free market economic philosophy, one major requirement that the Hong Kong Government imposes on non-local programme providers together with their local collaborators is that they, as sellers, provide correct and sufficient information on their respective programmes for the prospective students, as buyers, and let the buyers make their own "informed" choices of programmes and institutions. All this is done very much in line with the "Caveat emptor" ("Let the buyer beware") principle (French, 1999; McBurnie & Ziguras, 2001).

The laissez-faire approach of Hong Kong of China to cross-border education stands in stark contrast to the interventionism in Singapore and in Malaysia (McBurnie & Zigarus, 2001, 2007; Marginson & McBurnie, 2004). In 2000, the traditional higher education system in Hong Kong started to change dramatically in two major aspects, namely expansion and liberalization (Kwok, 2004; Postiglione & Kwok, forthcoming).

### 4. Rapid expansion of post-secondary education since 2000

In 2000, the then Chief Executive of the Hong Kong SAR Government, Mr Tung Chee-Wah, announced the government's ten-year policy objective of raising the participation rate of the 17—20 age cohort in post-secondary education from 33% in 2000 to 60% in 2010 (Kwok, 2004). Learning from the experiences in Japan, Korea (R. O.) and Taiwan of China, the Hong Kong SAR Government started to promote the developments of the private higher education sector in Hong Kong (Steering Committee, 2008). The private higher education sectors in some East Asian countries and regions were very strong. For example, student enrolment at private higher education institutions amounted to 77.1%, 78.3%, and 71.9% of the total student enrolment in Japan, Korea (R. O.) and Taiwan of China respectively (Garrett & Verbik, 2003; Steering Committee, 2008:4).

In Hong Kong, as promoted by the recent governments' policy initiatives and financial inputs, the annual participation rate in post-secondary education dramatically increased from 33% in 2000/2001 to over 60% in 2005/2006, much faster than the original policy timeline required (see Table 1). This was mainly due to the increased number of self-financing post-secondary education providers (see Table 2 and Fig 1), and to the rapid expansion of the student places in the self-financing sub-degree programmes(see Tables 3 and 4 and Fig 2).

**Table 1 Participation rate of the 17—20 age cohort in post-secondary education at intake level in Hong Kong**

| Year | 2000/ 2001 | 2001/ 2002 | 2002/ 2003 | 2003/ 2004 | 2004/ 2005 | 2005/ 2006 | 2006/ 2007 |
|---|---|---|---|---|---|---|---|
| Publicly-funded bachelor degree programmes | 18% | 18% | 18% | 18% | 18% | 18% | 18% |
| Self-financing sub-degree programmes | 15% | 20% | 25% | 29% | 39% | 48% | 46% |
| Total | 33% | 38% | 43% | 47% | 57% | 66% | 64% |

Sources: Hong Kong Yearbook, 1997, 2003; Steering Committee, 2008:7.

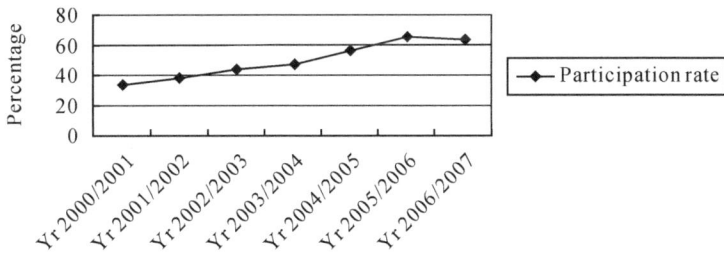

Fig 1　Participation rate of the 17—20 age cohort in postsecondary education at intake level

**Table 2 Number of local institutions providing accredited self-financing sub-degree programmes in Hong Kong**

| 2000/ 2001 | 2001/ 2002 | 2002/ 2003 | 2003/ 2004 | 2004/ 2005 | 2005/ 2006 | 2006/ 2007 | 2007/ 2008 | 2008/ 2009 |
|---|---|---|---|---|---|---|---|---|
| 4 | 11 | 16 | 20 | 20 | 20 | 20 | 20 | 21 |

Source: Steering Committee, 2008:5.

**Table 3 Number of full-time self-financing degree and sub-degree programmes offered by local institutions in Hong Kong**

| | 2001/ 2002 | 2002/ 2003 | 2003/ 2004 | 2004/ 2005 | 2005/ 2006 | 2006/ 2007 | 2007/ 2008 |
|---|---|---|---|---|---|---|---|
| Associate Degree | 16 | 46 | 74 | 92 | 128 | 148 | 158 |
| Higher Diploma | 22 | 31 | 38 | 81 | 105 | 113 | 121 |
| Degree | 3 | 7 | 11 | 26 | 40 | 41 | 52 |
| Total | 41 | 84 | 123 | 199 | 273 | 302 | 331 |

Source: Hong Kong SAR Government, 2008a.

The grand totals of the actual intakes in the local Bachelor's degree and

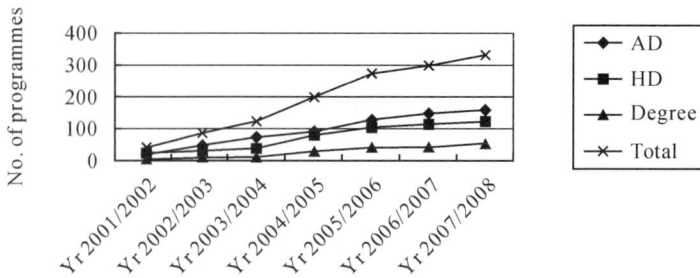

Fig 2  No. of full-time self-financing degree and
sub-degree programmes offered by local institutions

sub-degree programmes increased 0. 9 times in six years—i. e. from 24,004 in
2000/2001 to 45,738 in 2006/2007. It is eye-catching to see the contrasts
between the publicly-funded sector and the self-financing sector; during these
six years, the sub-total of the former remained fairly stable, slightly rising
from 21,383 in 2000/2001 to 24,032 in 2006/2007, whereas the sub-total of
the latter increased dramatically 7. 3 times, from 2,621 in 2000/2001 to 21,706
in 2006/2007(see Table 4 and Fig 3).

**Table 4   Actual intakes of local full-time post-secondary programmes in Hong Kong**

|  | 2000/ 2001 | 2001/ 2002 | 2002/ 2003 | 2003/ 2004 | 2004/ 2005 | 2005/ 2006 | 2006/ 2007 |
|---|---|---|---|---|---|---|---|
| Publicly-funded |  |  |  |  |  |  |  |
| Bachelor's degree | 14,537 | 14,665 | 14,936 | 14,754 | 14,828 | 15,173 | 15,584 |
| Sub-degree | 6,846 | 7,634 | 9,623 | 10,788 | 9,813 | 9,301 | 8,448 |
| Sub-total | 21,383 | 22,299 | 24,559 | 25,542 | 24,641 | 24,474 | 24,032 |
| Self-financing |  |  |  |  |  |  |  |
| Bachelor's degree | N/A | 285 | 605 | 1,030 | 1,353 | 1,527 | 2,033 |
| Sub-degree | 2,621 | 5,546 | 6,832 | 8,317 | 17,077 | 19,806 | 19,673 |
| Sub-total | 2,621 | 5,831 | 7,437 | 9,347 | 18,430 | 21,333 | 21,706 |
| Grand total | 24,004 | 28,130 | 31,996 | 34,889 | 43,071 | 45,807 | 45,738 |

Derived from: Steering Committee, 2008:6.

Based on the figures in Table 4, it is clear that instead of the publicly-
funded sector, the self-financing sector has been the major driver of the
enormous expansion of the local supply of post-secondary education since 2000.
Hong Kong's self-financing post-secondary sector has been strong, vibrant,

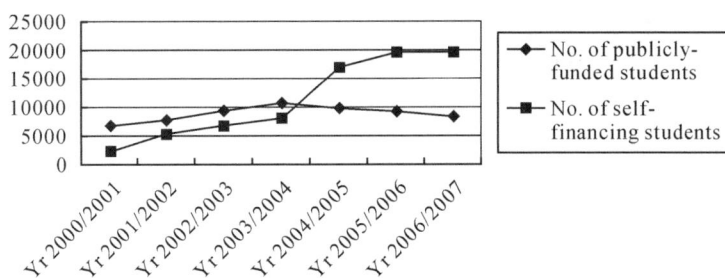

Fig 3　Actual intakes of local full-time sub-degree programmes

and capable of expanding its capacity fairly fast. Besides, it is noted that secondary school leavers' demand for further studies has been very strong; however, not all of such demand has been met, partly because of some difficulties on the part of the students, such as lack of financial means, and partly because of the self-financing educational institutions' weakness in expanding their provision of self-financing top-up degree programmes fast enough, largely due to local regulatory restrictions.

## 5. Cross-border supply for unmet demand from local sub-degree graduates

Albeit Hong Kong's self-financing post-secondary education providers have proven to be very robust and expandable in coping with the enormous increase in demand from local school leavers by increasing their sub-degree programmes, they have seemed not equally capable of offering sufficient top-up degree programmes for graduates of sub-degree programmes, even of their own. This has been the gap where cross-border top-up degree programmes providers have come to fill in.

Many graduates of sub-degree programmes would intend to pursue a top-up degree programme upon or shortly after graduation, in order to gain a Bachelor's degree ultimately, which nowadays has been widely regarded as an essential "entrance ticket" leading to a promising career in Hong Kong (Steering Committee,2008; Olsen & Burges,2007).

It is reported that in Singapore, seven of ten Polytechnic Diploma holders would seek to convert their Diplomas to a degree within five years of completion(Olsen & Burges, 2007:12). In Hong Kong of China, the case was not much different. Between 2002/2003 and 2005/2006, an average of 66.5%

of Associate Degree graduates, shortly after graduation, went on to further studies and an average of 30% of these graduates successfully secured a full-time job, and that during the same four years, an average of 29.5% of Higher Diploma graduates successfully articulated to further studies, and an average of 59.5% of these graduates successfully secured full-time employment(Steering Committee, 2008:76)(see Table 5).

Table 5    Surveys on graduates of Hong Kong's self-financing sub-degree programmes pursuing further studies or employment

| Year | Academic programme | Percentage of graduates pursing further studies[*] | Percentage graduates in full-time employment |
|------|------|------|------|
| 2002/2003 | AD | 66% | 31% |
|  | HD | 21% | 64% |
|  | Total | 47% | 45% |
| 2003/2004 | AD | 63% | 34% |
|  | HD | 29% | 56% |
|  | Total | 46% | 44% |
| 2004/2005 | AD | 67% | 29% |
|  | HD | 32% | 60% |
|  | Total | 51% | 43% |
| 2005/2006 | AD | 66% | 26% |
|  | HD | 36% | 58% |
|  | Total | 54% | 39% |

Source: Steering Committee, 2008:76.

[*] All major types of further studies include articulation to local universities' undergraduate and other programmes, to non-local universities' undergraduate and sub-degree programmes, and to others.

From Table 5, for example, in 2005/2006, 66% of 5,763 self-financing Associate Degree graduates pursued further studies and 26% of them secured a full-time job, whereas 36% of 3,572 self-financing Higher Diploma graduates pursued further study and 58% of them secured a full-time job. There were already five local higher education institutions with degree-awarding status, providing more than 2,020, 2,245 and 2,845 full-time self-financing Bachelor's degree student places at intake level in the 2005/2006, 2006/2007, and 2007/2008 academic year respectively (Hong Kong SAR Government, 2008b;

Steering Committee, 2008 )①. Besides, there were five local universities providing self-financing top-up degree programmes for sub-degree graduates; they offered a total of 1356, 1660 and 1629 student places of this category in the 2005/2006, 2006/2007, and 2007/2008 academic year respectively. For example, in 2007/2008, City University of Hong Kong provided 224 student places, Hong Kong Baptist University 210, Lingnan University 60; The Hong Kong Polytechnic University 735, and The Open University of Hong Kong 400 (Hong Kong SAR Government, 2008b).

In spite of the local provision of publicly-funded and self-financing student places at both Bachelor's and top-up degree levels, the local supply seemed to be not sufficient in satisfying the expanding demand from sub-degree graduates for articulation to a local or a non-local top-up degree programme in Hong Kong or abroad. In this sense, this has been where so-called "non-local" education has played a role.

Table 6　Estimated numbers of self-financing sub-degree graduates
pursuing different categories of further studies

| Year | Actual number of sub-degree graduates | | Estimated numbers of sub-degree graduates pursuing further studies | | | |
|---|---|---|---|---|---|---|
| 2005/2006 | AD | 5,763 | Non-local degree programmes | Local degree programmes | Others | Estimated total |
| | HD | 3,572 | | | | |
| | Total | 9,335 | 1,709 | 3,143 | 153 | 5,005 |
| | | | 34.1% | 62.8% | 3.1% | 100% |
| 2006/2007 | AD | 6,953 | Non-local degree programmes | Local degree programmes | Others | Estimated total |
| | HD | 3,897 | | | | |
| | Total | 11,058② | 1,712 | 4,162 | 478 | 6,353 |
| | | | 26.5% | 65.5% | 8% | 100% |

Derived from: Steering Committee, 2008:76; Hong Kong SAR Government, 2008c.

Table 6 above indicates that in 2005/2006, about 1,709 self-financing sub-degree graduates articulated to non-local degree programmes, vis-à-vis about

---

① Namely, these five institutions were Hong Kong Shue Yan University, The Hong Kong Polytechnic University, The Open University of Hong Kong, Chu Hai College of Higher Education, and City University of Hong Kong.

② This total includes graduates of "other sub-degree" programmes.

3,143 self-financing sub-degree graduates articulated to local degree programmes. In other words, among all sub-degree graduates who pursued further studies, about 34.1% of them articulated to non-local degree programmes while 62.8% to local ones. In 2006/2007, about 1,712 self-financing sub-degree graduates articulated to non-local degree programmes, vis-à-vis about 4,162 self-financing sub-degree graduates articulated to local degree programmes. In other words, among all self-financing sub-degree graduates who pursued further studies, about 26.5% of them articulated to non-local degree programmes while 65.5% to local ones. Although the 2007/2008 data is not yet available[①], it is estimated that in the past year, the actual number of graduates who articulated to non-local degree programmes would likely increase, because it was observed that the number of these programmes rose(see below).

Under the Non-local Higher and Professional Education (Regulation) Ordinance, all courses conducted in Hong Kong leading to the award of "non-local" higher academic qualifications or professional qualifications must be registered or be exempted from registration. Courses and programmes conduced by non-local providers in collaboration with higher education institutions in Hong Kong can be "exempted", all other courses and programmes need to be "registered" (Garrett & Verbik, 2003; Olsen & Burges, 2007).

Cross-border education providers have been very active in Hong Kong of China, one of the three largest markets for cross-border education in the world, alongside Malaysia and Singapore(Garrett & Verbik, 2003:320). As on 31 August 2008, there were a total of 1,189 so-called "non-local" courses and programmes of various levels of academic qualification on offer in Hong Kong, of which 418 were registered programmes and 771 exempted ones (Education Bureau, 2008, Aug 31). These non-local courses and programmes cover almost every major field of study, including Arts and Social Science,

---

① The Education Bureau of the Hong Kong SAR Government replied to the authors' inquiry in an e-mail dated 19 September 2008, that they did not have the "information about the numbers of cross-border top-up degree programmes, student numbers, and/or numbers of places of study".

Business and Administration, Education and Language, General Studies, and Science and Technology. Their levels of award range from certificate/diploma to Bachelor's and doctoral degrees. Their countries or regions of origin include 13 jurisdictions, including Mainland of China, Macau of China, Italy, Australia, UK and U. S. A. (Education Bureau, 2008, Sep 16).

Among all those 418 registered programmes, 138 programmes or 33% of them were provided by Australian institutions, 192 programmes or 46% by UK institutions, 50 programmes or 12% by U. S. institutions, and 23 programmes or 5% by Mainland of China institutions. Among all those 771 exempted programmes, 266 programmes or 21% of them were provided by Australian institutions, 493 programmes or 64% by UK institutions, 39 programme or 5% by U. S. institutions, and 62 programmes or 8% by Mainland of China's institutions(Education Bureau, 2008, Aug 31).

For the 17-20 age cohort at the Bachelor's degree level, there were a total of 394 non-local programmes in all disciplines for all durations available in Hong Kong, as on 16 Sep 2007.

For Associate Degree holders in specific, a total of 87 non-local top-up Bachelor's degree programmes in all disciplines for all durations were provided by all jurisdictions concerned. The breakdown of this specific category of programmes by jurisdiction was as follows: Australia offered 29 of them; UK 53; New Zealand 3; the U. S. A. 1; and Canada 1(Education Bureau, 2008, Sep 16).

For the holders of the specific category of "Advanced/Higher Diploma/ Certificate", a total of 152 non-local top-up Bachelor's degree programmes in all disciplines for all durations were provided by all jurisdictions concerned. The breakdown of this specific category of programmes by jurisdiction was as follows: Australia offered 42 of them; Macau of China offered 1; Mainland of China offered 2; New Zealand offered 3; the UK offered 104; and the U. S. A. offered zero. Nevertheless, please note, a certain number of top-up degree programmes accepted applicants with either Associate Degree or Higher Diploma (Education Bureau, 2008, Sep 16). In other words, the two aforementioned categories of top-up degree programmes overlapped somewhat. ①

Olsen and Burges (2007), experts on cross-border education in Hong Kong, estimated that in 2007, the total number of Hong Kong students pursuing post-secondary education, including those furthering their studies outside of Hong Kong, was about 62,882, or 67% of 93,300 18-year-olds in Hong Kong(see Table 7).

**Table 7　Access to post-secondary education for Hong Kong students**

| Type of education | Student no. |
| --- | --- |
| Bachelor's degree | 17,352 |
| Sub-degree | 32,570 |
| Transnational education | 3,960 |
| Overseas education | 9,000 |
| Total | 62,882 |

Source: Olsen & Burges, 2007: 7.

### 6. Conclusion

McBurnie and Ziguras (2007: 75) explained that there were two major strategies of importing cross-border education, namely capacity building and enrichment. Singapore and Malaysia have moved from capacity building to enrichment, whereas Hong Kong of China is still with a capacity building strategy. ② By the enrichment strategy, countries or regions turn themselves from importers into importer-cum-exporters of cross-border education; they import cross-border education in order to enrich the range of programme providers and the status of their own national education system.

Since the late 1960s, governments and policymakers around the world have realised the importance of education to economic and social developments, and the so-called "skills race" has therefore been underway between countries

---

① One related figure is noteworthy that for Form 7 graduates, all jurisdictions concerned together provided a total of 141 Bachelor's degree programmes in all disciplines for all durations, as cross-border education, as at 16 September 2008(Education Bureau, 2008, Sep 16).

② For details, please refer to Chapters 6 and 7 of McBurnie & Ziguras(2007).

and regions. By now, in high-income countries/regions, about 45 percentage of the relevant age group enter tertiary education, only 8 percent do so in low-income countries/regions, 24 percent in lower-middle-income countries/regions, and 32 percent in upper-middle-income countries/regions(McBurnie & Zigarus, 2007:80).

Hong Kong's recent governments have willy-nilly adopted the capacity building strategy, in order to tackle the problems caused by the fact that demand for higher education has persistently outstripped supply, especially when successive Hong Kong governments, colonial and SAR alike, did not intend to use public revenue to finance the publicly-funded university education beyond 18 percentage of the 17-20 age group.

Through cross-border education, Hong Kong has gained three major benefits: 1) for students, cross-border programmes are less expensive than studying abroad; 2) overseas studies are difficult or very difficult for working adults; and 3) cross-border education are less likely to result in bran drain than are overseas studies(c. f. McBurnie & Zigarus, 2007:81).

For sub-degree graduates, the availability of non-local top-up degree programmes has provided a very good choice of education, especially when they neither successfully articulate to local top-up degree programmes nor intend to further their studies overseas.

In Hong Kong, to raise the participation rate among youngsters in post-secondary education, and to promote lifelong learning, the recent governments have provided eligible students in self-financing programmes with a variety of financial assistance, in the form of a grant or a loan. The notable examples of such financial assistance are Means-tested Financial Assistance Scheme for Post-secondary Students, Non-means Tested Loan Scheme, and Continuing Education Fund Reimbursement Scheme.

**References:**

[1] Education Bureau. Statistical Information. 2008, Aug 31. Retrieved 19 Sep 2008, from http://www. edb. gov. hk/index. aspx? langno=1&nodeid=1250.

[2] Education Bureau. Advanced Search. 2008, Sep 16. Retrieved 19 Sep 2008, from http://www. edb. gov. hk/index. aspx? langno=1&nodeid=1485&inmode=2.

[3] French, N. J. Transnational education-competition or complementarity: The case of

Hong Kong[J]. *Higher Education in Europe*,1999,24(2):219-223.

[4] Garrett, R. & Verbik, L. Transnational higher education: Major markets and emerging trends [C]//The Observatory on Borderless Higher Education (Ed.). *Mapping Borderless Higher Education: Policy, Markets and Competition*. London: Commonwealth,2004.

[5] Hong Kong SAR Government. Information Portal for Accredited Self-financing Post-secondary Programmes. 2008a. Retrieved 26 Sep, 2008, from http://www. ipass. gov. hk/eng/stat_pg_index. aspx.

[6] Hong Kong SAR Government. LCQ9: Self-financing and Top-up Degree Programmes, with Annex. 2008b. Retrieved 19 Sep 2008, from http://www. info. gov. hk/gia/general/200806/18/P200806180183. htm.

[7] Hong Kong SAR Government. Information Portal for Accredited Self-financing Post-secondary Programmes. 2008c. Retrieved 2 Oct, 2008, from http://www. ipass. gov. hk/eng/instilist. aspx.

[8] Hong Kong Yearbook. Hong Kong Yearbook 1997. 1997. Retrieved 20 September 2008, from http://www. yearbook. gov. hk/1997/eindex. htm.

[9] Kwok, S. S. K. Associate degree: The liberalization of Hong Kong higher education [C]//S. Shen(Ed. ). *Post-SAR Synopsis*. Hong Kong: Roundtable Publishing,2004. (in Chinese)

[10] Lee, M. H. A tale of two cities: Comparing higher education policies and reforms in Hong Kong of China and Singapore[J]. *Australian Journal of Education*,2002,46(3): 255-287.

[11] Lee, M. H. & Gopinathan, S. Reforming university education in Hong Kong of China and Singapore[J]. *Higher Education Research & Development*,2003,22(2):167-182.

[12] Marginson, S. & McBurnie, G. Cross-border post-secondary education in the Asia-Pacific region[C]//K. Larsen & S. Vincent-Lancrin(Eds. ). *Internationalisation and Trade in Higher Education: Opportunities and Challenges*. Paris: OECD, 2004: 137-204.

[13] McBurnie, G. & Ziguras, C. The regulation of transnational higher education in Southeast Asia: Case studies of Hong Kong of China, Malaysia and Australia[J]. *Higher Education*, 2001,42(1):85-105.

[14] McBurnie, G. & Ziguras, C. *Transnational Education: Issues and Trends in Offshore Higher Education*[M]. New York: Routledge,2007.

[15] Ngok, L. & Lam, A. *Professional and Continuing Education in Hong Kong: Issues and Perspectives*[M]. Hong Kong: Hong Kong University Press,1994.

[16] Olsen, A. & Burges, P. *Ten Years On: Satisfying Hong Kong's Demand for Higher Education*[M]. Hong Kong: Strategy Policy and Research in Education and IDP,2007.

[17] Postiglione, G. A. & Kwok, S. S. K. The emergence of the community colleges associate degrees in Hong Kong [C]//P. A. Elsner (Ed.). *A Global Survey of Community Colleges, Technical Colleges, and Further Education in Different Regions of the World*. Washington D. C. : American Association of Community Colleges Press, forthcoming:2-18.

[18] Steering Committee. Report of the phase two review of the post secondary education sector. 2008. Retrieved 18 Sep 2008, from http://www. legco. gov. hk/yr07-08/english/panels/ed/papers/ed0414-rpt080411-e. pdf.

[19] Vincent-Lancrin, S. Key developments and policy rationales in cross-border post-secondary education [C]//K. Larsen & S. Vincent-Lancrin (Eds.). *Internationalisation and Trade in Higher Education: Opportunities and Challenges*. Paris: OECD/The World Bank,2004a:205-235.

[20] Vincent-Lancrin, S. Implications of recent developments for access and equity, cost and financing, quality and capacity building[C]//K. Larsen & S. Vincent-Lancrin (Eds.). *Internationalisation and Trade in Higher Education: Opportunities and Challenges*. Paris: OECD/The World Bank,2004b:237-296.

[21] Vincent-Lancrin, S. Developing capacity through cross-border tertiary education[C]//S. Vincent-Lancrin (Ed.). *Cross-border Tertiary Education: A Way Towards Capacity Development*. Paris: OECD/The World Bank,2007:47-108.

[22] Yung, M. S. *Hong Kong Higher Education: Policy and Ideas* [M]. Hong Kong: Joint Publishing,2002. (in Chinese)

# 论大学继续教育管理者专业化发展

浙江大学　祝怀新

【作者简介】

祝怀新,男,浙江大学继续教育管理处副处长,浙江大学成人教育研究所副所长,教育学博士,教授,主要从事比较教育学、教师教育、继续教育等研究。

本文为2009年第十届海峡两岸暨港澳高校继续教育论坛收录论文。

本文发表于《职业技术教育》2011年第10期。

在终身学习的背景下,大学的人才培养不仅仅是对那些从未踏上过工作岗位的年轻一代实施全日制教育,也包括对那些业已受过高等教育的从业人员进行再教育,以使他们能够满足现代社会发展的需要,适应日新月异的科学技术发展。这类教育培训现已成为大学人才培养的重要组成部分,成为与本科生教育和研究生教育相并列的第三大人才培养支柱。与本科生和研究生等全日制教育所不同的是,继续教育的对象是在职的从业人员,他们或是已接受过高等教育的人群,或者虽然没有受过正规的高等教育但需要接受属于高等教育层次教育内容的人群,目的是通过继续教育提升自己的管理能力或技能水平,因而,大学继续教育对推动人才的专业发展起到了积极的作用。而高质量的继续教育很大程度上依赖于专业化的管理,为此,提升继续教育管理人员的专业化水平成为大学继续教育提升质量、打响品牌的关键之一。

## 一、大学继续教育管理者专业化发展必要性

### (一)终身学习型社会的推动

随着知识经济时代的到来,知识的快速更新、信息的快速传播使得人们不得不面临已拥有的知识不断淘汰的尴尬境地。为此,作为终身学习的关键组成部

分——继续教育成为应对这一现实的一大法宝。大多数人选择继续教育的原因一般有以下一些：对创新、明确指向的理论或实践本能的需求；参与继续教育培训，时刻提醒自己跟上技术进步的节奏；升职的愿望和更新、精化自己知识和管理技能的需求；社会整体环境和知识价值论的激励（Regina & Anne，2009）。可见人们参与继续教育培训的动机很大程度上仅仅是为了单纯地提升自我修养和自我素质。

众所周知，大学的主要任务是科研与教学，在人才培养中，则可以通过对在岗人员有针对性的继续教育培训将尚为潜在生产力的研究成果更快捷地转变为现实，同时大学拥有各学科门类的优质师资队伍和良好的教学传统，因此，继续教育任务将主要由大学来承担。如香港持续进修学院每年要对将近 11 万人次的学员进行继续教育；截至 2008 年浙江大学的继续教育培训量达近 5 万人次。面对这样一个庞大的数字，如何进行专业化的管理成为首当其冲的问题，同时也是大学保证品牌打响知名度的关键之一。

专业化是培训品牌发展的必由之路。继续教育领域的从业人员需要专门的技能，继续教育机构需要专业化，继续教育领域也需要专业化的人才。只有专业化，培训项目的研发才会受到社会青睐，且不会被轻易复制；只有专业化，培训品牌才会具备核心竞争力。

德国学者认为，整个继续教育真正进入专业化阶段应该经历以下过程：

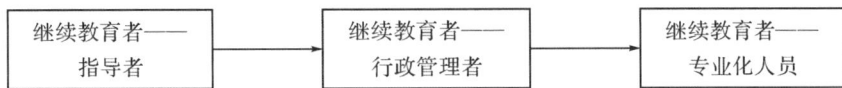

```
┌──────────┐      ┌──────────┐      ┌──────────┐
│ 继续教育者—— │ ───> │ 继续教育者—— │ ───> │ 继续教育者—— │
│ 指导者    │      │ 行政管理者 │      │ 专业化人员 │
└──────────┘      └──────────┘      └──────────┘
```

当继续教育者成为专业人员时，他所需的便是管理能力。但随着继续教育的不断发展，对于从事继续教育人员的素质要求日益提高，其职能也从传统的培训者衍变为各种职能角色，大多数从业教师不能适应这样的变化，因此诞生了新的专业人才即继续教育管理人员。西方学者卡夫特（Kraft）也明确指出继续教育者的能力是和该领域的任务和实践活动紧密相连的，组织和管理人员比较起继续教育的教师来讲需要的是特殊的不同的能力（Regina & Anne，2009）。显然，继续教育管理者的专业化是需要慎重思考，并全面提升与实践的问题。

知识型社会的推动，终身学习的需求，国内各大学进行的继续教育呈现不断上升的走势。学员数量的上升、层次的上升要求大学的继续教育无论从内容上还是形式上都要提升其素质。这无疑要求大学的继续教育实施管理与办学的分离，管理层面不断提升其专业化水平。

（二）大学继续教育专业化的需求

大学的继续教育作为新发展的一轨，各个方面都有待不断地发展和提升。

大多西方学者认为,继续教育承载了太多方面的活动,因此专业化的管理成了提升继续教育质量的直接手段之一,例如继续教育质量管理、继续教育市场营销和人力资源管理等都需要专业化的管理人员进行操作。除此之外,校内外的合作也同样需要全面、专业化的管理(Regina & Anne,2009)。可见专业化的管理对大学继续教育提升质量的作用得到了广泛的认可。

近年来,我国部分大学的继续教育因为管理不善出现了很多问题,例如一些院校管办不分,继续教育人员既当裁判员,又当运动员;由于工作量大、涉及范围广、情况复杂等情况导致整个大学的继续教育呈现一盘散沙;一些院校中的个别办学单位违反国家教育法规和学校的规定,擅自盗用国内甚至国外名牌大学的名义办班、办学;有的办学者以与学历挂钩为名欺诈招收培训生;甚至有的办学者将办学权以合作的名义转包给公司或个人;等等。这种纯粹以经济利益为目的的办班行为,既冲击了学校的正常教学秩序,又败坏了部分大学的办学声誉,同时也伤害了整个继续教育系统的利益,后果非常严重。可见,大学的继续教育管理质量的专业化是避免这些问题、提升大学继续教育质量的必然趋势。

管理的起点与终点的落实很大程度上依赖于继续教育管理人员的专业化水平。继续教育与全日制普通本科生教育和研究生教育相比较,具有较强的市场属性,要根据社会需求设计继续教育培训课程,开发继续教育市场;同时,参加继续教育培训的学员的主要目的是为了提升自我的专业素养,基本以学习而非"学历"为动机。这对管理人员在进行继续教育项目开发和实施时都相应地提出了要求,开发继续教育市场和课程需要投入一定的人力、物力,需要一定的市场开发经验,需要承担一定的风险。西方学者认为,人们能否积极参与大学举办的继续教育培训项目,继续教育项目的边际效应、内容的吸引度、课程的逻辑性等因素是较为主要的(Silvia,2009);我国部分研究型大学在继续教育中扮演了提供高层次培训项目的角色,这些培训的参与者大多是地方政府机关、大中型企事业单位的高层领导人以及高水平的专业技术人员等。研究型大学的继续教育要发挥学校的学科和师资优势,对这部分受训群体提供有针对性的、理论含量高、实用性强的课程并提供细致周到的服务,都需要高专业化水平的继续教育管理者。

## 二、大学继续教育管理者专业化要素

对于大学继续教育管理者专业化的要素,学界至今没有统一的定义,但随着大学继续教育的不断升温,学者们对继续教育管理者专业化应具备的要素逐渐形成了统一的认识。一般认为,大学继续教育管理者专业化应包含以下要素,即继续教育管理者所特有的价值观和理念、继续教育管理者所必须具备的行动能力,以及支持继续教育管理者进行实践的理论知识。

（一）对继续教育的深刻认识与坚定信念

知识经济时代的到来，信息化、数字化时代的到来，以及全球经济一体化发展等，均对劳动者的素质提出了更高的要求。我国领导人基于对马克思以人为本思想的确切解读，提出"人力资源是第一资源"的思想。中国今天要追赶其他国家，应该依靠人才资源优先发展战略。然而，近年来，高校全日制教育培养的人才与社会对人才的需求不相适应的矛盾日益激化，一方面高校出现巨大的就业压力，大批毕业生难以谋得理想职业，谋职要求不断降低；另一方面，国民经济各部门人才奇缺，难以获得具有战略思维和实战能力的大学毕业生。出现这一矛盾的主要原因是，传统的大学人才培养模式已不能适应新的社会人才观。澳大利亚著名企业家 Roderick West(1998)曾经谈道："许多毕业生在方法上太理论化，缺乏对管理和经济的基本认识与理解。对未来的生活毫无准备，也不知道忠诚、无私等品德的重要性。"

在 21 世纪，我国人才普遍存在"专业能力缺失"问题，我们每一个人，包括公务员、企业经营管理者、专业技术人才等，都要提升自己的职务（职位）能力，解决专业化、职业化问题。据 2006 年教育部《大学生就业现状调查》，我国企业对招聘大学生感到"满意"的比例仅 11.93％。由此可见，改变高等教育与经济社会发展相脱节的问题，必须提到高教改革的首要位置（沈荣华，2008）。我国现代化建设需要大批善于治党治国治军的领导人才，需要大批高水平的专业人才，需要大批熟悉国际国内市场、具有现代管理知识和能力的企业家，需要大批能够熟练掌握先进技术、工艺和技能的高技能人才。为此，大学更应关注各类应用性、专业性的人才培养，提升从业人员的职业能力和职业专业素养，从而满足社会的人才需求。

国家对人才观的重新定位很大程度上为继续教育管理者坚定继续教育的职能与作用明确了方向。继续教育管理者应当认识到，继续教育不再是大学提高学校财力、改善教职员工生活待遇的创收手段，而是推动社会向终身学习型社会迈进的有力催化剂，是为国家进一步培养专业人才、形成专业教育职前与职后一体化所不可或缺的组成部分，是培养专业人才、提升专业教育质量的有效平台。同时也应该认识到继续教育是大学的使命，是一项需要专业化发展的事业，对于继续教育管理者来说，专业化能够提高在职人员培训质量，为学校创造品牌效应。

只有对继续教育有深刻的认识和坚定的信念才能有系统地为继续教育服务，为参与继续教育的学员量身定制培训项目，为学校整体建设继续教育构建合理的方案等。

### (二)系统的继续教育行动能力

行动能力方面，非洲学者 Mpofu(2005)对其进行了具体的划分。他将其归结为以下四种能力：一是对继续教育的政策和实践进行批判性思考的能力；二是继续教育项目开发的能力；三是继续教育组织与管理的能力；四是关于继续教育的调研能力。

对国家继续教育政策批判性思考的能力，具体而言，可以理解为继续教育管理者具有对政策走向、宏观经济发展和市场动向敏锐的洞察力；善于从国家、地方政策文件中捕捉到未来社会发展方向，从而确定培训开发战略；善于从国际政治经济风云变幻中捕捉发展动态，从而为各行各业提供必须、适时的培训；善于从市场需求出发有效组织生源的市场营销能力；善于洞察受训者所在行业的特征、竞争环境、文化特征、人员特征和发展状况，据此设计受训者所需要的课程。

项目开发的能力具体可以理解为三方面的能力，即获取和挖掘培训资源的"营销"能力；具有建立和其他部门的联系，反馈培训效果的"公关"能力；计划、组织、控制培训活动，保证培训目标顺利实现的"管理"能力。继续教育管理者在项目开发的过程中应注意到不同的项目、不同的目标群，需要不同的培训方案，这样才能体现培训项目个性化。而"课程体系的个性化"是设计培训方案的关键之一，是吸引学员参训的主要因素，因此在进行继续教育项目开发时要体现受训者所在行业的特点，课程内容要体现行业的最新发展特点。

有关继续教育管理者的组织能力，其核心在于与他人协作交往的能力。培训工作能否顺利有效开展，关键在于是否能建构一个有战斗力的团队。众所周知，没有合作任何事都无法完成，因此管理者必须善于与授课教师合作，善于与其他专业院系合作；善于与环境友好协作，包括与社会部分公司、机构、学术团体之间亲密友好的往来，实现互惠互利等。这些都是继续教育管理者必备的能力。根据欧洲学者 Wagena(2007)的研究，继续教育管理者的交际、互动以及分析能力较之其他能力来讲更为重要。交际能力使得管理者能够有效地"营销"项目并冷静地分析反馈。互动能力包括在团体中处理突发事件的能力、处理争端行为的能力和相互影响的能力等。分析能力包括观察、调查及以良好的意识分析受训者的行为和学习绩效等。终身学习背景之下继续教育管理者的核心事务是与受训者进行互动，借此激励受训者抛开有关改变和学习的个人障碍(Vaiva & Margarita,2009)。因此，只有拥有协作交往能力，才能有效地组织好继续教育工作，将继续教育做精、做强。

至于继续教育管理者的研究能力，事实上是对继续教育管理者的学术能力、专业发展能力提出了相应的要求。理论来自于实践，实践依赖理论。理论对实践的指导作用、引导价值毋庸置疑,因此,继续教育管理者的学术修养也十分必要。继续教育管理者应该是学习专家,应该对培训规律做科学的研究,能运用各种激励手段和监督措施,选择和使用具体方法,保证受训者实施个人学习计划。反思并自主进行专业发展是提升继续教育管理者专业化的有效途径之一,作为终身学习的推动者,更应深入地贯彻终身教育的政策,自主地进行专业发展,通过各种途径,提升自我的专业素质。

(三)胜任多样角色的转化能力

国外对于继续教育管理人员有多种多样的称呼,如继续教育经理人、顾问师、继续教育项目经理等。英国学者罗杰·贝尔特认为:培训管理者应当是培训者、设计者、顾问、创新者、管理者(徐新容、张庆伟,2008)。事实上,继续教育管理人员应当具备上述各种角色所承担工作的能力。

作为培训者,继续教育管理人员应当提供学习内容、条件、信息绩效反馈和其他各种帮助;参与课堂教学、群体讨论、监督个人学习计划的执行和其他影响学习过程的所有活动。因此,作为培训者,应当是学习专家,要对培训规律做科学研究,能运用各种激励手段和监督措施,选择和使用具体方法,保证受训者实施个人学习计划。

作为继续教育的设计者,他应当具备设计、保持和实施培训计划的能力;及时把握培训需求,提供满足培训的各种课程、计划目标。

作为顾问,应当具备分析企业存在的问题,提出培训需求,寻找和评价解决问题的途径的能力;同时应当成为培训方面的权威,解决企业发展中涉及的培训问题,当好管理参谋。

创新者的能力应该是始终保持对市场和外在环境的高灵敏度,站在企业发展生命周期的最前端,预见企业发展趋势,并保持常新的思维状态。

而作为管理者,他必须对培训和发展活动进行计划组织、控制和提高,保证培训目标的实现;获取和挖掘培训资源,建立同其他部门的联系,检查培训效果等。

在这些角色中,继续教育管理者应该懂得适时转化,运用不同的角色责任、工作方式,综合地、集中地为学校继续教育服务。

### 三、大学继续教育管理者专业化提升策略

(一)确立大学继续教育专业性地位

大学继续教育管理者素质能否得到专业化提升,取决于继续教育本身在大学中是否拥有专业性地位。自从大学的"教学、科研、社会服务"三大职能成为高

等教育界的共识以来,高等院校具有继续教育职能的理念已被普遍接受,但对于高等院校,特别是研究型大学是否应当将继续教育置于学校的战略地位仍存在着分歧。为此,一些发达国家先后颁布了相关的法律法规,明确规定了大学是实施继续教育的重要机构。

美国1966年首次颁布了《成人教育法》,经1970年、1974年和1978年三次修改补充而逐步完善,明确规定了高等院校是实施成人教育培训的主要机构之一(赵玉林,2003)。所有的美国研究型大学的使命均包含了本科生、研究生和专业教育(professional education)(弗兰克,2007)。其中,专业教育实际上就是一种针对行业在岗人员专业素养提升与发展的继续教育培训(含专业学位教育),目的是促进受培训者在领导力(leadership)、实务(practice)和创新(innovation)等方面获得提高。

德国1976—2008年先后出台了《高校框架法》、《联邦法令规章与全国扩展继续教育成为第四教育领域基本原则》、《终身学习的新基础:继续扩展继续教育为第四教育领域》、《全民终身学习:扩展与强化继续教育》、《联邦职业教育法》等法律法规,明确规定继续教育是大学的义务和教授的任务;确立了继续教育在高等院校的核心任务地位,成为高校除教学、科研、学习之外的第四大支柱(庞学铨,2008)。

日本是亚洲第一个把终身教育法制化的国家,在制定众多终身教育政策文件的基础上,于1990年颁布了《关于完善为振兴终身学习政策的推进体制等的法制》。1993年12月,日本文部省又发表了《日本大学改革的进展和展望》的报告,提出了大学改革的方向之一就是发展终身教育(肖胜春、肖晓华,2005)。目前,日本重点高校形成了本科教育、研究生教育和继续教育三足鼎立的格局(许虎,2008)。

这些国家的相关法律法规的出台,使继续教育在大学中拥有了合法地位,继续教育成为大学的基本使命之一。继续教育既是大学人才培养的重要组成部分,也是大学服务社会的重要途径,同时也是大学获得宝贵的社会资源的桥梁。由此,继续教育在大学中确立了专业性地位,而要发挥这种专业性地位,开展有序有效的继续教育,则必须建设一支高素质、专业化的管理队伍。因此,相关法律法规的出台,是大学继续教育管理者专业化发展的必要前提。

(二)完善大学继续教育管理体制

大学继续教育管理者专业化发展需要一个良好的环境,而这种良好环境的构建离不开科学合理的继续教育管理体制。严格规范的制度约束将能引导继续教育管理者向专业要求发展。

2007年,我国教育部出台了《关于进一步加强部属高等学校成人高等教育和继续教育管理的通知》,明确指出继续教育需要依法治教,各校要高度重视继续教育的发展和规范管理,并纳入到学校党政领导重要的议事日程,系统研究发展、改革与规范管理的工作思路和措施,探索继续教育发展的新模式;要求大学整合资源,进一步理顺成人高等教育和继续教育的管理体制,实行统一归口管理,依法治教、规范办学。根据这一文件精神,大学应当把继续教育纳入到学校的整体发展进程之中,形成管理与办学的清晰格局。

目前,清华大学、浙江大学、华东师范大学等国内著名研究型大学相继实行了继续教育管办分离,建立了学校继续教育管理机关,全面管理全校的继续教育工作,继续教育学院作为专门的继续教育办学机构,摆脱了原有的管理职能,全身心地投入到开拓市场、扩大办学规模的工作之中,各专业院系建立了继续教育中心,根据自身学科、专业优势开展针对相关行业的专业化、高层次继续教育培训,着力开展专业技术人员高新技术知识培训、边缘和交叉学科高精技术培训。各办学单位的培训管理者明确了自身的办学定位,根据社会发展需要,研发大量的高层次培训项目。以浙江大学为例,2006年实施管办分离后的第一年,即2007年,其继续教育得到了跨越式的发展,到年底,培训班次同比增长25%,其中高层次培训达93.65%;到2008年年底,培训班次同比增长约56%,高层次培训达99.8%(祝怀新,2009)。在定位明确、规范严格的继续教育向高层次发展中,各办学单位的培训管理者在实践中不断得到磨砺,其素质不断提升,专业化程度持续提高。

(三)建立继续教育管理者认证体系

西方学者对继续教育管理者采用了项目经理(project manager)的标准,这些标准是根据他们普遍认定的继续教育管理者应该具备的基本能力构成的。美国的培训业之所以发达,就在于其培训机构都拥有一大批优秀的培训管理者。美国培训界普遍认为,每一个培训管理者均是培训机构的经营者,由于继续教育具有显明的市场化特征,因而除了要拥有与继续教育培训相关的专业知识并积累一定的经验外,还要具备普通企业管理知识和技能。因此,美国各培训机构对培训管理者的认定主要关注培训管理者是否具备高瞻远瞩的市场眼光,是否掌握一切有利于培训项目开发和推行的知识并将其转化为组织机构的系统资源(李建斌,2005)。

高校应当根据继续教育的性质,从继续教育管理者素质要求出发,建立继续教育管理者准入制,确保继续教育领域的从业人员都能较快地适应继续教育工作。同时,建立年度考核机制,建立继续教育管理者的奖励与淘汰机制,使继续教育工作朝着正确的方向发展。

### (四)构建继续教育管理者专业培训制度

继续教育成为大学的基本职能后,就应当建立起继续教育管理者和实施者的培训制度,对全校各学院继续教育管理与实施人员进行系统的培训。培训内容应当包括实施继续教育的目的与重点、继续教育管理与实施者应有的理念及其工作重心、继续教育管理与实施者的能力素养等。在保加利亚,所有的继续教育管理者均在人力资源发展中心接受专家的专业培训。整个欧洲对于继续教育者的专业期望中非常强调行政管理能力(Georgeos,2009)。

科学探索与研究也是继续教育管理者素质提升的重要手段。通过边实践边研究,培训机构将拥有一支有专门研究和独特见解的专家型培训团队。大学应当发挥其学术优势,鼓励继续教育从业者发展其研究能力,从而更好地顺应继续教育的规律,促进继续教育的科学发展。2008 年,浙江大学首次投入了近 20 万元的经费,设立了 23 项研究课题,立项范围包括继续教育的管理模式、资源整合、教育教学实践策略、培训项目开发、继续教育从业人员专业化发展等,以期通过此举促进继续教育管理者成为专家型、学者型的管理者,以继续教育研究支撑继续教育实践,以继续教育实践丰富继续教育研究。

此外,将继续教育作为教育学科的一个分支,培养层次高、专业性强的继续教育人才也是目前一些大学提升继续教育管理者专业水平的一个举措。目前,欧洲有 9 所大学提供了硕士学位的课程,课程内容包括:继续教育学习理论和实践、项目管理与规划、培训项目的设计与评价、培训训练师的方式与技能、团队构建与领导、危机管理、知识经济时代的领导学、绩效管理等共 4 学期 120 学分的课程(Raluca,2009)。我国一些院校的教育院系在比较教育、教育管理等专业的硕士、博士培养方案中设立了成人(继续)教育比较研究、成人(继续)教育管理研究等方向,有的院校还专门设立了成人教育硕士点,培养从事继续教育研究与实践的专门人才,为国家提升继续教育水平发挥基础性作用。

大学的基本职能是教学、科研和社会服务。继续教育既是人才培养,也是社会服务,同时也是科研成果转化的重要载体。因此,继续教育无疑是大学的重要使命,也是大学战略发展的重要组成部分,由此必须使大学继续教育管理者走向专业化,从而确保实现继续教育的专业化。

**参考文献:**

[1] Egetenmeyer,Regina & Anne Strauch. Adult education in Germany Challenges towards professionalization in Europe[J]. *Journal of Educational Sciences*,2009(11):87-94.

[2] Georgeos, K. A comparative assessment of NVAL policy development in South-Eastern

Europe：issue of quality of the professional staff involved［J］. *Journal of Educational Sciences*,2009(11)：73-86.

［3］Lucica,Silvia. The trainer as a persuasive agent［J］. *Journal of Educational Sciences*, 2009(11):51-56.

［4］Lupou, Raluca. Professionalisation pathways for adult educators in Romania［J］. *Journal of Educational Sciences*,2009(11):105-106.

［5］Mpofu,S. Issues in training of adult educators：An Africa perspective［C］//F. Youngman & M. Singh(eds.). *Strengthening the Training of Adult Educators：Learning from the Inter-regional Exchange of Experience*. UNESCO Institute for Education, Hamburg，2005；45-53.

［6］Wagena, J. B. Competenties van trainers in iteractie［D］. Groninge：Universiteit Groningen，Masterthesis Adult and Continuing Education,2007.

［7］West,Roderick. *Learning for Life Review of Higher Education Financing and Policy Commonwealth of Australia*［M］. J S McMillan Printing Group, 1998：56.

［8］Zuzeviciute, Vaiva & Margarita Tersevicine. Professional competence of trainers in lifelong learning contexts：the role of tacit-knowledge［J］. *Journal of Educational Sciences*,2009(11)：21-28.

［9］弗兰克·H. T. 罗德斯. 创造未来：美国大学的作用［M］. 王晓阳,蓝劲松,等,译. 北京：清华大学出版社,2007.

［10］李建斌. 美国培训管理者素质技能要求综述及其启示［J］. 清华大学教育研究,2005 (S1)：53-56.

［11］庞学铨,主编. 面向二十一世纪的继续教育［M］. 杭州：浙江大学出版社,2008.

［12］沈荣华. 解读新一届中央领导集体的人才观——兼论中国人才在 21 世纪的战略趋势 ［R］. 华东地区继续教育 2008 年会报告,2008-4.

［13］肖胜春,肖晓华. 发达国家继续教育的现状及发展趋势研究［J］. 继续教育研究,2005 (5):12-15.

［14］许虎. 美、日、法继续教育发展对我国的启示［J］. 继续教育,2008(7):61-63.

［15］徐新容,张庆伟. 培训管理者在企业干部培训中的角色［J］. 中国电力教育,2008(4): 26-28.

［16］赵玉林. 美国大学继续教育的基本经验［J］. 继续教育,2003(3)：63-64.

［17］中华人民共和国教育部. 教育部关于进一步加强部属高等学校成人高等教育和继续教育管理的通知［R］. 教高〔2007〕9 号. 中华人民共和国教育部文件,2007.

［18］祝怀新. 高等院校继续教育发展探索［R］. 福建省各党校校长教育战略高级研修班报告. 浙江大学,2009-4-20.

# 我国成人高等学历教育政策的功能分析

中山大学　赵过渡　曾祥跃

**【作者简介】**

赵过渡,男,原中山大学高等继续教育学院(网络教育学院)院长,教授。研究方向包括教育管理、行政管理等。

曾祥跃,男,中山大学高等继续教育学院(网络教育学院)院长助理,副研究员,研究方向包括网络教育、继续教育等。

本文为 2009 年第十届海峡两岸暨港澳高校继续教育论坛收录论文。

本文发表于《现代远距离教育》2010 年第 3 期。

我国成人高等学历教育的历史,是改革创新和持续调整的政策变迁史。伴随教育政策的变迁过程,我国的成人高等学历教育的发展,不断有新的办学形式派生,也不断有不适应社会发展的办学形式的消失。成人高等学历教育的发展过程表明,我国成人高等学历教育的发展与成人高等学历教育政策的导向与规范作用紧密相关。因此,梳理我国成人高等学历教育政策,分析成人高等学历教育政策的功能和特征,研究成人高等学历教育政策的导向作用,对于成人高等学历教育的可持续发展具有重要的意义。

## 一、我国成人高等学历教育政策的类型

我国成人高等学历教育的种类很多,总体来说,可以分为三大类型:一是传统意义的成人高等教育(以下简称成人高等教育),包括夜大、函授、脱产班、业大等;二是自学考试;三是现代远程教育,其中包括中央广播电视大学的开放教育。

新中国成立以来,我国成人高等学历教育的政策繁多。就已有的教育政策的研究成果看,大多是对教育或办学的种类以及发展阶段的研究,缺乏对教育政策的功能性分析。为了推进对成人高等学历教育政策的深入研究,笔者着力于

成人高等学历教育政策的功能研究。本文基于政策功能的分析,认为我国的成人高等学历教育政策是由生成性政策、发展性政策和规范性政策构成的。

1. 生成性政策

生成性政策是指能够促进新的成人高等教育类型、方式等产生的政策。我国成人高等学历教育主要的生成性政策如表1所示。

表1 我国成人高等学历教育主要的生成性政策

| 政策类型 | 政策名称 | 文 号 | 颁发时间 |
|---|---|---|---|
| 成人高等教育 | 关于中国人民大学实施计划的决定 | | 1949.12 |
| | 国务院批转教育部、中央广播事业局关于全国广播电视大学工作会议的报告的通知 | | 1979.1 |
| | 关于高等学校、中等专业学校举办干部专修科和干部培训班暂行办法的通知 | 〔80〕教计字257号 | 1980.8 |
| | 关于授予高等学校举办的函授、夜大学本科毕业生学士学位试点工作的几点意见 | 〔83〕教成字014号 | 1983.3 |
| | 1992年全国各类成人高等学校举(试)办大学专科起点本科班招生规定 | 教成〔1992〕2号 | 1992.1 |
| 自学考试 | 国务院批转教育部关于高等教育自学考试试行办法的报告 | 国发〔1981〕8号 | 1981.1 |
| 现代远程教育 | 关于启动现代远程教育第一批普通高校试点工作的几点意见 | 教电〔1999〕1号 | 1999.3 |
| | 教育部办公厅关于开展"中央广播电视大学人才培养模式改革和开放教育试点"项目研究工作的通知 | 教高厅〔1999〕1号 | 1999.4 |

2. 发展性政策

发展性政策是指能够促进成人高等学历教育发展壮大的政策。我国成人高等学历教育主要的发展性政策如表2所示。

表2 我国成人高等学历教育主要的发展性政策

| 类 别 | 文件名称 | 文 号 | 发布时间 |
|---|---|---|---|
| 成人高等教育 | 国务院批转教育部关于大力发展高等学校函授教育和夜大学的意见的通知 | 国发〔1980〕228号 | 1980.9 |
| | 国家教育委员会关于改革和发展成人教育的决定 | 国发〔1987〕59号 | 1987.6 |
| | 国务院办公厅转发国家教委关于进一步改革和发展成人高等教育意见的通知 | 国办发〔1993〕3号 | 1993.1 |
| 自学考试 | 国家教委关于加强自学考试工作的意见 | 教考〔1991〕3号 | 1991.8 |
| | 国家教育委员会关于高等教育自学考试社会助学工作的意见 | | 1995.11 |

续表

| 类　别 | 文件名称 | 文　号 | 发布时间 |
|---|---|---|---|
| 现代远程教育 | 关于对中国人民大学等十五所高校开展现代远程教育试点工作的批复 | 教高厅〔2000〕8 号 | 2000.7 |
| | 关于对北京中医药大学等五所高校在成人教育形式当中开展现代远程教育试点工作的批复 | 教高厅〔2000〕9 号 | 2000.7 |
| | 关于支持若干所高等学校建设网络教育学院　开展现代远程教育试点工作的几点意见 | 教高厅〔2000〕10 号 | 2000.7 |
| | 教育部办公厅关于对华东师范大学等六所高校开展现代远程教育试点工作的批复 | 教高厅〔2001〕1 号 | 2001.1 |
| | 教育部办公厅关于对北京科技大学等 21 所高校开展现代远程教育试点工作的批复 | 教高厅〔2002〕2 号 | 2002.2 |
| | 教育部关于加强高校网络教育学院管理提高教学质量的若干意见 | 教高〔2002〕8 号 | 2002.7 |

### 3.规范性政策

规范性政策是指规范成人高等学历教育办学的政策。我国成人高等学历教育主要的规范性政策如表 3 所示。

表 3　我国成人高等学历教育主要的规范性政策

| 类　别 | 文件名称 | 文　号 | 颁发时间 |
|---|---|---|---|
| 成人高等教育 | 一九八六年各类成人高等学校实行全国统一招生规定 | 〔86〕教高三字 003 号 | 1986.2 |
| | 关于普通高等学校成人教育治理整顿工作的若干意见 | 教成〔1990〕012 号 | 1990.6 |
| | 教育部关于加强成人高等教育招生和办学秩序管理的通知 | 教发〔2007〕23 号 | 2007.11 |
| 自学考试 | 教育部关于加强普通高等学校高等教育自学考试社会助学管理工作的通知 | 教成〔1998〕3 号 | 1998.6 |
| 现代远程教育 | 教育部办公厅关于加强现代远程教育招生工作管理的紧急通知 | 教高厅〔2001〕9 号 | 2001.8 |
| | 教育部办公厅关于对现代远程教育试点高校网络教育学生部分公共课实行全国统一考试的通知 | 教高厅〔2004〕2 号 | 2004.1 |
| | 教育部办公厅关于印发《现代远程教育校外学习中心(点)暂行管理办法》的通知 | 教高厅〔2003〕2 号 | 2003.3 |
| | 教育部办公厅关于做好 2004 年现代远程教育试点学校网络教育招生工作的通知 | 教高厅〔2004〕9 号 | 2004.2 |
| | 关于加快对现有现代远程教育校外学习中心(点)清理整顿工作的通知 | 教高司函〔2004〕141 号 | 2004.6 |

### 二、成人高等学历教育政策的功能分析

不同的成人高等学历教育政策具有不同的功能,其在成人高等学历教育中也发挥着不同的作用。

(一)生成性政策的功能分析

1. 产生了各类办学形式

其一,成人教育形式包括夜大、函授教育。夜大、函授教育产生的政策文件是 1949 年 12 月教育部颁发的《关于中国人民大学实施计划的决定》,文件要求该校开办夜大学。1950 年,中国人民大学夜大学正式招生。1953 年,中国人民大学开办函授教育。

其二,电大教育。早在 20 世纪 60 年代前期,北京、上海、天津和辽宁等省市就试办过面向地区性的电视大学。但是面向全国的电大教育是从 1979 年开始的,产生全国性电大教育的政策文件是 1979 年 1 月颁发的《国务院批转教育部、中央广播事业局关于全国广播电视大学工作会议的报告的通知》,同年 2 月,经国务院批准,由教育部、中央广播事业局共同在北京市建立了中央广播电视大学,正式开始了全国性的电大教育。

其三,自学考试教育。自学考试教育产生的政策文件是 1981 年 1 月颁发的《国务院批转教育部关于高等教育自学考试试行办法的报告》(国发〔1981〕8 号)。北京、上海、天津在国务院的批示下先期试点,经过两年的试点,我国自学考试全面铺开。

其四,现代远程教育。1998 年 7 月,李岚清副总理对教育部致国务院的"关于报请批转《关于发展我国现代远程教育的意见》的请示"作了批示,教育部根据该批示,指定清华大学、浙江大学、北京邮电大学、湖南大学 4 所普通高校进行现代远程教育试点。[1]

普通高校开展网络教育试点的政策文件为 1999 年 3 月颁发的《关于启动现代远程教育第一批普通高校试点工作的几点意见》(教电〔1999〕1 号),中央广播电视大学开展开放教育试点的政策文件是 1999 年 4 月颁发的《教育部办公厅关于开展"中央广播电视大学人才培养模式改革和开放教育试点"项目研究工作的通知》(教高厅〔1999〕1 号)。

2. 催生了新的办学层次

我国自 1992 年开始开展专升本科层次的成人高等学历教育办学。产生专升本科办学层次的政策文件是 1992 年 1 月颁发的《1992 年全国各类成人高等

学校举（试）办大学专科起点本科班招生规定》（教成〔1992〕2 号），该文件规定部分经国家教育委员会批准的高校可以招收专升本科学生，专升本科招生纳入国家成人高等教育事业计划。

### 3.诞生了成人学士学位

为符合条件的成人学生颁发成人学士学位标志着成人高等学历教育进入了一个新的历史时期。诞生成人学士学位的政策文件是 1983 年 3 月颁发的《关于授予高等学校举办的函授、夜大学本科毕业生学士学位试点工作的几点意见》（〔83〕教成字 014 号），文件指出"由于函授、夜大学与日校情况不同，对授予学士学位工作尚无经验，故决定先在同济大学、华东师范大学、东北师范大学、哈尔滨工业大学进行试点，待取得经验后再逐步铺开"。

### （二）发展性政策的功能分析

#### 1.促进了成人高等教育的发展

主要表现在以下三个方面：

一是确定了高等学校成人高等教育的发展方针，并对成人高等教育的办学规模提出了具体要求。1980 年 9 月颁发了《国务院批转教育部关于大力发展高等学校函授教育和夜大学的意见的通知》（国发〔1980〕228 号）文件，规定"高等学校举办函授教育和夜大学的工作，应当采取积极恢复、大力发展的方针。到 1985 年全国高等学校举办的函授教育和夜大学本科、专科在校学生总数，要达到相当于全日制高等学校在校学生人数三分之一以上"。该政策对于成人高等教育的发展起着非常重要的促进作用，从图 1 可以看出，从 1981 年到 1985 年，成人高等教育招生人数呈现直线上升趋势。1981 年招生人数为 17.11 万人，1985 年为 78.78 万人，[2] 1985 年的招生人数比 1981 年增长了 413％。

二是进一步明确了发展成人高等教育的战略意义。1987 年 6 月颁发了《国家教育委员会关于改革和发展成人教育的决定》（国发〔1987〕59 号）文件，指出"大力发展成人教育，不断提高亿万劳动者的思想道德素质和科学文化素质，使经济和社会的发展具有更加坚实可靠的人才基础，这对于把我国建设成为高度民主、高度文明的社会主义现代化国家具有重要的战略意义"。在该政策文件的促进下，1988 年的招生人数为 69.83 万，比 1987 年的 49.83 万人增长了40.14％（见图 1）。

三是拓宽了成人教育发展的社会化途径，对办学形式、层次和规模提出了要求。1993 年 1 月颁发了《国务院办公厅转发国家教委关于进一步改革和发展成人高等教育意见的通知》（国办发〔1993〕3 号）文件，指出"动员社会各方面的力量大力支持、积极兴办多种形式、多种层次、多种规格的成人高等教育，进一步增

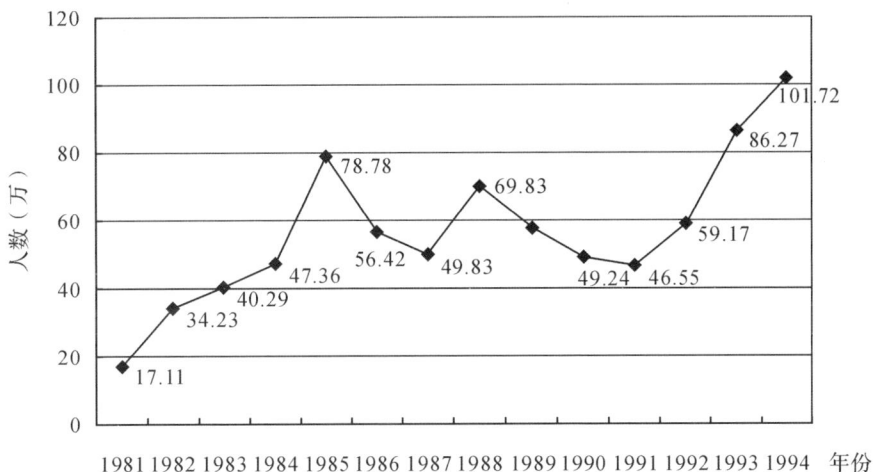

图 1　全国成人高等教育招生人数(1981—1994)

加和拓宽社会成员接受高中后教育的机会和渠道,使成人高等教育为经济和社会发展提供更加广泛的服务"。在该政策文件的促进下,1993 年的招生人数为86.27 万,比 1992 年的 59.17 万增长了 45.80%。1994 年的招生人数在 1993 年的基础上增加了 17.91%(见图 1)。

2. 促进了自学考试的发展

鉴于自学考试的特殊形式,自学考试发展性政策主要是为了解决办学资源难以适应自学考试者需求之间的矛盾。发展性政策对自学考试的促进作用主要有两个方面。

第一,积极鼓励和支持社会化的多元构成的助学活动。1991 年 8 月颁发了《国家教委关于加强自学考试工作的意见》(教考〔1991〕3 号)文件,该文件指出"社会助学是自学考试工作的重要组成部分。各级教育行政部门和自学考试机构,应积极鼓励和支持政府职能部门、企事业单位、民主党派和社会团体根据自学考试的专业考试计划和课程自学考试大纲的要求,通过多种形式开展助学活动"。该文件鼓励开展各种形式的社会助学活动,社会助学活动的繁荣也促进了自学考试报名人数的上升。从图 2 可以看出,1991 年的自考报名人数为 535.52万,比 1990 年的 436.24 万增长了 22.76%,1992 年的自考报名人数又在 1991年的基础上增长了 9.25%。

第二,确定了发展社会助学工作的政策导向,即积极支持、正确引导、改善服务、加强管理。1995 年 11 月颁发了《国家教育委员会关于高等教育自学考试社会助学工作的意见》文件,指出"个人自学、社会助学是高等教育自学考试系统中的教育活动,是国家考试的基础和重要条件。……各级教育部门、高等教育自学

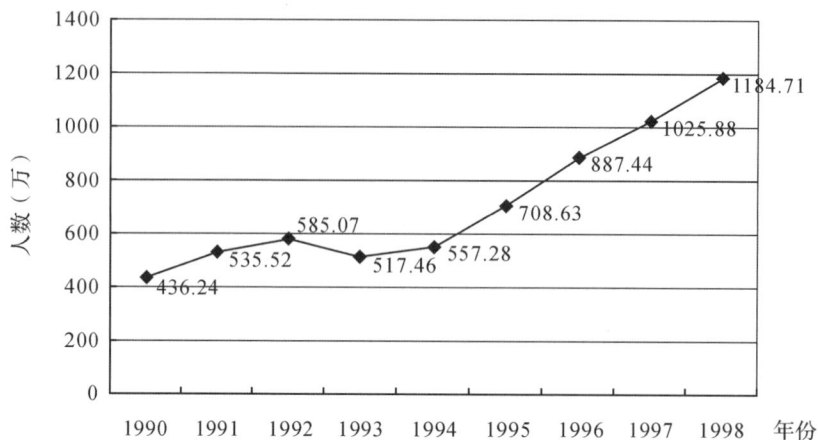

图 2　全国自学考试报名人数(1990—1998)

考试办公室对社会助学应积极支持、正确引导、改善服务、加强管理,使其充分发挥教育功能,促进自学考试事业的发展"。该文件要求积极支持社会助学活动,充分发挥社会助学的教育功能。在该政策文件的促进下,1995 年的自考报名人数比 1994 年增长了 27.16%,1996 年自考报名人数比 1995 年增长了 25.23%(见图 2)。

　3.促进了现代远程教育的发展

现代远程教育在我国具有极其重要的意义和最为广阔的发展远景,在教育政策的制定和执行中,主要从三个方面加大了对现代远程教育发展支持力度。

一是扩大了远程教育试点范围。教育部自 2000 年 7 月颁发《关于对中国人民大学等十五所高校开展现代远程教育试点工作的批复》(教高厅〔2000〕8 号)文件后,陆续颁布了教高厅〔2000〕9 号、教高厅〔2000〕10 号、教高厅〔2001〕1 号、教高厅〔2002〕2 号四个文件,试点高校数量从 1999 年的 5 家猛增至 66 家。其中 2000 年批准 26 家,2001 年批准 14 家,2002 批准 22 家。[3]试点高校数量的增加,大大扩大了远程教育试点的门类和范围,对于丰富远程教育试点经验具有非常积极的意义。

二是明确了现代远程教育的办学方向,对提高教学质量提出了具体要求。2002 年 7 月颁发了《教育部关于加强高校网络教育学院管理提高教学质量的若干意见》(教高〔2002〕8 号)文件,要求"高校网络教育学院要以在职人员的继续教育为主。要减少并停止招收全日制高中起点普通本专科网络教育学生",并要求高校"尽快建立本校的网络教育质量标准,并按照本校制定的质量标准,从严管理,保证网络教育学院的教学质量"。

三是促进了远程教育办学规模的增长,随着试点高校数量的不断增长,试点范围的不断扩大,远程教育的办学规模得到了大幅度的增长。2003 年招生人数 77.66 万,比 2002 年的 43.42 万增长了 78.86%。2002—2007 年,年平均增长率为 25.8%(见图 3)。

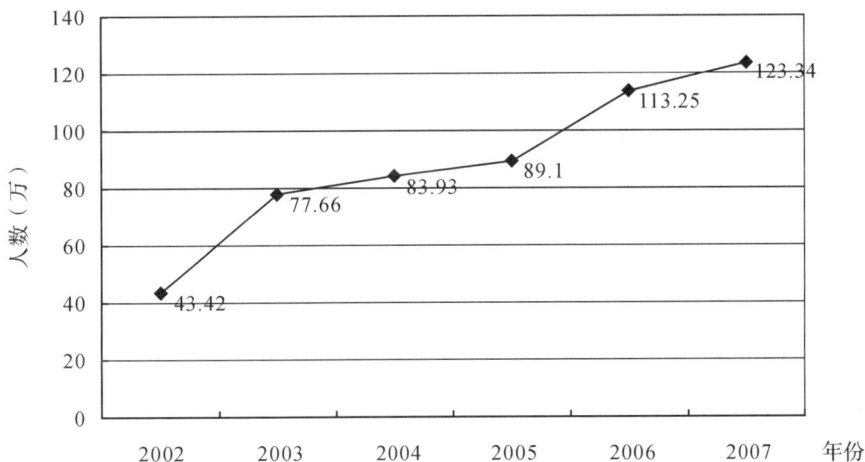

图 3 全国远程教育历年招生人数

（三）规范性政策的功能分析

1. 对成人高等教育办学行为的规范

由于成人高等教育的规模性发展,在办学过程中出现了"乱办学、乱招生、乱收费、乱发文凭"等不规范行为,为保证我国成人高等教育的健康发展,国家主要采取了以下四方面的政策措施,对办学行为加以规范。

一是实行全国统一的招生入学考试。1986 年 2 月颁发了《一九八六年各类成人高等学校实行全国统一招生规定》(〔86〕教高三字 003 号)文件,指出:"为加强对成人高等教育的宏观管理,提高新生入学质量,促进成人教育结构的调整和成人高等教育的健康发展,决定一九八六年各类成人高等学校实行全国统一招生。"可以说 1986 年我国成人高校招生实行全国统一入学考试,是我国现代高等教育史上的一件大事,是成人高等教育发展的一个重要里程碑。

二是进一步明确了函授、夜大学办学的地域和范围。1990 年 6 月颁发了《关于普通高等学校成人教育治理整顿工作的若干意见》(教成〔1990〕012 号)文件,指出:"高校成人教育存在的主要问题是:一些学校办学指导思想不够端正,管理松弛,质量下降;少数学校存在着乱办学、乱收费、乱发文凭的'三乱'现象;宏观管理亟待加强。"要求"夜大学限在便于学生走读的学校所在地招生;函授教育的课程面授由主办学校负责,不能委托函授站等其他单位进行";"函授、夜大学均应以业余学习为主。严格控制函授学历教育的招生范围。今后,省、自治区、直辖市、计划单列市所属学校举办的函授教育招生及设函授站,一般不得超出学校所在的省、自治区、直辖市"。这一文件的出台对于规范夜大、函授的办学行为起到了积极的作用。

三是进一步明确了成人高等教育的办学定位,停止了成人脱产班的招生。2007年11月颁发了《教育部关于加强成人高等教育招生和办学秩序管理的通知》(教发〔2007〕23号)文件,指出"加大成人高等教育结构调整力度。成人高等教育要积极适应在职从业人员的需求,继续坚持以业余学习为主的办学形式,从2008年起,普通高等学校停止招收成人脱产班,成人高等学校招收成人脱产班的规模要根据具体行业需求从严、合理确定"。这是对成人高等教育办学定位的进一步明确。

四是对办学规模进行了控制。过大的办学规模必然会影响教学质量,对办学规模的适当控制,可以确保成人高等教育的教学质量,促进成人高等教育的可持续发展。历次规范性政策对办学规模的控制情况见图4。

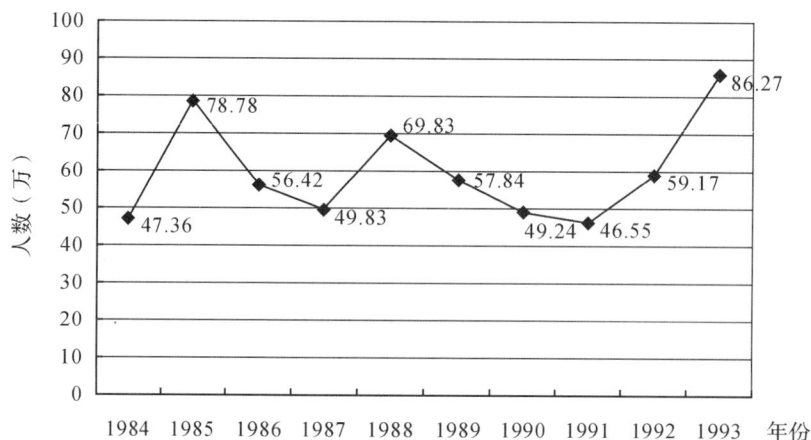

图4　全国成人高等教育招生人数(1984—1993)

1986年颁发《一九八六年各类成人高等学校实行全国统一招生规定》文件后,1986年的招生人数比1985年下降了28.38%,1987年的招生人数比1986年又下降11.68%(图4)。

1990年6月颁发《关于普通高等学校成人教育治理整顿工作的若干意见》文件后,1990年的招生人数为49.24万,比1989年的57.84万减少了14.87%,1991年的招生人数又比1990年降低了5.46%(图4)。

2. 对自学考试的规范作用

社会助学是自学考试制度的重要构成,我国的自学考试助学单位的组织构成复杂多样,且具有数量大、分布广的特点,因此,对社会助学的规范成为教育部新政策的重点。

（1）社会助学的规范要点。自学考试的规范作用主要表现为对自学考试社会助学工作的规范。1998 年 6 月颁发的《教育部关于加强普通高等学校高等教育自学考试社会助学管理工作的通知》（教成〔1998〕3 号）文件，要求"普通高等学校从严控制举办全日制社会助学班。举办社会助学班，不得以营利为目的，不得挤占学校的教育教学设施，不得影响学校正常秩序"。这一政策的出台，进一步明确了高校在自学考试中的定位，突出了高校的自学考试主考功能，弱化了高校自学考试的助学功能。

（2）政策规范对自学考试报名人数的影响。1998 年 6 月颁发《教育部关于加强普通高等学校高等教育自学考试社会助学管理工作的通知》文件后自学考试报名人数情况见图 5，1998 年、1999 年、2000 年的自考报名人数增长率分别为 15.48％、10.74％、4.72％，其中 2000 年为自学考试报名人数的顶峰。说明该政策出台后，对于自学考试报名人数影响不大，只是延缓了报名人数的增长趋势。

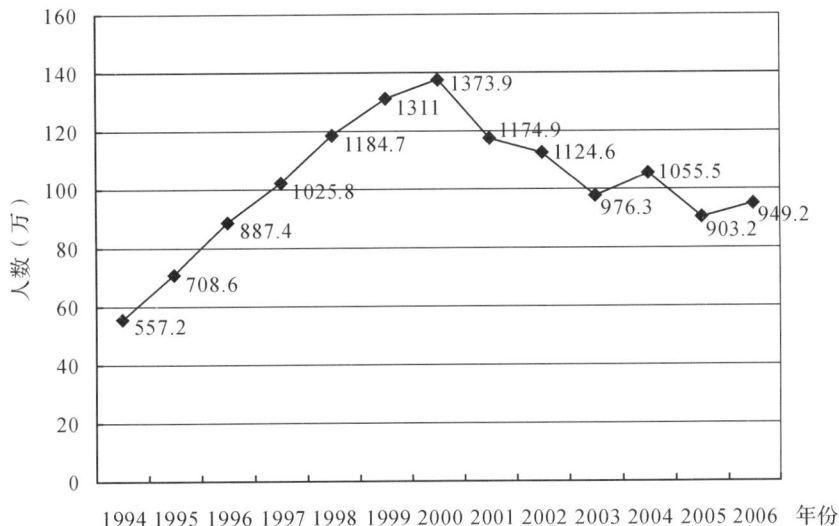

图 5 全国自学考试报名人数（1994—2006）

### 3. 对现代远程教育办学的规范

随着现代远程教育的快速发展，出现了规模扩张与办学质量不相协调的问题，引起社会的广泛关注，为及时解决这一问题，教育部加强了对现代远程教育办学的政策规范，规范的主要内容有以下四个方面。

一是对招生工作的规范。2001 年 8 月颁发了《教育部办公厅关于加强现代远程教育招生工作管理的紧急通知》（教高厅〔2001〕9 号），对以现代远程教育试点学校的名义乱发招生广告、乱招生、乱收费的现象进行了规范。2004 年 2 月颁发了《教育部办公厅关于做好 2004 年现代远程教育试点学校网络教育招生工作的通知》(教高厅〔2004〕9 号)文件,第一次对违规招生的试点高校采取了停止招生的措施。2004 年至今,每年都出台招生工作文件,对招生工作提出要求,对违规高校进行停止招生的处理。

二是对校外学习中心的规范。校外学习中心是试点高校延伸的服务机构,也是现代远程教育最容易出现问题的环节。为此教育部专门出台了两个规范性文件,一是 2003 年 3 月颁发的《教育部办公厅关于印发〈现代远程教育校外学习中心(点)暂行管理办法〉的通知》(教高厅〔2003〕2 号),进一步明确了校外学习中心的工作任务,明确了校外学习中心应该举办的条件。二是 2004 年 6 月颁发的《关于加快对现有现代远程教育校外学习中心(点)清理整顿工作的通知》(教高司函〔2004〕141 号)文件,指出"目前仍存在部分试点高校在未获得省级教育行政部门审批的校外学习中心继续违规招生的现象",要求对校外学习中心违规招生行为进行治理整顿。

三是对教学质量的规范。为了保障教学质量,教育部于 2004 年 1 月颁发了《教育部办公厅关于对现代远程教育试点高校网络教育学生部分公共课实行全国统一考试的通知》(教高厅〔2004〕2 号)文件,指出"统一实行全国统一大纲、统一试题、统一标准";"考试对象为试点普通高校的本科层次网络教育的学生和中央广播电视大学'人才培养模式改革和开放教育试点'项目的本科层次学历教育的学生。2004 年 3 月 1 日以后(含 3 月 1 日)入学注册的学生的统考合格成绩作为教育部高等教育学历证书电子注册资格的条件之一"。该政策的出台对于保障远程教育的教学质量具有积极的作用。

四是对办学规模的控制。规范性政策出台主要是在 2003—2004 年,从图 6可以看出,2003 年、2004 年网络教育招生人数增长率趋缓。2004 年招生人数比2003 年增长了 8.12%,2005 年的招生人数比 2004 年增长了 6.08%,远远低于2003 年 78.86% 的年增长率和 2006 年 27.1% 的年增长率。由此可见,规范性政策对于控制远程教育的办学规模有一定的效果。

### 三、成人高等学历教育政策的特征分析

我国成人高等学历教育政策功能的作用表明,政策的制定具有明显的变迁性质,就政策变迁的整体情况看,它有着三个主要特征。

1. 先试点,再铺开

生成性政策出台的轨迹是先进行试点,然后再全面铺开。可以从以下事实

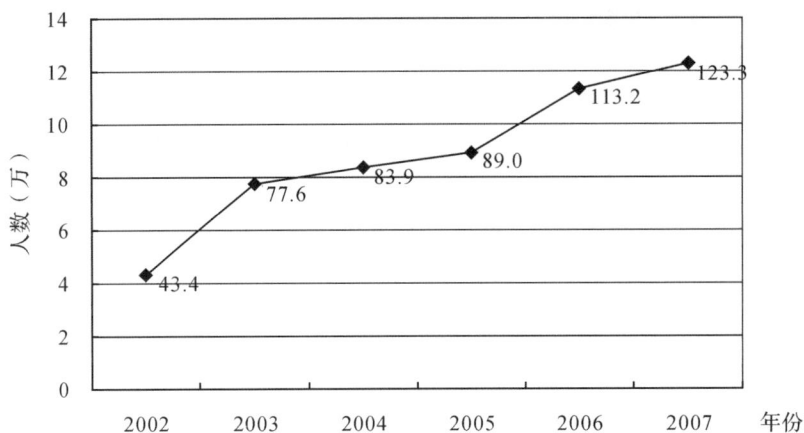

图 6　全国网络教育历年招生人数

看出。

从夜大、函授教育形式的产生看,夜大、函授教育首先在中国人民大学开展,然后才在全国逐渐铺开,高校开展夜大、函授教育需要经过教育部的批准。

从自学考试形式的产生看,自学考试政策出台后,教育部没有马上在全国铺开,而是先在北京、上海、天津和辽宁等省市开展试点工作,经过两年的试点,再逐步铺开。

从现代远程教育的产生看,现代远程教育所采取的策略仍然是先试点,然后铺开。目前,全国共批准现代远程教育试点高校 68 所,仍然处在试点中。

从成人学士学位授予工作看,教育部也是先在同济大学等四所高校试点,试点成功后,直到 1988 年,国务院学位委员会才正式颁布《国务院学位委员会关于授予成人高等教育本科毕业生学士学位暂行规定》,标志着成人学士学位授予工作已成熟。

2. 先发展,后规范

积极的发展性政策往往会带来办学不规范的问题,办学不规范的问题需要规范性政策进行规范。

其一,成人高等教育。

(1)教育部在 1980 年发文大力发展成人教育后,出现了规范性问题。于是,教育部于 1982 年颁发了《关于高等学校函授教育和夜大学招收新生工作的几个问题的初步意见》。1984 开始实行由省、市、自治区统一招生考试,1986 年开始由全国统一招生考试。

(2)教育部在 1987 年发文大力发展成人教育后也出现了规范性问题,于是,教育部于 1990 年颁发了规范性文件《关于普通高等学校成人教育治理整顿工作的若干意见》,规范成人高等教育的办学行为。

(3)国务院学位委员会于 1988 年颁布《国务院学位委员会关于授予成人高等教育本科毕业生学士学位暂行规定》后也出现了规范性问题。于是,于 1991 年颁发了《国务院学位委员会、国家教委关于整顿普通高等学校授予成人高等教育本科毕业生学士学位工作的通知》,规范学士学位工作。

其二,自学考试。

教育部在 1995 年颁发自学考试的发展性政策后,出现了规范性问题,于 1998 年颁发了《教育部关于加强普通高等学校高等教育自学考试社会助学管理工作的通知》,规范自学考试社会助学工作。

其三,现代远程教育。

教育部在 2000—2002 年陆续发布了多个发展性政策文件,鼓励试点高校积极探索现代远程教育办学模式。而且对现代远程教育采取了很宽松的政策:自主招生、自主组织入学考试、自主录取学生、自主确定文凭类型等。极度宽松的现代远程教育发展性政策必然会带来规范性问题。自 2003 年开始,教育部陆续出台了一系列的规范性政策,规范现代远程教育的办学行为。

3.从规模发展到质量提升

促进成人高等教育发展的三个标志性文件充分体现了从规模发展到质量提升的特征。

1980 年的《国务院批转教育部关于大力发展高等学校函授教育和夜大学的意见的通知》文件,特别强调办学规模的发展,如要求"1985 年全国高等学校举办的函授教育和夜大学本科、专科在校学生总数,要达到相当于全日制高等学校在校学生人数三分之一以上";1987 年颁发的《国家教育委员会关于改革和发展成人教育的决定》政策,也强调成人高等教育的规模发展,如文件中提到"一些地方和部门的领导同志对改革、开放和两个文明建设向成人教育提出的巨大需求估计不足",并要求"制定相应的政策措施,充分调动地方和企业事业单位举办成人教育的积极性"。然而在 1993 年出台的《国务院办公厅转发国家教委关于进一步改革和发展成人高等教育意见的通知》(国办发〔1993〕3 号)中,则更强调质量提升的理念。如文件中要求"强化成人高等学历教育质量控制机制,切实保证国家高等教育的质量和规格"。

## 四、关于成人高等学历教育政策的几点思考

成人高等学历教育政策对于我国成人高等学历教育的发展起着非常重要的导向作用。各种成人高等学历教育办学形式是在成人高等学历教育政策的引导

下产生,并在成人高等学历教育政策的规范下发展的,同时,也是在成人高等学历教育政策的不断创新下而与社会发展的要求相适应的。因此,成人高等学历教育政策的导向,必须更加注重从遵从教育规律、适应国家实情、满足社会需求、充分发挥高校主体作用等方面出发,更加充分地体现其政策价值。就今后教育政策的导向而言,尤其应突出以下问题。

1.促进各种办学类型的互通,促进各种办学资源的共享

当前成人高等学历教育的办学类型繁多,每种办学类型都有相对独立的政策法规,各种办学类型相互隔离。鉴于成人高等学历教育的对象都是成人学生,因此,应该打通各类办学类型的体制隔离,实现各种办学类型的相互沟通,做到"办学形式不单一,办学体制不隔离"。

2.引导高校从关注规模发展转变到关注质量提升上来

随着我国高等教育的快速发展,成人高等学历教育的办学方向也在逐渐从规范办学走向质量提升,因此,成人高等学历教育政策应该引导高校进一步重视办学质量,狠抓办学质量的关键点,如招生、教学过程管理、教学质量评估等环节。

3.明确高校办学职能与成人高等学历教育发展的相互关系

随着教育大众化的不断发展,构建学习型社会已成为我国高校的重要任务,要完成这样的任务,必须处理好高校办学职能与发展成人高等学历教育的关系。目前急需解决的问题是,高校的办学职能在发展成人高等学历教育方面未能得到明确的体现,如高校对发展成人高等学历教育的投入不够充分、对成人高等学历教育的组织不够重视、对成人高等学历教育发展方向的调整不够及时等,出现了高校办学职能与成人高等学历教育发展不相协调的问题。

为适应我国发展成人高等学历教育的社会需要,为适应成人高等学历教育自身发展的需求,必须适时调整教育政策的导向,注重教育政策的功能构成与有效实现,才能保障成人高等学历教育的可持续发展,才能真正促进终身教育体系的建设,才能在成人高等学历教育的发展中充分发挥高校的主力军作用。

**参考文献:**

[1] 丁兴富.我国组织实施跨世纪的现代远程教育工程——中国远程教育的历史发展和分期(3)[J].现代远距离教育,2001(3):7-12.

[2] 杨际军.改革开放以来影响成人高等教育发展的政策法规探析[J].成人教育,2008(10):25-26.

[3] 张尧学.高校现代远程教育调查与思考[J].中国远程教育,2004(16):18-22.

# 对继续教育创新的思考

武汉大学　陈继红

【作者简介】

陈继红,女,武汉大学继续教育学院,职员,主要研究方向:高校继续教育、高等教育自学考试等。

本文为2009年第十届海峡两岸暨港澳高校继续教育论坛收录论文。

随着知识经济时代的到来,在信息化社会里现代科技正迅猛地渗透到社会的各个领域。由于工作岗位结构的调整越来越快,强调知识发展、扩散,不断更新知识结构,提高个人的专业技术水平尤为必要,因此接受高等教育的需求日益迫切;生活质量的不断提高又为高等非学历教育提供了旺盛的社会需求。包括多种形式的学历教育和非学历教育在内的高等继续教育承担着高等教育大众化和高层次岗位培训、学历提高的双重任务,成为在职从业人员适应社会发展需要,提升、完善、强化个人社会竞争能力的重要渠道,在提高国民素质、培养数以千万计的专门人才和全面建设小康社会的宏伟进程中扮演着越来越重要的角色。以教育为本的知识经济迅速兴起,人类社会已进入学习型社会。党的十六大提出"形成全民学习、终身学习的学习型社会,促进人的全面发展",明确了构建学习型社会的理想目标。继续教育当前的一个重要任务就是坚持党的十六大提出的终身教育思想和构建学习型社会的崭新目标,在各个方面积极营造良好的氛围和环境,推进继续教育的创新与发展。

继续教育是开创学习型社会的重要组成部分,也是整个教育体系的重要组成部分,并且因其在培训对象、培训内容、培训机制等方面的特殊性,更需要且更能体现创新性。因此,进一步认识、把握和实施教育创新,将人类的创造成果不断运用到继续教育活动之中,不断地探求继续教育观念思路的创新、教学内容和培训形式的创新、继续教育办学体制和运行机制的创新,对于实现继续教育在

21 世纪的跨越式发展,实现党的十六大提出的"全面建设小康社会"和"推进人的全面发展"的奋斗目标,具有极其重大的战略意义。从教育创新的角度看,继续教育工作从理论到实践,从制度到方法,从规模、质量到效益,方方面面都需要创新。继续教育创新是一项繁重而复杂的系统工程,其内容涉及方方面面,本文着重谈以下几点。

## 一、继续教育观念的创新

观念支配着人的行动,有了全新的观念,才会有全新的实践和全新的发展。继续教育创新,最重要的是更新教育观念,确立与 21 世纪我国经济和社会发展需要相适应的教育观和人才观。教育观念是人们在一定的社会实践中,对教育的各种现象和各个方面理论的概括和总结,反过来它又成为教育行为的指南、教育创新的先导和前提。观念创新可以说是继续教育发展的原动力。继续教育必须以开放的思维、创新的观念,不断拓展继续教育发展的新思路,实现改革的新突破,创造办学的新局面,推动继续教育事业的发展。

首先应是对继续教育认识上的创新。目前社会上许多人,甚至是一些从事继续教育工作的人,对继续教育的范畴在认识上还存在一定的局限性。如将继续教育限定于大学后、非学历、对专业技术人员进行的专业技术教育等,将众多本应包含在继续教育框架内的教育活动人为地排除在外。观念上众多的限定词严重束缚了继续教育在纵向和横向上的拓展。开展和发展继续教育是构建终身教育体系的需要,继续教育在推进全民终身教育与终身学习方面起着至关重要的作用,是建设学习型社会的重要标志,是全面提高民族素质的关键力量。处于新时期终身教育背景下的继续教育,应是一个"无限制的领域",所有的社会人员,都应是继续教育服务的对象。继续教育应被视为在正规教育系统之外,对全体国民的素质进行不断提高和发展的广泛教育途径,其形式可以各式各样,其内容可以无所不包。继续教育意义下的学习者,其最终目的是不断培养人才,改变人们的知识结构,满足人们终身学习的愿望,使之适应经济、社会发展的全面需求,要全面开发人力资源,实现人的全面和谐发展。

其次还应转变办学的指导思想。继续教育不同于普通高等教育,要以市场经济运行的法则出发,进一步转换继续教育新理念,融入市场经营理论,主动出击,开门办学,开放式办学,树立竞争意识、质量意识、服务意识和品牌意识,奋力拓宽继续教育办学新视野,适时开发新的培训项目,增强培训的吸引力和竞争力。

## 二、继续教育政策与法规的创新

政策是行动的指南,法规是行动的保证,政策与法规是继续教育有序发展的关键。继续教育要做到适应学习型社会的要求,实现健康有序地发展,就必须依赖于政策的引导和法规的保证;而政策和法规要在新的学习型社会构建中发挥正确的引导和保证作用,就必须不断地创新。一是要加快继续教育法制化建设的进程,根据构建学习型社会的目标、规划和要求,加快《继续教育法》的立法进程,明确继续教育的地位、作用和发展目标,引导全社会树立终身学习的意识和继续教育的法律意识,建立和完善体现成人教育特点和市场机制的成人教育法律法规体系;二是制定并完善继续教育的相关政策,把继续教育培训中取得的成绩、证书作为各类考核业绩,评聘职务、职业资格和实行奖励的重要依据,形成良好的激励机制;三是建立继续教育目标责任制,各级、各部门要把继续教育同事业发展规划相联系,从人才资源的更新和发展上,明确继续教育的发展目标和要求,并根据社会、经济、人才发展的状况,不断地调整目标责任,为继续教育的良性发展提供保障和支持,实现以依法治教、政策调整引导、评估监督质量、发布交流信息为主要导向的成人教育宏观管理。

## 三、继续教育体制与机制的创新

要建立充满生机和活力的继续教育发展体制和协调一致的教育发展机制,就必须对传统的继续教育发展的目标、战略、道路、政策进行不断创新。

教育体制是教育体系中一个重要的组成部分,对教育的各个方面起着强制性的制约作用。我国传统的教育体制已经与社会主义市场经济不相适应,主要表现为中央集权、办学体制一元化、经费投入单一化、结构失衡、资源浪费、机构臃肿、人浮于事等。继续教育在新的政策环境下要重新定位,实现自身功能的转变。继续教育体制创新,必须打破计划经济体制下形成的传统制度,建立适应市场经济、知识经济时代要求的现代化的继续教育培训制度,即构建与社会主义市场经济和教育规律相适应的继续教育新体制。继续教育在微观上看是一种松散的在职教育形式,要对其进行有效管理,就必须依靠法规、政策来调解,而微观的管理应该根据国家、地方的各项法规和政策来建立,从而形成规范化的法律约束、管理约束和测评约束等一系列制度约束机制。为了更好地适应新世纪、新时期、新形势对继续教育提出的新要求,作为政府主管部门,应把工作的着力点放在强化继续教育管理、积极引导、规范市场、搞好服务上,加强对继续教育工作的宏观管理和统筹协调,制定出台和认真贯彻继续教育的法律、法规和制度性文件。要精心设计好继续教育的目标,营造良好的创新环境,优化创新型人才培养的环境和运行机制。加强对各级继续教育机构和培训活动的支持、引导和监督，逐步建立和完善对培训机构的资格认定制度、继续教育质量评估制度、证书登记制度和考评制度。

我国的继续教育完全开放，面向全社会，面向成人，旨在提高全体国民的素质，与不断变革和进步的社会相适应。这就要求继续教育必须注重社会的多种需求，采取灵活多样的教学模式来适应不同行业、不同人群的特殊需要。原有的继续教育运行机制主要是行政化、计划性运作，小型化、低效化运作。政府机构的改革和政府职能的转变以及市场经济的发展，要求继续教育的供需双方能够有效沟通，各种培训信息能有效传递。企业、高校、科研院所、社会力量等各种继续教育办学机构，要适时开发能满足不同需求的培训项目，提高继续教育的市场应变能力，逐步实现企业化管理，贴近市场，服务社会，适应经济发展的需要。树立规模意识，品牌意识，搭建供需双方沟通交流平台。同时通过联合办学，建立资源网络，有效整合政府、企业、学校、科研院所、社会各方资源，使继续教育逐步建立起市场化、产业化、规模化、高效化的运作机制。

**四、继续教育内容的创新**

教学内容和方法的创新是继续教育创新的核心。由于继续教育具有目标的多层次性、内容的广泛性、对象的多元性、条件的复杂性等特点，继续教育的内容和方法必须更具灵活性、适应性和开放性。我国目前继续教育内容比较陈旧，缺少适合成人的教材，多数教材选用的仍是普通高校的教材，既无特色，又不适应社会多样化和层次上的需求。教学方法和手段较落后，大多数仍是采用班级授课的形式进行教学，教师满堂灌的现象较为普遍，多媒体、远程教育手段还未得到广泛的运用。这与知识经济时代的要求、与继续教育对象的多层次性的需求，特别是对高层次人员继续教育的需求极不适应，严重影响了继续教育的质量。要通过建立创新的课程体系和运用创新的教学方法，培养和增强接受继续教育的学员的自主探索、独立思考和创造性思维的创新素质。当前的继续教育培训市场上，培训需求方的情况千差万别，这就要求培训形式和内容灵活多样。继续教育提供方应本着有利于解决工学矛盾、有利于提高培训质量、有利于方便学员学习的原则，坚持各种教育培训形式相结合，并设计多样化、个性化的继续教育内容体系。建立新的适应社会和市场需要的教育体制，多渠道、多元化办学，实行岗位培训证书、职业资格证书、专项技能证书和学历证书并行的制度，以增强其发展的活力与动力，从而为我国成人继续教育事业的大力发展做出应有的贡献。

在教学内容的创新上，应全面改革教学内容，着眼长远，兼顾眼前，优化课程体系和人才培养模式,围绕创新型人才的培养目标进行教学,选择针对性强、实用性强并有一定前瞻性的教学内容,使学员形成良好的知识结构和能力结构,为学员发展创新思维、成为创新人才、提高整体素质和技能水平奠定基础。

### 五、继续教育形式的创新

培训方法的好坏直接关系到继续教育的效果。从我国目前继续教育培训方式来看,主要还是沿用一贯的"教师讲、学生听"的讲授法,这种方式突出的问题是容易造成培训主体的缺失。要尽量改革教学手段和方法,积极探索引进情景模拟、案例教学、拓展训练、考察实习等新的方式、方法,尽量利用现代化、数字化信息技术和多媒体技术;吸收国际上流行的教学原则和方法的长处,通过多种手段对现行的考核及评估方法进行变革。在培训方法上,要逐步改变讲授式的单一教学形式,坚持研讨式、现场式、电子化等教学形式相结合,坚持理论联系实际,突出学以致用,注重能力培养,把工夫下在提高学员运用所学知识创造性地分析解决工作中出现的实际问题的能力方面。

继续教育将在注重新科技开发的同时,更为注重人的实践操作能力的培养。传统的你讲我听的班级授课的教学模式将受到挑战,继续教育更多地将结合工作、生活的需要来进行。按需施教、个性化教学模式和即时教学等多种模式教育和培训将受到人们的普遍欢迎。

### 六、继续教育师资与管理队伍的创新

继续教育工作的创新和发展,与一支德才兼备、精通业务、会管理、善服务的管理队伍和相对稳定、水平高、素质好、专兼职相结合的教师队伍是密不可分的。

继续教育质量的高低,在很大程度上取决于师资队伍的素质,继续教育的师资建设不足主要体现在数量和质量上。数量上,随着我国经济增长方式的变化,继续教育需求呈多样化,使接受继续教育的对象得到扩展,从事继续教育的师资队伍在数量上应当有相应的增长。质量上,继续教育如果作为培养高级人才的创新教育,教师不仅要具有广博的知识、较高的学术水平和优秀的智能结构,而且还必须具有高超的授课艺术和丰富的实践经验。高水平教育的缺乏,增加了继续教育的难度。因此培养一批高水平甚至是跨国别的继续教育师资队伍,是继续教育发展的客观需要。尤其是我国加入世贸组织后,急需培养一大批熟悉国际法、国际经济贸易法、国际工商管理的专家来维护中国的利益。所有这些都对我国现有的师资现状提出了严峻的挑战。没有一流的师资,很难有一流的继续教育。

创新型教师的培养是继续教育创新的重要一环。没有创新意识的教师,培

养不出具有创新意识的学生。现代教育的目标是培养创新精神和实践能力,其核心是培养创造型思维和创新能力,所以继续教育的教师也必须及时转变观念、转换角色,从传统的知识讲授者转变为富有创意的学习应用的组织者与指导者。教师教育的重心要从数量满足和补偿教育转向知识更新和素质提升。继续教育组织机构必须开辟多种途径,营造良好的环境,加强对创新型教师的培养和提高,使他们成为具有创新精神,能紧跟时代脉搏,积极吸取最新的教育和行业科学成果,把握科技发展趋势和前沿,并能根据具体教育情境,灵活把握和运用各种教学方法,发现和培养创新型人才的能力的人。

有了高素质、高水平的管理者队伍,才可能保证继续教育创新达到较高水平。继续教育创新中的管理者应是一支高效、精干、能适应继续教育发展需要、参与国际竞争需要的队伍,所以也必须把管理者自身的继续教育搞好。通过理论培训、经验交流、参观考察及实践演练等方式,促进继续教育管理者转变观念,开拓创新,研究和解决继续教育面临的新情况和新问题,实现从传统管理到规范、科学、高效的现代化管理的转变。

创新是民族进步的灵魂,是国家兴旺发达的不竭动力。创新教育是知识经济时代的必然要求。在我国教育制度中有着重要地位和作用的继续教育,必须按照市场经济发展的需要,不断地改革与创新。我们要从更深、更广的层面上研究继续教育的新趋势、新观念、新模式、新手段,立足本国、本行业发展现实,把握继续教育内在特性,设计与推行切实可行的继续教育发展战略,认识研究新形势下继续教育工作的新内容、新方法、新机制和新途径,深入探索新形势下继续教育发展规律,从实际出发,不断开拓进取,不断研究新情况,解决新问题,在各方面进行持续创新。

**参考文献:**

[1] 刘玉江,路依民.对新时期继续教育创新的思考[J].继续教育,2004(3):23-24.

[2] 姚祖光.对开创我国继续教育新局面的思考[J].天津成人高等学校联合学报,2003,5(1):33-36.

[3] 詹辉乾.构建学习型社会　推进继续教育的创新与发展[J].泉州师范学院学报(社会科学版),2005,23(1):122-127.

# 从学习者的视角论高校继续教育的转型

复旦大学　李　卓

【作者简介】
　　李卓,女,复旦大学继续教育学院从事教育管理工作,传播学博士,助理研究员,研究方向为继续教育、跨文化传播和公共关系。
　　本文为2011年第十二届海峡两岸暨港澳高校继续教育论坛收录论文。

## 引　言

中国正处于社会转型期,社会经济结构、文化形态、价值观念等正发生深刻变化。随着高等教育毛入学率的提高,为构建终身学习体系和学习型社会,以学历教育为主导的成人高等教育正向以非学历教育培训为主导转型。高校在继续教育转型之路上不断研究和探索,在相关的研究课题中,从学习者视角进行研究的并不多,本文试图以学习者面临的困惑为切入点,分析社会转型时期高校继续教育转型的方向及方法。

## 一、学习者的困惑

### 1. 媒介化生存

当今都市人们处于媒介化的生存环境中,媒介在一定程度上满足了人们的社会需求和心理发展需求,已经成为人们终身的伴侣。随着媒介的普及和媒介介入生活的力度加大,媒介提供的信息数量大幅度增加,信息泛滥、信息超量、信息污染等现象成为目前社会的常见现象。如何在信息的海洋中做信息的主人,避免成为信息的奴隶? 这就是终身学习提出的契机。成人学习者与普通在校学生相比,社会接触面广,时间和金钱相对充裕,工作和生活中对媒介的依赖性更强。据作者在本校夜大学某班级的调查,在接触、解读和使用媒介过程中成人学习者普遍感到矛盾和困扰。

一是习惯于接受和操作虚拟世界的信息,甚至沉迷其中,刻意回避在现实生活中的真实感受。受访者如是说,"网络占据生活的绝大部分时间,在家用电脑,在外靠手机,每天习惯性地打开电脑上网,看新闻、看电影、聊天、交友、购物,依赖性越来越强,生活中虚拟的部分大于实际的,有时候会混淆在一起","本来手机是通话工具,但是现在通过手机上网、玩游戏、发微博等,每天几乎都离不开它了,少了它就浑身不自在","每天不开电脑上网,就感觉少了什么。除了生活必需的吃、喝、睡,其余时间都捧着电脑。电影、电视剧也可以在网上看,导致宅在家","宁愿一天在网上闲逛,也不愿出去逛街","天天面对电脑及网络,使我与外界的接触少了,户外运动等都随之减少,'宅'越来越严重"。

二是网络世界中写作和阅读不再只是主体性行为,而成为一种作者与读者、自我与他者的互动。各种信息资源的共享理想化使得人们以为思想的获得只要简单的上传、下载即可,不需要艰辛的探索。受访者说,"对没有微博的朋友,交流有障碍","变得不爱说话,写字有时候都不知怎么写","缺乏写作的热情,一般文章写作时大多通过网络直接复制、粘贴,写作能力降低"。

三是消费行为不再建立在需求的基础上,而是盲目消费。"上网随时关注团购信息,很容易不理性消费,已经养成浪费钱的坏习惯","淘宝几乎每天都要看看,看看收藏夹的店铺更新,有喜欢的会不停地买,有时不是因为缺这样东西而去买,而是觉得好看就买了,要比在商场买东西快得多。可能在商场因为价格、款式等原因买时会犹豫"。

可见,媒介占用了成人学习者大量宝贵时间,很多人沉溺其中,面对面的交流减少,语言和写作能力下降,生活消费偏离了生活本身,媒介上瘾症困扰着成人学习者。

2.转型期多元化价值观

学者们对中国社会的转型进行研究的角度不同,但是在众多的研究中有一点得到共识:从价值体系的角度看,转型期处在一个多元化价值观念并行时期。一方面适用于传统社会的很多价值规范在现代社会由于社会环境的变化而失去了它们原有存在的意义;另一方面,面对着从来没有经历过的社会主义市场经济和消费社会的兴起,感受着网络时代的"虚拟社会"和"地球村"的神奇,行为规则、价值规范正处于被建立和重新建立的过程中。对成人学习者来说,生活中充满着冲突、紧张、矛盾和双重标准。

传统正规教育中教师是知识、真理的"立法者""守卫者""阐释者"和"执行者"。转型时期科学技术的发展和互联网的流行摧毁了传统教育的固有模式,知识的来源多元化,知识的获得快速化,教师不再是学生获得知识的唯一渠道,削弱了教师的权威性。在电子媒介时代,教师与学生相比没有什么优越性。此种情景下,如果教育内容和教学方法不进行改革,成人学习者可能与教师发生直接的冲突,或间接地以不遵守课堂或考试纪律等形式,来表达自身的不满。

在充满不确定性和无数可能性的社会转型时期,"自我"的成长具有多种可能性,以外在于个体的标准为支撑架构的教育之社会功能面临挑战。成人学习者自我认可度高并且个体多元化,对学校的评价标准不再一味遵从与认可。这既是教学冲突的根源,也会导致成人学习者对自我的怀疑,产生困惑和矛盾。

成人学习者社会化程度高,深受商业文化中享乐主义、消费主义和功利主义价值观的影响。成人学习者接受继续教育,几乎都是为了谋得一份好工作,为了在激烈的功利性竞争中击败对手,以便获取功名利禄,过上丰裕的物质生活。但是接受了诸多教育的成人学习者很快就会发现,"富足,无忧无虑的享乐生活,并不足以使我们幸福"。

3."全民焦虑时代"的心理压力与失衡

近年来,中国职业人群中抑郁和焦虑状况已较为严重,据调查超过50％的人存在不同程度的抑郁症状,并且这种现象正蔓延至社会各阶层,中国已进入"全民焦虑时代"。社会处在变革转型时期,竞争加剧,生活压力加重,使人们为找不到称心工作而焦虑,为买不起房而焦虑,为挣不到丰厚收入而焦虑,为处理不好人际关系而焦虑。

成人学习者面临的压力更加重,还要面对工作、生活与学习之间的矛盾。因工作出差而落下学业,因怀孕产子而休学,种种工作和生活的任务使得顺利完成学业要克服巨大困难,需要坚强的毅力和恒心,而做不到这一点的成人学习者便会产生心理包袱,对自己失去信心。

大众文化通过媒介塑造了关于男性和女性典范的刻板印象。成功的男性要努力工作,经济上成功而富足,理想的女性要美丽贤淑,家庭与事业兼顾。而大龄未婚男女青年则被冠以"剩男""剩女"的称号。这些刻板印象给成人学习者带来了无形的心理压力,同时也削弱了生命的活力和创造力。由此产生的压力如果得不到疏导就会产生一系列心理问题,阻碍成人学习者的成长和发展。

**二、继续教育转型的方向**

上述成人学习者面临的困惑,不仅是时代背景和社会转型造成的结果,也与继续教育的功能定位有关。在传统的教育体系中,在"社会本位论"的思想主导下,继续教育主要定位于促进社会经济发展,为个体择业和经济建设服务。在操作层面上，表现为技能教育，基本以学历教育和短期职业培训为主。而学历教育从专业设置、教学目标、教学计划到教学内容基本照搬普通高等教育，缺乏自己的特色。

第五届世界成人教育大会著名的《汉堡宣言》指出，成人是终身教育和终身学习的主体，终身学习是生活、工作的一个组成部分。在我国，很多有识之士认为，成人教育是终身教育体系的一个组成部分，是终身教育的前沿阵地和实践领域。终身教育不仅把教育看作一个整体，给全民以平等的受教育的机会，还把人视为一个完整的对象，把教育跟个人发展的各个阶段、跟个人生活的各个方面相联系，"把一个人在体力、智力、情绪、伦理各方面的因素综合起来，使他成为一个完整的人"。因此，继续教育应该拓宽视野，不拘泥于单纯的人力培训功能，而应致力"使他们摆脱现在这种分工为每个人造成的片面性"。可见，通过教育唤醒人的主体意识，使其成为自我发展与自我完善的主体，使其在追求理想中不断展现其个体本质性的精神力量，使其在追求积极生命意义的过程中不断自我塑造并改造社会，使其最终成为独立、完整、全面发展并接近"完美状态"的人。这理应成为继续教育奉行的圭臬和终极的价值追求。

摒弃了传统工具论思想的继续教育，应实现其功能转型——培养自由、和谐、全面发展的人，以丰富多彩的个体生命价值的实现促进社会的和谐与进步。在这样的功能定位下，继续教育不仅要包含媒介素养教育和人文素质教育，还要传播先进的生存理念和价值观念，引导人们创造精神性生命，使其在更高层面上融入社会并促进社会的发展。

### 三、实现转型的方法

针对当前成人学习者所面临的媒介化生存环境、多元价值观念并存和生存压力造成的心理问题，继续教育应该相应地开展媒介教育、人文价值教育和生命教育，通过相关知识、理论和技巧的学习，通过民族经典文化的陶冶、熏染和浸润，提升成人学习者的智力、情绪、伦理等各方面的素质和修养，促进成人学习者自由、和谐、全面发展。

1. 媒介素养教育

在现代社会中，几乎没有什么人可以逃脱媒介的控制。终身学习意味着每一个公众都应该在其漫长的生涯中持续不断地面对媒介发展的最新面貌和形形色色的媒介理论，始终保持一个关于媒介接触和认知的科学立场。理想的图景是人们与媒介平等相处，既对媒介有依赖，获取知识和信息，得到审美体验，又借助媒介表达和发展自身。

媒介素养是指公众接触、解读、使用媒介的素质和修养,包括三个主要的环节:接触媒介——获取信息;解读媒介——批判地接受媒介信息;利用媒介——借助媒介工作和生活,通过媒介发出自己的声音并维护自己的利益。以批判、学习的心态对待媒介可有效防止自我的消失,批判意识是媒介素养培养的核心。学者道格拉斯·凯尔纳认为,批判性的媒体解读能力的获得乃是个人与国民在学习如何应对具有诱惑力的文化环境时的一种重要资源。学会如何读解、批判和抵制社会文化方面的操纵,可以帮助人们在涉及主流媒体和文化形式时获得力量。它可以提升个人在面对媒体文化时的独立性,同时赋予人们以更多的权力管理自身的文化环境。

在美国,媒介素养教育从小学或中学就开始,目前已有三十四个州要求在小学及中学的课程中安排媒介素养课。在中国台湾,媒介素养课不仅是全日制学校的重要课程,而且在社会教育、老年教育等教育中也为许多人所喜爱。

2.人文价值教育

在一个科技迅速发展、物质条件日益丰富的时代,科技的发达、物质的丰富在提高人们的生活水平,改善人们的生活质量的同时,却又走入了另一个怪圈。这就是精神的失衡。生命意义的缺失,使现代人陷入深深的精神迷惘与意义危机。如果说科学教育直接指向物质世界,那么人文教育直接指向人及人类社会,是认识你自己。人文价值肯定的是人的价值、地位、尊严、个性发展、幸福和命运,体现的是人性在社会中真、善、美的完美融合。善和美能给人以终极性的关怀,真同样能给人这种关怀;善和美给人的关怀主要由人文学科的教育来实现。

每一种民族文化的核心都具有永恒的价值,而且不会随着政治、经济的发展而消逝。人文价值教育应立足于民族经典文化。世界经济一体化和中国政治民主化推动了文化环境呈现多元化自由发展的态势,而近年来国学开始步入复兴之路并受到广泛重视,一些国学经典也不断被重新阐释和解读。国学是对中国语言文化、文学、历史和风俗传统的研究,由于近代中西之学的分流,加上国学曾因意识形态的分野而遭涂炭,其历史传承曾几度中断。国学教育"是陶冶,是熏染,是浸润",是对整个文化全貌的了解,是对经典文化中蕴含的人文哲理的汲取。从20世纪80年代国学复兴开始,中华传统文化的发展空间逐步扩大并受到重视。民族经典文化作为人文价值教育的载体,体现高尚的理想和积极的人生态度,并能引导成人学习者从对生活、生命意义认识的高度来提高人文素养。

3.生命教育

现实社会中物质与精神的失衡,现实教育中知识本位、技术至上,加上政治、经济等外在于教育自身的因素的强行介入,使教育演化为工具的教育,教育谋求的是"何以为生"的本领,放弃了"为何而生"的思考,忽略了情谊的培养,没有教育学习者对生命的尊重,没有引导学习者对人生负责。面对这样一个追求功利、强调竞争、物欲横流的"暴发户心态"的时代,人们已经失去了生命的追问和灵魂的根基,如此情境,推行生命教育更为迫切,成为现代教育不可忽视的一环。生命教育的目的是通过传播新的生存理念和价值观念,使学习者珍惜生命,理解生命的意义,建立积极向上的人生观。

西方国家的生命教育强调生理健康,反对药物滥用和吸食毒品,预防艾滋病,这与西方社会的吸毒、艾滋病泛滥有关。中国台湾生命教育的背景则不同,针对的是科技发达、物质富裕时代"人生观的虚浅与道德的沉沦",人们对生命的价值、人生的意义、人我关系、人与大自然的关系,以及生死问题缺乏真正了解而衍生出许多不尊重他人生命与自我伤害的事件。中国台湾生命教育将伦理教育、生死教育、宗教教育三科取向融会贯通,以匡正社会风气、提升全民生活品质与重建社会价值为目标,偏重于伦理道德教育。中国大陆的生命教育应重点针对道德观念发展的消极层面,如享乐主义、拜金主义、极端个人主义,使学习者树立正确的生存观念,正确地看待幸福、快乐,理性地面对挫折与失败,甚至坦然地面对病痛与死亡,更加幸福、尊严地生存于世。

### 四、具体实施及经验

#### 1. 媒介素养教育

媒介素养教育的内容广泛,主要包括:帮助学习者分析广告和说服技巧及其怎样影响了购买行为;提升学习者对不同类型节目的理解、了解节目如何制作以及有关技术方面的内容;比较来自客观世界的信息在不同媒介中如何被表现;使学习者得知媒介暴力对客观世界中攻击行为有潜在的影响以及对其他的行为、情感和自我认同的影响;帮助学习者从媒介中获益;帮助学习者理解媒介如何表现和影响社会事件;帮助学习者获得媒介正面策略和步骤。

开展媒介素养教育时要根据成人学习者的具体情况,有针对性地进行媒介广告诱惑、媒介刻板印象、媒介色情与暴力、媒介干预及审判、媒介真实、媒介再现、媒介艺术欣赏等内容的教育。鼓励对于媒介形象和大众文化信息的健康的怀疑主义;赋权学习者,使其对他们的个人特性、他们的能力和他们的身体感到自信;鼓励通过媒介发表意见;提倡对多样性和性别平等的理解。通过媒介素养教育,使成人学习者不断反省自身使用媒介的状况,鼓励其有控制地使用媒体,批判地接受媒体信息,不盲目消费,借助媒介表达和发展自身。

#### 2. 人文价值教育

面对当代多元文化的挑战,继续教育发展的首要对策是确立适应多元文化发展的教育观念,即多元文化成人教育观,采取正确态度直面文化冲突。使管理模式民主化,使教育内容与教学方法民主化。教师不同于以往知识或学术权威的角色,而是学习的引导者,是与成人学习者一样的智慧追求者。学习者个人的经验、价值观应得到充分尊重。

针对成人学习者陷入精神迷惘与意义危机的状况,要充分发挥民族经典文化作为人文价值教育载体的功能,进行人文精神和素养教育。本校开设了不同种类的人文素养课程和讲座,可资借鉴。文学艺术类课程和讲座包括"文学与修养""艺术与人生""走出哲学的美学""禅与人生境界"等,史学类课程和讲座有"读史的智慧""历史视野下的当代中国文化变迁""儒家文化和它的当代命运""儒、墨、道、法与中国传统文化"等,哲学类课程和讲座包含"传统哲学思维与现代管理创新""国学名著智慧与思维创新""佛学与中国文化""传统文化与科学发展观"等,经典解读类课程和讲座有"《论语》对中国文化的影响""《易经》与中国传统文化""《道德经》'无为'思想解读"等。成人学习者经过国学的陶冶、熏染和浸润,能汲取经典文化中蕴含的人文哲理,从而提升人文精神及素养。

3. 生命教育

开展生命教育首先要启发教师与教学管理者的生命关怀与生命智慧,实施生命化教育,尊重每一个成人学习者的经历和经验,灵活地开展人性化教育,真正实现以人为本。此外,本校针对职业人群普遍心理压力较大、情绪焦虑的状况开设"沟通心理学研究""情绪压力管理""心理健康与修养"等课程,疏导成人学习者的心理压力;为提升成人学习者对生命意义的理解,使其珍惜生命,开设"生命与科学""民族精神与生命关怀""《易经》与现代生活、工作"等课程;针对成人学习者生活中的存在的健康问题,开设"亚健康与营养保健""怎样才能健康? 生活方式告诉你""《黄帝内经》与养生""养心、养颜与养生""如何通过饮食预防三高症(高血压、高血脂、高血糖)?"等课程和讲座,以提高成人学习者的生活质量,使其更加幸福地生活。

基于社会性别刻板印象盛行,在本校夜大学社会工作专业开设一个学期的《社会性别教育》课程,课程内容包括分析择偶的不同标准,以及可能存在的性别差异;对当今中国大陆生育状况、生育政策的思考;对"干得好不如嫁(娶)的好"的阐析;如何理解男女公平就业;如何理解就业的性别隔离及其对女性带来的影响;成人学习者如何应对职场中的性别歧视;对电影、电视、广告中男性、女性形象塑造问题的看法等。课程从就业、婚恋、生育等多方面引导学习者思考人生,启迪学习者超越刻板印象,探索人生更多的可能性。

### 五、结　论

社会转型时期由于社会经济结构、文化形态、价值观念等正发生深刻变化以及成人教育"社会本位论"的功能定位,成人学习者面临诸多困惑,阻碍他们进一步发展。应对这些问题,要实现继续教育的功能转型:培养自由、和谐、全面发展的人,以丰富多彩的个体生命价值的实现促进社会的和谐与进步。

面对社会转型时期多元价值观并存的情况,首先要确立适应多元文化发展的教育理念,改革教育内容和教学方法,向多元化和民主化发展,充分尊重每一个成人学习者个体;还要充分发挥民族经典文化作为人文价值教育载体的功能,提升成人学习者的人文精神及素养。针对媒介化生存环境,开展媒介素养教育,培养成人学习者以批判、学习的心态来对待媒介,与媒介平等相处,既对媒介有依赖,获取知识和信息,得到审美体验,又借助媒介表达和发展自身。实施生命教育,疏导成人学习者的心理压力和情绪焦虑,使其珍惜生命,理解生命的意义,建立积极向上的人生观。

上述应对的方向和方法的核心是继续教育要以人为本,培养自由、和谐、全面发展的人。

**参考文献:**

[1] 段京肃,杜骏飞.媒介素养导论[M].福州:福建人民出版社,2007.

[2] 冯建军.生命与教育[M].北京:教育科学出版社,2004.

[3] 高德胜.道德教育的时代遭遇[M].北京:教育科学出版社,2008.

[4] 国家中长期教育改革和发展规划纲要(2010—2020年)[Z].

[5] 李慧敏.社会转型时期的自我认同与教育——以吉登斯自我认同理论为视角[M].北京:高等教育出版社,2005.

[6] 联合国教科文组织中文科译.教育——财富蕴藏其中[M].北京:教育科学出版社,1999.

[7] 刘济良.生命教育论[M].北京:中国社会科学出版社,2004.

[8] 马克思.1844年经济学哲学手稿[M].北京:人民出版社,2008.

[9] 叶忠海,等.成人教育学通论[M].上海:上海科技教育出版社,1997.

[10] 余小波.中国成人高等教育转型研究[M].长沙:湖南大学出版社,2010.

# 论学习型社会对继续教育转型的动力供给

复旦大学　乔琴生

【作者简介】

乔琴生,女,复旦大学继续教育学院学生事务办公室主任,历史学博士,讲师。

本文为2011年第十二届海峡两岸暨港澳高校继续教育论坛收录论文。

## 一、研究思路与问题由来

自 2001 年江泽民同志首次明确提出"建设学习型社会"的命题以来,学术界就展开了继续教育的转型研究。这些研究有一个共同的前提,即把"学习型社会背景下继续教育的转型"当作一个不证自明的结论予以全面接受。在接受了这个前提的基础上,学者们对继续教育的转型展开了技术式研究,它关注的核心问题是"转型的方法"。学者们以西方成熟的理论体系与实践模式为参照系,对我国继续教育的转型提出了一些具有借鉴意义的观点,比如实施终身教育立法、整合组织领导机制、增加政府教育投资、培育学习型组织、改进教育教学方式、推进社区与企业教育,等等。这些颇具影响力的观点有着共同的特征,即有着鲜明的技术性和政策性。据此,我们可以把这种思路概括为技术式路线。所谓学术研究中的技术式路线,是指研究者以解决问题为取向,把问题本身分解为具体的运行程序和可视的操作步骤,继而尽可能地找出每一环节的解决技术。很显然,对于解决问题来说,技术式研究是完全必要的。

其实,还有一条认识和解决问题的思路,并没有为学者们所重视,本文称之为哲学式路线。所谓哲学式路线,就是通过对问题本身的哲学性反思来发现问题继而探索解决问题的办法,这种研究并不带有鲜明的技术性而是带有突出的思辨性,因而称其为哲学的思路。"继续教育转型"本身就是一个很有意思的反思主题。转型为什么会发生？（亦可说，推动转型的主要动力是什么？还可说，是什么推动了继续教育的发展格局产生颠覆性变化并足以用"转型"来指称？）只要把转型的发生动因辨明了，便可从中洞悉转型的走向。具体来说，学习型社会的建设与继续教育的转型是如何发生关联的？通过这种关联，学习型社会给继续教育输送了多少转型的动力？是决定性的还是非决定性的？继续教育的转型与重构之路必定与此密切相关。

沿着哲学式路线走下去，把继续教育转型视作一个反思的命题，继而去追问转型产生的原因，我们就会发现，在中国的现实国情中，学习型社会的提出并不必然地导致继续教育的转型。在当代中国，学习型社会与继续教育的关联机制是独特的，继续教育获取的转型动力亦是独特的。从理论的角度看，学习型社会为继续教育提供了真实的转型动力；从实践的角度看，这种动力又是有限的，甚至是虚幻的。对这些问题应该如何看待？继续教育的转型与重构又受到什么样的影响呢？

### 二、真实的动力供给：一个理论上的结论

（1）改革开放以来继续教育的发展动力及其转化。改革开放以来，我国继续教育事业获得了突飞猛进的发展。究其原因，有两点是非常重要的。其一，继续教育在"补学历"方面具有的先天优势，是推动其迅速发展的一种内生型动力。伴随着改革开放的深入，人才短缺与经济社会的迅速发展不相适应的局面日益显现出来。人才短缺的实质是技术短缺，而技术短缺首先是以学历短缺的形式表现出来。在弥补低层次学历短缺的方面，继续教育有准入门槛低、节省时间、形式多样、自主选择性大等多方面的先天优势。在学历短缺甚至"唯学历"的特殊时期，这些优势无疑为继续教育的快速发展提供了生存空间和发展动力。但是，随着高等教育的大发展，这个"补学历"的功能不可避免地将走向衰竭。20世纪90年代以来，普通高等院校招生逐步扩大，1999年开始大范围扩招，2011年高考录取比率已经达到72.3%①。在这种情况下，社会对学历的需求正在减弱，以"补学历"为动力的发展模式也因此备受挑战。其二，学习型社会为继续教育提供了新的增长点，成为推动继续教育继续发展的外生型动力。更进一步说，学习型社会的提出，改变了继续教育的发展轨迹，转型一说由此而来。为什么说这种外生型动力达到了"转型"的层级，这要从学习型社会与继续教育的天然联系说起。

---

① 参见人民网：《1977年—2011年高考录取率》，http://edu.people.com.cn/GB/14845459.html.

(2)建设学习型社会与继续教育转型有着天然的理论关联。学习型社会是从终身教育的角度提出的一种社会发展的新理念。这种新理念是以人的全面发展尤其是人性完善为终极追求的,教育不仅使人获得谋生手段和工作技能,更要使人成为更好的家人、邻居、公民和朋友。可见,这种教育观是对以往学历与技术教育的一种革命和颠覆,既有的继续教育格局必然要在学习型社会的新语境中面临转型和重构。于是说,建设学习型社会与继续教育转型有着天然的理论关联。对这种关联,学术界给出了充分的理论论证(并产生了一批颇有影响的学术成果,此不赘述),2001年党和政府又在此基础上做出了政治上的确认。2001年5月,江泽民在"亚太经合组织人力资源能力建设高峰会议"上提出:"构筑终身教育体系,创建学习型社会。"[1]这是"学习型社会"这个概念第一次出现在我国的政治文献中。之后,学习型社会的政治地位被不断地抬升,继续教育的重要性也随之而越加显现。2002年,党和政府把"学习型社会"作为"全面建设小康社会的目标",写入了中国最高级别的政治文献——党的十六大报告,"报告"指出,"构建终身教育体系","形成全民学习、终身学习的学习型社会,促进人的全面发展"。2007年党的十七大报告提出,要"发展远程教育和继续教育,建设全民学习、终身学习的学习型社会"。这是党在其最高政治文献第一次把继续教育与学习型社会进行关联论述。

总之,建设学习型社会与继续教育转型之间的天然关联,既得到了学术界的充分论证,更是得到了政治上的确认——在中国的语境中,政治确认的意义是非凡的。这种关联一旦被确立起来,自然会得出如下的衍生逻辑:学习型社会的确为继续教育提供了新的生存空间、新的发展动力、新的增长点;在构建学习型社会的语境中,继续教育不仅不能萎缩和取消,而是要实现转型和大力发展。很显然,继续教育因为学习型社会的提出而获得了转型性发展的正当性。这种理论与政治上的正当性,迟早会转化为资金投入与政策支持的正当性。人们普遍乐观地认为,高校继续教育也将因此从"补学历"的颓势格局中摆脱出来,并似乎重拾发展的升势。事实真的有如此乐观吗?

**三、虚幻的动力供给:现实中的宿命**

从西方建设学习型社会的历史经验中,我们可以很乐观地得出继续教育转型的结论。但是,中国的现实国情并不支持这种理论上的乐观。无论在西方还是在中国,继续教育的转型都是和学习型社会相关联的,这是一种表象上的共

---

[1]　转引自新华网:http://news.xinhuanet.com/politics/2010-06/30/c_12282037.htm.

性。但是，若要追溯表象背后的本质，我们就会发现，两者的关联机制是很不一样的。

在西方，学习型社会基本上是一个功能性命题。学习型社会不是指一种社会形态，而是指一种社会功能，即社会对人之本性的教育功能。这种功能不是像以前那样由学校和教育机构所专有，而是由社会本身所赋有；不是指狭义的学历教育和技术教育，而是对人的本性教育。那么，社会如何拥有这种功能呢？根本途径就是进行社会组织的再造，也就是通过组织再造赋予组织本身以学习的功能，这是建设学习型社会的要义所在。我们看到，无论是学习型组织、学习型社会，西方的着力点都在"型"的问题上面，即只有真正锻造出具有学习功能的组织，才能实现"学习"的终极目标，也就是终身教育的目标——人性之完善、人的现代化、人的全面发展。如此说来，要解决"学习"的问题，关键是要解决"型"的问题。进一步来说，建设学习型社会只是教育转型的一种手段，继续教育和终身教育本身才是目的，这就是学习型社会作为功能性命题的根据所在。

在中国，学习型社会基本上是一个价值性命题。学习型社会是关于未来社会发展的一种价值判断①，而不具备服务于教育转型的现实功能。如果说，学习型社会在西方是个内生性问题，那么它在中国就是一个外生性问题。中国共产党提出学习型社会的命题，更多是由于政党忧患意识与先进性品质使然，是借鉴现代化经验的结果，而不是基于自身现代化充分发展而提出的。在现代化还不够充分的情况下，我们还无法提供再造社会组织的资金与技术条件。正是由于这个原因，党和政府关于学习型社会的主张还只是停留在理论呼吁的层面，还没有实质性的政策与措施配套。总之，对学习型社会的理解，中国还没有能力解决"型"的问题（即学习型组织的改造），而只能在"学习"上做文章，主要是用终身教育的理念来推动学习观的转型。学习观的革新，是当前我们建设学习型社会的主要体现。

简言之，在西方，继续教育反思在前，学习型社会的命题在后；前者孕育了后者，后者是前者实现的手段。在中国，学习型社会的命题在前，继续教育的转型

---

① 建设学习型社会，最主要的任务是改造社会组织，也就是解决"型"的问题。要解决"型"的问题，就离不开现代化的充分发展。现代化的充分发展将为教育转型提供两个必不可少的支持：一是资金支持，通过大规模的政府投资，把教育投资主体由个人变为政府，政府为全民终身教育、继续教育埋单；二是技术支持，主要是为终身教育进行国家立法，以国家法律的形式推动学习型组织的改造。在当代中国，这些前提还不具备，因而，学习型社会只能作为未来的价值目标而存在。我们把学习型社会作为社会建设的一个目标，就证明了这一点。比如，2010年发布的《国家中长期教育改革和发展规划纲要（2010—2020年）》中指出："到2020年，努力形成人人皆学、处处可学、时时能学的学习型社会。"

在后;前者催生了后者,并为其提供了新的理念和事业增长点,继续教育的转型依据由此而来。

从中可以看到,在中国,学习型社会与继续教育的关联机制是很特殊的,与西方的情况有天壤之别。这种差异归根到底是由现代化的发展进程所决定的。只有在实现了经济现代化并向人的现代化转变的过程中,才能谈得上继续教育的转型。当前的中国还不具备建设学习型社会的前提条件,这些条件最主要的有两个,一个是国家大规模向继续教育投资,从而使继续教育带有公益性;二是从国家层面上对继续教育进行战略规划和系统设置,表现为教育立法,以此推动学习型组织的再造。没有这两条,学习型社会对继续教育转型的动力供给则是极为有限的。这种动力只能随着国家现代化的整体实现才能最终显现出来。有限的动力供给,是现代化未竟的宿命。

### 四、动力供给的落差及其对高校继续教育发展路径的启示

学习型社会对继续教育转型的动力供给,有个明显的落差。从理论的角度看,继续教育必然会在学习型社会的建设中走向转型与重构;从现实的角度看,十年来,高校继续教育没有因为学习型社会这个全新的历史语境而变得耳目一新。对这种现象,我们称其为从理论到现实的落差。

这种落差的存在足以说明,中国真正建设学习型社会的时机还没有到来。在这种情况下,我国继续教育的重构还处在一个过渡阶段,即由原有的学历教育的格局向学习型社会的格局过渡。在这个过渡阶段,高校继续教育的发展是渐进式的量的累积:一方面要在原有的教育格局中,以经济效益获取为手段延续生存;另一方面,对上海等发达地区的继续教育来说要率先体现公共性,以体现公共效益为手段为尔后的转型博取正当性与发展空间。下面,我们就这两点的正当性略作说明。

第一,"以经济效益延续生存"的正当性。1999年9月1日实施至今的《中华人民共和国高等教育法》第二十三条规定:"高等学校和其他高等教育机构应当根据社会需要和自身办学条件,承担实施继续教育的工作。"①高校继续教育的服务定位主要是学历学位教育。近年来,培训教育的功能尽管在不断增强,但是还没有动摇学历学位教育的主导地位。正如前文所述,当前,建设学习型社会还不具备实施条件,继续教育的转型和重构还未真正来到,传统格局因此仍将保持下去。在国家不增加继续教育投资的情况下,以经济效益获取为手段、以此延

---

① 参见教育部门户网站:《中华人民共和国高等教育法》,http://www.moe.edu.cn/publicfiles/business/htmlfiles/moe/moe_619/200407/1311.html.

续继续教育的生存,这是十分必要的。这是因为,只有维持继续教育系统,才能为尔后学习型社会的建设提供组织保障。当前,随着高等学校大规模扩招,传统继续教育的学历学位功能迅速萎缩。在这种情况下,一些高校或因难以为继被迫放弃,或因跨越式发展为由主动剥离。不管什么原因,剥离高校继续教育功能的做法是一种短视行为,一不符合"高等教育法"的精神,二不吻合建设学习型社会、实施终身教育的发展趋势,必将在未来的教育转型中身处被动并面临组织缺失的尴尬。

第二,"以公共效益博取发展"的正当性。目前,我国的继续教育由四大部门掌管,即各级组织部门分管党政干部的继续教育,各级人事部门分管公务员和专业技术人员的继续教育,各级劳动部门分管技能人员的继续教育,各级农业主管部门分管农村实用人才的继续教育。在这样的格局序列中,高校继续教育的地位是相对特殊的,它的技术培训功能相对较弱,高端教育功能相对较强。因而,比起其他部门的继续教育,高校继续教育有着率先对接学习型社会和终身教育的内在要求,有着率先转型的内在要求。此外,中国教育发展的地域不均衡也为这种率先转变提供了一定的物质前提。比如在上海等经济较为发达的地方,一定程度上具备了地方性终身教育的资金投入条件,完全可以在高校继续教育转型上率先突破,从而为局部学习型社会的建设贡献力量。这种转变的要义在于,通过加大终身教育的公益性投资,增强继续教育服务的公共效益,为继续教育的转型博取正当性与发展空间。在这方面,国外的社区学校、企业大学的教育理念,值得我们学习。

# 普通高等教育与成人高等教育关系的定量分析

## ——互补还是挤出？

复旦大学　徐　汇

【作者简介】

　　徐汇,女,日本名古屋大学经济学硕士,现于复旦大学主要从事全国干部培训复旦基地工作与研究。研究方向为继续教育与干部培训。

　　本文为2011年第十二届海峡两岸暨港澳高校继续教育论坛收录论文。

## 一、引言与文献综述

成人高等教育作为国家、社会培养高素质人才的一种重要形式,与普通高等教育共同构成了我国高等教育的完整体系。成人高等教育作为普通高等教育的补充,极大地缓解了社会对高等专门人才的需求。

但自1999年普通高等教育扩招以来,成人高等教育的确受到了很大的冲击,直接导致了成人高等教育生源萎缩。《2010年中国统计年鉴》数据显示,2009年我国成人高等教育(本科＋专科)的招生人数为201万人,约为普通高等教育招生人数的1/3。

徐新常(2002)的研究指出,普通高等教育与成人高等教育是优势互补、相互促进的关系。普通高等学校具有优秀的教育资源,包括师资、教学设备、图书馆等各类资源。普通高等学校的优势可以弥补成人高等教育资源不足的问题;另一方面,普通高等教育举办成人教育也是高校自身深化改革、优化专业设置、改进教学内容、增强与社会的联系、提高社会效益等的重要举措。

许原(2009)的研究提出,普通高等教育的扩招对成人高等教育有挤出效应。文章着重分析了成人高等教育受冲击的原因:①传统的、计划经济体制下形成的重普教、轻成教的思想和求学观念根深蒂固;②普通高等学校对扩招缺乏准备，东挪西借，侵占了成人高等教育原本就极为有限的资源，从而形成了优者更优、劣者更劣的不平衡现象；③随着生源竞争的加剧，成人教育非但没有及时调整好相应的政策，做好应有的转型工作，把办学重点转到岗位培训和继续教育上来，以更好地把教育服务的目光投向广大在职从业者，而是拼力抢夺高考落榜生这批生源。因此，在掌握生源的主动权上舍本逐末，放弃主动，受制于人。

徐新常（2007）的研究进一步分析了成人高等教育存在的问题。其文章指出成人高等教育课程结构普遍存在不合理的情况，重视理论课程，轻视专业技术和实践课程，甚至完全照搬普通高等教育的课程。

至今为止的文献基本上都是采用定性的方法来研究和分析，并没有定量分析的支持。而本文将采用定量分析的方法，从总量层面以及从各学科的角度来细分析普通高等教育与成人高等教育的关系。从定义上讲，定量分析是对社会现象的数量特征、数量关系与数量变化的分析。定量分析法就是还原事物的本质，用最真实最准确的数据反映事物的原貌，用事实来观察和发现事物的变化，用科学来分析及其推测其发展规律，而不是空口无凭地胡乱揣测事物的发展情况。随着社会的发展，人们的决策都必须考虑事物之间的相关性、系统性和综合性，而定量分析法是分析与决策中不可缺少的研究方法之一。本文第三部分将根据定量分析的结果提出一些相应的政策上的建议。

## 二、定量分析

挤出效应（crowding out effect）是宏观经济学中的一个重要概念，对国家与政府投资有着重要的作用。这里简单地解释为：普通高等教育和成人高等教育都同时在招生，在生源总人数一定的条件下，普通高等教育招生人数多，并且大量扩招就会把成人高等教育生源挤出去，这种现象称为挤出效应。

《中国统计年鉴》关于教育部分，几乎每年都详细地统计了普通高等教育与成人高等教育各专业的招生人数。

本文根据普通高等教育与成人高等教育历年来各自的招生数进行数据的合计而绘成图1，但由于《中国统计年鉴》教育部分缺失2004年以前关于成人高等教育的数据，所以关于成人高等教育部分的分析则是从2004年至2009年。我国2000年普通高等学校招生数为220万人，2009年招生人数上升到639万人，约为2000年的3倍。而这一期间的成人高等教育不但没有增加，甚至在某些年份还略有下降，基本上一直都保持在200万人左右。倘若单纯地从总量上看，普通高等教育的快速增长抢夺了成人教育的生源，压制了成人高等教育的发展，从而印证了挤出效应。但是这种总量上的分析却掩盖了各学科专业之间的差异。

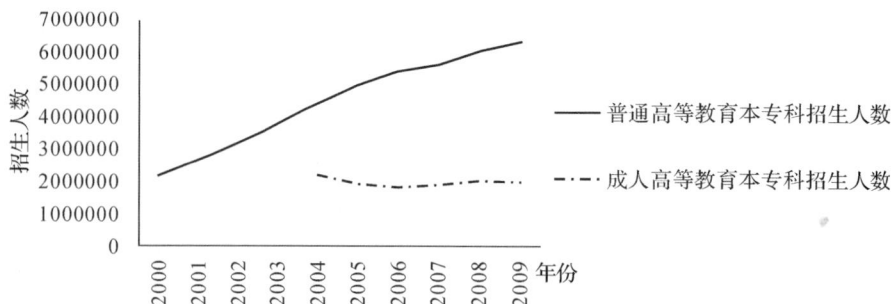

图 1　普通高等教育与成人高等教育招生数合计

在《中国统计年鉴》教育部分的学科分类分别为:哲学、经济学、法学、教育学、文学、外语、艺术、理学、工学、农学、医学、管理学 12 大类。其中哲学专业,由于成人高等教育的每年全国招生人数都在千人以下,样本量过少,本文暂不分析哲学专业的普通高等教育与成人高等教育之间的关系。这里根据《中国统计年鉴》教育部分的学科分类标准,进一步分析了各学科专业普通高等教育与成人高等教育之间的关系。我们能非常容易地发现,各学科专业普通高等教育与成人高等教育的关系竟然差异如此显著。

根据初步的定量分析,各学科普通高等教育与成人高等教育的关系可以简单地用图 2 至图 14 所示,再经整理后又得出表 1。我们能够发现:理论性较强、应用性较弱的学科,普通高等教育的扩招明显对成人高等教育产生挤出效应。普通高等教育与成人高等教育的招生数可以用两条曲线在图形中分别表现,因为普通高等教育近年来连续扩招,代表该数值的曲线则呈现上升趋势,而另一条代表成人高等教育的曲线有一定下降趋势的情况,则称之为挤出效应,如历史学、理学、经济学、文学、法学、师范。而应用性较强的学科两者则表现为一定的互补关系,其两条曲线表现为共同上升趋势,如医学、工学、管理学。而农学、艺

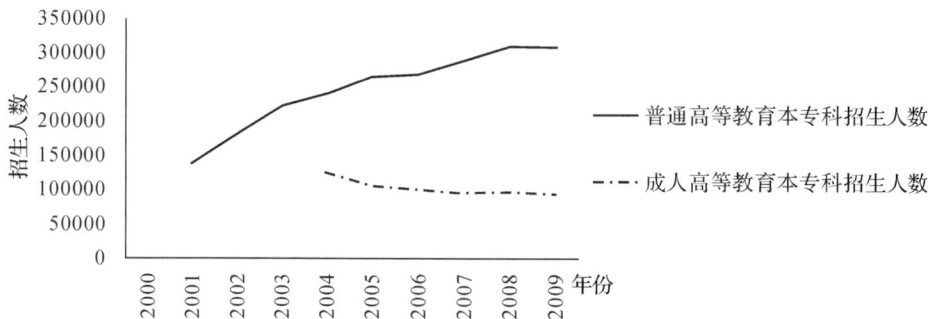

图 2　普通高等教育与成人高等教育招生人数(经济学)

术、外语、教育学等学科,普通高等教育的扩招对成人高等教育有一定冲击,但并不十分明显,其图形中的代表成人高等教育的曲线升降趋势几乎变化不太大。再进一步对一些相近学科进行分析,工学相对于理学,管理学相对于经济学而言,应用性较强。

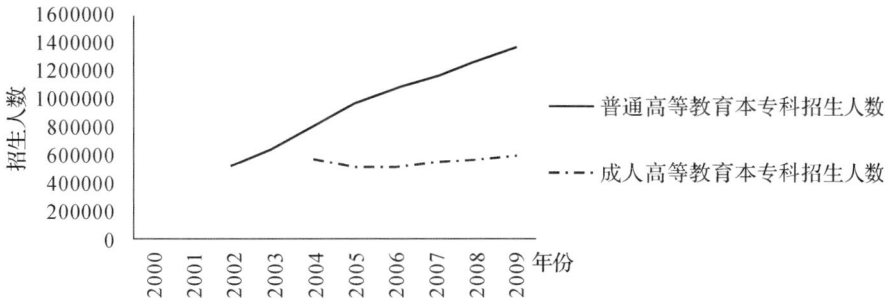

图 3　普通高等教育与成人高等教育招生人数(管理学)

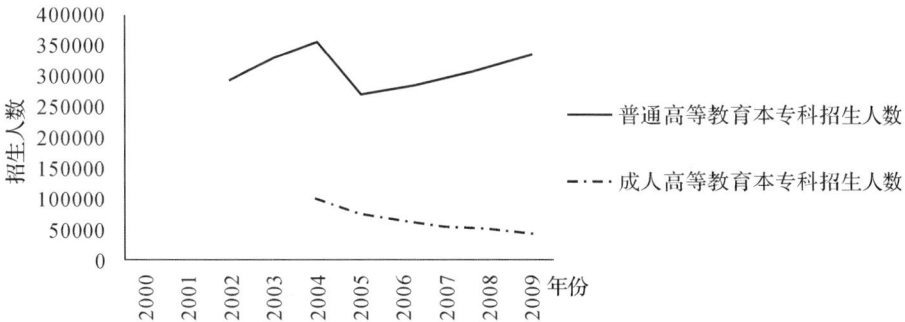

图 4　普通高等教育与成人高等教育招生人数(理学)

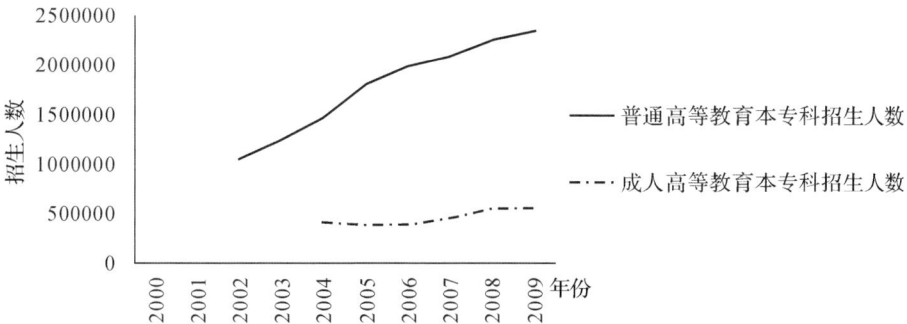

图 5　普通高等教育与成人高等教育招生人数(工学)

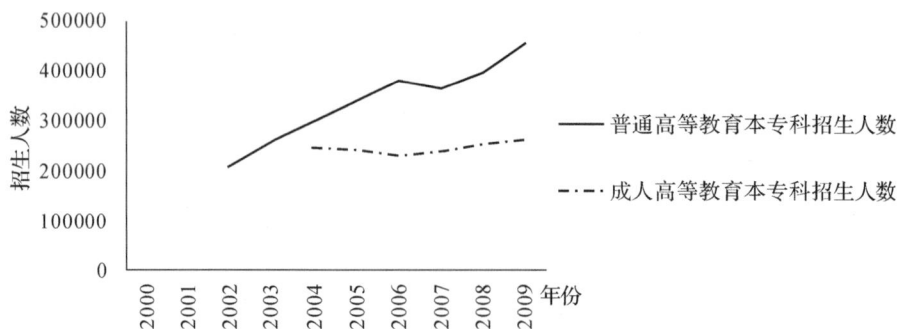

图 6　普通高等教育与成人高等教育招生人数(医学)

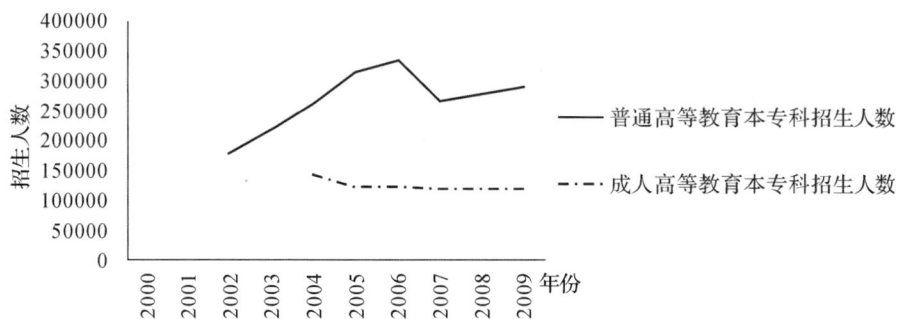

图 7　普通高等教育与成人高等教育招生人数(教育学)

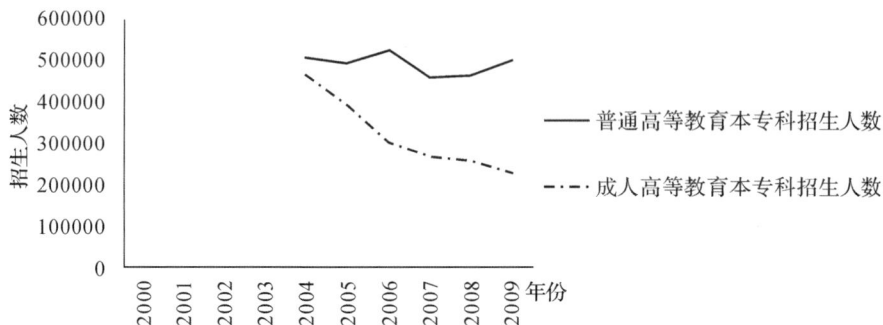

图 8　普通高等教育与成人高等教育招生人数(师范)

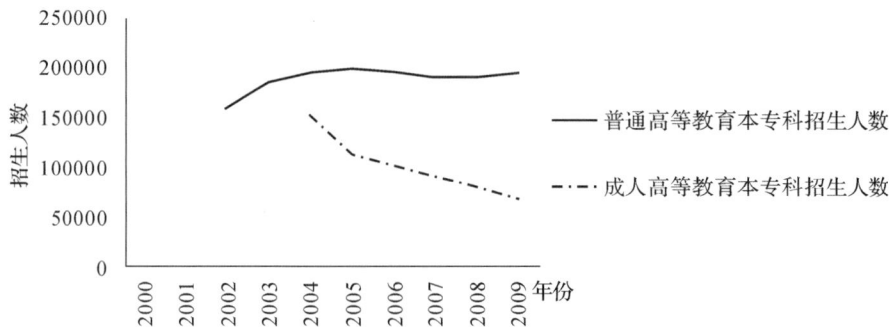

图 9　普通高等教育与成人高等教育招生人数(文学)

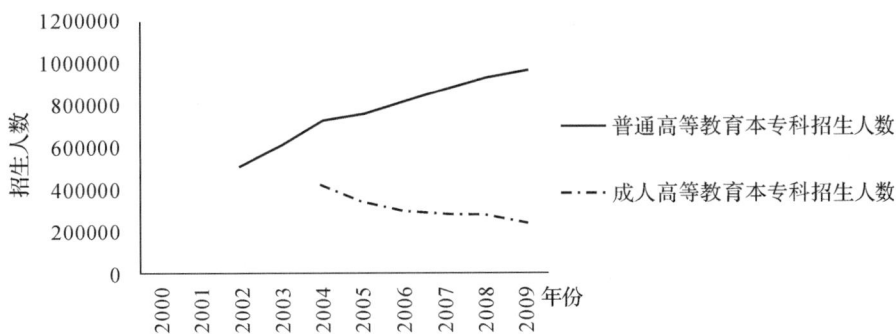

图 10　普通高等教育与成人高等教育招生人数（法学）

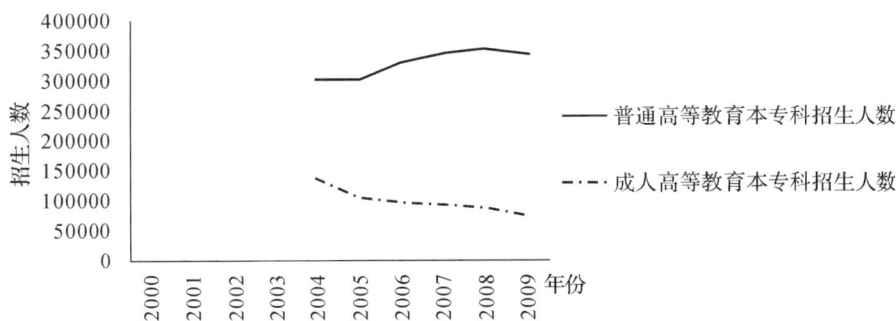

图 11　普通高等教育与成人高等教育招生人数（外语）

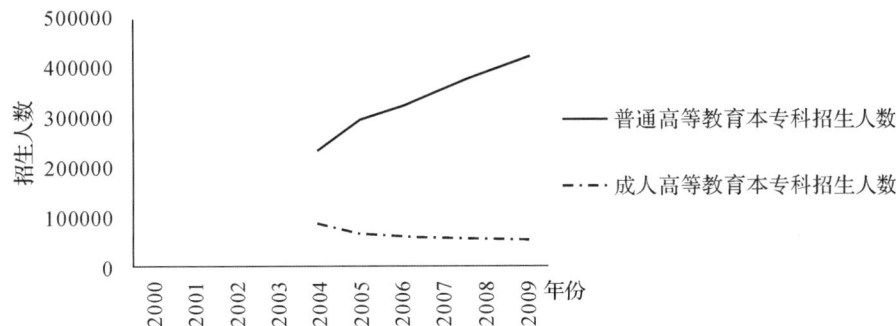

图 12　普通高等教育与成人高等教育招生人数（艺术）

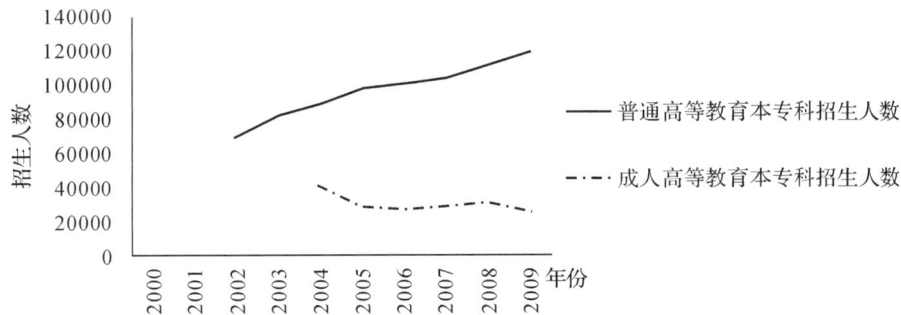

图 13　普通高等教育与成人高等教育招生人数（农学）

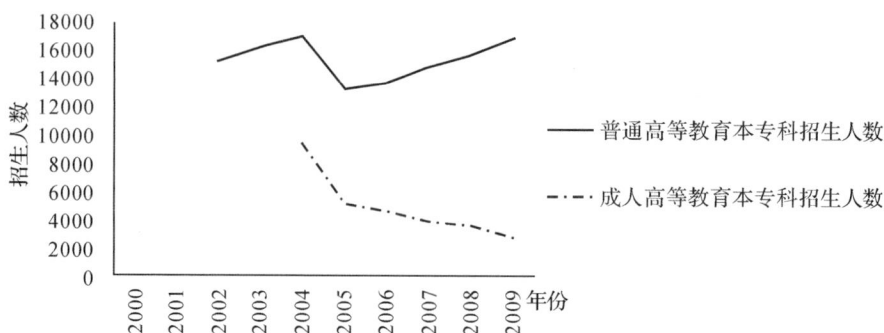

图 14　普通高等教育与成人高等教育招生人数（历史学）

**表 1　各学科普通高等教育与成人高等教育的关系**

| 互补效应 | 挤出效应但不显著 | 显著的挤出效应 |
| --- | --- | --- |
| 医学 | 农学 | 历史学 |
| 工学 | 艺术 | 理学 |
| 管理学 | 外语 | 经济学 |
|  | 教育学 | 文学 |
|  |  | 法学 |
|  |  | 师范 |

　　随着社会的不断发展和进步，对于不同层次的人才需求都有所上升，特别是在职人员为了全面提升自己的人力资本，进一步再进修，接受各种形式的继续教育的需求大，这一部分人数并未完全受到普通高等教育扩招的冲击。

### 三、结论与政策提议

　　本文的研究表明：从总量层面上分析，普通高等教育的扩招对成人高等教育产生挤出效应；若分学科分专业再分析后会发现，对于应用性较强的学科，两者表现为互补关系，对于应用性较弱的学科，则表现为挤出关系。

　　作为普通高等教育的补充，成人高等教育尤其突出要求重视"应用性"这个优势。这就要求我们首先在政策上不断优化成人高等教育各种课程的结构设置。削减理论性较强的课程，增加应用性和实践性的课程。由于普通高校教师大都是只偏重理论研究，忽视知识的应用性，这就要求不断优化和完善成人高等教育的教师队伍，大胆地引进精通实务操作的一线人才作为兼职甚至全职教师。

　　其次，随着普通高等教育的大量扩招，成人高等教育不应再在生源竞争中无谓地努力，而是要及时调整好相应的政策，把办学重点转到岗位培训和各种形式的继续教育上来。这就要求我们做好相应的转型工作，更好地把教育服务的目光投向广大在职从业者，大力提高各种不同层次的在职人员的人力资本。

　　而继续教育也不应再强调各种学历教育,应该逐步向大众化、专业化及高层化发展,以服务国家、服务社会为战略目标,向多层次、多样式的非学历教育和培训转型。

　　为此,继续教育的高校培训尤其要求特别重视职业继续教育和行业资质认证继续教育,包括在职进修、职业转岗培训、职业技能进修、职业技术培训等。而继续教育中的干部培训将会为高校在社会上创建良好声誉,并将成为大学教育的培训品牌。

　　注:本文图1~图14的全部数据均源于从2000年到2010年《中国统计年鉴》的教育部分。

**参考文献:**

[1] 徐新常.普通高等教育与成人高等教育双轨发展论[J].社会科学家,2002(3):75-78.

[2] 徐新常.论成人教育课程体系改革[J].社会科学家,2007(2):176-178.

[3] 许原.在普通高等教育冲击下对成人教育发展的思考[J].大众商务,2009(2):95-97.

# 追寻终身教育的伦理精神

## ——兼论搭建终身学习立交桥的三个层面

南京大学　王其和　凌元元

【作者简介】

王其和,男,南京大学网络教育学院副院长,副教授,研究方向为教育管理。

凌元元,男,南京大学继续教育学院、网络教育学院院长,副教授,研究方向为教育管理。

本文为 2011 年第十二届海峡两岸暨港澳高校继续教育论坛收录论文。

随着 21 世纪的到来,人类发现自己处在一个十字路口。作家迪伊·哈克(Dee Hock)对此作了如下描述(诺曼·朗沃斯,2006):上个千年的离去,遗留下一千年来的斗争、愚昧、冲突以及分裂,我们发现自己处在人类社会发展的十字路口。在我们身边充斥着种种幻想——个性的重构、思维和良知的自由、无私为社区和他人谋福利以及对更高尚道德的推崇。鼓励终身学习,开发个体无限创造潜能的思想、制度和方式呼之欲出。这些思想、制度和方式能够帮助我们重新建立与自然、与人类自身、与灵魂的和谐。迪伊·哈克所言表明了他对新千年的美好憧憬! 但是,新的千年真能如他所愿吗?——人的个性能够得以重构吗? 人的价值能够实现吗? 人与自身、人与人、人与社会的和谐能够建立吗? 终身学习的时代能够真正来临吗? 梦想与现实终归是有距离的——理念创新与观念滞后的错位、技术进步与经济拮据的困扰、规模扩张与质量提高的矛盾、传统传承与借鉴合作的两难、种种功利主义的价值取向和工具主义的思维方式常常会将人导入一种"没有标准的选择的生命不能承受之轻的存在主义的焦虑"(孙正聿,2000),从而阻碍了终身教育的发展。因此,终身教育要在构建和谐社会的背景下肩负起自己的历史使命,实现可持续的发展,除了要借助法律和制度的力量来规范自身外,更应追寻自身的道德属性,拒斥功利倾向、工具主义的影响,更应该追寻属于自身的伦理精神。

## 一、追问终身教育的道德性属性

### (一)人道属性及困境

首先,从历史脉理来看,现代意义上的终身教育理念的正式出现,是埃德加·富尔(Edgard Faure)①及其志同道合者于 20 世纪 60 年代提出,在变化急剧的当代社会,"虽然一个人正在不断地接受教育,但他越来越不成为对象,而越来越成为主体了","新的教育精神使个人成为他自己文化进步的主人和创造者","每一个人必须终身不断地学习"(持田荣,1987;北京教育科学研究院成人教育科学研究所,1999)。终身教育包括一切教育性质、教育类别、教育形式、教育方式和教育内容中的所有组成部分和环节,由于其教育对象的广泛性、时间的持续性、类型的复杂性等诸多因素,迄今为止,还没有任何一种教育能够与终身教育相比(高志敏等,2005)。终身教育的理论基点和精神内核是以人为本,它是以实现教育促进人的全面发展、提升人的幸福生活和人生真正价值为根本目的(联合国教科文组织,1996;孙彩平,2004),体现出的以人为本的教育理念即为终身教育的德性之人道属性之一。其次,从终身教育理念内涵的变化发展来看,其理论关注的重心渐渐从以政府为主体进行推动的终身教育转向以学习者自我为主体的自主选择、独立进行的终身学习。这一由"政府主体的强制性"向"学习主体的主动性"的转变进程,也体现了终身教育的另一方面的人道属性。

人道应该是终身教育道德性最核心的伦理概念,具有广泛性。人道的广泛性一方面是指其所及的对象范围,即对哪些人实行人道;另一方面指其所及的人的需要层次,即人道包含对人的哪些需要的关注。反映在教育活动中,人道的广泛性主要体现在教育制度层面,特别是教育制度中对教育对象的规定。一般来说,受教育的对象越是广泛,教育资源的覆盖面越大,其人道的广泛性也就越大;另外,从教育制度来说,保障每一位公民受教育的权利,是社会人道广泛性的扩展,也是教育人道性的提升。然而终身教育在实践中,存在着两方面的困境:①功利倾向和工具主义的行为。表现为:办学实践缺乏理论需求;过度开发学历教育市场,对真正能发挥终身教育优势的继续教育、职业教育或职业培训等非学历教育缺乏重视;办学层次、专业设置过于狭窄;在教学、管理和受教育者支持服务等方面严重滞后于招生规模的发展等。②资源供给的不均衡性。由于地域的差

---

① 法国前总理,著名文化、教育人士,时任联合国教科文组织国际教育委员会主席。

异和地方社会经济发展的不均衡,终身教育资源的供给,东部等发达地区远远强于西部边远地区。这主要由于西部边远地区经济发展落后,网络、通信等信息技术基础设备建设不完善、投入成本高、收效低等因素。这样的状况,根本上限制了西部边远地区弱势群体接受教育的权利,难以实现以人为本的终身教育目标。

(二)理性属性及困境

终身教育的理性即指终身教育自身内在的规律,同时也包含终身教育本身的自觉,也就是主动把握与探寻自身规律的努力(孙彩平,2004)。

1.教育研究的理性

教育理性作为人类的一个知识领域,深受人类当时的主导知识的影响。20世纪70年代以来,大批国外终身教育及成人教育的专著、论文、报告等被源源不断地翻译引进,如《教育——财富蕴藏其中》、《学会生存》、《培格曼国际终身教育百科全书》、《终身教育引论》等,为终身教育的研究起到了借鉴、启发作用(朱涛,2001)。迄今为止,我国开展终身教育研究的政府部门主管、院校主管,各级学会、协会、研究会等群众性学术团体众多;各级、各类终身教育及成人教育报刊提供了充分的研究成果发表园地,推动了我国终身教育的群众性研究;陆续出版近千种终身教育及成教理论著作、难以计数的学术论文,对终身教育科学管理的研究起了推动作用;各类终身教育科研课题对中国终身教育的发展研究具有重要的实践指导价值(朱涛,2001)。但是,与其他国家相比,我国对终身教育的研究还存在很大困境:首先,理论框架及学科体系的构建不足,独特国情及自身规律的昭示不够,理论与实践脱节,超前预测及前瞻规划欠缺;高层次专门人才培养的数量匮乏,理论研究队伍数量不足、素质欠佳;科研的组织也不够得力,科研课题立项少、资助少,地方政府绝大多数没有给终身教育研究以应有的重视,研究大多处于散兵游勇、各自为战的状态。创新的乏力自然难以催生终身教育理论研究的硕果。其次,对终身教育的理论价值缺乏公正评价。终身教育作为新兴学科的独立地位仍然得不到普遍承认,即使在教育界,对终身教育的轻视、偏见也处处可见;科研成果难以得到公正评价、公平对待,使研究者很难因理论研究成果受到应得的激励,评价的偏颇极大地挫伤了理论研究的内动力。

2.教育决策与执行的理性

教育决策的理性表现为对客观规律的把握。忽略教育规律在不同情况下的变化,只能造成因决策失误带来的种种不幸后果,微观上将直接影响到教学效果与学生身心的健康成长,宏观上将导致因整个国家人力资源开发与国民经济发展需要不协调而产生的结构性失业及大量人财物的浪费(孙彩平,2004)。在终身教育的实践中,办学思想的偏误导致漠视终身教育理论的指导;办学主体超越自身能力和条件，谋求短期利益，迎合甚至诱导社会的非理性需求；重经济效益轻社会责任、重硬件设施轻软件配套、重地域扩张轻自身建设等利益驱动现象大量存在。实施者的急功近利，再加之许多学习者无内在学习需求，这样就很容易出现偏差、混乱。

（三）公正属性及困境

教育公正是教育道德性的一个重要体现，是社会正义的重要内容，相对于教育人道与教育理性，公正属性在近几年的教育研究中，开始受到更多的关注。作为教育伦理的一个测度，教育公正包括教育制度、法律所包含的宏观层面的教育公正，也包括教育过程中教师公正地对待每一个学生的微观层面的含义（孙彩平，2004；吴忠民，2004）。公正是以制度和法作为标准和依据的，反过来，制度和法也反映了一定社会公正的层次与水平。终身教育的公正困境表现在以下三个方面：

（1）我国政府对终身教育、终身学习缺少统一的规划、必要的资金投入和有力的政策推动。目前教育部的行政措施还有削减终身教育与终身学习实施的嫌疑，撤销"成人教育司"，合并为"职业教育与成人教育司"，在很大程度上削弱了成人教育的职能。在终身教育、终身学习的推进过程中，成人教育占了很大的比例，削弱了成人教育的职能，从某种意义上会延缓我国建立终身教育、终身学习体系的进程。

（2）虽然在教育法中已规定，国家将要逐步建立和完善终身教育体系，然而终身教育、终身学习的观念只为少部分高层管理者、教育科研人员所接受，社会成员中的大多数人并未对终身教育的思想和意义有认识和理解。

（3）缺乏有效的约束机制和监督评价机制。很多教育机构与公司企业合作，使得终身教育有了教育产业的性质，质量就不再是唯一的追求目标，加之缺乏有效的指导、监控，缺乏明确的质量标准，自我约束机制、市场准入规则、市场退出规则匮乏，没有中立的社会中介机构对办学质量和办学行为进行评估等因素，导致了终身教育缺乏有效的社会监督机制和评价机制。

**二、搭建终身学习立交桥的三个层面**

《国家中长期教育改革和发展规划纲要（2010—2020 年）》（简称《纲要》）的颁布，从根本上为终身教育及终身学习的实施指明了方向。以《纲要》为指导，以下将从宏观、中观和微观方面来阐述搭建终身学习"立交桥"的三个层面。

（一）宏观制度层面

新制度经济学家把制度分为正式制度与非正式制度（吕中楼，2005）。正式制度是指人们有意识地创造出来并通过国家等组织正式确立的成文规则,包括宪法、成文法、正式合约等;非正式制度则是指人们在长期的社会交往中逐步形成并得到社会认可的一系列约束性规则,包括价值信念、伦理道德、文化传统、风俗习惯、意识形态等。

(1)制定终身教育、终身学习的法规并建立监督与评估制度,履行政府对建立终身教育体系的职责。不少国家通过立法,确立终身教育理论为本国教育的基本指导思想。如日本在 1988 年设立了终身学习局,于 1990 年颁布并实施《终身学习振兴整备法》;美国在联邦教育局内专设了终身教育局,于 1976 年制定并颁布了《终身学习法》;法国国民议会在 1971 年制定并通过了《终身职业教育法》,而且在 1984 年通过了新的《职业继续教育法》;韩国于 20 世纪 80 年代初把终身教育写进宪法,将《社会教育法》改订为《终身学习法》;欧盟颁布《教与学——迈向学习社会》白皮书、《1996,欧洲终身学习年》、《2000 年终身学习使命备忘录》等纲领性文件。有鉴于此,我国政府应从建立终身教育体系的正式制度入手(康宁,2007),在宏观制度层面考虑全国人民代表大会立项通过终身教育立法问题。政府应建立独立处理协调该事业发展及政策制定的事务机构,国家公共财政应逐步视发展需求单独列支终身教育专项预算,鼓励建立国家与私营部门用于终身教育事业的专项基金会。

(2)建立新的国家资格认证框架,实现不同教育形式之间的沟通,打通各类教育之间相互衔接的通道。如美国、英国、澳大利亚、新西兰、爱尔兰等英语国家相继建立了新的国家资格认证体系;欧盟建立了"欧洲学习互换系统";英国政府实施了职业资格证书制度;澳大利亚采用了统一的证书制度和模块式结构课程内容等。

(3)建立"学分银行"制度,推广学分制和弹性学习制度,通过实行学分转换制,实行全面的学习成就认证制度,实现各种形式教育的互认与衔接。加拿大为学习者提供学分转移认证;韩国 2000 年建立了"学分银行体系";美国实行三级一体化的高等教育体系;英国、德国的职业教育采用工学交替的学习方式;澳大利亚制定了学分转换办法。我国教育部考试中心也对高等教育自学考试与其他教育形式沟通和衔接进行了调研,参照《纲要》中关于高等教育自学考试制度与其他的教育形式结合形成学分库制度、开放大学教育建设模式的要求,提出了自学考试制度与其他教育制度相结合的五个阶段的设想,对搭建终身学习"立交桥"进行了有益探索。

(4)政府提供公共服务的制度资源平台,建立购买服务体系与市场付费机制,构成组织与个人投资与回报的激励机制。

(5)全力加速实施现代远程教育工程,形成开放式教育网络,消除教育的差别,尤其是东西部信息的不对称,实现跨时空的教育资源共享,扩大社会成员的受教育机会。

(二)中观组织层面

中观组织层面是指社会中各种具有教育力量和教育价值的资源和设施等。

(1)把文化组织、社区组织、职业协会和企事业单位部门以及由各企事业单位、机关团体、学校大力倡导建立的"学习型组织"纳入终身教育系统。充分利用、组织好中观组织层面,有利于学习化社会的形成,有利于终身教育与社会实现一体化。如日本在1988年提出了"向终身教育体系过渡"的建议,发展社会教育团体,建立学习信息网,建立家庭、社会、学校教育一体化的终身教育体系,将文化会馆、图书馆、博物馆、活动中心等各种科学文化设施都纳入教育的范畴;美国的监狱、工会、军队、医院等许多非教育性机构也积极从事成人教育,许多公司也定期向员工提供培训。

(2)把成人教育纳入终身教育的体系(王青逯,2006;庄典洲,2010)。1976年内罗毕会议通过了《关于发展成人教育的建议》,《建议》提出,成人教育是包含在终身教育总体中的一部分;教育绝不仅限于学校阶段,而应扩大到人生的各个方面,扩大到各种技能和知识的各个领域。许多国家为了保障成人教育的实施,采取了许多有效措施,如在入学条件上采取灵活政策、带薪教育休假制度、经济援助及开设成人学分累计课程等。

(3)改变学校的封闭结构,形成开放的弹性的教育结构,是各国推行终身教育中的一项重大实践。日本在1995年召开由社会各界知名人士组成的"终身学习审议会",要求高等教育机构必须向社会敞开大门,广泛吸收在职成人进入高等教育机构学习;美国从1960年以后,以社区发展为目标的社会学院扩展很快,很多大学都成立了大学开放部,开展对"非传统型学生"的教育活动;英国开放大学和大学的成人教育部专门提供成人教育;欧洲许多国家,大学通过公开讲座、成人教育中心、函授等形式为人们提供继续教育和回归教育的机会。

(三)微观个人层面

随着数字化时代的来临,教育的时空界限将不存在,任何人可以在他需要的时候随时随地去学习。在这种形势之下,作为终身教育贯彻主体的学习者自身要努力加强修养,提高对终身教育的认识,以各种方式接受终身学习的理念——学习不仅是限于学校教育阶段,它将伴随着人的一生,人生的每个阶段都有不同的学习任务,以适应社会环境的变迁,发展个人潜能,提高生活质量,促进社会发展。努力树立工作即学习、学习即生活的理念,多样化参与和分享,形成扁平化共享学习资源空间,为终身教育提供买方市场。

### 三、结　语

终身教育改变了整个教育的结构和坐标系,从而实现了教育思想史和教育发展史上一场具有里程碑意义的"哥白尼式革命"。追寻终身教育的伦理精神,合理搭建终身学习的"立交桥",才能真正保障终身教育成为全社会的公益事业,才能真正保障全社会的每一个成员能在不同的年龄阶段内,享受到不同时期和阶段的教育的福利和权利!

**参考文献:**

[1] 北京教育科学研究院,成人教育科学研究所.终身教育理论与成人教育实践[M].北京:首都师范大学出版社,1999:1-12.

[2] [日]持田荣,等.终身教育大全[M].龚同,等,译.北京:中国妇女出版社,1987:18.

[3] 高志敏,等.终身教育、终身学习与学习化社会[M].上海:华东师范大学出版社,2005:5,10.

[4] 郭广银,等.伦理新论:中国市场经济体制下的道德建设[M].北京:人民出版社,2004.

[5] 康宁.转型期新技术服务终身教育的制度选择[J].北京大学教育评论,2007(3):11-23.

[6] 联合国教科文组织国际教育发展委员会:学会生存——教育世界的今天和明天[M].北京:教育科学出版社,1996:201,223.

[7] 吕中楼.新制度经济学研究[M].北京:中国经济出版社,2005:3-4.

[8] [英]诺曼·朗沃斯.终身学习在行动——21世纪的教育变革[M].沈若慧,汤杰琴,鲁毓婷,译.北京:中国人民大学出版社,2006:3.

[9] 孙彩平.教育的伦理精神[M].太原:山西教育出版社,2004:139-188.

[10] 孙正聿.恢复"爱智"本性的新世纪哲学[J].新华文摘,2000(4):26.

[11] 王青逯.用终身教育理念指导成人高等教育的改革与发展[J].现代教育科学:高教研究,2006(6):31-33.

[12] 吴忠民.公正新论[M].北京:中国社会科学出版社,2004.

[13] 朱涛.新世纪成人教育须重视强本之举[J].湖北大学成人教育学院学报,2001(1):24-27.

[14] 庄典洲.普通高校继续教育顺应国家教育规划的发展道路探析[J].继续教育,2010(12):3-7.

# 大学继续教育品牌建设相关概念浅析

北京大学　刘广送　李春亮

【作者简介】

　　刘广送，男，北京大学继续教育部副部长，研究方向包括教育管理、继续教育等。

　　李春亮，男，北京大学继续教育部综合办公室主任，研究方向包括教育管理、继续教育等。

　　本文为2013年第十四届海峡两岸暨港澳高校继续教育论坛收录论文。

　　本文旨在通过分析品牌、大学品牌、大学继续教育品牌等相关概念，探讨继续教育与大学的关系，为大学继续教育品牌建设的方法、路径提供理论参考。

## 一、品　牌

　　一般认为，品牌，首先是经济领域的一个概念，通常所说的品牌就是指商业品牌。品牌的出现，是商品经济发展带来的商业竞争的必然结果。在不同的历史时期，品牌的表现形态各不相同。从中国古代饭馆、酒肆门前悬挂的幌子，到古代北欧打在牲畜身上宣示所有权的烙印，再到近代工业革命区别啤酒产地批次的标记，甚至是传说中某些狗肉商家在门口挂起的羊头，这些都是为了寻求公众和社会对相关物品、商品、服务、组织、机构的认可，以期与竞争者区别开来而建立的标记。这些标记就是早期的品牌。

　　自20世纪中叶开始，品牌学已经开始成为一个学科，品牌已经是一个众人皆知的概念，而且每个人都对品牌有自己的理解。品牌的本质意义，是让人们留有深刻印象，实施购买行为（叶丽芳，2006）。《现代汉语词典》中品牌是"产品的牌子，特指著名产品的牌子"。品牌是基于外部标识集成（名称、术语、符号等）、通过服务对象产生联想并被认可而形成的资产。

本研究主要涉及品牌的两个方面。

(一)品、牌有别

本文认为品牌这一概念,首先要把品与牌分开来理解。品与牌有别,各有侧重,相互依存。品是等级、品位、品阶、定位,牌是标记、标识、形象、符号。依品定牌,以牌彰品。通常意义的品牌,使用的是牌的含义。品牌本身是一个中性概念,不能明确说明产品、服务的等级。名牌则是著名的品牌,与之相对的是普通品牌。由于国家、地区、领域的不同,名牌也有相应的等级。世界名牌、国家名牌、地区名牌等,说的就是这个意思。

品是等级。对于社会大众而言,品牌自然有其等级。这种等级是指引消费趋向的魔棒。根据不同的需求,大众会选择不同的等级。有的选择奢华,不求最好,但求最贵;有的选择实用,够用即可,量入为出。品是产品,确定、稳定、可预期的物质产品和服务产品。品是品味,为消费者带来附属的心理愉悦感,影响他人对消费者自身的评价。

牌则是商标、名称、口号、事件、人物等等一切可以用来区别产品与服务的标识。

(二)品牌形成的渠道

品与牌的确立都有主动与被动的两种渠道。

品的来源。一是品牌拥有者有意识或者无意识的主动确立,这是主动立品。二是社会、公众对产品、服务、组织机构的品阶的认可与承认,这是被动定品。

牌的来源。一是品牌拥有者有意识或者无意识的设计,通常所说的商标、LOGO,等等,就是这种情况,这是主动定牌。二也是被动定牌,比如某些被叫成商品名称的经营者姓名、经营场所。再比如,某些事件与商品联系在一起,就像某奶粉与三聚氰胺一样。

## 二、大学品牌

一般认为,大学品牌是指大学在长期发展的过程中所形成的关于这所大学的办学水平、科研水平、学科建设、教学质量等在人们心目中形成的知名度和美誉度(徐同文,2006)。

大学品牌必须得到社会公众的认知与认可。国外,哈佛大学、斯坦福大学、剑桥大学等大学举世闻名;国内,北京大学、清华大学、中国人民大学等也是家喻户晓。从品牌角度来看,她们的品,首先就是世界级、国家级不同程度的一流大学。她们的牌则代表着社会普遍认可的高水平的教学质量、科研质量和社会服务能力。

历史证明,成功的大学必须主动立品,也就是说主动确立大学精神与大学定位,这是大学创建与发展过程必需的一个阶段。大学精神,是指人们对大学的社会定位、理想追求的研究与认识所形成的观念,是大学赖以生存的精神支柱和动力源泉。大学精神从中世纪开始,就与大学功能联系在一起,影响甚至决定着大学的发展。欧洲中世纪出现的大学雏形,是一种独立于教会、国家,从事知识传播的组织。大学功能单一论的代表纽曼在其《大学的理念》中把大学功能概述为单一的教学,认为大学是传授知识的场所,通过开展自由教学来服务学生。德国思想家洪堡在其代表作《人的教育理论》中首次提出人文科学与自然科学结合,强调人的全面发展,教育要充分激发人内在的生命力,通过教学与科研来统一培养学生的个性与品德修养。通过坚持贯彻洪堡倡导的"大学自治""学术自由""教授治校"和"教学与科研相统一"的大学精神,柏林大学最终成为现代大学的楷模。美国的大学精神融合了功利主义的观点。克拉克·克尔在其出版的《大学的功用》一书中,首次提出"多元巨型大学"的概念。他赋予大学社会的性质,认为大学本身就是一个等级社会,它一方面要维持与探索真理,一方面又要产生效益,服务社会。服务社会成为教学、科研之后的大学第三大功能。美国很多大学的发展都要归功于以"服务社会"为主旨的大学精神,比如威斯康星大学的"服务社会,为区域经济服务"。大学精神被大学的师生员工所理解、接受之后,就会形成一种校园精神,形成一种信念力量。大学品牌形成的源头与核心就在于是否形成、拥有一个具有科学性、前瞻性和持久性的大学精神。

大学定位是大学品牌策略制定的关键,是指一所大学依据大学精神、自身现有条件和发展前景而制定的关于办学类型、办学层次、办学特色的个性化目标要求。具体来说就是大学在社会中的位置、在同行中的位置,大学内部各要素在学校发展中的位置。大学定位要确定的因素很多。如类型:研究型、教学型、研究—教学型、社会服务型。招生层次:专科、本科、研究生。地位:区域大学、国内领先、世界一流。特色:行业优势、学科优势、地域优势等。

大学品牌建设的第二步是立牌,也就是说确定品牌的具体内容。关于大学品牌的具体内容,说法很多。本文认为可以从人、物、事三个方面加以归纳。

(一)大学之人,基本分为三个类别:大学校长、教师、校友

1. 大学校长是一所大学的灵魂和引路人

中国古语有云:强将手下无弱兵。"校长"一词在英文中与"总统"同用president,可见一所大学的校长犹如一国的总统,作用巨大。校长作为大学的法人代表,在很大程度上,他不是权力的象征,而是人格的象征、学术的象征。美国加州大学原校长克拉克·克尔认为,"大学校长应该是这样的人:既坚定但又不

失礼貌,对别人敏锐,对自己迟钝;既看到过去又展望未来,扎根现在;既富于幻想又明智稳重;既和蔼可亲又深思熟虑;既深知金钱的价值,又承认思想无法用钱买到;既有广阔的视野又能有意识地寻根究底"。可见,大学校长的人格魅力对大学品牌价值的形成至关重要(贺尊,2002)。北京大学的蔡元培校长、清华大学的梅贻琦校长等,已经成为所在大学品牌的不可或缺的突出标志!

2.大学教师是大学品牌的主要创造者和承载者,是大学力量与声誉的象征

美国加州大学伯克利分校常务副校长凯罗·克里斯特说:"教师的素质就是学校的素质。"清华大学梅贻奇先生说:"大学者,非谓有大楼之谓也,有大师之谓也!"教师的科研、教学水平和社会服务能力直接反映着大学的水平和形象,这是学生、家长及社会各界评价大学的主要依据。教师的综合素质对大学品牌的提升具有举足轻重的作用。一所大学的社会地位、社会影响的高低强弱,取决于有没有一批有足够水平、足够社会影响力的教师。

3.历届校友的声望和成就是大学品牌的重要内容

培养人才是大学的根本任务。无论多么有名的大学,如果培养不出优秀的毕业生,那就只能是失败者。大学品牌需要辈出的英才来声扬与传承。如果没有世界著名的校友,那些世界一流学府也就不能傲视群雄;如果没有著名校友对大学精神的发扬光大和率先垂范,这些著名大学就难以后继有人,其品牌就不会流芳百世。综观国内品牌一流的大学发展史,无不镌刻着其众多杰出的历届校友。所以说,历届校友声望和成就是大学精神与大学品牌的"活广告"。

(二)大学之物,包括大学学术、大学校名与标志、大学校训、校园建筑风物等

1.大学学术

大学学术内容主要包括学术信念、学术理想、学术权力和学术水平(张楚廷,2001)。毋庸多言,大学学术,显然是大学品牌的核心价值体现。

2.大学校名与标志

校名是大学最重要的识别符号,它和商品的商标一样具有自身的品牌价值。许多大学因合并、重建等原因改名,也有的学校因改名而一蹶不振。校名,得到所有大学特殊的认真对待。

校标是一所学校图形化的标志与象征,它的设计与演进在相当程度上体现大学的精神追求与文化底蕴。

3.大学校训

校训是大学精神的集中体现,它对于大学品牌的作用如同商品广告的广告

词一样,简洁明了,易懂易记,直接表达大学的品位与追求。

4.校园建筑风物

校园建筑风物对大学品牌的塑造和传承有着一定的标本作用。例如北京大学当年的沙滩红楼和现今的"一塔湖图"都凝聚着她的传统底蕴和文化品位,成为北京大学不同时期的名片。

(三)大学之事

事件理所应当是由人与物构成,之所以从前两者之外独立出来,是因为事件是人、物的综合运动,对大学品牌战略而言,事件具有特殊意义。

1.历史勾陈

大学品牌的形成往往历时长久,一所大学历史上的重大事件都成为大学品牌的重要组成部分。比如,提起北京大学,自然会想到五四运动、戊戌变法。大学在这些历史事件之中的角色扮演,是大学品牌的宝贵财富,由其中提炼出来的大学灵魂是大学品牌的点睛之笔,正如北京大学的"敢为天下先"。

2.时事声音

大学是一个专家、学者、大师集中的地方,他们的声音附着大学的品牌外衣之后对事态发展、舆论导向和社会风气的影响力更为巨大。大学之大,自身也会发生这样那样的事情。这些事件,同样在影响着大学品牌的形成与发展。在一些事件当中如何发出声音、发挥作用,负面事件发生之后如何应对,正面事件发生之后如何将其品牌形象的影响提升到最大,等等,都应成为大学品牌建设的重点考量对象。

3.特殊事件

有的事情对大学来讲具有特殊意义,比如诺贝尔奖的获得。我们可以试想,如果一所国内院校首先甚至连续获得诺贝尔奖,那么她的品牌将会得到何种程度的提升。特殊事件应有特殊准备与应对,各个学校都在进行的特殊人才引进计划,除了追求整体学术水平的提升以外,也无一例外地把能够带来突破效果的人才作为重中之重。

### 三、大学继续教育品牌建设

1.大学继续教育与大学品牌的关系

大学继续续教育是大学品牌的重要组成部分,是大学在构建终身教育体系当中应当承担的重要义务,是大学功能得以实现的重要途径。现代研究者认为,高等教育担负着培养高级专门人才、发展科学文化、直接服务社会的三大职能。

这三大职能又通过专门实施高等教育的机构——高等学校来实现。大学三大功能的完善经历了漫长的岁月,在此过程中继续教育对普通高等教育作用的扩展和功能的完善所做的贡献非常巨大(李国斌,2004)。

从培养高级专门人才或者说教学的角度来看,继续教育增加了大学培养人才的职能范围,扩大了高级人才的培养群体。高级人才的培养不单是学校教育的一次性成品,社会精英不只有没离开过学校的大学生。继续教育本身就是一个以教学活动培养人的过程,培养对象、培养目标的区别并不能影响这个实质。同时,大学教师自身也通过教学相长的机理,在继续教育领域得到信息反馈、技能提升和前进动力。继续教育使大学的来学者更多,教学者更强。

从科学研究的角度来看,继续教育可以成为校企合作的纽带、科研成果交流的平台、学术灵感之花的培养园地,为大学发展提供强大的经济、社会支持。在这方面,斯坦福大学等世界名校的成功经验广为人知。

从服务社会的角度来看,继续教育增加大学教育的服务范围,密切大学与社会发展的关系,这也是公认的继续教育的主阵地。最典型的传统范例就是美国的威斯康星大学。她专门成立一个知识推广部,设立函授、学术讲座、辩论与公开研讨,提供信息与福利等服务项目,建立一个流动图书馆,把科技、文化书籍送到全州。还发动教师开设巡回演讲课,把科学知识传播给民众,使民众运用所学知识解决经济、生产、社会、政治及生活问题。美国麻省理工学院(MIT)坚称的首要使命是教学和科研,同时有一条指导原则,即教学和科研要与现实世界紧密相连。MIT面向社会的继续教育培训项目正是遵循了教学与科研要与现实社会紧密相连的原则。

2. 大学继续教育是相对独立的副品牌

从国家计划、培养对象、培养目标等各个方面,继续教育与普通高等教育之间存在天然的、不言而喻的差异性。一般认为,大学三大功能的重要程度应当是按顺序排列的,第一是教学,第二是科研,第三是服务社会。而在这教学当中,普通教育的本科生、研究生教育,毫无争议地占据主体地位,继续教育只能是重要补充。从品牌的角度来说,继续教育品牌是大学品牌的副品牌之一。

3. 大学继续教育品牌作为副品牌与大学品牌的互动关系

主品牌代表所有者的自身形象和她的产品的总体形象,一般具有较高的知名度和美誉度,感召力相对较强。副品牌,一般是分支产品的品牌,它仍然以主品牌为品牌,并在一个相对更窄的范围内标识产品。副品牌能够更加直观、准确、形象地传达副品牌产品的特点和个性形象,凸现产品个性之美。副品牌便于消费者区分企业不同产品种类和不同特点的同种产品,达到"同中求异"的效果。

副品牌有利于企业不断开发和推出新产品，为企业未来新产品预留发展空间。副品牌产品的不断推出能够壮大企业声势，构筑新的竞争优势。副品牌可以避开一些法律法规限制（杨政军、聂锐，2002）。

继续教育作为大学的副品牌之一，她是植根于大学沃土之上的一棵参天大树。继续教育以大学普通高等教育为依托，借鉴普通高等教育经验、利用大学教育教学而发展资源。同时继续教育作为大学的一个特殊组成部分，加强了大学同社会的紧密联系，增强了大学主动适应社会发展和进步的能力。继续教育为大学普通高等教育改革做先导，并为普通高等教育改革增添活力。继续教育与大学普通高等教育横向沟通、纵向衔接，共同架起通向学习社会的高教"立交桥"（李国斌，2004）。

4. 作为副品牌，大学继续教育当立自身之品，定自身之牌

大学继续教育之品，肯定要与大学之品一脉相承。北京大学、清华大学已经确立了创建世界一流大学的战略目标，这即是当前这些学校所立的品。那么，世界一流大学必须有与其地位相称的继续教育。创建世界一流的大学继续教育也就顺理成章地成为这些大学继续教育应立之品。

继续教育之品应当体现个性之美，不能简单照搬大学本身的品牌定位。继续教育之品的具体追求方向应当在于传播大学精神，传播科研成果，吸纳社会实践的营养，提供教学相长的平台，提供同窗交融之平台，完善知识结构，服务于社会，服务于所在地区。这里可以参考清华大学经济管理学院给每个教育模块都给予的品牌定位。本科教育的定位是"通识教育，个性发展"；硕士教育的定位是"经世济民，追求卓越"；博士教育的定位是"追求真理，崇尚科学"；MBA 教育的定位是"根植中国，面向世界"；EMBA 教育的定位是"培养产业领袖，塑造企业未来"；高级管理培训的定位是"百战归来再读书"。

大学继续教育品牌战略也须定自身之牌。大学品牌的具体内容大多可以为继续教育所用，但继续教育的牌也应当凸现个性之美。下面仍从人、物、事三个方面简单分析继续教育品牌建设的切入点。

（1）大学之人，于继续教育的品牌效应。

以校长为代表的领导层，是否能够意识到继续教育事业在学校发展建设中的重要地位，学校的发展建设规划将继续教育置于什么样的地位，对于创建大学继续教育品牌来说，是至关重要的前提条件。

继续教育的师资，通常也是大学本身的师资。本校师资力量所占的比例，决定着大学继续教育是否"正宗"，这是继续教育的品质保证。大学教师也可以通过参与继续教育活动获得信息反馈、技能提升和前进动力。

大学的很多著名校友,就是通过继续教育活动与学校产生的联系。有人认为,就对于大学的情感反馈而言,很多继续教育校友甚至要超过普通教育毕业生。现实当中,有的院系继续教育校友的经济捐助总量远远超过普通教育校友。大学应当重视充分继续教育校友工作。

(2)大学之物对继续教育的品牌意义。

大学学术方面的突破,无疑可以带动、促进继续教育事业的发展。继续教育自身也要致力于成为校企合作的纽带、科研成果交流的平台、学术灵感之花的培养园地,为大学发展提供强大的经济、社会支持。

大学校名与校标、校训,可以为继续教育直接使用,但体现继续教育自身特色的标记、校训也很有必要。

对于校园建筑风物来说,继续教育项目、校友带给大学校园的变化,已经悄然伫立在校园的各个位置。对这种情况的归纳、整理以及进一步开发,还需要做很多工作。

(3)大学之事与继续教育。

大学本无小事。无论是历史勾陈,还是时事声音、特殊事件,都可能与继续教育有着千丝万缕的关系。继续教育领域本身也容易发生各种事情,成为大学之事的主角。同时,就继续教育事业在大学里的地位而言,负面事件发生后的抗压能力也先天不足。所以,继续教育应当格外重视事件对事业的冲击,格外重视事件营销策略,避免给学校主体事业造成负面影响。

总之,本文认为品牌这一概念,包含两方面的意思:品与牌。大学也应当首先立品,然后定牌。立定世界一流之品,当建世界一流之牌。大学继续教育是大学品牌的重要组织部分。大学继续教育品牌作为副品牌,应当认真贯彻品牌战略,立自身之品,建自身之牌。

**参考文献：**

[1] 贺尊.论大学精神与大学品牌[J].武汉科技大学学报,2002(1):77-80.

[2] 李国斌,吕以乔,金秀娥.论成人高等教育与普通高等教育的关系[J].成人高教学刊,2004(1):46-52.

[3] 徐同文.大学如何实施品牌战略[N].光明日报,2006-2-22:7.

[4] 叶丽芳.大学形象、大学品牌、大学声誉概念辨析[J].黑龙江教育,2006(4):4-6.

[5] 杨政军,聂锐.副品牌战略研究[J].连云港职业技术学院学报,2002(3):37-38.

[6] 张楚廷.品味大学品位[J].高等教育研究,2001(4):10-15.

# 科学发展观视野下的现代远程教育

南京大学　丁婷婷

【作者简介】

丁婷婷,女,南京大学网络教育学院,研究方向为教育管理。

本文为2013年第十四届海峡两岸暨港澳高校继续教育论坛收录论文。

我国是个人口大国,高等教育毛入学率一直偏低,传统教育由于师资、校园设施等条件的限制,不可能大规模地扩大入学率。而现代远程教育作为新的教育模式,其最大优点是能用较少投入使较多的人接受教育。

中国现代远程教育经过十余年的试点,不仅在规模上实现了跨越式发展,更在人才培养模式、资源建设与共享、学生支持服务、公共服务体系方面取得了重大突破,对我国当下的教育发展进程起了重要的推动作用。

## 一、现代远程教育的发展历程

1999年到2002年是我国现代远程教育快速发展的时期。短短3年左右的时间,参与现代远程教育试点的学校就从1999年最初的清华大学、北京邮电大学、浙江大学、湖南大学和中央广播电视大学5家迅速发展到67家,注册学生近百万。

现代远程教育的飞速发展必然会带来一些问题,如学校内部的办学条件、教学资源、教学质量和学习支持服务问题,校外学习中心的设置和管理问题,违规办学、违规招生等。这些问题一定程度上影响了高校远程教育的正常秩序。

鉴于现代远程教育快速发展时期出现的种种问题,从2002年开始,政府加强了对现代远程教育的管理,出台了一系列文件进行规范,并且加大了政策执行的力度,起到了很好的约束与调控作用。

2010年,中共中央、国务院出台了《国家中长期教育改革和发展规划纲要

(2010—2020 年)》(简称《教育规划纲要》),这是进入 21 世纪以来我国第一个教育规划纲要,它规划了到 2020 年我国教育基本实现现代化的蓝图和改革与发展路径。实现这一纲要,将推动我国"加快从教育大国向教育强国、从人力资源大国向人力资源强国迈进",是指导教育改革和发展的纲领性文件,以《教育规划纲要》的制定和实施为标志的新一轮教育改革的推进,将使现代远程教育获得更为强劲的发展动力,面临更多的发展机遇。

### 二、科学审视我国现代远程教育存在的问题

在政府宏观调控的约束下,目前现代远程教育大体呈现出较为良好的发展态势,违规现象得到了有力的制约。胡锦涛同志在党的十七大报告中提出了深入贯彻落实科学发展观的理念。以以人为本为核心,全面、协调、可持续为基本要求,统筹兼顾为根本方法的科学发展观不仅是审视我国经济建设、政治建设、文化建设健康发展的标准,也是指导我国现代远程教育健康发展的思想灵魂。

从科学发展观的角度来看我国现代远程教育自身存在的问题,主要有以下几个方面:

第一,思想认识不够准确。现代远程教育是以学习者为中心,以构建终身教育体系为宗旨的新型教育方式,因此,必须以现代教育思想统领整个教育教学过程。然而,受传统教育思想的影响,有些教师偏重知识的传授,忽视创新能力的培养与独特个性的塑造;有些教师不能把握远程教育的基本规律,认为远程教育只要通过网络把所有的课程搬到网上、传递给学习者就完成了;再加上,当今"追求文凭"的社会现象仍然存在,学习者的内在学习需求动力不足,有些教育工作者,将开展远程教育当作"追求利润"的快捷手段,去迎合社会、学习者对教育的非理性需求,导致高校远程教育的不健康发展。

第二,定位不合理。定位是指高校远程教育根据本校的自身条件和远程教育的特点,选择远程教育的办学层次、专业设置、地理范围来满足不同学习者的教育需求。目前,试点高校的办学层次、专业类型设置、校外学习中心分布不尽合理。

第三,远程教育的从业队伍相对落后。由于远程教育在教育思想、教育技术、教育手段等方面都与传统的教育模式存在较大的差异,因此需要从业人员具备专门的远程教育技能。目前,我国高校远程教育本身从业人员不够,大多外聘其他院系的老师、教育科研人员,大多数从业者没经过远程教育理论、规律与技能的专门培训。因此,从业人员在具体的教学管理、教学设计、媒体开发等工作中不能融合远程教育思想,有的放矢地为远程教育提供有效的管理、教学、学习支持等服务,从而在一定程度上影响了远程教育的质量。

第四,有效的学习资源不足。在远程教育系统中,教学资源是远程教育最重要的因素之一。资源的质量与丰富程度影响学习者自主学习的适应程度和高校远程教育的教学质量。目前,网上资源浩瀚,但真正用于远程学习的资源却非常贫乏。尽管大多数网络学院投入大量的人力、物力,开发许多网络课程与课件,但课程、课件的设计与开发尚没有脱离传统的以"教"为主的知识传播方式,缺乏人文与科学的整合;教材、光盘及其他学习资料内容更新慢、缺乏针对性,有效的学习资源相对不足。

第五,管理服务体系不完善。当前,有些学校不能处理好规模、质量、结构、效益之间的关系,一味地扩大招生规模,而相应的教学管理措施、学习支持服务体系、质量监控机制没有同步跟上,因此在教育质量上大打折扣,社会效益也自然而然受到影响。

### 三、深入改革,确保现代远程教育可持续地健康发展

从上面的分析,我们看到现代远程教育目前存在的问题,除了国家政策的导向外,主要是由教与学在时空上的分离而产生的一系列教学、管理上的问题,社会对远程教育质量的质疑也由此而来。要解决这些问题,高校的职责在于要全方位加强教学服务能力。

《教育规划纲要》中提出,到 2020 年,努力形成人人皆学、处处可学、时时能学的学习型社会;大力发展现代远程教育……为学习者提供方便、灵活、个性化的学习条件;搭建终身学习"立交桥";促进各级各类教育纵向衔接、横向沟通,提供多次选择机会,满足个人多样化的学习和发展需要。

现代远程教育相比较其他教育类型有更大的灵活度,应为学生提供选择学习的时间、地点、内容、风格等的机会,培养学生自主学习、个体化学习的能力;提供丰富优质的教育资源,培养学生的创造思维能力与自主获取学习资源、分析、评价、使用资源的能力;提供良好的学习环境,培养协同合作、社会交往的能力;提供实践机会,培养学生应用专业知识和实用技术处理实际问题的能力;加强校园文化建设,培养学生高尚的情操。

第一,明确未来发展定位。根据《教育规划纲要》提出的要求,不同层次高校要有明确的办学定位,国家重点建设大学应努力满足国家重大发展战略对高层次人才的需求,地方本科院校要为区域经济社会发展服务,高职院校要坚持培养高技能应用型人才。尤其是重点高校要瞄准《人才规划纲要》提出的紧缺人才,积极主动地开展以下列六类人才为主要对象的教育培训活动:培养一批善于治国理政的领导干部;培养一批具有现代管理知识和能力、市场开拓能力强的优秀企业家;培养一批世界水平的科学家、科技领军人才、工程师和高水平的哲学社

会科学专家、文学家、艺术家、教育家;培养大批技艺精湛的高技能人才;培养大批社会主义新农村建设带头人;培养大批职业化、专业化的高级社会工作人才。

第二,完善教育质量保障体系。《教育规划纲要》强调:"提高质量是高等教育发展的核心任务,是建设高等教育强国的基本要求。"并且提出要改革教育质量评价和人才评价制度,改进教育教学评价,根据培养目标和人才观念,建立科学、多样的评价标准,开展由政府、学校、社会各方面共同参与的教育质量评价活动。

目前,教育事业的发展已经进入了全面提高质量的新阶段,提高教育质量已经成为各级各类教育最为紧迫的任务。现代远程教育面向从业人员,为地方培养适用型人才,应建立多样化的质量评价标准。既要以试点高校在目标定位、组织机构、办学条件、教学实施和管理过程中有质量监控为科学依据,也要引入社会等各方面共同参与质量评价,建立完善的教育质量保障体系。

第三,加强从业队伍建设。远程教育从业人员是远程教育事业中的重要资源,建立一支优秀的从业队伍是高校远程教育全面可持续发展的关键所在。除了从业人员自身要拥有扎实的专业知识和丰富的教学经验外,高校也应开设远程教育学专业,培养通晓远程教育的教育思想、教学规律、教学管理的专业人才,保证远程教育的可持续发展;同时,高校应建立从业人员的上岗培训制度,有计划地对专职人员进行岗位培训,对兼职人员进行岗前培训,帮助他们了解远程教育的工作特点,掌握必需的基本技能;上岗后定期培训,学习新的知识和技能,并建立岗前的自我评价体系与岗后的考核制度。在教学过程中,从业人员应本着以学生为中心的原则,为学生提供良好的教学服务,确保现代远程教育的教学质量。

第四,优化学习支持服务。在学习支持服务上,首先应注意采用多样化的教学模式,根据学习对象、学习内容选择教学手段,完成教学任务并提供合理的学习交流方式。严格控制整个教学过程,即主讲教师的教学过程、辅导教师的辅导过程、学生的学习过程。建立教师教学日志,定期检查与考核教师的授课及辅导情况;建立学生学习日志,检查阶段学习、平时作业、面授辅导和网上活动的参与、与教师交流情况等,落实师生双向监督、评估工作,提高教与学效果。

其次,通过网络平台特有的论坛或社区,学校的教师与管理人员公开自己的身份,积极参与,正确引导学生参与交流、参加讨论,充分创设虚拟但真实的交流环境,满足学生交互学习的实际需要,丰富学生的文化生活,加强师生、生生的人际交流,使学生在虚拟的环境中感受到人文关怀,增强学生的归属感。

再次,适当安排面授学习时间,发挥面授环节的作用,进行学习指导、解答疑难问题,同时通过面对面的交流,实施人文关怀,提高学生的学习热情与积极性。

第五，加快有效资源建设，建立资源共享机制。《教育发展纲要》中明确提出，将教育信息化纳入国家信息化发展的整体战略。这标志着未来十年，信息技术在教育领域的全面利用将进入实质性阶段。

开展现代远程教育试点的初衷，即：通过网络把国家重点高校的优质教育资源——专业学科、师资、课程，甚至包括学术氛围和科学研究等——向教育资源相对缺乏的地区和失去校园学习机会的人群输送和传播，实现优质教育资源的高度共享，改善我国高等教育的地理布局，改革高等教育的人才培养模式，因此，大力推进优质教育资源共享意义重大、任务艰巨。

试点高校应把加快有效资源建设，建立资源共享机制作为远程教育的核心工程，促进远程教育全面、协调、可持续发展。建立教学资源评价制度，组织有资质的开发人员进行教学资源开发，力求教学资源适合远程学习的要求，确保教学资源的质量与有效性。同时，各高校应以互惠互利、自主开放为原则，与兄弟院校达成协议，合作交流，建立资源共享机制，结合各自的专长与优势共同建设、共同使用学习资源，避免低水平开发、重复建设与投资，保证教学资源的可用性与优质性，从而优化高校远程教育的办学质量与社会效益。

第六，构筑终身教育"立交桥"。《教育发展纲要》要求建立继续教育学分积累与转换制度，实现不同类型学习成果的互认和衔接。现代远程教育作为继续教育的一个组成部分，也应逐步推进课程互选、学分互认，在继续教育这个大体系中，促进教育资源大整合，以科学评价为基础，实现纵向衔接、横向沟通。这将是现代远程教育下一个发展阶段最有意义的一项重要工作。

第七，探索人才培养新模式。信息技术的快速发展为发展现代远程教育注入了强大的动力，物联网、3G技术、平板电脑等的出现使得移动学习将成为学习型社会重要的学习方式。试点高校应本着以人为本的原则，适应信息技术的飞速发展，注重开发适合从业人员移动学习、学历教育与非学历培训能够兼用的学习资源。探索既支持在线同步学习过程，也支持离线学习，并记录学习过程的培养模式，做好迎接移动学习时代到来的准备。

## 结束语

在科学发展观的引领下，我国社会发展正步入重要的文化转型期。作为社会生态的正向迁移，文化转型的重要特征就是以人的全面发展为社会发展的价值取向，以优化人的生存与发展状态为社会进步的根本目的。正是在这个意义上，文化转型的总体目标就是构建全民学习、终身学习的学习型社会。

与此同时，我国教育发展也将步入重要的创新转型期。其重点是实现教育与社会以及人本发展过程的融合，重在构建全民学习、终身学习的体系。社会发展的文化转型以及教育发展的创新转型,为远程教育的发展提供了现实的依据,创设了良好的环境,不仅决定了远程教育将成为社会文化发展的支持要素,成为教育创新发展的重要任务,同时也决定了远程教育发展战略与模式的转型。

我国政府颁布的《国家中长期教育改革和发展规划纲要(2010—2020 年)》让我们再度坚定了远程教育对于我国新一轮教育改革的重要意义,从高等教育大众化、教育改革与创新到终身教育体系建设,远程教育都将在其中承担重要的历史使命,并发挥越来越大的作用。高校远程教育在科学发展观的指导下,通过自身的深入改革,不断调整与完善,必将会为国民教育的发展谱写更灿烂的篇章!

**参考文献:**

[1] 丁兴富.论网络远程教育质量观的创新[J].中国远程教育,2005(5):10-14.

[2] 国家中长期教育改革和发展规划纲要(2010—2020 年).

[3] 侯建军.现代远程高等教育的质量问题[J].开放教育研究,2006(1):9-15.

[4] 熊澄宇.中国现代远程教育发展战略研究[M].北京:高等教育出版社,2004.

[5] 严继昌.中国远程开放教育改革与发展战略[C].2008 中国高等教育学会继续教育分会学术年会论文集,2008-10.

# 论远程开放教育文化建设路径

武汉大学　胡　锐　毛金波

**【作者简介】**

胡锐，男，武汉大学继续教育学院主任，硕士，讲师，高级职员，中国管理科学研究院，研究员，研究方向为经济学、法学、教育管理、继续教育等。

毛金波，男，武汉大学继续教育学院副院长，硕士，研究员，研究方向包括网络教育、继续教育等。

本文为2013年第十四届海峡两岸暨港澳高校继续教育论坛收录论文。

大学文化是大学的灵魂，是大学坚持不懈地发展的支撑和驱动力；大学精神是大学的灵魂和精神支柱，是大学文化的核心，在大学的生存发展中起着至关重要的作用。大学文化深刻影响着大学职能的发挥。大学文化体现于办学理念、教育方式、组织形式、管理制度、办学目标、校训、校风、学风等方面，这些内容对于每一所大学都具有普遍性，但大学文化却是一个学校独具的精神传统、理念。

开放大学是21世纪中国大学革新的先行者，是推进信息技术与教育深度融合与应用，为适应全民终身学习而诞生的现代化新型大学。其文化内涵包括制度文化、精神文化、行为文化、创新文化、开放文化、共享文化等，其中最核心的应该是"开放"和"共享"。但是，受外来文化的快速进入及商业化操作模式的影响，远程教育文化缺失现象日趋明显，因此，建设开放大学，就要正视和强化办学理念，增强文化自觉，加强内涵建设，树立文化自信，坚持特色办学，打造文化品牌，建设独具特色的开放大学文化。本文从分析大学文化内涵入手，全方位、多角度探索开放大学文化建设的基本路径与对策，以此抛砖引玉，请同行批评指正。

## 一、大学文化内涵

《大学》首篇提出："大学之道，在明明德，在亲民，在止于至善。"大学的文化精神古已有之。大学是引导人们日臻至善的文化殿堂。顾秉林院士认为:"广义上的大学文化包括大学精神、大学环境、大学制度等方方面面的整个大学教育;狭义上的大学文化主要指大学精神,强调大学师生的科学素养和人文精神,表现为一种共同的行为准则、价值观念和道德规范。"每一所大学都有其自成体系、独具特色的大学文化。

大学文化是指大学师生员工在教学、科研、服务、娱乐等实践活动中共同创造的一种文化形态。它不仅体现大学的办学理念、办学方针、专业特色和独特的精神文化氛围,更反映出一所大学长期发展的战略目标、群体意识、价值观念和行为规范。从某种意义而言,一所大学的主流文化是彰显一个学校凝聚力的心灵宪法,也是一所学校不断发展的精神支撑。

通常地讲,现代大学文化包括精神文化、物质文化和制度文化三个方面。

大学精神文化集中体现在大学精神之中。大学精神是大学的一种办学理念和价值追求。大学文化既是大学在长期教育实践基础上积淀和创造的深厚文化底蕴的核心和灵魂,也是时代精神的深刻反映。大学物质文化是大学文化的物质形态,它既是大学精神文化的物质基础,也是大学综合实力的重要标志。大学精神文化和物质文化必须有相应的大学制度文化来保证。课程和学科(专业)是现代大学存在的组织基础,教学和科学研究是现代大学最基本的活动,这就从根本上决定了在现代大学内部应当坚持以学术权力为基础,确保现代大学作为学术和教学自治中心的地位。

现代开放大学以开放、灵活、责任、终身为基本理念,探索新技术推动教育改革与教学创新的育人模式,将使开放教育从边缘化状态走向主流教育平台。

### 二、远程开放教育在文化传递功能上的特点

教育是传承文化、推动人类进步的最持久、最有效的手段。真正的教育应该是文化教育。文化的教育就是根据社会文化的有价值的内容所进行的为培养个人人格精神的一种文化活动。它最终的目的在于唤醒个人的意识,使其具有自动追求理想价值的意志,并使文化有所创造,形成与发展新的文化。从文化教育学角度看,远程教育在文化传递上具有很强的优势,即通过学校之间、地区之间、国内外种种学术文化交流,扩大文化视野,提供更多的可供选择的文化样式。远程教育在文化传递上的特性主要有以下几方面:

(1)跨越性。从空间、时间维度看,远程开放、新媒体、新技术的应用,实现了教师与学生的教学实体分离,形成了教学场地的空间分离和教学过程的时间分离,为学习者提供了与传统教学不同的学习方式。随着信息技术的飞速发展,教育全球化的时代已到来,文化边界变得不再明显,远程开放教育超越了本土传

文化,能自如地对外域文化吸收与纳入,在教育的交流和文化的相互学习中,促进了各国各民族文化的融合。

(2)普及性。远程开放教育对于文化的真正普及和个体完全的文化化具有独特的优势。在知识信息时代,处于不同文化水平的人都必须学习新知识,越来越多的人把终身学习作为新的生活方式。远程开放教育办学形式以及办学层次为处于不同文化水平的社会个体提供了最为广泛、最为丰富的更新自身文化水平的机会与渠道。现阶段,我国远程开放教育的体制适合各类人群,随着继续教育、终身教育观念的深入人心,远程教育的受益人群越来越广泛。

(3)整合性。远程开放教育通过一定的远程学习服务系统整合了不同类型的文化,为学习者提供整合的在线文化信息服务。不同的文化要素按照时代的要求和社会的需要重新建构成了具有内在联系的文化整体;而受教育者不同的身心状况以及教育者自身的价值观差异又赋予文化传统以新的意义,各文化要素的重组、整理、融合,使文化传统发生性质、功能等方面的变化,衍生出新的文化要素。随着网络空间的发展,各种价值观念得到进一步重组与融合,在多元文化的基础上会衍生出具有全球性的核心价值观。

(4)非均衡性。远程开放教育一直被认为是实现教育公平、为各阶层人群提供教育机会的一种有效方式。但我们从世界范围看,经济文化发达的国家,远程开放教育发展迅速,而发展中国家远程教育发展缓慢。从我国来看,人口众多,文化发展极不平衡,文化经济发达地区师资力量相对比较雄厚,教学资源相对比较丰富;而在一些文化经济欠发达地区或贫困山区,尤其是中西部地区和偏远农村,师资力量缺乏,教学资源相对也比较缺乏。经济等因素的差别导致了远程开放教育发展的非均衡性。

开放大学是我国未来实施远程开放教育的重要平台与窗口,在开放大学文化建设上就理所应当地要遵守远程开放教育的传播特点与功能。

### 三、开放大学的性质、宗旨、使命

(1)开放大学的性质。公益性与公共性的结合,确立了中国开放大学在中国教育中的特殊定位。开放大学的所谓公益性就是要坚持以政府投入为主、受教育者合理分担、其他多种渠道筹措经费,利用现代远程技术进行高等教育教学活动。同时,办好各种类型的中等学历教育。开放大学要成为开办高质量高水平远程学历教育的公益性机构。开放大学的所谓公共性就是要坚持以政府投入为主、用人单位支持、学习者适当分担的体制,为全民提供公共性终身学习服务,成为最重要的国家级终身学习网络和服务平台。

(2)开放大学的宗旨。平民进步的阶梯,教育公平的砝码,学习者增进动力的补给站。

(3)开放大学的使命。培养高层次人才和促进终身学习是开放大学的核心使命。通过发展高层次学历教育,促进高等教育大众化进程,培养面向基层的高素质实用人才。

因此,开放大学是国家终身教育体系的重要组成部分,是促进全体公民学有所教、学有所成、学有所用的重要载体,要为构建"人人皆学、时时能学、处处可学"的学习型社会做出重要贡献。

### 四、开放大学的基本理念

一所大学的校园文化是在特定的社会历史背景下长期发展的过程中逐渐形成的,它铸造了学校的主体精神品格,可以通过这所大学的各个层面展现出来,也可以逐渐地内化为这所大学师生成员的精神气质与文化风貌。一所大学拥有什么样的办学理念,就会产生什么样的大学精神和大学文化。

笔者认为,建设国家开放大学必须具备开放教育的理念,这种理念是教育主体在教育实践及教育思维活动中形成的对"教育应然"的理性认识和主观要求。

1. 开放——"有教无类"

建设国家开放大学最为核心的理念是"开放"。作为世界开放大学的一个典范,英国开放大学始终以"四个开放"为办学的核心理念,即人的开放、地点的开放、方法的开放和思想的开放。人的开放是指适应社会需求,开拓更多学习机会;地点的开放是指开放教育的全国化与国际化,学习不再局限于学校内;方法的开放是指开拓合作办学领域,创新教学方法,超越技术上的限制;思想的开放是指不断吸收最新观念,始终坚持办学创新。

"有教无类"是开放大学与生俱来的文化理念和精神品格。早在几千年前孔子倡导和实践的"有教无类",彰显的就是"在教育面前人人平等"的价值理念。孔子"有教无类"的思想与实践在教育发展史上具有非常重要的意义。"有教无类"的教育思想不仅在当时具有服务社会和助力大众教育的积极作用,在当今社会仍具有时代性的教育公平的先进内涵。

"开放"是开放大学办学的基本特质。开放大学的系统办学模式就是一种开放的管理模式,它的系统通过内外横向和纵向的相互配合与协作来维系和运转,体现出独特的开放性。这是其区别于其他大学的重要文化特质。

开放大学建设要贯彻八个"开放"的理念(学习媒体的开放、学生入学的开放、教学人员的开放、课程选择的开放、学习方法的开放、学习环境的开放、教学模式的开放、教育理念的开放),力求形成开放大学学习制度上的特色、人才培养模式的特色、专业和课程的特色、教与学的特色、教学媒体的特色、优质资源整合的特色等,推动高等教育的改革和发展,让需求导向、学即有用成为开放大学人才培养的独特优势,成为推进学习型社会建设的重要载体和支撑,让优质教育资源惠及每一个人,使"人人享有优质教育",使"教育到达最边缘",使开放大学成为人们终身学习和追求幸福生活的依托。

2.共享——"人人平等"

国家开放大学的责任和使命就是要构建一个"人人皆学、处处能学、时时可学"的全天候学习场所。它是一个"无所不在、人人共有、按需索求"的终身学习平台。

"共享"是开放大学的重要特征,开放大学与其他高校相比,需要为社会提供教育支持服务和为学生提供教学支持服务的特点很突出,为社会的服务体现在越来越多的电大都在地方学习型社会建设和终身学习体系中发挥着重要作用,这样,为满足不同类型需求的各类资源的提供就显得尤为重要了。

每个人都可以在开放大学构建的学习平台上实现各种学历教育、非学历教育、职业技能培训乃至文化休闲、自我完善教育的目的。

国家开放大学对每个公民来说就是一个不知疲倦的电子教师,一个有求必应的专家系统,一个无处不在的学习场所,它将成为每个公民的日常必需品。未来的开放大学是面向全社会"人人平等"的远程开放教育系统,因此,共享是开放大学办学的基本理念。

3.自主——"以人为本"

自主是一种独立性,一种权利的标识。办好开放大学的首要前提是真正拥有与普通高校同等的、基本的办学自主权。健全宽进严出的学习制度与开放大学办学自主权是不可分的。拥有真正独立的办学自主权是提供快捷有效的服务和建立差别化与个性化服务模式的基础。同时,面对复杂的管理任务,如办学层次设置与专业设置权、毕业证发放与学位授予权、基层招生点和考试点的设置与调整权、学习者自主性的课程选择、学习过程的记载及信息的反馈、学习成绩的认同及学分的转换、学分的存储等,开放大学拥有独立的办学自主权,必然会提高服务效能,增进办学积极性。

我国经济社会发展不平衡,形成了区域化推进的实施策略,即在社会发展总体目标的引领下,承认区域性社会发展的差异,尊重不同区域个性化的发展模式选择。国家开放大学只有在个性化的模式选择下,才能形成自己的办学特色。同时,随着市场经济的发展、国家教育体制改革和各级各类教育资源整合的形势变化,在人才培养和教学服务上,必须基于学习者的不同需求遵循差别性的原则,进行个性化的服务。

开放大学只有拥有独立的办学自主权,保持灵活多样性,才能形成自己独具特色的办学模式。在面对不同类型的人员和不同类型的需求时,明确自身扮演的角色和任务,强调适应学习主体多样化和学习需求多样化趋势,承担面向区域社会成员开展学历教育和非学历继续教育的办学任务;根据地区学习者的需求进行灵活自主的课程体系和教学内容方面的改革,完善远程教育的学习环境和支持服务系统的建设,提高远程教育质量。

## 五、远程开放教育文化建设对策

大学文化建设不能急于求成,它是一种积累、一种积淀。要始终保持文化自觉的意识,要深入细致地研究大学文化的生成机制及其发展规律,坚持不懈地推进文化建设。

(1)注重文化创造和思维创新,体现学术价值。现代大学发展战略应当建立在对"大学"概念内涵的深刻把握、突显大学文化的价值取向和文化特质、有利于培育和弘扬大学文化精神的战略选择上,并以此来统领大学文化的全方位建设。从大学文化角度看,学术性首先体现为一种文化创造与思维创新。创新不仅能使业已形成的知识显示出其内在价值,而且能使这种知识在创新中得到进一步发展;不仅可以推进自然科学知识体系的不断更新,而且能够通过理论创新解答人类社会面临的难题。大学文化的学术化还表现为浓厚的研究氛围、深邃的探索精神、宁静的人生态度,以及包容宇宙、涵盖社会的哲学意蕴。学术化既是现代大学的一个极为重要的文化特质,也是大学文化建设所追求的价值目标。

(2)坚持内涵式发展,体现科学发展观。科学发展观是我党用来指导现代化建设、实现民族复兴的最根本的大政方针,也是高等学校建设大学文化、实现可持续性发展的必由之路。远程开放教育要合理配置和利用各类教学资源,坚持统筹兼顾,协调发展;健全规章制度与构建长效机制并重;远程开放教育的文化建设应坚持将专业设置、学科建设与队伍建设有机统一,有序推进,协调发展;树立"质量第一"的办学理念,加大投入,夯实基础,使质量、效益、结构、规模同步推进,在提高办学质量的过程中丰富文化建设的理论与内涵。

(3)坚持和谐发展,体现学科设置综合化。各个学科之间布局合理,相互支撑,协调发展,这既是学科建设本身的客观要求,也是大学文化建设的根本保证。世界著名大学都经历了一个从小到大、从单科到综合的演变过程。学科设置的综合化思路是大势所趋,远程开放教育要结合自身的实际情况科学设置不同学科,有效配置学术资源,使不同学科、不同专业在同一目标下和谐共生,协调发展,发挥整体化和最优化的教育功能。

(4)搭建对外交流发展平台,体现国际化战略。在经济全球化背景下,远程开放教育文化建设不可能孤立进行,它必然要与世界文化发生密切的联系。远程开放教育文化本身就是一种开放性的思想体系,通过与不同民族文化之间的交流借鉴、碰撞激荡,达到共同提高的目的。文化的开放性具有超越地区、超越国界的特征。

国际化是一个双向动态的流程,开放大学要勇敢地走向世界,在迎接不同国家、民族和地域文化的挑战并大胆吸收、借鉴和吸纳外来文化的同时,中国文化也能借此走出国门,向世界充分展示中华民族几千年传统教育文化的巨大魅力和当代教育教学的新成就,不断把握新理论,拓展新领域,追踪新科技。

(5)注重营造和谐的环境文化氛围,体现多元化发展。在和谐文化环境建设中,除了要营造良好的思想舆论环境外,还要注重营造良好的心理环境,实现人文环境与物质环境、自然环境的和谐统一。要以中国特色社会主义理论为指导,切实加强思想舆论环境建设,将社会主义核心价值体系融入开放教育全过程;适应人的身心协调发展规律,切实加强心理环境建设,注重心理健康教育和心理危机干预,促进师生心理和谐;要注意处理好物质与文化、安全与发展、人文环境与自然环境的关系,把物质建设与文化建设结合起来,从自然环境与人文环境特点出发,使远程开放教育体现深厚的人文底蕴。

(6)以弘扬大学精神为重,体现软实力。培育大学精神是建设开放大学文化、弘扬民族精神的重要内容。塑造、凝练与涵养大学精神是一项艰巨的系统工程。开放大学在创建之初就应当在治校理念中凝练大学精神,在教学科研中提升大学精神,在资源建设中彰显大学精神,在科学发展中创新大学精神,结合远程开放教育特点塑造个性鲜明的大学精神。

(7)坚持以人为本,体现人文内涵。远程开放大学在文化建设中应始终突出以人为本的理念,坚持物质文化、制度文化和精神文化的和谐统一。把文化建设作为办好开放大学、完成培育人才根本任务的必要和重要条件给予高度重视。把文化建设作为学校发展规划的重要内容和战略重点。

如何建设有特色的远程开放教育文化是一项复杂的系统工程,不仅仅要从战略层面讨论远程开放教育文化体系的构建,更要着眼于"现代、远程、开放",积极构建并充分运用现代化教育手段,形成现代远程教育办学理念,将文化建设的触角自觉向社会延伸,同时借鉴和吸收普通教育和企业文化建设的有益经验,增强远程教育文化建设的针对性和有效性;把加强文化建设作为开放大学办学新优势、实现远程开放教育跨越式发展的重要举措。

**参考文献:**

[1] 陈文俊,李晓敏.大学文化之学院文化建设浅析[J].中南林业科技大学学报(社会科学

版），2010（6）：110-113.

[2] 葛盈辉，金卫华.大学文化品位的营造与提升[J].浙江社会科学，2005（2）：104-107.

[3] 韩维春.文化建设与高校的核心竞争力[J].对外经济贸易大学学报，2004（6）：92-95.

[4] 洪晓楠，周克刚.大学文化建设面临的挑战与应对[J].高校辅导员学刊，2012（1）：1-5.

[5] 李陈亚，曹桂彬.关于加强大学文化建设的几点思考[J].对外经贸，2012（2）：150-151.

[6] 吕欣.推进大学文化建设的几点思考[J].吉林建筑工程学院学报，2011（1）：118-120.

[7] 马成斌.开放大学建设的文化视角[J].福建广播电视大学学报，2011（1）：1-5.

[8] 彭庆红.试论建设世界一流大学的文化发展问题[J].清华大学教育研究，2002（5）：8-12.

[9] 王丰.探寻中国现代大学之精神[J].现代教育论丛，2009（1）：83-85.

[10] 吴鸣岐.关于建设特色鲜明的大学文化的思考[J].辽宁教育行政学院学报，2009（4）：
　　16-17.

[11] 易向阳，潘天华.现代远程教育：大学文化的继承与发展[J].镇江高专学报，2009（4）：
　　9-12.

[12] 张永华，樊亚东，李彦武.论大学文化理念的建设[J].中国成人教育，2008（9）：48-49.

# 干部教育培训品牌建设路径初探

武汉大学　杜晓成　胡　锐

【作者简介】

杜晓成，男，武汉大学继续教育学院院长，教授，法学博士，研究方向为法学、继续教育、干部教育培训等。

胡锐，男，武汉大学继续教育学院主任，硕士，讲师，高级职员，中国管理科学研究院，研究员，研究方向为经济学、法学、教育管理、继续教育等。

本文为2013年第十四届海峡两岸暨港澳高校继续教育论坛收录论文。

党的十六大以来，以胡锦涛同志为总书记的党中央，从党和国家事业发展的全局出发，提出了大规模培训干部、大幅度提高干部素质的战略任务，这对于培养和造就高素质的干部队伍，推动学习型政党、学习型社会建设，加强党的执政能力建设和先进性建设，都具有十分重要的意义。十八大以来，新一届党中央领导集体更加重视干部教育培训工作，习近平总书记要求干部教育培训工作必须坚持以发展着的马克思主义为指导，始终把提高干部思想政治素质作为第一位的任务；必须紧紧围绕党和国家工作大局，始终为改革开放和社会主义现代化建设服务；必须着眼于提高党的执政能力，始终把提高干部的领导水平和执政本领贯穿于教育培训全过程；必须适应形势任务的发展变化坚持与时俱进，始终把改革创新作为提高教育培训质量和效益的不竭源泉。习总书记强调干部教育培训"四必须"有深意，也是干部教育培训机构品牌建设的重要前提与理论依据。

## 一、干部培训品牌创建的必要性

（一）创建干部教育培训品牌是干部教育培训工作科学化的必然要求

品牌是用来和竞争者的产品或劳务相区分的名称、标志、符号及其组合，反映了产品或劳务在消费群体心中的形象。干部教育培训品牌是干部培训机构针对特定干部群体培训需求,汲取和整合培训资源,开发出来的具有鲜明形象、特色文化内涵,内容针对性强、教学方式创新的培训教学服务品牌。

《干部教育培训工作条例(试行)》提出,干部培训教育管理部门可以采取直接委托、招标投标等方式,确定承担培训项目的培训机构。这种对干部教育培训采取项目管理的方式,对目前仍在采用传统行政手段进行运行管理的培训机构,无疑是一个巨大的冲击。在干部培训市场化不断发展的今天,培训机构必须立足自身实际,将精力放到培育自身核心培训项目品牌工作上来,否则会被无情的市场竞争所淘汰。

(二)干部教育培训品牌建设是拓展干部教育培训市场质量保证和实力展示

品牌是一种荣誉招牌,能够帮助培训品牌扩大市场知名度,获得较高的市场美誉度,为培训品牌培养出大批忠实客户。这种信任和信心是一种非常宝贵的无形资产,能够帮助培训品牌增强市场影响力,提高市场占有率。品牌是一种实力招牌,它不仅能显示品牌机构的实力,而且能为干部教育培训机构增强实力。培训品牌的建立需要有坚实的物质基础做后盾,需要有可靠的质量、严格的管理、优质的服务作保障。打造出培训品牌也是干部教育培训机构做精、做强、做大的基础。培训品牌是干部教育培训机构的"金"字招牌,有了它,干部教育培训机构在市场分化、重组与整合中就有了资本。

## 二、干部教育培训品牌创建的特点与关键要素

(一)特　点

(1)公共性。干部培训品牌是国家加强干部思想教育工作,提高干部领导能力的长期重大举措,盈利并非其根本目的。比如,党校和各个行政学院、干部学院、高校所运作的培训项目具有相当程度的公共性质,主要功能就是承担党和政府下达的培训任务。

(2)服务性。21世纪是以服务产业发展为引导的世纪。培训行业在性质上属于服务产业,因此干部培训品牌也属于服务品牌。服务品牌可以通过服务过程,采用各种服务手段让参培学员感受到。这种体验氛围的营造和方式方法的设计是干部教育培训机构打造培训服务品牌的重点。

(3)高端性。干部培训市场竞争日趋激烈,参培干部群体对培训的要求也是水涨船高。这促使干部培训机构在树立培训项目品牌的过程中走高端发展路线,定位高端,服务高端,用高层次、高质量的精品项目带动品牌发展,包括打造

细致入微、反应灵敏的培训网络,甄选针对性和实用性相得益彰的培训内容,建设科学完善的课程体系等。

(二)关键要素

目标定位、核心价值和宣传是培训品牌成功建立的关键要素。

(1)品牌的目标市场定位准确与否直接关系到品牌能否成功找到市场。有需求才有市场,在竞争激烈的今天,要想成功地塑造品牌,必须为品牌找到自己的市场——消费群体。干部教育培训机构在打造自己的品牌时,也应该认真分析自己的情况,准确定位自己的目标市场。高校干部教育培训的培训人群定位主要还是在本区域相关层次的干部与组织机构。

(2)品牌的核心价值设定决定着品牌市场拓展力。品牌的核心价值是品牌资产的主体部分,它能够让消费者明确、清晰地识别并记住品牌的利益点和个性。全力维护和宣扬品牌的核心价值是许多国际一流品牌打开市场的一贯做法。可口可乐品牌把美国文化中的"欢乐和自信"定为核心价值;雀巢咖啡把"味道好极了"定为品牌的核心价值。高校干部教育培训品牌的核心价值应当是文化感悟与思维启迪,这也是高校干部培训与其他干部培训机构的特色。

(3)对品牌的宣传效果决定着品牌能否站稳市场。"满意的客户的一句表扬之词远远胜过描述产品性能的一千个词",不良的口碑更会让客户到处宣扬,而人对负面情感的反应要比正面情感强烈。因此,在打造培训品牌时,绝不可忽视宣传的影响力和作用,要加大正面积极的宣传,它可以提高品牌的市场知名度、美誉度,扩大品牌的市场影响力。干部教育培训品牌要想站稳市场也必须加大正面积极的宣传力度,要宣传机构的培训宗旨、培训理念、培训项目、培训实力,能给学习者带来多大效用等。

### 三、干部教育培训项目品牌创建的步骤

(1)制定经营战略,让品牌更具竞争优势。创建强势的干部教育培训品牌是市场竞争的新主张。作为服务品牌,在无形化有形的过程中,需要培训机构将品牌战略上升到经营策略层面,即要制定出干部教育培训发展趋势细化品牌经营策略,包括根据培训需求划分干部群体、整合培训资源、拟定品牌阶段和发展目标等。品牌竞争的实质是品牌经营策略的竞争。

优化品牌定位策略,寻求品牌在目标干部群体心目中的位置,创建相对于竞争对手的差异性,建立竞争优势。培训品牌定位必须考虑目标干部群体的感受情况,而且能凸显培训机构在运作培训项目方面的竞争优势。

(2)策划形象,让品牌内涵深刻。在干部教育培训品牌定位后,干部教育培

训机构需要做好品牌形象的确定工作。选择品牌的外在形象，就是为品牌选择合适的形象标志，因此，所选标志需具有独特的、能够区分于竞争对手的式样；标志需要被目标干部群体所认同，是其所熟悉或者有所认知的事物；标志需要能够充分体现品牌所蕴藏的文化内涵。

干部培训品牌文化是干部培训机构在品牌经营过程中所释放出来的文化氛围及其代表的利益认知、情感属性、文化传统和个性形象等价值观念的总和。选择培训服务的过程，在更高的层面上是对品牌文化内涵的一种认同，认同培训机构在文化特质积淀过程中所呈现出来的精神、行为状态。

（3）有效推广，让品牌伸手可及。在品牌形象确立后，干部培训机构需要借助各种传播手段，让品牌形象被目标干部群体所感知和认识，从而在主观印象中将品牌真正树立起来，这就是品牌的推广过程。培训机构应该从目标干部群体需求出发，进行详细的市场调研，确立广告主题，选择广告媒体，实施广告行为。干部教育培训品牌只有借助于体验才能将无形化成有形。策略的核心是将品牌形象分解成可以体验的载体，特别是把品牌文化分解成具体能感受的内容，同时，还要关注培训学员在培训前、培训中、培训后的全部体验，抓住培训前的通知和调查、培训后的学习效果反馈等环节，让参培学员感觉品牌是伸手可及的。

### 四、干部教育培训品牌核心竞争力的打造

（1）培训网络建设。网络是对现实培训经营活动的一种抽象。网络建设是一个需要持续性和耐心的工作，一旦临时中断，恢复的难度非常高；此外，培训网络只是一个虚拟的载体，并不直接产生效益，只有坚持常年派专人负责沟通事宜，随时了解目标干部群体的培训需要，及时反馈过去培训的学习效果，在互动中找到培训项目的不足并予以改进，同时发现新的需求，才能充分发挥培训网络的作用。

培训网络建设中，培训机构主要涉及的问题包括：网络建设标准的确定，即如何确定网络的分布情况、如何确定划分标准。网络需求调查方案的拟定，包括：负责人员的确定、调查的范围、调查的方法和调查结果的分析。需求的析出，就是如何对调查结果进行应用，最大程度发挥其在推进培训项目方面的作用等。这里面涉及许多复杂的问题，对培训机构和各方协调的能力是一个巨大的考验。

（2）培训课程体系建设。培训机构在进行课程体系建设时，需要把握三点原则：一是针对性，课程的数目和内容一定要根据目标干部群体需求制定，内容要精致，突出重点，数目要少而精；二是系统性，就是整个课程体系构建目标明确，服从于干部培训的总体目标；三是科学性，指课程的内容、开展方式和课时设置合理。过程是将制定好的教学科目和大纲通知授课教师，并邀请其准备试讲，在

试讲的过程中,安排培训机构专职教师和学员代表听课,进行相关评议和调查,根据评议和调查结果制定调整意见书(包括授课效果、方式评估、授课建议等)、标准教学大纲、建立案例库、教学资料库与师资档案库等。

### 五、干部教育培训品牌建设的途径

(1)注入文化内涵,形成特色品牌。文化是塑造品牌、保持品牌个性魅力的内在原动力。在现代社会中,产品的同质化使品牌所包含的质量、服务等概念显得不再那么重要,社会生活多元化、个性化的发展,使人们更加关注品牌凸现出的文化情感。寓教育培训机构的文化传统、文化理念、文化建设于培训中,可以引导学习者在学习一种文化的同时,享受一种文化和文明,使教育培训机构所塑造的培训品牌因有内涵丰富、发展空间无限的文化作基础而具永兴不衰的生命力,这是现代教育培训发展的新理念,更是打造培训品牌必须考虑的问题。同时,在课程设计中要始终贯穿党性教育的内容,始终贯彻理论联系实际的原则,始终强化质量管理,研究干部需求和培训市场的发展变化,建立全流程的教学质量控制机制。

(2)发挥学员主体作用,构建品牌理念。干部教育培训要把教师的理论优势和学员的实践优势结合起来,各展其长。以学员需求为主要导向,深入了解和掌握干部的需求倾向,把握干部的成长规律,科学教学设计,增强干部教育培训的针对性和实效性。既要提升理论高度,突出研究性,也要坚持"三贴近"原则,增强教学的实效性,还要合理安排课程类型,增强灵活性。

(3)突出教师主导地位,构建品牌师资队伍。高质量的教师队伍是培训质量的重要保证。突出教师的主导地位,构建开放型的教师队伍是品牌建设的根本。既要充分利用干部培训机构系统内的教学资源,又要充分利用社会资源,从党委、政府、高校、科研院所、企业聘请部分既有理论水平又有实践经验的领导和实践工作者、有影响力的专家学者为兼职教师,建立专兼结合的大教师队伍。同时,要充分利用远程教学系统资源,让这些"空中教师"成为干部教育培训师资的重要补充。

(4)优化课程设计,加强品牌班次建设。品牌班次的建设,需要独到的班次设计理念。它来源于办学者对自身办学实践的深刻感悟和科学总结,从实践中认识新规律、提炼新思想。这就需要办学者对培训机构的历史和当前外部环境及内部运行机制进行反复的分析研究。凡进入品牌班次的课程必须是干部培训机构的特色课、精品课,充分体现培训机构的教学特色,体现出较强的理论性、研究性、实效性、前沿性等特点,同时在总体上要把握每门课之间的内在逻辑性、梯度性,具体安排课程时要注意其先后顺序。

(5)优化培训环节,提升品牌价值。加强培训课程的差异化设计与教学延伸,构建有针对性的参观考察线路,建立一批相对固定的参观和实习基地,为学员精心设计每一个培训环节,使培训自身价值增值,使团体效益提高;坚持实施项目负责制,创新培训组织管理方式,提升品牌驱动力。完善互动评价体系,与学员加强沟通,提升品牌满意度,提高培训的针对性和有效性。

干部教育培训品牌建设是一个系统工程,需要培训机构在工作中长期积累自身经验,增强机构核心能力建设,强化市场化运作与公共关系的建设。我们相信,随着干部培训市场化运作的推进,将会涌现出越来越多的干部教育培训品牌。

**参考文献:**

[1] 陈少雄.打造品牌优势,拓展干部教育培训的主渠道[J].中国党政干部论坛,2006(6):58-59.

[2] 刘振华.论干部教育培训新格局下党校的干部教育品牌与创新[J].中国浦东干部学院学报,2009(1):123-126.

[3] 卢万选,张东山.培训品牌项目建设的实践与认识[J].中国培训,2007(4):36-37.

[4] 王戎.基层中青年干部培训品牌运作模式的实践研究[J].继续教育,2008(9):50-52.

[5] 王永红.以品牌体验管理为途径的干部教育培训品牌的塑造策略初探[J].继续教育,2009(6):17-18.

[6] 相清平.地市级党校干部教育培训品牌建设论析[J].攀登,2013(1):109-112.

[7] 阎孟辉,唐黎辉,李发荣.构建干部教育培训机制的实践与思考[J].国家教育行政学院学报,2009(12):23-26.

[8] 周万枝.培训品牌与培训力[J].北京交通管理干部学院学报,2007(2):14-16.

# 试论高校继续教育对学习型
# 企业建设的推进作用

南京大学　周可君

**【作者简介】**
周可君,女,南京大学网络教育学院,研究方向为教育管理。
本文为2014年第十五届海峡两岸暨港澳高校继续教育论坛收录论文。

随着全球经济一体化进程的进一步加快以及知识经济、互联网经济的蓬勃发展,知识的更新换代在不断加速,企业之间的竞争也日益激烈,这就要求企业必须更迅速地提升创新能力与核心竞争力,以适应经济形势的急剧变化。在激烈的竞争中,员工才是企业的核心竞争力,唯有高素质的人才方能让企业立于不败之地,而企业员工素质的提升又依赖于继续教育,这包含了对员工操作技能的提高以及员工学历、文化素养的提升。

未来的经济将比以往任何时候都更依赖于知识的创新和运用,高技术密集型产业和知识型产业在社会中的地位与作用会日益突出。知识,特别是科技知识作为企业投入要素的重要性将与日俱增。

## 一、建立学习型企业的必要性和重要性

经济全球化的实质是生产的国际化,资源配置在全球范围内的最佳化,这意味着企业的生产经营要面向全球,市场的竞争将是一个全球性的竞争。科学技术将成为主要动力,推动世界经济发展的创新。美国《财富》杂志曾指出:"未来最成功的公司,将是那些基于学习型组织的公司。"英国壳牌石油公司企划总监德格认为:"唯一持久的竞争优势,或许是具备比你的竞争对手学习得更快的能力。"学习型企业的发展已成为一种趋势,只有当一个企业是学习型组织的时候,才能保证有源源不断的创新成果出现,并具备快速应对市场的能力,这也是充分

发挥员工人力资本和知识资本的作用,是实现企业满意、客户满意和员工满意,满足投资者和社会的终极目标的唯一途径。

所谓学习型企业,它应该是这样的一个组织,通过建立企业员工的完善的学习教育体系,培养团队乃至整个企业的学习氛围,通过学习,大力推进以知识创新为基础的管理创新、制度创新、科技创新和市场创新等,提高企业各方面的运作效率和竞争力,使得员工和企业能够共同持续发展。学习型企业是学习型社会的组织基础和重要主体,是时代经济发展的客观需求。当前科技与以往相比有着前所未有的发展,一个以知识和信息为基础的经济市场正在逐步成型。拿到一张学历,找到一份工作一辈子不变化的时代已经远去。当下的知识经济时代具有其鲜明的时代特征,科技发明的频率越来越高,互联网、电子信息技术已经渗透到人类生活的每一个角落,这些都无时无刻不影响着人们的生产和生活。面对这样的时代,个人要做好应对,企业同样也要顺势做出变化。

随着消费者的需求越来越高,市场竞争愈演愈烈。在这样的市场竞争浪潮中,企业要想赢得一席之地,必须与时代同步,进行产品创新、技术创新,把企业全体员工的知识、智慧集于一身并将其具形化到产品与服务中,赢取更大的市场。这就需要企业员工的知识不断地更新、深化,其原有知识也需要不断地被强化。知识的获取和利用不仅是决定个人能否成功的关键,也是决定一个企业能否成功的关键。

知识经济时代必将以其巨大的力量深刻影响社会生活和企业的生产,改变整个人类社会的生产方式乃至生活方式。知识经济时代,"人才是企业成功的奠基石,培养人则是奠基石的筑造过程。有坚实的基石,大厦会耸立不倾;有所需的人才,企业就会发展不滞"。对于企业而言,要促进生产力的发展,更好地适应社会变化,实现可持续发展,就需要吸引、留住并发展作为知识载体的个人,这是企业间竞争的根本。同时,企业要解决好人才的长期发展需求,必须满足员工实现自我社会价值、个人价值的需求,让他们接受继续教育,获取新知识和技能,让他们具备赢的可能,保持竞争的原动力。

欧洲继续工程教育年会早在1994年就提出"欧洲的成功在于校企合作",并"随着生产力的发展,社会生产过程变得越来越复杂,从而要求劳动者普遍掌握一定的劳动知识和操作技能。由此,劳动者的教育培训就成为劳动力再生产的重要内容,并在社会生产过程中发挥着重要作用"。高校继续教育服务于企业的实践让我们看到:企业和人才是一个有机整体,人才为企业的持续不断发展发挥了至关重要的作用;拥有一大批一流人才是竞争取胜的关键,企业要创造辉煌的明天,必须面对企业之间的激烈竞争。面对新世纪的挑战与机遇,企业如果不从构筑人才资源竞争力入手,很难有立足之地。企业立于不败之地最大的资本是企业人员的素质,而企业人员素质的提高则有赖于不断的继续教育。企业必须加快人才培养,迅速提升创新能力和核心竞争力,以适应快速变化的形势,在强手林立的市场逐鹿中取得独创性和速度上的优势。

市场竞争及其变化要求各种传统型企业必须建立成为学习型企业。科学技术的迅猛发展使得生产力高度发达,使社会的物质产品丰富程度达到了史无前例的高度,人们对商品的选择空间也越来越大,商品市场也由最初的以卖方为主的市场转变为以买方为主的市场。这一地位的转换,不仅给消费者的自由需求带来了益处,也在很大程度上给商品的生产经营者即企业带来了深远的影响。企业要想经营下去,而且经营得好,必然要通过不断的学习、探索、改变来应对。只有这样,才能在激烈的竞争中立于不败之地。企业能够不断适应变化、具有比竞争对手更强的学习能力就意味着取得了更为强大的竞争优势。

随着知识经济时代的到来,各种发明和发现层出不穷,新科技、新产品日新月异。无论是知识的创新、普及、共享还是应用,都需要对人才进行培养,从来不会有哪一种经济形态会像知识经济时代这样需要如此强有力的教育支撑,知识经济把继续教育从经济的边缘推向了中心。学习将成为人们生活的需要,将成为人们的一种生活方式。

## 二、高校继续教育与学习型企业建设的关系

经过多年的发展,我国已逐步形成多种类型、多种形式和多种层次的继续教育办学体系,高校是我国继续教育重要的办学主体。高校继续教育一直以来都是满足广大社会成员学习需求的重要支撑,它为促进人的全面持续进步、实现全民教育的公平做出了巨大贡献。教育学家潘懋元曾指出,高等学校三个职能的产生和发展,是有规律性的。先有培养人才,再有发展科学,再有直接为社会服务。不难看出,服务社会是教育的最重要职能,是高校培养人才和发展科学职能的延伸。

学习型社会的建设已成为全球共识,党的十八大报告提出,"积极发展继续教育,完善终身教育体系,建设学习型社会"。习近平总书记也在中央党校发表重要讲话强调,"在全党大兴学习之风,依靠学习和实践走向未来"。

高校继续教育是指大学为处在职业生涯中的社会成员所提供的以更新、重组或扩展知识和技能结构为目的的教育和培训活动。《国家中长期教育改革和发展规划纲要(2010—2020年)》把继续教育定义为"面向学校教育之后所有社会成员特别是成人的教育活动,是终身学习体系的重要组成部分"。报告同时指出,继续教育是高等教育的三大基本任务之一,是今后若干年高等教育改革和发展的重要目标,并提出"加快发展继续教育""建立健全继续教育体制机制""构建

灵活开放的终身教育体系""努力形成人人皆学、处处可学、时时能学的学习型社会"的具体要求。

企业长期以来都是继续教育的主战场,在企业内部开展的继续教育是企业为提高在职技术人员和经营管理人员的政治、文化、科学技术知识,专业技能和经营管理水平而施行的教育。在漫长的工业经济时代,工作不过是命令与执行;在即将到来的知识经济时代,工作的性质将以知识与学习为标志。工作性质的转变,使得善于学习的个人和组织成为市场上的赢家,任何企业和个人的成长都离不开知识的获取、共享和利用,因此,企业又应该是学习型组织。

学习型企业是新经济下先进生产力的载体,它培养了整个企业的学习气氛,充分发挥了员工的创造性思维能力,在推动经济不断快速发展的同时也使企业自身更具竞争活力,扩大了发展空间。这种组织是具有高度柔性、扁平化、符合人性且能持续发展的,是有持续学习能力的组织。

企业继续教育的存在与发展不是独立于社会之外的,它是企业的一部分,也是继续教育的一个成员,更是社会大系统中的一个子系统,许多因素会影响到企业的继续教育。影响企业继续教育的因素主要有社会因素(社会的政治、经济和文化等)、教育因素(教育理论、教育观念、教育技术、教学方法等)、企业因素(企业的经营状况、发展势头、领导方式等)。在这些因素中,对企业继续教育影响最大的是教育因素。

### 三、高校继续教育对学习型企业建设的推进作用

美国继续教育专家阿普斯(Jreold W. Apps)曾说过:"就广泛的意义而言,继续教育的宗旨在于提高社会及个人生活的质量,为人们发现生活的意义提供帮助,为个人掌握学习技巧助一臂之力,为社区及其成员提供一个更为人性化的社会心理及物质环境提供帮助。"随着社会生产力的发展,企业人员的素质成了企业立于不败之地的核心,而企业人员素质的提高有赖于不断的继续教育。在现代企业中,刚从学校毕业的员工往往无法负担重要工作岗位的职责。为了发展,企业会在内部进行很多适应性和实用性的培训,这是企业内部的基础继续教育,目的是维持企业的正常运转。但是当企业内部的培训无法满足员工的成长预期,员工需要追求更广阔和更精深的知识及技能的时候,往往就需要进入高校开办的继续教育。而高校也应当充分发挥自身强大的师资力量和优质的教学资源的作用,充分结合企业的生产、经营热点以及生产技术的难点、重点,完善针对企业的课程开发以及培训内容,为企业提供具有实用性、针对性、前瞻性、系统性的继续教育服务。

近年来许多知名企业与高校达成了继续教育合作协议。高校继续教育拥有

强大的师资力量与教学资源,企业又有迫切的继续教育需求。

我们在许多成功的合作中不难发现,把学习型企业部分继续教育交由高校来完成的模式,具有非常多的优势。

第一,可以避免企业自建专门的继续教育机构,节省了企业的人力、物力和财力资源,同时提高学习型企业建设的效率,有力保障学习型企业的更快成形。

学习型企业的建设不是一蹴而就的,它必然是一个长期而系统的复杂工程,企业很难靠自身努力独立完成这样的建设过程。而高校在学习型社会建设过程中已积累了丰富的理论研究成果,初步形成了较成熟的建设学习型组织的思路,具备完整、成熟并长期稳定的教育理论和教学资源,可以为学习型企业的建设提供一整套完备的支持理论、解决方案及保障措施,保证学习型企业的建设少走弯路,降低风险和成本。如果高校提供的继续教育更加系统、有序,企业就没有必要花大力气去开发课程,自建专门的继续教育机构。

第二,让高校继续教育来解决学习型企业建设中专门类别的问题,专业的人做专业的事。

高校拥有雄厚的师资力量、齐全的学科门类及完善的教学体系,可以为企业提供丰富多彩的学习内容与形式。处于不同行业、不同发展阶段的企业和员工,学习需求也不尽相同,这种差异便导致了企业学习平台搭建的复杂性和多样性。高校继续教育具备提供丰富多样学习资源的能力:首先,高校针对企业的继续教育可以覆盖企业经营管理的各个层面,如企业发展战略、财务管理、人力资源、生产研发、采购物流、设备管理以及销售等;其次,高校继续教育能满足企业各阶层大部分的需求,如企业基层的思想政治素质、业务能力提高等实用性继续教育与学历教育,企业中层的解决问题、创新发展意识、管理方式方法的继续教育与学历教育,企业决策层的专门知识、理论素养、领导水平以及战略方向的继续教育与学历教育等。

第三,充实了企业员工的闲暇时间,全面提高员工个人素质,并提高了企业员工的忠诚度,为学习型企业持续留住人才保驾护航。

员工增质提素、企业降本增效是一个优秀企业所应当呈现出的面貌。知识技能是企业员工所具备的最基本的个人能力,引导企业员工掌握正确的学习方法、完善学习技巧才是继续教育应当着力的方向,使企业员工具备更强大的学习能力和思维能力,帮助他们了解自我,明晰更加适合的职业发展方向。高校将终身教育、终身学习的思想灌输给企业和企业员工,助力企业形成积极向上、乐观进取的学习环境和文化氛围,这必然会促进员工更加积极主动地学习,养成良好的学习态度和学习习惯。"以人为本"是企业管理的真谛,企业要充分挖掘出员工的潜能,为身处其中的所有个体都指明适合的发展方向,激发员工形成与企业总体发展目标相一致的个人发展诉求,企业就能够最大限度地凝聚人心,从而为实现自身的可持续发展提供保障。

学习型企业建设是学习型社会建设的重要组成部分。目前,我国正处于产业转型升级、经济发展方式转变的关键时期。随着科技进步和全球经济一体化的推进,以知识和技术要素为特征的新兴产业正在快速提升并逐渐替代传统产业,日益成为国家和地区的核心竞争力。经济发展方式转变和产业结构调整升级对继续教育提出了更高的要求,打造"中国经济升级版"需要通过持续不断的继续教育培训,不断提高各行业从业人员的能力和素质。同时,对于高校来说,继续教育为学习型企业建设保驾护航的同时也得到了反哺,在促进教育公平和服务社会的过程中,高校继续教育也得到了更多的认可,收获了更多的社会资源,可以发展得更好更快。

**参考文献:**

[1] 苍晓凤.浅谈企业与高校、科研机构继续教育合作模式[J].辽宁省社会主义学院学报,2008(2):95-96.

[2] 陈邦峰.企业继续教育创新研究[D].华中师范大学硕士学位论文,2002.

[3] 陈佳贵.学习型组织:未来成功企业的模式[M].广州:广东经济出版社,2000.

[4] 葛道凯.为终身教育而变革[J].中国远程教育,2013(22):56-58.

[5] 韩德威.关于全面服务型企业继续教育体系的构想[J].继续教育,2003(S1).

[6] 胡东成,马永斌.论高校在创建学习型企业中的作用[J].清华大学教育研究,2008(2):99-103.

[7] 雷瑛.关于创建学习型企业的几点思考[J].广东科技,2013(24):199,232.

[8] 李海源,等.新编企业管理学[M].北京:中国经济出版社,1997.

[9] 刘美娟,吴一鸣,丁武,刘树宅.高校服务社会,助力学习型企业建设.继续教育[J],2010(Z1):33-35.

[10] 刘奕彤.关于创建学习型企业重要性和必要性的思考[J].商,2013(18):83-84.

[11] 张煜炎.浅析市场经济条件下企业继续教育的现状和对策[J].福建广播电视大学学报,2005(3):46-48.

# 研究型大学开展继续教育的争论与转型发展

上海交通大学 王福胜

**【作者简介】**

王福胜,男,上海交通大学继续教育学院副院长,管理学博士,副教授,研究方向包括教育技术、继续教育、高教管理等。

本文为 2014 年第十五届海峡两岸暨港澳高校继续教育论坛收录论文。

论文拟发表在《当代继续教育》2015 年第 2 期(2015 年 4 月),发表时有修改,已征得同意入选论文集。

2002 年 10 月中国共产党的十六大报告正式提出建设"全民学习、终身学习的学习型社会"。《国家中长期教育改革和发展规划纲要(2010—2020 年)》则更加明确地指出:到 2020 年,努力形成人人皆学、处处可学、时时能学的学习型社会。因此创建学习型社会是党和国家发展的战略部署,是追求社会进步的一个重要目标。研究型大学作为高等教育的重要组成部分,可以通过开办继续教育等方式在创建学习型社会过程中发挥重要的作用。但在研究型大学内部,对于"是否开办以及如何开办继续教育"一直存在着一定的争论,解决好这些矛盾有利于推动研究型大学继续教育健康、可持续发展。

## 一、创建学习型社会需要研究型大学发挥作用

创建学习型社会需要高校发挥重要作用,而处于高校塔尖之上的研究型大学应该发挥学校雄厚的科研实力和优良的教师资源、良好的校园环境和品牌优势,通过开办继续教育等形式在创建学习型社会中发挥主力军的作用。继续教育是研究型大学人才培养体系的组成部分,但是其应有之义和重要地位没有得到认可和重视。通过开办继续教育,可以推进学校产学研的进一步延展,可以通过各类培训加强研究型大学和社会的联系:高校把自身的科研成果或专利或重

大思想向社会辐射,社会通过资金、项目等形式支持高校进一步开展科研教学等活动。这样,不仅实现了高校社会服务的功能,而且对文化的传播发挥了重要的作用。

从研究型大学的定位来看,我国研究型大学是以知识的传播、生产和应用为中心,以产出高水平的科研成果和培养高层次精英人才为目标,在社会发展、经济建设、科教进步和文化繁荣中发挥重要作用的大学。[1]从这个定义上可以看出,研究型大学的中心任务之一就是知识的传播。创建学习型社会为研究型大学知识的传播提供了广泛的基础。

从国家对研究型大学的投入来看,《教育部关于加快研究型大学建设　增强高等学校自主创新能力的若干意见》明确指出,要"加大投入、深化改革,优化研究型大学发展环境",通过多方筹集资金,国家逐步增加对研究型大学的教育、科研经费投入和鼓励社会捐赠,从而加大对研究型大学的支持力度。在明确加大支持力度的同时,也要求"研究型大学为社会提供强大有效的服务"[2]。所以,研究型大学在接纳国家和社会投入的同时,一方面要出大成绩、大成果、大人才,另一方面要加大对社会服务的力度,通过开办继续教育等形式,切实为创建学习型社会发挥引领和示范作用。

从社会对研究型大学的期盼来看,我国研究型大学大多具有相对悠久的办学历史、良好的社会口碑。社会人士渴望到研究型大学中进行进修、学习或深造,很多不能进入研究型大学进行全日制学习的人士,希望通过参加继续教育的形式到研究型大学的校园中感受大学文化的感染和熏陶。

## 二、研究型大学开展继续教育的争论

继续教育是研究型大学在创建学习型社会中发挥作用的重要形式。但是在高等教育大规模扩张之后,特别是学历继续教育作为"补偿"的功能进一步削弱之后,研究型大学内部就出现了不同的争论。

(1)价值的争论:要还是不要? 随着高等教育的发展,对研究型大学是否开展继续教育出现了不同的观点。一方面,从宏观导向上看,国家在创建学习型社会过程中,研究型大学通过开办继续教育,推动全社会的学习实践的确能发挥一定的作用,对于研究型大学创造良好的社会氛围、政策支持等方面有推动作用。从微观现实来看,继续教育,无论是成人教育、网络教育,还是自学考试或者函授教育都有一定的成长历史,如果停止办学,存在诸多的矛盾和困难,如人员安置、资源利用等存在着多元的利益诉求等。在研究型大学内部,继续教育的边缘地位使得管理者无暇顾及或不愿触及这些潜在的冲突;同时继续教育在产生社会效益的同时,也具有一定的经济效益,在一定程度上弥补了研究型大学办学经费上的不足。另一方面,由于继续教育面向市场办学,在办学的过程中出现的一些问题、矛盾往往会被扩大化,受到社会舆论强大的压力,同时由于目前继续教育以学历教育为主,规模不断扩大,数量上甚至超过了全日制学生。学校内部不同的声音出现后,导致学校管理层对是否继续开办继续教育存在着困惑的心理,也就是"举办继续教育的价值何在"。

(2)模式的争论:学历还是非学历? 随着清华大学率先停止学历继续教育,转型开展非学历教育并且取得了较好的效益之后,国内其他研究型大学,特别是"985"高校就开始思考以下问题:是否还需要举办学历继续教育? 为什么不可以走清华大学的路子,转而开展非学历继续教育? 通过转型开展非学历继续教育,不但解决原来开展学历教育的人员问题,同时也避免了由于发放学历学位所产生的校内疑虑等一系列问题。因此越来越多的研究型大学开始走转型发展之路,也就是从学历教育开始向非学历教育发展。但是由于历史、观念、体制、机制等诸多问题,转型之旅并非一帆风顺,继续教育办学的模式路在何方?

(3)层次的争论:大众化还是高端? 目前,研究型大学学历继续教育的对象是高中起点本科、高中起点专科和专科起点本科,相对研究型大学本科教育、研究生教育的精英标准,属于大众化层次,因此在校内就会有一种论调,学历继续教育降低了研究型大学的层次,应该退出学历继续教育,转而从事非学历继续教育,同时要求非学历继续教育要高层次,也就是向高端培训转变。但是所谓的"高端"没有一个明确的概念界定,目前仅仅从学费高低、教育对象的社会地位等方面来加以引导。

(4)质量的争论:精英标准还是社会标准? 由于学历继续教育的授课对象大部分为业余时间学习的从业人员,因此在授课内容上注重针对性、实用性和基础性,和全日制学生相比,缺少了系统性、专业性和创新性,在质量保证体系上存在着一定的差距。如果按照全日制精英标准、一元化的质量体系来看待继续教育的质量,无疑有所欠缺。因为继续教育采用的是社会化的质量保证体系,更加注重"因材施教",更加突出实践特色。

(5)机制的争论:体制内还是市场化? 继续教育面向市场办学,市场的作用会传导到教育的过程中,要求机制上相对比较灵活,但是研究型大学作为体制内的事业单位则要求相对稳妥,因此矛盾就产生了。从国内研究型大学的实践来看,如果继续教育办学单位作为机关事业单位来要求,则相对办学规模较小,效益不明显。而继续教育办学单位作为相对独立的办学实体则机制相对灵活,办学规模相对较大,也取得了一定的经济效益和社会效益。

### 三、研究型大学继续教育转型的思考

学习型社会背景下研究型大学开展继续教育面临着抉择，研究型大学需要继续教育，同时研究型大学的继续教育必须转型创新发展，形成与研究型大学相匹配的继续教育办学水平。

（1）明确继续教育的定位和发展路径。研究型大学需要明确规划本校继续教育的发展，明确发展定位和发展方向。要从指导思想、办学理念等顶层上进行设计，使具体的办学单位在实践中有章可依，持续发展。如北京大学就专门制定了《北京大学继续教育发展规划》，明确了北京大学继续教育今后发展的指导思想、发展目标与发展方向。[3]这个规划虽然不可能解决全部争论，但是明确了继续教育的发展方向和发展路径，解决了校内的一些争论，为继续教育的发展创造了良好的氛围和环境，有利于继续教育做大做强和转型发展。

（2）以信息化整合继续教育教学模式。继续教育的对象大多为从业人员，工作压力大，为了工作的提升或者新岗位的需要进行充电，面临着工作、家庭和学习之间的矛盾。现代信息技术为开展继续教育提供了良好的基础，要用现代信息手段整合现有的夜大学、网络教育、自学考试、函授等多种形式的学历继续教育，建立学习平台，强化学习支持，克服网络教学存在的劣势，推动基于互联网与面授学习的混合型教学模式，提升学习效果和学习质量。目前全国 67 所研究型大学的网络学历教育为继续教育提供了基础和平台，只是需要整合不同类型的学历继续教育的教学计划、教学内容，更新教育观念，推动继续教育体制变革等，塑造继续在线教育的品牌和形象，同时推动现代信息技术在非学历继续教育中的应用。如美国加州大学伯克利分校组建了一个虚拟的"伯克利继续教育在线"，利用现代网络技术和教育技术，使学员能随时随地学习大学开设的课程或项目。"伯克利继续教育在线"整合了大学专业院系的课程，同时也将学院开发的继续教育项目通过在线教育的形式呈现给学生。又如清华大学从 2005 年开始，与国家发改委合作共同组织实施了"中国创新成长型企业自主培训体系建设（521）工程"，目前用户单位近 1500 家，参加培训和受益的学员超过 300 万人次。2007 年，与国务院军转办积极开展合作，针对全国军队转业干部培训的实际需求，研发并推出了清华大学军队转业干部网络学堂项目，在线学习人数近万人。[5]当然，和在线教育市场相比，高校的在线教育培训的市场规模较小，发育还不十分成熟，还需要有一个不断培育培养的过程。日积月累，厚积薄发，才能逐步形成高校的在线继续教育模式。

（3）以市场化推进继续教育办学模式改革。市场必须成为研究型大学继续教育办学当中重要的元素，一是市场的需求导向性强化了大学对大学继续教育

的引导,提升了大学继续教育满足社会需求的能力;二是市场的竞争性提高了大学继续教育与市场之间相互选择的效率,也进一步激活和扩大了社会为大学继续教育提供的办学层次和办学空间;三是市场的价值性既是大学继续教育竞争的基础,也体现了大学继续教育对社会的现实贡献。[4]研究型大学继续教育必须紧密结合市场需求,通过市场化手段,调动办学单位和校内学术支持单位的积极性,推动规模的扩张和经济效益的提高;以市场培育的思想加大对项目,特别是非学历培训项目的投入,逐步拓展市场;以市场化手段加强对继续教育办学单位品牌的营销,提升继续教育办学的美誉度和关注度,形成市场的良性循环。当然,以市场化手段推进办学模式的改革并不是单纯只注重市场,而是要市场驱动、质量优先、管理规范,逐步形成规模、结构、质量和效益的合理结构,整体推动继续教育的可持续发展。

(4)分阶段、分步骤推进学历教育向学历、非学历并重发展。学历继续教育作为高等教育大众化过程中的一种补偿教育手段,在历史上发挥了重要作用,但是面临新的形势,学历继续教育在不同的细分市场发生了变化,特别是在一些教育基础较好的沿海发达地区,学历继续教育出现了不同程度的萎缩,所以学历教育势必发生变化。但是不同的高校,由于所处的区域不同、优势学科不同、学校的定位不同,需要研究型大学继续教育分阶段、分步骤推进从学历继续教育唱主角向学历继续教育和非学历继续教育并重转型。针对不同的研究型大学,学历和非学历所占的比重在不同的发展阶段可以略有不同。当然随着学习型社会的逐渐建立,国民教育资历认证体系的完善,势必形成以课程作为教育的基本单元,学员可以在满足条件的情况下获得非学历证书或学历证书。在非学历继续教育发展阶段,可以从相对较为容易的、具有一定资源优势的考前辅导等项目开始运作,逐渐积累经验,拓展多元化的办学项目,在转型的过程中,转变办学理念,优化队伍结构,加强项目研发,塑造培训品牌,在市场的洗礼中逐渐提高办学层次。

(5)切实提高办学质量,建立内部质量保证体系。继续教育办学过程中,市场是继续教育得以生存的基础,缺少了市场,继续教育就是无源之水。办学质量则是继续教育得以发展的核心,没有了质量,继续教育就是缘木求鱼,不但得不到市场的认可,而且势必影响到研究型大学的办学声誉,从而阻碍或限制继续教育的发展,所以质量更是继续教育发展的生命线。继续教育办学单位要建立内部质量保证体系,这个体系可以参照全日制教学模式,但却不能全部照抄照搬。研究型大学继续教育的质量保证体系必须由学术化定位转向社会化定位、由学科取向转向职业取向、由统一性原则转向多样性原则,并且这种质量保证体系更关注它的多元化和发展性[6],需要针对不同类型、不同层次乃至不同地域,建立适合项目发展的、有针对性的、多元化的内部质量保证体系。

**参考文献:**

[1] 王战军.什么是研究型大学——中国研究型大学建设基本问题研究(一)[J].学位与研究生教育,2003(1).

[2] 教育部关于加快研究型大学建设 增强高等学校自主创新能力的若干意见[EB/OL]. http://www.gov.cn/ztzl/kjfzgh/content_883798.htm,2014-06-15.

[3] 发挥北大优势,服务国家战略,大力发展高层次继续教育[EB/OL]. http://www.sce.tsinghua.edu.cn/base/detail.jsp? id1=12,2012-05-30.

[4] 清华远程项目介绍[EB/OL]. http://lms.thbzzpx.org/web/bzz_index/xmjs/xmjs.jsp? id=xmjs,2014-06-09.

[5] 赵炳新.大学继续教育战略定位浅探[J].中国高等教育,2010(18):55-56.

[6] 马敬峰,马启鹏.服务型定位与应用型人才培养——高校继续教育的出路[J].教育发展研究,2013(13-14):109-113.

# 学习型社会下的中国继续教育

四川大学 王 珂

【作者简介】
王 珂,女,四川大学教育培训管理委员会办公室副主任,四川大学继续教育学院高管中心主任,副研究员,研究方向为高等教育管理。
本文为2014年第十五届海峡两岸暨港澳高校继续教育论坛收录论文。

随着科技革命与全球化浪潮席卷世界,"终身学习"理念深入人心,人类正以前所未有的速度迈进一个尊重知识、尊重人才、重视培训的人力资本新时代。美国未来学家约翰·奈斯比特曾经预言:"在知识经济时代成功的企业都必须解决两个问题:一个是对最有竞争力、更富生产性的管理人员的需求;一个是把办公室与教室连在一起。"如今高校继续教育,尤其是高端人才培训一次性解决了企业发展的两大需求,受到市场和企业的高度青睐,近几年呈现出井喷式发展趋势。作为终身教育实施的重要主体之一,以培养管理型和创新型人才为目标的高端人才培训对于推进我国终身学习体系构建、学习型组织和学习型社会建设、顺应教育终身化的世界教育改革和发展趋势具有重要意义。

## 一、学习型社会及学习型组织的内涵

学习型社会一词是教育哲学范畴的概念,它最早由美国著名学者哈钦斯提出。所谓学习型社会,是人类社会发展到知识经济阶段的一种社会形态,是与人类进入生产力高度发达、知识和学习技能成为基本生产要素的知识经济时代相对应的一种社会组织形式和管理方式,是人们学习意识普通化和学习行为社会化的一种新型社会。它不仅强调学习的终身性,而且强调学习的组织性,它已经超越了传统意义上的个体性、自发性的朴素的终身学习观念。

从形式上而言,学习型社会则是由学习型个人、学习型家庭、学习型政府、学习型企业和学习型城市等学习型组织组成的有机综合体。

## 二、高端培训的内涵和意义

高端培训作为继续教育人才培养的形式之一,是以高学历、高素质、高层次人群为培养对象的继续教育,它处于终身教育体系的顶层,是学习型社会必不可少的构建要素。相较于普通高等学历教育,它的学员层次、培训目标、内容层次、师资水平、社会效益和服务水平更高更强,人才培养的前瞻性更超前。在终身学习的浪潮下,高端培训某种程度上代表了继续教育发展的新趋势和新方向。

近年来,各高校开始重视并不断加强高端培训工作,高端培训对大学发展和终身学习型社会构建的重要意义日益凸显。

高端培训为高校创造了源源不竭的社会效益和经济效益。高端培训是大学服务社会的重要窗口,是社会了解大学的重要管道。通过开展高端培训,高校不仅将先进文化和大学精神传播给当代中国社会各阶层的精英人物,使社会对大学的认知更深刻,从而给学校带来一定的社会效益;另一方面高端培训也是大学获取办学经费、增强办学实力的重要途径。高校利用自身优势,通过市场运作开展高端培训,获得培训收入,作为学校发展资金,缓解国内大学普遍存在的办学经费不足的境况。

高端培训是培养终身学习的学习力,构建学习型社会的重要途径。随着知识经济时代到来,许多人逐渐认识到个人和组织唯一持久的优势,就是要具备比竞争对手学习得更快的能力,这就是"学习力"。学习力主要由动力、毅力和能力三部分构成,人们可以通过自我超越、转换心智模式、加强团队学习,不断提高个人和组织的学习力。国民具备强大学习力,社会处处充满学习氛围,正是确保学习型社会构建的人才基础。

从事高端培训的高校继续教育机构指导学员构建学习型组织,通过实战和案例让理论与实践在碰撞中产生火花,提升学员的创造力和学习力,为终身学习提供支持和服务,是推动学习型社会建设的一股不可忽视的重要力量。

## 三、高端培训市场现状及问题

有调查显示,以高层管理培训为核心的全球管理培训市场已达到 3500 亿美元规模。在美国,商学院收入的主要来源并非是 MBA,高层管理培训项目已经占到美国各商学院收入的 60%~70%。尽管中国引入高端培训时间不长,但目前市场规模也已突破 30 亿元。国内市场上,早期主要是各类私人培训机构唱主角。随着传统的成人学历教育严重萎缩,高端培训市场日益繁荣,几乎所有一流大学的继续教育都开始了学历教育向非学历教育、低端培训向高端培训的战略转型,各大高校继续教育工作重心逐渐向高端人才培训转移,充分利用资源和品牌优势在这一领域中异军突起,从"高端培训大蛋糕"中分走一杯羹,抢占了不少市场份额。

虽然市场需求猛增,但由于缺乏有效监管和评估,高端培训的质量和效果一直受到社会质疑。在"市场"与"计划"博弈的背景下,中国的高端人才培训表面繁荣的背后,却存在着诸多顽疾。

（一）课程同质化严重

国内高端培训的课程体系大多整体从国外引进,无论院校学生规模和知名度如何,课程设置基本大同小异,教材大多选用国外经典教材,案例本土化和差异化程度低,甚至很多培训项目师资都惊人相似,授课专家一周在多个课堂上自我重复,课程同质化程度可见一斑。

（二）学员学习风气差

众所周知,高端培训的对象基本都是社会成功人士和政府高官等繁忙族群,学习态度和学习时间较普通学生差异巨大。高端培训课堂普遍都存在着"上课可以不到,但晚上必须到"的不良风气,上课缺勤却从不落下饭局,学生对人脉资源的重视甚至超过了对知识文化的追求。

（三）师资短缺严重

为了提高知名度和美誉度,近年来高端培训往往聘请知名学者、明星企业家和明星官员等顶级师资前来授课。但现实是,国内名师供不应求,国外专家费用不菲,导致各大培训机构竞相争抢,甚至"饥不择食",很多名师都是打着飞的往返于各个授课点。师资短缺业已成为高端培训市场扩张的巨大瓶颈。

（四）教学实践常脱节

高端培训课堂上,由于缺乏质量评估标准,经常出现教师忙于捞金,无心作研究、写案例,直接照搬国外案例;教师没有企业管理和咨询经验,教学内容脱离实践;学生身在课堂心潮澎湃、回到企业涛声依旧等教学与实践不能有效融合的现象,培训质量大打折扣。

（五）增值服务不到位

高端培训机构为了招揽更多学生,在招生宣传时往往会夸大高端培训在课堂以外的增值效应,但在学生入学后,由于自身资源和条件的限制,又无法实现当初的承诺,在提供课堂之外的人脉圈、资源圈、项目圈等增值服务时往往口惠而实不至,间接影响高端培训形象的口碑传播和可持续发展。

## 四、创新高校高端培训的途径

大学继续教育高端培训发展的过程，也是一个不断创新的过程。不仅要适应高端培训市场的需要，更要挖掘和引领高端培训市场的需求，只有不断创新和转型才能提供大学高端培训可持续发展的不竭动力。高校可通过创新观念、创新机制、创新知识、创新服务、创新资源等多种途径改革高端培训模式，最终实现高校继续教育高端人才培训体系的整体提升。

### (一)创新观念认识

首先，大学应树立培训产业化的理念。改变原有的培训观念，将高端人才培训教育作为与学历教育并重的一项重要职能，给予更多政策和资源支持，加强管理和服务，使其发展成为高校收入新的增长点。

其次，大学要树立高端培训教育是终身教育的观念，重点培养学员的学习力和创造力。高端培训是"点拨式"的教育，它不可能给学员全面、规范、系统的管理教育，而是要教给会学员智慧、方法和理念。如果一个学员每次一遇到新问题、新挑战或新机遇，就来问老师该怎么办，这样是不行的。一个学生如果一辈子跟着老师走，是不可能开创新局面的。所谓"授人以鱼不如授人以渔"，这才是高端培训要追求的境界，也是终身学习和学习型社会的基本要求。

最后，大学要积极引入教育服务的客户导向理念。根据管理学理论，教育本质上是一种服务，因此调整师生关系认知，坚持把为"作为顾客的学生和社会"提供满意服务当作服务目标，一切以客户为中心，正是高端培训适应学习型社会的转型利器。

### (二)创新管理机制

管理机制创新包括运行机制创新和管理制度创新两方面。

运行机制创新主要是指开展继续教育高端培训的主体机构，其运作要改变以往大学作为事业单位的运行模式，在资源投入、管理制度、团队建设等方面引入市场运作机制，简化管理机构，实行项目制管理，增强自身开发市场和课程的能力，提高自身管理和服务的能力，在确保办学质量的前提下，降低办学成本，提高办学成效。以四川大学为例，2010年以后，学校就大刀阔斧地对培训办学管理架构进行了改革，成立培训中心，整合全校教学资源，设立项目组，实行项目负责制，由校领导兼任培训中心主任，统筹学校培训工作管理，加强对培训办学的领导。自学校培训按项目实施管理以来，培训工作得到有效的组织与协调，办学规模日益壮大，品牌价值不断提升。

高效管理离不开科学化的管理制度和规范化的工作流程。高端培训管理的科学化是高端培训发展的趋势,也是提高高端培训质量的前提和保证。加强高校培训机构人员素质建设,打造科学、标准化的培训管理制度和流程是保证每个高端培训项目质量的牢固基础。实行制度化和信息化管理,建立和完善培训登记制度、档案保管制度、统计制度、学员管理制度,开发适合高端培训管理的教学管理系统,满足终身学习的设计需求,实现学习过程和学习效果的跟踪与评估,是推动高校高端培训质量再上新台阶的有力保证。

(三)创新课程开发

在高科技化、知识化、信息化、国际化和竞争激烈化的时代,企业对复合型人才、一专多能人才和国际型高端人才有迫切需求。这在客观上要求高校高端培训内容课程设置必须与时俱进,与时代接轨,与前沿接轨,在以往成熟的课程体系基础上,将最新知识吸收到高端培训的课程中来,同时注重知识的综合性和跨学科性。这也正是高端培训不断焕发活力的奥秘所在。

同时,在培训课程开发中,高校可引入国际培训通用的"模块化课程"(MES)理念,对课程各个环节、进程、结构进行规划和编制。模块化课程是一种单元课程,简单来说,就是按职业特征或工作需求划分专题模块、每个专题模块下又有若干门课程组成。比如北京大学针对党政干部推出的"党政干部教育培训精品课程",就包括"公共管理""经济管理"等在内的 13 大专题模块,有近 150门精品课程可供选择。

另外,开设体现本校独有优势或适应区域经济发展的课程,也可以有力避免课程同质化现象。例如四川大学就利用学校处在四川省这个中国自然资源最丰富、民营经济较发达、政策支持很强大的地区优势,在高端人才培训方面,精心策划培训项目,合理设置课程体系,课程设计突出区域经济发展、新能源开发、项目开发管理、金融资本运作、国际市场对接等当地企业家实用的内容,得到学员们的高度认同,取得良好的教学效果。

(四)创新教学服务

管理学理论认为"服务是提升客户满意度的关键"。因此,高校高端培训要取得社会广泛认同,就必须创新教学服务体系,强化"以人为本",努力提高服务质量和效率。

(1)创新学习交互体系,提升学员学习力。充分利用互联网、卫星电视、信息通信网络、多媒体等现代教育手段,引入"慕课"教学资源,开展远程教学,增加开放性学习的机会,培养学员交互学习和团队协作的能力,构建学习型组织。

(2)创新学习服务体系,提升学习自主性。提供更灵活的学习时间,课程时间安排坚持向终身性、全程性的方向努力,可以采用滚动式或选修式教学形式开课,以便于学生工读结合,自由学习。提供更多元的学习场所,对高端培训学员开放图书馆、文化馆、博物馆、体育馆、教室等公益性文化场所,鼓励学员全面融入大学生活。

(3)创新课外学习体系,深化学习延展性。大力举办学术性、文化性讲座和高层管理论坛,组织专题研讨、企业互访、国内外知名企业考察学习、拓展训练等,拓展学员学习渠道。

(4)创新学员活动体系,深化学员情感联系。组建同学会,创建终身教育平台,架起学员友谊发展的桥梁;组织社会公益活动,培养学员社会责任感,树立学校和学员形象;针对学员兴趣爱好成立学员俱乐部,通过信息支持和集体活动努力将学员俱乐部打造成具有联络感情、扩大交际、获取信息、整合资源、促成项目的多功能平台。

(5)创新增值服务体系,提高培训教育附加值。搭建经贸平台,为学员及企业提供商机,拓展学员人脉圈、资源圈和项目圈;与政府合作,建立学员实习考察基地,开展投资考察活动,促进企业产业转移;对结业学员由分散管理转为集中管理,提供更多信息和培训,使学员之间建立牢固的关系;举办高层管理培训、工商管理博士教育项目,搭建学习深造平台,进一步满足学员终身学习的需要。

(五)推动国际化与本土化的融合

跨境教育合作目前已成为高端培训国际化发展的未来方向。联合境外优质教育机构,引进国外培训课程体系和先进培训理念,推动高端人才培训国际化,不仅能够为学员提供灵活多元的、具有质量保证和各种资历衔接的教育服务,还能加强国际合作,拓展学员海外发展渠道和资源。国内高校高端培训本土化最明显的趋势则是国学文化的普遍应用和本土化案例的显著增加。

在高端管理培训领域,中西方各有所长,只有把"中国功夫"与"西方拳击"结合起来,既吸收西方的优秀管理思想,同时又对中国传统文化加以继承和弘扬,兼容并包,兼收并蓄,中国企业家才能在国际竞争中具有自己独特和持久的竞争力。

进入 2014 年,中国经济出现了明显的下行趋势,民营经济更是遇到了前所未有的困境。民营企业家学员占据了高校继续教育高端培训行业大半壁江山。如今,高端培训市场招生形势严峻,行业面临重新洗牌,只有不断进行产品和服务创新的优质培训机构才能存活下来,行业质量有望进一步提升,这也为我国高端培训品质化发展带来了新的契机。各高校继续教育高端培训机构,正应该抓住机遇,求真务实,努力创新,促进我国高端培训的转型与发展,大力推进中国学习型社会建设和终身学习体系构建。

**参考文献:**

[1] 侯建军.学习型社会高等学校继续教育的改革与发展[C].变革时代的教育改革与教育研究:责任与未来论文摘要集,2010.

[2] 郑学益.继续教育在学习型社会的创新与发展[M].北京:北京大学出版社,2007.

[3] 李剑青,薛镭.国内高端管理培训的目标市场分析[J].中国市场,2008(10):55-57.

[4] 安树宝.浅谈客户关系管理(CRM)[J].现代情报,2005(9):177-178,201.

# 以继续教育市场化和产业化推进学习型社会构建
## ——兼论高校继续教育产业化与市场化策略

武汉大学  杜晓成  胡 锐

【作者简介】

杜晓成,男,武汉大学继续教育学院院长,教授,法学博士,研究方向为法学、继续教育、干部教育培训等。

胡锐,男,武汉大学继续教育学院主任,硕士,讲师,高级职员,中国管理科学研究院,研究员,研究方向为经济学、法学、教育管理、继续教育等。

本文为 2014 年第十五届海峡两岸暨港澳高校继续教育论坛收录论文。

继续教育市场化发展与继续教育终身化、产业化和社会化要求是一致的。作为培养人才、开发人才资源的一个重要渠道,继续教育产业将以其独特的发展优势,拥有越来越广阔的市场空间。继续教育应以社会需求为导向、以促进自身发展为目标,通过构建继续教育内在的投入与产出机制,理顺继续教育投资者、办学者、受益者之间的关系,加强产、学、研各环节的相互结合,建立继续教育发展的新体系。本文从继续教育市场属性和产业化要求分析入手,全面探讨和研究继续教育市场机制建立与市场化运作模式,并对继续教育机构推行企业化管理和加强文化建设进行系统的思考,以期构建中国特色的继续教育发展新路径。

### 一、继续教育市场化属性与产业化内涵

#### (一)继续教育市场化属性分析

新的形势要求我们必须用全新的视角审视全球化背景下的继续教育,用市场观念打造"走向市场"的继续教育事业,通过引入市场机制,采取市场化的管理模式,促进继续教育良性循环发展。

　　所谓市场化,就是在开放的市场中,以市场(顾客)需求为导向,以竞争的优胜劣汰为手段,实现资源的合理配置。要满足市场(顾客)的需求,市场主体必须构建与之相匹配的体制机制,提供满足需求的"产品"或"服务"。

　　所谓市场化,是在市场经济背景下出现的一种非强制性交易制度。交易主体的交易行为并非凭借某种外力因素而是自身衡量利弊的结果。简言之,市场化就是主张以市场方式解决交易产品的供需问题,强调市场可以有效调节社会资源的分配。引导企业按照社会需要组织生产经营,并且可以使商品生产者竞争性、法制性和风险性等一般特征相互联系、相互制约。

　　继续教育市场化的基本内涵是在继续教育中要树立市场意识,研究市场变化,服务市场发展需求,为办学主体在市场竞争中取得优势,促进继续教育的科学发展。继续教育市场属性具体体现在办学理念上体现市场性,在发展思路上体现经营性,在办学方式上体现竞争性,在办学环境上体现法制性。在这种"适者生存,不适者淘汰"的高等教育生态环境中,作为高等教育系统中一个重要组成部分——继续教育必须迎接市场化的挑战与洗礼,主动适应社会市场经济发展的需要,把按需办学、走市场化的道路作为其发展的立足点。

　　(二)继续教育产业化内涵

　　继续教育产业化指产业化经营思想、市场导向机制和市场交换的运作方式在继续教育中的运用,是通过改革中国现行的继续教育体制,把继续教育劳动作为生产性劳动,使继续教育适应市场经济的需求,按市场经济规律运作,引入竞争机制、供求机制、投入与产出机制,把继续教育的人才培养当作产业来管理和经营,逐步建立继续教育的服务市场和资金市场,并将其反映在国家经济与社会发展战略的相关政策中的一种社会定位。其目的是通过市场调节来实现继续教育资源的合理配置,开辟继续教育的快速发展途径,从而更加充分地体现继续教育劳动的价值,提高继续教育的经济效益和社会效益,增强的办学活力和效率。

　　继续教育产业化使教育的功能转变为以人力资源开发、促使知识经济化和孵化知识型产业的功能为中心,教育的模式也随之转化为贴近市场需求的,以盈利为目的的综合性、创造性人才培养模式。产业化最终使继续教育资源走向预算约束的轨道,使教育成本缩减,投入、产出结构得到优化,效率得以提高。

　　**二、构建发展战略是产业化发展的"指南针"**

　　(一)市场化战略

　　继续教育产业化是适应市场经济体制的需要。继续教育产业化就是要运用产业化的经营思想、市场导向、市场交换的运作方式,通过市场实现继续教育资源的合理配置,提高继续教育的效率和效益,从而促进继续教育的持续发展。只有运用现代产业的管理制度和运行机制,引入竞争机制,充分利用继续教育的资源和调动社会资源,刺激有效的继续教育需求和消费,才能使继续教育资源和社会资源得到有效的整合,实现继续教育的高效率和高效益。

建立继续教育市场调节机制离不开国家政府部门的指导和监督,如通过发挥政府部门的职能作用,进一步调整继续教育的品种和数量,促进教育资源合理配置,促进继续教育机构的正当竞争,促进继续教育机构选择教师的竞争,形成合理的继续教育价格。因此,继续教育产业化发展的市场化战略需要政府政策与法规的引导与推动。

### (二)国际化战略

将继续教育发展前景与基础教育作横向比较分析,最明显的趋向是其市场化和国际化。继续教育服务开放程度取决于其市场化和国际化。继续教育服务具有特殊性,继续教育市场开放尚未成熟,但知识经济对大学及各类继续教育机构的依存和需求将极大地推动继续教育的国际化进程。知识信息将成为促进人类进步的重要资源。知识资源的特性决定了继续教育务必顺应国际化要求。

国际化战略推进需要国际化的发展视野与思维,进一步拓宽国际合作办学模式,推动继续教育高层化,进一步拓宽继续教育合作交流形式,拓展国际化渠道,进一步加强继续教育领域内学术交流,增强继续教育研究国际化水平,进一步引入国际认证制度,借鉴国外成功经验,要下大力气建设一批有水平的、符合国际化需要的继续教育高校,构建中国特色的继续教育体系。

### (三)标准化战略

继续教育标准化战略实施是推进继续教育产业化发展的重要支撑,特别是应用型、复合型人才的培养离不开继续教育标准化指导,如内容标准化、行业标准化、教学过程与实践流程标准化建设等。用人单位对继续教育机构提出了培养应用型人才和复合型人才的要求。在利润最大化动机的驱动下,在激烈的市场竞争的压力下,企业从自身利益和成本效益出发,要求培养出来的人才有特定的职业劳动的知识和能力,能迅速应用到生产实践中,产生明显的经济效益。因此,企业需要的是效益高、投入少、回收期短的应用型人才,而对学术型人才的需求甚小,甚至没有要求。企业的另一个要求就是力求多使用复合型人才,能在多个岗位上发挥作用,以降低企业的人力管理成本。

加强继续教育产业的分类指导也是标准化战略实施的重要内容。分类是管理的基础,没有科学的分类,就不会有正确的指导。要按照继续教育企业的不同性质,指导继续教育企业按照市场需求不断拓展服务领域、细化服务方向、丰富服务内容,引导继续教育产业逐步形成一个既有咨询,又有培训,既包括研究,又涵盖实践的完整产业链,这样才能使继续教育有蓬勃的生命力,才能满足我国科教兴国战略的需要,才能促进我国学习型社会建设与终身教育体系的形成。

(四)品牌战略

在继续教育市场上,品牌就是通行证,只有树立起了继续教育品牌,才能在竞争激烈的市场上立于不败之地。因此,实施品牌战略应多头并进,实施精品教学模式,即精心编制的教学计划、精选的教师、精华的教学内容、精新的教学方法和精细的教育管理。对社会影响较大的继续教育项目,要配置最优的师资和最好的教学资源,根据成人教育的规律和特点,尽量采用研讨式、互动式、现场式等教学方法,把课堂教学与企业咨询、企业诊断、科研课题有机结合起来,为企业的改革发展服务,为经济的发展服务。加强师资队伍建设。把加强师资队伍建设作为创建品牌培训、提高培训教学质量的关键措施来抓,通过实行教师聘任制度,选聘政治思想好、教学水平高的专职或兼职教师参与培训教学工作;坚持教师教学质量考评制度,组织学员评教活动,对教学效果好的教师给予奖励,对不能胜任教学的教师要进行调整;实行继续教育教师的培训进修制度,组织教师参加各种进修班、研讨班,不断更新、补充、拓展教师的专业水平和知识面,提高教学能力;推行教师下企业制度,组织教师到企业考察学习,参加实践锻炼,增强理论联系实际的能力,逐步建立起学科齐全、专兼结合、素质良好的培训师资队伍。

### 三、优化市场化机制是产业化的"加速器"

在继续教育大力发展的关键时期,建立市场化机制是继续教育市场化建设的核心内容。市场化机制就是按照市场规律规则,建立有效的管理机制、激励机制、监督机制、制约机制等,形成系统的现代企业制度,完全适应市场经济的发展,使企业真正具有生机与活力,强劲发展。

(一)用现代企业制度框架规范继续教育办学

继续教育几十年探索和实践证明,建立市场化机制已经成为目前拓展继续空间和发展渠道的重要措施。我们必须在市场化机制的建立上下大功夫,实现继续教育发展新的突破。

(1)建立市场化的组织结构,夯实基础。我们必须摒弃原有的思维定式,跳出计划经济体制,打破原有的管理模式,建立市场化的科学严密的组织结构,形成适应市场经济的职责机构,为市场化机制的建立和运行奠定坚实的基础。

(2)建立市场化的管理机制,实现高效。继续教育在市场经营中,从项目开发、推广、营销到教学实施、质量监控等,必须形成环环相扣的适应市场化的运行机制,做到职责到位,责任到人,从而使办学的管理机制科学化高效运转,保证继续教育办学在市场竞争中具有较强的核心竞争力。

(3)建立市场化的激励机制,增强活力。人的因素是第一位的,继续教育必须通过建立市场化的有效激励机制,创造公平、合理、有序的优良工作环境,促使各种积极因素充分发挥作用,从而吸引人才、留住人才,创造奇迹。

(4)建立市场化的监督机制,依法而治。继续教育办学依然要接受市场监督、市场制约。可以通过建立多元化产权结构、实行会计报告制度、办学信息公开制度等,加大监督制约力度。

(二)构建灵活的办学机制,实现办学形式的多样化

(1)实施"走出去"战略,稳步发展学历继续教育。在竞争日益激烈的"生源战"中,单一的办学形式已不能适应目前的要求。市场化运作下的继续教育应该着手在校外设立函授站、办学点,积累办学经验,逐步扩大办学规模,有条件的学校,甚至可以在海外设点,提供全球性教育服务。

(2)加强校企联合,大力发展非学历继续教育。加入 WTO 后,越来越多的企业意识到必须通过人才的竞争而获得发展,而要想形成人才竞争的优势,岗位培养和专业技术培训是必不可少的,它具有相当强的灵活性和实用性,培训投入具有高回报率,短期培训能给企业带来长期效益。高校雄厚的师资力量能给企业培训提供有力的智力支持,同时,企业又能给高校一定的物质回报。因此,校企联合前景看好。

(3)拓展社区教育,推进教育进基层战略。社区作为开展社会性和文化性活动的重要舞台,已越来越受重视。开展形式多样的社区教育,是全面提高城市居民素质的客观要求。社区教育已向满足社区成员多元化终身教育需求方向转变,这也必将成为终身教育体系和学习化社会中开展各类继续教育活动的重要途径。因此,开拓社区教育市场是继续教育发展的一条重要渠道。

(三)构建资源优化配置机制,提高继续教育资源使用效率

资源优化配置在继续教育发展中具有十分重要的基础性作用,要围绕市场化机制的要求,进一步整合学校和社会各类办学资源,实现资源的优化配置。一是要优化组织结构,按照市场化机制的要求进行职能调整或重组重构;二是要改善和优化师资队伍结构,紧紧围绕继续教育核心业务来配置师资,实现师资来源渠道多元化;三是要整合其他各类办学资源,如基础设施设备、网络平台和各类教材等,以适应市场化机制的要求;四是要善于运用外部资源,善于借助"外脑",实现与社会优势资源的共享。

（四）面向市场，建立全新的继续教育运行机制

要实现继续教育的产业化就必须用经营产业的思维来改造、创新继续教育的运行机制，建立起一套全新的运行机制。继续教育产业化的核心就是要让继续教育走进市场，用经营产业的方式来经营继续教育事业。它要求继续教育以市场为导向，建立一个市场调节机制。这个调节机制要能够根据各种反馈信息，对市场需求变化做出灵敏的反应，并根据运行目标的要求，对自身经营活动做出及时的调节，以适应市场变化的需求。这就要求在继续教育内部建立一个以现代技术为基础的信息网络，以信息流为中心带动培训业务流程再造的革命，形成继续教育机构内部与外部相连接的网络结构，实现与受训者的零距离沟通，创新投入机制，扩大资金来源。继续教育潜在的市场规模，决定了其在规范运作下有可能实现相当可观的投资回报率，因此，它根本不会缺少资金来源，关键是继续教育及其培训机构自身要改变单一的投入机制，通过组建股份有限公司或者上市等市场手段来从资本市场获得投资，扩大资金来源，加快自身的发展壮大。

**四、良性市场化运作模式是产业化发展的"催化剂"**

继续教育市场化运作是由继续教育办学的本质特点所决定的。而继续教育通过建立以市场为导向的企业化运作模式（即市场化运作模式），是有效地推进其产业化发展的内在需求。

（一）优化办学体制

继续教育自身的特点，如教育对象的广泛多样、教育内容的无所不包、教育形式的灵活多样、教育层次的完整齐全等，决定了任何政府都无法包办继续教育事业，无法全面满足如此复杂多样和个性化的继续教育需求。继续教育办学主体的多元化是由继续教育本身特性所决定的，因此，继续教育管理体制必须从行政运作转变到市场运作，转变政府职能，由大包大揽、高度集中统一转变为宏观调控、综合协调、宏观指导，给予继续教育机构足够的办学自主权。这是继续教育市场化运作的前提。

（二）强化运作能力

继续教育市场是一个潜在的庞大市场，能否有效开发关键看继续教育机构自身的素质如何，其市场化运作能力如何。继续教育机构要提高其市场化运作的能力和水平，必须首先实现自身观念的转变。继续教育机构必须具有强烈的市场意识，树立明确的企业思维，提高市场反应力和成本效益意识，根据市场需求开发继续教育项目、设置专业课程。继续教育机构必须明确继续教育的服务特性，增强服务意识，建立完善的学生顾客服务体系，倾听学员心声，方便成人学

习，为成人学习者提供学习支持和评估服务；着力提高继续教育的质量，树立自己的品牌形象。

（三）推进项目化运作

创新继续教育办学模式，市场化运作是必不可少的手段。市场化趋势大发展的今天，走创新发展之路必须转换继续教育办学模式，积极探索新的途径，以便更好地适应市场的发展。继续教育的创新之路也是多层次、多方面的。

（1）推行项目运作制。项目运作制是以项目为单位进行市场化运作与管理的模式。项目运作制不仅推动了继续教育办学实体内部实施企业化，也是对人力资源实行优化管理的有益途径。以项目为载体组成的运作团队，具有便捷、责任明确、运作灵活等特点。项目负责人拥有一定程度的人、财、物管理支配权，对项目运作在一定范围内有决策自主、成本自负、分配自定的权利。这种运作机制能有效地激发员工的使命感、责任心和成就感。

（2）项目实施过程按市场化运作。市场化运作，包括从专业设置与课程标准、项目策划与营销、社会需求调研与学员招生、教学实施与质量监控等环节都应当以市场为导向，走市场化道路。

（3）丰富继续教育市场化运作途径。继续教育市场化推进的主要途径包括建立办学的专业化团队、形成办学的标准化流程、坚持办学产业化发展、实施办学规模化经营、打造办学品牌化营销等。

**参考文献：**

[1] 曹友林,李琳.关于继续教育产业化研究[J].继续教育,2005(8):21-24.

[2] 杜晓成,胡锐.大学继续教育市场化发展策略研究[J].继续教育,2012(6):3-6.

[3] 冯焕银.高等继续教育产业化及其运行机制探讨[J].新疆石油教育学院学报,2002(3):47-49.

[4] 胡锐.论高校继续教育战略转型与实施策略[J].继续教育,2012(2):3-7.

[5] 刘琳.现代成人教育市场问题实证研究[J].继续教育,2003(10):7-10.

[6] 马林.成人教育市场与成人教育发展[J].华南师范大学学报(社会科学版),2004(6):150-153.

[7] 滕玉梅.中国继续教育发展的产业化趋向[J].继续教育,2004(2):27-28.

[8] 徐国璋,袁小鹏.论成人教育的市场需求及运作机制[J].黄冈师范学院学报,2001(1):92-94.

[9] 周小锋.继续教育产业化的可行性及其制约因素探析[J].继续教育,2004(2):25-26.

# 论高校继续教育综合改革顶层设计与机制创新

武汉大学　胡　锐

**【作者简介】**

胡锐,男,武汉大学继续教育学院主任,硕士,讲师,高级职员,中国管理科学研究院,研究员,研究方向为经济学、法学、教育管理、继续教育等。

本文为2014年第十五届海峡两岸暨港澳高校继续教育论坛收录论文。

管理学上最重要的原则是:首先必须做正确的事,其次才是正确地做事。否则就会出现古语所说的"南辕北辙"的尴尬局面——设备越精良,努力越卓绝,则偏离目标越远。

继续教育是现代教育体系的重要组成部分,体现了终身教育的理念,是终身教育的重要支撑,是高校履行人才培养、科学研究、社会服务、文化传承与创新四大职能的重要途径。世界知名大学都有完整统一的继续教育办学体系和管理机构,都将学历教育与非学历教育、全日制教育与继续教育融为一体,并重发展。

高校继续教育顶层设计是一个系统工程,必须从整个系统出发,把握继续教育自身的特点及其发展所处的阶段及继续教育同其他事物的联系,顶层设计需要基本的框架与体系。

## 一、改革"顶层设计"的内涵与特征

### (一)内　涵

"顶层设计"原本是系统工程学的概念。从工程学角度来讲,顶层设计是一项工程"整体理念"的具体化。是指运用系统论方法,对工程项目涉及的各个层次和要素进行整体设计,它要求在对某一对象的发展进行规划设计时,综合采用系统论、整体论和结构论的方法体系,从最高端开始进行总体性设计、宏观性规划和战略性构思。这一概念被西方国家广泛应用于军事与社会管理领域,是政府统筹内外政策和制定国家发展战略的重要思维方法。

顶层设计就是指最高决策层对改革的战略目标、战略重点、优先顺序和主攻方向等进行整体设计,要求政府在改革与发展中从战略管理的高度统筹改革与发展全局,为未来中国社会的发展谋划新的发展蓝图。它要求立足于总体性和根本性的发展战略,对最高层的制度框架进行全面规划,具体表现为中央层面最关键、最根本和最重要的制度性变革。对整个国家的改革而言,顶层设计就是要求把改革真正提升到制度、体制和机制建设的层面,对改革方向、重点领域、突破口、重大举措等进行规范与规定。

高校继续教育"顶层设计"也应涵括当前和今后中国继续教育改革的总体规划、整体思路、基本方向、最终目标、重点领域和实现路径等。高校继续教育"顶层设计"的完整内涵应该是改革设计内容和改革设计主体的双重"设计",它要求从继续教育大局出发,全面推进继续教育领域的各相关制度性建设,重点解决影响全面发展的体制和机制性问题。

(二)特　征

(1)顶层决定性。顶层设计的核心、生长点、逻辑起点都在顶层,顶层定位或顶层确认从一开始就决定了整个设计体系,高端决定低端,顶层决定底层。顶层定位关键在于确定整个设计的核心理念以及由核心理念衍生的顶层目标。核心理念和顶层目标合规定、合逻辑地演绎出二级系统与二级目标,二级系统与二级目标拓展为三级系统与三级目标,如此层层下推,直至最基础的"实施"层面。子系统同样需要顶层设计,需要理念定位和目标定位。从全域设计的构成内容看,顶层设计一般包含架构主体设计、制度设计、文化设计和实作设计。不论哪类设计都必须与顶层规定紧密扣合,体现顶层理念,实现顶层目标。顶层定位一旦确立,整个设计便有了"魂"。

顶层定位不是凭空想象的结果,也不是思辨的产物,更不是长官意志的决断,它是或被历史或被实践或被文化所证明、所认同的公理,即顶层定位的假设是能够被证明的,其定义是公认的,其内涵的外化条件是现实的和可实现的。

(2)整体关联性。顶层设计十分强调大系统与子系统、子系统与子系统之间的关联、匹配与有机衔接。Top-down 一词的英文本义就有系统间的严密对接、有机组织与程序操控之意,强调系统的完整性和整体规划,将复杂的、零乱的东西系统化。顶层设计的方法论依据是系统论、控制论和协同论。

(3)顶层简明性。不论大系统还是子系统,它们的理念和目标都力求简单明确,整个设计构架和延伸路径都力求明晰清楚,即将复杂的问题简单化,将深奥的问题浅显化,特别是核心理念和顶层目标不能杂糅、混乱和含糊不清,语义不能产生歧义,目标指向不能散乱。理念不清、目标不明,这是传统设计的通病,顶层设计恰恰能克服这种毛病。

(4)体用一致性。顶层设计强调设计理念与设计路径、方法和实作的融合,不容许理念与工程作业的游离;子系统不求功能强大但求适用,即与核心理念和顶层目标相匹配、相扣合。顶层设计不是理论体系构建,而是理论与实践的整体建构,它特别强调工程设计的可行性,要求设计体系中各环节都可操作与可实践。顶层设计的上述特征同时也是其必须秉持的原则和坚持的要求,即顶层优先原则、系统建构原则、精炼简明原则、实作可行原则。

(三)"顶层设计"的提出背景

在改革初期,改革采取的是一条"从局部到全局、从微观到宏观、从农村到城市、从经济到政治"的"利益倒逼改革路径"。这种由易入难的渐进改革模式在破除旧体制阶段比较适宜,但是,在改革转型阶段仍然沿袭改革前期的改革策略,就造成了对改革的整体设计不足,致使改革进程中暴露出越来越多的问题,以至于有观点认为,改革的某些成就本身就是问题产生的根源所在。目前改革中存在的问题突出地表现为:在改革的发展逻辑上,以往的改革实践过于强调基层创新,而缺少在改革步骤、次序和时间表上做出具体的方向性安排,缺少明晰的改革蓝图和全局筹划;在改革的指导思想上,改革模式囿于"摸着石头过河"的低风险发展的思维惯性,局部性改革虽得以有效推进,但是这种模式的选择过于依靠短期内的政策试验结果,而忽视了政策试验只能提供小范围的备选方案和有限政策信息的局限性,致使改革的进程中不断出现新问题和新困难;在改革的实践中,改革的进程明显受到既得利益的掣肘和阻碍,这不仅表现在对改革议程设置的操纵上,也表现在对改革规划实施的变形上。改革的阻力因素逐渐逾越其动力来源,成为影响改革的决定性力量;在对改革的评价上,改革在当今社会中虽然已经取得了主导性的话语地位,但是社会舆论仍存有对改革的诸多不满和抱怨之辞。总之,改革中存在的诸多问题,导致了当前改革在重要领域鲜有实质性的进展,一些核心环节的改革始终未能实现突破,形成了改革久攻不下的僵局和相对停滞的"胶着期"。

同时,改革的内容涉及经济、政治、社会和文化等多个领域,其深度、广度、难度、复杂程度亦逐渐增加,因此,改革急需整体布局和统筹发展。

"顶层设计"理念提出后,其应用范围很快超出了工程设计领域,并在西方国家被广泛应用于信息科学、军事学、社会学、教育学等领域,成为在众多领域制定发展战略的一种重要思维方式。从其理论内涵的特点来看,主要体现在以下三个方面：一是整体主义战略。在根据任务需求确定核心或终极目标后，"顶层设计"的所有子系统、分任务单元都不折不扣地指向和围绕核心目标，当每一个环节的技术标准与工作任务都执行到位时，就会产生顶层设计所预期的整体效应。二是缜密的理性思维。"顶层设计"是自高端开始的"自上而下"的设计，但这种"上"并不是凭空建构，而是源于并高于实践，是对实践经验和感性认识的理性提升。它能够成功的关键就在于通过缜密的理性主义思维，在理想与实现、可能性与现实性之间绘制了一张精确的、可控的"蓝图"，并通过实践使之得到完美的实现。三是强调执行力。"顶层设计"的整体主义战略确定以及"蓝图"绘就以后，如果没有准确到位的执行，必然只是海市蜃楼。因此，"顶层设计"的执行过程中，实际上体现了精细化管理和全面质量管理战略，强调执行，注重细节，注重各环节之间的互动与衔接。

## 二、重构高校继续教育顶层设计框架

### （一）继续教育顶层设计的原则

顶层设计的特点是高层次、大方向、讲协调和谋长远。不谋全局者，不足谋一域；不谋万世者，不足谋一时。顶层设计担负着谋全局、谋万世的重大责任。顶层设计注重在改革中以系统化防止碎片化，以规范化防止失范化，以协调防止紊乱，以长远规划遏制短期行为。当前高校继续教育顶层设计，就是要制定总体方案、框架、政策、机制与制度及实现目标和时间表。

（1）一体化原则。即按继续教育业务分类、继续教育机构与队伍和继续教育管理一体化的原则，改革和完善继续教育的行政管理体制。我国当前继续教育行政管理一体化体制尚未形成，从中央到地方等的各级管理体制均属多头管理，要么大家管，要么大家都不管。为使其职责明确，继续教育的行政管理体制应首先由国家级抓起，强化科技业务、科技队伍和继续教育管理一体化的管理体制，并由上而下地健全和完善这种体制。

（2）法制化原则。依法治教，把继续教育纳入法制管理的轨道，使其在规范、有序、科学、高效的机制上运行，这是实现"科教兴国"伟大战略的重要保障，也是"依法治国"的一项重要内容。我国继续教育法制建设在经历了初始、建立和发展阶段后，其法制体系已初步形成，即从宪法、法律、行政法规、国务院部委行政规章到地方性法规、地方政府行政规章、基层单位规章制度等，初步形成体系。

对继续教育实现法制管理，是世界发达国家为加强继续教育管理的一种发展趋势。继续教育法制化，可以促使国家和企事业单位重视并强化继续教育，能更好地为政治、经济和社会发展服务。

我国实行继续教育的法制管理尤为重要。世界上一些继续教育开展得较好的国家的经验证明,实行继续教育的法制管理,利用法律的规范性、强制性和约束力,可以较好地发展继续教育。只有实行法制管理,继续教育才能走向经常化、正规化、制度化。继续教育立法,是培养继续教育管理竞争、监督约束机制。

(3)市场化原则。继续教育市场化是我国继续教育的基本发展趋势之一。面对继续教育大发展的新形势和竞争日趋激烈的继续教育市场,高校运用市场化策略改革和创新现有发展模式,是促进继续教育可持续发展的有效途径。高校继续教育市场化的目的在于合理配置有限的教育资源,提升继续教育工作的效率与效果,以求取得继续教育"社会效益"和"经济效益"的双赢。

在高校继续教育顶层设计时,要将高校继续教育管理者、教师和学习者作为与继续教育市场化关联的关键要素考虑。

(二)继续教育特点折射顶层设计框架

继续教育不同于小学、中学、大学教育。继续教育具有层次新、层次多和类别多的特点。继续教育的对象工种多而复杂,广而要求高,全社会所有的在岗人员都需要。办学体制甚为复杂,办学形式和内容应随新理论、新知识、新技术的需要而不断进行改革。建立灵活性、适应性强的新的办学体制是高校继续教育顶层设计必须面对的课题。因此,继续教育办学体制的改革,应朝着多元化、分层次、网络化方向发展。所谓办学体制多元化,多渠道办学,是指既有行政办学、有企事业单位办学,又有群众学术团体办学,各民主党派办学,还有正规高等教育办学等。

所谓多层次办学,有国家、省区市、基层单位三个层次办学;有高等、中等、初等三个不同层次。国家和省区市一级应当根据国家和地方经济、科技、社会的发展规划,主要开办高、中级的继续教育。而地方上的基层单位则按需开办各种初级程度的继续教育。只有这样,才能适应科技队伍和科技管理干部中各层次的学习要求。所谓网络化,即在全国或在一个地区、一个行业,把各种不同类型继续教育办成有机统一的继续教育,由管理部门统一管理。

根据上述特点,继续教育的办学形式和办学内容的改革,必须改变普遍存在的以沿袭传统的正规教育模式办继续教育的倾向,要探索针对性强、见效快的办学模式和教学内容。

传统的正规教育是继承性教育,是打基础的教育,以人才准备为主的教育。它以系统的、循序渐进的课堂讲授为主。这种教育与以因需而学、以提高知识和培养能力为主的继续教育大相径庭。有些继续教育之所以不受欢迎,得不到支持,基本原因是其抹杀了继续教育的教育特点。

（三）设置宏观、中观行政管理部门

宏观、中观继续教育行政管理机构，就是指国家级和省（区市）级的继续教育行政管理机构。这两级继续教育行政管理机构的设置，除必须依据上述一体化原则外，还必须考虑到继续教育是一项涉及面极广泛的全社会性工作，需要若干部门的协调一致。因此，宏观、中观继续教育行政管理机构的模式应为：教育部专门继续教育机构，省（区市）市县级单位设立相应的管理机构，并且政府有关科技、经委等相关部门明确与继续教育职能对口的协调机构。

这种管理机构，能够从宏观、中观上管理继续教育，使它同经济、科技、教育以及社会的发展需要紧密地结合起来，有利于实现继续教育的针对性，有利于继续教育管理同教育系统结合，有利于继续教育计划的实施。

（四）必须坚持高校继续教育产业化的发展思路

教育产业化的发展思路虽然在各个层面上还有颇多争议，但作为高等教育的一个分支——高等院校继续教育的产业化发展方向则应旗帜鲜明地坚持下去。

（1）作为高校继续教育的办学主体和上级教育主管部门要解放思想。长期以来，我们强调更多的是高校继续教育的公益性和社会性，对于其经营性与营利性的功能甚少提及，由此直接导致其在具体工作开展上桎梏重重。在高校继续教育的角色定位上，我们要先求生存、再图发展，单纯强调其某一方面的功能是脱离现实的。

（2）产业化运作，适应市场竞争。只有产业化的运作并用充分的市场竞争来应对公众对消费教育的检验，才能更好地优化资源，为社会提供质量高、价格优的教育产品。而优质的教育产品在为教育机构带来良好收益的同时，能够反哺教育者自身，从而使继续教育进入良性循环的发展轨道。

（3）产业化的发展思路。只有产业化的发展思路才能使各高校继续教育机构未雨绸缪，更好地应对中国加入WTO之后与境内外各大培训机构的竞争。

（五）创新高校继续教育运行机制

建立与经济基础相适应的高校继续教育运行机制对顶层设计具有重要的现实意义。

（1）必须拥有充分的办学自主权。这就要求各教育管理部门转变职能，敢于放权。就办学单位而言，在专业设置上要紧密结合市场经济的实际，对那些专业口径太窄，培养的人才适应面不广的专业应加以改造；在教学内容和教材选编上要重视新理论、新技术的传授，增加应用性和操作性强的教学内容；在教师选聘、解聘上要有绝对的自主权，既要充分利用本校现有的教育资源，同时又不能将目光局限于本校;在收入分配上,要拉开差距,用优厚的待遇留住一流的教师人才,进而建立起与市场经济体制相适应的充满活力的运行机制。

(2)归口管理,避免政出多门。继续教育和终身化教育的理念已日益成为现代社会的发展趋势,从国外大学的一些成功经验来看,研究型综合型的大学应该将继续教育与学术研究、本科和研究生教育并驾成为大学发展的三驾马车。要做到这一点,在人员、经费、教学管理上必须归口统一管理,尤其忌讳将高校继续教育分散至校内各二级学院或其他部门,一盘散沙式的局面是很难将之做大做强的。因此,明确界定高校成立履行管理职能的继续教育管理机构与专门继续教育学院负责继续教育实体办学工作是大的趋势。

(3)坚持两条腿走路的业务界定。高校继续教育坚持学历教育与非学历教育并重的发展思路是由我国国情决定的,但允许有关高校结合学校实际有重点地办学。学历教育是高校继续教育的天然优势,带有垄断性,但非学历继续教育是高校继续教育今后的发展方向,坚持两者并重、齐头并进才能确保健康发展。

(六)必须引入现代企业的经营理念

(1)灵活应对市场需求,提高服务质量。高校继续教育要想在今后激烈的市场竞争中发展壮大,核心是要提供优质的教育产品,前提是要拥有一支一流的教师队伍。要坚持能者上、庸者下,以质论酬的原则,打造出具有广泛社会知名度的明星教师团队;要建立以受训主体评价为主的、客观公正的教学评价体系,无论是教师队伍还是教学内容、教学方式,凡不符合市场所需的,必须及时调整。

(2)依托高校固有优势,树立品牌意识。国内一些综合性的大学本身就具有极高的社会知名度和美誉度,在树立高校继续教育品牌时我们不仅要利用高校本身的硬件设施,对这一无形资产也要善加利用。在品牌构建上切忌大而全、小而全,要充分利用高校自身有优势的相关专业,做精做专;要善用媒体的力量,广泛提高社会知名度。

(3)加强与企业和境内外知名培训机构之间的联系,尝试多种办学模式。为应对各大企业对员工的培训需求有所增加的现状,高校继续教育可以采用"走出去、请进来"的方式,达到校企双赢的合作目标。在办学模式上不拘一格,无论是面授还是网络远程教学,无论是校园内集中授课还是企业现场指导,只要对继续教育今后的发展有利都允许尝试。

### 三、构建继续教育发展良性循环机制

(一)继续教育投资体制和筹资体制的改革

适度放宽教育市场的准入限制,完善管理部门、办学主体、接受教育者之间

的沟通和利益协调机制,建立起合理的兼顾各方利益的教育市场退出机制,从而调动各方面积极因素,形成政府为主、多主体共同举办继续教育的新格局。探索国有民办、公办民助、股份制等多种办学模式,多渠道地筹措继续教育经费,利用市场机制最大限度地、最合理地对教育市场资源进行调配。

继续教育的目的是国家目的、集体目的和个人目的的统一,因而教育的受益方应分别为国家、地方和部门、企事业单位、个人等四个层次。所以,继续教育的投资体系应由国家、地方和部门、企事业单位和受教育者个人四方面构成。因此,继续教育机构的投资比例应由国家来制定或提供参考标准,要打破以往的投资主要由继续教育主办单位单方面实施的局面,保障继续教育的可持续发展。

(二)继续教育的办学主体

继续教育的办学主体应包括教育方面和受教育方面。适应于市场经济条件下的办学主体必须引入自我调节机制。这种主体不论是学院、继续教育中心还是学位点等,都必须具有办学自主权,并且能在经济发展和科技进步的进程中始终居于科技前沿的位置。继续教育的中心问题是新知识、新技术的教育和开发,因而这种办学主体必须是从科学研究展开的。办学主体要不断对科技发展作预测,对人才需求做出预测,分析人才市场信息,自主确定人才的培养方向、培养目标和培养方案,用多样性的教育来适应现代社会多方面的需要,培养创造型人才,以便不断地实现目标,使人才具有竞争性。这种办学主体应能积极主动调节自身结构,具有自我组织功能和不断适应外部环境的功能,能使办学主体与主办单位、与国家和协调部门、与全社会形成一个有机系统。因此,这样的办学主体能够培养出适应社会发展需要的各类型的专门人才。

(三)高校继续教育业务融合

(1)改革和创新学历继续教育体制。实行"高等学历教育＋职业资格教育"双证培养模式。在传统学历教育的意识形态下,高学历即高能力,片面强调专业基础理论的系统性和完整性,而忽视了教育的本质属性,即理论转换为应用的过程,忽视了职业素质和职业实践技能的培养。而职业资格教育更侧重以特定职业的工作标准、规范来客观衡量从业者所能达到的实际操作能力水平。所以在高等学历继续教育和职业资格教育相互独立的情况下,两者都不可能单独承担起培养具有一定专业理论知识、较高专业技能应用型人才的任务,只有将两种教育培养模式的优势综合,即学生在通过学历教育学习获得学历证书的同时,还拥有一种或多种"职业资格证书",才能提高学生实践操作能力和自身在就业市场中的竞争力。

(2)充分利用远程教育的培养模式。利用互联网实现远程学历教育和培训可以很好地克服传统继续教育模式中对学习空间和时间的限制。在这方面，作为全国高校继续教育事业的先行者——清华大学、北京大学、浙江大学继续教育学院都已利用其遍布在全国各省、自治区、直辖市的校外远程教学站推进"远程教育扶贫""远程学堂"等培训系列项目。所以，充分利用现代化远程教学模式实现高校继续教育的人才培养模式创新是探索未来新型教育模式的重要方向。

（3）大力推进在职研究生的培养。继续教育人才培养层次提升是今后高校继续教育新的生命线。随着高等本科学历教育的逐步普及，在高校继续教育学院的未来发展中，应该将在职研究生的培养纳入到教育体制转型后的培养体系中，充分利用和整合高校多学科综合性大学的师资和硬软件资源，推进国内重点大学的品牌专业合作，对本省在职人员实现在职研究生培养，实现社会效益和经济效益的双赢，同时也是继续教育事业创建终身学习型社会所应该担当的历史责任。

（4）对非学历教育培训是实现改革和转型的重心。一是与人才市场合作实现职业资格培养。改革开放的不断深入促进了行业的细分化程度，同时，越来越多的政策法规和行业内部规定逐步对各种行业职业资格进行了规范和要求，"持证上岗"制度将会是未来各行业发展的必然，这也为高校继续教育进行非学历教育培训提供了广阔的市场。紧跟国家政策和行业发展的趋势，积极和人才市场合作，实现"订单式"培养，为实现非学历教育的培养模式提供了新的思路。二是为企业实现"订单式"培养，打造特色化的培训品牌。科学技术和生产工艺的不断更新，企业新聘或者在岗职工的技能水平也要不断提升和更新，这就为企业和高校继续教育的合作提供了前提。订单式培养过程中，教育机构需要深入到企业、工厂的生产科研一线，和相关的技术人员合作，制订培训内容和方案，并且整个培训需要企业的全程参与和支持，实现特色化的培养模式。

（5）加强国际合作，促进合作办学。短期出国培训、出国留学，依托一流大学的品牌和资源、国际化的视野，与国外教育发达国家的高校进行各行业各领域的国际合作是国内继续教育事业走出国门、汲取国外优秀教育理念和经验的必然趋势。高校继续教育国际化办学模式主要通过在硕士层次上国内外合作培养的模式、针对企业家和行政事业单位人员的出国短期培训、出国留学课程培训等三种方式实施。目前我国知名高校继续教育学院在国际合作的成功经验为国内继续教育事业提供了新的发展思路。

高校继续教育发展面临着新背景、新阶段和新挑战。增强国家核心竞争力必须有现代教育体系作支撑，而现代教育体系是建立在终身教育理念上的教育体系，继续教育不可或缺。创新驱动的发展战略，工业化、信息化、城镇化、农业现代化"四化"同步发展战略，更需要大力发展继续教育。高校继续教育体制的改革和转型不可能一蹴而就,也不意味着对原有传统学历教育培养模式的全盘否定,只有在立足于国情、省情和自身客观条件的基础上,坚持实事求是、科学发展的理念,大胆创新,努力创建多元化、多层次、多形式的教育培养模式,才能保证高校继续教育稳定、健康地发展,为实现终身学习型社会的目标做出更多贡献。

**参考文献:**

[1] 贺廷富.依托高校学科优势 构建继续教育新体系[J].陕西师范大学继续教育学报,2003(S1):52-56.

[2] 马启鹏.体制创新:高校继续教育转型的制度保障[J].继续教育研究,2011(6):1-5.

[3] 马雅静.试论当前高校继续教育的定位与发展[J].中国继续教育,2008(1):13-14.

[4] 马忠欣,韩敏.论我国的继续教育管理体制[J].青岛远洋船员学院学报,1998(3):33-35.

[5] 孙龙存.中国继续教育的领军之师——清华大学继续教育学院转型的个案研究[J].河北大学继续教育学院学报,2009(4).

[6] 王建平.我国成教管理体制的改革走向[J].湖北继续教育学院学报,2003(3):14,48.

[7] 朱涛.成人教育管理体制改革论[J].陕西师范大学继续教育学报,2001(2):13-16.

# 浅谈发展职业继续教育与建设学习型社会

西安交通大学　田润湖

【作者简介】
　　田润湖,男,硕士,西安交通大学继续教育学院,讲师,研究方向为成人教育、继续教育、职业教育。
　　本文为 2014 年第十五届海峡两岸暨港澳高校继续教育论坛收录论文。

　　随着知识经济的进一步发展,知识的更新进一步加快,建设学习型社会已成为我国的当务之急,学习型社会是全民学习和终身学习的社会,职业继续教育是实现学习型社会的重要手段。本文就职业继续教育与学习型社会的关系进行简要的分析,对当前职业继续教育中一些问题的思考进行简要阐述。

## 一、发展职业继续教育是建设学习型社会的重要方面

　　进入 21 世纪,在经济快速发展、改革开放取得巨大成就的关键时刻,党的十六大、十七大、十八大报告连续指出,我们要"建设全民学习、终身学习的学习型社会","加快发展现代职业教育,推动高等教育内涵式发展,积极发展继续教育,完善终身教育体系,建设学习型社会",并把"创建学习型社会"作为全面建设小康社会的四大奋斗目标之一、作为人的全面发展的标志之一。

　　党的十七大报告还从党建方面提出建设学习型政党的目标,因此,建设学习型社会已经成为我国社会发展的必然趋势和进步的必然道路。

　　"学习型社会"最初是由美国教育学家赫钦斯提出的。他于 1968 年出版了名为《学习型社会》的著作,比较系统地论述了人类未来社会应该是所有成年男女以学习成长和人格构建为目的的社会。

　　赫钦斯还提出,学习型社会主要有以下四个特征:第一,终身教育。学习成为人们的生活方式,学校只是学习中的一种场所。人的一生无法区分成"教育阶

段"和"工作阶段",强调"终身教育"。第二,大教育观。认为正规教育、非正规教育、非正式教育三者应协调统一,地位平等,以大教育观开展全员教育。第三,全方位教育。社会根据个人需要,随时提供多渠道、多时空、多媒体的学习机会和方式。第四,重视应用教育。全社会在谋职过程中,将以学历证书为主转向以资格证书为主。

从这些描述可以看出,学习型社会的内涵特征与职业继续教育是完全吻合的。

职业继续教育以专业性、区域性、实用性、开放性、生产性、时代性、全民性和终身教育为基本特征,近十多年来在学习型社会建设中发挥着举足轻重的作用。从职业继续教育发展规模看,2013 年,全国共有职业院校 1.36 万所,年招生 1016.72 万人,在校生 2933.83 万人。其中,中职 1.23 万所,在校生 1960.19 万人,占高中阶段教育的 44.48%;高职 1321 所,在校生 973.64 万人,占高等教育的 39.45%。从投入看,2012 年全国公共财政投入中,用于职业教育的投入共计 2053 亿元,比 2006 年增加了 4.45 倍,年增长 28.3%。近年来,中央财政投入 500 亿元,实施了示范性职业院校建设计划等项目,支持建设了 100 所国家示范性高职院校、100 所国家骨干高职院校、1000 所国家中等职业教育改革发展示范校。从贡献看,"十一五"以来,职业院校累计输送 8000 万名毕业生。中职毕业生就业率一直保持在 95% 以上,高职毕业生半年后就业率高于 90%。每年约有 500 万名农村学生通过接受职业教育实现了到城镇就业。

根据以上分析,我们可以说发展职业继续教育是建设学习型社会最有效,最必须做好的工作,是建设学习型社会的重要方面。

## 二、发达国家的学习型社会与职业继续教育

发展职业继续教育,促进学习型社会建设是全球发展趋势,各发达国家和地区都十分重视,做法也各有特色。

### (一)美国

在美国,高速的经济发展和极少的人力闲置,归功于美国发展职业教育非常得力。美国的大学结构为宝塔型,上边是一部分学术空气浓、师资雄厚、设备先进的好大学,中间是一批普通大学,基础是一批职业型大学(社区学院、技术学院)。面对新技术浪潮,企业要提升竞争力,职工要满足提薪提职要求,两方面都需要职业教育,各州政府都有法律规定,青年从业之前必须经过职业教育,而职后教育(即成人在职继续教育)也是职工取得晋升的必备条件。美国职教招生对象是最大范围的适龄公民,招生内容与中学衔接,强调能力、兴趣、个性。招生方

式：口试、笔试、推荐并举，这种开放性招生已成为美国招生改革的趋势。美国社区学院录取所有居住地内持有中学毕业证书的学生，以及年龄在 18 岁以上的本地区的任何公民，有利于职业教育的普及。对从事职业教育的教师高标准、严管理、高待遇，任职资格必须是大学本科毕业生或硕士研究生，并经过实践环节的专业培训，管理考核严格，不能胜任教学工作的要解除聘约。

美国教育渗透着美国人的实用精神，全美大中学校都特别注重直接为社会服务，为当地经济建设服务。

(二)德国

在德国，教育的基本结构分为基础教育、高等教育、职业教育和继续教育四个基本层次。德国职业教育的发展，在全球处于领先地位。大学毕业生占同龄人的比例仅为 20％，而将近 80％的年轻人接受的则是职业教育。正是通过成功的职业教育，为"德国制造"提供了大量优秀的产业工人，也成为德国国家竞争力的重要源泉。"双元制"是德国职业教育的特色，企业为"一元"，学校为另"一元"。这是一种将传统的"学徒"培训方式与现代职教思想结合的企业与学校合作办学的职教模式。企业在"双元制"职业教育中处于主导地位，发挥主导作用。

"双元制"职业教育的基本特点包括：两个学习地点——企业和职业学校；两种身份——学生与学徒；两种考试——实践技能考试与专业知识考试；两种考核——中间考核和结业考核。通过考核的可以得到国家承认的岗位资格证书，成为合格技工。

近年来，在德国又出现了第三种培训形式，即跨企业培训。学生在接受企业培训和学校教育的同时，每年抽出一定时间，到跨企业培训中心接受集中培训，作为对企业培训的补充和强化。

(三)日本

日本因地少人多，资源贫乏，二战后，经济一落千丈，成为世界上最没落的国家，但是经过几十年的发展，日本一跃成为经济位列世界第二的发达国家。这样的一个岛国能够迅速崛起源于日本非常重视教育，其中重视职业继续教育发挥了极其重要的作用。

日本职业教育的特点是：政府主导，体系完整，产学研结合，教育形式与课程设置灵活多样。

日本是"教育立国"的典范国家。从明治维新起，就视教育为"立国之本"。政府高度重视发展职业教育是日本教育的一大特点。重视立法，关于教育和职业教育的法律呈网式结构，法令与政令结合，基本法与普通法结合成为体系。

重视建立职业教育体系，由学校教育、社会教育、企业教育等构成体系，三者联系紧密。①普通中学就含有职业教育,设有家政科和技术科;②设立职业高中,通常有农业、工业、商业、水产、家政、看护六大专业领域;③设立高等专门学校,初中毕业生就可入学,修业五年,成为面向制造业为中心的企业的技术人员;④还有短期大学,它是日本高校的重要方面,满足了日本国民接受高等教育的要求,并为日本经济建设与社会发展培养了大批中等技术人才。

"产学研合作"是日本职业教育鲜明的特点。日本的"产学研合作"在研究、教育、技术转移、咨询、创业等多个层面,加强企业、高校与研究机构的合作,在知识经济深入发展、技术转化周期缩短的新形势下,使职业教育和人才培养具有一定的方向性,极大地提高了生产效率,成为日本快速发展不可缺少的重要条件。

美国的"合作教育"、德国的"双元制教育"和日本的"产学研结合"已成为世界公认的发展职业继续教育、建设学习型社会的成功范例,值得我们借鉴。

### 三、当前是职业继续教育发展与学习型社会建设的关键时期

(一)政府主导,大力推进

2014 年全国职业教育工作会议于 6 月 23 至 24 日在京召开。国家主席习近平就加快职业教育发展作出重要指示。他强调,"职业教育是国民教育体系和人力资源开发的重要组成部分,是广大青年打开通往成功成才大门的重要途径,肩负着培养多样化人才、传承技术技能、促进就业创业的重要职责,必须高度重视、加快发展"。这次会议是改革开放以来国务院召开的第三次全国职业教育工作会议。会议召开前,国务院印发了《关于加快发展现代职业教育的决定》。

在改革开放深入进行,经济稳步发展,人们的文化需求越来越高,对教育、科技和学习型社会要求越来越迫切的关键时刻,以国家为主导,提出加快发展职业教育,具有重要意义。

(二)全球发展,势不可当

日本在 1988 年,对文部省组织进行调整,将原先排在第五位的"社会教育局"易名为"终身学习局",并升格为各局之首。1990 年 6 月,又制定了第一部有关终身学习的法律,同年 8 月,成立了终身学习审议会。

美国在 1991 年,提出了发展教育的四大战略,其中,第三项战略是"把美国变成人人学习之国",第四项战略则是"把社会变成大课堂"。

欧盟将 1996 年定为"欧洲学习年",并发表了《教与学:迈向学习化社会》的政策白皮书,提出了迈向学习化社会的具体途径。

新加坡 1998 年发表"学而思,思后再学——朝向学习型学校、学习型国家"的报告,并提出要建立"学习型新加坡",要求把政府建成"学习型政府",是亚洲

最早提出建设学习型国家的国家。

中国在 2001 年,提出了"构筑终身教育体系,创建学习型社会",2002 年党的十六大报告在阐述全面建设小康社会的宏伟目标时,提出要"形成全民学习、终身学习的学习型社会,促进人的全面发展",并在此后的实践中,以发展职业继续教育为主要途径进行了有效发展。

(三)发展必需,不可缺失

职业教育是教育,也是科技和生产力,决定着产业素质。国际经验表明,每一次产业变革,无不伴随着职业教育的发展与升级。2008 年国际金融危机之后,发达国家纷纷把发展职业教育作为重塑国家竞争力的济世良策。当前,我国正处在改革发展的关键时期,面临着转方式、调结构、惠民生的繁重任务与严峻挑战。没有高质量的职业教育,发展就会失去坚实的基础,

(四)时代要求,无可替代

适应信息化社会和科技发展,需要职业教育。网络信息化、全球一体化使人类由工业社会向信息社会迈进,社会发展急剧加速。人们必须自觉地参与终身学习,才能跟上时代要求。教育也必须从阶段性教育走向全民教育、终身教育。在这场教育变革中,职业继续教育承担着无可替代的职责。

(五)以人为本,全民需要

人的全面发展需要职业教育,技术技能、文化素质、教育程度、就业能力等都可以从职业继续教育中得到提高。必须转变社会观念,坚决破除用人上的各种歧视政策,取消身份、单位、部门、所有制、性别等限制,努力让每个人都有出彩的机会。弘扬劳动光荣、技能宝贵、创造伟大的时代风尚,营造人人皆可成才、人人尽展其才的良好环境,形成"崇尚一技之长、不唯学历凭能力"的社会氛围。

(六)基础雄厚,具备条件

此前已述及,自"十一五"以来我国的职业继续教育已经取得了举世瞩目的成绩和丰富宝贵的经验,无论规模、投入、贡献都是巨大的。尤其是创建了一批学校、一批基地,建设了一批项目、一批企业,培养了一批师资、一批人才,积累了经验,制定了法令制度,为进一步加快发展建立了雄厚的基础,提供了条件。

**四、几点建议与思考**

(一)进一步完善有关职业继续教育的法规

众所周知,任何事物的发展都要有一定的依据,当前我国出台了一些相关法律来支持职业继续教育的发展,可是在具体实施和操作过程中,实际状况仍然不

容乐观,主要是一些地方对职业继续教育在根本认识上缺乏认知,还是认为职业继续教育层次低,只有考不上大学的人才进行继续教育,毕业出来后,工作没出路。这样就歪曲了职业继续教育真正的含义。其实职业继续教育是对专业人员进行知识更新、补充、拓展和能力提高的一种高层次追加教育,是构建学习型社会不可或缺的一部分。职业继续教育的发展对我国学习型社会的构建和发展极其重要,需要在立法层面给予确认。因此,进一步加强相关职业继续教育的立法和有关条例的制定,还有许多工作要做。

(二)加强校企合作,进一步推进产学研一体化

学习发达国家经验(如日本),搞好产学研一体化,企业与高校合作,实行订单式培养,为企业培养高层次高素质的专门技能型人才,为学生开辟最大的就业渠道。不仅要培训技术与技能,更要培养责任感、敬业精神、合作品质和忠诚度。由于定位不同,职业继续教育与普通教育相比有着不可替代的作用,因此,职业继续教育学校要以企业和事业单位为重要阵地,围绕企事业单位的生产、科研、开发、技术进步等产学研一体化进程来开展继续教育,不仅要把学生培养成为具有高素质的技术高超、技能一流的人才,更主要的是要培养学生对企业热爱的精神,使学生对企事业单位具有很强的归属感和忠诚度。这样学校精心培养出来的学生一定会受到企事业单位的欢迎,学校和企事业单位就可以获得双赢。

(三)课程的设置和教学内容要紧密联系实际

职业继续教育类学校在课程设置和教学内容上一定要和实际紧密联系,学校要及时掌握企事业单位对技术创新、知识更新和人才储备的需求,然后根据社会需求,及时调整专业设置、课程安排、教学内容和培养计划,发挥职业继续教育学院机制灵活、背靠高校的优势,大胆改革创新,扎扎实实地让学生学到最先进的技术和技能,真正做到学以致用。

(四)加强职业继续教育院校师资力量和科研力量的建设

当前,职业技术教育院校的师资力量比较薄弱,师资队伍不稳定,加强师资建设是发展职业继续教育的当务之急。拓展教师来源渠道,提升教师的待遇和社会地位,改善教师的工作和生活条件,解决教师的后顾之忧,使教师安心从教;强化培训力度,提升教师素质,让教师到企事业单位社会实践中去学习,不断得到提高,都是发展职业继续教育应重视的问题。

此外,要重视加强职业继续教育院校科研力量的建设,这是加快发展现代职业继续教育和高等职业继续教育的必经之路。要充分利用高等院校的科研和人才优势,使教育和科研相结合,以教育促进科研,以科研带动教育,不断提高职业继续教育的办学水平。

（五）加强对学生实践环节的考核与考评

在培养学生时，要让学生多参加相关的实践，将实践得到的知识与理论知识相结合，使学生的技能和技术得到提高，知识得到更新。职业继续教育学院要将学生的实践环节作为毕业的考核与考评的依据之一。

当前，我国正在全面构建学习型社会，学习型社会是实现全民学习和终身学习的社会，职业继续教育就是对专业人员进行知识更新、补充、拓展和能力提高的一种高层次追加教育，这正好符合学习型社会的特征。发展职业继续教育是实现构建学习型社会的重要手段，进一步加快加强职业继续教育不仅对构建学习型社会还是实现中国梦都是极为重要的，希望职业继续教育事业的发展永葆青春活力。

**参考文献：**

[1] 程艳.国外职业继续教育的概况及启示[J].世界职业技术教育,2008(3):1-3.

[2] 国务院关于加快发展现代职业教育的决定(国发〔2014〕19号).

[3] 黄鸿鸿.日本继续教育概述[J].外国教育研究,1991(4):40-42.

[4] 教育部.国家中长期教育改革和发展规划纲要(2010—2020年)[Z].

[5] 孙琳.学习型社会构建与职业教育发展[J].职业技术教育,2003(34):5-8.

[6] 谈松华.迈向学习型社会的职业技术教育[J].职业技术教育,2004(1):4-7.

[7] 杨进.以终身学习理念为指导,加快发展现代职业教育[J].中国职业技术教育,2014(21):8-12.

[8] 杨敬雅,刘福军.国外现代职业教育发展分析对我国的启示[J].教育与职业,2014(18):21-23.

# 第三篇

# 区域特色比较

# 社会转变对香港持续及专业教育的影响

香港科技大学　张启祥

**【作者简介】**

张启祥,男,香港科技大学持续及专业教育办公室。

本文为 2003 年第四届海峡两岸暨港澳高校继续教育论坛收录论文。

中国香港特区政府于 2001 年进行了十年一次的人口普查。这次普查所得的数据显示,在 1991 年至 2001 年的十年间,香港人口从 5750000 增加到 6730000,即人口增加了 980000 人。同一时间,香港的经济状况亦经历重大转变。香港目前在人口增加、经济转型、失业率高企及政府面临收支财政赤字的情况下,投入教育及人力培训的资源亦需紧缩,以助政府减少财政赤字。上述因素也直接影响以持续教育为进修途径以提升学历或专业知识的市民。在这,我们试从人口转变及经济环境转变两大范畴探讨这些因素对未来香港持续教育方面可能引起的影响。

## 一、人口转变

### 1. 人口老化

数据显示,1991 年香港的人口年龄中位数为 31 岁,2001 年此数值上升到 36 岁。按此速度推算,政府统计处估计到 2016 年时,人口年龄中位数将剧增至 45～49 岁。这趋势若成事实,在社会人口不断增加,人口老化加速,但适龄入学与劳动及工作人口数目却没有按比例增加的情况下,学校人口将不会有大增长。此外,20 至 44 岁人口组别增幅将十分缓慢,而这个组别人士是香港持续教育单位的主要服务对象,故此可以推算持续教育的增幅将有放缓的现象。要保持社会经济动力在高水平,未来劳动人口退休年龄可能将提高,以保持有足够的劳动人口供应各行业。持续教育课程,需要为较年长的人士开办培训课程,以助他们保持高水平的技能及专业知识。

### 2.男女人口转变

人口普查数字显示女性占劳动人口的百分比正逐渐提高,从表1的香港特区政府人口普查报告资料可以明显看到此现象。男、女性人口的差别在未来三十年估计将逐步扩大。

**表 1　从 1991 年及 2001 年香港人口普查 20～39 岁男女人口组别数据比较**

| | | 1991 年 | 2001 年 | 两次普查差别 | |
|---|---|---|---|---|---|
| 20～39 岁人口组别 | 男 | 1054229 | 1040176 | −14053 | −1.3% |
| | 女 | 1045588 | 1222861 | 177273 | 16.9% |
| 女比男差别 | | (8641) | 182685 | | |

此外,女性接受高等教育的人数及比率也不断上升。从表 2 可以看到,自 1991 年起的十年间,女性进修持续专上教育的人数及比率大幅增加。从 2001 年数据可见,某些年龄组别的女性学员人数已超越男性学员人数。此外,比较整体香港人口中曾接受专上教育的男女性比例,两者间的差别正逐步拉近。

**表 2　从 15 岁及以上年龄组别及性别划分正接受持续专上教育的人口**

| 年龄组别 | | 1991 年 | 2001 年 | 差　别 |
|---|---|---|---|---|
| 15～24 | 男 | 7380 | 9184 | 24.4% |
| | 女 | 7598 | 10318 | 35.8% |
| | 总 | 14978 | 19502 | 30.2% |
| 25～34 | 男 | 10790 | 25985 | 140.8% |
| | 女 | 6912 | 31634 | 357.7% |
| | 总 | 17702 | 57618 | 225.5% |
| 35～44 | 男 | 2601 | 18498 | 611.2% |
| | 女 | 1030 | 16711 | 1522.4% |
| | 总 | 3631 | 35209 | 869.7% |
| 45～54 | 男 | 29 | 3959 | 13551.7% |
| | 女 | 13 | 3775 | 18938.5% |
| | 总 | 42 | 7734 | 18314.3% |
| 总数 | 男 | 20800 | 57626 | 177.0% |
| | 女 | 15553 | 62438 | 301.5% |
| | 总 | 36353 | 120064 | 230.3% |

资料:2001 年人口普查:主题性报告、女性及男性。

当女性及男性人口比率差距愈来愈大,同时女性人口接受高等教育的比例逐渐高于男性时,可预见将来的社会女性从事某些专业及行政工作的人数比例将远超目前比例。以法律行业为例,在香港修读法律的本科生,女性在过往数年占同科人数六成以上。女性修读商业管理及有关本科课程人数也比男性学员高。但在工程学科及一般技工程度的课程,男性学员还是占大多数。此种发展,对持续教育单位而言,可预计将来在某些学科如工商管理、信息科技、法律、医疗等行业,女性人数将逐渐增加,此外,亦因女性接受本科教育的人数显著增加,故将来女性修读研究生课程的人数将会比男性学员多。如持续教育单位能重点挑选一些传统男性为主的课程,如科技或工科等,推介给女性工作者,或可吸引多一些女性转投这类行业。

3. 整体人口的教育水平上升

曾接受专上教育的人数大幅增加,一方面是政府增加大学本科学术的成果,另一方面过去曾取得专上文凭的人士逐步提升学历至学位水平大幅增加,他们大多数是经过院校的持教单位进修学历提升课程而取得本科学位。参与者中提升学历的人数,相信会持续增长一段时间,原因是每年都有大量从非学历专上及副学士课程专业的人士,找寻完成本科学位课程的渠道。持续教育单位可为这些人士开办较具弹性的学位提升课程,以学分或单元制,让学员可一边工作,一边利用工余时间进修学分,待修毕所需学分,便可获得学位文凭。香港理工大学的持续进修课程已包括此类学分制学位课程。

**二、经济环境转变**

香港在 1991 年至 1998 年间,市民目睹经济起飞,百业兴盛,地产市场蓬勃,楼价及物价不断上升,工资亦按年大幅上调,1991 年香港失业率为 2.3%,可说是几乎全民就业。12 年后,香港经济衰退,2003 年 7 月失业率上升至 8.7%,有超过 30 万人失业。当然经济衰退的原因很多,其中重要的是地产热潮冷却,楼价大幅下调,引致社会出现大量负资产家庭,这种情况直接影响香港内部消费。此外制造业转移内地,亦引致大批工人失业,及大量工程大厦空置。

与此同时,内地持单程证人士亦不断抵港,为社会资源增加压力。1991 年至 2001 年这十年间,以单程证抵港人士约 55 万,当中具大专学历者约两成。此外,单程证人士中,女性占大多数。这批人士因学历偏低,语言沟通亦有困难,故加入工作人口行列的难度甚高。要为这类人士提供培训,除非是政府或非牟利机构举办这些课程,否则即使市场有大量培训课程,这类人士亦会因经济问题而不能负担学费。本地工人失业者,加上大批内地低学历人士抵港,加入劳工市场,面对这种情况,政府未有一套完善的人口规划政策。单程证人士既已来港,为他们提供各类培训,提升他们的学历水平,长远而言对社会有好处,故政府可考虑为此类人士提供特别资助,让他们能提升学历,有助就业。

在过去十年制造业衰退的同时,亦有一些行业保持稳定增长,这包括服务业、物流业及金融保险业。这些行业的人员培训,可从与这些行业有关的持续教育课程数量近年有所增长中反映出来。

另一对经济环境有直接影响的是 2003 年 SARS 疫情完结后,中央政府给予香港特区的一连串的经济优惠安排。这些优惠包括内地一些省(区市)同胞能以自由行形式来港旅游,另加上 2004 年 1 月份开始实施的更紧密经贸关系的安排(Closer Economic Partnership Arrangement)给予香港货品零关税优惠进口内地,又准许内地市民在港使用人民币信用卡,及放宽旅客可带出境的人民币金额等。这些安排都对复兴香港经济起了一些带头作用。目前,香港持续教育单位早已推出有关 CEPA 关税优惠的课程,相信这类课程的需求会持续一段时间。

### 三、未来人才培训的方向

2002 年香港统计处做了一项有关 2002—2007 年人力需求的调查,收集的资料显示目前香港的 246400 间大小机构中有派遣港人驻外地工作的人数约 53800 人,其中 96.3% 在内地工作。资料亦显示各类机构在未来四年会派遣更多人员驻内地工作。估计这些人员约 70% 为经理及行政人员,其余是专业人员。派遣香港员工驻内地工作的目的,除在内地参与当地机构工作外,另一主要目的是为机构的内地员工提供培训(约 38% 的回应)。

在跨境学习方面,工作人员派驻外地机会较过往增加,在固定地点面授课程有时间及地点限制,对未能在固点工作的人不太适合。现今电子学习已发展多年,科技亦已趋成熟,故未来学习模式中,利用网上学习的情况会日渐增加。

香港特区政府收集的 2002—2007 年人力需求调查资料亦显示,香港劳动人口的学历正在转变,在本地人力需求有增加的范畴包括金融保险业、物流业、商品服务业、贸易等,均趋向要求具更高学历的员工,故此具研究生水平学历、本科学位或专业文凭及副学士的人员比例将逐步增加,预科程度以下的人力需求将逐步下降。这种人力市场趋势,对持续教育单位策划未来课程,相信会有一定的影响。开办更多高学历课程以应市场之需,是大势所趋。当中课程涉及学分互通、学历如何规范等问题,值得大家研究。

根据以上的发展情况推算,香港的持续及专业教育单位,可发展双边人才培训,一方面培训香港人员应付各种转变(如 CEPA 及中国加入 WTO 后在未来数年内需要实行的各类条件),加强培训香港员工对内地法制、税制、企业经营条件、内地金融银行体制、各银行业入行须知等认识。另一方面，内地机构亦急需培训员工，了解国际商贸制度、企业管理模式、运营模式、人力资源管理、市场推广、会计系统、保障知识产业的安排、如何将信息科技应用于工作间以提高效率等。在港的持续教育单位既可为内地机构提供专业培训，亦可和内地持续教育单位合作，邀请内地专家为香港提供有关内地各种营商制度的课程。这些合作，目前已有不少，相信未来相似的活动会更多、更紧密。这些人力培训的活动亦可延伸至学历。这类合作，能为持续教育机构带来有形及无形的利益。

**参考资料：**

[1] 香港特区政府统计处出版：

2001 年人口普查主题性报告——内地来港定居未足七年人士(2002).

2001 年人口普查主题性报告——青年(2002).

2001 年人口普查主题性报告——第一册(2002).

2001 年人口普查主题性报告——女性及男性(2002).

[2] 香港的女性及男性主要统计数字.香港特区政府统计处(2003).

[3] 2002 年人力培训及工作技能需求机构单位统计调查结果摘要.香港特区政府劳工处(2003).

[4] 2007 年人力资源推算报告.香港特区政府(2003).

[5] 人口政策专责小组报告书.香港特区政府(2003).

[6] 内地与香港关于建立更紧密经贸关系的安排.香港特区政府工业贸易处简介 CEPA 文件(2003).

# 高等职业教育师资培训的国际比较研究

南开大学　荆洪刚

【作者简介】

　　荆洪刚,男,南开大学成人教育学院、现代远程教育学院院长(退休),正处级调研员,研究方向为远程教育、继续教育发展战略及发展方向等。

　　本文为2003年第四届海峡两岸暨港澳高校继续教育论坛收录论文。

　　高等职业教育(以下简称高职)是继续教育的一种形式,也是经济、社会与科技发展到一定阶段,为适应高等技术型人才的特殊需求而逐渐发展起来的新型教育模式。这种教育模式尽管在不同国家存在从教学理念到培养方式的种种差异,但其职业性和科学性相结合的理念以及由此衍生的种种教学模式无疑是这种教育模式的共同点,也是其在发达程度不同的国家落地生根且迅速国际化的根本原因。我国的高职教育近年来的发展非同寻常,如此快的速度、如此大的规模在国际上是罕见的。这一方面是因为现阶段我国经济、社会及科技发展的大量需求,另一方面也源于我国政府审时度势强有力的倡导。不可忽视的是,观念的转变、师资的培养、实训基地的建设如何与国际接轨是我国高职院校在国际化进程中的主要困难。要实现高职教育的学生来源国际化、学生就业国际化、师资队伍国际化,使学生在越来越不确定的国际劳动力市场中,获得强有力的、足以满足其竞争需要的知识和证明,仍有相当长的路要走,需要我们在关注国外高职高专教育最新发展理论动态的同时,踏踏实实一步一步构筑属于我国的高职教育的国际化路程。下面谨就国外高职的师资构成及来源、高职师资的培训等问题在已有文献的基础上做一些简要的综合与分析,以期对我国高职高专师资队伍的建设与培训提供必要的借鉴,为我国高职院校的发展积累可供比较的素材。

### 一、国外高职师资队伍的结构与师资培训

(一)澳大利亚 TAFE(Technical and Further Education)的师资结构与师资培训

澳大利亚的高等教育除 38 所以学科研究性为主的普通大学外,还有 TAFE(技术与继续教育学院)250 所,新南威尔士州拥有 TAFE 11 所,设有 120 个校区,在校生达 42 万人,是澳大利亚最大的 TAFE 基地。不少普通大学也开设职业教育部开办 TAFE。据统计,50% 的高中学生接受了职业教育。在高等教育的在校学生中,30% 为普通大学生,70% 接受 TAFE 教育。我国有不少高职院校与澳大利亚的 TAFE 建立了合作关系,其培养模式在我国高职教育中影响颇大。

澳大利亚的 TAFE 聘用全职教师遵循的原则为:具有大学本科以上学历,从事本专业实际工作 5 年以上,须学过教育学、教育心理学等课程。对专职教师的培训方式主要是经常性地请行业高水平专家来校讲座,每位教师至少保证每年安排两周到行业工作,保持与行业的紧密联系并被吸收为行业协会会员,通过参加行业协会的活动,不断获取行业发展的新知识。

澳大利亚的 TAFE 大量聘请具有丰富实践经验的行业一线兼职教师,兼职教师人数普遍超过了全职教师的人数,如悉尼理工学院 4000 多名教职工中专兼职的比例约为 1:2,兼职教师必须补学教育学、教育心理学等课程。他们通常白天在工作岗位,晚上到校授课。行业人员以到学校兼职为荣,有的兼职教师一周仅任课 2~3 小时,但校方与教师均乐此不疲。

(二)德国"双元制"职业教育的师资结构与师资培训

德国的"双元制"职业教育曾被誉为德国经济起飞和持续繁荣的"秘密武器",虽然在全球化浪潮的冲击下不得不面临变革的考验,但研究其师资队伍构成的特点是非常有借鉴意义的。

德国职教教师分为职业学校教师和企业实训教师两个类别。职业学校的教师主要从事理论课的教学,约占教师总数的 70%;实训教师主要负责企业培训计划的组织实施,约占教师总数的 70%。

德国教师的培训大致可分为三个阶段,其培养过程在国际职业教育中独具特色,这种特色也是"双元制"职业教育得以高质量持续发展的基础。

第一阶段,相当于完全中学毕业学历的学生在接受职业培训或至少一年的企业工作经验后,进入综合性大学或技术性大学学习 5 年,在学期间需主修一个职教专业和辅修一个普教专业,这时要通过相当于硕士学位的第一次国家考试。

第二阶段，获得大学毕业资格后，进入教育学院学习至少 18 个月，其教育学院的理论课学习，一般采取研讨及角色扮演等方法进行，主要是用理论解决实践中的问题。同时进行学校实践教育，其实践亦按照职教主修专业和普教辅修专业两部分进行。这个阶段要在职业学校实习，开展包括听课、试讲等内容的实践活动。通过第二次国家考试后取得教师资格并成为国家高级公务员。

第三阶段，实际上是继续教育阶段。在德国，教师培训进修机构很多，形式各异，有职业教师进修机构，有职业教育学院，有大学的教育系。许多企业为推广其新技术、新产品也经常由其专家为教师举办短期培训。德国规定每年有 5 个工作日教师可带薪脱产进修，为了更新知识，每年都有半数以上教师主动参加各种类型的培训。常学常新的师资队伍使德国的职业教育充满活力。

实训教师是职业教育师资的重要构成，其业务要求为年满 24 岁，接受过拟从事专业的"双元制"培训且通过考试取得结业证，具有职业教育学的知识且有本专业的实践经历。其品格要求为对儿童和青少年无伤害行为且无违犯职业教育法的较严重的行为。实训教师也须经常地接受有实践经验的专业技术人员的培训，以适应企业新技术的更新。

(三)美国、加拿大社区学院的师资结构与师资培训

美国、加拿大从 20 世纪 50 年代和 60 年代起先后举办社区学院，经过半个世纪的发展，均已达到相当规模。美国高校在校生总人数中近一半为社区学院的学生。尽管两国在学院的管理模式、办学形式、经费来源等方面略有不同，但就其教学模式及课程开发方面来说基本相同。两国的社区学院较普遍地实行CBE(Competency-Based Education)教学模式，这种模式实际上是以职业综合能力为基础、以胜任岗位要求为出发点的教学体系。课程开发为 DACUM(Develop a Curriculum)，主要从市场、资源、师资、成本、职业、能力、就业等方面逐项严密分析，经过严格论证后，把教学过程作为一个系统实施，不但注重投入、产出，更注重反馈调整。因此两国对社区学院的师资要求更高。

社区学院的师资分专职、兼职两种，专职教师必须具有硕士、博士学位，聘用程序与大学相同。有的州成立职业教育委员会或类似机构，有的州职业教育归高教委员会，这样的委员会其职责之一即为聘任教师。聘任教师实行资格证书制，由州教育主管部门颁发任教许可证。教师每两年半还要参加一次教师资格考核并取得合格证。在美、加两国的社区学院，一般实践课达到全部学时的40%～60%。由于实践课比重很大，社区学院通过聘用兼职教师来保证师资队伍中实践课教师的比例。实践课聘任的兼职教师通常远远超过 50%，兼职教师一般聘请技术高超、经验丰富的工程技术人员和管理人员担任，还有许多兼职教

师是来自普通高校(研究型综合大学)的专业课教师。兼职教师的聘任重视直接工作经验(一般要求两年以上),还要求学过教育学课程。因为兼职教师来自实践经验丰富的工作人员,教授自己从事的岗位技能,如果没有学过教育学课程,很难胜任教学工作。因此,必须在大学的师资培训专业,修完规定的教育心理学、教学方法等6门课程,否则,视为不合格,不予聘任。

大量聘用的兼职教师是美、加社区学院办学的支柱。一方面这些经验丰富的专业人才能融鲜活经验与理论于一体,如会计师教财会、软件工程师教程序设计、律师教法律等,使学生获取新鲜的应用课程知识;另一方面,学校依靠兼职教师获取大量的社区行业发展与行业需求信息,通过反馈系统调整课业设置,增强社区学院服务的前瞻性和有效性,使学即所需和需则有学,学生学习的职业特色更加明显。兼职教师通过第二职业不但增加了收入,而且将自己丰富的实践经验系统化、理论化,从而增加了自己的社会竞争力。美、加社区学院的兼职教师一般均具有相当高的水准。

美、加社区学院的师资培训因有资格证书制的制约,为了获得资格证书,自主地利用假日、周末或全脱产到大学职教师资培训专业或相关专业协会接受培训已经成为市场行为,无须政府倡导。

(四)日本高职教育的师资结构与师资培训

首先分析一下日本高职教育的特点。日本是一个资源短缺的国家,开发人力资源,尽一切努力,把国民培养成具有相当职业能力的人才是其战略发展的首选,也是日本经济复苏的主要动力。日本的高等职业教育有四种类型:

(1)专科学校(简称高专)。诞生于20世纪60年代,主要招收初中毕业生,五年一贯制,注重操作和实习,其教学方式是把基础教育与专业和职业教育混合交叉进行,政府支持力度很大,培养中级技术人才,传授较深的专门科技知识与技艺,重点培养学生的职业能力,学生毕业后可获得行业证书。

(2)短期大学(简称短大)。主要招收高中毕业生,学制2—3年,主要传授和研究高深的专门技艺,培养职业和生活能力。日本的短大学生在日本就业市场占有较为重要的地位。

(3)专修学校。以高中毕业生为主体,主要进行实用性的技术教育,培养学生的职业和生活中必需的能力,以提高教养水平为目标,修业一年以上。专业设置标准宽松,主要依赖市场机制运作,这和美国社区学院以公立为主有较大差异。日本的专修学校有2800多所,但因教育内容和教育方法的实用性、多样性又缺乏统一的标准而变得水平参差。

(4)其他职业技术培训机构。除高专、短大和专修学校外,日本还有大量的公共职业培训机构，大型企业内也设立培训机构，对高中毕业生进行职业技术课程培训。

在日本，职业技术教育的师资有着较为优越的社会地位与较为丰厚的待遇，故专职教师队伍较为稳定。专职教师一般要求有研究生学历且具有行业工作经历。兼职教师大部分来自企业或行业一线，他们不仅具有相当水平的专业知识，还有相当丰富的管理经验或高超的技艺水平。因日本职业教育注重能力和技艺培养，故对实践课程教师要求较为严格，有的学位并不高，但具有企业生产、经营、管理、技术改造的最新经验或较高水准的专门技艺。日本职业教育的教师比一般行业同水平工作人员薪酬高出 15％，而且工资原则上一年调升一级。一般学校对高学位、高教学质量的教师采取持续延聘的保护政策，故高水平教师队伍较为稳定，不像美国教师的流动性很大。学位不高但有优良潜质和很有发展前途的教师，学校则鼓励他们到大学在职进修和停薪留职进修培训，提高学位层次。因为日本的大型企业培训机构有高水平的培训，所以也有不少教师来自大型企业或公共职业训练机构。日本以优厚的待遇吸引、稳定了高素质的师资，从而也产生了日本高水平、高效益的职业技术教育。但不可否认，不同高校在办学层次、办学条件上的差距甚大。学术型大学是高考学生的首选，落榜才考虑报考高等职业教育。这一方面是因为日本社会中长期形成的学历主义影响，另一方面，社会上私立学校过多，并且一些私立学校盈利观念过重，办学投入较少，办学质量较差，影响了社会对职业教育的总体评价。

（五）韩国高职教育的师资结构与师资培训

近半个世纪来，韩国的经济发展世人瞩目，被誉为"汉江奇迹"。西方人士评价韩国经济起飞的经验是"廉价劳动力＋高水平职业教育"。这种评价是否确当，我们不予讨论，但是这种评价中凸现的"高水平职业教育"的大致结构可做如下概括。韩国从小学四年级到初三的学生都要自选一门技术，通过一级至三级考试，获得证章，可免交或少交学费，并享受升学优待。扩大职业高中的招生人数，打通职业高中的升学渠道，建立多种技术大学、初级学院、多科技术学院、新大学等，使职业教育的层次由专门大学、产业大学和研究生院构成，不仅有专科、本科，还有研究生层次。除此之外，实施国家技术资格制度，推行强制性培训和考试制度。目前，韩国正积极推进"职业教育终身化"，即职高学生可有两种方式报考技术大学：毕业后直接报考或先在企业工作一段时间再报考。二年级专科毕业生可以先到企业工作一段时间再到技术大学深造，不管全部脱产或边工作边学习，随时随地可以接受职业教育，只要积累到一定的学分标准，就可取得相应的学位。

在师资结构上,韩国前期由于注重职业岗位的技术和技能等专门能力的培养,因此选聘的教师主要来自行业有实践经验的,且有一定学位水准的技术或管理人才。因为新的职业和岗位群的大量涌现,韩国选派大量教师到国外进修、培训,以适应职业技术国际化的需求。近年来,韩国的职业教育又开始重视基础能力的培养,培养适应新技术飞速变化的柔性能力,即重视自己文化基础的构建,从而达到在具备一定的基础能力的条件下驾驭基于西方文化基础的技术,走向工业化、信息化。基于上述转变,一些学术型、研究型的师资已开始被聘入职教队伍,使职教的队伍出现了一些结构性变化。同西方和日本相似,教师也有专兼之分。教师除有学位水平要求外,还要通过韩国技术资格鉴定。由产业人力管理公团鉴定局制定的鉴定计划是年度定期鉴定制度。教师利用业余时间接受某专业培训并通过相应技术资格鉴定是经常性的事情。韩国有选择地派出教师接受国外培训的力度是不可多见的。

**二、高职师资结构与师资培训的国际比较**

我国高职师资结构现状前面已有专文阐述,本文不再详细讨论。

(一)中外高职高专师资结构的差异及成因

(1)学位水平比较。国外高职专职教师除了技术能力水平和教育学、教育心理学等课程的要求外,一般要求具有研究生以上学历(如德国技术工程学院要求教授具有博士学位,有五年以上实际工作经历且卓有成效),我国高职高专专职教师中研究生以上学历的比例普遍不超过15%。造成学位水平上的差异的显著因素很多,主要是因为:与发达国家相比我国高等教育资源相对贫乏,研究生培养数量相对较少;我国高职教育开展与发达国家相比相对滞后;我国高职学院大多由行业职业大学与中等专科学校、技校等合并而成,高学位师资储备很少;人们的社会观念普遍认可普通本科教育,对高职认知程度较低,研究生择业取向不注重高职;高职教师待遇较普通高校和成功企业偏低,难以吸引高学位师资;高职科研力量及实验条件较差,我国职称晋升有重科研轻教学倾向,高学位师资在高职难以获得高水平科研成果,使得晋升时间推迟,晋升级别降低;高职在创建初期,教师生活条件难以与普通高校相比。

(2)专兼职教师队伍比较。由于各国职业教育制度不同,各国高职院校公立和私立的比例悬殊较大,专兼职队伍的比例也存在较大的差异,但较为普遍的规律是兼职教师比例较大,最低也是1∶1的水平。我国高职院校基本上是公立,其财政列入地方政府财政预算,教师队伍基本上是专职教师,兼职教师比例较低,根据张铁岩、吴兴伟的不完全统计,兼职教师比例低于20%。缺乏来自行业一线有最新专门技术和管理经验的兼职教师,会大大降低职业教育的活力,弱化学生岗位技术和技能的培训,从而整体上影响应用技术人才的培养质量。兼职教师比例较低的主要原因为:我国高职院校虽然实施了人事管理制度改革,但由计划经济体制到市场经济体制改革的过程较为缓慢,教师因需设岗,依赖需求合理流动的渠道不通畅,不符合需求的教师仍滞留在校园,专职教师数量不能大大缩减;我国高职院校学生基本上是全日制脱产学习的模式,兼职的专业技术人员很难在工作时间抽身到学校任课;校企联合中,企业方为企业发展提出人才技术与能力需求标准的较多,主动提供最新设备和技术、选派优秀技术人员参与高职院校培训的少;兼职教师的待遇较低,其薪酬不足以吸引高水平技术和管理工作者;我国接受教育学、教育心理学等培训的机构较少,使得既懂教育学又有丰富实践经验的兼职教师人才奇缺;教育观念上仍沉溺于三段式教学或简单的模块化教学,缺乏开放式办学的思想准备,对短期的、专门的技术技艺人才缺乏足够的重视,而这种专门人才往往是最受欢迎的。

(3)"双师型"师资队伍比较。不管是以加拿大、美国为代表的 CBE 模式,还是以英国、澳大利亚为代表的 CBEO 人才培训模式,或者是德国的"双元制"培养模式,其共同的目标是追求学生的岗位技术、职业能力适应现代化社会的市场需求。这种目标实现的基础是被称为"双师型"的师资队伍。国外职业资格证书制度尽管实施方式不同,但普遍制度严格,培训机构健全,政府重视,作为谋职的门槛,从业人员普遍积极参与。国外高职院校对教师的聘任要求达到"双师"的条件并不是一件困难的事情,因此"双师型"师资的比例一般均超过 50%。我国高职院校普遍重视"双师型"师资队伍的建设,但至今其所占比例较低,根据天津市高职院校的统计平均在 20% 左右。究其原因,主要有以下几点:我国高职教育起步较晚,短时间内从行业实际工作岗位调入高职院校的高水平教师难以有较大提升;我国职业证书制度的行业系列不全且有的行业职业证书的考核中对职业能力的考核设计不规范,缺乏行业的权威性;已在高职任职的教师因教学的压力很大,学校暂时不能提供足够的时间供其进修或接受培训;我国企业或高校没有足够的培训基地供专职教师利用业余时间选择培训项目;教师聘任中对未达"双师型"师资的达标期限缺乏硬性指标;观念转变还有一定差距,教师对"双师型"的认识缺乏紧迫感。

(4)产学研结合的专业带头人群体比较。根据北京联合大学张妙弟校长的高职发展"四段论",即第一阶段以规模求发展,第二阶段以质量求发展,第三阶段以品牌求发展,第四阶段以文化求发展,目前我国的高职发展的第一阶段即将接近尾声,第二阶段正在谋划或进行之中。显然,第二阶段是充满艰辛的阶段,也是立校的根本,否则第三阶段的"品牌"无从谈起。质量和品牌是每所高校乃至各行各业的共同追求。由于政府的倡导和支持及学校的积极进取,加之我国中等学校毕业生量大且高等教育资源相对短缺,只要假以时日,规模不大会成为问题。但如果质量与品牌不保,核心竞争力降低,规模自然萎缩,学校也就在竞争中失去赖以生存的基础。在质量和品牌的竞争中,高水平的产学研结合的专业带头人群体无疑是最具决定性的。同国外高水平的高职院校相比,这一点恰恰是我国高职院校的弱势所在。虽然我国一些高职院校个别专业有一定的产、学、研结合的群体,但队伍不大,研发能力不强,产品或服务覆盖面不大。国外高职院校,像澳大利亚的 TAFE,企业有足够的能力驱动 TAFE 的发展,企业向学校捐赠最新设备,直接委派工程师到学校培训并进行技术和软件开发,有的甚至向学员发工资。通过培训开发项目、培养人才,企业受惠,学校受益。在产、学、研的结合中,使学生把理论知识和技能进一步融合,知识的更新与现代工业技术和行业的最新发展同步,所见即所学,所学即所用,所研即所需,所需即所产。我们有理由相信,当产、学、研师资队伍达到一定规模时,我国的高职院校才真正步入良性发展的轨道,企业从自身利益出发,主动地参与高职院校建设的局面才能到来。当然,政府的大力倡导是不可或缺的。

(二)关于高职师资培训方式的比较

各国虽然都有教师资格认证条件的详细规定及任职资格的考核,但对高职教师任职后的培训也有各不相同的做法。

澳大利亚的 TAFE 学院的教师除全部从有 3~5 年实践经验的专业技术人员中招聘外(澳大利亚的 TAFE 学院不直接从大学毕业生中招聘教师),新招聘的教师在进行教学工作的同时,还必须利用部分时间到大学的教育学院进行 1~2 年的学习,学习内容集中在教育学及教育心理学等,同时成为有关专业协会成员,经常参加专业协会组织的各种活动,不断接受新的专业技术知识、专业技能和专业信息。在教育学院的学习由 TAFE 学院提供资助。

美国社区学院教师除学历要求在研究生水平外,教师必须到教育学院接受教育学及教育心理学等课程的培训,还要求教师到企业接受实践环节培训,每两年半还须参加一次教师资格考核,若不能获得任教合格证书,则不能在社区学院任课。在美国,任何学校只许聘用持有效证书的教师,否则便是违法,州政府在颁发教师证书上把关甚严。在社区学院任职的教师利用业余时间到大学教育学院和培训机构参加各种长短不一的培训已成为一种职业习惯。

德国职教师资培训是持续进行的,教师每年有 5 个工作日可以带薪脱产进修。教师可以个人申请参加分散的自主式学习,也可以参加学校派出的培训活动。教师的培训机构与企业关系紧密,许多企业为推广新技术新产品而举办教师培训,大学的教育学院也参与高职教师的培训工作,有的州则由职业教育学院承担高职教师培训工作。总之,德国高职师资的培训工作是经常性的并且是高职院校集中组织和个人自主选择进修各半。

类似于我国的高职高专院校,日本和韩国的高职高专院校种类较多,但由于实施国家技术资格制度,教师通过培训获得技术资格证书已成为常态。日本的短期大学和专修学院还特别注意聘请一些虽学历不高,但有特殊技艺的人才进入兼职教师队伍,这一特点在各国高职教育中尤为显著,这也显示出日本职业教育因有较大的社会需求而重视特殊技艺人才的培养。我国教育部一直重视高职高专师资队伍的培训工作,继中职培训基地后,又相继建立多处高职高专师资培训基地,这些举措将对我国高职高专师资队伍建设产生根本的影响。但目前尚缺乏企业的广泛响应,各培训基地在培训项目上尚缺乏经过专业协会严格论证而制定的专业的合格标准。

### 三、我国高职高专师资存在的主要问题与对策

这个问题多有论及,但以 2002 年 5 月 15 日教育部办公厅《关于加强高等职业(高专)院校师资队伍建设的意见》最为全面、最为权威。文件中强调了高职师资中尚存问题的三个方面:1)师资队伍结构不尽合理;2)师资队伍实践能力偏弱;3)师资培养渠道相对贫乏,并提出在未来五年内"建设一支师德高尚、教育观念新、改革意识高、具有较高教学水平和较强实践能力、专兼结合的教师队伍"的目标。我们认为,在师资结构上,到 2005 年达到硕士毕业生在教师中占 35% 的比例是有很大可能的。因为各院校都有明确计划,选送优秀青年教师进行研究生重点培养;各高职院校已加大了从相关院校引进硕士生的力度。数字的实现也许不是最为关键的,困难的是引进的硕士生、博士生的知识结构是否符合高职院校发展的需要,其实践能力是否能在较短时间内获得较快发展。如果仅是坐而论道的儒雅之士,引进得越多,就与高职发展目标背离越远。至于专兼结合、双师型队伍等问题,教育部办公厅文件上已有明确要求,本文不再赘述。下面仅就师资队伍建设中较为特殊的问题提出简单的研讨意见。

(一)围绕特色专业构建局部师资强势群体

特色与品牌紧密相连,没有特色专业,很难创立高职院校品牌。目前我国高职院校多为三校统筹而成,无论是历史渊源,还是现实的管理体系,高职院校与企业或行业紧密相连。各校的强势专业往往带有企业或行业特征,行业或企业的不景气往往带动生源的匮乏,生源的不足又使特色专业的建设投入减缓。一窝蜂似的大上热门专业的后果,是使得毕业生大量失业,恶性循环导致人才市场

失衡。人才市场的需求往往也是双刃剑,某专业短时期的需求旺盛,刺激了人才培养规模,规模过大,又造成人才的积压。社会对人才的需求是多元化的,冷静地、科学地预测各专业人才的中长期需求,加大特色专业招生宣传力度,稳健地推进特色专业师资队伍建设,在专业稍冷时争取企业或行业的支持,储备特色人才,形成局部师资群体优势,以产、学、研的强大特色,树立起品牌,学校的持续发展就会获得不竭的动力源。同时,特色专业的发展又会推动企业和行业的发展,企业在获得发展的情况下,又会给学校特色专业的发展以强有力的支持,企业与高职院校相得益彰,院校的品牌优势更为显著。

(二)优质师资的共享

利用互联网及现代教育技术,优质师资的共享已不是太大的困难,难点在教育观念。在政府的宏观指导下,建立区域性的优质师资协会,在对等或利益公平的原则下,开展校、校之间的师资协作,利用宽带网共享优质师资。共享优质师资和共谋发展应是在当前条件下优化高职师资,促进优质师资成长的重要举措。名师名效应带来的不仅仅是课程的优化,其优势互补的结果,是各院校教学水平的大面积提升。

(三)校企联合培训师资

如前文所述,我国高职大都有企业和行业背景。由学校和企业统筹规划,阶段性地选择对口专业的本科毕业技术人员和教师实施校企轮岗,经轮岗返回企业的优秀技术人才亦可作为兼职教师的首选。通过选派优秀技术人员到学校轮岗,企业可在教学一线的课程设计与教学内容上更具体地体现企业的意志与需求,使人才培养更准确地进入市场轨道。同时,轮岗的企业优秀技术人员把自己的技术积淀通过授课这一方式,使知识系统化,迸发出新的发明创意。这样就使高职院校产、学、研结合增加了新的项目。校企联合培训师资项目的实施,不但需要政府的大力倡导,也需要高职院校领导和企业管理者的支持。

(四)区分师资素质基础,选择有限目标分层次突击培训

我国各省、市、自治区在教育部指导下相继成立了许多中职、中专及高职高专师资培训基地,几年来师资培训效果显著。但是,存在的问题亦不容忽视。

(1)应选择有限的培训目标。作为一个培训项目,在策划时应选择有限的培训目标,据此根据高职师资现状进行课程设计。对于刚出校门不久的大学毕业生的培训,宜在教育学、教育心理学、教学方法和行业基本技能方面有所侧重;对于刚毕业不久的研究生的培训,除了教育学、教育心理学、教学方法和行业基本技能的培训外,还应进行产、学、研结合的案例教学;对于多年从事教学的专业骨干的培训,重点目标应是中外高职院校相同专业的课程特色比较,产、学、研结合

的案例及前沿的应用课题研究介绍。没有科学目标的泛泛培训，不但耗时、费力，而且收不到良好效果。

（2）高职院校应根据项目的培训目标，量体裁衣，根据教师的素质，选派适当层次的教师参加培训。一个培训班的年龄参差并不可怕，但是如果知识结构有巨大差异，将使培训项目的实施极为困难。试想把一个渴望侧重学习教学、教法的毕业生放到讨论专业前沿应用研究课题的班中，培训目标的实现无疑将大打折扣。一方面培训单位要将培训项目的培训目标及课程设计明示，另一方面高职院校的领导要聪明地利用各种培训资源以较小的投入获得较大产出。

（3）高职院校师资培训基地的遴选宜特别关注有明显专业优势的高职院校和职业技术师范学院。这种遴选是按专业遴选，优中选优，强化优势。通过适当的政府资金支持和人才支持，使高职院校的品牌日渐凸现，不但使学校的优势专业有吸纳优秀人才的优势，更使得学生获得在人才市场竞争中的优势。当然，一些高层次的师资培训还是应重点考虑具有明显专业优势的普通本科院校，尤其是重点建设的大学。虽然高职院校不一定要走普通高校学科建设的路子，但是了解该学科发展的较为前沿的知识和行业技术发展的案例，无疑会使高职院校的骨干师资在产、学、研结合上有所裨益。

我们认为，一个符合我国国情的高职师资培训体系是需要不断探索、不断调整的动态体系。该体系的不断完善应逐渐成为我国技术资格证书的一环。成人高等院校、民办高校及一切从事继续教育与培训的教学机构的师资培训亦宜逐渐融入该培训体系中。

# 上海区域经济发展与高校继续教育对策

上海交通大学　杨海兴　刘路喜

【作者简介】

　　杨海兴,男,上海交通大学成人教育学院前院长,教授,研究方向包括工程力学、高等教育管理、继续教育管理。

　　刘路喜,女,上海交通大学继续教育学院副院长,教授,研究方向包括应用语言学、高等教育管理、职业教育管理。

　　本文为2004年第五届海峡两岸暨港澳高校继续教育论坛收录论文。

## 一、上海区域经济的发展近况

经过20世纪90年代的高速发展,上海已经进入了人均国民生产总值(GDP)从5000美元向8000美元大关跨越的关键阶段。上海的GDP在2002年实现5408.76亿元,比上年增长10.9%;2003年实现6250.81亿元,比上年增长11.8%,连续12年保持两位数增长。

2004年以来上海认真贯彻执行中央采取的一系列宏观调控措施,经济仍然保持平稳、健康、持续增长。前三季度上海实现国民生产总值5304.66亿元,按可比价格计算,同比增长14.2%,是新世纪以来增长最快的年度。估计2004年上海实现国民生产总值约7120亿元,同比增长14%。2004年上海经济呈现五个特征,已出现软着陆格局。

一是投资信贷增幅双回落。前三季度全社会固定资产投资完成2312.52亿元,同比增长25.9%,增幅比一季度回落11.4个百分点。至2004年6月末,上海全市金融机构贷款余额14258.54亿元,比年初增加1080.41亿元,同比少增416.68亿元;从净增贷款看,二季度净增贷款比一季度减少500.07亿元,减少63.3%;各月也均呈明显的下降趋势。

二是工业外贸增长出现双加快。前三季度全市规模以上工业企业实现增加值 2513.24 亿元,同比增长 23.2%;全市规模以上工业总产值 9298.01 亿元,增长 23.3%;全市完成外贸出口总额 531.87 亿美元,同比增长 49.9%;吸收外商直接投资合同金额 92.04 亿美元,同比增长 3.1%。

三是三产和消费增长双回增。前三季度三产增幅达 12.7%,消费增长势头良好,其中社会消费品零售总额完成 1823.58 亿元,同比增长 11.4%,创七年来新高。

四是房价、粮价涨幅双趋缓。房地产开发投资和土地开发面积增幅随房价而趋缓。农业生产势头不亚于工业,全年粮食种植面积为 15.47 万公顷,粮价已基本得到控制。

五是经济运行质量不断提高,速度与效益协调发展。前三季度,本市完成地方财政收入 860.68 亿元,比去年同期增长 26.5%。其中,企业所得税增长 36.2%,营业税增长 26.9%,个人所得税增长 19.8%。

另外,近年来上海的居民消费价格指数(CPI),在经历了 20 世纪 90 年代初的高通胀和 21 世纪初的微涨期后,从 2004 年进入了理性的温和适度上涨期。2004 年 1—10 月上海 CPI 为 2.2%,预计整年仍会保持在这一水平上,将低于全国 4% 左右的 CPI 水平。在上海政府的积极引导下,可以预计 2005 年上海的 CPI 仍将继续保持温和适度上扬的态势,折射出上海经济的良好走势(见图 1)。

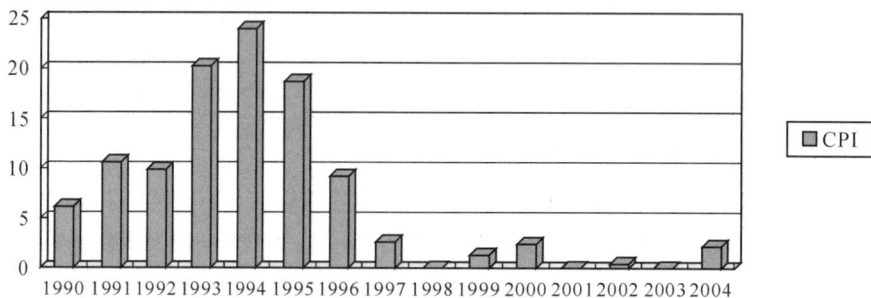

图 1　上海 15 年来居民消费价格指数

## 二、人才"瓶颈"和继续教育

上海经济继续保持健康发展预示着一个新的发展机遇,但同时也存在一个急需突破的"瓶颈"。从经济增长方式上看,改革开放前,上海主要依靠初级资源推动;进入 20 世纪 80 年代,开始由初级资源推动转向投资推动;整个 90 年代,主要是依靠投资推动。目前,上海正处于由投资推动的增量模式向创新推动的效益模式转换的时期。增益模式的主要支撑应该是在原来大规模投资积累的基础上,加快实施人才战略,强化人力资本积累和人力资本投资,保持与 GDP 同步增长。因此,加快人才建设,突破人才"瓶颈",促进上海尽快从物质资源开发转向人力资源开发,这是上海新一轮经济发展到现阶段所面临的战略选择。

加入世贸组织,意味着中国将在更大范围内和更深程度上参与国际竞争,造成传统产业人才相对过剩,而以信息、生物技术、环保技术、新材料等为代表的高新技术产业人才,以及跨领域、跨行业、跨学科的高级经营管理人才将整体性持续紧缺。据初步预测,到 2005 年,上海市专业技术和管理人才总量将超过 137 万人,高级人才比例将超过 11%。同时要培养出 100 名有国际影响的优秀青年人才;1000 名国内领先的科技专家和管理专家;10000 名学术技术带头人和专业技术骨干。此外,加入世贸组织直接带来了上海产业结构和就业结构的新一轮调整。为促进"三、二、一"产业之间的渗透、融合,形成由支柱产业、基础产业、新兴产业和都市型产业构成的新型产业体系,需要大量高素质的劳动者和人才来支撑。如发展高新技术产业需要培养诸如掌握计算机技术和机电一体化复合技能的现代技术人才;金融、物流、贸易、会展等第三产业的发展也迫切需要有职业教育背景的各类专门人才。据劳动部门按现在的需求趋势预测,今后几年内上海对技术人才的需求将以每年 15%～20% 的幅度增长。要获得上述人才,除了通过学校培养外,另一个根本途径就是通过继续教育来解决。

进入 21 世纪后,上海面临着一个全新的历史性发展机遇。一方面,国家在加快推进社会主义现代化建设,使上海有条件发展成为代表国家实力和水平的特大型城市;另一方面,中国加入世贸组织使上海有机会在全球经济分工格局中争得应有的国际地位。2002 年 11 月在第十四次上海市市长国际企业家咨询会议上,市政府领导人在演讲中提出了上海今后 5 到 10 年的奋斗目标,就是要把上海建设成为一个世界级城市。这既是一个令人振奋的宏伟目标,也是 1600 万上海人对未来的美好憧憬。"国际化""区域化"和"专业化"是世界级城市的三个主要标志。根据"国际化"要求,上海首先应该是世界经济、贸易和金融中心之一,在世界经济中具有较强的竞争力和影响力,同时它还能够集中国际上较多的跨国公司、国际金融机构和国际组织,成为国际性商品、资本信息和劳动力的集散中心。所有这些条件,加上 2010 年上海世博会迫在眉睫,实际上已经预示着上海既要能够成为世界性人才资源配置的主要中心,又要能够成为国际性人力资源开发的创新基地。而区域化和专业化表明,伴随着城市的人口规模和城市空间范围的扩大,上海不仅要形成面向全球、促进世界范围内高层次人才的交流与合作体系,而且要形成依托长三角地区乃至整个长江流域经济带的人才集聚和辐射优势,这是构建以上海为中心的现代城市群的重要前提。因此,不管是城市精神的塑造,还是城市人口素质的提高,都需要上海的继续教育的发展来实现。

21世纪将是科技更加迅速发展,全面进入信息社会与知识经济的时代,发展终身教育,迈向学习型社会,已日益被国际社会高度重视。上海也出现了一批正在致力于创建"学习型组织"的企业,例如施贵宝、中纺机、宝钢、伊利、金山电信局等,而学习型社会必须依托全社会"学习型组织"的普遍建立才能逐渐形成。在信息技术高度发展的知识经济时代,人类必须把12年制的学校教育延长为"80年制"的终身学习,知识经济时代的团体必须建成"学习型组织",才能适应终身学习的需要。上海已正式提出创建"学习型城市"的目标,并在《上海市国民经济和社会发展第十个五年计划纲要》中强调:要继续实施"科教兴市"战略,增强城市综合创新能力,以提高人民的综合知识水平和创新能力为目标,加快培育开放式终身教育体系。因此,作为终身教育的实现手段,在创建"学习型城市"的过程中,继续教育无疑将发挥着重要作用。

### 三、高校继续教育的教学对策

20世纪末我国高等教育经历了一次超常规发展,普通高等教育在数年间进行了飞跃式的扩张,这也带动了高等继续教育的飞速发展。我国的高等继续教育机构分为独立的成人高等学校和隶属于普通高校的继续教育部门两大类。根据《2000年中国教育事业发展统计简况》统计,后者承担的高等继续教育占了我国整个高等继续教育的大部分。

上海高校的高等继续教育大致分为两大类。一类属于成人学历教育,主要包含高中后和大学后;一类属于终身教育,以大学后继续教育为主。以上海交通大学成人教育学院为例,学历教育包含夜大学、全日制和港澳台教育等;继续教育包含国际合作教育、各类高级课程教育、全日制自学考试助学以及学习期限一学期以上的各种非学历培训等。面对上海市日益繁重的人才建设任务,普通高校继续教育的责任重大,必须实施以下相应的教学对策:

(1)建设教师队伍。要完成上海人才建设任务,首先必须建设一支熟悉继续教育、掌握专业知识的高质量教师队伍。上海经济在突飞猛进,继续教育的深度和广度也在飞速发展,师资队伍的提高和拓展非常必要,可能的话最好组织一支专任继续教育教师队伍。我院自2001年组建专任教师队伍,采取"引进+培养相结合"的模式培养教师。2003年7月至2005年1月,学院选派了11名专任教师前往英国相关大学进修英语,12名专任教师分别前往加拿大和澳大利亚的大学进修相关专业课程。学院鼓励专任教师在完成教学任务之余,在其他相关行业兼职锻炼,使教学与实践相结合。学院制订了"专任教师业绩评估细则",从机制方面激励教师成才。有一位教师调入学院后,担任专业主任,两年内发表了5

篇学术论文、出版了1部教材，主持了2项科研项目，2004年10月由副教授晋升为教授。

（2）开展教育思想大讨论。面对快速发展的上海经济和人才需求，为了提高继续教育的核心竞争力，学院组织专任教师和管理开发队伍开展新一轮教育思想大讨论，研究如何根据上海经济形势的新发展以及继续教育的特点，及时调整教学计划、改革课程设置，提高继续教育层次。例如"大学英语"教学，考虑到学生入学时英语成绩差距巨大，决定采用分级教学、因材施教、师生互动的教学方法，教学目标是"全面培养学生的英语综合应用能力，使他们毕业时的英语水平在原来不同的英语基础上都有较大的提高，并能够在不同层次上用英语进行口头和书面交流，好的学生能用英语作为工具直接开展工作"。

（3）创建精品课程。高质量的继续教育需要一大批优秀的教学课程来实现。优秀的教学课程不仅需要高质量的教师队伍，而且需要一批设计优秀课程的设计家。这些设计家熟悉区域经济的发展现状，了解人才市场的需求，精通教学内容的组合，以便设计出符合时代要求、人们乐意学习的课程。我院的专任教师胸怀"终身教育，恒世智民"的大志，充分利用学院的现代化教学设施，提高教学质量，争创精品课程。目前正在建设的6门精品课程中有5门是以专任教师为主力军，其中"实用软件"这门课已被上海市教委评为上海市精品课程。

（4）开拓品牌教育。高校继续教育发展到今天，有其辉煌的历程，也存在不少问题。特别对高校继续教育中的学历教育，一直存在两种意见（包括教育部等政府主管部门）：一种认为利大于弊，另一种认为弊大于利。认为弊大于利中的一部分人把高校继续教育看得一团漆黑，可实际情况并非如此。为了让更多的人了解中国高校的继续教育，重点高校的继续教育工作者有必要努力开拓品牌教育，宣传高校的继续教育。例如我院为开拓品牌教育，已招收全日制双语教学（面授时间80％使用英语，20％使用汉语）学生120多名，培养具有较高外语水平的"复合型"专业人才。为达到"双语教学"培养目标，在专业教学计划实施上力求贯彻"专业教学双语化，理论教学应用化，实务教学案例化，论文写作项目化，实践能力社会化"的方针，在专业的培养手段上采取多样化的课堂教学模式、与国际接轨的专业教材和灵活机动的社会实践安排等。

（5）实施高层次继续教育。普通高校继续教育的实施机构由于其历史定位，一般局限于到本科为止，高校教育界人士受习惯影响也有类似定向思维。高校继续教育，特别是非学历的继续教育，如受这种思维左右，就不能满足上海区域经济发展的需要，不能满足上海人才建设的需要。我们必须打破这种束缚，积极实施大学后继续教育。我院从2000年起开展大学后继续教育，主要包括与国外大学合作的大学后课程（英语或汉语教学），C-MBA、C-EMBA和C-MPA高级课程教育,高层次语言培训以及企业高级培训等。最近我院正在积极筹备工科类的大学后继续教育,希望有所突破。

### 四、高校继续教育的服务对策

根据 WTO 的基本规则,"教育服务"以及与此相关的文教卫生服务、法律服务、会计师事务、技术技能培训等具体项目都属于服务贸易领域,并且与继续教育有着密切联系。根据我国政府在 WTO 谈判中的承诺,国家将首先开放人才中介服务领域,同时允许外国人才中介机构逐步进入国内市场。这就意味着,一方面入世效应带来的机遇使整个社会的继续教育需求剧增,继续教育市场发展前景看好。另一方面,随着国外教育机构的纷纷涌入,一批知名的或不知名的外国教育机构将以联合办学、中外合作等多种形式进入各种类型的继续教育与跨国教育的中介服务活动,继续教育市场的竞争将会异常剧烈,呈现以下趋势:继续教育市场化、继续教育机构企业化、继续教育内容国际化、继续教育手段现代化和继续教育制度终身化。

国外教育机构的涌入对高校继续教育是一个巨大的挑战。除了前述教学的对策以外,以下教育服务的对策也是非常重要的:

(1)建立"以学生为本、为学生服务"的服务思想。如果继续教育办学机构是一个在经济上自主独立的办学实体,那么学生将成为该办学机构存在和发展的经济基础。学生把接受继续教育更多地看作为一种投资消费,他们对办学机构的服务会提出许多现实的和特别的要求。教育服务主要包含两方面的内容:第一,教育环境服务;第二,教育管理服务。这两类服务均应该运用开放系统理论,把学校看成是社会的一个子系统,强调学校的环境和管理都要与社会相结合,与社会融合在一起。这两类服务均应该树立起"以学生为本、为学生服务"的思想,环境体现"服务",管理渗透"服务",各项应用和开发都要从学生的需要出发,以学生感觉便利为前提。

(2)教育设施现代化。国外著名教育机构进入上海的一大特点是教育设施现代化。继续教育是一种服务,需要给客户提供良好的环境,上海高校的继续教育部门应尽快改善办学条件,创造良好的环境服务。我院在建设学院凯旋路校区时力求设施先进,体现上述服务思想。整个校区用中央控制室集中控制网络、电话、闭路电视及监控等系统,配以智能化管理,方便日常维护。内部网络,以千兆为主干,百兆到桌面,铺设光缆接入校园网,并通过 4 路 ADSL 接入 Internet网。校区内部除安装计算机网络、电话和有线电视系统外,还配有音频、视频、安全监视和防盗报警系统等,设备先进,功能完善。校区内部可通过闭路电视系统,提供单向远程教育;外部可通过 ISDN 与国内和国际进行交互式实时远程教育。所有教室均安装空调,每间教室教师上课使用的计算机配备先进的屏幕手写功能,方便教师直接在屏幕上书写。每年接待的 20 多位来我院授课的国外教授均对学院一流的教学设施赞不绝口。良好的学习环境和一流的教育设施为提高教育质量、创建精品课程和品牌教育提供了良好的物质保证。

(3)"基于网络、面向学生"的管理信息化建设。继续教育面对的大部分对象是已经工作的成人学生。在职学生具有丰富的实践经验,但是工作繁忙,时间紧张,因此继续教育的学生和学校的管理沟通、学生与教师的学术沟通和学生与学生之间的学习沟通,都必须强调信息的快速流通,要求采用先进的科学技术,实现现代化。为实现这一目标,我院在新世纪伊始启动了"基于网络、面向学生"的管理信息化建设,经过几年的研究建设,在学院内部、学生、学院和社会之间构造起一个完整的信息体系,实现了以信息技术和网络技术为基础的全方位继续教育管理:

1)建立互联网和学院内部网无缝连接的统一管理平台。学院于 2000 年 3 月建立内地继续教育最早的独立网站之一:www. sjtuce. net。该网站运行在公众网上,已成为学院教学服务外延的综合平台,它将 Internet 与学院内部网络(Intranet)统一起来,实现了无缝连接。学生可以通过该网站获取几乎所有的教学信息,达到不受时间和地域限制的"教"与"学",以及不受时间和地域限制的交互沟通。目前网站每日近 5 千人次的访问量证明了它在学生心目中的作用。

2)自主开发"教学管理信息系统",革新传统的教育管理手段。学院自主开发的"教学管理信息系统"涵盖了招生、教学计划编制、课表安排、成绩维护、学籍变动、毕业、教室调度等教务管理、教学管理和教学行政管理过程中的每个环节。它包括"教学管理系统""Internet 作业系统""Internet 教学评估系统"等多个子系统和近 40 个模块,实现了学院教育管理手段的一场革命。

3)为学生提供全天候的教学服务,实现课堂的全面延伸。学院开发了"Internet 作业系统""英语工作室""Internet 教学信息查询系统"等,为学生提供了全天候的教学服务,实现了课堂的全面延伸。通过这些信息平台,借助Internet,任课教师可以在家里或者办公室中随时提交教案和学习资料供学生浏览、下载,而学生也可以在家里或者办公室中提交课后作业供老师审阅、评分。教师不再需要在课后吃力地处理成包的纸质作业,而学生也不再担心会交不上作业。同时,继续教育学生虽然不是同吃同住,但彼此之间的学习交流却同样通过它们自由进行,学生们不再觉得自己是学习过程中的孤独个体,课堂全面延伸到了学生的案头和床头。"Internet 作业系统"已经累计了近 5 万人次的教案和作业,这些教案和作业都已被永久保存,作为师生们的学习资料,随时供他们回调。

4）学生成为教学评估主体，实现了动态、实时的教学质量监控。学院从学生的角度出发，通过"Internet 教学评价系统"让学生成了教学评估的主体，希望可以通过学生的反馈来获取对任课教师第一手和最感性的教学质量评价，并把这些评价集中量化，以期得到对任课教师一个比较客观的评价，从而以此为基础建立起一个完善的教育质量保证体系。该系统与"教学管理系统"紧密结合，设立了 5 个大类近 30 个小类评价标准，学生可以对任课教师做出全面而综合的评价，并且可以随着教学过程的进展随时修正自己的评价，更能真实反映学生的想法，为实施动态、实时的教育质量监控奠定了坚实的基础。

**结束语**

上海交通大学成人教育学院依据上海区域经济快速发展和人才"瓶颈"的现实，在继续教育科学领域进行了全方位的研究和改革实践。我院提出的继续教育的教学和服务对策及其实践，是根据我校的实际情况确定的。继续教育的教学和服务对策的提出与实践是与我校自 2000 年以来实施的体制改革和制度创新分不开的。新年伊始，我院将继续努力开拓成人教育品牌，实现信息化和网络化的教育服务，为我国继续教育的进一步发展，为构建我国终身教育体系而奋斗。

# 我国西部地区中职学校师资培养和
# 继续教育问题初探

西安交通大学　孙　弼　米运卿　闫文艺

【作者简介】

孙弼,男,西安交通大学继续教育学院院长,教授,研究方向为继续教育管理。

米运卿,女,西安交通大学继续教育学院院长,副教授,研究方向为职业教育师资培养培训。

闫文艺,男,西安交通大学继续教育学院职教中心主任,助理研究员,研究方向为职业教育、继续教育。

本文为 2005 年第六届海峡两岸暨港澳高校继续教育论坛收录论文。

众所周知,相对于基础教育和普通教育,职业教育同经济、社会的关系更为直接、更为密切。因此,根据我国目前的产业结构调整和科学技术发展水平,要使职业教育适应和促进经济发展,必须大力发展职业教育,尤其更应加快发展中等职业教育。随着社会对职业技术人才需求的增加和国家对教育投入的加大,我国中等职业教育呈现快速发展态势,中职学校招生从 2001 年的 399.94 万人增加到 2005 年的 650 万人,在校学生近 2000 万人。然而,中等职业教育快速发展与中职学校师资现状、结构、质量间的矛盾更加突显,特别是西部地区中职学校的师资培养和继续教育的问题变得更加迫切和必要。

## 一、西部地区中职学校师资队伍现状及存在问题

由于教育和经济相互适应、相互促进的关系,我国西部地区的中等职业教育较中东部地区差距较大,相应的职教师资现状更不容乐观。我校作为"全国重点建设职教师资培训基地"之一,2005 年 7 月我们调查了陕西理工学校等 10 所中

专学校和陕西省建筑安装技工学校等 10 所技工学校,调查结果为:

(1)教师来源主要为普通高校毕业生,其他渠道(企业、行业调动)进入较少。有些学校教师由高校毕业生直接任教的占 90.2%,而由企业调入的不足 2%。

(2)学历层次偏低,新进教师学历几乎全为本专科层次。2002—2004 年 10 所中专学校新进教师 165 人,只有 1 人具有硕士学位,10 所中专学校硕士学位以上教师仅占总数的 3.2%。

(3)骨干教师、专业带头人、具有高级职称的教师偏少。专任教师中具有高级职称的教师比例,中专学校为 22.6%,技工学校为 24.0%。

(4)"双师型"教师、"一体化"教师比例偏低,技工学校高于中专学校。技工学校"一体化"教师为 30.9%,中专学校"双师型"教师仅为 9.6%。

我国西部地区其他省区中职学校师资问题更为突出。例如 2002 年新疆维吾尔自治区共有中等职业学校 112 所,专任教师 6842 名。普通课教师 2496 人,专业课教师 3961 人,实习实训指导教师 385 人,普通课教师、专业课教师、实习实训指导教师的比例为 6.5:10.3:1;教师学历在专科及以下的占 35.43%;高级讲师仅占 13.40%。2003 年西藏自治区拉萨市有中等专业学校 4 所,其他各地区(除阿里地区)各有 1 所中职学校。9 所学校共有教师 523 人,其中研究生学历 6 人,仅占 1.14%;高级职称 9 人,仅占 1.7%;中级职称 154 人,占 29.45%;"双师型"教师只有 36 人,占 6.88%,而年龄在 30 岁以下的教师占 41.49%。2004 年云南省有普通中等专业学校 99 所,在校生 147618 人,专任教师 6145 人,生师比为 24.02:1。

西部地区中职学校教师现状表明,师资队伍建设存在以下问题:

(1)教师数量不足,质量不高。中职学校教师流失和中职学校在校生的增加,导致教师数量严重不足,教师疲于应付教学,没有足够的时间和精力提升自身的综合素质。

(2)教师主要直接来源于普通高校毕业生,从企业和其他部门补充的教师较少,因此教师普遍缺乏相应的实践教学能力。

(3)西部地区经济发展和教师教育教学观念相对滞后,教师不能适应现代职业技术教育发展的要求,无法把新技术、新知识、新技能以及生产实际中新的技术发展与应用较好融合到教学实践中。

(4)教师培训费用较高,进修机会较少。比如在全国职教师资培训基地进行的"中职学校在职教师攻读硕士学位"培养工作,培养费为 18000~24000 元,加上生活费用,每个教师花费约 30000 元,对中职学校教师而言,费用偏高。另外教师进修机会相对较少,究其原因,一是中职学校教师继续教育的机会成本较高;二是中职学校认为教师接受继续教育,学校要承担一定的人员流动风险。

（5）教师职称评定受指标和编制的限制，高级职称的教师比例偏低，与中职学校发展现状不适应。中职学校职称评定中高级职称指标太少而且编制长期不变，甚至有的学校编制二十余年一成不变，不利于青年教师的发展，严重影响了师资队伍建设，也不利于学校的健康发展。

（6）教师结构不合理。部分中职学校教师在知识、职称、性别、年龄等方面存在结构不合理的现象。"双师型""一体化"教师偏少；学历层次偏低，硕士学位及以上教师较少；部分教师专业知识陈旧；30岁以下的教师比例偏大，有的新建学校 30 岁以下教师高达 90％。

最近两年，教育部相继出台了一系列加快发展中等职业教育的文件，连续多次召开大力发展中等职业教育的重要会议，显然，西部地区要实现中等职业教育的快速发展，必须着力提高职教师资队伍水平。

## 二、西部地区中职学校师资培养和继续教育现状及难点分析

当前我国职教师资的培育渠道由职前学校培养和职后继续教育两大部分组成，其中职前培养主要依靠普通高校、普通高等师范院校、各类中等师范学校、普通高校职业技术教育学院及独立设置的职技高师院校承担，职后的继续教育主要由省（区市）教育学院、成人高校承担，还有些教师根据自身情况参加自学考试和各类职教师资培训。但总体上看，我国中职学校师资培养和继续教育的学习内容偏重学术性、偏重师范性，职教师资的培养尚未形成完善的培养模式。职教师资的培养应体现"学术性、师范性、职业性"特色并使三性保持协调发展，而当前承担我国职教师资培训的院校和基地，由于受生源、办学条件、学制等影响，在职教师资培养中不同程度地存在不足。普通师范院校职教师资的培养和继续教育没有充分体现职教师资的职业性和学术性特色，普通高校及普通高校职业技术教育学院培养的职教师资的师范性和职业性明显不足，而独立设置的职技高师院校在职教师资培养中也很难真正做到学术性、师范性、职业性协调发展。西部地区由于受经济发展水平和教育资源的制约，中职学校师资的培养和继续教育还存在如下难点：

（1）中职学校师资培养和继续教育的认识不全面。首先要以终身教育理念贯穿于职教师资的培养和继续教育中。中职学校强调抓好"一体化"教师的培养，不应仅仅是教师理论知识和实践技能的一体化，还应该是教师职前学校培养和职后继续教育的一体化。其次，中职学校教师培养过程中要树立现代职业技术教育思想理念。现代职业技术教育要求教师不仅传授学生职业技能，还要注重学生的交流、协作、创新等能力的养成和可持续发展。

（2）中职学校"双师型"教师的"双师素质"难以达标。由于我国职业资格准

入制度尚未完整建立,职业资格证书没有覆盖所有的行业和职业,有些专业教师无法获得相应的资格证书,只能获得相关或相近专业的证书,加之职业资格证书考试更多的是考核教师的应试能力,教师只是在理论上获取了行业资格证书,而缺乏必要的实践技能与经验,因此,根本满足不了在教学中指导和提高学生职业技能的需要。

(3)中职学校教师继续教育工学矛盾较突出。一方面,最近几年,中职学校的教师在逐年减少,加之西部地区中职学校教师待遇较低,学校人才流失现象严重,但随着经济发展与教育普及,中职学校招生人数在逐年增加。全国职业高中和普通中专专任教师由1999年的56.98万减少为2003年的45.65万,减少了约20%;全国中职招生人数由2001年399.94万增加为2005年的650万,增加了约60%。因此,教师的教学任务非常繁重。另一方面,教师继续教育,特别是青年教师脱产学习,由于受经济因素和家庭因素的制约,学习主动性不强。

(4)企业参与职教师资培养的积极性不高。就教师自身的发展而言,职教师资相对于普通师资具有独特性,即职教师资的培养也具有"双元性",他们不仅要接受普通高等教育和师范教育,还应该到企业进行学习和实践,使他们真正成为具备"双师素质"的"双师型"教师。然而,由于种种原因,大部分企业没有参与职教师资的培训,职教师资进入企业锻炼和实践仍然存在一定障碍。

(5)职教师资本科的生源素质影响了职教师资职前的培养质量。当前全国五十多个职教师资培训基地,其职教师资本科的生源主要来源于"三校生",由于普通高校扩招,"三校生"质量下滑,进而影响了职教师资本科生源质量。有的职教师资培训基地生源虽然来源于普通高校招生,但却为普通高校第二批次录取。生源质量下降是制约职教师资本科培养质量进一步提高的主要原因。

### 三、西部地区中职学校师资培养和继续教育的新思路

根据西部地区产业结构调整和职业教育发展需求,中职学校师资培养和继续教育应有新思路:

(1)建立新型的中职学校教师继续教育制度。首先,建立中职学校教师准入制度。对于即将从事职业教育的教师不仅要有本科或以上的学历要求,还要有专业实践技能及高超的实践指导能力。其次,创建教师"访问工程师"等类似"访问学者"的制度。要求在职教师定期到企事业等部门进行轮训,了解新信息、新方法,学习新的技术技能。第三,完善教师继续教育制度。知识繁衍和技术更替加快,教学内容和学生技能培训必须体现时代特色并能满足市场需求,因而中职学校教师必须树立终身学习的教育理念。

(2)培植和建设高质量的职教师资培训基地。职教师资培训基地是培养中

职教师的一条重要渠道。现在职教师资培训基地的培养模式、教学内容、教学手段、培养人数远不能满足中职学校快速发展对高水平教师的需求。多数基地只能在一定程度上解决教师的学历层次和知识结构问题,却很难提高教师实践教学环节的技能。国家、省(区市)、行业要建立类型不同、各具特色、促进经济发展的新型培训基地,培养专业骨干和技能指导带头人,弥补撤销行业办学后专业技术人员的不足。

(3)实施"反哺"政策,引导企业和社会其他受益部门参与学校教师的继续教育。学校为企业和有关部门培养人才,他们有责任为学校教师的业务实践提供便利,尤其是需要大批生产、建设、服务、管理一线人员的大中型企业,应积极和学校共建教师"访问工程师"制度。为此,政府应该制定优惠政策或实施财政支持,提高企业参与职教师资培养的积极性。

(4)解决西部地区中职学校教师接受继续教育的后顾之忧。政府加大对西部地区中等职业教育的财政投入,实施政策资金倾斜,给中职学校教师发放继续教育券,并逐步提高教师待遇,进一步改善他们生活、学习环境和状况。同时中职学校应根据自己的培养特色,把教师接受继续教育作为学术及技术职称晋升时的参考依据。

(5)将学以致用作为中职学校教师培养和继续教育的重要内容。职业教育不仅和经济发展的关系最为密切,而且着重服务于区域经济发展。西部地区的职业教育应该主要服务于地方经济建设。比如,西藏、新疆需要更多畜牧业人才,甘肃、宁夏、云南需要更多农业人才,陕西、重庆需要更多企业一线人员,还有解决西部"三农"问题和农村富余劳动力转移问题等。因此,中职学校师资培养和继续教育的教学内容要适应地方经济发展水平和产业结构变化对人才的不同需求,做到缺什么,学什么,补什么。所以,中职学校教师的培养和继续教育内容首先重在学以致用。

**参考资料:**
[1] 1999—2004 年全国教育事业发展统计公报.
[2] 西藏自治区教育厅.西藏自治区 2003 年教育统计汇编.
[3] 新疆维吾尔自治区教育厅.新疆维吾尔自治区 2002 年教育统计汇编.
[4] 云南省教育厅.云南省 2004/2005 学年初教育事业统计公报.

# 美国发展继续教育的经验与启示

四川大学　殷　明

【作者简介】
殷明，女，重庆长寿人，四川大学成人教育学院教授，在职博士生，主要从事中外比较教育研究。
本文为 2007 年第八届海峡两岸暨港澳高校继续教育论坛收录论文。

2007 年 7—8 月间，笔者作为四川大学赴美培训班的成员，在美国华盛顿大学进行了为期近一月的学习。在这期间，笔者实地考察了斯坦福大学、加州大学伯克利分校、波音公司、微软公司等高校和企业，对美国的继续教育有了更直观、更深切的了解。美国能成为世界上经济、科技最发达的国家，在很大程度上得益于其完备的继续教育体系。研究美国继续教育的基本经验，对于准确把握我国继续教育的发展取向，具有重要的借鉴意义。

## 一、美国发展继续教育的经验

### 1.重视继续教育立法，提供强力法律支撑

立法是继续教育发展的重要保证，也是国家干预、管理和控制继续教育的一个重要手段。美国通过立法对继续教育干预，并实行保护与监督，保证其发展与社会需求相适应，继续教育法规已成为美国法律体系中的重要组成部分。为了推动继续教育发展，美国颁布了一系列法律。1862 年通过的《莫里尔法案》，鼓励兴办"赠地学院"，开展以成年人为对象的推广教育；其后又通过了《史密斯-列威尔法案》(1914)、《史密斯-休斯法案》(1917)等法案；1946 年制定的《乔治-巴登法案》规定，对渴望就业者和有必要提高工作能力者进行培训和再培训；1958 年颁布的《国防教育法》要求各地区设立职业技术领导机构，有计划地对青年和成年人开设职业训练；1961 年的《地区再发展法案》强调通过职业培训以促进失业

者集中地区的发展;1962 年的《人力开发与培训法案》规定,加强失业者和半失业者的培训;1963 年的《职业教育法案》规定,需要提高现有知识和技术水平的成人劳动者和需要特别职业训练的失业者、半失业者均应接受职业教育;1964年的《经济机会法案》规定,要对那些在劳动市场中处于不利境地的阶层提供一定的职业训练;1965 年的《高等教育法案》提出,加强对继续教育活动的援助;尤其是 1966 年出台的《成人教育法案》,对成人教育的目的、任务、内容、教师培训、管理体制、经费等问题做了全面而系统的规定,确立了美国成人教育的法律地位,为美国继续教育的发展奠定了良好的基石;此外,还制定了《全面就业与培训法案》(1973 年)、《青年就业与示范教育计划法案》(1977 年)、《职业训练合作案》(1982 年)、《职业训练计划》(1992 年)等法律。上述十余部法案均对美国继续教育的发展产生了重大影响。对继续教育法案立法工作的推动与重视,可以说是美国发展继续教育最为重要且最有特色的经验。

2.社会各界积极参与,形成多元办学格局

继续教育的对象是一切具有学习愿望的人们,涉及社会的方方面面。如此庞大的教育任务,仅靠国家的力量是难以实现的,因此社会各界的参与和协作是必不可少的。美国继续办学机构有多种类型,其中高等院校开办继续教育最为典型。高等院校是人才荟萃的地方,师资力量强、教学设备先进、学科齐全,开展继续教育具有独特优势。因此,美国十分重视发挥高等院校在继续教育中的作用。在美国,高校兴办继续教育已有 100 余年,其在美国继续教育系统中所占比例为 24%。仅工科高等院校就有 200 余所为企业提供继续教育。即使是美国的研究型大学,也重视继续教育,将其提到与本科和研究生教育同等重要的地位。现在美国高校中有近 50%的学生是接受继续教育的,有的高校比例还更高。如密歇根大学商业管理学院,攻读学位的学生有 2000 余人,而参加继续教育的学生却多达 6000 多人。在美国,大的公司和企业也十分重视对员工开展继续教育。一般大型企业都有专管人力开发的机构,制定本单位继续教育的计划,组织开办专业培训课程,对员工进行知识和技能培训。企业在继续教育系统中所占比例为 50%。美国的行业协会如美国律师协会、工程师教育协会、医师继续教育协会等,也都大力举办继续教育活动,行业协会已成为美国继续教育的一个有力组织者,其在美国继续教育系统中所占比例为 20%。此外,私人也举办继续教育,全美国有近 200 家私人举办的继续教育机构,其在继续教育系统中所占比例为 6%。这样,美国继续教育形成了一个门类齐全的体系,遍及全国,形成了继续教育网络,有力地推动了继续教育的发展。

3.政府引导多方投入,推动继续教育快速发展

资金是教育发展的基本和必要条件。为了加速发展继续教育,美国政府除

不断增加国家财政拨款外,还以法律、法规的形式明确规定中央和地方政府对继续教育经费所承担的比例,规定了企业、产业部门及雇主对职工教育经费所应承担的义务,并积极倡导、鼓励民间团体和个人投资教育,从而保证了继续教育资金的来源,有力地推动了继续教育的发展。各州举办继续教育的公立大学、社区学院、成人学校所需经费的 70% 由政府提供,私立大学所需经费的 13% 也由政府提供。例如《美国成人教育法》颁布后,开展了由联邦政府拨款支持的各种成人培训,先后约有 230 万人参加了基本技能训练和相当于高中程度的教育。1963 年,《美国全国职业教育法》颁布后,美国政府拨出大笔联邦经费,用于建立地区职业中心,开展职业教师的训练及职教的科学研究等。截止到 1990 年底,美国政府共资助了 12056 个各种类型的大学后继续教育培训中心。美国的企业、产业部门,更是意识到培训员工所能带来的巨大经济效益,大力为其职工支付培训费用。据美国人力训练发展协会统计,20 世纪 80 年代,美国企业每年为职工在职教育提供的各种形式的资金约为 2100 亿美元,远远高于美国全年的普通教育的投入。到 90 年代中后期,这种投入已达到 6000 亿美元,仅 IBM 一家公司,一年用于职工教育培训的费用就有 7 亿美元之多。美国企业近 10 年来用于对员工进行教育和培训的开支年均递增 5.5%。除了直接支持职工参加培训教育外,有的企业还向成人学校慷慨解囊,捐赠教学设备,资助教师的教学与科研,例如美国坦迪公司曾免费向教师提供价值 100 万美元的计算机。作为民间团体和私人,对继续教育更是给予大力支持,如被称为第一种美国成人教育组织的"文化学园",运用志愿人员完善公立学校、图书馆与博物馆,为成人举办演讲课程与研讨活动;又如福利财团在 1951 年成立了成人教育基金会,支持继续教育的研究与规划,该财团在 1996 年又捐赠 1000 万美元,建立了一个教育电视台,向广大成人提供继续教育服务。

4.紧扣社会发展需求,着重培养应用型人才

美国深受实用主义思想的影响,其继续教育不论在课程设置和教学内容上,都是从社会实际和学员需要出发来考虑和安排的,使受教育者提高其职业技能,优化其专业结构,以求更好地满足不断变化的社会需求。继续教育已形成买方市场,"学员消费者第一""学员市场至上"被越来越多的继续教育机构当成谋生存求发展的口号和策略。从继续教育机构办学的角度来说,社会需要什么样的人才,市场发展的状况要求怎样,就设置什么样的专业、课程,及时培养社会所需的人才。一般承办继续教育的机构都设有专门的顾问委员会,由经验丰富的教学人员和工商界的知名人士组成,负责研究和设计课程。如洛杉矶教育局就有350 个专业委员会,有关各个专业的课程设置,都要征求顾问委员会的意见才能

决定。有的继续教育机构还成立人力调查办公室调查社会上技术人才的需求情况,哪一方面需要什么样的人才,就开哪方面的课程。在教学方面,密切联系科研成果和生产需要,着重于加强学员实际技能的培养训练,使其学以致用。一般来讲,在继续教育实施中,每一个培训项目的完成大致要经历以下过程:第一个阶段是培训中心派有关专家到企业听取企业主的培训要求,确定培训目标;第二个阶段是根据企业的需要物色和聘请任教人员,一般是培训项目领域中学术造诣较深、实践经验丰富的专家;第三个阶段是由专家提出继续教育的内容、方法、手段、学时安排等工作计划,与企业主协商后实施;第四个阶段是继续教育项目结束后,培训人员返回原单位,按预定的目标要求实习一定时间,经企业验证合格后由培训中心发结业证书,不合格者则重新培训。整个教学过程采取理论讲授和模拟实习相结合的形式。授课占总学时的 1/3,实践则占 2/3。由于培训内容是工业生产的最新科研成果,且又着重于实际操作,大大激发了学员的学习兴趣。学员能在较短时间内掌握培训内容,提高专业技术水平,并直接应用于生产,提高劳动生产率,从而推动经济发展。

## 二、美国继续教育发展的趋势

### 1.教育理念终身化

终身教育已成为美国流行的教育思潮,其核心要义就在于要求人们终生持续不断地学习以适应不断变化的社会需要和满足日益上升的个人需要。终身教育思想打破了"一次教育定终身"的传统观念及其所垄断的教育格局,这一思想的提出和深入人心为美国政府和社会重视继续教育提供了理论依据,对继续教育的蓬勃发展起到了思想先导作用。在当今的美国,继续教育对象不分男女、老少、贫富和肤色,学生来自四面八方,年龄从 20 岁至 80 岁都有。成人学校在教学计划、课程设置、招生办法上尽量适应各类成人学习的需要。在学籍管理上,学生在学校的学籍短则为 3 年,长则可达 10 年,中途辍学,学籍保留;在学分管理上,经学校同意,学生到其他学校选修的学分也可以通用(互换学分)。

### 2.教育主体专业化

继续教育专业组织的建立和发展,对继续教育研究以及成果的传播发挥着巨大作用。美国有许多继续教育专业团体,有的是国际性的,有的是全国性的,也有的是地方性的。比较著名的国际性的继续教育专业组织有老人寄宿学院、国际继续教育与训练协会。全国性的继续教育组织主要有继续教育与训练审核理事会等。由于政府的支持和专业组织的推动,美国培训业完全遵守市场化的运作机制,诸多培训主体在市场上都提供极具专业特色和针对性的培训项目。

### 3.教育层次高级化

随着高技术产业发展以及高科技在生产中的普遍应用和高等教育普及化的推进,美国继续教育培训层次呈现出高移的趋势。美国企业科研人员大多数受过本科以上的教育,甚至是硕士或博士毕业生,这决定了为他们继续教育服务的机构和人员必须具有一定的学术水准。2005年美国参与继续教育的人数接近1亿人。其中,受过高等教育的有近7000万人,占参与成人教育总人数的75%。为了满足人数众多的具有高等教育学历的职工接受继续教育的需要,美国十分重视对大学后成人继续教育的投入,联邦教育预算每年都在600亿美元以上。美国现有近2万个各种类型的大学后成人教育中心,其经费、师资、校舍等都得到了政府和企业的资助。美国还创建了国家技术大学,这个由45所著名大学联合创办的新型学校,利用卫星进行硕士研究生教育和短期课程继续教育。

### 4.教育手段现代化

1964年,佛罗里达大学第一个用电视转播课堂现场教学。1967年,科罗拉多州立大学首创使用录像带进行工程师继续教育的模式。1985年8月,美国国家技术大学通过卫星向全美传送高等工程技术教育。波士顿东北大学还采用了微波电视传递和电话回访的方式开展继续教育。目前,继续教育领域利用因特网、卫星等先进的通信技术,使成人参与教育活动的时间安排、内容选择、与指导教师之间的交流等更加方便灵活。我们到过的斯坦福大学,就借助因特网,运用E-mail、联机交谈、Web教材、电子公告板、联机图书馆和联机检测等途径,卓有成效地对成人进行继续教育和培训,成人可以根据自身的特点,积极主动、创造性地学习。现代化教学手段的采用,为继续教育的个性化,即课程、进度、学习方式的自主选择提供了便利。

## 三、美国继续教育给我们的启示

### 1.加强法制建设,完善管理体制

拥有完备的法律制度做后盾,是美国继续教育得以迅速发展的法宝。与美国相比,我国的继续教育立法工作显得较为薄弱,目前,虽有少数省、市、自治区有了专业技术人员的继续教育立法,但国家层面的继续教育法律缺失。继续教育基本法的缺乏,影响了地方性继续教育法规的法律效力,致使许多关于继续教育的规定流于形式,也使继续教育行政工作缺乏有力的法律依据。为了完善继续教育体制,加强继续教育的稳定性、连续性和严肃性,我们应当积极推进继续教育立法,变人治为法治,以法治教,以法保教,规范继续教育的行为;保证对继续教育人力和财力的投入,使办学规模、经费、编制等适应继续教育发展的需求;

建立继续教育发展的激励机制、约束机制和保障机制。在国家立法的基础上,各地根据实际情况,制定具体的法规,创造条件保证继续教育更快地发展。

2.增加经费投入,提供发展保障

发展继续教育的关键问题是大力增加对继续教育的投入。就我国这样的经济状况和人口压力,能用于继续教育的经费不是很多,但这并不是真正的问题,真正的问题是政策和远见,是如何来决定经费的使用轻重和先后次序。政府每年花在教育上的投资一定要在宪法中规定,依法拨用国民生产总值的固定百分比来办教育。同时我们还要借鉴美国等发达国家的经验,由国家、地方、经济界、社会团体以及受教育者个人多方筹资,大力增加对继续教育的投入。按照谁出资谁受益的原则,扶持和鼓励单位、个人向继续教育领域投资。有计划地吸纳国外机构和资金进入我国继续教育市场。

3.多方合力兴学,走社会化办学之路

美国的继续教育是由大学、企业界、社会团体、私人四个系统一起办,广开学路,不仅意味着多系统办学,而且课程的种类、深度、组织形式也多种多样,适合不同层次的需要。这些都值得我们学习和借鉴。我国继续教育施教机构单一,主要是各种各类的高等院校,覆盖面不宽,难以有效满足社会需要;学习内容比较单一,多为学术性内容,实用性不够。因此,我们必须广泛调动社会各界的力量,充分发挥、利用各种社会教育资源,多渠道、多途径、多形式地提供丰富多样的教育服务。既要注重正规教育,也要注重非正规、非正式教育;既要注重学历教育,也要注重非学历教育;既要注重学术性教育,也要注重实用性教育;既要注重知识、技能教育,也要注重闲暇教育。总之,各种教育机构、社会组织都应参与继续教育,利用自身的特点和优势,提供有特色的教育服务。

4.实施科技兴教,推进教育现代化

基于计算机多媒体网络的继续教育体系,突破了函授大学、夜大、自学考试等传统的助学方式,通过卫星、广播电视、国际互联网进行继续教育,因其具有不受空间和时间的限制、能提供丰富多彩的教育内容等优势,将更能满足各类从业人员的求知需要。世界各地的网上学校、虚拟教室通过网络连为一体,构成一个多媒体教学环境,从而使学生在良好的网络教学环境中学习。随着全球宽带信息高速公路的建成,继续教育的发展将形成以网络继续教育为主、传统的区域性办学为辅的继续教育模式。我们要紧紧抓住这一机遇,积极利用现代教育技术,大力发展网络远程继续教育,推进教育现代化、信息化,使我国的继续教育水平步上新台阶。

5.坚持需求导向,提高学以致用能力

美国的继续教育是"买方"即委托单位的市场,形成了紧密结合实际、直接服务于经济发展和委托单位需要的继续教育模式。当前我国的继续教育还沿袭着传统的普通教育的形式,承担培训任务的单位往往不考虑委托单位和学员的需要,而根据自己的师资、设备等条件拟订培训计划,教学内容强调理论性、完整性和系统性。委托单位和学员只好按培训单位的预定计划接受培训,这种针对性差、实用性不强的培训,挫伤了参加继续教育人员的积极性。因此,要进一步完善继续教育体系,将培训机构推向市场,参与竞争。培训机构要树立以委托单位和学员为主的"顾客导向"意识,改变传统的坐等学生上门的思想。要深入到委托单位进行调查研究,了解委托单位的生产、工作实际,用科学技术的最新成果为委托单位开展继续教育。要坚持"干什么,学什么;缺什么,补什么;需要什么,更新什么"的原则,学用结合,提高受训人员的专业技术水平,使其学以致用,直接为社会经济发展服务。

**参考文献:**

[1] 冯恒.从美国继续教育的特点看我国继续教育发展的策略[J].世界教育信息,2004(3): 12-16.

[2] 刘保国.关于知识经济时代继续教育的若干思考[J].广东工业大学学报(社会科学版), 2006(1):13-15.

[3] 刘奉越.美国继续教育的特色[J].继续教育研究,2006(1):13-15.

[4] 张夫伟.美国继续教育的发展动因和发展特点探析[J].继续教育,2002(2):43-44.

[5] 张寅.美国终身教育发展的特征及对我国的启示[J].继续教育研究,2006(5):30-32.

# 澳门可持续成人教育策略初探

澳门大学　郑庆云

**【作者简介】**

郑庆云,男,现任澳门大学校外课程及特别计划中心主任。
本文为 2010 年第十一届海峡两岸暨港澳高校继续教育论坛收录论文。

## 一、前　言

踏入千禧世代之交,教育政策已经渐渐从以正规教育为重点,发展至以终身教育为目标。这转变使受教育人口大幅增长,要达到全民终身教育这目标,有赖民间和政府两方面大量资源的投入。

从澳门成人教育在过去十年的发展来看,澳门特区政府在这方面的投入,不可谓少[①]:

| 1999/2000 年 | 2000/2001 年 | 2001/2002 年 | 2002/2003 年 | 2003/2004 年 |
| --- | --- | --- | --- | --- |
| 19330 人次 | 28468 人次 | 34311 人次 | 43829 人次 | 49618 人次 |
| 2004/2005 年 | 2005/2006 年 | 2006/2007 年 | 2007/2008 年 | 2008/2009 年 |
| 57937 人次 | 77226 人次 | 75972 人次 | 81622 人次 | 76639 人次 |

上表显示成人教育方面的培训从回归前不足 2 万人次猛增长至 2008/2009 年度的 7.6 万多人次,增长率达 230%,年平均增长率约 14%。这高速的增长,与澳门特区的整体发展策略有关。自澳门回归祖国,特区政府做出了规范发展博彩业的决定,博彩牌照由原来的一个增至三个,并容许每个博彩牌照持有者可以另组策略联盟,增生一个副牌,实质博彩牌照由一变为六。这种转变,使从事

---

① 澳门特区政府教育暨青年局年度报告。

博彩业的从业员由 2004 年第二季的 19772 人增至 2010 年第二季的 43870 人。其中与赌场工作直接相关的人员亦由同期的 16335 人增至 38520 人[①]。上面的增幅说明了参与成人教育人员在过去 10 年增长的主要原因。成人教育学员的增长,亦随着博彩业的高增长期完结而出现了反向调整,这是一个值得重视的信号。

成人教育的目标,按照 Eduard Lindeman 的说法,应该是集中在生命意义与价值的探讨,亦即非职业性理想的追寻;焦点应集中在跳脱的生活,而非从(僵化的)学科或技能出发。他说:"如果教育是生命的话,那么生命就是教育。"[②]以此而言,过去十年澳门特区政府所推行的成人教育,并非理想的成人教育,因为大部分的课程(逾 95%)只是技能和职业性的培训,对如何孕育出全人的生命,仍有待发展,这是澳门成人教育的第二个值得重视的信号。

本文的目的,是响应上述两点,试图找出一条让成人教育可恰当地持续发展的道路。

## 二、什么是可持续成人教育

当代教育一般都需要照顾到一个现实,那就是教育政策的制定与实施必须配合并促进该地区的可持续发展。至于教育本身如何才可以持续发展,则少有论述。在这里,教育自身的可持续发展,对辅助并配合该地区可持续发展来说,是一个必要的条件。所以本论文将参照一些国外的论点来予以讨论,并试图应用到澳门这个区域。

按照 ATL 的观点[③],可持续教育是:

(1)全民拥有的;

(2)提倡同情心、关爱和谅解精神的;

(3)以小区协作模式运作的;

(4)可以让教育人员互相支持的;

(5)使课程的设置鼓励创意、创新和批判思维,同时让学员跳出地域观念,培养出关系全球的愿景;

(6)对每一位教育人员同样珍视,设立公开及公平的架构让他们发展自己的

---

① 澳门特区政府统计暨普查局年度报告。

② Eduard C. Lindeman. *The Meaning of Adult Education*. Oklahoma Research Center for Continuing Professional and Higher Education,1989.

③ ATL 是英国的教育人员工会,创办于 1884 年,目前有 16 万遍布英格兰、北爱尔兰、苏格兰和威尔士的会员。文中的资料取自 ATL 有关可持续教育的政策宣言:http://www.atl.org.uk/policy-and-campaigns/policies/sustainable-education.asp.

专业和提供晋升的机会与环境；

（7）让学员对自己生命中重要的环节负责。

ATL相信可持续教育是一种涉猎面宽广且平衡的教育，带有深远的社会与道德目标，为一个自由、平等和公义的社会下定义，为它写下一套（道德）价值和愿景。这样的观点，其实和中国文化的师道[①]不谋而合。两者的对象虽然不尽相同，但两者都有同样的道德命题和取向：生命的意义和关爱。

成人教育是教育的一部分，因此可持续成人教育的内容，也与上述七项无异。有了这样的基础，可以展开讨论，以响应前节所提出的两个问题。

### 三、成人教育的发展

澳门回归后十年在成人教育方面的高速发展，所带来的好处有二：①当然是普遍的技能提升；②提高人们对持续教育重要性的认知。第二点对成人教育在澳门的推广非常重要。

随着博彩业发展的成熟，目前澳门的成人教育似乎要进入另一个阶段：一方面把培训的焦点从数量上面转移到质量方面；另一方面要为如何回归到成人教育的核心，寻求一些可行的方案，逐步为可持续成人教育建立基础。

经济合作与发展组织（OECD）在2005年出版了一本研究报告：*Promoting Adult Learning*。这报告综合了其中17个OECD国家的成人教育发展经验，提出了一些有关推广成人教育的建议，这些建议，对澳门成人教育的发展，有一定的启发。

报告认为，每个国家的教育政策，是成人教育能否全面展开的主要因素。它认为政府可做的事情，有四个方面：①为成人教育所能带来的利益，营造结构性的先决条件；②建立一种完善的财务支持计划；③改善教育传播模式及教育质素；④加强政策的协调性和兼容性。下面是报告内容的摘要。

（一）有关结构性先决条件的营造

这一点的用意十分明显，如果学员不明了某一项成人教育能为他带来什么利益，不管这利益是有形的还是无形的，他是不会产生任何学习欲望的。所以报告认为，这里的首要任务是要提高成人教育所能带来的利益的能见度，制造学员学习的欲望。然后在社会结构上建立一种承认这些技能的制度，让每个人与雇主明白这些技能对企业营运所能起的作用。简而言之，这是目前在很多国家已建立的"职业资历架构"。

---

① 韩愈云："师者，所以传道受（授）业解惑也。"

（二）完善的财务支持计划

对低收入阶层而言,成人教育的财政支出往往是他们考虑会否参加培训的一个比利益更重要的因素。报告认为,由于成人教育所带来的利益是私有的,政府实在不适宜过度投入资金来干预。但针对低收入阶层而言,没有政府的补助,他们的职业生涯与生活素质,又难以提升。所以政府有必要寻求一种方式,以帮助他们攀越这有形障碍。

另一方面,对企业而言,它们不会随便对非相关业务的培训做出任何投入。因此报告认为,政府可以宽减利得税又或者增加宽免项目,以鼓励企业资助其雇员持续进修。政府在这里要留心的是,制定这些资助的发放或宽减规划政策的时候,必须避免:①把所谓的"净重效应"(deadweight effect)①减至最低;②小型企业与低收入阶层均有充裕的机会参与。除此之外,有效的反馈条款可以减少企业与个人滥用这些公共资源。报告还建议如果大型企业能够为它的供货商提供适当的培训,这会是更有效益的培训资源运用形式。

报告还指出,以个人的学习账号(学分银行)形式来分配资助(学券或金钱资助)对低技术低收入阶层的帮助有不错的效益。

（三）改善传播模式及质素

恰当的传播模式,决定了培训资源的运用是否有效益。传统的学院式面授当然有效,不过调查结果亦显示,有关培训时间的安排也是一个重要因素,如果时间的编排越有弹性,则人们的参与率会越高,所以报告高度评价网络教育(e-learning)的有效性。

另外,内部培训是各种形式的培训中最容易产生效益的一种传播方式,因为它把理论与实务紧紧地缚在一起。更理想的内部培训的设置是让雇员代表参与,这样可以让雇佣双方明白彼此的利益与成本,从而全情投入。

报告发现不少雇主认为与其花资源作内部培训以提升低技术阶层,不如聘用较高学历人士。所以政府必须采取有效奖励计划,以鼓励企业投入更多于内部培训。

毫无疑问,课程质量保证是保障培训资源有效运用的一种必要手段,这不单保障了物质资源,也保障了教育的目标能得以完成。报告有两项有用的建议:①政府应扮演监管角色,提升市场的透明度,使学员懂得如何选读合适的课程。这方面的工作包括设立一定的准则和标准,让培训机构遵行,同时还可以向公众

---

① 净重效应:指不管有没有公共资源,所涉及的培训都会进行。因此投入的公共资源,会变成浪费。

发布符合要求的机构名单,让大众有所选择。②政府下辖的劳工部门的就业组可以引介求职者参与一类培训课程,从而改善和提高他们的应聘能力。

透过持续的监察来核实哪些课程对哪些对象在什么环境下管用,加上持续评估,则有关政策的制定会越来越完善。不过,要达到这一目标,报告指出各地区的政府和培训机构必须投入一定的资源来确立评审过程的指标和方法等。

(四)加强政策的协调性和兼容性

由于成人教育的涉及面十分宽广,要照顾的需要和学员十分庞杂,政府在制定施政方针的时候,便要顾及协调这些庞杂的需求,使它们得以兼容。最理想当然是:①教育政策本身已经协调好,有效减低适龄儿童的失学率和离校率,培养出终身学习者;②教育与就业政策相互协调,有效利用成人教育来提升待业者的应聘能力;③教育与社会福利政策相互协调,使接受社会福利者可以适时掌握和更新谋生技能,早日回归社会工作;④协调好社会需求,明确定义一些技能和发展相关的培训机会。

在这方面,报告建议让培训机构(直接或间接地)参与政策的制定,参与的形式可以是协调的角色、顾问的角色甚至政策制订的角色。这些协调机构可以为成人教育的发展订立优先发展的次序,决定财务支持的方式和提高最后的课程素质。

### 四、澳门成人教育的发展

OECD 的报告,是搜集了其中 17 个会员国从 1999 年到 2004 年的数据,并对此作出分析而完成的,对经济发展完善的区域,有相当的参考价值。澳门地方虽小,但报告的内容,对本身成人教育的可持续发展,亦深有启发。

(一)职业资历架构的设立

目前成人教育的发展不外乎两大方向:学历与资历的培养。前者在澳门有不少院校的常务工作均集中在学历的培养。由于政府未建立相关的职业资历架构,造成成人教育高度集中在学历的培养,忽略了技能的提升。所以报告中的第一点,将会是澳门特区政府应该努力研究和启动的一大要务。

(二)财务支持计划

澳门特区政府在培训的资源投入方面,一向不遗余力,这是澳门居民引以为荣之处。不过,根据上述报告的建议,还是有可改善的空间。比如说,个人学习账号的设置,让每名市民马上有资源在手上,由他们自行决定如何选择、如何运用,比直接把资源投放到培训机构,相信会更有效益。而且,以现有的经济情况,政府有条件考虑对参与雇员培训的企业提供税务上的宽减又或者增加宽免项目,将会更有利于成人教育的推动。

(三)传播模式与质素的改善

澳门地方太小,人们普遍不喜欢网络形式的教育。另一方面,由于澳门博彩业从业人员占整体劳动人口约30%,所以学习时间的编排亦是成人教育能否成功推行的关键。因此,纵然人们不愿接受,一定形式的网络教育还是有必要推行和推广的。这方面政府可以采取主动,在软件和硬件两方面,协助各培训机构设置符合本地环境的网络课程,鼓励人们和企业积极参与。从而改变目前的主要传播模式,让更多人得以受惠。

至于素质方面的改善,政府宜设立一常设监管组织,定期评估培训机构的成效,并适时地向公众发布有关信息,使人们知所选择。而个人学习账号的设置,会使这架构更有效地运作。

至于加强政策的协调性和兼容性方面,澳门特区政府的工作已经颇见成效,只要上述三点能正确实施,这方面不会是一个很大的问题。

(四)专业成人教育工作者的培养与支持

ATL的愿景相当全面,可持续成人教育不可或缺的一环除了课程的设置与传播外,事实上还有赖于一个专业成人教育工作团队的构建。环顾区内的成人教育工作者,除了行政人员外,教师多是兼职工作者,这对成人教育的素质,存有可大可小的影响。

过往由于教育资源大多投放到正规教育上面,留下来可供成人教育运用的往往是很少的一部分。在这前提下,教育工作团队便不能不以兼职的形态出现。因此,要使成人教育得以有效益地运作和发展,政府有必要对成人教育工作做进一步规范,把它纳入地区教育的一项正式组成部分,并为成人教育工作者构建相互支持的平台和晋升的阶梯,进一步让成人教育变成一种专业,确保它的素质。

**五、澳门成人教育目标的完成——从义务工作培训开始**

上面的讨论,主要还是集中在职业和技能两方面,实际上对成人教育目标的实践,还是有所欠缺。

澳门过去十年的高速发展,由于不同的原因,虽然不可能使每个人都能受惠,但整体社会的生活水平,实在有非常明显的进步。成人教育已经具备向它的终极目标出发的条件。然而,文化、生命、自由和公义等与日常生活又好像沾不上边,要大力推广文化和生命教育,似乎是一桩吃力不讨好且事倍功半的事。不过,从过去澳门市民积极参与世界各地的救灾行动来看,文化和生命教育的基础早已经存在,不过还欠一种启动的方法而已。所以作者以为,可以以此为出发点,来点燃文化和生命教育的引线,这就是义务工作的教育与推广。

一海之隔的香港特区政府辖下有义工发展局,其职能为协助区内的企业推动和教育本身的雇员,参与义务工作,一方面帮助有需要的社群,一方面培养人们对外围生命的关爱,不要一味投入在财富积累的游戏上面。澳门特区政府也可以仿效香港特区,设置相关机构,来推动义务工作,让澳门市民在参与义务工作的同时,反照自身,再追寻生命本来的意义。这对缔造一个和谐社会有绝对积极的意义。而义务工作的推动,离不开教育,所以实质上,这样的政策也为培训机构打开了向成人教育终极目标进发的缺口。

## 六、结　论

本文是对可持续成人教育这个较少人论述议题的一个初探,相信还要做更多的具体调研,使本文所提出的发展方向得以具体实施。不过,作者深信本文所提及的五点发展方向,其可行性与现实性相当高,所以作者会以此为经,来策划所负责的成人教育工作。

**参考文献:**

[1] Lindeman, Eduard C. *The Meaning of Adult Education*. Oklahoma Research Center for Continuing Professional and Higher Education,1989.

[2] *Promoting Adult Learning*. OECD,2005.

[3] 澳门特别行政区政府教育暨青年局相关年度教育及培训年度报告.

[4] 澳门特别行政区政府统计暨普查局相关人力资源需求及薪酬调查季度报告.

**图书在版编目(CIP)数据**

继续教育发展研究:海峡两岸暨港澳高校继续教育
论文集:全 3 册 / 张宏建主编. —杭州:浙江大学出
版社,2016.10
　　ISBN 978-7-308-16330-9

　　Ⅰ.①继… Ⅱ.①张… Ⅲ.①继续教育－文集 Ⅳ.
①G72-53

　　中国版本图书馆 CIP 数据核字(2016)第 251222 号

海峡两岸继续教育论坛15周年文集：探索与实践

张宏建 主编

JIXU JIAOYU FAZHAN YANJIU
HAIXIA LIANGAN JI GANGAO GAOXIAO JIXU JIAOYU LUNWENJI

继续教育发展研究

海峡两岸暨港澳高校继续教育论文集（中册）

浙江大学出版社
ZHIJIANG UNIVERSITY PRESS

# 目　　录

## 第一篇　学校定位与发展

## 第二篇 办学与培养模式

# 第三篇 教育管理与建设

## 第四篇 远程网络教育

# 学校定位与发展

# 终身学习

## ——香港科技大学何去何从？

香港科技大学　陈显邦　张启祥

【作者简介】

陈显邦，男，香港科技大学持续进修学院院长，教授。

张启祥，男，香港科技大学持续及专业教育办公室。

本文为 2000 年第一届海峡两岸暨港澳高校继续教育论坛收录论文。

在愈来愈偏重知识为本的社会，终身学习的要求日益迫切。与此同时，互联网的普及使信息获得非常便利。

香港科技大学作为研究型大学该如何适应这一社会发展态势？

作为一所研究型大学，我们应该继续进行我们的强项——利用研究及教学传授知识，并致力在知识领域不断创新。既然我们的使命是带动优质普及教育，我们应运用新科技帮助学生主动及有效率地学习。香港科技大学发展及采用的"个人回应系统"（personal response system）乃根据此信念，使学生在课堂上能互动参与学习。这套"个人回应系统"给每位学生配备无线回应手控器（wireless IR handset）回应教师提出问题的机会，并以统计图形式及时把学生回应显示给全体在场师生。另一项更广泛使用的教学科技为互联网。这是一种多媒体、互动、易取用的交互方式，若设计良好，互联网对非同步教学或自控进度学习最理想不过。

网上课程的发展及推行可使我们在不需加建课堂的情况下，利用远距学习或校外教学模式，录取更多学生。自费的远距学习属于广为人知的终身学习方式。唯教材形式已从印刷材料发展为录像带及光碟，以至近期的互联网。网上教学使任何人能不受时间及地域的限制进行学习，引起了教育传播媒体的大革命。

　　社会对终身学习的真切需求肯定将会持续,我们打算采纳目前远程学习中最有效的方法,逐步将学科搬上网。我校在教学促进中心(Center for Enhanced Learning and Teaching)的协助及推动下,正在发展一些高度互动的网上课程,估计在 2000 年秋季有部分学科将可在网上学习;与此同时,教学促进中心亦会推出更多教师讲课的录像,利用互联网或光碟播放;此外,学生可以利用电子邮件、互联网论坛和网上小组进行讨论。这些都是我们利用电子媒体推动学科学习的一些动作。假如我们想成功地满足社会人士对终身教育的需求,我们均须为发展网上及远程教育而努力。

# 台湾东吴大学推广教育新世纪发展方向

台湾东吴大学　王超弘　蒋　成

**【作者简介】**

　　王超弘，男，台湾东吴大学企业管理学系教授，台湾"清华大学"工业工程博士，研究方向包括作业管理、质量管理等。

　　蒋成，男，台湾东吴大学国际经营与贸易学系副教授，美国得克萨斯州奥斯汀大学拉美研究博士，研究方向包括财务管理、国际营销等。

　　本文为 2000 年第一届海峡两岸暨港澳高校继续教育论坛收录论文。

## 一、办学理念

　　东吴大学于 1900 年在苏州创校时，本是一博雅学院；1915 年在上海设立法学院，是为专业学院。红黑两色之校旗充分象征着坚毅奋斗之积极精神。1923 年东吴大学以"养天地正气，法古今完人"为校训，英文为"Unto a Full Grown Man"，注重养成完人。从台湾东吴大学的校歌歌词中可以归纳出办学的四个基本理念：务本、开明、养正、毅行。这一理念树立了学校纯朴、踏实和多元包容等特色。台湾东吴大学秉持这些特色和自由学风，善用社会资源，在董事会领导下，经由校务发展委员会规划，校务会议监督与决策，全校师生共同营造并维护，形成了单纯而祥和，开明、公正而合理的学术环境，培养了大批坚毅健行及具有专精知识的社会中坚人才。

　　台湾东吴大学在培育人才与研究学术之外，通过推广进修教育及举办各种活动，对提升文化及服务社会多有贡献。未来期在既有之成就上，踏实经营，永续发展，建设成精致、充实并富有前瞻性之高等学府。

　　东吴大学推广部于 1971 年 8 月成立，旨在办理大学推广教育，为社会培育实用人才，以促进社会普遍发展。因此，其施教目的乃在辅助在学青年及有志进修之社会人士充实各项能力,磨炼实作经验,以增加受教者之就业机会;协助在职人员进修,灌输新知,扩大知识领域,以增强其办事能力。推广教育实为大学教育的延伸。由于社会经济日益发达,科技发展日新月异,学校教育已不能完全涵盖所有知识领域,因此必须另辟教学管道,以适应时代趋势。此为推广教育肩负的新使命。

### 二、推广教育发展目标

目标一:协助增进学校财务收入

(1)针对语文、信息、企贸等班,除继续维持现有优势外,另增开新课程及新班以拓展新市场。

(2)加强营销宣传活动,出版推广部简介,内容包括师资阵容及固定开设的课程等。

(3)开设学分班、远距教学班、周末研习营、体育营、游学团及其他班次。

目标二:提供社会大众终身学习的管道

(1)继续加强办理推广部各班次,并由专业人员负责。

(2)与电视台合作,积极举办远距教学,先以语文、企管及教育为主要规划项目。

(3)办理各项教育训练课程。

目标三:培育在学学生就业技能

(1)与著名企业合作办理各项技职训练。

(2)与世界著名大学、语言中心合作办理各项语言训练课程。

(3)提供在校学生至推广部实习机会。

目标四:落实推广教育政策

(1)配合办理各项教育训练课程。

(2)积极推动远距教学及学分班。

(3)持续开办各式非学分班课程。

目标五:小区服务

(1)开设各式冬令、夏令营队。

(2)开设外籍学生汉语班或中国文化班。

(3)举办周六学习新知系列。

(4)通过远距教学办理各项专题演讲活动。

(5)办理各项自我成长教育系列课程。

### 三、推广教育教学设施

台湾东吴大学推广部以"学术专业服务社会"为办学宗旨,目的在于提供社会大众终身学习的管道,并增进在学学生之就业技能,进而落实推广教育政策,培育实用人才,以期促进社会之普遍发展。为提升教学质量,台湾东吴大学设有"推广教育委员会",以督导推广部的各项业务。

(一)课程多元化

推广部的课程设计兼顾理论及实务,以提高学员学习的兴趣,满足社会不同阶层的需求,随时开设新课程,实践终身学习的目标。

(1)开设语文、信息及企贸等实用课程:推广部下设英语、日语、德语、企贸、信息及远距教学等六个进修班,有效运用本校师资、设备,提供大众修习实用课程,培养第二专长,增加社会竞争力。

(2)开设体育、休闲、游学、文化等一般课程:打破学习的限制及范围,走出教室,从生活中体验学习的乐趣。

(3)开设学分班、远距教学班等学习课程:设立硕士及学士学分班,课程设计兼顾基础课程与专业课程,但仍以实用为主。

(4)开办公私立机构委托的在职人员专业训练课程:运用本校师资、设备,与公私立机构合作,代为培训人才,如公务人员日、英及德语训练班,程序设计训练班等。

(二)教学设备现代化

台湾东吴大学目前设有计算机教室、多媒体教室及语言视听教室。计算机教室 9 间,每间教室均设配备投影设备;全校的计算机配备新颖,提供教学研究之用,可直接由计算机连接校园网络系统,使用网络上的各种软件,并可通过校园网络与教育主管部门电算中心联机串联台湾学术网络,使用互联网上所有资源。另设有语言视听教室 12 间,供英、日、德等语言课程使用;放映室 2 间,供各学科教学使用。此外,为辅助加强学生外语的听说能力,设有个人学习的选听室,同学可利用课余时间,自行前往借用各类录音带、录像带、光盘等语言学习材料学习外语。还有 4 间多媒体教室,备有录放机、影音机、摄影机、电视机等供教学使用。

(三)师资专业化

推广部的师资在本校各相关系所中选聘,均拥有硕士以上学位,博士学位的师资亦不在少数;此外,积极选聘校外各界学有专精的专家学者任教,以加强理论与实务兼备的师资阵容。

（四）扩大小区服务

为落实学习无边界的理念,推广部对银发族、团体及台湾东吴大学校友等均给予优惠,并利用周休两日,为小区居民与本校教职员工举办各式软性教学活动;拟开设各式冬令营、夏令营,鼓励亲子共同学习。

**四、推广教育课程内容**

推广部为学校一级行政单位,设部主任一名,由校长指派校内副教授以上的教师担任;另设班主任若干名,由部主任提名,请校长聘任。办理学分班及非学分班的各项业务,负责推广教育的管理、规划、协调与发展。学校设有推广教育委员会,由各学院教师代表共同组成,由校长担任召集人,以负责推广部各项业务。

推广部主任、各班主任及组员不定期举行教务研讨会,商议课程规划。除参考现行社会、经济发展趋势及其他学校开班状况外,还在相关系所的配合协助下,拟定各种课程规划。所规划的课程由部主任向推广教育委员会议提案开设,决议后,再签报校长同意后始可办理。若需陈报教育主管部门核备者,则俟教育主管部门核准办理后即开始招生作业。

（一）经常班

共有日文班、英文班、德文班、俄文班、信息班、企贸班及文化班等七个班别,四个语言班两个月公开招生一次,信息班、企贸班每个月公开招生一次,招生对象原则上为年龄 15 岁以上者,结业后,可申请结业证书。

（二）推广教育学分班

共有推广教育硕士学分班及学士学分班两种班别,原则上每年公开招生一次,就读学生均须具备就读的资格,结业后,颁给学分证明书。学员可选择修读由学系所规划的成套课程,亦可选择修读由推广部所规划的跨学科学分班课程,每次修读课程可依自己兴趣与需求自由选课,相当具有弹性。

（三）其他

1. 公务人员外语进修班

公务人员外国语言进修班的宗旨是加强公务人员外语能力及培育具有外语能力的实务人才。英文进修班分为综合班、会话班、听力训练班及文法班;日文进修班分为初级班、中级班、高级班及专修班;德语进修班分为基础德语班及进阶德语会话班。学习时间为一年,共分两个学期。

2. 远距教学

台湾东吴大学本着推广终身教育的理念,于 2010 年 7 月起开设远距教学课程。远程教育采用卫星远距教学,上课过程全部实况由电视播出,提供给社会大众一个无距离的学习机会。课程内容有计算机基础与文字处理,信息管理,营销管理学,会计学,管理会计,英文文法,实用英语会话,基础日语(一)、(二)及基础德语等十门课程,以三个月为一期。此外,网络远距教学亦在试办中。

3. 体育营

为推动阳光健身计划系列活动,推广部于寒暑假期间举办体育营,旨在培养青少年尊重他人、关怀社会及乐观进取的情操,推广青少年健康休闲活动,并提升青少年健康体能及养成规律运动的习惯。训练课程包括篮球、网球、高尔夫球、羽毛球及乒乓球。

4. 海外游学团

海外游学已成为一种新兴的学习方式,同学不仅可学习外语、结交朋友、体验不同文化与生活方式,还可提前一圆海外留学之梦。台湾东吴大学与世界著名的英语教学中心 Embassy 合作,为同学提供最专业的游学行程。游学的地点为英国伦敦、美国波士顿或加拿大多伦多,三者皆是人文荟萃、历史悠久的国际知名城市。行程中除了正规的英文课程外,另排有各种活动与参观旅游,由专人带领,能让同学每一天都过得充实、有趣。

另外,推广部亦与英文系合办美国著名大学暑期学分研习团,除与当地学生一起上课的学分课程外,另有依英语能力分班的小组辅导课程(为正式的学分课程,可抵免本校相关学分)。全部行程由英文系老师陪同,学习成效卓著。

**五、推广教育竞争环境分析**

以下采取常用的 SWOT(strength,weakness,opportunity,threat)来分析推广部内外环境的竞争形势。

(一)内部优势

(1)语文课程一向享有口碑。

(2)历史悠久。

(3)师资的配合、专业品管。

(4)地利之便。

(5)学校有文、理、外语、法及商等五学院的专业人才,资源可整合运用。

(6)课程设计优良。

(7)学校充分支持。

(8)校誉良好。

(二)内部劣势

(1)教室老旧。

(2)教学设备不足。

(3)空间不足。

(4)人员不足,营销能力薄弱。

(5)推广教育认知不足。

(三)外部机会

(1)终身学习观念已渐为社会普遍接受。

(2)公私立机构委托在职训练渐受重视,有利推广教育。

(3)在教育多元化及全球一体化需求下,学习外语将成为潮流趋势。

(4)科技化社会使计算机及网络学习逐渐普及。

(四)外部威胁

(1)各校均积极拓展推广教育,竞争激烈。

(2)经济低迷,影响学习意愿。

(3)一般补习班林立,提供给社会大众多元化的选择。

(※本文要感谢林美珍协助收集整理相关资料)

# 加入 WTO 对企业高素质人才建设的挑战

浙江大学 张土乔 陈萃光 罗遂洪

【作者简介】

张土乔,男,浙江大学成人教育学院常务副院长,博士,教授,主要从事继续教育、市政工程研究。

陈萃光,男,浙江大学继续教育学院院长,研究员,主要从事继续教育研究。

罗遂洪,男,浙江大学继续教育学院培训部副主任,副研究员,主要从事继续教育研究。

本文为2001年第二届海峡两岸暨港澳高校继续教育论坛收录论文。

本文发表于《中国成人教育》2002年第2期。

在踏入新世纪之际,人类社会正面临着一个重大的转折,以微电子与信息技术为代表的当代科学技术的发展正加速改变着人们的生存方式、生活方式和思维方式。当代经济和社会的发展已越来越依赖于知识创新和知识的创造性应用。人类将进入全球化知识经济的时代。加入 WTO 后,我国将面临日益激烈的国际竞争环境。国际竞争的实质是综合国力的竞争、科技的竞争、人才资源的竞争。企业作为国民经济细胞、市场经济的主体是科技与经济结合的直接体现。企业在如此激烈的竞争环境中欲立于不败之地,唯有造就一支高层次、高素质、高效能、懂经营、善管理的经营管理人才队伍。因为经营管理人才是企业经济活动过程中最重要、最活跃的因素之一,是社会生产力的组织者,他们运用自己的才智和素质组织协调并带领各类人才和企业员工去创造物质财富和精神财富。因此,建立一个科学的、适应市场竞争要求的高素质人才的形成、激励和约束机制,是我国企业适应国际竞争的一项十分迫切的任务。

### 一、造就高素质企业经营管理人才是知识经济时代的客观要求

知识经济是指区别于以前的以传统工业为产业、以稀缺自然资源为主要依托的新型经济，在本质上是以智力资源的占有、支配，以高新科技为主的知识生产、分配和消费为最重要因素的经济。知识经济的悄然到来对传统企业提出了挑战，同时也对企业的崛起创造了机遇。目前，我国经济正由计划经济向社会主义市场经济全面转轨。快速、良性地实现这一历史性的转变，需要一大批懂经济会管理的中高层经营管理人才。但现实情况是，在我国的各级经济主管部门和各类企业中，处于管理和决策岗位而又经过系统学习并掌握经济、管理知识的人才十分缺乏。很多管理者只是凭借他们过去所学和工作中摸索积累起来的一些感性经验，去做判断，制定决策和实施管理。靠这些老经验要想在多变的激烈的市场竞争中实现其管理目标和经营目标并取得持续发展是非常困难的。企业和各类经济组织已越来越清楚地认识到，人才是最根本、最重要的资源，只有拥有创新意识、创新知识和创新能力的高素质人才，才能立足于竞争激烈的环境，才能求得长远的发展。在市场经济条件下，企业成为市场经济的主体，有独立的经济地位，按照市场的需要，自主经营，自负盈亏，在市场竞争中优胜劣汰。从某种意义上说，企业是人才的事业，人才是企业的基础。要提高我国的综合国力，增强同世界其他国家的竞争能力，就必须拥有一批具有真才实学、素质过硬、独具创新能力的管理人才。只有这样，企业才能不断地改进经营管理能力，不断提高决策能力，实现供、销、人、财、物的合理分配。

### 二、当前制约高素质企业经营管理人才建设的因素

#### （一）经济体制上仍处于"转型期"

我国工业界正处于由传统的计划经济向社会主义市场经济的过渡阶段。我国工业从工艺技术水平上看，其实质是高低层次并存。尽管某些企业装备相当先进，达到国际 20 世纪 80 年代甚至 90 年代水平，但由于受计划经济体制的影响，大多数企业的经营管理水平与国际水平仍有较大差距。为使我国工业界在国际市场竞争中能经受住考验，获得与我国国际地位相适应的市场份额，必须使我国经济实现两个转变，由传统的计划经济体制向适应国际市场竞争的体制转变和由粗放型经营模式向以内涵为主追求质量效益的集约型经营模式转变。在实现两个转变的过程中，由于市场经济还没有完全建立，传统的计划体制的惯性仍在作用。企业没有完成独立的法人实体和市场竞争主体角色的转换，企业产权关系没有明晰。现行推广的股份合作制也是所有权与经营权的统一，是劳务

合作与资本合作。所有者就是经营者,这就形成了独特的决策结构,即人人参与决策,不利于形成一支掌握当代先进科学技术和管理经验的人才队伍。

(二)当前企业经营管理人才存在"三个不适应""三低""二老"的现象

"三个不适应"即不适应市场经济体制、不适应现代企业制度、不适应世界经济发展一体化。目前企业经营管理者队伍的主体基本是从计划经济体制中延续过来的,对市场经济理论和经济政策法规知之不多或理解不深,工作上仍习惯于依赖上级部门,靠政策照顾。相当多的企业经营者不尊重市场经济的客观规律,盲目决策,仍习惯于凭经验办事,小生意式经营管理,在思想观念、经营方法和企业管理等方面缺少现代管理思想、竞争意识和创新能力。"三低"即学历低、职称低、有效的决策能力低。现任经营管理者的文化程度大都在大专以下,据统计,全国大中型企业中管理人员文化程度在大专以上的仅有10.6%,中小型企业中经营管理人员中还有不少仅有初中以上文化程度。他们中相当多的人员没有达到初级任职资格水平,具有高级职称的寥寥无几。"二老"即知识结构老化、年龄老化。目前企业经营管理者的年龄大部分在45岁以上,35岁以下的占经营者总数不到10%,在科学技术迅速进步的今天,由于中断教育多年,他们拥有的知识结构明显地陈旧和老化。上述几方面的现状,带来的负面影响是决策的有效性大大降低,阻滞了企业的发展。

(三)管理机制的不合理

我国社会主义市场经济体制的确立,为人力资源的开发开辟了广阔的前景。经营管理者作为人才资源,在市场经济条件下,必须承认人力资源所特有的人才资本的商品化、市场化和价值化。因此,无论是国家、企业还是个人,对人才资源开发,都是以人力资本转化为商品的程度为基本依据。人才资源的开发制度应以经济运行规律来建立,其经济效益的体现只能以经济利益的分配为前提。当前我国企业由于产权关系不明晰,造成分配的平均主义,干出成绩得不到应有的奖励,贡献与合法收入严重脱钩,导致企业经营管理者缺乏积极性和责任心,不关心企业的长期发展,影响整个企业的经营状况。

以上因素均制约高素质经营管理人才的建设。

### 三、对高素质企业经营管理人才建设的思路

(一)完善用人机制,建立"公平竞争、优胜劣汰"的选拔任用机制

邓小平同志曾反复强调,我们事业的兴衰成败,关键在人。领导制度、组织制度问题带有根本性、全局性、稳定性和长期性。随着我国经济体制和企业制度发生的根本性变化,客观形势对企业经营管理人才的结构和素质提出了更高的

要求。要选拔跨世纪高素质的企业管理人才,必须完善领导干部的选拔任用制度,使干部的选拔任用走上制度化、规范化、民主化、公开化的路子,逐步探索形成一个有利于优秀人才脱颖而出的机制,形成一个健全的制度来保障高素质人才选人用人机制。在企业管理人才的选拔中,应采用"公开、公平、竞争"的原则,制定相应的推荐、选举、任命、罢免等制度,杜绝按个人的主观意志行事的现象,遵循"因事用人"的用人原则,把最优秀的人才安置于相应的岗位。比如建立专业化的人才市场,浙江省在这一方面进行了有益的尝试。2001 年 3 月 2 日,为适应经济全球化发展的趋势,增强企业参与国际竞争的能力,首次浙江省高层次人才封闭式洽谈会在杭州人才市场举办。这次洽谈会共有 89 家企事业单位入场,招聘的岗位数近 800 个,大多数是部门经理以上的岗位。举办者的目的是用市场化手段来配置厂长、经理等经营管理人才,真正形成一套让人才充分发挥才能、脱颖而出的人才建设新路子。当天参加洽谈会并登记过的应聘者人数达 1772 人。有关企业单独见面并进行登记人次 1380 人,其中有博士 39 人,硕士 184 人;拥有高级职称的有 192 人,中级职称的有 360 余人;当过企业负责人的有 76 人,当过部门负责人的有 194 人。企业有初步签约意向的有 890 人次。实践证明,建立专业化的人才市场,对促进企业高素质人才队伍建设具有十分重要的意义。

(二)加大对企业高级管理人才的培训力度

所谓人才是指在专业技术或经营管理方面出类拔萃者,他们有很高的创造性,是对某个方面的工作发展方向及其速度有影响的人物。成批人才组成的人群是大企业竞争获胜的保障。据统计,人类科技知识总量翻倍的时间已从 19 世纪的 50 年缩短到现在的 3～5 年。由于知识更新越来越快,信息技术越来越发达,只有极少数企业能在竞争者追上之前享受到竞争的所有成果,而且靠科技阻止别人加入竞争也越来越难了。根据建立社会主义市场经济体制的需要,企业人才只有经过多层次、多类型、多形式的科学技术知识培训,才能提高科学管理水平,增强经济建设服务的本领。只有加大培训,才能使企业人才适应市场的不断变化和企业生产经营日益发展的需要,才能使企业立于不败之地。据 1998 年年底统计,全国专业技术人员人数 2860 万,具有高级职称的 157 万人,占 5.5%,中级职称的 810 万人,占 28.3%。大专以上学历占 45.7%,中专、高中及初中以下学历占 54.3%。其中研究生学历占 1%,大学本科学历占 16%,大学专科学历占 28.7%,中学学历占 37.3%,高中学历占 9.8%,初中以下占 7.2%。说明我国专业技术队伍学历偏低、文化程度不高,高素质人员缺少。这对我们开展继续教育提供了广阔的前景。

（三）大力开展海内外合作培训，不失为有效途径

建设一支适应 21 世纪经济和社会发展的企业高素质人才队伍是我国经济能够参与国际竞争的关键。大力开展海内外合作培训，可使我们的中青年企业家了解国外市场的一般规律和运作，熟悉和掌握经济、金融、贸易、管理、法律等知识，学习和借鉴西方发达国家发展经济和实现现代化管理的成功经验。从1997 年开始浙江省在这方面就进行了有益的探索。如举办企业高级经营管理人才经济管理研究班，并派往国外进行一定时期的专题培训、考察与研究。2000年 10 月 23 日浙江省选派了 23 位企业高级管理人才去美国进行 2 个月的培训。在美期间，全体学员以政府和经济为主题进行了培训考察，在伊利诺斯大学学习了政府与经济、金融、国际贸易、企业管理、法律等课程，听取了风险投资、财税、高科技等 20 多个专题讲座，参观考察了数十个政府部门、基建单位和著名企业，加深了对美国这样一个当今世界上发达的资本主义国家经济、社会的认识和了解，取得了比较明显的成效。实践证明，通过培训考察，一是提高了企业管理人才驾驭社会主义市场经济的能力；二是做到知己知彼，提高了应付困难情况的能力；三是坚持学用结合，提高了企业管理人才的创新能力。

（四）建立合理的激励机制

江泽民同志在十五大报告中强调："要建立一整套有利于人才培养和使用的激励机制。"首先，对企业经营管理者实行与企业经营绩效相联系的年薪制，将企业经营者的收入与企业的经济效益、资本增值、企业发展和社会贡献直接挂钩，贡献大，能力强，报酬高。其次，建立产权激励机制，在企业改制过程中，股权配置要避免平均主义，按照利益与风险共担原则，企业经营管理人才要比一般职工多持股、持大股，使他们得到更多的激励，与企业关系更紧密，真正使其安下心来搞好企业的经营管理，避免企业行为短期化。

总之，建设高素质的企业经营管理人才是社会主义市场经济的迫切需要，是一项面向 21 世纪发展的宏伟工程。培养和造就高素质的企业经营管理人才需要有良好的机制和环境。当然高素质的人才培养需要一个较长的周期，只要我们创造有利条件，经过各方不懈努力，一定能使高素质的企业经营管理人才队伍不断壮大。

# 加强海峡两岸高校合作，
# 推动继续教育持续发展

天津大学　郁道银　钱桂荣　尚富兰

【作者简介】

　　郁道银,男,天津大学副校长,博士生导师,教授,研究方向为高等教育管理等。

　　钱桂荣,女,天津大学继续教育学院院长,研究员,研究方向为继续教育管理。

　　尚富兰,女,天津大学继续教育学院副院长,副研究员,研究方向为继续教育管理。

　　本文为2001年第二届海峡两岸暨港澳高校继续教育论坛收录论文。

国内外的研究与实践都表明,在科技迅猛发展的今天,继续教育已经成为人才资源开发、促进人才发展的最佳途径之一。因此,继续教育日益受到政府、公众和个人的关注,得到迅速发展。

在大陆的高等教育体系中,继续教育分别由普通高等学校下设的成人教育学院和独立设置的成人高校实施,而高层次的继续教育主要由前者承担。

## 一、继续教育已经成为大陆经济建设和社会发展的基石

自20世纪80年代我国实行改革开放政策以来,特别是由计划经济向市场经济转变以后,经济结构、产业结构调整的力度越来越大,速度越来越快,形成了以国有经济为主体、多种经济成分并存且相互竞争的新格局。

在新形势下,全社会更加清楚地认识到竞争的核心问题是人才。因为,与国际先进的科技、管理的结合愈紧密,经济和社会的发展愈依赖先进的科技、管理,就愈需要引进、吸收优秀的人才,使知识迅速转化为现实的生产力。另一方面,

由于知识更新、技术换代的速度不断加快,专业人员所掌握的知识、技术的"保鲜期"不断缩短,而职业岗位转换频率的提高更是起了推波助澜的作用。所谓适应新形势,说到底,实质上是要求人才尤其是在职专业人员的素质不断得到提升,满足发展的需要。因为在职专业人员已经具有较好的知识、技术基础和较强的自学能力,只是需要在不同的关键时刻和关键环节上进行"充电",就能够在更高的层次和更新的领域发挥更大的作用。相对学历教育而言,继续教育以其针对性、灵活性、适应性强,综合成本低廉而倍受在职专业人员的青睐,并以此成为终身教育体系的基本要素。

据有关统计资料,为适应高新技术应用需要,大陆继续培训的现岗工程技术人员约 400 万人。由此可见,继续教育任重而道远,具有广阔的发展前景。

多年来,天津大学成人教育学院开展继续教育始终坚持面向未来、面向世界、面向四个现代化的方针,始终坚持高起点、高水平、高层次、高效益的原则,始终坚持以市场和社会需求为导向,以促进经济发展为中心,以科技创新为重点,以高层次技术、管理人才为对象,充分依托和发挥学校的学科优势和办学实力,在多种类型和层次上通过多种教育教学形式为经济建设和社会发展培养培训了大批的人才,取得了显著的成效,多方位地满足了企业和地方经济发展的需要。

据不完全统计,1995 年以来天津大学成人教育学院共举办各类高级研讨班、短期培训班、进修班、讲习班以及国际研讨会 3000 余个,有 10 万人次接受了各类继续教育。例如,以企业高级技术人员为对象的"细胞与组织反应工程""定量生理学与代谢工程""非均相催化与均相化学反应的动力学及计算机模拟""医药工业结晶技术""精密测试技术""CCD 技术及其发展趋势""国际工程管理"等高级研讨班,充分发挥了我校重点学科、国家重点实验室和工程中心等国家基地辐射源的作用,将学科发展前沿以及专业领域新理论、新技术、新工艺迅速推广应用,社会效益非常明显。

在我校主办的国际研讨会上,专门邀请国内外知名专家举办专题报告、交流学术成果、传播高新技术,推动了国家的科技创新进程,大大缩短了国内科技发展与国际先进水平的距离,也为进一步交流拓宽了渠道。

在此期间,我校利用接收进修教师和访问学者的形式,为高等学校和科研院所培养师资和研究人员 100 余名,使他们成为所在工作部门的业务骨干。

在开展继续教育过程中,我校特别注意向西部地区和经济欠发达地区倾斜,先后为新疆、甘肃、内蒙古等省(区市)举办不同类型的培训班。仅为新疆就举办了 12 期县级民族干部培训班,培训学员 630 余名。这些学员遍布全区各地,为新疆的社会稳定和经济建设做出巨大的贡献。

### 二、大陆继续教育面临的问题与挑战

在继续教育取得成绩的同时,我们也冷静地看到由于形势发展的不断变化,继续教育工作还有许多不适应市场经济的地方,还面临着这样那样的问题。只有做到从实际需要出发,深化改革,才能真正抓住发展机遇,应对实践中出现的新挑战。

1. 继续教育向低成本高效益方向发展

较早以前,高校继续教育的对象主要是国有大中型企业的技术人员、管理人员。在形式上比较多的是通过产学研合作,针对企业发展需求,由企业出资委托高校举办专题或专项培训班。在从计划经济向市场经济转型的过程中,大中型国有企业内部管理体制和运行机制发生了相当大的变革。其中,在人力资源开发方面,企业往往不再负担与企业改造、发展直接相关项目以外的人员培训费用。基于个人发展需要,不少专业人员还是积极主动地参加各种短期培训学习,提高自身素质。不言而喻,在此背景下专业人员接受继续教育已经逐步从企业的组织行为转变为个人行为。此外,还有大量民营企业的专业人士也是以个人行为方式接受继续教育的。正是由于个人负担继续教育的费用,必然会对教育质量提出新的更高的要求。这意味着,继续教育要适应新形势需要就必须向低成本高效益方向发展。只有如此,接受继续教育才可能在更大范围成为自觉的行为。换言之,最根本的问题是继续教育必须更讲求实效,满足受教育者个性发展的需要,并带来较高的回报。

2. 继续教育需要直面外资企业内部培训体系的存在

经济成分多样化的趋势,使得外资企业、合资企业与民营企业的比例不断增加,所聘用技术人员的数量日渐上升。其中,尤以跨国公司、大型企业集团为最。

相当一部分进入大陆且具有一定规模的公司企业,已经建立包括人力资源开发在内的管理体制和制度。这些公司企业每年要从收入中拿出一定比例的资金用于在职员工的继续教育。外资企业内部培训这个"撒手锏"无形之中也占有继续教育相当大比例的市场份额。

3. 继续教育需要尽快走向现代化

高校成人教育学院开展继续教育,多是从本校学科专业设置、师资水平和办学条件出发设计教学、培训的内容。由于新技术、新工艺、新方法引进的速度快,升级换代的速度更快,而且不少还涉及所谓的"商业秘密",的确给高校开展继续教育增添了难度。再加之由于种种条件限制,高校新兴学科、交叉学科的总体实力不是很强,教学、培训内容和水平往往满足不了实际需求,结果,尽管部分国内

外知名度较高、办学实力雄厚的学校的继续教育开展得有声有色,但从总量上看,高新技术方面的内容偏少,所起作用有限。因此,高等学校在加快自身学科建设、提高学术水平的同时,继续教育也要在较短的时间内找到改变这种状况的新途径。

### 三、加快发展继续教育的思路与对策

#### 1. 利用网络技术,加快继续教育发展

随着信息技术的快速发展,网络教育以其不受时空限制、有利于学习者学习的交互式教学方式,逐渐成为继续教育新的增长点。网络教育的优点还在于使更多的学习者成为名校、名师、名课的受益者,而且成本相对低廉,至少机会成本可以大大降低。天津大学作为教育部首批批准开展网络教育的高等学校,很快就将这种新的教学方式运用到继续教育方面。目前,天津大学已经在全国20个省(区市)设立了30多个站点,利用师资和网络优势在更大的范围尝试开展继续教育。

#### 2. 加强与外资企业合作,探索继续教育新思路

抓住外资企业发展"本土化"策略实施的机遇,准备进一步加强与外资、合资企业的合作,利用高等学校师资和办学条件的优势,共同承担企业员工特别是较高层次专业人员、技术人员的教育培训工作。毫无疑问,对企业而言,会在保证质量的前提下较大幅度地降低继续教育成本;对高等学校而言,会在实施继续教育的同时锻炼自己的师资队伍,促进学科建设,及时掌握高新技术发展的动向。这种"双赢"策略必将受到校企双方的欢迎,具有广阔的发展前景。在这方面,天津大学已与 MOTOROLA(摩托罗拉)公司进行合作,选聘本校教师为该公司培训高层次管理人员,教学效果受到外方的好评。

#### 3. 加快继续教育现代化的步伐

在新形势下,进一步做好继续教育工作,第一,要实现思想现代化,瞄准经济建设和社会发展急需,树立为市场、为"客户"服务的观念,构建有利于终身教育、终身学习的公共服务体系。第二,要实现继续教育内容现代化,要瞄准经济、科技和社会发展的最前沿来选择继续教育内容。例如,中国加入 WTO 后需要应对和解决的问题,全球经济一体化过程中令人关注的问题,等等。第三,要实现继续教育手段的现代化,在教育培训过程中广泛采用现代教育技术,应用现代教学理论和学习理论,降低继续教育成本,提高质量,提高效益。第四,继续教育要注重人自身全面发展的需要,特别是包括有益于人的优良个性发展的需要。因为创新意识、创新能力已成为时代对人才的基本要求,而个性发展是其必要的前

提之一。

4. 加强海峡两岸高校交流与合作，推动继续教育持续发展

进步往往是从交流开始的。我们认为，海峡两岸加强交流合作会为推动继续教育持续发展创造众多机遇。其理由有三：

第一，台湾经历了开放引进外资促进经济发展的过程，经历了外资公司企业"本土化"发展的过程，而高等学校的继续教育也必然经历了从不断适应到形成促进发展有效机制的过程，积累了许多可供大陆借鉴的经验。

第二，台湾经济发展速度较快，特别是技术方面，已在不少领域走在了国际的前列，例如 IT 产业。相应地，这必然会促进高等学校新兴、交叉学科的发展，促进高等学校师资队伍的建设，促进高等学校办学条件的改善，从而为开展继续教育打下了扎实的基础。应当说，台湾高等学校在这方面应具有更多的实践和经验。

第三，目前在大陆投资的台商数量持续增加，规模不断扩大。而台湾高等学校对这些台商的背景更为了解，加强两岸高校合作，共同发展继续教育，将既有利于这些台资企业提高竞争能力，促进大陆经济繁荣，也有利于充分发挥海峡两岸高等学校在继续教育方面各自的优势，促进各自学校的发展。

基于以上认识，天津大学十分重视此次海峡两岸继续教育论坛大会，愿意利用这一机会，与台湾高等学校就继续教育问题进行广泛的交流，建立有效的合作机制，就双方感兴趣的内容、问题和领域进行合作研究，互聘专家讲学，为企业和经济部门举办研讨班、培训班、讲习班，共同为促进中华民族的继续教育事业做出贡献。

# 充分发挥论坛作用，促进海峡两岸暨港澳地区继续教育的交流与发展

浙江大学　陈萃光　张国芳　罗遂洪

【作者简介】

　　陈萃光，男，浙江大学继续教育学院院长，研究员，主要从事继续教育研究。

　　张国芳，男，浙江大学继续教育学院培训部副主任，副研究员，主要从事继续教育研究。

　　罗遂洪，男，浙江大学继续教育学院培训部副主任，副研究员，主要从事继续教育研究。

　　本文为 2003 年第四届海峡两岸暨港澳高校继续教育论坛收录论文。

　　本文发表于《中国成人教育》2004 年第 6 期。

　　世界经济化和区域化的不断发展，推动了政治、社会以及文化、教育的全球化与国际化。中国加入 WTO，给海峡两岸暨港澳地区继续教育的发展带来了严峻的挑战，同时也带来了难得的发展机会。如何抓住机遇，乘势而上，与时俱进，顺应教育国际化、全球化趋势，是海峡两岸暨港澳地区继续教育工作者都必须面对和解决的一个课题。论坛的成立顺应了历史发展的潮流，对推动继续教育事业的交流与发展，促进继续教育事业向多学科、多形式、高层次方向发展做出了有益的探索。在论坛经过三年的发展后，有必要对它的工作进行回顾和展望，以明确论坛今后的工作重点和发展方向，进一步发挥它的职能，为海峡两岸暨港澳地区人才培养、经济发展，构建适合海峡两岸暨港澳地区实际的终身教育体系做出更大的贡献。

## 一、论坛成立的背景

　　(1)海峡两岸暨港澳地区经济融合程度日益加强，作为与经济联系最为紧密

的继续教育理应加强交流合作。

顺应世界经济一体化和区域化发展趋势,地处亚太经济社会中心的中国经济日益向区域化发展,在亚太新格局的整体发展中承担更为突出的特殊作用。加强海峡两岸暨港澳地区的经济合作是迎接经济全球化和新经济挑战的必然选择,也是经济融合程度日益加强的客观需要。在发展新经济方面,海峡两岸暨港澳地区各有特点和优势,也各有缺陷和不足,只有加强协作,才能取长补短,达到资源合理配置和统筹规划,从而提高在国际市场上的竞争力。大陆具有充足的土地和原料,劳动力成本较低,有许多优秀人才,并有庞大的内销市场;香港作为一个国际金融、外贸、货运、信息中心,起到桥梁的重要作用;台湾则具有资金、技术和经营销售等优势;澳门经济颇具特色,是中西方文化交流的一架桥梁,其未来的发展将更有赖于加强与内地的交流合作。加入 WTO 后,海峡两岸暨港澳地区经济分工合作的机会越来越多,领域更加广阔。2000 年 6 月,海峡两岸暨港澳地区继续教育工作者聚集在浙江大学,成立海峡两岸暨港澳地区继续教育论坛,共同探讨继续教育担负的使命和职责、面临的机遇与挑战,是非常及时而有意义的。

(2)加入 WTO 后,海峡两岸暨港澳地区继续教育面临巨大的国际竞争压力。

加入 WTO 会对海峡两岸暨港澳地区的经济领域带来巨大的冲击,同时也必将对与经济联系最为紧密的继续教育带来前所未有的影响。"国际教育贸易"的观点现在已被越来越多的人赞同,教育出口贸易日益成为国际贸易中的一个新兴领域,引起了许多关联国家政府和大学的极大重视。以美国为例,在美国的服务行业中,教育出口长期扮演着十分重要的角色,它在十大服务行业中仅次于旅游、运输和金融,名列第四。海峡两岸暨港澳地区巨大的教育市场潜在的价值与发展空间早就为西方国家看好,其借助于经济活动介入中国教育市场而获得一定乃至高额回报的现象已经出现,并且将为此继续拓展两岸的教育市场。可以想象,随着中国加入 WTO 后履行服务市场准入原则的进程,世界教育强国很可能首先选择以开展继续教育的方式进入海峡两岸暨港澳地区教育市场,开展强劲的"教育贸易"攻势,依仗多年来确立的教育强国的实力,在海峡两岸暨港澳地区把继续教育作为一项生产和贸易来开发经营。海峡两岸暨港澳地区继续教育市场将受到国际办学力量竞争市场份额、争夺优秀生源的直接冲击。为此,海峡两岸暨港澳地区继续教育应由各自为政走向联合一致,共同应对过竞争压力。

(3)加入 WTO 后,海峡两岸暨港澳地区继续教育面临难得的发展机遇。

①加入 WTO 后,关联国家以其雄厚的经济实力,特别是强大的人才、科技优势,对我们构成了巨大的竞争压力。我们要在今后的竞争中赢得主动,必须十分重视科技人才的培养和自主创新能力的提高。要做到这一点,仅仅通过国民

教育和引进人才是不够的,必须认真开展各种形式的继续教育,努力实现科技人员的知识更新,深入挖掘现有专业技术人才的潜能,加快促进科技成果向现实生产力的转化,促进经济、社会可持续健康发展。②加入WTO将使我国国际贸易环境更加优化,必将引起我国经济的又一次腾飞,这对人才培养的模式与规格提出了新的要求。③加入WTO以及生产结构调整,对高级人才的需求量更大,国家需要大批金融、外贸、网络以及社区管理、物业管理、旅游管理等人才,继续教育的服务在这些领域也将有所作为乃至大有作为。④加入WTO后,国外教育将长驱直入,大举登陆中国。为了能与国外教育机构进行平等竞争,为了抢占中国教育市场,我们必须大力发展海峡两岸暨港澳地区的继续教育。

(4)海峡两岸暨港澳地区各高校在继续教育办学过程中取得了许多成功的经验,值得交流和借鉴。

海峡两岸暨港澳地区各高校在各自的继续教育办学过程中进行了许多有益的探索和实践,积累了丰富的办学经验,办学规模不断扩大,办学的社会效益和经济效益成倍增长。如香港大学每年参加继续教育的人数超过了10万。目前,香港大学和内地著名高校合作开展高层次继续教育工作也取得了长足的发展。清华大学在开发高层次、高质量、高收费的继续教育专案方面,以及继续教育的产业化方面取得了成功的经验。浙江大学继续教育的办学规模近年来也不断扩大,年培训人数达到了3万人,在举办高层次研修班方面也积累了一定的经验,尤其是浙江大学在发挥优势、突出特色、注重实效,为西部开发培养实用性人才方面走在了全国高校的前列。台湾、澳门在发展继续教育过程中也各有自己的特色。这些经验中有许多共性的东西非常值得借鉴和学习。海峡两岸暨港澳地区继续教育论坛的建立为这样的交流提供了重要的平台。

(5)加强海峡两岸暨港澳地区继续教育的交流与合作,以实现资源共享、优势互补,加快人才培养。

在继续教育领域,海峡两岸暨港澳地区不仅容易合作和理解,而且这样的合作可以优势互补,在竞争中达到双赢。内地的相对优势是市场庞大,生源丰富,教学成本较低,有许多优秀人才。港澳台的相对优势是实用先进的课程设计,灵活的运营机制,有效的管理经验和高素质的管理队伍。只有联合起来,实现资源共享、优势互补,才能加快人才培养,把继续教育事业做大、做强。

## 二、论坛成立三年来工作回顾

该论坛成立三年来,开展了卓有成效的工作,对推动海峡两岸暨港澳地区高等学校积极开展继续教育交流合作,加快社会需要的实用性、创新型人才培养,促进继续教育不断适应本地区经济建设、科技进步和社会发展的需要,为亚太地区实现经济可持续发展做出了应有的贡献。

(1)以论坛为平台,交流了海峡两岸暨港澳地区高等学校开展继续教育的成功经验,开展了有关专案的合作,促进了继续教育的进一步发展。如香港大学与清华大学、浙江大学、复旦大学、中山大学成功开展了整合营销传播项目的合作,在项目开发、内部管理、师资聘用、教材建设等方面取得了成功的经验。浙江大学与台湾大学、澳门大学继续教育的合作正在酝酿之中。

(2)以论坛为依托,为探索出海峡两岸暨港澳地区高等学校有效开展继续教育合作模式与途径奠定了基础。

(3)以论坛为基地,海峡两岸暨港澳地区高等学校开展继续教育交流合作的规模和范围不断扩大,合作内容不断向纵深发展。第一届论坛有 11 所高等学校参加,第二届论坛有 16 所高等学校参加,第三届论坛则发展到有 23 所高等学校参加。合作内容不断向多学科、多形式、高层次发展。

(4)以论坛为基础,推动了海峡两岸暨港澳地区继续教育理论研究的不断深化,从而更加有效地指导继续教育实践。

(5)以论坛为中介,海峡两岸暨港澳地区继续教育的交流与发展,有利于消除相互之间的疏离感,增强民族凝聚力,且有利于提高交流品质,带领其他领域的交流合作。其优势和功能是其他各项交流难以取代的。

我们的交流与合作取得了很大成效,但也存在一些不足,如尚缺乏整体的宏观的前瞻性强的规划和措施,层次较高、影响面广、双向互动效果大的专案为数较少,重经济效益轻社会效益的现象仍在某些地方存在等。

### 三、对论坛今后工作的展望

(一)面对全球性人才争夺,论坛工作任重而道远

在知识经济时代,人才是经济发展的原动力,是经济发展战略优势最难能可贵的因素。经济与市场竞争的实质是人才的竞争。随着经济市场全球一体化时代的到来,人才的争夺也呈现出全球化的特点,即人才在全球培养,在全球流动,被全球争夺。人才资源拥有量的大小,已经成为决定一个国家综合国力强弱和发展潜力大小的关键因素。作为人才培养重要途径和终身学习体系重要组成部分的继续教育,在全球化时代的人才竞争中发挥什么样的作用,怎样开展继续教育,是政府和继续教育工作者都必须回答的一个问题。论坛作为在全球化时代应运而生的产物,应在第一阶段交流、磨合的基础上,切实加大继续教育合作力度,加快合作步伐,为培养大批具有创新思维、创新能力的实用型人才做出更大贡献。

(二)论坛在促进继续教育交流时应确立的指导思想

(1)有助于终身学习体系的建立及学习型社会的建构。

(2)有助于经济建设与人才培养。

(3)人才培养目标应着重学习者适应全球化时代的多种能力,尤其是创造力的培养。这是继续教育工作的重点和定位。

(4)有助于政治、经济、科技、文化的交流与发展。

(三)论坛在开展继续教育交流时的总体思路

(1)论坛作为一个非正式组织,其成员应积极参与和影响当地政府及有关职能部门政策及法规的制定,使当地继续教育的开展能得到政策及法规的有力支持。

(2)利用论坛现有的地位和影响,推动各职能部门制定"促进海峡两岸暨港澳地区继续教育交流,加快人才培养"的中长期推广措施,最后形成一个各方交集点多、协调性强、可操作性大的协议。

(3)共同策划一些能引起海峡两岸暨港澳民众广泛共鸣、产生互动效应的大型、系列、综合性专案。

(4)各种继续教育交流专案的确定,应注重实效,选择合适的形式,增强民众的参与感与承接感。

(四)对论坛今后工作的一些具体建设或设想

(1)扩大论坛规模,在更大平台上加强继续教育的交流与合作。论坛的发起单位应积极参与论坛的建设,并积极利用现有的地位和优势,向周边国家如东南亚国家发展,不断扩大论坛的影响,从而在更广阔的舞台上发挥论坛的作用,加强国际继续教育的交流与合作。

(2)合作内容上应有实质性的突破。论坛在经过三年的磨合以后,应进入一个实质性的合作阶段。建议今后参加论坛的高校能带专案与会,并在会期进行有关专案的交流与洽谈。

(3)合作形式或方法上应进一步创新。除了互派学员或师资进行联合办学外,海峡两岸暨港澳地区高校还可以携手合作,利用现代通信技术灵活、高速、高效的特点,开展现代远程网络教学,满足多样化继续教育的需要。发挥远程教育开放、共享教育资源的特点,通过选拔优秀师资力量共同开发网上精品课程,制作高质量的教育节目或教学软件,再通过远程传输,实现跨越时空的教育资源分享,这样既可以有效地解决工学矛盾和师资短缺问题,又便于进行集中性教学或分散性甚至是个别化教学。

(4)联合培养继续教育师资,并实现师资共享。建议建立以专案为基础的师资库,对师资力量较弱的一方,实行联合培养,以互通有无,共同提高。可以互派访问学者,也可以通过互认学分的方式进修。还可以通过与其他国家、地区联合办学的形式,借用其他国家、地区的师资力量,培养自己急需的各类高层次人才。

(5)以论坛为中介,加强海峡两岸暨港澳地区与世界其他国家、地区间继续教育的交流与沟通,推动论坛和继续教育的国际化进程。各校应采取更为灵活的政策和措施,积极开展交流和合作活动,组织专业技术人员和管理人员出国学习、进修、培训、交流,积极引进人才、教材、资金、设备和技术,利用现代教育技术与国际教育资源融通,开辟更多、更新、更灵活多样的知识学习与创新的新天地,不断提高海峡两岸暨港澳地区继续教育的质量。

(6)加强继续教育教材体系建设。继续教育的市场化和产业化趋势必然要求管理部门和施教单位根据变化的市场需求不断推出高质量的精品课程。为此,要加强教材体系建设,增强教学内容的针对性、实用性和先进性。也可以尝试开发优秀网上教材,为学员提供另类进修和知识更新的机会。

(7)积极开展继续教育的理论研究,以更好地指导继续教育实践。继续教育作为知识经济时代教育发展的重点,非常值得我们去研究和探讨。在继续教育工作中,当前和今后需要进一步研究解决的问题主要有:①进一步确立有关政府部门间、政府部门与社会团体间、各有关社会团体间以及高等学校、科研院所、企业间的分工和合作问题。②进一步解决继续教育的动力问题,包括继续教育在各部门、各地区、各单位工作中的定位问题,以及进一步调动学习者的主动性问题,把政府、单位和个人三方面的积极性都调动起来,使继续教育面向市场,成为一种产业。③研究高等学校继续教育中存在的问题和发展趋势、高等学校发展继续教育的优势和劣势等问题。④研究继续教育的教学规律,包括教育目标的确定、教育内容的选择和教材建设、教育手段、教学管理的特点等方面的问题。

(8)邀请国内外著名专家、学者就当前国际继续教育热点和难点问题作主题报告,提高论坛的学术地位。

# 持续教育在 CEPA 下的挑战和机遇

香港大学　　杨健明

【作者简介】

　　杨健明,男,香港大学专业进修学院前任院长,现任香港管理学院院长,《国际持续教育及终身学习》期刊主编,研究方向为高等教育、继续教育、终身学习。

　　本文为 2003 年第四届海峡两岸暨港澳高校继续教育论坛收录论文。

## 一、引　言

内地与香港为加强两地之间的经贸联系,在 2003 年 6 月 29 日签署了《内地与香港关于建立更紧密经贸关系的安排》(下称 CEPA),有关措施将于 2004 年 1 月 1 日生效,届时内地将对香港进一步开放市场,为两地的经济发展带来重大的契机。作为培训人力资源大后方的高等教育及持续教育界,应掌握这个机遇,配合内地市场的开放,为两地培训高质量的人才。

## 二、CEPA 的含义和影响

CEPA 是内地与香港首次签订的双方自由贸易协定,符合世界贸易组织对自由贸易协定的规则,大幅减除内地与香港之间的贸易及投资障碍。CEPA 实施后,将主要对内地和香港的"货物贸易"和"服务贸易"两方面产生影响,特别是与持续教育息息相关的"服务贸易",影响尤为重大。

## 三、服务贸易

CEPA 放宽了在香港从事商业服务的 18 种企业及服务行业的规定,企业可根据有关的条款在内地经营业务,有关行业的香港公司将更容易进入内地市场,如会计、物流和法律服务等。CEPA 实施后，香港的服务行业将可在以下两方面受惠：

（1）香港中小型企业在内地降低资产、资本、营业额及营运等要求的前提下，可更容易跻身内地市场。

（2）香港服务业的专业人员有更多机会在内地取得执业资格，发掘就业机会。

作为香港培训人力资源大后方的高等教育及持续教育应高瞻远瞩，掌握最新的形势，配合两地的相应措施，提供培训机会，为两地带来新的发展动力，为香港踏上经济复兴之路注入新的力量，为香港产业结构转型提供有利的条件。

本文将简介香港从事服务业人口的特点、持续教育迅速发展的原因，并以香港大学专业进修学院作为例子，探索培养高素质人力资源，开拓新的空间的方法。

### 四、香港的服务行业

服务行业是香港经济的支柱，在香港的 340 万劳动人口中，约 85％受雇于服务行业，其服务范畴涵盖批发、零售、进出口贸易、餐厅及酒店、运输、仓库储存、通信、财务、保险、地产、商业服务和社区及个人服务各行业，占本地生产总值的 86％。除行业分布广泛之外，从事服务行业人士的另一个特点是职位和工作范畴多元化。据 2001 年统计处的数字，约 32％的劳动人口具有专业或辅助专业资质及担当行政管理任务，其余 68％则从事半技术、推销、文书及初级操作等职位。

以教育程度而言，约有 21％的服务行业从业人员拥有大学学位或更高资历，其余 79％的教育水平由未接受正式教育至预科程度。在此背景下，服务行业从业人员的在职培训十分重要。行业本身的发展，使"在职人士"及"有志入职人士"对培训的需求增加。已入职的从业人员，即使已拥有专上的学历，亦需不断更新知识，以面对愈来愈激烈的竞争。相信这也是推动服务行业从业人员不断进修的动力来源。

### 五、持续教育迅速发展的原因

香港地少人多，自然资源缺乏，唯一有发展空间的是人力资源。因此，要保持国际市场竞争优势和经济地位，香港必须致力提升其人力资源素质。其中一项重要的政策是在教育方面——尤其是高等教育——投放大量资源，目标是促成一个知识为本的社会，并开拓更多的学习机会，以应对劳动人口提升工作技能和再培训的需求。

可是，随着香港经济转型、市场需求和专业的发展，知识的积累和更新比以往更急速，传统而正规的高等教育，已逐渐不能满足在职人士的持续进修需求。由大学衍生的持续专业进修学院在庞大的社会需求下茁壮成长，凭借灵活多变的运作方式，洞悉人力市场的发展和需求，填补教育服务的空白。

除了政府对持续教育采取更积极的态度之外，持续教育急速发展的推动力主要来自社会对高等教育，尤其是持续教育的庞大需求。香港大学专业进修学院于 2003 年年初进行了一项持续教育需求的调查，显示在 2002 年曾参加持续教育进修者占劳动人口的百分比为 18%，而将于 2003 年参加持续进修的则为 22%。

以 18 岁以上的人口推算，计划今年进修的人士将达 114 万，而个人进修开支方面，估计全年总额将近 163 亿港元。这个由进修者自付的金额，在香港经济的"艰难期"（自 1998 年起香港经历金融风暴至 2003 年暴发的"非典"疫潮）来说，代表着市民对持续教育的庞大需求。

## 六、香港大学专业进修学院（HKU SPACE）简介

香港大学专业进修学院（HKU SPACE，以下简称"学院"）是香港大学的外展教学部门，前身为校外课程部，于 1956 年成立，自 1996 年起转为自负盈亏的机构。报读持续教育课程的学生人次，在 2002/2003 年度达到 106433 人（相当于 60911 名学生人数，约相当于 17000 名全日制学生。由成立至今，曾修读学院课程的学生已超过 1455000 人次。学院提供适合不同学历程度进修人士的课程，由短期课程直至博士学位课程等，当中也包括为专业人士设计的高级行政人员及专业技能提升课程。此外，学院与 59 所本地及港外教育机构合作，引进优质的教材、丰富的教学经验和国际认可的学历，其中包括英国、加拿大、美国、澳大利亚及中国内地的重点大学。

以学科范畴而言，学院在 2002/2003 年度共开办 164 个带学衔的课程及238 个短期课程，均与 CEPA 的 18 个行业直接有关。

学院将不断致力于发展新的课程，配合 CEPA 为各行业带来的商机，根据企业和各行业的需要，提供符合内地从业法规的培训课程。

## 七、新挑战、新机遇

面对上述种种机遇，本地从事服务行业的人士，将会有更大的发展空间。内地庞大的经济潜力和相对未有充分发展的消费市场，都会随着内地的稳步发展而起步，甚至是起飞。本地服务行业的专业人士和从业人员，可以掌握先机，了解内地的市场动态，熟悉内地的相关法规，打好两文三语的基础，率先取得内地

专业的执业资格,做好面对激烈竞争的心理准备,为在这片广阔的天地中开创新领域打稳根基。

香港经济近年受到了亚洲金融风暴的冲击,面对经济转型的考验,以及过去与内地之间的壁垒,使香港未能充分发挥本身的优势。在 CEPA 落实后,香港可借助内地市场的庞大潜力,重振本地经济。

另一方面,服务业在中国内地只占生产总值的 34％,至于香港,服务业则相当发达。日后,香港服务业将可对内地的现代化发展做出更多贡献。

我们必须了解,CEPA 主要为香港产品、公司、专业人员及居民缔造一个更容易进入内地市场的环境,而非给予他们在内地享有"特权"的优势。在庞大的内地市场,香港业界必须面对来自内地本土供应商和专业人士及跨国公司日益激烈的竞争。随着内地按照入世承诺持续开放市场,香港业界享有的先行者优势将逐渐收窄。

作为经济发展大后方的持续教育就更应掌握这一机遇,积极与本港及内地各相关行业和机构紧密合作,为有志于进入内地的企业或业界人士提供切合两地需要的持续教育培训机会。

为香港及内地培训人才固然重要,但持续教育界亦应注视 CEPA 的长远影响。措施落实后,将会加速本地经济结构的转型,而 CEPA 对本地社会各阶层的影响是深远的。在激烈的竞争中,培训高素质人力资源固然重要,但是对于两地因紧密互通而带来的社会经济民生变迁及长远影响,亦是教育工作者需要深切反思的问题。

# 探索普通高校成人高等教育发展新思路

南京大学　王殿祥　杨冬梅　王文军　张　彤

【作者简介】

　　王殿祥,男,南京大学继续教育学院、网络教育学院院长,教授,研究方向为教育管理。

　　杨冬梅,女,南京大学继续教育学院副院长,副教授,研究方向为教育管理。

　　王文军,男,南京大学继续教育学院主任,研究方向为教育管理。

　　张彤,男,南京大学继续教育学院主任,副研究员,研究方向为教育管理。

　　本文为2003年第四届海峡两岸暨港澳高校继续教育论坛收录论文。

## 一、普通高校举办成人高等教育的作用

　　普通高校依托全日制优越的办学条件举办成人高等教育,从而使师资、实验室、图书资料以及学术氛围,全方位地向社会开放,使成人学生享受到高水平、高层次的教育,有利于提高科学文化素质,加之普通高校学科齐全,专业多样,可以满足全社会不同层次的需求,这是其他教育形式不可替代的优势,因此越来越多的人通过成人高等教育进入了普通高校学习。可以说,普通高校的成人高等教育是我国成人高等教育的主力军,是实现我国教育大众化的重要手段之一,是构建我国终身教育体系的有力支柱。

　　普通高校举办成人高等教育,对学校自身也产生了积极的影响。首先,成人高等教育的开放性促进了普通高校的教学改革和专业建设。往往社会急需的专业先在成人教育开设,通过一段时间的实践和建设,待成熟后逐步推广应用到全日制本科,甚至是研究生教育中。中国人民大学的行政监察专业就是一个典型的例子。其次,成人高等教育的办学效益可以改善普通高校的办学条件,由于普

通高校举办成人高等教育主要利用全日制办学条件,办学成本较低,因此有一定的经济效益,并可用于改善学校的办学条件。再次,普通高校举办成人高等教育缩短了由学到用的转化期,大多数学生是边工作边学习,强化了普通高校的社会服务功能,使普通高校的教育资源得到了充分利用,发挥了巨大效益,是体现学校办学活动的主要标志。

### 二、普通高校举办成人高等教育的困境

社会经济的飞速发展,使我国的市场经济体制逐步得到建立,产业结构的调整也与世界潮流吻合,整个社会都在进行着深层次的改革。随着高等教育体制改革的深入进行,成人高等教育发展中的一些问题明显暴露出来。

#### 1. 成教办学定位不准

经过多年曲折的发展,普通高校的成人高等教育已经在学校中争得一席之地,但总的来说,尚未真正纳入学校总体的规划,许多大学领导对成人高等教育的地位、作用以及发展趋势并没有做深入的研究。目前在国内的高校中普遍存在两种倾向:一是许多大学合并后,实力增强了、规模变大了、国家投入多了,把精力放在争创一流或世界高水平大学上,学生层次较低的成人高等教育不符合学校的发展战略,加之一个学校两种教育形式同时大扩招,办学条件较为紧张,于是此类大学校领导有意或无意地在发展规划中减轻了成人高等教育的比重,如缩小编制,减少投入,个别学校甚至将成人教育赶出学校。总之,在这类学校中,成人高等教育处于可有可无的地位,学校既不取消,又不鼓励发展,使成人教育的改革和创新丧失了动力。二是一部分学校全日制整体办学水平和地位不很高,国家投入及地方投入较少,长期以来通过发展成人高等教育为学校带来了较好的收益,这类学校的成人教育地位较高,因此在扩招的形势下,它们的成教规模已超过全日制本专科生。此类学校成教的创收主要用来改善学校的福利待遇,部分用于成教本身的改革和发展,没有真正把提高成教办学水平与带动全日制教学改革挂起钩来,这使成教丧失了它本来的功能和作用。

#### 2. 成教质量难以保障

自 1999 年以来,普通高等教育连续扩招后,成人高等教育的办学质量受到了影响。主要原因:一是大扩招造成生源质量下降,成人高等教育为了争生源,分数降得较低,学校被迫降低教学要求,甚至放松了教学管理,同样,作为教师也丧失了部分教学积极性。二是扩招后全日制办学条件拥挤,原来共享的教学资源一下子匮乏起来,尤其对成人教育来说,实践实习环节已经不能得到保证,教室不够用,只能上百余人的大课。三是师资严重紧张,扩招前普通高校的师资比

较宽松,当时生师比大约在 8：1,许多教师有时间、有精力在全日制教学之余承担成人高等教育的任务,而扩招后,学生翻了一番,教师并没有跟着翻一番,1999年全国普通高校的生师比为 13.4：1,2000 年为 15.5：1,如此高的生师比,已使全日制教育的师资不堪重负,难以抽出精力,兼顾成人高等教育的教学工作,加之受经济利益的驱动,这部分高校就采取减少教师派出的措施,尤其是在函授教学中,个别学校的本校教师派出率为零,只好在当地的职大、电大中聘请师资,这样的教学已不能代表原校的水平,影响了教学质量和办学声誉。

### 3. 教学改革滞后

随着市场经济的逐步成熟,成人高等教育的教学方法、内容、手段已与社会经济的发展不相适应,主要体现在：第一,培养目标大都套用全日制的培养德、智、体全面发展的应用型人才的说法,没有体现新时代的素质、能力、职业、创新的要求。第二,教学计划和课程体系只在全日制普通高校相同或类似专业教学计划和课程体系上做简单的增、删,没有针对成人学习的不同要求,设计出体现成人教育特点的教学计划和课程体系。第三,使用的教材基本上是全日制的教材,其中相当一部分是全日制即将淘汰的旧教材,理论知识落后、教材内容陈旧、应用性差,同时全日制普通高校教材的编写体例也不适合成人学生自学。第四,教学方法简单,在函授、夜大学的教学中,常见的仍是教师讲,学生听,由于是业余学习,师生交流少,课堂气氛不浓烈,造成教师越教越无趣,学生越学越索然,其直接后果是成人学生上课率从低年级到高年级呈下降趋势。第五,教学手段落后,现在是信息时代,常用的多媒体教学和网络教学手段在成人高等教育中应用率较低,特别是在函授教育中,仍是沿用长达半个世纪的面授辅导方法,效率低、效果差。

### 4. 竞争力有所削弱

在过去一段时间,普通高校的成人高等教育依托全日制的办学条件,在与其他成人教育形式的竞争中占据着绝对的优势。随着教育市场的进一步开放,民办高校、自学考试、电大开放办学、网络教育等利用合法的手段,采用灵活的办学机制和较现代化的教学条件来提高办学吸引力,同时也注意针对成人学生的特点,突出办学的开放性,提供周到的教学服务,以吸引更多的生源。相比之下,普通高校的成人高等教育由于受国家政策、学校管理体制和内部机构改革的限制,加之在教学管理模式、教学手段、教学内容、教学方法以及教学服务方面确实存在一定问题,因此竞争力有所减弱。同时,由于我国加入 WTO、互联网的普及,教育也将出现全球竞争的趋势。我国教育市场,尤其是在成人教育市场出现国际化的趋势是不可避免的。今后,我国的成人学生在家中通过互联网注册学习国外大学的课程,攻读国外大学的学位,将会变成现实。因此,国外高校的竞争将又是我国普通高校成人高等教育面临的一大问题,如以目前的办学模式和教学手段参加国际竞争,显然无法取胜。

### 三、普通高校发展成人高等教育的新思路

普通高校的成人高等教育肩负着重要的历史使命,它不仅要承担扩大数量的问题,而且更要承担提高质量和水平的问题。从一定意义讲,普通高校成人高等教育的水平代表着我国成人高等教育的发展水平,所以它在 21 世纪的发展趋势很值得大家关注。我们认为中国未来成人高等教育的发展思路应有以下几个方面。

#### 1. 成人高教发展主动化

随着社会的发展和国际竞争及合作的深入开展,普通高校发展成人高等教育的主体意识将不断增强。普通高校的领导们会发现成人高等教育是学校和社会之间联系的纽带,是高校参与竞争的强有力的支柱,它不仅为高校的发展提供了巨大的社会资源,也是高校向社会渗透影响力和提高知名度的重要方式。因此普通高校发展成人高等教育的主动性将会加强,将会把成人高等教育的发展纳入到总体规划中,向社会延伸和扩展,以满足社会各方面的需求。同时,普通高校通过这种延伸,将它的触角扎根于社会,获得长久的生命力,能够抵抗来自国内及国际的教育竞争。

#### 2. 教学改革主导化

走教学改革、提高办学质量之路是未来成人高等教育发展的关键。成人高等教育教学改革的内容主要包括:第一,构建符合 21 世纪特征的教学内容和课程体系。教学内容的改革是成人高等教育教学改革的突破口,教学内容的改革要突出成人高等教育"两宽一专"的特点。"两宽"指知识面宽、基础宽;"一专"是指应用能力专,真正使学生在掌握必需的文化知识的同时,具有熟练的职业技能和适应 21 世纪职业变化的能力。课程体系的建设主要体现在专业教学计划修订上,应根据时代发展的要求,以及成人学生学习的需求,以素质、知识、能力培养为主导重组课程结构,课程的设计和开发应坚持综合性、科学性、开放性和实践性的统一。课程设置必须反映社会发展最新要求和最新动态。新的课程体系最终要体现职业性、针对性、实践性、可操作性、先进性的 21 世纪成人高等教育的特色。第二,教材建设多样化。传统的文字教材有优点,也有缺点,主要是内容更新较慢,因此理论性、基础性的课程仍要以传统文字教材为主,而一些发展较快、知识更新周期短的课程,最好以电子教材(读物)为主。第三,教学方法综

合化。成人学生来自于社会,思维较为活跃,因此教师应以丰富的知识和经验,启发学生独立学习。传统的教学方法容易禁锢学生的思维,抑制学生学习的欲望。随着国际交流和合作的开展,国外大学的优秀教学方法将会被采用,如案例分析、专题研讨、光盘讲座、专家小组指导、个人学习项目课程等,并得以综合运用。第四,教学手段现代化。如清华大学通过卫星进行远程成人教育,北京大学通过中国教育电视台实行远距离成人教学,均收到比较好的效果。第五,教师队伍建设多元化。以网络教育为代表的虚拟学校的出现,打破了学校的围墙,但不能取代传统的学校,网络也不能取代传统的教师。而成人教育由于其开放性和社会性,决定了师资不能仅仅依靠传统的全日制普通教育的师资,从事成人教育的教师必须还有来自于社会各行各业的专家和学者,还要引进国外的教师。总之,普通高校成人教育的师资队伍是一支既有较高水平又有较强的应用能力、一专多能的师资队伍。

### 3. 办学评估社会化

随着市场经济的进一步建立,政府部门对成人教育的监控作用将越来越弱,转而由社会监督。因此,各普通高校应联合起来,由政府出面协调,成立社会化的办学监督及评估机构,从办学条件到办学质量,对各高校进行调查,收集真实资料,进行量化分析,最终形成排行榜,向社会公布。社会化的办学评估体制,将使普通高校的成人教育得到健康有序的发展,保障各高校的办学质量和声誉。

### 4. 现代远程教育普及化

目前普通高校中的成人高等教育仍由传统的函授教育占据着半壁江山,函授教育是远距离教育的初级形式。随着经济发展的加快,函授教育的教学方式已不能适应时代发展的要求,它必须现代化、网络化。各高校通过发展现代远程教育,可使成人高等教育的面更广,延伸的地域更大,尤其是在开发西部的活动中,可将我国东部沿海高等院校的优质成人高等教育输送过去,一方面促进西部的文化教育和经济建设,另一方面也降低了办学成本。

### 5. 终身教育体系化

目前,我国终身教育的各种形式(如学历教育、非学历教育,短期培训、长期培训,成人教育、职业教育、继续教育)之间没有和谐地衔接,没有构成一个有机统一的体系。普通高校举办的成人高等教育是终身教育的一个重要环节,它将在以下两个方面为构建终身教育体系做出贡献:第一,普通高校的成人教育是职业技术教育等其他教育形式与普通高等教育联结的立交桥。21 世纪的中国既需要劳动密集型产业,又要发展高新技术产业,这都促使职业教育得到迅猛发展。但是当经济、科技发展迈向更高台阶时,所需的技术人才要具备较宽广、扎实的基础和专业知识,更需要有创造性,这是职业教育所不能提供的,单纯的职业技术教育将难以适应科技的快速发展以及社会的多元化挑战。因此,我们现在就要加强普通高等教育和职业教育的相互沟通,应允许职教学生通过成人高等教育这座桥到普通高校中接受较为高级的学习,为提高他们的职业应变能力提供帮助。第二,普通高等学校的成人高等教育是开展继续教育的主力军。快速的技术和社会变化意味着知识的更新周期越来越短,人们自觉不自觉地在不断地学习和训练自己,通过参加周围的教育机构或其他机构的继续教育来丰富自我的人生观和知识内容。哈佛大学每年吸引大约14000名成人学生到它的成人教育机构(Harvard Extension School)注册学习,这些学员中间3/4的人拥有学士学位,1/5的人拥有研究生学位,只有不到10%的人是为了提高学历来攻读学位的,绝大多数的人是为了丰富个人生活和职业发展需要来接受继续教育的。因此,我国的高等学校在发展成人高等教育时,必须依托学校的办学优势,向社会开放,提供全方位的继续教育。要认识到,构建中国的终身教育体系,光靠学历教育是不行的,必须将多种形式的培训和学历教育结合起来。可以预见,今后普通高校的成人高等教育,将从以前以学历教育为主,继续教育为辅,转变成齐头并进的办学格局,最终发展到以继续教育为主,普通高校的成人高等教育必将成为我国开展继续教育的主力军,成为我国终身教育体系化最重要的驱动器。

**参考文献:**

[1] Michael Shinagel. Message from the Dean[EB/OL]. www. extension. harvard. edu/2000-01.

[2] 承上. 论台湾职业技术教育的问题与前景[J]. 台湾研究,1997(1):87-91.

[3] S. 拉赛克·维迪努. 从现在到2000年教育内容发展的全球展望[M]. 北京:教育科学出版社,1992.

[4] 王殿祥. 论我国成人高等教育的现存问题和发展趋势[J]. 陕西师范大学继续教育学报,2001(3):5-9.

[5] 杨干忠. 普通高校成人教育管理实务[M]. 北京:中国人事出版社,1997.

[6] 张泰全. 英国的高等教育[M]. 上海:上海外语教育出版社,1995.

# 积极开展大学后继续教育，
# 为区域经济发展培训高层次人才
## ——北京大学近年来继续教育发展的实践和经验

北京大学　杨学祥　廖来红

【作者简介】

　　杨学祥，男，北京大学继续教育部副部长，经济学博士，研究方向包括教育管理、成人教育、继续教育等。

　　廖来红，男，北京大学继续教育学院市场部主任，院长助理，研究方向包括教育管理、成人教育、继续教育等。

　　本文为 2004 年第五届海峡两岸暨港澳高校继续教育论坛收录论文。

人类社会进入 21 世纪以来，随着知识经济时代的来临，知识日益成为经济增长的内在核心要素，作为人才培养、科学研究、文化传播、知识和技术创新中心的高等学校，在促进经济发展中起着越来越重要的作用。高等教育从来没有像今天这样，同一个地区乃至整个国家的经济振兴、科技发展和社会进步紧密地联系在一起。继续教育作为现代高等教育的重要组成部分，它是沟通高等学校与社会的重要桥梁，是高等学校服务社会的重要窗口。高等教育对区域经济发展所起的推动作用，其中一个重要的途径便是通过开展继续教育为区域经济发展培训高层次人才。

### 一、影响区域经济发展的要素分析

区域经济的崛起是当今经济全球化过程中的一个重要"亮点"。我国经过 20 多年的发展，逐渐形成了一些具有鲜明个性的经济区域。如珠江三角洲的"珠三角"，上海和江苏等省市形成的"长三角"，京津冀鲁辽五省市在渤海湾的"环渤海地区"等。近年来，党中央国务院提出的"西部大开发"和"振兴东北老工业基地",则是针对发展西部和东北两大经济区域而做出的战略部署。

分析区域经济发展与继续教育之间的关系,首先必须了解影响区域经济发展的要素。在国内,有的学者将影响区域经济发展的要素概括为"自生性要素(自然、历史原因)、牵动性要素(市场)、再生性要素(人力、资金、技术)、制动性要素(经济制度、经济组织)",并认为,"牵动性要素、再生性要素和制动性要素对经济运行起着直接的决定性作用"(吴农,2001)。

不可否认,无论是再生性要素,还是制动性要素,都与高等教育培养人才和传播知识有着极为密切的关系。就知识对经济增长的贡献率来说,根据有关资料,20世纪90年代,知识和信息对美国经济贡献率开始超过50%;有关专家估计,信息高速公路建成后,知识和信息的贡献率将上升到90%。一个明显的例子是,知识经济使美国保持着良好的发展势头(赵文莉,1999)。

而人才对区域经济发展所起的作用则是尽人皆知的。2000年江泽民同志提出"人才资源是第一资源"。基于对人才这一特有的人力资源认识的逐步深化,党中央适时地提出实施人才强国战略。

由此可知,影响区域经济发展的因素,无论是人才培养还是知识和技术的传递、创新,都离不开高等教育。大学也因此被誉为社会前进和发展的"动力站"。

## 二、继续教育在促进区域经济发展中的重要作用

### 1. 继续教育的特点

继续教育是构建终身教育体系和学习型社会的重要组成部分。改革开放以来,我们党和国家高度重视继续教育工作。1987年6月,国务院批转《国家教育委员会关于改革和发展成人教育的决定》,规定成人教育的主要任务之一为"适应社会的迅速发展和科学技术日新月异的进步,对受过高等教育的人进行继续教育"。1987年12月,国家教育委员会、国家科学技术委员会、国家经济委员会、劳动人事部、财政部、中国科学技术协会六部门联合发布了《关于开展大学后继续教育的暂行规定》,指出"大学后继续教育的对象是已具有大学专科以上学历或中级以上专业技术职务的在职专业技术人员和管理人员,重点是中、青年骨干","任务是使受教育者的知识和能力得到扩展、加深和提高,使其结构趋于合理,水平保持先进,以更好地满足岗位、职务的需要"。

1999年国务院批转的《面向21世纪教育振兴行动计划》中提出:"建立和完善继续教育制度,适应终身学习和知识更新的需要。有条件的高等学校要开设继续教育课程,建设继续教育基地。"党的十六大报告明确提出:"加强职业教育和培训,发展继续教育,构建终身教育体系。"《2003—2007年教育振兴行动计

划》也提到"大力发展多样化的成人教育和继续教育"。

继续教育对区域经济发展的意义和作用,可以从继续教育自身的特点来分析。从继续教育的有关概念分析中,我们可以知道,继续教育是"对已获得一定学历教育和专业技术职称的在职人员进行的教育活动。学历教育的延伸和发展,使受教育者不断更新知识和提高创新能力,以适应社会发展和科学技术不断进步的需要,是现代科技迅猛发展的产物"(顾明远,1991)。与普通教育相比较,继续教育有着以下鲜明的特点:

第一,教育对象的层次高。从学历上来看,继续教育的对象大都具有大专以上学历,或者拥有一定的职称。从社会贡献来看,相当多的继续教育学员,特别是其中具有中、高级以上技术职务的专业技术人员和管理人员,已经为社会或社会某领域的发展做出了某种较大的贡献,他们是成人人群中的先进部分。

第二,教育内容具有前沿性、综合性。前沿性是指教学内容应当是当代科技、文化和管理科学发展的前沿;综合性是指各门学科之间的渗透和贯通。继续教育所讲授的内容一般是本学科领域发展的前沿问题或热点问题,一些综合性的继续教育项目所开设的课程则涵盖政治、经济、文化、法律、管理等多个学科领域。

第三,教学组织的灵活性。继续教育一般是非学历教育,在教学组织上应根据学员的实际特点灵活安排。还可以依托现代远程教育手段,开设高质量的网络课程,实现跨时空的教育资源共享,向各行业的管理人员和专业人员提供各种继续教育课程。

第四,社会效益高、见效快。继续教育的接受者已经身处当代科技与生产经营衔接的岗位或管理工作岗位,学员接受继续教育学习、回到工作岗位以后能够迅速将学到的知识和技能运用到实际工作中去。因此,他们自然是高新科技(包括管理科学)向现实生产力转化的最佳中介者,有利于学习成果直接、快速发挥社会效益。

2. 继续教育是高等教育推动区域经济发展的一条重要渠道

国外高等教育发展的实践表明,高等教育在促进区域经济的发展方面有些较为成功的模式,如建立科学园区、建立产学研合作中心等。典型的例子有美国斯坦福科学园、麻省理工学院与军队的合作、英国剑桥大学科学园、日本筑波大学的"开放性大学"等(赵文莉,1999)。而继续教育则是高等教育推动区域经济发展的另外一条非常重要的渠道。

1912 年,美国威斯康星州立大学校长万·亥斯提出了一个非常重要的口号,即"威斯康星州的边界即大学校园的边界",提出将"为全州服务""把知识传递给全州人民"作为大学的办学宗旨,由此形成了高等教育历史上著名的"威斯康星思想"。这一思想也开创了高等教育服务社会的新功能。

继续教育对区域经济发展的意义和作用,可以通过培训高层次人才来得以体现。由于现代科学技术突飞猛进,知识更新周期大大缩短,加上我国还面临着产业结构的调整、技术的升级换代,这些都对人才和知识提出了越来越高的要求。通过开展继续教育,帮助现有从业人员及时进行知识更新和补充,从而提高劳动者和管理人员的素质,不仅对于区域经济发展而言是必不可少的,而且对于坚持以人为本、全面协调可持续的科学发展观而言也具有重要意义。

### 三、北京大学继续教育的实践与经验

北京大学开展继续教育有着悠久的历史和光荣的传统。进入 21 世纪以来,北京大学根据不断发展变化的客观形势,根据创建世界一流大学的需要,进一步明确了继续教育的指导思想和发展目标。

北京大学第十一次党代会及"985"规划中明确提出了继续教育的指导思想,即"控制规模,调整结构,提升层次,提高质量,重点发展高层次的大学后继续教育,积极、稳步发展现代远程教育,努力为建设与世界一流大学相称的继续教育新体制奠定必要的基础"。

在此基础上,又进一步明确了北京大学继续教育的发展目标,即"发挥北京大学名校、名师、名课对社会的影响和作用,依托北京大学的学科综合优势以及与国际知名大学广泛联系的优势,广泛吸纳社会资源,积极发展高层次继续教育,努力把北京大学的继续教育办成高校师资、高级公务人员、高级商务人员和高级技术人员的重要培训基地,创建具有北京大学特色的继续教育品牌"。

因此,举办高层次、高水平、高效益的继续教育,重点培养高校师资、高级公务人员、高级商务人员和高级技术人员便成为北京大学继续教育追求的目标和努力的方向。近年来,北京大学先后为贵州、北京、重庆、宁夏、内蒙古、山东等省(区市)举办各类高级研修班,培训各类人才,为促进这些地区经济的发展做出了贡献。

1. 贵州省高级经济管理研修班

该班受贵州省委委托从 1999 年开始举办,主要学员由贵州省委组织部选派。一些学员为副厅局以上干部,也有部分处级干部。举办该班的宗旨便是提高贵州省干部队伍整体素质、搞好西部大开发。培训内容主要结合我国加入WTO 后的背景和经济发展的形势,突出培训的理论性和针对性,设置了现代企业财务管理与资本运营、人力资源管理、市场营销、国际贸易、经济法律、组织行

为学和现代企业发展战略、邓小平理论等课程,同时安排当代世界和中国经济形势、行政改革、现代领导理念和领导艺术、西部大开发、电子网络与网络营销等讲座。每期研修班结束以后,学员都会结合自己的实际撰写结业论文并汇编成册。从委培单位的反馈来看,许多学员回到单位后都能结合所学的知识对承担的工作提出改进意见,许多已成为单位骨干。也正是因为培训效果明显,北京大学成了贵州省的"干部培训基地",截至 2004 年,已为贵州省举办该类研修班六期。

2. 领导干部现代公共管理高级研修班

受北京市海淀区、朝阳区、崇文区、东城区、石景山区、丰台区、宣武区、顺义区八区区委组织部的委托,为其培养各局、委、办等政府部门及企业的领导和后备干部,以增强干部适应新挑战的能力。该项目已成功举办六期,培训干部三百余人。

3. 厅局级领导经济管理高级研修班

该班为配合西部大开发的需要,受宁夏回族自治区人事厅委托为宁夏回族自治区政府办公厅、外经贸厅、人事厅、工商局、粮食局等厅局的 28 位副厅级以上的领导干部培训经济管理及领导科学课程,脱产学习两个月。培训目的是使在职领导干部开拓思路,开阔眼界,接受现代经济管理理念,了解科学的领导管理艺术,促进西部地区经济全面发展。著名经济学家厉以宁教授还为该班做过专场报告。

4. 大学校长、书记高级研修班

重庆市升为直辖市后,为适应西部地区经济大力发展的需要,教育改革急需在管理和人才培养方面提升层次。重庆市教育工委委托我校为在渝的重庆大学、西南师范大学、西南政法大学等 23 所高校的书记、校长进行了为期半个月的短期培训及考察。我校许智宏校长、闵维方书记等校领导向该班介绍了高校教师队伍建设及我校社科、自然科学研究进展等方面的情况。目前该班已举办两期,共有 45 位校长书记参加了学习。

北京大学在举办继续教育的过程中,积累了以下经验:

第一,积极开展大学后继续教育,培训高层次人才。高层次人才对于区域经济发展所起的贡献是一般人才难以比拟的,北京大学根据社会发展的需要以及自身的历史使命,提出重点发展高层次的大学后继续教育,将北京大学建设成为高校师资队伍、高级公务人员、高级商务人员和高级技术人员的培训基地。

第二,顺应时代潮流,自觉承担为区域经济发展培训人才的重任。北京大学对各省(区市)党委和政府提出举办的继续教育项目均予以高度重视,对其提出的要求尽可能给予满足。

第三,开设的课程针对区域经济发展的实际。课程内容一般涵盖政治、经济、法律、管理、组织行为等领域,针对性强且具有学科综合性。

第四,所聘请的教师一般都是本领域的杰出专家和学者,或者在本行业的政府管理人员、商务管理人员。

### 四、存在的问题

在开展继续教育的过程中,我们也切实感觉到还存在一些问题。这些问题,有的可能是各学校的个性问题,也有的可能是我们面临的共性问题。这些问题包括:①如何处理与全日制本科生、研究生教育之间的关系,这涉及学校资源的分配使用问题;②课程体系如何更好地满足和服务区域经济的个性和特点;③在对区域的认识上,是否局限于学校所在地这一区域;④在组织教学的方式和手段上,如何利用和借鉴现代远程教育的形式,提高培训效率,在资源有限的情况下最大限度地发挥继续教育的效率。这些问题还有待于进一步商榷。

**参考文献:**

[1] 顾明远.教育大辞典[M].上海:上海教育出版社,1991.

[2] 孙玉华.发挥高等教育资源优势,实现高等教育与区域社会经济发展的双赢[J].辽宁教育研究,2004(5):19-21.

[3] 吴农.论成人高等教育促进区域经济发展的途径[J].成人教育,2001(Z1):41-42.

[4] 张国祥.区域经济与高等教育的发展[J].河南师范大学学报(哲学社会科学版),2001,28(2):107-110.

[5] 赵文莉.浅谈高等教育在区域经济发展中的作用[J].江西财经大学学报,1999(3):65-67.

# 发挥研究型大学继续教育优势，
# 服务区域人才开发战略
## ——浙江大学继续教育区域人才培养的实践与构想

浙江大学　应新法　杨纪生　戴凌云

【作者简介】

应新法，男，浙江大学继续教育学院，研究员，主要从事继续教育研究。

杨纪生，男，浙江大学继续教育学院，研究员，主要从事继续教育研究。

戴凌云，女，全国干部教育培训浙江大学基地综合管理办公室主任，副研究员，主要从事继续教育、高教管理研究。

本文为2004年第五届海峡两岸暨港澳高校继续教育论坛收录论文。

十一届三中全会后，中国借助数次区域政策的推动，极大地实现了经济腾飞和社会发展。珠江三角洲、长江三角洲、中西部地区和东北老工业基地四大区域相继成为中国经济发展的重心。如何实现区域在今后较长时间内全面、协调、可持续地发展，实施人才开发战略，发展继续教育已经被提到一个重要的根本性地位。浙江大学作为一所综合性的研究型大学，在长期的办学实践中，形成了独具特色的继续教育办学体系，在区域人才培训上积累了丰富经验，同时也面临着当前区域发展赋予继续教育的新需求、新机遇和新挑战。把握形势，发挥优势，为区域人才资源的开发和优化做出积极应对，是继续教育今后发展的重大课题。

## 一、长江三角洲区域人才开发的新需求

长江三角洲，作为正在崛起的世界第六大城市群（胡云生，2004），日渐成为世人瞩目的焦点。1997年，由上海、杭州、南京等15个城市通过协商，组成长江

三角洲城市经济协调会。到 2004 年,长江三角洲(以下简称"长三角")合作组织由原来的长三角中心城市扩张到长三角区域的其他"外线"城市。长三角以及长江经济带在国家经济格局中的地位越来越重要。今年长三角地区 GDP 在全国的比重将首次突破 20%。16 城市①经济总量已占全国的 22.5%,实现生产总值13235 亿元,高出全国平均水平 6.5 个百分点。其中浙江 7 城市实现地区生产总值 4024 亿元,占地区比重 30.4%(徐寿松等,2004)。长三角区域已经成为中国几大都市圈中经济发展速度最快、经济总量规模最大、最具发展潜力的地区。

经济的发展离不开人才的支撑。长三角地区也是中国人才的集聚地。据统计,到 2002 年年底,该地区每 10 万人中具有大学程度的为 4493 人,比全国平均水平多 882 人(胡云生,2004)。但区域内高端、紧缺、急需或重点产业的人才缺口仍然很大,人力资源的分布也不均衡。在长三角经济一体化进程的推动下,打造"一体化"的人才圈拉开了帷幕。2004 年 4 月,江浙沪三地 19 个城市在上海共同发表了《长江三角洲人才开发一体化共同宣言》(以下简称《宣言》),要求通过长三角人才开发的资源共享,建立长三角区域人才开发新机制。通过资格证书的互认或衔接,实现教育、培训、考试的资源互通、共享及在服务标准上的统一,以互设分支机构,互派学者、科研专家交流等多种形式,共同培养各地的紧缺、急需人才,逐步形成人才共育的新格局。《宣言》发布之后,江浙沪三地人才一体化开发项目相继出台,包括上海、南京、杭州、宁波、苏州、无锡等六市于2004 年 7 月 9 日签署的首批长三角人才开发合作项目《关于建立长江三角洲紧缺人才培训中心合作协议书》、宁波市推出的《关于加快推进宁波紧缺人才培养工程的实施意见》、绍兴市与上海签署的开展异地人才服务合作协议等。根据这些项目,长三角区域预计在近几年内将培养大批高层次、高学历、高技能和高素质的紧缺人才,江浙沪三地继续教育和培训证书的流通范围和认可程度也将大大增加,对继续教育合作与交流的速度进一步加快,需求不断增强。

## 二、浙江大学区域人才开发的条件和优势

### (一)地处经济快速发展的浙江省会杭州市

改革开放以来,浙江省经济社会发展状况发生了历史性转变,经济总量和综合实力迅速上升,实现了由自然资源贫乏的经济小省向工业为主的经济大省的转变,由地域小省向市场大省的转变。近 20 年来,全省生产总值年均增长13.5%,目前经济总量在全国位于第四。城乡经济充满活力。整个省在改革开

---

① 2003 年,长江三角洲经济协调会吸收浙江台州市为正式会员,目前共 16 个会员城市。

放的过程中逐渐形成了颇具特色的发展道路：①乡镇企业和民营企业活跃，在浙江省经济总量中占有重要比重。②发展以中小企业为主的轻型加工业。③专业市场、特色产业、小城镇建设联动发展，形成多层次、区块式、多样化的区域经济。④形成多层次、全方位的对外开放格局。这些富有特色的浙江经济模式为浙江大学开展多层次、全方位的继续教育提供了广阔的社会市场和舞台。

(二)大学综合优势为高层次人才继续教育提供了优越条件

浙江大学是全国重点建设的综合性研究型大学，学科门类齐全、教学资源丰富、科技成果众多，是名副其实的人才培养高地。长期以来，学校对继续教育在经济发展和产学研一体化中的作用一直比较重视，继续教育能充分依托大学在师资队伍、教学设施、图书数据、网络资源等方面的综合力量，积极发挥在人才培养、科技成果转化方面的作用。经过多年的办学实践，浙江大学逐渐成为承担高层次专业技术人员和管理人员继续教育的重要基地，成为培养知识创新和技术创新人才继续教育的重要基地。同时，借助学校良好的国际合作渠道，继续教育得以充分拓展与国际著名大学的项目合作，不断开拓海内外合作培训的新模式。

(三)积累了丰富的区域人才培养经验

区域人才培养始终是浙江大学继续教育的重点。在办学过程中，学校将区域人才需求视为继续教育发展的契机，立足本省，服务中、西部等其他地区，以中高级专业技术人员、高层次领导干部和高级管理人员作为继续教育的主要对象，利用省校合作、企校合作等形式，先后同国家有关部委、大中型企业、地方政府共建了 14 个培训基地，开发了 200 余个继续教育项目，为全国培养了大批经济建设急需的高、中级科技和管理人才，积累了丰富的办学经验。自 1998 年四校合并以来，继续教育培训总人数达 179000 余人，其中高层次培训人次为 121000 余人，占培训总人数的 67.6%。

### 三、浙江大学区域人才开发的成效

(一)形成一批较稳定的具有品牌效应的区域人才培训项目

1. 沿海区域人才培训项目

受中组部、农业部委托，每年举办一期"沿海发达地区农业和农村现代化建设研修班"。今年已是第九期，已培训近 500 人次。这个培训项目在全国沿海地区展开，学员来自辽宁、天津、山东、江苏、浙江、福建、广东、海南等省市，均为分管农业的书记与县长。2003 年农业部和中央农业干部教育培训中心组织专家对各高校几年来受中组部、农业部委托举办的高研班进行综合评审。评审面涉及项目选题、培训计划、课程设置、教师选聘、学员评分及申报材料质量等。浙江大学继续教育学院承办的"沿海发达地区农业和农村现代化建设高研班"名列总分第一,被评为全国农业干部培训"精品项目"一等奖,并在海口市召开的 2003 年农业干部培训工作总结暨 2004 年工作部署会议上受到表彰。该项目成为浙江大学继续教育精品项目之一。

2. 长三角区域人才培训项目

立足浙江经济发展,面向长三角区域人才需求,开展各种有特色的项目培训,是浙江大学继续教育的"重头戏"。这方面的培训项目主要包括两大类:

(1)委托培训项目。这类项目体现了浙江大学继续教育良好的社会声誉和社会效益,重在人才培养服务。例如,从 1999 年 12 月开始,受浙江省委组织部委托,连续 6 年举办"浙江省县处级领导干部研修班"和各地市政府委托的培训项目 40 多期,至今已为浙江省培训了县处级领导干部 500 余人、地市科局级管理干部 1500 余人;为浙江大学对口扶贫单位武义县新宅镇举办的二期农村村主任、书记培训项目培训了最基层的农村村级干部 105 人。

(2)面向长三角区域人才需求的开发项目。该类项目的特点是针对区域内人才需求热点,充分发挥学校品牌效应,突破传统培训模式,直接采取市场运作的模式。近几年成功举办"职业经理工商管理高级研修班"和"职业总裁实战班"等项目。在这类项目上,坚持高层次、高质量、高效益和精英化的办学宗旨,从生源学历水平和课程设计上进行严格把关,切实体现研究型综合性大学的水平。在已办的几期中,硕士、博士研究生占 20%左右,本科生占 40%左右;在学员职位上,董事长占 40%左右,副总、总经理助理占 43%左右,总监、经理占 17%左右。面对高素质的学员,项目开发人员精心设计课程模块,采取以核心课程、专题讲座和实地考察相结合的教学形式,受到学员的充分肯定。该项目设计的总体目标是"充分考虑企业背景,贴近企业实际需求,以系统、有效、形式丰富的教学培养具有实战策略和能力的职业管理人才"。这一课程设计和培训模式在企业界、培训界产生了良好的标杆效应,体现了浙江大学继续教育在长三角区域人才开发中追求高层次精英培训的战略与水平。

3. 中西部区域人才开发项目

浙江大学一贯重视中西部地区人才培养工作,1987 年起就与中西部地区合作培养实用型人才。中央提出西部大开发的战略构想后,浙江大学积极响应,在为西部地区培养实用型人才方面更是取得了长足的发展。多年来,受国务院扶贫办、中组部、农牧渔业部、水电部移民办等部委和内蒙古、新疆、云南、贵州、四川等地区的委托,联合培养师资、博士生、硕士生和本科生,举办中高级管理干部、农业与企业高级管理人员和医疗学科带头人等各类培训班,遍布中西部地区21个省(区市),涉及管理、经济、法律、金融、农业、医疗、旅游等多个领域。1998年9月,还与云南省政府签订了以科技合作、教育合作、人才引进及培训合作为主要内容的全面合作协议。在合作办学过程中,浙江大学紧紧围绕中西部地区紧缺人才的需求,注重开拓思路和培养实际工作能力,采取理论教学、讲座、研讨与考察、观摩、实习、挂职锻炼相结合的办学模式,选派具有高级职称的优秀教师教学,保证培训质量。四校合并以来为西部地区开办了三峡库区移民领导干部研讨班、贵州省中青年经济管理干部研修班、内蒙古伊克昭盟(现鄂尔多斯市)干部培训班等各级各类继续教育培训班118期,培训人数达8000余人。

(二)积极开展合作培训,拓展继续教育视野

长三角区域的地理位置与发展特点,决定了该区域经济贸易特别活跃,也决定了这方面的人才需求比较大。因此,浙江大学在发挥自身优势的同时,积极拓展与港台培训机构的合作。近年来,已经与香港大学、香港中文大学、香港理工大学、台湾辅仁大学、台湾"中山大学"等学校建立了稳定的合作关系,成功举办了"浙江大学—香港大学整合营销传播高级研修班""浙江大学—台湾辅仁大学大陆企业经营管理首届研修班""台湾'中山大学'EMBA学员赴浙江大学研修班"等,其他针对长三角区域特色的高层次课程合作项目也正在商谈中。高级课程项目的合作有力扩大了港台办学机构在大陆经济发达区域的辐射力,为学员传递了当前最新的专业知识,培养了学员实际从事经贸活动和管理企业的能力,拓展了视野。

为了构筑更广阔的高层次培训合作与交流平台,进一步提升浙江大学继续教育的办学水平,2000年,浙江大学在杭州发起首届"海峡两岸暨港澳高校继续教育论坛",至今已在杭州、香港、台湾、澳门等地成功举办了四届,形成了紧密的继续教育培训合作体。论坛召集了海峡两岸暨港澳地区最有声望和影响力、继续教育颇为发达的几十所大学,围绕社会热点,共同探讨目前继续教育存在的问题以及未来的发展趋势,找出解决问题的应对方案。论坛的创办使浙江大学获得了许多兄弟院校继续教育的经验和资源,极大地推动了海峡两岸暨港澳高校继续教育的进一步发展。

此外,浙江大学还建立了与国际继续教育组织的密切联系。1999年,浙江大学继续教育学院和德国成人教育研究所成立"浙江大学中德成人教育研究所"。该所已经连续5年在中、德两国召开工作年会,双方展开了实质性的科研合作,共同发布中德最新的继续教育培训信息和研究成果。2004年5月,应国际继续工程教育协会和第九届世界继续工程教育大会的邀请,浙江大学继续教

育学院参加了在日本东京召开的第九届世界继续工程教育大会。浙江大学是中国政府代表团唯一的高校代表。这些活动扩大了浙江大学继续教育在国际上的影响,加强了与国际一流大学的联系与合作,为区域高层次人才的开发培训积淀了实力。

## 四、浙江大学区域人才开发的应对策略

浙江大学作为长三角区域内的一所全国研究型重点大学,继续教育发展同样面临着激烈的市场竞争。当前,长三角区域为实现区域的持续发展,对人才开发做出了新的规划,强调高层次高素质人才的培养、强调人才的一体化开发、强调继续教育资源共享合作。根据这一新需求,如何在继续教育资源的整合和优化过程中,抓住发展机遇,浙江大学继续教育将从以下几方面做出主动应对。

(一)大力加强高层次继续教育优质项目开发的综合实力

按照长三角区域人才一体化开发和继续教育资源共享的战略目标,继续教育市场将面临一场优化整合、优胜劣汰的过程。继续教育要在市场竞争中立于不败之地,只有不断将自身做大、做强。在充分考虑长三角区域人才需求和学校办学优势的基础上,浙江大学继续教育将继续坚持高层次人才培养的定位和目标,并在今后的办学中,着重加强高层次继续教育优质项目开发的综合实力,为推动区域人才的整体优化进程做出自己的贡献。为此,浙江大学将采取以下几方面的应对措施:①重视培养一支专业、高效的继续教育项目开发队伍。这支队伍应具有敏锐的市场洞察力,能随时跟踪区域人才的最新需求,及时推出紧缺专业人才培训项目。在课程设计中,能根据参加项目的不同群体,科学设计适合个体学习需要的课程。充分考虑课程设计中的各个细节,在教和学的互动中,不断提高项目开发的水平。②在充分利用学校现有条件的基础上,进一步挖掘办学资源,尤其是举办继续教育最需要的一流师资力量,通过内请外聘,逐步建立和完善继续教育优秀师资库。③在办学过程中,建立继续教育质量管理和保障体制,对各个办学环节进行严格把关,推行教学质量学生满意度、教师授课满意度测评制度,确保办学质量,维护并不断提高浙江大学的办学声誉。④充分利用学校现有的现代科技教育工具,发挥网络教育、多媒体教育及一流的实验设备的作用,为学员提供优质的教学实验实习和教学交流互动的条件和场地。

(二)进一步加强区域内外的项目合作和国际合作

面对当前人才一体化开发的有利形势,开展区域内外的项目合作和国际合作是长三角区域继续教育发展的必然趋势。为此,浙江大学继续教育在已有的"拳头"项目的基础上,采取主动出击,与区域内各级政府及各类行业继续教育培

训机构开展积极合作,通过优秀师资互助、优质课程认证、证书流通及合作培训等手段,加强人才一体化开发的力度;其次逐步扩大继续教育对社会的开放程度,采取"走出去"与"请进来"相结合,课堂教育与挂职锻炼、技能训练相交融,提高社会对继续教育的直接参与程度;再则积极将继续教育充分介入就业培训、劳动人事管理、人才招聘指导、社会福利保障及小区服务等领域,与这些领域共同融入区域人才的系统优化工程。继续发挥研究型大学的教学、科研优势,为中西部地区紧缺的经营管理、环境保护、土木工程、电气工程、通信技术与工程、生物医学工程等领域深入展开人才培养服务。同时,在充分发挥浙江大学成人教育研究所与德国成人教育研究所合作的基础上,进一步加强与国际各类继续教育组织的紧密联系,获取世界继续教育、终身教育的最新信息,积极引进国际专业资格认证培训、海外证书代理等各种形式的项目合作,以实质性的科研、培训合作全面提升继续教育办学质量,逐渐提高浙江大学继续教育在国际上的地位,引领浙江大学在区域内乃至全国范围的人才开发水平。

(三)加强继续教育资源共享和社会服务功能

在当今的学习型社会中,成人的学习越来越具有开放性、主动性,成人获得继续教育的机会将越来越充分。长三角区域是中国教育资源较发达、高等学校比较集中的地区。资源共享成为长三角区域继续教育发展的趋势。因此,浙江大学将积极融入长三角区域继续教育互认体系,在尽可能广的范围内开展继续教育项目培训并获得认可。进一步拓宽继续教育的功能,尤其要发挥在资源、信息共享等社会服务上的积极作用。一方面,加快信息建设工程,开发精品课程软件包,面向社会提供各类优质课程和各种学习信息,引导人们获得各方面有效的信息以及其他相关的指导,保证不同层次和不同领域人群均能够获得符合自己需要的高质量学习项目。另一方面,加强对社会的咨询服务,定期编印浙江大学继续教育项目指南,建立继续教育市场供求信息网络,通过大规模、多渠道以及各种形式的宣传推动人们对终身学习的需要,为实现长三角区域高效优质的人才开发开创快速有效的通道。

**参考文献:**

[1] 胡云生.临海观澜:长三角打造一体化"人才圈"[J].国际人才交流,2004(2):48-50.

[2] 徐寿松,李荣,俞丽虹.长三角:"泛"还是不"泛"[J].瞭望新闻周刊,2004(47):16-18.

# 台湾东吴大学推广教育的发展

台湾东吴大学    林炳文

【作者简介】
　　林炳文,男,台湾东吴大学国际经营与贸易学系兼任教授,台湾政治大学经济学系硕士,研究方向为国际贸易理论与政策、个体经济学等。
　　本文为2005年第六届海峡两岸暨港澳高校继续教育论坛收录论文。

## 一、前　言

台湾东吴大学为提升校务发展绩效,推出了八大专案。推广部于 2004 年负责拟定推广教育加强专案。提高推广教育绩效,不外乎下列三大方向。

(一)松绑与扩大参与

(1)增加学系办理学分班之意愿,如提高学系行政管理费等。

(2)与学系沟通,提升学分认可的比率。

(3)仿效他校办理成功案例,提高学员就读诱因。

(二)建立特色与品牌形象

(1)维持拥有既定口碑的课程稳定发展,如法律、会计、日文、英文、德文、韩文、社工等课程。

(2)以专业为主导,积极延揽优良师资,加强学员就读意愿,并确立品牌形象。

(三)突破现状以提升竞争力

(1)组织变革,扩大规模。现有人力仅九名,若欲扩大规模,首先需有足够的人力资源。人力扩增则组织架构须同时应变,否则难以适应,问题必增。

（2）开设分部，走出台北。开设分部是其他学校早已进行的项目，只因本部人力局限，且目前业务已使现有人力十分吃力，倘能寻求适切合作伙伴共创新局，不失为一项突破现状的方案。

（3）线上教学，无远弗届。线上教学需有软硬件的支撑，但亦是业务推展的新方向。

本校推广部成立至今，已满35周年，经由组织、制度、策略等的变革，虽然目前只是一小步，却极可能成为未来的一大步。组织变革指为适应外在因素（如市场变迁、竞争压力及新产品技术变动等）变迁，管理者试图改善现状的方式与实际做法。组织变革可以从组织结构、人员行为（价值观、态度、信念）及科技工具三个不同机能的改变着手。员工价值观在管理上能影响员工是否采取协助组织生存的必要行为，以协助组织适应外在环境，并协助组织整合内在环境。价值不仅会影响人的动机，也决定人所追求的奖励结果。至于影响工作行为与组织互动的重要关键因素，非员工态度莫属。员工态度泛指员工工作满足、工作投入及组织承诺等三种态度。另外，由于内外在因素的变迁，组织成员会在意识、思维及工作行为上起激烈的变革，这种突破现状的期望可使组织变得更好。基于以上理论，对于本部推广教育的发展，本文提出一些建言与做法。

## 二、现状分析

### （一）经营现状

台湾东吴大学推广部于1971年8月设立，在开办之初，即秉持推广教育的办理原则，以社会经济发展需要来确定教学方针和施教对象。几十年来，经不断检讨改进及前八位主任的戮力规划，已略具规模，并获得外界好评。近年来，本部推广教育业绩增长许多，其中又以日文教育为主轴（参见表1和表2）（本文各类统计资料涉及的货币单位均为新台币元，后不一一注明）。本部推广教育在2004年教育主管部门的校务评鉴中荣获优等；在台湾地区各大学推广教育评比中，亦名列前茅（参见表3）。

表1　近年来台湾东吴大学推广部推广教育业绩与成长情况

| 年份 | 2000年 | 2001年 | 2002年 | 2003年 | 2004年 |
|---|---|---|---|---|---|
| 总收入 | 43692935 | 51371668 | 59832957 | 74023811 | 82449042 |
| | 4％ | 18％ | 16％ | 24％ | 11％ |
| | 40449663* | 48847808* | 63681108* | 72934796* | 81367017* |
| 总班次 | 385 | 461 | 528 | 631 | 701 |
| 总人次 | 8308 | 10227 | 10860 | 12776 | 19141 |

注：总收入标记"＊"者，表示该数据为会计室呈报教育主管部门的数据。

表 2　2004 年台湾东吴大学推广部开课班别及各类班别所占比重

| 日文班 | 学分班 | 英文班 | 经济部主管部门委训班 | 德文班 | 信息班 | 文化班 | 企贸班委训及租借教室 |
| --- | --- | --- | --- | --- | --- | --- | --- |
| 40.82% | 22.78% | 11.99% | 8.09% | 4.42% | 3.82% | 2.41% | 1.97% |
| 企贸班 | 人资管理师班 | 西班牙文班 | 韩文班 | 其他 | 法文班 | "高检署"英文专班 | 游学团 |
| 1.75% | 1.02% | 0.79% | 0.62% | 0.60% | 0.44% | 0.33% | 0.23% |

表 3　相关私立大学推广教育绩效统计

| 学校专责单位 | 2000 年 | 2001 年 | 2002 年 | 2003 年 |
| --- | --- | --- | --- | --- |
| 台湾东吴大学推广部 | 40449663 | 48847808 | 63681108 | 72934796 |
| | 127752130 | 159887313 | 204729440 | 243925342 |
| 台湾辅仁大学推广部 | 87900275 | 69485631 | 59200967 | 43782268 |
| 台湾东海大学推广部 | 无公告 | 105635596 | 73838439 | 84410205 |
| 台湾中原大学推广教育中心 | 51269712 | 72313581 | 72816018 | 64729836 |
| 台湾"中国文化大学"推广教育部 | 573654945 | 593242120 | 555108818 | 552234568 |
| 台湾淡江大学成人教育学院 | 101130763 | 101765230 | 101285039 | 113407172 |
| 台湾元智大学终身教育部 | 无公告 | 61710877 | 67467270 | 68152859 |
| 台湾实践大学进修暨推广教育部 | 29457644 | 46873247 | 69568878 | 68315000 |

目前台湾东吴大学推广部组织架构与人力配置如图 1 所示。

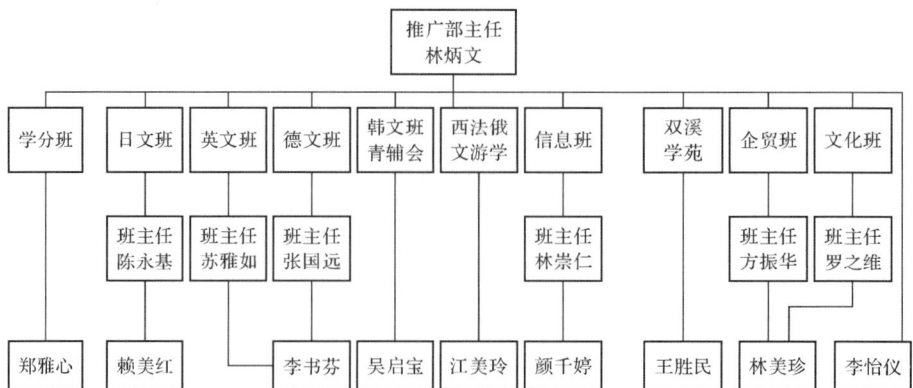

图 1　台湾东吴大学推广部组织架构与人力配置

（二）产业环境

近年来推广教育产业环境已有许多重大改变，包括：

（1）学校以及校外教学机构的供给大量增加，竞争激烈。

（2）受到产业与教育环境的影响，学员需求改变。它包括较强调工作相关技能、专业教育以及技能认证等。

在此环境之下，本校推广部面临着朝专业化发展或组织转型的压力。

（三）推广部组（专）员平均生产力

1. 历年生产力

推广部所有业务之实际执行者为各组（专）员，在业绩压力逐年提升之下，所有同人均大感无法承受。它确实不同于学校其他单位，业绩压力众所周知，若想要业绩再向上攀升，相对的增员配套措施及权责相符的奖励制度之建立确实是十分必要的（参见表4）。

表4　台湾东吴大学推广部组（专）员历年平均生产力评估

| 年份 | 1999年 | 2000年 | 2001年 | 2002年 | 2003年 |
|---|---|---|---|---|---|
| 总收入 | 41842902 | 43692935 | 51371668 | 59832957 | 74023811 |
| 组（专）员总数 | 6名 | 6名 | 6名 | 6名 | 7名 |
| 平均生产力 | 6973817 | 7282156 | 8561945 | 9972160 | 10574830 |

因人员配置不足之故，不仅营销及众多新构想无法着力，且亦未能达到客服该有之水准，因此，处理学员抱怨的案件逐年递增，亦令同人十分困扰，实在有必要增加员工以有效发挥工作绩效。

2. 未来生产力预估

2003年本部推广教育业绩已达到7400万元，预计2004年约有收入8000万元，2005年预估收入为9200万元（参见表5）。若能突破现状，空间不足之窘境、组织架构重整、人力不足等问题将一一浮现。确立本部企业化、制度化，建置利润中心之呼声此起彼伏。

表5　台湾东吴大学推广部组（专）员未来平均生产力预估

| 年份 | 2004年 | 2005年* | 2006年 | 2007年 |
|---|---|---|---|---|
| 总收入 | 82449042 | 92000000 | 115000000 | 143750000 |
| 组（专）员总数 | 8名 | 9名 | 11名 | 12名 |
| 平均生产力 | 10306130 | 10222222 | 10454545 | 11979167 |

* 估计2005年起平均年增长率约为25%。

### 三、现存障碍与困难

（一）内外在环境评估——SWOT 分析

1. 优势（strength）

（1）近台北车站与捷运站交通枢纽，交通便利。

（2）距离台北政经中心较近，优秀专业师资聘任容易。

（3）传统百年学校，致力教育，办学绩效卓著。

（4）法商学院位于城中校区，可专业整合符合各界需求。

（5）除学术领域外，城中校区游艺广场可提供艺文活动空间，增添人文素养的陶冶。

2. 弱点（weakness）

（1）营销投入不足，营销能力有待加强。

（2）诱因不足。

（3）横向联络不够。

（4）校地过于狭小，教室空间不足，扩张不易。

（5）推广部编制过小，人手严重不足，欠缺专业企业人员及适当咨询人员，无法提供更专业服务，减弱竞争力。

（6）与外界相比较，专业教室不足，且部分教室设备稍显老旧。

3. 机会（opportunity）

（1）地处政经中心，邻近行政机构多，由于鼓励终身学习，进修业务需求大，连带的社会服务也多。

（2）商业机关金融实务创新快，业界在职进修需求大。

（3）竞争对手收费昂贵，且为套餐式课程，本校为单点式，市场接受性高。

（4）学校重视，鼓励进修推广。

（5）强调市场机制，有利推广业务推动。

（6）社会重视证照制度，有利相关推广业务推行。

（7）业界在职专班需求大，有利学分班推行。

（8）现今"第二专长""证照资格"及"终身学习"风气极盛，机构与民间均甚为鼓励及推广。

（9）许多专业资格考试，应考对象大幅放宽，对各类型课程需求远较以前广大。

（10）游艺广场设立，有利于艺文活动推广。

4．威胁(threat)

(1)财务状况不佳,使行政机关补助减少,公务人员进修大幅锐减。

(2)社会服务经费筹措不易,导致相关机构进修经费减少。

(3)各级学校及私人机构竞相增设推广教育中心,市场竞争激烈。

(4)教师钟点费的计算标准缺乏弹性,对若干具有知名度的教师缺乏吸引力。

(二)现存障碍

综合上述本校推广部SWOT分析后,归纳出现存障碍有:

1．资源限制

受到资源限制,规模无法扩充,因而经营效率无法更大幅度提升,已成为目前发展的瓶颈。

(1)上课空间。目前城中校区晚间上课教室已不敷使用,限制开课数目,成为发展的重要障碍。

(2)行政空间与人员。行政人员工作繁忙,若要增加人力又受限于办公室空间不足的窘境。

(3)教学设备。与竞争者相比,本校教学环境与设备较差。

2．单位间协调障碍

(1)行政单位。推广教育在校内角色并不明确,且顾客权益并未受到普遍重视,成立推广部客户服务中心刻不容缓。

(2)教学单位与教师。过去推广教育采取集中经营的方式发展,大多数教学单位并未参与,校内教师参与的比例也很低。

(3)市场营销。①由于许多课程规模不大,不易引起潜在顾客注意,造成营销与招生上的困难。②欠缺营销设计专业人才,DM设计不够精美。目前本部每两个月出版招生信息刊物一份,聘请一位专职人员负责设计。③缺乏整体营销规则。

### 四、未来发展目标

(一)整合校内资源

推广教育除了希望能继续增加业绩,以补充学校的财务外,也希望能发挥帮助建立学校特色、提升学校形象的积极功能。为了达成这一目标,必须与学校相关科系发展的特色相结合。唯有善于利用校内相关资源,才能建立本校推广教育的独特能力,以取得竞争优势。

(1)教师与教学岗位。由于本校在台湾地区发展已具名声,应设法鼓励各教学单位与教师积极参与推广教育。设法延聘校外名师莅临授课，以提升本部推广教育的客户满意度（customer satisfaction）。

（2）外双溪校区。目前城中校区教室使用已近饱和状态，希望能设法扩充至外双溪校区，配合增加必要的人手及办公处所，成立双溪学苑，服务士林、内湖、淡水地区民众。

（二）建立品牌

希望能在特定领域中，发展成为市场中的领导品牌，提供足够的选择与弹性，使顾客在有需求时都能先想到本校，并以此为基础扩充至其他相关课程，有效提升本部推广教育的顾客忠诚度（customer loyalty）。

（三）运用校外资源

（1）租用校外场地。在满足成本要求的条件下，设法扩大规模，达成上述两点发展目标。

（2）建立分部的可行性。以前述所建立的品牌形象与特色课程为基础，寻觅合适的合作伙伴扩充至其他地区。

### 五、策略规划与实施方式

（一）策略规划分析

将本校推广服务触角向外延伸，委托合作伙伴在其他县市（如桃园市、新竹市）开设本部特色课程（如日语班），既可降低本部向外扩张的成本与风险，又能够与合作伙伴分享利润，共创新局。

在本校中与各系共享学校资源，积极寻求合作模式，依各系对推广教育贡献度分红（如各系可由该系开设班别盈余提拨 15% 作为该班别行政管理费，但是若开班[(收入−成本)/收入]<40%（成本不含设备使用费与行政管理费）时，依本部原办法付给行政管理费，即提拨总收入的 5%）。如此一来，将可提高各学系参与度，共创利润。40% 贡献度的门槛，系由设备使用费（10%）、行政管理费（15%）及盈余提拨（15%）合计估算而得。

学分班可依社会需求弹性收费，再依各系对推广教育贡献度奖励（如各系可由该系开设学分班别盈余提拨 10% 作为该学分班别行政管理费，由该班别盈余提拨 5% 作为授课教师年度奖励金），既提高各学系参与度，又奖励老师授课与准备教材的辛劳，在创造推广教育业绩上真是一举数得。若开班[(收入−成本)/收入]＜40％时,依本部原办法付给行政管理费,即提拨总收入的 5％。改变目前学分班运作模式,学分班收费标准由各系自行制定后请校长审核。

发挥本校优势,结合企业资源,开设符合企业需要的新课程,积极推出一些认证课程,开创产学合作新局面,迎合时代潮流。

寻求并增加开设行政机关委训班的机会,积极配合政策,适时培训有专业技能与素养的人才,以利学术知识与实际人才市场需求的衔接。

荟萃世界文化,提供前往美、日、欧等以及大陆的游学活动,以增加社会大众了解世界历史、文化的机会,并借由旅游行程的安排,浏览不同风土民情,增广见闻。

本部现有的文化班配合游艺广场活动,推出生活美学系列与健康生活系列课程,开启生活艺术之窗,走入健康生活之门。

大陆与港澳台地区学校若能合作推出汉语师资养成培训班、EMBA、中华文化体验班等,本部愿意与各学校共同为提升华人教育,尽一份力。

(二)实施方式

1.改变利润分配方式

(1)教师。具有弹性的教师钟点费,设法将教师报酬与绩效挂钩(如策略三)。

(2)教学单位。建立直接与各教学单位分享利润的机制,一方面鼓励各学系参与推广教育的发展,另一方面也可以减轻推广部的人力负担。分享的方式可依单位的投入适度调整(如策略二)。

2.发展课程特色

(1)语文教学。日文教学:提供多样且富弹性的课程。英语检定:配合政府推动英文检定的需求,推广相关课程。定制课程:针对行政单位、企业单位的人事或员工需求,量身设计定制课程,也可以采用赴校外授课的方式,弥补城中校区空间的不足。

(2)其他特色课程。相关科系具市场需求的特色整合课程,包括语文、文化、经贸、旅游等的整合课程设计。

3.提升组织能力与效能

以目前的人力与作业方式，不易适应规模扩张后的需求。拟重新建构推广部人力，分组并分层负责，并聘任合适的人才以应对实际需求，目前增聘的人力，以企业、营销、美编、公关、客服等长才为主，拟另外增设推广部客户满意服务专线。

(1)确实掌握教学品质与学员反应。建立有效的回馈机制以评估教师教学品质与学员满意度，全面提升服务水准与意识，让学员感觉受到重视与尊重。

(2)改善行政系统以减少行政负担。改善目前注册、收费、账务处理的系统，以降低行政作业负担。

(3)增加诱因，增加工作投入，提升业绩。考虑设立单位奖金制度，提高工作诱因。

4.建置整体推广教育营销策略与服务平台

由专职人员负责营销策略，整合现有资源，寻找潜在顾客群，并继续发挥现有团队的合作模式，相互支援，使营销机能得以真正落实。

由专职人员负责顾客服务的相关事务，同时发挥团队合作精神，随时提供优质服务，并及时汇报相关信息至各班承办组(专)员，以期达到对外提升形象、对内改善品质的功能。

5.寻找目标市场，掌握顾客群，符合多元化社会价值取向(证照、文化创意)

以邮件群组、电子报、课堂反映问卷等方式，寻找目标市场，有效掌握顾客群，开设多元化社会价值取向并符合社会需求的课程。

# 关于普通高等学校
# 继续教育可持续发展战略的几点思考

天津大学　靳永铭　杨丽芸　薛　晖

**【作者简介】**

　　靳永铭,男,天津大学继续教育学院院长,研究员,研究方向为继续教育管理。

　　杨丽芸,女,天津大学继续教育学院副院长,副研究员,研究方向为继续教育管理。

　　薛晖,男,天津大学继续教育学院继续教育管理办公室主任,助理研究员,研究方向为继续教育管理。

　　本文为 2006 年第七届海峡两岸暨港澳高校继续教育论坛收录论文。

继续教育是针对专业人员进行的知识更新、补充、拓宽,以培养创新能力为目的的后学历教育,是提高专业技术人才的综合素质和创新能力的重要手段。美国有学者认为,继续教育是指在正规教育以后进行的一种范围很广的教育,使成人不断获得有关自己职业的新知识、新技能,同时增长对别的职业的了解。继续教育在终身化学习社会中,占了人生三分之二的受教育时间。对许多专业人员来说,大部分知识要在工作后通过继续教育的方式来充实和更新。因此,继续教育在传统学校教育向终身教育发展的过程中,起着非常重要的作用。我们要以科学的发展观,面对新形势下的继续教育,进行深入的研究与探索。

## 一、新形势下继续教育面临的挑战与机遇

我国普通高校继续教育从发展之初就承担起学历教育以及非学历教育和培训职能,但在实际过程中很长一段时间,却以学历教育为主。成人高等学历教育经过 20 年的发展,初步完成了补充性高等教育的历史性任务。

近几年普通高校扩招,民办高等教育迅猛发展,独立学院异军突起,高等职业教育大力发展以及高校入学年龄的放宽,使我国高等教育的毛入学率已达到19%,一些经济发达地区毛入学率已达到70%以上。高等教育大众化时代的来临,使成人高等学历教育的空间越来越小,这对普通高校继续教育学院开展成人高等学历教育提出了严峻的考验。

党的十六大报告明确指出:"形成比较完善的现代国民教育体系……人民享有接受良好教育的机会……形成全民学习、终身学习的学习型社会,促进人的全面发展。"要实现小康社会的这一目标,就必须"加强职业培训,发展继续教育,构建终身教育体系"。这一教育理念,正被越来越多的人所认识,给我国继续教育的发展带来了难得的机遇。

### 二、树立科学发展观,对继续教育可持续发展战略的几点思考

#### 1. 稳定规模,提高质量,办好成人学历教育

由成人学历教育的发展来看,目前我国普通高校成人学历教育仍有一定的需求,应稳定规模,保证招生质量,以培养人才、服务社会为目的。在教学中不断深入地进行教学研究,针对各类学生特点,研究如何提高教学质量。必须把握好教学质量这一生命的主线,使学生不仅学到知识,而且学会做人,学到获取知识的能力和创新的能力,提升学校的品牌。面对成人学历教育遇到的挑战,我们不能放弃,要不断探索发展继续教育的新思路,办出特色。在保证质量的基础上,可以从以下几方面进行探索:

(1)近两年来,一些学校学生就业困难,有一部分学生找不到合适的工作,在社会上闲置。另外,随着科学技术的发展,越来越需要交叉学科的知识,高校可利用学校的品牌效应和自身优势,把这部分学生吸引过来,进行大学后的双学历教育,提高他们的综合素质,培养他们成为复合型人才。当前已经显现出这一方面的需求。

(2)采取"走出去、请进来"的政策,面对地域教育的差别,到生源多的地域,吸收比较好的学生,使他们得到更好的培养。

(3)抓住国家大力发展职业教育这一时机,探索高职高专与自考衔接本科助学班的培养教育的新思路,为其中学习基础较好,学有余力,愿意在工作岗位上继续深造的大专生提供一个学习的机会。

(4)探索校企合作。根据企业需求确定服务方向、教学计划以及更加灵活的培养方式,采取订单式培养,在保证教学质量的前提下,做到既符合国家有关政策规定又能满足企业需求,为企业培养急需的应用型本、专科人才。

多年来,我校一直非常重视校企合作,与国有大中型企业及政府部门开展继续教育,面向企业培养急需的专门人才,有多个专业将夜大、函授班办到了企业中,开设的课程、集中面授时间和面授方式均是和企业共同商定的,整个教学环节得到了企业的配合,起到了很好的效果。

我校有些专业在大企业中的继续教育,已形成了完整的大专→专升本→工程硕士的教育体系,培养了大批优秀的应用型人才。有些专业不仅很好地为社会服务,还为学校的学科发展做出了贡献。如我校的"制药工程专业",早在1997年,我校化工学院和国家医药教育协会、国家药品监督管理局培训中心就商讨对制药行业科技人员进行制药工程方面的人才培训,经过一年的继续教育高级培训,积累了经验,了解了市场,1998年开办了"制药工程"大专班,1999年招收全日制本科生,同年10月又开设"制药工程"工程硕士点。从继续教育着手,现已建成了大专→本科→硕士→博士层次齐全的"制药工程"教育体系。成人"制药工程"继续教育的开班,对本科的师资建设和教材建设起了催化作用。2004年我校本科制药工程专业被评为优秀专业,居全国第一名,2005年该专业建设成果荣获国家级教学成果二等奖。

2. 与时俱进,开拓创新,大力开展高端人才培训

《中共中央、国务院关于进一步加强人才工作的决定》中明确提出实施人才强国战略的基本任务就是要建设一支规模宏大、结构合理、素质较高的人才队伍,使我国由人口大国转化为人才资源强国。因此,在今后的发展中,解决人才培养的问题是关系党和国家事业发展的关键问题,实施人才强国战略是全社会一项重大而紧迫的任务。同时,随着全球经济和信息一体化进程的加快,国际的竞争是综合国力的竞争,主要体现为人才的竞争,其中对人才的要求关键还是取决于人才素质水平,因此,我们必须根据我国的人力资源现状,通过多层次、全方位的人才培养措施来进一步加强人才建设工作,真正实现人才强国的宏大战略目标。

普通高等院校一定要抓住这一发展机遇,在教育思想理念上积极地将继续教育从学历教育向非学历教育的培训转型,大力开展高端人才培训。一些兄弟院校已经率先开始了高端人才培训,各普通高校应研究自身的定位和区域性,发挥各自的办学优势,发展各具特色的高端人才培训。

我校在高端人才培训方面也取得了很大的成绩,"十五"期间,开设各类高级培训班、研讨班,培训总计20000人次。我校还充分发挥优质教学资源的作用,积极为国家人事部、建设部及市级政府培养社会急需人才。其中最成功的一项就是从1991年开始为新疆维吾尔自治区组织部培养县、处级以上干部共17期,

培养了 850 多名自治区领导干部。这些学员在新疆维吾尔自治区的各个领导岗位上发挥着自己的作用。

### 3. 校企合作,服务社会,培养高质量专门人才

2005 年,为贯彻落实《中共中央、国务院关于进一步加强人才工作的决定》,进一步加强专业技术人才队伍建设,推进专业技术人才继续教育工作,人事部决定实施专业技术人才知识更新工程(简称"653 工程"),并同时推行《专业技术人才知识更新工程实施方案》。该方案旨在 2005 年至 2010 年 6 年间在现代农业、现代制造、信息技术、能源技术、现代管理等 5 个领域,开展专项继续教育活动,重点培养 300 万名紧跟科技发展前沿、创新能力强的中高级专业技术人才,通过专项继续教育,使中高级专业技术人才及时更新专业知识,提高学习能力、实践能力、创新能力,提高政治素质及职业道德水平。同时,加快建设和健全继续教育工作体系、服务体系与制度体系,建设一批优质高效的继续教育施教机构,丰富和充实教学资源,推动继续教育的全面发展。

面对我国高级技术人才培养教育发展形势,面对国家政策的导向和人才市场的迫切要求,作为国家重点大学,一定要认清形势,摆正位置,充分发挥学校的教育、科研与服务职能,依靠学校雄厚的师资力量和丰富的教学资源以及强大的科研水平等办学实力,为社会更好地服务;走出校门,充分了解企业需要什么样的人才,社会需要什么样的人才,根据自身特色,找到与企业合作培养人才的切入点,为企业培养高质量、急需的专门人才。实践表明,继续教育在高校还是大有可为的。

我校积极推行与企业的全面合作,为企业培养急需人才,为地方经济发展服务,为国有大中型企业如安徽丰源集团、江苏连云港化工集团、天津港(集团)、大港石化集团、核工业部 404 厂、大庆油田等企业培养了近 3000 名急需专门人才。还积极启动开发大西北工程,为西部开发服务,为甘肃、内蒙古、广西、西藏、新疆等省区培养专门人才,使他们在各行业生产第一线发挥作用,成为西部开发建设的技术骨干。

### 4. 在继续教育教学中,努力开展远程网络教学

在远程网络与开放教育已成为全球化趋势的今天,信息技术的发展,缩小了世界上地区与地区之间、人与人之间的距离,各种教育资源、教育信息可以使用网络在全球迅速传播,学生可以在全球内寻求最适合自己的课程与学位,国家之间教育的交流障碍也随着服务与贸易协议的签订大大减少,远程网络教育全球化趋势已经势不可当,这就要求我们继续教育要转变旧的教学模式和方法,深入研究,努力探讨适应新形势的教育教学模式。

（1）远程网络教育打破了传统的学校教育理念，它超越时空的限制，使学生可以根据自己的时间自由地安排学习，给面临工学矛盾、家务拖累、资金不足、流动性大的成人学习提供了接触优质资源和掌握先进知识的机会。

（2）现在的知识经济社会，已经逐步进入了信息化、学习型社会，这使得远程网络教育有了强大的物质基础和群众基础。在这个信息时代，人们不仅利用网络生活、工作、服务，而且使网络逐步成为获取知识、接受教育的主要媒体之一，所以，随着网络的进一步普及，远程教育必将成为继续教育的主要形式之一，为构建终身教育体系提供更好的、更完善的服务。

（3）继续教育是一所没有围墙的大学，具有开放性、灵活性、多样性等特点，参加学习者的情况各异，能参加继续教育学习的时间和空间各不相同，很难找出共同的时间和地点与本校教师面对面交互学习，远程网络教学以其时空的灵活性、内容的丰富性、大量的信息资源、流媒体等特性为继续教育提供了有力的技术支持。通过教学，可以培养学习者发现问题、解决问题的能力，收集、分析和利用信息的能力，培养学习者学会分享与合作。同时也应积极研究远程教育与面授方式的有机结合，克服远程教育的不足，做到优势互补，这样可以使继续教育发挥更强的生命力。

**参考文献：**

[1] 龚爱云，李洪富，谭浪浪，等.普通高等学校继续教育的现状调查与分析[J].继续教育，2006(7)：51-52.

[2] 国家人事部.专业技术人才知识更新工程（"653工程"）实施方案（国人部发〔2005〕73号）.

[3] 纪军.当代美国终身教育的发展论略[J].外国教育研究，2003(11)：47-50.

[4] 劳动和社会保障部.关于进一步做好职业培训工作的意见（劳动部发2005〔28〕号）.

[5] 理查德·布劳德海德.大学革新：全球化背景下的研究和教育（2006年6月29日在清华大学的演讲）[EB/OL].http：//news.tsinghua.edu.cn.

[6] 罗润喜.继续教育在人才强国战略工程中的重要作用[J].档案与社会，2005(2)：50-51.

[7] 张玫玫.高端培训的专业化发展[J].继续教育，2006(7)：10-13.

# 挑战与反思:研究型大学继续教育职能探析

浙江大学    祝怀新

【作者简介】

祝怀新,男,浙江大学继续教育管理处副处长,浙江大学教育学院教授,教育学博士,从事比较教育、高等教育、继续教育研究。

本文为 2007 年第八届海峡两岸暨港澳高校继续教育论坛收录论文。

本文发表于《职业技术教育》2013 年第 34 期。

随着社会的发展,终身学习的思想被越来越多的人所认识并接受。在进入新世纪的今天,大多数国家都已完成或基本完成了普及义务教育,许多国家,特别是发达国家,已基本实现了高等教育大众化。与此同时,知识经济的产生与发展,信息化、数字化时代的到来,以及多元化、个性化的社会发展趋势,对劳动者的素质提出了更高的要求,即使原本受过较高层次教育的人们,其现有的知识结构也不适应迅速变化着的社会需求。由此,终身学习的理念不断深入人心,人们在职业生涯中不断接受高层次教育的需求越来越强烈,从而对研究型大学人才培养模式提出了新的挑战。

## 一、研究型大学继续教育职能的发展背景

传统意义上,研究型大学的使命是在科学研究的同时,为学生提供系统的学术教育,非商业性的研究总是在教育领域中占据着重要的位置。经济和社会的变化丰富了高等教育的内涵,拓宽了研究型大学的职能。这些大学不仅要进行职前教育(即全日制教育)和高深的科学研究,更要以雄厚的师资和科研力量,承担起对已受过高等教育或已获得一定学历层次的人们实施再教育的重任。研究型大学人才培养职能的日趋复杂是终身学习的社会发展背景所决定的。

在经济生产领域,操作性的机械劳动逐渐让位于知识含量不断提高的劳动

方式。科技进步、产业结构变革、技术革新和各领域各层次间的相互依赖性等社会现状，都要求经济生产领域的人们不断更新已有的知识内容和结构，因为他们在普通高等院校和高等职业技术院校的初始教育阶段所获得的知识技能将很快甚至没来得及运用就被淘汰了。时代赋予了研究型大学的大学后教育使命。

此外，企业和公司面临着日趋复杂的顾客、竞争对手、伙伴和投资者，从而要求员工具备广泛的能力，那些仅仅掌握专门职业技能的人将越来越缺乏社会竞争力，因此，员工在掌握基本知识和专业技能的同时，还要发展自身的综合能力，包括创新意识和思维能力，以便适应不断变化的职业世界。面对强大的竞争和压力，无论是企业、公司，还是学生、雇员，越来越把期望寄托在优质大学的继续教育上，而在社会经济发展中起引领性作用的研究型大学则必须不断为社会培养各类高起点的人才，使受教育者在竞争中立于不败之地。总之，要使研究型大学满足人们所寄予的期望，它必须承担起高层次继续教育的重要职能，让学习成为一种终身的体验。

在步入后现代社会的今天，社会的多样化、个性化使其成员拥有不同的生活方式，人们可以根据各自的意愿决定自己的学习和生活方式。继续教育不仅成为应付瞬息万变社会的良策，而且也是人们调控自己的生活方式、内容和节奏的必由之路。许多人选择接受教育是以学习本身为目的的，例如越来越多的老人成为没有具体就业目的的受教育者。满足他们的教育需求将关系到实现全民精神健康的社会目标，而且相当多的老人曾受过良好的教育，他们不再满足于基础扫盲教育，而是渴望更高层次并具一定理性的教育，由此他们的再教育任务将主要落在高等教育的肩上。高等教育承担起终身教育的职能不仅为了满足社会多样化与个性化的需求，同时也是弘扬人性和文化的地方。从这一角度来看，研究型大学结合其学术研究的优势来满足社会各种需要，不仅具有经济价值，还具有文化价值。

上述背景要求研究型大学担负起高层次的继续教育。2007年4月，我国教育部下发了《教育部关于进一步加强部属高等学校成人高等教育和继续教育管理的通知》（下文简称《通知》），指出部属高校成人高等教育和继续教育是"我国高等教育体系和终身教育体系的重要组成部分"，部属高校要"大力开展党政人才、企业经营管理人才和专业技术人才的继续教育"①。为了顺应终身学习的社会发展形势，研究型大学本身的人才培养职能不可避免地要进行变革，以应对新的挑战。

---

① 教育部.教育部关于进一步加强部属高等学校成人高等教育和继续教育管理的通知（教高〔2007〕9号）.

### 二、研究型大学人才培养模式的变革需求

传统的研究型大学培养的是社会和科学的精英,人才培养模式绝大多数是单纯地向尚未踏入社会的学生进行初始教育,向他们传授系统的专业知识和技能,并培养其职业道德。而这种传统教育模式已落后于时代发展,研究型大学和受教育者之间的关系变得更为复杂,更富有挑战性。在终身学习背景下,促使高等教育人才培养模式变革的因素有许多,可归纳为如下几个方面。

(一)教育对象的多样化

在终身学习背景下,有着不同教育背景的人们对高等教育提出了各自的期望和要求,使高等教育的对象大大扩展,大致可分为以下几类:

(1)从未踏上社会和从事职业工作的中等教育毕业生;

(2)先前未完成学业或只持有职业教育资格证而从来没有受过高等教育的成年人,他们希望有机会接受高等教育;

(3)已受过专科或高等职业技术教育的人,希望通过继续教育获得研究型大学的优质教育,以进一步提高职业技能和更新知识;

(4)由于科技发展,有些人在职业岗位上工作数年,发现原先所受的教育已不能满足当前工作的需要,从而要求更新和扩展其知识和能力;

(5)那些受过高等教育但对现有职业失去兴趣或已失业,面临重新择业的成年人;

(6)那些受过高等教育,但没有择业目的,只想通过学习来进一步发展自我的人。

由此可见,高等教育的对象不再单一,成人接受高等教育的要求不断提高。由于研究型大学的主要任务是科研与教学,在人才培养中,一方面,将最新研究成果传授给学生,使他们拥有最前沿的知识技能来应对科学技术迅猛发展的现实;另一方面,通过针对性训练来进行知识转化,使潜在的生产力尽快有效地变为现实。因此上述后四类教育对象的继续教育任务将主要由研究型大学来承担。正如教育部在《通知》中要求部属院校"结合学校自身的定位、特色和学科优势,科学合理地确定办学类型、层次和专业,主要面向在职人员开展业余形式的高中后和大学后学历教育和非学历教育培训","把成人高等教育和继续教育纳入学校的总体发展规划,统筹管理,协调发展"①。换言之,研究型大学应当从其

---

① 教育部.教育部关于进一步加强部属高等学校成人高等教育和继续教育管理的通知(教高〔2007〕9 号).

学科优势出发,构建灵活的人才培养模式,使学生有选择形式多样、内容丰富、学制灵活的教育和培训的机会,以及个人发展和社会流动的机会。

（二）社会人才观的重新界定

一直以来,高等教育各级各类学校为社会输送了大量专业人才,满足了社会各界的需求。然而,近年来高校全日制教育培养的人才与社会对人才的需求之间的矛盾日益激化。矛盾的焦点不在于人才数量的多少,而在于社会对人才观的重新定位。即使在发达国家,许多高校毕业生不能满足企业、公司要求的现象也比比皆是。澳大利亚著名企业家罗德里克·威士特（Roderick West）就曾谈道:"许多毕业生在方法上太理论化,缺乏对管理和经济的基本认识与理解。对未来的生活毫无准备,也不知道忠诚、无私等品德的重要性。"[①]近年来,各类有关经济和教育的研究已达成一种共识,即第三级教育部门培养的人才应该具备独立思考、交流合作、解决问题、学会学习及创新的能力。变化的劳动市场不再需要专业面很窄的专门人员,而是需要具有较为广泛的基础知识,有一定学习、思考、决策、交流能力的综合型人才,其中团队合作精神、职业道德、实际工作经验、对多元文化的理解等也备受人们关注。尽管许多高校已逐渐认识到对培养目标重新定位的重要性,但是要把社会需求和受教育者的期望体现在新的人才培养模式上,必须改革教学理念和课程设计,这将是研究型大学在终身学习背景下面临的最为重大的挑战之一。

（三）信息传播技术的发展与运用对人才培养模式的冲击

毋庸置疑,人类已进入了数字化时代。数字化的生活将越来越不需要依赖特定时间和空间。信息传播技术和网络技术的发展和普及,为终身学习这一理想的实现提供了可能和便利。新技术在拓展终身学习机会中显示了巨大的潜力,出现了很多新型的教育模式,如虚拟学校教育。这种学校最初是传统学校的翻版,但很快就打破了传统学校的诸多界限,并随着网络技术的发展与网络的普及而成为一种新型的教育。在这一背景下,终身学习不再是一种理想,而将更为迅速地成为一种现实。

显然,信息传播技术的革新正迅速改变着高等教育的基本培养模式,这种改变不仅仅在于教学手段上,更重要的是,网络的发展将使世界各地的人们能轻而易举地进入世界高等教育的资源宝库,从而有可能在广阔的赛博（cyber）空间中享受一流大学的教育。

---

① 　Roderick West. *Learning for Life Review of Higher Education Financing and Policy Commonwealth of Australia*［M］. J. S. McMillan Printing Group,1998:56.

信息传播技术革新的发展,使高等院校中一直占统治地位的讲座式教学形式受到了挑战。传统的师生关系迅速解体,教育者和受教育者的角色需要重新界定。从知识学习的角度来说,由于人类单纯以手工摘抄为方式的知识积累时代已经结束,原先需要一辈子时间进行的知识积累,如今通过网络可以在瞬间完成,使高校教师无法再以单纯传授知识的"教书匠"身份出现。面对令人应接不暇的信息和不受时空限制自由安排自己学习的各种类型的受教育者,重要的是引导学生(包括那些从未谋面的虚拟学校的学生)发展知识和理解、选择、处理、存储和运用信息等各方面的能力,即提高学生的综合素质。

由于网络教育的成本远远低于传统的课堂教学形式,传统的成人教育和继续教育模式也应当进行变革。教育部《通知》中明确指出,"现代远程教育试点高校要充分利用现代信息技术,逐步将函授教育过渡到现代远程教育"[1],成人教育与远程教育的融合成为未来非全日制教育的必然趋势。同时,利用远程教育技术资源开展研究生层次的非学历教育培训已被证明是一种节省资源、提高效率和效益的较好模式。美国一些研究型大学如哈佛大学、斯坦福大学、弗吉尼亚大学、哥伦比亚大学、纽约大学等已利用远程教育的手段实施研究生课程进修项目,我国清华大学、北京大学、哈尔滨工业大学等研究型大学也利用远程教育手段实施了研究生课程进修项目。

当然,随着信息技术的进一步发展,人们难免会不加鉴别地依赖信息传播技术,以谋求受教育的捷径,这样会使教育中的文化因素被摒弃,最终使教育陷入危机。因此,高等教育在如何更好地利用信息传播技术来发挥其终身学习的职能方面,还有许多需要克服的难题。同时,作为思想宝库的高等院校,如何通过新的信息传播技术,充分利用其雄厚的教育资源,为全球全社会的发展做出贡献,也是亟待解决的问题。

(四)评价体系与资格认定的新需求

高等教育对象的多样化,高校人才培养模式的变革,都要求高等教育的评价体系和资格认定与之相适应,而且成人接受高等教育也必然会对资格认定和文凭获取提出要求。因为大多数成人接受教育的目的是为了获取更理想的职业,必须持有相应的证书以证明他们受过相应的教育或具有从事相关职业的资格。如果成人高等教育的文凭或证书得不到社会认可,那么高等教育在终身教育体制下的作用便会大打折扣。

---

[1]　教育部.教育部关于进一步加强部属高等学校成人高等教育和继续教育管理的通知(教高〔2007〕9号).

　　成人高等教育的需求有其特殊性和现实性,这势必要求高等教育突破原有的占支配地位的学术性特征,其评价体系和证书制度必须变得更加开放和灵活,在更广的范围内向受教育者颁发证书和文凭。然而,成人的高等教育与全日制的高等教育在性质上有重大差异,因为成人在接受高等教育的同时,往往还担负着职业领域的工作任务,他们需要的是特殊教学形式和专门的教育时间。例如,利用周末、假期对受教育者在相对集中的地区开课进行培训,或是直接通过“虚拟学校”的网络资源来满足他们受教育的需求。由于培训和“虚拟学校”教育往往依托有较高社会声望的大学及其他高等教育机构来进行,受教育者课程结业后所获得的证书一般能够被社会所认可。

　　然而,这种远离学校的教育也存在问题,尤其是其教育质量的检查、评价方面已受到了普遍质疑。因为这种教育方式往往注重课程知识的传授,忽略高等教育的文化内涵。受教育者虽然获得了相应的课程学分,但他们却没有呼吸过高等教育的空气,没有在真正意义上接受过高等教育。他们所掌握的知识虽然一时可在职业领域得到运用,但他们自身却不一定具备接受过高等教育的素质。因此,如何使一些特殊目标群体的教育融入整个高等教育体制中,如何建立一种公平有效、多元化的评价体系,如何向受教育者颁发证书或文凭,并得到社会认可,将是高等教育在顺应终身学习形势下的另一挑战。

### 三、终身学习背景下研究型大学战略调整的思考

　　高等教育的内涵十分丰富,包括了所有类型的高等院校,如综合大学、独立设置的学院、高等专科学校、高等职业学校、高等成人学校、社会大学、虚拟大学(利用网络进行的远程高等教育)等。每种类型的高等学校都有其自身发展的内容和形式,承担着不尽相同的社会职能。研究型大学重在学术研究、发展科学、培养高层次人才,其特征是学校规模较大,学术层次和师资水平较高,学科较为齐全,办学条件和效益较好,以培养本科生及以上学历的人才为主。在终身学习背景下,研究型大学究竟是保持其象牙塔的封闭形象而不受外界影响和利益诱惑,还是努力走出象牙塔去迎合社会发展需要,以更直接更有力地推动社会经济发展,这是研究型大学面临的一个两难困境。终身学习对现有传统的研究型大学职能的质疑,使人们不得不思考下列的问题:

　　(1)社会需要研究型大学提供怎样的高等教育服务?

　　(2)研究型大学如何在发挥其学术优势的基础上为社会提供更多的教育培训服务?

　　(3)在整体结构中,研究型大学如何开展继续教育,使各种资源得到充分利用和有效配置?

　　(4)大学与其他教育机构或其他行业各个部门之间的关系将如何发展?

　　(5)如何使高等教育提供者既能为世界范围的学生服务,又能保持本土的文化?

　　要回答上述问题绝非易事,都需要进行综合的分析和研究。每一类型的高等院校都有其自身的特点。研究型大学具有先进和保守的两重性。因为人类文化的弘扬与创新是大学的基本功能之一,使人类的文化精华传于后代,使人类文化延绵不绝是大学应承担的责任。然而牢固的文化传统往往使大学在接受新思想、新理论、新科学方面过于滞后,甚至起到排斥作用。潜心做学问的师生,较浓的学术氛围,有时会与社会产生距离而形成保守性。但是大学又具有知识、文化创新的功能,培养出一代又一代思想活跃、善于接受新事物的大学生。

　　在社会经济不断变化发展的今天,大学应该主动适应终身学习这个时代背景的需要,积极进行自身的调整和改革,既要尊重已有的文化又不能墨守成规,既要敢于创新又不能过于浮躁,真正发挥其应有的作用。

　　事实上,面对终身学习的时代背景,研究型大学迎接的挑战远不止这些。和其他各类院校一样,研究型大学本身从人才培养模式、评价体系、资格认定、校内管理、筹措资金、师资建设等多方面也存在着许多值得研究和亟待解决的问题。而且人们日益强烈的高等教育需求也使研究型大学面临的竞争更加激烈,研究型大学之间,研究型大学与非研究型院校之间,研究型大学与其他相关机构如科研机构、各行业内部培训机构、各大公司培训机构等之间既有合作又有竞争。此外,部属研究型大学已不再是"不愁嫁的皇帝女儿",它们不得不面临国外同行的竞争。正如罗德里克·威斯特指出的,"因为澳大利亚已有强大的高等教育体系,所以国际舞台上潜在的竞争者不会把澳大利亚作为他们首选的目标,而会选择正处在发展中的国家,如中国"①。的确,中国已有许多学生到国外大学接受高等教育或是寻求继续教育的机会,国外的高等教育机构也开始进入中国。在国际竞争日趋激烈的今天,中国的研究型大学必须具有忧患意识。

　　随着人们对终身学习意义的进一步理解,更多的人要求在高等院校特别是研究型大学不断地接受再教育。作为高层次继续教育的重要场所,研究型大学需要极大地提高应用性和实践性课程,使受教育者能迅捷地适应变化中的世界。为了满足人们终身学习的需要,课程开发也将向综合性和跨学科性方向发展。同时,研究型大学的继续教育内容将大大丰富和发展,以提高受教育者的综合素质。在新世纪里,研究型大学面临的种种挑战将促使其不断地变革和发展,从而对终身学习体系的完善发挥越来越重要的作用。

---

① 　Roderick West. *Learning for Life Review of Higher Education Financing and Policy Commonwealth of Australia*[M]. J. S. McMillan Printing Group,1998:56.

# Elderly Education in China
# Viewed from the Sideline

The Hong Kong University of Science and Technology　　Nelson Cue

【作者简介】

Nelson Cue, PhD, Director, HKUST College of Lifelong Learning, Adjunct Professor and Professor Emeritus of Physics, The Hong Kong University of Science and Technology.

本文为 2007 年第八届海峡两岸暨港澳高校继续教育论坛收录论文。

**Abstract**: With the accelerated economic development in China, it is appropriate to examine the status of the elderly who were responsible for rearing the present generation that is sustaining the fast-paced growth of the Chinese economy. Looking in from the sideline, one clear issue to address is the education of this elderly population. Many, if not most, did not have the educational opportunities of today during their formative years. But at their age, a formal degree education may not be what most want or need. Having adequate housing, sustenance and health care is of primary importance. Equally important is companionship or fellowship, relaxation or recreation and, perhaps, respect from the community. Thus, elderly education at the present stage should address the majority of elders with a focus on providing them with detailed and understandable information on entitlements due to them and, if possible, actively assisting them to realize these entitlements. Such elderly education programs should be localized and widespread. Perhaps the most efficient way to conduct these programs is through the channels of local elderly centers in rural areas, and institutions of Continuing Education (CE) in urban areas. Thus, CE institutions in China can look into serving the elderly if they have not already done so.

**Key words**: elderly education; local elderly centers; institutions of Continuing Education

## 1. Introduction

Elderly education is a mainstay in developed countries like Japan and elsewhere. Both the high per capita Gross Domestic Product (GDP) and aging population are the driving forces. Its main objective is to enhance older persons' adaptability, reduce their dependency, and improve the quality of their life. But since the basic needs of housing, sustenance and health care are well provided, the focus is mainly on entertainment, recreation, and social contact. The same cannot be said for a developing country like China. Indeed, not only China's rapid economic growth in recent years has widened the education and income gaps between the "rich" urban area and the "poor" rural area, mass migration to the cities caused by urbanization has also placed the traditionally intergeneration support fabric in danger of erosion. The needs of the elderly in the two areas are very different. The rural ones mainly need to maintain livelihood either from the land or from remittance of departed offspring. Local governmental agencies like welfare and elderly centers are best equipped to provide them with educational assistance such as what crops to plant, what animals to farm, and where to market their produce. On the other hand, the needs of the urban elderly are many. Aside from everyday necessities, the most acute problems they face are unfamiliarity and lack of social contacts. In this aspect, Continuing Education (CE) institutions can serve some of these needs with their facilities and resources. In these connections, the experience at the Elder College (老人大学) in Osaka, Japan is particularly worth noting[1] because of the many cultural similarities between China and Japan. Also the rapid economic growth in China means that the standard of living there will match that of Japan sooner than later. A brief review of the positive Japanese experience will suggest programs for the CE institutions in China to be implemented.

## 2. The Osaka Experience

In Japan, Elder Colleges come in different varieties—encompassing neighborhoods to city/provincial levels and with the primary responsibility of providing education or welfare. More relevant to the urban areas of China today is the welfare stream and large city type such as that of the Osaka Prefecture Elder College in Japan[1]. Anyone who lives in Osaka Prefecture at age 60 and over can join the College. The term is only one year and repeated participation is not allowed. Graduates are expected to be involved in community activities or learning activities in their respective areas.

The Osaka Prefecture Elder College offers courses in welfare, history, English, art, pottery, physical exercise, etc. A survey of its graduates was conducted in 2005 with 997 returns. The main results[1] obtained are as follows:

(1) The most dominant function of the College is viewed as the reconstruction of human relationships rather than acquiring knowledge or skill;

(2) A positive attitude toward the College reinforces the graduate's participation in community activities;

(3) Making good friends in the College correlates well with their positive attitudes toward community activities and the continuation of their learning;

(4) Learning needs change with increasing age, e. g. increasingly favoring the topics of life review, spirituality, and communication with other elders;

(5) Many have good access to contacts and information as nearly half of the respondents have cell phones and more than half of them use personal computers.

### 3. Continuation Education (CE) for the Elderly in China

Some would argue that the situation in Japan where the elderly population is generally well-educated and economically self-sufficient would not be applicable to China until many years later and thus, CE institutions in China need not take up the challenge now. But the dominant needs of the elderly for a place to make new human contacts (e. g. friends) and a place to continue these contacts after graduation are universal. As one ages, one loses companions and social contacts that were essential to one's life until then. A CE institution can do its share in alleviating such losses by offering courses that provide elders with similar interests as a chance to meet, learn, and bond. The subjects offered should commensurate with the economic and education levels of the area. These can include such topics as city living, individual entitlements from the government, financial management, etc. The expenses associated with such programs would be minimal. Since most regular CE classes are held in the evening for working students, many classrooms are unused during the day and could be occupied usefully by the daytime elder-education programs. Instructors could be elderly themselves such as retired professionals. Those with the required expertise could be asked to teach either as volunteers; or compensated with a nominal fee.

**Reference:**

[1] HORI Shiego. Elder Education in Japan: Educational Strategies in Elder College in Osaka [EB/OL]. http://www. edu. tw/EDU _ WEB/EDU _ MGT/SOCIETY/EDU7854001/ senior-citizen/downloads/new. doc.

# 教育之拓展:关于中山大学成人教育的思考

中山大学　梁征宇　陈金华

【作者简介】

　　梁征宇,男,中山大学成人教育管理处科长,助理研究员,研究方向为高校继续教育。

　　陈金华,男,中山大学成人教育管理处处长,公共卫生学院教授,研究方向为公共卫生管理、高校继续教育等。

　　本文为2008年第九届海峡两岸暨港澳高校继续教育论坛收录论文。

## 一、中山大学成人教育发展的基本现况

广义的成人教育形式在我校有成人学历教育(成人脱产班、夜大学、函授教育)、非学历教育、网络教育、自学考试等。

随着高等教育的大众化,成教"补课"的功能基本完成历史使命,近年成人学历教育报名的人数在逐年减少,有的学校甚至出现了计划数多过报考人数之现象。中山大学作为华南地区有较大影响和较好声誉的高等学府,目前招生数受到的影响并不太大。每年计划招生数4800人,在校生数14000人,主要学习形式为业余学习。

网络教育近年发展的势头迅猛,大有取代成教学历教育的趋势。短短几年间,我校在册生数达15000人。网络教育以其特有的报考录取形式和远程、业余学习的特点,对部分学生具有较大的吸引力,但较之成人学历教育,网络教育和电视广播大学也有一些缺陷,但是网络手段却是可以利用的。

自学考试自2005年起已不再作为中山大学成人教育培养学生的主要任务,学校不再开办自学考试助学班。作为广东省自学考试委员会的主考单位之一,我们参与部分专业的命题、评卷、毕业生资格和授予学位资格审查等工作。

作为教育部直属大学和研究型大学,学校把创国内一流大学、在世界上有较大影响力作为首选任务。因此,我校成人学历教育的办学数量主动控制在一定的规模。但是,非学历继续教育培训市场前景广阔,学校持大力鼓励和支持的态度,校领导也常希望我们在这方面不断寻找新的增长点。

## 二、中山大学成人教育的定位

早在 2002 年 11 月,学校召开的中山大学成人教育工作会议上,校长、主管副校长出席了会议并做重要讲话。尤其是黄达人校长的"一个定位,八个关系",就我校继续教育所涉及的一些具体问题,发表了精辟的论述,进一步明确了我校成人教育工作的地位、作用及办学指导思想。

校长指出,高等继续教育是中山大学高等教育中的一个重要组成部分。大学是培养人才的地方,培养人才的方式是多种多样的,有本科教育、研究生教育。还有就是非学历教育,一是对社会上各类精英的再教育,一是除此之外的各类人员的职业或专业岗位培训。我校高等继续教育的定位,应该主要是非学历教育,或者说是终身教育,很显然,它拥有广阔的发展空间。校长要求我们抓住机遇,不断寻找新的增长点,达到扩大影响,弘扬中山大学的目的。我们说继续教育是高等教育中最灵活最有活力的一种元素,那么,多渠道、多模式、多层次、多样化的办学特色就是继续教育培训的具体表现。

经过多年发展,目前,我校的继续教育包括接受国内访问学者、西部援助指令性任务、各类课程进修、住院医师培训和多层次多形式的各种继续教育研修班与培训班等;此外,近年来为了提高继续教育培训的市场竞争力和办学拓展的张力,大力开展了与校外办学机构、其他行业系统联合办学活动。

我校地处改革开放的前沿,毗邻港澳地区,有着内地许多高校不可比拟的地缘优势。香港、澳门回归祖国后急需各类人才,近年我校为港澳地区培养了一大批实用型人才。

## 三、中山大学继续教育的发展

所谓非学历继续教育,我们定义为一年以内的大学后再教育培训。办学形式根据市场需要灵活设置。就培训时间而言,可长可短,一天乃至一年不等。

我校开展非学历继续教育转型较早,定位准确,发展规模也较大。

在与合作单位联合办学的基础上,拓展成人教育非学历继续教育培训新途径。2001 年起,MBA 培训市场旺盛,许多培训机构看中中山大学的品牌,主动找上门来。在此之前,中山大学也有过短期的培训,但未成规模,像今天这么大的规模是在 2001—2003 年间发展起来的。目前,我们的培训遍布广东全省,以珠三角为半径,远至粤东、粤西、粤北。除广东外,开始向内地一些省份辐射。

(一)完善规章管理制度,营造良好的继续教育办学环境

从2004年成人教育管理处设立起,学校将除研究生教育和普通全日制本科生教育以外的各类教育培训统一归口成人教育管理处审批、管理。根据国家政策以及学校的办学实际情况,成人教育管理处制定和修订、完善了《关于印发〈中山大学继续教育管理规定〉的通知》等多个继续教育管理规定,制定了继续教育办学审批制度和程序、工作流程,编制了《中山大学继续教育项目指南》并不断更新,所有的培训项目挂在成人教育管理处网上供查阅,力求"公正、公开、公平"。通过学校主管领导协调、学校其他相关职能部门配合,设立收费标准备案审批、使用程序,齐抓共管办学规范化。在打造中山大学品牌的同时,精心呵护中山大学的品牌,保障中山大学品牌不受侵犯。

实行了管理与办学的分离,区分和明确了"裁判员"和"运动员"的功能和职责,确保中山大学继续教育培训健康发展。

(二)丰富多样的办学项目与模式,满足社会的不同要求

我校办学形式类型及内容丰富多样,有利用自身学科优势的自办班,有行业的委托培训、岗前的培训,有与培训机构的合作办班,有培训联盟,也有面向港澳地区的公务员培训。虽然有些项目经济收益一般,但社会影响度高,宣传了中山大学品牌,扩大了中山大学的知名度和美誉度,占领了培训市场的份额,社会效益明显。

随着社会的发展,企业如何做大做强,是摆在企业家面前的最大课题,文凭对他们已经不那么重要了,他们看重的是知识更新、寻找解决企业困境的方法及建立企业的人脉关系。这就使企业经理和总裁MBA高级研修班、资本运营高级研修班、国学与管理总裁研修班、管理哲学博士课程高级研修班等应运而生。针对公务员队伍的要求就有了MPA高级研修班、市县(处)级领导干部培训班、中层管理干部领导力提升培训班、西部地区产业人才培训班、城市管理系统培训班等商机。

香港、澳门回归祖国后,为支持特区政府依照基本法施政创造更加有利的条件,我校近年来举办的香港、澳门爱国社团骨干公共行政管理专业大专、本科班,有效推动了香港、澳门爱国社团的发展和各项工作任务的完成,对于促进"一国两制""港人治港""澳人治澳"高度自治方针的贯彻落实具有长远的意义。随着全球经济一体化和区域经济的发展,大陆与港澳台地区在商贸、科技和文化领域的纵深发展,教育交流日益成为大陆与港澳台地区交流的重要内容。高等继续教育作为教育交流与合作的一种重要方式,在香港和澳门相继回归祖国之后,获

得了良好的发展机遇。近三年来，我校主办或参与的合作办学主要有公务员培训、国情班、专题班、研究生文凭课程等项目。

广东省落实解放思想、实践科学发展观的战略目标，经济转型推进产业转移和劳动力转移(简称"双转移")，珠三角"腾笼换鸟"，欠发达地区"引凤筑巢"，必定给广东经济创造出新的生机和活力，也带来大量企业人员的岗前培训。

培养不同类型的人才，满足社会的不同要求是我们目前继续教育培训新的增长点，具有广阔的市场前景。

(三)充分利用社会资源，开拓新项目

过去较为薄弱的理工科类培训，目前也出现了良好的发展势头。广州市软件人才培训中心落户中山大学，这是广州市政府资助的项目。我校从 2007 年起 5 年内要为广州市培养高、中、低端软件(动漫)人才 2 万人次以上。该项目还有一个亮点，凡在经认定的软件和动漫培训中心培训后取得高级(或相当)资格证书者，在我市软件和动漫企业就业或在其他单位从事软件和动漫相关工作的，由广州市产业发展资金给予每人培训费用 30％的补贴，最高补贴额度不超过 1 万元。

我校数学与计算科学学院和日本数字漫画协会共同创办的中日动漫研究中心近日在中山大学启动，旨在合作促进数字动漫软件的学术交流与普及。

(四)转变观念，适应市场培训需求

内容上，学习 MBA 课程，探讨企业成功的模式。今天，"广东制造"发生了变化，企业的培训内容也悄然发生变化，培训内容更多的是创新机制和创新能力。快速变化的市场机制，冲击着学校陈旧的办学模式，要正确把握并紧跟培训市场的变化，与之共呼吸，培训才能有新意，不落伍。

实际的办学过程中，我们注意到，社会上的许多培训机构的体制和机制非常灵活，捕捉市场的灵敏度、利用营销理念的招生渠道、财务方面的灵活机制等都是值得我们学习的。随着办学的规模越做越大，战线拉得越来越长，一些办学机构会主动找上门来与学校联合办学或建立合作联盟，他们缺乏的是办学的品牌，社会选择了大学的品牌，这就有了合作的契机。

比如，如何使人们自觉来到学校的课堂，在这方面学校以往不太注意也不擅长推销自己。我们试验性地将招生推广的工作交由一些行业协会去做，利用他们广阔的网络资源进行招生宣传，学校则更专心做好自己的工作，如课程的设计、师资组合等。这意味着打破行业边界，细分市场，开创新的领域，可以达到双赢。

尽可能地利用这些社会资源如企业的知名度、其他高校的优质师资、顾问公司的顾问、资深企业家等，引入活水，开拓视野，在大学的旗帜下，共同打造大学的品牌,占领市场的份额,从而不断扩大了大学的影响。

(五)特色项目:新的竞争起点

就继续教育培训来说,基本上没有什么核心技术可言,项目很容易跟进、模仿,也容易扎堆,你做我也做,就是本单位同一项目也有多个部门在做,处理不好,难免形成恶性竞争。因此,如何办出自己的特色,值得我们好好研究。我们既要经营"红海",又要开创"蓝海"。既要在激烈的竞争中杀出一条血路,在竞争中生存,又要开创我们的核心竞争力,更希望能够拥有持续不断地发现"蓝海"的能力。培训课程体系的设置,是我们的强项,这方面的研究比较少,这是提高培训课程核心竞争力的重要一环。以软件和动漫人才培养培训为例,该项目刚刚起步,能够参与政府的培训课程体系的设置,建立系统标准,选定培训教材,设制认证考试标准,设置继续教育培训学分等,就可以成为政府的智囊,增加学校的话语权。

无论是培训合作单位,还是联盟伙伴,关键是提高办学的质量,严格控制准入制度,设定准入标准,按照我们的办学体系,输出我们的管理理念,用标准化的运作,保证每一个产品符合中山大学的特定标准。

**参考文献:**

[1] 卢俊杰.简谈继续教育的发展趋势[J].中国成人教育,2001(2):44.

[2] 孙芹丽,张忠年.成人高等教育可持续发展对策研究[J].函授教育:继续教育研究,2003(3):24-26.

[3] 谢枭鹏,秦治中,何林.成人高等教育办学模式与机制创新研究[J].教育与职业,2006(3):33-34.

[4] 杨学俊.成人高等教育质量管理模式研究[J].理论月刊,2003(6):75-76.

[5] 诸阪教.日本高校向社会敞开大门[N].中国教育报,2001-1-15.

# 探讨国际合作办学在高校继续教育的发展

武汉大学　钱　耕　黄　宏

【作者简介】

　　钱耕,男,武汉大学继续教育学院培训管理办公室,硕士,职员,研究方向包括国际教育发展现状、非学历教育培训管理。

　　黄宏,女,武汉大学继续教育学院国际教育中心副主任,馆员,研究方向包括继续教育自学考试、国际教育发展现状等。

　　本文为 2009 年第十届海峡两岸暨港澳高校继续教育论坛收录论文。

　　本文已发表于《继续教育》2010 年第 5 期。

　　知识经济时代的到来、学习型社会的建立,提高了继续教育的地位和重要性。正在发生的世界科技革命和培训教育革命使全球继续教育在不断创新与改革中迅猛发展,并发挥着巨大的社会经济效益。

　　当前,普通高校的继续教育面临新的发展机遇和严峻挑战。

　　不可忽视的一个倾向是继续教育的国际背景正在变化,继续教育和国际经济、政治、社会发展形成一致状况,合作与竞争也成为现代继续教育工作的重要内涵。继续教育的运行趋向社会化、市场化。各国开始关注继续教育事业的国际舞台,继续教育的国际交流日益加强和扩大,联合办学、教师互相任教等方式已被各国普遍认可,继续教育的国际市场不断开放。

　　开展继续教育的对外交流和境外合作办学,扩大继续教育的办学渠道,是加入 WTO 后我国教育发展的新趋势,同时也是我国继续教育走向世界、服务世界的需要。普通高校的继续教育应积极主动与国外继续教育机构建立联系,寻求合作伙伴,建立合作办学关系。同时,要积极引进国外先进的继续教育理论、教育管理模式,以及科学合理的教育项目,积极开展学术交流,参加和组织国际学术会议,促使我国的继续教育走出国门,走向世界。

### 一、中外合作办学,是时代发展的要求

#### 1. 社会经济发展的要求

当今的中国是开放的中国,为了实现新时期我国经济发展的目标,迎接经济全球化和加入 WTO 带来的挑战和考验,我国加快对外开放步伐,实施"引进来"的战略卓有成效。中外合作办学是一项顺应教育国际化发展潮流的事业。

#### 2. 教育发展的要求

目前,中国的国际教育市场潜力巨大,又因为社会劳动力饱和而受到就业压力以及国民经济水平的急速提升两方面的影响,在过去十年间,中国国内的国际教育市场一直在保持着高成长。据联合国官方网站消息,联合国教科文组织最新(至 2006 年 5 月 31 日)统计资料显示:中国是世界上在国外读大学的人数最多的国家,中国的大学留学生占全球总数的 14%。其中,全球六大留学目的国,接纳了留学生总数的 68%。这 6 个国家及其接纳留学生的份额分别是:美国23%、英国 12%、德国 11%、法国 10%、澳大利亚 7%和日本 5%。

对外开放力度的加大,加快了我国教育发展和竞争融入国际化、全球化的进程,这就要求我国教育发展在保持本国特色的同时,解放思想,转变观念,打破传统思维定式的束缚,主动融入国际社会,积极运用教育国际化战略,更加广泛地加入全球范围内的教育服务竞争,谋求更大的教育资源和市场空间。

中外合作办学,为加强教育国际合作开辟了直通车,既可引进国外优势资源,提高教育机制运行能力,又可为国内优质资源开辟国外教育市场;同时,中外合作办学既有利于我国教育利用开放的环境融入世界教育大潮之中,促进我国教育整体水平的提高,又有利于进一步提升我国教育品牌,形成新的办学特色,为我国教育按照实现人才素质、人才流动高活力的要求,培养面向 21 世纪的新型产业体系的、符合国际通用标准的多规格、多层次、复合型人才。

#### 3. 科技发展的要求

我国经济对外开放的扩大和国外高新科技的大量输入,对我国人才培养提出了挑战,要求我国教育面向现代化、面向世界、追赶世界科技教育发展的新潮流,积极吸纳人类文明的一切优秀成果。大力发展中外合作办学,有利于我们借鉴世界各国先进的办学经验和管理经验,引进我国现代化建设急需的学科和专业,为我国现代化建设培养大批熟悉国际制度,了解国际惯例,精通国际业务,长于国际交往,获取国际职业资格,得到国际社会承认的高层次专业人才和具有高超技术技能,了解国际职业标准,又具备域外交往、工作、生活能力的外向型劳动者。

4."办人民满意的教育"的客观要求

"办人民满意的教育"是 21 世纪我国继续教育发展的出发点和落脚点。在现代社会,继续教育作为一种事业、一种服务、一种产业,就应该在国际大教育的框架内,按市场规律优化、整合、利用全球教育资源,增加人民接受优质教育的机会,尽可能满足社会高涨的"名优教育"的需求。过去,人们认为似乎只有出洋留学才能受到高质量的教育,今后,随着中外合作办学的发展,"不出国门的留学"将成为现实,"办人民满意的教育"将落到实处。

**二、中外合作办学兴起和发展必将对我国的高等教育产生深远的影响,是 21 世纪继续教育新的增长点**

21 世纪,中外合作办学将成为我国教育对外交流与合作的一种新形式,成为加快培养社会主义现代化建设所急需的各类人才的新途径,对我国的高等教育产生深远影响,是我国继续教育新的增长点。

(1)我国高等教育的传统模式将受到挑战,中外合作办学推动继续教育理念的创新,促进教育管理体制和运行机制创新。

20 世纪 80 年代起,国际教育已从教育交流向教育贸易转变,教育贸易已成为国际教育的最新理念和行为准则。在发达国家如美国、英国、澳大利亚等国出口服务业中教育出口长期扮演着十分重要的角色,并为这些国家带来十分丰厚的收益。中外合作办学引入的国际教育经济学概念将对我国原有的传统教育观念产生巨大冲击,推动我国教育观念的变革。面向社会、面向市场、面向世界,已成为 21 世纪我国继续教育的办学基本理念。

中外合作办学的过程将引进国外先进的教育理念、办学模式、教材教法以及课程设置。其中,学分制管理模式和课程设置对我国普通高等学校影响较大。

目前,我国大多数高校还没有实行真正意义上的学分制。这在很大程度上限制了学生的学习主观能动性和选课自由度,没有发挥学分制的积极意义。而在中外合作办学项目中,学生可以根据各自的能力、兴趣和时间选择自己喜欢的课程和学习速度。可以断定,在不远的将来,我国高校一定会实现真正意义上的学分制。在这方面,中外合作办学无疑会对高等学校学分制的彻底实行起到积极的推动和借鉴作用。

在管理模式上,有的中外合作办学建立了董事会之类的相对独立的管理机构。这样,我国高等学校中就出现了"一校两制"的办学模式:一是现有的党委领导下的校长负责制,二是董事会领导下的合作办学制。探索解决这两种管理模式所遇到的问题的办法将有助于我国高校现有管理体制的革新。

课程设置也是一个全新的课题,特别是颁发我国学位证书的课程项目。中外合作办学的课程设置与我国的课程设置有很大的差别,必须通过专家对现有课程以及新设课程进行全面评估,寻找最佳结合点。经过一段时间的办学实践,中外合作办学项目中的某些适合我国国情的课程将逐步引入我国的课程体制,对我国高校的课程体制的改革将起重大的推进作用。

中外合作办学的高等院校也引入或借鉴国外先进的教育管理体制,纷纷加快了体制改革的步伐,运行新的教育资源融合机制,这就为高校继续教育体制改革提供了难得的机遇。

(2)中外合作办学将大大提高中方学校在国际上的声誉,扩大学校的社会影响,同时也可增强高校成人教育的整体办学实力。

中外合作办学一般都是选择国际上知名度较高的高校作为合作对象。在双方合作过程中,中方学校可以借助对方学校的知名度,提高自己的知名度。另外,由于中外合作办学是新的办学模式,它必定要通过各种媒体和手段进行招生宣传。招生宣传本身就是提高知名度的过程,如果招生对象是海外学生,它的影响就会更广。

中外合作办学将覆盖我国更多的教育领域,而中外合作办学在继续教育(成人教育)领域产生的巨大的社会效益、经济效益,将吸引更多的办学主体进入继续教育领域,除各级政府、学校、企业和其他社会力量办学外,国外教育集团、跨国公司、外资办学主体也都瞄准我国继续教育巨大的市场潜力、广阔的发展前景、丰厚的利润,纷纷登陆我国继续教育领域,社会教育资源和国外教育资源的投入也将随之大幅增加,我国继续教育整体办学实力将大大增强。

(3)将普遍提高我国高等学校学生的外语水平,促进教育质量的整体提高。

发展中外合作办学,核心是引进国外优质教育资源,推动我国教育课程、教材和教学改革,借鉴和学习外国教育机构的办学特色和成功的管理经验,对国外优质教育资源进行消化吸收,提高我国教育的整体质量。无疑,这也将大幅提高我国继续教育的整体质量。

国外新课程、新教材的引入和广泛应用,将推进我国成人教育内容现代化,改变教学内容陈旧、教学内容与社会经济发展要求严重脱节的现状,使我国成人教育跟上时代教育科技发展潮流;先进教学方式的借鉴和学习,将促进教学方式现代化,单向知识传授式、满堂灌输式的教学方式将向师生互动式、主动式学习等新的教学方式转化,素质教育、创新教育将成为成人教育的基本形式;现代教育科技的输入和广泛运用,将推动教学手段现代化,传统教学工具将被多媒体、数字化、网络化等教育科技手段所取代。现代化的教学手段将成为成人教育教学的主流。

中国作为世界上最大的留学生输出国,首先应该大力加强留学生出国前的语言及学术培训。无论是全日制授课还是非全日制授课,当今的中国国际教育市场都有巨大的需求,并对教育质量提出了越来越高的要求。每年,在近 30 万的中国留学生当中,提前接受过良好正规的学前教育和预备课程教育的不足30%。另外,据不完全统计,每年出国留学的中国留学生中有超过 45%的学生在国外接受非学历教育,综合这两部分市场份额以及目前我校继续教育学院的办学实力分析,继续教育学院完全有能力强势介入国际留学市场,并有能力为学生提供完全不逊于国外教学质量的优秀课程,在学历教育前期培训和预备课程方面提高办学质量,加大国际合作力度,扩展办学规模和层次,进一步整合国内的国际教育市场,使中国留学生尽可能享受到正规优质的国际办学课程。

(4)实施中外合作办学,拓宽了教育筹资渠道,有利于减轻办学经费的压力。

中外合作办学机构实行优质优价,收费标准较高。只要办得好,中外合作办学可以是一个很好的收入来源,是中方学校改善办学条件的途径之一。在中国境内的中外合作办学不但能防止外汇大量外流,还是吸引外资的有效方法。普通高校在办学成本上要低于私立学校,可以充分利用已有的教学资源,从而在办学成本上保证教学质量。

### 三、中外合作办学的发展思路

普通高校开展国际合作办学可以大量引进国外优质教育资源,并对国内的教师进行专业化培训,使之与国际教学水平接轨,从而帮助国内的国际教育市场建立行业标准,清理目前充斥中国国际教育市场的"洋垃圾",真正做到国际教育专业化,保护中国留学生的利益。引进国外优质教育资源,最终目的应该是在消化吸收的基础上,结合中国国情,创造出既与国际接轨,又具有中国特色的学科与人才培养模式。

(1)开拓更广阔的合作领域,探索多种合作形式。

中外合作办学应以国外高校的名牌特色专业为合作点,不求与一个学校的全面合作,只为取其所长,为我所用。注意引进优质国外教育资源,开拓不同语种、不同国家的合作领域。除"1+3""2+2""1+1"形式的合作办学外,还要探索更加有效的合作形式。

(2)以质量为中心,创出中外合作办学的品牌,进一步提高我国高校在国际上的声誉。

能否在国际合作办学的市场中站稳脚跟,关键看我们的办学质量。不能使我们的学校单纯地变成国外高校在中国的招生处,必须坚持正确的合作办学目标。不能只图眼前的经济利益,要严把招生关、培养关和管理关,办出我们的特色,创出自己的品牌,赢得良好的国际声誉。

(3)结合我国高校的学科专业特点,以国际合作办学为平台,为国家做出更大贡献。

在经过一段时间的探索和实践后,国际合作办学就要逐步改变初期的一些做法,更加理性,更注重合作的质量,明确合作方向。根据对外开放不断深化的形势,今后的中外合作办学在内容上要更加针对我国的人才需求,培养涉外型人才、短缺专业人才,尤其注重培养高层次人才。在合作方式上,要更加灵活多样,不但要引进人才智力资源,而且也要在科研项目等方面寻求合作。

中国的国际教育市场不仅仅在于出国求学的中国留学生,也包括来自世界各国的国际留学生。除了为中国自己的留学生得到良好的教育提供服务出国留学服务,也应该大力发展自身优势,将国际上的留学生吸引到中国来,从而在师资和生源两个方面更大程度地与国际教育标准接轨。

新世纪新阶段,我们面临的发展机遇前所未有,面对的挑战也前所未有。只要我们解放思想,与时俱进,勇于开拓,迎难而上,就能抓住机遇,促进发展。从这个意义上讲,中外合作办学将成为 21 世纪我国继续教育新的增长点。

**参考文献:**

[1] 张静.发达国家继续教育的特点和发展趋势.中国电力教育,2006(4):21-24.

[2] 中华人民共和国中外合作办学条例[EB/OL]. http://www. gov. cn/test/2005-06/29/content_10930. htm.

[3] 周梦君,谢翠蓉,王翔波.中外合作办学是引进国外优质教育资源提升教育整体水平的有效途径[J].国家行政学院学报,2003(4):33-35.

# 发挥研究型大学优势，
# 推动专业技术人员继续教育向高水平发展

哈尔滨工业大学　韩东江　祁彦勇

【作者简介】

　　韩东江，男，哈尔滨工业大学继续教育学院副院长，副研究员，研究方向为继续教育。

　　祁彦勇，男，哈尔滨工业大学继续教育学院副院长，助理研究员，研究方向为继续教育。

　　本文为 2010 年第十一届海峡两岸暨港澳高校继续教育论坛收录论文。

　　专业技术人员继续教育是新技术革命发展的产物，是我国教育体系的一部分，也是建设学习型社会和终身教育体系的重要组成部分。在党和政府的高度重视下，改革开放 30 年来，我国专业技术人员的继续教育在广度和深度上都达到了前所未有的水平，为我国经济与社会的发展培养了大批优秀专业技术人才，为社会主义现代化建设做出了突出的贡献。这一过程中，高等学校发挥了不可替代的作用。随着今年 6 月《国家中长期人才发展规划纲要（2010—2020 年）》（以下简称《纲要》）的颁布，在国家进入"人才强国"的新的历史时期后，如何继续发挥高等学校在专业技术人员继续教育中的作用，特别是研究型大学如何发挥自身优势，推动此项工作向着高水平发展，成为需要不断探索实践的新课题。

## 一、我国专业技术人员继续教育发展现状

　　据不完全统计，2000 年以来，各级人事部门举办高级研修班 4000 多期，近 30 万人参加研修，全国参加继续教育的专业技术人员超过 6000 多万人次。近年来，继《中共中央、国务院关于进一步加强人才工作的决定》之后，2005 年 9 月国家人事部印发了《专业技术人才知识更新工程实施方案》（国人发〔2005〕73

号），"知识更新工程"正式启动。据国家人事部统计，2007年度，人事部会同各领域牵头单位和地方人事部门，举办了65期示范性高级研修班，培训高层次专业技术人才近5000人。2006年，各地人事部门以"知识更新工程"五大领域为重点，举办各类高研班近2000期，培训专业技术人员10万余名。2007年1月至10月，全国开展工程专业科目培训50多万人次。2005年至2007年年底，全国参加工程专业科目培训的人数已超过100万人次。

《纲要》的颁布标志着我国人才发展和人事制度改革进入了新的历史时期。《纲要》提出，到2020年，中国人才发展的总体目标是："培养和造就规模宏大、结构优化、布局合理、素质优良的人才队伍，确立国家人才竞争比较优势，进入世界人才强国行列，为在本世纪中叶基本实现社会主义现代化奠定人才基础。"《纲要》提出，专业技术人才队伍的发展目标是"适应社会主义现代化建设的需要，以提高专业水平和创新能力为核心，以高层次人才和紧缺人才为重点，打造一支宏大的高素质专业技术人才队伍"。其主要举措就是"进一步扩大专业技术人才队伍培养规模，提高专业技术人才创新能力。构建分层分类的专业技术人才继续教育体系，加快实施专业技术人才知识更新工程"。作为《纲要》提出的多项重大人才工程之一，"专业技术人才知识更新工程"的重要任务是"围绕我国经济结构调整、高新技术产业发展和自主创新能力的提高，在装备制造、信息、生物技术、新材料、海洋、金融财会、生态环境保护、能源资源、防灾减灾、现代交通运输、农业科技、社会工作等重点领域，开展大规模的知识更新继续教育，每年培训100万名高层次、急需紧缺和骨干专业技术人才，到2020年，累计培训1000万名左右。依托高等学校、科研院所和大型企业现有施教机构，建设一批国家级继续教育基地"。由此，《纲要》对高等学校在专业技术人员继续教育工作中的任务做出了明确的规定。

### 二、研究型大学开展专业技术人员继续教育的优势

1. 研究型大学在专业技术领域的优势

研究型大学是高等教育的中坚力量，它们大都有几十年、上百年的建校历史，学科门类齐全，教学、科研工作上不断创新提高，对专业技术领域的发展发挥着重要的作用。面对《纲要》中提出的"装备制造、信息、生物技术、新材料、海洋、金融财会、生态环境保护、能源资源、防灾减灾、现代交通运输、农业科技、社会工作等重点领域"，它们普遍拥有实力雄厚、经验丰富的教学、科研队伍，大批的教授、专家熟悉了解现代科学技术最新成就和发展情况，有的甚至直接引领着某些领域的科技发展；它们拥有大量先进的教学设施、科研设备及教学手段，有丰富

的图书资料、良好的实验条件和先进的信息手段;它们还与国内外同行有着非常广泛、密切的联系。因此,研究型大学在专业领域内拥有显著的组织优势、人才优势、技术优势、资源优势,有能力、有义务利用自身优势开展多种形式的教育教学活动,为有志于终身学习者提供多渠道的支持和帮助。

2. 研究型大学在专业技术人员继续教育中应扮演的角色

(1)具有前瞻性的先进理念倡导者。大学是最新的技术理念、专业思想诞生和升华的地方。研究型大学相对宽松的理论环境、便利的学术交流渠道,使其具备了产生和传播先进技术理念的自身优势。在这一环境中,研究型大学在专业技术领域的继续教育中应该具备技术和专业发展理念的前瞻性,并以倡导先进的发展理念为己任。

(2)具有时效性的前沿知识传播者。研究型大学是科学研究的生力军,广泛的国内外学术交流也为科学研究的发展提供了最前沿的相关信息,使其成了新知识生产的源泉。专业技术人员继续教育以研究型大学的科研实力为依托,能够做到在第一时间传播国际科技前沿理论、最新研究成果,加速继续教育过程中知识的更新速度,提高继续教育的时效性。

(3)具有实用性的最新成果推广者。研究型大学是科研成果的密集地之一。以专利为例(表1),按照教育部科技发展中心 2009 年 6 月公布的数据,2008 年全国高校专利授权量前 100 名的高校共计授权 13997 项,其中进入"985"重点建设的九所高校,作为研究型大学的代表,共计授权 3509 项,约占到 25%。同一份报告显示,这 100 所高校 2008 年年底的有效专利量为 31813 项,上述九所研究型大学合计 9794 项,约占 30%,其中六所学校进入有效专利拥有量排名前十位。

**表 1　全国高校 2008 年专利情况统计(部分)**

| 序号 | 高校 | 2008 年年底的有效专利量(项) | | | | 2008 年专利授权量(项) | | | |
|---|---|---|---|---|---|---|---|---|---|
| | | 合计 | 发明 | 实用新型 | 外观设计 | 合计 | 发明 | 实用新型 | 外观设计 |
| 1 | 浙江大学 | 2345 | 1750 | 583 | 12 | 1023 | 748 | 267 | 8 |
| 2 | 清华大学 | 2300 | 1977 | 318 | 5 | 679 | 613 | 66 | — |
| 3 | 上海交通大学 | 2066 | 1978 | 85 | 3 | 618 | 577 | 39 | 2 |
| 4 | 东南大学 | 995 | 488 | 350 | 157 | 543 | 181 | 181 | 181 |
| 5 | 华南理工大学 | 857 | 470 | 386 | 1 | 338 | 189 | 149 | — |
| 6 | 西安交通大学 | 709 | 615 | 71 | 23 | 228 | 178 | 23 | 27 |
| 7 | 哈尔滨工业大学 | 699 | 635 | 64 | — | 311 | 287 | 24 | — |

续表

| 序号 | 高校 | 2008 年年底的有效专利量（项） | | | | 2008 年专利授权量（项） | | | |
|---|---|---|---|---|---|---|---|---|---|
| | | 合计 | 发明 | 实用新型 | 外观设计 | 合计 | 发明 | 实用新型 | 外观设计 |
| 8 | 复旦大学 | 664 | 561 | 93 | 10 | 232 | 188 | 42 | 2 |
| 9 | 北京工业大学 | 640 | 268 | 368 | 4 | 353 | 144 | 207 | 2 |
| 10 | 浙江工业大学 | 630 | 259 | 200 | 171 | 383 | 137 | 109 | 137 |

研究型大学应充分利用这一资源，以最新的科研成果作为专业技术人员继续教育的教学内容，使其直接作用于生产力的提升；同时，以继续教育作为桥梁和纽带，促进研究型大学科研成果的转化，实现教与学的双赢。

### 三、发挥研究型大学优势，探索专业技术人员继续教育工作的新思路

#### 1. 依托优势，高标准定位发展战略

从当前的发展来看，教学组织能力的提升和专业领域内教学质量的提高是专业技术人员继续教育工作长期健康、稳定发展的保障。探索基于研究型高校自身优势的专业技术人员继续教育新思路，首先要高标准定位此项工作的发展战略，即整合资源、完善体系、强化服务。

整合资源就是要根据《纲要》中国家对专业技术人才培养提出的目标和要求，结合专业技术人员自身实际，对高校中的资源进行整合利用，以需求为先导，做好资源开发与储备，增强应对学习需求的适应能力，能够对专业技术人员继续教育的新需求做出快速反应，缩短继续教育项目的策划与准备周期，进而以研究型大学的优势引导专业技术人员在专业领域内的成长，为国家的人才战略和创新发展赢得时效和先机。

完善体系就是要逐步建立研究型大学专业技术人员继续教育工作市场化、专业化的体系机制，以解决问题为出发点，理顺专业技术人员继续教育工作各环节的关系，使工作流程逐步标准化，不同继续教育项目间业务标准相对差异不大，减少工作人员人为因素对工作流程的影响，提高继续教育工作制度的可执行性。

强化服务就是要在专业技术人员继续教育工作中改变研究型大学高高在上的形象，针对学习需求提供更加专业、周到、人性化的服务。发挥专业优势，针对不同继续教育需求时，能够站在专业的角度，提出继续教育的全方位解决方案；发挥组织优势，提供从准备、实施到反馈、改进的全过程的专业化教育培训服务；发挥资源优势，针对不同层次的专业技术人员继续教育项目，做到服务体系的按

需配套,无论是学员接待、课程安排、课外活动、班级管理还是后续服务,要让学习者成为继续教育服务的中心。

2. 探索研究型大学开展专业技术人员继续教育工作的有效做法

基于上述发展战略,在充分发挥优势的前提下,以《纲要》为指导,以学习需求为主导,以研究型大学为施教主体,全方位推动专业技术人员继续教育向高水平发展,可以从以下几方面开展工作。

(1)积极开展专业技术人员继续教育的校企、校地合作。一是开展校企结合的专业技术人员继续教育,合作中充分发挥高校自身优势,与用人单位形成优势互补,为企业科学发展提供智力支持。二是承办地方政府政策性继续教育培训项目,按照政策要求提供师资力量和管理服务,完成既定教学计划。三是提供专业技术人员继续教育的智力支持,帮助企业、政府进行学习需求分析、方案制定和效果评估,成为继续教育工作的参谋和助手。

(2)依托研究型大学的专业优势,建设专业技术人员继续教育课程体系。一是建设适用范围更广的通用课程体系,根据企业、地方发展实际和专业技术人员知识结构特点,结合继续教育学习热点和学校自身专业优势,分专业形成一些课程方案、教学计划相对固定的继续教育通用课程菜单,供学习者按需选择。二是建设专业技术人员继续教育的资源储备库,包括课程库、师资库、教学服务资源库,根据专业技术人员继续教育需求,整合优势资源,短时间内实现专项突破或理念提升,重在实效。

(3)依托研究型大学的资源优势,丰富继续教育的学习形式、教学手段。充分考虑继续教育学员普遍在职的特色,在继续教育过程中充分发挥面授讲解、函授自学和远程学习等学习形式的作用,构建立体化的学习渠道,消除时间、空间给继续教育学员带来的不便,解决"工学矛盾"。充分考虑学习者在年龄结构、学历层次、岗位工种等方面的差异,结合实际需求,以提高教学效果为宗旨,充分调动一切可利用的教学手段,包括专题讲座、远程自学、素质拓展、实践模拟、参观考察、论文答辩、学员论坛等,形成立体化的教学体系,帮助学习者学有所得,实现专业技术人员继续教育的教学目标。

3. 以哈尔滨工业大学为例,看研究型大学在专业技术人员继续教育中的作用发挥

根据有关文件精神,黑龙江省人力资源和社会保障厅决定于 2010 年起在全省范围内启动专业技术人员继续教育知识更新工程,以函授和网络视频授课相结合的方式进行,第一个周期为 2010 年至 2014 年。哈尔滨工业大学以自身在工科专业方面的优势承担了全部 16 个工程技术类专业的培训任务(表2)。

　　此次培训人数多、任务急、要求高,之前没有可借鉴的经验,是对研究型大学承担大规模专业技术人员培训,调动高校教育资源为继续教育服务的一次考验。

　　在组织工作上,我校组织技术力量,在不到一个月的时间里开发出了"黑龙江省专业技术人员继续教育知识更新培训工作网络平台",包括"通知公告""网上报名""网上缴费""课程学习""成绩查询"等功能,将培训管理、学员学习的全过程网络化。

　　在课程准备上,我校邀请校内各个专业领域的一流专家制订培训计划并完成教学大纲的编写工作(表2),大纲的核心是专业技术人员的知识更新,突出各专业所涉及的新发展、新趋势、新技术、新工艺、新成果,特别是我国、我省行业发展对专业技术人员提出的新要求。

表2　哈工大承担黑龙江省专业技术人员继续教育知识更新培训师资配备情况

| 序号 | 专业名称 | 负责教师 | 职务 |
| --- | --- | --- | --- |
| 1 | 机械工程 | 吴伟国 | 教授、博导 |
| 2 | 材料科学与工程 | 陈玉勇 | 教授、博导 |
| 3 | 电气工程 | 王明彦 | 教授、博导 |
| 4 | 计算机网络与软件工程 | 李　东 | 教授、硕导 |
| 5 | 通信工程 | 王　钢 | 教授、博导 |
| 6 | 能源与动力工程 | 吴少华 | 教授、博导 |
| 7 | 管理科学与工程 | 吴　隽 | 教授、硕导 |
| 8 | 化工 | 姜兆华 | 教授、博导 |
| 9 | 建设工程 | 方修睦 | 教授、博导 |
| 10 | 环保工程 | 王　琨 | 教授、博导 |
| 11 | 建材工程 | 葛　勇 | 教授、博导 |
| 12 | 安全工程 | 蒋永清 | 教授 |
| 13 | 地震工程 | 翟长海 | 教授、博导 |
| 14 | 监督工程 | 姜国庆 | 教授 |
| 15 | 交通工程 | 裴玉龙 | 教授、博导 |
| 16 | 汽车工程 | 郑德林 | 教授 |
| 17 | 创新能力建设(公需) | 董　申 | 教授、博导 |

　　在教学组织上,我们充分考虑学员的学习需求,对函授和网络面授课程进行精心准备。考虑到哈工大在全国的学术地位,学员又是在全省各地通过网络参加学习的,很多是第一次聆听哈工大老师授课。因此,在网络面授阶段,我们让各专业的负责教师亲自承担面授教学任务,按照学时要求认真备课,我们的要求

是既要符合专业技术人员知识更新的要求，又要突出哈工大专业特色，结合生产实际和学科发展前沿，做到在内容上有真材实料，在课堂上要生动精彩。

在过程管理上，我们逐专业、逐班次做好培训的组织工作，以细致安排、严格管理、细心服务为组织工作的原则，解决好通知传达、报到编班、教学组织、信息查询、证书发放等具体问题。在组织工作中充分利用网络教学的优势，提高工作效率。

目前，2010 年度的培训工作已接近尾声，3 万余名学员通过网络系统提交了规定作业，取得了本年度的培训合格证书。在此过程中，我们先后完成了网站平台自主开发、网络收费系统对接调试等关键性工作，在学校现有的网络条件下，利用 P2P 技术实现了网络学习资源的多人同时下载、多人同时在线学习功能。在半年多的时间里，网络管理平台实现 4 万余次操作，网络学习平台同时数百人在线始终运转正常，同时我们还积累了 17 门高质量的专业技术人员培训课程教材，包括 17 套函授学习指导书和近 200 学时视频课程。所有这些都为今后此项工作的开展积累了大量的经验。

通过承担本次黑龙江省专业技术人员继续教育知识更新培训任务，我校充分展现了研究型大学在技术保障、教学组织、专业资源方面的优势。由于工作组织有序、课程质量优秀、技术保障有力，项目进行过程中，学校多次受到黑龙江省人力资源和社会保障厅的表扬。

《纲要》的颁布，赋予了高等学校更加重要的责任，也为研究型大学的继续教育工作带来了新的机遇。我们应当抓住国家大规模开展重点领域专门人才知识更新培训的机会，积极参与工程创新训练基地的建设，在产业领军人才、工程技术人才向重点产业集聚的政策指引下，发挥自身优势，将专业技术人员继续教育推向新的高度。

**参考文献：**

[1] 郜岭. 我国专业技术人员继续教育 30 年回顾与展望(下)[J]. 成人教育，2009(8)：4-7.

[2] 国家中长期人才发展规划纲要(2010—2020 年)[EB/OL]. http://www.gov.cn/jrzg/2010-06/06/content_1621777.htm.

# 发挥高校优势发展继续教育

哈尔滨工业大学　　徐　烈

【作者简介】

　　徐烈，女，哈尔滨工业大学继续教育学院办公室主任，助理研究员，研究方向为继续教育。

　　本文为2011年第十二届海峡两岸暨港澳高校继续教育论坛收录论文。

　　21世纪是终身学习的世纪。全面建设小康社会，形成全民学习、终身学习的学习型社会，是国家的发展战略。与时代脉搏共振，与祖国发展同行，是继续教育发展的生命力所在。

　　2010年7月中共中央、国务院颁发的《国家中长期教育改革和发展规划纲要(2010—2020年)》(以下简称《纲要》)是进入21世纪以来我国第一个中长期教育规划纲要，从战略和全局高度，对未来十年我国教育事业的改革和发展勾画出清晰的蓝图。《纲要》的第八章专门对我国继续教育的发展做了全面的部署，明确了发展方向、发展目标和发展途径。我们广大继续教育工作者只要抓住机遇，主动适应国家需要调整办学方向，我们的继续教育事业就会蓬勃发展。

　　那么，如何把握继续教育发展与大学发展的关系？在建设高水平大学的进程中继续教育的发展应如何定位？

　　继续教育是高等教育的重要组成部分，因而继续教育就应在高水平大学的发展中发挥重要作用。

## 一、著名高校的继续教育

　　首先，以建设一流大学为目标，继续教育要与学校同步发展，共创一流，这方面是有很好的先例的。哈佛大学是世界知名的古老而优秀的一所美国私立大学。它先后产生过41名诺贝尔奖获得者和7位美国总统。该校2004—2005年共有读学位的本科生 6562 人,研究生及专业学院学生 12250 人,在延伸学院(即继续教育学院)读学位的在职人员有 977 人,此外每年有 12000 多名学生在延伸学院学习 1 门或多门课程,分布于 65 个学科领域,570 门课程。办学层次多样化是哈佛大学的传统,也是国内知名高校和继续教育的发展目标和发展方向。

其次,近年来国内的一些实践证明,著名高校的继续教育是可以和学校同步发展、相互促进的。比如清华大学的继续教育依托学校良好的办学条件和培养高层次人才的丰富经验,已经成为清华大学建设世界一流大学的重要组成部分,成为展示清华大学教育理念的一个窗口,在政治、经济和社会发展中发挥着越来越重要的作用。

应该说,大学的发展为继续教育事业的发展创造了条件,而继续教育,特别是高层次的继续教育又为学校与社会的沟通开创了一条新途径,对教学相长起到较好的促进作用,它已经并将继续为学校的发展和建设做出贡献。

## 二、高校发展继续教育的思考

继续教育的发展与经济社会的发展相伴而生,并不断相互促进。结合国内外经济、科技和教育发展趋势以及我国经济社会发展的新特点,大力发展继续教育是一项紧迫的和长期的任务。

国内大学在发展继续教育上也面临着新的形势与考验。

### 1. 大学继续教育普遍存在的问题

由于我国继续教育发展历史较短,基础比较薄弱,从整体水平和发展程度看,离经济建设、社会发展和人的成长的实际需求还有很大差距,大学内部蕴藏的继续教育潜力远未充分发挥,不少高校还未将继续教育工作真正纳入学校的整体发展规划中;对继续教育尚缺乏有力的组织和推动;一些院校对继续教育工作重要性的认识有待提高;面向社会开展继续教育工作的渠道有待开通;校级和院系级继续教育的组织机构有待健全;发展继续教育的物质条件有待进一步创造(李志强,1996)。

从哈佛大学、斯坦福大学等世界一流大学的发展看,它们的继续教育之所以能够持续上百年地发展,如今仍保持着旺盛的生命力,原因之一就是大学对继续教育发展的足够重视和准确定位以及为继续教育提供良好的发展环境(王爱义、乔琼,2008)。这些经验值得我国高校发展继续教育工作借鉴和深入思考。

### 2. 将发展继续教育作为高校必须承担的使命

在我国多数大学中,特别是以研究型为主的一流大学或向一流大学发展的高校中,继续教育工作并没有普遍地真正列入大学的发展规划中,这同构建学习型社会的需要相差甚远。时代的发展要求一流大学必须承担继续教育的使命，而继续教育要与学术研究及本科生、研究生教育成为大学发展的"三驾马车"，首先要理性地将其提升到大学发展的使命高度上来，明确继续教育的管理与决策向"三驾马车"齐头并进的方向发展，使得大学在构建终身教育体系的运行中变得更理性，并且也为继续教育发展具体目标的设定提供可靠的依据，继续教育方可回归到一流大学中的主流地位（孙晓园、张晓燕，2009）。在这方面，哈佛大学、斯坦福大学以及香港大学等世界一流大学的继续教育走到了时代发展的前沿，更在未来教育体系中抢占了先机。

3. 准确定位，重视继续教育的发展走向

对于致力建设一流大学的高校来说，开展继续教育首先要考虑其定位问题。一方面要密切结合市场需求，服务于国家发展建设；另一方面，一流大学还必须与自身的发展定位、学科、师资和实力紧密结合起来。

其次是研究其发展走向问题。要坚持"有所为有所不为"的原则，发展高端人才培训。当前，继续教育培训层次呈现出高移的趋势，潜在的客户群中接受过高等教育的人数不断增加，为继续教育向更高层次发展提供了可能性；同时要不断探讨继续教育发展的内涵特征、发展规律，引领国内继续教育发展走向。

4. 创造良好的发展环境，促进继续教育良性发展

发展继续教育要鼓励院系的积极性，还要结合培训市场需求、院系自身的发展规划、优势学科以及师资情况建立继续教育培训部门；加强改善继续教育办学条件，提供办学场所、培训场所以及学员公寓；鼓励开展继续教育的科研工作，并提供一定经费支持，鼓励教师参与学校继续教育发展建设，提高继续教育可持续发展的能力；建立考核体系，各院系继续教育工作要有专人负责，并把该项任务列入各单位的工作日程；创新管理模式，建立激励机制，在经济管理上向办学单位倾斜。

### 三、继续教育要始终与学校保持同步发展，共创一流

要建成世界知名的高水平大学，仅靠某个方面的发展是远远不够的，而是要多个方面和谐发展。继续教育要与学校同步发展，要在自己的领域内创国内一流，乃至国际一流。

1. 继续教育工作坚持高层次、多形式、开放式

高层次也是一流大学继续教育的客观要求。一流大学要不断增加高层次继续教育的比例，通过继续教育构建产、学、研相结合的"高速公路"，为学校的教学和科研服务。

　　国内以清华大学为代表的部分一流院校早已取消了继续教育学历教育,转以培训高层次人才为主,这是现阶段继续教育的发展趋势,是国内外一些著名大学的共识。哈工大继续教育学院始终致力于开发与学校地位相适应的高水平项目,几年来,开发了发挥哈工大优势的面向国防系统、航天系统、国有大企业的项目,以及管理研修等一批高水平项目。

　　坚持多形式、开放式是发展继续教育的必由之路(李建斌,2008)。

　　就办学理念而言,要使大学的大门向社会上更多的人敞开,通过继续教育的培训项目,大学提升社会终身教育体系的水平和档次;同时学校有着丰富的教育资源,也为开展规模化的继续教育与培训奠定了基础。走开放式的道路,是大学及大学继续教育未来的发展方向。

　　2. 发挥学校优势,形成有特色的继续教育体系

　　特色是一个学校提高竞争力的有效手段,应不断探索,突出自己的办学特色。

　　近年来,国内继续教育培训机构不断增加,只有寻求特色化发展方能使高校继续教育避免不必要的恶性竞争。大学要赢得市场、赢得竞争,就必须发挥自身优势,创新管理,形成有特色的继续教育体系,形成各自的办学理念和风格,在继续教育领域办出特色,争创一流。

　　我们致力于建设具有哈工大特色的继续教育培训基地,培植一批精品项目,吸引军队、企业、政府精英来校学习与交流,为国家科技、经济发展和社会进步,为航天、国防以及地方经济社会发展做出更大的贡献,也使我们的继续教育成为哈工大办学进程中的一个新亮点。我院充分发挥了黑龙江省专业技术人员继续教育基地的作用,2010年1月,我院承担的黑龙江省人力资源和社会保障厅"专业技术人员知识更新"项目,在通信工程、能源与动力工程、管理科学与工程等16个专业,首次培训专业技术人员3.2万人。此项目是充分发挥我校工科优势和特色,又利用先进的远程教育技术手段服务区域发展的典型项目。

　　3. 提高继续教育的品质,坚守信誉

　　教育事业承载着民族的希望。我们所做的继续教育,自然也要清楚国家所急、社会所需、上级教育行政部门的要求以及本校的办学指导思想,从而为国家着想、为社会服务,这才是教育品质的根本保障。有品质才能成功,品质就是生命力。在具体的继续教育实践中,品质涉及办学理念的凝练、师资队伍建设、教育教学方法、运行管理模式等方面。

　　品质是根本,办学不注重品质,只能是短期行为,是没有生命力的。在继续教育中要坚持和发扬这个传统,在办学中严格要求,严格管理,保证质量。

信誉是生命,做事和做人是一个道理,没有信誉就没有立足之地。信誉是靠良好的质量一点点积累起来的。所以我们从招生宣传开始,就要牢固树立信誉观念,不说假话,不做假事,一丝不苟,全心全意地为继续教育学员服务。

4. 大力采用现代化教育手段

计算机多媒体、网络技术为主体的信息技术的发展改变了人类的学习方式,在未来的教育工作中将发挥越来越大的作用,给继续教育提供了更加便捷而有效的现代化实施手段(卢朝佑、刘应兰,2009)。可以通过先进的现代化教育手段将先进的教育和管理知识引入课堂,发挥大学的辐射作用,使更多的人共享大学的优质教育资源,受到良好的继续教育,这是继续教育重要的发展方向。继续教育在现代化和信息化建设中起到了很好的示范作用,它对推动和促进大学的现代化和信息化建设必将发挥积极的作用,对教育未来的变革产生持久而深远的影响。

继续教育是终身教育体系中的重要组成部分,也是现代教育体系中与经济社会联系最为密切的一部分。随着知识经济的不断发展,终身教育和终身学习将为社会广泛接受,人们在知识经济社会中不论是转岗还是进一步发展,都离不开知识的更新和补充,这就为一流大学的继续教育创造了广阔的发展空间,因此我们完全有理由认为继续教育有着旺盛的生命力。大学要充分发挥其巨大的社会影响力、雄厚的学科实力、优质的师资队伍和良好的校园氛围等优势,引领继续教育不断发展与创新,向着高质量的目标孜孜以求,努力提高我们的管理、教学、科研和服务水平,为教育事业发展做出应有的贡献,为构建和谐社会做出更大的贡献!

参考文献:

[1] 李建斌. 美国名校继续教育现状研究——哈佛大学[J]. 继续教育,2008(9):56-60.

[2] 李志强. 积极发展继续教育 为建设高素质干部队伍做更大贡献[J]. 继续教育,1996(6):23-24.

[3] 卢朝佑,刘应兰. 国际继续教育发展现状及趋势[J]. 成人教育,2009(6):17-18.

[4] 孙晓园,张晓燕. 继续教育——新世纪大学教育的重要使命[J]. 继续教育,2009(6):22-23.

[5] 王爱义,乔琼. 美国一流大学继续教育的发展特色及其启示[J]. 继续教育,2008(11):96-98.

# 继续教育的国际化竞争战略初探

武汉大学　杜晓成　胡　锐

【作者简介】

杜晓成,男,武汉大学继续教育学院院长,法学博士,教授,研究方向为法学、继续教育、干部教育培训等。

胡锐,男,武汉大学继续教育学院主任,硕士,讲师,高级职员,中国管理科学研究院研究员,研究方向为经济学、法学、教育管理、继续教育等。

本文为 2012 年第十三届海峡两岸暨港澳高校继续教育论坛收录论文。

继续教育是当今世界高等教育体系的一个重要组成部分,是以各高等学校为主体的终身教育,因此高等学校要进一步提高对继续教育意义的认识,对建立终身教育体系和学习型社会做好充分准备。加强国际交流与合作,加速继续教育办学国际化,是经济和社会发展对继续教育提出的客观要求,是增强继续教育国际竞争力、提高继续教育国际知名度的重要途径。普通高校应该积极发挥自身的师资优势、学科优势、设备优势、人才优势和办学优势,迎接挑战,主动开展继续教育,成为继续教育的中坚力量和生力军,使终身教育体系成为一个各级各类教育协调发展、严密衔接、有机结合的系统。

近年来,继续教育的改革伴随着经济全球化和教育国际化的进程而不断深入,人才与知识的竞争也日益激烈,继续教育国际化趋势已经形成,各国都不遗余力地进行着继续教育改革。继续教育国际化包括继续教育的诸多方面,如国际化的教育理念、国际的交流合作与学术研究以及教育资源的共享等。随着全球化的进一步加强,高等教育国际化发展备受关注,这不仅是自身发展的必然选择,同时也是在政治、经济、文化、科技等多方面因素共同作用下的结果,因此我们应该将其放在走向一体化的时代背景下来进行深度的思考与研究。

### 一、继续教育工程国际化的必然趋势

（1）经济全球化导致了世界市场的全球化和产业发展的国际化分工，促使各国的经济发展必须打破国内市场竞争的局限走向国际市场。这种发展趋势给我国的高等继续教育带来了深刻的影响。中国要走向国际市场，必然要求各个领域和部门以国际通用标准为准则，同时也要求劳动力市场提供符合国际职业资格标准的专门人才。此外，随着涉外企业的大幅增加，人才"本土化"势必产生市场对国际化人才的大量需求。因此，人才的培养由从业的"标准"到"资格"和"能力"都需要参照国际通用标准，调整人才培养结构，紧紧围绕国际化人才的培养目标和国际通用职业资格标准来实施专业建设、课程建设和组织教学。

（2）继续教育国际化是高校提高办学水平和办学层次，增强竞争能力，谋求自身发展的重要途径。我国的高等教育尽管发展迅速且已取得相当大的成就，但与发达国家相比，仍然存在着很大差距；而继续教育起步较晚，发展还处于不成熟的阶段，必须借鉴西方发达国家完善的继续教育体系和模式及办学成功经验。我们应不断研究国际继续教育的成功模式和发展动态，学习和借鉴国外成熟的继续教育培训经验，加强国际交流和合作，以有效地利用海外继续教育机构在技术、培训、教育信息化和办学条件等方面的优势，引进优质教育资源和先进的教育观念、方法和评价体系，提升办学水平和办学层次，增强竞争力，培养符合国际化标准的人才。此外，中国入世后，更多的海外教育机构和人力资源开发机构将进入中国市场，它们的办学优势、先进的教育培训观念和办法将对我国的继续教育产生冲击。我国继续教育机构如果不主动应对这一形势，积极寻求国际化途径，迅速缩小差距，将会丧失竞争力。

（3）国际交流与合作，是继续教育机构增强参与国际教育市场竞争力的有效途径。毋庸赘言，继续教育与国际接轨，走国际化的道路，不仅对发展我国的继续教育有重大意义，而且也是继续教育必须面对的趋势。诚然，继续教育的国际交流与合作所面临的困难和窘境还将在相当长的时期内存在，但无论是教育主管部门还是继续教育院校自身，都应主动应对，采取积极措施，拓展教育交流合作的广度和深度。在此，笔者从相关工作的实践出发，提出一些对策和建议，借此探讨如何才能更有效地促进国际交流与合作的开展。

（4）"信息化"和"全球化"进程推动了继续教育的发展。信息化和全球化是当今世界经济和社会发展的大趋势，也是我国产业化升级和实现工业化、现代化的关键。要适应这种趋势，就需要熟悉国际制度、了解国际惯例、精通国际业务并得到国际社会承认的高层次专业人才，需要具备高超技能技能、了解国际职业标准，又具备对外交往、工作、生活能力的外向型劳动者。信息化和全球化的加

速发展使我国按照国际标准培养国际通用型专业人才和外向型劳动者成为继续教育刻不容缓的重任。改革开放后,我国的高等教育已经面向世界,步入了国际化的进程。我国的高等教育国际化在吸收了世界高等教育国际化的一些经验的基础之上,又形成了自己的特色。教育市场的开放性,弥补了发展中国家教育资源的不足,也为我国教育事业走向世界创造了契机。目前,诸如英国、美国、加拿大、澳大利亚等国家采取多元化合作办学模式,向我国输入了先进的教学管理理念和现代教育管理模式,推进了我国继续教育国际化的步伐。

综上所述,继续教育国际化是当今继续教育发展的必然趋势,国际交流与合作是继续教育机构走国际化道路的重要途径。

## 二、继续教育国际化的内涵及实施意义

### (一)继续教育国际化的内涵

继续教育国际化通常是指跨国界、跨民族、跨文化的继续教育的交流与合作,即一个国家面向世界发展本国继续教育的思想理论、国际化活动以及与他国开展相互交流与合作。它并非是近年来才刚刚出现的教育现象,而是具有悠久的历史渊源。

### (二)实施继续教育国际化战略的意义

(1)有利于拓宽我国继续教育市场。自从我国加入 WTO 以来,外资和国际教育资源在我国继续教育资源配置中发挥了巨大作用,继续教育国际化的空间更加扩大,这有利于拓宽我国继续教育市场。近年来,英、美、法等发达国家的继续教育都在向亚洲尤其是中国输出教育资源,这不仅推动了我国继续教育水平的提高,也为希望接受发达国家优质继续教育者创造了良好条件,促进了我国继续教育体系的构建与终身教育、学习型社会建设的进程。

(2)有利于提高我国继续教育现代化水平。我国继续教育机构在引进国际优秀教育资源、不断外派学生出国学习的同时,也在走出国门,在海外积极兴办具有中国特色的继续教育项目与专业,同时引进更多国外学者来华学习。通过高等学校继续教育国际化,把跨国界和跨文化的观点和氛围与大学的教学工作、科研工作和社会服务等主要功能相结合,这是一个包罗万象的变化过程,既有学校内部的变化,又有学校外部的变化;既有自下而上的,又有自上而下的;还有学校自身的政策导向变化。继续教育国际化强调各国要努力提高教育水平,不断更新教育理念与方法,使之被国际社会认可。与此同时,高等教育在空间上的开放性,更有助于国际交流与资源共享。

(3)有助于推动我国继续教育的改革与创新。多年来,国内许多高校的继续

教育机构向国外派遣了数以万计的继续教育学生,他们通过学习回国后,带回了先进的科技知识、教育内容、专业设置、现代教学管理观念和模式及一些国际通用的标准、质量评估方法和考试模式等。他们中一些人成为高校的领导者和管理者,促进了我国高等教育的现代化改革,促进了我国高等教育的发展进程。

由于我国继续教育发展水平与世界发达国家之间仍然存在较大的差距,继续教育国际化进程,也给我国继续教育发展带来了一些挑战:

一是国际化促使我国继续教育市场竞争日益加剧。大量外国继续教育机构通过合作办学和吸引留学生等方法竞争中国的继续教育市场,在国际化进程中,我国继续教育市场,国内高校之间以及国内高校与国外高校之间的竞争都随着高等教育国际化进程不断地加剧。二是继续教育的国际化和本土化问题。继续教育国际化犹如"双刃剑",一方面将先进知识、教育理念、办学思想引入国内,另一方面让本国传统文化受到外来观念和文化的冲击。本土化力求使本国继续教育具有个性和特色,国际化则促使教育发展跨越本国政治与文化的局限,追求更加开阔的前景。当今,许多本土化、民族化的东西都是经过不同文化、民族之间的交流,经过融合沉淀下来成为本民族的特性。本土化特征经过发展、演变,也可能转变为国际化特征。高等教育国际化和本土化两者相互依存,有矛盾也有共同目标。它们的共同目标就是使本民族的文化由弱变强,由落后变先进。因此,继续教育发展进程中要把两者有机结合。综观世界继续教育国际化发展,一般都以本土化为基础,任何外来教育理论、方针若不经本土化吸收、整合,都无法做到符合国情,解决实际问题,继续教育国际化也会失去基础和动力。三是人才外流。目前人才流动趋势基本上是从发展中国家(如印度、中国)流向发达国家,因为发达国家拥有良好的学习科研环境和生活待遇。

(4)高等教育的公益性质受到国际化中商业化思潮的巨大冲击。教育包括高等教育都是社会公益性事业,《中华人民共和国教育法》第二十五条规定"任何组织和个人不得以营利为目的举办学校和其他教育机构",体现了教育的公益性。而高教国际化进程中,很多来华办学的外国高校都以营利为主要目的。随着发达国家对发展中国家的无偿教育援助不断减少,取而代之的是更多的教育贸易化和商业化行为。

继续教育国际化不等同于西方化,而是在保持我国优秀传统文化的基础上,吸收西方各国先进的教育理念、内容以及手段,从而引入我国的继续教育管理模式中,促进我国培养适应全球化的高素质人才。继续教育国际化在教育市场、教育资源、人才资源、文化资源等共享的同时,也存在着资源的垄断以及激烈的竞争,存在着民族化与国际化的矛盾。

### 三、继续教育国际化发展的基本原则

#### (一)服从和服务于国家社会经济发展大局

推进继续教育国际化必须站在国家的层面来考虑问题,从国家全局和长远利益来考虑自身的发展,在为国家做贡献的同时实现自身的价值。进入新世纪,中共中央提出实施人才强国战略后,继续教育要强调面向国家人才队伍建设、面向高层次人才职业能力的提升、面向学习型社会的构建,在实施继续教育国际化时,要根据国家发展战略重点不断创新人才培养模式,及时调整人才培养内容,主动积极地将继续教育国际合作对象面向党政人才、企业经营管理人才、专业技术人才这三支人才队伍;同时,继续教育国际化,要紧紧围绕国家社会经济发展大局和国家经济建设的需要设计新项目、开发新专业、研发新课程。

#### (二)服从和服务于学校建设世界一流大学的发展战略

努力建设综合性、研究型、开放式世界一流大学是我国高校办学的战略目标,高校继续教育机构推进国际化战略时,就要自觉地与学校建设世界一流大学的发展战略紧密结合起来,把学校建设世界一流大学的发展战略作为衡量工作的重要标准。在继续教育国际化实践中,不但不能损坏学校声誉、占用学校资源,反而应当通过较好的经济效益把继续教育国际合作的社会效益最大化。

#### (三)坚持学历继续教育与非学历教育并重和两个效益并举的原则

继续教育国际化是全方位的,既要兼顾学历教育与非学历教育,又要注重经济效益和社会效益。在开展国际化继续教育合作中始终坚持"三高"原则:以高层次人才为主要培养对象,重点开展大学后继续教育;以高质量推出继续教育国际合作,以一流的标准、一流的质量来衡量,努力做成精品、创建品牌;以高效益赢得社会回报、支持自身建设。学历继续教育合作也不例外。

#### (四)积极引进外国优质教育资源与推广本土特色并重

继续教育的核心目标是引进外国优质教育资源,积极引进国内急需、在国际上具有先进性的课程和教材;特别注意借鉴和学习外国教育机构的继续教育特色和成功的管理经验,使自身真正具有比较优势。引进优质教育资源的过程,有利于全面推进和培养创新能力,有利于提高继续教育的质量,有利于提高自身继续教育的国际竞争力,有利于培养社会和经济发展急需的各级各类人才。

### 四、继续教育国际化战略的选择

合作和交流是让世界了解我们的第一步,只有走出国门,别人才能够知晓我

们,我们也能够通过对外面的了解更清楚地做好定位和认识差距。国际上各国高校继续教育机构都十分注重国际交流与合作,大力推动国际和校际的师生互换、学者互访合作研究,促进和深化自身发展。我国继续教育也应积极挖掘自身潜力,实施多元化发展战略,促进继续教育国际交流与合作。

(一)实施品牌战略,提升竞争力

提高继续教育整体办学水平是一项长期而艰巨的过程,实施品牌化战略是推进国际化的战略选择。继续教育国际化不仅是教育资源和信息的交流共享,更是一种新的办学理念,要通过具体的项目、课程和专业化管理模式运作体现国际化;拓宽视野,引进国际化的经营管理理念与管理模式,以有市场需求的国际化项目凝聚自身特色的品牌,以国际视野发展继续教育品牌。这就要求继续教育机构进一步解放思想,站在全球化、对外开放事业大局和学校发展战略的高度,以更加开阔的视野,树立世界眼光,加强战略思维,不断增强开放合作意识,牢固树立国际化品牌的发展理念,在观念上、行动上、体制上解决影响和束缚继续教育对外开放的突出问题,不断提高继续教育品牌化、国际化水平。

(二)实施特色化战略,增强民族性、区域性与国际性融合

特色化办学是我国继续教育立足之本。在继续教育国际化过程中,应坚持走特色发展之路,找好自身的定位,突出自己的发展优势,强调特色办学,把特色化发展作为办学的一个优势来规划和实施自身的战略目标。

在探索和形成国际化办学特色时,要注意正确处理国际性与民族性的关系。从根本上讲,国际性和区域性、民族性是一个统一体,国际化的出发点和归宿是区域性、民族性,真正民族的、本土的东西,才具有与世界交往的价值。继续教育机构基于自身特定的地理区域推进国际化,不是要取消原有的民族性、区域性等特色,而是要拓展和强化这些特色,并使之提升到国际级特色的水平,在特色化水平与国际化水平之间形成正比递进的关系。民族性、区域性的继续教育国际化发展模式,是区域化的地方特征、民族化的特色与国际化的融合。因此,继续教育在推进国际化的进程中,应注意把国际性与民族性、区域性切实结合起来,既要增强国际化办学特色,又要保持和发展自己原有的特色,努力促进民族性、区域性和国际性的统一与融合,使学校的整体特色得到进一步强化。

(三)实施开放战略,寻求继续教育发展的新空间

开放战略就是要坚持引进来与走出去相结合,既要注重国际化品牌的引进,又注重本土化特色的扩张,两者相得益彰。拓展思维,丰富继续教育国际化内涵,提高继续教育国际化水平,一是强调空间上的开放性,不断开放国内继续教育市场,既能在国外办学又能容纳外国在本国办学;二是强调国际教育资源的共

享性,广泛地开展国际交流与合作;三是强调继续教育不断改革创新,在教育理念、内容和方法上主动调整并适应国际惯例与标准,在教学内容、教学方法、教学手段等方面与国际先进水平接轨,着力培养具有世界眼光,胸怀全球,具有国际思维能力和国际竞争能力的高素质人才。

我们要抓住时机,把握好我国教育在国际上的地位,找准自己的位置,找到努力的方向,积极主动地走向世界,推介我国的优质教育资源,提升我国教育在国际上的知名度和影响力,以战略目光规划继续教育国际化发展目标,打造继续教育精品。

(四)实施资源融合战略,在继续教育领域开拓中外合作办学

资源整合,是企业战略调整的手段,也是企业经营管理的日常工作。就继续教育资源整合来说,就是要优化资源配置,有进有退,有取有舍,获得整体的最优,对不同来源、不同层次、不同结构、不同内容的优质教育资源进行识别与选择、汲取与配置、激活和有机融合,使其具有较强的柔性、条理性、系统性和价值性,并创造出新的资源。

总之,继续教育走国际化发展道路是在高等教育国际化背景下适应对外开放需要的理性选择,只有积极推进国际化才能更好地利用国内、国外两个教育市场、两种教育资源,加强与国际继续教育的融合与接轨,增强办学特色,提高国际竞争力,形成核心竞争优势,为我国经济社会发展做出更大的贡献。

### 五、推进继续教育国际化的途径

(一)拓宽国际合作办学模式,推动继续教育高层化

与国际继续教育机构合作办学是继续教育国际化的重要手段之一,对于促进合作双方共同发展有着积极作用。开展跨国合作办学,能培养一大批既熟悉本国国情又有国外生活经验的国际化人才,既有利于促进继续教育对外开放水平,又有利于创造和整合教育资源,实现互利共赢,拓宽合作办学渠道,创新合作办学模式,拓宽合作办学发展空间,不断提高合作层次和合作质量,提升继续教育两个效益。同时,通过合作办学有助于推进继续教育办学模式的转变,构建多元化的继续教育办学体系。

(二)拓宽合作交流形式,拓展国际化渠道

通过交流学生、交流教师、交流信息等方式开展继续教育领域国际化合作,促进继续教育在教育理念、教学方法与教学技术上实现国际化融合。

(三)发挥行业优势,参与国际竞争

在推进继续教育国际化发展过程中,要坚持发挥我国的行业优势和外方的

资源优势,通过参与国际竞争,在国际继续教育领域占有一席之地,以我们的行业优势提升我国继续教育国际竞争的优势,推广我国继续教育的品牌项目与特色学科。

(四)创新人才培养模式,提高办学质量

通过调整人才培养目标,创新人才培养模式,培养适应世界发展需要的国际化人才,不仅有利于提高人才培养质量,而且有利于与国际接轨,从而更好地找到推进国际化的切入点和契合点。课程设置的国际化是继续教育国际化最基本的要素,是培养具有国际视野的复合型人才的基础。在教学过程中,应向学生提供和传授掌握国际知识的设施及能力,便于学生迅速了解世界文化发展的历史和现状,增强学生的国际意识。在课程设置中,应从教学管理制度上确定国际性课程的地位,增设介绍国际知识的课程。

(五)加强学术交流,拓展科研的国际性领域

学术交流是继续教育国际化的基本特征和最易实现的形式。继续教育国际化应以学术交流为突破口,融入国际化的浪潮之中,创造条件承办、举办国际学术研讨会,选派专家、学者参加国际性学术交流,进入学术体系的前沿和核心;选拔学术骨干主动开展国际合作研究,通过与周边国家有影响力的同人的沟通与协作,积极抢占学术制高点,开辟学科领域新的发展方向;建立国际学术交流和互访机制,通过学术交流、人员互访与培训,提升继续教育从业者的国际化视野和科研的国际化水平;通过不同国别、不同文化背景的专家的短期讲学,改善或影响学生的思维方式。

(六)引入认证制度,加强国际化教育的质量控制

继续教育机构认证制度和课程标准制度在欧美发达国家受到重视并得到了很好的发展。目前中国尚未按国际规则建立相关的认证制度,这影响了继续教育总体质量在国际上获得认可,在国际教育服务市场上的份额也受到了影响。我国需建立符合我国国情和教育质量现状的国际化继续教育认证制度,以此作为继续教育质量保障的手段之一,并作为国内外质量保证和认证机构沟通与交流的平台。

(七)利用网络优势,拓宽共享范围

当今,互联网已成为大众生活的一部分,世界已经变得越来越小。网络的快捷、便利使任何人都可以自由地访问世界各地开放的图书馆和实验室,得到所需要的信息,网络扩大了世界范围内知识共享的程度。图书馆是学校教育的延伸,信息技术的进步使电子图书馆和阅览室遍布世界各地,人们只要会利用图书馆

提供的资料和工具,就能进行有效的学习。有效利用网络资源是快速提高知识和资源拥有量并加快与发达国家同步发展的有效途径。在此基础上,通过建立和开放自己的网页实现与对方网页的专访、互访和限期开放,就可获得某些知名大学、知名教授的学术讲座内容和图书资料,为我所用。我国继续教育应尽快利用这一快捷通道,实现与国际继续教育的真正接轨。

(八)创造国际化的外部条件,要下大力气建设一批有水平的、符合国际化需要的继续教育高校

我国继续教育开展比较晚,经验和水平都不足,国际化程度更低,因此,笔者认为,无论从策略上还是从能力上讲,国家和各省都有必要集中力量建设一批名牌继续教育高校,通过它们建立继续教育与国际交流的平台,同时通过它们的辐射作用,带动与促进全国的继续教育向国际化发展。要制定促进继续教育国际化的相关政策,使学校和求学者都能够自觉地为国际化需要教与学。要参照国际化的资格证书制度,发展我国与国际接轨的资格证书体系,在扩大我国资格证书的影响力的同时,采取开放式的思路,调整证书标准与要求,将我国的一部分证书与国外相关证书相衔接,建立一种互认制度。

(九)借鉴国外成功经验,构建我国的继续教育体系

学历教育和知识教育仍然是我国继续教育的主流,而以能力培养为主线、学历教育与岗位资格培训相结合的继续教育格局尚待建立和完善。在这方面,国外继续教育同样有许多成功的经验值得我们学习和借鉴。加拿大社区学院的能力本位课程设计模式、澳大利亚能力本位与国家资格证书制度相结合的教育模式、德国高等专科学校产学研紧密结合的办学体制、美国社区学院的"自由式"学习模式,等等,都可以成为我国继续教育某些方面的范式。我们应该在深入分析研究其可操作性和可兼容性的基础上,大胆引进,博采众长,构建具有我国特色的继续教育体系。这也正是我国继续教育开展国际交流与合作的最后归宿和终极意义。

继续教育国际化是世界范围内继续教育发展的必然趋势,也是我国继续教育发展的重要课题,它在教育发展、国家发展,乃至全球化发展中扮演着至关重要的角色,如何沿着一条可持续性的、科学的发展道路来推进继续教育国际化是全球关心的问题。在寻找继续教育国际化高效、优质的发展方法,解决既有问题和应对挑战的道路上,我们付出的努力越多,我国继续教育的未来才能发展得越好。

**参考文献：**

[1] 陈晋南,冯长根,刘晓红. 第八届国际继续教育大会综述[J]. 继续教育,2001(6):60-62.

[2] 卢朝佑,刘应兰. 国际继续教育发展现状与趋势[J]. 成人教育,2009(6):17-18.

[3] 骆亚珍. 论继续工程教育的作用及其途径[J]. 中国冶金教育,1999(2):18-19.

[4] 王志勇,谢凤艳. 教育国际化的校本实践[J]. 江苏教育研究,2009(6):36-37.

[5] 吴雪纯,徐水晶. 高等教育国际化发展战略研究[J]. 当代青年研究,2008(2):58-61.

[6] 夏庆荣. 继续教育的发展趋势及其对策[J]. 化工高等教育,1995(1):77-79.

[7] 殷明. 从美国经验看我国继续教育的发展取向[J]. 继续教育研究,2008(2):1-2.

[8] 俞冰,顾毓沁,康飞宇. 中国继续教育的国际化探索[J]. 继续教育,2004(12):4-6.

[9] 袁礼,张志辉. 中国工程教育国际化问题刍议[J]. 北京航空航天大学学报(社会科学版),2003(2):69-71.

[10] 袁利平. 教育国际化的真实内涵及其现实检视[J]. 西华师范大学学报(哲学社会科学版),2009(1):82-87.

[11] 赵华恩. 论中国高等教育的国际化与本土化[J]. 西南科技大学高教研究,2007(2):6-8.

# 高校继续教育立交桥建设的探索与思考

南京大学　凌元元　吴小根　刘友华

【作者简介】

　　凌元元，男，南京大学继续教育学院、网络教育学院院长，副教授，研究方向为教育管理。

　　吴小根，男，南京大学继续教育学院副院长，教授，研究方向为教育管理。

　　刘友华，男，南京大学网络教育学院副院长，教授，研究方向为教育管理。

本文为2012年第十三届海峡两岸暨港澳高校继续教育论坛收录论文。

　　继续教育是人类社会发展到一定历史阶段后出现的教育类型，目前人们对继续教育概念和内涵的理解还存在较大的差异。从广义的角度来理解，继续教育是指已经脱离正规教育、参加工作或负有成人责任的社会成员，为了适应时代发展的新要求和实际工作的需要，所接受的各种各样的教育，亦即面向学校教育之后所有社会成员特别是成人的各种教育活动。从狭义的角度来理解，继续教育是指对有一定专业或知识基础的社会成员所进行的知识更新和扩展教育，亦即面向大学后或高中后社会成员的各种教育活动。现代意义上的继续教育起源于第二次世界大战前后的英、美等西方发达国家；20世纪60年代以后，随着世界经济和科学技术的发展，以及终身教育理念的广泛传播，现代继续教育在世界各国特别是发达国家得到了蓬勃发展。由于各国社会制度不同，历史传统、经济背景、文化科学技术水平等方面存在差异，因此不同国家继续教育的发展情况也不尽相同。

## 一、我国继续教育发展与高校办学体系概述

　　我国是世界上最大的发展中国家，新中国成立初期只有200多所大学，高等教

育资源稀缺。新中国成立 60 多年来,特别是改革开放以来,我国高教事业发展迅速,继续教育规模也不断壮大,体系逐步健全,为数以亿计的社会成员提供了学历补偿、技能培训和文化教育,为数千万从业人员提供了接受中等和高等教育的机会,成为我国教育事业和终身教育体系的重要组成部分,为提高劳动者素质、增强国民科学文化素养、推进国家现代化建设和综合国力的提升做出了重要贡献。

经过 60 多年的发展,我国已逐步形成多种类型、多种形式和多种层次的继续教育办学体系,其中,高校是我国继续教育重要的办学主体。目前,我国高校举办的继续教育包括学历继续教育和非学历继续教育,其中,学历继续教育包括成人高等学历教育、高等教育自学考试和网络教育等,非学历继续教育主要包括各类干部教育培训等高层次继续教育培训、各类专业技术资格证书教育培训、知识普及型教育培训、现代服务型教育培训和生活艺文类教育培训等。成人高等学历教育又包括函授(专科、高起本、专升本)、业余(也称夜大学)(专科、高起本、专升本)、全日制脱产班(已于 2007 年停止招生);高等教育自学考试又包括业余助学辅导班(专科、专升本)、脱产助学辅导班(专科、专升本);网络教育主要包括专科、专升本层次学历教育等。

校外教学点是我国高校继续教育办学的重要依托力量。根据梁艳萍等(2009)对广东高校继续教育办学的调查分析结果,在广东高校成人高等学历教育校外函授站中,中等学校(含中职院校、普通中学、师范学校、幼师等)占 44.4%,行业、企业培训机构占 13.29%,社会培训机构占 14.34%,民办高校占 1.05%;在广东省内 3 所网络教育试点高校共设立 150 个校外学习中心,其中,华南师大设有 81 个,在广东所有 21 个省辖市都设立了校外学习中心,中山大学和华南理工大学只在广东 18 个省辖市设立了校外学习中心。

### 二、我国高校继续教育面临改革发展的重大历史机遇

当前,我国的发展正站在新的历史起点上,处于由大国向强国迈进的新阶段。知识经济的发展和科学技术的进步正在深刻改变着人类社会的生产、生活方式。公民的学习与创新能力日益成为民族振兴和人的全面发展的决定性因素。继续教育对人力资源水平和国家现代化建设进程的影响越来越广泛和深入。2011 年 4 月,胡锦涛总书记在庆祝清华大学建校 100 周年大会讲话中强调,要自觉参与推动学习型社会建设,适应全民学习、终身学习的时代需要,加快发展继续教育。

根据国际货币基金组织(IMF)测算,2010 年我国人均 GDP 为 4382 美元,已经进入世界中上收入国家的行列,标志着我国的社会经济结构实现了由温饱型向发展型/小康型的转变。在此背景下,党和政府对我国的继续教育事业提出了更高的要求,同时也为我国高校继续教育改革发展带来了前所未有的历史机遇。2010 年

7月颁布实施的《国家中长期教育改革和发展规划纲要(2010—2020年)》明确提出要"加快发展继续教育""搭建终身学习立交桥""改革和完善高等教育自学考试制度"。2011年12月,在北京召开的全国继续教育工作会议暨高等教育自学考试制度建立30周年纪念大会明确提出了我国"十二五"时期继续教育的发展目标:各类社会成员有机会、有条件接受不同形式和类型的继续教育,促进全民学习、终身学习的学习型社会和人力资源强国建设,促进全体人民学有所教、学有所成、学有所用,到2015年从业人员参与各类继续教育达到2.9亿人次/年,年参与率达到42%以上。2012年2月27日,教育部发布的《关于加快发展继续教育的若干意见(征求意见稿)》提出,要大力发展非学历继续教育,稳步发展学历继续教育。2012年3月16日,《教育部关于全面提高高等教育质量的若干意见》(教高〔2012〕4号)进一步指出,要建立继续教育国家制度,推进高校继续教育综合改革,开展高校继续教育学习成果认证、积累和转换试点工作,鼓励社会成员通过多样化、个性化方式参与学习。

刘延东国务委员在全国继续教育工作会议暨高等教育自学考试制度建立30周年纪念大会上的讲话中指出,加快继续教育改革发展,是推进创新型国家建设、提升国家核心竞争力的战略举措,是促进我国经济发展方式转变、产业结构调整的重要支撑,是满足社会成员多样化学习需求、促进社会公平的紧迫任务,是构建终身教育体系、建设学习型社会的必由之路,是顺应国际潮流、提升教育现代化水平的时代要求。在此基础上,她进一步提出了推动继续教育改革发展的五项重点任务:一要更新思想观念,科学把握继续教育发展规律;二要突出重点任务,推进继续教育加快发展;三要扩大资源共享,不断满足社会成员多样化的继续教育需求;四要深化改革创新,大力提高继续教育质量;五要加强制度建设,建立健全继续教育科学发展的体制机制。

### 三、高校继续教育立交桥建设的探索与思考

根据"构建终身教育体系""创建学习型社会"的战略目标和《国家中长期教育改革和发展规划纲要(2010—2020年)》,多种继续教育形式的融合与互通、各类继续教育优质教学资源的建设与开放共享,将是今后我国继续教育转型发展的必然要求。因此,以提升高校继续教育人才培养质量和社会服务能力为总体目标,积极推进高校继续教育优质教学资源建设与共享,探索建立继续教育学分积累与转换制度,以实现不同类型学习成果的互认和衔接,构建不同继续教育办学形式和不同高校继续教育之间互通的立交桥,让学习者通过不同途径接受教育,获取知识,满足各种学习需求,是我国高校继续教育改革发展的重要方向。

（一）高校继续教育立交桥建设的基本含义

高校继续教育立交桥建设是我国终身教育体系建设的重要环节。笔者认为，高校继续教育立交桥建设主要包括四方面含义：一是高校内部不同学历继续教育办学形式之间的沟通与融合；二是高校内部学历继续教育与非学历继续教育之间的沟通与衔接；三是高校内部继续教育与普通高等教育之间的沟通与衔接；四是不同高校继续教育之间的沟通与衔接。

努力促进高校内部不同学历继续教育办学形式之间的沟通与融合，搭建学历继续教育立交桥，是高校继续教育立交桥建设的重要基础。目前，函授、业余类成人高等学历教育学生需要通过全国统一的成人高考，被报考高校录取才能入学就读，完成就读专业教学计划并取得合格成绩和达到规定条件可以毕业，属于"严进宽出"型人才培养模式；高等教学自学考试辅导班，不需要入学考试，但需要参加一定数量规定科目的统一考试并取得合格成绩和达到规定条件可以毕业，属于"宽进严出"型人才培养模式；而网络教育是一种把网络技术作为主要教学手段的办学形式。就实质而言，上述各种不同形式的继续教育办学形式可以统一归入成人高等学历教育范畴，建议高校继续教育管理部门通过相应的专业建设和教学计划修订，逐步实现课程体系的融合与相通，形成统一的课程建设标准和学分标准，并最终实现各类学习者通过课程互选、教学资源共享、学分互认，搭建学历继续教育立交桥。

积极探索各类非学历培训课程体系和课程学分认证，以及各类证书与专业学分认证，进而促进高校内部学历继续教育与非学历继续教育之间的沟通与衔接，也是高校继续教育立交桥建设的重要内容。在高校内部继续教育与普通高等教育之间的沟通与衔接方面，由于我国普通高等教育与继续教育之间的培养规格和质量标准还存在较大差异，目前可行的是普通高等教育学生的学习成果可以作为继续教育免试入学或免修课程的单向认证。由于不同高校往往具有一定的差异性和互补性，所以可以通过各自的优质教学资源建设与共享，来促进不同高校继续教育之间的沟通与衔接。

高校继续教育立交桥建设的核心问题，是如何建立统一的课程质量标准和学习成果/课程学分认证体系，以及支持课程互选、教学资源共享和学分互认的管理体制和机制。一些发达国家为了给国民提供更多的教育机会，方便学习者就学，开始探索实行弹性学制、多样化的课程及灵活的授课方式。如日本为没有进入高中学习的社会青年和成年人提供学分制高中，方便学习者学习；为方便成年人到高校就读，很多大学建立了面向成人的特殊选拔制度；鼓励大学和高中向社区举办公开讲座，等等（胡锐，2010）。为了促进继续教育的发展，实现各类教育之间的相互衔接，很多国家都在构建和完善与继续教育学习成果相适应的评价体系，如韩国近年来建立了"学位银行"，为非正规教育的学习成果进行学分认定。当学分达到一定的累积时，就可获得相应的学历。随着继续教育对象人数的不断扩大和现代科学技术的发展，许多国家都十分重视信息技术在继续教育中的应用，特别是远程教育网络和多媒体技术在继续教育中的应用。

（二）南京大学等高校继续教育立交桥建设的实践探索

2009年以来，南京大学继续教育学院、网络教育学院十分重视继续教育优质教学资源的培育和建设，并多次探讨了我校不同形式的学历与非学历继续教育之间实现优质教学资源共享的可行性。2010年10月申请的南京大学"985工程"三期"继续教育转型发展中的教学资源建设与共享项目"于2011年5月正式立项并启动，主要包括以下五方面内容：一是学历教育优质教学资源建设，二是非学历教育优质教学资源建设，三是教学资源共享服务与教务管理平台建设，四是成人高等教育特色专业和精品课程建设，五是开展继续教育转型发展与立交桥建设专题研究。2011年6月南京大学、东南大学、南京师范大学联合申报的江苏省高等教育改革研究重点课题——《高校继续教育立交桥及其优质教育资源建设研究与实践》获得批准立项，提出的主要研究目标是：创建一个高校继续教育优质教学资源库，创建一个高校继续教育教学资源共享服务与教学管理平台，探索一个不同高校之间继续教育优质教学资源共建共享与学分互认机制。

根据我们的高校继续教育立交桥建设与研究计划，从2011年9月开始，我们已经启动了创建继续教育优质教学资源库和继续教育教学资源共享服务与教学管理平台的相关工作。在继续教育优质教学资源库建设方面，我们将优先做好不同高校间共享率高的公共基础课和各级精品课程建设，逐步推进部分特色专业课程和公共选修课建设。目前，我们已完成了8门公共基础课的网络课程建设，由南京大学负责思想政治类和计算机类课程建设，东南大学负责高等数学课程建设，南京师范大学负责学位英语课程建设。在继续教育优质教学资源库和继续教育教学资源共享服务与教学管理平台建设方面，我们从教学资源共享服务和学分银行建设、课程互选与学分互认、支持学生在线学习、由过去学籍管理为中心转变为以课程与学分管理为中心等高校继续教育立交桥建设等角度提出需求分析，并于2011年8月正式委托上海网梯公司实施该管理平台的开发研究工作，目前已基本完成并投入试运行。从本学年开始，我们已在部分院系相关专业试行成教学历教育与网络教育课程互选与学分互认。在此基础上，我们将进一步推进南京大学、东南大学、南京师范大学三校继续教育优质教学资源共享、课程互选、学分互认等相关工作，签署三校合作协议书，制订资源共享、课程互选、学分互认等相关工作实施细则。

**参考文献：**

[1]胡锐.国际继续教育发展趋势及借鉴[J].继续教育,2010(7):10-12.

[2]梁艳萍,高建军,冯安伟,等.普通高校继续教育现状分析与发展路径探讨[J].中国成人教育,2009(12):105-108.

[3]刘延东.开创继续教育工作新局面,为建设人力资源强国贡献力量——刘延东国务委员在全国继续教育工作会议暨高等教育自学考试制度建立30周年纪念大会上的讲话.2011-12-24.

# 香港自资高等教育的发展与挑战

香港理工大学　罗文强　翁永光　冯　琪

【作者简介】

罗文强,男,香港理工大学专业进修学院院长,研究方向为公共政策、组织行为及继续教育等。

翁永光,男,香港理工大学专业进修学院副院长,研究方向为公共行政、策略管理及继续教育等。

冯琪,女,香港理工大学专业进修学院讲师,中国内地事务统筹主任,组合课程统筹—商业(荣誉)文学士,学衔统筹—商业(荣誉)文学士(国际商业),研究方向为品牌管理、国际市场营销及跨文化管理等。

本文为2013年第十四届海峡两岸暨港澳高校继续教育论坛收录论文。

## 一、前　言

21世纪初,香港特区政府制定了新的教育策略以应付未来人口及经济结构的变化而带来的挑战。政府的目标是要达到使60％的适龄中学毕业生完成专上教育。在现阶段,每年约70000名中学毕业生中只有14500名学生可以升读政府提供的大学学位。其余的年轻人中除了一些直接走上社会开始工作之外,另外的一部分选择通过各种持续教育的途径来继续读书,最终获得大学学位。如今,由于自资高等教育院校的不懈努力,使60％的适龄青年完成专上教育的目标已经达到,2005/2006学年专上教育普及率已达66％[1]。香港的自资学位界别也已逐渐形成并蓬勃发展。2012/2013学年共有6800名学生入读经本地评审的自资学士学位课程[1]。自资高等教育院校担负起了提供给更多年轻人继续深造机会的责任。

### 二、香港自资高等教育的模式

现阶段,香港的自资高等教育课程由不同的院校和机构提供。总结起来,在香港有以下几种模式的自资专上课程供年轻人选择:

(1)第一种是由香港八所大学以及香港演艺学院和职业训练局辖下的自资持续及专业教育部门或成员院校提供的自资专上课程[1]。其中包括一些四年制的学士学位和一些两年制衔接学士学位。衔接学位主要是为拥有副学士和高级文凭的学生提供继续进修的机会。

(2)第二种是其他自资专上院校开办的课程。包括根据《专上学院条例》(第320章)(Cap. 320)注册的认可自资专上学院:香港树仁大学、珠海学院、恒生管理学院、东华学院、明爱专上学院及明德学院,以及香港公开大学(属自资营运的法定院校)[1]。

(3)第三种是开办经本地评审的自资专上课程及非本地课程的办学机构。例如,香港专业进修学校及香港科技专上书院等[1]。

### 三、香港自资高等教育的成就

近十几年来,香港自资高等教育在发展中取得了一些成就。

(一)专上教育普及率显著提高

专上教育普及率,反映了高中毕业生(即 17~20 岁年龄组群)的升学机会。由于副学位教育界别蓬勃发展,带动专上教育普及率在五年间增长一倍,由2000/2001 学年的 33% 增至 2005/2006 学年的 66%[1]。随着市场趋于稳定,普及率在 2006/2007 学年亦见平稳,现时维持在略高于 60% 的水平[1]。这表明香港特区政府在 2000 年提出的要求已经达到。

同时,香港的自资学士学位也由 2000/2001 学年的零学额增至 2009/2010学年约 3056 个学额(详见表1),并发展到在 2012/2013 学年提供了 7900 个全日制经本地评审的自资学位课程学额[2]。据统计,2012/13 学年共有 6800 名学生入读本地自资学士学位课程[1]。这说明自资学士学位课程仍有余额去满足合资格中学毕业生的需求。而到 2016 年之后还会保持每年 8000 个自资学位课程学额(详见表 2)。政府预计在未来适龄人口组别中有超过三分之一的青年有机会修读学士学位课程,连同副学位学额,修读专上课程的青年人将近七成。

**表 1  香港 2000/2001 年度至 2009/2010 学年全日制自资学士学位课程的学额及实际收生人数**

| 年度 | 2000/ 2001 | 2001/ 2002 | 2002/ 2003 | 2003/ 2004 | 2004/ 2005 | 2005/ 2006 | 2006/ 2007 | 2007/ 2008 | 2008/ 2009 | 2009/ 2010 |
|---|---|---|---|---|---|---|---|---|---|---|
| 学额 | — | 245 | 490 | 958 | 1922 | 2550 | 2465 | 2960 | 3180 | 3056 |
| 实际收生人数 | — | 285 | 605 | 1030 | 1353 | 1527 | 2033 | 2468 | 3004 | 2798 |

摘自:大学教育资助委员会.展望香港高等教育体系——大学教育资助委员会报告.2010年 12 月.

**表 2  未来供求:专上课程**

| 年份 | 2012 | 2013 | 2014 | 2015 | 2016 | 2017 | 2018 | 2019 |
|---|---|---|---|---|---|---|---|---|
| 香港高级程度会考(一科高级程度或相等的高级补充程度科目及格或以上) | 27300 | — | — | — | — | — | — | — |
| 香港中学文凭考试(五科(包括中英)取得 2 级或以上) | 47800 | 49000 | 46000 | 44000 | 40000 | 37000 | 37000 | 34000 |
| 香港中学文凭考试(核心科目取得 3322 或以上) | 26400 | 27000 | 26000 | 24000 | 22000 | 21000 | 21000 | 19000 |
| 学士学位 | | | | | | | | |
| 　资助课程 | 30300 | 15200 | 15200 | 15200 | 15200 | 15200 | 15200 | 15200 |
| 　自资课程 | 7900 | 7200 | 7100 | 7500 | 8000 | 8000 | 8000 | 8000 |
| 副学位 | | | | | | | | |
| 　资助课程 | 10900 | 10000 | 10000 | 10000 | 10000 | 10000 | 10000 | 10000 |
| 　自资课程 | 32600 | 29000 | 24500 | 24300 | 24100 | 24100 | 24100 | 24100 |
| 专上课程收生总数 | 81700 | 61400 | 56800 | 57000 | 57300 | 57300 | 57300 | 57300 |

注:以上供求预测没有计算非香港中学文凭考试的毕业生(如港外学校毕业生、回流学生等),也没有计算出外升学及重读中六等的情况。

资料来源:Education Bureau. Self-financing Post-secondary Education Programmes,EDB(FE)1/12/2041/00,August 2013.

(二)提供给适龄青年发展的平台及增加人才向上流动的机会

香港自资高等教育在增加进修机会,为年轻人提供优质、多元灵活及多阶进出的进修途径上担当重要的角色[1]。自资高等院校为社会上适龄青年提供了一个进一步发展的平台,从而增加了香港社会中人才向上流动的机会。对于提升人口整体素质、知识结构以及学历水平有很大贡献。

(三)提高香港的人力资源素质及提升香港的整体竞争力

拥有大学学历的人口占总人口的比重会提升香港在世界上的整体竞争力。现代社会的竞争是人才的竞争。香港要保持强大的竞争力,并从以金融服务业为主的经济型社会向同时具有高科技和创新全面发展的知识型社会转型,需要培养更多的受过高等教育的年轻人,提供更多的人才储备。自资高等教育为香港社会大众提供各类持续及专业教育和终身学习机会,对提高香港的人力资源素质起着关键作用,亦有助于香港高等教育多元化,推动教育发展,使香港进一步发展为区域教育的枢纽[3]。

### 四、香港特区政府对自资高等教育的支持

(一)自资高等教育的素质保证

香港特区政府推出资历架构以推动终身学习,提升香港劳动人口的能力和竞争力。资历架构是一个七级的资历级别制度,涵盖学术、职业和持续教育界别的资历。资历架构下有一个健全的素质保证机制,通过香港学术及职业资历评审局的评审工作,可确认进修课程的水平和确保其素质。现时香港共有三家素质保证机构,监察专上教育界别的素质[4]。

(1)香港学术及职业资历评审局(Hong Kong Council for Accreditation of Academic and Vocational Qualifications,HKCAAVQ)是法定机构,负责所有办学机构和课程(具备自行评审资格的教资会资助院校除外)的素质保证工作。

(2)素质保证局(Quality Assurance Council ,QAC)是教资会辖下的半独立非法定组织,对教资会资助院校和学位或以上程度的课程(不论是否受教资会资助)进行素质核证。

(3)联校素质检讨委员会(Joint Quality Review Committee,JQRC)是由大学校长会成立的,通过同侪检讨来检视教资会资助院校自资副学位课程的素质保证程序。

(二)多项措施支持自资专上教育界别的发展

除了实施必要的素质保证及规管机制之外,为积极支持自资专上教育的优质及持续的发展,政府已推行以下多项支持措施[5]。此外,政府在2012年4月1日成立自资专上教育委员会,监察香港迅速发展的自资专上教育界别,并向教育局局长提供意见。

1. 免息开办课程贷款计划

政府已预留50亿港元作为免息贷款,资助非营利专上院校购置、租用或兴建校舍来开办课程。

2. 批地计划

象征式地价批出土地或以象征式租金批出空置校舍。政府于2002年制订

批地计划,向非营利专上院校批拨土地,用以兴建专上院校校舍。

### 3. 评审课程津贴计划

政府已预留 3000 万港元拨款,设立评审课程津贴计划,资助院校支付所需的评审开支,从而减轻它们在办学初期的财政负担。该津贴计划会向成功通过院校评审的院校资助全部评审费用,以及支付个别课程甄审的半数费用。

### 4. 质量保证津贴

用于提升自资高等教育课程的教学质量。

### 5. 资历架构支持计划

此计划用于支持和鼓励教育及培训机构为其开办的课程申请评审,并将相关资历在资历名册上登记。资历架构支持计划获立法会财务委员会通过,是一项有时限及非经常的资助计划。

### 6. 专上学生资助计划

所有修读自资学位或副学位课程的合资格学生,均可根据专上学生资助计划及专上学生免入息审查贷款计划申请资助(前者提供助学金,后者则提供贷款)。由 2006/2007 学年起,政府已在须经入息审查的助学金的安排上,使专上学生资助计划与适用于公帑资助的专上课程学生资助计划看齐。

### 7. 自资专上教育基金

设立 35 亿港元的自资专上教育基金,向修读经本地评审自资全日制副学位或学士学位课程的杰出学生提供奖学金,并资助院校推行有效的措施和计划来提升质量。

### 8. 研究基金

政府亦已在研究基金内预留 30 亿港元,用以资助自资学士学位界别来推动学术和研究发展。

## 五、香港自资高等教育的挑战

然而,自资高等教育也面临一系列的问题和挑战。

### (一)财务负担较重

虽然一些自资院校获得政府无偿担保的贷款来建教学楼,但建筑及维持校园正常运作等费用也很高。提供现代化的教学设施给学生,使他们可以享有与修读政府资助学位的学生同样的学习环境,这是一个美好的现实,但为此付出的经费是很大的负担。因为在获政府资助的大学里,政府会按每个学生 20 万港元来补助给大学。而自资院校只能靠学生的学费来支付教师薪金,以及建立并维护图书馆、健身房、体育馆、计算机室等设施。虽然自资院校收取每个学生每年六万多的学费,高于政府资助大学4万多港元的学费,但只靠学生学费是不够的。另外学生课外活动的开展等项目的资金也面临短缺。人才招聘难,吸引人才和保证教学质量也需要资金支持。这些都对院校构成很大的挑战。

(二)资历认证门槛高

HKCAAVQ和Cap. 320等高等教育权威评核机构对各自资院校的资历认证收费也较高,从而使自资院校的资历认证门槛变高。资历认证的问题也导致有些院校的教学质量参差不齐,以至于影响到整个自资高等教育在社会上的声誉。

(三)教学质量及课程设置问题

一些院校在课程设置方面没有与香港人力资源发展的需求挂钩,导致有些课程不符合当前社会需要,影响毕业生就业情况,进而导致社会上对于这些院校的教学质量产生质疑,影响自资高等教育的发展。

(四)宿位问题亟待解决

学生住宿的宿舍宿位问题也亟待解决。香港地少人多,楼价高企,学生住宿成本较高。要想成为教育枢纽,进一步招收内地学生和海外的国际学生,需要尽量满足这些非本地学生的住宿需求。学生宿舍的缺乏成了一个瓶颈,限制了香港教育国际化的发展。

(五)生源短缺的问题

未来十年,香港对专上教育的需求会随着适龄人口下降而减少。据有关部门预测,到2022年,香港适龄中学生人数会由2013年的71700人减少到45100人(详见图1)。香港人口老龄化的现象使得高等教育面临生源短缺的问题。从长远来说,香港特区政府需要在高等教育方面制定措施来积极拓展生源,从而使香港成为一个有持续竞争力的教育枢纽。

**六、对香港自资高等教育发展的建议**

(一)自资高等院校应优化课程设置以满足社会需求

自资高等院校和机构应做深入的调查研究来了解当前的社会需求,并聘请雇主和专业机构来参与课程设置,使其与业界需要相配合[2]。同时注重提高教学质量,增加学生实习交流的机会,提升毕业生的整体水平,从而增强他们的就业能力,使他们能够顺利找到适合自己的工作,贡献社会。

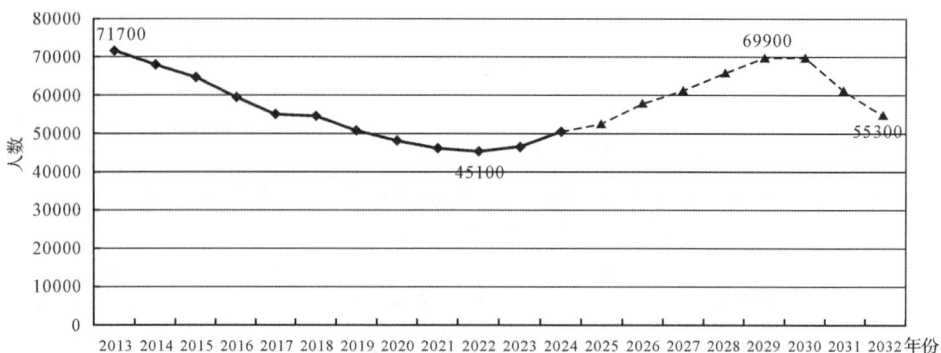

注：1.未来10年（即2013/2014至2023/2024学年）公营中学的预计中六学生人数按现时小一至中五的实际修读人数计算。

2.2023年以后的预计中六毕业生人数参考了正式人口预测及跨境毕业学生人数计算而成。上述预测或受各项假设的变化所影响，尤其是"第二类婴儿"回港就读的比例及时间。

图1　未来10年：中六学生人口下降

Coming 10 Years：Declining S6 Graduate Population

资料来源：Education Bureau. Self-financing Post-secondary Education Programmes，EDB(FE)1/12/2041/00，August 2013.

### （二）政府应提供更多资源支持自资高等教育发展

香港特区政府应提供更多的资源并制定行之有效的措施来创造机会，支持自资高等教育的发展。例如，兴建学生宿舍，或以校外宿舍或联合宿舍形式提供更多宿位，吸引非本地学生入读自资课程；培养本地优秀的师资人才，提高教学质量；同时，积极吸引世界上优秀的师资来港进行教学和科研，保持香港教育水平向世界先进水平看齐，也为使香港成为教育中心奠定坚实的基础。

### （三）政府应推动自资高等教育的全球化发展以巩固香港教育枢纽地位

要巩固和发展香港区域教育枢纽的地位，就意味着香港的高等教育服务必须具有竞争力，无论在质量、教育成效和声誉上，都属于前列水平[3]。因此，特区政府应继续致力推动香港自资高等教育朝全球化和多元化的方向发展，以期培育人才以支持经济发展和提升香港的竞争力。例如，为吸引优秀的非本地学生来港就读自资高等院校的课程并在毕业后继续留港工作，特区政府可以设立更多非本地学生奖学金以及放宽他们的入境和就业规定等[6]。这样可使香港拥有更多人才，并能提升人口素质，从而促进社会上不同行业的发展，为建立具有竞争力的知识型经济增添动力[3]。

**参考文献：**

［1］立法会教育事务委员会.自资专上教育.2013 年 1 月 11 及 14 日会议讨论文件,立法会 CB(4)279/12-13(01)号文件,2013 年 1 月.

［2］Education Bureau. Self-financing Post-secondary Education Programmes. EDB(FE)1/12/ 2041/00,August 2013.

［3］大学教育资助委员会.展望香港高等教育体系——大学教育资助委员会报告.2010 年 12 月.

［4］督导委员会.专上教育界别检讨第二阶段检讨报告.2008 年 4 月.

［5］Legislative Council Panel on Education Self-financing Post-secondary Education Sector,LC Paper No. CB(2)1694/11-12(08). 20 April,2012.

［6］Cheng,Y. C. ,Cheung,A. C. K. & Yuen,T. W. W. Development of a regional education hub:the case of Hong Kong[J]. *International Journal of Education Management*,2011, 25(5):474-493.

# 继续教育单位的愿景与策略订定

## ——以台湾大学进修推广部为例

台湾大学　廖咸兴　陈忠仁　廖倩谊

【作者简介】

　　廖咸兴,男,台湾大学进修推广部主任,美国 Rutgers University 都市计划与政策发展博士,台湾大学管理学院财务金融学研究所教授,研究方向为信用风险、结构型融资(资产证券化与项目融资)等。

　　陈忠仁,男,台湾大学进修推广部副主任,美国壬色列理工学院(RPI)管理博士,台湾大学管理学院商学研究所教授,研究方向为科技管理、策略管理、创业管理、创新管理等。

　　廖倩谊,女,台湾大学进修推广部营销长,台湾师范大学教育学博士,研究方向为卫生教育、行为科学、继续教育。

本文为2014年第十五届海峡两岸暨港澳高校继续教育论坛收录论文。

## 一、前　言

　　企业在发展过程中,为争取员工认同并使其自觉参与企业的经营活动,或为向员工传递日常工作中的价值判断基准,促使企业追求长期目标与督促企业善尽社会责任等,需要整合与订定企业愿景,明确企业的使命、存在意义、经营方针、事业领域、行动方针等。一般而言,"使命"意味着企业存在的目的或组织永远追求的崇高目标;"愿景"则是企业未来想要达到的目标和前进的方向,为企业长期追求的远大目标,其须链接企业使命,并应有衡量指标以验证是否能够达成。

　　所谓"企业愿景",简称"愿景"(vision),指对企业前景和发展方向的一个高度概括的描述。具体而言,就是要求企业根据现阶段经营与管理发展的需要,及时有效地整合企业内外信息渠道和资源渠道,长期的发展方向、目标与自我设定的社会责任和义务,明确界定企业在未来社会范围下的发展样貌,同时让企业的全体员工及时有效地通晓企业愿景赋予的使命和责任,使企业在计划—实行—评价—反馈的循环过程中,不断地增强自身解决问题的力度和强度。若企业能提出明确的企业愿景,并正确地传播到每个员工,就能激发员工的自觉参与意识,使企业成员在同一企业愿景、共同的目标下建立关系,并创造共同的价值,使企业朝正向发展。愿景不只专属于企业负责人所有,应由组织内部的成员借由团队讨论,获得组织一致的共识,形成大家愿意全力以赴的未来方向,通过制订愿景的过程,使愿景更有价值,企业更有竞争力。愿景形成后,企业或组织负责人应对内部成员做简单、扼要且明确的陈述,以激发内部士气,并应落实为组织目标和行动方案,具体推动。

企业愿景可分为三个层次:上层是企业针对社会或世界的;中层是企业的经营领域和目的;下层是员工的行动准则或实务指南。企业愿景包括核心信仰(core ideology)与未来前景(envisioned future)。其中“核心信仰”包括核心价值观(core value)和核心目的(core purpose),用以规定企业的基本价值观和存在的原因,是企业长期不变的信条。“核心价值观”是一个企业最基本和持久的信仰,是组织内成员的共识;“核心目的”则是一个企业生存的最终目的与组织持久的成长目标,为所有组织成员所共同认知。“未来前景”则是企业未来 10～30 年欲实现的宏大愿景目标及对其生动的说明。一般而言,企业愿景大都具有前瞻性的计划或开创性的目标,作为企业发展的指引方针。通过愿景的订定与宣达,可以有效地培育与鼓舞组织内部所有人,激发个人潜能,激励员工竭尽所能,增加组织生产力,达到顾客满意的目标。

一般而言,设计企业使命与愿景的步骤包括:①选定使命愿景规划小组;②进行教育训练;③形成使命愿景的核心要素;④讨论这些核心要素;⑤确认愿景与使命;⑥进行宣传推广。企业愿景的内容见表1。

表 1　企业愿景的内容

| 内容 | 范围 | 说　明 |
|---|---|---|
| 企业对于全世界或社会 | 全人类 | 表达出企业的存在就是要为社会创造某种价值 |
| | | 企业对世界或社会的影响力、贡献力 |
| 企业的经营领域与目的 | 行业/经济 | 企业对具体的经济领域的影响力、贡献力 |
| | | 市场或行业中的排行 |
| 争取员工的认同 | 内部 | 员工的核心价值观行动准则或实务指南 |
| 客户满意 | 外部 | 争取客户对于企业的认同 |

有了清晰的愿景,接着就需要规划"策略"来完成愿景。"策略"可以解释为企业为了达成愿景所采取的一些行动。"策略规划"是一个过程,目的就是要找出能与组织相配合的好的策略,以达到组织目标或为企业带来预期的利润。"策略规划"的步骤包括:①自我评估,寻找并比较企业的内外部优劣势,检视过去的策略,分析掌握的资源以及企业的成本、质量、品牌、效率、规模、技术等,并确定发展目标;②侦测环境(包括整体环境、产业环境及竞争环境等),找出环境的机会与威胁;③提出策略构想,并考虑是否与企业经营的目标吻合。在实务运作上会通过2～3个策略主题(strategic theme)来规划策略地图(strategy map),借以强化跨部门的沟通和整合。

从策略拟定完成到实际执行的过程中,最困难的部分就在于如何将策略转化成清楚、具体的语言,向每个人传递,让每个人都能理解。"策略地图"便是组织将策略的步骤和方式架构化的工具,也是了解策略的最佳方式。"策略地图"以"策略"和"地图"为两大核心,其中,"策略"是指组织从现在的位置,朝目标前进的发展过程和行动规划;"地图"则是将规划方针以图形具体化的方式表现。总而言之,"策略地图"就是达成特定价值主张的行动方针路径图。借由策略地图阐明策略的逻辑关系,不但可以清楚地检视策略假设的正确与否,更能够让组织各部门,乃至全体成员都清楚组织的愿景,以及如何达成愿景。策略地图的概念与方法,可以用来统整顾客、管理、人力资源、经费等层面的策略,一方面有助于思考更完整、有效的策略;另一方面也更容易掌握企业的整体策略,有助于企业愿景的达成。

企业有了愿景,才有新事业诞生。在动态竞争环境中,拥有愿景的企业可以在别人还未看见、尚无感觉的时候,已经开始了对未来的规划和准备。经过长时间努力,当市场机会出现时,企业已经备妥所有的竞争力,从而占据竞争的主动,赢得优势。相反,企业如果没有愿景与相对应的推动策略,只能看着别人的做法亦步亦趋,终究要因为累积的时滞而被淘汰。

## 二、台湾大学进修推广部订定愿景与策略的具体做法

台湾大学进修推广部业务推动的整体目标,是将其定位成台湾大学的优质教学和研究资源与社会共享并提供社会精英终身学习的平台;致力成为台湾推广教育专业学院的领导品牌,并善尽台湾大学服务社会的责任;兼以企业化经营管理的理念,有效运用台湾大学的资源,提升组织效能,除维持财务自偿独立运作外,更进一步积极拓展业务,充裕校务基金。

台湾大学自2013年杨泮池校长新任校长一职后,强调"教育与人才培育、知识创新、贡献社会、创意与创业"等四大任务,期能达成"提供师生一流学习与创

新的优质环境、培养社会领导精英与知识型研究人才、协助社会发展、解决人类永续发展的重大问题"等使命,与"华人顶尖、世界一流"的愿景。廖咸兴教授在被杨校长任命为台湾大学进修推广部主任之后,于 2014 年 2 月先行针对内部高级主管进行教育训练与召开"策略会议",初步架构台湾大学推广部使命与愿景的核心要素,并于同年 4 月针对所有同人举办"共识营",开放并广泛地讨论愿景与推动策略的架构,让每位员工贡献智慧及创意,并获得员工的信任与支持。在广泛获取全体同人的意见后,再度召开高级主管会议,凝聚主管的意见与共识,确认组织在未来 5～10 年的关键方向,包括客户需求、组织内部关系、未来发展方向、隐现的趋势及竞争分析等,拟订台湾大学进修推广部的发展愿景与策略,以"优质学习典范""创新成长卓越""成为推动社会前进的力量"为愿景,并订定"课程创新与加值""校内外资源整合""品牌与价值提升""社会影响力扩大"等四大策略,并进一步说明与提出台湾大学进修推广部的策略图(见图 1)。

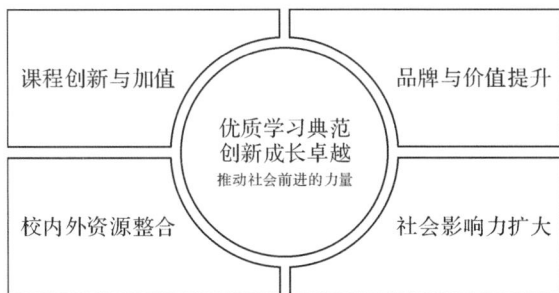

图 1　台湾大学进修推广部策略图

(一)课程创新与加值

以顾客需求为导向,主动邀约校内外优秀师资,开发有价值的课程,通过良好的服务流程与硬件设施,有效率地传递给学员们。除原有的课程质量要求外,另拟定下列具体做法,达到课程创新与加值的目标:

(1)开发模块课程。

(2)配合政策开办课程。

(3)与企业人力资源合作委训。

(4)开发不同主题不同时段的课程。

(5)设立学位学程中心,推广学位学程。

(6)与台湾以外地区的一线品牌合作。

(7)设立专业学程中心,规划与研发课程。

(8)依不同分部据点特性,研发规划课程。

(二)校内外资源整合

台湾大学拥有丰富的教学资源,最珍贵的资源就是校内 2000 多位研究与教学学养俱佳的教授。但校内资源毕竟有限,加上过于学术性的教学资源并不能满足市场需求,因此有必要结合外部资源推动继续教育。有关本部校内外资源整合的具体做法如下:

(1)办理部友活动。

(2)建立优秀学员数据库。

(3)建立部友社团。

(4)善用校友或退休老师的资源。

(5)整合校内外师资等教学资源。

(6)与各院系合作,开设多元课程。

(三)社会影响力扩大

通过知识的加值,影响本部学员的观念,以及对潜在社会大众产生口碑效应,是本部未来努力的方向。未来本部将朝下列方向来落实这项策略:

(1)建立网络知识平台。

(2)举办专题讲座或活动。

(3)加强与大陆高等院校交流合作。

(4)邀请著名人士进行论坛或新知发表。

(5)提供高阶训练课程,协助培养企业接班人。

(6)和品牌定位与台湾大学相符的单位进行异业结盟。

(7)配合学校政策,扩张服务据点。

(四)品牌与价值提升

品牌的建立与价值的提升,除可带来更大的销售利益外,还能使该品牌在竞争中获得一个更强劲、更稳定、更特殊的优势。台湾大学进修推广部俟后将以 NTU SPECS(NTU School of Professional Education and Continuing Studies) 作为推动品牌象征,具体做法如下:

(1)建立网络知识平台。

(2)制作品牌营销影片。

(3)建立 CIS(企业识别系统)。

(4)加强内外部营销,善用媒体造势。

(5)积极参加各种高级别论坛并发表新知。

(6)汇整学员心情故事,并结集发行。

(7)更新网站网页设计,强化网站内容。

(8)加强异业合作,强化本部形象推广。

(9)提升顾客服务质量,加强体验式营销。

(10)积极经营 Facebook 粉丝团,强化与学员联结。

(11)发行电子报刊,加强内外部顾客营销管道。

(12)推动知识加值服务(如出版教师研发的教材及个案)。

(13)扩大媒体营销通路,包括影音、网络与平面媒体等。

综合上述台湾大学进修推广部未来发展的愿景与策略,近期本部主要工作重点应包括:

(1)持续发展推广教育业务以充裕校务基金。未来本部将以"开发企业教育训练""开拓大陆市场""加强院系合作开设多元课程"为发展推广教育业务的三大方向。

(2)自 2015 年起在本校竹北校区新开办"事业经营硕士在职学位学程"(PMBA)。为区隔本校管理学院原办理的以高阶经理人或企业主为对象的EMBA 硕士学位班程,本硕士学位学程以企业界就职年资较浅但具有发展潜力的在职精英为主要培育对象,旨在培育各企业中资历较浅但未来可为企业重用的具有发展潜力的在职精英,培养企业管理领域的专业人才,期使学生成为专业与实务并重的管理精英。

(3)兴建"台湾大学进修推广部竹北分部"大楼。本部于竹北校区推动硕士在职专班学位学程,初期以现有碧祯馆为活动场地,长期拟于竹北校区规划兴建"台湾大学进修推广部竹北分部"大楼。

(4)配合校方政策,发展其他硕士在职专班学位学程,协助本校其他校区之联络及发展。

(5)配合本校知识园区 BOT 计划,重新规划进修推广部的教学空间、教学设备及各项设备。

(6)信息系统持续优化更新,调整组织架构与新增人力。

## 三、结　语

企业面对多变的市场与竞争压力,必须放眼未来,勾勒与落实愿景于日常营运之中。"愿景"如同地图指标,有助开创企业营运的动力与积极的策略,预测顾客的需求。更重要的是,企业为落实愿景所执行的重大策略计划,必须唤起企业的人才、动能及资源,从根本上改造企业的未来。理想的愿景,不仅应具有理性,也应包含情感、方向性,才能生动传达以客为主的思维及产品价值,并成为一股凝聚员工、客户及投资者等各方的力量。为使愿景能确实执行,除应清楚扼要订定愿景,作为部门间强有力的指导外,亦须据以进一步规划推动策略,将企业价值及所有策略之间的因果关系形成策略地图，并建立策略的具体指标，以作为评量策略达成程度的依据，引导每一位员工走向正确的道路，创造企业的永续发展。

# 普通高校继续教育定位与发展规划研究

西安交通大学　王　晋

**【作者简介】**

王晋，男，西安交通大学继续教育学院，讲师，研究方向为成人教育、继续教育、职业教育。

本文为 2014 年第十五届海峡两岸暨港澳高校继续教育论坛收录论文。

## 一、基于国际教育标准分类法重新定位继续教育

《国际教育标准分类法》是国际上普遍认可和推广的教育分类方法，联合国教科文组织第 36 届大会教育委员会通过《国际教育标准分类法（2011）》修订文本，从而形成自 1976 年以来的第三版国际教育标准分类。在教育国际化日益深入、各国教育交流越来越频繁的今天，了解国际教育分类的新变化，有助于我们更好地借鉴国际教育发展的最新进展，重新定位普通高校继续教育。

（一）《国际教育标准分类法》的最新发展

《国际教育标准分类法（2011）》依据国家（或地区）的教育课程和相关的公认教育资格证书进行分类，由并行的教育课程等级和受教育程度等级两个编码系统构成，其中，教育课程系指为在一段持续的时期内达到预定的学习目标或完成一组具体的教育任务而设计和组织的一套连贯或有顺序的教育活动或交流，教育课程的共同特征是在达到学习目的或完成教育任务时会授予成功完成教育课程的证书证明，而教育资格证书是以文件的形式对成功地完成一个教育课程或课程的某个阶段的正式确认。

在两个编码系统中，都确认了 0～8 这样 9 个不同的等级，且教育课程和受教育程度都采用三个数字。第一个数字表示等级；第二个数字表示类别，将 6～8 级教育课程，分成学术教育（代码为 4）和专业教育（代码为 5）两类；第三个数字表示完成课程的程度：对 6～8 级教育课程，根据国家学位或资格证书结构中的定位不同分成不同的级别（详见表 1）。

### 表 1　高等教育标准分类

| ISCED2011 | | | | | ISCED1997 | | |
|---|---|---|---|---|---|---|---|
| 等级名称 | 等级 | 类别 | 子类 | 注释 | 等级名称 | 等级 | 类别 |
| 短线高等教育 | 5 | 54 普通 | 541 | 不够等级完成 | 高等教育第一阶段 | 5 | B |
| | | | 544 | 足够等级完成 | | 5 | B |
| | | 55 职业 | 551 | 不够等级完成 | | 5 | B |
| | | | 554 | 足够等级完成 | | 5 | B |
| 学士或等同 | 6 | 64 学术 | 641 | 不够等级完成 | | 5 | A |
| | | | 642 | 第一学位(3～4 年) | | 5 | A |
| | | | 646 | 长线第一学位(4 年以上) | | 5 | A |
| | | | 647 | 第二或其他学位(完成一个学士或等同课程) | | 5 | A |
| | | 65 专业 | 651 | 不够等级完成 | | 5 | A |
| | | | 655 | 第一学位(3～4 年) | | 5 | A |
| | | | 656 | 长线第一学位(4 年以上) | | 5 | A |
| | | | 657 | 第二或其他学位(完成一个学士或等同课程) | | 5 | A |
| | | 66 定向未定 | 661 | 不够等级完成 | | 5 | A |
| | | | 665 | 第一学位(3～4 年) | | 5 | A |
| | | | 667 | 长线第一学位(4 年以上) | | 5 | A |
| | | | 668 | 第二或其他学位(完成一个学士或等同课程) | | 5 | A |
| 硕士或等同 | 7 | 74 学术 | 741 | 不够等级完成 | | 5 | A |
| | | | 746 | 长线第一学位(5 年以上) | | 5 | A |
| | | | 747 | 第二或其他学位(完成一个学士或等同课程) | | 5 | A |
| | | | 748 | 第二或其他学位(完成一个硕士或等同课程) | | 5 | A |
| | | 75 专业 | 751 | 不够等级完成 | | 5 | A |
| | | | 756 | 长线第一学位(5 年以上) | | 5 | A |
| | | | 757 | 第二或其他学位(完成一个学士或等同课程) | | 5 | A |
| | | | 758 | 第二或其他学位(完成一个硕士或等同课程) | | 5 | A |
| | | 76 定向未定 | 761 | 不够等级完成 | | 5 | A |
| | | | 766 | 长线第一学位(5 年以上) | | 5 | A |
| | | | 767 | 第二或其他学位(完成一个学士或等同课程) | | 5 | A |
| | | | 768 | 第二或其他学位(完成一个硕士或等同课程) | | 5 | A |

续表

| ISCED2011 | | | | | ISCED1997 | | |
|---|---|---|---|---|---|---|---|
| 博士或等同 | 8 | 84 学术 | 841 | 不够等级完成 | 高等教育第二阶段 | 6 | 无 |
| | | | 844 | 足够等级完成 | | 6 | 无 |
| | | 85 专业 | 851 | 不够等级完成 | | 6 | 无 |
| | | | 854 | 足够等级完成 | | 6 | 无 |
| | | 86 定向未定 | 861 | 不够等级完成 | | 6 | 无 |
| | | | 864 | 足够等级完成 | | 6 | 无 |

注:该表是《国际教育标准分类法(2011)》的部分内容,即6~8级高等教育标准分类。

通过对表1的分析,可以得出两点基本结论,对我们重新定位继续教育非常具有借鉴意义。

1. 新分类引入了受教育程度分类标准

受教育程度分类标准,用于测量各国人力资本资源开发程度以及进行国际比较。受教育程度是指个人已经完成的最高教育等级,而国家承认的教育资格证书是划分受教育程度的重要依据。

按照新版分类的界定,资格证书主要有三种类型:成功完成一个阶段的教育课程而取得的正规教育资格证书,成功完成一个教育课程的某个阶段所取得的中间资格证书,以及通过非正规教育或以非正式学习方式获得国家承认的相当于正规教育的资格证书。

新版分类允许以非正规或非正式学习途径获得的相当于正规教育的资格证书作为衡量受教育程度的依据,反映出世界各国在推进终身学习过程中,非正规和非正式学习日益受到重视,终身学习理念日益深入人心。

2. 教育的等级和类型相互衔接

在《国际教育标准分类法(2011)》5、6和7级的国家课程可平行存在,而不是一个等级连续建立在另一个等级上。完成一个3或4级课程,可以有一系列通向供选择5、6或7级的第一个高等教育课程,成功完成《国际教育标准分类法(2011)》5级以后,也可能进入或转入6级,甚至7级。这表明短线高等教育与学士或等同、硕士或等同的高等教育构成了交叉,这种交叉不仅包含同一定向课程的等级衔接,而且表明不同定向课程的相互转换。

《国际教育标准分类法(2011)》为高等教育等级和类型相互衔接和转换指明了路径,有利于形成高等教育"立交桥"化发展。

（二）普通高校继续教育的重新定位

1. 普通高校继续教育重新定位的迫切性

当前普通高校继续教育之所以面临着重新定位的问题,是基于如下认识:

当前和今后相当长的一个时期,我国发展仍处于重要的战略机遇期,战略机遇期存在的基本条件和机遇大于挑战的基本面并没有因为国内外形势新变化而发生根本性改变。成人教育伴随着这样一个宏观背景,进入了以满足终身学习为主要目标的全面转型、全方位服务的战略发展期。

为满足《国家中长期教育改革和发展规划纲要(2010—2020 年)》的要求,贯彻落实党的十八大关于"积极发展继续教育,完善终身教育体系,建设学习型社会"的精神,作为继续教育主力军的高校应大胆尝试,积极创新,探索新的继续教育模式。

而当前以学历补偿教育模式为主的继续教育,不仅很难对构建学习型社会有所裨益,而且也使得继续教育自身发展进入了恶性循环的境地。以成人学历教育为主的院校,为了生源只得降低门槛、降低要求。继续教育实际上成了获取高等教育学历的捷径,而且在这样一个降格以求的过程中,成人学历也根本谈不上含金量,社会认可度不高。

2. 从学历补偿教育转变为真正满足所有社会成员更新知识、提高素质的广泛需求

重新定位继续教育模式,一定要在对不断变化的社会环境进行分析的基础上打破旧有的僵化的思维程序,突破现有模式的框架,或超出现有模式的范畴对现有模式的要素重新整合。

近年来,国际上已将终身教育视为广义教育与学习有机整合的综合性概念,是指初始教育和成人教育的统一体,包括各个年龄阶段正规、非正规和非正式的各种方式的教育。许多国家越来越普遍地承认通过非正规教育或非正式教育的学习获得的技艺、知识和能力,与成功完成正规教育课程所得的技艺、知识和能力相类似,通过国家学历资格框架对个人的学习与培训成果(实际知识、技术水平和能力水平)进行等级评定,而不是拘泥于学习与培训的时限和形式,使正规教育与非正规教育、普通教育与职业教育、初始教育与继续教育等之间纵向衔接、横向沟通,架起终身学习的立交桥。

普通高校成人教育的调整战略应该是退出一般性学历教育,转向高层次的高等教育后的非学历培训和继续教育。从学历补偿教育转变为真正满足脱离正规教育后的所有社会成员更新知识、拓展技能、提高素质的广泛需求。为促进继续教育事业的发展,积极推动高校服务政府与社会,应该构建以政府引导为先

导、高校资源为主体、个人利益驱动受限的可持续健康发展的创新型继续教育模式。

## 二、普通高校继续教育发展规划的 SWOT 分析

### (一)继续教育的发展进入战略制胜的时代

在快速进入大数据(big data)时代的今天,大数据不仅是科学技术的发展,也带动着决策机制的变革,促使从经验决策、量化决策向大数据决策转变,它对国家治理模式、对企业的决策、对个人生活方式都将产生巨大的影响。高校继续教育面对的外部环境的复杂多变,未来运作不确定性的增加,使得学校高层领导者开始更多地考虑学校长远发展的问题。由于社会经济发展速度的加快和人才生命周期的缩短,高校继续教育的生存和发展不仅取决于学校目前的运作状况,而且更多地取决于学校对未来的预测所做出的战略决策。可以说包括高校继续教育在内的高等教育发展已经走入一个战略制胜的时代。

事实上,众多院校的领导者也非常重视学校的战略规划,下大功夫调研、预测,制定三年、五年甚至更长期限的发展规划。问题在于花了很大的精力和时间制定的战略规划,许多是建立在决策者偏好的基础上,缺乏必要的市场分析,尤其缺乏科学的规划技术。这些所谓的战略规划,充其量是一个长远的"工作计划"而已,可能上升不到战略规划层面。高校继续教育的战略发展绝不仅仅只是制定计划的问题,更是一个战略管理的问题。所谓战略管理是"关于制定、实施、评估跨部门决策的科学和艺术,以保证组织能够实现其目标"。高职院校战略管理是一个整合的过程,其中所有相互关联的部分需要协同工作。战略规划是整合的机制,将政策和过程整合在一起,争取达到最佳的组织效果。

就当前我国很多高校继续教育的战略管理而言,恐怕还存在着以下问题:

(1)战略目标存在缺陷,还没有建立起符合继续教育的宗旨和使命演化形成的完备的目标体系;

(2)缺乏科学的规划技术,战略规划太注重细节和规定性,导致在外部环境变化迅速时失去其应有的作用;

(3)过于坚持制定规划时的某种观点(这些观点多是贪大求洋),信奉实施了新的战略就能使学校发生彻底的改变,而使得战略本身失去自我发展的弹性,实际上成功的战略大都是逐渐进化的;

(4)学校整体战略与部门职能战略不统一,各部门之间职能战略实施不协调,高职院校发展战略与个人行为导向不一致,没有能够使所有成员都理解建立和实施发展战略的重要性,没能使"组织和环境动态适应"的理念深入人心。

(二)高校继续教育发展规划的 SWOT 分析

SWOT 分析法,即态势分析法,经常被用于企业战略制定、竞争对手分析等场合,在战略规划报告里,SWOT 分析应该算是一个常用的工具。

规划分析指根据企业自身的既定内在条件进行分析,找出企业的优势、劣势及核心竞争力之所在。在 SWOT 分析法中,S 代表 strength(优势),W 代表 weakness(弱势),O 代表 opportunity(机会),T 代表 threat(威胁),其中,S、W 是内部因素,O、T 是外部因素。按照企业竞争战略的完整概念,战略应是一个企业"能够做的"(即组织的强项和弱项)和"可能做的"(即环境的机会和威胁)之间的有机组合。

优劣势分析主要是着眼于企业自身的实力及其与竞争对手的比较,而机会和威胁分析将注意力放在外部环境的变化及对企业的可能影响上。在分析时,应把所有的内部因素(即优劣势)集中在一起,然后用外部的力量(机会与威胁)来对这些因素进行评估。

1972 年,联合国教科文组织在《学会生存》中指出,"最近的各项实验表明,许多工业体系中的新的管理程序,都可以实际应用于教育,不仅在全国范围可以这样做,而且在一个教育机构内部也可以这样做"。因此,将 SWOT 分析法的科学分析技术应用于高校继续教育战略规划研究中,在理论上和技术上均是可行的。

基于 SWOT 分析法,高校继续教育战略问题也应从以下角度出发:

1. 外部环境分析

外部环境是在一定时空内所有高校继续教育都要面对的环境,主要有政治、社会、经济、技术、自然等几个方面。其中,对高校继续教育战略发展至为关键的是国家政策的影响。

随着经济体制和社会结构的变化,为了使高校继续教育能更灵活、更主动地适应迅速变化中的社会、经济环境,政府不断放松国家控制和扩大学校自主权来改变学校的治理形式。可以说,正是在高校继续教育与国家关系的模式由国家控制型向国家监督型转变的过程中,出现的影响高校继续教育发展的市场机制、竞争机制、激励机制等,才赋予了高校继续教育发展战略存在的必要性和可能性。

2. 竞争对手分析

作为知识型组织的高校继续教育,任何竞争战略的选择都必须建立在人才资源、学习资源和智能资源的基础之上,这不仅是高校继续教育自身,也是竞争对手的核心竞争力之所在。

　　高校继续教育的核心竞争力不在于其物质资源的拥有上,而应该在于其独特的知识优势、人才优势,以及作为知识优势和人才优势集中体现的文化传统优势。如果一所院校拥有其竞争对手在一段时期内无法模仿或很难模仿的特殊优势,那么就会有竞争力,甚至可以实现某种意义上的垄断。别人要打破这种垄断,就必须创造出比这所学校更好的成果。

　　重视对竞争对手核心竞争力的分析,就是要求高校继续教育在战略制定的过程中,必须具体地回答好这样一些问题:自己到底拥有什么样的竞争优势? 自己在什么方面有强于竞争对手的本领? 自己在哪些领域能比竞争对手做得更好? 自己应如何针对这些专长和特殊优势进行投资开发,善用它们,从而能更好地取悦服务对象? 自己该如何利用这些优势给竞争对手设置竞争障碍? 自己是否还蕴藏着其他潜在的核心优势?

　　3. 高校继续教育内部环境分析

　　内部环境分析,将有助于院校认清自身的实力与不足。院校的内部环境分析主要包括人力资源、物质资源、财务资源、信息资源、社会地位、组织架构、工作流程控制、领导管理等方面。作为兼具"公共产品、准公共产品和私人产品"三种性质和形式的高校继续教育,更需要对自身内部的文化、结构、人员、财务、绩效等因素加以厘清和变革。高校继续教育要从短期行为导向转变为追求长期的可持续发展的价值目标取向,要求学校的资源配置形式和绩效评价系统做相应的调整,使得高校继续教育无论是组织机构,还是人力资源构建都能形成一个开放的、富于弹性的、具有回应能力的体系。

　　4. 目标市场分析

　　院校服务对象研究的主要内容可以分为总体市场分析、市场细分、目标市场确定和产品定位等几个层次。

　　我国高校继续教育市场的总体规模不断扩大,而每一所院校应该对这样一个总体市场,根据一定的标准,将服务对象划分为若干个具有不同特点的服务对象群,这就是所谓的市场细分。根据细分市场的规模和成长情况,结合目标和资源情况,院校就可以选择自己所服务的目标市场。而为了满足目标市场,就需要高校继续教育进行产品定位,即确定学校所提供产品或服务的功能、质量、价格和方式等。

　　通过对上述资源环境的分析,确立战略目标后,接着就是把开展继续教育的院校的优势和劣势与环境中的机会与威胁相配合,利用机会,避免威胁,使高校与环境相适应,并在此基础上选择高校继续教育的发展战略。这就是所谓的SWOT 分析(见图 1)。

机会(opportunity)

（Ⅱ）
扭转战略
WO

（Ⅰ）
增长战略
SO

内部劣势
(weakness)

内部优势
(strength)

（Ⅲ）
防御战略
WT

（Ⅳ）
多样化战略
ST

威胁(threat)

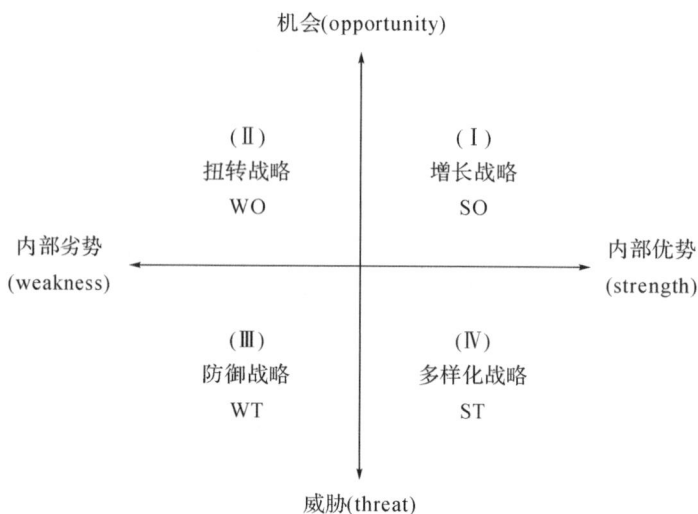

图1　普通高校继续教育发展规划的 SWOT 分析

　　通过内部优势与劣势、机会与威胁分析可以将普通高校继续教育发展战略分为四个象限：

　　位于第Ⅰ象限的院校拥有强大的内部优势和众多的环境机会,可以采取开发市场、扩大规模的增长型战略。开展继续教育的院校抓住时机,采用学校合并、联合办学、校企合作办学等多种形式,可使自己快速成长。

　　位于第Ⅱ象限的院校有外部机会但缺少内部条件,可以采取扭转型战略,改变学校内部的不利条件。比如,有的开展继续教育的院校把握住我国继续教育发展的机遇,调整专业设置,放弃一般专业,突出学校所在区域产业需求旺盛的专业,为企业提供菜单式服务,使自身走上了快速上升的通道。

　　位于第Ⅲ象限的院校既有外部威胁,内部状况又不佳,应当采取防御型战略,以避开威胁和消除劣势。比如,有的开展继续教育的院校主动谋求和其他学校的联合甚至接受其他学校的合并,以此为自己争取新的生存空间。

　　位于第Ⅳ象限的院校拥有内部优势而外部存在威胁,应利用自身优势开展多种经营,避免或减轻外在威胁的打击,分散风险,寻找新的发展机会。比如,有的开展继续教育的院校利用自身丰富的科研和教学资源,兴办产业实体、涉足培训市场、提供外包服务等,使学校打破了单一模式,获得了新的发展活力。

### 三、结　论

基于以上分析,我们认为：

（1）普通高校继续教育的定位必须从学历补偿教育转变为真正满足脱离正

规教育后的所有社会成员更新知识、拓展技能、提高素质的广泛需求,即逐渐退出一般性学历教育,转向高层次高等教育后的非学历培训和继续教育。

(2)继续教育的生存和发展不仅取决于学校目前的运作状况,而且更多地取决于学校对未来的预测所做出的战略决策。可以说包括继续教育院校在内的高等教育发展已经走入一个战略制胜的时代。

(3)SWOT 分析法,即态势分析法,经常被用于企业战略制定、竞争对手分析等场合,在战略发展规划报告里,SWOT 分析应该算是一个常用的工具。将SWOT 分析法这一科学分析技术应用于继续教育战略规划研究中,可以避免当前许多院校在战略规划中的随意与善变。

(4)SWOT 分析法运用于继续教育战略发展研究,在理论上是充分可行的。下一步将进行实证研究,通过 SWOT 矩阵组合,制定战略策略。所以从某种意义上讲,我们的研究成果是阶段性的,还有很大的研究空间。

**参考文献:**

[1] 刘晓花,古永司.我国继续教育发展问题探讨——以陕西省为例[J].教育理论与实践,2014(12):20-22.

[2] 马启鹏.构建服务型高校继续教育体系:内涵及意义[J].当代继续教育,2014(1):16-21.

[3] 余先伦,赵威威,肖化武,等.建构主义研究型学习成绩评价系统设计[J].中国成人教育,2012(7):138-139.

[4] 祖静.构建创新型继续教育模式的探讨[J].继续教育研究,2014(2):9-12.

# 第二篇

# 办学与培养模式

# 积极构建继续教育新体系，
# 促进地方经济发展

天津大学　钱桂荣　靳永铭　张立升　尚富兰

【作者简介】

　　钱桂荣，女，天津大学继续教育学院院长，研究员，研究方向为高等教育管理。

　　靳永铭，男，天津大学职成网党总支书记，副研究员，研究方向为高等教育管理。

　　张立升，男，副教授，天津大学继续教育学院继续教育部主任，研究方向继续教育管理。

　　尚富兰，女，副研究员，天津大学继续教育学院副院长，研究方向继续教育管理。

本文为2004年第五届海峡两岸暨港澳高校继续教育论坛收录论文。

**一、认识到位，科学定位，奠定继续教育的扎实基础**

　　多年的实践使天津大学清楚地认识到，开展积极而有效的继续教育是国家的要求，也是历史赋予的责任。在市场经济条件下，开展继续教育活动有助于区域经济、科技、文化的发展和整体水平的提高；有助于提升共同价值观和道德规范，建设和谐的社会环境；有助于促进个人职业发展和知识创新、制度创新的实现；有助于"双赢"策略的实施，获得社会有关各界的支持，促进学校自身的改革、建设与发展。

　　作为一所建设高水平的重点大学，我校把继续教育定位在大学后高层次人才培养上，定位在对国家发展有较大影响的学科前沿人才培养和新科技研究及推广上，定位在与地方经济、区域经济发展密切相关的教育培训方面。

　　根据学校的定位和社会的期望，我校继续教育坚持以企业需求为导向，以在职人员培训为重点,根据行业或企业需求开设课程、组织教学或培训。同时,十分注意个人接受高等教育学习的意愿和有关各界对高级技术人才的实际需求,设置专业,开展多种形式的学历教育。实践表明,继续教育使受教育者个人素质得到了全方位的提高,为地方经济和社会可持续发展注入了活力,也从特定层面发挥了高等教育的服务功能,使学校的无形资产得到增值。

### 二、增强主动服务意识,培育继续教育的优势和核心能力

天津大学依托学校整体办学优势,瞄准社会需求,主动服务,构建起了多层次、多类型的继续教育体系,做到了可持续发展。

(1)学校成立继续教育学院,加强对继续教育工作的领导和管理,整合学校资源,主动而有序地开展继续教育。

继续教育学院成立之后,首先认真总结了以往工作的经验和教训,明确优势和长处,找出问题和薄弱环节,调整组织结构。在此基础上制定了学院的中长期规划、年度工作计划,以及必要的保证措施。其核心之一就是整合学校资源,主动"走出去",了解需求,做到"心中有数",扬长避短,有序地开展继续教育。

比如,我校继续教育学院了解到制药业成为我国发展最快的行业之一,许多企业引进了国外的先进设备和工艺,但普遍缺少能够掌握关键技术的人才;而我校化工学科是国内的强势学科,人才济济,成果累累。于是就主动与国家药检局联系并达成协议,与其下属的国家药检局培训中心联合举办制药关键技术培训班,在较短的时间内取得了突出的实效。至今,已为内蒙古、辽宁、江苏、广东、湖北、北京、甘肃、河南、山东、安徽的制药企业培养了大批的技术骨干。积极为国家西部大开发战略服务,近几年来先后为新疆、内蒙古、西藏培养民族干部和技术人员 1466 名,为丰原集团、天津港集团、大港石化集团、核工业部 404 厂等国有大中型企业培养急需人才 2000 余人。

(2)整合学校优质教育资源,面向社会建立专业化的培训体系,在实践中培育品牌专业、建设品牌课程。开展继续教育必须遵循价值规律,树立精品意识,按需施教,开展高水平服务。

我校化工类专业开展继续教育的历史最长,成效最显著。其成功的关键在于:

1)针对化工行业特点,根据不同类型企业(如化工、核燃料、材料、石油、制药等)的需要,设置科学合理的课程体系。如在为核总公司培养短缺人才的继续教育中,专门开设核材料报废后处理的课程;在为炼油行业举办的学历教育中,工艺课以石油加工及石油精细化工为主;为山东滕州新材料公司举办技术人员培训班中,则强化新材料合成及其加工技术的课程内容。

2)在选聘教师、选取教材方面,着眼于企业需求,尽最大可能满足企业需要。十几年来,我校在选聘任课教师方面一直坚持"高水平、严要求"的基本原则。即,要求任课教师必须对继续教育有正确的认识,而且要业务水平高、授课效果好、责任心强、为人师表。同时在教学过程中,要不折不扣地执行天津大学"严谨治学、严格教学"要求的"双严"方针,对教师、学员以及教师对学员都要坚持标准严格要求。坚持严格管理、严格要求的结果是创出了品牌课程、品牌教师,培养了高质量的人才,赢得了广泛的社会信誉。经过培训的学员有的成为企业的骨干和中坚、有的成为技术带头人、有的成为企业的领导者。

3)与国有大中型企业、行业和政府主管部门建立长期合作关系,持续开展继续教育。在合作过程中强化服务意识,坚持与合作方共同商定教学计划,按照需要设置课程、取舍内容、决定教学方式、安排教学进度,从而使继续教育的各个环节都得到了企业的全力配合,保证了较高的到课率和高质量的教学效果。

目前,天津大学以高等化工继续教育为品牌,形成了以化工、管理为代表,机械、电力、土木、建筑、电信等学科与行业、企业密切合作的继续教育新体系。

(3)继续教育为学校建设与发展提供了新的增长点,促进了学校的学科建设,进而得到学校更多的支持,形成了良性循环。

在面向制药行业开展继续教育、举办培训班过程中,继续教育学院逐渐摸清该领域的现状、发展前景以及未来需求后,就及时将这一信息报告学校。学校立即着手进行"制药工程"的专业和学科建设,并制定了分三个层次培养人才的规划。按照这一规划,由继续教育学院为现岗的制药科技人员开设培训班和学历教育班,提高他们的岗位能力;同时积极着手增设"制药工程"本科专业,从根本上解决医药工程人才短缺的局面。1999 年我校开始招收"制药工程"本科生;1999 年 10 月教育部批准我校开设"制药工程"领域的工程硕士点;现已建成了大专、本科、研究生层次齐全的"制药工程"教育体系。可以说,继续教育对该学科的基本建设,特别是师资队伍建设和教材建设起了重要的催化作用。

### 三、坚持制度创新与机制创新

创新理论的鼻祖约瑟夫·熊彼特指出,经济发展的根本动力是创新。而继续教育创新,最重要的是管理创新、机制创新。

要实现继续教育的创新,关键在于管理制度和机制的创新。近几年来,我校继续教育学院改革原有的管理体制、管理制度、分配制度,形成科学、合理、可行、有效的激励机制和政策导向,鼓励教师和管理人员主动走出校门,开展市场需求调研,跟踪产业结构调整和经济增长方式的变化趋势,抢抓机遇,建立与区域经济发展相适应的教育服务体系。

以天津地区为例，当天津市政府确定大力发展电子信息产业、生物技术与现代医药、新能源产业以及水资源和海洋资源综合利用等优势产业，加强渤海湾区域港口建设等后，我校继续教育学院立即闻风而动，主动与有关主管部门、相关企业联系，寻找合作机会和合作项目。结果是，天津大学在为地方经济服务方面掌握了主动权，获得了良好的机会，也给继续教育的发展创造了更好的环境。

### 四、进一步加强国际合作，加快继续教育实力增长

在取得成绩的时候，我们也冷静地看到我国是一个发展不平衡的发展中国家。信息化、数字化时代步伐的加快，信息技术的发展和计算机技术的广泛应用，推动着市场国际化和经济全球化进程，这必然会对我们的继续教育产生更大的影响。同时，我国正处于社会转型、体制转轨的特殊历史时期，产业结构调整和经济增长方式的根本转变导致了一系列根本性的深刻的变化，这种变化不仅影响着高等教育系统的状态和运行模式，也同样影响继续教育的状态和运行模式。

我国的继续教育要适应国际化趋势，在竞争中居于不败之地，必须走开放式办学道路。除运用先进技术和互联网远程教育技术为区域经济、为企业培养高层次骨干人才服务，培养具有复合型智能结构、具有国际交流能力和国际竞争能力的人才外，特别要不断加强继续教育领域的国际合作，拓宽合作领域，扩大合作规模，活化合作方式，提高合作水平，使各方从中受益，提高整体实力。

这意味着，天津大学要根据未来发展趋势，利用合作的机遇，虚心学习借鉴他人的成功经验，进一步整合自己的教育资源优势，为促进国民经济建设和社会发展做出更大的贡献。

# 继续教育的更紧密合作模式

香港大学　杨健明

【作者简介】

　　杨健明,男,教授,香港大学专业进修学院前任院长,现任香港管理学院院长,《国际持续教育及终身学习》期刊主编,研究方向为高等教育、继续教育、终身学习。

　　本文为2004年第五届海峡两岸暨港澳高校继续教育论坛收录论文。

## 一、内地与香港的社会办教育

内地和香港因为政治、经济和文化上的历史因素而形成了截然不同的社会制度,但是,在全球经济一体化的巨轮下,教育体制却经历着相似的转变,即由社会力量办教育。在新的形势下,教育事业已非由政府独力承担,在政府的支持和推动下,民办教育在整个教育体系中将发挥愈来愈重要的角色。

1997年国家教育部颁布《社会力量办学条例》,并在2003年实施《民办教育促进法》,鼓励民间资本在官方规管下兴办教育。这标志着官方正式确认社会人士在教育方面可以做出贡献。1998年,香港特别行政区施政报告中首次提出"终身学习"的理念,并确认继续教育在知识为本的社会中推动社会进步的重要性。这是对社会办的继续教育在新形势下可发挥的作用作出的准确判断。

## 二、社会力量办教育的社会背景

1978年十一届三中全会确立改革开放的基本国策之后,经济增长成绩骄人。在2003年,国民生产总值达1.4兆美元,跃居全球第四大贸易国,并维持平均每年8%的经济增长速度,成为全球吸引最多外资的国家。

随着中国加入世界贸易组织,国家将进一步对外开放,由外资拥有的跨国企业将可在国内经营银行、保险、能源、电信等重要业务。要迎接这个新的挑战，企业必须积极提高管理素质和生产力。而要在这些方面做出突破，整体提高人力资源的素质是最关键的策略。

香港的经济在经历了数十年的快速增长之后形成了一个以服务业为主的体系。亚洲金融风暴使香港的决策者更有决心发展知识型经济。

### 三、人才供求状况——结构性失衡

在全球经济一体化这个大趋势之下，内地的经济加速开放，产业结构比重也出现了明显的转变，而这个转变主要是由城市带动的。

根据国家劳动和社会保障部公布的统计数字，在 2003 年全国城乡的总就业人员为 7.4 亿人，其中第一产业（农、林、畜牧、渔业等）占 49％，第二产业（制造、建筑、采矿、供水、电气等行业）占 22％，而第三产业（服务业为主）占余下的 29％。在各种产业中，仍以第一产业为重心。

从 2004 年第 3 季度公布的全国主要城市（115 个城市）劳动市场供求状况资料来看，第三产业所需的人数占总需求人数的 65％，第二产业仅占 33％。所以，第三产业对人才的需求亦最大，这是带动经济发展的动力所在。

从人才供应方面看，教育制度担当着一个十分重要的角色。国家已为人民提供普及的基础教育，小学及初中的毛入学率均达 9 成以上。而下一个关卡，就在"初中升高中"的阶段，2003 年的毛入学率只有 43.8％，而更严峻的是超过 8 成的适龄青年未能争取获得高等教育的机会。在 2001 年，中国的总教育开支是 4638 亿元人民币，到 2002 年，国家投放在教育的资源已经增加到 5480 亿元人民币，增幅十分可观。但若要大幅度扩大高中和高校的学额，必然涉及极其庞大的国家财政支出。

从人力供求的整体情况看，2003 年主要城市求职人数超过 400 万，而招聘的总数只有 380 万。情况是否就一定是人浮于事，人才供应过剩呢？

细看按文化程度的供求资料，我们不难发现，人才供不应求出现在最高教育程度的阶层。但现有的数据却未能充分反映人才供求的结构性失衡问题：拥有高学历而同时兼备工作所需的专业技能的员工其实十分稀缺，因而出现雇主找不到合适工作技能的员工的问题，形成求过于供，甚至人力资源错配的现象。目前，中国第三产业的人力结构只适应传统服务性行业的需要，知识密集型的高科技产业难以获得重大突破。

人力结构失衡的情况最近亦受到相当多的关注。教育部"中国教育与人力资源问题报告课题组"发表的《从人口大国迈向人力资源强国》研究报告指出，劳动人口文化素质总体构成偏低，第三产业从业人员文化程度结构不平衡，专业配置不够合理，与产业的升级换代和结构调整不相吻合；各行业、职业从业人员素质较差、竞争力不强；城乡、地区之间劳动力文化素质存在巨大反差。全国七亿多庞大的从业人员中，高层次人才稀缺。金融、保险、房地产是市场需求旺盛的新兴行业，但在这些行业中，接受过本科以上高等教育的从业员人数偏少。在中国市场日益对外开放、跨国公司资本大量流入的今天，上述领域的人员的教育水平明显缺乏国际竞争力。

一言以蔽之，国内人力供求的状况，是供求失衡。经济全球化加速了第三产业的发展，固然令低学历的劳动力面临失业，但同时对部分高学历劳动力需求殷切。在目前教育制度下，人才供应明显未能配合经济发展，因而结构性人才短缺和过剩的矛盾现象不断出现。

### 四、继续教育可担当的角色

高等教育一直为国家提供高素质人才，国家亦在高等教育方面投放大量资源，目前高校总数达到 2110 所，每年共为国家培养近两千万名学生。

但是急速的经济增长和加快了的全球化步伐，令企业的结构和运作方式产生了巨大的变化。要适应这种变化，企业需要吸纳大量优质的、具有高学历及国际化视野的管理人才。普通的高等教育未必能够完全配合这个转变，若要改革本专科及以上程度的课程，需要国家投放大量资源，而高等教育转变速度亦会较为缓慢，效果将不会理想。而继续教育可以在这方面发挥到较大的作用。由民间兴办的继续教育，一方面对市场情况可以更有效地掌握；另一方面比国家办的高等教育更灵活，可根据人力市场需求的变化而作出快速和适当的调节。继续教育不像高等教育般背负着科研的巨大任务，不受种种条条框框的限制，具有更强的社会和市场触觉，能填补人力资源"供"与"求"之间的空隙。可以预见，国家经济的发展愈迅速，企业所需的知识和技术将会以更快的速度更新，普通高等教育的训练亦只能被视为最"基础"的本科训练，继续教育将可以为人才提供紧贴市场需求的"再培训"机会，使人才掌握较新的知识和技术，为经济做出更大的贡献。

参考其他经济发达国家的继续教育发展状况，我们大致可以归纳出几类继续教育可为现代国际化企业提供的培训，它们是：技术及职业的培训、机构及高级行政人员的培训、国际性专业教育及资格培训、学士及研究生的培训。

### 五、内地与香港经济上的融合

香港已回归祖国七年，但种种因以往体制之间的差异而出现的壁垒，使香港在经济上未能完全与内地融合。为促进内地和香港经济的发展，共享繁荣，两地于 2003 年签署了《内地与香港关于建立更紧密经贸关系的安排》（Closer Economic Partnership Arrangement，CEPA）（下称《安排》）。

《安排》以下列方向为目标：

（1）逐步减少或取消双方之间货物贸易的关税和非关税壁垒；

（2）逐步实现服务贸易自由化，减少或取消双方所有歧视性措施；

（3）促进贸易投资便利化。

在多轮的商议后，双方达成协议：

（1）两地产品互享零关税；

（2）26 个服务行业可在内地开业（但仍未包括教育服务）；

（3）香港居民可参加内地 30 项专业考试。

2003 年粤港联席会议达成了"粤主制造，港主服务"的共识，为两地经济发展形态定下明确的分工，使珠江三角洲有条件发展成居世界领导地位的制造业中心。2004 年内地九省及港澳（9＋2）签署了《泛珠三角合作框架协议》，加强泛珠区内各经济、文化领域的合作；其中值得注意的是"各地高等院校的教育资源应用的合作和人才交流"已列入协议之中。

### 六、内地与香港的合作——教育

全球经济一体化推动了内地与香港经济上的融合，打破了两地的壁垒，并在一定程度上鼓励人才的交流。可是要人才自由流动，教育制度的互相确认是一个不可或缺的先决条件。因此，国家教育部与香港教统局在 2004 年 7 月就高等教育学位证书的互认达成共识，确认两地认可院校的毕业生，可以申请对方的院校继续升学。要达成这一基础，双方院校均须保持信息交流和密切联系，并要根据两地法律和学制具体情况的发展，作出相应的学历评审专业判断。

### 七、加入 WTO 后的中国教育新机遇与全球化

中国入世后，知识型经济和全球网络两个新因素加速发展。知识是知识型经济的核心，而教育（特别是高等教育）带来知识的创新，知识成为一种资本，直接参与经济发展和增长，并摒除了地域、时差等障碍，通过全球网络而快速传播；与此同时，亦促进教育的相应发展。

教育机构在此环境下面临三种机遇：

（1）新知的传播。全球创新知识的价值将获提升，中国的知识分子可能将充当经济发展的主导力量和先锋阶层。

（2）新知的转化。高等教育作为新知的生产场所，除促进国际教育交流外，亦是将知识转化为生产力的大市场。

（3）新知的生产。凭借先进的科技—如互联网络的迅速发展—使知识的更新加快。

## 八、新 CEPA（Closer Educational Partnership Arrangement）：更紧密教育合作的安排

中国入世对教育带来深远的影响，特别在跨地区的教育合作上，将带来重大的发展。内地与香港互认学历为"共享教育资源"这一目标跨出了重要的一步，但这仍未足够。要迎接经济全球化的挑战，教育事业亦应迈向全球化，只有这样，才可使教育资源优化，提升国际化的水平；只有这样，才可使我们的教育事业不致陷于激烈的竞争中，落后于其他先进国家。

我们需要认清，内地与香港的高等教育界也共同面对赶不上经济急速发展的问题，需要继续教育发挥其积极性和活力，填补中间的空隙。在经济和教育融合和协作的大背景下，继续教育界当可一起发挥来自民间的力量，调动市场的积极性，在国家政策的指导下，使教育资源国际化、优化和互相分享。

## 九、新 CEPA 的潜在力量

内地与香港教育更紧密合作之所以有美好的前景，主要是因为以下不容忽视的社会趋势：

（1）第三产业发展蓬勃，具备雄厚的经济实力和巨大的潜力。预计在未来的十年或二十年之内，第三产业将会是增长最迅速的产业类别，亦是带动区域，甚至世界经济的火车头。

（2）跨国和本地企业将会在中国这个全球最活跃的市场内拓展业务，各显所长。但不论企业的资金来源怎样，都需要一群高学历、高技术、具现代企业管理水平的专业人才，组成企业的骨干。

（3）这批骨干将会是在城市里突起的中产阶级。

（4）中产阶级需要不断更新知识和技术，以保持他们在企业的领导地位，而这群中产阶级也是不少莘莘学子学习的榜样，他们对优质高等和继续教育的需求将会有增无减。

## 十、内地院校可发挥的作用

内地的合作伙伴凭着在内地丰富的办学经验，了解地域或宏观经济发展的脉络，更了解本地区进修人士的继续教育需要。他们既有可供使用的教育硬件，也通晓当地的市场动态，可以省却香港合作伙伴不少的资源，做到了真正的互通有无，各展所长。

这个由内地院校和香港继续教育机构组成的 CEPA 新组合可达到以下具体目标：

（1）充分分享教育发展的经验；

（2）以灵活的教学管理模式合作兴办与国际接轨的课程；

（3）寻求推展正规教育与继续教育之多层次、多形式、多途径的平衡发展和配套。

### 十一、香港院校可发挥的作用

香港继续教育界累积了近 50 年的办学经验，由早期为成年人提供的工余兴趣性质、短期学习课程至现在每年为约一百五十万人提供各种程度、不同科目的国际认可的学历课程。

在香港这个高度竞争的环境中，若继续教育界要发挥其宗旨，服务本地劳动市场，不断地为劳动人口更新知识和技能，使其追上国际水平，就需要具备若干条件。在现时特区政府的教育政策下，继续教育机构必须以自负盈亏的方式运作，配以灵活的管理模式，并兼具以下特色：

（1）紧贴人力市场的发展和需求；

（2）不断引进来自国际的新理论和实践，并融入教材之中；

（3）拥有国际化教育合作的丰富经验；

（4）了解国情，使知识和技能"洋为中用"。

具备上述这些必要条件，香港继续教育界才可以建立起两地教育紧密合作的坚实基础。

### 十二、香港大学专业进修学院（HKU SPACE）简介

香港大学专业进修学院（以下简称"学院"）是香港大学的外展教学部门，前身为校外课程部，于 1956 年成立，自 1996 年起转为自负盈亏机构。报读持续教育课程的学生人次，由成立至今，已超过 150 万人。2003/2004 学年共有 105427 人次报读学院的持续教育课程（约相当于 17414 名全日制学生）。

学院提供适合不同学历程度的进修人士的课程，从不带学衔的短期课程至博士学位课程等，当中也包括为专业人士设计的高级行政人员专业技能提升课程。学院还与 59 所港外教育机构合作，引进优质的教材、丰富的教学经验和国际认可的学历，其中包括英国、加拿大、美国、澳大利亚及中国内地的重点大学。

与此同时，学院亦了解到与内地高等教育和继续教育界合作的重要性。自 2000 年开始与内地多所大学合作，开设了"公共行政管理""国际会计""整合营销""工商管理""人力资源管理"及"建筑业务及建筑程序"等课程。

在过去数年,我院分别:

——在广州与中山大学合作,成立"联合专业培训中心";

——在杭州与浙江大学合作,成立"高级管理项目中心";

——在珠海,与北京师范大学珠海分校合作,合办 2＋2 学士海外留学课程;

——在北京,与清华大学合作,成立"联合项目管理中心";

——在苏州,与苏州科技大学及高博教育成立"港大思培国际课程中心"合办 2＋2 海外留学课程,并联合申办"港大思培国际学院"。

## 十三、展　望

如前所述的几个教育合作项目只是内地与香港教育合作的一个开端。期望继续教育界充分发挥"社会办教育"的灵活性,在加强产学结合、订单式培训人才和提供适合国情的留学经验等方面为国家教育事业开创新路。

**参考资料:**

[1] 内地与香港关于建立更紧密经贸关系的安排(Closer Economic Partnership Arrangement). http://www.tid.gov.hk/tc_chi/cepa/fulltext.html.

[2] 香港大学专业进修学院 2004 年秋季课程手册. http://hkuspace.hku.hk.

[3] 香港贸易发展局. 泛珠三角经济区. http://panprd.tdctrade.com/chinese/.

[4] 中国劳动力市场信息网监测中心. 2004 年第三季度部分城市劳动市场供求状况分析.

[5] 中华人民共和国教育部. 社会力量办学条例. 1997 年.

[6] 中华人民共和国教育部. 2003 年全国教育事业发展统计公报. 2004 年 5 月 27 日.

[7] 中华人民共和国教育部"中国教育与人力资源问题报告课题组". 从人口大国迈向人力资源强国. 2003 年 1 月.

[8] 中华人民共和国劳动和社会保障部,中华人民共和国国家统计局. 2003 年度劳动和社会保障事业发展统计公报.

[9] 中华人民共和国统计局、财政部. 2003 年中国全国教育经费统计公报.

# 高校继续教育的专业化建设

上海交通大学　杨海兴　刘路喜

【作者简介】

　　杨海兴,男,上海交通大学原成人教育学院院长,教授,研究方向包括工程力学、高教管理、继续教育管理。

　　刘路喜,女,上海交通大学继续教育学院副院长,教授,研究方向包括英语应用语言学、高教管理、职业教育管理。

　　本文为2005年第六届海峡两岸暨港澳高校继续教育论坛收录论文。

近年来我国普通高校继续教育(含成人高等学历教育和各类培训)积极稳步发展,形成了多类型、多层次、多形式的办学体系(主要包括函授、夜大、成人脱产等成人高等学历教育、大学后继续教育和高等教育自学考试助学等非学历培训),培养了大批社会急需的应用型专门人才,推动了高等教育大众化进程,成为我国高等教育的重要组成部分和普通高等学校服务于社会的重要窗口。但是在发展的过程中,普通高等学校的继续教育在办学定位、规范管理、教育质量、管理体制和政策法规等方面还存在着一些突出和亟待解决的问题,如办学定位不清晰、办学行为不规范、教学投入不足等,特别是在专业化建设方面与时代的要求相差甚远。

在过去五年中,上海交通大学成人教育学院在实施继续教育的过程中探索了一条有特色的发展道路。今年学院制定了新的五年发展目标与战略,在未来的发展中将以专业化建设为重点,以专业、课程、队伍和实验基地作为重点建设的内容。

## 一、有特色的发展道路

体制创新,办学实体形成。2000年起上海交通大学将继续教育学院由学校的机关部门改革为直属办学实体。经过 5 年的实践,在原来较薄弱的基础上初步锻炼出一支懂管理、能开发的管理开发队伍。在加强兼职教师管理的同时,学院建设了由 25 名专任教师和 18 名双肩挑教师组成的教师队伍,其中教授 3 名,副教授 3 名,博士 10 名,海归 6 名;具有海外学习和访问经历的教师占总数的65%。明确了"小河喷涌,大河奔腾""竞争、创新、合作、奉献"的学院文化,极大地调动了全院教职员工把成人高等教育和继续教育作为"构建终身学习体系,建设和谐社会"伟大事业来做的积极性。

布局合理,办学层次提高。2001 年以来学院扩大成人高等教育规模,在发展夜大学的同时开设了全日制教育,开设 3 个全英语教学专业,招收港澳台学生,在校学生达到 1.1 万名。同时逐渐扩大继续教育规模,包括与国外大学合作的大学后课程(英语或汉语教学)、高级管理人员培训班、企业内训、考前辅导和全日制助学等,基本做到学历教育和非学历教育两翼齐飞。在办学布局合理的基础上,学院逐年提高成人高等教育和继续教育的层次,2005 年招收的本科层次(包括专升本和高升本)学生占招生总数的 82.2%,比 2000 年增加了 32 个百分点。

外延发展,凯旋校区落成。根据学校总体规划,学院在 2001 年和 2003 年分别在凯旋路 1726 号和 2088 号建设了现代化的多媒体教学大楼。整个校区用中央控制室集中控制网络、电话、闭路电视及监控等系统,还配有音视频、安全监视和防盗报警系统等智能化管理。铺设光缆接入校园网,并通过 4 路 ADSL 接入互联网。所有教室安装空调,教师用的计算机配有先进的屏幕手写功能,方便直接在屏幕上书写。良好的学习环境和一流的教育设施为提高成人教育质量提供了良好的物质保证。

品牌教育,卓越成效初现。学院多次组织教职员工开展教育思想大讨论,研究如何根据上海经济形势的新发展以及成人教育的特点及时调整教学计划、改革课程设置,强化教学过程管理,实施品牌教育。"大学英语"课程采用分级教学,强调培养学生的实际应用能力;"实用软件"课程的学习方式灵活,着重培养学生的综合能力,被评为"上海市精品课程";开设以培养"复合型"人才为目的的全英语授课"专升本"四个专业;引进国外先进课程、中外教师共同执教的国际合作教育;等等,为上海交通大学成人教育在海峡两岸暨港澳地区赢得了声誉。

以人为本,信息管理增效。学院于 21 世纪初建立了成人教育领域独立网站,经过互联网与学院内部网络的无缝连接,在学院内部、学生、学院和社会之间构建起一个完整的信息沟通体系,实现了"基于网络、面向学生"的全方位成人教育管理。学院自主开发的"教学管理信息系统"涵盖了从招生、教学计划编制、课表安排、成绩维护、学籍变动、毕业、教室调度等教务管理、教学管理和教学管理过程中的每个环节，"互联网操作系统""互联网教学信息查询系统"和"互联网教学评价系统"等为学生提供了全天候的教学服务，实现了课堂的全面延伸。

### 二、未来五年的发展目标与战略

#### 1. 总体发展目标

以建设与世界一流大学相匹配的成人高等教育和继续教育为己任，服务国家，造福民众，培养各类人才，建设和谐社会。到 2010 年基本建成"多层次、国际化、有特色"的高水平学院，为建成世界一流大学的成人教育学院打下坚实的基础。

#### 2. 学院发展战略

层次叠加战略。转变成人教育学院只能举办本、专科成人高等教育的固有观念，树立与世界一流大学相匹配的成人教育学院必须有高层次继续教育的观念。层次叠加战略要求在原来以本科为主的本、专科成人高等教育基础上，叠加一个专业广、类型多的高层次继续教育，满足社会对高层次继续教育的需求。叠加的高层次继续教育必须符合国家发展"第十一个五年规划"（2006—2010 年）的要求，符合上海科教兴市"致力于人的发展"的理念。为实施层次叠加战略，必须解放思想，勇于创新；必须克服社会偏见，树立正确理念；必须积极参与竞争，满足市场需求；必须有选择地分步展开，用五年时间实现叠加战略。

特色教育战略。随着普通全日制高等教育招生规模的不断扩大，中国许多高校的成人教育无法使用学校教学资源，只能走外延发展、利用社会资源办学之路。但上海 2000 年的收费标准是依据可以利用学校教学资源的边际效应制定的，学费约为网络教育的二分之一。由于投入少的原因，我们无法全面实施品牌教育，但又必须提高继续教育的质量，只能实施"有所为有所不为"的特色教育战略。学院教育的第一特色是根据上海国际大都市的要求，注重培养英语能力强的复合型专业人才，主要通过扩大全英语授课专业的数量、范围和质量来实现；第二特色是根据上海科教兴市的要求，注重提高学生的综合素质、实践能力和创新精神；第三特色是根据成人教育学生的不同水平开展针对性的教育，注重研究成人学生不同的生活经历、不同的职业背景、不同的生存境遇和不同的发展需求对成人教育的影响。

国际合作战略。鼓励教职员工参与国际合作与交流。大力发展全英语授课对外国在沪公民继续教育，特别注意多招收欧美国家的学生。启动与国际知名大学合作举办双学位成人"专升本"教育，实施全英语教学，符合条件者颁发我校成人高等教育学士学位证书和外国普通高等教育学士学位证书。积极联系国外大学，实施学院学生与国外大学生的双向学习交流。继续积极开展与国外知名大学合作的大学后继续教育。努力开拓与学校兄弟院系联手的国际合作办学项目，由兄弟院系和国外高校负责教师教学，由我院负责招生、教学管理和辅导，以减轻在"十一五"期间搬迁至闵行校区的兄弟院系的管理压力。

人才建设战略。设置"本科专业建设责任"教授或副教授岗位，要求该岗位的教师把大部分精力和时间投入到教学工作中，并对教学改革、教学建设、教学质量负全面责任。努力增加掌握专业前沿、熟悉成人教育、能用英文授课的高水平教师，明显改善学院专任师资队伍的学术背景和层次。采取"引进和培养相结合"的模式培养教师，鼓励专任教师在完成教学任务之余，在其他相关行业兼职锻炼，使教学与实践相结合。每年派出一定数量的教师到国内外大学接受与专业相关的短期培训；培训归来的教师有义务承担相应的教学任务。每年派出一定数量的管理开发人员出访，学习国内外先进的管理理念和办学思想，了解先进教学内容的合理组合，设计符合时代需求、人们乐意学习的优秀课程。设计合理的激励机制，给予通过努力脱颖而出的各类人才奖励；设计"立交桥"，鼓励各类人才正常流动，使每类人才都有职业生涯的发展前景。

### 三、重点建设内容

为了培养德、智、体、美全面发展，知识、能力、素质协调统一、具有"实用、复合、开放"特征的应用型人才，在未来的五年（2006—2010年），学院将以专业化建设为重点，重点抓好专业建设、课程建设、队伍建设和实验基地建设。

专业建设主要偏重于建设若干全英语教学专业、若干热门专业、若干精品工科专业和若干有影响的医科专业。以全英语教学专业为例，要不断根据上海国际大都市的需要扩大专业范围，包括经济管理类的工商管理、金融学、电子商务与信息管理、国际商务和国际营销管理以及理工类的信息管理与信息系统等；要拓展学习形式，由脱产班延伸至夜大学；要认真完善全英语教学专业的课程体系；要精心总结全英语教学的经验和教训，在成人高等教育培养复合型专业人才方面办出特色。

课程建设以大学英语课程、应用数学类课程、经济管理类课程、实用计算机类课程、医学类课程和网上学习课程为主。其中大学英语课程要总结2005年春入学的学生英语分级教学的经验和教训，不断完善课程设置、内容和教学基本要求，开发"大学英语视听说综合测评系统"，采用自主学习、课堂教学和实践运用相结合的方式，培养学生的听、说、读、写综合应用能力。网上学习课程以夜大学为主，选择适宜自学、便于减少夜大学学生来校面授次数的课程作为首选。

队伍建设重点方向是专业主任队伍年轻化、专任教师队伍国际化、管理骨干队伍专业化、一般管理队伍职业化和后勤保障队伍社会化。例如专任教师队伍国际化,要面向海内外招聘掌握专业前沿知识、具有丰富教学经验、熟悉成人高等教育特点、能用英文授课的高水平教学带头人。每年选送骨干教师前往国外大学,进修专业和提高英语水平,培养能用全英语授课的教师,扩大能够胜任国际合作教育和高层次继续教育的教师数量,到 2010 年上述两类教师数量之和应占专任教师总数的 50%,以满足全英语教学、国际合作教育和高层次继续教育的需要。

实验基地建设是在充分利用闵行校区的教育技术中心及相关院系的实验室的基础上开展的。但考虑闵行校区较远,有必要在徐汇校区着手建设学院的实验室,将已有的实验设备进行整合、完善,并且积极准备建立经济管理类实验室和开辟学院的社会实验(实习)基地。同时也要努力创造条件让学生参加社会实践,这不仅有利于增强学生的实践性教育,而且有利于学生毕业后的就业。

作为继续教育工作者,我们将继续贯彻"巩固、深化、提高、发展"八字方针,坚持"教育以育人为本,以学生为主体,办学以人才为本,以教师为主体"的理念,从严治教,规范管理,努力办人民满意的成人高等教育和继续教育,服务社会,培养人才,造福民众,和谐社会。

**参考文献:**

[1] 杨海兴.解放思想 深化改革 迎接挑战 为促进高校继续教育发展而奋斗[J].理工成人高教,2004(1):37-40.

[2] 杨海兴.培养人才 服务社会 构建终身教育体系[J].理工成人高教,2004(2):3-6.

[3] 杨海兴,刘路喜,阮林涛.改革体制 开拓品牌 进一步发展高校继续教育[J].继续教育,2005(1):7-9.

[4] 杨海兴,刘路喜,阮林涛.经济发展中的高校成人教育创新[C].成人教育创新与学习型社会建设论坛,2005-4:3-8.

[5] 杨海兴,刘路喜.成人高等教育和继续教育的建设和发展[C].全国高校继续教育学会年会论文集,2005-8:47-51.

# 继续教育的转型创新与专业化道路选择

北京大学 张玫玫

【作者简介】

张玫玫,女,北京大学继续教育学院教学研究办公室主任,法学硕士,副研究员。曾任北京大学继续教育部培训办公室工作副主任、自考办副主任,北京大学培训中心主持工作副主任,长期从事继续教育管理工作,研究方向包括继续教育课程研发、战略管理等。

本文为2005年第六届海峡两岸暨港澳高校继续教育论坛收录论文。

## 一、机遇与挑战:继续教育发展的内外环境

"继续教育"与"成人教育"是两个互相联系而又有区别的概念。从内涵来说,"成人教育"远比"继续教育"宽泛,"继续教育"是"成人教育"中层次比较高的那一部分。由于历史原因,长期以来普通高校的继续教育以成人高等学历教育为主,在形式上包括成人脱产、函授、夜大、远程教育等。高等教育大众化和知识经济的来临,向以成人高等学历教育为主的模式提出了严峻挑战,同时也给继续教育带来了难得的发展机遇。

(一)外部环境的变化对继续教育的发展提出了更高要求

随着高等教育大众化时代的来临,成人高等学历教育的市场需求减少。近几年来,普通高校大幅扩招,民办高等教育迅猛发展,独立学院异军突起,全国普通高考录取率由1998年的31%迅速提高到2003年的60%以上,有的地区甚至超过70%。在这三股力量的冲击之下,成人高等学历教育的生源日益减少。一流大学如果继续将优质的教育资源投入到日渐萎缩的成人高等学历教育上,无论是对学校还是对社会,都将是极大的浪费。

随着知识经济初露端倪,终身教育、继续教育、学习型社会理念深入人心,社

会对高层次继续教育需求增大。如今，终身学习、建立学习型组织不再是空泛的概念，而是正在变为可操作的实践。许多党政机构和企事业组织的领导人意识到，组织唯一持久的优势，就是具备比竞争对手学习得更快的能力，"爱学才会赢"。这些具有远见卓识的领导人把高端培训的眼光投向了国内一流大学，寄希望通过名校巨大的品牌感召力、优秀的师资队伍、良好的校园氛围来为其培训高层次领军人才和骨干精英。各省(区市)负责领导干部和人才管理工作的机构，近年来纷纷与北大联系，希望北大能够与其长期合作，建立长期的人才培训基地，对其省(部)、地(厅)、县(处)领导进行系统培训。如贵州省委、省政府为了推进贵州经济社会发展的历史性跨越，提出了对干部"大教育、大培训、大提高"的要求，有计划地对厅级干部、处级以上干部进行培训。

（二）继续教育在大学事业的发展中日益受到重视

从理论上说，继续教育是大学事业的重要组成部分，但就其客观而言，继续教育长期以来在学校事业发展中处于极为边缘的地位，学校内部对开展继续教育一直持争议态度。他们认为大学的主体在于本科生教育与研究生教育，在于开展科学研究，而开展继续教育可能会冲击到大学的教学、科研。但近年来，继续教育在学校日益受到重视，继续教育正从教育事业的边缘慢慢向中心靠近。学校逐渐认识到，继续教育是大学服务社会的重要窗口，是社会了解大学的重要渠道。通过开展继续教育，大学不仅将先进文化传播给当代中国社会各个层面的精英人物，更重要的是传播了大学的办学理念和大学的人文精神，使社会对大学的使命有了切身的认识和了解，从而给学校带来一定的社会效益。

大学通过市场运作开展继续教育，取得经济效益，本身就是知识经济的一个重要体现。通过知识的创造、传播和应用，为社会培训高素质的人才，对大学来说，这也是利用自身优势获得办学经费来源的一个重要渠道。开展继续教育，无论是社会效益，还是经济效益，都具有极为重要的意义。继续教育也因此在大学内部日益受到重视。2004 年 12 月，北京大学召开继续教育工作会议，举全校之力共商北京大学继续教育的改革发展大计，提出大力发展"高层次、高水平、高质量、高效益和高品位"的继续教育，随后又进行一系列的改革和调整。

上述内外环境的变化对大学继续教育的发展既提出了更高的要求，同时也提供了难得的发展机遇。

**二、转型与创新：继续教育发展的不竭动力**

内外环境的变化，使继续教育正承载着来自大学与社会更大的双重压力。在这种背景下，一流大学的继续教育从学历教育向非学历的培训、从低端人才培训向高端人才培训战略转型就显得尤为迫切和必要。继续教育的转型和创新，构成了一流大学继续教育可持续发展的不竭动力。

（一）转　型

一流大学继续教育具备转型的条件和可能：

（1）一流大学具有强大的品牌感召力。市场经济时代品牌的感召力无疑具有重要的意义，它给人带来的是荣誉感和自豪感。像北大、清华等这样的国内名校，一直是国人向往的地方。一些社会精英把参加一流大学的培训当作是"圆梦"之举。同样，一些其他高校的优秀教师、政府机关和企事业组织的成功人士也把登上名校的讲坛作为一种荣耀。一流大学在吸引优秀生源和优秀师资方面具有其他高校不可比拟的优势。

（2）一流大学具有雄厚的学科基础。美国著名高等教育学家伯顿·克拉克（1988：119）认为，高等教育系统是由生产知识的群体构成的学术组织，以高深知识为核心是高等教育系统的本质特征，这一门门的知识就被称作为"学科"。因此，学科就是高深知识的积累，一流大学往往是实力雄厚的综合性大学，学科门类齐全。而高层次的研修、培训，提供的课程体系不再是单一的某个学科甚至某个专业，而是跨学科的、综合性的培训，需要涵盖政治学、哲学、经济学、管理学、法学、社会学、人文、艺术等学科门类，在这方面，只有一流大学才有条件构建出这样的课程体系。

（3）一流大学具有一流的师资队伍。一流的师资队伍是开展高层次培训的关键，离开了名师的精彩讲解，课程设计再好也无济于事。一流大学大师云集，名家荟萃，顶尖级的学者给顶尖级的学员上课，才是真正的人尽其才。

（4）一流大学具有良好的校园氛围。良好的校园氛围不仅包括了良好的学风、校风，更重要的每天能够提供各种各样精彩的、前沿的学术讲座。对于参加高层培训的学员来说，他们在一流大学感受最深的，是研修期间自由地参加了校园内的学术讲座，这些讲座不仅弥补了课程体系的不足，更重要的是使他们呼吸到自由的新鲜空气，感受到时代发展的脉搏。

无论是品牌，还是学科、师资、氛围等方面，一流大学开展继续教育都具备向高端培训转型的条件和优势。只有利用好、发展好自身的优势，满足并不断开发高端培训市场，满足社会对高素质人才的需求，一流大学才算真正在行使自己为社会培养各个层面精英人才的使命。

（二）创　新

创新是继续教育可持续发展的永恒主题。面对新的机遇和挑战，继续教育只有持续不断地创新，才能满足灵活多变的高端培训市场的需求，才能实现继续教育与社会政治、经济的和谐发展。继续教育的创新应该包括运行机制创新、合作模式创新和市场开发创新等三个方面。

(1)运行机制创新。运行机制创新主要是指大学开展继续教育的主体机构,其运作要改变以往大学作为事业单位的运行模式,在资源投入、管理制度、团队建设等方面引入市场运作机制,增强自身开发市场和课程以及提高管理服务的能力。

(2)合作模式创新。合作模式创新主要包括与政府、企业建立良好的合作关系,同时加强国际合作,开发继续教育的国际市场。在合作模式上,北大近年来提出"与政府合作建基地,与企业联手做高端,与国际合作多渠道"的战略。

(3)市场开发创新。市场开发创新主要包括通过采取一系列措施塑造培训品牌,在传统培训市场之外寻求新的增长点。

一流大学继续教育转型的过程,也是一个不断创新的过程;不仅要适应高端培训市场的需要,更要挖掘和引领高端培训市场的需求。因此,要成功实现继续教育的转型和创新,专业化的途径就成为一流大学继续教育发展的必然选择。

### 三、方法与途径:专业化的必然选择

所谓继续教育的专业化发展,是指改变过去那种分散、缺乏制度化与规范化的办学模式,建立制度完备、管理科学、操作专业的办学系统。"专业化"是一种发展的方法和途径,目的在于推动一流大学继续教育的转型和创新,实现继续教育的可持续的和谐发展。继续教育的专业化主要包括以下六个方面。

#### 1. 专业化的理论研究

理论研究是实践的先导,对于继续教育的发展有着十分重要的意义。目前继续教育方面的研究著作相对比较少,且理论性不强,研究者主要是教育学方面的专家学者,从事继续教育实践工作的则比较少。应该积极鼓励相关管理人员结合工作的实际开展理论研究,比如组织相关人员申报继续教育的研究课题。行政管理人员开展理论研究,有利于他们更好地把握继续教育的发展前沿动态和前进方向,提升自身的理论水平,增强开拓继续教育市场的能力。

在这方面,北京大学配合自身改革发展的需要,组织教育学的有关专家以及职能部门的管理人员组成专门的团队,共同申报北京市继续教育的课题研究,目前课题"高端培训与一流大学继续教育的转型创新"已经得到北京市教委批准。2004年申请的北京大学课题"与时俱进,重点发展高层次继续教育,构建继续教育新体系"获北京大学教学成果一等奖。此外,我们还自行组织人员开展"国内高端培训市场调研分析""继续教育的国际比较研究""全球化视野下的继续教

育"等课题的研究。

### 2. 专业化的团队建设

专业化的团队建设是继续教育运行机制创新的一个重要组成部分。从管理机构的设置，到人员的招聘、考核、管理等，一支高素质、高效率的专业化团队是一流大学继续教育转型、创新的组织保证。一流大学的良好声誉和良好的工作环境，加上继续教育良好的发展前景，很容易吸引到一批学历层次高、基本素质好的人才。但是，人才的进一步发展也有一定的规律和过程。继续教育本身就是一个教育、培训人的工作，在团队建设和人才培养方面，从事继续教育的主体机构有着天然的优势。

继续教育是构建学习型社会的重要途径。从事继续教育的机构不仅是推动学习型社会、学习型组织建立的重要力量，而且也应该是学习型组织的亲身实践者。继续教育机构开出的培训课程，要有益于社会，就必须首先有益于自己的员工，不断提高员工的专业化素质，让员工的个人成长与继续教育事业的发展有机结合，从而使自身成为学习型组织的典范。

### 3. 专业化的师资建设

师资队伍是开展继续教育的关键。一流大学开展继续教育的师资队伍，主要来源于大学内部，但又不完全局限于大学内部。师资队伍的构成要真正体现兼容并包的精神和海纳百川的气度。大学内部除了一些优秀的在职教师之外，还有一大批教学经验丰富、颇具造诣的退休教授。他们热心教育事业，常常把与高水平、高素质学员之间的交流互动当作是自己学术生命的延伸，因为在与这些高水平学员的交流中他自身也得到启迪。

其他高校的优秀教师、来自政府机关的决策者以及执行者，以及来自各个行业的精英都可以成为继续教育主讲教师的来源。特别是聘请来自政府机关和各个行业的主讲教师，他们不仅拥有渊博的学识、很强的理论素养，而且更具有丰富的实践经验，所讲课程具有很强的针对性。让他们给高水平的学员上课，对于启发学员的智慧、拓展学员的视野都很有益处。此外，来自港、澳、台以及国际上的一些优秀教师和成功人士都可以吸纳为高端培训的师资。

作为专门的继续教育机构，在师资队伍的建设上，一定要对教师倾注感情和心血，让他们感到自身的价值和意义。同时，在课堂之外要创造机会让他们跟学员多多交流，以使他们的课堂讲授更具有针对性。在这方面，北大有着成功的经验，比如每到教师节的时候通过各种渠道和形式慰问主讲教师，平常的时候多与教师交流；邀请一些主讲教师与学员联谊、座谈等。

### 4. 专业化的市场开发

一流大学继续教育的发展有自身的战略定位。在北京大学继续教育工作会议上,学校提出,北大的继续教育应该定位在"高水平、高层次、高效益,并且要有学科综合与渗透的特点,要有国际化的特点;必须创名牌,有特色"等方面,进而提出"努力把北京大学的继续教育办成高校师资和高级公务人员、高级商务人员、高级技术人员的重要培训基地"。在这样清晰、明确的战略定位下,北大培训中心成立了专门的市场开发部,有目的、有计划、有针对性地开发党务系统、政府机关、企业、高校等高端市场,取得了良好的成效。北京、广东、贵州、浙江、江苏、新疆、黑龙江、内蒙古等省(区市)政府机关,以及中国人保、中国人寿、中国再保险、中国工商银行、中国移动等大型企业都是北大的长期客户。

### 5. 专业化的课程设计

高层次非学历培训,对于教学内容也提出了更高的要求。参加高层次培训的学员大多已经是某个岗位的重要领导,或某个行业的专家,他们参加培训的目的是希望在更大层面上开拓自身的视野、改善已有的知识结构。因此,课程应该在体现前沿性的同时,注重综合性和跨学科性。比如,前不久在北京大学结束的"江苏省首期'五个一批'人才高级研修班"中,近 40 名学员大多数是教授、博士、高级记者、高级编辑、一级作家、一级美术师,41% 以上具有硕士以上学位,72% 以上具有副高级以上职称,中共江苏省委宣传部希望通过在北大的培训,为他们培养宣传文化系统的领军人才。针对这个特点,北大为他们设计了政治学、哲学、经济学、管理学、法学、文学、艺术等学科的课程。

在课程设计上,北大培训中心主动邀请主讲教师一起设计开发课程,主要体现在:第一,根据新形势开发新的课程模块,如"科学发展观""和谐社会""先进性教育与提高党的执政能力""和平崛起的中国经济"等课程模块;第二,开设体现北大独有优势的课程,如北大梁柱教授的"毛泽东的执政观与保持党的先进性"、宁骚教授的"当代中国重大政治问题研究"、叶朗教授的"现代美学的意蕴"等;第三,将专业性很强的课程开发为适应高层次培训的课程,如程郁缀教授给学校本科生和研究生主讲的"中国古代友道观"和"唐诗鉴赏"两门课程,在高层培训中则开发为"中国古代友道观与现代人际关系""唐诗鉴赏与领导人文素养的提升",深受学员欢迎。

### 6. 专业化的教学管理

在教学管理方面,需要一套专业的、规范的工作流程来保障。整个教学管理工作可以包括四个方面,即前期准备工作、全套管理服务工作、全程质量监控、后期教学评估工作等。其中,"前期准备工作"是基础,主要包括联系师资、安排课表、确定场地等;"全套管理服务工作"是重点,主要包括在教学过程中及时与教师和学员做好沟通工作,倾听教师、学员对教学的意见,做好日常的管理服务工作;"全程质量监控"是关键,在教学过程中要随时监控教学质量,及时在教师和学员中回馈双方的意见;"后期教学评估工作"主要包括对全体学员做课程设计和教师讲授的问卷调查,并根据调查分析结果及时对培训班的整体教学质量做全面的评估,最后撰写书面评估报告。

## 四、结　语

知识经济时代,谁掌握了足够的智力资源,谁就掌握了社会发展的舵。如果说,高等教育机构已从社会发展的边缘逐步走向了社会大舞台的中心,那么,继续教育在今天也开始向高等教育事业的中心舞台靠近。专业化的理论研究、专业化的团队建设、专业化的师资建设、专业化的市场开发、专业化的课程设计以及专业化的教学管理,走专业化的发展道路,是一流大学继续教育转型、创新的必然选择。

**参考文献:**

[1] [美]伯顿·克拉克.高等教育新论——多学科的研究[M].杭州:浙江教育出版社,1988.

[2] 陈晋南.终身教育、继续教育和远程教育[J].继续教育,2002(6):4-6.

[3] 高进,赵霖平,范克危.对继续教育产业化的几点思考[J].中国农业教育,2001(1):42-43.

[4] 舒念红.继续教育在研究型大学中的定位和作用[J].宁波大学学报(教育科学版),2005(4):60-61.

[5] 夏维忠.加强继续教育的理论研究[J].山西成人教育,1998(5):60-61.

[6] 张护玺.论成人教育的创新发展[J].中国成人教育,2005(5):12-13.

[7] 张慕洁,林一清,李秉治.高等教育普及化与继续教育专业化几个相关现象[J].中医教育,1999(1):25-26.

# 架起继续教育研究及交流的桥梁
## ——HKU SPACE 研究中心的理念与实践

香港大学　杨健明　张伟远

【作者简介】

杨健明,男,教授,香港大学专业进修学院前任院长,现任香港管理学院院长,《国际持续教育及终身学习》期刊主编,研究方向为高等教育、继续教育、终身学习。

张伟远,男,首席研究员,香港大学专业进修学院持续教育及终身学习研究中心总监,网络教学中心总监,《国际持续教育及终身学习》期刊主编,研究方向为远程教育、网络教学、继续教育、终身学习。

本文为 2007 年第八届海峡两岸暨港澳高校继续教育论坛收录论文。

## 一、HKU SPACE 简介

香港大学(简称港大)创立于 1911 年,是香港历史最悠久的大学,也是国际上享有盛名的一所综合性高校,香港大学专业进修学院(英文缩写简称 HKU SPACE)是香港大学最大的学院之一。HKU SPACE 的使命是:为社会不断开拓终身学习机会,为香港及邻近地区提供教育服务,致力成为专业和继续教育领域国际一流的卓越中心。HKU SPACE 的管理架构由三方面组成:香港大学管辖下的学院董事局管理学院的一切事务,委员来自香港大学以及社会各界人士;香港大学教务委员会通过继续专业教育及终身学习委员会制定、批核及监察学院的学术事务及课程;此外,学院还成立了顾问委员会,由社会各界代表组成。HKU SPACE 自成立以来,学生人数持续增长,已经有 150 多万人次报读了学院的课程,目前已经发展成全球规模最大的继续教育机构之一。

HKU SPACE 下设三个学院:金融商业学院、人文及法律学院、生命科学及

科技学院。另有三个隶属学院:香港大学专业进修附属学院、香港大学专业进修
学院保良局书院、香港大学数码港学院。学院下设八个中心:国际学位课程中
心、高级行政课程中心、企业培训中心、语言课程中心、物流及运输课程中心、继
续教育及终身学习研究中心、创作及演艺中心(筹备中)、长者学习中心(筹备
中)。除了本部外,学院设有 13 个教学中心,全职员工 800 多名,兼职教师 2000
多名,开办的博士、硕士、学士、副学士、文凭、证书专业达 43 个,开设课程超过
1000 门,每年入学人次超过 11 万(杨健明,2007)。另外,学院在内地还设有港
大思培科技职业学院、广州联合专业培训中心、北京联合项目管理中心、浙江高
级管理项目中心。

### 二、HKU SPACE 的国际教育合作

在继续教育的跨境合作中,HKU SPACE 一直走在国际的前沿。自 1985
年起,香港大学校外课程部(学院的前身)就与境外大学合办学位课程,最早开办
的有中医药学、护理学及营养学。至今,HKU SPACE 已经建立了庞大的国际
教育网络,目前与香港本地、我国内地以及英国、美国、澳大利亚等地共 62 个学
术教育机构合作,开拓了大量的合作课程(李正仪,2007)。

HKU SPACE 根据本地的需要,从英国、美国、澳大利亚、日本的高校输入
的课程是多层次的,从证书一直到博士课程,仅今年开设的专业就达 66 个,让香
港的人士可以不脱离工作岗位就能攻读外国大学的学历和非学历课程。自
1999 年开始,HKU SPACE 注重与内地高等院校的合作,根据香港的教育市场
需要,引进内地的优质课程,包括中医学、体育教育训练学、中国法学、中国民商
法等。同时根据内地的教育市场需要,输出香港的优质课程,在北京、广州、杭州
及苏州等地设立教学中心,提供市场营销、国际会计、运输及物流、商业信息技
术、公共关系等课程,深受内地管理人员和学生的欢迎。

### 三、研究中心的目标及任务

随着全球经济一体化的发展,教育全球化也成为教育发展的未来趋势。在
这种形势下,香港大学专业进修学院充分认识到研究的重要性,认识到建立继续
教育和终身学习社会及国际交流平台的重要性,于是,学院于 2007 年 9 月在学
院内正式建立"继续教育和终身学习研究中心",中心旨在通过研究促进继续教
育和终身学习的发展,通过建立国际信息和交流平台共享研究成果,通过促进国
际继续教育的合作和联合,共同面对全球教育一体化带来的机遇和挑战。

继续教育和终身学习研究中心首先确定了使命、宗旨及主要任务。中心的
使命是致力成为继续教育及终身学习研究的卓越部门,通过继续教育及终身学

习的研究活动和国际学术交流,支持和加强香港大学专业进修学院作为一所国际级继续教育和终身学习机构的国际地位。研究中心的宗旨包括六个方面:从事优质的继续教育和终身学习的学术和应用研究;增强学院内和国际继续教育和终身学习的研究合作;建立继续教育和终身学习的信息和交流的国际平台;组织继续教育和终身学习的学术活动,出版学术刊物;提供学院内的继续教育和终身学习的研究培训;形成学院内继续教育和终身学习的研究文化。

研究中心的主要任务有九个方面:从事继续教育及终身学习的研究,包括学院的、香港的、内地的、亚洲的以及国际的层面;开发继续教育及终身学习的信息和学术交流的国际网络平台;提供教育机构、政府部门以及国际组织的顾问服务;出版《国际持续教育及终身学习》期刊、学院电子通讯、学院研究项目报告以及中心通讯;承办或合办继续教育及终身学习的会议、论坛、讲座、研讨会以及讨论会等;组织学院内部的教育研究培训班和为员工提供教育研究设计、方法、数据分析及论文发表方面的专业咨询;管理和监察学院内部资助的研究项目;接待国际组织和境外继续教育机构的代表团和访问学者;通过国际会议、研讨会、讨论会、讲座、座谈会等途径,发表研究成果及推广学院的办学经验。

### 四、研究中心的管理架构

研究中心的管理架构有三层。最高层是国际顾问委员会。国际顾问委员会由在继续教育及终身学习领域中享有盛名的政府官员、学者及专家所组成,成员来自世界各个地区。委员会成员为中心的工作和发展重点提供专业意见及指导,并担任中心主办的《国际持续教育及终身学习》期刊的专家委员会成员。

第二层是规划和发展小组。学院院长担任小组的自然组长,组员包括三位学院的高层领导代表,秘书由研究中心的总监担任。规划和发展小组的主要职责是对研究中心的工作计划和未来发展作出决策。

第三层是中心成员。中心正式成员共有 11 位,分别是中心首席顾问、总监兼首席研究员、高级研究及发展主任、研究统筹主任、高级研究员、副研究员、统计分析员、高级业务发展副主任、业务发展主任以及两名行政助理。除了正式成员以外,研究中心聘请本院学术人员以协作研究员的身份参与中心的研究项目和研究活动。另外,研究中心聘请本地和境外的学术人员以客座研究员的身份参与中心的研究项目和研究活动。

### 五、建成信息和交流的平台

为了促进国际继续教育及终身学习的信息和学术交流,我们努力使中心的网络平台成为国际信息交流的中心,致力架起学院、香港、内地以及国际继续教育及终身学习信息交流的桥梁。

在学院的层面上,中心网站设立"学院员工研究成果"专栏,这栏目下面又分为两部分内容:一是学院员工自 2006 年以来发表的继续教育和终身学习领域的研究成果的资料库,包括研讨会主题报告、公共讲座、著作、学术期刊论文、学术会议论文、报刊文章等。二是学院资助的研究项目,学院的学术人员可以申请学院内部的研究项目资助,由申请者提供研究计划书,由学院领导、本院专家以及聘请的院外专家组成的研究委员会评审,每项研究最多可以获得 10 万港元的研究资助。通过学院员工研究成果专栏,支持学院的学术人员与与外界同行进行研究成果的交流。

在香港的层面上,中心网站设立"香港的继续教育"专栏。这一专栏下分两部分内容。一是香港继续教育概况,介绍香港继续教育的现状及最新发展。二是香港继续教育及终身学习发展历程大事记,记载从 1956 年至现在的香港继续教育和终身学习的政府文件、机构建立、新的发展等文献,以帮助境外机构和同行了解香港的继续教育及终身学习。

在内地以及国际交流的层面上,中心网站设立"参考资源"专栏,包括与继续教育及终身学习相关的国际组织、继续教育及终身学习研究机构、继续教育及终身学习协会、继续教育及终身学习学术期刊、继续教育及终身学习研讨会最新信息、开放教育资源等。中心网站是中英文的,中文又包括繁体字和简体字版本,中心人员担任网站内容的翻译工作,这样能为中文和英文的使用者架起学术交流的桥梁。

研究中心还出版不同的刊物以加强持续教育及终身学习的学术交流,包括正在筹备的《国际持续教育及终身学习》(半年刊)期刊,并计划中文文章提供英文文摘,英文文章提供中文文摘,以帮助内地和国外学者的交流。中心还出版《学院电子通讯》(月刊)、《学院研究项目报告》以及《研究中心通讯》。

## 六、从事研究和学术活动

研究中心从事学院的、香港的、内地的、国际的四个层面的持续教育及终身学习研究。一是学院内部的研究项目,如学院的毕业生调查、继续教育机构评价指标的研究、学院学术人员继续教育及终身学习研究成果资料库等。二是香港继续教育及终身学习的研究,如香港继续教育的需求调查、香港继续教育机构的社会形象调查、香港跨境继续教育的研究、香港继续教育的政策研究等。三是内地继续教育及终身学习的研究,如继续教育跨境合作办学的研究、终身教育政策及法规的研究等。四是国际继续教育及终身学习研究,如国际上继续教育成功机构的案例分析,巨型继续教育机构的行政管理、教学过程、评价模式的比较研究等。

　　研究中心计划组织一系列的学术交流活动。一是研讨会。旨在为学术人员提供传递和共享继续教育及终身学习的研究成果的途径。二是工作坊。研究中心为境外管理干部和学术人员举办或合办有关继续教育及终身学习的研修班,也为学院内部的职员提供网上学习、教育研究技能方面的工作坊。三是讨论会。研究中心组织以在读教育博士的学院职员为主的讨论会,分享博士生学习和研究经验,征求专业人员及同事对自己的研究课题的反馈意见及建议。四是公开讲座。研究中心邀请持续教育及终身学习的知名专家为学院的人士和香港的同人作公开讲座。五是国际会议,研究中心承办或协办持续教育及终身学院有关的学术会议或论坛,如研究中心协办的"2007 年国际远程教育高端论坛"。

## 七、结　论

　　香港大学专业进修学院在继续教育课程的国际合作中,已经积累了二十多年的经验,通过与内地和国际上著名高校的"强强联合",获得了"双赢"甚至"多赢"的良好成效。随着全球经济一体化时代的到来,教育全球化必然成为教育发展的未来趋势,继续教育及终身学习机构的研究及国际交流将日趋重要。为此,我们希望,HKU SPACE 研究中心的建立,能为海峡两岸暨港澳地区和国外的继续教育机构架起一座学术交流的桥梁,能够为继续教育及终身学习的国际交流提供服务的平台,能够支持和促进国际继续教育及终身学习的学术发展,要达到这一目标,我们希望得到同行机构的大力支持。

**参考文献:**

[1] 李正仪.教育的国际化:HKU SPACE 的理念与实践[G]//郑学益.继续教育在学习型社会的创新与发展.北京:北京大学出版社,2007:202-208.

[2] 香港大学专业进修学院.http://www.hkuspace.hku.hk/.

[3] 杨健明.香港大学继续教育的创新与实践[R].乌鲁木齐:2007 年全国高校继续教育学术年会主题报告,2007-7:13-14.

# 海峡两岸暨港澳地区
# 高等继续教育交流与合作的探索

中山大学　陈金华　梁征宇

【作者简介】
　　陈金华，男，中山大学成人教育管理处处长，公共卫生学院教授，研究方向为公共卫生管理、高校继续教育等。
　　梁征宇，男，中山大学成人教育管理处科长，助理研究员，研究方向为高校继续教育。
　　本文为 2007 年第八届海峡两岸暨港澳高校继续教育论坛收录论文。

　　随着海峡两岸暨港澳地区在商贸、科技和文化领域的纵深发展，教育交流日益成为交流的重要内容。高等继续教育作为教育交流与合作的一种重要方式，在香港和澳门相继回归祖国之后，获得了良好的发展机遇。共同的文化背景，共同的目标，使教育资源更容易获得分享。但如何确立一种有创新优势的合作机制，寻求教育特色和价值取向互补的办学特色，并以何种途径和方式做出选择，是海峡两岸暨港澳地区在未来高等继续教育交流与合作中，必须重点关注的问题。

## 一、合作与互动

　　近年来，海峡两岸暨港澳地区高等继续教育发展快速，在合作和互动方式上表现出一定的特点并已取得成效。近三年来，中山大学的合作办学项目主要有公务员培训、国情班、专题班、研究生课程项目等，具体为（中山大学地处广东，故项目主要与港澳地区高校合作）：

　　（1）香港专业人士中国国情培训班（3 期）；
　　（2）香港公务员国家事务研习课程（1 期）；

(3)香港特别行政区政府中级管理人员国家事务研习课程(3期);

(4)香港警务人员培训班(23期);

(5)香港青年政治领袖培训班(9期);

(6)"中国政治社会经济现状与前瞻"证书课程班(2期);

(7)澳门社团工作人员研习班(3期);

(8)整合营销课程研究生课程(3期);

(9)人力资源课程研究生课程(3期)。

从以上项目可以看出,在与公务人员培训方面合作的类型和项目执行次数都是很高的。而针对人力资源开发的项目合作则未能表现出内地项目合作中供求两旺的局面。

香港和澳门回归祖国后,文化交流开始突破过去个别交流的情况,表现为组织性和系统性开始形成。这种变化在地域上就具体地表现为与港澳地区合作多,与台湾地区的合作还没有真正起步。这种差异在总体的合作与互动中表现得十分明显。这也是未来高等继续教育合作中期待开拓的地域。

## 二、全球化背景下的发展

经济一体化和全球化是当代世界发展的必然趋势。文化交流在国际化和市场化的背景下显现得更加频繁和重要,这为高等继续教育的合作提供了广阔的前景。内地高校的高等继续教育近年来出现了结构性调整,逐步从培养精英的学历教育为主转向更为广泛的适应市场需要的人才培训。这种结构性转变使得大陆高校高等继续教育的项目和管理结构日趋合理。但就发展本身而言,培训项目的品牌扩张、项目创新、合作办学的层次以及国际合作的步伐都还存在着很多不成熟的因素。因此,海峡两岸暨港澳地区高等继续教育的交流与合作是一种发展的必然,是实现更宏大的国际项目合作的开始。

就交流与合作的本身而言,港澳地区由于特殊的地缘优势,与内地的文化交流以及高等继续教育项目发育得日趋成熟。港澳地区与内地密切的经济合作中,有着迫切的了解内地政治、经济和文化政策的要求,渴望了解内地的市场,这就促进了他们参与文化交流与高等继续教育项目合作的积极性。从中山大学的办学实际来看,香港公务人员以及相关专业人士的关于国情方面的高级培训项目是很有特色的,客观上促进了粤港合作的深入发展,也丰富了中山大学与港澳地区高等继续教育项目合作的实践。

而从已有的合作项目内容来看,项目的层次仍然主要分为一般培训、轮训、大学后继续教育等几种;项目的时间设计还是利用业余时间的原则,一般都是利用周末休息时间上课,并利用具有良好交通条件的地域和城市开展项目,如广东省深圳市由于与香港便捷的交通方式,在未来的合作开发中将可以承载更多的项目。项目设计的终点还可嫁接到很多内地的认证考试,这样更方便高等继续教育项目合作的实施,使一部分港人能够获得到内地执业的资格证明和相关信息,促进他们个人的发展以及社会经济活动有秩序的交流。

具体到项目的对象,在已经开展的合作项目中,政府公务人员和各行业专业人士以及企业中高级管理人员都有参与,通过项目实施过程中的讲授、学习和交流已经初步形成了合作办学项目的良好社会效益。

但从合作办学的发展实践来看,市场化的程度还很低,项目合作范围也有局限性,所以建立良好的合作办学机制尤为重要。在建立发展机制的过程中,我们必须寻求合作办学中的自我定位。通过高等继续教育项目的具体实施,我们要紧抓两个方面:一方面,合作中要注意内容互补,这是项目的核心内容。内地有强大的市场和经济支持,港澳地区的项目参与人员迫切希望了解内地的政治、经济和文化特征,需要了解相关的法律政策以及政府运作机制,这就为内地在项目内容的选择上提供了广阔的空间,只有把项目内容和需求把握准确,才能设计出更好的合作项目,不断拓展合作办学的思路。另一方面,必须建立校际合作的桥梁,实现校际互补,通过高等继续教育合作办学的项目推进整体的校际合作,特别是引进港澳地区高校合作办学的思路、理念,甚至直接引进一些国外最新的能促进我国社会经济协调发展的项目课程,如环保培训项目等。通过这些校际合作,将不同风格的办学理念和校园文化融入未来的合作办学机制中,才有可能创造出更大的合作发展空间。

### 三、合作创新的基础

海峡两岸暨港澳地区高等继续教育项目的合作首先在于海峡两岸暨港澳地区真正的携手共进。台湾地区由于各方面的原因,具体的多方合作还处于初级阶段。内地与港澳地区已经积极务实地开展了合作,但就合作项目本身来讲,交流与合作的基础还是在于高等继续教育项目和课程建设的创新。

尊重市场的选择,确立合作办学项目和课程建设是高等继续教育项目的重要特色。这就要求合作者保持良好的沟通,不断地根据地区差异性的市场需求制定项目和设置课程。港澳台地区都有着和世界学术机构保持良好沟通的条件,很多最新的课程都可以通过高等继续教育项目率先引进和运作,通过项目的实施逐步实现课程的本土化。这就突出地发挥了高等继续教育项目合作机制中的外引内联作用。而优秀的课程设置会直接对项目所面对的行业和人群产生积极的影响,从而获得极好的合作办学的经济效益和社会效益。

## 四、展　望

在项目合作和形成办学新型机制的过程中,如果单纯地依靠本地和本校资源是无法取得长足发展的,必须依靠交流与合作的纽带,不断开拓市场,细分市场,以多元文化合作的新型平台和机制去构建高等继续教育合作项目,也只有不断尝试建立这种合作办的新机制,才能真正促进我国高等继续教育的项目结构优化与和谐。

# 推广教育项目合作机制、模式及其限制

台湾东吴大学　林炳文

**【作者简介】**

林炳文,男,台湾东吴大学国际经营与贸易学系兼任教授,台湾政治大学经济学系硕士,研究方向包括国际贸易理论与政策、个体经济学、总体经济学、经济分析。

本文为2007年第八届海峡两岸暨港澳高校继续教育论坛收录论文。

## 一、前　言

世界在转变中,进入 21 世纪后,每一个人皆面临新技术、新企业模型及新商业环境。全球化(globalization)及信息技术(information technology,IT)开拓了市场范围,改变了传统的思维模式。社会对于推广教育机构应转变成以专家为基础、培养人类多样能力的服务机构的要求与日俱增。各校的推广教育机构跟其他组织一样正在进行组织转型(organizational transformation),以适应时代趋势,符合公共需要(Spanier,2000)。推广教育机构进行组织转型旨在创造更多成人教育学员的参与和转化学习(transformative learning)[①]。

诚如 Wilson & Hayes(2000)所言:"高等教育有其社会责任,除了要达成创造并传播知识的传统任务外,更要献身于营造更公平公正社会的努力。"推广教育有别于正规教育。正规教育习惯根据教科书现有的内容教学,不重视数据搜集、分析结果、分组讨论、完成报告等方法的训练,其学习效果注重课本内容的博闻强记,不看重学习过程的能力与态度。推广教育则随时可以针对不同学员更

---

[①]　所谓的转化学习,系指经过反思与批判,特别强调成人教育学习过程中增能(empowerment)的转化经验,以及对创造自主学习的环境营造相互了解、尊重及包容的学习文化的关注。

换学习内容,特别强调学习方法与能力的锻炼。本文拟介绍台湾东吴大学推广部在最近几年来的组织转型,以及所进行的一些推广教育项目的合作机制、模式及其限制。

## 二、推广教育项目的合作机制与模式

为迎合公共需要,各校的推广教育机构面临组织转型,推出了一些以专家为基础、培养人类多样能力的项目。近几年台湾东吴大学推广部根据社会需求,推出了产学人才投资企业专班、项目管理师培训班。现将这两个项目的合作机制与模式予以具体介绍与分析。

(一)产学人才投资企业专班

1. 招训目的、课程及资格限制

台湾职训主管部门为鼓励在职劳工自主学习,持续提升工作必备职能,推出了"在职劳工进修训练计划",结合民间有质量的训练单位,提供在职劳工50%的训练费用补助;同时为协助中高级劳工发展符合产业需求的能力,另结合各大专校院,以产业发展需求为导向,推出了"产学人才投资方案"学分班训练课程,补助在职劳工80%的学分费。期望通过这些举措激发各阶层在职劳工的自主学习意愿,有效积累个人人力资本,切实促进产业发展,提升企业竞争力。课程包括:①共通核心职能课程;②核心工具课程(沟通能力课程、运用科技能力课程、研发创新能力课程);③专业技术课程;④管理课程。学员必须具劳、农保身份,且年龄在15岁至65岁的在职劳工、在台之大陆配偶已领有长期居留证或工作证的在职劳工或外籍配偶已领有居留证的在职劳工。学士学分班:高中、高职或五年专上毕业(或同等学历),具备报考大学资格者。硕士学分班:专科毕业满三年以上或大学毕业,具备报考硕士班资格者。

2. 项目计划申请流程

项目计划申请时需确认以下数据:

(1)训练班别名称;

(2)训练职类;

(3)学分数;

(4)授课目标、大纲、训练方式;

(5)参训学员其他资格要求;

(6)开、结训期间;

(7)每周上课时间;

(8)招训人数;

（9）学分费、总预算；

（10）师资名单与基本资料、学习经历；

（11）厂商名称；

（12）场地名称、编号、住址及场地安检合格文件。

有关的申请流程如图 1 所示。

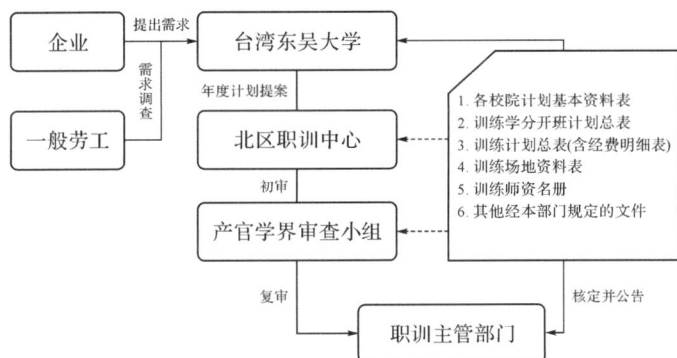

图 1　产学人才投资企业专班申请流程

3. 合作机制

兹将产学人才投资企业专班合作机制分述如下。

（1）本方案实施计划与作业手册之拟定、规划、修正、解释及倡导事项。

（2）本计划信息管理系统之规划事项。

（3）训练单位所提课程复审事宜。

（4）公告训练质量积分卡评鉴结果。

（5）公告本方案核准训练单位及课程。

（6）执行本方案之协调、督导事宜及执行绩效之统计事项。

（7）本方案执行情形检讨。

（8）本项计划所需经费之预算管理及相关事宜。

（9）其他相关事宜。

（1）提供训练单位运用信息系统申请办训所需账号密码。

（2）办理训练单位课程初审、质量查核（不定期不预告抽访）、申诉受理及管控等相关事宜。

（3）所属辖区信息提供及区域产业训练需求调查分析等事宜。

（4）协助延聘专业技术人员担任本方案教师（建制专业师资数据库提供给训

练单位参考使用)。

（5）训练班次信息统计、学员资格复审等事宜。

（6）协助训练单位办理招生相关事宜。

（7）核拨参训学员补助经费。

（8）提供意见回馈,协助修正本计划与作业手册等相关事宜。


（1）依企业及产业训练需求提报训练计划。

（2）提供教学资源、延聘师资(每一课程至少需延聘三分之一以上具实务经验师资)、招生倡导及办理训练。

（3）汇整学员名册送职训中心核定。

（4）学员补助资格初审与协助学员申请补助费。

（5）受训学员结训三个月后之后续追踪,并须于本方案信息系统建录追踪记录表。

（6）各训练班次行政、教务、会计及辅导相关配合事项。

（7）依本方案作业手册规定办理相关作业等事宜。

4. 合作绩效

由于职训主管部门规定产学人才投资企业专班每一门课程的师资至少需延聘三分之一以上具有实务经验者,故本部所开设企业专班课程颇能符合教育学者 Jack Mezirow(1991,2000)所提倡之转化学习理论①。企业专班学员重拾教材,利用新知自主学习,通过分组讨论重视学习方法的实际体验,增进工作必备职能,有效积累个人人力资本,切实促进产业发展,提升企业竞争力。身为训练单位的台湾东吴大学推广部,一方面符合本部当初设立的宗旨②,一方面也为学校带来一笔额外的收入。本部自从 2005 年下半年接办产学人才投资企业专班以来,初期开办三班学分班,学员 51 人,收入 428400 元;2006 年开办十五班学分班,学员 371 人,收入 3278540 元;2007 年开办二十八班学分班,学员 662 人,收入 5178300 元,两年半来为学校总计创收 888 万元(均为新台币)。

---

① Mezirow(2000)主张每一个人皆有其诠释生活的固定观念。当我们对生活的观点与时下的事件不相符,面临一种崭新或不成熟的领域,特别是面临两难情境的抉择(disorienting dilemmas)时,需要重新回归本质检视反思过去的想法是否过时落伍,使用知识、力量及社会关系,激发和鼓舞自己挑战一些先入为主的观点想法,进而解决问题。

② 台湾东吴大学推广部的教学宗旨为大学的推广教育,辅助一般青年及有志进修的社会人士,充实其学识能力,磨练其实作经验,增进其就业机会,并协助在职人员进修,灌输新知,扩大知识领域,增强办事能力,为社会培育实用人才,促进社会的普遍发展。

职训主管部门、北区职训中心及台湾东吴大学的合作机制，可以用图2说明。

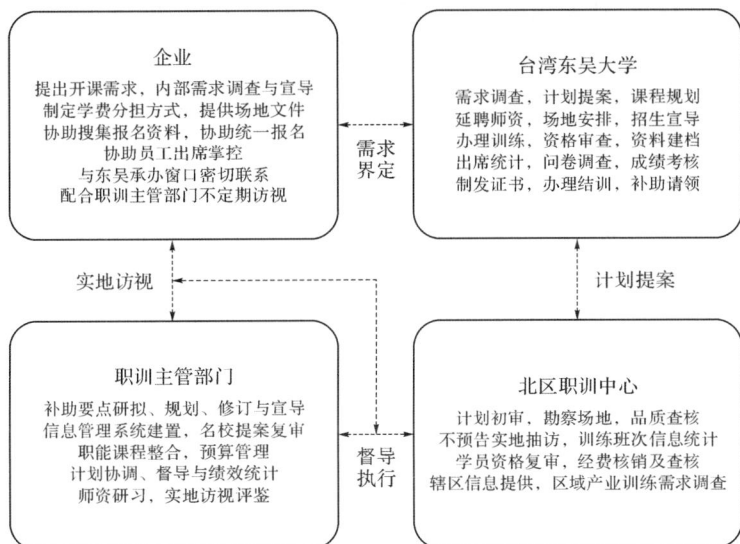

图2 产学人才投资企业专班合作机制

## (二)项目管理师培训班

### 1. 招训目的与资格限制

自从两岸加入WTO后，对项目管理(project management)专业人才的需求骤增，产业为提升竞争力或扩大企业合作，据专家预测至2008年，大陆将有60万名项目管理师需求。项目管理师将会成为两岸企业、国际企业的最爱。PMP九成以上在IBM、HP、Microsoft、Motorola、Acatel、Acer、台积电等超大型企业任职。表1展示了2006年全球十大金证照排行。

表1 全球十大金证照排行

| 排名 | 证照名称 |
| --- | --- |
| 第1名 | Linux红帽子工程师证照(Red Hat Certified Engineer) |
| 第2名 | 微软公司技术专业证照(MCTS):SQL&.NET |
| 第3名 | 微软系统开发工程师证照(MCSD) |
| 第4名(并列) | 国际项目管理认证(PMP)、思科安全专业证照(CCSP) |
| 第6名 | 思科网络专业认证(CCIE) |
| 第7名 | 思科网络工程师证照(CCNP) |
| 第8名 | 微软系统安全认证工程师(MCSE) |
| 第9名 | 系统安全开业证照(SSCP) |
| 第10名 | Linux专业研究证照level 2 (LPIC 2) |

资料来源:CertCities.com,Janauary 15,2006.

国际知名学者彼得斯（Tom Peters）曾大胆预言："未来90％以上的白领工作者都将面临危机，所有白领工作都是项目工作，而且所有具有经济价值的工作，也都是项目工作。"PMI在2002年4月发布的全球PMP薪资待遇调查发现：亚太地区PMP平均每人年薪为11.8万美元，居世界之冠，远超过美国PMP的年薪7.8万元。PMP全名为Project Management Professional，中文为国际项目管理师，是由美国项目管理学会（Project Management Institute，PMI）所颁授的通行世界各国的国际证照。

认证考试所需资格：①大专以上毕业；②具备3～5年项目经验；③35小时以上PDU。考试方式：每天计算机在线测验，英文为主，简体中文辅助。

2. 合作机制

台湾东吴大学推广部与长宏项目管理顾问公司合作开设的国际项目管理师（PMP）培训专班，第一年办了四班，第二年办了六班，业绩长红。

（1）招生宣传、营销广宣；

（2）课程讲义、教学评量表及学员上课用品；

（3）讲师授课；

（4）授课教师钟点费用；

（5）文宣DM设计；

（6）提供项目管理认证训练时数证明。

（1）招生宣传、营销广宣、海报张贴学校、推广部海报；

（2）提供教室场地、上课器材（单枪投影机）及相关行政事务；

（3）提供台湾东吴大学推广部的结业证书；

（4）结业时做问卷调查。（正本存于台湾东吴大学推广部、复印件存于长宏）

长宏项目管理顾问公司与台湾东吴大学的合作机制，可以用图3说明。

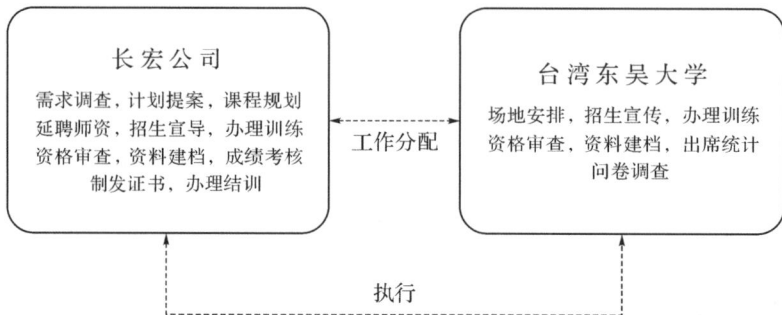

图3　项目管理师培训班合作机制

3. 合作绩效

目前全球 141 个国家、地区的 PMP 总数有 217519 人,依据排名,美国第一,日本次之,中国大陆第三,中国台湾第十一名,中国香港第十三名,相关统计详见表 2。

从表 2 可以发现一项事实:欧洲虽推行 IPMA 项目体系,但欧洲经济大国 PMP 人数排名仍在前 20 名内。台湾地区目前 PMP 人数有 2239 人,长宏项目管理顾问公司自己培育了 PMP 有 859 人(占台湾目前 PMP 的 38.37%),其中由东吴长宏项目管理师培训班不到两年所培训出来的 PMP 有 277 人(占台湾目前 PMP 的 12.37%),成绩斐然。究其原因是本培训班充分配合课堂 Workshop 实务操作演练、项目管理信息系统操作以及数字学堂免费上 e-learning 外,再加上一对一的辅导教练,辅导到考上为止。这种借重一些专家为基础的推广教育项目,代表着推广部适应时代趋势进行组织转型,更加符合公共需要。

### 表 2 全球前二十名 PMP 人数统计

| 排名 | 国家、地区 | PMP 人数 | 排名 | 国家、地区 | PMP 人数 |
|---|---|---|---|---|---|
| 1 | 美国 | 113371 | 11 | 中国台湾 | 2239 |
| 2 | 日本 | 18111 | 12 | 新加坡 | 1718 |
| 3 | 中国大陆 | 14798 | 13 | 中国香港 | 1645 |
| 4 | 加拿大 | 14689 | 14 | 意大利 | 1145 |
| 5 | 印度 | 10546 | 15 | 法国 | 1109 |
| 6 | 韩国 | 8933 | 16 | 墨西哥 | 900 |
| 7 | 巴西 | 4676 | 17 | 南非 | 875 |
| 8 | 德国 | 3294 | 18 | 瑞典 | 813 |
| 9 | 英国 | 3125 | 19 | 阿拉伯联合酋长国 | 787 |
| 10 | 澳大利亚 | 2540 | 20 | 新西兰 | 758 |

注:转载日期:2007 年 10 月 9 日。

有关东吴长宏项目管理师培训班的绩效,请参见表 3 和表 4。在不到两年的时间里,招训了 304 名项目管理师培训班学员,考取 PMP 人数多达 277 人,成功率达 91%。2006 年 12 月开训的学员考取 PMP 录取率达 100%,今年结业的学员考取 PMP 录取率均达九成以上。东吴长宏项目管理师培训班真是有口皆碑。至于收入方面,东吴大学推广部从这一专班中获得净利总额约有 180 万美元。

表 3 　东吴长宏项目管理师培训班的绩效

| 班别（开训日期） | 班级人数 | 考上人数 | 录取率 |
| --- | --- | --- | --- |
| 东吴长宏第十一届台北班 PMP 培训项目（2007/07/01） | 48 | 44 | 92％ |
| 东吴长宏第十届台北班 PMP 培训项目（2007/06/02） | 45 | 43 | 96％ |
| 东吴长宏第九届台北班 PMP 培训项目（2007/04/15） | 48 | 47 | 98％ |
| 东吴长宏第八届台北班 PMP 培训项目（2007/03/10） | 43 | 40 | 93％ |
| 东吴长宏第七届台北班 PMP 培训项目（2006/12/02） | 27 | 27 | 100％ |
| 东吴长宏第六届台北班 PMP 培训项目（2006/09/16） | 38 | 34 | 89％ |
| 东吴长宏第五届台北班 PMP 培训项目（2006/06/03） | 30 | 22 | 73％ |
| 东吴长宏第四届台北班 PMP 培训项目（2006/03/04） | 25 | 21 | 84％ |

注：统计日期：2007 年 10 月 9 日。

表 4 　东吴长宏项目管理师培训班的绩效（2006 年 3 月至 2007 年 8 月）

| 班别 | 总收入（新台币元） | 长宏（80％）（新台币元） | 东吴（20％）（新台币元） |
| --- | --- | --- | --- |
| 第四届 | 672082 | 537666 | 134416 |
| 第五届 | 790309 | 632247 | 158062 |
| 第六届 | 1054567 | 843654 | 210913 |
| 第七届 | 883317 | 706654 | 176663 |
| 第八届 | 1295091 | 1036073 | 259018 |
| 第九届 | 1450974 | 1160779 | 290195 |
| 第十届 | 1508025 | 1206420 | 301605 |
| 第十一届 | 1344237 | 1075390 | 268847 |
| 合计 | 8998602 | 7198882 | 1799720 |

注：以上金额均已扣除刷卡手续费。

### 三、推广教育项目诸多限制

　　根据时代发展的需求，推广教育机构进行组织转型，产生了上述两个合作的项目，除了创造更多成人教育学员的参与和转化学习外，也为学校带来一笔额外的收入。然而，在这种组织转型成为专家导向的服务机构（expert-based service institution）过程中，推广教育机构常会遭遇到诸多限制与困扰。

　　（1）推广教育机构成员的倾向通常不会反映在他们的工作上，更不用说会有进一步的批判性反映。因为该工作环境奖励的是在于做事，而不在于反映。由于处理这些项目的成员必须花很多时间在处理项目的行政工作上，造成其他成员常有怨言，隐藏在成员心里头的是他们不相信任何反映与其组织效能

(organizational effectiveness)有直接的关联。

（2）推广教育机构成员或学校行政支持系统成员，应该要先花一点时间去充分自我学习，以便迎合学员的需求，包括课程的 e-learning 材料及课堂Workshop 实务操作演练。成员心态的疏忽与意识未能提升、支持系统的断层与缺失都是推行这些合作项目的致命伤。

（3）产学的合作项目补助经费来自官方，可能有潜在的风险与麻烦。一旦政府的政策改变或方案紧缩，整个产学合作项目补助经费将陷入无以为继的困境。若政府方案确定，则推广教育机构的利益关系人，通过公家经费的支持，只能强化现状(status quo)，而不用承担风险。

（4）推广教育机构适应时代转变与社会需求，在转型成为专家导向的服务机构过程中，学校行政支持系统成员观念没有跟着改变，常挑战这些合作项目的合作机制，造成若干困扰。行政支持人员忽略了高等教育有其社会责任，它除了要达成创造并传播知识的传统任务外，还要献身于营造更公平公正社会的努力。

### 四、结　语

这是一个专业证照挂帅的时代，世界上没有万事通，分工专业化是经济社会运作的不二法门。社会对于推广教育机构应转变成以专家为基础、培养人类多样能力的服务机构的要求与日俱增。推广教育机构的组织转型，创造更多成人教育学员的参与和转化学习，目的在迎合社会公共需要。推广教育机构主管需要具有设计转化学习教育方案[①]与提升成员意识的能力，而其成员切实的反映是组织成功转型的基础。推广教育机构主管更应抓住重塑机构策略的时机，适当传达具有竞争力的对策、重新定位、提升机构形象与发掘潜能。最后，值得一提的是学习方法的学习重于学习内容的累积，增强非正规与非正式的学习，培养学员的反思能力，刺激学员的学习动机，加强学员在职场的竞争力，这些都是上述合作项目的使命。

**参考文献：**

[1] Franz, N. Transformative learning in extension staff partnerships：Facilitating personal, joint, and organizational change[J/OL]. *Journal of Extension*[On-line], 2003, 41(2).

[2] Franz, N. Adult education theories：Informing cooperative extension's transformation[J/OL]. *Journal of Extension*[On-line], 2007, 45(1).

---

① Mezirow(1991)主张成人教育者应具有需求评估、辨别学员发展层次或所处的转化阶段、促进批判反思能力教学方法等三种能力。

［3］Mezirow，J. *Transformative Dimensions of Adult Learning*［M］. San Francisco：Jossey Bass，1991.

［4］Mezirow，J. *Learning as Transformation：Critical Perspectives on a Theory in Progress*［M］. San Francisco：Jossey Bass，2000.

［5］Rivard，S. ，Aubert，B. A. ，Patry，M. ，Paré，G. & Smith，H. A. *Information Technology and Organizational Transformation：Solving the Management Puzzle*［M］. Oxford：Elsevier Butterworth-heinemann，2004.

［6］Spanier，G. The engaged university［G］// *The Renewing Our Commitment to New Yorkers*. New York：Ithaca，2000.

［7］Wilson，A. & Hayes，E. *Handbook of Adult and Continuing Education*［M］. San Francisco：Jossey Bass，2000.

［8］蔡秀媛. 转化学习之理论与应用［J］.台北师范学院学报，2002(33)：389-404.

［9］李素卿.了解与促进转化学习——成人教育者指南［M］.台北：五南图书出版公司，1996.

# 面向民营企业的大学继续教育探析
## ——浙江大学个案分析

浙江大学　祝怀新　钱　启

【作者简介】

祝怀新,男,浙江大学继续教育管理处副处长,浙江大学成人教育研究所副所长,教育学博士,教授,主要从事比较教育学、教师教育、继续教育等研究。

钱启,女,浙江大学继续教育管理处非学历教育管理办公室主任,副研究员,主要从事继续教育研究。

本文为 2008 年第九届海峡两岸暨港澳高校继续教育论坛收录论文。

本文发表于《继续教育》2009 年第 12 期。

民营经济是我国重要的经济成分,特别是位于长三角地区的浙江省,其民营经济发展最早,也最为活跃。经济全球化发展的背景对民营企业经营管理者提出了更高的要求,他们必须拥有更全面的素质来提升民营企业的品质、增加民营企业的生产力,才能赢得国际竞争力。由此,高层次继续教育出现了强力需求。而在新形势下,如何促进大学继续教育事业的专业化,使之更好地为提升民营企业的创造力和竞争力服务,则是摆在我们面前的一个重大课题。浙江大学是国内一流的研究型大学之一,多年来,将人才培养和社会服务作为其重要任务,并始终坚持为民营企业提供高层次教育培训,取得了一定的成效。

## 一、大学实施面向民营企业继续教育的社会基础和需求

### (一)我国民营经济的迅速发展构成继续教育的发展基础

近年来,我国民营经济取得了迅速发展,2006 年全国工商联主编出版的蓝皮书《中国民营经济发展报告第三卷(2005—2006)》指出,在我国"十五"(国民经

济和社会发展第十个五年计划)期间,民营经济发生了三大历史性变化,包括民营经济的地位和作用、民营企业自身素质、民营经济政策和制度改革都取得了实质性突破。根据报告中的统计,截至 2005 年底,内资民营经济在 GDP 中所占比重为 50%,加上外商和港澳台投资经济,"十五"期末两者相加的比重已经占到了 65%,占了 GDP 大半江山。全国私营企业数量从 2000 年的 176 万户增长到430 万户,全国私营企业投资者人数达到了 4714 万人,年均增长 18.6%。

以上数据表明,民营经济的发展势头强劲,正迅速成为我国国民经济的重要基础,并已在我国经济发展中占据十分重要的地位。

不过,也应当看到,在改革开放初期,民营经济主要是靠国家的政策倾斜发展起来的。在世纪之交,随着经济全球化的发展,特别是我国加入 WTO,民营企业必须顺应国际经济发展规律,应对激烈的国际经济竞争。一方面,民营企业家们必须拥有先进的管理学、经济学知识,使企业管理趋于科学化;另一方面,企业的品牌战略是其立于不败之地的关键,企业家们在以质量为本的生产过程中必须拥有构建企业文化的人文头脑。因此,企业经营管理者的继续教育,不仅是我国经济发展的需要,更是广大民营企业家们谋求生存发展的迫切需要。

(二)浙江省民营经济的领先发展成为浙江大学继续教育发展的直接动力

改革开放以来,浙江省经济走上了持续、稳定、健康的发展之路,凝练成"自强不息、坚韧不拔、勇于创新、讲求实效"的浙江精神,实现了经济跨跃性发展。按照国家统计局《全国小康生活水平基本标准》的 16 个监测指标,浙江省已于1999 年全面达到小康标准值。

在浙江经济快速发展中民营经济起到重要作用,民营经济成分非常活跃。至"十五"末期和"十一五"初期,全省有私营企业 40.6 万家,投资者人数 92.6 万人,雇工 508.6 万人,注册资本金 6936.7 亿元。在全国 500 家最大民营企业中浙江占 203 席,总量居全国第一;全国民营企业自主创新 50 强中浙江占 19 席;全国民营领军人物中浙江有 4 位;个体私营经济总产值、销售总额、社会消费品零售额、出口创汇额等最能反映民营经济综合实力的指标,浙江继续位居全国第一。

但随着我国市场对世界的全面开放,经济结构的进一步改革和调整,浙江省民营企业正面临着"三个弱化"问题。一是原先靠民营企业机制灵活发展的对比优势在弱化;二是原先靠低劳动成本高集中度发展的优势在弱化;三是原先靠亲缘关系和吃苦耐劳精神发展的优势在弱化。因此,民营企业面临着两个巨大的压力,一是继续保持持续快速发展的压力,二是尽快提升其发展的品质压力,即由低成本、低技术含量、劳动密集型企业向高层次、高技术含量、精细型企业发展的压力。要解决这些压力并增强国际竞争力，方法有很多，比如用技术创新改造传统产业、用管理创新突破家坊式的用人制度等，但归根结底是人才和人力资源开发的问题，因此浙江省民营经济的发展必然需要谋求大学的有力支持，要求大学提供持续的高层次继续教育，由此，实施民营企业的高层次继续教育成为地处浙江省的浙江大学义不容辞的任务。

### 二、大学面向民营企业实施高层次继续教育的必要性

（一）继续教育是大学职能的重要组成部分

传统的高等教育职能观认为，人才培养、科学研究和社会服务是大学的三大职能。在现代社会终身学习的背景下，人才培养不仅仅是对那些从未踏上过工作岗位的年轻一代实施职前的全日制教育，也包括对那些业已受过高等教育的从业人员进行与时俱进的再教育，以使他们能够满足现代企业发展的需要，适应日新月异的科学技术发展。这类教育培训构成了大学人才培养的重要组成部分，从而使继续教育成为与大学中的本科生教育和研究生教育相并列的第三大人才培养支柱。与本科生和研究生等全日制教育所不同的是，继续教育的对象是在一线的从业人员，他们或是业已接受过高等教育的人群，或是虽然没有受过正规的高等教育但需要接受属于高等教育层次教育内容的人群，目的是通过继续教育培训来提升自己的管理能力或提高技能水平，因而，大学继续教育不仅是人才培养过程，更是一种社会服务，即服务于提高从业人员综合素质，通过提高他们的综合素质来服务于社会，推进社会的有序发展。由此可见，大学继续教育横跨了高等教育中人才培养和社会服务两大职能。

总之，高等教育的对象已不再单一，继续教育已成为大学的重要使命。由于大学的主要任务是科研与教学，因此在人才培养中，一方面，将最新研究成果传授给学生，使他们拥有最前沿的知识技能来应对科学技术迅猛发展的现实；另一方面，通过对在岗人员针对性的继续教育培训将尚为潜在生产力的研究成果更快捷地转变为现实。因此，高层次的继续教育任务将主要由大学来承担。

（二）社会人才观的变化对大学提出新的要求

近年来，高校全日制教育培养的人才与社会对人才的需求不相适应的矛盾日益突出，一方面高校出现巨大的就业压力，大批毕业生难以谋得理想职业，谋职要求不断降低；另一方面，国民经济各部门人才奇缺，难以获得具有战略思维和实战能力的大学毕业生。出现这一矛盾的主要原因是，传统的大学人才培养模式已不能适应新的社会人才观。

在当今社会中，变化的劳动市场不再需要专业面很窄的专门人员，无论是公

务员,还是企业经营管理者、专业技术人员,都应当具备独立思考、交流合作、解决问题、学会学习及创新的能力。2001 年,鉴于杭州是中国最好的综合性大学之一浙江大学的所在地,加之浙江大学出色的软件研发能力和高等教育水平,在浙江省政府的努力下,芬兰诺基亚集团在杭州市建立了中国第二个全球性研发中心,并于 2002 年正式运营。6 年过去了,2008 年 8 月 12 日,浙江省省长吕祖善在浙江大学对全体中层干部作的报告中谈到,诺基亚集团在杭州的研发中心发展良好,但其中一个较为突出的问题即是人才问题,研发中心不得不对进入该中心的大学毕业生进行再培训,同时,曾接受过传统高等教育并已积累了工作经验的中层以上管理者也同样面临着新的培训,以顺应国际经济形势的新发展,为此,要求浙江大学努力研究对策,解决人才短缺问题。由此看来,在当前形势下,要满足企事业发展的现实需要,在国家调整高等教育人才培养模式的同时,大学必须担负起高层次继续教育的重任。

浙江省作为民营经济最活跃的地区,对继续教育的需求十分强烈。在过去的几年中,作为国家高水平的研究型大学,浙江大学开展的民营企业经营管理者的继续教育取得了丰硕的成果,不仅受到企业的欢迎,也直接促进了民营企业的战略发展。这类培训也对国内其他省市包括西部地区产生了巨大影响。到目前为止,浙江大学根据浙江省民营经济的特点,开设民营经济特色培训模式和课程,在为浙江省民营企业家进行培训的同时,也为国内其他地区企业高级管理人员提供了优质培训服务,已有近 6 万企业家在浙江大学接受了继续教育培训。

(三)新困境中的浙江省民营经济要求大学担负起继续教育的重任

2008 年是我国经济发展异常艰难的一年。受国际市场需求减弱、人民币对美元汇率的升值、国际油价及原材料持续上涨、劳动力成本增加以及信贷规模收紧和出口退税率下调等诸多因素的影响,企业经营压力骤然增大。而浙江省民营企业中绝大多数是中小企业,企业注册资本主要集中在 50 万～100 万元之间,而 500 万元以上的企业仅占 17.1%,50 万元以下的占 24.1%。这些企业以出口加工和贴牌生产为主要经营手段,规模较小,业绩不稳定,抗风险能力弱,因此,在国际和国内经济回落的形势下,浙江省的中小民营企业首当其冲,受到直接而严重的冲击。

在现实困境中,民营企业要生存,必须改变原有的企业经营模式,转向发展科技型、资源综合利用型等经营模式,紧随高科技发展趋势和市场变化,大力开发新产品、新技术、新工艺,开发拥有自主知识产权的核心关键技术,增强自主创新能力和市场竞争力。而要实现这一平稳转型,人才是第一要素,因而离不开企业经营管理者的继续教育。也正是在此形势下,浙江大学同样面临着前所未有的继续教育压力。为此,学校作出了战略调整,加大学校与地方合作力度,充分理解和认识民营经济在这一严峻形势下的困境,努力提供实际有效的高层次培训,从而更有针对性地实现社会服务的目标。

### 三、面向民营企业的高层次继续教育发展模式——浙江大学个案分析

浙江大学是一所国家重点建设的综合性研究型大学,位于民营经济最为发达的浙江省。多年来,浙江大学为民营企业经营管理者实施了大量的高层次继续教育培训,取得了一定的成绩,并获得了一定的经验。

#### (一)利用学校教育优势资源,培养民营企业急需的人才

在国际市场国内化、国内市场国际化的背景下,浙江民企的竞争压力加大,先走一步的优势逐步被弱化,乃至消失。人才缺乏是浙江民企进一步发展的最大瓶颈,其本质的原因是传统的管理模式制约人才能力的发挥,尤其是职业经理人相当缺乏,无法满足企业的高层次人才需求。

浙江大学是国内学科门类最为齐全的综合性研究型大学,作为中国高等教育管理体制改革和布局调整的试点之一,形成了"综合型、研究型、创新型"的办学特色。浙江大学坚持"高水平、强辐射、实现跨越式发展"的战略思想,使学校成为区域乃至全国发展的先进生产力先进文化的源。浙江大学的继续教育秉承"强辐射"的发展思路,切实有效地综合利用学校一流的教学资源开展面向民营企业的继续教育,以高层次继续教育项目促进地方人力资源开发和民营企业急需的高级人才培养,为民营企业的升级换代、增加产品的科技含量、增强国内国际的竞争力等作出直接的贡献。

为确保学校优质资源的有效利用,使继续教育工作走向有序,学校致力于管理体制的建设,于 2006 年 12 月成立了继续教育管理处,作为全校继续教育归口管理部门,从而结束了各专业学院单打独斗、无序竞争的教育培训格局,有效地从学校层面通过整合学校优质教学资源开展企业经营管理者的培训,使之走向综合化、多元化。

在过去的两年中,浙江大学有效地开展了针对职业经理、总裁的培训工作,旨在为民营企业培养一批兼具系统管理能力和卓越创新能力的优秀企业家。在这些培训中,学校集管理学、经济学、法学、人文学等学科优势,全面实施了成长型企业高级总裁班、职业经理人班、项目管理研修、国学智慧与管理运用研修班以及职业总裁实战班等项目。所有这些项目均确定了高层次、高质量、高效益和精英化教育思想。浙江大学所开办的职业经理总裁班的学员中,40%左右为自己企业的董事长,40%左右学员为副总,20%为总监、经理。学校平均每年为浙

江省培养 400～500 名职业经理。

(二)服务于区域经济发展,与地方共进共赢

浙江大学以服务于浙江省区域经济发展为宗旨,与各级地方政府建立了广泛的继续教育合作关系,为地方民营企业的发展实施切实有效的有计划有组织的高层次继续教育服务。

学校继续教育管理处作为全校继续教育事业发展的管理职能部门,将继续教育的外联与发展作为其工作的重中之重。继续教育管理处成立初始,专门设立了外联与发展办公室和非学历教育办公室两大部门,使继续教育的对外开拓与内部业务管理有机地结合起来,取得了有效的成绩。近年来,继续教育管理处代表学校与浙江省各地市建立了广泛的教育培训合作关系,同时,还与云南省、贵州省以及深圳市、南宁市等省外地区政府建立了教育培训合作关系,将浙江省民营经济的优势和经验推广到全国各地,并将西部地区党政干部培训班与浙江省民营企业家培训班结合,实施东西部政企领导人的互动,实现双方共赢的目标。

(三)通过境外合作开展民营企业紧缺人才的继续教育培训

为树立民营企业国际化的观念,适应国际化竞争,满足民营企业紧缺人才需求,浙江大学利用学校自身雄厚的教学资源与香港大学合作,开展人力资源、公共管理、整合营销等在职研修、专业培训等项目,并将进一步开展高层次的专业培训,如软件开发、软件测试、质量管理、项目管理培训、集成电路 IC 专业人才培训、微系统研发工程师培训等,培养一批高新技术紧缺的高层次人才,为民营企业培养一流的专业技术人才。

同时,学校利用长期以来形成的国际学术交流与合作资源,通过与海外著名高校合作,在企业经营管理者培训中纳入境外培训课程。例如,学校的担保行业培训项目与美国波士顿哈佛商学院落和百森商学院合作,使学员享受到浙江大学和美国大学一流教授的教育培训。

(四)加强继续教育专业化发展,提高教育培训绩效

浙江大学提出了"高层次、高质量、高效益、国际化"的继续教育方针,要求各办学单位为高层次人才提供高质量的教育培训,从而在获得一定的经济效益的同时,赢得具有无限价值的社会效益。

对于民营企业的培训,必须反映社会经济发展和企业本身发展的需要。因此继续教育实施者必须突破单纯以赢利为目的的办学思想,而是要站在较高的层面上,从国家、地方政策文件中捕捉到未来社会发展的方向,从国际政治经济风云变幻中捕捉经济发展动态,并深入了解民营企业家们在现实的社会背景下

的培训需求和培训目标,进而会同有关专家分析客户需求,确定培训开发战略,按照培训目标设计出培训方案,为民营企业提供必须、适时的培训。为实现这些目标,继续教育工作必须走向专业化,从而使继续教育真正成为学校办学的第三大支柱。

为此,浙江大学实施了继续教育专业化发展战略。首先,学校建立了继续教育管理者和实施者的培训制度,对全校各学院继续教育管理与实施人员进行了系统的培训,培训内容包括浙江大学实施继续教育的目的与重点、继续教育管理与实施者应有的理念及其工作重心、继续教育管理与实施者的能力素养等;其次,学校设立了继续教育专项研究课题,课题立项范围包括继续教育的管理模式、资源整合、教育教学实践策略、培训项目开发、继续教育从业人员专业化发展等,以期通过此举促进继续教育管理者成为专家型、学者型的管理者,以继续教育研究支撑继续教育实践,以继续教育实践丰富继续教育研究。

为了迎接现代社会瞬息万变的挑战,大学的继续教育必须结合社会经济发展的形势与需要,不断地变革与发展,提高针对性、应用性、实践性和综合性,才能使自己更好地发挥人才培养和社会服务的功能,为社会的可持续发展作出更为直接的贡献。

**参考文献:**

[1] West,Rederick. *Learning for Life,Review of Higher Education—Financing and Policy* [M]. Commonwealth of Australia:JS McMillan Printing Group,1998.

[2] 新华网浙江频道.浙商谋求"二次飞跃"[N/OL]. http://www.zj.xinhuanet.com/tail/ 2003-12/17/content_1357719.htm.2003-12-17

[3] 浙江省工商行政管理局.浙江省民营经济发展报告(摘要)[J].浙江经济,2007(14).

[4] 中华全国工商业联合会.中国民营经济发展报告第三卷(2005—2006)[M].北京:社会科学文献出版社,2006.

# 边缘化的继续教育与城市核心教育体系的融合拓展

复旦大学　应建雄　龚士珍

【作者简介】

　　应建雄,男,复旦大学继续教育学院副院长,副研究员,研究方向为高等教育管理、继续教育等。

　　龚士珍,女,复旦大学继续教育学院党总支书记,副研究员,研究方向为继续教育。

本文为2008年第九届海峡两岸暨港澳高校继续教育论坛收录论文。

　　作为身处上海这样一个经济、社会发展充满着跃动和激烈变革的都市中的高校,复旦大学的教育理念和目标同样发生着深刻的变化,从国家重点建设的研究型大学,到通识教育的拓展,从体制、机制各方面正在孕育而动。而一个不可回避的问题是,三十年来传统意义上的"继续教育"已经受到了越来越多的挑战。一般认为,现今的"继续教育"包含了原来被称为"成人教育"的面向非全日制在校学生的学历、学位教育,以及被更多赋予"培训"概念的面向社会各行业、各层次从业者的非学历教育,但是,就相对于全日制在校生的学历、学位教育而言,现今的大学"继续教育"无疑从理念到目标都是与之脱节的,游离在外的。另外一方面,随着"终身学习"体系的逐步推进,大学"继续教育",尤其是高水平重点大学的"继续教育"又难以在其中找到契合自身发挥的空间和发展的余地,"继续教育"被边缘化的现象显而易见。那么,未来的策略和契机又在哪儿呢?

## 一、大学教育中边缘化的继续教育的表现及评价

　　中国的教育战略,是"形成比较完善的现代国民教育体系……人民享有接受良好教育的机会……形成全民学习、终身学习的学习型社会,促进人的全面发

展"。要实现此战略,其中重要一环是"加强职业教育和培训,发展继续教育,构建终身教育体系"。不可否认,普通高校开展各类继续教育三十年来,已经成为建立终身教育体系的重要途径和主体,取得了相当的成效。但同样不可否认的是,随着市场经济体制的初步建立,整个社会发生的深刻变化无疑贯穿于社会生活的每个层面和每个角落,继续教育也不能例外,"市场"的概念和观念几乎左右着每个目标的制定和计划的实施。

继续教育的"市场"概念,不仅是经济学上的属性,指向人们开展经济活动及相关的社会文化活动时所需接受继续教育的情况下应遵循的一系列规则,也是一种更广泛意义上的"供"和"需"的关系。大学能"供"给社会什么样的继续教育,社会"需"要大学提供什么样的继续教育,在这样的"市场"中,双方是否能达到平衡,共同发展?除去继续教育中的学历教育外,当今的大学无疑大多处于被动的地位,即市场需要什么,你就提供什么,游离、脱节在大学主动服务、应用于社会文化发展的需求之外。近年来各种"培训"的迅猛发展,更加剧了这种边缘化的现象,使得继续教育的"市场"愈加偏向于单一的"生源市场"。这难道是大学教育的本来之意吗?

面对这样的边缘化的继续教育,要探寻其发生发展轨迹,进而发现前行之路,提升品质,发挥更大效能,似乎还应从完善大学本身的继续教育体制和机制做起。如同市场经济的运转需要其他方面制度的支撑一样,继续教育的市场运转同样需要大学教育体系中相关制度的配套来支撑,包括管理制度、人事制度、财务制度等,需要正视现实,大胆尝试,化解矛盾,充分发挥大学的优质资源。其中,更要牢牢抓住"促进人的全面发展"的理念,主动寻求、精心设计,使继续教育不再是纯被动的接受,而是达到促进、引领社会前进和进步的积极作用。

## 二、终身教育体系与城市核心教育体系中的继续教育需求

所谓"促进人的全面发展",就接受教育而言,是当今社会进入以知识经济、信息化和全球化为特征的以人为中心的时代的重要概念。社会生活不断发生并持续产生的深刻的变革,使得人们比以往任何时候都迫切要求不断地掌握新的知识技能,更重要的是在人的观念、理念上不断更新,以适应自身发展的需要和环境的改变。这就对处于终身教育体系中重要一环的继续教育提出了全新的要求,使得继续教育不断面临适应与被适应的挑战。

诚然,中国现阶段的大学教育已向大众化的目标前进了一大步,已经有越来越多的人接受到了正规的在校教育,而中国的高水平的大学在其中的主导和引领作用也不容忽视,但是,正因为这些高水平大学在办学理念、所属类型、服务区域、人才培养层次等层面进行的战略定位,使其一方面更多面向区域经济、社会

经济文化发展,另一方面把继续教育放在类似于"经济创收"的地位。因此,必须正视这样的现实,大学学校中开展的继续教育,必须在整个学校的战略定位之中,找到自身的发展路径。如复旦大学这样的学校,继续教育的目标是寻找到处于上海的城市教育体系中的位置,客观分析其内在的需求,从而主动提供适合需求的继续教育服务,并在服务过程中提升社会的、经济的、文化的价值。

继续教育的内涵,既可以是指大学后的,或者正在工作的人所接受的包括学历教育在内的各种教育,更是指对已有相关行业的专业知识和技能的人进行的知识技能更新扩展教育。中国社会三十年来的深刻变革,思想观念的剧烈变化,科学技术的飞速发展,国际交流的日新月异,市场经济对复合型人才的需求,不仅强调多元化的知识结构,而且需要人不断提升创新意识、综合素质、实践技能。因此,人们在完成正规教育、走上工作岗位后,会不断面临生存和发展的一个又一个挑战。我们所要提供的继续教育,正是这种能"促进人的全面发展"的继续教育,而不是简单的行业培训,正如复旦大学在"总裁高级研修班"中要开讲"企业家的政治修养"和"基于中国传统文化的企业管理",在为政府部门的青年干部开设的课程中有"中国改革开放三十年回顾"和"国学与现代化"一样。

### 三、谋求未来发展的策略及融合共生的契机

"城市,让生活更美好",是 2010 年上海世界博览会的主题,从某些方面来讲,也正好为本文思考的继续教育的未来发展提供了一个角度。让生活更美好,不仅仅是作为上海这样的迅速发展的都市所要展示和诠释的前进理念,更是在全球化背景下对于人的全面发展的追求。同样,置身于上海的大学,更有理由使大学所能提供的各种教育,包括继续教育,让人的生活更美好。

教育国际化的潮流,教育市场的更加开放,给继续教育提供了这样一个契机,即迎接挑战,创新思路,求得自身的跨越式发展。我们的目标是:打破传统的、僵硬的继续教育管理体制,建立多元化的继续教育机制;拓展继续教育市场,尝试多种渠道开展继续教育;主动发挥大学人文、科学智力优势,引领社会向和谐、法治的轨道前行,从而为终身教育体系的日益完善、为高等教育的大众化目标的高水准实现发挥应有的作用。

复旦大学的继续教育部门已经尝试进行市场化运作和公司化经营,它具有相当的独立性和办学自主权,采用现代企业制度的管理方式,在项目设立、经费使用、人员管理等方面按市场化的方法运作。经过几年的实践,已经初步显现其活力,变被动接受为主动提供继续教育服务,因而在激烈的继续教育市场竞争种脱颖而出,极大地提升了学校的品牌形象,也相应地提升了自身的经济实力,从而为可持续发展打下了厚实的基础。同时,内部管理机制的变革,也逐步克服了

以往大学办教育行政色彩浓厚的特点,提高了管理的效率,提升了办学者或者是管理者的水平和能力。

抓住大学所在的城市,进而抓住与整个社会发展大趋势相适应的契机,正是在这样的体制机制下才可能达成。这样的融合与拓展,是去伪存真、去粗取精、舍小利而取大义的过程。把大学丰厚的智力资源输入同样丰硕的市场需求中,调整大学后的教育思路,让边缘化的继续教育不再游离于社会的人和人群的发展之外,重新创设整个城市的核心教育体系,也许是未来大学在未来社会的又一强力立足点,也许更是继续教育发展策略的强力点。

# 加快两岸合作，促进医院管理实用性人才培养

清华大学　张牧寒

【作者简介】

　　张牧寒，男，清华大学继续教育学院院长助理，医药卫生研究与培训中心主任，硕士，研究员，研究方向医院管理、继续教育。

　　本文为 2008 年第九届海峡两岸暨港澳高校继续教育论坛收录论文。

　　众所周知，大陆医院的管理一直遵循着"（医学）专家治院"的组织管理体系，医院的主要管理者几乎全部来自医学专业人员。这在过去被认为是"内行领导内行"的较优管理模式。随着改革开放的深入，医院管理与经营日益体现出自身的专业性、系统性与复杂性，而"医而优则仕"的管理人才成长方式已与当今医疗卫生改革发展不相适应，这就从客观上提出了医院管理人员专业化的需求。然而，时至今日，大陆尚无"医院管理"这一学科体系，医院管理学只是公共管理学科的二级学科"卫生事业管理"中的一门课程。就目前而言，医院管理人才不可能由传统的"学历教育"来提供。另一方面，医疗卫生行业为解决医院管理水平落后，急需加快管理人才培养步伐，这就使医院管理人员的在职教育培训成为切实可行的办法，由此形成了近年来医院管理培训的热潮。

　　目前医院管理的教育培训由政府主管部门、行业协会（学会）、高等院校和社会机构分别承担，教学内容、教学质量、效果评估等各方面标准不一，且教育培训机构的管理还有待完善。因此，希望通过以下几个途径，能够逐步建立和完善系统、科学、合理的学科体系以及专业化、规范化的从业机构队伍，不断加强医院管理继续教育培训，从而提高大陆医院的整体管理水平。

**一、建立医院管理继续教育学科体系是基础**

　　大陆医院管理经历过两个历程，由此也形成了相应的教育培训特征。第一

个阶段是"卫生人说卫生事",即局限于行业内自身研讨,其特点是"行政性""经验性"。这期间卫生行政主管部门以行政手段推出许多管理条例、达标建设及先进典型经验推广活动,各种培训班、研讨会、经验交流会应运而生,它为我国医院管理教育的形成与发展起到过积极作用,但随着医疗卫生事业的发展,以此模式形成的医院管理教育体系已被实践证明越来越不适应医院改革与发展的需要。第二阶段是"以企管套医管",即引入企业管理理论与方法,指导医院发展变革,其特点是"新颖性""夹生性"。一时间院长求学"MBA"大行其道,医院也以引进"MBA"毕业生为荣。然而在工作中,院长们发现课堂上学到的企业管理先进理论,很难有效地应用于医院管理实践,就像 MBA≠企业家,MBA 同样不能解决大陆医院管理的现实问题,这是由现今大陆医院不同于企业的属性所决定的——企业管理遵循的价值观是"利润价值最大化(profitable value maximization)",而医疗机构的价值取向是"社会价值最大化(social value maximization)",即在优先考虑为社会做出最大限度的公益贡献的前提下,再进行成本与收益间的权衡。

随着医疗体制改革的不断深入,大陆医院管理必然向第三个阶段发展,即"现代医院职业化管理(modern hospital professional administration)"。它应是构建在多个管理学科基础上的跨学科体系,它有别于传统的卫生事业管理学,是专业技能"微观实用化"与管理知识"宏观综合化"的有机结合。对医院管理岗位在职人员而言,现代医院管理教育培训在内容、目标、师资和方式等各方面更具有特殊性,既要有理论体系的系统性,更要有实际应用的可操作性,内容应涵盖人文素养、管理基础和岗位特质等知识范畴,目的是使医院管理者能更好地胜任其工作岗位。如课程设置既要有管理类基础课程和个人素养提升课程,也应体现继续教育"定制化教育(customized education)"的特点,即需要根据教育对象在工作中遇到的实际问题,设计相应课程并聘请专家进行培训,以帮助教育对象找到实际问题的解决方案。因此只有建立起一套现代、系统、科学的医院管理教育培训体系,才能为培养出符合当今中国医疗卫生体制变革,为顺应医院管理需要的专业管理人才打下基础。

台湾医院管理教育起步较早,20 世纪 60 年代开设了医疗管理课程,80 年代正式设立医管学士学位,此后又设立了相关硕士、博士学位,学习中强调理论与实践结合,设有 1.5~2 年的医院实习。这类专业人员在各医疗机构、卫生行政主管部门工作中发挥出较高的专业水准。

**二、促进医院管理继续教育师资队伍专业化是关键**

目前,大陆相关研究多偏重于宏观卫生政策、卫生经济、卫生管理等方面,从事医院管理研究与教学的人员分散在卫生管理或其他管理专业及各类医疗科研机构中,他们或来自传统的卫生管理专业,或来自公共管理、工商管理专业,专属人员不多,就医院管理这一微观层面的研究尚不够深入与系统,研究力量薄弱。教学中突出表现为理论有余,实践不足,条块分割,系统性差;某些课程仅局限于主讲教师个人研究兴趣和研究课题上;课程框架"套用、平移"企业管理、工商管理现象明显,针对医院的实际应用性不强。这种没有建立在基本框架体系下的"各家学说",虽然丰富了学员的知识视野,但也对学员把握重点造成困难。因此,在构建现代医院管理学科体系的基础上,专业师资与研究队伍的建立是关键,要鼓励工商管理、公共管理、人文、法学、传播、心理学及工程技术等多学科的融合,加强对医院管理的实证研究。

### 三、加强医院管理继续教育从业机构的管理是责任

众所周知,教育培训不是一个简单的商品购买过程,而是一个服务的过程,整个"继续教育服务链(continuing education service chain)"贯穿从市场调研、培训产品销售、师资力量配备到教学实施及教务支持等全部过程,所有的工作环节都应该由高素质的团队利用高效运营的机制去完成。目前我国医院管理继续教育机构大多由政府相关部门、高校、学会(协会)以及民间资本组建。为了创立医院管理继续教育市场的良好信誉和品牌,使这个行业能够长久、健康发展,无论是从业机构还是政府相关部门,都有责任努力提高行业整体管理水平和质量,并进一步完善从业机构的市场准入、监管和退出机制。

我们建议探索实施"医院管理教育培训许可"制度,由行业协会组织专家对培训机构的教学规章制度、教学质量保障制度、学员考核机制、教学支持体系、师资队伍状况等进行全面、定期的考察,同时设立信用档案,逐步建立行业内的监管体制、评价制度、披露制度、服务制度和奖惩制度等。

### 四、创造良好的医院管理政策环境是保证

大陆医疗卫生体制决定了医院管理的发展方向较多地受到国家政策的影响。毋庸置疑,目前医院管理水平低下的一个重要原因是管理人员职业化水平低,从业人员没有把管理作为个人职业生涯来规划,很难在管理工作中投入全部激情与精力,从而形成了"专业做医生,业余做管理"的较为普遍的现象。消除这种从业心态的根本措施在于医院管理职业化的政策落实,只有将管理岗位与从业人员职业发展的切身利益联系在一起,才能招徕人才,留住人才,用好人才。

### 五、清华大学的初步探索与实践

本着"综合性、研究型、开放式"的办学方针,清华大学继续教育学院在上述几个方面进行了初步的探索和实践,通过近五年来110期医院管理培训班的实践,不断探索、检验、完善,逐步形成了一套医院管理继续教育框架。此框架涵盖了较为系统、丰富的课程内容,并以标准化教学评估体系作为衡量课程设置和教学方式等教学资源是否高效利用的尺度,同时能够针对不同培训对象,制定不同课程内容或课程难易层级,实现更有针对性的教育培训。

与此同时,我们尤其加强了与台湾同行的交流与协作。台湾医务管理学会、台湾医疗建筑暨医务管理交流协会、台湾私立医疗院所协会、台北医学大学、台湾云林科技大学等机构的专家参与了清华大学医院管理课程的部分设计与讲授,其中突出了台湾同行的经验分享,并加强了在大陆的实践机会。我们组织各地清华班学员赴四川华西医院现场听课、参观、座谈及走访,近距离体验了台湾同行带来的现代医管理念与行之有效的操作体系。

这套体系经过来自全国2804家医疗机构的7102人次学员参训检验,得到了普遍认同与好评。2005年卫生部接受清华大学作为全国首批申报"国家级卫生管理干部岗位培训基地"认证单位。三年来,我们已经承担卫生部委托的培训班19期,培训学员1818人次。教学与服务得到卫生部主管部门及学员的充分肯定。

此外,如重庆市卫生局、山东省卫生厅、四川省卫生厅、福建省卫生厅、沈阳市、承德市、江门市、信阳市、泰安市等几十家卫生主管部门都与我们建立了长期、多方位的教育培训合作。

"现代医院职业化管理"培训项目荣获了2005年度清华大学继续教育学院优秀培训项目一等奖、2006年度清华大学继续教育学院自主创新一等奖、2006年度清华大学优秀教学成果二等奖的殊荣。

医院管理继续教育这种方式培养了大量医院管理领域大量的优秀人才,为大陆卫生事业的健康、持续发展做出了巨大贡献。然而大陆医院管理继续教育事业仍然任重而道远,依然面对着各种问题和挑战,需要我们联起手来,为医院管理教育事业朝着科学、有序、规范化方向发展,营造"健康、和谐、发展"的行业环境而共同努力。

# 论高校教育培训市场拓展模式与创新策略

武汉大学　胡　锐　李　勇

**【作者简介】**

　　胡锐,男,武汉大学继续教育学院主任,硕士,讲师,高级职员,中国管理科学研究院研究员,研究方向包括经济学、法学、教育管理、继续教育等。

　　李勇,男,武汉大学继续教育学院技术与学习支持服务中心高级工程师,研究方向为信息技术、网络教育等。

　　本文为2009年第十届海峡两岸暨港澳高校继续教育论坛收录论文。

　　培养人才、科学研究和社会服务是普通高校的重要职能,高校教育培训是普通高校实现其社会服务职能的重要途径,是建设终身教育体系和学习型社会的重要保证,也是发挥普通高校资源优势、增强学校效益的重要手段。

　　本文主要对金融危机下教育培训的新形势与高校教育培训的特点进行分析,对高校教育培训的市场拓展模式与策略进行初步探讨。

## 一、全球金融危机给教育培训行业带来了新的机遇

　　当金融危机来临,很多美国人会选择投资自己的教育来"过冬",形成不景气时代教育最景气的现象。从中国看,海外基金更是发现在中国的教育市场里有太多可以投资的机会,而中国又是一个为了孩子的教育而高储蓄的市场。金融风暴对就业形势产生压力,失业率可能会加重,所以人们会越来越重视职业培训,但金融风暴的突然来袭,对小的培训机构的冲击是巨大的,由于资金实力、师资、品牌的问题很难度过严冬。另一方面,金融危机过后会增大人们对个人教育的投入的需求,以增强自己在社会的竞争能力和求职能力。从短期看,目前对一些中小培训机构会有一定的影响,培训机构的差距会进一步拉大。

（1）金融危机给国内教育培训产业带来了发展的潜力，IT培训、英语培训、婴幼儿教育已成为教育培训行业的三大明星支柱。

金融危机正从西方席卷而来，国内的一些行业受到冲击已不可避免，而国内的教育培训市场却独树一帜，仍保持着平稳的增长态势。教育是人类社会发展永恒的需求，教育培训行业在整个大环境中受金融危机影响最小。但从短期来看，金融危机波及范围太广，国外风险投资在投、融资方面已经大为收紧。因此，一些已经在海外上市的教育公司在投、融资能力上会受到相当大的影响。从国内教育培训行业来看，目前还没有直接影响。但企业培训部门在短期内会受到一定冲击，一些品牌和实力上缺乏竞争力的中小型培训机构有可能将目光转向个人培训市场，以寻找新的机会。2009年市场上出现了这样一个趋势：企业培训市场上强者更加集中，个人培训市场上竞争更加激烈。

以目前中国居民储蓄存款作参照基数，按国际惯例中最保守的比率测算，中国教育培训产业的潜在市场规模达3000亿～5000亿元，并将在未来十数年里保持迅猛的发展速度。IT培训、英语培训、婴幼儿教育已成为教育培训行业的三大明星支柱。中国IT培训与教育市场销售额突破40亿元人民币，连续几年保持近30％的市场增长率，远远高于全球IT培训市场12％的增长速度。从发展趋势来看，未来3～5年内该行业的增长率仍会保持在20％～25％之间。中国社会调查所公布，当前中国英语培训市场的市场总值大约是150亿元，目前全国的英语培训机构总数也已达到了5万家之多。预计2010年，我国英语培训的市场总值将会超过300亿元人民币。婴幼儿教育产业被称为21世纪的朝阳产业，因为婴幼儿的教育是家长及社会的关注重点，尤其是在中国。根据我国第五次人口普查统计结果：中国0～6岁的婴幼儿达到1.4亿，其中城镇0～6岁婴幼儿为5200万左右。按照城镇家庭每月为6岁以下的孩子教育投资60元的保守估计，0～6岁幼儿教育市场消费额就可超400亿元。有关专家预测，在未来五六年中，我国婴幼儿教育市场消费额将达到上千亿的规模。

（2）金融危机下的教育细分市场大有可为，国际风险投资已渗入国内教育培训细分市场。

经研究分析，在当前金融危机大环境的经济形势下，教育产业将会逆势上扬，在一片恐慌中反而大有潜力可挖。同时教育产业投资要能产生良好的效益，需要精准地切入细分市场，事实上，一些国际风险投资机构也已开始渗入国内教育培训细分市场。从另一个角度讲，正是金融危机的到来，开始使人们更加关注自身的智力投资，传统的应试教育正逐步向素质教育转化，各种职业培训也在不断深化。在此大环境下，有战略思维的教育机构懂得从多个侧面入手，成功切入教育的细分市场，比如电子教辅产品、高端私立学校、中小学生记忆培训和网络教育等。你只要敢想敢做,并有策略地去做,这个行业的细分市场仍有很多机会。只要找到好的定位,就能在细分市场里做出规模和影响。

世界级风险投资机构和国内教育培训机构多次成功联姻。如北京万学教育科技有限公司正式宣布联想投资和红杉资本联合注入万学教育千万美元巨额风险投资,该公司的主要产业是研究生入学咨询与应试培训服务;北京汇众益智科技有限公司(GAMFE)宣布获得第一笔风险投资凯鹏华盈(KPCB)的1000万美元,该公司致力于培养兼通艺术与技术的复合型动漫人才。被称为全球创业投资界"双子星座"的红杉和凯鹏华盈在近一个月的时间内相继投资国内教育培训机构充分表明,在国内的教育培训市场呈现良性的发展态势的情况下,国外风险投资介入中国教育市场的热情日益高涨。继外语培训、IT培训、汽修培训等领域后,帮助学员接受更高层次教育的考研辅导和就业前景空前看好的动漫培训产业也得到了风险投资的青睐,风险投资向教育培训细分市场的渗透力度进一步加强。

(3)失业率加大,培训能提高竞争力,接受教育培训已成为人们增强社会竞争能力和求职能力的首要选择。

教育是终身的投资,经济复苏后的竞争将越来越激烈,拥有一技之长甚至多项技艺,才能让自己立于不败之地。在欧美国家,遇到了经济不景气,上班族就会回流到学校继续深造,储备知识,为经济复苏的来临做准备。当前这股风气伴随着金融风暴一起吹到中国,众多身处就业压力中的白领、下岗员工都纷纷加入"充电"热潮。

对金融危机反应最快的是就业。涉及外贸性质的企业招聘量不仅压缩,而且对新进员工的招聘门槛更高了。金融危机对就业形势产生压力,失业率加大,所以人们越来越重视职业培训,尤其像IT这样对技术要求很高的行业,要想进入就必须学习先进的技术和经验。正因为如此,人们会加大个人培训的投入,以增强自己在社会中的竞争能力和求职能力,因此,学校应在着重提高基础能力和职业素养方面给学员增加更多拓展类的课程。

(4)金融危机促使教育培训更注重品牌建设。打造培训品牌是教育培训发展壮大的关键,目前基础教育培训业已经从无序竞争发展到了品牌竞争阶段,如何为今后的培训业发展定位将直接关系到整个行业与各培训机构和学校的发展。从中国的教育市场细分来看,任何培训领域都还有成长发展的机会。原因有二:一是教育需求是一种刚性需求,中国家长普遍认同"再穷不能穷教育,再苦不能苦孩子"的道理;二是教育是一种服务,不存在出口市场问题。小的国际金融危机差不多10年发生一次,大的20~30年一次,受过良好教育的学生家长,能对金融危机有一定了解,明白给孩子留钱,不如让他去学习更多的本领,具备抗击各种风险的能力。

由此可见，金融危机的确为众多企业制造了"危"，同时却在无意间为教育培训行业种下了"机"。把握机会，求学者寻找最适合自身的学习内容，教育培训机构提供最优质的教学服务，整个社会才能获得更大的提升。

### 二、高校教育培训的特点

在科学发展观的指引下，高校教育培训工作也呈现出自己的特色。

（1）分析需求，适应要求。高校教育培训的一个重要特点是学习目的很明确，就是为解决当前工作中的实际问题，因此，教育培训工作要从发现问题开始，科学分析培训需求；在培训工作中，坚持"以人为本，按需施教"的原则。教育培训不仅仅是被动地按照学员的要求设计教学方案、课程内容，而要使教学培训富有前瞻性、导向性和实效性，帮助学员提早预见发展过程中的问题和挑战，使其未雨绸缪、超前谋划，真正实现培训的实效性。"要发现需要，引领需求，哪里有需求哪里就有培训"，这是教育培训拓展的座右铭。

（2）遵循规律，有序发展。教育培训工作的发展，既要遵循教育培训的一般规律，使其稳步有序发展，更应该在培训内容、培训方式、机构设置、制度管理等方面鼓励大胆创新，探索教育培训的新思路、新模式、新方法，从而能够适应新时期教育培训的新要求、新特点。

（3）传授知识，引导研究。教育培训工作应该坚持"全面发展，注重能力"的原则。能力培养是一项长期任务，也是现实的迫切需要。教育培训单位要在传统的"传授知识"的基础上，更加注重理论和实践的结合，以学员为本，以提高学员解决实际问题的能力为着眼点，"因材施教，因势利导"。

（4）强化培训，改进方式。教育培训工作的最终目的是要全面提高学员的素质和能力，使其能够学有所用，理论联系实际，解决现实问题。因此，教育培训工作要重在实效，要通过对学员进行政治理论、政策法规、业务知识、文化素养和技能训练等内容的培养，促进学员素质和能力的全面提高。

（5）加强管理，确保质量。教育培训工作要确保质量，增强有效性，必须加强培训的科学管理。教学质量的维护需要整个培训机构的合力，要有整体的、系统的管理观念。对教学过程各个环节的管理仅仅是表层的管理，深层管理是对人的管理。管理的关键环节是培养各类管理人员善于自觉自主地学习的能力。一个善于学习、有能力学习的组织才是质量的最好保证，才能使教育培训持久发展。

### 三、高校教育培训市场拓展模式

根据高校目前教育培训的发展现状和优势,高校教育培训市拓展模式可以细分为五种模式。

(1)与党政机关密切联系,拓展党政人才培训市场。政府是教育培训市场的大客户,从培训需求来说,具有需求稳定、培训对象稳定、培训项目稳定等特点。因此,高校要充分利用各种社会资源、校友资源等,积极建立与政府合作的渠道,争取更多的培训合作项目。在研发培训项目和课程体系上,要坚持把普通培训与个性培训有机结合,既满足政府干部需求,又体现本校专业特色与学科优势,在合作中形成自己的培训品牌和精品项目。

(2)与行业协会合作,开展职业培训和初级、中级技能培训。行业协会具有天然的网络优势和人脉关系,高校与行业协会合作重点在于拓展本系统内相关中高级管理人员和技术人员培训市场。同时,与行业协会合作,研发职业、岗位、技术认证标准及培训课程和教材,还能创造出新的培训需求和培训市场,推广学校的学科优势和技术优势。

(3)与考试认证机构合作,开展资格认证培训。考试认证机构对相关认证考试具有主动权和专业优势,高校培训单位应当争取获得其授权,可在中低端培训方面获得比较稳定的培训市场。

(4)与社会培训机构合作,实现培训资源优化配置。社会培训机构和高校各有优势,双方合作要不拘一格,同时又要坚持以我为主,充分利用和发挥各自特色和优势。社会培训机构在公司化管理、市场拓展、人才资源等方面有一定的优势,高校与社会机构合作共同开发教育培训项目,可以实现资源优势互补、互利双赢、共同发展的目的。

(5)建立教育培训基地,拓展高端人才培训。高校可以采取不同的模式建立自己的校内、校外培训基地,充分利用学校的学科优势和品牌优势,着力发展高端人才培训。高校开展的高端人才培训主要是高层次、高等级、高质量培训,重点应当放在高层次人才、紧缺性人才和智能型人才的培训上,通过培训把其培养成懂技术、善经营、能管理、具有创新精神和创造能力的高层次管理人员和专业技术人员,如高级研修班、高级总裁班、高级工商管理班等。

### 四、拓展高校教育培训的有效策略

高校教育培训作为构建终身教育、建立学习型社会的重要力量,应该有效整合高校的优质资源,打造高端培训品牌,不断开发和提升大学后教育培训能力,在培养高层次职业化人才中有所作为。

（1）定准位，规划好，就是要对教育培训科学定位，精心制定发展规划。不同层次和类型的大学，其发展目标和建设方略是不完全相同的。每一所高校都要结合自身实际和社会发展新形势，也就是根据自己的办学传统、资源条件、优势、当地的社会经济环境及其对学校的期望等，来确定在什么领域、层次、地域范围做出自己的贡献。不应重复办学、平均用力、趋同发展、千篇一律、互相攀比。因此，高校必须按照科学发展观的要求，进一步明确学校的办学定位、发展战略和奋斗目标，根据本校的实际情况，制定好自己的学科建设规划、师资队伍建设规划和校园建设规划等，以此来统一思想，凝聚人心，谋求发展。只有这样，才能形成自身特色和个性化优势，保持自身的竞争力和生命力。

（2）重研发，创品牌，就是要加强对培训项目的研究研发，创新品牌项目。结合学科特色、整合优势资源开发培训项目是打造培训品牌的重要手段。培训项目研发要坚持调研培训市场，把握培训需求，明确培训标准；针对不同区域、不同层次、不同类型的培训对象，选择培训定位，不断完善培训方案；整合优质培训资源，通过强强联合建立高素质管理团队；始终把学员的需求放在首位，保证培训工作的"善始善终"。

培训项目课程是教学的一项核心内容，也是教育培训的一大特色。培训项目的研发要紧扣高校特色，善于借鉴先进的国际培训理念，结合培训对象的特点，设置培训课程体系，促进整个课程体系实现实效、持续、前沿的教学效果。项目实施的整个过程要树立品牌意识，通过稳妥、有效的质量监控，打造品牌项目。

（3）找优势，建模式，就是要进一步整合资源，拓展培训模式。充分发挥学校学科优势，整合校内资源，开展符合学员需求的培训模式是开展教育培训的关键。一是以项目合作为牵引，带动多方资源流动。如武汉大学教育培训拓展就是坚持以项目合作为主体，根据政府部门、国家机关或国有骨干企业等实际需求实施培训项目。这种前瞻性、针对性的项目合作，不仅能够带来良好的效益，而且能推进学校更好地为社会服务。二是建立长期、稳定的合作共同体。创建长期、稳定、制度化的合作共同体，有利于保证培训的实效，促使高校培训机构研究把握培训规律和培训需求。三是有所为、有所不为，坚持发展重点领域、重点品牌项目。对于重点领域的培训项目，通过整合资源、组建研发团队、依托科研课题，拓展培训市场。

（4）重监控，细评估，就是要加强实施培训项目全程监控，细化培训质量评估体系。高校教育培训项目从项目申报到办班结束必须实施全程监管。合作开办培训项目的重点是加强对合作协议的监管，充分了解合作双方的责权利以及合作中可能出现的风险，明确争端解决机制；更加注重教学质量的过程管理，从项目设计、策划、教学的准备到选定课题、配备师资、课堂教学情况反馈，直至改进措施的制订与落实，教学质量的管理贯穿于从规划设计开始的每一个环节。同时，高校教育培训要建立健全教育培训质量监控评估体系，细化评价标准，对培训项目实施全过程、全方位的质量监控和评估，达到评估促监控、监控优化评估的效果。

当前，高校教育培训方兴未艾，随着我国终身教育体系和建设学习型社会的方略的落实，我们坚信只要高校加快教育培训的科学规划与发展，教育培训工作必将在人才培训和社会服务上大有作为。

**参考文献：**

［1］Philip Kotler. *Marketing Mangment—Analysis，Planning，and Control*（9th ed.）［M］. New Jersey：Prentice-hall Inc. ，1997.

［2］Stephen P. Robbins. *Management*（4th ed.）［M］. New Jersey：Prentice-hall Inc，1996.

［3］成银生. 继续教育的全球视野［J］. 继续教育，2004（4）：4-6.

［4］付跃钦. 适应社会主义市场经济新要求，大力推进继续教育事业发展［J］. 继续教育，2003（6）：30-32.

［5］黄尧. 面向 21 世纪中国成人教育发展研究［M］. 北京：高等教育出版社，2002.

［6］叶忠海. 大学后继续教育［M］. 上海：上海科技教育出版社，2000.

［7］郑树山. 中国教育年鉴 2003［M］. 北京：人民教育出版社，2003.

［8］中国科协继续教育中心. 国家人事部、中国科协实施"六新继续教育行动"方案［J］. 继续教育，2000（1）：10-12.

［9］众行管理资讯研发中心. 培训需求分析与培训评估［M］. 广州：广东经济出版社，2003.

# 构建高校继续教育人才培养新模式的对策探讨

武汉大学 邓 铭

【作者简介】

邓铭，女，武汉大学继续教育学院教学办副主任，硕士，讲师，高级职员，研究方向包括中小学教师继续教育、高等学历继续教育等。

本文为 2009 年第十届海峡两岸暨港澳高校继续教育论坛收录论文。

本文发表于《湖北成人教育学院学报》2009 年第 6 期。

## 一、继续教育人才培养模式的基本内涵

人才培养模式是在一定的教育教学思想、观念的指导下，为实现一定的培养目标，构成人才培养系统诸要素之间的组合方式及其运作流程的范式，是可供教师和教学管理人员在教学活动中借以进行操作的既简约又完美的实施方案。

作为一种过程范畴，它具体体现在对人才培养过程的设计、结构、措施和管理等环节上，且具有某种程度的系统性、规范性和可操作性。继续教育人才培养模式的构成一般包括培养目标、培养过程、培养制度、培养质量等四个方面。

培养目标。继续教育主要培养基层和生产第一线的各种应用技术型人才和管理人才，也就是培养适用于生产、流通、管理、服务等职业岗位第一线直接上岗的、职业道德良好的应用技术人才和管理人才。

培养过程。继续教育的人才培养过程实质就是教育教学过程，教育教学过程包括专业设置、师资队伍建设、培养方案的制订及组织实施等。继续教育的专业结构，应根据社会经济发展对各类高层次专门人才的需求，根据人才市场的变化，根据各自学校的办学定位、办学条件和学校总体发展规划等进行设置和调整。

培养制度。继续教育的人才培养制度包括国家的相关政策、管理规定以及

成人高等教育一系列管理规章制度。这是实现成人高等教育人才培养目标的制度保障。

培养质量。衡量高校继续教育的人才培养质量主要看是否有利于高校继续教育资源的优化配置,是否有利于满足继续教育学生学习的需要,是否有利于满足社会的需要。高校继续教育的人才培养质量标准,一方面应是开放性的,而不是单纯的、封闭式的自我评价系统;另一方面应是实践性的,注重学校、学生和社会三者的结合,尤其是用人单位的评价。

## 二、构建高校继续教育人才培养目标模式的转型

1. 培养目标:呈现出以培养"应用型""复合型""外向型"人才为主体的多规格化

竞争的压力必然会迫使企业重视科学技术,不断开发新技术、新工艺、新产品,持续改进经营管理,进而表现出对投入少、回报期短的"应用型"人才的迫切需求。世界科技发展整体化趋势要求我们更多地培养"通才",培养一专多能的"复合型"人才,从而满足人才市场对具有多元知识技能人才的需求。此外,随着我国加入 WTO,对外开放的深入,培养"外向型"人才,也将成为我国高校继续教育的目标之一。

2. 培养形式:趋向于向高等层次的岗位培训和大学后继续教育转化

从长远看来,各种专业技术人才的智能结构在世界新技术的影响下必然遭受新的挑战,广大从业人员求知"充电"的积极性大为激发,进而使得处于变革时期的高等层次的岗位培训和大学后继续教育的社会需求量大为扩张,这将促使我国继续教育人才培养形式的重点进一步向岗位培训和大学后继续教育转化。

3. 专业结构:表现出与经济结构和产业结构变革的对应化

在市场经济条件下,现代企业制度需要大批受过专门的高等教育、既懂业务又懂管理的企业家,需要大量的高级市场管理人才;转变政府职能需要各类宏观管理人才;扩大对外开放需要各个领域的涉外人才等。面对经济体制改革所带来的人才需求的变化,高校继续教育要有大发展,就必须遵循市场供求规律,调整专业结构,使专业结构与经济体制改革相对应。

4. 课程结构:体现出以针对性和适用性为标志的特色化

"应用型"人才作为我国现在起到未来成人高等教育的培养目标,要求学科设置以及其课程结构具有明显的针对性,应突出专业、突出实践,适当拓宽。突出专业,是职业针对性的要求;突出实践,适当拓宽,则是职业适应性的要求。一般以"专"为基点、核心,保证足够的专业主干课(专业基础课、专业理论课和实践

课),加强实践性教学环节;同时,围绕"专",开设各种相关的选修课。必修课强调"专""精",针对性强;选修课提倡"宽"一些,选择余地大些。而非学历的继续教育,其课程更是为解决一定的专门问题或获得某种优良的技术而设置,因而这种学习活动内容更是具有明显的针对性、适用性特色。

5.教学改革重心:实现由知识取向向能力取向的转化

"应用型"人才需要具备解决职业实际问题的能力,具有职业的应变能力和知识更新能力;"复合型"人才则要求具有综合分析和解决问题的能力。这种能力本位的人才培养目标必然要求继续教育的教学改革重心放在知识转为能力上。而岗位培训旨在使受训者达到智能协调,具备任职资格,更以提高受训者任职能力为重点;大学后继续教育,旨在全面提升受教育者的创新素质(创新精神、创新品质、创新能力),直接为社会主义现代化建服务。这些都要求继续教育的教学改革以掌握知识为基础,以提高能力为重点,在知识化为能力上使劲着力。

### 三、高校继续教育人才培养的现状

1.教育理念和办学思路落后,阻碍改革和发展健康运行

目前,我国的高校继续教育将重心放在学历教育方面,从教育对象来看,以普通高考落榜生为主,忽视了为不同层次受教育者提供多样性服务的要求。国内高校普教扩招后给继教带来的直接影响是生源少、素质低、教学难、管理难;我国加入WTO后,教育市场开放,优质生源外流,生源从数量到质量都受到冲击。而近年来各级继续教育主管部门陆续撤并,使得成人高等教育的发展迷失了方向。上述问题导致高校继续教育举步维艰,在普通教育夹缝中求生存。

2.人才培养质量不高,普教化现象严重

我国高校继续教育的管理模式效仿普教本科生的学时制和学年制,限制了招生量;从师资力量来看,目前继教教学工作大都由普通高校老师承担,有的老师甚至将针对普通本科生的教育内容、方法、手段搬到继教,形成严重普教化倾向;从专业设置来看,成人高等教育所设置专业大都和普通高等教育专业相同,没有针对性,缺乏实践性,忽视了对学员分析问题、解决问题和创新能力的培养。

3.高校继续教育优势资源短缺

高校继续教育一般附属于普通高校,因为没有形成相应的保障机制和完善的管理策略,导致师资、教学设备、实习场地等资源缺乏。由于学校师资紧张,继续教育常常聘请一些退休教师和研究生来授课,退休教师往往知识老化,而有的研究生甚至不是相关专业的,对于教学方法、教学内容、考核要求等都不是很了

解,教学经验欠缺,很难保证教学质量,更谈不上创新性人才培养了。由于经费缺乏,继教学生本应享受的资源往往得不到落实。

### 4.继续教育课程体系陈旧

继续教育课程体系并没有按照成人的特点来规划设置。尽管与普通高等教育一样,高校继教有多种专业,但是这些专业科目设置有的已经不合时宜,教学内容陈旧,跟不上社会的进步和需求,这些课程对学习者的知识结构和能力提高作用不大,学生仅仅为了文凭而学,学习起来毫无兴趣。

## 四、构建完善的成人高等教育人才培养模式的对策

高校继续教育以培养高等技术应用性人才为目标,这就需要我们以职业教育为主体,遵循高等教育规律和业余教育特点,根据市场需求调整培养方案,改革培养目标、教学内容及教学方式,以实际工作岗位需要的能力和基本素质为主线,制定合理的知识能力素质结构,突出职业和岗位的针对性与应用性,增强人才培养的适应性,以满足社会、市场和个人需要。

### 1.更新继续教育理念

新的人才教育理念左右着人才培养的目标定位。指导面向 21 世纪人才培养规格的纲领性文件《中国教育改革和发展纲要》指出,"成人教育是传统学校教育向终身教育发展的一种新型教育制度,对不断提高全民族素质,促进经济和社会发展具有重要作用……要本着学用结合、按需施教和注重实效的原则……重视从业人员的知识更新",提高广大从业人员的思想文化素质和职业技能。这就从根本上明确了高校继续教育的发展方向。应深化对继续教育的认识,树立全新的教育观,认识到实施继续教育是一项长期、系统的工程,是引导专业技术人员、管理人员运用已有知识去分析解决实际问题的能力型教育。

### 2.创新人才培养的教学模式

继续教育的特色就在于学生的差异性、学习的随机性、办学的灵活性和层次的多样性。所以,高校继教的培养模式也应该是多元化的。它应与我国多种教育类型结合,如网络教育、职业教育、社区教育、自学考试等。要积极开展多种形式的继续教育,创新终身教育制度建设;实行无障碍入学制度,实行真正的学分制,落实弹性的教学管理制度,要尊重学生的自主选择,加大选修课比例,允许学生跨专业选修课程,使学习者根据自己的工作生活安排自主选择学习时间、方式、科目、考试等;还可以建立既能提供学历教育,又能提供职业培训,还能开展休闲教育、文化教育、多样化多层次开放的终身教育服务体系。

### 3. 优化课程建设体系

高校继续教育课程建设创新,关键是搞好课程开发。在现阶段应对原有课程内容、课程体系进行改革。因此,要加强对社会需求的分析,做好教学分析设计工作,重视课程的相对独立性,实行开放式课程教学,把好教学组织实施关,制定和进一步完善继续教育课程评价体系。设置一些获取职业资格证书所需要的课程,倡导实行学历证书与职业(执业)资格证书并重的教育制度。课程设置上应探索"公共课＋专业综合课＋专业技能课"的课程体系,压缩那些可有可无的课程,加大专业应用课程的比重,重视系统知识传授的同时,更加注重对学习者的技能培训,加强对学习者实践能力、操作能力和岗位适应能力的培养。

### 4. 加强实践环节创新,突出实践环节教学

科学技术应用能力作为职业能力中最重要、最关键的部分,它的形成与培养离不开实践环节教学。如何使学生通过参与特定的职业活动或职业情境将知识、技能、态度三者类化迁移,并发展整合成职业能力,可以说是实践环节教学的基本任务。继续教育实践教学创新,包括实践教学的建设、改革与管理。首先是课程设计的创新,包括实践教学计划、课程门类的整合,增加实践教学的课时比例等。其次是实践教学环节的创新,包括实践教学、课程实习、专业实习、毕业实习、社会实践、社会调查以及毕业设计等。要完善有关实践教学的文件,改革实践教学内容和实践教学方法,推进实践课程内容整合,构筑基础、综合、设计三个平台的实践教学体系,建设一定规模的实验室和校内外实习基地,制定和完善毕业设计(论文)有关管理规定,明确指导思想、过程要求、格式要求、评分要求、组织管理等,促使毕业设计(论文)管理工作科学化、规范化。最后,还要吸引社会和企业的力量,建立校企合作、产学研结合的实践教学体系,使具备工作实践经验的继教学生通过理论学习和实践应用后的能力得到螺旋式提升。

### 5. 改革考核制度

要积极推进考试办法的改革,采取多种考核形式,建立以能力考核为主,常规考试与技能测试相结合的考试制度。对公共课和基础课,重点考核学生对知识的接受程度和理解能力;对专业理论课,重点考核学生分析问题和解决问题的能力;对实践性较强的专业技术课,可采取口试、笔试及实践操作等方式进行考核。考试内容不仅注重学生对课程基本内容、整体思路、知识结构的理解和把握,而且要通过考试培养学生的思维能力、创造性地学习和应用知识的能力,体现知识的交叉融合和迁移性。考试方法的改革从整体上应减少传统的闭卷考试的分量,加大开卷考试的分量,出题内容应在促进学生独立思考和综合、创新性上有所体现。有些课程可以用写论文或答辩讨论等方式考核。考试命题的改革

要减少纯知识类试题,加大适合素质、能力提高的思考题内容,并根据成人教育的特点,增加知识的实用性、应用性、针对性和技术技能案例分析等方面的试题。实行教考分离,严格考风、考纪管理工作,严把出口关。

### 6. 加强师资队伍建设

在继续教育中,重要的是要有一支具有创新精神和创新能力的能够团结协作的高素质的教师队伍。学校在提高专任教师业务水平的基础上,还要争取建设一支实践能力强、教学水平高的兼职教师队伍,改善学校师资结构,增强实践教学环节,使学生毕业后能很快进入工作状态。对于教师实践能力的培养,一方面通过对教师进行培训,比如委派教师到企业现场参加不少于两月的实习、鼓励教师参加各种新技术研讨班、与其他科研院所交流等各种措施来提高教师实践经验;另一方面可以直接从企事业单位的专家、高级技术人员和能工巧匠中聘请兼职教师来承担某些专业课教学或实践教学任务。

### 7. 充分运用现代远程教育技术

继续教育要按照成人教育的特点,按照社会的发展和需要办学。要进一步利用现代远程教育技术,在数字化的环境中进行交互式的教育教学工作。远程教育具有时空自由、资源共享、系统开放、灵活自主等优点,可以更好地根据个人的兴趣,发挥自己的特长,有针对性地进行教学和指导,有利于创新型、创业型人才的培养和成长;同时还可以使学习者突破时间和空间的限制,随时随地自主地进行学习,有效地解决成人学习的工学矛盾,并可以大大提高教育资源的利用率。还可以借助现代教育技术,利用网络在满足学习者学习和对学习者进行有效管理的前提下,依托教学管理平台,及时与各教学点沟通,如下载教学计划、通知等,从而完善对教学点的工作指导,建立完善的监督、检查机制,便于及时组织检查各教学点工作及组织制度的落实情况。

**参考文献:**

[1] 莫善球.成人高等教育人才培养模式的创新[J].继续教育研究,2007(4):87-88.

[2] 赵哲,陶梅生.终身教育视野下湖北省继续教育改革与发展战略研究[J].湖北大学成人教育学院学报,2010(3):35-37.

# 综合型大学与专业技术人才的继续教育

浙江大学　钱　启　祝怀新

【作者简介】

　　钱启,女,浙江大学继续教育管理处非学历教育管理办公室主任,副研究员,主要从事继续教育研究。

　　祝怀新,男,浙江大学继续教育管理处副处长,浙江大学成人教育研究所副所长,教育学博士,教授,主要从事比较教育学、教师教育、继续教育等研究。

　　本文为 2010 年第十一届海峡两岸暨港澳高校继续教育论坛收录论文(本次发表增加了部分新数据)。

## 前　言

　　随着改革开放的深入和社会日新月异的发展,各行各业的发展越来越离不开其专业技术人才的专业化水平。用人单位要在社会中谋取发展,立于不败之地,归根结底靠的是人才不断提升的创新能力和专业素质,加强继续教育已成为用人单位的必然选择。同时,党和政府高度重视专业技术人才、高层次人才的继续教育,并将继续教育视为专业技术人才队伍建设的重要措施。《中华人民共和国教育法》从法律上规定,从业人员有依法接受职业培训和继续教育的权利和义务[①]。此外,随着用人制度的改革,专业技术人才面临的竞争日趋激烈,接受继续教育已逐步成为专业技术人才的主动行为。这几方面的因素给我国继续教育事业的发展注入了强大的动力。大学具有教学、科研和社会服务三大职能,因此,大学不仅应当是各行业未来人才的摇篮,更应当担负起培养各行业在岗专业

---

① 中华人民共和国教育法(1995 年 3 月 18 日八届全国人大第三次会议通过).第 5 章第 40 条.北京:法律出版社,2009.

技术人才向高层次发展的责任。社会发展给大学带来了挑战和机遇,专业性、高层次的继续教育已越来越成为大学的责任与使命。

## 1　大学开展专业技术人才继续教育的背景

### 1.1　学习型社会推动对大学继续教育的要求

在信息化的今天,知识的更新速度日益加快,新知识、新理论、新技术不断出现。随着国际竞争的加剧,"学习型"这一概念不断深入人心。为满足信息社会对人才建设的需要,专业技术人才的继续教育成为一种有效的措施。

专业技术人才是指在企业、事业从事专业技术工作的在职人员,其涉及面甚为广泛,包括工程技术人员、农业技术人员、科研人员(自然科学研究、社会科学研究及实验技术人员)、卫生技术人员、教学人员(含各级各类学校教育工作者)、会计人员、统计人员、翻译人员、图书资料、档案、文博人员、新闻出版人员、法官与律师、公证人员、广播电视播音人员、工艺美术人员等。在知识经济时代,各领域的新知识、新理论、新方法不断涌现,专业技术人才不仅需要拥有牢固、扎实的基础专业知识,更需要通过在职的培训,使自己在已有的专业知识基础上吸取新鲜养分,不断促进专业智慧的发展。因此,各个领域技术人员的在职继续教育,成为支持我国改革与发展的一项重要内容,更是建设学习型社会、创新型社会的一项具体手段。

《教育大辞典》将继续教育定义为:"对已获得一定学历教育和专业技术职称的在职人员进行的教育活动。它是学历教育的延伸和发展,使教育者不断更新知识和提高创新能力,以适应社会发展和科学技术不断进步的需要,是现代科学技术迅猛发展的产物。"[①]随着我国高等教育向大众化、普及化发展,越来越多的人们有条件获得相应的高等教育,各行业专业技术人才正逐步实现大专化、本科化。与此同时,由于科技进步、产业结构变革、技术革新和各领域各层次间的相互依赖等原因,经济生产领域的专业技术人才在普通高等院校和高等职业技术院校的初始教育阶段所获得的知识技能很快甚至没来得及运用就被淘汰了。业已完成了全日制高等教育的专业技术人才,难以单纯利用从基础教育到高等教育的正规教育所获得的知识来满足日益发展的职业需要,这必然要求引领科学技术发展的大学为更新他们的知识内容和结构作出贡献。

大学是集教学、科研和社会服务为一体的教育机构,它不但拥有优质的高层次教学资源,而且还通过科学研究使之始终站在科学技术的最前沿。面对越来

---

① 　教育大辞典编纂委员会.教育大辞典(第3卷).上海:海教育出版社,1991:379.

越多的具有高学历的专业技术人员,大学理应担负起促进他们的专业素质发展的责任。而大学的社会服务职能必然要求大学将在职专业技术人才的专业化发展视为自己的使命,大学有责任也有能力成为专业技术人才继续教育的主阵地,使这项工作成为其高层次人才培养模式中的一个基本组成部分。

### 1.2　国家人才战略给大学带来的机遇

大学从事专业技术人才的继续教育也是国家人才战略的需要。改革开放以来,我国经济迅速发展。在顺应经济全球化的进程中,特别是我国加入 WTO后,政府越来越感受到人才,特别是专业技术人才在国家战略发展中的重要作用。由此专业技术人才继续教育工作从起步到发展,取得了长足的进步。

从 20 世纪 80 中期起,我国政府颁布了一系列继续教育的条例和规定。如1987 年 2 月,原国家教委、计委、经委、劳动人事部、财政部、科委联合颁布了《关于大力开展大学后继续教育的暂行规定》;1991 年 12 月,国家人事部印发了《全国专业技术人员继续教育"八五"规划纲要》;1995 年 3 月颁布的《教育法》更是首次从法律上明确了专业技术人员有接受继续教育的权利和义务;1995 年 11月,国家人事部印发了《全国专业技术人员继续教育暂行规定》,同时,各地也纷纷出台地方性专业技术人才继续教育的有关规定。

在国际竞争日益加剧的 21 世纪,我国政府充分认识到人才是强国之本。胡锦涛总书记在党的十七大报告中明确指出:"发展远程教育和继续教育,建设全民学习、终身学习的学习型社会。"[1]2010 年 6 月 4 日的全国人才工作会议上,国务院总理温家宝在讲话中明确将人才资源确定为国家的战略资源,国家主席胡锦涛在讲话中强调指出,人才强国是"确立我国人才竞争比较优势、增强国家核心竞争力的战略选择","要把培养造就青年人才作为人才队伍建设的一项重要战略任务"[2]。由此,党和政府期望我国逐步实现由人力资源大国向人才强国转变,从而为本世纪中叶实现社会主义现代化奠定人才基础。

为响应国家人才工作会议的号召,国家人力资源和社会保障部于 2010 年 6月 4 日发布《关于深入贯彻落实全国人才工作会议精神和国家中长期人才发展规划纲要(2010—2020 年)的通知》(人社部发〔2010〕40 号),指出要以提高专业水平和创新能力为核心,以高层次人才和紧缺人才为重点,大力培养宏大的高素质专业技术人才队伍。《国家中长期人才发展规划纲要(2010—2020 年)》(以下简称《发展规划纲要》)指出,要进一步扩大专业技术人才队伍培养规模,提高专

---

[1]　胡锦涛.在中国共产党第十七次全国代表大会上的报告.2007-10-15.

[2]　人民网.全国人才工作会议在京举行　加快建设人才强国　胡锦涛温家宝发表重要讲话.http://paper.people.com.cn/rmrbhwb/html/2010-05/27/content_528243.htm.

业技术人才创新能力。构建分层分类的专业技术人才继续教育体系，加快实施专业技术人才知识更新工程。

国家人才战略已不满足于完成全日制教育的专门人才，而是要求这些人才在从业过程中不断提升自身的专业水平和专业能力，从而实现综合专业素养的提高。正如胡锦涛主席在全国人才工作会议上提出的，要"努力培养造就数以亿计的高素质劳动者、数以千万计的专门人才和一大批拔尖创新人才"①。为满足国家战略需要，《发展规划纲要》特别指出，要"在装备制造、信息、生物技术、新材料、海洋、金融财会、生态环境保护、能源资源、防灾减灾、现代交通运输、农业科技、社会工作等重点领域，开展大规模的知识更新继续教育，每年培训 100 万名高层次、急需紧缺和骨干专业技术人才，到 2020 年，累计培训 1000 万名左右"。

在高等教育走向大众化、普及化的今天，全国各行各业的专业技术人才的学历水平不断提升。在此背景下，国家的人才强国战略给走在科学研究最前沿的大学带来了千载难逢的机遇，大学理应充分发挥其学科优势及其在相关行业中的学术地位，大力开展高层次专业技术人才的继续教育，为国家造就一大批高素质专业技术人才，从而使重大研究成果更为有效地从潜在的生产力转化为现实的生产力。因而大学，特别是研究型大学介入专业技术人才继续教育，是实施国家人才战略的重要途径，正如《发展规划纲要》所指出的，要"依托高等学校、科研院所和大型企业现有施教机构，建设一批国家级继续教育基地"。

## 2　理清管办职能，全面促进各类专业技术人才的培训工作

### 2.1　梳理管办职能是实施专业技术人才培训的保障

长期以来，大学的继续教育重心放在成人学历提升上，在一定的历史阶段，大学为社会上未能跨入高等学府的大众在接受高等教育、提高基本学历方面发挥了不可磨灭的作用。随着我国社会经济的发展，继续教育工作由成人学历教育为主体开始向成人学历教育与非学历继续教育并存的方向发展，一些研究型大学正在或已经向非学历继续教育过渡，从而开始构建起本科生、研究生和继续教育一体化的人才培养体系。

在以成人学历教育为主体的继续教育模式下，其管理通常由学校成人教育学院统一管理并办学，形成一个效率高、职能边界清晰的自成体系的管办模式。在非学历继续教育兴起后，大多数学校仍沿袭了传统成人教育的管办模式，由成

---

①　人民网.全国人才工作会议在京举行　加快建设人才强国　胡锦涛温家宝发表重要讲话.http://paper.people.com.cn/rmrbhwb/html/2010-05/27/content_528243.htm.

人教育学院或继续教育学院集中管理和办学,专业院系则零星地辅助办学并归属成人教育学院或继续教育学院统一管理。这种管办合一的管理模式,在一定程度上,能使管办单位统筹全校资源,全身心地投入到继续教育的项目研发、项目实施与管理工作中,在不增加专业院系办学负担的前提下,办好继续教育。

　　然而,随着社会对各行业人才继续教育要求的不断提高,特别是国家对专业技术人才再教育工作的重视,使高层次的继续教育的专业性特点不断凸显,由此,一些继续教育重大项目的研发,如继续医学教育、继续工程教育、教师教育、继续法学教育以及建筑师、心理辅导师、营养师、职业药师等资质认证培训等,学科特点明显,专业性强,均离不开学科和专业的介入。因此,行业在岗人员的专业素质提升越来越要求相关专业院系介入培训,从而使大学各专业院系必须重新调整人才培养职能,在原有的全日制本科生、研究生教育的基础上,增加与学科、专业相关的非学历教育培训,以顺应社会发展的需要。这样,原有的成人教育学院或继续教育学院集中办学的模式就显得不太适应现实的发展。

　　从世界一流大学人才培养模式看,本科教育重心在于大类通识教育,主要由文理学科来承担该工作,各专业性院系则将重心放在本科后学术性学位教育、专业学位教育和专业性教育培训。如哈佛大学的本科生教育由文理学部(Faculty of Arts and Science)及其本科生院(Harvard College)完成;专业学院如哈佛商学院(Harvard Business School)、哈佛设计学院(Harvard Graduate School of Design)、哈佛教育学院(Harvard School of Education)、哈佛肯尼迪学院(Harvard Kennedy School)、哈佛法学院(Harvard Law School)、哈佛医学院(Harvard Medical School)等均将重心放在本科后教育,包括学术性的学位教育、专业性的学位教育以及与专业学科相关的行业性高端培训,从而使哈佛各专业学院的人才培养对象主要为社会各界精英。如哈佛大学商学院的继续教育主要是以大公司的高级管理人员为培养对象,旨在培养商界的领袖人物;哈佛教育学院则以大学教育学者、中小学校长及骨干教师、教育行政人员和教育政策制定者等为培训对象,利用其学科和师资优势,每年为全球超过三千名学校领导和在职教师提供旨在提升教育管理者与教师个人素质和促进专业发展的"高端"专业继续教育培训项目(莫顿·凯勒,2007)。

　　当大学各专业院系的人才培养职能中纳入针对相关行业从业人员继续教育时,则有必要重新梳理管与办的继续教育模式。国内一些研究型大学,如南京大学等,已将原有的继续教育学院定位为学校机关,承担全校的成人学历教育、网络教育和非学历继续教育的管理职能。清华大学、浙江大学、上海交通大学、华东师范大学等研究型大学,则相继成立了学校层面的继续教育管理机构,实行较为彻底的管办分离模式。以浙江大学为例,在管办分离的总框架下,继续教育管理处代表学校对全校所有办学单位非全日制教育实施归口管理;专业院系从事针对相关行业的高层次专业性继续教育培训;学校积极引导、鼓励和支持继续教育学院整合学校综合资源,开展多层次、综合性、市场化的继续教育,并与专业院系合作,实现优势互补。经过几年的努力,各专业院系在针对相关行业专业技术人才继续教育中发挥了巨大的作用,2012 年浙江大学继续教育培训班次为 2081 班次,人次为 16 万余人(图 1),其中专业技术人才培训占 45%,企业经营管理者占 14%,党政管理干部占 39%,其他人员培训占 2%,专业技术人才继续教育接近全部培训总量的一半。

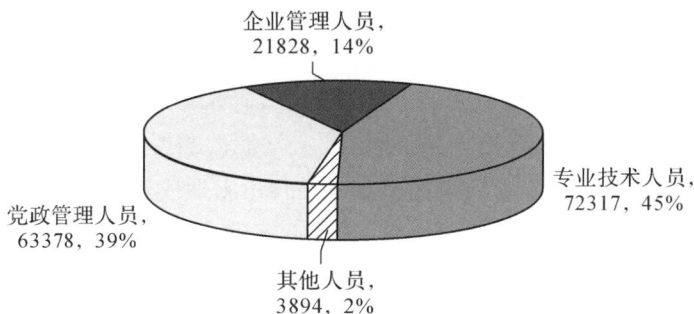

图 1　2012 年浙江大学继续教育各类人才培训分布(单位:人次)

## 2.2　依托学科是提升专业技术人才素质的必然途径

随着社会的高速发展,社会对专业技术人才的素质要求也越来越高,使专业技术人才继续教育成为社会现代化和社会文明的一个重要标志。由于专业技术人才的特殊性,其继续教育培训对学科依赖性强,换言之,依托专业、学科是开展专业技术人才培训的根本途径。

如《发展规划纲要》特别强调了高素质教育人才的培养,计划"每年重点培养和支持 2 万名各类学校教育教学骨干、'双师型'教师、学术带头人和校长,在中小学校、职业院校、高等学校培养造就一批教育家、教学名师和学科领军人才"。新中国成立以来,我国建立了从区县教师进修学校到省级教育学院的完整的教师在职进修体系。随着我国教育事业的发展,幼儿园、中小学教师专业化发展的要求越来越高,由此,师范教育体系从针对任教学科知识培训迅速转向由高等院校教育学科实施教师教育,关注教师综合专业素质的培养。以浙江大学教育学科为例,近年来先后承担了教育部中学语文骨干教育培训、浙江省中小学骨干教师高级访问学者项目、浙江省农村中小学教师"领雁工程"项目、省级骨干校长培训项目、浙江省名师名校长培训班、浙江省县级教师培训机构骨干教师高级访问学者项目、浙江省教师专业发展项目、杭州市农村中小学教师素质提升工程等重大教师教育项目。

再如,卫生部 2008 年印发的《关于加强继续医学教育工作的若干意见》(卫科教发〔2008〕49 号)中要求"围绕卫生工作重点,大力推进继续医学教育工作",《发展规划纲要》也提出要加强卫生人才的培养,"到 2020 年,培养造就一批医学杰出骨干人才,给予科研专项经费支持;开展住院医师规范化培训工作,支持培养 5 万名住院医师;加强以全科医师为重点的基层卫生人才队伍建设,通过多种途径培训 30 万名全科医师,提高基层医疗卫生服务能力"。该项工作的专业性尤为突出,毫无疑问,唯有依托大学医学学科才能较好地实施。浙江大学医学院近年来承担了大量住院医师规范化培训,同时,各附属医院大幅度开展各类专科医师及全科医师的继续医学教育,2010 年以来,已开展如"角膜病诊治新进展""腹腔镜治疗胰胃疾病的进展及手术演示""糖尿病及其慢性并发症临床进展""完全腹腔镜下甲状腺手术""中意妇产科超声学校第三届中国学习班""全科医师岗位培训"等 33 个重大项目,为医疗卫生行业培养了大批合格的、高素质的专业技术人才。

此外,其他各领域也逐步关注相关专业技术人才的专业水平提升问题。如法律行业从对法官学历的严格要求,已发展到对法官继续教育的重视。一些国家还明确规定,只有经过专门的法学继续教育,才能担任法官这一职务或晋升高一级法官职务(夏锦文,2002)。

为适应社会不断变化的需要,专业技术人才除掌握并不断更新专业所需的基本知识和技能外,还应具备以下一些素质:①开拓创新的个性与技能;②复合型的知识体系和技能;③掌握并熟练使用外语、计算机等工具;④掌握相关行业的新知识、新理论、新方法,以紧密联系实际,及时将科研成果转化为现实生产力。因此,专业技术人才继续教育课程发展的趋势包括:①工具性课程的地位将日益突出;②课程发展综合化;③注重创新意识和创新能力的培养;④注重理论研究和实际应用相结合;⑤课程设置更适合成年人的学习。浙江大学外国语言与国际文化学院 2010 年起已连续举办了三期"浙江省外事办公室涉外工作人员英语特训班",除了对他们进行高水平的英语领域的培训外,还增加了有关国家宏观经济、文化、管理等课程和讲座,从而有助于提升外交人才的综合素质,满足他们的切实需要。此外,该学院还举办了杭州市卫生局第二期中青年医务骨干英语口语提高班、杭州市信息办 IT 服务业英语技能提升班等,均从这些行业人才特点出发,充分考虑到从业人员的综合素质的发展。

## 2.3　利用学科在相关行业中的威信,大力开拓专业技术空间

大学专业院系的每一个专业、学科背后就有一个庞大的行业。大学是科学

研究的重要场所，因此，无论在理念上还在科技水平上，大学总是走在相关行业发展的最前沿，因而在行业中享受较高的威信。许多行业内的企事业部门，总与大学相关专业学科有着长期的密切合作关系，依托大学的科研力量来指导和促进相关的事业发展。同样地，随着我国社会经济的发展，各行业企事业专业技术人才的专业素质的提升也将越来越多地依赖大学。

由于继续教育本身具有的市场性特征，加上长期以来各行业、系统内均已建有自己的培训机构，如教育系统有省级教育学院和地方教师进修学校，金融系统有金融干部学院、银行学校，财会系统有财政学校等，各行业习惯于在系统内培训机构实施针对性、操作性较强的培训。因此，大学必须充分发挥其学科的学术优势，利用其在行业内的学术威信，开展富有特色的高水平高层次的培训项目，使之具有不可取代性，才能吸引相关行业委托大学实施继续教育。

根据以上理念和思路，浙江大学中高级专业技术人才继续教育培训以专业学院的专业、学科优势为依托，根据委托单位的人才培训需求，设计相应课程体系，培训内容理论联系实际，灵活多变。同时创立了一系列课程相对稳定的专业技术人才继续教育培训项目，在社会上具有一定的知名度，除上述列举的若干专业化培训项目外，还形成了一批品牌项目，如浙江大学医学部举办的现代护理管理理论和实践培训项目、农业与生物技术学院举办的植物检疫干部培训项目、纳米技术研究院举办的基因组科学研习项目等。

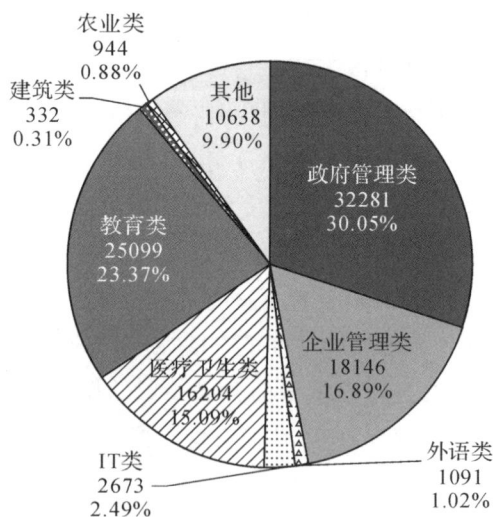

图 2　2011 年浙江大学继续教育按行业培训分布（单位：人次）

从图 2 可以看出，2011 年浙江大学继续教育培训人次中占 43.16％的专业技术人才中，外语类占 1.02％，计算机类占 2.49％，医疗卫生类占 15.9％，教育类占 23.37%,建筑类占 0.31%,农业类占 0.88%。

2012 年统计方式与以往几年完全不同,按行业分布的统计方式已经取消。

继续医学教育与教师教育已具备相对系统化的培训模式,这两类继续教育培训政府配套措施到位,实行学分制管理,在专业技术人才继续教育培训中优势较明显。而外语、计算机、建筑等行业继续教育培训以个人受训为主,人数相对较少。由此可见,如何促使专业技术人才个人主动寻求继续教育培训将是我们继续教育事业发展的重点之一。

此外,我国一些著名的研究型大学,如清华大学、上海交通大学、浙江大学等充分发挥其学科优势,按国家战略需求建立了一系列各级各类的专门性的培训基地。如浙江大学始终以大力发展中高级科技人员、高层次领导干部、高级企业管理人员的继续教育为重点,坚持企校合作,走产学研结合的道路,积极加强国际合作与交流,拓展国际继续教育合作项目,加强省校联合,加大为中西部地区服务力度,先后与国家有关部委、大中型企业、地方政府合作共建了 20 多个继续教育培训基地,成为中组部、农业部、卫生部、建设部、旅游总局、医药管理局、人保部的专业技术人才国家级培训基地,适应社会人才需求,为国家和地方培训公共事业、教育、科技、建筑、金融、农业、医药、旅游等多个领域的人才,培养了大批经济建设急需的高、中级管理和科技人才,在服务地方经济和人才强国战略方面发挥了重要作用。学校同时积极与地方企业合作,培养实用性人才,分别与浙江东南发电股份有限公司、浙江长兴发电有限公司合作,采取委培形式,定向培养"热能与动力工程""电气工程及其自动化"专业人才;与中国建设银行浙江省分行、绍兴市广电总台合作,定向培养"金融学""市场营销"和"广播电视新闻学"等专业人才,为各行业培养特定的专业技术人才。

总之,充分利用专业、学科优势,研发并开展相关行业专业技术人才继续教育培训是提升专业技术人才专业化水平的重要途径,也是实现国家专业技术人才战略的必由之路。

## 3　建立专业化办学管理,确保专业技术人才继续教育质量

### 3.1　继续教育行政管理的专业化

所谓继续教育行政管理的专业化,是指在常规行政管理的基础上,实施针对继续教育特殊性的行政管理,使继续教育事业得到顺利规范的发展。

各行业的各企事业单位往往根据社会发展对专业技术人才提出新的素质要求,从而相应地对继续教育的内涵和重心提出新的要求。因此,各办学单位针对专业技术人才的继续教育只能作总体上的规划,明确办学方针方向,而难以在学

习初制定明确的操作性的具体项目。因此专业技术人才的继续教育项目的实施具有即时性、动态性等特征。基于此,继续教育行政管理必然要求行政管理者有较强的业务水平,能够判断申报项目及其教学计划的合理性和科学性。

当大学全面开展专业技术人才继续教育时,意味着一些专业院系的广泛介入,项目的申报、对外宣传将变得较为频繁。如浙江大学继续教育以专业院系为依托全面开展专业技术人才的继续教育,目前有 30 个院系设立继续教育中心开展继续教育培训工作,占全校继续教育总量的 81%。为了提高管理效率,确保学校的社会声誉,大学有必要开发科学的继续教育管理系统,实现学校继续教育信息化管理功能。浙江大学实行专业院系—继续教育管理处二级制管理,继续教育管理处作为学校职能部门,其职能包括:①继续教育培训项目及广告的申报、审批,教学计划的制定,学员电子化注册、证书登记、发放、查询,学员成绩录入、查询等各项操作均能在系统内实现,真正做到跨越地域、时空的网络化管理;②项目信息、学员部分信息面向社会公开查询认证,接受社会公众的监督;③具备完善的统计功能。

继续教育的管理不同于全日制本科生教育、研究生教育管理,本科生和研究生教育管理较多地根据国家总体规定来具体实施,而继续教育则是一种市场性特征鲜明的社会服务和和人才培养工作,因而需要学校从本身的定位及其实际情况出发,在国家总体框架下制定专门性的规定。应当承认,大学各办学单位在实施继续教育中存在着利益成分,由此不可避免地会出现为获取利益而损害学校声誉的行为,因而学校层面也必须有相应的管理规定和奖惩条例,既要约束办学单位的办学行为,同时也要鼓励办学单位做强做大。如浙江大学目前已出台了《浙江大学继续教育培训管理规定》《浙江大学继续教育违规办学行为处理规定(试行)》《浙江大学继续教育培训奖励办法》等文件,使学校继续教育秩序更规范、培训质量更有保障。

### 3.2　继续教育办学队伍的专业化

继续教育的市场化特征要求大学在开展继续教育过程中引入一定的市场机制,充分发挥市场的导向、调节作用,通过市场实现继续教育资源的优化配置。在激烈的竞争中,要赢得培训市场,不仅需要依靠大学本身的学术品牌和学科优势来研发培训项目,同时还离不开一支具有较高专业化水平的继续教育办学队伍。同时,专业技术人才的继续教育本质就是促进相关行业从业人员的专业发展,这一特殊性决定了继续教育培训方法不同于一般学历教育的教学方法,从而对办学队伍提出了专业性要求。

专业化水平的继续教育办学者的基本素质主要包括:

第一，敏锐的社会洞察力。首先要善于从国家、地方政策文件中捕捉到未来社会发展的方向，从而确定培训开发战略，如从《国家中长期人才发展规划纲要（2010—2020年）》《国家中长期教育发展规划纲要（2010—2020年）》等国家重大文件以及地方性战略规划中捕捉未来继续教育的发展空间；其次，要善于从国际政治经济风云变幻中捕捉发展动态，从而为各行业提供必需、适时的培训，如全球金融危机在一定程度上也为继续教育培训带来了机遇，2009年，浙江大学研发了"'应对金融危机，促进企业发展'专题培训班""企业应对金融危机创新发展高级研修班"等培训项目；再次，要拥有善于从市场需求出发有效组织生源的市场营销能力；此外，还要善于洞察受训者所在行业的特征、竞争环境、文化特征、人员特性和发展状况，据此设计受训者需要的课程。

第二，量身定制的能力。不同的项目、不同的目标群，需要不同的培训方案，体现培训项目的个性化特色，因而专业技术人才的培训方案设计中，必须充分体现培训对象所在行业的特点，使课程体系个性化。专业技术人才参加继续教育的原动力是科学技术的迅速发展，因此，大学要充分发挥其学术研究优势，使培训课程内容要体现行业的最新发展特点。同时，考虑到各行业专业技术人才综合素质发展的需要，除专业性课程外，还要开发其他相关的课程，如在全科医师培训项目中，不仅要向全科医师提供含国内外最先进理念与技术的相关医学课程，如"社区急诊""中医社区医疗保健"等，同时，也提供如医学人文社会科学、医学伦理道德等相关素质类课程；法学继续教育中，除法律专业性的课程外，需要开设个人品德、职业道德、伦理学以及人文社会科学方面的课程，加强现代法官的素养。

第三，与他人交往与协作的能力。培训工作能否顺利有效开展，关键在于办学团队是否具有较强的战斗力。正如上文论及专业技术人才的高层次继续教育涉及的课程包括最前沿的相关专业课程和相关素质的课程，作为办学者，必须善于打破学科壁垒，依托专家学者参与课程开发，并善于与团队中其他培训管理者、不同学科的教师交往，共同做精、做强培训。此外，优质师资是保障继续教育质量的核心，因而办学者应当拥有经营优质师资库的能力。

随着国家人才战略的实施，专业技术人才的继续教育需求越来越大。随着高等教育的大众化、普及化，专业技术人才的学历层次已逐步实现专科化、本科化，因而大学的专业技术人才继续教育空间将越来越大，如何规范大学继续教育秩序、提升大学继续教育的专业水平，是摆在大学面前的一个新的课题。

**参考文献：**

［1］教育大辞典编纂委员会.教育大辞典(第 3 卷)［M］.上海：上海教育出版社,1991：379.

［2］莫顿·凯勒,等.哈佛走向现代——美国大学的崛起［M］.史静寰,等,译.北京：清华大学出版社,2007：634-639,652-655.

［3］夏锦文.法官精英化与法学继续教育［J］.法学论坛,2002(5)：92-97.

# 上海交通大学构建终身教育体系的实践探索

上海交通大学 尹雪莹 刘路喜

**【作者简介】**

尹雪莹，女，上海交通大学继续教育学院经管类专职教师，管理学硕士，研究方向为财务管理，继续教育研究。

刘路喜，女，上海交通大学继续教育学院副院长，教授，研究方向为应用语言学、高等教育管理、继续教育管理。

本文为2010年第十一届海峡两岸暨港澳高校继续教育论坛收录论文。

在经济全球化、教育普及化的时代，集教学、科研、服务于一身的中国高校面临着来自国内外的竞争，特别是跨国教育集团的挑战，打造高等教育的核心竞争力已经成为中国高校自身生存和发展的唯一途径。核心竞争力是1990年美国密歇根大学教授普拉哈拉德（C. K. Prahalad）和伦敦商学院教授哈默尔（Gary Hamel）共同提出的，两位教授界定了核心竞争力的几项特性：有价性、稀缺性、不可替代性和不可模仿性。目前中国高校继续教育同质化发展的状况严重，办学定位不明确，办学特色不明显，尤其是在学历补偿教育需求日渐淡出的情况下，已经开始上演生源争夺大战。如何在激烈竞争的环境中打造自身的核心竞争力，已成为高校迫在眉睫的战略任务，我们且以上海交通大学继续教育学院（成人高等教育）五十多年的教育创新实践为例。

## 一、人力资源管理创新——塑造极具竞争力的师资队伍

建立高素质的专职教师队伍是提高办学质量的重中之重，且弹性的人性化教学管理，可为向社会提供高质量的教育服务打下稳固的人力资源基础。

上海交通大学继续教育学院广纳海内外优秀人才，在全国成教界率先建设了一支整体素质高、学历年龄结构合理、教学经验丰富且与学院发展相匹配的高

水平专职师资队伍，先后成立了英语、经济管理和计算机三个教研室；并聘请校内资深教授和专家担任专业主任及教学督导，建立了以数十位教授领衔的多学科兼职教师队伍。专职教师治学严谨，专业知识扎实，教学经验丰富，熟悉成人高等教育特点，与兼职教师定期共同开展教研活动，开创了精品课程、"双证"课程和"全英语授课"课程。学院还广纳优秀人才充实管理开发队伍，各部门的管理骨干既懂管理、开发，又能胜任教学，创建了一支德才兼备的双肩挑教师队伍。自2001年起学院着力引进师资，现有专职教师、双肩挑教师50名，具有博士学位的教师占三分之二，98%的教师具有海外学习和访问经历。

学院在锤炼师资专业素质内涵、强化教学过程管理的同时，充分考虑在职学生的工学矛盾，进一步改革和完善了学籍管理与学位授予制度，实行弹性学制。大多数前来学院深造的成教学生，都已肩负起工作与家庭的重任，但为了提升个人职业能力、拓宽就业空间、成就自身事业，再次选择了继续求学，希望能做到工作、家庭与学习三不误。为满足学生的这一合理需求，学院在有效学制内允许学生有多次重修、重做论文、重考学位课程的机会；选择适宜的课程实行信息化辅助的网上教学，减少每周面授学习的次数，有些专业还应学生所需，开设了双休日学习班；实行网络答疑制度，公布答疑时间，对基础薄弱、上课吃力的学生进行个别辅导，以确保每位学生能尽快适应学习。这种细致入微、处处体现人性化教学管理的思想和精神，极大地提高了成教学生的学习效率和效果。

## 二、教育技术手段创新——搭建极具迸发力的技术平台

恰当使用信息化教育技术手段，不断改进教学内容、教学方法和教学手段，提高教学效果，解决了工学矛盾，增强了学生的就业竞争优势，为向社会提供高质量的教育服务搭建了强大的技术保障基础。

为解决学生在学习过程中突出的工学矛盾，上海交通大学继续教育学院于2009年秋季学期投入大量的人力、物力引入信息化辅助教学手段，先行对2007级工商管理专业"运筹学"和2008级会计学专业"中级财务会计"两门课程实施了信息化辅助教学试点。学生可以选择到校课堂面授，工作冲突的同学可以通过基于网络的视频实时在线点播，达到和面授课堂同步的效果。学生还可以事后播放由后台制作的每次面授课堂直播录像来及时复习或补上相应的课程；除此之外，信息化辅助教学平台还提供了课件下载、学习论坛、作业中心、答疑中心等模块，学生可以随时随地下载所需要的资料文档，提出学习过程中的疑难和困惑，及时得到授课教师的答复，真正做到在不同地点、不同时间完成自己的课程学习，最大限度地保证学习活动的连续性和完整性，提高学习效率。目前，实施信息化手段辅助教学的课程涉及"中国商务基本法律制度""货币银行学""财务

管理""国际贸易理论与政策""运筹学""高级实用软件""管理学""经济学""战略管理"等十余门。

由学院信息中心开发的 MIS 教学管理系统软件中的"网上作业"系统更是无纸化作业的新探索,教师们在网上评改作业,学生则在网上查阅和参考优秀习作,利用效率高,深受学生欢迎。自 2000 年以来,教学管理信息系统已经形成一个完整的体系,涵盖了从招生管理、学费管理、学籍管理、教学计划管理、排课管理、教室管理到教师/学生/班主任信息管理、考试管理、成绩管理、教师酬金管理、奖学金管理、毕业证书和学位证书管理等所有教学管理环节,为学院在有限的人员配置情况下实现对 1 万余名成人学生的高效服务提供了强大的技术支撑和保障,目前已有 10 多所高校的继续教育学院引进这套 MIS 教学管理系统。除此之外,学院组织专兼职教师开发了两门公共基础课"实用软件"和"邓小平理论"的课件,根据教学内容、学生的特点,利用先进的教学辅助手段,使课程内容更加新颖直观、信息量大增,达到了最优化地利用教学时间、减少课堂面授课学时数、方便学生自学、提高成教学生学习能力的目标。

### 三、质量监督制度创新——奠定极具执行力的保障基础

完善教学质量保障与监控体系,加强教学过程管理,重视教风、学风建设,把爱岗敬业、教书育人作为对教师的基本要求,逐步形成了"开放、务实、创新"的良好风气,为向社会提供高质量的教育服务奠定了坚实的制度保障基础。

上海交通大学继续教育学院的德育工作坚持"育人为本、德育为先"的指导方针,紧紧围绕人才培养这一中心任务,在服务大局中前进,在继承创新中提高,在促进改革中发展。学院始终高度重视规章制度在学风建设上的积极作用,不断完善规章制度建设,强化规章制度的执行力度,对学生严格要求,严格管理,引导学生在制度的框架内自我选择、自我管理、自我负责,养成良好学风。学院自 2000 年开始采用教学管理系统(MIS)并实行成绩如实记载的规定,即:学生在读期间修读所有课程的成绩都如实予以记载,学生因课程不及格等原因而补考或重修所获成绩,在系统打印出的学生成绩大表上注有"补考通过"或"重修"字样,因作弊重修所获的成绩也注有"曾作弊"字样。这一规定执行八年多来,对培养学生责任感、促进学风建设、提高教学质量发挥了良好的作用,也为学院树立了良好的声誉。

学院制订了《考场管理规范条例》、《学生违纪处分条例》等规章,对考场纪律、违纪处理等涉及考风考纪的相关环节都做出了明确规定,并列入《学生手册》中,在新生进校时发到每位学生手上,由班主任进行重点宣讲。每学期考试前,教学部门管理都重申考试管理和考场纪律的有关规定,要求各班主任从爱护学

生的角度出发,本着防患于未然的原则,开展考前诚信教育,让学生干部发出诚信考试倡议。每次考试由班主任随机安排座位,学生不得自己找座位,坚决遏止考试作弊现象,形成了良好的考试纪律。同时,对于违反考场纪律的学生,学院按照相关规章制度,予以严肃处理并利用学院底楼大厅内的电子屏幕公布处理结果,以起到教育和警示的作用,使考试的公正、公平、真实、可信得到了保证。学院通过设立奖学金及构建相关的评价机制,发挥评优评奖的育人导向作用,激励学生认真学习、全面发展。每年学院设有优秀学生和优秀学生干部奖学金,获奖学生约占在校学生总数的 10%左右。

表1、表2分别为 2004—2006 届本科、专升本成教毕业生能力调查统计。

### 表1 2004—2006届本科成教毕业生能力调查统计

[人数/占比(%)]

| 序号 | 调查内容 | 有较大提高 | 有提高 | 略有提高 | 没有提高 | 没有选择 |
|---|---|---|---|---|---|---|
| 1 | 基础理论知识 | 214/74.82 | 68/23.79 | 1/0.34 | 1/0.34 | 2/0.69 |
| 2 | 专业理论知识 | 206/72.02 | 75/26.22 | 3/1.04 | 2/0.69 | |
| 3 | 专业动手能力 | 174/60.83 | 101/35.31 | 8/2.79 | 3/1.04 | |
| 4 | 岗位实际工作能力 | 181/63.28 | 94/32.86 | 9/3.14 | 2/0.69 | |
| 5 | 文字语言表达能力 | 159/55.59 | 118/41.25 | 7/2.44 | 2/0.69 | |
| 6 | 计算机应用能力 | 123/43.00 | 134/46.85 | 25/8.74 | 4/1.39 | |
| 7 | 外语应用水平 | 88/30.76 | 139/48.60 | 56/19.58 | 3/1.04 | |
| 8 | 自学能力 | 160/55.94 | 114/39.86 | 9/3.14 | 3/1.04 | |
| 9 | 参与或承担科研工作 | 67/23.42 | 91/31.81 | 28/9.79 | 100/34.96 | |
| 10 | 发表论文情况 | 62/21.67 | 97/33.91 | 41/14.33 | 86/30.06 | |
| 11 | 遵纪守法职业道德 | 241/84.26 | 40/13.98 | 4/1.39 | 1/0.34 | |
| 12 | 热爱工作认真负责 | 247/86.34 | 35/12.23 | 3/1.04 | 1/0.34 | |
| 13 | 人际交往团结协作 | 239/83.56 | 39/13.63 | 5/1.74 | 3/1.04 | |

### 表2 2004—2006届专升本成教毕业生能力调查统计

[人数/占比(%)]

| 序号 | 调查内容 | 有较大提高 | 有提高 | 略有提高 | 没有提高 | 没有选择 |
|---|---|---|---|---|---|---|
| 1 | 基础理论知识 | 746/71.93 | 242/23.33 | 48/4.62 | 1/0.09 | |
| 2 | 专业理论知识 | 708/68.27 | 268/25.84 | 56/5.40 | 1/0.09 | 4/0.38 |
| 3 | 专业动手能力 | 578/55.73 | 361/34.81 | 76/7.32 | 1/0.09 | 21/2.02 |

续表

| 序号 | 调查内容 | 有较大提高 | 有提高 | 略有提高 | 没有提高 | 没有选择 |
|------|----------|-----------|--------|---------|---------|---------|
| 4 | 岗位实际工作能力 | 605/58.34 | 352/33.94 | 62/5.97 | 18/1.73 | |
| 5 | 文字语言表达能力 | 610/58.82 | 347/33.46 | 70/6.75 | 1/0.09 | 9/0.86 |
| 6 | 计算机应用能力 | 383/36.93 | 442/42.62 | 138/13.30 | 53/5.11 | 21/2.02 |
| 7 | 外语应用水平 | 306/29.50 | 504/48.60 | 189/18.22 | 37/3.56 | 1/0.09 |
| 8 | 自学能力 | 614/59.20 | 337/32.49 | 72/6.94 | 14/1.35 | |
| 9 | 参与或承担科研工作 | 295/28.44 | 298/28.73 | 94/9.06 | 49/4.72 | 301/29.02 |
| 10 | 发表论文情况 | 352/33.94 | 308/29.70 | 95/9.16 | 27/2.60 | 255/24.59 |
| 11 | 遵纪守法职业道德 | 798/76.95 | 214/20.63 | 19/1.83 | 5/0.48 | 1/0.09 |
| 12 | 热爱工作认真负责 | 799/77.04 | 212/20.44 | 11/1.06 | 15/1.44 | |
| 13 | 人际交往团结协作 | 679/65.47 | 195/18.80 | 14/1.35 | 149/14.36 | |

### 四、教育科研实践创新——创造极具包容力的拓展氛围

积极参与成人高等教育科研,实施注重提高学生综合素质、实践能力和创新能力的特色教育战略,在教学研究和人才培养方面取得了显著成绩,为向社会提供高质量的教育服务铺设了深厚的科研实践基础。

学院根据上海交通大学"起点高、基础厚、要求严、重实践、求创新"的办学传统,积极探索研究成人高等教育人才培养模式,以转变教育教学思想观念为先导,以教学管理制度创新为突破口,推出了一系列改革举措,减少课程门次,适当减少课堂讲授时数,增加大型专题讲座的学时,增加学生自主学习的时间和空间,重视实践环节,提高学生实践能力,拓宽学生知识面,增强学生学习兴趣,完善学生的知识结构,促进学生个性发展。在教学之余,学院鼓励专职教师积极开展科研活动,近几年来,专职教师负责完成的科研项目共 12 个、发表论文共 44 篇,其中"实用软件""大学英语""会计学"三门课程分别被评为 2004 年度和 2006 年度的"上海市成人高校精品课程"。

学院努力为人才成长营造宽松环境,倡导德才兼备、包容并蓄、广纳英才、唯才是用。为规范教师的教学工作,不断提高教师教学水平,激发教师教学的积极性,学院采取了一系列措施,制订《教师工作手册》、《教书育人守则》、《任课教师职责条例》和《专职教师业绩评估的规定》,让每位教师更全面更深入地了解学院和学生对他们的要求;每年对师资建设和教师管理进行工作计划和总结;设立青年教师进修培养制度和任课奖励酬金制度;推行新教师试讲制;参加学校举办的"教学新秀"和"三育人"评比;设立校级"成星育才奖",奖励长期在成人教育教学

第一线工作并取得突出教学业绩的教师,激励更多的教师爱岗敬业,进一步调动了教师投身教育教学工作的积极性和创造性。近几年来,教学新秀不断涌现,教学效果普遍得到学生的肯定,学院专职教师荣获市级以上奖项 2 个和校级奖项 14 个,包括"上海市科技进步一等奖""上海交通大学双语教学竞赛二等奖"、交大"思源杯"优秀教师、成星育才奖、校"三八"红旗手、校优秀工会干部、"现代教育理论与实践论坛大奖赛一等奖"等多个奖项。学院还荣获 2005 年度"学历证书电子注册管理先进集体""全民终身学习周突出贡献奖""优秀网站一等奖"和 2007 年度"学习型组织创建工作先进集体"等多个集体奖,并从 2005 年至 2007 年连续三年获得"教工模范小家"光荣称号。

### 五、人才培养模式创新——尝试极具持久力的发展架构

在稳步发展学历教育的同时,积极拓展多层次的非学历继续教育与培训,依托百年交大优质教育品牌和学院教育资源,满足现代社会和经济的多元化需求,为向社会提供高质量的教育服务探索着具有交大成教特色的人才培养模式。

学院高级管理培训采用知识框架核心内容讲解、案例分析、商战模拟、沙盘推演、零距离研讨、小组项目等新颖多样的教学方式,通过组织户外拓展活动、学员沙龙、企业参观考察游学等丰富多彩的学习辅助活动开展教学,成为企事业单位中高级管理和技术人员职业人生的加油站。从 2004 年至 2010 年 8 月底,学院共开设了 CMBA 高级研修班、DBA 高级研修班、新儒商国学智慧大学堂、企业资本运营高级研修班、生产运营总监高级研修班、浙江 MBA 高级研修班、浙江 EMBA 总裁高级研修班,以及各类企业内训、政府及事业单位干部培训,开班数达 40 班次,培训人数达 2000 人次。

学院曾先后与美国、加拿大、日本、澳大利亚、英国等国家的高等院校和学术机构举办多种形式的国际合作教育,与澳大利亚阳光海岸大学、英国赫瑞·瓦特大学爱丁堡商学院联合开展了高级工商管理大学后课程班,培养了一批与社会同步发展、具有国际战略眼光、通晓国际管理知识、适应多元文化的职业经理人。学院聘请国际专家教授,采用教学录像观摩、户外实地训练等多样化的教学方式,为在华的外籍学生开设 TEFL、Photoshop 理论及运用、绘画、摄影艺术、网页设计、人力资源管理、项目管理和公司金融等方面的职业技能培训课程。学院曾与上海旅游人才交流中心及上海四、五星级酒店合作,面向全国招收"饭店管理"专业定向特色班学生,为酒店培养了一批掌握一定饭店管理理论、中外旅游业管理思想并懂外语的高技能经营管理人才。学院还曾先后开设了中国职业经理人培训班、工程硕士考前辅导班、四六级英语考前辅导班、成人高考考前辅导班以及数码钢琴培训班,培训达 18000 多人次。

锤炼内涵,打造核心竞争力,构建终身教育体系,促进人的全面发展,不仅仅是创建和谐社会的重要内容,更是当前中国高校继续教育院校办学的出发点和根本任务。上海交通大学继续教育学院秉承上海交通大学"饮水思源,爱国荣校"的校训和"求真务实、努力拼搏、敢为人先、与日俱进"的精神品格,在"竞争、创新、合作、奉献"学院文化的感召下,继续以终身教育为己任,奉献成人高等教育事业,努力建设与世界一流大学相匹配的"多层次、国际化、有特色"的继续教育学院,培养更多的德、智、体、美全面发展且具有"实用、复合、创新"特征的一流应用型人才。

# 以培训基地为依托的职教师资继续教育实践
## ——以西安交通大学为案例的研究

西安交通大学　惠世恩　付　勇

【作者简介】

惠世恩,男,西安交通大学继续教育学院院长,教授,主要研究方向为继续教育管理、专业技术人才继续教育。

付勇,男,西安交通大学继续教育学院党委书记,副研究员,研究方向为继续教育管理。

本文为2010年第十一届海峡两岸暨港澳高校继续教育论坛收录论文。

## 一、国家级职教师资培训基地的历史

20世纪70—80年代,由于职业教育教师的数量、素质、结构及其管理制度都还不能很好地适应职业教育改革发展的需要,职业学校教师特别是专业课教师,一直没有一个相对完整的培养培训体系,这在很大程度上成为制约职业教育发展的瓶颈。为此,教育部和原国家教委先后在全国批准建立了10多所独立设置的高等职业技术师范学院,由这些学校来培养培训职业学校的专业课教师和实习指导教师。80年代中后期,开始尝试依托普通高校和一些条件较好的中等职业学校建立培训基地培训师资。1989年后,原国家教委批准天津大学、浙江大学、湖南农业大学等8所高校设立职业技术教育学院或农村职教培训中心,同时作为职教师资培养培训基地。建立高等职业技术师范学院和依托高校和中等职业学校建立职教师资培训基地,是我国建立中等职业教育师资培养培训体系的前期探索,为中等职业学校培养培训了一定数量的职教师资,也为后来整体规划和顺利推进职教师资培养培训体系建设奠定了基础(王继平,2002)。1999年1月,《面向21世纪教育振兴行动计划》将职教师资培训基地建设作为一项重要工程提出,标志着基地建设进入了新阶段。同年 7 月,教育部正式启动国家级职教师资培训基地建设。12 月,教育部公布了首批重点建设国家级职教师资培训基地名单,西安交通大学、天津大学、同济大学、东南大学等入选;随后,2000 年和 2001 年又先后遴选确定了 52 个国家级职教师资培训基地;2003 年,华中科技大学和集美大学被批准为国家级职教师资培训基地;2007 年,清华大学和北京理工大学也被批准为国家级职教师资培训基地。截至目前,国家级职教师资培训基地目前已经发展到 56 个,全国性的职教师资培养培训体系基本形成[1]。国家级职教师资培训基地承担着为中等职业教育培养和培训师资两大主要任务,通过建立基地,有力地促进了具有完整性、开放性和多元化特点的职业教育师资培养培训体系的形成。

西安交通大学 1995 年被教育部确定为首批“全国职教师资培养培训基地”,1999 年被批准为“全国重点建设职教师资培养培训基地”。2009 年,又成为陕西省职教师资培训基地。从 1996 年开始,西安交通大学基地首先在成人教育系列设立“非师范类职教师资”专升本名额招生,后又通过统考在“三校生”中选拔优秀生进行职教师资本科培养。1999 年,西安交通大学和天津大学等 12 所基地高校率先在全国开展中职教师在职攻读硕士学位工作[2]。15 年来,基地为中等职业学校培养中职硕士 187 名,培养师资本科学生近 1000 名。2007 年至今,基地又承担国家级中等职业学校专业骨干教师培训任务,培训“电子电器应用与维修”和“护理”两个专业的骨干教师 420 名;承担陕西省中等职业学校专业骨干教师培训任务,培训“机械加工技术”“计算机应用”“电子技术应用”“电工电子技术”和“机电技术应用”五个专业的骨干教师 320 名;受新疆建设兵团、新疆教育厅、青海教育厅的委托,培训中等职业学校专业骨干教师 56 名。同时,还承担了各级职教师资研究课题 7 项。

**二、职教师资培训中存在的问题探究**

参加基地培训是职业教育教师职前专业培养、职后教师岗位培训的自然延伸,属继续教育的范畴。我国现行的职业教育教师培养培训普遍缺乏不断促进教师职业成长的长远的、可持续发展的培养培训规划,在完成易操作的学历达标后,教师职后教育和培训就成了可有可无、时有时无、计划性与规范性不强的“锦上添花”之作,制约了职业教育教师的专业成长和职业教育质量的提高。存在的

---

[1]　56 个重点职教师资培养基地建成[EB/OL]. http://www.edu.cn/zhi_ jiao_news_295/20071207/t20071207_269419.shtml.

[2]　教职成司函〔2009〕88 号[Z]. 2009-06-17.

问题主要表现在以下几个方面。

(1)教育过程单一。组织开展的各类继续教育项目,其过程较为单一,如教育教学研讨、专业知识培训等,大都是走过场,带有明显的功利性,往往为了达到教师继续教育课时而组织培训学习,没有认真考虑其教育过程所能达到的实际作用和效果。另外,继续教育的手段及做法形式主义严重,继续教育的检查考核,没有突出实际内容和效果,而更注重形式的包装。如每年教育行政部门对教师继续教育的检查,主要是查阅教师当年的继续教育手册,了解是否达到规定的课时,达到或超过便为合格或优秀,未达到便不合格。这样就造成教师之间相互抄袭,以凑足课时。这种形式主义的检查考核,对教师素质和能力的提升作用极为有限。

(2)培训内容更新慢。目前开展的职教师资培训,很多学习资料及培训内容已明显过时,不切合当前教学及生产工作实际,甚至有的内容是已被淘汰的东西,没有实用价值。有的培训学习材料,虽然有新知识、新技术、新内容,但与中职教育的关联性不大,针对性不强,教师学习后作用不大,没有达到继续教育的目的。

(3)培训内容与职业资格考核机构和职业技能鉴定不衔接。一方面,职业教育要求教师特别是专业课教师通过各类培训学习,取得"双师型"教师资格,以适应技能型人才培养的需要;而另一方面,目前开展的针对职教师资的继续教育,却缺乏这方面的内容,缺少与有关职业资格考核机构和职业技能鉴定部门的衔接。

(4)工学矛盾突出,培训效果难以保证。随着各类职业学校的扩招,教师的教学工作量大幅增加,大部分教师严重超负荷工作。因此,除寒暑假外,平时上课期间,根本不可能挤出时间参加培训学习或下工厂实践锻炼。在这种情况下,教师们普遍反映参加的培训时间短、容量大,学不了多少东西,有走过场之嫌。从接受知识的角度讲,有的继续教育内容不可能在短时间内消化吸收,需要教师在日常的教学工作实践中领悟和落实,这也需要一定时间和过程。

### 三、针对以上问题,西安交通大学基地开展的工作

西安交通大学基地以能力本位教育(competence based education)为目标,所开展的培训充分体现职教师资的职业特点,把所教授的学科知识、应用技能与教师的专门教育训练有机结合起来,为教师打造深厚的本位能力功底,包括胜任教师岗位的职业技能技艺和动手能力、群体协作能力、创新能力及自我调控能力等,形成了理工为主的特色和"学术性、职业性、师范性"的培训理念。

（一）遵循的原则

（1）目标性原则。即培训目标符合国家职业教育的发展要求以及高职院校的发展规划，以促使教师的专业发展为核心。

（2）均衡性原则。培训项目的设计要均衡面向不同层次、不同学科专业的教师群体。

（3）实践性原则。通过培训使教师具备实践经验和娴熟的专业技能。

（4）适用性原则。培训内容紧扣教师的具体工作，并从学校实际出发，遵循适用原则。

（5）专业自主原则。提高教师发现问题、自主提升专业发展的能力。

（二）具体工作

1. 培训需求分析

教师培训规划是开展教师培训工作的前提，而教师培训需求分析则是制定培训规划的基础。西安交通大学基地开展的培训，在任务下达后，培训项目负责人即在开班前与培训学员联系，征询培训意向及要求，再制定培训计划，在课程设置中对培训学员知识结构的缺陷部分进行重点强化，以提高项目的针对性。

2. 加强授课团队建设和更新

在教师队伍建设中，西安交通大学基地建立了教师参与企业实践制度，定期组织从事专业课、实践课教学的专兼职教师深入企业或科研院所实践锻炼，跟踪了解企业一线最新技术，参与技术攻关和合作研发，亲身体验企业的生产过程和运行过程，把专业设置、教学内容、科研活动等与地方产业发展、企业需求紧密结合起来，使授课师资能够多渠道、多层次、全方位地参与生产实践活动，形成工学结合、校企共进、互惠互利的教师专业成长良性循环。例如，通过基地平台，计算机科学与技术专业任课教师胡飞虎副教授参与了"河南平顶山盐厂设备管理系统""企业物流供应链管理系统""宝鸡第二电厂管理信息系统"等项目；旅游管理专业任课教师周为副教授参与了"西北电力国际会展中心可行性研究"和"陕西旅游多媒体数据系统"项目的开发，同时将有关资料和研究成果应用于教学实践中，丰富了教学内容。

另一方面，基地还从企业选聘了一部分实践经验丰富的兼职教师改善师资结构。例如，基地聘请了西安宾馆人力资源部经理叶向荣讲授"宾馆设备与管理""礼貌礼仪"课程，聘请华地会计事务所高级会计师王良丽指导"会计审计实践"课程，聘请陕西金柯财务咨询有限公司李居政经济师讲授"会计模拟实验"课程，聘请洛阳轴承研究所高级工程师余治壮博士讲授"金属切削原理与刀具"课程,聘请西安博通股份公司工程师郝宇峰讲授"管理信息系统"和"数据库应用"课程,这些兼职师资的加入极大地提高了培训学员的实际工作能力。

### 3. 模块教学

职业院校教师有别于普通高校教师,应具备复合型的知识结构,不仅要具有良好的服务意识和职业道德,还要具备扎实的专业知识、深厚的教育学素养、熟练的专业技能和丰富的实践经验;既能从事教育教学活动,又能从事职业实践活动,并将两者有效结合,形成"双师"素质。西安交通大学基地针对职业教育师资的以上特点,在构建课程体系上设置了以下模块:

职教理论模块。聘请陕西省教育厅职教专家、原副厅长屈应超为主讲教授,进行职业教育发展的前瞻性和政策性讲座。

人文素质模块。开设大学语文、职业道德修养、法律基础、体育及军事训练等课程。

信息技术模块。开设高等数学、计算机基础、C语言程序设计、数据库原理及应用等课程。

师范教育模块。开设教育学、职业教育心理学、现代教育技术概论等课程。

专业知识模块。聘请西安交通大学学科建设、专业建设的带头人进行专题讲解,使培训学员了解学科发展前沿、专业发展趋势,培养他们的专业开发、专业规划和专业建设领导能力和实施能力。

技能实践模块。以校内外实训基地为依托,通过顶岗或跟班实习、参与企业的项目研究和技术改造,进行产学研结合的培训。

研究能力模块。以西安交通大学管理学院著名管理专家李怀祖为主讲教授,对学员进行研究方法和论文写作方法讲座,有效提高了学员发现实际问题及利用专业知识解决问题的能力。

### 4. 技能培训与资格证书制度相衔接

参加资格证书考试能够使参训的骨干教师比较熟练地掌握本专业领域的新知识、新技术和关键技能,进而促进中职教育骨干教师职业生涯的可持续发展(方应天,2004)。西安交通大学基地在培训计划中有意识地强化技能训练,并与陕西省职业技能鉴定中心联系,使培训学员毕业时能够通过技能鉴定站的考试,拿到各相关专业的技能资格证书,成为合格的"双师型"教师。

### 5. 教师在职攻读硕士学位,解决工学矛盾

"十一五"期间,西安交通大学基地共招收和培养"机械工程及自动化""管理科学与工程""计算机科学与技术""会计学""职业技术教育学"等专业的中等职业学校教师在职攻读硕士学位学生187名,为中职学校培养了一批骨干教师。

为了便于中职硕士在职脱产学习,解决工学矛盾,基地合理有效组织教学,在进行正常教学的基础上,充分利用暑假进行专业课学习,并要求学生的专业课课程作业必须紧密结合本职工作和现实问题,学位论文必须联系职业教育发展现状和自己学校的实际来完成,并且具有一定的创新性和实效性。学生的研究论文"宝鸡农村职业技术教育发展模式构建""陕西省技工学校适应区域经济发展的对策研究""中等职业学校职业指导研究""西安地区中等职业学校教师心理压力研究""中等旅游职业学校的发展现状与对策研究"等,都把职业教育发展和区域经济社会发展有机结合起来,具有很强的现实指导意义。

6.加强校内外实训基地建设

主要通过以下三种途径:

(1)自建。西安交通大学基地累计投入 1800 余万元,改善基地的硬件,目前基地使用的教学、行政用房建筑面积 43000 多平方米,有多媒体教室 32 个,计算机室 6 个,语音室 4 个,金工实验室、机能实验室、临床实验室等实验室 7 个,藏书 20 余万册。

(2)统筹规划校内外办学资源,创建资源共享平台。一是充分发挥西安交大 13 个国家重点实验室、30 多个研究所(中心)、校办实习工厂、工程训练中心、医学实验室等优势,有效地落实实践教学环节;另一方面,挖掘院内潜力,实行职教师资培训基地与继续教育学院部分通用资源的共享,职教师资培训基地可以使用院继续教育中心及培训中心的部分教师资源和课程模块,培训中心的校内外合作方如长庆油田、西安计算机研究院、金川集团、交大第一附属医院、陕西省公务员局等也纳入职教师资培训项目的生产实习基地。

(3)主动联系,扩大校外实习基地。先后与西安红旗机械厂、陕西榴花宾馆、西安市商业银行、天安保险公司、航天第四研究院、彩虹显示器有限公司、西安航空发动机有限公司等多家企事业单位签订了实训协议,开展合作。

7.职业教育研究

除开展职教师资培养培训外,西安交通大学基地也结合陕西省及西部职业教育发展的实际开展职业教育研究工作,为当地职业教育的规划决策提供依据。

基地教师撰写的"我国西部地区中职学校师资培养和继续教育问题初探""职业教育的实践与思考""职业教育办学模式初探""中职学校师资队伍建设现状与对策研究"等论文,创新性提出职教师资的培养培训要丰富"一体化"教育内涵、创建教师"访问工程师"制度、实施企业"反哺"教育政策、解决教师后顾之忧、职教师资培训内容要重在纠偏和补缺等观点,从理论上指导了职教师资培养培训的实践。

2002 年基地承担了陕西省教育厅"高职高专教育经济类专业人才培养规格和课程体系改革、建设的研究与实践"（02202）、"高职高专教育制图课程教学内容体系改革、建设的研究与实践"（02307）两项课题；2005 年，承担中国职教学会职教师资专业委员会"陕西省中职学校师资队伍现状抽样调查及对策研究"课题，同时还积极参与全国教育科学"十五"规划教育部重点课题"中职学校师资队伍现状抽样调查及对策研究"（DJA050154）和"中职学校教师在职攻读硕士学位的制度设计与实施研究"（DJA050161）的研究任务。这些调查和研究为师资培养培训提供了理论指导，提高了培养培训的质量。

基地主办的《世界职业技术教育》杂志，秉承"求实创新，外为中用，开阔视野，促进交流"的办刊宗旨，特色鲜明，风格严谨，是了解世界职业技术教育和加强职业技术教育交流的动态窗口。

### 四、近期发展规划

（1）对中职骨干教师培训的的优秀教案及精品课件进行动态管理，征询校内外专家及学员意见，修改完善，增加学科发展的最新内容。以优秀教案及精品课件为依托，利用我校"天地网"资源开展职业教育远程培训，实现技术资源、精品课件的共享。

（2）除继续做好高职骨干教师的培训外，整合交大管理学院、公共政策学院、高教研究所等资源，开展面向职业学校管理者的、以提高管理能力和水平为目标的"校长培训班"，进一步拓展基地的功能。

（3）对毕业学员及其学校进行问卷和电话回访，评估培训效果，考察教师的教学工作效率是否提高、教学质量是否改进、学校的声誉是否逐步提高、人才培养质量是否逐步得到社会的认可等，并根据反馈信息，改进优化培训方案。

### 五、结束语

西安交通大学全国重点建设职教师资培养培训基地为我国经济发展特别是职业教育的发展培养和输送了大量人才。基地今后将遵循交大"精勤求学，敦笃励志，果毅力行，忠恕任事"的校训，在新的历史起点上，不断适应国内外职业教育改革发展的新形势，逐步搭建起适应国际潮流的职业教育人才培养基本构架，建立起现代化的基地决策体系、执行体系和教育体系，使基地的教育管理模式和国际接轨，为职业教育的发展做出更大的贡献。

**参考文献：**

［1］方应天.干部教育与职业资格培训关系问题研究[J].河南金融管理干部学院学报,2004 (1):98-99.

［2］王继平.总结经验 不断开拓 扎扎实实地做好职教师资基地建设工作[J].职教论坛,2002 (7):4-7.

# 责任　优势　解构
## ——对全国干部教育培训高校基地的几点思考

复旦大学　张亚玲

【作者简介】

　　张亚玲,女,复旦大学继续教育学院培训部部长助理,法学博士,研究方向为马克思主义中国化。

　　本文为2011年第十二届海峡两岸暨港澳高校继续教育论坛收录论文。

　　2009年,中组部与教育部联合下发《关于建立和规范高校干部培训基地的意见》,确定北京大学等13所教育部重点高校为首批全国干部培训高校基地。干部教育培训高校基地建立以后,以贯彻落实党的十七届四中全会"建设学习型政党和学习型干部队伍"的精神为指导,以中共中央办公厅《2010—2020年干部教育培训改革纲要》为目标,全面落实《国家中长期教育改革和发展规划纲要(2010—2020年)》的"到2020年,努力形成人人皆学、处处可学、时时能学的学习型社会"的各项举措。基地的建立既是党和国家赋予高校的光荣使命,是国家建设和社会发展的迫切需要,是提高干部队伍素质和能力的重要途径,更是终身教育观念被社会广泛认同的文化背景下人的全面发展能够实现的有力保障。本文以干部教育培训高校基地的工作为研究对象,对高校干部教育培训基地的责任、优势及其所要处理和协调好的几种矛盾与关系做些分析与思考。

　　**一、责任:干部教育培训是高校继续教育发展的重要组成部分,是高校能够承担、应该承担并且必须承担的责任和义务**

　　1. 高校应该承担干部教育培训中的责任与义务

　　当前时期,我国改革开放和现代化建设已经进入矛盾凸显与机遇并存的复杂时期,在全面构建社会主义和谐社会的过程中,社会问题与冲突不断增加,社会管理与创新亟待加强。要全面贯彻落实科学发展观,实现经济社会全面、协调、可持续发展,关键在于各级领导干部,在于不断提高他们的素质和能力。这就对干部教育培训工作提出了新的和更高的要求。干部的教育培训已经不仅仅局限于处于主要领导岗位的干部队伍,而是已经扩展到更多层级的干部和更广泛的行业领域,这意味着接受培训的干部队伍不仅在数量上有大幅度增长,而且对于干部教育培训机构而言,在培训体系和授课内容上也要有更大范围的开发。由此,高校干部教育培训的职能应运而生,这一职能对高等学校继续教育改革来说,既是挑战,更是机遇,是实现高校教学与育人功能相结合,深化改革、创新与可持续发展的重要渠道,是高校能够承担、应该承担,并且必须承担的责任和义务。

2. 高校承担干部教育培训职能的定位

长期以来,我国的干部教育工作主要依靠各级党校、行政学院来完成,在高校建立干部教育培训基地是党和国家对高校教学、育人和科研职能的信任,是对党校在干部队伍建设中"主渠道、主阵地、主力军"作用的拓展。高校的主要职能是教学与科研,承担干部教育培训的职能是对其教育职能的拓展,是高校继续教育工作的延伸。高校干部教育基地成为党校和行政学院干部培训的重要而有力的补充,与党校和行政学院的干部培训优势互补,形成有机联系的干部教育"培训链"。这一"培训链"的形成,使党和国家对各级各类干部的教育培训力度与辐射面都有所增加,进一步增强了干部教育培训的统筹性、针对性和时效性。

**二、优势:高校优秀的教育资源、深厚的大学精神和地域的文明程度为高质量的干部教育培训提供了重要保障**

(1)高校在新知识、新技能、新信息、新理论等方面的优势成为高质量干部教育培训的有利条件。中组部和教育部首批确立的13所高校均为教育部直属重点高校,这些高校学术传统深厚,学科覆盖面广,在学科优势、师资队伍、对外交流等方面资源雄厚,这就为保障培训体系的科学性、培训内容的前瞻性、教授质量的好评度提供了有利条件。以复旦大学为例,全国干部教育培训基地建立两年多来,坚持"为科学发展服务、为干部成长服务"的建设方针,依靠学校在国际政治、现代科技、经济管理、新闻传媒等学科和领域的优势资源和优良师资,设置了国家建设与政府治理、和谐社会建设与公共事业管理、全球化与中国经济发展之路、现代企业发展战略与管理变革、弘扬人文精神与领导素质提升、媒体素养与危机处理、法治国家建设与依法行政、卫生事业管理等八大领域的全方位的课程体系,为来自各省(区市)、各层级、各行业领域的培训干部提供了丰富充实的培训课程。与此同时,复旦基地建立了一支以复旦教授学者为主体,兄弟院校教授、政府部门主管、企业高管为补充的师资队伍,教授的讲学不受行政约束,不受级别限制,鲜明、独到、深刻的学术观点更具学术自由性,让前来培训的干部愿意接受,主动学习。

(2)优良的人文环境和深厚的大学精神使高校干部教育培训更具感染力和实效性。近两年来复旦大学参加培训干部的培训初衷的调研结果显示,超过90％的培训干部"渴望在'大学后'时代重返校园,重新感受大学印象"。由此看来,高校教育培训基地更容易激发和调动起干部学习的积极性和自主性,内生学习动力,变被动学习为主动学习,无形中提高了教育培训的实际效果。首批建立的13个干部教育培训高校基地地域分布比较平均,每一所高校都积淀了深厚的大学精神,这种精神对传播大学文化、引领先进思想发挥着不可忽视的作用。如清华大学"自强不息、厚德载物"的精神、浙江大学"求是、创新"的校训、复旦大学"爱国奉献、学术独立、海纳百川、追求卓越"的大学精神,都时时处处影响着参加培训的干部,高校在文化育人、环境育人等方面的优势实现了教育无处不在的目的。

(3)高校基地所在城市的发达和文明程度为开拓干部视野、提升干部素质起到重要作用。首批建立的13所干部教育培训高校基地都地处北京、上海、广州等经济发展速度较快、社会文明程度较高、对外交流渠道较多的城市,这无疑对开拓干部视野、提升干部素质起到重要作用。多年来,复旦基地根据培训需求在干部教育培训的实践环节中安排参观中共一大会址、洋山深水港、张江高科技园区、宝钢集团、上汽集团、上海环球金融中心、上海院士风采馆等具有典型上海特征和时代特色的实地考察,在2010上海世博会期间,为每个培训班都安排了世博会的实践参观,让来自全国各地的培训干部身临其境地感受国家发展和上海城市建设的伟大成就。事实证明,这些实地考察实践环节是深受学员欢迎并且记忆深刻的,更对受训干部开展工作起到重要的创新思路、开拓视野的作用。

### 三、解构:高校干部教育培训工作应注意协调和处理好的四种关系

高校成为干部教育培训基地,是高校教育职能的新内容,也是深化高校继续教育改革的新尝试,应该区别于党校和行政学院在干部教育培训工作中的做法,填补以上两者的不足,开拓新路径。本文认为,高校在承担这一职能时应注意协调和处理好以下四种关系,解构对其传统的、单向度的认识,赋予其新内涵。

1. 科学把握好干部职责与学术观点之间的矛盾关系

高校崇尚学术自由,特别是人文和社会科学领域的众多学者对当前国家建

设政策的解读,对社会发展暴露出的矛盾与问题的分析,都有其独到的见解,有些观点甚至是尖锐而犀利的。而高校干部教育培训基地的职责是以科学发展观为指导思想,以提高广大干部对党和国家的忠诚度,提高党的政策的执行力为目标,需要承担起一定的政治使命。因此,教师在授课时应该把握好干部职责与学术观点之间的矛盾关系,应该在分析政策的科学合理性、贯彻执行的可行性、矛盾冲突的有效解决途径等方面给出更多指导,而非过多、过度地针砭时弊。这就要求高校干部教育培训基地能够建立起一支拥有深厚学识修养、有责任感的教授团队,他们不仅能够驾驭并且引领学员思想,还能够游刃有余地在面对和回答学员的各种现实困惑。科学处理好这一矛盾关系,还需要在教育的全过程中注重干部大局意识、责任意识的教育。虽然同样是在大学课堂,但我们面对的教育对象已经不是 20 岁的大学生,他们的人生观、价值观已经固定,多年社会工作的经验积累使他们对社会现状有自己的分析和理解,于是教育的责任就体现在能够用有效的、合理的和培训干部愿意接受的方式,将培训干部们正在茫然或者已经偏离了正确舆论轨道的观念转变过来,使其成长为党和国家真正需要的、能够在工作中上继续创造价值和发挥作用的干部。

2. 合理协调好课堂理论与工作实践之间的矛盾关系

理论与实践脱节是高校教学环节一直存在的问题,干部教育培训更需要下力气协调好这一矛盾。短期的干部教育培训,并非是要涉猎某专业领域面面俱到的知识,相反却是"更需要老师的一根手指来开窍"即可,教授一堂课的作用也许只是帮助学员"打开一扇窗",或者分析某个现实问题的一种方法,这时教育的目的就已经达到了,即"授人以渔"。因为对成人的教育更重要的不是要帮助他形成价值观,而是在他迷失方向时给予一盏灯。参加培训的干部都来自实践一线,他们多年工作积累的实战经验甚至比教授更丰富,他们带来的案例更鲜活,这就要求教授的授课内容与时俱进,注重时效性,特别是与国家政策、政府治理、经济发展和社会建设等领域相关的培训课程,要时刻保证数据的更新和案例的生动,这样才能保证培训课程的认可度和接受度,吸引培训干部愿意沟通,主动交流,实现教师和学生间的良好互动。例如,复旦基地邀请了经济学院某位著名教授为培训干部讲授"当前国家经济形势的热点与难点问题",这是一个很普通的题目,但该教授每堂课程都会将前一天经济新闻的话题引入课堂,并结合自我观点与学员讨论互动,他的课程受到每个培训班学员的欢迎。由于我们所面对的培训对象来自全国各地、不同系统,因此我们提供的授课内容也要随着培训对象的变化做出相应的调整,体现人文关怀,比如加入培训对象所在地域的人文社会知识或对经济发展状况的分析,增加对培训对象所从事的工作领域的基本情况和未来发展趋势分析。这种主动缩小课堂距离和生疏感的细节会使课堂变得生动而活跃。

### 3. 准确处理好老师与学生这一对特殊的角色定位关系

干部培训的学生是来自不同行业和领域的干部,有的还是级别较高的领导,因此师生关系就有其特殊性。从社会公众对干部队伍特别是对公务员队伍的评价来看,这一群体等级意识强烈,缺乏服务意识,这种现象也体现在干部教育培训工作的环节中,并且比较严重。对此,高校干部教育培训基地应该在为人、树德上面坚持主张大学学术自由、学术至上的观念,倡导尊师重教的传统美德,以实际行动感染人、教育人,准确地处理好这一特殊的老师与学生的角色关系,将两者的地位摆在天平的两端。课堂上只有学术讨论,没有等级观念,不论是老师清高不屑,还是领导高高在上的做法都是失衡而无序的。同时,培训基地的工作人员应注重在工作的各细节中服务到位,友好待人,和善处事,春风化雨般为干部队伍职业素养的提升做好表率。

### 4. 正确平衡好培训工作的社会效益与经济效益的关系

高校的职能在于育人,干部教育培训也属于成人继续教育的范畴,因此就育人这一职能而言,其产生的社会效益远远大于经济效益。党和政府将干部教育培训的使命赋予高校,而没有选择市场机制让专业培训机构来完成,就意味着党和政府更注重干部教育培训的成效和质量,而非这一行业产生的经济效益。建立在这种认识的前提下,干部教育培训高校基地就更应该明确工作任务,坚定自我使命,强化自身责任,努力做好培训的各项工作。当前,干部培训市场参差不齐,良莠不分,特别是在市场利益驱动下,有些教育培训机构将经济效益作为首要甚至是唯一目标,无视教育质量,破坏了全社会范围内干部培训工作的正常运行和良性发展,是需要批判甚至取缔的。同时,高校基地之间应该加强交流与沟通,在经验借鉴、培训体系、项目开发、改革创新等问题上互相切磋,互通有无,放大全国干部教育培训高校基地的社会效应和社会影响,真正服务于干部成长!

“十二五”期间,在社会主义和谐社会以政治文明、经济文明、精神文明与社会文明四位一体的格局构建的进程中,干部队伍的素质与能力是影响国家凝聚力和执政党认同度的重要因素,关系到国家建设和社会发展的大局,作为干部教育培训阵地的重要和有力补充,高校基地应该勇担责任,发挥优势,有所作为,切实为科学发展和干部成长服务!

**参考文献:**

[1] 陈占安.党的十六大以来马克思主义中国化的新进展[M].北京:北京大学出版社,2008.

[2] 何世明,于春江.新时期干部教育培训与改革开放[N].鞍山日报,2008-11-13.

[3] 林尚立.中国共产党与国家建设[M].天津:天津人民出版社,2009.

[4] 刘蒸蒸.增强干部教育培训的针对性[N].台州日报,2005-4-20.

[5] 吕晓芹.关于干部培训作为高校继续教育新任务的思考[J].继续教育,2010(12):48-49.

# 发挥区域优势　推进高校继续教育发展

## ——基于区域经济特征的浙江大学继续教育探索

浙江大学　祝怀新　柳　樨

【作者简介】

祝怀新,男,浙江大学继续教育管理处副处长,浙江大学成人教育研究所副所长,教育学博士,教授,主要从事比较教育学、教师教育、继续教育等研究。

柳樨,女,浙江大学继续教育管理处科员,八级职员,主要从事继续教育、高教管理研究。

本文为 2012 年第十三届海峡两岸暨港澳高校继续教育论坛收录论文。

本文发表于《继续教育》2013 年第 2 期。

长三角地区是我国经济最发达的地区之一,其中浙江省是民营企业最活跃的省份之一,经济全球化发展的背景对民营企业经营管理者和地方党政管理者提出了更高的要求。由此,高层次继续教育培训出现了强力需求。浙江大学是一所具有百年历史的全国重点高校,拥有雄厚的学术力量和优质的教学资源,学科门类齐全,科学研究和思想理念始终保持在最前沿。继续教育经过近三十年的长足发展,在对企业经营管理者、党政管理者和专业技术人才等各类中高层次人才的培训中积累了丰富的经验。多年来,浙江大学继续教育始终坚持将人才培养和社会服务作为其重要任务,依托区域优势,在开展浙商继续教育为地方经济发展服务的同时,积极拓展继续教育发展空间,为全国各地的经济发展提供了智力支持,树立了具有区域特色的浙江大学继续教育品牌。

## 1　非公经济的发展为高校继续教育提供了社会基础和动力

### 1.1　国家非公经济的发展战略奠定高校继续教育的社会基础

根据国家统计局 2009 年 12 月 25 日公布的《第二次全国经济普查主要数据公报(第一号)》文件,我国境内从事第二产业和第三产业的全部法人单位、产业活动单位和个体经营户中民营企业数量 359.6 万个,占全国总量的 72.5%;民营企业资产总额 25.7 万亿元,占全国总金额的 12.3%;2010 年我国企业法人单位数为 651.77 万家,其中登记为民营类型的企业法人单位为 468.39 万家,占全国总数的 71.86%,私人控股企业法人单位为 512.64 万家,占全国总数的 78.65%[①]。以上数据表明,民营经济的发展势头强劲,正迅速成为我国国民经济的重要基础,并已在我国经济发展中占据十分重要的地位(马文静,2011)。

温家宝总理在《2012 年国务院政府工作报告》中特别指出:"要推动多种所有制经济共同发展……毫不动摇地鼓励、支持、引导非公有制经济发展……完善和落实促进非公有制经济发展的各项政策措施,打破垄断,放宽准入,鼓励民间资本进入铁路、市政、金融、能源、电信、教育、医疗等领域,营造各类所有制经济公平竞争、共同发展的环境。"[②]

近年来,非公有制经济的发展,特别是当前我国鼓励和支持多种所有制的形势下,对我国企业经营管理者、各级党政管理者素质提出了新的要求。一方面,企业家及企业经营管理者需要学习科学的企业管理理论,吸收发达地区企业管理经验,从而能够在激烈而错综复杂的全球经济竞争中求生存谋发展;另一方面,对于各级党政干部而言,在加强党性学习,坚持党的路线、方针、政策的前提下,学习与经济形势相匹配的党政管理的新思想、新理论、新方法,是提高执政力和执行力的必由之路,也是我国经济发展的需要。

高校拥有雄厚的科研、教学资源。近年来,我国各高校,特别是研究型大学的经济管理类的专业学科取得了长足的发展。如何发挥专业、学科优势,促进企业经营管理者、党政管理者继续教育的发展,既是研究型大学社会服务的责任,也是其引领社会迈向现代化的重要使命。

---

[①]　国务院第二次全国经济普查领导小组办公室,中华人民共和国国家统计局. 第二次全国经济普查主要数据公报(第一号)[EB/OL]. http://www. stats. gov. cntjfxfxbg/t20091225_402610155. htm. 2009. 12.25/2012. 9. 25.

[②]　温家宝. 2012 年国务院政府工作报告[EB/OL]. http://www. gov. cntest2012-02/15/content_2067314. htm. 2012. 2. 15/2012. 9. 25.

### 1.2　长三角、浙江省区域经济发展模式是高校继续教育发展的直接动力

据全国第二次经济普查数据,2009 年,长三角地区 GDP 达到 79725 亿元,长三角地区以占全国 1% 的土地创造了占全国 21.61% 的 GDP[①]。长三角地区区位条件优越,自然禀赋优良,经济基础雄厚,城镇体系完整,体制比较完善,科教文化发达,已成为全国发展基础最好、体制环境最优,整体竞争力最强的地区之一,在我国社会主义现代化建设全局中具有十分重要的战略地位(周荣荣,2010)。

据浙江省统计局 2010 年 2 月 22 日公布的《浙江省第二次经济普查主要数据公报(第一号)》数据,浙江省从事第二产业、第三产业的全部法人单位、产业活动单位和个体经营户中民营企业数量 36.40 万个,占全省总量的 80.7%,民营企业资产总额 33185.05 亿元,占全省总量的 24.8%;浙江省民营企业数量占全国民营企业数量的 10.12%,民营企业资产总额占全国民营企业资产总额的12.91%;2010 年浙江省企业法人单位数为 57.03 万家,其中登记为民营类型的企业法人单位为 46.73 万家,占浙江省企业法人单位总数的 81.94%,私人控股企业法人单位数为 52.95 万家,占浙江省企业法人单位总数的 92.85%[②]。

浙江省是我国民营经济的发祥地,经过近三十年的发展,积累了大量创业和发展的宝贵经验,规模不断扩大,已成为浙江省经济最为重要的成分。浙江省民营经济又率先开始二次、三次或多次创业,有些企业已取得较高的国际地位。浙商们以勤奋务实的创业精神、勇于开拓的开放精神、敢于自我纠正的包容精神、捕捉市场优势的思变精神和恪守承诺的诚信精神构成了独特的"浙商精神"(宋树理,2011)。由于浙江省各级政府的积极支持与引导,浙商们辛勤创造出的民营经济模式,为全国各地经济的转型与发展提供了极具参考、借鉴价值的样本。

但是随着我国市场对世界的全面开放,经济结构的进一步改革和调整,粗放式增长模式带来的经济效益递减、体制先发优势的逐渐减弱、产业集聚优势的逐步弱化、产业结构固化以及家族式企业治理结构弊端等问题不断浮出水面,浙江省民营企业家们正面临着严峻的时代挑战,面临着企业组织结构、管理理念、经营方式、经营区域、产业领域、交换方式和企业使命的转换,民营企业家们自身的缺陷也开始不同程度地制约其发展。面对激烈的国际市场竞争,我国民营企业

---

① 　国务院第二次全国经济普查领导小组办公室,中华人民共和国国家统计局. 第二次全国经济普查主要数据公报（第一号）［EB/OL］. http://www. stats. gov. cntjfxfxbg/t20091225_402610155. htm. 2009. 12. 25/2012. 9. 25.

② 　浙江省统计局. 浙江省第二次经济普查主要数据公报（第一号）［EB/OL］. http://www. zj. stats. gov. cn/art-1/13/art_187_41. html. 2010. 1. 13/2012. 9. 25.

急需具有科学的企业管理思维、创新务实而不失市场应变、敏锐的市场洞察力等能力的现代管理人才。由此,高校继续教育出现了强力需求。浙江省民营经济的发展必然需要谋求拥有智力宝库的大学的有力支持,要求大学提供持续的继续教育,因此,实施民营企业的高端继续教育成为地处民营经济发达地区的浙江大学义不容辞的任务。

## 2 立足区域特点的大学继续教育定位与实施

### 2.1 基于区域特征的浙江大学继续教育战略定位

党的十七大把"发展远程教育和继续教育,建设全民学习、终身学习的学习型社会"[①]摆到了十分重要的战略地位。温家宝总理在《2012 年国务院政府工作报告》中指出:"加强学前教育、继续教育和特殊教育,建设现代职业教育体系……引导科研机构、高等院校的科研力量为企业研发中心服务,更好地实现产学研有机结合,提高科技成果转化和产业化水平。"[②]

教学、科研和社会服务是现代大学的三大职能,因此,高校必须发挥其人才培养的功能,将其科研成果融入继续教育工作中,从而实现社会服务。换言之,高校继续教育不仅是人才培养过程,更是一种借力于科研成就而实施的社会服务,即服务于提高从业人员综合素质,也通过提高他们的综合素质来服务于社会,推进社会的有序发展。由此可见,高校继续教育横跨了高等教育中科学研究、人才培养和社会服务的三大职能。

基于上述认识,高校的继续教育只有顺应多种所有制经济发展趋势,并与当地的经济建设与发展捆绑在一起,才能获得持续发展的动力,才能不断积累市场竞争的核心力,也才能在真正意义上发挥继续教育的社会服务功能。由此可见,高校理因成为其所在地区各类从业人员的重要培训基地,特别是要为企业及行业提供各种开放式和定制式的继续教育服务,为企业经营管理者们提供新知识、新理论、新方法,使他们成长为符合全球化经济发展潮流的高素质管理者。

以多种所有制经济为特征的地方经济的发展,离不开企业的发展,特别是民营企业的长足繁荣发展,更离不开地方政府部门党政管理者执政力的提升。现代党政管理者需要用新的理念和科学的方法来武装自己,为一方经济的发展发

---

① 胡锦涛.高举中国特色社会主义伟大旗帜 为夺取全面建设小康社会新胜利而奋斗——在中国共产党第十七次全国代表大会上的报告[EB/OL]. http://news. xinhuanet. com/newscenter/2007-10/24/content_6938568. htm. 2007. 10. 24/2012. 9. 25.

② 温家宝. 2012 年国务院政府工作报告[EB/OL]. http://www. gov. cntest2012-02/15/content_2067314. htm. 2012. 2. 15/2012. 9. 25.

挥至关重要的作用。党校是对党政干部党性教育的主阵地,而高校则是向他们传授现代经济、管理知识,提高他们的执政力和执行力的主阵地,因此高校还应该主动配合政府的培训需求与培训规划组织继续教育。

总之,高校继续教育应当从自身学科优势出发,立足地方及区域的经济发展模式,引领地方及区域经济升级、转型与发展,从而使继续教育事业成为地区经济发展的重要支撑力和促进力。

浙江大学地处民营经济特别发达、对外贸易异常活跃、科教文化体制比较完善的长三角地区,因此浙江大学的继续教育必须坚持以"高层次、高质量、国际化"为目标,依托浙江大学的学科优势,努力培育和拓展与民营经济模式相适应的高品质培训项目,引领、促进浙江省乃至长三角地区的社会经济发展。

### 2.2　立足区域经济发展的继续教育实践

校企良性互动在社会经济文化的发展过程中起着举足轻重的作用。在"健康、良性"的校企互动中,流动于两者之间的应当是高质量的科技信息,而绝不是金钱。以美国斯坦福大学和硅谷的关系为例,斯坦福大学依靠其创新的理念和对外输送的大量创新人才支持了硅谷的发展,整体提升了美国的国家综合竞争力。另一方面,因为有了近水楼台的硅谷,有了充裕的经费来源,斯坦福大学的办学层次和水平提高之快令人震惊,几乎与硅谷的发展同步,在全美大学评估中的地位也扶摇直上。

浙江大学的继续教育秉承"强辐射"的发展思路,以服务于浙江省区域经济发展为宗旨,切实有效地综合利用学校一流的教学资源与各级地方政府建立了广泛的继续教育合作关系,为地方民营企业的发展提供有计划有组织的高端继续教育服务。近年来,浙江大学以继续教育项目促进地方政府管理人才和民营企业急需高级人才的培养,为地方经济转型、民营企业升级换代、增加产品的科技含量、增强国内国际的竞争力等作出了直接的贡献。如浙江大学管理学院与温州、嘉兴等地区的担保协会合作举办的融资性担保机构专项研修班系列获得了良好的社会反响,对解决中小企业融资难和扩大就业发挥了很大的作用。

在世界经济全球化的今天,特别是在当前金融危机后时代,为了使浙商们能更好地把握市场规律,驾驭国际市场的"游戏规则",抓住危机后时代中潜伏的机遇谋求发展,2011 年 5 月,浙江大学管理学院举办第一期浙江大学求是精英班,至今已举办两期,学员 151 人。求是精英班的开设是浙江大学开展高端继续教育,促进校企、政企合作,服务区域经济乃至全国经济的一次全新尝试。求是精英班的学员主要由四部分组成:60%的成长性企业高管,以拟上市公司为主;20%的标杆性企业高管,他们中有风云浙商、上市公司、浙商 500 强等;10%的专业中介机构高管,包括银行、证券、PE、担保、阳光私募、律师事务所等;10%的跨界精英,有政府领导、媒体高管、两会代表委员等。这样的生源结构设置,主要是为了实现对社会各界精英资源进行有效整合,使同层次学员之间能更好地进行深度互动和交流。可以预见的是,精英班学员将在浙大"求是、创新"校训的陶冶下,勤勉研修,整合资源,成为实现社会和谐及可持续发展的真正商界领袖,为地区经济乃至全国经济的发展做出更大贡献。

2012年以来,浙江大学累计已培、在培400余班次,学员达3.3万余人次,其中为我省培训党政管理类人才123班次,学员6420人次,企业管理类人才170班次,学员5477人次。

## 3 基于区域优势推进继续教育发展的基本策略——以浙江大学为例

### 3.1 融区域培训优势于西部地区人才培养

面对国家西部大开发战略,浙江大学利用自身的学科优势并在区域性继续教育实践的基础上,大力开展西部地区人才培训工程。在参与西部大开发和中部崛起战略活动中,学校各级领导、专家学者曾多次赴中西部地区考察、访问,先后与云南省政府、江西省政府、重庆市政府及贵阳市云岩区政府、遵义市政府签订了科技合作、教育合作、人才引进及培训合作为主要内容的全面合作协议。

多年来,浙江大学与云南、贵州、重庆、四川、陕西、青海、广西、陕西、甘肃、青海、广西、内蒙古、新疆等地的政府和相关企业签定各类人才培养合作协议,积极采取"请进来,走出去""送教上门""富脑工程"等办学措施,涉及管理、教育、法律、矿产、建筑、信息技术、医药、农业技术等行业的知识更新培训,为中西部地区人才培养做出了重大贡献。

在为西部党政、企业管理者开展继续教育的过程中,浙江大学十分关注将浙江省及长三角区域发展优势及区域继续教育经验融入西部项目之中,将浙江省民营经济的优势和经验推广到全国各地,并将西部地区党政干部培训班与浙江省民营企业家培训班结合,实施东西部政企领导人的互动,实现双方共赢。

另外,江浙一些产业已经或正在向西部地区转移,一大批民营企业到西部地区投资创业,数量众多且业绩不俗。浙江大学发挥区域性继续教育的优势,不仅将浙商的理念与实践推广到西部,更重要的是将继续教育作为一个东西部交流的平台,为东部民营企业和资本西进搭建桥梁,从而极大地促进了西部区域的经济发展。

2010年以来,浙江大学为西部地区培训625班次,3万余人次,其中党政管理人员22624人次,企业管理人员6284人次,专业技术人员2323人次,三年来培训人次逐年大幅提升(见表1、表2)。

表1　2010—2012年浙江大学西部地区培训情况

| 年份 | 班次 | 人次 |
|---|---|---|
| 2010 | 131 | 5689 |
| 2011 | 210 | 9950 |
| 2012 | 284 | 15728 |
| 总　计 | 625 | 31367 |

注:2012年统计时间截至9月20日。

表2　2010—2012年浙江大学西部地区培训项目学员分类(人次)

| 年份 | 党政管理人员 | 企业管理人员 | 专业技术人员 | 其他 | 总计 |
|---|---|---|---|---|---|
| 2010 | 4318 | 1090 | 281 | 0 | 5689 |
| 2011 | 6802 | 2862 | 254 | 32 | 9950 |
| 2012 | 11504 | 2332 | 1788 | 104 | 15728 |
| 总　计 | 22624 | 6284 | 2323 | 136 | 31367 |

注:2012年统计时间截至9月20日。

### 3.2　开展境外培训项目,推进继续教育国际化

为树立民营企业国际化的观念,满足民营企业紧缺人才需求,浙江大学利用学校自身雄厚的教学资源与香港大学合作,开展人力资源、公共管理、整合营销等在职研修、专业培训项目,培养一批高新技术紧缺的高层次人才,为民营企业培养一流的专业技术人才。

同时,浙江大学利用长期以来形成的国际学术交流与合作资源,通过与海外著名高校合作,在企业经营管理者培训中纳入境外培训课程,如学校的担保行业培训项目与美国波士顿哈佛商学院和百森商学院合作,使学员享受到浙江大学和美国大学一流教授的教育培训。从2012年开始,我校管理学院对国际化培训项目进行了重新规划、定位,在出境培训方面,与马利兰大学管理学院、斯坦福大学管理学院、西点军校确定了合作课程。

根据学科特点,自2010年以来,浙江大学管理学院尝试了国际合作项目:中美印三校联培——跨境的创新与领导力培训。该项目着重培养全球领导力的技能、创新能力、商业模式最优化、跨文化管理、产品及服务开发、文化及哲学角度的领导能力等。2012年9月,由德国欧洲技术管理学院(ESMT)、印度班加罗尔管理学院(IIMB)以及浙江大学管理学院共同承办的三校联培项目"博世跨境创新管理培训"中国站培训拉开帷幕,培训班汇集了来自德国、印度及中国的高级经理人一行共25人,全班学员将在德国、中国、印度各培训3.5天,中国是整个

培训的第二站。这类跨境项目为高校继续教育国际化提供了范例,为高校继续教育的国际合作开拓了新的空间。

### 3.3　立足大项目、构建大平台,积极共建国家级培训基地

浙江大学立足大项目、构建大平台,积极共建国家级培训基地,在国家、地方政府部门的支持下,先后同国家有关部委、大中型企业、地方政府合作共建了国家建设部监理工程师培训基地、国家旅游局全国旅游行业管理人员岗位培训定点单位、卫生部专科医师培训试点基地、农业部现代农业技术培训基地、国家医药管理局执业药师考试培训中心、全国干部教育培训浙江大学基地等近20个继续教育培训基地。我校还与中国兵器部装备集团公司、宝山钢铁集团公司、中石化等央企和横店集团、长安集团等著名民企合作培训高层管理人员。2011年浙江大学各类高层次继续教育学习人数突破10万人次,其中党政领导干部占31.10%,企业经管人员占16.93%,专业技术人员占49.38%,在服务地方经济和促进国家人才强国战略方面发挥了重要作用,形成了鲜明的办学特色。

长三角地区地理位置得天独厚,经济基础比较扎实,人才资源相对雄厚,水陆空交通便捷,给全国提供了比较先进、比较成功的发展经济的经验。浙江大学继续教育的快速发展就是充分利用和发挥了地域优势,形成了多元化、立体化的高校继续教育。探索发达民营经济区域特征下浙江大学继续教育高端培训,有助于进一步完善高校继续教育管理运行机制,以更科学、更有效的方式实现具有鲜明地域特色高等学校继续教育的跨越式发展,为进一步促进区域经济发展,实现高校继续教育与区域经济相辅相成的良性循环,并为我国其他区域高校的继续教育发展提供借鉴具有实际意义。

**参考文献:**

[1] 马文静. 关于我国民营经济发展战略选择问题的思考[J]. 商业时代,2011(23):10-11.

[2] 宋树理. 浙江民营经济发展的经验、问题与趋势[J]. 经济导刊,2011(1):70-71.

[3] 周荣荣. 长三角区域经济发展的定位研究[J]. 现代经济探讨,2010(12):9-13.

# 香港第三龄继续教育市场的模式与实践

香港中文大学　伍时丰　文婉莹

【作者简介】
　　伍时丰，男，香港中文大学专业进修学院，中医药及医疗保健学部主任，博士，研究方向为继续教育等。
　　文婉莹，女，香港中文大学专业进修学院课程主任，研究方向为继续教育。
　　本文为2012年第十三届海峡两岸暨港澳高校继续教育论坛收录论文。

## 一、前　言

　　按照香港特别行政区政府卫生署—卫生防护中心 2012 年提供的生命统计数字，我们可以知道在过去 40 年（1971—2011 年）中，香港男性及女性出生时平均预期寿命持续增长，由 1971 年男性的 67.8 岁及女性的 75.3 岁，到 2011 年分别上升至 80.5 岁及 86.7 岁，由此推论，现今香港的一般工作人口在 60 岁退休后，大概还有超过十年的时间可以健康地生活，直至身体机能老化至活动能力减少到最低为至。因此，一般人在接近退休或刚退休时能够好好地计划退休生活。这对第三龄人士来说非常重要，而学习是他们其中一个很好的选择。

## 二、第三龄与 U3A 模式

　　第三龄人士是泛指那些已到退休年龄，但身体健康、财政上没有太大负担、不必为生计或家庭责任而担心的群体。怎样善用余暇是他们务必考虑的。西方多国约于 30 年前已经为 50 岁以上退休人士设立第三龄大学（The University of The Third Age (U3A)），目的是通过自助及自务学习的合作社形式，为那些已从全职工作岗位退下来的年长人士提供终身教育的机会。第三龄人士可以参与多种兴趣小组，他们寻求的不是学历，而是学习的兴趣。U3A 作为一个国际网络组织，所提供的课程设有预设的纲领和内容。学习小组可以按照时事或组员的专长去设计跨科的学习内容。学习小组的导师或小组组长都是志愿者，对组员既无入学条件要求，又不设考核或学历颁授。参与者都是本着对学习的热诚和与他人分享知识、经验的目的去加入 U3A。

### 三、香港的 U3A 模式

香港的 U3A 模式以香港第三龄学苑的自务学习形式及长者学苑的跨代共融理念作为代表。前者由一群志同道合的第三龄人士以兴趣带动学习，强调友辈间共同探讨及互相分享学问。他们不论在行政管理、招募导师及学员，到设计及授课都是由第三龄人士负责。后者的特色是由大、中、小学在课余时间或周末借出校舍或设施，让第三龄人士上课，课程以休闲兴趣为主，亦有部分大学提供本科课程，让第三龄学员以旁听生身份在大学校园与其他青年学生一起上课。除个别大学设有就申请人的学习能力而进行遴选外，前述的第三龄学苑及长者学苑大都不设入学资格限制或学历颁授。除大、中、小学外，另有长者服务中心举办长者学苑。举办者可获政府安老事务委员会拨款资助。第三龄学苑及长者学苑在推动第三龄继续教育方面都付出了贡献。

### 四、"长者为本教育系列课程"

由香港中文大学专业进修学院主办及基督教香港信义会长者综合服务协办的"长者为本教育系列课程"，是在香港提供第三龄继续教育机会的另一种模式。它的特色是跨界别合作：由社会福利界的信义会负责课程宣传及推广、招生，并提供教学场地、设备及教务管理；由本院承担课程设计、提供导师及教材，负责教学及考试安排，决定入学录取、学员评核及课程评估政策，并为考核及格学员颁授结业证书。凡年龄在 50 岁或以上的人士都可参加，但最好具备初中或以上程度。跨界别合作的好处是信义会以其在长者综合服务的多年经验，掌握不少协助第三龄人士在生理和心理方面发展的知识、态度和技巧，对支持他们的学习生活具备充足的能力。而本院自 1965 年成立以来积累的继续教育经验，在课程设计和师资培训方面可以满足第三龄人士的学习需要。

"长者为本教育系列课程"（信义会称为"长青进修在信义"）自 2004 年首次推出以来，至今一共开办了七届。每一届课程包括数个系列，除理财进阶系列只有两个单元及上课 60 小时外，每个系列由四至五个单元组成，共 120 小时。学员可在 14 个月内完成全部单元。由第一届开始直至今年第七届（2011—2012年），参加人数和提供课程都有增加，以下是历届的统计数字。

| 届别 | 学生人数<br>(上课人次) | 课程数量<br>(以班组计) | 男女比例 | |
|---|---|---|---|---|
| | | | 男 | 女 |
| 1 | 47 | 2 | 23% | 77% |
| 2 | 88 | 4 | 27% | 73% |
| 3 | 125 | 5 | 21% | 79% |
| 4 | 170 | 7 | 19% | 81% |
| 5 | 232 | 9 | 23% | 77% |
| 6 | 298 | 12 | 26% | 74% |
| 7 | 341 | 13 | 27% | 73% |

由于历届的男女学员比例都是以女性为主,因此很多男学员在报名时都会问:"是否其他同学大都是女的?"然而,能够参加课程的男学员都在课堂和学习活动中表现踊跃。

另外,参加者的年龄以 50～59 岁的组别为大多数,在教育程度方面,值得一提的是预科/大学程度者年有增加。

**年龄及教育程度**

| 届别 | 50～59 岁 | 60～69 岁 | 70 岁或以上 | 小学 | 初中 | 高中 | 预科/大学 |
|---|---|---|---|---|---|---|---|
| 1 | 64% | 25% | 11% | 11% | 51% | 36% | 2% |
| 2 | 67% | 24% | 9% | 14% | 47% | 28% | 11% |
| 3 | 71% | 25% | 4% | 8% | 38% | 40% | 14% |
| 4 | 76% | 23% | 1% | 5% | 30% | 36% | 12% |
| 5 | 72% | 25% | 3% | 3% | 30% | 50% | 17% |
| 6 | 66% | 32% | 2% | 3% | 33% | 43% | 21% |
| 7 | 65% | 32% | 3% | 3% | 22% | 53% | 22% |

另外,尽管上课地点在沙田,但参加者来自全港各地区,即香港岛、九龙半岛、新界,包括离岛等。

**居住地域分布**

| 届别 | 香港 | 九龙 | 沙田 | 新界东 | 新界西 |
|---|---|---|---|---|---|
| 1 | 4% | 32% | 52% | 6% | 6% |
| 2 | 5% | 23% | 40% | 9% | 23% |
| 3 | 15% | 22% | 30% | 10% | 23% |
| 4 | 13% | 23% | 29% | 15% | 20% |
| 5 | 13% | 25% | 22% | 19% | 21% |
| 6 | 16% | 21% | 31% | 16% | 16% |
| 7 | 8% | 22% | 35% | 18% | 17% |

在课程设计方面,以第三龄人士为对象,内容主要为学员应付日常生活的需要,同时提高他们的文化水平,开拓个人视野。导师的教学要与学员丰富的人生经验和心理发展相适应。以下是第七届课程各项系列的单元设置。

**长者为本教育系列课程(第七届)**

| 序号 | 教育系列 | 单元一 | 单元二 | 单元三 | 单元四 |
|---|---|---|---|---|---|
| 1 | 养生保健 | 《黄帝内经》的养生智慧 | 认识经络与穴位 | 中草药食疗 | 养生保健气功 |
| 2 | 心理学 | 心理学入门 | 发展心理学及人格简介 | 基础社会心理学 | 异常心理学入门 |
| 3 | 通识 | 思考方法 | 现代中国历史 | 法律与日常生活 | 大众传播 |
| 4 | 英国语文 | 英语发音复习 | 聆听及说话技巧 | 阅读技巧 | 写作技巧 |
| 5 | 中国艺术 | 书法基础 | 水墨写意画 | 中国花鸟画技法 | 中国水墨人物画初阶 |
| 6 | 西方艺术 | 素描及绘画初阶 | 基本水彩画 | 塑料彩技法 | 设计基础 |
| 7 | 文化及生态旅游 | 野外郊游领队训练 | 香港环境与生态旅游 | 香港工艺发展与文化旅游 | 香港历史文化古迹旅游 |
| 8 | 文化及生态旅游（进阶） | 环保学导论 | 主题旅游 | 从博物馆中看香港历史文化 | 风物志与文化旅游 |
| 9 | 理财 | 经济理论入门与香港经济 | 个人财务管理策略及投资技巧 | 投资选择之基本分析 | 家庭投资理财 |
| 10 | 理财（进阶） | 财务管理与企业战略 | 财务市场分析及投资决定 | — | — |

由于第三龄学员的个体差别比其他年轻的学员为大,因此在导师的挑选方面要学历及教学经验并重,同时亦需要提供合适的培训及在教学上的支持。课程教学形式着重多元化,即导师除课堂讲授外,亦须采用不少互动的方式,如小组讨论、角色扮演、专题报告研究和户外考察等,令学员可以享受学习的乐趣和体验生活化的学习过程。由于学员须在各单元考核合格及有足够的出席率(70%),才可获本院颁发有关课程之结业证书,因此本院对导师、教材及教学质量方面有一定的要求。此外,除课堂学习外,信义会亦为学员组织班会、自务学习小组及游学团,令他们的学习生活更为多姿多彩。

然而,本院在提供"长者为本教育系列课程"中亦遇到一些困难。首先,课程以第三龄人士为招生对象,学费方面要提供优惠。除理财及理财进阶两系列合资格学员可申请香港持续进修基金退款 80% 外,其他系列课程并无政府或其他团体的资助。再者,学员在白天上课,在招聘优质教学的导师方面并不容易。另外,在教学法方面,一般导师如只拥有正规教育的教学经验并不足够,甚至在继续教育中担任过教职者亦不能完全了解第三龄人士的学习能力和进修动机。因此,本院亦须提供职前培训,审核导师教学大纲、教材、考核方法和工具(作业和试卷)。因此,相对于其他第三龄继续教育课程来说,"长者为本教育系列课程"运作成本亦不少。另一方面,随着课程种类愈来愈多样化,以及第三龄学员的要求逐年提高,教学场地亦是问题。例如养生保健系列的气功班,一般课室不能容纳多位学员同时进行练习,而需借用及租用其他室内及室外运动场地。对于地少人多的香港来说,要为第三龄学员提供更多视艺或开办演艺课程,在场地上亦有不少限制。

　　尽管如此,信义会与本院合作的"长者为本教育系列课程"的服务愿景是希望第三龄人士做到"老有所有、老有所为、老有所享"(of the elderly, by the elderly, for the elderly)。随着香港社会人口老化的现象趋烈,相信有更多第三龄人士需要继续教育机会,而他们将来会变成参与继续教育市场的大多数。课程可以令他们享受退休生活,而其中一部分人可能会重投就业市场,为香港因为人口老化带来的人力资源问题提供一个舒缓方法。

**参考数据:**

[1] 香港特别行政区政府卫生署——卫生防护中心,http://www.chp.gov.hk/tcdata4/10/27/111.html.

[2] University of the Third Age-Wikipedia,http://en.wikipedia.orgwikiUniversity_of_the_Third_Age.

[3] U3A-The University of The Third Age,http://www.u3a.org.uk/.

[4] 香港第三龄学苑,http://www.u3a.org.hk/.

[5] 安老事务委员会——长者学苑发展基金委员会,http://www.elderlycommission.gov.hk/cn/About_Us/Membership_and_TOR_CEADF_TR.html.

[6] 长者学苑,http://www.elderacademy.org.hk/tc/aboutea/index.html.

[7] 香港中文大学专业进修学院睿智课程,http://www.scs.cuhk.edu.hk/cuscs/search/srch_by_index.php? lang=tc&acad_code=ada&is_abp=all.

[8] 基督教香港信义会长者综合服务——沙田多元化老人小区服务中心,http://www.elchk.org.hk/service/unit_service3.php.

# 成人高等教育专业科学发展的实现路径

南京大学 王其和 凌元元

【作者简介】

王其和,男,南京大学网络教育学院副院长,副教授,研究方向教育管理。

凌元元,男,南京大学继续教育学院、网络教育学院院长,副教授,研究方向教育管理。

本文为2012年第十三届海峡两岸暨港澳高校继续教育论坛收录论文。

## 一、现状及存在问题

成熟的理论来源于丰富的社会实践,而成熟的理论又会回归于社会实践,并对社会实践加以指导——这种辩证法尤其在充满活力的成人教育专业建设中充分显示出价值。

所谓内涵,逻辑学上指一个概念所反映的事物的本质属性的总和,也就是概念的内容[①];所谓特色,即指事物所表现的独特的色彩、风格等[②]。成人高等教育与普通高等教育一样,同是高等教育的组成部分,因此两者的共性在于它们的培养目标与培养规格的高教性;然而又因教育对象不同,学习形式各异,因而孕育了各自不同的特色。

在全球化、后工业化、信息化和数字化、终身学习化的新时代,如何体现成人教育在终身教育体系中的主体性地位,如何发挥成人教育的应有作用,突显其存在的独特价值?保障成人高等教育的科学发展,进行特色专业建设,更好地发挥成人高等教育特色专业的示范效应,实现成人高等教育专业的科学发展,无疑是

---

① 现代汉语词典(第6版).北京:商务印书馆,2012:938-939.
② 现代汉语词典(第6版).北京:商务印书馆,2012:1274.

最好的手段之一。

（一）国内外现状

改革开放 30 多年以来,"成人教育作为我国教育事业的重要组成部分,得到了蓬勃发展,在构建终身教育体系和建设学习型社会中日益体现着不可取代的作用"①。保罗·郎格朗把成人教育看作是整个终身教育体制的"火车头"。联合国教科文组织自成立以来,一直非常重视成人教育的价值和作用,一贯主张把成人教育作为任何一种教育体制和以人为中心的发展的基本组成部分,强调"教育过程的正常顶点是成人教育"②。《汉堡成人学习宣言》强调成人教育是指整个正规或非正规的不断的学习过程。成人教育的价值不容轻视,成人教育的地位不容动摇。英、美、日等发达国家的成人高等教育均重视以社会经济发展为导向开设专业和制定培养目标,其特点是专业设置的灵活性和开放性,当前研究的重点是如何采用现代信息技术在更广阔的时间和空间内共享优质的专业和课程资源。

《国家中长期人才发展规划纲要(2010—2020 年)》和《国家中长期教育改革和发展规划纲要(2010—2020 年)》的颁布实施,预示了新的时代际遇的来临——终身教育体系的构建,学习型社会的建设,和谐社会的推进,使得成人学习的需求和愿望日益高涨,为成人教育的发展提供了良好的条件,成人高等教育特色专业建设与研究已逐渐成为当前我国成人高等教育科学发展与研究的一大热点问题。

（二）存在问题

(1)功利的办学思想。因利益驱动,办学思想出偏差,重经济效益轻社会责任,重硬件设施轻软件配套,重地域扩张轻自身建设,施教者急功近利,学习者无内在需求,成人教育的内涵模糊,普教化倾向明显。

"成"字演绎出的成人性、业余性、职业性、行业性、应用性、实践性不是抽象空泛的概念。如面对成人教育学生参差不齐的自身素质和不同的岗位需求,如何因材施教?成人教育特色专业的规范性和灵活性如何把握?由于专业设置的灵活性、多变性、浮动性、新颖性,随之而来的是专业规范性建设和科学管理显得较为滞后,特别是人才质量的后效应也容易使学校比较重视专业设置而相对轻

---

① 陈希.发展成人教育 建设学习型社会——在纪念成人教育改革发展 30 周年座谈会上的讲话.2008.

② 联合国教科文组织.学会生存——教育世界的今天和明天[M].北京:教育科学出版社,1996:201.

视专业建设及科学管理,长此以往,终将导致高校成人教育的不健康发展。

（2）工具化的办学行为。特色专业的设置方面,超越自身能力和条件,谋求短期利益,迎合甚至诱导社会的非理性需求,专业设置过于狭窄,对需求信息的调查分析不足,存在工具化行为——教学计划、教学大纲不够规范,缺少科学性;教学大纲不完整,教材不符合大纲要求;师资队伍方面,数量、质量均存在明显不足;缺乏对管理人员、学科带头人和骨干教师的培养、提高;整体上特色不特,专业不专。

（3）缺失的评价机制。很多成人教育机构与公司企业合作,就有了教育产业的性质,质量就不再是唯一追求的目标。此外,有些高校未将成人教育纳入学校的统一管理范畴进行有效的指导、监控,没有明确的质量标准,自我约束机制较差。另外,试点高校自主办学,没有明确的市场准入规则、市场退出规则,没有中立的社会中介机构对办学质量和办学行为进行评估,导致成人教育专业的建设与发展缺少特色,缺乏有效的社会监督机制和评价机制。

**二、意义阐述**

肖川指出,"完美的教学一定能让学生感受到人性之美、人伦之美、人道之美,感受到理性之美、科学之美、智慧之美,感受到人类心灵的博大与深邃,感受到人类所创造文化的灿烂与辉煌。完美的教学能够唤起学生对现实生活的热爱与柔情,对未来生活的憧憬和乐观,对光明和美满的期待与渴求;能够以新的眼光审视生活、洞察人情物理"[①]。成教专业的特色化发展,有以下四个方面的意义。

（一）核心——办学质量的需要

成教专业建设涵盖很多方面,包括专业定位、培养目标、队伍建设、内容改革、教学管理、办学质量等。面临知识经济、信息社会的挑战,成教的专业建设应进一步发挥应有特质和生命力,提高办学质量,使其在构建终身教育体系中发挥应有的作用。

（二）本位——专业建设的需要

成教专业建设应以社会经济发展需求为导向,充分体现成人高等教育实用性、开放性、灵活性、前瞻性、朝阳性的特点,但一些功利的倾向导致目前成人教育专业设置又具有了多变性、浮动性等负面属性,使得成人教育专业的设置、更

---

① 肖川.《教育的理想与信念》系列之八：完美的教学. http：// www. ts49z. com/old/jstd/ ShowArticle. asp？ ArticleID＝1831.

新与科学规范管理和保证产生了矛盾。在这种背景之下，开展特色专业建设正是缘于要建设本位的意义，为专业建设树立榜样、典范，发挥特色专业的示范、激励、导向作用，亦即本位的作用。

（三）个性——特色之路的需要

成教专业建设应该具有自身专业的个性优势。不同层次、不同办学形式的人才培养模式，以及在教学中所涉及的所有方面无不蕴含着成人高教的个性、特色。抓好特色专业建设，以专业特色为基石，可以概括总结出成人高教特色；从抓特色专业建设入手，可以探寻出成人教育的特色之路。

（四）人伦——科学发展的需要

成教专业建设应该顺应科学发展观——以人为本，全面、协调、可持续发展。相比普通教育各专业，成人教育各专业和国家、地区的经济社会发展联系更加紧密，不能仅仅把成人教育视为一种"补偿教育"，它应当贯穿于每个人的一生，是其全面参与社会生活并充分发挥潜力的手段。不能简单地把成人教育仅仅作为培养专业人才和"经济人"的工具，它在提升国民整体素质，促进个人发展和社会稳定等方面同样具有不可低估的作用。契合科学发展观的理性诉求，当前，成人教育特色专业的建设应当充分释放其在增进个人全面发展以及经济社会全面、协调、可持续发展等方面的功能。

### 三、建设模式

（一）基本思路

成人教育专业建设是活力，重视不重视成人教育是衡量学校校长有没有现代意识的表现。特色专业建设应该体现成人教育的活力和百花齐放的特质——特色，应该体现成人教育内核的东西——内涵。专业建设整体上应体现在三个方面，即师资、课程及教材应体现系统化、科学化及一体化的特色与内涵；培养目标和培养规格要符合社会需要，从源头体现特色专业标准；教学计划、教学大纲、教学设备、教学手等环节要科学可行、符合成人学习特点、体现成人教育特色。

（二）案例借鉴

近年来，南京大学在成人教育特色专业方面的建设有着自己独到的做法。

首先，学校长期以来一直重视教学改革和人才培养质量，成立了成人教育教学指导委员会，建立了成人教育专业建设的相关制度。近年来积极开展了各级各类成人教育特色课程建设、精品课程建设和教材建设，在建设经费上给予扶持，在人员上予以保证，由于经费投入较多，人员较稳定，充分地调动了院系和教师参加网络教育教改的积极性。

以江苏省第二批成人教育特色专业"计算机科学与技术"为例。该专业依托南京大学计算机科学与技术系,由于科研力量的雄厚,该系在学科各研究方向上拥有优质的教学资源,尤其是对学科发展、知识结构和应用转化的敏锐洞察力。该系为成教专业的发展制定了各个层面的特区政策,着重建设了一个顺畅的优质教学资源共享机制。

该专业根据成教学生基础薄弱、在职应用需求高、学习投入有限等特点,与"计算机发展"俱进、与"市场需求"俱进,明确培养目标,研究教学内涵,细化课程设置,鼓励结合职业需求进行课程和毕业设计,鼓励教师自主优化教学内容,构建了一个兼具先进性、实用性、又可持续演化的教学体系。

专业建设的特区政策形成了顺畅的优质教学资源共享机制。名校健全的管理体制保障了专业运行的高效、规范和高水平的成教毕业生质量,丰硕的教研成果和旺盛的人才需求推动了成教专业的可持续发展。

成人特色专业"计算机科学与技术"的建设只是南大的一个缩影。概括地说,南大成教特色专业建设成效体现在转型发展期的立交桥的架构,体现在向学习者开放共享,体现在开放的多层次、多类型及主动加强远程教育与成人教育等教育形式的融合,体现在校际之间的合作共赢,体现在树立新的精品课程理念、手段、方法,体现在资源的开放与共享等方面。由于多年来学校各方的重视,南京大学成人教育先后获得国家级网络教育精品课程 5 门、三批省级特色专业 3个、精品课程 9 门,无论在质量方面还是数量方面,均居全国同类高校前列。

**四、关系辨析**

(一)主动性与导向性

学校对特色专业建设应积极主动,自觉增强责任感,但是还必须有必要的政策导向激励。如特色专业建设的实绩应作为优秀教学成果评审,对特色专业建设取得成就的教师,学校应给予表彰、晋升职称时予以认可等。

(二)特色性与规范性

规范是基础,特色是活力,内涵是水平。特色专业必须建立在专业规范建设的基础上,达不到规范,就谈不上特色。所以在加强特色专业建设的过程中,既要抓重点,也要注意一般,切忌忽略专业建设的规范性。

(三)系统性与多元性

在专业人才培养方案设计中要根据社会对复合型人才需求的状况,在确保专业主干课程完整的情况下,尽量设计多元化的专业课程选修模块,使学生在知识和能力上能够应对不断变化的社会对人才的需求，如可采用菜单式选修、加强后续的跟踪学习、支持服务等。

（四）科学性与开放性

要加强与其他培养模式之间的交融和衔接，搭建学习"立交桥"，加强与现代远程、自学考试和开放教育的纵向衔接、横向沟通，给学习者提供多样化的学习和发展方式，真正体现成人教育特色专业的示范引领作用。

**五、建设机制**

（一）宏观方面

（1）统筹机制。各级政府行政主管部门要切实转变政府职能，为高校发展营造良好的政策环境、市场环境、法制环境、政务环境和舆论环境。另一方面，建立违规高校数据库，加强支持系统、监测系统的建设，利用技术手段发现和防止违规行为。要正确处理育人与创收的关系，社会效益与经济效益的关系，人才培养质量与活力的关系，办学规模与教育资源供给的关系，从育人的高度认识开展特色专业建设的目的、意义，并把加强特色专业建设纳入深化教育教学改革、提高教育教学质量的整体工作中，加强领导，统筹规划，包括特色专业的遴选、申报、标准、评审、检查、监督、指导等。

（2）动力机制。经费投入是动力机制的重要方面，主要用于固定资产的投入、教学条件的改善、师资力量的充实、教学基础设施的加强等。责任制、奖励制是动力机制的重要体现。责任制就是制定各级领导的教育责任制，把开展特色专业建设的要求列入对高校成人教育的目标考核中；奖励制就是对相关高校的成人教育分管领导、优秀教师、优秀工作者有明确的奖励措施。

（二）中观方面

（1）督导机制。作为主办学校，要把加强特色专业建设纳入学校深化教育教学改革、提高教学质量的整体工作中，加强督导。

（2）培育机制。学校层面应该建立专项补贴制对特色专业建设予以培育，将特色专业建设纳入学校整体工作中，包括升等升级、职称申报等。

（三）微观方面

（1）应需机制。两个《纲要》的颁布，为微观个人层面的的学习提供了内在的动力，在这种形势之下，作为学习者自身要努力加强修养，树立工作即学习、学习即生活的理念，制定教育发展规划，形成主动适应、超前行动的应需机制。

（2）约束机制。任何一种准则都无法覆盖所有的决策内容。作为成人高等教育的教师应积极主动培育特色专业建设的意识,最终形成行为的自我约束机制,积极参与到特色专业的建设中来。

## 六、结　语

特色与内涵是当下成人高等教育专业建设的必然属性,尤其是在两个《纲要》颁布实施的背景之下,努力探索成人高教人才培养教学特色,寻求成人高教特色专业建设的规律和实现路径,有着深远的现实意义!

# "双元制"校企合作
# 应用型人才培养模式研究

上海交通大学　李艳君　张　伟　刘路喜　余　海　李　才

【作者简介】

　　李艳君,女,上海交通大学继续教育学院学历教育教学办公室主任,管理学博士,副教授,研究方向为公司战略金融、继续教育等。

　　张伟,男,上海交通大学继续教育学院党委书记,副教授,研究方向为继续教育。

　　刘路喜,女,上海交通大学继续教育学院副院长,教授,研究方向为应用语言学、成人高等教育。

本文为2013年第十四届海峡两岸暨港澳高校继续教育论坛收录论文。

## 一、论文研究背景和意义

校企合作办学可以充分发挥高校和企业双方优势,培养企业急需的应用型人才,是一种资源共享、互惠互利的办学模式。它以培养适合企业需要的应用型高技能人才为主要目的,把传统的以课堂传授知识为主的教育环境与直接获取实际经验和能力为主的生产现场环境有机结合起来,从而实现快出人才、出好人才的目标。

（一）校企合作应用型人才培养的国际实践

德国是世界上成人教育较为发达的国家之一,在成人职业教育中较多采用双轨制的教育模式。德国的"双轨制"职业教育由学校和企业共同办学,企业和学校按照企业对人才的要求具体承担和组织各自的教学和岗位培训任务。双轨制学员在学校里接受职业专业理论和普通文化知识教育,在企业里学习实践技能。在具体培训内容和时间安排上具有柔性化的特点。从 20 世纪 70 年代开始,美国校企之间通过合作大规模培养人才。目前美国的在职学习遵循自我指导原则,依据学生的不同条件和需要,通过"学习契约",师生共同拟订学生可自主实施的个别化学习计划。学习契约模式以能力培养为基础,模块化教学,强调以岗位群所需职业能力的培养为核心,帮助和促进学生掌握学习内容。美国校企合作模式本质上和德国的双轨模式相同,只不过更加个性化。英国采用工读交替的校企结合培养形式,有利于学生更好地理解知识,掌握生产技能,熟悉自己所从事的生产活动在整个生产过程中的地位及其前后衔接的生产程序和关系。

(二)上海机场对基层营运人才的培养需求

上海机场作为服务型企业,基层营运员工比重大,数量多,这些基层员工以大专学历为主。同时,由于机场运营具有较强的专业性,对员工的职业技能及职业素养提出了较高的要求。根据问卷调查和访谈调查的结果,基层营运员工对"学历＋职业培训"模式非常认同,上海机场对基层员工的培养非常重视,他们决定和上海交通大学继续教育学院合作,提供给基层营运职工"学历＋培训"的校企合作培养方案。

## 二、"双元制"校企合作培养模式的设计

(一)"双元制"校企合作培养模式的设计思想

上海交通大学和上海机场集团公司通过校企合作,联合培养符合上海机场需要的,在生产、服务第一线的营运人才。由上海交大继续教育学院负责教授基础理论知识,由上海机场集团教育培训学院组织专业课程的讲授和工作技能的训练。通过学校与实践单位的轮流教学,强化知识学习与技能训练的结合,提升学员的理论基础、专业能力、职业素养和工作能力。

(二)"双元制"校企合作培养模式的设计方案

1. 订单式的专业培养计划

校企合作"订单式"专业培养计划主要是由校企双方根据学生的实际情况和企业的需求共同制定,以"能力本位"为原则,构建"学历＋职业技能"的学科课程与技能培训相结合的课程体系。培养计划按照基础课(包括公共基础课和专业基础课)和专业课两大模块来设计,兼顾基础理论、专业理论和专业技能三方面知识体系,突出课程的专门化、综合化和职业的定向性,突出职业能力的培养。

2. 突出企业特色的教师

基础课的教师均为上海交大的资深教师,学历背景均为该学科的博士,有深

厚的理论基础和丰富的实践经验。专业课均由上海交大指派资深教师讲授理论框架部分,由机场方延请本业务的专家和部门领导讲授应用实践部分,将理论与实践深度融合,培养达到企业要求的应用型技能人才。课程的讲授尽量采用启发式、讨论式等教学方式,围绕教学目标,由教师提出问题或布置任务,师生共同进行讨论与探索,以培养学生收集、分析、组织、分享信息的能力,团队协作解决问题的能力,应用最新科技成果的能力以及创造性思维能力等。激发学生的学习兴趣,提高教学质量。

### 3. 改革课程考核

基于成人学习特点和订单式培养的要求,在部分专业课的考试制度上进行改革,改变原来均一化的试卷笔试的考评方式,增加了注重学生课堂表现的过程性考核和重视提高学生解决问题能力、团队合作精神的能力测评,提高了教学效率。

## 三、"双元制"校企合作培养方案的实施

### (一)订单式的专业培养计划的制定

订单式的专业培养计划是校企合作培养总体方案的核心环节,对于整个项目的实施效果非常关键,直接决定了学员能否通过该项目提升自身的学科素养和职业能力。鉴于学校和企业在信息和资源上各有优势,因此校企合作"订单式"专业培养计划由上海机场和上海交大双方相关人员共同制定。

基础课的课程设置旨在提升学员的通用能力,以够用为原则。由上海交通大学继续教育学院设计课程,按照基础厚、知识面宽、理论扎实的指导思想来组织教学,培养学生的宏观性、全局性、逻辑思维性,具备分析实际问题与解决问题的能力。

专业课的课程设置旨在提高学员的专业水平和职业素养,以实用为原则。既有专业必修课,又有专业选修课。专业选修课由机场方根据机场各岗位的聚类分析,围绕机场安全管理、机场精益运营和机场服务管理三个职业群进行模块化设计。

为了丰富学生的专业知识、开拓学生的学术视野,根据"工商管理"专业的知识结构和一般修学要求,上海交大继续教育学院成人教育部以课程网站形式向学员提供专业基础课和专业课的网络学习资源,供学生业余学习。每学期提供4门左右的网络课程,网络课程不限于合作培养教学大纲的课程。

（二）教学方式的确定和实施

1. 上课安排和教学手段

为了方便在职人员随时随地学习，采取面授与网络教学相结合的教学手段，避免工学矛盾。校企合作联合培养项目结合成人在职学习的特点和企业业务培训要求，在上课安排和教学手段上有所创新。

基础课（公共基础课和专业基础课）以面授为主，每门课每周课堂面授3到4节课，持续一个学期。此外，以课程网站等远程教学手段为有益补充。课堂面授易于发挥教师组织、监控整个教学活动进程的主导作用，也有利于学生之间和师生之间的情感交流。不过，课堂面授方式也有局限性：由于机场员工有两种工作制，每次上课总有部分学员无法到课堂学习。通过提供课程学习网站和教学视频等远程教学辅助学习手段可以避免课堂面授的缺点，学生即使无法参加面授学习，依然可以通过网络手段学习。另外，课程网站等手段有利于基础较差的同学赶上教学进度。教与学的方式更灵活，学生学习的自主性也得到了增强。

专业课以集中面授形式开展，每门课都是集中教学4天，同学们统一集中到青浦培训基地进行4天的封闭式培训学习。4天时间的分配是1天的专业理论知识教学和3天的专业培训。除了教师的教学环节，另外还会有分组讨论、专题报告撰写等学习环节，激发学生独立思考和合作创新的能力。通过专业知识的学习与深化，强化理论知识与实践的结合，培养专业技术知识的综合运用能力。

2. 教师聘任和教学管理

教师聘任特别是专业课的教师聘任安排充分体现了上海机场的企业特色。除了基础课的教师均为上海交大的资深教师，对实践经验没有要求，专业课的教师均有丰富的实践经验。每门专业课一般安排6～7名培训教师联袂授课，实现教学内容的多层次立体化。第一天由一名专业教师讲解本专业课的理论知识部分，教授给学生本课程的完整理论框架。由于要在较短的时间内教授一个完整的理论体系，理论部分的教学按照知识点划分，实施碎片化教学。化整为零，方便学生学习和掌握知识。剩下的三天时间由机场方延请的5～6名本业务领域的专家和部门领导授课，分别从几个视角讲解本专业课的实战操作部分。这种教学安排一方面可以将理论与机场的工作实践深度融合，另一方面又可以拓宽学生的视野，不再局限于自己的工作岗位。

五名教师教授一门专业课的做法对于学生的课程学习比较有利，不过学生的课程考核环节存在一定的困难。为了解决这个问题，对专业课实行责任教师制度。责任教师可以不是该课程的任课教师，他的主要任务是协调五位教师的教学内容，记录学生的考勤，给出学生的平时成绩，改试卷并完成课程考核。

3. 课程考核和论文写作环节

课程考核环节以订单式教学计划的要求做出相应改变,强调学习过程管理、突出学习过程考核。对专业课的考核方法进行两方面的改变:一是更加重视形成性考核,即期末总评成绩中将平时成绩的比重增至40%,重点考核学生的课堂表现和作业情况;二是在期末卷面考试的基础上,增加能力测评,重点考核学生的应用所学知识解决实际工作问题的能力。能力测评的具体考核方式有多种,可以根据具体课程的特点在下述几种方式选择其一:撰写针对某一项工作的研究报告;撰写对某一项工作或流程的方案设计或优化方案;撰写方案优化或技改方案的可行性报告;设计岗位流程图;对某一项工作的不同建议进行小组辩论;等等。此种考核方式所评出的成绩,能够直接反映出学生学以致用的效果,也能为上海机场人事部门的任用和提拔提供一定的依据。

毕业论文采用双导师制,一名导师来自企业,一名导师来自上海交大。根据导师的专业特长和学生的选题方向确定每个学生的论文指导导师,在毕业论文写作阶段,将学员分组,每组5名左右,由两位导师共同负责。整个论文写作阶段,学生既可以和导师沟通交流,也可以和本论文小组的同学交流,有利于提高论文的整体写作水平。

4. 教学质量管理和监控

建立定期反馈机制。通过定期的问卷调查和访谈,搜集学生对教师授课的客观评价,以及对课程设置与相应内容的评价,同时也及时搜集教师对课程设置和教学方法的建议。针对教学双方的意见,改进教学效果。

## 四、"双元制"校企合作培养模式的总结

为了了解"双元制"校企合作培养模式的实施情况和第一届学员对项目的意见和建议,对第一届48名学员进行了问卷调查,另外,对随机选出的8名学员进行了面对面的访谈。

首先,问卷显示学员对"双元制"校企合作模式满意度较高。他们认为这种教学模式的主要优点有:订单式的教学计划有针对性,课程设置合理;课程内容丰富、实用;教学安排合理,时间比较有保障。

其次,问卷显示学生参加校企合作培养项目的积极性很高。70%的学生认为参加项目可以提升自己的学历层次,65%的学生认为参加项目可以满足知识更新的需要。95%的学员还得到了家人的支持。

根据教学的现场反应和阶段性调查评估,"双元制"校企合作培养模式凸现了特有的优势,得到了学生的认可。

(1)"订单式"的教学计划针对性强,突出了课程的专门化、综合化和职业的定向性,最终实现学员职业能力的提升。

(2)专业课的授课内容专业性强、丰富实用。多层面立体化的授课内容有利于综合提升学员的专业能力,开拓学员的专业视角。

(3)授课方式灵活多样。根据基础课和专业课授课内容和知识结构的差异,对基础课实行课堂面授和网络教学相结合的授课方式,对专业课实行集中培训方式,保证了教学效果,提升了学员的学习效率。

(4)优质的网络教学支持服务。根据"工商管理"专业的知识结构,上海交大继续教育学院成人教育部向学员提供专业基础课和专业课的网络学习资源,方便学生业余学习。

### 五、校企合作培养模式的进一步完善

访谈中,部分学员也反映了一些想法和建议。针对学员反映的问题,结合校企合作办学的要求,拟对合作培养项目作相应改进,以期进一步做好后续的招生培养工作,提高培养效果。

(1)适当调整专业课的授课内容和方法。授课内容在通用性专业知识和专用性专业知识方面适当增加通用性、管理性内容。在授课方法上增加"热身"环节,上课前15天将本门专业课的基础知识、重要概念索引、导学视频等学习资料提前提供给学员,供学员预习。

(2)增加体验式实践教学环节。为加强学员对上海机场集团公司的整体认知和对机场重要业务的了解,在上海机场集团公司内选择5～6个重点业务岗位,根据计划带领学员参观和见习。

(3)加快专业课的教材建设。合作培养项目的各门专业课涵盖非航业务、航服业务和技术支持等业务,覆盖面广,专业性强。专业课教材有利于增强专业课理论部分和实践部分的配合度,规范教学内容,支持学生自主学习。

### 六、结束语

上海交通大学继续教育学院和上海机场集团公司的合作培养项目还在实施中,还处于探索阶段,以上只是我们对该项工作的阶段性总结。随着项目的发展,还需要对执行过程中出现的问题及时修正,继续完善培养模式。

在这个项目的基础上,我们也希望能够将这种"双元制"订单式的培养模式推广到上海和长江三角洲的其他一些劳动密集型的大型服务型企业,比如东方航空公司、上海地铁公司等,让高等教育的优质资源和企业人力资源发展需要更紧密地结合起来,为本地区的社会进步和经济发展尽绵薄之力。

**参考文献：**

［1］陈晶晶.职业性与学术性并重的美国职业教育教学改革［J］.教育与职业,2012（26）：21-24.

［2］董晓勇.国外继续教育的发展现状及其对我国的启示［J］.中国成人教育,2009（19）：105-106.

［3］傅松涛,蒋洪甫.英国 BTEC 课程模式的内容及其实施效果［J］.中国职业技术教育,2007（3）:45-46.

［4］蒋洪甫,等.英国 BTEC 课程模式及其启示［J］.中国成人教育,2010（18）:131-132.

［5］李晶,席升阳.德国双轨制教育对我国高等教育的启示［J］.企业导报,2011（15）:204-206.

［6］刘国良.赴德国职业教育学习培训——教学改革与体会［J］.中国现代教育装备,2009（16）:15-19.

［7］蔚蓝.德国双轨制职业教育：未来发展的重要保证［J］.中国教育技术装备,2011（20）：136-138.

［8］易斌.诺尔茨成人学习理论对中国成人教学的启示［J］.中国成人教育,2008（12）：113-114.

［9］易峥英.德国"双元制"校企合作的成功因素及其对我国的启示［J］.职业技术教育,2006（17）:98-100.

［10］尹金金.德、美、日职业教育校企合作制度比较研究——基于历史视角与特征的分析［J］.职业技术教育,2011（19）:86-89.

［11］祝艳丽,王然.德国"双元制"教学模式及启示［J］.经济研究导刊,2008（11）:220-221.

# 工作导向学习模式
## ——在澳门现有的继续教育体制内执行的可行性、预期成本和效益

澳门大学　谭树明

【作者简介】
　　谭树明，男，澳门大学持续进修中心，博士，研究方向为持续教育等。
本文为2013年第十四届海峡两岸暨港澳高校继续教育论坛收录论文。

## 1　前　言

本文的要旨是探讨在澳门继续教育体系下，实施工作学习导向模式的可行性。继续教育起源于20世纪50年代中期，是由大学的"继续学习中心"（center for continuation study）转型而来的，继续教育提供成人在离开正规学校后所追求的教育，或提供专业人员持续进修专业知识和技能的教育活动，继续教育亦指持续个人一生的学习活动。

近年来由于人类寿命延长，真正的退休年龄延后，工作年限较以往延长，而知识和科技的发展引致这些早年毕业的在职者对继续教育的需求增加。

## 2　研究范畴和资料搜集方法

### 2.1　研究范畴

本文的研究范畴，包括了澳门现今的继续教育体系，工作导向学习模式的发展历史、优点和限制，最后探讨在澳门现今继续教育体系下实施工作学习导向模式的可行性、策略和步骤。

### 2.2　数据搜集方法

由于研究范畴包含三种不同类型的资料，研究依据每种数据的性质、特征及获取的便利性，采取了不同的资料搜集方法，具体的数据类型及来源分述如下。

(1)有关澳门继续教育的资料,以澳门教育暨青年局网站(http://www.desj. gov. mopdacindex. html)信息,为搜集数据的主要来源。

(2)研究已出版的资料,主要是通过澳门大学电子化图书馆(UM Digital Library)来进行数据搜集,其中包括:

澳门中文期刊论文索引,http://library. umac. mo/e _ resoureces/MOINCHIPA/main. html;

港澳期刊网,http://hkmpnpub. lib. cuhk. edu. hk/public_and_private. htm;

澳门会议目录及论文索引(Macau Conference Portal),http://library. umac. mo/e_resources/conf/Conferencesrch. asp;

澳门大学论文,http://ww. umac. mo/dc/dissertation/index. html;

澳门大学图书馆的电子期刊,http://umaclib3. umac. mo/screens/E _ JOURNALS. html;

Google scholar 网页,http://scholar. google. com/。

## 3　文献探讨

### 3.1　当今澳门继续教育的需求

澳门自 1999 年回归祖国以来,无论从经济发展还是整体的社会结构转型,都发展得比较成功。在"一国两制"发展制度的引导下,在中央政府和澳门特别行政区政府的共同努力下,澳门逐渐发展起了以博彩业为主的旅游业、娱乐业、酒店业综合发展的经济模式。而澳门特别行政区政府亦于 1999 年 12 月 20 日成立以后,实施了《澳门特别行政区教育制度》,在此教育制度下,澳门的"非高等教育"可以分为幼儿教育、小学教育、中学教育、特殊教育、回归教育、职业技术教育和继续教育等。澳门的继续教育,包括回归教育,也包含正规教育以外的其他教育或培训活动(梁官汉,2009)。澳门回归以来,继续高等教育的发展一直不如普通高等教育。在 2012 年,澳门共有 12 所高等教育机构,包括澳门大学、澳门理工学院、旅游学院、澳门保安部队高等学校、澳门城市大学、圣若瑟大学、澳门科技大学、澳门镜湖护理学院、澳门管理学院、中西创新学院、澳门欧洲研究学会和联合国大学国际软件技术研究所。继续教育始于 1999 年,初期报读的人数一直上升,直至 2004/2005 学年突然回落,到 2007/2008 学年才再开始上升,原因可能与澳门赌权开放有关。很多人倾向于投身博彩行业,他们未必愿意花费时间就读继续教育课程,因为博彩业员工大多是轮班制的,故定时定刻的继续教育课程与他们的工作时间有冲突,报读继续教育课程的人数才会突然下降。直至金融海啸爆发,博彩企业开始裁员,员工亦开始意识到需要为自己找一技之长,并提升自己的学历、知识和技能,同时澳门教育暨青年局亦根据社会需求,于2011 年 7 月 5 日至 2013 年 12 月 31 日期间,向每个年满 15 岁的澳门居民提供5000 元的继续进修资助,这促使继续报读教育课程的人数再次上升。澳门继续教育的课程以博雅课程为主流,而继续高等教育则只限于各大学的继续教育中心。虽然澳门共有 12 所高等教育机构,而澳门人近年来的教育水平正逐步提高,但在就业人口中,我们可以看出,澳门劳动力人口的学历水平仍然偏低,故未能满足经济的转变和社会发展的需求。要使澳门人能够积极主动地接受继续教育与专业的培训,就应该提高人们对继续教育的期待(施远鸿、柯丽香,2012)。

### 3.2　工作导向学习

如今,工作导向学习(work based learning)已经是高等教育的一个主要范畴,在英国、美国、加拿大和澳大利亚,已分别于 1800 年、1906 年、1957 年和1962 年,将工作导向学习模式放进高等教育院校或大学课程当中,其中以英国北爱尔兰于 1903 年所提倡的三明治教育模式(sandwich mode of study)最为著名,至 2005 年度,全球共有 43 个国家和 1500 所高等教育院校或大学(Boud,D. & Solomon,N.,2003)将工作导向学习模式放进高等教育体系内。

(1)工作导向学习的优点:

高等教育院校方面(Boud,D. & Garrick,J.,1999):

✓　降低了教育设施上的需求,并同时可以满足学员的需求(将学员的工作环境和设施,转变成学习的环境和设施);

✓　降低了原有教师的工作量,将教导工作部分转移给合作企业;

✓　使学员获得的知识和技能更加实用化和合时化;

✓　高效利用设施;

✓　为学员提供实际的工作经验;

✓　课程能够保持最新,与行业同步;

✓　扩展课程和学习设施,并让学生接触到最先进的设备、工艺和技术;

✓　满足不同学生群体的需求;

✓　促进和推动教师与企业界的互动;

✓　通过利用校外学习,减少学校人满为患的现象。

(2)企业方面(Burns,R.,Murphy,A. & O'Donnell,H.,2008):

✓　提高了招聘率(学员全部都是将来的招聘对象);

✓　能够更加适当地挑选优质的员工(按工作学习表现);

✓　利用工作导向学习模式向现有员工提供合适的培训及发展;

✓　向现有员工提供学习机会,以评估他们学习的潜力和更进一步发展的

能力;

   ✓   节约劳工成本;

   ✓   提高员工的工作效率;

   ✓   提高员工的工作动机;

   ✓   加强员工与雇主之间的关系。

(3)学生方面(Brennan,L.,2005):

   ✓   在现实世界中,可以应用课堂所学习的知识和技能(学术和职业);

   ✓   建立学术和工作之间的明确联系;

   ✓   通过工作导向学习模式,让学员能够评估自己的兴趣、技能和学习的能力,并同时让学生能够探索可能的职业生涯;

   ✓   提高学员毕业后的就业机会;

   ✓   让学员养成积极的工作习惯和态度、解决问题和批判思维的能力;

   ✓   让学员了解工作场所(企业)对工作员工的期望;

   ✓   建立专业与企业之间的联系,以便将来就业;

   ✓   扩大和完善学员的技术和技能;

   ✓   学员能够参与真实的、与工作相关的任务,而不是虚拟的;

   ✓   观察职场专业的风范和工作程序。

(4)小区方面(Chappell,C.,1999):

   ✓   创造了一个由学校、雇主和小区之间的协作和合作环境;

   ✓   通过工作导向学习模式,加强学校、雇主和员工之间的沟通;

   ✓   提高人们对学校系统和学习实用性的信心;

   ✓   促进本地人在本地就业和本地企业聘请本地人。

### 3.3　工作导向学习的限制

在一般情况下,与传统的以学校为基础的学习相比较,工作导向学习模式更加复杂,因为工作导向学习模式的参与者较多,除了学校,还有企业。再者,工作导向学习不仅是教育和培训,而且还与就业相关,受有关劳动法、职业健康和安全法规所规限。

工作导向学习的主要障碍或限制(Dowling,P.J.,2006):

   ✓   缺乏企业的参与就不能够实践工作导向学习模式;

   ✓   一些企业害怕培养出来的人才被其他企业高薪招走:

   ✓   缺乏明确的法律架构及公共政策的支持或激励;

   ✓   工作导向学习的质量容易被大众所质疑(即便具有有利于学习的环境、优质的培训和导师);

✓ 大众和学员容易有工作条件差的负面看法；

✓ 有就业隔离模式（按性别、社会阶层等）的风险。

## 4 澳门继续教育体系内发展工作导向学习的可行性

在澳门继续教育体系内,发展工作导向学习的可行性可以从成本效益分析和技术可行性两方面进行探讨。从成本效益分析,工作导向学习模式的优点是可以使用参与企业的工作环境和设施,大大节省继续教育机构的资源,继续教育机构在不大量增加资源或成本的情况下,能够提供更多继续教育的机会(Eraut, M.,2000,2004)。技术可行性方面,基于大部分澳门继续教育的学员都是在职者,如果能够获得他们在职的企业的支持,就消除了劳动法规、职业健康和安全法规的规限。在企业方面,成为继续教育机构的合作伙伴,可为在职员工提供工作导向学习模式的职业培训,并为员工取得相关证书及员工的职业生涯发展提供条件,并提高员工的忠诚度。在学员方面,工作导向学习模式为他们节省了交通时间,并寓学习于工作之中,而学习成果亦会被所在企业认同。

## 5 结论和建议

本文的研究目标是探讨在澳门继续教育的体制下执行工作导向学习模式的可行性。基于以上分析,在澳门继续教育体系内,发展工作导向学习模式是可行的。余下的,就是发展工作导向学习模式的策略和教育质量控制。

根据工作导向学习模式的障碍和限制,缺乏企业的参与,工作导向学习模式是不能生效的,故继续教育机构需要委任教师、专职邀请企业参与,并与企业商议和协调个别学习的专题、质量控制和评估方法。此外,专职教师亦要促使企业鼓励员工报读由继续教育机构所设计的工作导向学习模式课程,并邀请企业的管理层或专业人员成为个别学员的导师(mentor)(Fisher, S. & Murphy, A., 2004)。

而在教育质量控制方面,继续教育机构需要成立教育质量控制委员会。该委员会成员应包括继续教育机构的专职人员、学者、行业专家和参与企业代表。该委员会需要对教育质量进行控制和监管,而继续教育机构需要执行基本的质量管理流程。该流程包括课程建议书的提交、课程建议书的批核、学员注册程序、学习计划的确定、学员学习进度审查、正式学习评估方法和结果审查,及收集回馈意见的过程和方法。在学习评估方面,基于工作导向学习模式不同于传统的教学方式,学生的知识和学习成果可以通过同行评估、导师考核、口试或递交书面学习报告来进行考核。

最后,工作导向学习模式能够结合和运用学员工作岗位上的产业资源与人力,强化实务联结,以弥补继续教育中学员所习得的专业知识和技能与实际产业界的落差。

在小区方面,推广工作导向学习模式的继续教育课程可以创造一个由继续教育机构、雇主和小区之间的协作和合作环境,并通过工作导向学习模式加强继续教育机构、雇主和员工之间的沟通,提高人们对继续教育机构系统内课程实用性和有效性的信心。再者,澳门大部分行业现时没有建立专业认证制度,继续教育课程基本上没有太多条件限制澳门居民报读,学员取得相关课程证书,并不代表雇主对此作出承认,难以确立专业地位,而工作导向学习模式,由于有企业的参与,学员学习评估模式亦对企业透明,故所取得的课程证书有较大机会获得企业承认,并确立其专业能力。

**主要参考文献:**

[1] Boud,D. & Garrick,J. *Understanding Learning at Work*[M]. London:Routledge,1999.

[2] Boud,D. & Solomon,N. *Work-based Learning:A New Higher Education?* [M]. London:Society for Research into Higher Education,2003.

[3] Brenan,L. Integrating work-based learning into higher education:A guide to good practice [R/OL]. UK:UVAC,2005. http://www. uvac. ac. hk/downoads/0401_publications/int_wbl. pdf.

[4] Burns,R. Murphy,A. & O' Donnell,H. Supporting graduate development through workbased learning[C]. Spain:UNIVEST Conference,May 2008.

[5] Chappell,C. Workbased learning and vocational education and training practitioners. Working Paper,1999:99-103.

[6] Dowling,P. J. Collaboration between industry and academic institutions creating WinWin outcomes[C]. Dublin:Continuing Professional Development Symposium,2006.

[7] Eraut,M. Non-formal learning,implicit learning and tacit knowledge in professional work [C]//Coffield,F. *The Necessity of Informal Learning*. London:Policy Press,2000.

[8] Eraut,M. Transfer of learning between education and workplace settings[C]//Rainbird, H. ,Fuller,A. & Munro,A. *Workplace Learning in Context*. London:Routledge,2004: 201-221.

[9] Fisher,S. & Murphy,A. Workplace learning and the university:from reactive to proactive? [C]. Conference paper,Workplace Learning from the Learners' Perspective, Copenhagen:25-27 November,2004.

[10] 李进.高职产学合作教育的实践与探索[G]//李进,丁晓东.产学合作教育研究与探索——上海产学合作教育协会十周年论文集(1994—2004).上海:上海交通大学出版社,2004:96-102.

[11] 梁官汉.澳门成人教育的回顾[G]//单文经,林发钦.澳门人文社会科学研究文选——教

育卷.北京:社会科学文献出版社,2009:399-418.

[12] 施远鸿,柯丽香.持续教育在澳门的重要性——教育程度实证研究的启示[J].行政,2012,25(3):661-678.

[13] 汤志龙,黄铭福.大专校院之专题制作课程与产业需求的关系:以机构领域为例[J].教育实践与研究,2007,20(2):157-186.

[14] 邹慧英.课程、教学、评量三位一体的专题学习[J].台南师院学报,2001(34):155-194.

# 乐龄大学商业模式图之探讨乐龄大学

## ——以东吴乐龄大学为例

台湾东吴大学　吴吉政　刘宗哲　陈欣如

【作者简介】

吴吉政，男，台湾东吴大学推广部国际暨企贸班主任，企业管理系副主任，副教授，台湾"清华大学"工业工程与工程管理系博士，研究方向包括制造策略、管理科学等。

刘宗哲，男，台湾东吴大学推广部主任，企业管理系教授，美国克里夫兰州立大学企业管理博士，研究方向包括信息管理、顾客关系管理、统计分析。

陈欣如，女，台湾东吴大学推广部组员，台湾东吴大学英文学系硕士，研究方向包括英美比较文学、高龄教育。

本文为2014年第十五届海峡两岸暨港澳高校继续教育论坛收录论文。

## 一、前　言

近年来，受到少子化、世界级名校来台招生及大规模开放式在线课程等的多重影响，台湾高等教育的发展受到了严峻的考验。推广教育则扮演了活水与先锋部队的角色，提供更多元、更有弹性、更符合时代学用结合的教育平台。尽管外在环境有不利因素，推广教育仍有许多新契机，如海峡两岸交流持续扩大、全球推广教育逐步开拓、高龄化社会背后衍生的终身学习风气及结合地方特色与核心资源受到重视等。其中最值得重视的是，科技的发展、经济结构的改变、医疗水平的提高、环境卫生的改善已使人类的平均寿命不断地延长，加上战后大量婴儿潮族群陆续步入老年期，人口老化现象已经渐渐成为21世纪全球面临的最大挑战之一。

依据联合国世界卫生组织订定的标准，当一个国家或地区65岁以上的老年人口的占全体人口比例超过 7％时,被称为高龄化社会(ageing society);当比例超过 14％时,依据相同的标准,则被称为高龄社会(aged society)。联合国人口分析数据显示,目前全球许多国家和地区已步入高龄社会。2000 年高龄化程度最显著者为意大利,其次为德国与日本,预估在 2050 年时,意大利、德国、日本等国的高龄化程度将超过 35％。从前述数据可以得知,"人口结构高龄化"是目前全球所面临的重大议题(张慈映,2004),美国、英国、法国、德国、日本、韩国、中国等为应对这一现象,已将高龄教育纳入国家政策(黄富顺,2007)。战后婴儿潮族群,虽然只占全球总人口数的 20％,但是却控制着 40％的国民可支配所得,以及 77％的私人投资,所以该族群人口可说是史上最有价值的老年人。此族群的庞大经济规模与价值,自然无法轻易忽视。基于战后婴儿潮族群已经养成习惯需求被聆听、被满足的消费形态,故在面对此庞大的消费族群时,商业界与学术界无不使出浑身解数,积极开发推展适应老年生活的相关产品(张慈映,2004)。

近年来,台湾地区因为公共卫生及医疗技术的进步,死亡率逐年下降,平均寿命延长。另一方面,由于人民的生育技术及观念改变,出生率逐年降低,造成少子化现象,更加速了高龄化社会的来临。台湾社会在 1993 年进入"高龄化社会"之后,至今已有 15 年的历史,老年人人口在这段期间更急剧增加。台湾内政事务主管部门"户政司"公布,至 2011 年 1 月底为止,65 岁以上的人口占总人口比例已达 10.75％(2489282 人)。按台湾有关部门推算预估,2017 年台湾地区的高龄人口将达到 14％,约 331 万人,即将进入"高龄社会";预计在 2025 年后进入"超高龄社会"。2018 年新生儿将会减少到 17.5 万人左右,与死亡人数接近,其后将迈入人口负成长时代(台湾教育主管部门,2010)。

随着社会高龄化,老年人需求逐渐受到重视,而高龄教育是实现此需求不可或缺的一环。高龄教育的目的有:①加强身心保健,促进健康;②提供新角色所需要的知能;③充实生活与精神内涵,提高生活满意度;④增进自我成长、体验生命的意义与价值。由此目的亦可窥见老年人的需求内容为何。另外,台湾教育主管部门在 2007 年调查老人及届龄退休者的学习需求,依序为家庭与人际关系、养生保健、休闲娱乐、社会政治、自我实现与生命意义及退休规划与适应(台湾教育事务主管部门"社会教育司",1991;黄富顺,2007;王政彦,2009)。

台湾的高龄教育,主要是由社会和教育行政部门两方面同时推动。早期大多由社会行政机关以社会福利的方式推展;近年来,才由教育行政机构以基本人权的角度推动(黄富顺,2007)。在当局相关部门的政策主导下,高龄教育的实施已经开始有明显的发展(黄富顺,2007),主要包括五个方向:一为社政部门所办理的长青学苑;二为教育部门的老人社会大学或高龄学习中心;三为民间组织所办理的老人大学;四为宗教团体所办理的松年大学;五为教育行政主管部门办理的乐龄大学计划。其中值得一提的是,教育主管部门鉴于法国"第三年龄大学"、美国"老人寄宿所"等高龄学习机制成效良好,特别在 2008 年参考其运作模式,运用大学师资、教学设备及校园环境,结合 13 所高等学校试办"老人短期寄宿学习计划",开拓老人学习的创新模式,计有 820 位 60 岁以上的老人参与。2009年持续补助 28 所大学办理"乐龄学堂"计划,计有 1975 位老人参与,其中更保留28 梯次给急需关怀老人,让长者于退休后,有机会进入大学和年轻学子共同学习、互动(王政彦,2009)。2010 年更联合台湾地区 56 所高等学校推动亚洲首创的"乐龄大学"计划,颠覆过去大学的资源都是以培育年轻学子为主的局面,将高等学校丰富的资源开放给身体健康状况佳、知识水平较高、经济状况良好的婴儿潮族群,对于这群 10 年后将转变为老年人的 260 万人口,不限学历,采用大学学期制,每学期授课 18 周,每周以安排 9 节课为原则,课程内容包括概念性课程、知识性课程、休闲性课程及运动性课程。上课模式有班级课堂教学、代间学习体验、混龄学习及参访活动,并按照各办理学校之发展特色规划(台湾教育主管部门,2010)。

大学如能善用既有设备,并结合邻近地区资源办理乐龄大学,另创高龄者终身学习的需求及教育机会的提供,将为大学推广教育带来新的契机、开拓新的市场。另一方面,也能减轻人口高龄化现象所带来的社会负担。如何将社会变迁所带来的问题转变成助力,教育将占有举足轻重的地位。然而,"天下没有免费的午餐",一般的大学推广教育可提升学员的生产力,并进一步增强经济能力,维持营运的正向资金流;而乐龄大学除了向学员收取合理的学费外,更需要教育主管部门提供补助来维持收支平衡。过去的研究多从教育、社会及基本人权等方面来看乐龄大学的实施,然而在财政吃紧的情况下,如何整体考虑大学资源的应用及收入支出的结构,以永续经营乐龄大学已成为重要的研究课题。因此,本研究以引进经营模式(business model)观点来探讨乐龄大学的经营方式,并以台湾东吴乐龄大学为例说明模式应用之可行性。

## 二、高等教育及经营模式

"产业"并非用来描述高等教育的惯用语,然而当我们尝试具体描述高等教育机构的经营状况时,似乎没有比"产业"更贴切的简洁用语。高等教育依其资金来源及治理方式可分为传统私立非营利大专院校、公立大专院校(含小区大学)及营利机构(for-profit)三种次产业(sub-sector),其中营利机构包括经认可的大专院校(accredited colleges and universities)、学位学程(degree-completion programs)、专业学校(specialized trade schools)、语言学校(language schools)、在线学习课程(online learning programs)及文凭工厂(diploma mills)等,为近期逐年兴盛的次产业,在教育成本不断提高而教育预算不断缩减的年代,营利机构已逐渐对非营利高等教育造成冲击。非营利教育机构亦逐渐采用营利考虑的经营模式,如学费涨价、教师考评松散(casualizing faculty)、与传统教师工作(faculty work)脱钩、内部服务的外包、增加在线服务及课程、不断增加新生召募名额(racheting up student recruiting)、从业界引进管理者而非从学术界延聘等(Berry & Worthen,2012)。

换言之,高等教育的"经营"(business)已愈来愈受到重视,许多学者亦尝试以不同角度切入高等教育的经营模式。例如,Harris et al.(2012)提出增升澳洲原住民学生(Australian indigenous students)投入心理学学位的整合模式。此模式突破过去及潜在学生所提报的障碍,主要元素包括围绕文化能力架构的机构环境,在学位中纳入原住民相关议题的课程设计(curriculum)、在地医疗服务的伙伴关系及在地长者与小区的参与。其中亦包含了可发展对学生及职员永续师徒制度的系统,而相互尊重的关系及教学相长是该模式的基石。此模式的整合流程增加了针对原住民的课程相关性并满足其教育的需求,也因此增进了与原住民学生的联结。Bolton & Nie(2010)运用利益关系人管理(stakeholder management)探讨跨国高等教育(transnational higher education)经营模式。在与澳洲合作的案例中,利益关系人包括两所伙伴大学、教师、政府、产业、学生及学生家长,其关注的利益不断地在转移。研究结果认为利益关系人价值主张的定义、改进(refinement)及校准(alignment)是跨国高等教育伙伴关系的核心,而创造适当的价值来满足利益关系人是具挑战性的研究议题。

经营模式亦称为"商业模式",在商管领域已有更广泛且深入的讨论。每个组织都有自己的经营模式,只要是将价值链中的资源转换成产品或服务以创造价值及进一步获取利益的一系列流程都属于经营模式(Betz,2002;Teece,2010)。Afuah(2004)认为经营模式及收益模式(revenue model)的主要差别在于收益模式强调产生利润的过程,而经营模式是一个整合架构,用以说明如何将组织的策略转化并对应作业层级所需的资源及内外部流程。此外,经营模式成功与否的关键在于竞争优势的持续程度(Morris,Schindehutteb & Allenc,2005)。

经营模式时常链接企业的名称,例如麦当劳经营模式、西南航空(Southwest Airlines)经营模式,而有些人则偏好直接称特许加盟经营模式(franchising model)及廉价航空模式(lost cost airline model)来描述其真实的经营特征。这两类的命名一般而言可用尺度模式(scale model)及典范模式(role model)来概括,其中尺度模式是真实事物的表征,用精简、概化、重点化的描述;而典范模式提供理想案例供模仿,它并不是简化的模式,而是作为可以被模仿的对象。简言之,尺度模式是仿真的(copies of things),而典范模式是被仿的(models to be copied)。经营模式具有多元的内涵,可视为一种科学模式,调节用户了解他们的世界在实务界及学术界的定位,用以通过实证建立概念及理论。另一方面,经营模式可视为在既有限制及目标下,组织驱动策略改变与创新的配方(recipes)。经营模式是多面向的合体,并不单属于上述任何一种模式,也因此是商管领域热门的研究新天地(Baden-Fuller & Morgan,2010)。

Osterwalder et al.(2005)及Teece(2010)亦将经营模式分为三类,第一类是在抽象层次(abstract level)建构不同元素及彼此间关系的模式;第二类是用来分析既有的经营模式以便于探讨及诊断(prescribe)应然的模式(as it should be);第三类则是规范式,通过一定的步骤流程来达到有效的经营。传统的经营模式以组织观点描述资源、活动及产品或服务的关系(De Wit & Meyer,2005)。近期的经营模式则强调以顾客为中心,并结合与供货商结盟及合作的重要性(Osterwalder & Pigneur,2010)。此时经营模式向顾客的影响及必要的伙伴关系两端延伸开放,从内部组织的观点转向经营环境的观点(Prahalad & Krishan,2008),例如Chesborough & Roosenboom(2002)认为,经营模式已经从由内而外(inside-out)转为由外而内(outside-in),并可通过六大步骤将价值链的资源与活动串联,包括:①表达价值主张;②识别目标客层;③定义创造及散布价值企业所处的价值链结构;④依上述选择的价值主张及价值链结构估计成本结构及利润;⑤描述组织在价值网络中所处的地位,联结供应者及顾客,包括潜在互补者与竞争者的识别;⑥制定竞争策略。借此,创新组织将获得及维持比竞争者更多的优势。此模式的核心观念为经营模式的"加值"过程,为产品或服务创造价值。Hamel(2000)则认为创新经营模式强调组织能顺应环境调整策略以增加获利,并以核心策略(core strategy)、策略性资源(strategic resources)、顾客接口(customer interface)、价值网络(value network)联结顾客利益(customer benefits)、结构配置(configuration)及企业疆界(company boundaries)为关键元素。

Shafer et al.(2005)汇整文献后,将经营模式的元素及定义归纳为策略选择、价值网络(含顾客、供货商、竞争者、互补者等)、价值创造(create value)、价值撷取(capture value)(含等定价策略、营收、控制成本、创造利润等)四大构面。Lafley & Johnson(2010)提出以顾客价值主张、利润公式、关键资源及关键流程为核心元素且紧密联结的"四格经营模式"。Osterwalder & Pigneur(2010)则强调可视化建立"九格经营模式"商业模式图(business model canvas),九大构成要素是:目标客层(customer segments)、价值主张(value propositions)、通路

（channels）、顾客关系（customer relationship）、收益流（revenue streams）、关键资源（key resources）、关键活动（key activities）、关键合作伙伴（key partnerships）及成本结构（cost structure）。这九大构成要素涵盖企业四个主要领域：顾客、提供产品、基础设施及健全的财务制度，以显示一家企业赚钱的逻辑，并汇整商业案例，提供模式设计的参考。

De Langen（2011，2012，2013）运用商业模式图分析开放式教育资源（open educational resources，OER）参与者的动机及资金模式。统传教育机构通过奖补助及学费"赚取"（earn）收入；相反的，OER组织则通过主办活动（hosting activities）、质量控管及推广活动（distributional activities）"赚取"收入。OER组织，可以是实体组织，例如麻省理工学院（MIT）及开发大学（Open University），也可以是网页平台，例如Ariadne或Opener等。研究结果认为，若把政府（知识经济）、教育机构（效率、市场）、个别生产者（individual producers）（声誉、学术兴趣）及用户（中继教育产品、学习）一起考虑，则唯一的永续经营模式是根基于补贴的（subsidies），也响应了OER"天下没有免费的午餐"的概念。然而此结论会随着开放（openness）及动机的定义不同而调整。例如，若伙伴或学员必须支付教育资源的使用费（开放的弱定义），则传统商业模式派得上用场。另一方面，若开放代表免费（开放的强定义），则OER主要源自于"公共财物（public good）"的动机，即永续经营模式必须依赖外部资金（补贴或补助），但大部分情况是成本大于直接获得的补贴，故实行OER的教育机构应审慎检视经营策略与OER的适配性及通过OER提升声誉带来的学生人数增加、效率提升及吸引新颖研究和教师等收入增加来源是否有足够的价值。此篇研究进一步点出，了解使用者的需求（needs and desires）是经营模式应进一步探讨的议题。

综合以上，经营模式的研究持续发展，案例亦不断累积，而高等教育亦逐渐采用先进经营模式来改善经营成效。

### 三、商业模式图

为了持续成长与永续经营，乐龄大学将面临如何创造、传递及获取价值的问题。例如大学必须了解高龄者对于该应用程序的认知价值（perceived value）或保留价格（reservation price），因为课程开发的成功与否将决定招生人数与回流率，两者指标到达一定数量才会使大学感受到开发乐龄大学课程有所价值，而认知价值也将影响合理定价及应投入的资源与成本。大学开发的课程亦需要满足补助单位的需求，以赢得其青睐并获得重要的办学收入来源。然而，如何将乐龄大学的学费定价、成本结构、伙伴关系、价值主张及目标客层等关键决策通过商业模式图整合与分析，以达到永续经营，目前仍为待研究的议题。本文以商业模式图探讨乐龄大学的永续经营。

商业模式图以可视化图表展开九大经营要素（图 1）（Osterwalder & Pigneur, 2010）。其中，"目标客层"代表锁定欲接触和服务的个人或组织群体，通过需求、通路、关系经营、获利形式或愿付价格，可加以区分为大众市场、利基市场、区隔化市场、多元化市场、多边平台（多边市场）等。"价值主张"是欲传递给特定目标客层的价值，是区别顾客上不上门的根源，其中价值可通过新颖、效能、客制化、把事情搞定、设计、品牌/定位、价格、成本降低、风险降低、可及性及便利性/易用性等元素创造。"通路"则是组织传递价值主张给目标客层的接触点及渠道，其功能包括提高顾客对产品和服务及价值主张的认知、让顾客得以购买、提供售后服务等。常见的通路包括人力销售、网络销售、自有商店、合伙商店及批发商。"顾客关系"则是获得及维系顾客关系的方式，借以提高营业额。一般顾客关系可分为个人协助、专属个人协助、自助性、自动化服务、社群、共同创造六种类型。通过目标客层、价值主张、通路及顾客关系的联结，组织将能从目标客层获取收益。收益流一般可分为一次性付费交易收益、持续付费而产生的常续性收益，而产生收益流的方式包括资产销售、使用费、会员费、租赁费、授权费、中介费及广告等，而定价主要包括固定定价（统一定价、由产品特色决定、由目标客层决定、由数量决定等）及动态定价（协商议价、收益管理、实时市场、拍卖等）两种机制。

| 关键合作伙伴<br>1.非竞争者之间的策略联盟<br>2.竞合策略<br>3.共同投资以发展新事业<br>4.采购商与供应商之间的伙伴关系 | 关键活动<br>1. 生产<br>2.解决问题<br>3.平台/网络<br><br>关键资源<br>1.实体资源<br>2.智慧资源<br>3.人力资源<br>4.财务资源 | 价值主张<br>1.新颖<br>2.效能<br>3.客制化<br>4.把事情搞定<br>5.设计<br>6.品牌/定位<br>7.价格<br>8.成本降低<br>9.风险降低<br>10.可及性<br>11.便利性/易用性 | 顾客关系<br>1.个人协助<br>2.专属个人协助<br>3.自助性<br>4.自动化服务<br>5.社群<br>6.共同创造<br><br>通路<br>1.人力销售<br>2.网络销售<br>3.自有商店<br>4.合伙商店<br>5.批发商 | 目标客层<br>1.大众市场<br>2.利基市场<br>3.区隔化市场<br>4.多元化市场<br>5.多边平台(多边市场) |
|---|---|---|---|---|
| 成本结构<br>1.成本驱动<br>2.价值驱动 | | 收益流<br>1.资产销售　　4.租赁费<br>2.使用费　　　5.授权费<br>3.会员费　　　6.中介费<br>　　　　　　　7.广告 | | |

图 1　商业模式(business model canvas)

数据来源:Osterwalder & Pigneur, 2010,本研究整理。

从供给面来看，"关键资源"是组织运行与经营最重要的资产，一般包括实体资源、智慧资源、人力资源、财务资源；而"关键活动"是经营模式运作的必要工作任务，包括生产、解决问题、平台及网络等；"关键合作伙伴"则是组织基于最适化与规模经济、降低风险与不确定性、取得特定资源与活动等动机产生的合作关系，一般可分为非竞争者之间的策略联盟、竞合、共同投资以发展新事业及采购商与供货商之间的伙伴关系四类；"成本结构"则是进行所有活动产生的成本，其结构可区分为成本驱动及价值驱动两种，并具有固定成本、变动成本、规模经济（economies of scale）、范畴经济（economies of scope）等特征。

Osterwalder & Pigneur（2010）将过去具有类似特征的经营模式整理为常见的样式（pattern）或所谓的典范模式，包括分拆经营模式（unbundling business models）、长尾（long tail）、多边平台（multi-sided platforms）、免费经营模式（free as a business model）、开放式经营模式（open business model）等，以便于运用、效法及讨论。此外，Osterwalder & Pigneur（2010）亦建议组织为了发展及设计自身最有利的经营模式，可采用顾客观点、创意发想、可视化思考、原型制作、说故事及情境描绘等方式逐步建构。

值得注意的是，OER 经营模式为高等教育运用商业模式图进行分析的少数特例，因此高等教育经营模式相关研究仍有深入探讨的空间。

### 四、台湾东吴乐龄大学商业模式图

台湾东吴大学自 1971 年 8 月成立"台湾东吴大学教育推广中心"，下设英文、日文中心，至今经过"教育推广部""推广部"等更名，至今已有近 45 年的办学经验。台湾东吴大学根据教育主管部门的要求，顺应社会需求，善尽社会责任，参与了"乐龄大学"计划，由推广部负责协调整合各单位资源，拟订"乐龄大学"计划，特别规划了一系列适合中高龄学员需求的课程。计划课程内容的师资包括台湾东吴大学四个学院（外国语文学院、理学院、法学院、商学院）、三个行政单位（心理咨商中心、课外活动组、推广部），以及产业界（台北市银发族协会）师资的配合。计划实施地点安排学员体验台湾东吴大学两个校区（外双溪校区、城中校区）的不同风格与特色，同时利用台湾东吴大学校区交通的便利性，结合学校邻近丰富的学术及文化资源。在台湾东吴大学学术单位及行政单位的通力协助下，期望使高龄者体验快乐、精彩、充实的大学生活，不与社会脱节，更可以融入年轻族群与银发族社团的活动。

台湾东吴大学自 2010 学年度开办乐龄大学，第一学期招收学员 16 人，第二学期学员数增加为 20 人；2011 学年度第一学期学员人数 20 人，第二学期增为 31 人；2012 学年度第一学期乐龄大学招收 29 位学员，第二学期学员数增至 38 人，学员数有明显成长趋势。自 2010 学年度开办乐龄大学以来，每年均以开设一班为原则，三年来学员反应热烈。综合过去三年的学员资料分析，台湾东吴乐龄大学招收的学员男女之比为四比六，年龄层则以 60 至 64 岁居多，教育程度大专以上占 50％，其次依序为高中及中小学。

由于目标客层除了 55 岁以上的银发族外，更要符合教育主管部门补助大专院校办理乐龄大学计划的规定，满足课堂时数分配，并规划代间教育活动，互动方式包括随班上课、课堂互动社团互动、借由大学生与高龄者共同完成特定主题活动的设计与执行（例如校庆展演或竞赛，其他大学部的年度校园活动等）。台湾东吴乐龄大学依"乐龄大学自组习社团成立暨管理要点"，辅导学员成立自组性学习社团"飞翔在东吴"（https://www.facebook.com/groups/101052596724278/），结合长青组织（台北市银发族协会）、小区组织及其他组织（台北市青年企业研究社）等办理合作伙伴，依学员意愿不定期举办户外参访活动，例如健行、登山、古迹参访等，竭力提供行政资源，协助学员社团的相关活动，例如保险、游览车租赁等。另外，台湾东吴大学群育中心亦提供乐龄学员自组社团的相关咨询及辅导。

台湾东吴乐龄大学一般课程均在多媒体教室授课，视听设备俱全。另有日文系的"日本文化教室"提供给乐龄大学"日本文化体验"课程使用，附有小庭院的日本传统和室空间，让乐龄学员得以体验身处日本空间学习的情境。物理系亦提供物理实验专用教室供乐龄大学"生活中的物理"课程使用。

整体课程规划以 2010 年 11 月至 2011 年 6 月台湾东吴乐龄大学为例（表1），课程内容涵盖 2007 年教育主管部门老人及届龄退休者的学习需求调查结果：家庭与人际关系、养生保健、休闲娱乐、社会政治、自我实现与生命意义及退休规划与适应。课程设计共有九个系列。每个系列为期 9 周，每周上课 3 小时。每学期有 3 个系列同时进行，上课时间为每周一、三、五之上午 9 点 10 分至12 点。

本研究将上述课程计划内容以商业模式图展开（图 2），有助于课程经营与规划的整体分析。值得注意的是，成本结构包括钟点费、工读费、讲义材料费、印刷及宣传费、健保补充保费、教室和设备使用及行政管理费，但这些费用远大于学费收入。教育主管部门每年补助的第 1 班经费上限为新台币 32 万元，而第 2班为 16 万元。若大学欲维持合理的收支关系，则第 2 班的学费来源必须增加近2 倍，若缺少教育主管部门补助款则必须以有相较于现行 2 至 3 倍以上的学费收入才能达到合理收支关系。换言之，台湾东吴乐龄大学现阶段仍非常依赖教育主管部门的补助款。为了达到缺乏补助仍能永续经营的未雨绸缪，仍需持续提升价值主张的传达，提高目标客层的认知价值，增加学员人数及学费收入；另一方面，也必须改善关键活动、关键资源及关键合作伙伴的运作效率，以降低经营成本。

表 1 2010 年 11 月至 2011 年 6 月台湾东吴乐龄大学课程总览

| 时间 期程 地点 | 系列一 （星期一, 9:10~12:00） | 系列二 （星期三, 9:10~12:00） | 系列三 （星期五, 9:10~12:00） |
|---|---|---|---|
| 2010 上学期 共九周 （双溪校区） | 开训与双溪校园导览 轻松学计算机 （推广部） | 日本文化体验 （外语学院日文系） | 潜能的活化 （理学院心理系） |
| 2010 下学期 共九周 （城中校区） | 城中校园导览 乐活讲座 & 文化巡礼 （银发族协会） | 法律与生活 （法学院法律系） | 生活赢家 （商学院企管系） |
| 2010 下学期 共九周 （双溪校区） | 生命科学与医疗保健 （理学院化学系） | 心理健康照护 （心理咨商中心） | 社团活动（课外活动组） 结训（推广部） |

| 关键合作伙伴 1.长青组织(台北市银发族协会) 2.社区组织 3.兼任教师(含讲座课程) 4.生命教育机构(安宁照顾基金会、台湾生命救护教育中心) 5.其他组织(台北市青年企业研究社) | 关键活动 1.课程规划 2.授课 3.校园体验 4.校外参访 | 价值主张 1.便利性 2.平实性 3.充实生命知识、文化深度的体验 | 顾客关系 1.个人协助 2.社群(自组性学习社团"飞翔在东吴") | 目标客层 1.银发族 2.补助单位(教育主管部门) |
|---|---|---|---|---|
| | 关键资源 1.专任教师 2.课辅学生(代间教育) 3.宣传团队 4.课程规划团队 5.教室 6.品牌 | | 通路 1.实体教育机构 2.网络销售 3.旧生 4.长青组织 5.社区组织 | |
| 成本结构 1.钟点费 2.工读费 3.讲义材料费 4.印刷及宣传费 5.健保补充保费 6.教室及设备使用 7.行政管理费 | | | 收益流 1.学费(定价×人数) 2.补助款(教育主管部门) | |

图 2 台湾东吴乐龄大学商业模式

## 五、结 论

近年来,由于医药卫生的进步、工商业的发达、生活水平的提高,致人类平均寿命延长,老年人人口逐年增长,再加上少子化的现象,老年人口渐渐成为人口结构中的重要部分。面对社会变迁所形成的高龄化现象,如何推动发展高龄者教育,充实高龄者精神生活,是当前重要的议题(台湾教育主管部门"社会教育司",1991)。

大学是社会生活的缩影,而学校教育机构不仅是传递知识的地方,更负有社会文化传递与革新的功能,应与小区建立生命共同体并分享资源。面对社会现象，配合当局政策，借由大学推广教育的力量，让高龄者有机会走入大学，分享个人所长与生活经验，感染年轻学子的活力，保持身心机能的健康发展，培养积极的人生观，发挥退而不休的精神，有助于其改进自己生活的能力与质量，并过着有尊严、有价值、健康、快乐的晚年生活。

随着社会变迁的脚步，各个国家和地区皆制定了相关的应对政策，政府机关、民间团体，乃至各级教育机构，无不配合潮流、政策而为，大学如能把握住此趋势，有效利用既有资源，结合邻近地区，并依高龄者的需求，开发设计多元课程，促使有增无减的高龄学习者愿意花钱投资打造自己的晚年生活，将促进大学推广教育开拓新的市场、新的面向，进而形成双赢的局面。然而，乐龄大学的经营不能仅从教育机构的角度思考，必须结合以顾客为主中心的经营模式分析，客观探究永续经营的可行性。

本研究以台湾东吴乐龄大学为例说明，属于商业模式分析中的尺度模式及叙述（descriptive）模式，仅能说明现阶段经营的概况；未来研究可以典范模式进一步探讨应然的诊断式乐龄大学经营模式。此外，商业模式是以顾客为中心的研究模式，唯有深入了解顾客的需求与渴望（needs and desires），方能提出最有益的价值主张。因此，未来研究可以挖掘个别乐龄大学目标客层内心的想法，并结合系统化方法如顾客旅程（customer journey）及资策会发展的服务体验工程法等进行研究。最后，永续发展（sustainable development）是近年来重要的学术研究趋势，未来研究可结合永续发展三基线（环境、经济、社会）模型（triple bottom line，TBL）及参与、渐进、合作模型（participatory，incremental，collaborative，PIC）等理论进一步探讨乐龄大学的永续经营。

**参考文献：**

[1] Afuah，A. *Business Models：A Strategic Management Approach*［M］. Boston，MA：McGraw-Hill，2004.

[2] Baden-Fuller，C. ＆ Morgan，M. S. Business models as models［J］. *Long Range Planning*，2010，43（2-3）：156-171.

[3] Berry，J. ＆ Worthen，H. Faculty organizing in the higher education industry：Tackling the for-profit business model［J］. *The Journal of Labor and Society*，2012，15（3）：427-440.

[4] Betz，F. Strategic business models［J］. *Engineering Management Journal*，2002，14（1）：174-195.

[5] Bolton，D. ＆ Nie，R. Creating value in transnational higher education：The role of stakeholder management［J］. *Academy of Management Learning and Education*，2010，9（4）：701-714.

[6] Chesborough，H. W. ＆ Roosenboom，R. S. The role of the business model in capturing

value from innovation: Evidence from Xerox Corporation's Technology Spin-Off Companies[J]. *Industrial and Corporate Change*, 2002, 11(3): 529-555.

[7] De Langen, F. H. T. There is no business model for open educational resources: A business model approach[J]. *Open Learning*, 2011, 26(3): 209-222.

[8] De Langen, F. H. T. Positioning the OER business model for open education [J]. *European Journal of Open, Distance and E-learning*, 2012(1): 1-13.

[9] De Langen, F. H. T. Strategies for sustainable business models for open educational resources[J]. *The International Review of Research in Open and Distance Learning*, 2013, 14(2): 53-65.

[10] De Wit, B. & Meyer, R. *Strategy Synthesis*[M]. London: Cengage Learning EMEA, 2005.

[11] Hamel, G. *Leading the Revolution* [M]. Boston, MA: Harvard Business School Press, 2000.

[12] Harris, J. B., Hill, B., & Kiernan, M. A model for increasing indigenous participation in psychology degrees[J]. *Australian Psychologist*, 2012, 47(3): 128-136.

[13] Lafley, A. G. & Johnson, M. W. *Seizing the White Space: Business Model Innovation for Growth and Renewal*[M]. New York, NY: Harvard Business Press, 2010.

[14] Morris, M., Schindehutte, M. & Allen, J. The entrepreneur's business model: Toward a unified perspective[J]. *Journal of Business Research*, 2005, 58(6): 726-735.

[15] Osterwalder, A., Pigneur, Y. & Tucci, C. Clarifying business models: Origins, present and future of the concept [J]. *Communication of the Association for Information Systems*, 2005, 15(1): 1-38.

[16] Osterwalder, A. & Pigneur, Y. *Business Model Generation A Handbook for Visionaries, Game Changers, and Challengers*[M]. New York, NY: John Wiley and Sons Ltd., 2010.

[17] Prahalad, C. K. & Krishan, M. S. *The New Age of Innovation*[M]. New York, NY: McGraw-Hill, 2008.

[18] Shafer, S. M., Smith, H. J. & Linder, J. C. The power of business models[J]. *Business Horizons*, 2005, 48(3): 199-207.

[19] Teece, D. J. Business models, business strategy and innovation [J]. *Long Range Planning*, 2010, 43(2-3): 172-194.

[20] 黄富顺. 各国高龄教育[M]. 台北: 五南出版社, 2007.

[21] 台湾教育主管部门. 2010 学年度教育主管部门补助大学校院试办"乐龄大学"计划[EB/OL]. 2010. http://60.251.22.99/ezcatfiles/cust/img/img/250865982.pdf.

[22] 台湾教育主管部门"社会教育司". 老人教育[M]. 台北: 师大书苑有限公司, 1991.

[23] 王政彦. 健康终老、幸福家园[R]. 高雄: 高雄师范大学教育学院, 2009.

[24] 张慈映. 全球高龄化浪潮是危机也是商机[J/OL]. *MD News*, 2004(61). http://www.bpipo.org.tw/media/mdnews/61/6104.html.

# 台湾推广教育的顾客价值内涵与创新机会初探

台湾"中国文化大学"　张冠群　吕新科　郭建良　杜佩萦

【作者简介】

　　张冠群，男，台湾"中国文化大学"推广教育部教育长，国际企业管理学系副教授，韩国龙仁大学名誉经营学博士，主要从事财务、企业管理研究。

　　吕新科，男，台湾"中国文化大学"推广教育部执行长，台湾大学信息管理博士，信息管理研究所(在职专班)所长，副教授，主要从事企业架构、IT规划及治理、数字学习、高教与终身学习等研究。

　　郭建良，男，台湾"中国文化大学"推广教育部信息管理学系助理教授，博士，主要从事科技化服务、组织转型、信息管理分析规划与价值应用等研究。

　　本文为2009年第十届海峡两岸暨港澳高校继续教育论坛收录论文。

## 一、研究背景、动机与问题

### (一)迈向成熟期的台湾推广教育服务

虽然大学推广教育在台湾起源颇早，但一直到20世纪90年后才正式上轨道，而且，因为下述因素，当时的推广教育多集中于实用导向的课程，缺乏多元特质：①民众对科技、工商及专业教育的需求增加；②当局及私人企业对借此提升专业人才素质与行政人员管理能力的需求增加；③当局相关单位提供大量经费支持相关教育课程；④各大学基于自筹经费的压力，尝试发展具市场价值的实用性之推广教育课程(苏雅惠，1998)。同时，90年代的台湾推广教育，更因下述原因而受到相当多的非议与挑战：①商业化气息过重。由于台湾缺乏欧美国家和地区设立推广教育时需将服务小区(提供社会民众均等教育机会)议题纳入考虑的发展背景,辅以被赋予前述财源开拓的压力,让多数大学推广教育忽视人文熏陶、独立思考能力培养、小区关怀教育等考虑,致过度重视实用主义、缺乏人文关怀。②教学内涵较少贴近顾客需求。在当时,教材与教学内容多由任课教师选择决定,且事前较少和课程规划者沟通,难以确保实际开课的结果具有价值。③教与学综效不足。多数大学推广教育利用校内相关系所教员担任教学工作,但很少能借此进一步在教学与研究上有互为相长的作为,导致只能做到人力资源联结的效果(苏雅惠,1998)。

不过,近期由于多方的共同努力及下述因素,促成了台湾推广教育与终身学习市场的快速成长:①知识经济下各先进国家和地区大力推展;②教育主管部门推动政策下的拓展;③社会结构变迁(高龄、少子化)诱发对推广教育的重视(谢宜芳,2008)。

依据台湾大专院校推广教育课程信息入口网(CELL)的数据,目前台湾的大学开设的推广教育中心布点数量超过300家,近一年平均每月开设超过2500门推广教育课程,且非学分课程占总课程数近85%,其中,语文学习、进修学分与健康养生分占开设数前三名(合占45%),再其次为艺文生活、企管经贸与证照检定(含占20%)。这就充分说明传统课程以外的生活导向课程数目日增,社会化程度大幅提升(郭建良等,2011)。

(二)顾客价值重要性日增诱发的挑战

大体而言,顾客价值是消费行为的重要预测变量,并被视为多元竞争下比顾客满意度更能确保市占率的指标;再加上顾客价值能指引企业发展新产品,俨然成为当代营销的重要议题(Gale,1994;Parasuraman,1997;Woodruff,1997;黄淑琴、陈姿君,2007)。这样的观点,对于市场走向成熟期、同业竞争增加、顾客选择变多的服务产业而言,亦相当适用。再加上供需双方专业与信息不对称情况逐渐递减的趋势,维系顾客与创造顾客价值的课题就变得更为重要。无怪乎,大前研一(1988)认为:"企业策略的首要目的,不是打败竞争对手,而是提供顾客真正需要的价值。因此,唯有如此,方能与顾客维持长久友好的关系,并从其身上获取更大的利益。"

这样的概念,其实对于推广教育亦非常适用。当推广教育的客群与目的改变时,顾客价值的掌握也变得越来越重要。例如,林怡珊(2009)发现,主动学习中的"内在动机与热情"是心流经验中的关键差异因素,而心流经验中的"自发自足经验"则是影响主动学习的关键差异因素。此外,不同学习动机会造成心流与主动学习的差异,且取得学位为动机之学习者的心流与主动学习较弱。因此,在继续教育或成人教育市场逐年成长的时节,以及当非学位之主动学习者逐渐成为未来台湾推广教育服务的关键多数之前提下,如何有效检视客群类型与目的之改变脉络,重思提供满足非传统学生需求的教学内容与服务内涵,以期符合不同于传统学生之成人学员的期望,借此提升顾客的认知价值与参与动因,就成为目前刻不容缓的研究课题(刘宗哲等,2005;林怡珊,2009)。

最后,从产业生命周期观点加以比对,黄翊帆(2005)的研究发现,不同生命周期对应之顾客群特性差异将影响顾客忠诚度的产品利益的项目组合(以软件产品消费者为例,前期顾客可能较注重价格、质量与美观,后期则可能对易用议题越来越重视),更反应在不同生命周期,业者需持续关注并采取不同方式维系与创造顾客价值,才能成功维系顾客的忠诚度。

(三)研究议题与目的

虽然已有不少文献提及顾客价值在推广教育的重要性,但是只有极少的文章探究在推广教育框架下的顾客价值内涵与类型,更遑论关键顾客价值项目的演化与衡量,也因此,有关推广教育的顾客价值研究仍属非常初步的阶段。有鉴于此,本研究从消费者体验角度出发,探究在台湾推广教育服务脉络下的顾客价值类型与内涵,并寻找未来可兹创新与价值创造的重要方向与元素。

## 二、文献探讨

为有效协助构建研究议题展开的框架,以下将从顾客价值的内涵、顾客价值对推广教育的影响,以及顾客价值的解构等方面进行简要的文献探讨。

(一)顾客价值的内涵

价值研究散见在经济学、营销学、策略与组织行为、心理学与社会心理学等领域。依据其发展脉络,定义顾客价值的观点,可概分为交易(transaction-specific)、效用(utility-oriented)及体验(experiential)三大类。其中,交易观点是早期主流,强调价值是交易中主要的知觉,但忽略了其他利益的重要性。效用观点则涵盖了极多的顾客活动要素,并着眼长期观点,强调效用与牺牲的抵换(trade-off),认为顾客价值来自得与失的知觉、对产品效用所作的全面评估(包含获得与交易价值两种),但是仍忽略了价值的动态性,致未能将顾客得失与目的及价值观加以联结。至于体验观点,则是近期最广为讨论的视角,它强调价值是经验的交互作用,明显受情境影响,并主张价值是一种偏好,涵盖产品-服务-人员的交互作用,和评价与经验有关,并会在使用产品或服务后才形成(Holbrook,1994;黄淑琴、陈姿君,2007)。

考虑研究诉求,本研究采取体验观点,并参考 Kolter(2003)的论点,将顾客价值定义为"整体顾客价值(主观知觉所获得的总利益)与整体顾客成本(主观知觉减少的总成本)之总和"。

(二)顾客价值对推广教育的影响

如进一步论及顾客价值的重要性,参考心理学"认知—反应—意图"之因果关系,我们可将服务质量、顾客价值、顾客满意度及顾客忠诚度的关系以图1加以表示。

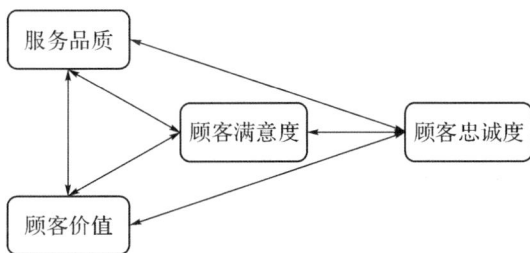

图 1　服务质量、顾客价值、顾客满意度及顾客忠诚度的关系

数据来源:刘宗哲等,2005;刘宗哲,2006;林南宏、何幸庭,2009;邱文瑛,2009。

这样的因果关系模型,其实早在不同服务业中被验证,并已借由顾客价值的分类,描绘出顾客价值的重要性与角色。例如,林南宏与何幸庭(2009)对台湾银行业的研究发现,顾客价值对顾客满意度与顾客忠诚度均具正面影响;其中,社会性价值对忠诚度有显著且直接的影响,除反映台湾银行业市场环境处于过度竞争情况、造成各家产品与经营趋向同质化、缺乏差异性与出现价格战的特质外,亦说明顾客对于银行所提供的产品和服务能否满足顾客的自我形象提升、角色地位、群体归属感和自我区隔等意识成为决胜的关键因素。而这也意味着,如果业者想从顾客价值方面提升顾客关系管理的成效,应先将重点放在对顾客满意度有显著影响的因素(如功能性价值、情绪性价值,及感受到的牺牲)(林南宏、何幸庭,2009)。

类似的概念与模型,已有学者在推广教育脉络下进行检验。例如,邱文瑛(2009)的研究发现,学员对推广教育服务质量、关系质量及顾客价值的认知,会对满意度与行为意向有正向影响;同时,顾客价值与行为意向间则存有显著而直接的正向因果关系。

刘宗哲等(2005)及刘宗哲(2006)从服务接触过程观点对台湾私立大学推广教育中心进行研究,并发现"认知(服务质量与顾客价值)—反应(顾客满意)—意图(顾客忠诚)"的因果关系在推广教育的脉络中依然成立;此外,虽然服务质量是影响顾客满意及顾客忠诚总效用最大的决定因素,但顾客价值却是直接影响顾客满意与顾客忠诚的重要因子。所以,刘宗哲等(2005)建议,如果要确保顾客满意与顾客忠诚,大学推广教育除了应思考如何提升服务质量构面(可靠性、反应保证性、关怀性、有形性)之服务水平外,更应正视改善学员重视的服务价值构面,例如,如何提供学员感知的利益价值(需求满足)、降低相对付出的费用与资源(降低服务取得成本),换言之,除提供具优势的价格策略外,亦应思考如何降低消费者无形的取得成本(如便利的注册流程、清楚的课程介绍、便捷的交通转换及亲切的服务咨询等)。

(三)顾客价值的解构

在理解顾客价值对于影响顾客满意与顾客忠诚的重要性后,就需更进一步检视顾客价值的内涵与元素。Khalifa(2004)在归纳了顾客价值的相关研究后,将顾客价值表现与观点分为三大类:①利益/成本比率模式(benefits/cost ration models),或称效用模式,强调获取与付出的抵换;②价值成分模式(value components models),认为取得服务的决策是为了获得价值,所以这些价值要素不但会成为影响顾客购买的决策,亦成为思考产品特色与发展的重要基础;③顾客价值阶层(customer-value hierarchy),亦称为"方法目的链(means-end-chain, MEC)"模式,强调个人体验的重要性,并以质性研究链接产品属性、消费结果与个人价值观(黄淑琴、陈姿君,2007)。

其中,价值成分模式是近期极为常见的做法。表1简述了几位代表性学者的分类方式。这些顾客价值的次面向,正是前述文献进行实证的依准与参考,而且,他们还有一个共通点:除了强调在传统有形的功能价值以外,更尝试凸显其他类型之顾客价值的重要性。

**表 1　顾客认知价值衡量构面**

| 研究者 | 衡量构面 |
| --- | --- |
| Park et al. (1986) | 功能性价值、体验性价值、象征性价值 |
| Sheth et al. (1991) | 功能价值、情绪价值、情境价值、社会价值、认知价值 |
| Kantamneni & Coulson (1996) | 功能价值、社会价值、经验价值、市场价值 |
| Parasuraman & Grewal (2000) | 获得价值、使用价值、交易价值、赎回价值 |
| Chaudhuri & Holbrook (2001) | 快乐性价值、功利性价值 |
| Sweeney & Soutar (2001) | 质量、情感响应、产品价格、社会价值 |
| Wang et al. (2004) | 功能性价值、社会性价值、情绪性价值、感受到的牺牲 |
| Gracea & O'cass (2004;2005) | 金钱价值、实用价值、情感价值 |

但是,为了掌握不同生命周期下推广教育的顾客价值变化,纯粹使用价值衡量构面,只能协助标注出新浮现的价值元素,不易协助找出关键元素,因此,如能采取 MEC 作为辅助,或有机会在此议题上找到更多深层意涵或浮现的价值项

目，从而做出更多贡献（黄淑琴、陈姿君，2007）。

### 三、研究方法

（一）实务与研究的缺口分析

从前述文献内容，我们不难发现，在推广教育的框架下，"服务质量与顾客价值—顾客满意—顾客忠诚"的因果关系确实存在，而且，对属于成熟的服务业态（含台湾的推广教育）而言，顾客满意度已不再是确保顾客忠诚与感知价值最关键的（或唯一的）衡量项目，而顾客价值的衡量则成为更值得正视的重要议题。

其次，在深究顾客价值议题时可以发现，随着服务业态的日趋成熟，评断价值的决胜关键不再局限于原有的服务内涵本身，更非一成不变的品项；同时，如果从产业生命周期与顾客价值诉求变化的角度观之，企业应配合生命周期的变化不定期检视顾客价值，方能有效维系顾客忠诚。因此，举凡顾客潜在需求与生活形态掌握，以及服务脉络（context）的整体形塑与服务内容的多元性，都将成为需要观察与检视的项目。

只是，检视既有的以台湾推广教育为标的的研究，我们发现，从顾客价值角度进行探究的论文极为有限，更遑论对于顾客价值元素内涵的深度理解。这是实务与研究上的重要缺口，亦为本研究拟协助探索与做出贡献的重点所在。

（二）研究方法与设计

本研究以质性的内容分析法作为基础。在执行步骤上，本研究在完成资料搜集后，先进行内容分析，构建顾客价值语干与分类规则，并进行编码。接着，参考叶惠娟等（2008）与 MEC 的解析逻辑，由研究者对各篇文本进行解读，并对编码后的数据进行所属价值层级判读，从而归纳出属性、结果与价值对应的初步结果。

其中，在资料取得的部分，由于时间与资源等限制，本研究尝试利用部落格作为文本分析的基础。如何找到具代表性且足够的文本？本研究在 2011 年 8 月间，在 Google 上通过九个关键词八种组合进行网志数据搜寻①；然后再利用额外文本要求（如撰写字数与图片数、撰写情境与时间、撰写者、撰写重点等），再次进行人工判读；在判读的同时，基于不同课程参与者的价值需求差异，研究者在筛选文章时，亦同步考虑日志撰写者选修课程类型的差异，确保开课比重较高的课程类型；最后，本研究选定符合要求的 31 篇网志文章作为分析基准。

---

① 本研究所指的九个关键词八种组合搜寻基准分别为：大学＋推广部、推广部＋上课、推广部＋教室、推广部＋设备、推广部＋老师、爱上＋推广部、再访＋推广部、文化大学＋推广部。

为了确保所得数据(即顾客价值元素)的饱和度与代表性,本研究在完成前述分析后,再次利用文化大学近期报道的学员影片受访内容进行交叉比对,以确保研究初稿的可信度。

### 四、研究发现与讨论

通过对 180 多个语干的编码与判定,本研究最后抽取近 30 个顾客价值元素;有关具体顾客价值元素及其彼此间的层级关联,可以表 2 加以说明。

表 2　推广教育顾客价值的属性－结果－价值分类

| 层次 | 涵盖项目 |
| --- | --- |
| 属性 | 实体环境佳(干净明亮、窗明几净、教室漂亮、豪华装潢、外观、玻璃隔间)、空间善用(楼层使用规划佳)、贴心设计(厕所)、设备质量佳(科技设备多、高档录音室、硬件)、艺文展览(专业展览空间)、舒适场域(喝咖啡处、等待区清爽)、符合预算、距离近(离家近、位置好)、全方位课程管理(信息系统、清楚的课程与教室信息)、完整支持服务(专业打扫、专业设备保养、亲切的柜台人员)、课程选择多、师资优良(师资群佳、认真、热情、专业、活力)、教学内容佳(实战经验、化繁为简、提醒细节、提供实作)、课堂气氛佳(愉悦气氛、同学互助、交流/交谈)、上课方式佳(循序渐进、多元教学、竞赛/分组/配对) |
| 结果 | 快乐舒服(温暖、无压力)、五感体验(实际体验)、贴近需求(贴近市场、符合趋势、跟上潮流)、艺文感受(充满艺术气质)、完整学习(经验分享)、名师出马(原汁原味、触类旁通)、商业化感受低(免费提供小区居民使用计算机)、价格实在(性价比、经济省钱)、省时便利(时间可配合)、延伸利益(可同时转为学习时数) |
| 价值 | 愉悦满足(享受人生)、充实感(收获丰富)、活力体验氛围(现代、新鲜、年轻、新颖、热闹的感觉)、身历其境(如同来到国外学习)、整体氛围(人性化环境) |

数据来源:本研究。

大体而言,就外显的属性而言,除了传统核心服务与顾客满意度导向典范中就很重视的师资、课程内容、教学方式、课堂气氛外,服务环境与软硬件建设、课程选择,以及支持服务与课程管理等,早已成为关注重点,直接呼应刘宗哲等(2005)的建议及 Lovelock & Wirtz(2007)提出的服务业 8P 论述。此外,广义的顾客感知成本(时间、金额)、贴心设计、空间规划、艺文展示、延伸场域的特色化等元素,亦可在属性层次中窥见,反映完整顾客体验所论及的体验营销及服务蓝图内涵,皆成为顾客价值衡量的重要外显项目。

第二,就结果层次的顾客价值而言,我们可以看到,兼具经济性价值(价格、延伸利益、省时)、社会价值(名师价值、完整学习、非商业化营运)及快乐性价值(五感体验、舒服与艺文感受)的特性反映了顾客价值多元的本质。其中,在所谓贴近需求的内涵下,我们发现,顾客认知中贴近需求的面向,不再局限于工作相关(如证照),还包含与生活质量相关的方面,因此,日志中所提的内容与价值内涵,呼应现代人需要快速借由活动调整、回复到巅峰状态的"苏活(refresh)"需求(郭建良等,2009)。

就顾客心中最终的需求与价值而言,本研究发现,除能创造愉悦、活动、充实的氛围与感受外,身历其境的感知体验与整体学习的氛围,更将成为重点。而这样的需求与内涵,反映出顾客深层价值深受整体氛围营造的影响。

进一步和其他服务业的观察结果相比对,本研究发现,演化中的台湾推广教育服务,其本质及演化历程,其实和学者在租书消费或博物馆服务的研究发现雷同(黄淑琴、陈姿君,2007),也就是提供的核心元素不光只是教育,而是涵盖多元价值融合之寓教于乐的休闲体验。换言之,顾客要的最终价值可能包括愉悦满足、完整体验的学习氛围、享受人生等类型。以被视为最重要顾客价值之一的愉悦满足为例,如将它强调愉快、喜爱吸收享受与使用者的体验反应之概念,和Carndall(1980)及 Miller & Hsu(2003)等学者提及的静态休闲动机加以比对[1],我们可以发现,顾客感知的推广教育价值,其实不只是和工作或学习需求有所关联而已,更已渐渐地和休闲与生活有相当的联结。同时,在顾客价值层级中,通过各种产品属性,同时获取工具性效用(如经济省钱、省时便利、选择性多、充实自我、打发无聊)与表现效用(如心情好、舒服放松、期待下次、保障、受尊重等),将和租书消费与博物馆服务类似,成为一种追求多元价值之理性与感性的休闲体验(黄淑琴、陈姿君,2007)。

### 五、结论与建议

体验经济的形成,使未来服务与产品的价值不仅取决于功能,更包括感知价值的创造,因此,触发消费者感动与认同,从而产生有形化价值的论点,已广为接受。而且,对新产品与新服务的发展而言,顾客不仅是产品创意的重要来源,对顾客价值的了解更能协助提升发展可行与有价产品与服务的机会。

对已臻成熟的台湾推广教育服务市场言,面对不稳定且竞争的环境,辅以产业生命周期考虑,掌握顾客深层需求,进行顾客价值创造,从而确保顾客忠诚,就成为最关键的课题。因此,本研究从消费者体验角度出发,探究顾客价值类型与内涵,借此提出推广教育通过顾客价值进行创新与创造的方向和机会。透过网志数据的内容分析与编码,本研究找出近30项顾客价值元素,并依 MEC 架构展开,辅以相关服务业态之顾客价值研究结果比对,归纳出下述几项发现与建议。

---

[1]　包括社交、打发无聊、新知,及放松自己、减缓压力、增加个人知识及享受等。

首先,影响顾客价值的关键,不再局限于课程相关的思维,而是顾客感知服务历程与服务接触的关键时刻,因此,如何递送符合顾客深层需求期望的服务及如何形塑感性与理性兼具的全方位体验氛围,将成为推广教育发展的重要课题。

其次,和服务营销理论及其他服务研究比对,台湾推广教育的顾客价值元素、重要性及演化方向,与强调寓教于乐的静态休闲服务的内涵与价值主张类似,因此未来发展时,或可借鉴其他服务业的脉络。

第三,就课程选择的提供与设计而言,顾客认知的贴近需求,不再局限于传统的满足工作技能强化的类型;相反地,能有效舒解生活压力或先一步掌握未来脉络、协助顾客自我升华的课程,将成为重点。

简言之,通过对台湾推广教育服务的顾客价值层级描绘,本研究建议相关服务提供商除了借由改善环境设施、服务人员及消费流程,创造愉快的消费经验外,更应有效掌握顾客追求正向情感与高效益的消费心理历程,从而在形塑特色与蓝海市场的前提下,从顾客生活需求出发,针对不同推广教育服务的使用族群设计多元且差异化的服务内涵与氛围。更具体地来说,本研究建议,未来的台湾推广教育服务,应参考服务创新策略,从创造新服务理念出发,参考静态休闲服务的发展脉络,通过建立快乐与无所不在的多元学习氛围、模式与场域,形塑寓教于乐的新典范,从而扮演提高生活质量与创造顾客价值的关键角色。

至于在研究限制与未来研究方向的部分,鉴于时间与资源等限制所采取的研究策略,本研究所得仍属初步的研究命题层次,仍有赖未来相关研究作进一步的验证、深化与调校。

**参考文献:**

[1] 郭建良,叶惠娟,庄丽娟,唐慧君,吴美樱.创造快乐新生活——从打造怀旧服务的商机与做法谈起[R].台北:经济部技术处;新竹:工研院产经中心,2009.

[2] 郭建良,郑旭成,廖文伟,魏筱昀,王开明.台湾推广教育产业化与社会化程度初探:从布点与课程谈起[C].2011年第五届台湾推广教育论坛,2011.

[3] 黄明娟.大学成人学生与传统学生教学型态偏好之比较研究[J].社会教育学刊,1995 (24):193-209.

[4] 黄淑琴,陈姿君.租书休闲活动之顾客价值内涵:区域与性别观点[J].管理与系统,2007 (20):603-621.

[5] 黄翊帆.不同时期下忠诚度与顾客价值关系[D].台湾中兴大学科技管理研究所未出版硕士论文,2005.

[6] 林南宏,何幸庭.顾客价值与顾客关系管理绩效之研究:来自台湾银行业的顾客观点[J].顾客满意学刊,2009(2):1-36.

[7] 林怡珊.北区三类成人教育机构学习者之主动学习与心流经验比较研究[D].台湾政治大

学教育研究所未出版硕士论文,2009.

[8] 刘宗哲.推广教育学员服务质量、服务价值与顾客满意对顾客忠诚之影响[J].管理科学研究,2006(2):25-44.

[9] 刘宗哲,林炳文,尚荣安.服务价值与顾客满意对顾客忠诚意愿之影响:以大学继续教育为例[J].中华管理学报,2005(3):29-46.

[10] 邱文瑛.服务质量、顾客满意度、顾客价值与行为意向之关联性研究——以大学推广教育机构为例[D].台湾元智大学企业管理学系未出版硕士论文,2009.

[11] 苏雅惠.大学推广教育的批判[C].1998 大学成人及推广教育国际研讨会会议实录,1998:129-148.

[12] 谢宜芳.大学推广教育顾客回流意愿之研究——以 C 大学为例[D].台湾中原大学国际贸易研究所未出版硕士论文,2008.

[13] 徐村和,王奕升.再现第三代行动服务之顾客价值:扎根诠释学的应用[J].管理评论,2008(3):41-64.

[14] 叶惠娟,郭建良,余德彰.转化快乐需求为具商机之创新服务的秘诀[J].产业与管理论坛,2008(2):50-70.

# 第三篇

# 教育管理与建设

# 集聚学校企业资源优势持续发展继续教育的探索

南开大学　施莺莺　荆洪刚

【作者简介】

施莺莺,女,南开大学现代远程教育学院资源部管理人员,中级实验师,研究方向为远程教育教学、远程教学资源建设及发展战略等。

荆洪刚,男,南开大学成人教育学院、现代远程教育学院院长(退休),正处级调研员,研究方向为远程教育、继续教育发展战略及发展方向等。

本文为2005年第六届海峡两岸暨港澳高校继续教育论坛收录论文。

自1992年联合国环境与发展大会通过《里约环境与发展宣言》后,一个"可持续发展"的新观念和新战略迅速超越经济范畴,渗入社会、文化、生态、教育等各个领域。在继续教育迅速发展并取得显著成绩的同时,继续教育的可持续发展又成为高校、企业及各教育组织关注的中心。

改革开放以来,我国的继续教育发展迅速,各行业的职工通过继续教育获得新知并充实到职业生涯中,增强了企业适应市场的能力和创新的基础。根据有关学者的估算,19世纪,科技知识每50年增加1倍,20世纪中叶,每10年增加1倍,当前则是每3～5年增加1倍。科技知识的激增,导致科技创新大量涌现。只有伴随我国现代化进程加速知识更新,才能保证企业在经济全球化大背景下应具有的竞争力。继续教育的持续发展无疑是知识更新的关键。如何使继续教育获得持续发展?集聚校企资源优势合作开发人力资源的模式显示了其独特的优势。这种模式能不断强化人力资源的学习能力,增加企业的竞争优势。

## 一、校企合作成为企业人才培养规划的重要组成部分

随着经济发展日趋全球化和我国两个根本性战略转变的推进,我国企业面

临前所未有的发展机遇和生存的挑战,面临着来自国际国内的激烈竞争。竞争的关键是科技,是人才,人才是企业最宝贵的资源。在生产力各要素中,人是最活跃的因素,如果企业的全员素质得到了整体提升,那么该企业的核心竞争力必然大大增强。现代企业的竞争实际上是学习力与竞争力的较量,哪家企业的学习力和竞争力高,哪家企业就会赢得优势。因此,一些冷静和理性的领导者及企业家们在注意引进人才的同时,更注重在企业自身内部通过加大教育投入的办法实施自己的人才培养规划。他们通过与国内外教育机构和高校合作,有组织、有计划、多层次、多形式、多途径、多专业地对企业现有干部职工持续地进行继续教育和培训,以提高全体干部职工的综合素质,努力在他们中锻造出一批有国际视野、符合本企业现代化建设和要求的专门人才和专家。这充分显示了这些企业家们的务实精神和战略家的眼光,以及独到的智慧和魄力。

几年来,我国部分省、市金融系统选择与南开大学合作开展了多层次的继续教育。以保险业为例,人才匮乏是中国保险业的最大软肋,入世以来,随着国外公司的进入和中资保险公司的扩张,这个问题已经凸显出来。在未来几年中,随着更多的外资保险公司进入中国,人才问题会更加严峻。因此,我国部分省、市的保险系统从长远考虑都选择与教育部门,特别是高等院校紧密联系,搞联合办学、联合培训。几年来,南开大学与保险系统通过校企合作的继续教育已经培养了一批适应社会主义市场经济需要的,能够从事保险业务与管理的应用型专门人才。所培养出的学员不仅掌握了保险专业的基础理论,熟悉保险业务和相应法规,具有较强的从事保险经营管理工作的能力,而且具有宽厚扎实的现代经济、金融、保险及精算理论基础,具有较强的开拓和承办保险业务的能力,成为保险业未来发展所需要的高素质综合型人才。

## 二、企业在校企合作过程中的优势和作用

传统的成人教育一般来说是面向全社会的,而校企合作的继续教育则是面向企业内部的。然而,校企合作开展继续教育给我们的启示并不止如此,更重要的是企业在继续教育过程中显示了其特别的优势和作用,为继续教育提供了有效的质量保证和持续发展的动力。

(1)广泛优秀的生源基础。生源的数量和质量无疑是继续教育的重要基础。我国企业,尤其是大中型企业都有着庞大的干部职工队伍,这支队伍实践经验丰富,是企业的宝贵财富。然而,由于历史的原因,他们大多数受教育的程度不是太高,知识结构也不尽合理,面对激烈竞争和企业现代化的进程,他们触觉灵敏、责任心强、危机感重、求知欲大,是优质学习群体。尤其是企业在组织生源过程中,通过其行政系统层层推荐选拔出来的学生,又多数是企业的骨干和后备人才

的培养对象,他们肩负着企业未来发展的责任和使命,是继续教育中优秀学习群体的中坚分子。

(2)可靠有效的管理。继续教育是以学生自学为主、教师面授为辅的教育,学生不脱离或间断脱离原来的工作岗位。因此,学校和教师难以对学生学习的全过程进行有效的教育、指导和管理。而校企合作的继续教育则完全弥补了这一缺陷。正如有的省银行系统由于实行了人事工作和教育工作合一的管理体制,继续教育工作不再仅仅是教育部门的事,也是人事工作中干部职工管理和人力资源开发的重要内容,学生的整个学习过程自然也就纳入了人事工作对干部管理考核的过程。这无疑将对学生学习的自觉性和积极性起到极大的激励作用,为提高教学质量提供了可靠有效的管理保证。

(3)良好的师资资源。这也是校企合作的继续教育持续发展的重要因素之一。当然,从学科角度来说,高校具有无可争辩的师资资源优势,是继续教育基本的师资队伍;而从实践经验和操作技能来说,企业的一些专业技术人员、管理人员和科研人员则是高校教师所不及的。他们不仅具有较好的基本理论和丰富的实际工作经验,而且熟悉和掌握本企业发展中的问题以及发展战略目标的需求,是继续教育不可缺少的师资力量。高校师资与企业师资的整合构成优势师资资源。

(4)良好的办学条件和育人环境。我国企业,尤其是大中型企业,一般都设有自己的用于高、中等教育的职业技术学校或培训基地,以满足其自身培训某些方面技术人才的需要。近几年来,随着教育管理体制的转轨,原来的学校或培训基地大多闲置下来了。这些机构具有的丰富的教育教学管理经验和良好的育人文化环境,都为开展继续教育准备了非常必要的条件。

(5)强烈的继续教育目标意识。校企合作开展的继续教育,改变了一般校、地合作中的关系。继续教育不再仅是高校、社会和学生的事,而是成为企业自身发展的要务,是企业发展的目标中的重要组成部分。企业在继续教育活动过程中也不再仅是协作者,而是合作办学的主体,企业的强烈需求完全可以顺利渗入课程设计之中。通过校企合作,企业增强了知识创新意识,关心和支持高校的科学研究和技术开发,使自身真正成为科技开发和成果转化的主体。所以,企业在校企合作过程中往往会表现出强烈的育人目标意识、参与意识和责任意识。这无疑是校企合作持续开展继续教育取得成效的巨大动力。

### 三、以校企合作推动教学改革提高人才质量培养

知识经济的发展资源主要是知识和智力。学校是科研人才集中的地方,是知识生产的源头。在竞争日趋激烈的市场经济条件下,高校更需要以知识创新、

智力输出、服务社会彰显自己的价值。所以,提高教学质量,培养高质量人才是校企合作开展继续教育的核心,是高校和企业的共同理想和目标。

目前在继续教育中存在着一些不容忽视的问题,最主要的是在教学活动过程中缺乏教学质量的保证:生源质量降低、学生缺乏自学的自觉性和能力、学风考风不尽如人意、知识结构不尽合理、重知识轻能力的教育培养方法等。这显然是继续教育中极大的资源浪费。胡鞍钢等学者指出,知识经济时代,必须避免一些个人或者群体陷于"知识贫困"而被边缘化,因此各种层次各种形式的继续教育不但应大力开展而且应更加贴近应用,更加注重培训内容的设计和优化。校企亦应进一步加大合作力度,充分发挥继续教育中高校的主导作用和企业的主体作用,推动教学改革,培养高质量人才,增强经济和社会发展的持续推动力。

(1)进一步明确培养目标。在我国继续教育目标中,一般都是强调基本理论知识够用和培养实用型人才。实际上具有不断突破自己能力上限创新自我,具有前瞻开阔的思考方法探索新知,具有广博的知识和技能,具有不断的求知精神和创新能力,与企业同心才是人才的本质特征。能否培养出既掌握现代化的基本知识和基本理论,又具有创造性思维、意识和工作能力的人才才是继续教育的培养目标。

(2)改革完善专业课程体系。我国继续教育的专业课程体系过去多是在全日制本科教育的基础上形成的,一般来说学科印记比较明显。改革完善专业课程体系,就是从经济的全球化发展出发,从经济发展与国际接轨出发,从社会主义市场经济条件下企业发展的实际需要和战略目标需要出发,校企双方专家合作制定科学合理的近、中、远期教育计划,规划企业竞争的知识需求和储备,不断充实建立新的专业课程体系,持续完善人才培养的知识结构。

(3)加强教材建设,充实更新教学内容。这是推动教学改革的重要环节。加强教材建设的主要任务,就是要在注意引进符合企业人才培养目标需要的国内外先进教材的同时,更需要校企合作,针对学生自学能力差的特点,编写一批适合和保证学生自学,同时又能够指导和帮助学生提高自学能力及水平的教材。在教学内容上要不断补充一些新理论、新知识、新技术、新方法和新观点。

(4)改进教学方法。教学方法是提高教学质量的桥梁。正如继续教育不同于其他教育一样,继续教育的学生是有着自身特点和求知需求的特殊学习群体。因此,传统的教学方法已不能完全适应继续教育和学生自学学习的要求。改进教学方法,就是要探索一种新的教学模式,其思想方法是:要使课堂教学与指导和强化学生自学相结合,教师讲授与启发学生实践经验的运用相结合,理论学习与企业生产、科学研究相结合,书本知识与新信息、新技术及新方法相结合,考试与考核考查相结合。不仅要通过考试检查学生对基本理论知识掌握的熟练程度,还要通过工作过程培养和考查他们运用所学的理论知识进行创造性思维和分析解决问题的能力,并且也要考查学生自学的水平和能力。现代化教学技术和方法与传统的教学方法的融合也是改进教学的重要手段。

(5)加强师资队伍建设。建立适应继续教育的师资队伍是提高教学质量的关键。一般来说,这支队伍应具备以下特点:他们熟悉继续教育的特点和规律,并对从事继续教育活动有热情和兴趣;具有扎实的基础理论知识和良好的教学经历或丰富的实践经验及操作技能;具有从事科学研究的基础和能力,掌握和了解国内外现代化的科学信息、知识和技术;对我国企业经济发展存在的问题和战略目标有一定的了解和研究。显然,建立这样的师资队伍需要校企合作共同努力,既应以高校教师为主体,也要吸收企业的一些专业技术人员和科研人员。因此,我们首先应建立广泛的适应继续教育要求的教师档案,掌握他们的教学经历、实际工作经验及能力、科研方向和成果。在此基础上建立统一的继续教育师资库,以便根据教学需要随时调聘。另外,还应为教师参加、研究、交流继续教育活动创造必要的条件和机会,使他们能不断积累继续教育教学经验。在一些政策上也要对为继续教育做出突出贡献的教师给予鼓励和支持。

### 四、以继续教育为纽带构建校企共同发展的全面合作关系

从当今世界教育和经济发展的总趋势上看,知识与经济紧密结合,是现代科学技术和经济社会发展的重要特点。无数的事实证明,离开教育的经济是落后的经济,是没有前途的经济;同样脱离经济和社会发展的教育也是落后的教育,是僵化的教育。教育为经济发展提供的不仅是其赖以发展的大批合格人才,还有现代化的科学知识、信息、技术和方法。同样,经济发展为教育提供的也不仅是发展资金,经济社会和科学发展的新理论、新知识、新技术、新方法无不蕴藏在经济活动和社会发展过程中。教育是经济发展的动力,经济和社会发展是高等教育学科发展的源泉。校企合作开展持续的继续教育应是知识经济发展水平的重要衡量指标。

彼得·圣吉在《第五项修炼》一书中认为,企业本身是一个系统,它可以像人一样通过不断的学习提高生存和发展的能力,并指出由于在学习能力上有很大缺陷,即"学习障碍",许多公司走向了衰败,只有那些具备学习能力的公司才能在竞争中立于不败之地。企业要形成学习—持续改进—持续优势的良性循环需要胆略和睿智,但是把学习能力转化为创造力是其关键,其基础仍源于学习。在社会主义市场经济条件下,校企合作虽有了一定的发展,但还处在一个探索的过程中,其理论和实践还有待政府部门、高等院校、企业界共同研究,不断丰富和完善。我们也在建立校企合作工作机构,定期对双方的发展目标、合作领域、合作

项目、实施方案、运行机制进行探索和研究,对合作进展情况进行评估,对未来的进一步发展进行规划。我们深信,集聚校企资源优势持续开展继续教育,共同开发人力资源有着广阔的前景。

**参考文献:**

[1] 彼得·圣吉.第五项修炼[M].上海:上海三联书店,1998.

[2] 胡鞍钢,李春波.知识贫困:新世纪新贫困[M].北京:中国社会科学出版社,2003.

[3] 李洪波.终身学习与学习型组织的创建[J].继续教育研究,2005(3):7-9.

[4] 李旭初.终身教育——21世纪的生存概念[J].华中师范大学学报,1998(5):59-64.

# 推广教育的变革管理

## ——新时代台湾大学推广教育的策略定位

台湾大学　林婵娟　廖咸兴　吴慧芬

【作者简介】

　　林婵娟,女,台湾大学进修推广部主任,美国马里兰大学会计学博士,台湾大学管理学院会计学系暨研究所教授,研究方向包括财务报道与公司治理、审计市场与审计质量等。

　　廖咸兴,男,台湾大学进修推广部副主任,美国罗格斯大学都市计划与政策发展博士,台湾大学管理学院财务金融学研究所教授,研究方向包括信用风险、结构型融资(资产证券化与项目融资)等。

　　吴慧芬,女,台湾大学进修推广部执行长,台湾大学国际企业研究所硕士,研究方向为继续教育。

本文为2006年第七届海峡两岸暨港澳高校继续教育论坛收录论文。

### 前　言

当前我们所处的时代,不但是知识经济时代,也是全球化的时代,如何抓住契机,以应对社会经济结构变迁所带来的冲击及挑战,有效提升个人与国家竞争力,已成为参与国际化社会的重要课题。信息科技突飞猛进,不但加速了社会变迁,更使得传统教育制度难以适应变动中社会的需要,于是产生了"终身教育"(lifelong education)的新教育观。终身教育是时代发展的潮流,也是世界各国欲达成的教育理想,因此大学推广教育不但受到重视,也是当前大学教育改革的一项发展重点。

联合国教科文组织(UNESCO)自20世纪70年代开始推广终身教育的理念,主张教育是终身不断的学习历程,而推动终身教育主要是以达成终身学习为目的。

大学推广教育是成人进修教育最重要的管道之一,因为大学是创新、发展及推动小区终身学习活动最关键之所在(Longworth & Davies,1996),具有充沛的教学资源,自应适时切入,扮演推动的角色,打破传统直线教育的方式,增进及提升各领域人力的知识和素质。如何善用台湾大学——台湾第一学府的各项资源,妥为规划,改变传统的直线教育模式,并调整组织架构,增强行政效率,以便在竞争激烈的市场中,争取到这些再回来接受教育、学习知能的学习者,致力于发展多方面的教学内容及管道,以方便各界进修,系本校推广教育当前努力的方向。

此外,2005 年本校有了新任的领导人,其对本校推广教育的发展有更积极的思维与更高的期许,因此,在内外环境皆发生重大改变的情形下,如何应对变革,在新时代中正确定位本部发展策略,并依据策略定位发展出合适的组织架构、经营模式及可行的政策作为,实为本部当前变革管理的重要任务。本论文的目的即在响应此任务要求,依据组织使命,检讨组织运作,分析市场趋势,重新定位组织的发展策略,并进一步发展具体作为,以利组织使命的达成。

本文以下将分为四个部分:首先,我们探讨台湾大学推广教育策略发展的前提,包括台湾大学推广教育的使命与愿景、目前的组织架构与经营模式、现况绩效与组织目标之差距的因素分析;其次,进行台湾大学推广教育策略发展的基础分析,包括推广教育市场分析、台湾大学进修推广部可运用资源与优势分析以及利益关系人分析;第三部分,说明在前述基础下,台湾大学推广教育策略定位与策略选择;最后则为结论。

**一、台湾大学推广教育策略发展的前提**

(一)台湾大学推广教育的使命与愿景

大学是引导知识发展的心脏,是社会进步的引擎,教学、研究、服务是现代大学的三大职能。推广教育是大学服务社会的重要管道,也是评估大学效能之重要指标。推广教育在大学经营绩效中实有其重要地位。

台湾大学拥有一流的师资及资源,理应整合本校优秀师资,针对社会需求,办理各项教育活动,为提升大众学识水平,促进经济发展做出应有的贡献。

兹将台湾大学推广教育的使命与愿景罗列如下:

(1)根据总体环境发展,汇整教育需求,利用台湾大学优秀的师资与教学资源,传授多元的专业知识,或将专业知识增值成具高质量的数字内容,丰富学习平台,以提供社会精英终身学习的机会,推动资源整合,开拓第二专长或提升产值与竞争力,并深耕文化,推广艺术,丰富整体社会内涵,以成为"优质终身教育的领航者"为努力目标。

(2)以企业化经营模式,根据互联网的发展态势,推动电子化网络教学,提供专业的高质量的服务,成为台湾大学服务企业、社会的重要窗口。

(二)台湾大学推广教育的组织架构与经营模式

1. 组织架构

台湾大学推广教育主责部门为"进修推广部",系台湾大学一级行政单位,下设进修学士班与推广教育中心,包括进修教务组、推广教务组、咨商辅导组、远距教学组及总务组等五个行政单位及中国文学、外国语文学、历史学、法律学、企业管理学等五个学系(见图1)。其中进修学士班系于 1997 学年度由夜间部的学士班转型而来,推广教育中心负责在职人员进修和推广教育的规划、协调及发展、岛内外进修及推广教育合作事项的联系等。

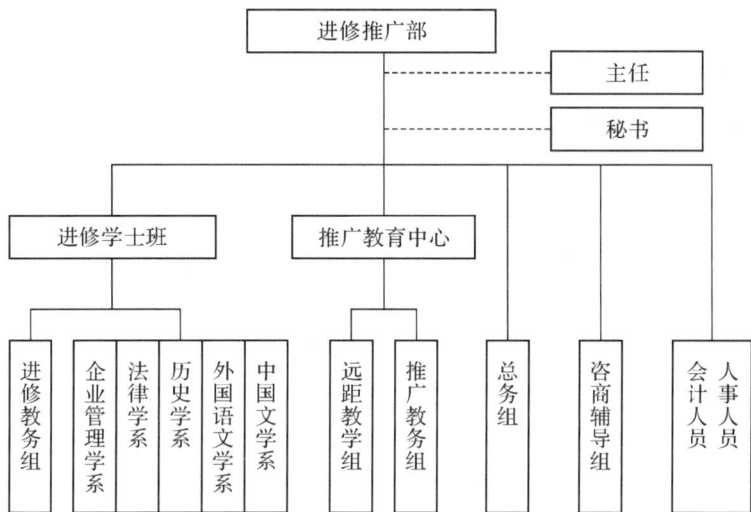

图 1　进修推广部组织架构

台湾自开放大学院校设立后,进大学的管道畅通,本校考虑到进修学士班的阶段性任务已完成,多年前即开始规划停招转型,2006 年企管系停招,同时向教育主管部门申请全面停招,6 月业经教育主管部门核准,自 2007 年起全面停招。

2. 经营模式

(1)行政组织。设立专责单位——进修推广部统一处理进修推广业务。

(2)经费。推广教育在经费上,根据 1998 年颁布的"大学推广教育实施办法"第十一条规定:"大学办理推广教育之经费,以自给自足为原则,并依教育部规定就收入总额设定一定比率作为学校统筹经费,收费标准及钟点费支给标准由各校自定。"目前台湾大学推广教育经费来源主要为:由学生自行负担全部费用、由委托单位全额补助及由委托单位与学生共同负担费用等三类。

(3)课程内容。分为学分课程(多为大学部或研究所课程)与非学分课程两类。

(4)办理方式。分为实体课程与远距课程两类,其中实体课程包括夜间课程、假日课程、专业学分班、密集式短期讲习班等。

(5)人员任用。台湾大学进修推广部主任及秘书由教授兼任,其余行政人员或由学校相关人员兼任(如人事、会计),或由专职人员负责(如总务及协调、排课、注册、收支等工作);教学课程的设计、执行与学生考核则由校内专任教师或聘请校外讲师进行。

(三)台湾大学推广教育现况绩效与组织目标之差距的因素分析

台湾企业对专业人才的需求殷切,加上 1997 年颁布推广教育相关规定,在此基础上,台湾各大专院校旋以各种不同的理念与多样化的课程进行推广教育工作,重视顾客导向,以期培养出真正符合企业期望的人才。近年来大学推广教育市场的竞争愈趋激烈,各大专院校纷纷举办各种宣传活动以吸引学生就读。许多学者建议可运用营销的思路及实务在高等教育这项专业服务业中,唯目前其重点仍多集中于了解学生对所受教育经验的实际感受,而忽略了学生在选择大学或学院时的动机及其选择行为,从营销角度而言,学校的口碑是影响学生选择学校进修的重要因素(引自廖荣裕,1999)。

黄富顺等(1993)在大专院校推广成人教育可行途径的研究中,分析了全球大学成人教育的实施及发展趋势,指出了台湾成人教育的八大问题。经多年发展,台湾大学推广教育仍面临部分问题,而随着供需市场的变化又衍生出新的问题与冲击。现将台湾大学推广教育发展瓶颈整理分析如下。

1. 政策与制度方面

(1)大学教育功能主要有研究、教学与推广教育服务三方面,推广教育服务的重要性远不及研究与教学。

(2)推广教育经费主要是自给自足,当局与学校支持经费与措施稍嫌不足。

(3)推广教育首重业务推广,与校内其他行政工作性质有别,但人事制度却与一般行政相同,难以适应企业化经营。

2. 外部供给市场竞争与成本考虑方面

(1)市场竞争激烈,加入 WTO 后,教学机构竞争愈趋激烈。

(2)学分优势魅力渐减,尤其是近年各校纷纷设立硕士在职专班(颁学位)以后。

（3）岛内同质课程竞争者日增,顾客多锁定为地区性,市场规模相对缩减。

（4）目前网络学习模式尚未普及到有教育训练需求的学员。

（5）推广教育远程网络课程制作成本过高,人力资源有限,不易大量开发制作,影响课程开发的速度与效率。

（6）网络课程开办初期软硬件成本较高,较难兼顾市场性与教育服务性。

3．课程规划与学习者考虑

（1）推广教育开办课程主题广度尚待充实,且未完全依据授课对象设计,仍多以教学者考虑为重点。

（2）推广教育实施方式未能完全符合学习者的学习特性,例如课程的分量应依学员不同的需求而适量剪裁,教学的方法应依学员的背景特性实行个案教学、演讲或实作等不同的教学模式等。

（3）为顾及学员就学动机、教学质量与建立品牌口碑,遴聘的师资多以专任教师为主,但是本校专任教师开授推广教育课程的意愿不高,致开课规模受到限制。

（4）实体课程教室内部虽经装修,并购置完善的教学设备,唯推广大楼原始整体建筑设计系针对部会行政需求而作,并非以教学为目的进行规划,故未能完全配合教学需求;另就教室空间数量而论,亦尚未满足长期课程规划的需求。

## 二、台湾大学推广教育策略发展的基础分析

（一）大学推广教育市场分析

1．从大学推广教育的收入比重观之

自 1997 年颁布"大学推广教育实施办法"后,推广教育收入可以说是学校的重要经费来源之一,根据教育主管部门大学评鉴的数据（参见表 1、表 2）,2002、2003 学年度公立大学推广教育收入占总收入比例平均为 2.02％和 2.07％,表示公立大学经费主要收入并不十分依靠推广教育。但是仍有许多公立大学积极推行推广教育,如台湾政治大学推广教育收入占总收入比例远高于平均值,而且逐年上升,至 2005 年已高达 7.61％。其他如高雄师范大学、彰化师范大学推广教育收入占总收入比例亦相当高（引自陈玉堂,2005）。

表1　台湾公立大学推广教育收入占总收入的比较　　（单位:新台币）

| 年份 | 台湾政治大学 | | 台湾大学 | | 台湾成人大学 | | 台湾交通大学 | | 台湾中正大学 | |
|---|---|---|---|---|---|---|---|---|---|---|
| | 收入<br>（百万） | 占总<br>收入比 | 收入<br>（百万） | 占总<br>收入比 | 收入<br>（百万） | 占总<br>收入比 | 收入<br>（百万） | 占总收<br>入比 | 收入<br>（百万） | 占总<br>收入比 |
| 2001 | 145 | 5.50% | 85 | 0.80% | 78 | 1.40% | 114 | 3.10% | 10 | 0.50% |
| 2002 | 142 | 5.20% | 101 | 1.00% | 94 | 1.70% | 122 | 3.10% | 10 | 0.50% |
| 2003 | 228 | 7.75% | 97 | 0.90% | 45 | 0.80% | 103 | 2.60% | 11 | 0.50% |
| 2004 | 162 | 6.01% | 122 | 1.14% | 44 | 0.82% | 96 | 2.71% | 14 | 0.67% |
| 2005 | 235 | 7.61% | 113 | 1.04% | 45 | 0.80% | 71 | 1.85% | 11 | 0.52% |

数据来源:各大学网站。

表2　台湾公、私立大学推广教育收入占总收入的比较　　（单位:新台币）

| 2002学年度大专院校推广教育经费决算 | | | |
|---|---|---|---|
| | 推广教育收入 | 总收入 | 比例 |
| 公立大学 | 986171283 | 48939398209 | 2.02% |
| 私立大学 | 1699777972 | 43845076136 | 3.88% |
| 总计 | 2685949255 | 92793474345 | 2.89% |
| 2003学年度大专院校推广教育经费决算 | | | |
| | 推广教育收入 | 总收入 | 比例 |
| 公立大学 | 1069476815 | 51736028429 | 2.07% |
| 私立大学 | 1671675771 | 41934488966 | 3.99% |
| 总计 | 2741152586 | 93670517395 | 2.93% |

数据来源:引自陈玉堂(2005)。

　　台湾政治大学在推广教育经费上的收入金额一直是公立大学之冠,其公共行政与企业管理教育中心以专职的单位来推行推广教育,获得了良好的成效;而高雄师范大学的推广教育收入到2003学年时已经占学校总收入的11.7%,学校亦有专门的成人教育研究中心与成人教育研究所。

　　从上述资料来看,公立大学本身是否重视推广教育发展及是否成立专责单位积极投入与推广教育实施的成效有十分密切的关系。

　　2.从目前大学推广教育的趋势观之

　　(1)课程多元化。目前大学推广教育除学分班与非学分班外,语文推广、证照考试、专业技能训练、企业内训等课程亦是推广教育的重点。

　　(2)市场区隔、专业导向。在台湾,提供推广教育的大学各有其市场区隔,如台湾交通大学的推广教育以培育高科技及相关管理人才为主,开设的推广班次极具特色,如深次微米技术、通信与计算机整合应用、彩色映像管、网络与软件技术、工业工程制作管理、科技管理、科技与商用外语、知识产权管理等。

（3）打破距离的限制。除了实体课程以设立分部的方式打破距离的限制外（如台湾"中国文化大学"于台北、新竹、台中、高雄各区设立分部），许多学校开设远程教学，也突破了时空的限制，如台湾大学、台湾成功大学、台湾政治大学和台湾"清华大学"等皆开设远程课程，吸引时间和距离较无弹性的社会人士参与学习。

此外，教育主管部门于 2006 年宣布开放岛内大学在特定领域试办"数字学习硕士在职专班"，配合大学相关规定修正，8 月份于教育主管部门会议中通过"大学远距教学实施办法草案"，未来一般民众或教师，在家也能拿学位。共计 15 所学校提出 17 个申请，经审查后共计 3 校 5 班通过审查，预计下个学年度开始招生。

虽然目前试办领域以人文（含中文）及艺术类，电资、材料等工业类，商业管理类及中小学教师在职进修硕士专班为主，但预计将会对岛内推广教育市场产生另一波冲击。

（二）台湾大学进修推广部可运用资源与优势分析

（1）台湾大学的品牌优势。台湾大学为岛内第一所最完整，历史最悠久，且最具代表性的综合性高等教育学府，提倡学术思想自由的学风，学术表现亦是中国最卓越的大学之一。

（2）丰沛的教学资源与顶尖师资。台湾大学共有 11 个学院，54 个学系，96 个研究所，1802 位专任教师，1247 位兼任教师。学校丰沛的教学资源及顶尖师资，均为本部可开发运用的资源。

（3）便捷的交通位置。本部位于台北市罗斯福路与基隆路口，除地铁站、公交站三分钟内步行可达外，另备有充分停车空间（场），拥有地利之便。

（4）独立的硬件设施与教学空间。本部建筑物虽老旧，但教学空间独立，教学设施完备，并可视未来本校推广教育的发展重新规划，以最有力的开发方式（包括低利融资、联合开发与引进民资等方式），将旧址改建为专业的推广教育大楼。

（三）台湾大学进修推广部校内利益关系人分析

大学教育中，研究、教学与推广教育服务等三种不同功能应是三位一体互补的关系，并也因互补关系衍生出几个不同层次的关系，包括合作关系、附属关系、监督审查关系及协助关系。但虽有如此密切的关系，大学推广教育机构与其他校内单位间，在资源运用上也会有所竞争。此外一般大学推广教育部门在校内对资源分配的影响力相对较弱（引自陈玉堂，2005）。

台湾大学进修推广部的利益关系人可能包括学校、教授、系所院、学校行政部门及其他相关单位(如体育组、图书馆、出版中心、农场、计算机与信息中心、教学研究发展中心等),分析与利益关系人的关系,共同思考未来推广教育发展的策略定位,将有助于预先疏通可能的阻力,提升合作的诱因,促进推广教育业务的发展。

(1)学校方面。大学推广教育部门与大学之间存在相互依赖的关系。大学推广教育部门依赖大学所提供的资源分配、组织承诺,以及自主性及相关配合;但另一方面,大学推广教育部门的产出如学生、名誉、公共关系、经费支持、社会参与、企业支持及小区支持等也是大学所需要的重要资源。

(2)教授方面。教授为大学教育的主体,集研究、教学与推广教育服务三项教育职责。为兼顾三种任务,教授的精神与体力往往负担颇重,故如何通过有效整合,减少教授重复讲授的时间与体力的投入,并建立适当合理的奖励机制,遂成为未来进修推广业务思考的重点。

(3)系所与学院。面对当局高等教育预算紧缩导致的经费不足,各系所学院有自筹财源的压力,开办硕士在职专班乃成为自筹收入来源之一,由此造成了与推广教育专责单位相互竞争的现象(如管理学院招收 EMBA 与进修推广部开办的管理硕士学分班)。另外,在本部成立之前即已存在的文学院语文中心,目前仍独立运作。因此校内推广教育资源的整合成为目前发展的重要课题,如何兼顾系所资源与利益共享,达到多赢(推广教育单位、系所、教师与学员)的局面,是未来推广教育思考的重点。

(4)学校行政部门及其他相关单位。如同系所与学院面临的问题,台湾大学诸如体育室、农场、计算机与信息中心等单位亦面临须自筹收入等问题,故皆自行办理如体育、农林业与信息等专业教育推广课程,对校内外学生进行招生。图书馆、出版中心、教学研究发展中心的各项教学服务多以学校现有体制内学位在学学生为主,如何整合这些单位的相关教学资源,避免重复规划,或运用整合平台进行有效推广,将成为未来努力的方向。

### 三、台湾大学推广教育策略定位与策略选择

(一)台湾大学推广教育的策略定位

综合台湾大学进修推广部的使命与愿景,台湾大学进修推广教育的策略定位包括以下几项:

(1)台湾大学教学与研究资源的整合平台。

(2)台湾大学教学、研究资源与社会教育需求的沟通窗口。

(3)台湾大学教学、研究资源与社会其他资源的整合平台,作为台湾大学服

务企业、社会的重要窗口。

（二）台湾大学推广教育的主要策略选择

1. 台湾大学推广教育提供社会广泛多元高质量的专业知识

（1）根据总体环境发展，汇整社会各界教育需求，利用台湾大学优秀的师资与教学资源，提供多元的专业知识，或将专业知识增值成具高质量的数字内容，丰富学习平台，以提供社会精英终身学习的机会。

（2）面对全球化市场竞争趋势，推动资源整合，开拓第二专长或提升产值与竞争力，并通过深耕文化，推广艺术，丰富整体社会内涵，兼顾教育信息的技能与人文素质。

2. 台湾大学推广教育提供社会获取上述高质量专业知识的多重传输管道

（1）实体教学。以传统教室教学为主，导入个案研讨与媒体辅助教学。

（2）远程教学与网络教学（同步或异步）。以互联网作为主要传播系统，制作视频影像及多媒体信息作为主要教学材料，提供教学者与学习者更宽广的学习空间。根据不同课程的属性，推动同步实时教学与异步在线教学的教学模式。

（3）印刷与数字影音出版品。将教材进行书面印刷或制成数字影音制品，供课程教学使用。

（4）台湾大学推广教育与市场其他提供者采取合作竞争态度，不以市场掠夺为目的，而以开发新市场与策略性合作方式提供社会更广泛多元高质量的专业知识为使命。

（5）兼顾学分导向与非学分导向的推广教育需求。

3. 高效的组织与经营架构

（1）内部。组织改造，朝利润中心方向规划，改善流程，制定绩效评估与奖励制度，落实企业化经营，以增进本部经营效率。

（2）外部。加强与校内利益关系人的沟通与互动，充分利用并整合校内资源，共创多赢。

四、结　论

在信息科技突飞猛进与经济发展全球化的形势下，社会经济结构快速变迁，加上本校新任领导阶层对本校推广教育有积极思维与期许，如何积极变革，在新时代中正确定位本部的发展策略，并依据策略定位发展出合适的组织架构与经营模式以及可行的政策作为，实为本部当前变革管理的重要任务。

**参考文献：**

[1] Longworth, N. & W. K. Davies. *Lifelong Learning: New Vision，New Implications，New Roles for People，Organizations，Nations and Communities in the 21st Century* [M]. London：Kogan Page Limited，1996.

[2] 陈玉堂.台湾大学推广教育营销策略之研究[D].暨南国际大学成人与继续教育研究所硕士论文，2005.

[3] 黄富顺等.台湾大学院校推广成人教育可行途径之研究(成人教育研究中心专题研究报告)[R].台湾师范大学，1993.

[4] 廖荣裕.大学推广教育绩效影响因素之研究——系统化观点的探讨[D].私立中原大学企业管理学系硕士论文，1999.

# 高等教育协会在政策制定和实施中的作用

## ——香港继续教育联盟的经验

香港大学　杨健明

【作者简介】

　　杨健明,男,香港大学专业进修学院前任院长,香港专上学院持续教育联盟主席,现任香港管理学院院长,《国际持续教育及终身学习》期刊主编,研究方向为高等教育、继续教育、终身学习。

　　本文为2006年第七届海峡两岸暨港澳高校继续教育论坛收录论文。

## 一、政策、研究及实践之间的关系

　　研究和实践在政策制定中的重要作用,已经受到国内外教育界人士的广泛认同。袁振国在《教育政策学》(1998:31)一书中指出,"综观各国研究,教育学者们的目的在于:贡献其专业知识,协助政府及社会各部门制定及执行各项教育政策,为政策的决策提供帮助",这充分说明了研究在政策制定中的重要作用。王金霞等在分析了教育政策、教育理论以及教育实践的关系后提出,教育政策是教育理论和教育实践的桥梁,"教育理论指导教育政策的制定,教育政策作用于教育实践,教育实践促进教育理论的提高和升华,同时教育实践又呼唤教育政策的出台,促使教育政策的完善"(王金霞、智学,2005)。这一观点说明了政策、理论以及实践之间相互作用的关系。其中理论是通过研究而形成的,因而这一观点强调了政策、研究与实践的三位一体。

　　张芳全(2001:74-82)认为,制定教育政策的依据有六个方面:依据宪法规定、依据教育目标、依据民意需要、依据社会需要、依据学习者需要、依据教育哲学。分析以上这六个依据,宪法规定和教育目标是政策制定者最为熟悉的,民意需要、社会需要以及学习者需要是办学机构最为了解的,而教育哲学则是研究者最为专长的。因此,要充分了解和掌握这六个方面的依据,就需要政策制定者、研究人员以及办学机构之间的共同合作及努力。

然而,在教育现实中,政策、研究及实践三者之间存在着严重的脱节现象,这主要表现在三个方面:政策制定和研究的脱节、研究和教育实践的脱节、政策制定和教育实践的脱节。这三者之间的脱节造成的结果是:政策制定者在制定政策时,缺乏强有力的研究作支撑,导致政策制定缺乏科学性;研究者感到研究成果难以被政策制定者所重视,感到研究缺乏应有的价值;教育实践者感到政策和研究都缺乏在本地实践的可行性,一方面在执行政策中感到困难,同时感到研究的结果脱离实践的需要。这一问题长期以来困扰着教育界的人们,也经常是教育研讨会上探讨的主题之一。但是,无论是发达国家,还是发展中国家,这一问题始终没有得到良好的解决。

为了使教育政策制定能基于研究和实践,为了使研究能为政策制定和教育实践服务,为了使办学机构能执行政策和具有理论指导,我们需要把政策、研究以及实践三者有机地结合起来。要达到这一目标,政策制定部门和办学机构需要进行有效的沟通和联合,这就需要一个能代表办学机构的联合团体,参与政府的政策制定和实施。在这一问题上,香港专上学院持续教育联盟在继续教育领域中进行了尝试,并取得了良好的成效。

## 二、香港继续教育的现状及地位

香港已经进入了一个知识经济的社会,终身学习的理念广泛地被社会和个人所接受,继续教育成为人人必需的教育。根据香港大学专业进修学院分别在1999、2001、2003 及 2005 年主持的四次"香港继续教育需求"的调查,结果发现,香港每年参与继续教育人数的比例呈上升趋势,尤其是过去的三年间,上升的幅度较大,由 2002 年的 18% 上升至 2005 年的 28%,也就是说,18 岁至 64 岁估计有超过四分之一的人们接受继续教育。在 2005 年参与继续教育的人数估计达136 万人,比 2003 年增加了 40 万人。在 690 万人口的香港,接受继续教育的人数估计占到全港人数的近 20%(香港大学专业进修学院,2006)。这些数据显示了香港形成的继续教育和终身学习的浓厚氛围。

香港的继续教育在教育体系中处于极为重要的地位。香港的教育体系主要分为两大类:正规教育和继续教育。为了适应知识经济和终身学习社会的需要,香港已经形成了一个正规教育和继续教育并行和互通的终身教育体系,详见图 1。

在图 1 中,白色背景的部分代表正规教育,深色背景的部分代表继续教育。从图 1 可以看出,除了中小学层次的教育以外,人们可以通过正规教育或者继续

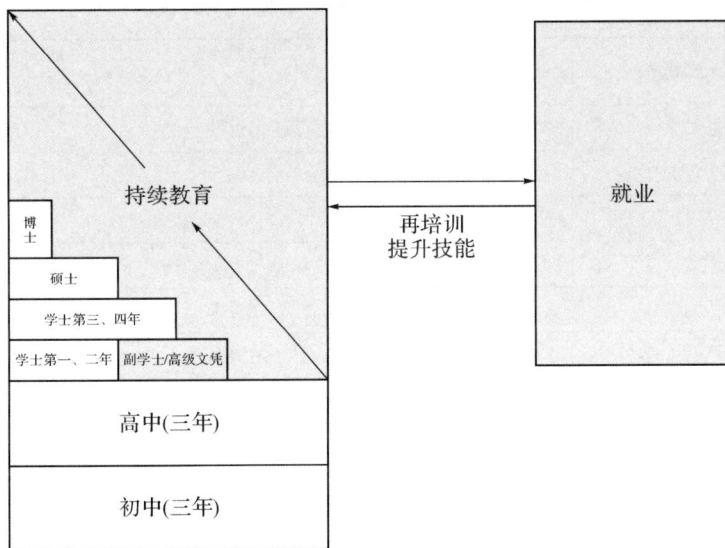

图 1　香港正规教育与继续教育互通和衔接的教育体系(杨健明,2006b)

教育的途径接受中学后教育,而且这两种途径是互相贯通和衔接的。另外,图 1
还表明,继续教育是任何人在学历教育后都需要接受的教育。

　　香港的继续教育的含义很广,它包括了其他地区所称的专业教育、继续教
育、成人教育以及开放和远程学习的内容。继续教育的教学形式也是多种多样,
包括面授教学、网上学习、混合式学习以及整合式学习。从香港专业进修学院的
学生情况来看,学生接受继续教育的目的是多元化的,包括专业人士为了提高职
业水平、为了获得国际认可的专业资格、为了转换职业获得新的专业资格、为了
提升工作技能、为以前没有机会接受高等教育的人士圆"大学梦"、为了个人兴趣
和发展(杨健明,2006a)。

### 三、联盟的成员组成及继续教育的中坚作用

　　香港的继续教育在教育体系中的重要位置,显示了政府对继续教育的充分
重视。香港专上学院持续教育联盟(简称联盟)是香港唯一的政府认可的继续教
育机构的联合团体,由香港高等院校的继续教育学院和资深的职业教育机构组
成,是香港继续教育的主力军。

　　联盟是一个非营利机构,于 1994 年成立,其目的在于加强香港继续教育机
构之间的合作,形成终身学习的文化及氛围,推动终身教育的社会发展。联盟成
员机构由初始的 6 所高校发展为目前的 13 所教育机构,详见表 1。

**表 1　香港专上学院持续教育联盟的成员机构**

| 联盟成员所属机构名称 | 所属机构<br>创建年份 | 持续教育<br>部门建立年份 | 加入联盟的<br>年份 |
|---|---|---|---|
| 香港大学 | 1911 | 1956 | 1994 |
| 香港浸会大学 | 1956 | 1975 | 1994 |
| 明爱及高等教育服务 | 1963 | — | 1994 |
| 香港中文大学 | 1963 | 1965 | 1995 |
| 岭南大学 | 1967 | 2001 | 1994 |
| 香港理工大学 | 1972 | 1988 | 1995 |
| 职业训练局 | 1982 | 1998 | 1995 |
| 香港城市大学 | 1984 | 1991 | 1994 |
| 香港公开大学 | 1989 | 1992 | 1994 |
| 香港科技大学 | 1991 | 2000 | 2001 |
| 香港教育学院 | 1994 | 2000 | 1996 |
| 香港专业进修学院 | 1957 | — | 2006 |
| 保良局(准成员) | 1878 | — | 2006 |

从表 1 可以看到,香港著名的高校和职业培训机构都加入了这一联盟。联盟的秘书处设在香港大学专业进修学院总部。关于联盟成员的详细资料,可参见联盟的网页,网址为:http://www.fce.org.hk。

在联盟的管理架构中,最高层次是董事会,下设有不同的委员会及工作小组,包括研究及发展委员会、课程委员会、副学士课程统筹委员会、毅进课程计划管理委员会、毅进课程质量保证委员会、资历架构工作小组、高级文凭通用指标工作小组以及毅进课程与应用学习(职业导向课程)未来发展工作小组等,每个委员会成员由联盟成员院校的代表组成。这样,联盟既有整体的规划,又能发挥成员机构的主动性和积极性,也能充分利用联盟成员机构代表的知识及专长。

为了保证联盟能够代表香港继续教育的学术和办学水平,能够领导香港继续教育发展的方向,能够站在国际继续教育领域的前沿,联盟需要保证所有成员机构的管理水平和学术质量。联盟在批核新成员的入会申请时,有一套严谨的评估标准。要使得继续教育和正规教育具有同等的地位,关键在于继续教育要和正规教育具有同等的质量。

为确保学术质量的原则、机制及措施的一致性,联盟要求各成员院校在学术事务手册中,明确质量保证的政策及过程。对于大学下属的专业及继续教育学院,开办的课程按所属大学的学术评审机制进行审定;如果不是大学下属的专业及继续教育机构,则由香港学术评审局进行学术评审。学术评审的内容包括:课程设计和课程内容;教职员的选择、评估及培训;教学质量;教学设备;学生支持服务;学业标准的评估策略及方法,如邀请校外评审主任或者由评审委员会进行评估;课程传递的监控,如学生、教师以及雇主的反馈评价。

### 四、联盟在继续教育政策制定中的作用

由于联盟能代表香港继续教育的主体,其成员机构又是继续教育的办学实体,因此,政府的政策制定需要联盟的支持,联盟能利用成员机构的研究力量和实践经验,为政府制定政策出谋划策,提供咨询建议,使政府的政策制定能基于坚实的研究和实践之上。

联盟在政府教育政策制定中所起的作用主要表现在两个方面:

第一,政府邀请联盟主席参与教育政策的制定。香港特区政府的教育部门是香港教育及人力统筹局,下设教育委员会、大学资助委员会以及香港人力发展委员会。香港特区政府委任联盟主席担任香港人力发展委员会的当然委员,就人力需求、职业教育、专上及继续教育的推广和监管,向政府提供建议。联盟主席还被香港教育及人力统筹局委任为"专上教育检讨委员会"委员,负责为香港专上教育的发展提供咨询意见。另外,香港特别行政区行政长官委任联盟主席为大珠三角商务委员会成员,任科技、教育及人才资源工作小组的委员。

第二,由于联盟能直接参与政府部门的政策制定,所以能代表联盟成员机构为政策制定提供科学而可行的咨询和建议,协助政府制定有效的教育政策。表2是联盟在政府制定重大教育决策中发挥的作用。

表 2　联盟在政府制定重大教育决策中发挥的作用

| 政策主题 | 联盟的咨询建议 |
| --- | --- |
| 继续教育在终身教育体系中的重要地位 | 香港特区政府采纳联盟提交的《香港的终身学习:迈进 21 世纪》的建议书,在教育改革的咨询文件中,将继续教育作为一个独立的重要部分来论述。 |
| 建立正规教育和继续教育互相衔接的教育体系 | 联盟协助香港特区政府建立资历和学历互通的资历架构,并参与政府制订副学位课程及职业训练课程的资历架构及相关质量保证机制。 |
| 香港成为区域高等教育枢纽的提议 | 根据各国教育开放的经验和香港高等教育的优势,联盟向政府提出致力使香港成为本地区高等教育枢纽的构思。香港特区政府采纳了联盟的有关建议,放宽外来学生的入境管制,大学非本地的学生人数可增加至全部学生人数的 10%,另外,政府给予一定学额让境外学生到香港修读副学位课程。 |

续表

| 政策主题 | 联盟的咨询建议 |
|---|---|
| 为实现高等教育普及化而发展副学位课程的可行性研究及策略 | 香港教育统筹局委托联盟对发展副学位课程及举办社区学院进行可行性研究。研究结果发现,为了满足本地高中毕业生的升学需要,开设副学位课程是有需求的,也是可行的。香港特区政府接受了联盟的建议,制定了扩大适龄学生接受大专教育的比例的政策,以提高本地人力资源的质量和香港的竞争力。 |
| 新学制对中学后课程的影响及策略 | 这项研究正在进行中。旨在探讨"3+3+4"新学制对中学后课程的影响,包括毅进计划、应用学习(职业定向课程/学习)、副学位以及高级文凭课程,旨在为政府提供毅进计划和应用学习(职业定向课程/学习)未来发展的咨询报告。 |
| 高级文凭课程的统一标准 | 这项研究正在进行中。旨在研究高级文凭课程的通用指标,为政府提供咨询报告。 |

资料来源:杨健明,2005:119-121;杨健明,2006c。

表 2 表明,联盟的政策研究为政府制定有效的教育政策起了很重要的作用。在教育政策制定中,政府充分利用了联盟的专业知识和实践经验,联盟也相应地配合政府的要求,充分发挥联盟成员机构的集体智慧和力量,为政府进行政策研究和提供咨询建议。

## 五、联盟在继续教育政策实施中的作用

联盟不仅参与政府的政策制定,同时配合政府落实教育政策,有效地开展继续教育的实践。多年来,联盟成员机构开办了大量的多元化的学历和非学历课程,兼读制的继续教育课程包括从证书一直到博士学位课程,全日制的课程主要是副学士和高级文凭课程。在 2004—2005 学年,报读联盟成员院校的专业及持续教育课程的学员人数已经超过了 40 万,相当于 7 万名全日制学生。这充分显示了联盟成员机构在实施政府继续教育政策中的骨干作用。

以专业技能课程为例,政府在 2001 年拨出 50 亿港元成立"持续进修基金",资助市民在金融服务、商业服务、物流、旅游业、设计、语文、创意工业、工作中人际相处技能等领域的进修。持续教育机构可向香港学术评审局申请开办"可获发还款项课程",学生在完成课程后可申请退还最高 10000 港元或总学费的80%。截至 2006 年 7 月,联盟成员机构提供超过 4000 门持续进修基金的可获发还款项课程,占总数的 80%以上。

另外,政府还邀请联盟成员机构作为政府政策实施的先行性基地,详见表 3。

表 3　联盟成员机构作为政府教育政策实施的基地

| 政策实施 | 联盟成员机构的作用 |
| --- | --- |
| 为不能升入大学预科的中五毕业生提供继续教育的机会 | 政府委托联盟为中五毕业生开办毅进计划课程,内容注重学术和实用技能的结合,鼓励学生主动学习,提高自学能力。近年来毅进计划课程的学生人数持续增加。 |
| 为不能升入中五的离校生提供继续教育的机会 | 教育统筹局委托联盟为中四的离校生开办"毅进中学协作计划"。此计划的特色是由协作中学和联盟成员机构提供一种混合的学习环境,专门为刚完成中四课程的学生,或从未参加中学会考而年龄未满 21 岁的人士所设。在 2005 年和 2006 年,学生人数成倍增长。 |
| 为高中学生开设应用学习课程 | 为使不同需要及能力的学生都能从新学制中获益,高中课程中将加入职业导向课程(在 2006 年改名为应用学习课程)。由于联盟成员院校在提供职业训练和与企业界合作方面,积累了多年的办学经验,教育统筹局邀请联盟协办职业导向课程试点。 |
| 教育实验经验分享 | 编集《毅进计划最佳实践论文集》项目,旨在让实施毅进计划的机构分享教、学、质量保证以及管理方面的最佳实践。项目正在进行中。 |

资料来源:杨健明,2005:121-122;杨健明,2006c。

可以看到,联盟不仅为政府制定政策进行政策研究,同时成为政府政策落实和实施的主要基地。实践表明,基于研究的教育政策,深受办学机构和学生的欢迎。

## 六、结　论

香港专上学院持续教育联盟是高等院校继续教育机构的协会,在继续教育发展中起着核心的作用。本文集中汇报了联盟在政府政策制定和实施中的作用。联盟汇集了香港继续教育机构和成员的集体智慧及力量,通过政策研究,协助香港教育政策的制定;通过教育实践,辅助香港教育政策的实施。香港的实践表明,通过政策制定机构和高等教育协会之间的紧密合作,是能够实现政策、研究以及实践三者之间的融合及三位一体的。

**参考文献:**

[1] 王金霞,智学.教育政策——教育理论与教育实践的桥梁[M].教育理论与实践,2005,25(6):1-4.

[2] 香港大学专业进修学院.香港继续教育需求的调查报告[R].香港:香港大学专业进修学院,2006.

[3] 杨健明.香港继续教育专业化对制定教育政策的贡献[C].第六届海峡两岸暨港澳高校继续教育论坛文集.香港:香港中文大学专业进修学院,2005:117-124.

[4] 杨健明.香港发展教育产业的理念与实践[C].广州:2006年远程教育国际论坛,2006a(05-22—05-25).

[5] 杨健明.终身学习社会中的持续教育:香港的模式[C].澳门:第五届成人教育与社会发展国际研讨会,2006b(08-01—08-03).

[6] 杨健明.与时俱进,持续创新——香港专上学院持续教育联盟的特色与地位[C].香港:香港人力发展委员会第十四次会议,2006c(09-27).

[7] 袁振国.教育政策学[M].南京:江苏教育出版社,1998.

[8] 张芳全.教育政策导论[M].台北:五南图书出版公司,2001.

# The Application of an Internet-based Laboratory for Distance Learning

Zhejiang University    Zhu Shan'an

【作者简介】

　朱善安,男,浙江大学继续教育学院院长,博士,教授,主要从事继续教育、生物电系统、图像处理研究。

　本文为 2006 年第七届海峡两岸暨港澳高校继续教育论坛收录论文。

## 1    Introduction

As an innovative learning method, modern distance learning was born in the great development of modern information technology. Based on communication and network technologies, this method is performed remotely, bi-directionally and interactively, beyond the limitations of time and space. However, due to the restrictions on experimental facilities, such method is useless in the experiment education for engineering students. For example Zhejiang University recruits students for distance education since 1998 and now has more than 32,000 who are however concentrated in the fields of liberal arts, law, management, economy, etc., because of the lacking of effective experimental facilities. Therefore, various ways have been tried out to solve this problem, and among them, the Internet based laboratory turns out to be the most effective one. Such laboratory enables users to operate the experimental facilities and thus collect the physical data remotely. Meanwhile, these data would be returned and displayed on the users' screen through network connection. There have already been numerous research works on such laboratory, and most of these works orient toward experiments in electrical engineering.

NETLAB, developed at Zhejiang University, is a kind of Internet based laboratory for electrical engineering education. It allows users to perform a variety of experiments covering most important subjects and researches in electrical engineering. In order to project the in-laboratory experience, all the experiments are based on real systems rather than computer simulations or virtual reality. In last and this semesters, there are each 370 and 300 students who use the NETLAB for distance education in Electrical Engineering.

## 2  Architecture of NETLAB

The architecture of NETLAB is shown in Fig. 1. At one end are network clients, which can be either Intranet clients or Internet clients from all over the world. At the other end are physical plants to be operated. Generally speaking, NETLAB is comprised of three important parts which are client site, server and control site. The control site and server are in the Intranet, communicating with each other in SOCKET. Students have two ways to access the server, either by application or web browser.

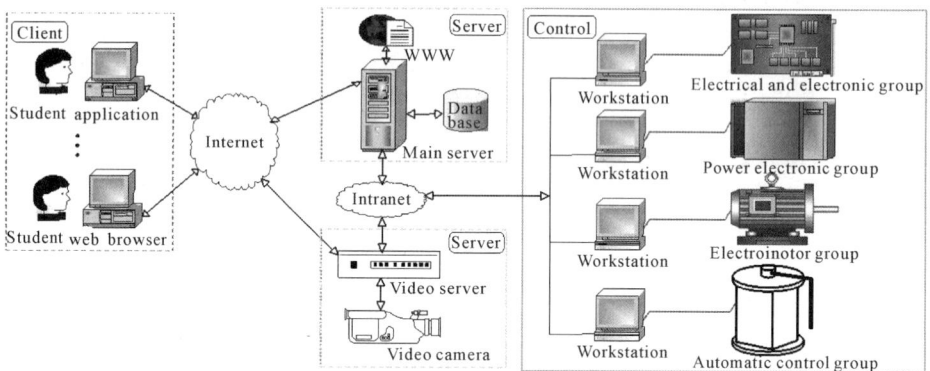

Fig. 1  System architecture of NETLAB

### 2. 1  Client Site

There are two ways to support the user interface on the client side, the application and standard web browser, which are shown in Fig. 1.

To operate remotely, the user needs to install the application on the client computer. The user can select an experiment he/she is interested in by single-clicking the corresponding experiment item in the experiment list tree. Then the corresponding experiment window will be shown for the user to design.

The wave of the returned data from the control site can be observed in the experiment window and the video feedback can be shown in the video window. The user's operation during the experiment is recorded in the experiment log window for future diagnosis in case the system breaks down. Fig. 2 displays the user interface of the client application.

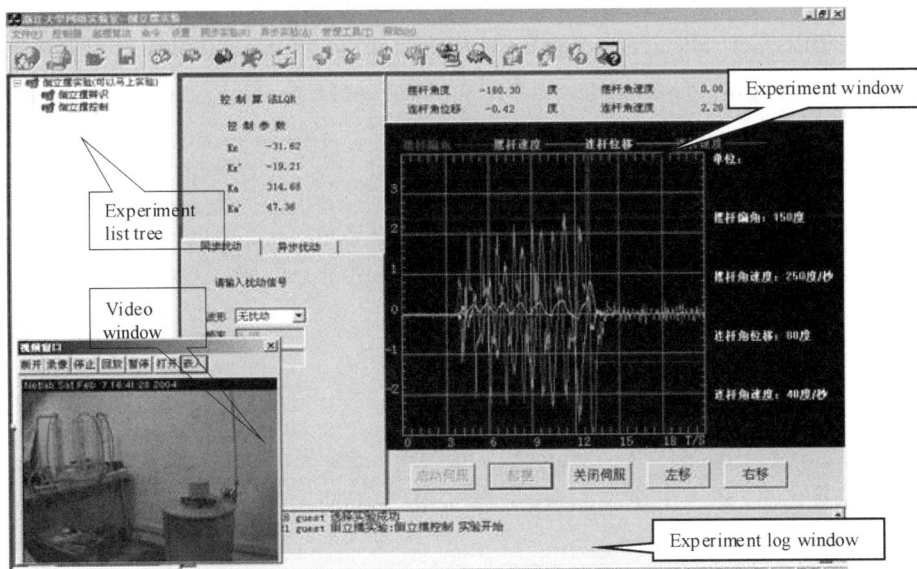

Fig. 2　Client application user interface

The client application is designed to be modular. All the experiments are embedded in the client framework as independent modules, which can be downloaded, installed and deleted. So newly developed experiment module can be integrated into the system without affecting the already existed experiments.

### 2. 2　Server

The server is composed of three parts: a main server, a database server and a video server. The main server handles user requests, and communicates with the database server and the control computer on the control site. The main server can also be accessed via web browser. The database server handles user information, keeps track of every user and stores experimental data. These two servers run on an XEON 2G * 2 computer with 2G RAM. The last server is an AXIS 2400 video server. Four-color CCD video cameras are connected to the video server for the real-time video feedback.

### 2.3  Control Site

The control computer and the physical plants compose the control site. The software package installed on the control computer includes a control program and a supervision program. The control program handles actuator/sensor signals to/from the plant and all communication with the remote user and the server. The supervision program checks the control program and the server status periodically to ensure system safety. For example, if the server reboots, the supervision program will command the control program to connect the server automatically. If the control program terminates unexpected or falls into any infinite loop, the supervision program will reboot the control program. Thus all Internet experiments are self-reset, so that the system has the ability to reboot itself and resume operation without local human intervention.

### 3  Experiments

Oriented toward the training of students in electrical engineering, NETLAB provides remote access to a wide range of experimental processes, integrating as many engineering courses as possible. At present, NETLAB offers more than 30 experiments, which can be put into five categories generally: electrical and electronic group, power electronic group, automatic control group, electromotor group and microcomputer group, covering the five important areas in electrical engineering education at Zhejiang University. The list of the experiments is presented in Table 1.

The first three groups aim at basic training in electrical and electronic fundamentals, as well as the classical control elemental experiments and the frequency response experiment in the control group. When students select a certain experiment, they are required to configure a circuit by choosing different kinds of symbolized graphical components from the experimental toolbar such as resistors, capacitors, amplifiers, etc. The specific components are fully adjustable to a range of values found in an ordinary electrical engineering laboratory. The selection of components and values corresponds to controlling the analog switches on the physical experimental equipments.

In electrical engineering domain, besides learning different aspects of electrical and electronic circuits, the ability to design and implement effective controllers for real physical plants is also very important. NETLAB provides remote users with an opportunity to conduct many innovative control experiments such as the rotary inverted pendulum experiment, fan and plate process experiment, the elevator control experiment, etc.

The last group which is the microcomputer group enables the users to program on the client side, download the codes to the microcomputer on the control side and then debug them remotely.

**Table 1  List of the experiments in the laboratory**

| Experiment Group | Experiment List |
|---|---|
| Electrical and electronic group | Analogue circuit experiments |
|  | Digital circuit experiments |
| Power electronic group | Rectification and inverse converter experiments |
|  | Zero voltage transfer experiments |
| Electromotor group | Asynchronous electromotor experiment |
|  | DC motor experiment |
| Automatic control group | Classical control element experiments |
|  | Frequency response experiment |
|  | Servo system experiment |
|  | Inverted pendulum experiment |
|  | Fan and plate experiment |
|  | Step motor control experiment |
|  | Triple-tank control experiment |
|  | Elevator control experiment |
| Microcomputer group | Micro-control unit (MCU) experiment |

## 3.1  Classical Element and Frequency Response Experiments

The aim of the classical element and frequency response experiments is to examine the students' comprehensive ability of the concepts in control theory. The classical element experiments include the proportional element, inertial element, integral element, differential element, etc. The frequency response experiments are based on the differential and integral element as well as the second order system.

When students select a certain experiment，they are required to configure the circuit by choosing different kinds of symbolized graphical components from the experimental toolbar such as resistors，capacitors，amplifiers，etc. The specific components are fully adjustable to a range of values found in an ordinary control laboratory. The selection of components and values corresponds to controlling the analog switches on the physical circuit board.

The user interface for the inertial element experiment is shown in Fig. 3. After building a circuit the same as the one in Fig. 3，the user can watch the experiment result via the experiment window. Fig. 4 shows the response of the inertial element circuit with the transfer function of $\dfrac{1}{0.1s+1}$ when the input is a square wave with the amplitude of 2 V and the frequency of 0.2 Hz. The user interface for the frequency response experiments is the same as Fig. 3，except that the building of the circuit is different.

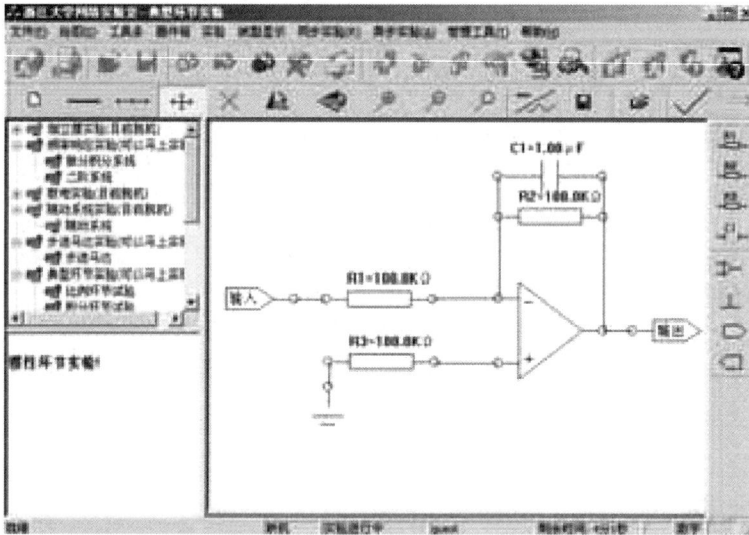

Fig. 3　User interface for inertial element experiment

## 3.2　DC Servo System Experiment

The DC servo system has three loops in theory：current loop，speed loop，position loop. Its control is a standard topic in automatic control education，so we take it as one of our laboratory control plants. The system is presented in Fig. 5.

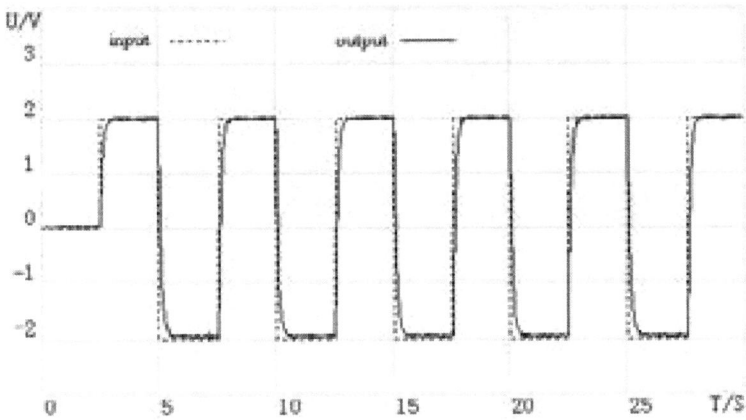

Fig. 4  Result of inertial element experiment

Fig. 5  DC servo system

First, users need to select the symbolized graphical devices from the toolbar such as the control computer, the control circuit board, the DC motor, etc. Then users are required to line the correlative graphical ports to build a valid connection figure like Fig. 6. After sending the algorithm parameters, the desired position and velocity settings to the control site via the server, users can observe the static and dynamic performance of the servo system being applied to different algorithms.

3.3  Inverted Pendulum Experiment

The inverted pendulum is a state-of-the-art plant in control education, which is useful to illustrate how to design effective algorithms for swing-up and balance. The pilot plant used in this laboratory is a rotary inverted pendulum, which is presented in Fig. 7.

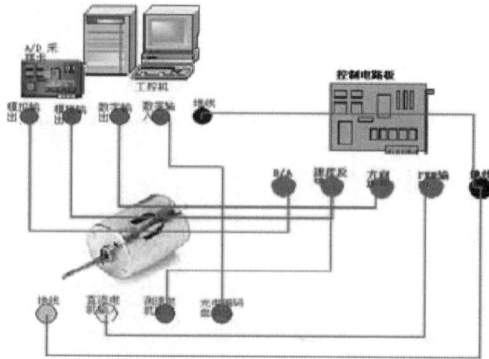

Fig. 6    Connection figure for DC servo system

Fig. 7    Rotary inverted pendulum

Two experiments are designed for the inverted pendulum: parameter identification experiment, swing up and balancing experiment. A built-in swing-up phase starts at the beginning of the identification experiment. Once the pendulum is balanced by the default controller, the student can select the input signal to be applied to the inverted pendulum. Available inputs are: Gaussian white noise, random binary signal, pseudo-random binary signal, multi-sine, swept sinusoid, the properties of the input signals such as amplitude, frequency, etc., which can be set by the user. The user can observe the behavior of the pendulum via real-time video over the Internet, and subsequently download the time-series of the input and output data onto the local hard disk for later off-line processing. As these data are collected in a text format file, with raw values recorded, student can learn how to adopt appropriate identification methods such as noise filtering to achieve a successful result for parameter estimation.

Using the model identified, the user can then proceed to perform the swing up and balancing experiment. The algorithm can be applied to the pendulum in the following modalities:

- Using the built-in swing-up algorithm and default controller.
- Using the built-in swing-up algorithm and setting the controller parameters which the user has calculated based on the model obtained from the parameter identification experiment.
- Using self-designed swing-up algorithm and default controller.
- Using both self-designed swing-up algorithm and control algorithm.

In NETLAB, the user can implement the self-designed algorithms with the second-development interface based on C language. After being implemented in C language and complied into DLL, the user-designed algorithm can be uploaded to the server computer and then be used on the inverted pendulum. Again the student could see the behavior of the inverted pendulum via real-time video window throughout the experiment and at the same time watch the wave of the experimental result via the experiment window. Fig. 8 shows the response of the inverted pendulum from swing-up to balance. No doubt the student will be excited by seeing the actual inverted pendulum performing a challenging task, and intrigued by the difference between simulation and real world because there are many algorithms that perform well in simulation but can fail to swing up and balance the actual pendulum.

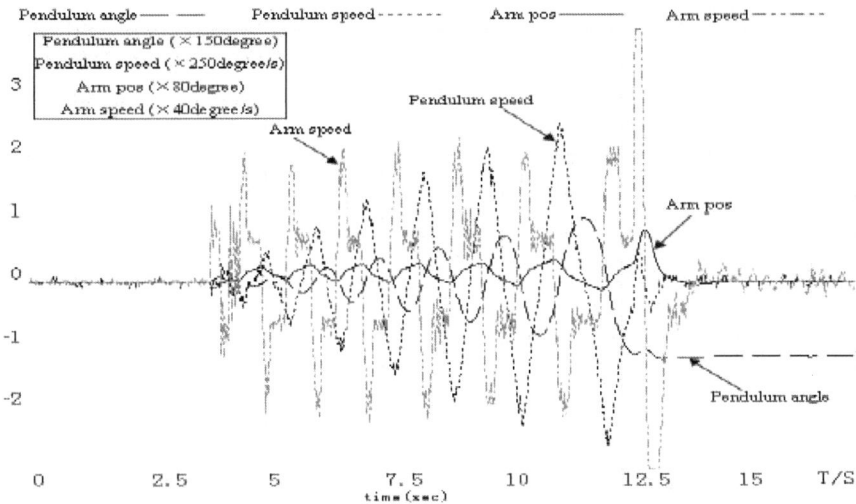

Fig. 8　Response of the inverted pendulum from swing-up to balance

### 3.4　Fan and Plate Experiment and Triple Tank Experiment

The fan and plate apparatus is presented in Fig. 9, the control objective of which is to control the angular orientation of a hinged rectangular plate by blowing an air stream at the plate with a variable speed fan. The fan is driven by a DC motor with pulse width modulation and the rotation angle of the plate is measured by means of a low-friction potentiometer.

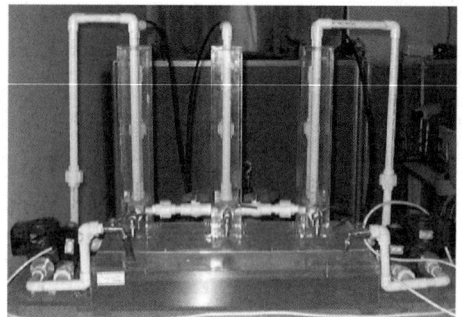

The triple tank system shown in Fig. 10, allows the study of the principles of process control using liquid level as the process variables to be controlled. It consists of three tanks mounted above a reservoir which acts as a storage for water. Water is pumped into the top of the two tanks at both sides by two independent pumps. The leakage between the two tanks at both sides and the middle tank is controlled by two independent manual valves to simulate model arrangements of the two-input three-output system.

Fig. 9　Fan and plate system　　　　　Fig. 10　Triple tank system

These two experiments are also designed for identification and control. First users need to model systems adequately by doing the plant identification experiments and then develop the controller that results in satisfying system performance. Same as the inverted pendulum experiment, these two experiments also enable the user to design his/her own algorithm, allowing maximum flexibility for users to test their algorithm designs on the real pendulum apparatus.

### 3.5　Step Motor and Elevator Control Experiments

The step motor is presented in Fig. 11. Data acquisition board in the industrial computer produces impulses to control the step motor. There are several modes within this experiment: speed control, position control and trace control. Besides, a second development interface was designed for other control modes.

Elevator system is an experiment simulating programmable logic control (PLC) for logical control. The system adopts a five-floor elevator model. A second development interface is used for controlling the performance of the elevator. This system is shown in Fig. 12.

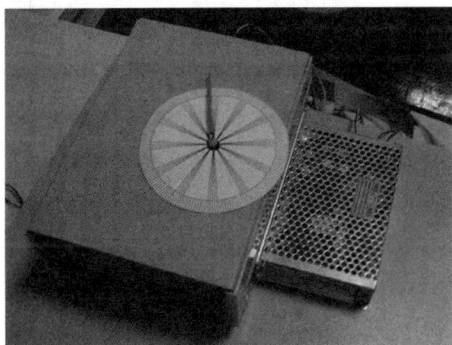

Fig. 11 Step motor system

Fig. 12 Elevator system

### 3.6 Analog and Digital Circuit Experiments

Analog and digital circuit experiments are designed for courses in electronics. A main character of these experiment is to better understand the physical circuit, so the user has to constitute the configuration diagram partially or thoroughly himself.

Analog circuit experiment includes common-emitter amplifier circuit, differential-mode amplifier circuit, common-mode amplifier circuit, parameter measurement of operational amplifier and common operational circuit. Fig. 13 shows the physical circuit of analog circuit.

Digital circuit experiment includes digital clock experiment, semi-adder combinational logic circuit experiment, full adder combinational logic circuit experiment, sequential logic circuit experiment-counter, sequential logic circuit experiment-pulse divider, A/D and D/A converter experiment.

### 3.7 Power Electronic Group

Power electronic group includes rectification & inverse converter experiments and zero voltage transfer experiments. The apparatus is presented in Fig. 14.

Fig. 13　Analog circuit

Fig. 14　Power electronic

Rectification & inverse converter experiments include single-phase rectifier, three-phase bridge rectifier, three-phase bridge active inverter, etc. They could simulate faults like thyristor open-circuited, driver pulse lost, etc.

Zero voltage transfer experiments contains various control manners such as bipolar, unipolar, phase-shifting control, harmonic elimination and hysteresis-band current control.

### 3.8　Electromotor Group

In the asynchronous electromotor experiment, an AC dynamometer is used to add load for the motor and measure the torque. A step motor is used to control booster, which regulates the speed of the asynchronous electromotor. The function of the speed measuring dynamotor is to measure the speed of the asynchronous electromotor. Besides, this experiment also contains other modules such as voltage, current, and power measuring modules. The electromotor system is displayed in Fig. 15. As to the DC motor experiment, a DC motor was utilized as the experiment object and parameters such as current, speed and power factor were measured. The facility of DC motor is shown in Fig. 16.

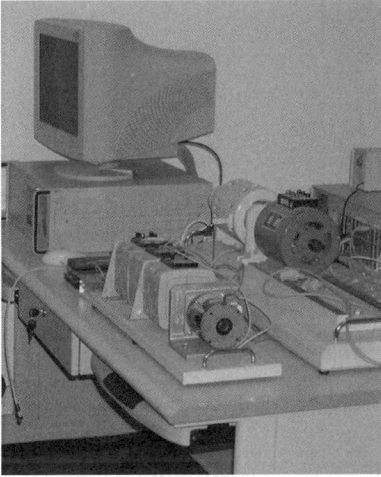

Fig. 16 DC motor experiment

Fig. 15 Electromotor system

## 3.9 Microcomputer Group

At present, this group contains the experiment of the micro-control unit (MCU). A MCU chip, AT89C52, from Atmel Corp. was built in the hardware on control side. Once the user programmed the codes, compiled them using assemble language and downloaded these codes to the MCU chip remotely through network connection, physical data would be collected and then displayed on the user's screen. Fig. 17 gives the user interface of MCU experiment.

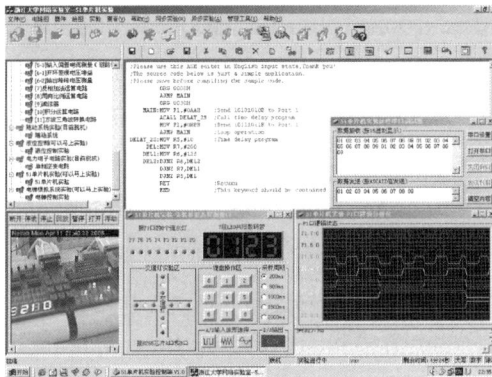

Fig. 17 User interface of MCU experiment

## 4　Important Features

Compared with other related works, the important features of our Internet-based laboratory for distance learning include the followings.

### 4.1　Real Physical Apparatus

All the experiments are based on real physical apparatus. During the last decades there has been a trend towards increasing use of simulation in engineering education such as the Universal Virtual Laboratory (UVL) at Temple University (Duarte, 2002), which aims at creating an environment similar to a real electrical engineering laboratory, but totally based on circuit simulation. Simulation means working in a close universe, which is a cost effective and safe way to allow students to interact with systems, but at the price of omitting the richness of physical realities. The experiments in our laboratory allow the students to work on real equipments.

### 4.2　Second-development Interface

This feature enables the students to design their own algorithm, allowing maximum flexibility for students to test their algorithm designs on the real apparatus. Presently, there are a lot of activities in trying to develop Internet-based labs for performing control experimentation (Corradini, 2001; Hahn, 2000; Irawan, 2001; Martinez-Garcia, 2001; Miele, 2001). However, most of the recently developed remote labs only allow users to send set point commands to the physical plant and perhaps alter the control gain while the controller structure remains fixed (Dixon, 2002). The remote lab at the Universities of Ancona and Lecce allowed the student to design his/her own controller using a Matlab-like language (Corradini, 2001). Considering that C is a more efficient language compared with Matlab, our lab provides a second-development interface-based on C language for user-designed control algorithms. The second-development interface is easy to master since it only includes 3 functions for students to implement in C language and then compile into DLL. The DLL file can be uploaded to the server and then be tested on the actual physical plant, e.g. inverted pendulum. Particularly, the control site program has the ability to check the DLL before being executed to see whether any unknown function exists in the DLL.

### 4.3　Configuration of Circuit Diagram

In electronic and electrical group, as well as experiments in classic elements and frequency response, to avoid the simple push-button operation and better understand the physical circuits, the user himself has to constitute the configuration diagram partially or thoroughly, using the toolbar on the user interface. There is a verifying program on the client side to check the functional or logical correctness of the diagram. This diagram will be sent to the control site only if it passed such verification. After this, the control site constructs the real circuits according to the diagram from client site by operating electronic elements such as relay and switch, collects the physical data and returns them back to the user.

### 4.4　Synchronous Mode and Asynchronous Mode

Another unique feature of our laboratory is to provide two experiment modes: synchronous and asynchronous modes. In synchronous mode, the user interact actively with the real experimental device in real time. In view of the limited bandwidth and characteristics of Internet, we also offer the asynchronous experiment mode, in which the user only needs to send his/her request and can then chooses to be offline. The server will send the requests to the control site immediately once the control site is not occupied. Then the control site sends the results back to the server after completion of the experiment. The server saves the experimental results and will send the results to the user as soon as it finds the user is online. The user can also query and download historical results of asynchronous experiments. This asynchronous mode is oriented towards the user in areas with low network transmission speed.

### 4.5　Real-time Video Feedback

Real-time video feedback makes the remote user get the sense of the presence in the laboratory. Australia's Telerobot on the Web (Taylor, 1995), developed by University of Western Australia, allows a remote user to control a robot arm by supplying the desired X, Y, Z positions to the server in a HTML form. However, users cannot view the movements of the robot in real time but only the images of its final position. In contrast, our laboratory allows users to view the full motion of the moving control plants such as the inverted pendulum in real-time and in color. Moreover, our laboratory provides the user with the opportunity to record video sequence remotely for later observation. Such feature gives the user the feeling of operating physical facilities directly.

### 4.6　Guarantee of System Security and Accessibility

Since the control experiments allow students to design their algorithms using second-development interface, safety concerns should be addressed. We take inverted pendulum experiment as an example to illustrate this point. First, problems should be detected and avoided such as mistakes when a user uploads an "unsafe" controller that results in an unstable system or mistakes when any unknown function exists in the user-designed DLL. In this scenario, we adopt a "simulate first" criterion, where the student's algorithm must pass the simulation test first before the algorithm is implemented on the pendulum. Second, the software package installed on the control computer includes a control program and a supervision program. The control program handles actuator/sensor signals to/from the plant and all communication with the remote user. The supervision program checks the control program and the server status periodically for system safety. Third, there is a monitor thread in the control program, checking the status of the pendulum to insure safety. If the pendulum is detected over speed, the monitor thread will stop the servo and terminate this experiment automatically. Hence, system safety and robustness is assured while allowing maximum flexibility for the user in designing swing-up and control algorithms. Another feature is that each experiment is allowed to run only for a preset duration. This requirement is necessary for system security and accessibility, because some students may run the experiment they are interested in for excessive periods of continuous time, blocking other remote students from accessing the plant. Concerning that some experiment may become popular among remote institutions, we also incorporate a scheduling procedure into our laboratory.

## 5　Conclusion

The Internet-based laboratory is an effective alternative to set up a traditional laboratory to support class courses in electrical engineering education. It has the advantage of: 1) reducing costs by sharing laboratory equipment; 2) allowing users to have greater oversight in electrical engineering by performing a variety of experiments based on physical plants; 3) allowing users to access anytime and anywhere.

Today, NETLAB is being practiced and evaluated by different educational institutions in China. The results have been encouraging and have helped confirm the viability of the Internet-based laboratory for distance learning. Based on this NETLAB, the engineering continuing education should have a great perspective in the future.

**References:**

[1] Bohus, C. A. , L. A. Crowl, B. Aktan & M. H. Shor. Running control engineering experiments over the Internet[C]. Proceedings of the 13th IFAC World Congress, Vol. G. San Francisco, CA,1996:25-34.

[2] Corradini,M. L. , G. Ippoliti, T. Leo & S. Longhi. An Internet based laboratory for control education[C]. Proceedings of the 40th IEEE Conference on Decision and Control. Orlando, Florida USA, 2001:2833-2838.

[3] Dixon, W. E. , D. M. Dawson, B. T. Costic & M. S. de Queiroz. A MATLAB-based control systems laboratory experience for undergraduate students: Toward standardization and shared resources[J]. *IEEE Transaction on Education* ,2002,45(3):218-226.

[4] Duarte, M. & B. P. Butz. An intelligent universal virtual laboratory (UVL) [C]. Proceedings of the Thirty-Fourth Southeastern Symposium on System Theory. Huntsville, Alabama,2002:75-80.

[5] Hahn, H. H. & M. W. Spong. Remote laboratories for control education [C]. Proceedings of the 39th IEEE Conference on Decision and Control. Sydney, Australia, 2000:895-900.

[6] Irawan,R. , M. Ooi, G. Yeung, E. Weyer, D. Nesic & I. Mareels. A virtual laboratory experience based on a double tank apparatus [C]. Proceedings of the 40th IEEE Conference on Decision and Control. Orlando, Florida,USA,2001:2815-2820.

[7] Ling,K. V. , Y. Lai & K. Chew. An online Internet laboratory for control experiments [C]. IFAC/IEEE Symposium Advances in Control Education 2000. Pergamon, Great Britain,2001:173-176.

[8] Martinez-Garcia, J. C. & R. Garrido. Mechatronics hands-on training through the development of an Internet-based automatic control laboratory[C]. Proceedings of the 2001 IEEE International Conference on Control Applications. Mexico City, Mexico, 2001:131-134.

[9] Miele,D. A. , B. Potsaid & J. T. Wen. An Internet-based remote laboratory for control education[C]. Proceedings of the American Control Conference. Arlington, VA, 2001: 1151-1152.

[10] Taylor,K. & J. Trevelyan. Australia's telerobot on the Web[C]. Proceedings of the 26th International Symposium on Industrial Robotics,1995:39-44.

# 高校继续教育资源整合途径探索

西安交通大学 惠世恩 付 勇 张平川 闫文艺

【作者简介】

惠世恩,男,西安交通大学继续教育学院院长,教授,主要研究方向为继续教育管理及专业技术人才继续教育。

付勇,男,西安交通大学继续教育学院党委书记,副研究员,研究方向为继续教育管理。

张平川,男,西安交通大学继续教育学院培训中心主任,助理研究员,主要研究方向为继续教育管理体制及发展路径。

本文为2008年第九届海峡两岸暨港澳高校继续教育论坛收录论文。

伴随社会发展、科技进步和经济全球化进程的加快,人们面临终身学习社会的要求,学习将伴随人的一生。社会需求和个人兴趣对继续教育的需求,为继续教育的进一步拓展创造了良好机遇。当前,高校在开展继续教育中依然扮演着重要角色,但许多普通高校继续教育学院在生存和发展方面存在一些突出的问题。要突破困境,充分发挥普通高等学校在继续教育中主力军的作用,高校继续教育资源有效整合是一个亟待解决的课题。

## 一、高校继续教育现状

继续教育,按照联合国教科文组织的定义,是指那些已脱离正规教育、参加工作和负有成人责任的人所接受的各种各样的教育,既包括继续接受本阶段的正规教育,也包括在特别领域里的探索、更新和补充知识技能的活动。但继续教育在不同的国家有不同的理解和界定,我们认为继续教育就是指正规教育(普通高等教育)系统以外的其他一切形式的教育。目前,我国高校继续教育的主要形式有成人教育、远程教育、高校自学考试社会助学和各种形式的职前职后培训等。

### (一)成人教育

最初普通高校成人教育定位于高等学历教育,是基于"文革"出现的人才断层,这一定位在当时确实满足了许多人对高等学历的需要,也为国家和社会的经济发展培养了大量急需人才。几十年来,普通高校成人教育的发展不仅满足了社会需求,而且由于其办学形式灵活及充分地利用了高校教学资源,较好地弥补了我国教育资源的不足。最近几年,传统的成人学历教育出现较大的下滑趋势。目前,在各种学历教育形式中,函授、夜大是普通高校成人教育办学的主体。

### (二)远程教育

现代远程教育是相对于函授教育、广播电视教育等传统远程教育形态而言的。在教育部已出台的一些文件中,也称现代远程教育为网络教育。随着信息技术,特别是网络技术和多媒体技术的飞速发展,以网上交互式学习为主要特点的现代远程教育在我国得到了巨大发展,已成为中国继续教育的重要组成部分,西安交通大学也是国内首批开展现代远程教育试点的高校之一。目前制约现代远程教育发展的主要因素为社会认可度不高、资金及技术投入不足等,但现代远程教育未来有着广阔的发展空间。

### (三)自学考试社会助学

自学考试作为继续教育的一种重要形式,有着自身的优势:宽进严出、教考分离、学费低廉、自由选择等。目前,尽管外部的大环境对自学考试的发展不利,但是自学考试作为一种独特的教育方式,仍然有着自身的发展空间。

### (四)非学历培训

目前高校承担了各种形式的培训,如中小学教师继续教育培训、中等职业学校骨干教师培训、计算机等级考试培训、英语等级考试培训以及各种行业的职业资格证书考试培训等。另外,有些高校根据自己的专业特色和优势,在企业或行业开展在职培训,或进行国际教育合作与培训。

普通高校非学历培训是继续教育今后主要的发展方向。因为,一是普通高等教育和其他学历教育不能完全满足社会公众对教育的多样性需求,开展非学历职业培训有着巨大的社会空间;二是经济结构调整和技术进步,导致大批下岗、转岗和在职人员需要更新知识和劳动技能;三是工业化、城镇化进程中,广大农村尚有数以亿计富余劳动力需要向第二及第三产业转移,将人口压力转换为人力资源动力,必须发展农村职业培训。

## 二、高校继续教育资源整合存在的主要问题

（一）相关概念

高校继续教育资源是保证高校学历和非学历继续教育顺利进行的各种因素的总和。它既包括有形的人、财、物的资源，也包括无形的非物质资源。继续教育资源整合就是以国家的继续教育方针政策为指导，在开展继续教育的过程中，采取一系列的方法和手段，对各种潜在的和可能的继续教育的人力资源、财力资源、物力资源和其他的非物质教育资源进行开发，并对现存的高校继续教育系统中各个子系统集成优化、相互渗透、相互协同、有效控制，从而发挥有限资源的最大效益的创新过程。通过资源整合，使各种相关资源形成良好的配合关系，可以提高资源的利用率，使其达到效益的最大化，同时规范继续教育的发展，提高继续教育教学质量和教学管理水平。

（二）存在问题

继续教育办学形式的多样性决定了高校继续教育资源具有复杂、多层次的特点，与此相联系，目前普通高校继续教育资源整合存在以下几方面的问题：

（1）资源整合意识的缺乏。许多普通高校对继续教育仍持保留态度，这种态度实质上是对继续教育发展的一种担忧，要害就是限制，这种限制具有不小的影响力，其根源在于把继续教育置于可有可无的位置，不重视发展。对继续教育的这种态度必然会导致高校对继续教育发展的不重视，更难谈其对资源的有效整合。虽然现在许多高校明确地把成人教育、远程教育、自学考试以及各种形式的培训纳入继续教育学院统一管理，但是，很多仍然还是各自经营，没有实现互通，课程建设在很多方面还存在重复，学分仍然没有实现互认，资源重复建设严重，没有实现真正意义上的资源整合。

（2）内部管理体制不顺。普通高校继续教育面临的最大问题是体制不顺，职责不明，管理不规范。在许多普通高校，教务处、研究生院、各院系或继续教育学院都可以具有高校继续教育管理及办学职能。各个办学单位为了获取经济利益，争抢资源，质量上难以保证，损坏了学校的形象和声誉，降低了学校继续教育的整体竞争力。

（3）缺乏完善的外部制度保障。当前，我国继续教育的竞争力不强，究其原因，主要是没有建立与市场经济快速发展相适应的继续教育宏观体制，没有形成以市场导向、政府调控、行业指导、单位自主、社会约束为框架的继续教育新体制，存在继续教育的行业分割和部门垄断。地方政府、主管部门、企事业单位、高等学校、行业之间开展继续教育的关系有待理顺。只有建立了法制化的高校继

续教育运营环境，高校继续教育才能充分地发展，其资源整合才真正可行。

### 三、高校继续教育资源优化整合途径

通过对高校继续教育现状的分析及其教育资源整合存在问题的研究，我们认为，解决高校继续教育资源整合问题除应转变继续教育观念、改善继续教育外部政策外，普通高校应在以下三方面做出努力。

(一)高校继续教育内部资源的有效整合

(1)改善管理体制，实现资源共享。普通高校应根据学校自身实际，实现成人教育、自学考试、职业教育、远程教育以及各种形式的教育培训资源的整合，建立统一管理的体制，实现学分互认，避免课程重复，还可以实现师资、实验设备资源的共享，以尽可能避免不同形式继续教育各自为政、机构重叠、资源浪费的现象。另外，还可以以学校网站为信息平台，实现继续教育教学和管理信息资源的共享。不同形式的继续教育要及时地将各种最新的有价值的信息回馈给信息平台，通过媒介传播出去。这对于不同形式继续教育的发展是非常重要的，可以缩短其获得信息资源的时间，同时也使信息得到最有效的利用。

(2)将学历教育与职业资格证书培训相结合，以就业为导向实施继续教育"双证书"制度。职业资格证书制度在我国还是新生事物，它遵循的是所有职业向所有劳动者开放的原则，就业岗位的获得取决于个人的劳动能力。学校学历教育与职业资格证书互动，是我国社会、经济发展到一定程度的客观要求，也是我国劳动力市场发育成熟的必然要求，更是继续教育与就业准入制度健康发展的内在要求。

在学历教育中，应结合地域经济发展特点及产业结构调整需求等开展职业资格证书教育，比如西安交通大学继续教育学院以提高工作能力为目标，将学历教育与能力培训相结合，成人学历教育、自学考试与职业资格证书培训相结合，在陕西结合装备制造、高新技术、能源化工、现代物流和高效农业等行业开展资格证书培训，满足了产业结构调整对技术型、实用型人才的需求。

另外，在职业资格证书培训中也可以开展学历教育。远程教育和自学考试等学历教育，拥有宽进严出、自选专业、学习形式灵活多样等特点，尤其适合在职人员。学校在开展非学历培训中，可以鼓励文化基础水平较高、学习时间充足、经济条件较好、学力富余者参加学校的学历教育，这样既能提高学习者的综合素质，又能提高学习者的学历层次，有利于学员的长远发展。

(3)建立激励机制，有效整合人力资源。高校继续教育的人力资源主要有从事继续教育的教师、组织管理人员、后勤服务人员等。通过调整、整合、完善继续

教育的组织机构,确定合理的组织管理层次和科学、合理的绩效激励机制,解决机构臃肿、人浮于事的矛盾,重新合理分配各部门的职、权、利,明确分工,尽量减少职、权、利重叠交叉的部门数量,避免政出多门、重复设置的现象,能够在根本上节约人力资源,提高工作效率。

（二）高校继续教育和普通高等教育资源的有效整合

（1）高校继续教育和普通高等教育师资力量的整合。在不影响普通高等教育的前提下,鼓励专业课教师参与学校的继续教育教学和培训,有利于保证继续教育教学质量,也有利于教师在培训中发现自身知识的不足。

（2）高校继续教育和普通高等教育校舍、实验设备等教育资源的整合。部分高校在最近十年间,经过合并、重组、整合、扩张后,相对零散的校舍出现闲置,对这些闲置教育资源进行合理开发利用,既能满足继续教育的教学需求,又可以给普通高等教育发展提供一定的资金支持。2000年西安交通大学、西安医科大学、陕西财经学院三校合并后,西安交通大学以建设世界知名高水平大学为目标,为提高培养质量,自觉控制学生规模,带来了部分教学资源的闲置。为有效利用资源,西安交通大学继续教育学院自筹资金,将学校空置校舍进行修缮后有偿使用,盘活了资源,提升了继续教育的发展空间。

（3）以项目为主体整合继续教育办学资源与普通高等教育专业教学资源。普通高等教育专业教学计划、培养目标、教学模式等经过几十年乃至上百年的发展,已经形成相对完善的学科培养体系。而继续教育培养或培训目标更具有针对性,其教学计划灵活多变,更富有弹性,因此以项目为主体整合继续教育与普通高等教育专业教学资源,有利于保证继续教育质量,也有利于普通高等教育专业教学改革。西安交通大学继续教育学院以项目为主干,实现自身资源与校内专业学院之间资源的整合,做出了有益的探索。学院开展的中等职业教育骨干教师护理学、电子电器应用与维修等国家级培训项目,以及机械加工技术、机电技术应用、计算机应用、电子技术应用等省级培训项目,分别与医学院、机械学院、电信学院、电气学院等专业学院合作,继续教育学院负责财务、后勤与管理,专业学院负责教学,有效利用了资源,保证了培训质量。

（三）高校继续教育资源与外部优质教育资源的整合

（1）高校之间继续教育资源整合。在同一区域甚至跨区域开展高校间的继续教育合作,可以发挥各自的学科优势、区域优势、管理优势、师资优势、硬件优势等,实现学分互认、教师互聘、资源共享,减少教育成本,提高教育质量和办学效益。如西安交通大学、浙江大学、上海交通大学之间开展的学分互认,避免了重复建设,节约了社会资源。

(2)高校与企业之间教育资源整合。普通高校是劳动力产品的生产者,企业是劳动力产品的消费者。通过学校教学资源与企业教育资源的有机结合,一方面,学校培养的学生可以到企业一线去实践或顶岗实习,检验理论知识,提高动手能力。另一方面,学校还可以聘请企业高水平的工程技术人员进入大学课堂,丰富和开阔学生的知识视野。高校继续教育应充分发挥自己的独特优势,把重点放在高层次继续教育上,深入企业、单位进行调研,开发适合本校资源优势的继续教育项目,充分体现高校的特色,形成有竞争力的普通高校继续教育项目。西安交通大学与青岛科技产业园、金川公司及广东核能集团等的合作,根据地方、企业对应用型高等专门人才的要求确定人才培养目标和培养规格,改革教学内容和教学方法,以企业劳动力技能需求为导向,开展有针对性的企业订单式培训,取得了很好的效果。

(3)引入国外继续教育品牌。由于受历史原因和经济发展水平的影响与制约,目前我国继续教育的总体水平、教育手段、教育技术、教育模式、管理机制以及与之相应的品牌效应等都不尽如人意。而国外培训实体凭借雄厚的国际化实力和品牌,给普通高校继续教育的发展带来巨大的挑战。引入国外继续教育品牌,结合国内外继续教育经验开展合作办学,可以实现资源互补,有助于国内高校迅速提高继续教育的办学水平。西安交通大学继续教育学院充分利用高职教育积累经验,引入了英国爱德思教育品牌,开展国际学位直通车教育,有效开发了沉淀的教育资源。

**参考文献:**

[1] 把多勋,高亚芳.普通高等教育和继续教育优质资源整合的新领域[J].西北成人教育学报,2005(2):17-19.

[2] 金平,张玉红.继续教育资源整合浅论[J].继续教育,2003(S1).

[3] 晋银峰.论中国继续教育内涵的发展[J].继续教育研究,2001(1):3-5.

# 高校继续教育资源共享的研究与探索

哈尔滨工业大学 徐 烈 张桂芬

【作者简介】
　　张桂芬,女,哈尔滨工业大学继续教育学院原常务副院长,研究员,研究方向为继续教育、高等教育。
　　徐烈,女,哈尔滨工业大学继续教育学院办公室主任,助理研究员,研究方向为继续教育。
　　本文为2009年第十届海峡两岸暨港澳高校继续教育论坛收录论文。
　　本文发表于《继续教育》2009年第12期,第7-9页。

在我国教育信息化的发展历程中,教育资源建设是一个永恒的话题。教育资源建设应该是个不断积累、循环上升的过程,它将随着教育的发展而发展,并不断被赋予新的内涵,而在资源建设的过程中,资源共享是非常重要的环节,这个环节能否广泛、顺利地开展,决定了资源建设在未来是否可持续发展。

## 一、资源建设与资源共享的内涵及相互关系

### 1. 资源建设的内涵

"资源建设"这一名词并无统一的定义。资源建设应该包含硬件环境建设、软件环境建设和人力资源建设等几部分。

硬件环境建设是指实验室、实验设备、计算机硬件系统、图书馆、多媒体教室等教学设施、教学设备。软件资源建设包含的内容相对较广,包括课程资源建设、网络资源建设、制度建设和管理信息平台建设等方面内容。人力资源队伍建设的内容相对简单,但却最为重要。因为硬件环境建设与软件建设很大程度上取决于人力资源建设的水平。人力资源队伍建设主要包含教师的培养、培训,教辅人员、管理人员的队伍建设等方面。资源共享的含义就是通过某平台让大家

共同享用具有通用性的优质资源，最大限度地节省成本，提高效率和质量。

2. 资源建设是资源共享的基础与前提

资源共享是建立在优质资源基础之上的，资源建设需要大量人力和物力的投入。而资源建设在某种程度上制约着资源共享的实现。在教育部的主导下制定各类政策，提高各高校及高校继续教育建设优质教育资源的积极性，形成以国家为主的多渠道资金来源，各高校在资源建设方面建立激励制度，保证资源建设的顺利开展。

只有逐渐丰富和增加可共享的优质教育资源，只有在优质资源充足、丰富的情况下，才能推动共享的普遍开展。没有建立起优质教育资源，也就无从谈起优质教育资源的共享，因此资源建设是资源共享的重要前提与基础。

3. 资源共享有利于资源建设的良性发展

教育资源共享有利于节约成本投入。目前情况下，参与教育资源建设的各高校都是各自为政，从硬件建设到教学支持服务的进行等都是独立组织与实施的，这就导致每一所高校都要在相关方面进行投入、重复建设。如果能实现网络教育资源的共享，可以节约大量的人力和物力，从而有利于节约成本。

教育资源共享有利于教育效率、质量的提高。教育资源共享意味着能以最小的投入来达到相同的教育目标，从而实现教育效率的提高。如果能将某一专业中的不同课程所需的资源，通过适当的方式在不同的高校间进行分配，或是通过不同高校间的分工协作来完成相同课程所需教育资源的不同部分，那么，我们可以在教育资源的建设上集中有限的资源，而不是将这些有限的资源分散做相同的项目，这样做显然更有利于教育资源质量的提高。

教育资源共享有利于实现教育的规范管理。教育资源的共享，会推动统一的标准和制度的建立，如有关资源建设的标准、相关资源使用的方法、课程考核的方式等。通过这种制度的统一来实现规范管理，进而保证教育质量。

**二、实现继续教育资源共享的途径**

1. 扩大继续教育资源共享的范围

资源共享要遵循教育部开展继续教育的原则，也就是"先校内后校外，先资源建设后社会办学"(严继昌,2003)。

扩大资源共享的范围需要建立一套共享机制，需要政府、高校、企业、协会等各方积极参与。政府负责政策制定、标准制定和宏观工作的指导。高校是资源共建、共享工作的主体，应该在教学模式、教学内容、资源建设和实施等方面发挥最重要的作用。企业提供资金和技术上的支持，其运作机制既可为资源共建、共享提供资金和技术上的支持,也可为资源共建、共享注入新的活力。

资源的共建共享从程序上来说应该是先易后难,分步实施。第一步应实现校内外资源的共建共享,在此基础上或同时以院校自主行为的形式,主动为外校提供共享资源,或主动争取共享外校资源;第二步可以整合同地区或同类型学校的资源,实现本地区和同类型学校的资源共享。

2. 拓展继续教育资源共享的内涵

继续教育包含学历教育与非学历教育,学历教育按照授课形式的不同可划分为成人教育与远程教育。随着普通高等教育大众化进程的加快,中国高等教育发展趋势发生了较大变化,特别是继续教育的学历教育与非学历教育发生了较大的变化。通常继续教育资源共享是指课程资源和网络课件的共享,这是由于课程资源的开发需要大量资金、技术和人力的投入,为避免重复开发而相对较多采取课程资源共享的方法。

各高校发展继续教育工作的指导思想各不相同,形成了很多种办学体制和模式。但大家都面临着一个共同的课题,那就是下一步如何发展和如何进一步整合教育资源,因此大家在继续教育的管理模式、资源建设情况、发展规划、平台建设等方面的共享对各高校都有着十分重要的借鉴意义。

3. 发展资源共享文化

教育资源共享包括硬件和软件的建设,这是实现资源共享的基本条件。然而决定资源共享能否实现的关键还是人,因为资源共享的建设不仅仅是课件建设、平台建设,更重要的是改变人的观念。我们要发展推广共享文化,但这需要一个过程。只有当共享的意识贯穿于人的每一行动时,才能形成共享文化。

开放、合作和创新是共享文化的三个特征(徐丹,2002)。

开放。开放是共享的前提,我国高等教育长期形成的封闭式办学传统是制约资源共享的原因。一个观念封闭的学校谈不上共享文化,继续教育在开放的同时也必须坚持自己的特色,这样才能使特色更显魅力。无论是管理人员、教师还是学生都应该树立开放的教学理念。

合作。通过资源共享的合作再生出更多的新资源,合作是资源共享最主要的特征,它对资源共享能否实现有着决定性的作用。事实上,名牌大学并不是各个专业、门门课程、每个教师都优秀,开展校际之间的课程互认、推广课程互选、学分互认,将兄弟院校的优秀课程按一定比例提供给本校学生,不但不会削弱竞争力,反而会提高自身的教学水平、教育质量,并增强社会影响力。为推进资源共享的学校之间的合作,国家也可制定相应的政策,确定共享优质教育资源在教学中的比例,从政策上鼓励、推动学校之间的合作与资源共享。

创新。创新是共享文化的核心,也是发展共享文化的意义之一,在资源共享过程中,仅仅具备开放和合作精神是不够的,创新是核心特征,是资源共享的灵魂。远程教育工程的实施就是教育模式的创新,给教育事业带来了新的发展生机,通过对远程教育资源的开发与管理,搭建了教育资源的共享平台,并且在这个平台上不断创新,实现优秀教育资源的普遍共享。

### 三、哈工大继续教育资源共享的基础

提到哈工大继续教育学院的资源共享,就要提一下哈工大继续教育学院四院一体的体制演变过程。

哈工大成人教育创立于新中国成立初期,继续教育学院成立于 20 世纪 90 年代,而远程教育学院成立于 2000 年。远程教育学院成立之初是成人教育发展的鼎盛时期。由于高等教育的迅速崛起,成人高等教育的补充作用已在明显减弱,从成人教育中派生出的继续教育培训工作由于市场的需求逐渐发展壮大。远程教育学院创建时相对独立,从建站、招生、教务管理到毕业管理都独立完成。这是学院的第一个发展阶段。由于成人教育、远程教育面向的学习对象都是成人在职人员,存在教学计划、教学管理相似等特点,可实现教学资源共享,学院将成人教育、远程教育纳入统一轨道。2005 年成立了国际合作教育学院,这时哈工大继续教育学院就发展成四个学院,也就是今天哈工大继续教育的四院一体。

1. 同一领导班子,统一协调发展

哈工大继续教育学院在发展和历史演变的过程中,逐渐形成了四院一体的格局,设置了同一套领导班子。各位主管院长权利与责任明确,主管所负责学院的相关部门,对常务副院长负责。在学院内部的运行上,从来就没有划分界限,完全是打通的。在学院的整体规划中重视四个学院的统一协调发展,对学院资源进行综合协调、充分利用、保证共享。

2. 按块设置部门,按需设置岗位

学院的机构设置和岗位设置都是根据发展需要而设置的,且不是一成不变的。根据目前学院的格局调整为业务部门、支持部门,业务部门各属学院的四大块业务,其中培训部下设多个项目部。支持部门由学院办公室和技术中心组成,是四个学院共同的管理、服务和技术支持部门。

各部门岗位设置及岗位数量也是学院根据发展需要、结合各部门工作量而统一设定的。当学院业务发生变化时会及时调整岗位设置,各部门的工作人员可以互相流动,合理分配人力资源,这四个学院的人力资源也是共享的。

3.财务统一预算,统一核算,统一支出

学院设有统一的财务人员,各口不单设财务人员。财务上的统一管理,真正使四院一体的模式得以实施,使学院资源共享顺利开展。

各部门根据需求对本部门工作进行统一预算,学院结合部门需求和整体工作安排进行预算的调整,按照统一的财务制度对四块业务进行统一收支管理与核算工作。在实现精细化、规范化的财务管理的过程中,建立了财务实施细则,对学院各类经费的财务流程进行详细、具体的规定。

4.统一聘任,统一管理,统一考核

学院各部门的主任、副主任、各管理岗位都是通过学院统一聘任产生的。

学院根据业务发展需要确定岗位需求情况,测算岗位数量,职工根据自身情况进行申报,学院组织统一竞聘,双向选择,在统一聘任制度下,对每个员工进行测评,统一管理。学院对职工进行统一管理,执行学院统一的考勤与管理办法,但对继续教育培训工作项目部工作人员实行企业化管理和岗位目标责任制,这是针对培训工作特点而形成的,与其他部门工作人员的管理与考核办法不同。其他三块工作的管理岗位人员的考核办法是一致的,实行绩效考核。考核办法设有临时考核、半年考核和全年考核,全年考核采取全员职工互评打分的形式进行。学院对绩效考核的结果认真分析、总结,职工通过绩效考核增强了竞争意识、服务意识,同时也提高了工作水平和竞争力。

四个学院的人员统一聘任、统一管理、统一考核,实现了人力资源的共享。

**四、哈工大继续教育资源共享的实践探索**

1.远程课件的资源共享

首先,在资源建设方面,先后多次投入多媒体设备、课件制作设备、录播设备等教学设备;在全校范围内开展优秀课件建设项目,鼓励优秀教师从事课件的研发,投入一定资金对课程建设平台和管理平台进行开发,不断提高课程开发水平和管理水平,不断开发各类课程、课件。

其次,在资源共享方面,学校遵循教育部提倡的先校内后校外的资源共享精神,将远程教育的网络课程提供给成人教育学院及成人教学函授站共享。

再次,在课程资源有偿共享方面也做了一些尝试,学院将一些课程资源按照每学时标准收费的形式,向一些同类院校进行推广,鼓励兄弟院校积极使用我校优秀的课程资源。

另外,远程教育的授课模式在继续教育的培训工作方面也做了探索,将远程教育的网络课程用于外语或管理类的培训,或以教师面授培训为主、网络课程培训为辅的培训教学模式。

2. 教学条件共享,教学安排统一布置

学院自筹经费建设了教学楼、学生公寓、继续教育公寓,教学条件的改善带来了新的发展机遇,学院的办学空间大了,远程教育、继续教育的发展更加快速,国际合作教育也有新的突破,但教学设施、实验室仍然是学院统一管理,属四个学院共享。学院根据各口工作需求,结合学院整体工作进行布置。

3. 教学制度资源共享

成人教育和远程教育面向的学习对象都是成人在职人员,他们有着必然的联系,只是授课方式不同。考虑两者的平衡关系,在教学制度的建设上充分调研。第一符合政策,就是把握教育部精神;第二实事求是,符合成人远程学生特点,符合学生实际情况。特别是在关键的制度制定上,如在学士学位授予条件等方面,远程、成人在制度上完全共享。学院教学督导组只有一个,远程教育学院教学督导制度也是与成人教育学院共享的。

4. 培养方案基本统一

结合成人教育学生与远程教育学生的特点,学院于 2008 年重新修订了教学计划,成人和远程的培养方案基本统一,今年又结合配套的教学大纲统一进行修订,这些工作将成人、远程两个学院的工作进行整体部署、统一实施。

尽管在课程资源建设和体制建设共享方面,我们做了一些工作,但还是很不够。一些兄弟院校在资源共享和国家精品课程建设等方面有着成功的经验,比如今年武汉大学与其他六所大学创立的武汉地区"七校联合办学"联盟(简称七校联盟)的共享模式也很值得借鉴和推广;一些大集团与政府、高校联合开发的优秀课程,无偿或以廉价购买的方式与社会共享,这种模式也很值得继续探讨。

优质教育资源建设与共享在继续教育发展过程中有着十分重要的意义,它不仅仅是改革人才培养模式的需要,也是构筑终身教育体系、形成学习型社会的需要。希望通过继续教育资源建设与共享,将共享文化逐渐在高校中传播、发展,通过高校之间的交流、互动,促进资源建设、共享的可持续发展。

**参考文献:**

[1] 徐丹.高等学校课程资源共享研究[D].长沙:中南大学硕士学位论文,2002.

[2] 严继昌.探讨教育资源共享机制[J].中国远程教育,2003(20):64.

# 普通高校非学历教育风险管理的研究

复旦大学 刘 华

【作者简介】

刘华,女,复旦大学继续教育学院行政部部长兼院办主任,博士,研究方向为教育研究和项目评价。

本文为2010年第十一届海峡两岸暨港澳高校继续教育论坛收录论文。

本文发表于《继续教育》2011年第11期,第45-47页。

随着终身教育理念的确立和学习型社会的建设,我国继续教育中的非学历教育以其鲜明的灵活性、针对性和市场性等优势,日益受到高校、各级政府和社会各界的广泛关注,在整个教育体系中发挥着越来越重要的作用。

伴随全球经济教育的一体化和非学历教育的快速发展,非学历教育领域经营运作形态越来越趋向于市场化,高校成为自我承担风险的独立经营者。近年随着高校不断关注高端培训市场,非学历教育在面临巨大机遇的同时,也正面临着前所未有的风险,如2009年两所名校的"培训门"事件等。如何改进和加强高校非学历教育管理,规避风险,使其更好地满足广大学习者的需求,满足高校服务社会的功能,引起了高校的高度重视。

本研究尝试引入风险管理的概念,对高校非学历教育面临的风险进行分析,研究应对策略,为加强非学历教育的管理提供理论依据和实践基础。

## 一、风 险

风险(risk),一般被认为是目标和愿望实现历程中不确定的因素。英国高等教育基金委员会在其研究报告中认为,现代意义上的风险概念是对后现代时期不确定性和不可预测性的描述,应该将关注重点从结果转移到原因上,强调风险是由人们的行为而产生的不希望的结果。该报告认为,任何给完成目标、计划带来威胁的事情，任何有损于组织声誉、破坏公众信心的事情都是风险（熊德明、王建梁，2008）。

高等教育机构的风险如同其目标一样具有多样性，并处于不同层次，包括战略（学校）、学院、学系、其他部门和个人等层面的风险。英国研究认为，高等教育机构主要面临 11 类风险，即健康与安全风险、财政风险、财产风险、战略风险、管理信息系统风险、学生事务风险、信誉风险、教职工事务风险、教学风险、海外办学风险和研究风险等（熊德明、王建梁，2008）。

我国学者认为，高等教育机构主要包括经营运行风险、行政管理风险、教育科研风险、安全保障风险等。其中经营运行风险，包括政策法规风险、社会环境风险、市场竞争风险；行政管理风险，包括体制改革风险、内部管理风险、财务管理风险和人力资源风险；教育科研风险包括专业设置风险和科研投入风险；安全保障风险包括食品卫生风险、校园环境风险和人身心理风险（徐辉，2008）。

由于风险具有客观性、不确定性、可控性等特征，以及人们认识的主观能动性，风险是可以管理的，"风险管理"的概念由此产生。目前国内理论界比较接受的定义认为，"风险管理是研究风险发生规律和风险控制技术的一门新兴管理学科。各经济单位通过风险识别、风险估测、风险评价，并在此基础上优化组合各种风险管理技术，对风险实施有效的控制和妥善处理风险所致损失的后果，期望达到以最少的成本获得最大安全保障和目标"。高校风险管理的内涵：高校组织为达到其办学和发展的目标，在对与教育、教学、科研和管理有关的各种风险进行全面分析和评估的基础上，将各种风险进行排列、组合、归类，并制订实施方案和监督实施过程，从而妥善、有效处理风险及其带来的损失的整套系统、科学的管理方法。高校风险管理的内容应包括：高校所面临的风险预测、风险分析与评估、制定控制制度、风险控制方案、获取风险信息的渠道和手段、管理及监督措施、管理成本与效益等（柳清秀、熊峰，2008）。

## 二、普通高校非学历教育发展现状及存在的问题

教育的大众化、终身化发展，学习型社会的创建和教育产业的发展为高校非学历教育的开展提供了良好的外部环境和基础。首先，继续教育在终身教育理念下成为提高劳动者素质和造就各类专门人才的重要途径，其中非学历教育因周期短，针对性强，传播新知识、新技术、新技能快捷的特点，对人力资源开发具有不可替代的重要作用。出于促进我国经济和社会发展、建设人力资源强国和创新型社会的迫切需要，继续教育尤其是非学历教育有着巨大的社会需求。

其次，继续教育是高校必须承担的"服务社会"功能的重要方面，其对社会的影响力和对高校品牌的提升作用越来越引起高校的重视。如清华大学从 2005

年起,以"三高三不"原则坚持非学历教育,社会效益和经济效益显著。高校可凭借资源优势、专业优势、专家优势和管理经验等综合性优势,在开展高层次非学历教育培训方面占据核心高地。在教育大众化的形势下,各地高校纷纷重视起非学历教育工作。

第三,《国家中长期教育改革和发展规划纲要(2010—2020年)》中提到要"大力发展非学历继续教育","大力发展教育培训服务,统筹扩大继续教育资源",更为高校非学历教育的开展提供了机遇。

近些年,非学历教育得到了蓬勃发展,但在一定程度上也存在诸多问题。如培训模式陈旧,针对性和实效性不强;缺乏专门师资队伍,培训质量难以保证;管理队伍专业性不强,缺乏市场管理和运作经验;结构层次不合理,聚集于低端培训;培训运作趋同,缺乏差异性和竞争性;管理约束机制不健全;高端品牌不足。在这种现状下,非学历教育市场的竞争压力、国家政策和教育管理机构规范管理施加的压力、受教育者维权意识增加等因素,导致危机频发,给学校带来损失和危害。

### 三、普通高校非学历教育风险及风险管理的现状

影响高校非学历教育的风险因素很多,这些风险大致集中在以下几方面。

法律风险。随着依法治校观念的不断深入,我国的法律体系在不断变化和完善之中,政府的监管政策和行为不断地转变和调整,受教育者法律意识不断提高,各种各样的法律风险将日益凸显。

环境风险。随着高等教育市场化、大众化和国际化时代的到来,高校的生存环境发生了变化,作为延伸层教育,非学历教育在高校战略调整过程中的定位将直接影响高校的培训。

市场风险。由于全球化一体化的市场压力、无边界高等教育的竞争风险、民间办学机构的加入,非学历教育市场竞争激烈,生源风险日益凸显。

内部管理风险。内控体系是否完善、管理是否有效、决策行为是否正确,直接决定着内部管理风险的大小。风险越大,高校内部管理的不确定性越大,控制能力越弱,这将严重影响非学历教育的正常运行发展(徐辉,2008)。

其他风险。培训中若不实施成本核算,预算不够规范,财务控制不严,可能引发财务管理风险;影响培训水平的师资队伍流动性大也可能带来人力资源风险;其他如校园环境风险、人身心理风险也大大增加。

在此形势下,高校风险意识更显薄弱,风险的控制和管理水平较低,无论是风险承受能力还是风险管理能力以及风险管理理念都不强。主要体现在:一是危机意识较淡薄,对风险认识不足,重视不够,缺乏系统和全面的风险管理;二是

缺乏独立的风险管理职能部门和有效的管理机制；三是没有建立风险预警和危机处理机制，缺乏科学的风险管理和控制手段；四是缺乏畅通的风险信息沟通渠道，风险识别和监督水平亟待提高。这些问题需要高校足够重视，抓住机遇、规避风险是高校亟待解决的新问题。

### 四、普通高校非学历教育风险管理的建议

大力发展非学历教育是我国继续教育发展的一个必然趋势。高校在非学历教育管理过程中实施风险管理是内、外部压力共同作用的结果。风险管理是指通过系统化的、科学的管理流程和流程监控，保证风险能够有效管理的一系列方法和措施，具体包括目标设定、事项识别、风险评估、风险应对、信息及沟通、监控等七个方面。风险管理在我国尚处于探索阶段，未达到普及推行、广泛应用的程度，故可以借鉴的模式和方法不多。笔者认为应从以下几个方面着手。

1. 创造良好的风险管理环境

从本质上说，风险管理体现了对风险的一种全局观念，考虑的是风险对整个组织而非局部的潜在冲击。首先，在非学历教育中应培育科学健康的风险管理文化，树立全员风险管理意识；第二，应构建垂直的风险管理组织体制；第三，培养高素质的风险管理队伍；第四，应明确设定体现高校风险偏好和风险容忍度的战略目标。目标是对非学历教育办学过程中来自外部和内部的各种风险进行有效的识别，这是风险评估和风险应对的前提。非学历教育管理层可通过相关的目标、政策、制度使办学部门和人员明确学校对风险管理的态度、目标及应对原则等。办学部门和人员也要有风险意识，在学校风险偏好和容忍度之内实现学校的既定目标。

2. 健全风险识别和监测系统

风险识别和评估是风险管理过程的首要环节。高校应以设立的目标为标杆，运用现场调查法、风险列举法、财务报表分析法等各种办法对非学历教育中有潜在影响的所有事项进行识别，判断是风险还是机会。在确定事项是风险的基础上，运用概率论与数理统计对收集的资料进行量化分析，预测风险发生的概率和损失程度，进行风险评价，为风险管理者进行风险决策和选择最佳的管理技术提供可靠的科学认知依据，保证风险控制、风险报告、监督改进等环节的顺利开展，从而形成全面的风险管理工作。但风险识别需要感性认识和经验，也需要客观的资料和风险记录的分析和整理来识别所面临的及潜在的风险，这需要高校建立日常风险监控系统。

### 3. 建立完善的内部控制体系

高校内部相互约束的管理机制是控制内部风险的前提。首先,通过加强部门之间的合作与制衡,加强组织约束控制。如设立专门的管理职能机构,集中统一管理非学历教育办学工作。非学历教育培训项目还应通过教务部门和财务部门等的审核才可实施。第二,通过流程和管理制度的建立,运用操作约束控制,如办班管理流程、财务管理制度等。第三,加强监督检查控制。理想的监督体系应是全过程的、动态的、权威性的监督。

### 4. 建立风险处理体系

高校应围绕着明确的目标,在风险评估的基础上,按科学的风险策略观,以学校价值最大化为原则,综合运用风险回避、风险降低、风险承受和风险转移等应对策略,有效地控制和处理风险,减少给学校带来的不利影响,同时有效利用机会风险,获取竞争优势,实现跨越式发展。高校应从整体层面来分析风险,要以学校价值最大化为原则来选择具体的应对策略,而不是通过层层设防来规避小概率事件的风险。

总之,高校只有提高风险防范意识,在"大力发展非学历继续教育"的机遇前,积极实施风险管理,有效控制、管理非学历教育过程中的风险,才能更好地满足广大学习者的需求,体现高校服务社会的功能。

**参考文献:**

[1] 柳清秀,熊峰.高校风险管理的现状分析及对策[J].教育与职业,2008(6):37-39.

[2] 熊德明,王建梁.高校风险管理:来自英国的认识与实践[J].清华大学教育研究,2008,29(3):108-112.

[3] 徐辉.高校风险评估管理体系研究[J].浙江工贸职业技术学院学报,2008(3):59-64.

# 利用学校优质资源，积极发展继续教育

上海交通大学　张　伟　刘路喜

**【作者简介】**

　　张伟，男，上海交通大学继续教育学院党委书记，副教授，研究方向包括工程力学、高等教育管理、继续教育管理。

　　刘路喜，女，上海交通大学继续教育学院副院长，教授，研究方向包括应用语言学、高等教育管理、职业教育管理。

　　本文为2011年第十二届海峡两岸暨港澳高校继续教育论坛收录论文。

## 一、上海交通大学继续教育的发展历史和现状

　　上海交通大学具有悠久的办学历程，其中继续教育历史可以追溯到五四运动后的民众教育和工人夜校。1956年，学校正式成立夜校部，招收在职青年学生。之后上海交通大学成人高等教育（夜大学）一直延续至今，为国家培养了数万名在职青年学生，他们在各个行业中发挥了重要作用。

　　2000年随着现代远程教育技术和网络通信技术的广泛应用，为了满足社会在职从业人员方便快捷的学习需求，学校经教育部批准创办了网络教育学院。十余年来，招生规模不断扩大，办学水平不断提高，赢得了业界和社会的高度赞誉。

　　2009年在学习和贯彻《国家中长期教育改革和发展规划纲要（2010—2020年）》时，学校提出了"整合继续教育资源，做强继续教育品牌"的战略部署，将网络教育学院和成人教育学院合并组建继续教育学院。

　　建院两年来，继续教育学院以经济社会发展需求为出发点，以《国家中长期教育发展规划纲要（2010—2020年）》为指导，确立了"控制学历教育规模，大力发展非学历教育"的发展战略，现已取得显著成绩。目前学历教育在籍学生

35000 名左右,每年约 10000 名学生毕业,包括高起本、高起专、专升本三个层次,其中专升本学生占 90%。2010 年完成非学历培训 15000 人次。

回顾上海交通大学继续教育的发展历史,可以概括为以下几个方面的特色:

(1)狠抓教学质量,推动课程建设,以一流的继续教育办学水平立足社会。

以国际化视野,引进国际通用 Moodle 平台,设计开发课程、学习环境自动生成系统和先进的教学支持系统,为学生提供一流的学习课程和教学服务支撑;开展精品课程与网上数字化课程建设。"嵌入式系统及应用""数据结构""金融学导论""政治学"等获国家级精品课程(网络教育);"实用软件""大学英语""会计学"获上海市成人高校精品课程;历年来网络教育国家统考成绩始终保持全国高校前茅,成人高等教育入学考试成绩始终位列上海市前茅;牵头上海电信和上海远程教育集团,研发应用先进关键技术,设计实施教学新模式,建设集成了覆盖全市城乡的网、校、库合一的数字化终身学习平台和优质教育资源库,为市民提供多渠道、多模式、个性化的分类教育服务,培养各类专门人才,努力实现上海市政府提出的"人人皆学、时时能学、处处可学"的建设目标。

(2)科技先导,构建 E-learning 模型,打造继续教育开放式学习平台。

坚持以科技为先导是学校继续教育的发展战略。从 2000 年始,学校一直坚持在新型 E-learning 模型和移动学习关键技术等方面进行了自主创新性研究,并取得了显著成果。"现代远程教育支撑平台研究及示范应用"项目获得 2004 年度上海市科学技术进步一等奖,"ITU-T 多媒体业务系列国际标准及应用"项目获得 2009 年国家科技进步二等奖。这些研究工作为推动信息技术在继续教育领域的应用做出了积极贡献。

学校聚焦"现代服务业信息支撑技术及大型应用软件"和"下一代网络关键技术与服务"两大优先主题,和国际一流研究机构以及中国电信和中国移动合作,研究构建面向下一代互联网的宽带和移动的创新 E-learning 模型:SJTU-LOCW,并在实践中推广应用。

(3)利用现代远程教育技术,拓展继续教育空间,推动东西部教育均衡发展。

现代信息技术和网络技术的推广应用,为推动东西部地区教育均衡发展创造了条件。上海交通大学从 2003 年开始,就利用远程教育平台,携手西藏大学和宁夏大学等高校,为边疆少数民族地区在校学生和农牧民群众送去东部地区的优质教育资源。例如,我们采用"同一体系,同一专业,同一教师,同一课堂"的方式,在远程教育的平台上,通过卫星传播,在西藏大学和宁夏大学开展跨校修读上海交通大学第二学科学士学位工作,扩大了西部学生专业知识面,提高了学生的综合素质,提升了学生的就业优势,得到教育部和西藏自治区、宁夏回族自治区人民政府的高度赞誉。目前,宁夏大学、西藏大学两校共 260 余名学生跨校修读我校国贸和工商管理两个专业。2010年7月,两校各有34名学生获上海交大第二学科学士学学位。

(4)网罗名师,从全球的视角建设高水平的专兼职继续教育师资队伍。

师资队伍是保证教学质量的关键因素。普通高等学校继续教育的师资队伍主要来自本校各专业学院以及其他高校的教师业余兼职上课。但是,上海交通大学继续教育在办学实践中深刻认识到,单单依靠兼职教师授课远远不能满足在职成年人业余学习的需求。一是继续教育必须满足社会变化的需要,社会需要什么人才,我们就办什么专业,学校各专业学院跟不上社会变化的节奏;二是继续教育是开放式办学,必须强调实践性、实用性,将教学环节融入全球社会发展和经济建设的环境之中,才能真正发挥继续教育的作用。从2002年开始,学校将继续教育的师资队伍建设作为一流教育的基础性工作,广纳海内外优秀人才,率先建设一支整体素质高、学历年龄结构合理、教学经验丰富且与发展继续教育相匹配的高水平专职师资队伍,他们治学严谨,专业知识扎实,教学经验丰富,熟悉成人高等教育特点,掌握网络教育技术,创建国家级及市级精品课程、"双证"课程和"全英语授课"课程,同时充分利用现代化教育教学技术,在国际通用Moodle平台上,全新推出网络课程。

(5)校企合作,利用社会资源建设高水平的继续教育办学设施。

继续教育的经费主要靠企业支持和从社会服务中获得。我校继续教育的办学场地主要通过市场的办法,由社会企业提供。学校与上海电信合作建设了分布于上海各区县的高速专用ATM网络,在上海地区建设了14个教学站点、41个远程多媒体教室、近4000个座位,初步建成了全市范围内高标准、高水平远程教室系统,形成了基于IP的实时、交互、多媒体、远程教学,基于WEB的智能化网络教学和面授有机结合的立体教学网络。学校还与上海建华卫星通信股份有限公司合作,建设了目前世界上最为先进的VAST卫星双向通信系统,利用"亚洲3号"通信卫星开展卫星实时双向远程教育,将上海交大的优质教育资源输送到江浙两省的远程教学站以及宁夏大学、西藏大学等西部高校。

(6)依托学校优质教育品牌和学科建设优势,拓展多元化非学历继续教育。

在稳步发展学历教育的同时,依托百年交大优质教育品牌和学科建设的优势,满足现代社会和经济的多元化需求,积极拓展多层次的非学历继续教育与培训。

企业高级管理人员培训。随着我国市场经济的不断发展,企业高级管理人才需要不断更新知识。学校结合企业高级管理人员的实际情况,采用知识框架核心内容讲解、案例分析、商战模拟、沙盘推演、零距离研讨、小组项目等新颖多样的教学方式,通过组织户外拓展活动、学员沙龙、企业参观考察游学等丰富多彩的学习辅助活动开展教学,成为企事业单位中高级管理和技术人员职业人生的加油站。从 2004 年到 2010 年先后开设了 CMBA 高级研修班、DBA 高级研修班、房地产高级研修班、新儒商国学智慧大学堂、企业资本运营高级研修班、生产运营总监高级研修班、总裁高级研修班以及各类企业内训等。

党政管理干部教育培训。近年来,随着社会发展,科学技术日新月异,党政管理干部更新观念、掌握现代科学技术和社会管理技能的愿望越来越迫切,因而党政管理干部教育培训也逐步跳出单一依靠各级党校培训的局限,纷纷来到高等学校寻求帮助。特别是 2009 年党中央、国务院提出要加强干部教育培训工作,要把高等院校作为干部教育培训的重要阵地这一要求后,我校积极响应中央精神的号召,加强了干部培训工作的组织架构,形成了党校和学校培训资源平台相结合的培训组织架构。同时,依托上海交通大学学科综合优势、师资优势和上海区域经济发展优势,承担了农业部和上海市委组织部下达的领导干部培训任务,并与十几个省(区市)组织部门建立了长期的合作关系,特别是和西部地区的相关部门建立了长期的合作培训关系。

国际合作教育培训。学校曾先后与美国、加拿大、日本、澳大利亚、英国等国家的高等院校和学术机构举办多种形式的国际合作教育培训,与麻省理工学院合作举办商界领袖研讨班和新能源开发研讨班,与英国爱丁堡商学院联合开展了高级工商管理大学后课程班,培养了一批与社会同步发展、具有国际战略眼光、通晓国际管理知识、适应多元文化的职业经理人和企业管理人员。

在非学历培训方面,学校紧贴市场需求,结合学校学科优势,经常举办"新技术推广应用培训""职业经理人和职业技能培训""食品安全监控培训""都市农业技术培训"等操作性和技能性培训,直接为国民经济建设服务。

## 二、上海交通大学继续教育未来五年发展展望

上海交通大学在学习贯彻《国家中长期教育改革和发展规划纲要(2010—2020 年)》过程中,也相应制定了"学校'十二五'建设规划"和"上海交通大学 2010 年至 2020 年事业发展中长期规划"。借鉴哈佛等世界名校,继续教育无一不被作为学校办学主要内容而得到重视。因此,上海交通大学在建设世界一流大学的征程中,要进一步明确继续教育在学校人才培养和社会服务方面的战略定位,更新观念,明确规划,积极推进,发展策略如下:

(1)继续教育是学校教学科研的延伸,是学校回馈社会的途径。

继续教育就是根据学校服务社会的承诺,结合学校的教学和科研,将学校先进的科技成果和文化知识传播给社会,在传播过程中促进学校学术思想和社会主流思想的交融,形成学术成果的社会化过程,在传播世界文明和传承民族文化

中发挥引领作用,为建设国民经济、提高全民族综合文化素质提供直接服务。

与教学结合。通过对学校已经成熟的、适合当前社会需求的课程,特别是网络课程进行市场化开发,使更广泛的大众受益,拓展人才培养渠道。

与科研结合。通过科研的延伸培训,为科研工作与社会的融合提供交流平台,助推科研成果产业化和符合社会发展趋势的新的科研项目立项。

与社会结合。通过不同的培训活动,形成以学校特色品牌为核心的竞争力,吸引社会各类精英和各级社会工作人员汇聚到交大周围,挖掘社会办学资源,支持学校建设。

与文化结合。大学是先进文化和思想观念的策源地,通过继续教育,在社会公众中产生共鸣,从而引领社会文化发展进步。

(2)学校继续教育的重点落脚于高层次人才培养。

继续教育是学校人才培养的有机组成部分,是建设学习型社会的重要途径,它涵盖社会各个层次、各个方面的教育机构。主要包括:按照加强党的执政能力建设和先进性建设的要求,以提高领导水平和执政能力为核心,加强党政管理人才的继续教育;适应产业结构优化、升级、转型的需要,以提高现代经营管理水平和企业国际竞争力为核心,大力培养企业经营管理人才队伍的继续教育;适应社会经济发展的需求,以提高专业水平和创新能力为核心,以创新型专业技术人才为重点,加强高层次人才和紧缺人才的继续教育;适应社会主义和谐社会建设的需要,加强中高级社会工作人才的继续教育。

(3)控制学历教育规模,强调以提高教学质量为核心的课程改革。

上海交通大学成人高等教育起始于20世纪50年代,在国家普通高等教育发展缓慢时期,对于满足广大青年民众迫切希望接受高等教育的愿望,起到了补偿高等教育的作用,为社会培养了许多有用人才。随着近年来国家高等教育大众化进程的加快,这种补偿作用越来越弱,生源在逐年减少。为此,学校从2010年起,对于成人高等教育(包括网络教育)的学历教育实行总量规模控制,强调以提高教学质量为核心的课程改革,密切结合经济社会发展的需求,加快调整专业设置,更新教学内容,完善课程体系,改革教学方法,提高教学质量。充分利用互联网、电信网以及通信卫星等多种媒体,发展形式多样的教学和学习形式,切实保障教学过程和学习效果。密切联系实际,加强实验、实习、实践环节,推进工学结合、教学和实践结合、产学研结合。着重培养应用型、复合型高层次专业人才,加强职业发展能力、创新能力和综合素质的培养,并根据社会需要逐步发展专业硕士、课程硕士等研究生层次的学历、学位继续教育。

(4)完善继续教育管理体制和机制,积极发展非学历教育培训。

非学历教育培训不同于学历教育,除了依靠学校的品牌和学科建设优势以外,主要依靠培训项目经营者的市场组织能力,包括培训项目设计、核心课程编排、师资队伍筛选、学员市场招聘、经济效益核算、后续跟踪服务等,都得靠项目经营者的周密谋划,才能取得培训项目的成功。因此,非学历培训项目经营者是发展非学历培训的关键人才,对此应按照市场规律,制定相应的招聘、管理、奖惩机制,招聘培养一批这样的专门人才,大力发展非学历教育培训。

学校非学历教育管理部门应制定完备的非学历教育培训管理制度和相关政策,激励各相关学院积极发展非学历教育培训,把学校的教学科研成果向社会广泛延伸,取得社会效益和经济效益双丰收。同时,以高度的责任心和警惕性,严控并严惩在非学历教育培训中的违规和违法行为,维护学校的教育品牌和经济利益,确保非学历教育培训健康发展。

(5)充分利用现代远程技术,促进东西部继续教育均衡发展。

2003年学校就携手西藏大学、宁夏大学,利用现代远程教育,共享东部地区优质教育资源,为少数民族地区培养优秀人才。未来五年上海交通大学将与西藏大学、宁夏大学合作,从利用天地网转型到利用移动通信网,更便捷、更迅速地把优质继续教育资源送给边疆农牧民,以提高边疆农牧民的文化素质和生产技能,提高边疆农牧民的生活水平,促进东西部地区继续教育均衡发展。

(6)走开放式信息化办学之路,建设国际化的继续教育共享资源库。

现代远程教育技术、计算机网络通信技术、卫星通信技术、移动通信技术均已在全球范围内发展成熟,并得到广泛应用。上海交通大学在 E-learning 等现代远程教育技术领域的研究处于世界领先地位,并在办学实践中不断地应用,不断提高研究水平。未来五年,我们要在全球通用的 Moodle 学习支持系统上,开发数百门网络课程,并直接链接哈佛、MIT 等世界名校的开放网络课程库,在国家继续教育资源共享平台上,让公众方便地享用。

# 普通高校非学历继续教育现状及管理策略探讨

中山大学　蒋海红　何　坚　梁征宇　潘金山

【作者简介】

蒋海红,女,中山大学教务处成人教育管理科科长,研究方向为高校继续教育管理。

何坚,男,中山大学教务处成人教育管理科科员,研究方向为高校继续教育管理。

梁征宇,男,中山大学教务处成人教育管理科副科长,研究方向为高校继续教育管理。

本文为 2013 年第十四届海峡两岸暨港澳高校继续教育论坛收录论文。

本文发表于《继续教育》2014 年第 8 期。

## 一、背　景

普通高校非学历继续教育是高校面对社会在职人员,为更新知识,提升履职能力等目的,所开展的不涉及学历或学位的办学活动,是普通高校服务社会、提升学校影响力的重要途径之一。随着终身学习的思想和理念为社会所认同和接受,作为我国终身教育体系的重要组成部分,普通高校非学历继续教育近年来快速发展,并拥有广阔的发展前景。各高校都在积极谋划发展非学历继续教育,充分认识到办学质量关乎生存与发展。如何保证并持续提升办学管理质量,也倍受各校及各级教育行政主管部门的重视。教育部在 2013 年全国教育工作会议上提出要"积极发展继续教育,要以创新服务机制为抓手……推动学习型社会建设,全面提高国民素质"。做好高校非学历继续教育办学质量管理工作、创新管理机制的前提是对高校继续教育办学本身有一个客观的认识与理解。

本文关注普通高校内各实体办学单位在相同的政策背景及规章制度等管理约束之下,在非学历继续教育办学发展中所呈现出来的差异,据此分析其发展动力,以持续提升办学管理质量为目标,探讨开展高校非学历继续教育管理的策略。

## 二、中山大学非学历继续教育管理与办学现状

(一)中山大学继续教育的管理架构

中山大学自1982年起开始恢复继续教育办学,始终遵循"充分利用办学资源,为社会提供优质服务"的办学理念,致力于为地方经济建设和社会发展提供人才培养服务,为适应继续教育发展趋势,不断开展校内继续教育管理体制的创新实践。2004年1月,中山大学将校内继续教育的管理和办学功能实行分离,由学校归口管理部门对全校继续教育办学实施统一管理;高等继续教育学院(网络教育学院)作为学校的二级实体办学单位,与其他的专业办学院系共同开展继续教育。目前中山大学非学历继续教育由学校教务处负责归口管理,具体包括非学历继续教育的发展规划、办学合同的管理、办学项目的审批、证书颁发以及教学过程的质量监控等职能。

根据中山大学继续教育管理规定,只有校内的实体学院、实体系和经学校党委常委会批准的办学或办班的单位,才可以以"中山大学"或其所属单位名义在校内外开展继续教育培训,其他单位和个人均不得以"中山大学"或其所属单位名义在校内外从事继续教育培训。各专业实体院系依托各自的专业学科背景,根据社会对继续教育的需求,负责制定培养计划、组织招生宣传、报名、收费、教学组织和学生的日常管理工作,开展各类非学历继续教育培训项目。

(二)中山大学非学历继续教育办学管理现状

1. 非学历继续教育的管理仍以单纯的行政审批为主

中山大学非学历继续教育采取相对严格的项目审批制度,对办学院系自办班及委托办学项目,严格执行"一项目一申报"程序,经过审批的项目方可开展有关办学活动。与校外单位合作开展非学历继续教育的合作办学项目,还需要经过立项评审程序。学校继续教育工作指导委员会负责对拟合作开设的项目,采取集中评审或通信评审的方式,进行立项评审。指导委员会成员评估所申报项目中校外合作方的资质及申请立项项目的可行性,保证学校的权益并降低合作风险。所申报项目,须获得参加评审成员2/3以上的票数,方可通过立项评审。通过立项评审的项目,进入合作办学协议/合同签署程序,在履行项目审批手续后,开展非学历继续教育合作办学活动。

2. 非学历继续教育呈现快速发展的态势

中山大学近年来全校非学历继续教育年度培训量及相应办学学费收入均处

于逐年快速攀升状态。图1为2009—2013年中山大学各年度非学历继续教育培训情况(不包括各附属医院),2009年培训量为7174人次,到2013年增长至20030人次,五年间培训量增长了180%。学费收入则由2009年的5337万元增长到2013年16800万元,五年间的学费收入增长了215%。

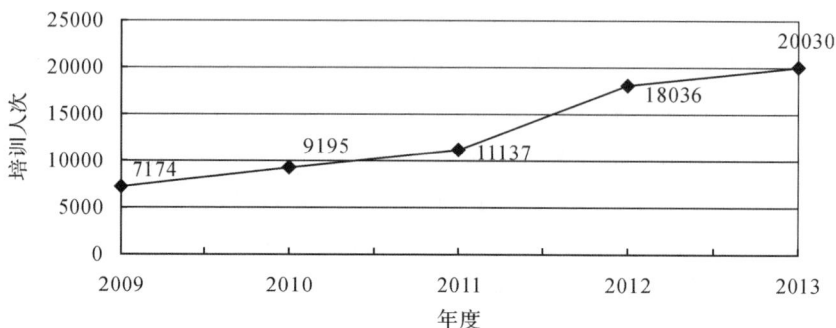

图1　2009—2013年中山大学各年度非学历继续教育培训人次

### 3. 校内各办学单位的非学历继续发展分化明显

目前中山大学校内共有35个实体办学院系,可直接面对社会开展非学历继续教育办学。但各办学院系非学历教育发展不均衡,呈现明显分化,主要表现为少数院系的年度培训量(培训人次)与培训学费收入占据全校培训总量(培训人次)与培训总收入的绝大部分(详细情况见图2、图3)。2009年,仅管理学院、高等继续教育学院、岭南学院、政治与公共事务管理学院等4个办学单位的非学历继续教育培训人数占全校培训人数的78.64%,到2013年,该数据为84.39%。

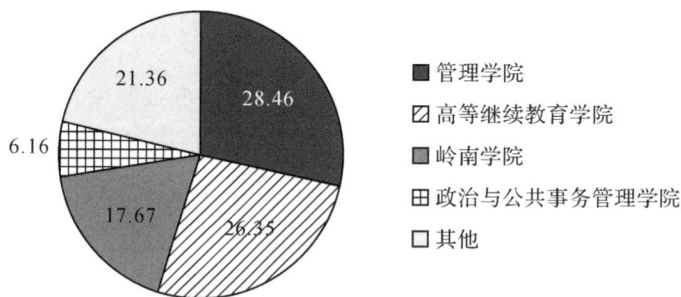

图2　2009年中山大学各办学院系非学历继续教育培训量占全校比例(%)

此外,以上4个办学单位在规模增长上也有明显分化,学校非学历继续教育的办学增长越来越集中于少数办学院系。2009年管理学院、高等继续教育学院及岭南学院等3个办学院系的非学历培训量占全校的培训量的72.48%,到2013年该数据为78.16%。尤其值得注意的是,管理学院和岭南学院这两个院

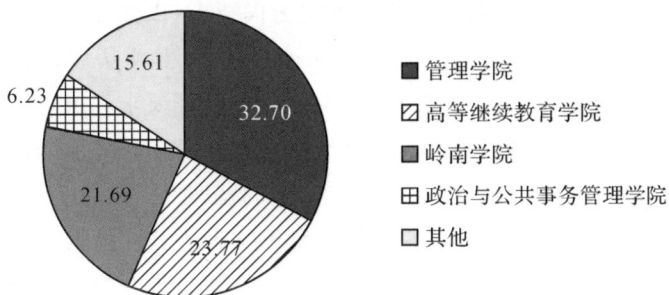

图3　2013年中山大学各办学院系非学历继续教育培训量占全校比例(％)

系的非学历继续教育培训量的贡献由2009年的46.13％,增长到2013年的54.39％。高等继续教育学院的贡献则由2009年的26.35％减为2013年的23.77％。在学校近几年非学历教育办学规模总量增长,同时其他办学院系也有不同程度增长的情况下,管理学院、岭南学院的表现令人注目。

### 三、中山大学内部非学历继续教育发展的特征分析

(一)学科发展是各办学单位非学历继续教育的办学基础

中山大学继续教育项目审批的主要原则之一是除高等继续教育学院外,凡专业院系所申报的继续教育项目应与院系的学科背景一致,即专业办学院系原则上不允许开设与本院系学科无关的办学项目。这就决定了各专业办学院系只能依托自身学科优势开展非学历继续教育。

(二)学校内部各办学单位继续教育发展动力呈现明显差异,学科发展需求是非学历继续教育的主要驱动力

各办学院系非学历继续教育发展的实际运作情况,以及其发展上的差异显示我校非学历继续教育办学动力多样化,有的以学科发展需求为主要驱动力,有的以经济利益为主要驱动力,有的则以社会效益为主要驱动力,同时各办学院系的非学历继续教育发展需求动力存在较大差异。

我校管理学院与岭南学院均属于具有经济管理类专业背景的应用型商学院,近年积极参与商学院的国际认证。其中管理学院是华南唯一通过AACSB、EQIS、AMBA三大国际认证的商学院。商学院对社会的影响力是认证的重要指标。非学历继续教育办学活动令高校通过办学更紧密联系社会,直接展示其对区域经济发展及国际化的影响,体现了商学院对社会的影响力,结果导致以上两学院重视本单位的非学历继续教育办学,成立专门的EDP中心,将非学历继续教育项目的发展规模、教学体系、师资结构、学员构成等方面纳入学院发展的

总体规划,并在各年度均有具体明确的发展方向要求,以保证非学历继续教育的具体办学行为始终与商学院的发展目标保持一致,令非学历继续教育办学国际化程度、社会认可度、对企业的支持度与商学院的认证要求保持一致。非学历继续教育的主要办学动力可以理解为这两个商学院本身学科发展的需求。

高等继续教育学院,直接受益于学校给予的特殊办学政策,所开办项目不受专业背景的限制,通过整合校内外教育资源开办非学历继续教育。因学院实行工资酬金全员返纳,开办非学历继续教育,为社会提供教育培训服务的同时获取办学资源,关系到学院生存与发展,故经济效益为其发展的主要驱动力。

(三)非学历继续教育办学成为促进学科发展之必需

2014 年《福布斯》中文版发布的最佳商学院排行榜上,管理学院与岭南学院分别位列第八和第十位。非学历继续教育发展是管理学院与岭南学院学科发展的必需。管理学院和岭南学院对学校非学历继续教育培训总量的贡献由 2009 年的 46.13％增长到 2013 年的 54.39％,可以理解为以学科专业发展为依托并有专业学科发展需求的非学历继续教育,是学校非学历继续教育发展的主力,也是相应专业学科发展的必需。

此外,2009—2013 年高等继续教育学院年培训量所占的份额由 26.35％下降为 23.77％。这说明就学校整体而言,专业学科发展需求对高校非学历继续教育发展的驱动力不断强化。

跟踪并分析 2009—2013 年办学发展数据及各办学院系发展非学历教育的实际运作情况,中山大学非学历继续教育发展以学科发展为主要驱动力的作用非常显著,这与以往对普通高校非学历继续教育发展仅仅为经济利益的认识与理解有很大的差距。

**四、普通高校非学历继续教育管理策略的思考**

(一)关于非学历继续教育的本质与现有的管理策略

世界贸易组织(WTO)章程把教育与服务列为同一类贸易项目,这说明教育本质是一种服务,教育管理则是一种经营活动。教育是教育从业人员向社会提供教育机会的复杂劳动,接受教育服务的学员,是学校的服务对象。英国标准学会(BSI)认为,学校教育的产品是指每一位学生能力、知识、理解力和个人身心发展的不断提高。办学品质是学校生存与发展的根本,保证教育服务质量是学校教育管理的核心目标。非学历继续教育是高校展示办学实力和综合能力的一个窗口,是高校服务社会的方式之一。由于非学历继续教育是普通高校直接面对教育培训市场提供教育服务,通过市场实现资源重新配置,这使继续教育同时也是普通高校开源创收,提高自主办学能力的重要途径。传统重点高校尤其是重视科研及本科教学的"985"重点高校,往往在继续教育实际运作中更倚重其开源创收的经济功能,在制定有关管理政策的时候,除了严格项目的行政审批管理,更倾向于使用经济手段对其进行约束管理或实现激励。

实际上,就中山大学非学历继续教育的发展动力来看,片面强调行政审批或经济政策,难以实现对非学历继续教育的有效管理。由于缺乏统一的质量管理标准和系统化的管理,校级管理层面对办学过程难以实现有效的监控措施。若办学院系缺乏有效的办学质量风险自控机制,在办学规模不断扩大的情况下,难以有效支持非继续教育的可持续发展;此外随着非学历继续教育专业化的发展,具体办学管理人员也需要足够清晰的指引规范,令各项工作有章可循。引进国际质量管理的理念,强化教育质量管理和教育服务意识,从根本上改革非学历继续教育管理模式,提高教学办学质量和效益,方可从容面对在发展过程中的各种挑战。

(二)随着办学规模的持续稳定增长,现行管理体制下办学质量与办学管理隐忧潜存

目前依靠单纯"只管生,不管养"的行政审批手段管理模式,办学质量完全依赖于办学院系的办学传统,实现办学过程的自律或办学过程的经验积累。

各办学单位自身对办学过程已形成各具特色的具体管理要求。实际上,各办学院系的发展状况,与其具体办学规范的完善程度呈现高度一致。办学规范越完善细致的办学单位,发展规模和办学质量都胜于其他办学院系。如管理学院在项目立项的可行性论证、市场需求分析与定位、教学过程的具体管理约束、项目的效果评估反馈等方面形成了一套相对完备的管理规范。

对学校整体管理层面而言,在非学历继续教育办学规模不断扩大的情况下,由于缺乏整体办学质量和运行过程的有效监控,办学风险也将随之增长。以本科教学及科研发展为工作中心的普通高校,尤其是"211"重点高校,如果对继续教育发展采取不积极不主动不重视的态度,将令继续教育更趋于边缘化,对高校继续教育的发展极为不利,同时也将对学校声誉带来一定的伤害。

为适应充满生机活力的非学历继续教育的发展,我们必须寻求一种管理规范,可以将本校办学理念融会其中,包容高校内部的办学差异,以形成有效的自我约束制度与激励机制,为办学提供质量保障,提高办学品质,最大限度地降低办学风险,树立品牌,成功扩大学校的积极影响,提高学校美誉度,促进学校非学历继续教育的健康发展。

### (三)关于管理策略

在直接面对市场的工商企业管理中,人们感兴趣的是如何保证生产或服务的质量,最大程度降低风险。ISO系列国际质量体系标准,通过对组织质量管理和运行能力的监控,确保组织内部的科学管理与高效运作,最大限度地保证产品或服务的质量高标准,降低经营风险,是世界上普遍认同的国际质量管理体系标准。1999年,国际标准化组织面对教育培训发布了ISO 10015,作为开展教育培训组织机构的品质管理标准认证。直接面对教育培训市场,提供教育服务的高校非学历继续教育,引入国际质量管理体系这一科学管理理念,借鉴其标准化管理模式,创新现有的继续教育管理策略,意义深远。

如台湾地区职业训练部门为确保在职人员训练流程的可靠性与正确性,在参照ISO 10015及英国人力资源投资标准认证(Investors in People)等基础上,就培训项目的规划、设计、查核、成果评估等阶段,制定了训练品质质量评核系统(Taiwan TrainQuali System,简称TTQS)作为台湾地区培训机构培训品质管理的工具。历经数年的应用显示,该系统对培训事业机构与培训单位培训的能力与绩效的提升有显著的贡献与满意度。

引入以上品质管理认证工具或其管理理念,可将高校的办学理念和发展目标与各具体办学项目密切联系,建立一套符合高校实际的非学历继续教育管理规范,提高办学品质。

(1)通过更新管理理念,实现管理策略的调整,优化管理职能,提高管理效率,使高校非学历继续教育由目前单纯的行政审批管理向引导和激励的专业化方向发展,弥补目前办学监控与评估环节薄弱的不足,保证并提升办学品质。

(2)令办学项目密切贴近社会需求,高校在办学中教学相长。因现有的教育培训国际化标准及各国家或地区的培训标准认证,均强调办学项目在规划与设计环节中利益相关人的参与,项目便更贴近需求,贴近市场。

(3)可提供足够的办学管理指引规范,令高校非学历继续教育办学有章可循。即面对无限大的继续教育培训市场,严格管理程序,强化过程管理,提高办学管理效益,提高办学质量。

(4)有利于促进高校非学历继续教育从业队伍专业化发展。高水平可持续发展的办学离不开一支具有现代化教学管理理念的团队,清晰的标准化规范管理章程,对新入职的人员,可以使其很快适应本职工作,在管理上迅速实现与具体岗位要求的匹配,在具体办学活动中践行,迅速成长。

**参考文献：**

［1］刘建东.普通高校继续教育管理创新思路浅析［J］.高校高职研究,2011(10月号中旬刊):
178-180.

［2］徐秀燕,黄雅婷,萧德瑛,巫勇贤.TTQS对继续教育的实务探讨［C］.第十三届海峡两岸
暨港澳高校继续教育论坛论文集,2012.

［3］袁贵仁.在2013年在全国教育工作会议上的讲话［J］.中国高等教育,2013(21):3-10.

# 高校教育培训品牌项目认证机制的构建

浙江大学　马银亮　祝怀新　郑燕芬

【作者简介】

马银亮，男，浙江大学继续教育管理处处长，工程热物理博士，研究员，主要从事继续教育、高教管理研究。

祝怀新，男，浙江大学继续教育管理处副处长，浙江大学成人教育研究所副所长，教育学博士，教授，主要从事比较教育学、教师教育、继续教育等研究。

郑燕芬，女，浙江大学继续教育管理处教育培训管理办公室主任，本科，副研究员，主要从事成人教育、继续教育研究。

本文为 2013 年第十四届海峡两岸暨港澳高校继续教育论坛收录论文。

本文发表于《继续教育》2014 年第 1 期。

随着各行各业对从业人员职业化、专业化要求的不断提高，继续教育已成为人们职业生涯中必不可少的一项工作。在现代化建设进程中，各行各业从业人员的再教育越来越多地依赖高等院校，使大学继续教育得到了长足的发展。而大学继续教育规模的扩张，又进一步促进了很多高校继续教育体制和机制的变化。行业从业人员的专业性特征势必要求大学继续教育充分发挥专业学科的优势，从而使高校继续教育培训机构也由原来以继续教育专门机构管办合一的模式，发展到大学各院系分散办学、学校统一归口管理的管办分离新模式。继续教育学院充分发挥灵活办学的优势，大力拓展继续教育市场空间，同时，专业学院继续教育培训中心凭借强大的学科背景，与科研互为促进，成为高端培训的主阵营。高校继续教育在获得前所未有的大发展的同时，竞争也越来越激烈，主要体现在各高校间同类培训资源和项目的争夺和校内办学多元化模式下各办学单位间的同类同质项目的竞争。如何通过机制的完善，促进继续教育事业的健康有序发展，是摆在继续教育管理工作者面前的一个重要课题。

### 一、教育培训趋同现象及其引发的问题

(一)培训趋同现象

1. 管理类培训需求基本同化

随着教育培训规模的整体扩展,国内一些知名高校的高端培训在办学品质和办学效果等方面均取得了良好的社会效益,但是从各高校历年培训项目的实施来看不难发现,政府管理人员、企业管理人员这两大类培训对象的培训需求基本同化,使各高校在办学中难以发挥自身的特色,进而成为高校间竞争白热化的一个重要原因。

首先,政府管理人员的培训需求。政府管理人员的需要主要集中于三个方面,一是领导和管理能力培训,如领导力架构与提升、干部创新思维与创新管理、政府危机管理等;二是政策和形势分析培训,如当前国内外经济形势分析、社会热点问题分析、法律风险防范等;三是人文修养培训,如国学(东方传统文化)与人生智慧、高情商领导艺术与《孙子兵法》、音乐欣赏与人文修养等。

其次,企业管理人员的培训需求。这类人员的需求也主要有三个方面,一是企业家经营能力培训,包括企业转型升级、危机管理、企业资本运作等;二是企业经营理念培训,包括企业创新经营理论与实践、企业战略管理等;三是企业家自身修养培训,包括国学智慧与管理运用等。

政府管理人员和企业管理人员这两类人的培训内容基本上围绕这些主题进行组合与变化,不同高校的相关项目也存在着大同小异的倾向。

2. 综合性高校培训对象基本类同

行业特色特别鲜明的行业性高职院校往往拥有行业优势,其相关培训发展优势较明显,而综合性高校因缺乏与行业的直接关联性,加之行业培训垄断现象的存在,所以综合性高校虽然学科门类齐全,但对各行业专业技术人员的培训较难落地,因而往往在培训空间的拓展中将重点放在了政府管理人员和企业管理人员等这一类学科专业性不是太强的对象上,由此,综合性高校的市场竞争主要集中在这两类培训上。对此,综合性高等院校要赢得更多的市场份额,注重特色、培育品牌是必由之路。

3. 综合性高校内部培训项目同质倾向

一些综合性高校充分利用其专业学科门类齐全的优势,在继续教育方面专业学院与继续教育学院双轮驱动,取得了很好的社会效益和经济效益,但由于其不同的运作手段和运行机制导致两者阵营对垒,专业背景优势主导下的专业学

院与体制灵活开放的继续教育学院在培训内容上不可避免地发生重叠与交叉,不同的办学机制与体制直面碰撞,矛盾避无可避。此外,专业院系间也会出现同质项目的冲突,如经济学院和管理学院都会有以企业经营管理者为对象的培训项目,公管学院的干部培训与其他专业学院针对相关行业内的干部培训项目也会发生冲突。社会培训需求基本同化和综合性高校培训对象基本同类使得项目同质化矛盾日益突出。

(二)同质项目引发的问题

首先,培训师资资源紧缺。专业学院与继续教育学院,以及继续教育学院内部各办学单位,项目的类同势必导致培训内容、教学计划与师资遴选都会出现趋同,从而导致校内培训资源紧缺,特别是优质师资短缺,引起人力资源成本人为抬高。

其次,高端生源恶性竞争。同质项目的竞争直接导致不同院校间以及校内办学单位间争取的是同一类培训对象甚至同一批生源,在其他办学条件没有明显优劣的情况下,极易出现压价竞争、无序竞争的情况,一定程度上损害了学校的声誉和总体利益。这类竞争往往使各办学单位将重心放在了市场开拓上,出现了"营销式"招生手段,导致各办学单位重市场、重招生,轻研发、轻内涵,项目的研发、更新升级以及内涵建设等得不到保证。

再次,培训机构内耗。同质项目竞争造成一些办学单位过分关注培训资源和生源竞争,重视对手多于重视质量,不重视自身培训品牌建设。长此以往形成内耗,社会、学校和具体办学单位的长期利益都将受到影响,不利于继续教育的整体发展。

## 二、品牌项目认证机制策略

"品牌"是一种无形资产,是一种知名度,有了知名度就具有凝聚力与扩散力。在市场经济背景下,由于教育培训的市场化和产业化特征,面对每天都在不断变化的培训市场,谁拥有了培训品牌,谁就掌握了竞争的主动权,从而处于培训市场的领导地位。而品牌项目认证机制的构建,是促进继续教育品牌建设与发展的重要保障。

(一)品牌项目认证实施的必要性

高校教育培训品牌项目认证实施过程中主要有学校、办学单位、受训者三方参加博弈,博弈的策略是多种多样的。办学单位追求的目标是利润最大化,受训者追求的目标是效用最大化,学校在其中扮演着均衡的角色,即同时兼顾社会效益和经济效益。

学校作为引导高校教育培训品牌认证的主体,应主动采取各种有效措施,制定相关政策、规定,规范和指导办学单位的品牌项目认证。当学校支持办学单位实施品牌项目认证时,办学单位实施品牌项目认证是占优策略,社会和办学单位都受益,处于博弈均衡状态。当学校对办学单位实施品牌项目认证支持不力,办学单位消极或不实施品牌项目认证为占优策略,学校、办学单位和受训者的长期利益均受到影响。

学校监督办学单位实施品牌认证,规范教育培训市场秩序,确保继续教育事业的可持续增长,其收益是巨大的,花费一定的监督成本也是必需的。所以,学校必须规范办学单位的办学行为,加大违规办学的查处力度,使办学单位实施品牌项目认证。

(二)以品牌建设为导向的同质项目审批原则与流程

1. 项目审批三大基本原则

学校教育培训环境的规范与有序,可以较好地推进学校教育培训的发展与繁荣,因此学校职能部门需要在全校教育培训项目实施前进行综合性评价与认定,也就是说对项目的合法性、规范性、合理性进行原则性考虑和审批。

首先,项目的合法性是审批项目要遵循的首要原则,主要检视项目的课程体系是否符合国家大法和政策,聘请的师资是否拥有相应的资质。

其次,项目的规范性是审批项目要遵循的基本原则,包括项目收费是否在政府财经政策框架内执行,合作团队是否具有优良的经营纪录,合作内容是否确保学校办学的主体性原则。

第三,项目的合理性是审批项目要遵循的重要原则,在项目合法和规范的前提下,一个项目是否允许实施,还要看其是否同质竞争和涉及低价竞争等。

2. 同质项目审批原则

对于不同办学单位申报的同类同质项目,学校在审批过程中,有必要坚持以下原则,使学校继续教育走向有序化和品质化:坚持学校声誉第一原则,形成知名度与美誉度;坚持学科背景优先原则,实现专业化、高端化、精英化;坚持品牌项目保护原则,通过政策倾斜,从制度上加以保证;坚持优质项目免检原则,简化流程,鼓励自律;坚持历史项目区域原则,做好做大,做精做强;坚持行业委培规模原则,以一带面,以片带全;坚持新办项目领先原则,激励创新,差异发展;坚持合作协同联动原则,减少内耗,合作共赢;坚持违规事件处罚原则,赏罚有序,良性竞争;坚持公平公正公开原则,流程透明,全民监管。

3. 同质项目审核的基本流程

(1)成立项目协调工作小组。成立项目协调工作小组,成员包括学校管理部门相关领导和部门人员、若干校内外专家和法律顾问等,协调解决一些同质项目的特殊和疑难问题。原则上协调小组的决定为最终决定意见。

(2)审议和界定专业学院学科边界。专业学科背景有争议的教育培训项目实施审议和界定,操作流程如下:学院申报、协调小组专题讨论审定、意见反馈、形成决议、网上公告。

(3)整合梳理继续教育学院内部关系。继续教育学院内部各中心按政府管理人员、企业管理人员和专业技术人员三大类培训对象进行归类,实行区域或行业划块,确定片区和行业总负责人,统筹申报,减少竞争,形成合力,重力出击。

在同质项目申报过程中产生冲突的办学单位,如有严重违规现象的,或者一年内连续两次被协调小组认定为违规的,其学院(中心)和责任人将受到网上通报。被协调小组认定为违规的中心,应立即退出该项目,并配合对方做好相关善后工作,被通报的中心和个人不得参加当年评优评奖。

(三)品牌项目引导策略

1. 品牌项目的认证与引领

建立协调机制,实行区域或行业划块,确定片区和行业总负责人,给予品牌特许,树立品牌标志,形成品牌效应。

例如,浙江大学继续教育学院工商管理培训中心,自 2008 年以来,已经为山东省政府机关、企业组织、教育系统等相关机构培训了 294 个项目,受训学员达1.5 万余人次。其中政府干部公共管理培训班、中青年干部思维创新与能力提升专题研修班、执行力提升专题研修班、企业高端人才培训班、中小企业家高级研修班等培训项目具有良好的连贯性和发展性,对济南、济宁、临沂、青岛、潍坊、枣庄等城市的政府机关和企事业单位的人才培养发挥了重要作用。

继续教育学院工商管理培训中心在山东地区已经树立了自己的品牌标志,形成了一定的品牌效应,学校进行品牌项目认证时可以对已经在某区域做出一定成绩的办学单位实行政策倾斜。同理,对于已经在某一行业领域树立自身品牌的办学单位也可以给予一定的认证优先权利,例如继续教育学院的企业管理培训中心,从 2003 年至今在烟草系统已经举办了 83 期培训班,树立了良好的烟草行业培训品牌。

2. 品牌项目的错位与创新

依托学科,强化专业,突出区域,倡导行业,对象分流,资源整合。

随着国内继续教育的不断发展壮大,高校教育培训领域中专业学院教育培训成长迅速。专业学院依托其优势学科和专业背景以及强大的师资力量研发出的教育培训项目深受学员欢迎,特别是某些高端培训项目专业特色明显,具有传统继续教育学院教育培训项目不可比拟的优势。

　　以浙江大学管理学院开发的求是精英班项目为例,该项目以"独创课程设计、一流师资队伍、实战教学模式、高端交流平台、孵化计划、拟发起设立浙江大学求是精英同学基金"六大特色,以及高端性、独创性、针对性、实用性、稀缺性等特质,令备受瞩目的高级管理培训市场风云再起。项目的核心生源以品德高尚、成就卓越、智慧出众的中高端企业家为主体,适当吸纳跨界精英,并对生源启动遴选机制,使生源结构达到最优配置,较好地体现了"跨界混搭,抱团上市"的办学理念。同时,以主打"上市牌"为特色的浙江大学求是精英班,促使浙大同学经济升级,在竞争激烈的培训市场刮起了一阵"上市风",顺应了国家有计划、有重点地推进核心企业上市的战略规划。该项目自 2011 年开办以来,已连续举办四期,得到广大学员的充分肯定,具有可持续性;同时其运行方式具有可推广性,已被推广应用到浙江大学的其他高端培训项目之中,社会效益和经济效益良好。

　　再如浙江大学公共管理学院的新型城镇化专题培训项目,紧紧围绕十八大报告提出的"坚持走中国特色新型工业化、信息化、城镇化、农业现代化道路",发挥公共管理学院的学科和专业优势,通过培训帮助学员认清新型城镇化的"新",探索一条切合各地的新型城镇化发展道路,更好地协调促进新型城镇化和区域经济发展。

　　因此对于具有高度专业背景,具有独特创新性,并且树立了培训品牌的可持续发展的教育培训项目,在实行品牌项目认证时应予以优先权。

　　**3. 品牌项目的建设与发展**

　　明确品牌宣传使用权,呈现联合促销、持续统一的强大稳固气势,强化品牌项目的社会吸引力。

　　浙江大学的浙商企业总裁高级研修班、经典工商管理总裁研修班、高级工商管理总裁研修班等系列企业家培训班已连续举办多年,在社会公众心目中树立了一定的口碑。仅 2012 年,这三类经典精品项目年总收益已分别超过 500 万元,培训人次共计 1091 人。对于这类已经形成品牌效应的教育培训项目,在严格按照品牌项目认证要求审核的前提条件下,可以优先保证其入选第一批品牌项目,呈现联合宣传的强大稳固气势,强化品牌项目的社会吸引力和公信力。

　　(四)品牌项目认证的原则与流程

　　培训品牌认证主要遵循下列三大原则:

　　第一,数量原则,主要看项目数量、培训人次和项目时间三个方面的量,即申请品牌认证的项目必须满足一定的期数条件、人数条件以及连续举办的时间条件。

第二,总量原则,主要看经费总量和学校收益两个方面的量,即申请品牌认证的项目培训的收入和上交学校的管理费必须达到一定数量。

第三,质量原则,主要看教学质量和社会声誉,即申请品牌认证的项目应具有良好的教学质量和社会声誉。

根据上述三大原则,按类别、时间、班次人数、经济总量、社会声誉等加以比较判断,然后授予权限,包括唯一授权和限定授权两种,后者按区域或按行业限定。

品牌项目认证流程依次为:讨论听证、公布文件或通知、办学中心申报、协调小组讨论审定、意见反馈、网上公示、品牌项目确定、管理系统公布八个环节。

### 三、教育培训品牌项目维护与保障策略

#### (一)实行年审和抽查制度

为简化审批环节,提高办学效率,对于已经认证的品牌项目,在首次认证之后实行年审制度,同一项目一年申报一次,一经认定为品牌项目,根据授权范围,此类项目其他中心不得再行涉及。在教育培训管理系统中开通绿色信道,品牌项目在系统中自行识别,便可享受免审待遇,由办学单位自行报备,学校不再审批。

对于所有已认证的品牌项目,在免审的同时,学校不定期组织抽查工作,为确保品牌的质量,检查工作高标准严要求,一旦发现不符合要求的品牌项目,特别是出现违规现象时,立即撤销其认证资格,取消免审待遇,从而保障品牌项目的公信力,实现品牌项目的长远发展。

#### (二)建设继续教育质量保障体系

《国家中长期教育改革和发展规划纲要(2010—2020年)》中提出:"以提高质量为核心……加快从教育大国向教育强国、从人力资源大国向人力资源强国迈进"。刘延东同志在2011年全国继续教育工作会议上指出:"继续教育的生命在于质量。"因此加强继续教育质量建设、走内涵式发展的道路已经成为共识。

随着高校继续教育规模的不断扩大,社会各界对高校提出了更高的办学要求。为了获得更多的培训资源,一些知名高校的教育培训范围以高校所在区域为主,逐步辐射到全国各地。因此高校间的教育培训主要是以高校知名度、地域优势、优秀师资等进行博弈与竞争,而选择权在于市场与买方,高校之间没有形成直接冲突。为赢得更多的教育培训市场份额,很多知名高校开始关注如何在项目策划、课程定制、教学模式等方面进行创新,以及在营销策略上不断进行改进与提升。总之,学校继续教育要吸引市场,赢得先机,创出特色与品牌是必由

之路,而品牌的根本就是质量。

近年来,随着媒体对某些培训机构的问题曝光,教育培训行业,包括一些知名高校的继续教育,一度被推上风口浪尖,公信力的缺失导致公众对培训机构的教学资质与品质产生质疑,而对那些具备教学专业度、教育诚信与责任心的培训机构,特别是知名高校的教育培训机构来说,改变大众的不信任心理,以良好的口碑实现自我品牌的塑造与提升,更显得任重道远。

浙江大学致力于建立培训质量评估指标和体系,建立了浙江大学继续教育质量建设体系(简称 ZTQS),通过政策引导,促进培训单位进行自控、自律,建设良好的教育培训质量保障环境,促进继续教育事业可持续发展。2012 年 11 月印发了《浙江大学继续教育质量奖评选办法(试行)》,设立了继续教育质量奖,是浙江大学授予在继续教育事业中做出突出贡献的办学单位的最高荣誉,主要表彰在我校继续教育事业中追求卓越绩效,提高办学质量,增强竞争优势及在社会责任、经济效益等方面位居全校前列,有广泛的社会知名度与影响力的优秀办学单位。

2013 年 9 月,学校起草了《浙江大学继续教育质量手册(讨论稿)》,对办学单位的品牌建设提出严格要求。浙江大学继续教育质量保障体系中直接与品牌建设挂钩的指标有营销推广、市场推广和品牌建设、品牌形象等,具体包括是否注重品牌建设,利用一些营销工具和手段有效提升自身形象,扩大教育培训项目的影响,从而达到吸引客户的目的;是否定期从教育培训服务的多个方面评估客户满意度,分析教育培训内容、教学方法、基础设施和管理服务等有效性,通过检测和控制促进改进与创新;所举办的教育培训项目和其他活动是否具备自身特色并有持续性较好的社会认可度、知名度和美誉度;机构在与社会的所有利益相关方之间的互动活动中,是否产生了积极影响等。

综上所述,教育培训品牌项目认证机制在一定程度上可以解决公信力缺失的问题,保障教育培训质量。当然,教育培训品牌项目认证机制的建立不可能一蹴而就,还有许多问题有待进一步探索和解决,比如作为认证主体的学校管理层如何保证认证的公平性和公正性问题,认证机制应以定性为主还是定量为主的问题,定量标准如何制定的问题等,有待于我们在实践中不断反思和研究,不断提升继续教育管理与实践质量。

# 高校干部教育培训机构专业能力建设研究

武汉大学　杜晓成　胡　锐

**【作者简介】**

　　杜晓成,男,武汉大学继续教育学院院长,教授,法学博士,研究方向为法学、继续教育、干部教育培训等。

　　胡锐,男,武汉大学继续教育学院主任,中国管理科学研究院研究员,讲师,高级职员,硕士,研究方向为经济学、法学、教育管理、继续教育等。

　　本文为2013年第十四届海峡两岸暨港澳高校继续教育论坛收录论文。

目前,我国的干部教育培训工作必须以发展着的马克思主义为指导,牢牢把握正确的方向;必须大规模培训干部,大幅度提高干部素质。因此,加强高校干部教育培训机构的专业能力建设,提升培训机构的办学能力,是适应新时期干部队伍建设以及教育培训工作新形势、新任务的需要,也是高校干训机构自身发展的必然要求,是干部队伍建设的先导性、基础性、战略性工程。本文结合相关实践经验,重点对干部培训机构核心能力的理论基础、概念界定、外显载体及建设的必要性和紧迫性等问题进行理论上的初步探讨,旨在为干训机构核心能力建设提供一种认识思路。

## 一、培训机构专业能力界定

### (一)培训机构加强核心能力建设的必要性和紧迫性

(1)继续大规模培训干部、大幅度提高干部素质是党的十七大提出的战略任务,是党中央科学分析党情世情国情做出的重大决策。近几年,中共中央连续颁布了《干部教育培训工作条例》、《2013—2017年全国干部教育培训规划》。对干训工作进行这样密集的部署在党的历史上并不多见,而这些重要文件和会议都把"提高干部教育培训质量"摆在了更加突出的位置。这意味着,在中央看来,干训工作质量提升的空间还很大,任务还很艰巨,干训工作和干训机构的改革势在必行。

(2)参训干部及其组织发展对干训机构的工作也提出了新的更高的要求。随着社会的进步和教育事业的发展,党政干部的学历层次、知识水平、工作阅历、实践经验和综合素质等都在逐渐提高,其中很多干部自身就是某一领域的专家,他们已经不满足于一般水平的培训。同时,组织发展外部环境的不确定性有所增强,内部管理工作日益复杂化,需要不断应对发展中的新挑战和新问题。这些新的需求对培训机构从培训内容、培训方法到实际效果等方面都提出了新的更高要求。

(二)理解干部教育培训机构能力建设的分析架构

作为干部教育培训机构的关键能动者,专职教师的培训力与兼职教师资源的动用能力是培训机构能力的重要组成部分。专职教师培训力是指全职从事干部教育培训工作的专职人员的数量、基本素质和专业能力。具体而言,包括人员数量,学历水平与职称,培训项目的设计、实施与评价的专业判断与影响力。兼职教师资源动用能力是指培训机构通过所拥有的文化资本、所处的地理位置、领导者及成员的社会关系网络、培训的财力资源等所能动用的兼职教师资源。

(三)干部教育培训机构的核心能力内涵

干部教育培训机构的核心能力是指培训机构在特定发展阶段用来有效满足参训干部培训需求的某种关键能力。它的构成要素是理念、资源、方法和制度,外显载体是作为"品牌"的项目、课程、方法以及高水平教师和富有特色的优秀培训文化。干部教育培训的成效与培训机构的能力密不可分。专职与兼职教师是培训机构实施培训项目的关键能动者,专职教师的培训力与兼职教师资源的动用能力是理解干部教育培训机构能力的两个重要维度。

**二、高校干部培训机构专业能力存在的问题**

长期以来,在政府财政投入和政策支持下,许多干训机构积累了较为丰富的经验,形成了自身的特色和优势。但由于发展历史不同,各级各类干训机构也表现出不同的发展状况、组织特征和发展水平,因而适应新形势新任务的能力尤其是其中的核心能力存在一定的差异。为应对不断变化的培训形势,很多干训机构开始重视加强核心能力建设。在有关干部教育培训机构核心能力现状的调研中,我们发现,一些干部教育培训机构之所以较长时期存在和发展下来,原因在于具有某一种或几种关键能力。部门行业教育培训机构的核心培训能力主要体现为"培训教学计划及课程的科学设计能力和有效实施能力"。作为核心能力的教学计划及课程设计和实施能力不同于一般的设计和实施能力，它是一种"科学"设计的能力和"有效"实施的能力。科学设计与有效实施一体两翼、相辅相成、缺一不可，设计的科学性是有效实施的基础和条件，而有效实施是设计科学性的检验和实现。

在新的时期，干训机构不同程度上存在与新形势新任务不相适应的问题，主要表现在三个方面：

（1）难以满足不断发展变化的培训需求。当前，不少干训机构的培训工作仍带有经验性色彩，对培训项目缺乏系统、动态的需求分析，缺少科学的项目设计和课程开发，培训呈现为粗放型、批量化、程序化的特点，培训教学的有效性不足，对学员缺乏足够的吸引力，学员内在学习动力调动得不够。

（2）难以适应日益增长的质量提升压力和竞争压力。长期以来，干训机构基本实行国家计划管理，即有关部门为规划内培训项目提供经费支持，对学员采取调训形式。这种体制下，有的干训机构竞争意识和危机意识较为淡薄，改革创新和质量提升内在动力不足。这种计划管理模式对培训市场的多元化竞争趋势缺乏适应能力和竞争能力，难以适应包括自主选学、专题培训、小班教学等体制机制和干部培训模式创新的要求。

（3）功能定位不明确，影响培训作用的充分发挥。各级干训机构之间的功能定位和职责没有合理划分，培训层次、培训内容存在交叉、重复的现象，不同地区、类别、层次干部的教育培训发展不平衡。这就影响了培训机构基于自身合理定位的培训特色建设和核心能力培养。

### 三、相关机构核心能力建设理论

#### （一）企业核心能力理论

"核心能力（core competence）"这一概念，最早由普拉哈拉德（C. K. Prahalad）和哈默（Gary Hamel）于 1990 年在《哈佛商业评论》上发表的"企业的核心能力"一文中提出。他们认为，核心能力就是指"组织中的累积性学识（collective learning），特别是关于如何协调不同的生产技能和整合多种技术流派的学识，是企业保持可持续性竞争优势的根源"。普拉哈拉德和哈默还做了一个形象的比喻，一个企业犹如一棵大树，树干和大树枝是核心产品，小枝条是一些商业部门，叶子、花和果实是终端产品，而为大树提供养分和支撑的树根则是核心能力。你如果仅仅看终端产品，可能会忽视竞争者的实力，这就像仅仅看一棵树的叶子可能会忽视这棵树的强大一样。

企业能力有多种类型,哪些能力是核心能力?普拉哈拉德和哈默指出,判断一种能力是不是企业的核心能力,至少有三种方法:首先,核心能力能够为企业提供一条潜在通道,使其能不断通向广阔而多样的市场;其次,核心能力能够为满足终端产品客户的利益做出重要的贡献;第三,核心能力不容易被竞争对手所模仿。这反映了企业核心能力的三个基本特征:①拓展性,使企业保持通向市场的潜在通道,能适时地开发符合市场需要的新产品;②价值性,能切实满足消费者的需要;③异质性,反映本企业的特色,不能被其他企业简单模仿。正是这三个特征,才使核心能力成为一个企业保持可持续性竞争优势的根源。

核心能力概念提出后,被人们广泛使用在各种组织能力的建设上。我们用"核心能力"这一概念来研究关系干训机构生存与发展的关键能力,正是因为看到了核心能力的丰富内涵和特性对干训机构建设发展所具有的重要借鉴意义。

(二)ISO 10015 国际培训标准

ISO 10015 国际培训标准(以下简称"ISO 10015 培训标准")于 1999 年由 ISO 组织正式公布,是第一个组织内人力资源开发与管理的国际标准。作为专用的培训标准,它可以引导一个组织、企业或培训机构追求最佳培训质量,降低人力资源使用成本,为培训工作的科学化和规范化提供依据。ISO 10015 培训标准对"能力(competence)"的定义是"在工作中,知识、技能的应用和行为表现",对"培训(training)"的定义是"提供和开发知识、技能和行为方式以满足要求的过程"。由此可以看出,ISO 10015 培训标准把培训视为满足学员需求的过程,而培训能力就是满足学员能力增长要求的能力。为满足学员能力增长的要求,ISO 10015 培训标准强调进行培训管理的过程控制,将培训管理流程分为"四个环节"和"一条主线",四个环节即确定培训需求、设计与策划培训、提供培训、评价培训效果,一条主线即贯穿全过程的监控与改进。

根据 ISO 10015 培训标准,在每一个环节都必须遵循相应的工作标准和行为规范,全过程控制是培训质量的重要保证。ISO 10015 培训标准为我们提供了过程控制的质量保证思路和从过程环节去理解核心能力的思路。

ISO 10015 培训标准主要有三个特点:一是全过程的监控与持续改进,以提供培训过程有效性的客观证据;二是提出明确的培训目标,以确保组织的培训按事先确定的培训目标去完成,避免培训的盲目和失效;三是强调评价培训过程的有效性,以防止忽视培训效果的情况延续。这三个特点中,强调需求分析并由此提出明确的培训目标,是 ISO 10015 培训标准非常强调的一点。这是使培训取得成效的一个重要基础。而如何实现培训目标,取决于培训需求分析的系统性、准确性以及培训教学计划和课程内容的针对性。贯穿全过程的监控、改进以及评估,则为培训的实际效果提供了反馈和保证。

### 四、高校干部教育培训机构专业能力优势体现

(一)培训特色

在培训理念上,高校坚持"启迪思维,感悟文化;更新知识,增长智慧;注重质量,追求效益"的培训理念。

在培训形式上进行分段式培训,除了课堂学习之外,通过游学来让学员开拓思维、开拓视野、开拓胸襟。如武汉大学干部教育培训就建立了五大游学基地:以两型社会和国家自主创新示范区模式为主的武汉城市圈游学基地,以人力资源管理、社会保障和劳动密集型产业为特色的珠三角游学基地,以苏州工业园为代表的长三角新兴工业发展模式游学基地,以香港大学、台湾大学、台湾"中国文化大学"、澳门理工学院为基地的港澳台游学基地;以美国知名大学、企业为主的国外游学基地。

(二)培训优势

武汉大学干部教育培训的优势主要体现在两大方面:项目管理优势和培训实战优势。其中项目管理优势主要体现在以下三个方面:一是项目管理团队的专业化,建立了以项目主管为核心的项目管理团队和以专业分工为基础的项目管理结构;二是项目管理流程的有序性,从接洽到制定培训方案,从签订合作协议到实施培训,从培训后的回访到成本预算总结,学校干部教育培训机构已经形成了一套完善合理高效的工作流程,各环节相互独立又相互配合,大大提高了工作效率和质量;三是项目评估的严密性,培训结束后,学校干部教育培训机构从教学、管理、财务三方面分别做评估,最后形成项目综合评估报告。

### 五、提升机构专业能力的基本策略

(一)提升培训研发能力的策略

培训的研发能力是指培训机构以专职人员团队为主体,以研究为基础,探索基于学校实践改进的现场教学策略。这是基于机构专职人员的内生式发展,强调研究与开发专题课程,着力贴近干部与学校发展的现实需要。专职人员的专业能力是机构无形的资源与能力,必须通过时间与实践的积累、团队的合作、实践反思与深化,进而成为个人与组织的专业资本。

培训机构强调通过专职人员,尤其是培训班班主任发挥"学术引领作用",在培训教学与管理中将学术引领渗透到培训的每个环节,如注重专题讲座之后的专业点评与分享、学员经验交流中的理论提升、学校实地参观过程中的现场点评

等。同时,强调专职人员作为培训者与参训干部之间的桥梁,与兼职教师就课程内容与干部的需求持续地进行沟通,作为培训的中轴确保培训的连贯性。

### (二)依托专家名师的策略

要提升干部教育培训机构的办学能力,教师队伍的建设是根本。随着形势的发展和大规模培训干部、大力提高干部素质的需要,干部教育机构面临现有教师队伍不适应和人才不足的双重压力。干部培训机构将"请谁来教"作为其保证培训质量的关键。由于专家本身在教学和研究上已经建立了较高的声誉,能够向参训干部发出容易辨识的质量信号。干部培训机构通过发现并留住专家名师、风险规避与整合专家名师资源的方法,借助专家名师的内在实力或外在符号魅力以保障培训的质量。

干部教育培训机构竞争日益凸显,单靠专家名师的讲座已不足以让培训机构长期拥有竞争优势,如何将名师专家的资源进行整合是依托名师专家的机构提升竞争力的关键。在整个培训的组织过程中,专家讲课是一个主打产品,但除了专家的讲课内容,还涉及其他环节,如访谈、交流、实地考察等。

当前,干部教育培训开始重视从设计上取胜,将专家名师作为"名演员",自己是导演,将"导"的权力抓在手中。同样做这件事,不是说就是搭一个台子,我们是"导演",我知道你需要什么,我根据我的"剧情"招"演员",我们的老师是我们的"名演员"。同时,也强调在拥有"名演员"的基础上,加强与其沟通,既希望其配合"导演"的总设计思路、学员的需求,亦给予灵活发挥特色的空间,从而达到整合彼此资源,发挥彼此特色,在既定的培训计划设计中既满足培训机构的需求,又充分发挥专家名师的个人特长。

### (三)注重提升服务质量的策略

在干部培训中,培训学员来源地分布广泛,在培训班中有90%以上的干部都需要住校,因此,对参训干部的后勤保障与服务是培训工作的重要组成部分。培训机构越来越认识到培训中的硬件(尤其是参训干部教育培训期间的膳食条件)与软服务是影响干部教育培训满意度的重要因素。在培训中,着力提升服务的质量,提升参训干部的满意度已经成为干部培训机构不可回避的课题。

培训机构意识到,随着经济的发展,"来培训就是来吃苦的,不能讲条件的"的时代已经过去。参训干部逐步在住宿条件上提出"单间、网络便利、便于书写的书桌"等要求。干部培训机构逐步开始探索将培训中的后勤工作外包,在经费的预算范围内,尽可能选择条件略胜的宾馆和餐厅,并加强与宾馆餐厅的沟通,使其能够在细节上做好服务,满足干部的生活需求。除了提高学员满意度以外,在生活上注重照顾也是中国社会文化中的待客与尊敬领导之道。

### (四)行政公关策略

培训基本上在上级组织部门指令性计划的基础上施行,实行国家计划管理,由相关部门为规划内培训项目提供经费支持,对学员采取调训形式。依托专家名师的策略与行政公关策略是一种外生型的能力建设策略。内生型策略的核心在于专职人员的数量和专业性。培训机构在能力建设过程中,其重心主要放在培训项目的研发上,因有较强的兼职教师资源动用能力,更多采用依托专家名师的策略,通过拼盘式的菜单,争取一定的市场。

高校干部培训机构专业能力提升是一个系统工程,需要从国家干部教育培训需求出发,从课程设计、服务质量、师资配备、公共关系等方面进行全方位的构建与提升,并在实践中逐步完善、细化。

**参考文献:**

[1] 梁洪武.加快培训机构培训文化建设的几点思考[J].江西农业大学学报(社会科学版),2009(2):93-96.

[2] 王历新.干部教育培训问题及对策分析[D].长春:吉林大学硕士论文,2007.

[3] 吴文姝.市(地)级培训机构建设的思考[J].中国成人教育,2003(9):37-38.

[4] 吴卓琪.干部培训的互动式教学研究[D].上海:华东师范大学硕士论文,2006.

[5] 殷杰.试论公务员部内培训机构的建设[J].江南论坛,2004(11):37-38.

[6] 张海波.新时期我国干部教育培训创新路径研究[D].济南:山东大学硕士论文,2008.

[7] 张晓钟.加强教育干部培训机构核心能力的建设[J].辽宁教育行政学院学报,2007(9):53-54.

[8] 周俊杰.干部教育培训中研究式教学的实施策略研究[D].兰州:西北师范大学硕士论文,2006.

# 转型背景下高校继续教育师资管理策略的思考

浙江大学　陈　军　韩建立

**【作者简介】**

　　陈军,女,浙江大学继续教育管理处,硕士,副教授,主要从事继续教育、高教管理研究。

　　韩建立,男,浙江大学继续教育管理处外联与发展办公室主任,硕士,助理研究员,主要从事继续教育、高教管理研究。

本文为2014年第十五届海峡两岸暨港澳高校继续教育论坛收录论文。

《国家中长期教育改革和发展规划纲要(2010—2020年)》指出:"教育大计,教师为本。有好的教师,才有好的教育。"教师是培养人才的关键要素,提升教师整体水平是保证人才培养质量的根本途径。作为高等教育的重要组成部分,经过几十年的发展,继续教育为社会培养了大量的人才,为社会经济发展做出了巨大的贡献。进入21世纪以后,继续教育面临的形势发生了新的变化,社会经济、产业结构和人口特征都发生了深刻的变化。在新形势下,继续教育面临着转型发展的实际需要,继续教育师资管理也面临着新的挑战。

## 一、新时期继续教育面临的转型背景

### (一)继续教育发展战略转型

2006年12月,浙江大学成立继续教育管理处,继续教育办学实行"管办分离"模式,继续教育管理处成为管理全校继续教育办学的职能部门。管办分离后,全校继续教育规模快速增长,培训收入从体制调整前的几百万元增长到2013年的六亿多元,实现了跨越式发展。进入新的发展阶段后,发展目标需要从粗放式的规模增长转变到规模增长和质量提升并重,以增强可持续发展的内在动力,这个阶段培育高端品牌项目和核心师资成为重要的战略任务。

（二）继续教育服务对象转型

浙江大学管办分离前的继续教育包括成人学历教育、远程学历教育、自学考试和教育培训，主要以学历教育为主，服务对象主要是高中后的年轻学生。管办分离后，2007 年开始学校停止成人学历教育办学，教育培训成为继续教育的主要办学形式。体制理顺后，继续教育办学规模迅速扩大，服务对象也转变为大学后的在职人员，这些学员对教师的讲课有着较高的解决实际问题的要求和提升自身综合能力的期望，教师的教学水平直接影响继续教育品牌的公信力。

（三）高校师资管理模式转型

2010 年 5 月开始，《浙江大学教师岗位分类管理实施意见（试行）》正式颁布，学校开始实行教师分类管理制度，按照"分类引导、科学评估、强化激励、动态调整"的基本办法，设置教学科研并重岗、研究为主岗、教学为主岗、社会服务与技术推广岗、团队科研岗等教师岗位，其中社会服务与技术推广岗主要承担农业与工业技术推广、公共政策与其他科技咨询、医疗服务及教育培训等社会服务工作。分类管理制度实施后，从事教育培训工作的教师有了明确的岗位定位和职业发展目标，为继续教育教师专业化和规范化发展提供了条件。

## 二、浙江大学继续教育师资现状分析

本文以浙江大学为个案分析，从 2014 年 1 月至 9 月，大学共开设 1147 个项目，参加授课的教师 3073 名，涵盖工商管理、公共管理、经济、教育、医学、语言、法律、建筑等多个学科的培训领域。

（一）校内师资学历构成情况

校内教师具有硕士、博士学历的占总数的 87.8%（详见表 1），说明从事继续教育的教学工作需要一定的学历条件。

表 1　学历构成

| 学历 | 占比 |
| --- | --- |
| 博士 | 59.3% |
| 硕士 | 28.5% |
| 本科 | 10.5% |
| 其他 | 1.7% |

（二）校内师资职称分布情况

校内教师具有副教授以上职称的占总数的 92.6%（详见表 2），说明从事继续教育教学工作需要一定的职称条件。

表 2 职称构成

| 职称 | 占比 |
| --- | --- |
| 教授 | 56.4% |
| 副教授 | 36.2% |
| 讲师 | 7.4% |

(三)校外师资聘用情况

继续教育的培训达到一定规模以后,对教师的需求量会迅速增加,短期内校内师资无法满足不同课程的教学需求,办学单位会聘用部分校外师资进行教学,他们主要来自党政事业单位或其他高校。

### 三、问题与挑战

学校继续教育办学达到一定规模以后,教师资源数量和结构性的矛盾会日益突出,师资管理会遇到新的挑战。为了解目前浙江大学继续教育办学过程中师资管理存在的问题,我们对校内 15 家主要办学单位进行了半开放式的问卷调查,调查结果见图 1。

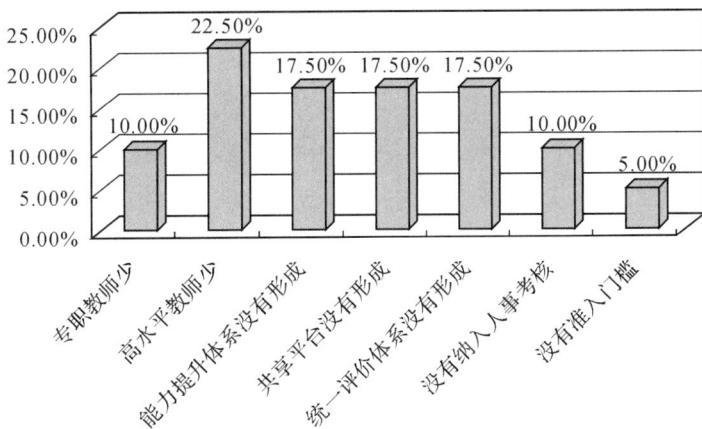

图 1 师资管理存在的问题选择比例

从图 1 可以看出,从办学单位的视角来看,目前继续教育师资管理存在的主要问题包括适合继续教育教学的高水平教师缺少、教师的培育和能力提升体系没有形成、校内师资共享平台没有形成以及统一评价体系没有形成等。校内适合继续教育高端培训的高水平教师不足,许多教师更愿意做课题研究,也不愿意来上继续教育课程,共享机制和统一评价体系的缺乏也影响了全校继续教育资源的整合和使用效率,加大了办学单位教师聘请成本。另外,在问卷的开放式部分,有办学单位提出师资结构性失衡的问题,热门课程同质师资较多,而部分课程却很难请到教师,没有形成系统性的师资体系。这些问题都给师资管理带来了较大的挑战,需要创新的思路来加以思考。

### 四、师资管理策略思考

(一)广开门路,广纳贤才,积极拓宽继续教育师资的来源渠道

拓宽继续教育师资来源,建设一支专兼职结合的继续教育师资队伍,既要充分挖掘校内资源,以教师分类管理为制度导向,吸纳一批社会服务岗优秀教师加入继续教育教师队伍,又要向外积极拓宽师资渠道,通过公开招聘、校校合作、校企合作、校政合作等方式大量聘任研究机构学者、行业领军名师、学者型的政府官员和企业家、咨询培训机构的专业人士等扩充继续教育师资队伍,使继续教育师资库的学科结构、行业结构、智能结构等分布更加趋于合理,形成层级构架合理的师资队伍体系。

(二)创新制度设计,调动更多的校内教师参与继续教育教学和研究的积极性

要调动校内教师参与继续教育的积极性,必须改变以往继续教育教师游离于学校人事考核体系以外的局面,通过合理的制度安排鼓励本校优秀教师为继续教育工作服务。结合教师分类管理制度,专业学院可以根据继续教育规模设置专职岗位数量,学校可以针对继续教育教学特点,设立系统的、科学的、可行的评估体系,制定社会服务岗的继续教育从业教师职称评审标准,同时将继续教育教学工作纳入学校总体的人事考核体系。结合学校继续教育发展战略转型目标,实施"继续教育核心师资队伍建设计划",选拔部分高水平教师进入核心师资队伍,以满足开展高端品牌项目的师资需要,增强继续教育发展的核心竞争力。

(三)建设全校师资管理统一平台,建立资源共享机制

目前,学校各办学单位的继续教育师资聘请和管理相对独立,没有互相开放共享,资源整合效应没有体现出来,管理和聘请教师成本较高。为改变同一学校不同办学单位之间师资资源互相割裂的状况,管理部门需要在全校范围内搭建统一的师资管理平台,办学单位按照共同约定的协作原则共建共享,以最大限度整合校内的师资资源,提高资源利用效率。通过建立海量的培训师资和课程共享平台,学员、办学中心管理员、教学管理人员等运用统一的评价体系对教师讲课效果进行评价,实现校内师资基本信息和评价信息的互通共享。

(四)采取多种模式,形成教师能力提升和成长机制

主管部门可以考虑成立师资培养机构,负责继续教育教师队伍的能力提升

和培养。首先,通过教学技能比赛、示范观摩课堂等途径持续提升校内继续教育教师的教学能力水平;其次,通过校企合作,搭建产学研平台或基地,使继续教育教师能定期深入企业第一线进行现场调查和实践研究,增加教学的案例素材,增强解决实际问题的能力;再次,通过特色课程和特色教材建设、名师名家培育工程等,培养一批继续教育教学的核心师资,形成继续教育教师队伍梯队体系;最后,通过不定期地召开教学研讨会、教师与学员座谈会以及教学效果评价信息反馈等形式提高教师的教学理论和教学技能,多途径多方式提升教师的教学能力,形成良好的个人成长机制。

### 五、结束语

师资是继续教育办学的关键资源,卓越的继续教育办学机构都有着一支师德高尚、业务精湛、结构合理、充满活力的专兼职教师队伍,体现着它们的办学核心竞争力。开展师资管理,需要在市场化运作和规范性管理之间寻求适度的平衡,用市场无形之手和管理有形之手来加强师资队伍建设和管理,促进继续教育事业可持续发展。

**参考文献:**

[1] 霍建平. 非学历继续教育师资队伍现状及对策研究[J]. 广播电视大学学报(哲学社会科学版),2013(3):122-125.

[2] 李本友. 高校成人继续教育师资队伍建设面临的挑战[J]. 继续教育研究,2014(4):39-40.

[3] 欧阳红,董世龙,黄宝华. 继续教育教师队伍建设研究[J]. 高等继续教育学报,2013(6):52-56,80.

[4] 吴新民. 继续教育师资现状分析与对策研究[J]. 安徽教育学院院报,2001(2):109-110.

[5] 郑小娟,胡侠. 普通高校继续教育师资队伍建设的几点思考[J]. 湖北成人教育学院学报,2007(1):21-23.

# 论新时期继续教育创新、
# 管理模式转变与质量管理

清华大学　汤丹阳

【作者简介】
　　汤丹阳,女,清华大学教育培训管理处业务管理办公室职员,研究方向为继续教育。
　　本文为2014年第十五届海峡两岸暨港澳高校继续教育论坛收录论文。

　　继续教育的概念在20世纪70年代末由世界继续工程教育大会引入我国,三十余年来经历了以夜大学、成人学历教育、远程学历教育、非学历继续教育等为中心的若干发展阶段,在国家经济、政治和社会建设中起到越来越重要的作用。在每个阶段,围绕着社会需求,为社会培养大量现实可用的实用人才是继续教育的核心命题。以非学历继续教育为中心的发展阶段,在提升继续教育质量方面经历了两次较大的思潮转变:一次是继续教育创新与管理模式转变,主要标志为高校(尤其是高水平大学)继续教育从以成人学历教育为主转变为以非学历继续教育为主,同时管理方式由"管办合一"转为"管办分离"。二是引入国际通用的质量管理体系标准来管理非学历继续教育质量。主要标志为在继续教育领域应用 ISO 9000 等现代质量管理标准,或研制开发专门应用于非学历继续教育的质量管理标准。

　　《国家中长期教育改革和发展规划纲要(2010—2020 年)》提出"加快发展继续教育","继续教育参与率大幅提升",并从数量上要求全社会从业人员继续教育年参与率达到50%。这意味着继续教育在现有规模上的大幅提升,同时也对继续教育质量保证提出了很大挑战。本文立足当前继续教育工作实际,试图厘清继续教育创新、管理模式转变和质量管理对继续教育质量不同的促进作用,在此基础上探索新时期提升继续教育质量的现实可取之路。

### 一、继续教育管理创新与管理模式转变

以非学历继续教育兴起为标志的继续教育创新发端于清华大学。2002 年，清华大学主动全面退出成人高等学历教育，继续教育主要模式转为非学历教育培训。与学历教育转为非学历继续教育同时进行的是管理模式的转变，即从继续教育学院"管办合一"到教育培训管理处、继续教育学院"管办分离"。教育培训管理处作为管理机关，对全校非学历继续教育进行归口管理。继续教育学院转型后，成为与学校内部其他专业院系培训中心在业务上并列的培训实体，不再承担学校级别的管理职能。清华的继续教育创新与管理模式转变在国内高校中无疑起到了巨大的示范引领作用。转型后短短几年培训规模的重大突破和跳跃式发展也进一步增强了非学历继续教育、"管办分离"体制改革与管理模式转变的吸引力。2010 年一项针对 45 所较高水平普通高校的调查显示，有超过一半的高校对非学历继续教育发展表现出较大积极性，并对清华非学历继续教育的发展模式表现出很大兴趣。

从质量的角度看，此轮继续教育创新与管理模式转变对继续教育质量的提升主要表现在质量内化于改革。继续教育对象、办学模式与管理模式的巨变带来了继续教育质量的突破式提升。改革带来的是质量的一次性飞跃优化，其主要内涵包括以下几方面：

一是继续教育的生源质量优化。成人高等学历教育的生源质量下滑源自 20 世纪末普通高等教育的大幅度扩招。从成人高考招生与录取的情况看，2005 年起已经开始出现招生计划大于实际报考人数的情况，而成人高考的录取分数线也在不断下滑。目前已经公认成人学历教育全面进入宽进机制。改革后的非学历继续教育尽管没有入学考试，但其办学模式决定了愿意支付如此高昂培训费来进行学习的在职人士一定是在行业内取得一定成就、因工作需要来补充新知识、新信息与新技能的。他们大多数已经在普通高等教育领域内取得了相应的学历学位，完全不需要在成人学历教育领域内进行学历补偿。因此，继续教育改革创新后的生源结构完全不同于成人学历教育，是一次大的飞跃。

二是继续教育的课程与师资质量优化。成人高等学历教育的课程是普通高等教育专业课程的简化版本，通过与普通高等教育类似的培养计划来制定一系列的专业课程。对在职从业人员而言，这样的培养计划和课程系列虽然具有系统性和一贯性的优势，但大部分知识是不能够在工作实际中直接应用的。改革后的非学历继续教育由于摆脱了学历专业和培养计划的限制，往往能够根据培训从业人员的现实需要灵活安排培训，使课程最大限度地满足学员需求。尤其是很多委托培训课程安排都是由委托方和培训方共同制定的，充分体现了非学

历继续教育的针对性和实用性。成人高等学历教育的师资基本来自高校内部,非学历继续教育除了在高校内部邀请专业素质高、社会经验丰富、授课效果好的教师进行授课外,还广泛延请政府部门、专业协会和各类社会培训机构的讲师。与成人学历教育相比,非学历继续教育的师资结构得到很大优化。

三是继续教育管理和服务水平的优化。成人高等学历教育的教育管理与普通高等教育差别不大,都是通过学校教务部门按照招生计划、录取、培养计划、课程管理和毕业审核等环节来完成的。相对而言,管理重于服务。继续教育学院作为管理部门和办学部门"管办合一"。而非学历继续教育的招生依托市场来完成,这就从根本上改变了教育管理与服务之间的关系,从管理重于服务变为寓管理于服务。继续教育内部管理也从"管办合一"转变为"管办分离",使继续教育办学部门专注于提升办学绩效,专注于对外提供优质的继续教育资源与服务。

四是继续教育定位的优化。成人高等学历教育是依据普通高等教育来定位的。作为对普通高等教育的补充,成人高等学历教育在高等教育资源稀缺的特殊时期为社会培养了大批实用人才。但是,这样的定位随着普通高等教育的普及化程度越来越高而逐渐失去了意义。非学历继续教育索性主动摆脱了学历的羁绊,面向在职从业人员的学习需求重新定位自身。面向社会的定位优化焕发了继续教育的活力。

以非学历继续教育兴起为标志的继续教育创新与管理模式的转变带来了继续教育质量的一次性优化。犹如国民经济从计划经济过渡到市场经济一般,非学历继续教育仿佛一夜之间点燃了人们的学习热情和学校的办学积极性,其规模也在短短几年之间呈现跳跃式的增长。然而,继续教育创新与管理模式转变为教育质量带来的一次性优化已远远不能满足非学历继续教育规模快速扩张的质量保证需求。如何为非学历继续教育创建教育质量的持续改进机制成为继续教育工作者的紧迫课题。

## 二、继续教育质量管理体系的创建与应用

"质量管理"一词来源于工业界和企业界的现代管理方法。1987 年国际标准化组织 ISO 9000 系列标准的诞生标志着现代质量管理方法告别了传统上仅仅关注产品质量的狭义"质量"管理,进入了体系化、规范化和程序化的新阶段。目前世界通用的 2000 版 ISO 9000 系列标准广泛应用于工商业、加工业、交通业、运输业以及金融、卫生、教育等领域。在西方高等教育领域,ISO 标准的应用在 20 世纪 90 年代达到高潮。经过二十余年的实践与反思,英美高等教育界普遍认为工业界的质量管理应用于高等教育领域,更适用于继续教育、技术教育、职业教育等学术性较弱而实用性、市场性较强的教育领域。

　　我国对 ISO 9000 质量管理体系的引入始于 20 世纪 90 年代,最先开始在教育领域应用质量管理的学校主要集中在工程教育(尤其是交通、海事等专业)、医学教育(尤其是护理专业)等专业性较强的教育部门。在继续教育领域进行质量管理的较早尝试要数北京大学医学网络教育学院 2003 年通过 ISO 9001:2000 质量管理体系认证。对非学历继续教育领域进行质量管理的最早尝试是清华大学 2007—2008 年研发并试点应用的教育培训质量管理体系。该质量管理体系的主要基础包括 ISO 9001:2000 标准和美国波多里奇卓越绩效评价准则,旨在达到输出合格质量和提升组织绩效两大目标。

　　清华大学教育培训质量管理体系的特点包括以下几点:

　　一是对高等学校非学历继续教育的针对性。ISO 9001:2000 标准虽然有面向教育机构的实施指南,但无法体现出非学历继续教育的特殊性。非学历继续教育不仅具有高等教育的一般属性,更有直接面向社会、满足社会需求同时彰显高校社会责任的特殊属性。直接应用 ISO 质量管理体系固然可以使继续教育得到一定程度的质量改进,但长远来看无法满足高等学校继续教育一方面服务社会,另一方面代表大学精神的双方面质量提升。

　　二是标准制定的创新性。清华大学教育培训质量管理体系所借鉴的已有标准,除 ISO 9001:2000 外,还有美国波多里奇质量奖所依据的卓越绩效评价准则。在卓越绩效评价准则的精神指引下,将质量管理的目标分解为基本要求和目标要求。一方面保证了使用体系可以输出合格的非学历继续教育项目和服务,满足基本要求;另一方面对非学历继续教育项目和服务进行持续改进,以实现卓越绩效,通过目标要求来实现高等学校继续教育质量的不断提升。

　　三是基于非学历继续教育特点对过程方法实行改进。过程方法是现代质量管理的基础和核心手段。清华大学教育培训质量管理体系在 ISO 质量管理过程方法的指导下,对非学历继续教育过程进行了识别,并基于是否直接创造价值,将识别出来的教育过程再次区分为关键过程与支持过程,从而在质量管理体系中给予不同的管理地位。识别关键过程与支持过程可以有针对性地对过程予以管理,更重要的是节约质量管理成本,提升管理成效。

　　质量管理作为一种现代化、专业化的管理方法,其应用于非学历继续教育管理是一种全新的尝试,具有一般行政管理不具备的优势。但是,2008 年清华大学教育培训质量管理体系创建后只在小范围内进行了试点应用,之后并没有全面推广。全面推行应用质量管理体系的难点在于:①质量管理的专业术语难以与现有的管理工作对接。②量管理文件与继续教育管理已有的规章制度不完全兼容。③质量管理体系应用的前提是针对自治的独立机构,而校内培训机构不具备质量管理体系所要求的独立性。

### 三、继续教育创新与质量管理相结合的探索与展望

十八大报告提出"积极发展继续教育,完善终身教育体系","建设学习型社会"。党和国家的高度重视进一步增强了学校对继续教育未来发展前景的信心。高等学校办继续教育,因其来源于高等教育的属性以及一批高水平大学极高的社会声誉,一直以来在继续教育界起着示范引领作用。高等学校能否准确定位社会需要和高校自身发展目标相结合的发展领域,将决定继续教育能否在管理创新和质量管理两次大转变基础上更进一步提升继续教育质量。

首先,清华大学、北京大学等一批国内顶尖大学都提出世界一流大学的建设目标,那么大学继续教育与世界一流大学的建设目标是什么样的关系?这一问题目前还没有得到清晰和准确的认识,某种程度上制约了高等学校对自身办继续教育定位的把握以及进一步的创新和质量提升。

第二,在高等教育领域应用现代质量管理方法曾经风靡西方高等教育界,但实践证明高等教育学术创造的核心领域并不适合使用质量体系标准进行管理,反而是应用性较强的继续教育更适合采用质量管理体系。但目前还没有对国外大学继续教育界应用质量管理体系的充分全面研究,因而一定程度上制约了国内高等学校继续教育引入质量管理体系的步伐。

第三,对现有的非学历继续教育办学模式进行质量提升,现代质量管理的过程方法以及持续改进的质量管理模式是否与一般行政管理完全不兼容?这一问题也可以进一步在实践中加以尝试并回答。虽然两者在理念上具有较大差异,但也许可以在借鉴质量管理体系全面性和系统性精神的基础上,对现有的管理规章制度进行重新梳理,对"管办分离"的机构职责进一步加以明确,从而达到持续改进继续教育质量的目标。

如何利用继续教育的已有经验,将继续教育创新与继续教育质量管理有机结合起来,满足积极发展继续教育和建设学习型社会的需要,成为新时代继续教育工作者孜孜不倦的追求目标。我们相信,继续教育质量将在管理创新与质量管理的双重驱动下取得持续不断的进步,为学习型社会和创新型国家的建设做出越来越大的贡献。

**参考文献:**

[1] 刁庆军,李建斌.我国普通高校开展非学历继续教育的现状研究[J].继续教育,2010(3):3-6.

[2] 韩映雄.高等教育质量管理:体系与方法[M].北京:北京大学出版社,2013.

[3] 黎军,赵翔宇.网络高等教育 ISO 9000 质量管理研究[M].西安:西安交通大学出版

社,2009.

[4] "清华大学教育培训质量管理体系的建立和应用"课题组.高校教育培训质量管理的标准化与体系建设研究[J].继续教育,2009(4):3-6.

# 澳门持续教育体制的问题及其改善措施

澳门大学　梁成安　冯敏慧　杜浩芝

【作者简介】

梁成安，男，教授，澳门大学持续进修中心主任。

冯敏慧，女，澳门大学持续进修中心行政助理。

杜浩芝，女，澳门大学持续进修中心行政助理。

本文为 2014 年第十五届海峡两岸暨港澳高校继续教育论坛收录论文。

## 一、澳门的现况

澳门位于广东省珠江三角洲西南面，距香港西面约 60 公里，距广州西面约 100 公里。

自 1999 年至 2013 年，澳门在各个方面都有了不同的增长，其增长变化见表 1。

表 1　1999 年至 2013 年澳门人口数量、土地总面积、劳动力数量、
本地及非居民存款和能源消耗的变化

| 项目 | 1999 年 | 2013 年 | 增长百分率 |
|---|---|---|---|
| 人口数量（万人） | 42.96 | 60.75 | 41.4% |
| 土地总面积（平方公里） | 23.8 | 30.3 | 27.3% |
| 劳动力数量（千人） | 209.4 | 367.8 | 75.6% |
| 本地居民存款（百万澳门元） | 14884.7 | 116735.2 | 684.3% |
| 非居民存款（百万澳门元） | 13591.3 | 174490.3 | 1183.8% |
| 水量消耗（千立方米） | 47990 | 78447 | 63.5% |
| 电量消耗（百万千瓦小时） | 1528.8 | 4291.3 | 180.7% |

表 2 显示自 1999 年至 2011 年间完成各个教育阶段的人数,可见完成高等教育的人数增长了 2.5 倍。但是,近年来出生率下降,导致入读幼儿及小学教育阶段的人数下降了分别为 25.6% 及 51.7%。

表 2　1999 年至 2011 年完成各个教育阶段的人数

| 教育阶段 | 1999 年 | 2011 年 | 增长百分率 |
|---|---|---|---|
| 幼儿教育 | 16083 | 11960 | −25.6% |
| 小学教育 | 47059 | 22735 | −51.7% |
| 中学教育 | 34761 | 35353 | 1.7% |
| 高等教育 | 7094 | 25212 | 255.4% |

表 3 显示自 1999 年至 2011 年间飞机航班及客运船的班次分别增长了 48.1% 及 84.5%。

表 3　1999 年至 2011 年飞机航班及客运船的班次

| 运输 | 1999 年 | 2011 年 | 增长百分率 |
|---|---|---|---|
| 商业飞机航班及直升机航班 | 42025 | 62202 | 48.1% |
| 客运船班 | 74965 | 138342 | 84.5% |

表 4 显示自 2002 年至 2013 年间博彩业毛收入增长达 14.4 倍,这个增长幅度非常大!

表 4　2002 年至 2013 年博彩业毛收入

| 项目 | 2002 年 | 2013 年 | 增长百分率 |
|---|---|---|---|
| 博彩毛收入(百万澳门元) | 23496.0 | 361866.3 | 1440.1% |

数据来源:澳门统计暨普查局,2014a。

## 二、澳门发展的定位与持续教育

2010 年,温家宝总理访澳门期间,提及人才储备对澳门未来的发展至关重要,强调要做好人才管理及培训工作,为将澳门特区打造成为"世界旅游休闲中心"做出充分的准备。随着多项支持澳门长期繁荣稳定政策的落实,澳门的发展定位更加明确及清晰。另外,澳门特区行政长官崔世安先生于 2013 年 11 月发表《2014 年施政报告》时也提到人力资源素质的问题,特区政府以"稳定增长,优化结构,转型提质,改善民生"为目标,继续开办多元化的职业培训课程,协助本地雇员向上流动;鼓励及协助澳门居民考获国家或国际专业资格认证,推动建立职业技能鉴定制度。这种种对人力资源素质议题的关注使持续教育的氛围在澳门渐渐变得浓厚起来,唤起市民对持续教育的重视,鼓励市民不断地自我增值来提升自我素养及职业技能,为个人的职业生涯增添绚丽的色彩。由此可见,参与教育课程不只局限于到高中阶段,而是已延伸至高等专科学位、学士、硕士、博士及工作职场上,甚至是个人的整个生涯,可谓终身学习。

除澳门各所高等院校提供的持续教育课程外,特区政府也与澳门各所民间社团一同推出多项持续教育课程来鼓励广大的澳门市民再学习及再进修,以提升个人素质,优化生活及强化职业技能。

### 三、澳门持续教育体制

以下列举三个有关持续教育计划的项目来阐述澳门持续教育的体制。

#### (一)回归教育

为了使未能完成中小学课程的超龄澳门市民及辍学的澳门市民都能够继续升学和融入社会,特区政府为他们增设回归教育课程,向他们提供再学习机会以提升个人素养,强化职业技能,促使他们向上流动。随着社会逐步走向知识经济时代,回归教育的课程会为这群市民带来更多的工作机遇,亦增强了职场上人力资源的竞争力。回归教育课程设有小学、初中及高中阶段,按市场及行业的需求来制定课程内容,同时亦采用累积单元的学制,使教学变得更灵活,以及特别为轮值工作人士提供更具弹性的上课时间,使从事不同行业的澳门居民都能获得这个再学习和再进修的机会。另外,完成整个阶段的学习计划且成绩及格者,将由相应的教育机构颁发该阶段的毕业文凭,且学历与完成该阶段的同龄者具同等效力。

从表5数据得知,在2006—2009年间,参与及完成回归教育课程的澳门市民逐年增多,可见这群澳门市民意识到再学习及再进修对他们的生活、社会及职场的影响。在2010—2011年,参与人数稍回落,原因可能是大部分的澳门市民已完成中小学教育,只有一小部分的澳门市民还未完成中小学教育。这个回归教育可以拉近这群澳门市民与其他完成中小学课程同龄者的教育水平,并对提升全澳门市民的个人素质及职业技能起了积极推动的作用。

**表 5    回归教育的历年资料**

|           | 注册学生人数 | 年终学生人数 |
|-----------|-------------|-------------|
| 2006/2007 | 2870        | 2490        |
| 2007/2008 | 2967r       | 2710        |

| | 注册学生人数 | 年终学生人数 |
|---|---|---|
| 2008/2009 | 2918r | 2880 |
| 2009/2010 | 3366r | 3016 |
| 2010/2011 | 3161r | 2882 |
| 2011/2012 | 2706 | 2519 |

注：r 修订数字。数据来源：澳门统计暨普查局，2014b。

（二）"终身学习奖励计划"

该计划鼓励全澳门的市民终身学习，使学习成为生活中的一项活动。该计划以书卷、奖章或奖项等方式鼓励澳门市民参与由澳门教育暨青年局联同加盟的公共机构、教育机构、公益性团体及小区组织一同举办的非学制学术培训、生活艺术培训、工作坊、研讨会或讲座、其他学习活动等，及读书会或读后感活动，撰写读书报告。教育暨青年局的数据显示，直至 2012 年，全澳门有 100 家联网机构提供 3590 种课程，参与该计划的人数为 2850 位，可见大部分澳门市民对参与该计划的动机并不高。

从表 6 资料得知，自计划推行开始，每年参与计划的联网机构、举办课程及参与课程人数都不断增加，可见澳门各所教育机构大力推动持续教育，以配合特区政府对人才素质管治及提升的方针，为澳门市民提供多元化的课程，促使市民养成终身学习的生活习性。

表 6 "终身学习奖励计划"历年数据

| | 联网机构 | 举办课程数目 | 计划参加者 |
|---|---|---|---|
| 2006 年 | 57 家 | 2414 种 | 346 位（包括 2005 年 25 人） |
| 2007 年 | 69 家 | 2354 种 | 550 位 |
| 2008 年 | 77 家 | 2767 种 | 919 位 |
| 2009 年 | 80 家 | 3314 种 | 1353 位 |
| 2010 年 | 88 家 | 3619 种 | 2025 位 |
| 2011 年 | 95 家 | 2767 种 | 2532 位 |
| 2012 年 | 100 家 | 3590 种 | 2850 位 |

数据来源：澳门教育暨青年局，2014a。

（三）为期三年的"持续进修发展计划"（2011—2013 年；2014—2016 年）

为"提升市民素养和技能，改善生活素质，促进社会的可持续发展，从而建构终身学习社会"及让市民分享经济成果，特区政府于 2011 年起推出首阶段为期三年的"持续进修发展计划",以资助课程费用的方式来鼓励 15 岁或以上的澳门市民再学习及再进修。

首阶段计划在 2011—2013 年展开,合格的每位澳门市民可获发上限总 5000 澳门元的资助金额来报读该计划已获批的本地或外地持续教育课程、高等教育课程或证照考试。受资助的课程有休闲兴趣的,有专业培训的,还有学术进修的;课程分别有语言、信息科技、金融财务、商业管理、文化创意、零售餐饮及设计等,为不同需求的市民提供再学习和再进修的机会。澳门教育暨青年局的数据显示,在首阶段的计划里,合格的澳门市民总达 42 万人,报读计划内课程的人数达 14 万人,参与率达 36%,总资助金额达 5 亿澳门元。

第二阶段于 2014 年 4 月 29 日起再度开展,至 2016 年 12 月 31 日结束,受资助的课程类别跟首阶段的一样。合格的每位澳门市民可获发的总资助金额上限调升至 6000 澳门元。该第二阶段的总资助金额启动经费达 7 亿澳门元。

表 7 概述首阶段及第二阶段"持续进修发展计划"的目标、对象、资助项目、资助金额使用日期及资助总金额。

表 7　首阶段及第二阶段"持续进修发展计划"总览

| | 首阶段 | 第二阶段 |
|---|---|---|
| 目标 | 1. 持续提升个人素质和技能;<br>2. 配合经济产业多元发展;<br>3. 鼓励和支持居民终身学习;<br>4. 营造知识型社会。(2014—2016 持续进修发展计划) | |
| 对象 | 计划期间 15 岁或以上的澳门居民 | |
| 资助项目 | 1. 本地项目:持续教育课程、高等教育课程及证书考试;<br>2. 外地项目:由所在地主管当局认可的高等教育机构或公立机构开办的高等教育课程、持续教育课程及证照考试;具认证职能的专业机构开办的证照考试。 | |
| 资助金额使用日期 | 2011 年 7 月至 2013 年 12 月 31 日 | 2014 年 4 月 29 日至 2016 年 12 月 31 日 |
| 资助金额 | 5 亿澳门元 | 7 亿澳门元 |

数据来源:澳门教育暨青年局,2014b。

### 四、澳门持续教育体制存在的问题

近年来,特区政府积极推动持续教育,培育专业人才。但是,整个持续教育体制尚未完善,以下列举三项持续教育体制的问题。

（一）"持续进修发展计划"的资助金额对推动市民发挥自主性学习的作用不高

特区政府以资助方式推动市民持续进修固然是一个好主意，市民既能享受经济带来的丰硕成果，又能通过教育来提升个人素质及技能，为社会带来良好的效益，使社会逐步走向和谐和昌盛。但是仔细思索，市民如果依赖这个资助来参与进修，其自主性学习动力不强，这样看来，对推动持续教育的发展造成了一定的负面影响。再者，在第二阶段，这个为期三年共 6000 澳门元的资助金额只能对市民参与休闲兴趣的课程起积极推动的作用，但对市民追求专业培训和学术进修课程的推动作用并不高。一般来说，这两个类别的进修课程涉及不同的学科，把学科的学费加总起来，其 6000 澳门元的资助金额只是占总学费的一小部分，难以推动市民追求这两个类别的持续教育课程。

另外，当首阶段计划结束至第二阶段开展前，有一个"真空期"，即市民凡在 2014 年 1 月至 6 月期间报读持续教育机构开办的课程必须自掏钱包交付课程学费。从澳门大学持续进修中心的资料得知，在这段时期报读课程的人数大幅下降，可见澳门市民自主学习动机并不高。

有受访市民反映，自"持续进修发展计划"推出后，部分课程费用大幅提升，阻碍了市民再学习及再进修的动机。然而，这个计划无可否认是打开"持续教育"大门的钥匙，但是如何持续地提供资助，并制定资助金额来推动市民积极学习，是值得思索的一个议题。

（二）课程开课时间灵活性不够、弹性不足

自澳门赌权开放以来，各大外资企业不断进入澳门市场，就业市场兴旺。澳门统计局提供的 2014 年 6 月就业调查结果数据显示，从事博彩业的劳动力达 80100 人。这批劳动力需要轮值工作，而且轮值时间每周或每月都不一样，再加上一般的进修课程都集中在晚上授课，有可能造成轮值或作息时间与上课时间相冲突，让他们无法参与持续教育培训或进修活动，其参与度较其他行业者低。这样，向他们推广持续教育存在一定的难度。总括而言，举办课程的机构需要仔细思量课程开课时间，为这批劳动力提供学习机会，强化自己的技能，增加向上流动的机会，从而提升职场或市场的良性竞争。

曾受访的合格的澳门市民表示，因为工作日夜颠覆及照顾家庭事务，从来没有报读过任何有关持续教育或终身学习的课程，他们难以向上流动。另外，澳门政府正面对着大量国际化企业进入澳门市场，他们对雇员的职业技能要求也相对严格，导致他们要从澳门以外的地区聘请员工。可见，在澳门职场上，大部分澳门市民都只是在从事基层的职位，只有少数的担任中高层职位，这种人力资源的分配打击了本地澳门员工的士气。也有学员反映,实际课程内容与原课程内容不相符,又或者导师欠缺该科目的相关知识等情况出现,难以增加他们向上流动的机会。因此,课程内容的设计也是一个值得探讨的议题。

(三)欠缺完善的修毕课程认可机制

修毕课程认可机制是指一套完整的评核制度来辨别市民完成课程后获得的证书的认可程度,而这个评核制度必须有赖特区政府、在职场上与课程相关的企业或机构、举办课程的持续进修机构及市民互相协商,才能达到最佳的效果。自"持续进修发展计划"推出后,各持续教育机构积极配合社会的发展,为广大市民提供不同类型的课程,增进他们的个人知识。但是,除回归教育课程、指定的职业培训课程和学术进修课程本身受严格的评核机制规管外,其他课程(如文凭课程)没有一套完整且完善的修毕认可机制,令市民无所适从,阻碍了他们参与持续进修的积极性,而且未必有助市民在求职市场上取得优势。这样,欠缺完善的修毕课程认可机制无疑对澳门社会的长远发展带来一定的影响。

有学员反映,他们完成课程后获发的修毕证书,得不到学历认可的资格,只能作补充文件供雇主参考。这样,他们再报读课程的意愿就会消退,削弱了他们向上流动的机会。另外,在澳门,有些工种没有一套专业认可机制,特区政府只能监控持续教育机构在申请、宣传课程及收取学生等行政程序上是否遵守义务,导致各持续教育机构开办该类型课程的教学质量不一,难以让学员获得良好的学习成果。

这三项问题阻碍了持续教育推动的进程,降低了市民自主学习的积极性,拖延了澳门社会发展的步伐。特区政府需要正视处理这三项问题,制定一套完善的持续教育体制。

**五、澳门持续教育体制改善的措施**

就以上三项问题,本文提出四个改善的措施,期盼市民能在这个持续教育大力推广的社会氛围下,发掘和培养个人兴趣,增长知识,优化个人生活素质,强化职业技能,以面对生活及社会上的考验及转变。

(一)按照市民修读课程的类别及修读年期调整资助上限总金额

持续进修的课程主要有三个类别——休闲兴趣、专业培训及学术进修。根据首阶段的"持续进修发展计划"课程的费用来看,休闲兴趣的费用较低,则报读该类别课程的市民可获发全额费用的资助,即从已设定的金额扣除全数课程的学费。而专业培训及学术进修的费用较休闲兴趣的高,特区政府应按照这两个类别课程的学费及修读年期设定上限的资助金额来鼓励市民再学习并完成整个课程。因此,特区政府应先设定每位合格市民可获发上限的资助金额及使用年期,再按照市民报读课程的类别调升资助的金额,以鼓励他们继续学习。同时,特区政府也要加强监管资助方式,防止持续教育机构为谋利而虚报学生人数。

(二)增设日间课程以配合轮值工作及在职工作市民

特区政府应多鼓励持续教育机构开办日间课程,为轮值工作及在职工作的市民提供教育服务。再者,企业或机构的雇主及同僚需要给予员工支持,如调整员工上班时段,同时给予他们充足的休息时间,鼓励他们在日间、晚上或周末再学习及再进修且完成整个课程。又或者,对同一个课程开设日夜两班,学员可以根据自己的工作时间表挑选合适的上课时间,以完成整个课程。但较重要的一点是持续教育机构要向所有报读学员确保日间、夜间课程进度一致。

另外,企业应多关注那些对公司忠心但没有较高学历水平的员工,与持续教育机构合作,向他们提供再学习和再进修的机会,促使他们向上流动。

在这些时段增设课程也要考虑到生源问题,毕竟绝大部分的工种的运作都在日间进行,幸好在澳门从事酒店、旅游博彩的人数较多,对开办日间课程寻找生源的问题影响不大;相反,聘请可以在日间授课的导师比寻找生源的难度要大得多。要解决导师的问题,需要企业或机构、持续教育机构及特区政府三方共同协商,定出可行方案,达到既能保障良好的教学质量又能适配轮值及在职工作市民的上课时间。

(三)特区政府要多与行业合作制定修毕课程认可机制

为保障澳门市民就业和完成再学习及再进修的课程而获得相关行业的认可,特区政府应多与各个行业沟通交流,清楚了解不同工种的职位要求,制定及仿效邻近地区对该工种的专业认可资格机制,让报读及完成课程的市民了解自己职业的发展空间和方向,鼓励市民参与持续教育及终身学习。同时,持续教育机构可以根据课程修毕认可机制设计课程内容来提升课程的质量,增强市民的个人素质及职业技能,给予他们向上流动的机会。

另外,企业或机构应多支持员工取得专业认可资格,因为他们工作所习得的经验会给企业的未来发展带来良好的效益;也要善用员工的天赋,鼓励他们尝试投身不同工种,发挥所长,为不同工种培养专业人才,推动行业的发展和运作,解决澳门人力资源不足及错配的问题。

此外,可考虑建立职业交流平台及公众咨询会,以提升员工专业发展为目的,邀请企业、持续教育机构及企业员工参与,定期交流,听取不同的意见及诉求,从而定出可行的修毕课程认可机制,完善及优化持续教育的整个体制。

(四)企业或机构、持续教育机构及澳门市民也需要承担部分课程费用

为鼓励、支持持续教育机构来推动职业培训计划,特区政府可给予企业或机构"甜头",如税务优惠,来提供员工职能培训。此外,为保障课程质量,企业或机构及持续教育机构也需要承担部分课程费用;同样,澳门市民也需要承担部分课程费用,遵守出席报读课程的义务。这样,不但起了相互监管培训课程的进度及质量的作用,而且又能推动市民积极参与。

## 六、总　结

总括而言,澳门的持续教育体制正在逐步走向完善与成熟。特区政府必须严格把关,除了大力推广持续进修课程外,还要监管好课程质量及课程学费,提供一个"具弹性、多层次、多选择及多模式的持续进修机制"(澳门教育暨青年局,2014b),让澳门市民能够提升个人素质,应付生活、职场及社会的挑战与转变。

**参考资料:**

[1] 澳门教育暨青年局. 终身学习奖励计划[EB/OL]. 2014a. 取自:http://www. dsej. gov. mo/~webdsej/www_ppac/index1. html.

[2] 澳门教育暨青年局. 2014—2016 持续进修发展计划[EB/OL]. 2014b. 取自:http://www. dsej. gov. mo/pdac/2014/index. html.

[3] 澳门统计暨普查局. 统计数据库[EB/OL]. 2014a. 取自:http://www. dsec. gov. mo/ TimeSeriesDatabase. aspx.

[4] 澳门统计暨普查局. 澳门回归教育[EB/OL]. 2014b. 取自:http://www. dsec. gov. mo/ default. aspx.

[5] 杜浩芝,冯敏慧,梁成安. 澳门持续教育体制的问题及其改善措施[C]. 中国高等教育学会继续教育分会 2014 年学术交流年会,2014-09-14—2014-09-16.

[6] 梁成安,冯敏慧,杜浩芝. 浅谈澳门回归后持续教育的现况及其发展[J]. 终身学习,2014 (27):4-11.

[7] 中华人民共和国澳门特别行政区. 2014 年施政报告各领域施政重点[EB/OL]. 2014. 取自:http://www. policyaddress. gov. mo/policy/download/cn2014_adv_2. pdf.

注:本文部分内容曾刊登于澳门教育暨青年局《终身学习》第 27 期及在"中国高等教育学会继续教育分会 2014 年学术交流年会"发表。

# 第四篇

# 远程网络教育

# 远程继续教育全球合作的实践与思考

浙江大学　陈莘光

【作者简介】

　　陈莘光,男,浙江大学继续教育学院院长,研究员,主要从事继续教育研究。

　　本文为 2007 年第八届海峡两岸暨港澳高校继续教育论坛收录论文。

## 一、浙江大学继续教育学院的办学目标

2006 年 10 月,浙江大学继续教育学院进行了新一轮的体制改革,管理职能剥离后的继续教育学院成为浙江大学专业从事继续教育的办学实体。新的办学体制确立后,学院对继续教育的办学机制、办学内容和办学方式等进行了全方位的改革和创新。学院正在以国家经济建设、社会需求为导向,通过集聚优质办学力量、有效整合人才培养资源、打造高端培训品牌等有效措施,全力造就适应市场化、网络化、国际化发展趋势的继续教育新体系;通过办学机制的改革与创新,增强办学动力,激活办学潜力,提高继续教育的综合竞争力和影响力,使学院成为"创新、前瞻、实效、务实和一流服务"的继续教育人才培养中心。学院将承担继续教育、远程教育、成人教育三大办学任务,努力成为以大力发展高层次、高水平、高效益的继续教育为办学目标,办学体制更有优势,办学特色更加鲜明,办学效益更加明显,与学校建设具有世界先进水平大学的目标相一致的一流继续教育学院。

一年来继续教育学院的改革与发展已取得显著成效。学历教育规模稳定,管理进一步加强;继续教育办学机制已初见成效。2007 年继续教育培训已突破 7000 多人次。

### 二、开展远程继续教育全球合作的必然性

综观国内外高等教育发展形势,开展远程模式的继续教育全球合作已成为一种趋势。主导这一趋势的因素主要有以下几点。

(一)中国经济的快速发展对人力资源的巨大需求

从 2003 年开始,中国经济增长率一直在 10% 的平台上加速,2003 年、2004 年和 2005 年经济增长率分别为 10%、10.1% 和 10.4%。2006 年中国经济的总量达到 209407 亿元,同比增长 10.7%。2007 年,政府将经济增长率预定为 8%,但从目前的发展势头看,"中国经济列车依然风驰电掣,经济数据依然高涨"。从促进经济发展的四要素看,除资本 C 外,其他三要素 L—劳动、M—管理、T—技术都直接由人来实现,而其产生的效率高低与受教育的程度密切相关。因此中国经济持续高速增长带来了人口素质快速提高和人力资源大开发的巨大压力,与此同时也出现了对高等教育的巨大需求。中共中央总书记胡锦涛在中国共产党第十七次全国代表大会上指出,"优先发展教育,建设人力资源强国","发展远程教育和继续教育,建设全民学习、终身学习的学习型社会"。

(二)高等教育需求日益增长

目前我国人均受教育年限已达到 8.5 年,高等教育毛入学率也达到了 22%,可以肯定地说中国的高等教育已进入大众化发展阶段,但是目前我国接受高等教育的需求仍在持续增长。其原因首先是,中国是世界第一人口大国,有 13 亿人口,人口基数的众多决定了接受高等教育人数的众多。其次,随着中国经济发展中科技含量的增加、产业结构的调整、管理水平的提高,需要大量高知识水平、高科技水准、懂管理的优秀人才,因此随着中国人才需求标准的提高,接受高等教育和终身学习的重要性被越来越多的人所认识和接受,接受高等教育的需求随之剧增。第三,随着我国人民生活质量的提高,接受高等教育和大学后的继续教育成为理所应当的必然。但是从目前情况看,教育资源的供给还是有限的,还不能完全满足日益增长的高等教育的需求,也就是说要把巨大的人口压力转化为优势的人力资源,仅仅依靠传统的教育方式难以实现,而远程教育则可以大大缓和日益增长的高等教育需求与有限的教育资源供给的矛盾。这是由远程教育自身的优势所决定的。

其一,远程教育可以跨越时空限制,将教育资源不受地域和时间的限制自由地传递给接受者;其二,远程教育可以实现优质教育资源最大、最佳的整合,使受教育者享受到最好的教育,大大扩展了教育的覆盖面;其三,远程教育占用学校内硬件资源较少,却使教育服务功能最大化,充分体现了教育的公平性;其四,远

程教育个性化的学习特点,适合现代人的学习和生活方式,学习者可以随时随地、自由地选择学习内容和学习时间,自主学习。

从目前情况看,中国远程教育的发展已具备全球合作的条件和能力,并必将在全球合作中开辟出继续教育发展的新领域,实现优质教育资源的整合与共享,培养出国际化的高层次精英人才,并快速提升我们的办学水平。

(三)汉语热席卷全球的现实需求

随着我国国力增强,国际地位不断提高,经济高速发展,国际贸易持续增加和国际文化频繁交流,汉语热逐渐兴起并席卷全球。2007 年 11 月 10 日中央电视台报道,根据国家汉语国际推广领导小组办公室统计,截至目前,以传播中国语言文化为基本任务的非营利性社会公益性机构——孔子学院,已在 63 个国家和地区建立了 200 所。据不完全统计,在许多有世界影响力的国际组织、国际公司、国际媒体和世界知名大学中,有上百家拥有中文网站和网页。

中国位于亚洲地区,汉语热更加影响到这一地区,尤其是东南亚国家。东南亚国家的一些教学机构和大学已与我校进行了多次沟通,希望通过远程教育的方式传输汉语课程,满足他们学习汉语的需求。

因此汉语热无疑已成为形成全球化网络平台的强有力的推手。

(四)高等教育的全球化发展

经济和高等教育的全球化为远程教育构筑了全新的发展平台,"创新、合作和资源共享"成为远程继续教育全球合作的主旋律。事实上全世界的远程教育工作者已做了一系列突破性尝试和有意义的工作。

2005 年 11 月 19 日至 23 日由国际远程教育协会和印度国家开放大学共同主办的"开放学习与远程教育国际研讨会"在印度首都新德里举行。包括我国在内的 30 个国家和地区的 400 多位代表共同讨论了"全球环境中的开放与远程教育:合作的机会"这一主题。

2006 年 11 月 1 日至 3 日,2006 年首届中美继续教育论坛在美国马萨诸塞州立大学波士顿校区举行。继续教育的全球合作和远程教育的有关问题是本届论坛探讨最多的主题。继续教育的全球合作和远程教育的发展已成为中美两国高校继续教育研究与实践的重要内容。

而刚刚在北京举办的"2007 国际远程教育高端论坛——学术研讨与经验交流",探讨的主要内容之一也是远程继续教育的全球"合作与协作"。

**三、继续教育全球合作的成功实践**

远程继续教育全球合作,国内很多大学已有不同程度的开展。例如上海交通大学—美国康乃尔大学"战略人力资源管理"远程教育合作项目。2002 年上海交通大学和美国康乃尔大学共同合作,借助最先进的网络远程教育技术,在上海交大安泰管理学院教室,向美国纽约州和圣路易斯、法国巴黎、中国北京和上海的 5 个远程教学点同步传输"战略人力资源管理"课程,完成了多点向全球进行远程教育课程的辐射。

浙江大学是我国首批开展远程教育的大学之一,远程教育已经历了十年多的发展,在多年探索与实践的基础上已成功地开展远程继续教育全球合作。

(一)浙江大学中美远程护理继续教育项目

项目开展的目的是为全球培养紧缺的高层次护理人才。项目开设于 2003年,合作方是美国罗玛琳达大学护理学院,该校护理学院在全美护理教育领域排名居前。

中美远程护理继续教育项目的课程体系由中方课程、美方课程、中美共同参与课程等三类组成,既保留了中方课程中的"专精"课程,又引入或借鉴了美方的"广博"课程,充分体现了办学双方的教学优势。中方课程和中美共同参与课程由浙江大学提供教师,适当增加人文社科课程和工具类课程,利用浙江大学远程教育的技术优势,采取卫星和网络方式授课,与同年级层次的远程护理学生一起学习;美方课程由美方护理教师定期在邵逸夫医院进行全英文小班面授,精心选择目前国内护理领域急需和新兴的 4 门专业课程(角色转换课程、健康促进、家庭社区护理、危重病护理)作为美方授课课程。中美共同参与课程由双方师资共同参与课程教学设计,由经美方培训合格的中方师资担任主讲教师。

为使这一项目达到国际化培养标准,我们进行了中方教师的海外培训工作。学校拨出了专项基金,分批分次选派 10 余名护理系教师和临床护理人员到罗玛琳达大学接受理论学习、临床实训和教学能力培养,接受教育观念的更新。考虑到成本和赴美签证阻力,部分教师安排到泰国,通过罗玛琳达大学设置在泰国的远程教育中心,利用 Blackboard 学习平台接受罗玛琳达大学原汁原味的远程培训。

该项目招收学员 34 名,目前全部毕业,获得了浙江大学远程教育本科毕业证书和罗玛琳达大学的课程进修证书。

(二)浙江大学—香港中文大学国画创作继续教育项目

项目开展的目的是在香港培养一批掌握中国画专业理论、有中国画鉴赏能力和创作能力的专业人才,能够从事美术教学、美术研究、文博艺术管理、出版和中国书画创作等工作。

教学模式为面授与远程教育相结合,教师由浙江大学派出到香港中文大学上课,同时安排学员到浙江大学写生和考察。项目在 2006 年获得教育部批准,日前项目处于双方协商招生阶段。

(三)美国马萨诸塞州立大学的中国传统文化合作项目

项目开展的目的是通过提供英文版的中国文化网络课程(中国哲学、中国艺术等),使美国学员充分了解和学习中国文化,并以此为桥梁推进两国经济、社会等更为广泛的合作。计划学习平台由马萨诸塞州立大学负责建在美国。浙江大学提供本科和研究生层次的网络课程。与此同时,浙江大学也将选择马萨诸塞州立大学的相关课程,汉化后嵌入到远程教育的金融、护理等专业教学计划中,对学员进行中、美合作培养。

(四)与香港大学、台湾大学、台湾辅仁大学等进行了一系列的合作办学

2002 年 11 月成立浙江大学与香港大学高级管理项目中心,开展"整合营销传播"研究生层次高级进修课程。与台湾辅仁大学联合举办"大陆企业经营管理"研究生层次研修班等。

今后我们之间的合作将更加紧密,特别是利用现代信息技术开展远程继续教育培训方面更要加强合作。

**四、浙江大学开展远程继续教育全球合作的设想**

(一)以医学教育为成功点和模板继续扩大远程继续教育全球合作

中美远程护理继续教育项目为我校开展远程继续教育全球合作做出了成功示范。我们将以点带面,以中美远程护理继续教育项目为模板扩展到其他专业领域,通过我校与全球著名大学优质资源的有效整合,形成办学优势,增强办学能力,打造远程继续教育的全球品牌,为我国经济的发展培养高水平的专业人才。

(二)建设继续教育全球合作的网络平台

我校作为首批得到教育部批准开展现代远程教育的高校之一,办学十年来,积极投入,勇于创新,拥有了丰富的网络资源。学院目前综合了计算机网络、卫星、有线通信、多媒体等多种技术手段,体现了现代远程教育的技术特色。学院拥有独立的卫星系统、网络通信系统、数据存储系统等,在信息化系统建设方面取得了相当成绩和经验。因此我们已拥有开展远程继续教育全球合作的良好基础和能力。

我们将充分利用学院现有的远程教育平台的强力支持,加大远程继续教育的全球合作,分享全球的优质教育资源,为学员提供多元化的、多层次的、高品质

的继续教育服务。

首先，我们将根据中国经济建设、政治建设、文化建设和社会建设的需要，有选择地引进全球范围内的优质教育资源，培养我国的建设人才。通过引进全球优质教育资源，借助现代网络教育平台，实现就地接受全球优质教育资源的教育模式。

其次，根据全球市场的需要，输出我校优质的教育资源，培养世界经济发展所需要的人才。

第三，与全球著名教育机构合作开发远程继续教育新项目，共享优质教育成果，共同面对经济全球化和知识经济社会的挑战。

# 网上培训与合作模式探讨

北京大学　侯建军

**【作者简介】**

侯建军,男,北京大学继续教育部部长,理学博士,北京大学地球与空间科学学院教授,博士生导师。研究方向包括继续教育战略研究、继续教育质量建设研究、网络教育质量保障研究、网络教育课程设计和研发等。

本文为2007年第八届海峡两岸暨港澳高校继续教育论坛收录论文。

在当今知识经济时代,世界继续教育与培训需求不断增长,呈现出大规模、常规化、低成本等特点,传统的培训方式已不能很好地满足当前社会发展培训的需要。随着信息技术和培训需求的发展,1997年7月Centra公司开办了世界上第一堂虚拟教室的培训,标志着网上培训的开端。十年来,信息科学与技术日新月异,互联网技术、无线通信技术和大众信息传媒等信息技术的发展对教育和培训在方式上、理念上和形式上不断带来影响和改变。如今,利用网络技术开展网上培训逐步成为培训的重要形式,越来越多的培训机构把网上培训作为提升培训机构竞争力的途径,积极开展网上培训。

## 一、网上培训合作需求分析

在竞争激烈的培训市场里,合作成为培训机构发展的重要战略,网上培训合作成为当今培训领域的一个重要实践。

网上培训合作也是培训需求的使然。越来越多的学习者对培训提出了更高的质量要求,希望能够享受到全国各地优质教育培训资源,能够了解不同地方的文化,但又因时空、经济成本等的限制,不能常往各地参加培训。而基于互联网或卫星网的网上培训,具有突破时空限制、共享教学资源、扩展信息交流等优势,呈现开放性、灵活性、经济性、跨时空性,以及较大的成本效应等特点,较好地提供了高质量的培训。

近年来,海峡两岸暨港澳地区的经济与文化交流不断加强,海峡两岸暨港澳地区人民渴望了解各地的经济社会文化发展,希望能够共享各地优质教育资源,海峡两岸暨港澳地区间的教育与培训需求日益增长。海峡两岸暨港澳地区,同宗同源,同文化,更易于开展网上培训的合作。综观海峡两岸暨港澳地区,各地网络技术、硬件设施条件等信息技术条件均较好,各地人民对 E-learning 有较好的熟悉感,较好地具备开展网上培训的条件。海峡两岸暨港澳地区培训互有所需、各具优势、条件具备,积极开展海峡两岸暨港澳地区网上培训合作成为时代的要求和趋势。

## 二、网上培训合作的模式

根据网上培训模式的不同,可以采取不同的合作模式,主要可分为课程合作模式、资源合作模式、师资合作模式、学生合作模式、混合式网上培训合作模式等。

### 1. 课程合作模式

课程和资源是网上培训的核心。为了使培训课程对学员有更好的适应性,需要合作各方共同调研,分析需求,共同设计网上培训项目计划及课程设置。可由合作各方联合开发课程,组建联合课程小组,共同研发课程,也可根据需要,由各方或某几方分别提供部分课程。

### 2. 资源合作模式

资源建设与共享是网上培训合作的重要方面。我们知道,提供丰富优质教育资源是网上培训的主要优势,学员可以通过培训机构制作好的网上培训课程、其他有关学习资源和学习信息等进行自主学习。这种培训模式学习方式灵活,学员具有较大的学习自主权,学员学习的自主性和能动性能够得到充分发挥。从培训提供方来说,该模式能够同时为较多的学员提供培训,较好地满足了培训的大众化、常规化需求。故基于资源的自主学习成为网上培训的主要模式。如北京大学中小学教师远程教育课堂、国学与管理系列远程培训项目等是基于学员自主学习的培训模式。学员通过自主学习平台,学习网络课件、光盘课件,以及网络课程学科资源网站、数字图书馆、其他网络教学辅助材料如与培训课程配套的印刷教材、讲义、学习指导等资源,并根据自己学习状况,自主选择参加在线测试、课程讨论、网上作业、平台内交流等学习活动。

这种模式对课程资源数量和质量要求高,课程内容需要不断创新。为了满足这类网上培训的学习需要,可以在资源建设方面开展合作。培训机构可以通过资源引进或资源共建共享的方式与其他机构建立合作。比如,从港澳台的高校引进优质教育资源,或者大陆高校将优质资源提供给港澳台的合作机构,或者大陆与港澳台的高校共建并共享优质资源。

### 3. 师资合作模式

除了以上所述教学资源,教师在网上培训中发挥的引领作用也越来越受重视。如当前在网上培训中受到学员欢迎的教师实时授课模式、教师引领网上培训模式,教师都起着直接的重要作用。如北京大学远程培训中通过视频会议系统进行的专家专题实时讲座和语音实时答疑系统进行的辅导答疑等培训教学活动受到了学员的欢迎。同时,北京大学"全国中小学教师教育技术能力远程培训"通过二次开发的 Moodle 引领式学习平台,进行的教师引领式培训收到了很好的培训效果。在引领式培训教学中,我们注重教师对课程学习的引领和评价,学生在相对集中的时间内完成预先设定的学习活动,如阅读、测试、讨论、交作业等;平台自动记录学员的学习轨迹,对测试题目自动评分,讨论和作业由指导教师在规定时间内给予学员及时反馈;学员通过班级讨论区、站内短信等通信工具与教师、学习伙伴保持交流,解决学习过程和班级事务问题;学习评价采用过程性和全程性评价方式,注重对学员学习过程的记录和考评,评价过程贯穿于学习过程始终,学习成绩的累计构成了学员最后的得分。该模式的开展受到学员的广泛好评,学员们普遍反映教师引领对学习效果提高起到非常重要的作用,教师反馈和评价及时,学习收获很大。

教师引领式的培训模式离不开教师的直接参与。为共享优质教师资源,大陆与港澳台高校合作,聘请海峡两岸暨港澳地区优秀师资,在网上培训中充分发挥教师引领作用,实现高质量的培训。

### 4. 学生合作模式

在网上培训中,学员同行互助学习模式已成为网上培训的发展趋势。网上培训招收海峡两岸暨港澳地区的学员,学员们在教师的引导下,通过协作学习、建立网上学习社区等方式,进行学员间的交流与合作学习,将使学员获得更大的收获,取得更大的效果。

### 5. 混合式网上培训合作模式

除了以上完全通过网上开展的培训形式,还有另一种广受学员欢迎的网上培训形式,即网上和面授相结合的混合式网上培训模式。该模式以学生自主学习、教师引导和学员互助学习的网上学习为主,辅以适量的面授教学。网上学习部分,学员可分散在家中或工作单位中学习,另一部分选择合适的地点进行面授学习。网上与面授学习的时间比例根据具体内容和需求设计。如"北京大学中小学教师教育技术能力建设计划""国家级骨干教师培训"项目成功地实施了"网络学习＋面授教学"的两阶段混合培训模式。该培训前 3 天在北大集中面授培训交流,然后 10 天进行网上学习,其中设计有 2 天的小组协作学习。在面授期间,安排有 6 个高水平的专家讲座。混合式教学通过短期的面对面教学,促进了师生间的进一步熟悉,拉近了感情,解决了可能遇到的问题,为后继远程培训的顺利开展奠定了基础。很多学员认为,北大的培训没有走过场、没有走形式,而是"高效实在"地学到了一些东西,有收获。

我们愿意与内地其他地区、港澳台等高校合作,设立面授点,开展混合式教学。

6. 其他的合作领域和内容:课程、研究、教师交流合作等

除了以上资源、教学方面的合作,我们还可以进一步开展研究、教师交流、学员交流等方面的合作。

### 三、网上培训合作应注意的有关问题

建立成功、有效的合作机制是确保网上培训合作的基础,对合作项目的质量也应有高度的重视。

1. 成功合作的机制

寻求合作之始,应认清自身优势,明确合作目的。一要有宏观的目标,如通过合作,达到共享优质教育资源的目的;优势互补,强强合作,促进网上培训质量的提高。二要有可操作性的内容,特别要把合作目的与合作对象开诚布公,充分沟通,达成共识,分清合作各方应尽的责任、权利和义务。合作各方在其后的合作进程中即应以这个共同目标为方向,为这个共同目标而工作。

公平、共赢是合作建立的基础。合作必须建立在公平的基础上,并且在各方共赢的基础上建立合作关系。

选准合作项目,找准合作对象。应密切结合各地社会需求,建立各地急需的培训项目,强强合作。

从小项目做起,逐步加深扩展。建立合作应逐步了解,建立双方信任,从有明确的计划和时间安排的小项目开始,寻找切入点,不断扩大和丰富合作的内容,逐步加强扩展合作领域;通过建立短期、中期和长期合作,形成务实合作、高效合作和长久合作关系。

遵守获得合作成功的一些必要条件。合作应严格管理并界定明确的目标、职责和时间安排、双方利益、一体化和诚信。应维护学员、教师、合作机构等各方

的合法权益,不应使各方的合法权益受到损害。应严格遵守协议,以各方的共同利益为大局,实现双赢。应尽可能地考虑到不同合作机构在机构文化上的多样性,妥善处理好这种文化差异。为了长远利益和全局利益,在局部或暂时的利益冲突中,应注重沟通和协商解决问题。应遵守各地有关政策法规,通过签署合作协议,进一步明确双方的责、权、利;建立健全各项规章制度,规范管理,依法办学。合作协议应该经过认真磋商达成,一经形成,一定要保持信息交流的畅通。

2. 成功的合作项目

开发适宜的项目,应是各地社会发展急需的项目和课程。

应共同进行课程设计,达成对课程的统一认识。某一具体课程的设计,可由一方主导完成,但在使用前,另一方应进行检查,察看内容是否符合本地社会学习的需要,若有不符合的地方,双方应进行协商修改,以满足学员的学习需要。在资源共建模式中,既要兼收并蓄,又要保持本地化特色。

以质量为核心。质量既是网上培训机构的生命线,又是开展合作的重要基础,是合作成功的必需条件。合作各方都必须以质量为基础,没有这一基础,绝不会出现双赢的局面。严格师资标准,聘请优秀师资。聘请合作方各地及世界各国高水平师资提供教学资源、实施教学。优化课程结构,开发高水平课程。完善教学过程,提高教学质量。悉心谋划合作办学的办学模式和教学安排,严格各个教学环节的实施和管理。实施质量控制,加强质量评估。加强网上培训学习过程的评估,随时要求学员对教师、课程、机构进行评价,并及时反馈给教学人员和辅导教师,以促进教学的改进与提高;合作各方都要有专家参与到质量评估中。重视政府、社会对培训合作办学的质量监管,利用外部质量保障措施和手段,提升合作办学质量。

**参考文献:**

[1] 欧盟 HELIOS2006/2007 年度报告对 E-learning 未来发展的预测[DB/OL]. http:// 218.25.174.125/MAGZINE/disp.asp? news_sn=120.

# SNS 与现代远程教育校园文化建设

南开大学　白长虹　邵　刚

**【作者简介】**

　　白长虹,南开大学现代远程学院、继续教育学院院长,商学院教授,博士生导师。

　　邵刚,南开大学继续教育学院。

　　本文为 2010 年第十一届海峡两岸暨港澳高校继续教育论坛收录论文。

随着 Facebook 的快速崛起,SNS 在全球获得了蓬勃发展,大量新 SNS 网站上线,而一些已经建立成熟业务模式的网站,也在关注 SNS 的发展,并积极引入 SNS 技术对现有网站进行改造。

SNS 是英文"Social Networking Service"的缩写,直译为"社交网络服务",是一种新近出现的网络应用技术。早期的 SNS 应用主要是通过"熟人的熟人"来进行网络社交拓展,现在一般所谓的 SNS,已经超越了"熟人"的概念,可根据不同议题进行交往凝聚,比如根据相同话题进行凝聚(如贴吧)、根据学习经历进行凝聚(如 Facebook)、根据共同爱好进行凝聚(如豆瓣网)等。

相比其他网络技术,SNS 更强调在平等基础上的互动和分享,用户以自己为中心与好友自由地进行交流和分享,从而引发更多好友的兴趣,形成更多的交流,塑造用户自身的网络社交圈子。

## 一、SNS 的特点和核心竞争机制

大部分文献认为 SNS 是 WEB2.0 当中的一项技术,与 Blog、RSS、Wiki 等新技术并列,最近也有观点认为 SNS 本身包含了 Blog、RSS、Wiki、Tag、Mashup 等新技术(杨洪刚等,2010)。这体现了 SNS 在发展过程中的边界扩展,一些原来认为是独立的技术,如 Blog 等,已经融入 SNS,成为其功能的一部分。

DCCI 互联网数据中心 2010 年上半年调查数据显示(见图 1、图 2):SNS 用户主要使用 SNS 平台联系老同学、扩展新朋友等,将 SNS 媒体作为一个主要的人际交友网络。SNS 排在前两位的功能分别是日志、相册,产品应用偏好功能的区别反映出用户对媒体选择深层动机不同,SNS 用户倾向于进行个人展示和进行分享。

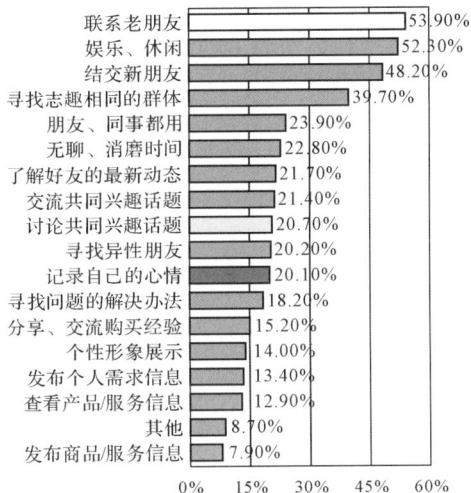

| | 图 1　2010 年 SNS 用户使用目的统计 | 图 2　2010 年 SNS 用户使用功能统计 |

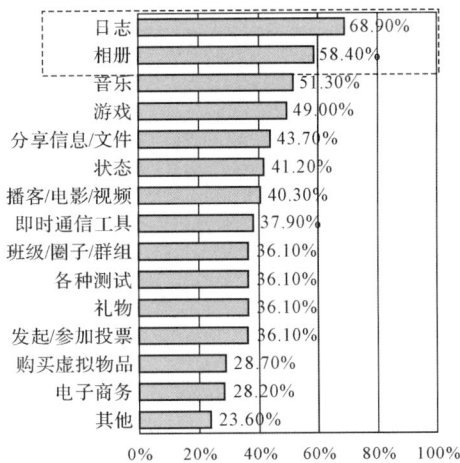

数据来源:DCCI 互联网数据中心。

SNS 集中体现了 web 2.0 的传播特点,注重用户关系管理,为用户提供了信息展示、交流与共享的平台,使互联网应用模式从传统的"人机对话"转变为"人与人对话"(黄锐、孙娜,2009)。

相比其他网络技术,SNS 具有"实名制""好友机制""RSS 订阅机制分享机制""多应用软件机制""平等机制"和"灵活的组应用机制"等六项核心竞争机制。

1. 实名制

用户在 SNS 上显示的就是实名而不是昵称或代号。实名注册和认证要求使 SNS 弥补了传统网络人际传播可信度低的弊病,增强了线上交往的信任感。

2. 好友机制

SNS 有比较完善的"好友"管理功能。如提供好友导入功能,按照注册用户自愿提供的 MSN、QQ 等即时通信工具或电子邮箱账号和密码,由 SNS 向用户已有的网络联系名单发送邀请开通 SNS 通知;通过 SNS 好友的个人主页,能看到好友的"好友"情况,并提出交友申请;自动根据用户的特征,为用户推荐有可能相识或志趣相投的其他用户成为好友备选等。

### 3. RSS 订阅机制分享机制

用户可以订阅好友的页面内容更新,更新情况以及与之相关的留言、评价、回复等都将由系统主动推送到 SNS 用户登录后的网站页面,从而实现好友间的及时高效交流。现在比较成功的 SNS 分享机制,进一步实现了 SNS 好友间的信息沟通。分享的内容一般不限定站内,通常是将分享的内容以网络链接方式供好友来选择。

### 4. 多应用软件机制

SNS 开放应用接口(API)来整合外部应用软件,极大地扩展了 SNS 的边界,供用户在自己的界面上添加喜爱的软件组件,既可以是游戏、博客、相册软件,也可以是学习软件、测试软件等。

### 5. 平等机制

每个用户都是 SNS 的一个中心,SNS 对用户进行平等管理。SNS 网站的用户之间不是基于一种树状的管理关系。用户都是相互独立的平等主体,可以自主撰写日志、上传相册等;每个用户都有自己的"好友"圈,可以决定添加什么样的人为好友,也可以拒绝别人的添加好友要求。

### 6. 灵活的组应用机制

SNS 里面存在大量的组(group)。现实生活中每个人都有多重社会关系,都有自己的归属,都处于各种各样的圈子或组织中,体现在 SNS 中就有各种各样的组。这些组可以很大,也可以很小。一个用户可以同时隶属于不同的组,组的成员范围也可灵活多变。组应用机制将一些有共同兴趣的人凝聚在一起,提供了信息分享和讨论的空间,使组内成员可以很方便地了解所属组内情况的变化,在网络上很好地还原了每个人的现实社交生活。SNS 支持用户申请加入别人建立的组,也可自己建立和管理自己的组。这种组应用机制,使用户可以灵活构建网络社交圈子。

## 二、SNS 在教育领域中的扩展应用研究回顾

张全标、李珺(2006)对用于个人知识管理的 SNS 以及基于 SNS 的个人知识管理系统架构进行了研究;王轶(2008)以校内网实例研究了 SNS 对大学生学习、生活和校园网络文化的影响;蔡沂、郑郁林(2009)提出了搭建基于 SNS 平台的新型校园网络,将学习、科研与校园管理有机结合,使其渗透到校园生活的各个方面;徐岩、吴维云、徐明(2010)认为将 WIKI 与 SNS 整合创建学习共同体可以进一步增强师生、学生之间的互动和交流,通过实例构建了网络学习共同体。

杨洪刚等(2010)提出了基于 SNS 网络学习共同体的基本模型(见图 3),成员间通过问题、资源和活动建设互动信息流,而这些问题、资源和活动又不断吸引其他成员加入,从而形成不断扩大和延伸的网络学习共同体。该模型同时很好地揭示了 SNS 的信息流动机制,体现出 SNS 双向信息流动的特点和优势。

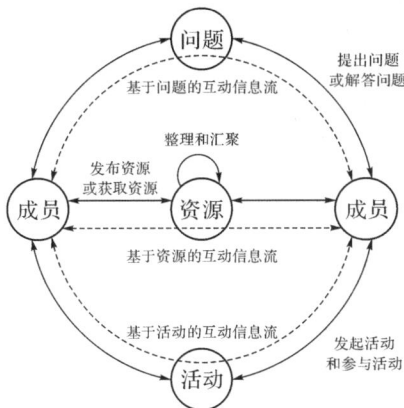

图 3 基于 SNS 的网络学习共同体基本模型

SNS 在教育领域的应用已经有不少案例,如 2009 年广东移动基于 Mobile ＋PC 无缝接入的方式,面向学生、家长和教师推出的专属"139 家校圈"SNS 教育社区;2010 年 1 月,北京教育在线针对北京市中小学生建立的 SNS 网站"成长家园"。

### 三、现代远程教育校园文化研究回顾

现代远程教育的校园文化是一种以计算机技术、多媒体技术、现代通信技术和网络交互构造的虚拟校园文化,主要通过先进技术手段营造真实校园的氛围,通过网上课堂开展各种形式的学术、教学及其他有益活动,使虚拟校园空间蕴含学校的价值精神观、行为规范和道德准则等文化因素,以体现学校的特征面貌、校园意识、群体文化等。

罗健(2008b)认为,远程校园文化的主体应该包括领导管理者、教师、学员等,校园文化的主体实际上是主客体的统一体,当他们在校园文化建设中发挥主体作用时,可以看作是主体;而当他们成为校园文化的管理、作用对象时,又可以理解为客体。李宝敏(2008)在现代远程教育校园文化内涵特征及其功能的基础上,提出了以学习者为主体开展校园文化活动的过程与方法。

研究者们普遍认为,现代远程教育校园文化有助于学生的成长。应悦(2002)认为它对消除网校学生因长时间一个人独自学习而产生的孤独感,养成

良好的人际交往能力和健康的心理品格,培养出适合社会发展需要的全方位的高素质的人才具有极其重要的作用。孙玉梅(2005)认为远程教育高校校园文化除具备校园文化的示范功能、凝聚功能、激励功能和约束功能外,"能使学生在心理和情感上产生一种集体归属感,形成强大的凝聚力量和群体意识"。

由于学习者特征、教学方式等方面的不同,现代远程教育校园文化建设面临着很多挑战:

(1)学生以成人为主,大部分为在职学习,受其周边的工作及生活文化的影响,校园文化发挥的影响作用有限。

(2)脱离现实的校园氛围,通过技术手段还原丰富深厚的大学校园文化非常困难,很难实现传统教育过程中师生或学生交往过程中潜移默化的影响。

(3)学生与助学者之间是简单的"教与学"关系,校园文化主体的参与度有限,借助人际方式传播校园文化作用发挥有限。

(4)学生之间缺乏沟通交流,与集体联系不够紧密,学生难以因为个人荣誉感和集体荣誉感形成前进动力。

建设现代远程教育校园文化更像是一个非常复杂的系统工程。李睿、张海波(2009)对现代远程教育校园文化建设的主要内容进行了细致的梳理,从物质文化、精神文化、制度文化和行为文化四个方面,提出了非常具体清晰的工作举措。陈卫民(2010)认为现代远程教育校园文化表现为"远程教育网站的整体形象设计、学习系统的人性化模式、人机交互模式、考试考核模式、师生沟通模式以及建立在网络基础上的网络文化和传统文化活动"。

就实施方法而言,很多学者指出,开发接近真实世界的、最大限度地实现师生之间互动的校园文化,必须重视虚拟校园环境、虚拟教学情境的建设;提供完善的现代远程教学支持系统;充分利用网络技术与资源,建立虚拟社区和虚拟学生活动中心,开展网上学生社团活动等(罗健,2008b)。孙玉梅(2005)认为远程教育高校在营造虚拟网上校园氛围的同时,依据学校和校外教学中心自身不同的办学条件,可以定期或不定期地组织学生回校集体活动,体验真实校园氛围,"网上网下相结合,真实虚拟相交融"。

## 四、基于 SNS 建设现代远程教育校园文化

网络学习平台是开展现代远程教育的技术和业务核心,是学生和老师之间、学生与学生之间最主要的沟通交流平台,也是建设现代远程教育校园文化最重要的着力点。

传统的网络学习平台通常缺乏对成员的个性支持,学生之间交流、学生与老师之间的互动比较缺乏,各种相关应用缺乏整合,学生需要多次点击方能找到相

关资料。学习平台上的内容主要由教师、助教等工作人员负责更新,更新速度较慢,内容丰富度不足。

SNS 是一种新的互联网应用技术,将这种技术集成进网络学习平台,将对教与学双方之间的关系、信息的内容和发布方式、信息流动方式等产生非常大的影响。

我们认为,校园文化建设的过程,是以校园文化主体为中心的信息流动和交互过程。在构建现代远程校园文化的过程中,校园文化主体与主体之间、主体与硬环境之间、主体与资源之间以及主体与活动之间的多次信息流动是影响主体校园文化感知的最重要过程。基于 SNS 的特点和核心竞争机制对这些信息流动过程进行优化(见图 4),可以发现现代远程教育校园文化的一些新的建设思路和方法。

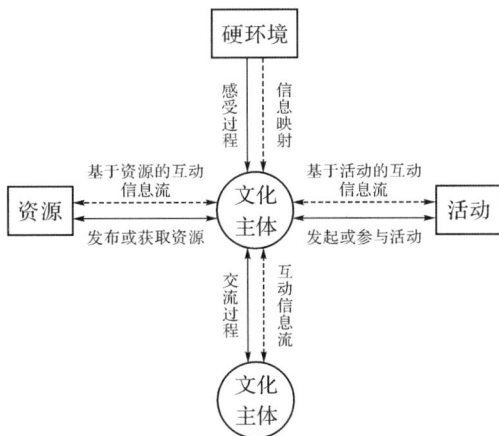

图 4　基于 SNS 的现代远程教育校园文化构建过程中的信息流动模型

1. 硬环境对文化主体的影响过程

硬环境是现代远程教育文化的物质载体和物质基础,包括营造虚拟校园文化相关的各项设备、技术、系统及应用等,也包括现实校园的校园景观、教学设施、科研设备、传播媒体、图书馆、教室、体育馆、文化娱乐设施等。由于学习活动基本不在现实校园进行,现实校园对于现代远程教育校园文化有一定的影响,但远远不及网络虚拟环境的作用。

硬环境对于文化主体的影响是单向的信息映射过程,文化主体在感受硬环境的过程中形成主观评价,进而影响文化主体的文化认知。

2. 文化主体与资源的互动过程

基于 SNS 的资源是指与文化主体有关的各种资源的统称,包括教学大纲、课件、资料，文化主体整理发布的学习日志、心得和分享的图片、文字、音视频等与学习有关的各种资源，以及文化主体按照自身的兴趣发布的与学习无关的日志、感受和分享的与学习无关的图片、文字、音视频等资源。资源还包括 SNS 按照一些规则，对上述资源进行整合和汇聚后，重新自动生成的新资源。

基于 SNS 的文化主体与资源间的互动过程是在硬环境基础上的交互过程，涵盖了现代远程教育的主要学习过程，充分发挥了 SNS 的"平等主体机制""RSS 订阅机制分享机制"和"灵活的组应用机制"，如在这个双向的信息流动过程中，让文化主体在享受别人发布的资源同时，也通过 SNS 的日志、分享等功能创造资源。在某种意义上，助学者与学习者以平等的身份参与这个互动，如在学习资源方面，助学者发布了一份学习资料，但接下来更多主体对于这个资料进行的回复、跟帖等可能创造出更多的资源，远远超出助学者的能力所及。有一些文化主体与资源的互动过程是以小组的形式出现的，SNS 支持文化主体间因某个主题进行成员聚合。

### 3. 文化主体与活动的互动过程

基于 SNS 的活动既包括高校为主导的一些文化建设活动，如前沿讲座、时事热点论坛、报告会、人生讨论会、演讲会、交响乐欣赏，以及各种竞赛和娱乐活动等，也包括文化主体基于共同爱好、兴趣或共同话题等进行的各种网上和网下交流过程。

基于 SNS 的活动构建机制，可充分发挥 SNS 的"平等主体机制""RSS 订阅机制分享机制"和"灵活的组应用机制"特点，每个主体都可以发布活动，也可以申请参加别人发布的活动，经批准后成为小组成员。活动的筹备、设计、组织、预告、宣传、回顾、评论等过程都可以在 SNS 上很好地呈现，并借助"RSS 订阅机制分享机制"迅速传播，影响更多的"好友"。活动的执行过程可以是在线的，也可以线下的实体活动，尤其是对于线下活动的宣传、回顾、评论有助于降低现代远程教育校园文化的"虚拟感"。

### 4. 文化主体间的互动过程

基于 SNS 的文化主体间的互动过程，是在 SNS"平等主体机制"基础上的双向互动过程，师生之间、学生之间可以平等地进行交流，提高学员的沟通交流意愿。助学者与学习者都以实名出现在网络上，均经过学校的相关认证，保证了交流主体身份的真实性。学生和助学者之间需加为"好友"进行交流，构建了相对稳定的长期联系渠道，并贯穿于学生求学的全过程。当学生完成了学历教育的学习过程后，因为 SNS 搭建的"好友"关系可以继续保存，仍然可以担当学生与学生间、学生与老师间长久的网络交流平台作用，并可发挥类似"校友录"的功能。

发挥 SNS 的"RSS 订阅机制分享机制"特点,助学者可将校园文化的硬性宣教改为平等主体间的主动信息推送,将学校历史、校园文化、校园景观、杰出校友、教授观点、学校内的各种活动等信息经过挑选后主动投送给学生,让学生更主动地接受来自"校方好友"的信息,从而达到潜移默化的校园文化引导作用。

### 五、结束语

在现代远程教育网络学习平台建设中应用 SNS 技术,并结合 SNS 的特点和核心竞争机制对信息交互过程进行优化和调整,有助于建立以"学生为中心"的教育办学模式,从"学生视角"出发进行教学过程设计。

建设现代远程教育校园文化是一个非常复杂的过程,主客观影响因素众多,很难对文化的建立和发展进行清晰的认知,以基于文化主体的信息流动作为切入点进行研究,有可能是探寻校园文化建设的一个新思路。将 SNS 应用于现代远程教育校园文化建设还仅仅停留在方法摸索阶段,随着相关实践的陆续展开,有待进行更深入的研究。

**参考文献:**

[1] 蔡沂,郑郁林.SNS 网络在高等教育中的应用刍论[J].科教文汇,2009(23):1,17.

[2] 陈卫民.现代远程教育校园文化建设探析[J].现代商贸工业,2010(15):290-291.

[3] 黄锐,孙娜.Web 2.0 环境下 SNS 的发展策略探析[J].商场现代化,2009(7):14-15.

[4] 李宝敏.远程教育中以学习者为主体的校园文化建设研究[J].现代教育技术,2008(12):71-74.

[5] 李睿,张海波.现代远程教育校园文化建设方案初探[J].中国教育技术装备,2009(12):10-11.

[6] 黎友源,吴玲玲.试论现代远程教育的"准校园文化"构建[J].安徽广播电视大学学报,2003(1):64-67.

[7] 罗健.现代远程教育校园文化要素探析[J].江苏广播电视大学学报,2008a(6):5-8.

[8] 罗健.现代远程教育校园文化建设研究述评[J].中国远程教育,2008b(9):33-35.

[9] 孙玉梅.网络环境下远程教育高校的校园文化建设研究[J].中国远程教育,2005(12):19-22.

[10] 王轶.校园 SNS 网站与校园网络文化建设研究[J].东南传播,2010(11):85-87.

[11] 徐岩,吴维云,徐明.SNS-WIKI 整合构建网络学习共同体应用探究[J].现代教育技术,2010(3):110-114.

[12] 杨洪刚,宁玉文,高东怀,沈霞娟.基于 SNS 的网络学习共同体构建研究[J].现代教育技术,2010(5):93-96.

[13] 应悦.网络教育校园文化建设初探[J].中国远程教育,2002(2):38-39.

[14] 张全标,李珺.基于SNS与个人知识管理系统构架[J].科技信息,2006(1):75.

# E-learning 之现况及未来展望

台湾"清华大学"(新竹) 周更生 唐传义 陈瑞徽 陈明君

【作者简介】

周更生,台湾"清华大学"(新竹)化学工程学系教授兼自强工业科学基金会执行长。

唐传义,台湾"清华大学"(新竹)信息工程学系教授兼计算器与通信中心主任。

陈瑞徽,台湾"清华大学"(新竹)计算机与通信中心信息工程师。

陈明君,台湾"清华大学"(新竹)教务处国际及推广教育组编审。

本文为 2008 年第九届海峡两岸暨港澳高校继续教育论坛收录论文。

## 一、前 言

随着终身教育的观念逐渐普及,除了传统的学校教育之外,许多社会人士、退休人士借由各种管道增进自己的技能及知识。台湾"清华大学"位于台湾高科技产业发展枢纽位置,附近新竹科学园区精英从业人员对于其相关产业推广教育的需求极高,"清华大学"本着"资源共享、多元服务"的宗旨,开设相关课程,包括学分专班、社会人士随班附读以及培训课程等。在学分专班方面,目前有两种开课模式,一是以系所为单位开班,例如科技管理学院 EMBA 学分班,工业工程与工程管理学系学分班以及生科系、医环系、化学系合办的生物及医学科技人才培育学分班等;而为增加开课弹性、不以单一系所开设学分专班为限,同时采用另外一种开课方式,即针对产业及社会需求,以主题方式跨系所聘请相关领域教授开设课程,2007 年及 2008 年度与自强基金会合作,开设光电、电机、化工、资工、通信以及半导体等领域课程,切合新竹科学园区在职人员的需求。此外,因社会人士在职进修的需求差异很大,因此除学分专班外,亦开放社会人士随班附读,除在职专班课程外,校内所开设的课程经授课教授同意后皆可选修。而培训课程方面,本校教授在自强基金会开设各技术类的非学分班及进修课程;语言中心则开设各种程度的英语、日语、法语、德语、西班牙语及汉语课程,提供社会人士听、说、读及写各层面的训练。

至于授课方式,为适应众多学习者不同的需求,目前发展出多种有别于以往老师和学生在同一时间、同一地点的上课方式,E-learning 就是其中的一种。E-learning 本身又有很多不同的形式,尤其不同组织所展现出的 E-learning 形式差异极大。在本文中,我们将组织分为三大类,分别为学术机构、公司企业以及提供数字课程的教学机构,主要经由访谈,从实务的层面探讨 E-learning 在不同组织的现状、所表现出来的形态差异,以及各个组织对 E-learning 的展望。

**二、E-learning 在不同组织的现状**

以下针对学术机构(以台湾"清华大学"为例)、公司企业以及提供数字课程的教学机构(以自强工业科学基金会为例)运用 E-learning 的现状进行说明。

(一)学术机构

目前学术机构的 E-learning 系统主要提供给老师和学生使用。在台湾"清华大学",E-learning 平台由计算机与通信中心管理,让学校老师可以借由平台放上教学讲义、影片以及公布课程注意事项等信息;而学生以及申请随班附读学分的社会人士登入 E-learning 平台后,可看到自己本学期修课的课程名称,选择欲查看的课程后,即可看到此课程授课老师所提供的课程讲义内容。至于科技管理学院所开设的 EMBA 网络学分班,是与厂商合作规划的网络同步互动教学系统,系统上除了静态的最新消息、课程介绍、课程安排、教材目录、单元测验、作业报告以及常见问题等说明外,还包括在线讨论、群组讨论以及议题讨论等互动功能;教师亦可通过系统进行学员、课程、报告、测验、成绩等管理工作。此系统从 2003 年 7 月运作至今,已经针对学员意见不断地改进,以成为 user friendly 的系统为最终目标。

(二)公司企业

目前具规模的公司企业皆极为重视员工的在职训练,认为教育训练能够提升员工的工作技能及素质。公司企业除了提供实体课程外,也会使用 E-learning 上课,尤其是较为庞大的企业,因为员工众多,若每位员工都是使用实体课程的方式上课,对企业而言,不论是时间、空间还是费用,皆需耗费极高成本,故 E-learning 对具规模的大企业来说是一项很好的选择。

公司企业的 E-learning 课程主要采用以下几种方式建立:

（1）委托厂商制作数字教材。有些企业会与专门制作数字教材的厂商合作，委托厂商制作专属于自己企业的在线教材。企业需要与厂商做充分的沟通，以期能制作出符合课程效益的数字教材。

（2）购置现成的数字教材。目前市面上有许多现成的数字教材，公司企业可选择符合自己需求的课程，购买之后直接安装在 E-learning 系统上即可观看。

（3）自制数字课程。有些公司会购买课程录制软件，自行制作简易的 E-learning 课程；或是将实体课程的上课过程录像下来，经剪辑后放上 E-learning 系统，提供无法参加实体课程的同人观看。

(三)提供数字课程的教学机构

目前许多教学机构，如计算机、语言的补教业，甚至是文教出版机构，都有规划、制作 E-learning 课程。以下以自强工业科学基金会为例，说明教学机构的做法。自强基金会请老师依投影片内容讲解课程并将讲述时的声音录下，再将其制作成逐字稿，于校对无误之后，请配音员重新配音，即成为课程讲解旁白。此外，投影片另制为 Flash 动画后，再加上先前重配的旁白，即完成数字课程的制作。若有学员想参加 E-learning 课程，在缴学费之后，自强基金会提供学员一个月的学习时间，在这一个月内不限次数学习。学员上课时若遇到关于课程内容的问题，可以在课程讨论区留言，基金会将请专业老师解答；若是技术方面的问题，如无法观看课程或在观看过程中出现错误信息，亦可与基金会联络，会有专人负责排除问题。自强基金会在多年开设高科技实体课程的经验下，与课程老师通力合作，将这些课程转化为数字教材，让学员在学习时间上有更弹性的选择。

## 三、E-learning 的优点及碰到的难题

以下分别从学术机构、公司企业以及提供数字课程的教学机构角度，说明 E-learning 的优点及碰到的难题。

(一)学术机构

E-learning 平台让学生有统一的窗口可以观看所有选修课程的教学信息，也让老师不用另外再架设课程平台，直接使用学校提供的 E-learning 资源，及时地公布课程信息，使得老师和学生之间的双向互动更为便利。不过以目前台湾"清华大学"的 E-learning 系统而论，所碰到的问题是维护费用太高，需要定期与厂商签订维护合约，高昂的维护费用让管理 E-learning 平台的计算机与通信中心考虑是否需要更换新的 E-learning 系统。至于科技管理学院 EMBA 网络学分班所使用的网络同步互动教学系统，学员遇到使用障碍或操作不熟悉时，随时

可通过电子邮件、0800 24 小时客服专线、平台讨论版或其他实体活动机会时提出,客服人员会在收到问题后立即处理,两天内一定完成。然而同样受限于成本因素,同步使用系统的人数仍待增加。

(二)公司企业

公司企业的 E-learning 课程,不同的方式有不同的优点与限制,以下分别说明。

(1)委托厂商制作数字教材。这种教材所呈现出来的学习接口较为精致,内容的编排以生动活泼为导向,进而提升学习者的学习成效。但是这种制作方式费用昂贵,这也是诸多公司企业望而却步的原因。

(2)购置现成的数字教材。可节省课程制作所需花费的大量时间,但是因为课程种类繁多,质量不一,购置时应审慎评估。

(3)自制数字课程。在金钱方面的支出较为简省,但是除非企业本身雇有专业制作数字课程的人员,否则自制的数字课程不太精致,自行摄影的课程画面也可能较为模糊、不清晰。

不论是委托厂商制作、自行购买还是自制数字课程,公司企业在推行这些课程时,最常碰到的问题是:员工的学习意愿。通常公司会希望员工在特定时间内完成数字课程,但是员工经常反映工作繁忙又时常需要加班,下班之后已经没有时间和精神上课;若周末休假日上课未免太不近人情。所以公司企业在推广数字学习时,需要先克服这一难题。

(三)提供数字课程的教学机构

对于提供在线学习的数字课程,教学机构不需要提供实体的教学空间,也不用每次开课都要再花费时间做课程的前置作业,而且学员是主动付费上课,所以不会有像公司企业员工学习意愿不高的问题。根据自强基金会的调查,对于学习者来说,这样的上课方式较为方便且节省时间。但是所碰到的难题是无法掌握学习者所使用的硬件设备,每位学习者的硬件设备不同,若硬件配备及网络带宽无法达到最低的需求门槛,即无法顺利观看课程。

**四、E-learning 的展望**

在学术机构方面,E-learning 目前在使用上还是比较偏向于课程讲义的下载或是课程信息的公告。其实 E-learning 系统还有许多功能,如联机操作缴费、课程讨论及课程行事历的安排等,希望未来这些功能可以更广泛地被使用。老师可以录制课程影音档放上平台供学生预习和复习;学生若不好意思在课堂上直接发问,也可以录制声音档上传至平台请老师解答。学校的实体课程搭配

E-learning平台多元的使用方式,相信每门课都可以变得多姿多彩。

公司企业对于 E-learning 如有长久发展的决心,可以将员工的职业生涯一起纳入规划。如某位员工目前是技术助理,未来想朝工程师方向发展,那么 E-learning 系统可以去分析这位员工需要学习的课程以及需要增强的技能,让该员工可以依照建议去达成目标。这样的模式让员工觉得待在这家企业是有前景的,会提升对公司的忠诚度,从而建立起双方良好的互动关系。

教学机构在制作数字课程之前,需要先和课程讲师协调沟通,请讲师协助提供投影片、讲义及课程的讲述内容。从未接触过 E-learning 的讲师较无法了解实体课程和数字课程的差异,所以投影片的章节、重点标示有时会不够明确,课程的讲述有时会不够清楚明了,所以教学机构的负责人员需要不停地与讲师讨论,以确保数字课程的质量。期望未来讲师在制作过数字课程之后,可以体会到数字课程和实体课程的不同之处,甚至激发出更多对数字课程的想法,应用在数字教材上,让未来的数字学习更丰富有趣。另外,以自强基金会来说,除了和讲师讨论协商课程内容外,还需要委托专门制作数字课程的厂商执行后制,大家通力合作完成数字化课程。自强基金会希望培养出自行制作数字课程的能力,未来可以不假他人之手,自己制作出专业的数字课程。

## 五、结　语

E-learning 其实有许多不同的形式,每个组织所使用的 E-learning 平台也不尽相同,它所包含的范围很广泛,不仅仅只有本文所讨论的三种组织所显现的形态。基本上,只要是使用 e 化的课程教材来实施教学,都可以称为 E-learning。

每种组织建立 E-learning 的目的不一样,学术机构主要是提供师生一个分享课程信息的平台;公司企业是营利机构,所以建置 E-learning 的目的在于提升员工的知识技能,期望员工因此增加生产力进而创造更大的利润;教学机构则是方便学习者能够选择自己的学习时间和地点。虽然目标不同,但是 E-learning 的确带领大家进入一个有别于传统的学习世界,提供丰富且多元的学习管道,不受时间空间的限制,进而达到终身学习的目的。

# 正视机遇与挑战,确保远程教育可持续发展

哈尔滨工业大学　徐　烈　祁师梅

【作者简介】
　　徐烈,女,哈尔滨工业大学继续教育学院办公室主任,助理研究员,研究方向为继续教育。
　　祁师梅,女,哈尔滨工业大学继续教育学院办公室财务管理人员,助理研究员,研究方向为继续教育、财务管理。
　　本文为2013年第十四届海峡两岸暨港澳高校继续教育论坛收录论文。

近年来,由于教育形势发生了较大的变化,社会对远程教育也提出了新的要求、新的挑战。

2013年是高校实施"十二五"规划关键的一年,也是深入贯彻落实科学发展观的重要一年,还是国家创立现代远程教育以来面临严峻考验的一年,广大教育工作者应正视机遇与挑战,认真总结经验,科学地规划远程教育的长远发展,为国家构建终身教育体系和建设学习型社会的全局服务。因此,今年是为未来发展奠定基础的一年。我们将更加努力,推动远程教育进入更加规范的轨道更迅速地发展。广大远程教育工作者面对机遇与挑战应统一思想、齐心协力,将我们的远程教育事业办好,办出特色,办出水平。

## 一、认清形势,迎接挑战

远程教育是国家高等教育的重要组成部分,在我国发展了十余年。哈尔滨工业大学积极响应国家的号召,将远程教育作为我校的一个长期战略选择,积极发展远程教育。我校的远程教育在经历了创立与发展阶段、调整与规范阶段后,已进入到精细化管理和内涵建设的发展阶段。

经过了十二年的发展历程,哈工大远程教育取得了阶段性成果,在专业设

置、支持服务、资源建设等方面都进行了积极的探索与实践,并取得了一定的成绩,得到了学生的认可。在未来的发展中,哈工大远程教育也面临着严峻的形势。机遇与挑战并存,我们远程教育工作者要站在科学发展的战略高度,准确地把握远程教育工作的阶段性特征,正确认识我们面临的机遇与挑战,更好地实现我们的发展目标与任务。

(一)生源市场不容乐观

随着高等教育大众化进程加快,我国高等学历继续教育正处于一个调整时期。对我们肩负着高等教育大众化任务的远程教育工作者来说,确实不容乐观。

1. 学历补充作用减小

从1999年起日校统招生开始扩招,已经持续了十多年,并且还在继续。远程教育面向在职人员进行学历补充的作用伴随着日校的扩招而日渐削弱。学历补充的市场需求在逐渐减小。

2. 生源数量不足,质量下降

日校的扩招不但减弱了在职人员的学历补充作用,而且直接影响着远程教育的生源数量,而数量的减少必然影响到生源的质量,所以在这种大众化教育的背景下,我们远程教育的生源不可避免地出现了数量不足和质量下降的趋势。

3. 市场饱和趋势显现

远程教育在我国已开办十余年,凭借其不受时间和空间限制等优势而迅速发展,目前在校生人数已达600多万人;各种形式的高等教育在近年来也出现快速发展的局面,远程教育的生源已初步显现出饱和的趋势,特别是文科和管理类学科更加明显。

4. 缺乏公正的竞争环境

虽然教育部在逐渐规范远程试点院校的办学行为,但各主办院校之间的无序竞争状况并没有根本好转。校与校之间抢夺生源的大战年年上演,甚至打起了价格战,某些现代远程教育试点单位乱招生、乱收费,教学活动不按规范操作,滥发文凭的现象依然存在。

(二)个性化需求越来越高

在现代社会快速发展的进程中,"以人为本"的思想引领着各行业的发展。在高等教育的发展过程中,学生逐渐将远程教育作为一种教育消费品,期待着教育产品的特色化、多样化和教育服务的人性化。

1. 强调专业特色和课程特色

面对琳琅满目的教育产品,受教育者选择的自由度逐渐加大,也变得更加理性。在选择专业的同时更加关注的是课程的设置,他们期待的是兴趣与学习的统一。因此为满足学生个性化的需求,专业设置和课程设置必须坚持特色化,与时代同步发展。

### 2. 强调实用性

我们的学生或生源都是在职人员,他们有着一定的实际工作经验,在选择接受教育时,更加注重满足岗位的需求、解决实际工作中的问题的需求或是提升职业素养的需求。

### 3. 强调好学易懂

受教育对象的特点决定了教育的方式。伴随着生源数量减少、质量下滑,学生期望选择的是好学易懂易毕业的专业和学校,而主办学校在强调质量的同时,必须重视生源和潜在生源的需求,因此平衡质量与数量的关系难度加大。

### 4. 强调服务到位

在学习过程中,学生与老师处于分离状态,客观上要求为学生提供更好的自主性学习环境和增加人性化的学习支持;学生在网络世界里见识了太多精彩纷呈的东西,对网络学习的要求也在提高,他们希望网页设计新颖美观,路径简便;也希望交费方式多样,手续简化;课件的设计精美、人性化、方便学习。在满足学生需求的同时必然对远程教育的服务功能提出更高的要求和挑战。

### (三)投入增加,成本上升

随着近年来信息技术的迅猛发展,远程教育业已建成的一套硬件系统面临着更新换代的需要。远程教育的软件环境建设和网络教育资源建设更是一个永恒的主题。

### 1. 软件平台的开发维护

远程教育业务的变化使得软件平台的需求不断变更,后续的开发维护要花费大量的时间和精力。

### 2. 硬件系统的升级换代

硬件是软件运行的载体,硬件建设不是一劳永逸的。随着软件功能的不断丰富、完善,对硬件的要求也越来越高,硬件系统要通过升级换代来满足软件的运行需要。

### 3. 更新周期缩短

科技进步促进了知识的更新,特别是与国家政策、法规联系紧密的专业知识更新速度就更快,这使得课件的更新周期缩短,如会计学、法学等专业。

4. 精品化需求增强

远程教育自我完善、自我发展的需求使得课程资源精品化成为趋势,课程的教学设计需要进行技术的包装。

硬件系统的升级换代、软件平台的开发维护、知识更新速度加快和精品课程建设都使办学投入加大。

(四)政策收紧,逐渐规范

远程教育是教育部授予试点高校最充分办学自主权的教育形式。试点高校自主决定入学政策、自主招生、自主办学、自主授予学位等。后来,教育部也相继出台了一些收紧性的政策来规范远程教育,确保其质量和可持续发展。比如统考政策的出台,对统考课程进行机考的改革,都向我们的教学体系和学习支持服务体系提出了更高的要求;严禁招收脱产学生,不得招收兼读、套读学生,不得点外设点也是教育部新的规定和政策。

## 二、珍惜机遇,实践创新

21世纪是"网络加教育"的世纪。我国远程教育紧随信息时代的发展而发展,随着网络技术的进步而进步。当前,我们从事高等教育大众化的工作者都应该清醒地认识到,这对于远程教育是一个新的历史发展机遇。

(一)国家支持,引领发展

党的十七大报告提出,"优先发展教育,建设人力资源强国","发展远程教育和继续教育,建设全民学习、终身学习的学习型社会"。这是首次将"远程教育"写入党的代表大会报告中,充分肯定了远程教育在现代国民教育体系和终身教育体系中的重要作用和地位。这不仅对我们发展远程教育提出了新的要求,也带来了新的发展机遇。哈尔滨工业大学作为国家重点建设的综合性大学之一,有责任也有义务为我国全民文化素质的提高贡献力量。

(二)政策支持,创造环境

远程教育的可持续发展离不开制度的保障,但作为一种新型的教育模式,其制度建设是一个渐进的过程。教育部在发展远程教育的同时,逐渐制定了《关于发展我国现代远程教育的意见》《现代远程教育校外学习中心(点)暂行管理办法》《现代远程教育资源建设项目管理办法》等一系列政策。这些政策的相继出台,为远程教育的健康发展提供了有力的保障,创造了较为规范的办学环境,为远程教育的可持续发展起到了保驾护航的作用。

(三)暂不审批,减少竞争

从远程教育创立至今,教育部先后分三批在68所国内知名高校建设网络教育学院开展远程教育试点工作,已有十余年。为了支持和促进试点高校远程教育良性发展,国家一直未审批新的试点高校,这也为我们提供了一个相对稳定的发展环境,减少了竞争的压力,提供了发展机遇,也能较好地保证远程教育试点工作的顺畅发展。

(四)准确定位,特色办学

科学准确的定位是远程教育发展的重要保障。

我校远程教育的定位是:适应社会需求,面向国民经济主战场,培养实用型、技能型人才,努力构建终身学习的教育服务体系。

依托哈工大的优质教育资源,挖掘自身的优势与潜质,学院积极调整专业设置,始终以"响应社会需求,突出我校特色"为原则,开办相应的专业。

2005年,我校仅有6个专业,如今已经达到了15个专业;增设了几个工科专业,有机械设计制造及其自动化、电气工程及其自动化、焊接技术与工程等。今后还将不断地将哈工大的工科优势专业逐渐在远程教育教育领域中推广。发挥哈工大建筑、土木学科的优势与特色,与部分省(区市)建筑院校合作建立了学习中心和函授站,为建筑行业培养了数千名学生。

以特色谋求发展,将为远程教育带来新的发展机遇。

(五)网络课程,精品建设

学院在远程教育的发展过程中,不断地加强资源建设。资源建设是确保远程教育可持续发展的重要保障,也会为学院带来全新的发展机遇。

1. 加快网络教育精品课程建设

很大程度上,网络教育的水平,就是课程的水平。因此,不提高网络教育的课程质量,网络教育的教学质量就得不到真正的提高。为推动优质资源共享,学院启动了国家级精品课程建设计划,希望通过精品课程提高学院教学、管理和资源开发的整体水平。

2. 加强网络学习资源建设

在这方面,学院除不断探索提高音视频课件质量的技术手段外,还将课件转换为MP3格式等不同形式的文件供学生学习;制作了包括课程介绍、重点难点、学习安排、常见问题解答、模拟试题等学习指导性内容的网页版课件;在音视频课件中按章提供学习指导和课后总结。

3. 加强网络技术支持建设

远程教育的技术支持在其体系中占有重要的位置。多媒体教学资源、网络学习环境、学习支持服务系统是保证远程教育质量的三大技术支柱,需要从课件的设计、平台操作、技术支持等全方位地介入,方能确保硬件与软件的相互融通,从而提高现有教学媒体的利用水平。

### 三、精细管理,内涵建设

国家选择我校开展远程教育试点工作,正是希望我们能够发挥重点大学的示范作用,引领远程教育发展,为社会做出更大贡献;我们更加希望将哈工大的优质教育资源辐射到全国各地,为地方经济、社会发展作贡献,从而赢得社会的支持,提高学校的知名度。

过去的这些年中,我们不断地探索远程教育的规律,探索适合的管理方式,致力于规范有序的基础工作。现在,我们可以自信地说,我们已经具备了在保证质量的基础上适度扩大办学规模的管理队伍及相关制度。面对机遇与挑战,学院确定远程教育工作下一阶段的任务是推进精细化管理,加强内涵建设。

(一)扩大招生,协调发展

1. 规范管理奠定了基础

学院在多年的办学中悟出,办学就是"办"中"学",不断地实践探索并努力解决发展过程中存在的问题和矛盾,研究其发展规律,形成经验甚至理论,同时也要在"学"中"办",不断学习,总结经验,学习其他网院的长处,使我院远程教育工作日益进步,可持续发展。

在远程教育发展初期,各方面发展不协调,出现了一些招生、考试方面的问题,学院不回避矛盾和问题,积极规范、调整,明确远程教育保持适度的发展速度,探索出一条适合我院实际情况的精细化管理之路,建立、健全了各项规章制度,为我院远程教育快速发展奠定了制度基础。

2. 学院改革提供了人力资源保障

几年来,学院不断加强自身建设。在学院新的机构调整中,原来由一位副院长在抓远程教育的全面工作,现改为一位副院长负责远程与成人教学工作、另一位副院长负责远程与成人招生与学籍工作,更加方便系统性地开展工作;原来专有远程教育部统管远程教育招生、学籍、教务各项工作,大而全,现在改为远程和成人的招生工作在招生办公室,还增设了两个远程招生岗位;教学工作都在教务办公室,配有两名主任;学籍工作单独设办公室。逐渐培养学院职工的市场意识和危机意识,为扩大规模提供有效的人力资源保障。

3. 规模质量并重,持续协调发展

尊重教育规律与市场规律是确保远程教育可持续发展的重要前提。学院在提倡扩大规模的同时,绝不忽视质量的提高。只有坚持质量与规模协调发展,才能实现远程教育健康、可持续发展。因为我们始终相信市场属于大家,而品牌属于自己。我们要以质量和信誉赢得市场。

(二)精细管理,专业服务

1. 继续推进精细化管理

实现远程教育可持续发展,必须依靠强有力的制度和规范有序的管理作基础。

强化过程管理。学院从学生注册、学籍管理直至毕业审核,从组织入学考试、入学教育到教学支持都强化过程管理,并且使主要环节有制度作保障。

及时收集反馈信息。在教学管理中,针对教学站和学生提出的问题,由相关部门整理、定期汇总,做到及时了解、及时发现、及时处理,保证各项工作有效运行。

确立以人为本的思想。在规范管理的基础上,做到简化工作流程,使后续工作流程更加顺畅,逐渐将以人为本的思想融入具体工作中。

在招生、教学等工作管理过程中,要以突出服务、全程监控、保证质量为中心,建立起适应远程教育发展的精细化管理体制,制定切实可行的各项管理制度,使远程教育健康、持续、稳步地发展。

2. 提高服务意识、服务水平

远程教育的核心理念是服务,而学生是这种服务的享用者。学院将不断深化面向学习中心、面向学员的理念,积极推进以教学站为服务窗口,全力为学生提供优质的助学服务。

学院在不断提高课件建设水平、技术支持水平和教学管理水平的过程中,深知员工的服务意识、服务水平将直接影响到教学站的招生宣传工作、学习支持、学籍和日常管理等各项工作,也关系到学院在各地区开展远程教育的质量,关系到学院办学的社会信誉,关系到学院的生存和发展。

给每个教学站配备一名协管员,专门负责反馈各教学站的意见及建议,商讨解决学院在招生、教学、技术支持等各个方面存在的问题,我们今后还要将此项工作真抓实干地落实下去。

(三)加强管理队伍建设工作

根据远程教育的特点,远程教育的管理队伍有两部分组成:主办院校的管理队伍和学习中心的管理队伍。这两支队伍的建设直接关系到远程教育的发展。

1. 学院的管理队伍建设

学院自身管理队伍还普遍存在着危机意识差、市场观念淡薄的思想状况,主要体现在招生、教学、服务支持的水平亟待提高,需要不断提高服务意识、服务水平。

学院定期对工作人员进行计算机能力、远程教育资源应用的培训,目的是提高工作效率和工作水平,更好地为学习中心服务。

2. 学习中心的管理队伍建设

学习中心的管理人员很辛苦,也很努力,但目前存在着队伍不稳定、业务熟练程度低和政策性把关不严的问题。

学院非常重视学习中心服务窗口的作用。保持学习中心队伍稳定,让每一位员工都精通业务、具有一定的政策水平,只有这样才能使学院的水平和实力通过他们客观地展现出来,学院的想法和做法才能通过学习中心落实下去;学生的希望和要求才能通过教学站传递上来,同时能在其职责范围内为学生直接有效地解决问题。

未来学院将继续加强自身内涵建设,在处理好"规模、质量"之间的关系的前提下,适当扩大招生规模;以扎实的基础为前提,以顺畅的管理方式为依托,以优良的服务作保障,不断推进精细化管理进程;以正确、先进的办学理念为指导思想,不断向其他网院学习,加强管理人员队伍和学习中心队伍建设,确保哈工大远程教育的可持续发展。

# 构建以学生为中心的现代远程教育体系

## ——支助服务设计在网络教学中的探索与实践

南京大学　陈广侠　朱　翌

【作者简介】

陈广侠,女,南京大学网络教育学院教学部主任,讲师,研究方向为教育管理。

朱翌,男,南京大学网络教育学院教学资源中心副主任,研究方向为教育管理。

本文为2013年第十四届海峡两岸暨港澳高校继续教育论坛收录论文。

## 一、支助服务的理论背景

在远程教育活动中,学生并不都是成熟的独立学习者,必须通过远程学习来学会自主学习和独立学习,培养学生的独立学习技能是远程教育发展的前提。在此背景下,支助服务(student learning support services)作为远程教育辅助手段,被很多著作及文献加以论述及引用。最经典的当属1978年英国开放大学西沃特的"远程学习系统对学生的持续关注"一文,在此文中,西沃特认为远程教育院校和教师应对学生有更多的持续关心、提供更好的学习支助服务和其他各类服务。1979年,丹尼尔和玛奎斯在《远程教学》(*Teaching at a Distance*)杂志上发表了有深远影响的论文"交互作用和独立性:取得适当的均衡"。他们在该文中首次提出并发展了独立学习和相互作用均衡发展的理论,这是学习支助服务理论走向成熟的标志。1981年罗宾逊撰写的"学生学习支助",经丁兴富与王遵华等人的翻译,成为在我国首次较全面论述学生学习支助服务的译述。

## 二、支助服务的界定

在国内外文献中,关于支助服务的界定范围不一,最狭窄的界定是师生之间或学生之间的人际面授交流活动,最宽泛的界定是学生从注册开始得到的包含行政管理服务在内的各种学习服务。大多数文献将学生学习支助服务限定在远程学生在远程学习过程中即时发生的、动态变化的、非结构化的各种过程服务,而本文认为只要是以提高学生自主学习能力和消除学生学习挫败感而提供的学习支持服务,都可以纳入支助服务的范畴。

### 三、支助服务在我国远程教育中的现状

我国远程教育机构为学生提供学习支助服务主要有以下几种方式:信息服务、资源服务、人员服务、设施服务、实践性教学环节(朴姬顺,2005)。从各院校的网站介绍及宣传材料来看,支助服务在教学活动中的比重相对较低,或者所提供的支助服务不能达到设计支助服务的目的。

（一）忽视支助服务环节

本文认为支助服务在远程教育中所发挥的主要作用是:①保证学生问题的及时答复,确保学生的学习进度不受影响;②提高学生的学习兴趣,防止学生在相对独立的学习环境下产生学习挫败感。其目的是将"完全没有自主学习能力"的学生转变为"有一定自主学习能力"的学生。而在我国很多远程教育机构中,无论是课程设计,还是远程资源提供,都基于一个假设,即学生已经具备自主学习能力。其教学要素如图 1 所示。在此基础上,远程教育机构往往把重点放在课程设计上,而缺乏引导学生自主学习的支助服务。

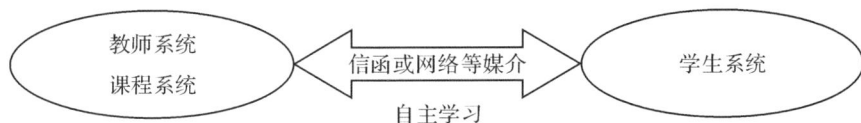

图 1　远程教育教学要素（由作者整理）

这种教学模式的主要弊端是:由于大部分远程教育学生自主学习能力不足,无法充分利用教育机构所提供的教学资源,从而严重影响学生的学习积极性。这也是远程教育机构学生流失率较大的一个重要原因。

（二）以组织面授及小组学习为主要形式的支助服务

支助服务在国内远程教育机构中的另一种形式是师生之间或者学生之间的人际面授交流活动。具体表现为在学习中心或其他教学站点的集体教学或辅导,以及个别辅导、答疑或咨询,以此培养学生的自主学习能力。面授及小组学习存在于远程教育中,特别是在我国的远程教育中,是有现实基础的,其主要原因是远程教育的学生相对学习能力薄弱、学习意识淡薄,需要教师当面指点。另

外,由于我国部分地区经济较不发达,很难实现远程的师生交互。

然而,面授及小组学习为主的支助服务也存在着难以克服的弊端,主要表现在:①无法实现各学习中心的同步面授。学习中心的分散性决定了无法实现同步面授,而如在当地招聘教师无疑也会影响教学质量。②小组学习的成员之间沟通效率较低。小组成员在业余时间、学习能力及理解程度等方面的个体差异较大,因此小组学习的针对性相对较弱,并且小组学习的时间相对较少,依靠有限次数的小组学习难以达到支助服务的目的。比较典型的情况是,分散学习时产生的问题和学习心得,因时空因素而淡化,从而在有限次数的小组学习中无法得到交流沟通。

### 四、网络课程中的支助服务设计——以××大学网络教育学院为例

××大学网络教育学院在远程教育活动中一直比较注重远程支助服务体系的建设,目前的支助服务主要有邮件、BBS、手机短信、Interwise 语音答疑系统阶段导学等多种远程服务形式,以及学习中心活动、巡回教学等以面授为主的服务。另一方面,和其他大多数远程教育机构一样,学院在学习支助服务建设上仍处于实践探索阶段,遇到的问题也比较多。理论上,支助服务的主要目的应是支持学生的自主学习,而在实践中,往往难以达到预期的效果。例如在语音答疑时,部分学生宁愿事后下载录音,而不倾向于实时参加;巡回教学中,如学生知道有录像可以下载,也不愿意参加实时活动等。怎样将学生引入自主学习的氛围,是学院目前支助服务设计中遇到的难题。以下将论述学院如何进行将学生支助服务融入网络课程的探索,以达到"课堂上遇到的问题,在课堂上解决"这一目标。

(一)学生特征分析体系的引入

远程教育的学生在年龄、学历、分布、就业方式等方面存在着较大的差异。这就对远程教育教学系统开发提出了一系列新的问题,其中支助服务设计同其他远程教育系统设计一样,必须首先进行学生特征体系分析。

为了更深入地研究支助服务在远程教育中以何种形式存在、对哪些学生可以起到多大程度的助学效果,必须收集和分析有关学生的尽可能充分的信息。早在 1977 年出版的《英国开放大学——简明教程》中,即列表说明了英国开放大学对学生信息的分类及其收集方法(表 1)。

**表 1　英国开放大学学生信息的分类和收集方法**

| 信息分类 | 来源和收集方法 |
|---|---|
| 各界人士对远程教育大学的认识 | 在每年进行的全国民意测验中包括适当的问题 |
| 动机(申请进远程教育大学学习的各种理由) | 由大学调查研究部主持对学生作专门的抽样调查 |
| 基本人口资料(年龄、性别、职业等) | 在学校所有学生填写的登记表中收集 |
| 课程的教学过程 | 每门课程都向所有的学生收集,作为平时作业评定的考试制度的组成部分 |
| 学习方式 | 通过下列方式对学生作抽样调查:<br>——课程单位报告表<br>——由课程组制定的评估方案<br>——特殊的调查(如通过广播) |
| 在校学习和毕业后,学生取得进展的一般方式 | 由大学调查研究部对抽样学生进行长期追踪调查和例行的监察程序(利用注册登记表) |

资料来源:凯依、鲁勃尔,1987:41.

根据丁兴富在中国香港大学公开大学主办的亚洲开放大学协会第 12 届年会上的论文"远程教育学生的一种理论分析体系",分析体系归纳为七个维度:①有关历史和现状的一般资料;②有关生理的、心理的和行为的人口学资料;③有关教育的、经济的、政治和宗教的、民族和种族的、社会和文化的社会学资料;④有关家庭的、工作单位的、交通的和通信的地理学资料;⑤有关学习时间、学习地点、学习设施和通信条件的情境状态(situation)资料;⑥有关目标取向(goal-oriented)或手段取向(means-oriented)的教育学动机、目标取向或手段取向的经济学和就业动机、经济上和生理上的弱势群体(disables)以及社会心理学(psychographic)的动机动力资料;⑦有关对远程教育院校、对学习者人生和社会生活、对学习者自身以及来自社会各界的观点和评价资料。这是迄今为止比较完整的关于远程教育学生的理论分析体系。

(二)调查问卷基础上的网络课程支助服务设计

1. 调查概述及结论分析

本文依据丁兴富特征分析体系,节选七个维度部分指标,对 500 名网络教育学院在籍学生(6 个专业 6 个批次)进行了网络调查,共回收有效问卷 382 份。经粗略统计分析,结论如下:

(1)同步实时支助服务无法达到设计初衷。在我们的调查中,选取"现场参加导学"指标、"异地实时导学"及"事后下载录音"指标相对照,以此较粗糙地观测学生在网络学习过程中,对现场集中支助服务和远程同步支助服务的主动使用意愿。统计结果显示,选取"现场参加导学"的学生有 17 人,仅占总回收问卷数的 4.7％;选取"事后下载录音"的学生有 309 人,占总回收问卷数的 87％(其余答卷均选取"异地实时导学")。统计结果表明,如果存在更加便捷的助学方式,学生更不倾向选择现场集中的同步支助服务。原因分析主要有:①远程教育学生多数是成人学生,个人事务较多,学习时间不固定。②外地学习中心学生选择在学习中心集中学习意义不大,而倾向于选择"事后下载录音"。③学生学习进度存在较大差异,难以集中在固定时间进行导学活动①。

(2)异步非实时支助服务效率低下。一般网络教育中的异步支助服务包含作业、问题答疑等内容,主要方式是作业系统、电子邮件以及各种形式的论坛。从学院的实践来看,学生对该形式的支助服务满意度较低,这从我们的调查问卷中也有所反映②。原因总结如下:①管理难度较大。以论坛为例,基于远程教育学生特点,论坛必须按专业、批次或者课程分类,每一分类版须设立版主加以管理,版主由主讲教师、辅导教师或者教学服务人员担当,因此,论坛管理人员多而且分散,管理难度较大。②存在技术障碍。以电子邮件为例,目前网院设置了课程邮箱,并且给所有在籍学生分配了学生邮箱,通过邮件服务器进行收发。而由于垃圾邮件较多,网络防火墙在过滤垃圾邮件时,存在将正常邮件误删的现象,从而直接影响邮件的回复率。

2. 网络课程中的支助服务设计

"对远程学生实施'支助服务',首先就是开发便于学生学习的学习资源(相对于教师来说则是教学资源)"(孙福万,2002)。从这个角度出发,支助服务设计在理论上就应与网络课程设计相结合,而在教学实践中,大多数远程教育机构是将两者相分离的,具体表现在:课程固化在课程包内发送,论坛、邮箱游离于网络课程之外,助学活动按班级、学习中心组织,无法细化到课程等。如前文分析,这样的支助服务存在着维护成本高、助学效果差的缺点。学院在总结前期支助服务经验与不足的基础上,在网络课程设计中融入支助服务元素,进行了如下的教学实践与创新:

(1)设计"随堂笔记"功能。"随堂笔记"是指学生在进行网络学习时,可根据自身的学习情况,将学习过程中的心得体会或者疑问以笔记的形式,在课程中分

---

① 在我们的调查中,171 份答卷选择"自主制定并实施学习计划",而从每日学习时间和假日学习时间来看,学习时间的选择以及时间长短差异较大。这些调查结果可能部分支持原因分析。

② 调查问卷中,仅有 11％的同学在"电子邮件回复和论坛回帖"中选取"非常满意",8％的同学选取"基本满意",高达 81％的同学选取"不满意"。

章节、节点进行记录；同时，课程提供了"随堂笔记"的共享功能，可以让学生自主选择是否共享自己的笔记。这样不仅方便新生学习时看到老生的笔记，以缓解自主学习的"孤独感"，而且可以通过该功能实现师生之间的互动答疑。课程所有的笔记在教师端集中于一个功能区显示，方便教师进行管理。网院部分课程已开通此功能，并得到了师生的一致好评。

（2）设计"难易度选择"功能。远程教育的学生在进行自主学习时，往往因为学习遇到困难而产生挫败感。理论上，学生会转向支助服务寻求帮助，如"论坛发帖求助""邮箱""QQ 群"等。而本文认为这样的支助服务效率是低下的，论坛发帖、邮箱和 QQ 群都有其滞后性，且现阶段的技术也欠成熟。"难易度选择"功能可以在一定程度上缓解学生的学习挫败感，培养学习兴趣，提高学生自主解决问题的能力。在网院的"商务英语口语"课程中，进行了该功能的设计。

（3）课程练习中的"疑难解答"功能。课程练习不仅是检验学生学习成果的有效手段，也是评价教学活动的重要指标之一。现代远程教育中，课程练习的实现途径一般分为通过网络的作业发布和固化于课程中的即时练习两种形式，各存在优劣性，简单比较见表 2。

表 2　课程练习实现途径及比较

| | 优势 | 缺陷 |
|---|---|---|
| 网络作业发布 | 较为直观地检验教学效果，可通过作业批改、作业讲评等进行更具针对性的助学 | 发布次数有限，作业讲评有滞后性 |
| 即时练习 | 可根据课程结构细化练习内容，即时性强，学生可以随时练习和巩固 | 固化于课程包内，不方便修改和更新，缺少详尽的题目讲评 |

"疑难解答"是在分析学生作业结果的基础上，从学生的角度预估可能的做题思路，并将解答、分析融入课程设计中，使学生在做题时即能得到相应的指导。该模块的设计，不仅可以有效消除学生答题和题目讲评的滞后性，而且也大大减轻了教师的工作负担。这一设计思想在网院开发的工科课程中得到了较广泛的应用。

**五、依托媒体技术的前景展望**

随着多媒体技术、网络技术和通信技术的发展，网络课程的设计也将迈上新的台阶，各种形式的网络课程必将百花齐放，支助服务在网络课程中也将得到更为广泛的应用。

### (一)网络学习的社区概念

借鉴大型网络游戏中的社区概念,网络学习中也可依据学生特征,划分虚拟社区。虚拟社区中设置虚拟学习场所、虚拟图书馆等虚拟场景,设置新手领路员、场所管理员等虚拟角色(npc)。支助服务的大部分功能可固化在 npc 的指引对话中,学生特征可根据用户登录注册信息收集统计。由此,将学生支助服务与网络课程尽可能地融合于学习社区中。该形式的学习支助服务一方面可以有效缓解学生的学习孤独感,另一方面也方便学生管理机构对学生学习活动进行有效的控制。

### (二)移动技术的引入

"国际远程教育研究丛书"总编德斯蒙德·基更在他的论文"移动学习:下一代的学习"中,就无线学习作了概括论述。他认为得益于移动技术的飞速发展,移动学习的时代已经到来;由 PDA 提供移动学习的问题得到了解决,但在智能手机和移动电话上开展移动学习还有相当多的问题没能得到有效解决。他将移动学习的策略归为三类:①利用移动电话中的短信进行管理;②在 PDA、智能手机和移动电话中开发篇幅简短的课程、补充通知和考试准备等;③在 PDA、智能手机和移动电话中开发完整的课程。在此背景下,支助服务较可能直接在网络课程中得以实现。如何更好地进行网络课程与支助服务的整合,将成为远程教育机构必须面对的一个新课题。

**参考文献:**

[1] 陈丽.远程教育学基础[M].北京:高等教育出版社,2004:120-126.

[2] 丁兴富.远程教育学[M].北京:北京师范大学出版社,2001:205,217-219.

[3] 凯依,鲁勃尔.远距离高等教育[M].王遵华,丁兴富,译.北京:中央广播电视大学出版社,1987.

[4] 朴姬顺.中外各国远程教育支助服务比较与启示[J].世界教育信息,2005(6):25-27.

[5] 孙福万.自主学习与支助服务——试论远程教育的教学策略[J].现代教育技术,2002(4):31-35.

# 试论信息时代的学习革命

中山大学　郭清顺　曾祥跃

【作者简介】

　　郭清顺,男,中山大学高等继续教育学院(网络教育学院)副院长,研究员,研究方向包括教育技术、网络教育、继续教育等。

　　曾祥跃,男,中山大学高等继续教育学院(网络教育学院)院长助理,副研究员,研究方向包括网络教育、继续教育等。

　　本文为2014年第十五届海峡两岸暨港澳高校继续教育论坛收录论文。

信息技术的高速发展,以及学习者的内在学习需求,引发了学习的革命,促进了教育体系融合和学习体系的融合。

## 一、引发学习革命的动因

### 1. 学习者内在需求的改变是引发学习革命的内因

马斯洛将人的需求分成了五个层次,即生理需求、安全需求、社交需求、尊重需求和自我实现需求,五个需求依次由较低层次到较高层次排列。随着社会的高速发展,物质文化生活的极大丰富,学习者的需求已经从基本的生理需求、安全需求、社交需求、尊重需求上升到自我实现需求,自我实现需求包括自身的发展需求和成就需求。为满足学习者的发展需求、成就需求,学习者不仅要求学习内容、学习方式、学习终端的多样化,而且要有更多的学习参与感、更多的学习成就感,而传统的以学历教育为中心、统配统销式的教育方式难以满足这一需求。因此,学习者内在需求的改变是引发学习革命的内因。

### 2. 信息技术的高速发展是引发学习革命的外因

信息技术的高速发展,使得学习革命有了发生的条件。移动互联网的盛行,使得学习者可以利用多样化的学习终端进行学习;微信、QQ、微博、BBS等的流行,使得学习者可以通过网上、网下、实时、非实时的交流方式进行交流;而在线教育的盛行,MOOC 的兴起,也使得学习者可以拥有极其丰富、形式多样的学习资源。可以说,信息技术促进并引发了学习的革命,信息技术的高速发展是学习革命的外因。

## 二、学习革命的内在特征

在学习的内、外因的驱动下,学习发生了革命性的变化,这种革命性的变化是立体化的变化,包括纵向和横向的变化。纵向的变化体现在教育体系自上而下的变革,而横向的变化则体现在学习体系的横向变化,包括学习内容、学习方式、学习媒体以及学习服务等。学习革命的内在特征表现为跨界性、融合性、创新性和全民性。

### 1. 跨界性

跨界性就是打破隔离,促进融合。在新媒体技术的推动下,各种教育类型之间的边界日趋模糊。夜大学可以利用网络教育方式授课,而网络教育则仍然需要结合面授方式授课,实现了教学方式的跨界;参加自学考试的学生报读网络教育时,可以免修部分自学考试的学分,实现学生从自学考试到网络教育的身份跨界。又如,网络教育的部分教学资源,通过共享给普通教育学生,实现普通教育与网络教育之间的教育资源跨界。

### 2. 融合性

融合性是学习革命最明显、最本质的特征。信息技术的高速发展,促进了教育类型、学习内容、学习方式、学习服务、学习终端的多样化,实现了横向领域的拓展和延伸。而这种横向的延伸和拓展,也促进了相互间的融合,如线上、线下学习空间的融合,个体学习与群体学习的融合,线上资源与线下资源的融合,各种实时、非实时交流方式的融合,各种学习终端的融合等。

### 3. 创新性

创新是学习革命的推动力,通过不断的推陈出新,促进了学习革命的发生和发展。现代信息技术为学习领域带来了各种各样的创新,如教育类型的创新,网络教育就是教育类型创新的产物;如师生交互方式的创新,基于新媒体技术的师生交互方式层出不穷,包括微博、微信、QQ 等,这些全新的师生交互方式,促进了学生的学习,也促进了教育的改革;又比如学习服务的创新,基于信息技术的发展,产生了各种各样的网络学习支持服务,这些支持服务进一步提升了服务的时效性、服务的质量和效果。

### 4. 教与学的全民性

教与学的全民性分为教的全民性和学的全民性。学的全民性是指全民皆学，所有社会成员都可以是学生；而教的全民性则是指全民皆师，所有社会成员都可以成为其他人的教师。

我们身处学习型社会，终身学习理念已经深入人心。新媒体、新技术的不断推陈出新，使得我们每个人都有机会、有条件实现随时随地的学习，而互联网上丰富的学习资源，则为我们的学习提供了随时可用的学习材料，因此，这是一个全民皆学的时代。同时，层出不穷的新媒体、新技术，也使得我们每一个人都可以利用各种媒体与他人分享自己的经历、经验和资源，使自己成为他人的教师，因此，这也是一个全民皆师的时代。总的来说，学习的革命性变化，使得我们每一个人既可以是学生，也可以是教师。

在学习革命的四项基本特征中，融合性是其最本质的特征。就跨界性与融合性来说，跨界是融合的前提和条件，而融合是跨界的目的和归宿，跨界行为的结果是走向融合。就创新性与融合性来说，创新促进了学习的多样化，而多样化学习又促进了相互之间的融合，包括学习资源、学习方式、学习终端等的融合，正是在这种不断的创新和融合中，促进了学习的不断变革和发展；而就全民性与融合性来说，融合是全民性的结果，教与学的全民性，促进了各类学生之间的融合、各类教师之间的融合，以及学生与教师角色的融合等。因此，可以说学习革命的本质是融合。

### 三、学习革命的外在表现

信息技术推动下的学习革命，自上而下引发了上至教育体系、下至学习形式的全方位的革命，而这种学习革命的最本质特征就是融合，其促进了教育体系的融合、教育资源的融合。

#### (一)教育体系的融合

#### 1. 普通教育、职业教育与继续教育的融合

信息技术的高速发展，促进了高等教育中的普通教育、职业教育及继续教育之间的融合。表现之一是正在推行的各种教育类型之间的学分互认、互换，通过建立学分银行，搭建各类教育之间的立交桥。表现之二是各类教育之间的资源共建共享，普通教育、职业教育及继续教育之间的资源共享，实现了相互间的优势互补，教学相长，促进各类教育的共同发展。

#### 2. 网络教育、夜大学、函授教育的融合

学习的革命，促进了继续教育体系的网络教育、夜大学和函授教育走向融

合。比如,网络教育吸纳函授教育的优点,使得函授教育逐渐融入到网络教育中,部分函授教育利用网络课程进行授课;夜大学也正在改变单一的面授形式的教育,部分课程采取网络教育形式授课;而网络教育也正在改变单一网上教学实施的方式,探索混合式教学模式。这是因为三者各有优缺点。夜大学教育方式难以解决在职人员的工学矛盾,纯粹的、不含面授的网络教育方式则难以实现师生间的肢体和情感的交流,而函授教育虽然属于远程教育,但是其教学实施的媒体的手段则过于落后。三者的相互融合,则能实现相互间的优势互补,为学习者提供更为便捷、更为实用的学习方式。

3.学历教育与非学历教育的融合

学习的革命,不仅发生在学历教育领域,同样也发生在非学历教育领域。信息技术的发展,促进了非学历教育的网络化。基于新媒体的教学方式的运用、学习资源的呈现以及交互方式的应用,使得非学历教育开辟了全新的网络教学空间,同时也为学历与非学历教育的融合奠定了基础。在网络时代,学历教育与非学历教育的融合,可以共享网络学习资源,可以互认学分,可以共享师资。学历与非学历教育的融合,能够为学习者提供更为灵活、更为开放的学习内容,并为终身教育体系的最终形成奠定基础。

4. 教育管理与教育政策的融合

学习革命所引发的各类教育的融合,也促进了教育管理职能的融合。首先是教育部层面,如教育部成立的远程与继续教育处就是对远程教育、成人教育实施统一管理,实现各类教育形式之间的相互沟通、协调和融合;教育部为了协调和统筹教育部各司局之间的继续教育事宜,设立了教育部的继续教育工作办公室,以促进教育部继续教育工作的整合和发展。其次是高校层面,很多高校将原来的成人教育学院、职业教育学院、网络教育学院进行合并,成立融各类继续教育为一体的继续教育学院。这些管理机构的整合,为各类继续教育之间的融合创造了条件。学习的革命也引发了教育政策的融合。包括成人教育与网络教育的政策、普通教育与职业教育的政策。在科研方面,一系列与继续教育整合相关的研究课题的开展,旨在为继续教育的融合提供理论指导。在政策举措方面,自学考试"相沟通"的模式,就是普通高校的自学考试与职业院校的课程相互衔接、融为一体的具体举措。

(二)学习体系的融合

1. 个体学习与群体学习的深度融合

学习的革命,促进了个体学习与群体学习的深度融合。信息技术的发展,给学习者带来了形式多样的学习方式和学习手段,如自主学习、协作学习、面授学习、在线学习、移动学习等。学习者可以利用网络学习资源或网下纸质教材自主学习,独立完成各种学习任务,并通过互联网或面对面的方式与教师进行交流互动,实现个体学习;学习者也可以采用线上或线下的方式进行协作学习,共同学习教学内容,完成学习内容,实现同学间的交互。而学习革命的发展,使得个体学习与群体学习实现了更进一步的融合,学习者在个体学习时,可以随时利用互联网等媒体实现同学间的交流互动、协作学习。而学习者在群体学习过程中,也离不开自主学习,如学习者需要自主完成所分配的群体学习的学习任务,需要自主搜索或思考解决各种学习任务的答案等。

2. 虚拟学习空间与现实学习空间的融合

我们身处网络时代,互联网为我们带来了虚拟的网络世界。对于学习领域来说,互联网则为我们带来了虚拟的学习空间,我们可以在虚拟学习空间里学习教学内容、完成学习任务、参加学习评测、进行师生交互,虚拟的学习空间已经为我们创设了覆盖学习全过程的学习功能。作为网络时代的学习者,我们已经离不开虚拟学习空间。虚拟学习空间不断完善和发展的过程,也是与现实学习空间不断融合的过程。学习的革命促进了虚拟学习空间与现实空间的深度融合,进而又促进了学习者更为便捷的学习,学习者可以跨越线上线下的界限,充分利用线上线下的教学资源、教学交互、教学服务,实现混合式学习。

3. 新学习媒体与传统学习媒体的融合

学习媒体是指用于传播学习内容、实现学习交互的媒体或媒介。网络信息技术催生了形式多样的新学习媒体,包括台式电脑、笔记本电脑、平板电脑、智能手机、网络电视等。这些基于互联网的新学习媒体,具有承载学习资源多、师生交互便捷等特点。形式多样的学习媒体能够适合各类学习者的个性化需求,同时也能够实现学习者随时随地的需求。而传统的学习媒体纸质教材在承载学习资源的数量、携带的便捷性等方面则明显不足,但是纸质教材也具有内容针对性强、容易阅读和做笔记等特点。学习革命的发生不是否定了传统学习媒体,而是促进了新学习媒体与传统学习媒体的融合。新学习媒体与传统学习媒体的融合,实现了相互间的优势互补、资源共享,能够使学习者的学习随时发生。

4. 新学习服务与传统学习服务的融合

随着智能代理、语义互联网的快速发展,新的学习服务形式层出不穷,包括基于互联网的信息服务、交互服务、咨询服务、督学服务等。新的学习服务形式与传统的线下形式的面授服务以及电话、短信服务相互融合,能够为学习者提供更为完善、形式多样的学习服务。

学习服务功能的融合。学习的革命引发了学习服务功能的全方位融合。如在信息服务方面,教师和管理者可以通过多种媒体发布教学信息;在咨询服务方面,教师和管理者可以通过传统的电话、面对面的方式解答学生的问题,也可以采取网上答疑的方式解答学生的问题;又如督学方面,教师与管理者可以通过检查学习者提交的线下作业督促学生的学习,也可以通过检查学习者的网上作业以及网上学习记录督促学生的学习。这种融新旧学习服务功能于一体的学习服务,为学习者提供了更为完善的学习服务功能。

学习交互服务的融合。学习革命的一个更为明显的标志是交互方式的多样化,随着 QQ、微信、微博、视频会议系统以及 BBS 论坛的不断推陈出新,教育机构能够为学习者提供更多形式的师生交流方式,实时的、非实时的、线上的、线下的。信息技术的发展,也促进了不同类型的交互方式的融合,如 QQ、微信等,就实现了视频、音频、文字交互的融合,形式多样、功能融合的交互方式,能够真正实现师生之间随时随地的交流,真正实现"海内存知己,天涯若比邻"的境界。

学习服务途径的融合。信息技术的发展,使得学习者获取学习服务的途径越来越多,学习者可以通过教师、管理者获取学习服务,可以利用互联网的搜索功能获得学习服务,也可以利用互联网上的学习服务志愿者(如百度经验)所提供的学习服务,当然,学习者还可以通过协作学习获得其他学习者提供的学习服务。学习者在学习过程中,通过实施"拿来主义"策略,融各类学习服务于一体,灵活运用不同途径的学习服务,实现自主学习。

### 5. 新媒体资源与传统学习资源的融合

新媒体、新技术的出现,促进了学习资源的革命性变化。学习资源已经从传统的纸质学习资源和面授学习资源,演变为形式多样的新媒体学习资源,包括基于互联网的网络学习资源,基于移动互联网的 APP 学习资源。在表现形式上,有文档型、动画演示型、网络课件型、高清视频型等。形式多样的新媒体资源为学习者提供了形式多样、丰富多彩的学习资源。然而新媒体学习资源并没有排斥传统学习资源,而是在不断发展中,促进了这些学习资源的融合。这种新旧形式学习资源的融合,使得相互间能够优势互补,学习者能够充分利用各类媒体资源,实现更为自由、自主的学习。

信息技术所引发的学习革命,促进了教育体系和学习体系的双重变革。对于教育机构来说,应该充分认识到学习革命所带来的巨大变化,抓住融合这一学习革命的核心本质,主动地应对学习的革命,以适应学习革命时代的发展需求。

# 继续教育非学历培训与远程教育
# 融合发展的模式研究

哈尔滨工业大学　马　欣　韩东江

【作者简介】

　　马欣,男,哈尔滨工业大学继续教育学院培训部主任,研究方向为继续教育培训、行政管理。

　　韩东江,男,哈尔滨工业大学继续教育学院副院长,副研究员,研究方向为继续教育。

本文为2014年第十五届海峡两岸暨港澳高校继续教育论坛收录论文。

《国家中长期教育改革和发展规划纲要(2010—2020年)》提出,"构建体系完备的终身教育","学历教育和非学历教育协调发展"。近年来,我国政府及各级各类机构也积极致力于终身教育体系和学习型社会的建设,构建终身教育环境,提供优质教育资源及服务。在这种形势下,学习者的需求呈多元化趋势发展,尽管社会对学历教育的需求依然存在,但职业技能教育、社区教育、职业资格认证以及各企业、行业的在职人员继续教育等非学历培训的需求更加突出。

## 一、远程教育的现状

远程教育是随着现代信息技术的发展而产生的一种新型教育方式,它是构筑知识经济时代人们终身学习体系的主要手段。1998年教育部颁布的《面向21世纪教育振兴行动计划》提出,"实施'现代远程教育工程',形成开放式教育网络,构建终身学习体系",同年教育部正式启动"现代远程教育工程"。试点10多年来,现代远程教育经历了初创、发展、规范和转型等阶段,从"量的扩张"转到"质的提升",从"规范办学"转向"规范教学",网络教育的办学体系、服务体系、政策体系和监管体系初步建立,在各个方面取得了一系列的创新经验和成绩。在技术应用方面,推动了教育技术与办学模式的改革和创新,形成了天网技术和地网技术相结合、实时技术与非实时技术相补充、单向传播媒体和双向传播媒体共存的多种技术应用模式,构建了基于现代信息技术的以学生为中心、灵活多样的混合式网络教学模式。在课程资源建设方面,促进教育资源标准与规范的建立及优质学习资源的普及共享,形成了一个具有中国特色的现代远程教育技术标准体系,建设了一批优秀网络课程及资源库,构建了分布存储、统一管理的资源库系统及资源库应用系统,建设了资源公共服务平台和覆盖全国的资源整合及服务网络,有效推动了优质教育资源在行业与地区内的共享;在师资队伍建设方面,搭建了一批校内外结合、专兼职结合的师资队伍,建立了高校教师教育技术培训体系,探索了多种形式大规模开展高校教师教育技术培训的新模式,推动了现代教育理念与技术手段的普及与应用;在支持服务体系方面,形成了与混合式学习模式相匹配、网上和网下相结合的学习支持服务模式,保障了学生学业的顺利完成和促进教学质量的提高。

### 二、远程教育的优势

远程教育与传统教育模式相比有其特有的优势。

#### 1. 广域化

随着通信技术和计算机技术的飞速进步、全球信息网络的形成,远程教育有潜力进行全球性的教学。利用远程教育,可以把一流的教师请到学生身边,开展网上学术小组的讨论;与知名专家和教授就某个问题直接对话,不出门便能见多识广。网络的双向交互和图、文、声、形并茂的多媒体界面又消除了师生"远在千里之外"的隔阂。远程教育还特别关注那些由于工作或其他因素的限制而不能到学校或专门的培训中心去学习的人,从而成为终身学习体系的重要组成部分。专家预测由于计算机网络在全世界的普及,"没有围墙的网上学校"将成为 21 世纪全民教育与终身教育的主渠道。

#### 2. 个性化

远程教育具有传统学校所不具备的教学行为个人化和学习行为个人化的特征。传统的教育一直都局限在确定的群体中,特定教师与学生相互交流,这不可避免地导致能力分组问题的产生。所谓能力分组是指受教学生在学习课程的准备、智商和学习能力上是各不相同的。理想状态下,教学内容应与学生的个别特征相适应,而这在传统教育中是难以做到的。而在远程教育的理论和实践中则可以采取多种方法使内容个性化,从而达到与每个学生的能力和水平相适应。这种形式,适合在日益个性化的社会中发展终身教育。

### 3．即时性

一般情况下，教育滞后于科技的发展。而远程教育利用互联网和卫星传播，比其他通信媒体更迅速快捷，从而可使专业领域新技术、新知识的传播获得即时性的效果，促使教育与科技同步发展。当前，接受远程教育的学生可以通过网络进行课程的交流，并能在较短时间内收到反馈报告，得到指导和建议。

### 4．经济性

远程教育具有非常显著的规模经济效益。远程教育网络的建设、网络教学资源的开发等都属于前期投入的固定资本，一旦建立起来，用户达到相当规模，其经济效益就相当可观，用户越多效益越好。因此，远程教育成本会随着学生数量的增加呈不断下降的趋势。研究表明，英国开放大学的开支远远低于传统大学，一般学位的开支为传统大学的 $39\%\sim47\%$；法国通过国家远程教育中心开展的教育，其开支是传统大学的一半。经济上的优势将是人们未来选择远程教育方式的重要因素。

## 三、继续教育非学历培训与远程教育融合发展的模式

目前继续教育非学历培训的主要项目是职业资格类培训、高管培训、行业培训以及政府推动的一系列培训项目等。远程教育试点高校提供的技术平台、数字化学习环境、学习过程支持服务等有利于非学历培训市场的进一步整合。笔者认为继续教育非学历培训与远程教育融合发展可以从以下四个模式开展。

### 1．职业资格证书

目前，和职业资格相关的证书类培训占了非学历培训的半壁江山，主要是市场紧俏性、稀缺性的职业证书类培训。这种模式采用远程手段进行与职业相关的资格证书教育，包括考前的培训及考试服务。学习者报名之后，基于远程学习平台完成相关课程的学习、测验、考试等，最终获得相应的职业资格证书，如电子贸易师、心理咨询师、网络营销师等多种国家紧缺型人才培训项目；同时可以与世界各地著名院校和机构合作开展项目，如正保远程教育旗下自考 365 考前助学培训、Sun 公司的 Java 培训、香港大学 HKUSPACE 的培训与就业项目等。

### 2．行业培训咨询及服务

学习型企业、学习型行业的建设也被许多大中型企业、行业提上日程。他们对本企业、行业在职员工提供职业及管理技能的相关培训，提升其工作能力和创新素质的需求非常突出，由此产生了远程教育试点高校开展非学历培训的另一种模式——为企业、行业提供继续教育咨询及服务，即与企业、行业合作，为其提

供员工培训的解决方案、培训资源、培训场地或平台、学习过程支持服务、考试服务等。如中央广播电视大学设在 TCL 集团的学习中心,经惠州市劳动与社会保障局批准成为"TCL 集团高技能人才实训基地",并基于此开展了多项面向不同工种的企业员工的技能培训,包括面向 TCL 呼叫中心、TCL 家庭网络事业部等部门的在职技工提供的工种为"呼叫服务员""家用电子产品维修工""移动电话机维修员""电子设备装接工""计算机系统操作工"等的培训项目。

### 3. 政府推动的培训项目

为了促进当地经济和社会发展,提升本地居民的文化素质和职业技能,尤其是在学习型社会建设的大前提下,政府提供继续教育培训服务的规模越来越大。政府的培训项目也是非学历教育的重要组成部分。政府为特定对象开展的培训项目,通常通过各种方式进行扶持,比如提供开办经费、提供开业贷款担保,甚至以收入补贴、享受税收方面的优惠等来扶植教育机构开展特定的非学历培训。这种模式是远程教育试点高校作为政府的教育培训服务的外包承接单位,学习费用多数由政府负责或者采取学习者与政府费用共担的机制,学校提供学习场所、学习设备(计算机)、相关教育教学资源、学习过程支持服务和考试服务等。远程教育试点高校还可以发挥技术优势,将传统的基于面授的培训模式转化为或局部地转化为基于网络的、远程的、在线的教育培训模式,提升继续教育培训的覆盖面及培训质量,这对于一些政府的量大面广的培训尤其适用。如哈尔滨工业大学依托远程教育平台,率先搭建了网上报名、网上缴费、网上学习(答疑)、网上答题(提交作业)的知识更新学习环境,顺利完成了黑龙江全省 16 个工科专业的专业技术人员知识更新培训工程,每年培训人数近 4 万人次。

### 4. 远程教育基地

这种模式是远程教育试点高校依托自身的平台、资源、支持服务等优势,争取当地政府支持,想政府之所想,帮助政府策划学习型城市建设的方案,建设全民终身学习的平台,整合当地优质教育资源,成为当地居民学习的课程超市和学分银行。这种非学历培训拓展模式的结果是远程教育试点高校及其校外学习中心成为当地终身学习的服务平台,即区域性的数字化学习港,为当地社会各类人群的继续教育问题提供解决方案、数字化学习平台、教育资源及过程支持服务,解决了政府建设学习型城市和终身教育体系的难题,同时推动了自身业务范围的拓展和学习对象的更广的覆盖,是一种最佳的非学历培训的拓展模式。如长春电大成为长春市数字化学习港的承建方,与相关单位合作完成了数字化学习港的网络技术平台建设、963001 通信系统建设,可以满足 10 万人注册、1 万人同时在线学习、1 千人同时点击视频学习的需要和百姓对学习的咨询服务。

### 四、我国加快继续教育非学历培训与远程教育融合发展的策略

1. 政府支持

虽然国家在发展战略上对非学历教育足够重视,但政府支持力度明显不够,只有少数大城市的政府把其列入教育规划。政府要制定出切合实际的、有利于调动各方积极性的政策和制度,各级政府及其教育主管部门要及时了解成人非学历教育的开展情况,发现问题,解决问题,引导非学历培训健康、有序地发展。政府还应加大教育经费投入,支持远程教育试点高校发展非学历培训。

2. 制度保障

虽然我国出台了一系列有关非学历培训的制度和措施,但在教育立法、监督和管理上与发达国家相比还有明显的差距。一些发达国家除了在非学历培训机构的权利、义务、税制上有详尽的立法保障,吸引社会力量从事非学历培训,并设立基金资助非学历培训的实施,还充分意识到远程教育对非学历培训的影响,在基础设施建设、人才培养、资源建设、标准规范建设上都形成了完备的体系。

我国必须借鉴发达国家的经验,积极发挥宏观管理职能,引导非学历培训市场健康、快速地发展。具有丰富的远程教育发展经验的试点高校应利用自身在远程教育技术、教学资源方面的优势,克服办学经验、机制灵活性、市场反应灵敏度等方面的不足,发展目前普通社会培训机构所缺少的、国内外大型企业培训普遍采用的远程教育形式,从自己的特色、优势项目入手,积极发展非学历培训,为建设全民学习、终身学习的学习型社会做出贡献。

**参考文献:**

[1] 2011 全国继续教育大会会务组. 现代远程教育试点高校继续教育改革与发展材料汇编[G]. 2011.12.

[2] 国家中长期教育改革和发展纲要(2010—2020 年)[EB/OL]. http: www. china. com, 2010-03-01.

[3] 王雪玲,等. 我国远程教育中的非学历教育发展战略研究[J]. 高等函授学报(哲学社会科学版) 2009(1):61-62.

[4] 翁亦诗. 上海民办非学历教育发展研究[J]. 上海教育科研,2004(10):4-9.

[5] 应卫勇,等. 非学历教育在现代远程教育中的地位与趋势[J]. 开放教育研究,2008(2):40-44.

# 现代远程教育的支持服务研究

南京大学　周　霞

【作者简介】
　　周霞,女,南京大学网络教育学院支持服务部副主任,研究方向教育管理。
　　本文为2014年第十五届海峡两岸暨港澳高校继续教育论坛收录论文。

## 一、现代远程教育的概念

现代远程教育是20世纪末期随着现代网络信息技术的发展而产生的一种新型的教育形式,是构筑信息时代人们终身学习体系的一种主要手段。这种教育形式以多种媒体形式承载课程内容,并提供师生进行教学交互的技术支撑平台。现代远程教育可以有效地整合各类教育资源,充分利用教育资源价值,既可以作为传统教育一个很好的辅助,也可以以独立机构的形式开展教学活动,如各高校均提供网络教学平台供校内师生使用以辅助日常教学活动,各高校也成立专门的网络教育机构开展各种学历的和非学历的教育。

教育部在《面向21世纪教育振兴行动计划》中认为,现代远程教育是随着现代信息技术的发展而产生的一种新型教育方式。它是构筑知识经济时代人们终身学习体系的主要手段。充分利用现代信息技术,在原有远程教育的基础上,实施"现代远程教育工程",可以有效地发挥现有各种教育资源的优势,符合世界科技教育发展的潮流,是在我国教育资源短缺的条件下办好大教育的战略措施,要作为重要的基础设施加大建设力度。

根据信息传播技术的发展特点,远程教育的发展可分为三个阶段,第一个阶段是19世纪中叶至20世纪中叶的函授教育,这个阶段主要采用传统的印刷技术、邮政运输技术以及早期的视听技术来传播印刷材料、照相、幻灯等教育资源;

第二个阶段是 20 世纪中叶至 80 年代末期的以广播电视为主要媒体传播技术进行的远程教育；第三个阶段开始于 20 世纪 90 年代初，这个阶段开始出现开放的、灵活的具有双向交互形式的远程教育，利用的是现代网络信息技术，这个阶段的远程教育也称为现代远程教育或者网络教育。在第一、第二个阶段中难以实现较为及时的教学互动，在第三个阶段，现代网络信息技术为在远程教育中实现及时的教学互动提供了可能，由此开启了远程教育的大发展阶段，师生之间、学生之间的双向教学互动也是现代远程教育的主要特征和发展优势。

### 二、支持服务的基本概念及发展历史

1. 支持服务的基本概念

西沃特(Sewart)认为学习支持服务是一种组织形式的系统，通过这种系统学习者可以充分利用机构的教学服务设施。该系统具有交互作用，并能够激发学生的学习动力。

丁兴富则认为学习支持服务是现代远程教育机构及其提供者为学生提供的以师生或学生之间的基于信息技术媒体的双向通信交流为主的各种信息的、资源的、人员的和设施的支助服务的总和，其目的在于指导、帮助和促进学生的自主学习，提高远程学习的质量和效果。

索普(Thorpe)则认为学习支持是在学习发生前、学习过程中以及学习完成后，能够对已知学习者或学习小组的需求做出反应的所有元素的总和。

综上所述，我们认为现代远程教育的支持服务是指师生或学生之间的人际交流和基于技术媒体的双向通信交流为主的，各种信息的、资源的、人员的和设施的支持服务的综合，其过程从学习者的学习需求产生开始，并将贯穿于此后学习者的整个学习过程。其目的在于根据学习者的各种现实或潜在的需求和障碍而给予指导、帮助与支撑，进而提高个体的学习效率和效果。

2. 支持服务的发展历史

我国远程教育的发展可以划分为三个阶段：第一阶段为函授教育，主要代表为函授学校和传统大学开展的函授教育。第二阶段为广播电视大学教育，以我国的广播电视大学系统为代表。第三阶段为现代远程教育，以广播电视大学的开放教育试点和网络教育学院为代表。三个阶段中支持服务的表现形式和地位有所不同。

第一阶段：函授教育是指运用通信方式进行的教育。学员利用业余时间，以自学教材为主，由函授学校给予辅导与考核，并在一定时间进行短期集中学习和就地委托辅导。函授教育阶段提供的支持服务主要有办学机构提供的面授辅导

和函授站提供的集中面授辅导。支持服务的技术主要依托印刷技术和邮政系统。

第二阶段:广播电视大学教育,是利用广播电视技术将支持服务的功能扩大化。此时,支持服务的技术以广播、电视等技术为代表。

第三阶段:现代远程教育。开放教育试点以后,出现了校外学习中心这一网络教育学习支持服务的形态。随着网络教育学生规模的扩大,由信息孤岛"校外学习中心"发展为连锁经营性的教育服务公司,凸显以信息技术为支撑的公共服务体系,如奥鹏、弘成科技、知金等信息技术公司。这些公司的共同特点是由教育部审批成立,集远程学历教育、行业资格认证、职业培训等相关教育产品为一体的综合性教育服务公司,以连锁经营方式及现代企业管理和市场运作机制为模式,以强大的信息技术平台支撑其服务。

随着现代远程教育实践的开展和深入发展,特别是随着最新的社交软件、移动技术的不断向前发展,学习支持服务不再局限于简单的传统教学活动的组织和简单的双向教学互动,学习支持服务逐渐呈现其系统性:一方面学习支持开始呈现出一种规范的组织形式;另一方面学习支持整合了人员、信息资源、设施服务等各方面因素,并且学习支持服务还对学生从注册到毕业的所有环节表现了较强的人文关怀。

### 三、南京大学的学习支持服务实践

现代远程教育体现的核心概念是"距离",表现为两层含义:一层是"时空上的距离",教师与学生不在同一物理时空学习,即"不在同一教室"学习;另外一层是"心理意义上的距离",教师与学生几乎没有情感、肢体、语言的交流。这种"距离"导致了现代远程教育的教学设计必然要以学生为中心。

南京大学网络教育学院经过多年的实践,构建了完善的学习支持服务体系,主要有以下五个方面。

1. 基于两方面的学习支持服务理念

南京大学网络教育学院根据学习支持服务的特点将之分为学术性支持服务和非学术性支持服务两个方面。

学术性支持服务主要指网院和校外学习中心针对课程内容对学生提供的支持,包括导学、助学和促学几个方面。导学发生于课程学习之初,由主讲教师对课程内容的教学方法、教学目标、教学计划、教学内容脉络以及考核目标等进行较为系统的讲解,为后续的学生自主学习、教学活动组织等奠定基础;助学发生在课程学习过程之中,由主讲教师或者助教开展阶段性的教学活动,其形式可以是答疑、主题讨论或案例学习等;促学主要表现在促使学生完成学习任务上,一是课程内容的学习,二是教学活动的完成。

非学术性支持服务包括管理性支持、技术性支持、社会性支持三类:①管理性支持服务是试点高校和校外学习中心对网络学习的管理,是网络教学工作顺利开展的必要条件,包括学籍管理、信息管理等工作。②技术性支持服务是专门的技术人员帮助学生解决在学习过程中遇到的技术问题,为其提供必要的技术支持。技术性支持服务的内容包括学习平台的使用以及常见技术问题的咨询和解决等。③社会性支持服务旨在通过文化建设,加强学生间的交流,丰富网络学生的课余生活,减轻网络学习带给学生的孤独感,为学生提供情感上的支持。

2. 充分发挥校外学习中心的联系纽带作用

支持服务是一个系统,是由相互联系、相互影响而又密不可分的若干部分组成的一个体系。校外学习中心是这个体系的重要组成部分,其服务质量的好坏关系到远程教育的生存与发展。

随着现代远程教育规模的不断扩大,校外学习中心的数量也大幅增长,作为联系试点高校与学生的纽带,其管理和服务水平与远程教育质量和发展密切相关。试点高校要加强对校外学习中心的指导和管理,主动地指导学习中心的建设、发展及日常工作,充分发挥试点高校的主导作用,建立有效的面向学习中心的质量监管制度。校外学习中心要进一步加强管理队伍建设,通过加大培训力度,使管理队伍和学习支持服务队伍向专业化迈进。所有校外学习中心从业人员都要树立现代远程教育理念,对网络教育的内涵、发展趋势以及学习中心的任务、作用、条件等有明确的认识,不断提升学习支持服务的能力和水平。

3. 突出学习支持服务的个性化、情感化和人性化特征

美国人本主义心理学家罗杰斯认为,教育是一种人与人之间的情意活动,教师能够通过一定的媒介和渠道,把自己的情感因素转移到学生身上。他认为,教师的作用是通过情意因素促进学生自觉乐意地积极学习,为学生提供学习的机会和条件,要重视情感在教学活动中的地位和作用。

现代远程教育的学生来自不同的职业、不同的年龄段,教育背景以及基础知识存在较大的差异,且参加学习的动机和目的不同。每个学生都是会思考、有情感、能活动的具有独立人格的有机体,他们有自己的职业范围,有自己的生活环境,有自己的观念意识,有自己的兴趣爱好。利用业余时间进行网络学习,对这种全新学习方式的接受需要一个过程。

我们通过组织开展教学活动评议、召开座谈会等方式,及时了解学生的个性化需求和诉求。针对行业、系统等集团大客户实行"双联系人"制度,根据不同的

集团客户、不同的工作岗位，开展个性化的服务与支持。随着以学生为中心的现代教育理念的发展，教育的人性化问题也越来越受到重视。关注每个学生，根据每个学生的不同特点、不同条件、不同要求有针对性地开展支持服务工作，以真诚的态度、真实的情感对待每个学生，充分地信任每个学生，充分地尊重和理解每个学生的内心想法，这些都是增强学生在现代远程教育学习中的归属感的方式。

4. 以学习者为中心，培养学生自主学习的能力

根据现代远程教育的特点，其对象主要是在职学生，学生学习利用的是业余时间，其学习特点和传统教育有很大的不同，表现为自学为主、助学为辅的特点，因此我院开展的学习支持服务工作也是以引导和培养学生在现代网络信息技术条件下的自主学习能力为主，以导学、促学等助学手段为辅的方式。

在整个教学过程中，通过开学初的集中入学辅导、教学过程中的邮件解答、电话咨询解答、组织和参加座谈以及专家讲座、多种形式的网络学习资源提供等形式引导学生转变学习观念，提高自主学习和协同学习的能力，提高应用现代教育技术进行学习的能力，提高收集、整理、分析、利用学习资源和学习信息的能力，把网络学习作为提升自己适应社会的重要途径。

5. 采用多种技术手段开展多种渠道的立体式的学习支持服务方式

依据对南京大学网络教育学院的学生综合情况分析，学生在年龄层次、现代网络信息技术使用熟练程度以及职业差别等方面都有很大的不同，因此学院对学生的学习支持服务也呈现出立体化的形式，既有利用普及程度较高的如微博、微信、QQ等最新的公共社交软件平台、交流平台，也有利用电话通信、手机短信、电子邮件以及面对面的集中座谈等传统的通信手段。

## 四、总　结

我国的现代远程教育自 1999 年开展试点以来，随着试点院校的招生规模逐步扩大，已逐步变成我国国民教育系列的一个重要组成部分，较好地为人们提供了在职学习的机会，为我国构建学习型社会和终身教育体系提供了一种切实可行的途径，然而对于现代远程教育的学习支持服务研究仍处于探索阶段。激烈的教育竞争促使我们去思考更多的教育质量问题，只有不断地完善学习支持服务，强化学习支持服务意识，以学生为本，把学习支持服务做得尽善尽美，才能使远程教育始终健康、稳定地发展。随着信息技术以及技术理念的不断向前推进，现代远程教育学习支持服务的内涵也必将呈现更为丰富的形式。

**参考文献:**

[1] 陈丽.远程教育学基础[M].北京:高等教育出版社,2004:11.

[2] 德斯蒙德·基更.远距离教育基础[M].丁新,等,译.北京:中央广播电视大学出版社,1996.

[3] 丁新.国际远程教育研究[M].北京:高等教育出版社,2008:101.

[4] 丁兴富.远程教育学[M].北京:北京师范大学出版社,1999.

[5] 教育部.面向 21 世纪教育振兴行动计划[DB/OL].1998-12-24.http://www.moe.edu.cn.

[6] 刘婷.现代远程教育学习支持服务观探析[J].中国成人教育,2012(12):34-39.

[7] 运晨.浅谈远程教育学习支持服务[J].科教文汇,2010(9):26-27.

**图书在版编目(CIP)数据**

继续教育发展研究:海峡两岸暨港澳高校继续教育论文集:全 3 册 / 张宏建主编. —杭州:浙江大学出版社,2016.10
ISBN 978-7-308-16330-9

Ⅰ.①继… Ⅱ.①张… Ⅲ.①继续教育-文集 Ⅳ.①G72-53

中国版本图书馆 CIP 数据核字(2016)第 251222 号

海峡两岸继续教育论坛 15 周年文集：教学与改革

张宏建 主编

继续教育发展研究

海峡两岸暨港澳高校继续教育论文集（下册）

JIXU JIAOYU FAZHAN YANJIU

HAIXIA LIANGAN JI GANGAO GAOXIAO JIXU JIAOYU LUNWENJI

浙江大学出版社
ZHEJIANG UNIVERSITY PRESS

# 目 录

## 第一篇 培训项目开发与建设

## 第二篇　课程建设与创新

## 第五篇　教学和运营管理

# 培训项目开发与建设

# 台湾东吴大学德语推广教育
## ——回顾与展望

台湾东吴大学　刘永木

【作者简介】
刘永木,男,副教授,台湾东吴大学推广部德语班班主任。
本文为2001年第二届海峡两岸暨港澳高校继续教育论坛收录论文。

## 一、前　言

台湾东吴大学推广部德语班的历史相当悠久。由于人事更迭,房舍迁徙,因此大部分的资料已流失。现在我仅就我负责期间的情况做以下报告。既然所谓的推广教育,就是把大学中已成熟的知识传播到大学象牙塔之外,我便想从德文在台湾的高等教育中的发展谈起。

德文在台湾的发展已经有数十年的历史。首先设有德文系的有辅仁大学、台湾东吴大学、淡江大学、文化大学以及文藻外语专科学校(现已升格为学院)。每学年有一班,均有四五十个学生。这个情况维持了好几十年。特色是,这些大学都是私立大学。直到四年前情况才有所变化:高雄第一科技大学成立了应用德文系。

"应用德文系"这个名称突显了台湾外文教育的转折。就德语而言,先前的系都称为"德国语文学系"。很显然,这些系的重心都放在语言及文学之上,然后才是跟这些有关的知识。大约五年前,台湾东吴大学"德国语文学系"改名为"德国文化学系"。从此非语文的知识领域和语文能力的培养,并驾齐驱。台湾东吴大学德国文化学系强调的是知识、学理的传授,而应用的德文系所强调的则是偏向于务实的、经贸的。

不论有德文系与否,各大学均提供德语课程,让学生选修。其中英文系的学生必须选修第二外语,部分选择德语修习两年。另外法律系、哲学系、医学系的学生对德语有相当的需求。

另外,德国文化中心提供德语课程,让有心人学德语。德国文化中心,在以前有两个:其一是高雄德国文化中心,是天主教经营负责的,现在已经并入高雄中山大学。另一个文化中心则是台北德国文化中心,实际上是"歌德学院"在台北的分院。它的任务是在台湾推广德语文化,经常举办书展,播放德语电影,长久以来在推动德语教学方面功不可没,也是有志学德语的社会人士最好的选择。

值得我们注意的是,在台湾的高级中学实施第二外语(英语之外的外语)教学。这是教育主管部门最近几年来积极推动的政策。目前有不少高中已提供基础德语课程,大抵是由大学德文教师担任,原因是学生人数不足以聘任专职教师。有些学校只是以社团活动的方式进行。

对于大学的外语推广教育而言,高中施行第二外语是一个重要的发展。大抵而言,目前选修德语的高中生,均无心在德文方面继续深造,也就是说在德文系就读。但是他们既然已经学了两年的德文,便不会轻易放弃。

实际上,台湾东吴大学推广部德语班的学员也以大学在校学生居多(尤其是法律系学生)。另外有一些人,到了德国旅游后,对德语发生兴趣。有些人是由于工作需要而学德语。这些学员大抵年纪较大。

## 二、班别简介

普通班:

本课程分为九级,每星期上课两次,每次 3 小时。从发音教起,说读听写四种能力并重,上完九期可得到完整的德文知识。使用的教材为 *Plus Deutsch*。

进阶德语会话班:

每周上课一次,每次 3 小时。教材取材于德语杂志。适合德文系毕业生或修毕普通班九期课程,想加强德话口语能力者。本课程由德籍老师任课。

商用德文书信班:

每周上课一次,每次 3 小时。采用 *Deutsch Handelskorrespondez* 为教材。内容有德文书信基本格式、客户开发信、询价、报价、订单、订单确认、索赔及合约格式、汇款、货运等表格。适合有志于从事于德国贸易者。

速捷德语班:

每周上课一次,每次 2.5 小时。适合初学而不具德语基础者,以及欲旅游德语区国家或想快速认识最初级德语并运用于日常生活中者。上课内容包括德语发音、认识德国城市、地理、自我介绍、问候、告别、道歉、祝福、数字、购物、饮食等。采用 *Deutsch Rapid* 为教材。

德文新闻时事班：

每周上课一次，每次 3 小时。教材来自于网络新闻（German News）、德国新闻媒体如 Der Spiegel 等。适合德文系毕业生或修毕普通九期者，让他们更了解德语世界，品政经时事。

公务人员进修班：

本班在课程方面和普通班完全相同，教材同样采用 *Plus Deutsch*。唯一不同的是学员全都是公务人员。通过本班考试后，他们的学费由台湾当局支付。

## 三、教材简介

*Stufen International*：

于 2000 年停止使用这套教材。本教材共有三册，每册十课，有一个完整的故事叙述一群人在德国的生活，将每个单元串联起来，然而作者并没有把眼光局限在德国。本教材特色之一便是，特别着重介绍世界的历史文物、地理风景。印刷精美，照片、插图生动活泼，是针对青少年与成年人设计编辑的。

*Plus Deutsch*：

从 2000 年起采用这套教材。这套教材结合传统教学法与现代教学法。全书分为三册，每册有二十课。每课分量少，有清楚的文法单元以及文法复习题，每课之间文法具有连贯性。作者把有关德国文化的部分减少到最低的分量。录音带上说话的速度则是正常的速度。印刷方面，本书亦相当精美、色彩艳丽。照片、插图应有尽有，而且生动活泼。

*Deutsch Rapid*：

这是一套为自修者编写的教材。本教材只有课本一册，录音带两卷。每一课分量少，有清楚的主题。作者希望学习者把每课所提供的片语、句子记住，不用太专注于文法，碰到可以应用的情况，便不假思索地说出来。每课均有复习题。录音带均有中文说明，速度则是一般的速度。

## 四、教师简介

本班的教师，大都是台湾东吴大学德国文化学系专兼任教师。他们都具有硕士以上的学历，有实际在德国生活的经验。他们不但教学经验丰富，而且幽默风趣。

## 五、实际开班情况

（表格略。）

## 六、检讨与展望

一般而言，学员们都是先学习多年英语后才接触德语。他们不自觉想在既有的英语基础上继续学德语，因此在上课时，我们都尽量强调这两个语言的类似性。然而一旦发现德语是个全新的语言，许多东西都是陌生的，他们很快就会丧失信心，意兴阑珊。我认为这个情况目前仍无法克服。

基于相同的原因，我们停用了 *Stufen International*，改用 *Plus Deutsch*：大部分的学员在学习英语的过程中，已经养成研究文法的习惯。他们不会放弃任何文法的细节，一定会追根究底。使用 *Stufen International* 上课，因为没有文法系统，学员觉得凌乱，无所适从。改用 *Plus Deutsch* 之后，这个情况有了好转。

长期而言，若高中第二外语教学推展成功，大学的德语推广教育在质与量两方面均可大幅提升。

德语在中国台湾地区的工商业界应该还有发展的空间。德国各大公司在中国台湾地区均设有分公司，但目前这些公司大都不要求员工具有德语能力。Bayer 是个例外，他们希望员工会德语，所以自己请老师开班。这个例子说明，一旦德国在中国台湾地区的分公司期待员工说德语，德语的推广教育会是另一番气象。

# 香港持续教育界如何面对人口老化社会对终身学习的需求

香港科技大学　张启祥

【作者简介】

张启祥,男,香港科技大学持续及专业教育办公室。

本文为2005年第六届海峡两岸暨港澳高校继续教育论坛收录论文。

若借用英国文学名著《双城记》中的开卷句"这是最好的年代,这是最坏的年代"(These are the best of times,these are the worst of times)来形容香港持续教育的现状,似乎颇为贴切。

现今香港经济已从2002—2004年的谷底逐步回升,各类市场皆逐步复苏,失业人数稳步下降,进修持续教育课程的学员人数亦有增加。此外各院校开办的副学士及高级文凭课程的数目及学生人数持续上升,各相关的社区学院校舍亦按计划相继施工或落成。另外,特区政府还投入50亿港元成立持续进修基金(Continuing Education Fund)为数十万进修特选专业的人士提供资助。上述发展皆为香港各持续教育单位带来不少机缘和生气。

然而在上述有利因素背后,亦存在不少隐忧。其中较少人注意到的一个中长线问题乃社会人口加速老化的问题。人口老化不是大家能立即感受到的问题,但当大家都感受到它的影响时,它已不是在一两年内便可解决的事情,而是要等到解决方案实行后的二三十年才能见到成效。其实人口老化问题目前在香港已开始浮现,且逐步加剧,只是我们不大察觉,亦未详细思考人口老化对我们来说是怎么回事。在此我们尝试探讨它可能对持续教育有影响的一些问题。

## 一、香港人口老化的状况

从表1可看到香港人口年龄中位数在过去十五年的变化,其实是一个颇明显的警示信号。

表 1　香港人口年龄中位数在 1991 年至 2005 年十五年间的变化

| 年份 | 1991 年 | 2001 年 | 2005 年 | 2030 年 |
|---|---|---|---|---|
| 年龄中位数 | 31 | 36(17%)* | 39(26%)* | 49(58%)** |

\* 百分率乃以 1991 年为基数而做的比较。

\*\* 以 2004 年人口推算 2030 年年龄中位数。

特区政府统计处按 2004 年数据推算到 2030 年时,香港人口年龄中位数估计将达 49 岁或以上。届时(2030 年),65 岁或以上的人口将由现时占总人口的 12%上升至 24%,在一个估计将有 850 万人口的城市,约 204 万人年龄在 65 岁或以上。这是一个非常严重的人口结构问题。这种变化对整个社会的各项政策、经济活动、资源分配、医疗及社会福利以至教育系统都会产生重大影响。

换一个角度,从表 2 可看出香港劳动人口不断老化的现象。

表 2　香港 20~39 岁及 40~64 岁两个劳动人口组别人数在过去十五年间的变化

| 年龄组别 ＼ 年份 | 1991 年* | 1996 年* | 2001 年* | 2004 年* | 2004 年与 1991 年的差别百分率 |
|---|---|---|---|---|---|
| 20~39 | 1702.3(61%) | 1883.9(60%) | 1853.2(54%) | 1759.5(50%) | +3.4% |
| 40~64 | 924.5(33%) | 1140.3(36%) | 1459.5(43%) | 1655.7(47%) | +79% |
| 总劳动人口 | 2804.1 | 3160.8 | 3427.1 | 3529.0 | +25.8% |

\* 劳动人口数字以千为单位。

## 二、持续教育在人口老化社会可担任的角色

从上述数据来看,人口老化加速究竟对现时的市民有何影响? 简单地说,当社会劳动人口比例下降时,要继续维持同样的市民收入、经济活动及生活水准,最基本的做法一方面是投向高增值经济活动,另一方面是设法增加劳动人口。前者推动整体社会转型为知识型社会,鼓励企业从事高增值及高新科技的工商业活动,有助提升市民收入。转向知识型社会的发展过程需要劳动人口提升本身专业知识及技能水平,持续教育在专业培训方面可以担任一个重要角色。

与此同时,在一个地少人多的大城市,要增加劳动人口是个大难题。若要从移民政策方面下手,要做的工作极多,且不能永无休止地输入人才,否则社会资源配套不能应付。现时 70 万单程证市民带来的社会问题差不多每天都在报刊中出现,皆因香港没有清晰的移民政策。

减少人口老化对社会的影响的一个可行的方法是,考虑新加坡政府高级资政李光耀先生的建议,让部分届退休年龄人士在退休后继续工作。新加坡的做法是将退休年龄从 60 岁提升至 62 岁。此外,亦允许退休人士以兼职形式继续工作。为避免年长劳动人士担当决策工作,政府不应允许这些人士在机构中担任高级行政职位,以免阻碍其他员工晋升。此外,退休者亦可以兼职形式继续工作。这类延迟退休或退休后兼职的人士的工资应低于标准工资。延迟退休年龄的建议对现时 40 岁以下人士影响较大。试想到 2030 年时,本来想在 55 岁或 60 岁退休的人,可能要推延到 65 岁才可退休。

与此同时,在这个信息传递及资料搜索越来越迅捷,科技越来越进步的年代,一个尚有 20 年才可退下工作线的雇员,要保持高生产力及现代专业的工作水准,就需要进修高程度的专业课程,以补不足。这类人士是需要依靠持续教育课程帮他们达到进修的要求。

在过去 10 年间,香港多个行业的雇员平均工时不断上升,令工余私人时间缩减,也直接剥削雇员进修的机会。这不但影响整个社会向知识型社会迈进,更直接影响持续教育单位的生源。另香港雇员经常需赴内地或海外工作的人数不断增加。目前有 20 多万人经常到内地工作,一般面授课程并不能切合他们终身学习的需求。这批经常在特区以外工作的雇员在终身学习方面的需求,对持续教育机构亦是一种商机,虽然在过去四五年间在先进国家出现很多网上学府倒闭的消息,令人对网上学习起了戒心。对这些经常在境外工作的人士,网上学习,并加上部分面授成分或网上互动视像沟通,学习效果可能比面授更佳。这方面的发展是值得持续教育机构探讨及尝试的。

此外,在人口严重老化的社会中,长期病患者所需的医疗开支十分高昂。鼓励年长人士及早对病患多认识,及早采取预防措施,对减少长期病患的发生有一定帮助,此举可减少社会在年长者医疗方面的开支。要鼓励年长人士多进修有关身心健康的课程,不但要依靠持续教育机构的配合,也要特区政府愿意津贴长者进修有关课程。香港在年长人士医疗(geriatrics)及年长人士护理(gerontology)方面提供的专业培训课程不多。至今,除少数全日制本科护理课程外,兼读或持续教育机构提供的只有寥寥几个。协助参与年长者护理工作的雇员将工作专业化,对年长者而言必是一个大佳喜讯。相信未来十数年间,这方面的专业进修市场是有一定的潜力的。

**三、推动年长人士学习使用互联网**

香港在第二次世界大战后二十年间出生的人士,教育水平达到高等教育程度的不多。20 世纪五六十年代是香港制造工业兴旺的年代,高峰期有 90 万制造业工人日夜勤劳地工作。这些人士现今已有部分届退休年龄。这大批曾从事制造业的人士有不少因从事的行业本身的原因，又或因教育水平较低，至今对现代信息科技的认识及运用可能掌握不多。其实数码科技，尤其是互联网科技，对年长人士来说是一种极为有用的工具。它不但让使用者安坐家中可知天下事，亦可让使用者与朋友及家人相互联系。对独居人士，尤其具心理支持效能。协助年长人士认识使用互联网，是极具意义的工作。持续教育机构可以多尝试为年长人士提供这方面的课程。

既然协助年长人士打破数码分水岭(digital divide)，对年长人士心理健康有极大帮助，若香港持续教育界能游说特区政府放宽"持续教育基金"60岁的上限，让年长人士亦可受惠于基金，让他们在进修有关长者健康或疾病预防的课程及互联网入门课程皆可获得资助，对使用者肯定是佳音。在提高年长人士教育水平的前提下，若可以减少他们与现实生活脱节及协助他们寻求维持正常身心健康的方法，对一个人口迅速老化的社会将会十分受用。

## 四、结　语

人口老化是工商业发达国家普遍面对的问题。在亚洲，新加坡、日本及韩国的人口老化问题特别严重。祖国内地虽然面对同样的问题，但人口老化速度没有上述国家严重。在处理人口老化问题上，特区政府必须起带头作用。

要处理人口老化问题，教育工作十分重要。当中涉及的不只是长者本身，亦包括参与长者医疗工作的人员、照顾长者的家人及护理人员。此外，现在尚年轻的在职人士，为面对未来因人口老化加剧，极可能要提高退休年龄做好准备，应该及早注意并照顾自己的身心健康，要学好如何应付工作压力，及提升个人专业知识及技能。持续教育机构在这方面可提供各种学习机会。

在年长人士教育方面，希望各持续教育机构能联手向特区政府建议，将申请持续教育基金年龄上限放宽，让年长人士亦可享用此基金，进修有助他们身心健康及自我照顾的课程。虽然这样做牵涉到基金在原则性方面做改动，但若然成功，最终受惠的也是整个香港社会。

**参考文献：**

[1] Archieves，Elders Rights：World global action on aging[R]. UN Economic and Social Council，2003.

[2] Barlara J. Nicoletti. LIFE Community needs assessment focus groups：Summary and notes，program and organisational assessment services[R]. Wisconsin：Community Foundation for the Fox Valley Region，2003.

［3］Kristine L. Blacklock,lifelong learning for the older adult［J］. *Journal of Extension*，1985,23(5).

［4］Lawrence Wolff. Lifelong learning for the third age［R］. Washington，D. C. ：Inter-American Development Bank，2000.

［5］Loraine Spear. How can Internet access enhance the lives of the elderly［R］. Inquiry Units,Inquiry Page Project. Urbana-Champaign：Univ of Illinois，2001.

［6］Roger Hiemstra. *Lifelong Learning：An Exploration of Adult and Continuing Education Within a Setting of Lifelong Needs*［M］. New York：Hitree Press，2002.

［7］香港特区政府统计处.香港的女性及男性主要统计数字［R］.2005.

［8］香港特区政府财经事务及库务局经济分析部.2007 年人力资源推算报告［R］.香港:香港特区政府,2003.

［9］香港特区政府人口政策专责小组.人口政策专责小组报告书［R］.香港:香港特区政府,2003.

# 品牌延伸：
# 台湾东吴大学日本语文推广教育做法

台湾东吴大学　林炳文

【作者简介】

　　林炳文,男,台湾东吴大学国际经营与贸易学系兼任教授,台湾政治大学经济学系硕士,研究方向包括国际贸易理论与政策、个体经济学、总体经济学、经济分析。

　　本文为 2006 年第七届海峡两岸暨港澳高校继续教育论坛收录论文。

## 一、前　言

　　过去十年间,品牌延伸(brand extensions)已成为品牌管理(brand management)火红的主题。一项全球研究调查指出,有 60%～80% 的营销主管都偏爱品牌延伸甚于开发新品牌,大约有 10%～15% 对于品牌延伸和创立新品牌同样看重,而偏爱开发新品牌的不到 5%[①]。决策者在品牌发展上将有四种选择(见图 1),公司除了推出新品牌、新产品或多品牌(multibrands)——同类别的产品冠上新品牌外,还可考虑产品线延伸(line extensions)或采取品牌延伸的策略。一家公司营销经理人常常会因为想争取更多商品上架或者是想诱导卖场内更多冲动性购买而不断地延伸产品线。然而产品线延伸过度将产生不少缺失,营业额虽然增加,但公司净利润却下降了。当市场上原来已经有一个强势的品牌时,一个崭新的品牌欲打入市场中,所需投入的成本就比较高,存活的概率也比较低。后两种策略都是沿用现有的品牌,比将新品牌打入市场容易多了。多数管理者常视品牌延伸为公司在相当短的时间内增加基本利润底线的捷径,诚如一家奢华名表公司的执行

---

① Research International. Stretch to Innovate. September 2001.

长所言："经由名牌的授权洗礼，你就可以在短期间赚大钱。"

产品类别

已有的　　　　　　新　的

图 1　品牌发展策略

台湾东吴大学日本语文学系自 1972 年创系以来，因培育了许多优秀日语师资而享誉学界。隔年推广部开办日本语文经常班，造福了社会大众，提供给有心进修者良好的学习环境。三十三年来，台湾东吴大学推广部打造了日文学习第一把交椅的声名。日文经常班课程从初级班至高级班，共分十级，读本、词语、会话由三位老师分科担纲，扎实培养听、说、读、写四技能。各级内容环环相扣、实用且多元。然而基于学员需求，目前不断地延伸经常班课程至高级班十八级（约大学日文系三、四年级的水平），结果造成学费折扣多，管理成本大幅提高，学员学习需求并未真的增加，整体净利润增加有限。此时以成本利润为依归的推广教育决策者，应该把重心放在产品线本身，而非不断地将产品线延伸。本文旨在说明台湾东吴大学日本语文推广教育品牌管理策略与一些做法。

### 二、文献回顾

#### （一）品牌延伸与产品线延伸

理论上，品牌延伸和传统的产品线延伸不太一样，前者定义为将一个成功的现有品牌名称沿用于不同类别（新的或改良过的）产品（Kotler & Armstrong，2006；Kotler & Keller，2006）；后者定义为将现有品牌的名称沿用于同类别产品，例如传统可乐衍生出健怡可乐与樱桃可乐。一家公司在低成本低风险的方式下，通常会采行产品线延伸；当然在迎合消费者差异的需求、使用超额能量（excess capacity）情况下，产品线延伸也是不二考虑的策略。然而产品线延伸策略并非无往而不利，过度使用产品线延伸，可能丧失它既定的意义，造成消费者的混淆与挫折，管理成本的递增更是企业的负担。企业利用现有的强势品牌名称，迅速建立新产品的顾客认同度（recognition），不仅可获得正面的广告效益并省下大笔营销费用，而且很快地让消费者熟悉并接受（acceptance）该企业所推出的新产品，真可谓母鸡带小鸡，省钱又省力。当然，品牌知名度（brand awareness）与品牌忠诚度（brand loyalty）是品牌延伸成功的关键因素。以同一个品牌名称发展出不同的产品来,目的就是希望资源能够产生相乘的效果,发挥品牌的综合效应。不过企业运用品牌延伸策略也有其风险,尽管企业品牌知名度很高,一旦品牌延伸使用过度,也可能让消费者厌烦,留下负面的印象;或者该品牌名称与新产品属性并不相容,让顾客感到失望,致使现有知名品牌形象无法顺利地对新产品发挥提携后进的效果。平心而论,品牌延伸引领进入一个新的未知领域,该新领域也许会被既存的竞争同业所主宰①。举例来说,麦当劳(McDonald's)也想要把产品延伸到 pizza,但却无法说服消费者来购买这个新产品。不当的品牌延伸可能产生负面影响,损及现有品牌的形象与定位(Loken & Deborah,1993)。

若企业将现有品牌名称视为其品牌权益(brand equity),且若将现有品牌已建立之知名度应用于其他类别产品上,则被定义为品牌延伸(Lassar et al.,1995)。消费者对品牌联想(brand association)愈正面,代表对该品牌产品偏好愈高,也代表该品牌的品牌权益愈高(Aaker,1991);而品牌权益愈高的产品,其品牌延伸能力愈强(Park & Srinivasan,1994)。企业运用品牌延伸策略,借由现有品牌之知名度与消费者对该品牌产品之知觉品质(perceived quality)或品牌联想优势,降低消费者的知觉风险,产生了保护伞效果(umbrella effect),迅速建立新产品认同感。另外,一个以品牌延伸方式导入的新产品,较以崭新品牌导入市场的产品,通常在通路取得成本与广告效益上要有利得多(Aaker & Keller,1990)。品牌延伸除了可增进新产品接受度外,还可能产生正面的反馈效果(positive feedback effects)。借由品牌延伸之后,除了可帮助阐明一种品牌的意义与其核心价值,以增进消费者对该公司信赖的知觉外,配合一些品牌促销(brand promotion)活动,还能增加消费者对该品牌的注意力,增强品牌的喜好程度,扩大市场范围,嘉惠主品牌(parent brand)②。

品牌延伸是企业借由品牌权益优势去增加营业额一种最简捷、最快速、最省钱的方式。每年有一半以上的新产品经由品牌延伸方式导入,但有八成是失败的例子。尽管失败例子不少,但成功的例子也不胜枚举。例如飞利浦(Phillips)品牌成功地转换到咖啡机、数字电视机、半导体及医疗系统;通用电气(GE)品牌转换到飞机引擎、燃气轮机、塑胶业与金融业服务;山叶(Yamaha)品牌从钢琴转换到船舶引擎、摩托车及滑雪板;法国的 Bic 公司成功地将其品牌由圆珠笔转换到刮胡刀、香水、风浪板、免洗裤。这些公司是如何正确做好品牌管理的呢? 答

---

① 见 Jean-Noel Kapferer. *The New Strategic Brand Management*：*Creating and Sustaining Brand Equity Long Term*[M]. London：Kogan Page,2004.

② 见 Douglas W. Vorhies. Brand extension helps parent gain influence[J]. *Marketing News*,2003(1)：25.

案很简单,它们似乎都满足一项黄金律:每一个品牌延伸皆能确切地带给消费者目标的知觉价值。

**品牌延伸的优缺点**

根据相关文献、研究,企业运用品牌延伸的优点有:①开放新产品的成本较低;②迎合顾客差异的需求/偏好;③使用工场的超额能量;④将顾客区隔成众多市场;⑤扩展定价空间,增加利润并降低财务风险;⑥与主要品牌营销产生品牌权益杠杆作用;⑦在同一个品牌之下,某些产品还可相互促销,提高企业竞争力。运用品牌延伸的缺点有:①容易产生混淆;②削弱品牌忠诚度;③错失创新的机会,创意被限制;④潜在的商业冲突迭起;⑤难以控制内部存货与预测;⑥生产复杂性提高,生产线转换成本增加许多;⑦管理时间稀释、失焦;⑧中断产品的提供可能比增加新产品要困难得多(Quelch & Kenny,1994;Twerdahl & Associates,2005)。由于品牌延伸策略同时具有优缺点,故不是所有企业均适合采取品牌延伸策略,要视当时市场上的竞争环境决定。

(二)副品牌

一家公司的品牌策略,反映出该公司销售的各种产品所适用之共同与独特品牌元素个数和性质;换言之,公司需设计出一套新品牌元素适用于新产品,现有品牌元素适用于现有产品之品牌策略。一般会以品牌延伸方式去导入新产品的企业,其现有品牌大都已被消费者认定为高品质的品牌形象(Aaker & Keller,1990)。当一种新品牌与现有品牌同时相联结时,此种品牌延伸又称为副品牌(sub-brand)。只要副品牌系由现有品牌诞生出来的,那现有品牌就被称为主品牌。借由已建立品牌之知名度与形象,来争取消费者对新品牌新产品的认同,消费者立即就会联想到主品牌,提升消费者对该延伸产品的评价,形成所谓的品牌家族(brand families)一致的形象。这是许多企业常采用的策略。美国设计师 Michael Kors 以华丽布料创作出剪裁优美合身的高级休闲时装,成功地将美式实用性及欧洲经典服装风格融合在一起。20 世纪 90 年代初 Michael Kors 这个服饰品牌蹿红,1998 年被 Celine 相中,为这个欧洲皮件品牌设计女装。Michael Kors 乃推出副品牌 KORS Michael Kors,运作上副品牌与主品种虽然有所区隔,但是 KORS Michael Kors 号称以大众化的价位和独特的设计取胜,实际上价位仍然偏高,经营方式也与主品牌相去不远,因此不但大众化程度有限,而且容易让消费者搞混。2004 年 9 月 Michael Kors 又推出了另一个副品牌 MICHAEL Michael Kors,以适合日常穿着的单品为主,承袭 Michael Kors 一贯的时装设计精神,休闲而有型的新服装系列定价在 200 美元上下,这个新副品牌定位主攻日常穿着,价位为中价位,通路则放在百货公司(钱大慧,2005)。

值得一提的是从事副品牌延伸,有走高级路线的向上延伸,也有走低级路线的向下延伸。阿玛尼(Armani)决定以"阿玛尼交换"(Armani Exchange)副品牌名称冠在休闲服系列,想跟竞争品牌 GAP 和 Limited 一决高下,结果一件阿玛尼交换 T 恤价格整整贵了 2.5 倍,消费者裹足不前。以罐装酒闻名的嘉洛(Gallo),面临比它略高级的格蓝艾伦(Glen Ellen)竞争,以副品牌恩斯特与朱利欧嘉洛品种酒(Ernest and Julio Gallo Varietals)走高级路线,售价还比主品牌罐装酒贵上 2 倍。这两个例子命运大不相同,前者失败了,后者却成功了(Aaker,1997)。

### 三、台湾东吴大学日本语文推广教育的做法

我们都知道业务主管获取短期利润的压力永远存在,而这种压力更诱使他们以品牌延伸来壮大企业。综观台湾东吴大学推广部日本语文班开课统计(见表1)可知:在 1998—2001 年间,日文班收入占推广部总收入的比重约 47%～51%,日文班人次占总人次比重高达 53%～64%;其中专修班开班不多,收入占日文班收入比重低于 4%,修习人次少。在推广教育市场中,台湾东吴大学日文经常班学员知觉品质佳,学员满意度与忠诚度高,建立起了日文学习第一把交椅的品牌形象与定位。台湾东吴大学日本语文推广教育学员对于课程与教师产品核心品质知觉,显著正向影响学员满意度与关系品质,代表台湾东吴大学日本语文推广教育品牌的信任与承诺。另外,学员对于学习环境、行政等周边品质知觉,也显著正向影响服务品质,代表台湾东吴大学日本语文推广教育品牌的可靠性与关怀性(林炳文、尚荣安、刘宗哲,2005)。现将品牌延伸的一些做法说明如下。

做法一:善用东吴日文推广教育品牌的优势

简单来说,品牌就是消费者的选择。通常一家公司会在某项产品类别上拥有较大的延伸潜力。基于品牌信赖度风险分散的考量,韩国三星(Samsung)重新将其品牌聚焦在少数优势产品类别(半导体、移动电话及平面电视)上。对于一个成功的品牌而言,产品线延伸似乎是极其自然的事。日文经常班课程从初级班至高级班,共分十级,在迎合消费者差异的需求、使用超额能量情况下,2001 学年起,我们不断地扩张经常班课程,目前延伸至高级班十八级,并加开周末班及双溪学苑(2005 学年开办),学员反应热烈,学员人次年年增加。整个日文班收入占总收入比重虽有些微下降的趋势,但收入金额仍旧增长,到 2005 学年有近 5000 万元业绩。

做法二:运用品牌延伸

一种品牌就代表一种承诺。本部运用台湾东吴大学日本语文推广教育品牌,进行品牌延伸策略。虽然本部曾经在 1998—2000 学年间,开设一些日语专修班(会话、文法阅读班),但是成效不彰。自 2001 学年起,积极推出日语检定考

专修班(一级、二级冲刺班,一级、二级、三级能力检定考班,欢乐日语会话教室,日文文法魔鬼特训班,全方位听讲精修班,快准文法暨阅读日语写作精修班,Enjoy 读解精修班,企业人日语,日文进阶阅读专修班等),反应奇佳,报名人数激增,专修班收入占日文班收入比重由 2001 学年的 4％跃升至 2005 学年的21％。同期日文经常班人次与收入也逐年增加,充分印证台湾东吴大学利用现有的强势品牌名称,迅速建立新产品专修班的顾客认同度,增进消费者对台湾东吴大学日本语文推广教育信赖的知觉外,还能增强品牌的喜好程度,扩大市场范围,嘉惠主品牌。应许多学员的要求,千呼万唤,全台独一无二的日语师资养成班课程将在 2006 年 9 月正式登场。

表 1　台湾东吴大学推广部日文班开课统计

单位:新台币元

| 学年 | 1998 学年 | 1999 学年 | 2000 学年 | 2001 学年 | 2002 学年 | 2003 学年 | 2004 学年 | 2005 学年 |
|---|---|---|---|---|---|---|---|---|
| 推广部评估年度总收入 | 32443649 | 41842902 | 43692935 | 51371668 | 59832957 | 73286657 | 83490773 | 110195087 |
| 日文班收入 | 16407549 | 19834446 | 21165737 | 24562809 | 26739610 | 29014017 | 33495451 | 48880425 |
| 日文班占总收入比重 | 51％ | 47％ | 48％ | 48％ | 45％ | 40％ | 40％ | 44％ |
| 年度总人次 | 6690 | 6865 | 8308 | 10270 | 10777 | 12695 | 19196 | 24883 |
| 日文班人次 | 3702 | 4400 | 4643 | 5438 | 5596 | 6075 | 7366 | 10178 |
| 日文班班次 | 152 | 183 | 177 | 195 | 202 | 195 | 238 | 306 |
| 开课明细 | 【经常班】双日三日【密集班】【专修班】会话 | 【经常班】双日三日【密集班】 | 【经常班】双日三日【密集班】【专修班】文法阅读 | 【经常班】双日三日【密集班】【专修班】日能一日能二J14 特别班 | 【经常班】双日三日【密集班】【专修班】日能一日能二 | 【经常班】双日三日【密集班】【专修班】日能一日能二电视日语 | 【经常班】双日三日【密集班】【专修班】日能一日能二电视日语D11～D13企业人日语文法魔鬼 | 【经常班】双日三日【密集班】【专修班】日能一日能二二级冲刺欢乐日语文法魔鬼高级阅读进阶阅读全方位标准文法新闻＆写作Enjoy 读解企业人日语 |
| 专修班收入约略 | 315000 | 0 | 162000 | 982200 | 1538700 | 2301600 | 4577000 | 10467000 |
| 占日文班比重 | 2％ | 0％ | 1％ | 4％ | 6％ | 8％ | 14％ | 21％ |
| 专修班人次 | 75 | 0 | 36 | 187 | 223 | 344 | 893 | 2132 |
| 占日文班比重 | 2％ | 0％ | 1％ | 3％ | 4％ | 6％ | 12％ | 21％ |

做法三:使用副品牌

由于成功的主品牌在消费者心目中已有深刻的既有形象与定位,因此在企业推出副品牌之际,并不会损及主品牌的原有形象与定位。在 20 世纪 90 年代,许多企业拟进军各类消费者家电,索尼(Sony)公司了解一家公司不容易专精在每一类产品上,于是它使用一些副品牌来延伸产品:PlayStation 品牌用在电脑游戏,Vaio 品牌用在笔记型电脑,Wega 品牌用在平板电视,Cyber-Shot 品牌用在数码相机等。本部有感于日文班学员热衷进一步体会日本文化,2004 年 5 月起特聘兼修日本文学与现代艺术,且曾师承日本草月流大师并且在草月工房担任助手的老师,开设艺术、插花、创意开发教室班,融合日本文化、现代艺术、美学概念,拓展学员的视野,激发创意。插花班开办后佳评如潮,屡创满班的佳绩(见表2),每期人数由开始的十六七人增加到二十六七人。应学员要求新开设东吴丹尼插花精华班持续深造,"学插花,到东吴"的赞美词不胫而走。据学员反映,亲子、好友一起来上课,收获美好欢愉。这般情景让人联想到劳夫罗伦(Ralph Lauren)高品质、耐用、经典的 POLO 衫,以个性化为诉求,深深打入消费者心坎,消费者穿上它总感觉很愉悦。这种以消费者的感觉当作卖点的策略,自然创造了别人无法模仿的竞争优势。

表 2　台湾东吴大学推广部插花班、韩语班开课统计

单位:新台币元

| | 2004/5 | 2004/7 | 2004/9 | 2004/11 | 2005/1 | 2005/3 | 2005/5 | 2005/7 |
|---|---|---|---|---|---|---|---|---|
| 插花班<br>(金额) | 16 人<br>45300 | 16 人<br>42600 | 17 人<br>46920 | 21 人<br>55170 | 19 人<br>52440 | 23 人<br>61440 | 24 人<br>66600 | 20 人<br>42500 |
| | 2005/9 | 2005/11 | 2006/1 | 2006/3 | 2006/5 | 2006/7 | 2006/9 | |
| 插花班<br>(金额) | 27 人<br>72870 | 25 人<br>66300 | 22 人<br>58500 | 26 人<br>70500 | 25 人<br>66600 | 49 人<br>132900 | | |
| | 2005/3 | 2005/5 | 2005/7 | 2005/9 | 2005/11 | 2006/1 | 2006/3 | 2006/5 |
| 韩语班<br>(金额) | 40 人<br>120570 | 52 人<br>163170 | 70 人<br>221040 | 108 人<br>338760 | 100 人<br>324120 | 76 人<br>235620 | 90 人<br>285480 | 111 人<br>350640 |
| | 2006/7 | | | | | | | |
| 韩语班<br>(金额) | 107 人<br>336240 | | | | | | | |

自从韩国偶像电视剧《冬季恋歌》拉起哈韩风后,韩文推广教育市场随之而上。本部搭上这波浪潮,特聘韩籍老师、小说《明成皇后》译者来校讲授,学员人

次与收入稳定增长。由于最初学员均来自日文班学员及老师,借由已建立台湾东吴大学日文品牌之知名度与形象,来争取学员对新品牌韩语班的认同,学员立即就会联想到主品牌日文班,提升学员对该延伸产品韩语班的评价,形成了所谓的东方语文品牌家族一致的良好形象。在同一个品牌之下,两种班别还可相互促销,提高台湾东吴大学日本语文推广教育竞争力。目前台湾东吴大学韩语班有初级班四级、中级班四级。学员普遍的看法,"东吴韩语师资棒"。这意味着台湾东吴大学推广部从事副品牌延伸策略成功。

### 四、品牌延伸的限制

纵使风险可能限制了许多营销人员进行品牌延伸的目标,但是很不幸,很多公司都前赴后继地去执行品牌延伸,企图营造更佳的绩效。企业在进行品牌延伸时,常会面临以下三大挑战。

挑战一:你到底是在壮大品牌,还是在借用品牌、压榨品牌

在时尚产品里,"借用品牌"(brand borrowing)似乎特别敏锐。像德国笔类专业的龙头万宝隆(Mont Blanc)由书写工具转换到办公桌文具、手表、珠宝、眼镜及香水,俨然变成一家生活品味公司。你可能也会怀疑,每当管理阶层决定进入一个新的生活品味商品时,到底有多少权益真正融入了原始品牌的承诺,有多少生活品味公司是这个世界真正需要的,或者这些品牌是否能够不失去其原始主体与核心价值。不管是企图在短期内极力扩张品牌以获取最多的现金,去进行品牌压榨(brand milking),还是运用品牌出借方式,期望获取较多的现金,目的都是壮大品牌,强化长期品牌权益。然而,品牌过度延伸结果不是很好。当早餐谷物食品的领导品牌家乐氏(Kellogg's)决定跨出其传统的市场进入早餐柳橙汁市场时,其结果在多数欧洲市场都失败了,仅有一小部分的美国市场成功。探究其失败的原因不外是老生常谈、了无新意,突显产品差异化的活动而已,能带给消费者的价值少之又少;换言之,不是品牌建树不够,就是品牌出借和品牌压榨太多了。

挑战二:你的品牌真正是消费者所想象的那样吗

许多品牌延伸失败的例子显示:管理层认为绝对合乎逻辑、顺理成章,但消费者却不以为然地重新定义你企业的核心能力(core competency)或品牌重新定位(brand repositioning)。举例来说,当年麦当劳高层决定涉入披萨业务时,就曾经说:我们不应只定位在汉堡业,我们是在速食业!这个考量似乎还蛮合乎逻辑的。每一位管理者应该切记,你的品牌并不是由你认定的,而是依你顾客的知觉认定的。

挑战三:你的品牌真的被认为是业界的专家吗

依据美国《商业周刊》(*Business Week*)每年公布的全球前一百大厂商,几乎都非常专业于单一特定的产品,且已成为该产业之翘楚,它代表着信用和创新。的确,可口可乐是一种特殊的碳酸饮料,英特尔(Intel)专业制造电脑零件、诺基亚(Nokia)专业制造手机。品牌简化了消费者的抉择。因此,许多营销专家主张,消费者比较可能购买可信赖的"专业品牌"产品,而不想去购买宣称在其他产品项目有专长品牌的东西。

## 五、结 语

品牌管理是创造并维持消费者知觉价值的艺术。为了追求成果,管理者有责任增强品牌活力、强化品牌核心价值,以及勾勒品牌愿景与创新思维。品牌管理者除了必须专注于一组核心能力,还需改善成本结构,时常淘汰弱品牌,投资品牌形象与环境,与目标消费者进行对话。一个良好的品牌可以为企业赚取利润,达到企业增长目标。

**参考文献:**

[1] Aaker,D. A. *Managing Brand Equity*[M]. New York:The Free Press,1991.

[2] Aaker,D. A. Should you take your brand to where the action is? [J]. *Harvard Business Review*,1997,75(9/10):135-143.

[3] Aaker,D. A. & Keller,K. L. Consumer evaluations of brand extensions[J]. *Journal of Marketing*,1990,54:27-41.

[4] Dickson,T. (executive ed.) *Financial Times Mastering Management* [M]. London:Pitman Publishing,1997.

[5] Kotler,P. & Armstrong,G. *Principles of Marketing*,11th edition[M]. New Jersey:Pearson Education,Inc.,2006.

[6] Kotler,P. & Keller,K. L. *Marketing Management*,12th edition[M]. New Jersey:Pearson Education,Inc.,2006.

[7] Laaser,W.,Mittal,B. & Sharma,A. Measuring customer-based brand equity [J]. *Journal of Consumer Marketing*,1995,12(4):11-19.

[8] Loken,B. & Deborah,R. J. Diluting brand beliefs:When do brand extensions have a negative impact? [J]. *Journal of Marketing*,1993,57:71-84.

[9] O'Guinn,T. C.,Allen,C. T. & Semenik,R. J. *Advertising and Intergrand Brand Promotion*,4th edition[M]. Ohio:Thomson South-Western,2006.

[10] Park,C. S. & Srinivasan,V. A survey-based method for measuring and understanding brand equity and its extendibility[J]. *Journal of Marketing Research*,1994,31:

271-288.

［11］Quelch，J. A. & Kenny，D. Extend profits，not product lines［J］. *Harvard Business Review*，1994，72(9/10)：153-160.

［12］Turpin，D. How far can you stretch your brands?［J］. *Perspectives for Managers*，2005：124. http://www01. imd. chnewsresearch/perspectives/index. cfm? Art＝3246.

［13］Twerdahl，J. S. & Associates. Product extensions，OEM，and private label brands［EB/OL］. 2005. http://www. pdmasocal. org/socalpresentations/447. 1.

［14］别莲蒂. 消费者认知的厂商移转能力、产品制造困难度与品牌联想对品牌延伸合适性的影响［J］. 台湾管理学刊，2003，3(2)：65-84.

［15］蔡东峻，李奇勳，骆德治. 品牌延伸与品牌联盟对消费者品牌转换意愿之影响——以市内电话和国际电话为例［J］. 人文及社会科学，2001，11(4)：345-355.

［16］高登第，译. 品牌管理. 台北：天下远见出版股份有限公司，2001.

［17］林炳文，尚荣安，刘宗哲. 推广教育之品质知觉与学员满意度［C］. 第五届海峡两岸暨港澳高校继续教育论坛文集. 哈尔滨：哈尔滨工业大学，2004.

［18］钱大慧. Michael Kors 第二次推副品牌会成功吗?［DB/OL］. 全球华文营销知识库，2005. http://www. cyberone. com. tw.

# 继续教育下副学位学生
# 学习向度研究及实证分析

香港中文大学　陈耀文　李仕权

【作者简介】

　　陈耀文,男,博士,香港中文大学专业进修学院研究员,研究方向为继续教育。

　　李仕权,男,博士,香港中文大学专业进修学院院长,研究方向为继续教育。

　　本文为2006年第七届海峡两岸暨港澳高校继续教育论坛收录论文。

## 一、背　景

　　21世纪,面对经济、社会和科技的激烈竞争,教育已不能局限于传统学校,而要转变成终身学习和持续教育。香港要成为一个知识型的城市,才能配合中国的发展。一纸文凭已不能走遍天涯,传统学校教育和终身学习相结合,才是未来教育发展主流。当前,香港的继续教育发展蓬勃,各大学的校外课程、公开大学、职业训练局等都积极发展,密切贴近社会需要。

　　在香港,副学位的发展成为持续教育服务中的重要一环,因为社会对副学位课程需求甚殷,而大学本科学位名额有限,因而造成持续教育服务多承办副学位课程的现象,以弥补正规大学课程名额不足的情况。这种现象的产生主要是由于香港中学生毕业后学位竞争激烈。2006年的中学会考各科考生,约有12万人,约7.4万人为日校考生,但只有约4.7万人考获符合升中六的最低要求,而全港官津学校仅提供2.5万个中六学位,遂约9.5万人未能进升中六课程,须另觅升学途径(《明报》,2006)。在高级程度会考方面(中学后两年大学预科的课程考试),2006年考生约3.5万,只有约47%考生考获入读香港各大学各学位的最低资格(《头条日报》,2006),这比例与上年度入读香港各大学的本科生相若,在2005/2006年度入读大学本科的有17150人(香港特区政府新闻署,2006)。由此可见,香港的大学学位竞争激烈,能够继续升读大学本科的学生,必须出众,才能登上大学本科之门。

因大学学位竞争激烈,香港大部分的中学毕业生多未能继续升读大学本科。香港各大学继续教育机构和私人办学团体遂多筹办推广副学位课程(包括副学士和高级文凭课程),以求满足大众需求。加上香港特区政府大力鼓励副学位课程,务求在十年内将大专的普及率由2000年的18%推广至60%,副学位课程遂成雨后春笋,发展蓬勃(Tung,2000)。根据香港特区政府的数据,修读副学位课程在2000/2001年度有9397人,至2005/2006年度已跃升至28104人,在这五六年间,修读副学位课程人数劲升约2倍(香港特区政府新闻署,2006)。根据有关资料,普及率在2005/2006年度已经超标,达65%。

继续教育下的副学位课程是香港继续教育服务的特色。香港继续教育服务本不是以副学位学生为服务对象的。香港继续教育服务本有三个基本目标:第一,为中学毕业后并未继续升学或没有机会继续升学的人士,或年龄较大时才有需要升学的人士,提供第二次进修机会;第二,为完成大学教育后就业的人士提供持续教育,使他们的专业技能追上最新发展并不断改进;第三,为工作了好一段日子的人士提供再培训,使他们能拓展或学习新的专业技能或技术技能,以适应科学技术、经济和社会的转变(香港特区政府信息中心,1999)。除了这三个基本目标外,香港的继续教育目标实宜包括借各类多元化课程以提升生活素质(香港中文大学专业进修学院,2006)。因香港特区政府对高等普及教育的推动不遗余力,并在2000年定下目标承诺,务使香港高等教育普及率在十年内提升至60%,而大学本科教育却缺乏有关资源,各大学继续教育服务遂多用自负盈亏模式,成为副学位课程的重要支持者,并争相筹办副学位课程。

在继续教育服务的新潮流下,虽然特区政府投入了不少资源,并以借债的形式协助学生就读有关副学位课程,但在课程素质方面却仍有改善空间(Cheung,2006)。在2005年11月,八所大学教育资助委员会资助院校联合成立"联校素质检讨委员会",以检视自负盈亏副学位课程的质素。这八间院校分别为香港大学、香港中文大学、香港科技大学、香港理工大学、香港城市大学、香港浸会大学、岭南大学和香港教育学院。委员会拟建立一套校外检讨机制,分两阶段进行检讨,第一阶段确认院校对自资副学位课程的审批及监督机制,第二阶段是检视院校对这类课程的质素机制的成效。评审拟分阶段与资历架构接轨,课程质素未能达标者,将在香港特区政府资历架构课程名单中除名,学生若修毕被除名的课程,也无法取得新筹划的"资历架构"的认可。

　　在副学位课程发展的背景下,本研究将针对高级文凭和副学士学生的学习深浅向度及学习经验,以了解他们的特点和异同。要发展普及教育,其中一个重要课题是了解学生的学习经验。蓬勃的副学位课程虽然发展迅速,但了解这群学生的学习经验和学习深浅向度却不多。本研究遂着重分析两个教育平等机会的重要课题:学生的性别差异和社会经济背景差异。在香港,性别差异现似不是一个热门课题,但在20世纪70年代,传统的性别歧视问题仍然严重。那时,传统的重男轻女观念仍大行其道,女孩一般在读书的机会上吃亏,父母多不愿支持女孩的学杂费,却多支持男孩的学习(Post,2004)。再者,女孩在工作机会和晋升上皆多有吃亏的情况。这与近代中国,尤其是农村的重男轻女观念同出一辙(Shu et al.,2002)。

　　近代,香港社会女士读书机会增多,待遇也追及男性,在香港特区政府居高位的大有人在。近期香港特区政府高层,有五分之三的比例为女士,一时成为佳话。这意味着男女平等在近代香港已达致相当程度的成功。

　　除此之外,在2001年,就读高中教育的香港女生占89%,而男生只有83%。在入读大学本科课程方面,18%女生能进入大学校门,而男生只占16%,这也证明了男女的待遇相若,有时,甚至有占优的情况(Post,2004)。在比例上,这与20世纪70年代有天壤之别,那时,男生无论在就读高中还是进入大学校门皆明显占优。

　　除了性别差异因素外,社会经济地位的不同也往往带来学习上的差异。研究提出,上流社会家庭子女多有批判性的思考,相对于低社会经济地位的家庭子女,他们也有较高的分析学习经验,但却有较低的外在动机(Cheung et al.,2001)。教育机会的延伸和扩张带来了更多学习机会予那些较低社会经济地位尤其是低下层社会经济地位背景的子女。研究也指出,社会经济地位不同,在学生的成绩上、学生的努力上、组织性学习和活动上皆有所不同(Bogenschneider & Steinberg,1994;Camp,1990)。

　　本研究有目的是检视副学位同学的学习经验,特别选取了性别差异和社会经济地位作为重要元素。针对不同的副学位课程收集了有关的量化数据,寻求了解性别和社会经济元素是否与学习经验有分别。在学生的响应中,本研究也探索学习过程与学习经验的关系,其深层学习向度与表面学习向度互动性如何,尤其是两者与性别变项和社会经济变项的差异。

## 二、研究方法

　　本研究的样本属一层迭式设计。在最初阶段,在香港一所大学的继续进修学院中,掌握了学生全体的数目,然后按比例选取相关学生数目。然后,借着课程主任和老师们的帮助,邀请学生填写问卷。

本研究的对象是副学位学生,包括高级文凭和副学士学位的学生。研究分析样本总数有442人,其中女生262名,男生180名;348名学生研习高级文凭,94名学生研习副学士课程。所有的学生都填写了"学习过程问卷"(Study Process Questionnaire,SPQ)和"课程经验问卷"(Course Experience Questionnaire,CEQ)。

"学习过程问卷"乃Biggs(1987)设计,然后经过修改(Biggs,Kember & Leung,2001)。原本的SPQ有42项,是一自我测验的项目,主要测量表面性学习、深层性学习和成就性学习。量表测试显示有良好的重测数度和良好的一致性效度(Biggs,1987)。相关的良好效度显示也可见于其他研究,如O'Neil和Child(1984),Hattie和Watkins(1981)。"学习过程问卷"有20项,是用以量度表面学习和深层学习。借着Lagrange Multiplier和Wald的统计学测验,原本的"学习过程问卷"减至20条,有两个主要测量项目:表面学习和深层学习,各项目有10个题目。不同的效度测试,如Comparative Fit Index和Cronbach alpha,皆显示所得数据结果颇理想(Biggs et al.,2001)。

Biggs等(2001)相信这问卷是理想评估的工具,它能帮助老师提倡深层学习并反映评估状况。根据Biggs(1992)的设计,深层学习意味学员能掌握问题的中心,深层动机是内在动机,源于个人内在兴趣,例如,"当我研习这些科目时,我觉得很有兴趣"。深层策略是关于扩大所学习的思想领域,例如,"阅读某些材料,使我想起某些已经知道的,从而发现一些新亮光"。表面学习是关于重复做某些事情,并用最少的能力去达到最基本的要求。表面动机关乎害怕失败,例如,"我选读的科目主要是帮我做好我的工作,不是因为我对它们有兴趣"。表面策略意思是去达成很狭窄的目标,或者死记硬背,例如,"我倾向学习那些指定要我做的,我不要做其他额外的功夫"。

"课程经验问卷"是一普遍采用的量表,原本由Ramsden(1991)设计,根据大学的教与学理论,按照学生对课程、教学和评量等学习结果主要元素的印象与反应建构而成。问卷被广泛采用,用作测量教学质素的工具,如澳洲毕业生职业局(Graduate Career Council)每年皆用以测量高等教育院校,已有超过十年的历史(Australian Vice-Chancellors' Committee,2006)。

"课程经验问卷"有36项,包括六个量表:良好教学、清楚目的、工作担子、评估、独立性和普遍性技巧。问卷有23项,也有30项。这些含不同项目的问卷,皆在不同研究中达到理想效度和信度。如Wilson,Lizzio和Ramsden(1997)比较从1991至1994年的五个独立性研究,各量表皆显示有良好的一致性效度。

学生回答SPQ或CEQ的问题,皆响应在5点制的项目上,那是由强烈同意至强烈不同意。再者,该研究的问卷也询问学生性别、年龄、家庭入息和居住房屋等问题,以了解响应者的个人特点和社会经济地位。学生一般用 $15\sim20$ 分钟便完成填写问卷。

### 三、结　果

本研究的焦点在于了解性别和社会经济地位的差异,在分析有关变项前,先用效度测验(reliability test)量度,了解量表的一致性。表 1 显示"学习过程问卷"的测量工具有良好系数(Cronbach's alpha),表面学习向度有 0.8 的系数,而深层学习向度有 0.85 的系数,这皆显示工具本身的内部一致性颇高。在"课程经验问卷"(CEQ)系数方面,除了末项满意指数外,总系数达 0.81,是良好和可接纳的水平。在 5 个次量表中,"良好教学"达 0.76,是在温和可接受的水平,其他的"清楚目的和标准""适当的评估"和"适量的工作担子"等量表,也在温和系数间。

表 1　效度

| 效度 | 系数(alpha) |
| --- | --- |
| 学习过程问卷(SPQ) | |
| 　深层动机(DM) | 0.71 |
| 　深层策略(DS) | 0.73 |
| 　深层学习向度(DM+DS) | 0.85 |
| 　表面动机(SM) | 0.70 |
| 　表面策略(SS) | 0.65 |
| 　表面学习向度(SM+SS) | 0.80 |
| 课程经验问卷(CEQ) | |
| 　强调独立性 | 0.38* |
| 　良好教学 | 0.76 |
| 　适量的工作担子 | 0.57 |
| 　适当的评估 | 0.55 |
| 　清楚目的和标准 | 0.51 |
| 　课程经验问卷(CEQ30) | 0.81 |

注:* 若把第 21 题删除,"强调独立性"可达 0.63。第 21 题是"这里很少有机会让你选择你想学习的科目",学生在这题上比其他题目得分更高。也就是说,课程一般都能提供更多选择予学生。在此独立性量表中,学生对这题的反应比其他题目稍不一致。

表 2 是关于性别差异的问题,借着变异系数分析(analysis of variance),男生和女生在下列量表中有统计学上显著性的差异:深层学习向度和表面学习向度。在平均数值上,在各量表中,男生显然比女生高,也就是说男生与女生相比

而言,男生多采用深层学习方式,也多用浅层学习方法。至于在课程经验的五个量表中,F 测验分析显示,性别在课程经验中,没有达到统计学上的显著性差异。

表2 学习过程和课程经验量表——性别变项的变异系数分析(analysis of variance)

| 项目 | 组别 | 数目 | 平均数 | 标准差 | F |
|------|------|------|--------|--------|---|
| 深层动机<br>(DM) | 男生 | 173 | 15.27 | 3.18 | |
| | 女生 | 259 | 13.91 | 3.28 | 18.28*** |
| | 总数 | 432 | 14.46 | 3.31 | |
| 深层策略<br>(DS) | 男生 | 174 | 15.49 | 3.29 | |
| | 女生 | 257 | 13.98 | 3.32 | 21.73*** |
| | 总数 | 431 | 14.59 | 3.39 | |
| 深层学习向度<br>(DM+DS) | 男生 | 168 | 30.79 | 6.01 | |
| | 女生 | 254 | 27.87 | 6.24 | 22.86*** |
| | 总数 | 422 | 29.03 | 6.31 | |
| 表面动机<br>(SM) | 男生 | 175 | 15.17 | 3.64 | |
| | 女生 | 260 | 13.53 | 3.60 | 21.50*** |
| | 总数 | 435 | 14.19 | 3.70 | |
| 表面策略<br>(SS) | 男生 | 176 | 15.92 | 3.47 | |
| | 女生 | 260 | 14.80 | 3.38 | 11.28*** |
| | 总数 | 436 | 15.25 | 3.46 | |
| 表面学习向度<br>(SM+SS) | 男生 | 172 | 31.02 | 6.39 | |
| | 女生 | 258 | 28.29 | 6.40 | 18.71*** |
| | 总数 | 430 | 29.38 | 6.53 | |

注:*** $p < 0.001$。

表3是用变异系数分析来量度样本中家庭入息的差异。测验显示,除了在深层动机、深层策略、深层学习向度、清楚目的和标准向度方面,有统计学上的显著差异外,其他所有本研究的量表,都没有发现显著差异。

这分别意味着高收入的家庭子女多怀深层学习动机和策略。从显示的平均数值看来,高收入家庭的子女与低收入家庭的子女,其差别在深层学习上是颇明显的。也就是说,高收入家庭的子女多采用深层学习。然而,在学习经验问卷"清楚目的和标准"量表中,中收入家庭子女(3万~6万元)却能对清楚目的和标准的项目上有更高的评分,低收入家庭子女(3 万元以下)和高收入家庭子女(6 万元以上)相比而言,在清楚目的和标准的项目上评分则较低。该结果显示,中收入家庭子女一般比低收入或高收入家庭子女较有清楚的课程目的和标准。

表 3　学习过程和课程经验量表——家庭入息变项的变异系数分析(analysis of variance)

| 项目 | 组别 | 数目 | 平均数 | 标准差 | F |
|---|---|---|---|---|---|
| 深层动机<br>(DM) | 10000 或以下 | 96 | 14.04 | 3.47 | 3.74*** |
| | 10000~19999 | 147 | 14.12 | 3.33 | |
| | 20000~29999 | 76 | 14.41 | 3.19 | |
| | 30000~39999 | 31 | 14.97 | 2.86 | |
| | 40000~49999 | 21 | 14.67 | 3.10 | |
| | 50000~59999 | 10 | 16.60 | 2.55 | |
| | 60000 或以上 | 18 | 17.39 | 3.63 | |
| | 总数 | 399 | 14.46 | 3.36 | |
| 深层策略<br>(DS) | 10000 或以下 | 97 | 13.80 | 3.53 | 4.35*** |
| | 10000~19999 | 146 | 14.47 | 3.38 | |
| | 20000~29999 | 77 | 14.97 | 3.15 | |
| | 30000~39999 | 28 | 14.39 | 2.90 | |
| | 40000~49999 | 21 | 14.86 | 3.04 | |
| | 50000~59999 | 10 | 17.00 | 2.54 | |
| | 60000 或以上 | 18 | 17.50 | 3.42 | |
| | 总数 | 397 | 14.62 | 3.39 | |
| 深层学习向度<br>(DM+DS) | 10000 或以下 | 94 | 27.89 | 6.54 | 4.21*** |
| | 10000~19999 | 144 | 28.59 | 6.42 | |
| | 20000~29999 | 75 | 29.29 | 6.00 | |
| | 30000~39999 | 28 | 29.18 | 5.45 | |
| | 40000~49999 | 20 | 29.30 | 5.44 | |
| | 50000~59999 | 10 | 33.60 | 4.97 | |
| | 60000 或以上 | 18 | 34.89 | 6.58 | |
| | 总数 | 389 | 29.06 | 6.39 | |

续表

| 项目 | 组别 | 数目 | 平均数 | 标准差 | $F$ |
|---|---|---|---|---|---|
| 清楚目的和标准 | 10000 以下 | 95 | 11.93 | 2.56 | 2.66* |
| | 10000～19999 | 147 | 12.24 | 1.90 | |
| | 20000～29999 | 78 | 12.35 | 2.01 | |
| | 30000～39999 | 31 | 13.19 | 1.80 | |
| | 40000～49999 | 30 | 12.93 | 1.76 | |
| | 50000～59999 | 15 | 13.07 | 2.31 | |
| | 60000 或以上 | 396 | 12.35 | 2.12 | |
| | 总数 | 95 | 11.93 | 2.56 | |

注: *** $p < 0.001$, * $p < 0.05$。

除了性别和社会经济背景的分析外,本研究也选取了年龄差异做样本分析(见表 4)。统计上显著差异出现在以下的量表中:深层动机、深层策略、表面动机、强调独立性和良好教学。平均数值比较显示,高龄组(23 岁或以上)比中龄组(20～22 岁)及低龄组(19 岁或以下)皆怀有深层动机学习、深层策略学习、更有独立性及在整体而言,给教师的教学有更高的评价。

此外,高龄组的平均分数比中龄组及低龄组在表面动机学习及表面学习向度上,明显减少。

表 4　学习过程和课程经验量表——年龄变项的变异系数分析(analysis of variance)

| 项目 | 组别 | 数目 | 平均数 | 标准差 | $F$ |
|---|---|---|---|---|---|
| 深层动机 | 17 或以下～19 | 113 | 14.04 | 3.21 | 3.90* |
| | 20～22 | 255 | 14.38 | 3.30 | |
| | 23～25 或以上 | 60 | 15.48 | 3.32 | |
| | 总数 | 428 | 14.44 | 3.30 | |
| 深层策略 | 17 或以下～19 | 114 | 13.96 | 3.68 | 6.07** |
| | 20～22 | 253 | 14.55 | 3.23 | |
| | 23～25 或以上 | 60 | 15.82 | 3.18 | |
| | 总数 | 427 | 14.57 | 3.39 | |

续表

| 项目 | 组别 | 数目 | 平均数 | 标准差 | $F$ |
|---|---|---|---|---|---|
| 深层学习向度 | 17 或以下～19 | 111 | 27.96 | 6.48 | 5.58** |
| | 20～22 | 248 | 28.91 | 6.15 | |
| | 23～25 或以上 | 59 | 31.31 | 6.18 | |
| | 总数 | 418 | 29.00 | 6.31 | |
| 表面动机 | 17 或以下～19 | 116 | 14.84 | 3.75 | 0.09* |
| | 20～22 | 255 | 14.00 | 3.71 | |
| | 23～25 或以上 | 60 | 13.53 | 3.32 | |
| | 总数 | 431 | 14.16 | 3.69 | |
| 表面学习向度 | 17 或以下～19 | 115 | 30.52 | 6.49 | 3.04* |
| | 20～22 | 252 | 29.05 | 6.62 | |
| | 23～25 或以上 | 59 | 28.22 | 5.90 | |
| | 总数 | 426 | 29.33 | 6.52 | |
| 强调独立性 | 17 或以下～19 | 115 | 17.91 | 2.58 | 3.77* |
| | 20～22 | 247 | 18.21 | 2.47 | |
| | 23～25 或以上 | 59 | 19.00 | 2.34 | |
| | 总数 | 421 | 18.24 | 2.50 | |
| 良好教学 | 17 或以下～19 | 111 | 25.09 | 4.25 | 3.01* |
| | 20～22 | 253 | 25.82 | 3.77 | |
| | 23～25 或以上 | 61 | 26.57 | 3.69 | |
| | 总数 | 425 | 25.74 | 3.91 | |

注:* $p < 0.05$,** $p < 0.01$。

## 四、讨　论

本研究用统计方法检视性别、社会经济地位和学生学习经验的关系。研究的焦点在于这些背景因素是否影响学生的深浅学习向度和学习经验。

本研究支持总家庭收入高的子女与家庭收入低的子女,其学习经验是有分别的。这些分别包括深层动机学习和深层策略学习。不可否认,富有的家庭能给子女更多的学习机会和资源,所以,财富多的家庭子女怀有较佳的认知技巧和更大的深层学习向度似不足为奇。然而,这些社会经济分别与教育平等机会是否有矛盾之处?财富不均是否是导致学习机会不均的主要因素?虽然本研究未能给予总结性的答案，但数据显示，学习深浅向度的分别是明显的。

香港是一个工商业发达的亚洲城市，人民收入不均，整体收入多集中在一小部分人身上。香港特区政府公布入息税缴纳情况，95％的税由约50万人缴纳，即占约1/6的香港整体人口（Headline Daily，2006）。这就是说，香港的社会财富多倾向小部分的富有者，贫困家庭因而缺少机会和资源。本研究的社会经济地位结果不只简单地说明了高低收入家庭的分别，在某种程度上也显示了在平等学习机会的概念下，家境贫困者的学习表现是倾向表面和肤浅的。因此，加强社会经济地位低的家庭的资源与资助，似是提高其深层学习水平的一个重要方向。

第二个主要结果是性别之别。本研究显示男生普遍有高深层学习的分数，无论在动机和策略方面，都较女生高。有趣的是，男生不但在深层学习量表中比女生高，在表面学习量表中亦高，这显示男生一般倾向两个极端，而女生多持中庸之道，常置于深层与表面学习两者之间。也即男生在学习上一般都比较极端，但女生却多随遇而安，比较温和，没有男生那样两极化。

第三个重要的结果是关于年龄异同。结果显示，年龄较长的学生倾向用深层学习的方法和较具独立性，而且他们比较少用表面学习的方法，这结果颇合逻辑，似与青少年的认知发展相吻合。

研究结果整体上不单提供有趣的学习深浅度与性别、社会经济地位和年龄相关的数据，也同时反映了低收入家庭子女的教育需要——他们较高收入子女，多采用表面学习的方法。为了这些采用表面学习方法的子女，提供适当的辅导和指引将有助于他们掌握良好的学习经验及最终能得到深层学习的经验。

## 五、总　结

借着"学习过程问卷"和"课程经验问卷"，本研究量度了深层学习向度、浅层学习向度和学生的学习经验。

数据分析显示，男生一般倾向持有深层学习和表面学习的特征。而年纪较大的青年人一般也较年少的能持独立性。这与人类发展中，青年人的认知发展较有独立自主性颇吻合。再者，本研究的数据显示，高收入家庭的学生比较低收入家庭的学生在学习向度方面多采用深层学习的形式。在这方面看，提供更多学习资源予低收入家庭似是一有意思和合理的行动，将有助于改善低收入家庭子女的学习质素，从而带来进一步的教育机会平等。

**参考文献：**

[1] Australian Vice-Chancellors' Committee. Course Experience Questionnaire 2005 [DB/OL]. Retrieved on 26 July 2006. http://www.avcc.edu.au/content.asp? page＝/

policies_programs/graduates/ceq2005. htm.

[2] Biggs,J. Study Process Questionnaire Manual[R]. Melbourne: Australian Council for Educational Research,1987.

[3] Biggs,J. Why and how do Hong Kong students learn? Using the learning and study process questionnaire[R]. Hong Kong: University of Hong Kong, 1992.

[4] Biggs,J. ,Kember,D. & Leung,D. The revised two-factor study process questionnaire: R-SPQ-2F[J]. *British Journal of Educational Psychology*, 2001,71(1):133-149.

[5] Bogenschneider, K. & Steinberg, L. Maternal employment and adolescents' academic achievement: A development analysis[J]. *Sociology of Education*, 1994, 67(1):60-77.

[6] Camp,W. G. Participation in student activities and achievement: A covariance structural analysis[J]. *Journal of Educational Research*, 1990,83(5):275-278.

[7] Cheung,C. K. ,Rudowicz,E. ,Lang,G. ,Yue,X. D. & Kwan,A. Critical thinking among university students: Does the family background matter? [J]. *College Student Journal*, 2001, 35(4):577-598.

[8] Cheung, M. K. Strengthening the Development of Post-secondary Education and Upgrading the Quality of Sub-degree Courses[R]. Speech on the Legislative Council,10 May 2006.

[9] Government Information Centre(香港特区政府新闻署). Number of student places provided by tertiary institutions[R]. Press Release,10 May 2006. LCQ8,http://www. info. gov. hk/gia/general/200605/10/P200605100232. htm.

[10] Hattie,J. & Watkins,D. Australian and Filipino investigations of the internal structure of Biggs' new Study Process Questionnaire [J]. *British Journal of Educational Psychology*, 1981, 51(2):241-244.

[11] Headline Daily. Why Hong Kong need to enlarge tax basis[N]. 2 August 2006,PO4 (in Chinese).

[12] O'Neil,M. J & Child, D. Biggs' SPQ: A British study of its internal structure[J]. *British Journal of Educational Psychology*, 1984, 54(2):228-234.

[13] Post,D. Family resources, gender, and immigration: changing sources of Hong Kong educational inequality, 1971—2001 [J]. *Social Science Quarterly*, 2004, 85 (5): 1238-1258.

[14] Ramsden,P. A performance indicator of teaching quality in higher education: The course experience questionnaire[J]. *Studies in Higher Education*, 1991, 16(2):129-150.

[15] Shu,X. & Bian,Y. Intercity variations in gender inequalities in China[J]. *Research in Social Stratification and Mobility*, 2002, 19(2):267-307.

[16] Tung,C. W. Chief Executive 2000 Policy Address,Hong Kong Government[R]. 2000. http://www. policyaddress. gov. hk/pa00/eindex. htm.

[17] Wilson,K. ,Lizzio,A. & Ramsden,P. The development,validation and application of the

course experience questionnaire[J]. *Studies in Higher Education*，1997，22(1)：33-53.

[18] 香港特区政府信息中心.教育统筹局局长就"发展持续教育"议案致辞[R].新闻公布，1999. http://www.info.gov.hk/gia/general/199901/13/0113ed-c.htm.

[19] 香港中文大学.香港中文大学专业进修学院(2006)秋季课程手册[G].

# 给企业教育、训练与发展的白皮书

台湾大学　黄崇兴

【作者简介】

　　黄崇兴，男，台湾大学进修推广部主任，美国奥斯汀德州大学企业管理博士，台湾大学管理学院工商管理学系暨商学研究所副教授，研究方向包括服务业管理、企业决策、绩效与质量评估等。

　　本文为2007年第八届海峡两岸暨港澳高校继续教育论坛收录论文。

　　所谓训练，就是一个组织为了有计划、有组织、有系统地"增进"其员工在执行某些特定任务上所必要的知识、工作态度及解决问题的能力而进行的一切有关活动。有效的训练可帮助员工在组织学习过程中获得正确的工作方法，改进工作绩效，增进未来更能胜任工作的能力。

　　柯威尔(Lynton K. Caldwell)说："训练是学习过程的一部分，是从经验中学知某些事物的成绩。"霍尔(Milton Hall)认为："训练是在目前或未来的工作上帮助员工透过思想和行动，去发展适当的习惯、技能、知识和态度，而获得效果的过程。"麦克吉(Mc Gehee & Thayer)则说："员工训练是一个企业机构用以便利员工学习的一项正规程序，期以影响员工行为而对机构目标与任务的达成有所贡献。"波格特与桑顿(Proctor & Thoruton)表示："训练系指在工作中或课堂内使人员发生学习活动的一种有意义的行动，其目的在于帮助每一人将其潜能发挥到最高程度，以达成最高效率。"

　　由此可知，"训练"是为了改善员工目前的工作表现，或提高即将从事之工作的能力，以适应新的产品、新的工作程序、新的政策或新的标准等，以提高工作绩效。因此，训练的精义在"训人之所短，练人之所长"，其效果是立竿见影的。另一方面，由于"训练"可即训即用，投资上的风险较低，故"训练"在性质上虽是一种花费，实质上也是一种投资。

教育具有广泛性、基础性及启发性的意义,着重于知识、原理及观念的培育,以及思维分析能力和解决问题能力的培养。教育可使员工增进一般知识、了解周围环境、形成健全人格,并为个人日后的自我发展奠定基础。教育是人类全面用于改善现状的特有活动,因此,教育具有广泛性、一般性、基础性、启发性等四种性质,是一种面的铺设,着重于知识、原理和观念的灌输。教育是长期的,以课程为重,是百年大计。而"训练"是短期的,以个人在组织承担的职责任务为重,讲究立竿见影。

企业实施"教育"是欲培养员工提升目前工作的能力,以期配合未来工作竞争力的规划,对组织能有较多的贡献。要求员工得到广泛的能力,须经由一连串教育学程,方能激发(或培育)个人的潜能,提升其必要之能力,因此,教育在性质上是属长期的投资。若教育后没有适当职位可安置,造成员工转换到其他公司,对该公司来说,将形成教育投资的损失。

学者论述有关人才培育的问题时,有称之为训练,有称之为发展,亦有将训练发展两者并称者。其实,"训练"和"发展"所强调之重点并不完全相同,但其原则或目标皆无太大的差异。根据 Andrew F. Sikula 的说法,在一方面,训练与发展的意义是相异的,因为训练是短期的教育过程;而发展是一种长期性的教育过程。训练针对特定的目的;而发展着重一般性的目的。训练是经由有系统、有组织的程序,获得技术性的知识与技术;而发展则是透过有系统、有组织的程序,获得观念性的知识与技能。在另一方面,训练与发展的观念却是重叠的,因为专业技能、人际技能和理念技能之间并无明显之界限。同时,训练就是发展,而发展亦是训练,两者皆是培育人才的主要途径,只是发展的层次及范围均较训练为广。

因此,"发展"的目的在获得新的视野、学习新的科技、产生新的观点,使整个组织有新的发展目标、文化和环境。企业可经由重新设计或组织次级团体,建立新的沟通管道或媒介,重新规范个人的职责、行为模式和沟通的类型等方式,使组织内有更好的人际关系和系统的结构,以达成"发展"的效果。

发展虽以组织为主,事实上,个人的发展亦包含其中,个人的发展主要在培养继续学习的意愿,具备自我发展的能力,以充实工作(或是生活)的内涵,提高生活的意境,获得圆满的人生。同样的,唯有组织不断地发展,才能促进个人的发展。由于"发展"重视的是组织长期性的目标和个人生活质量的提升,其结果不易显现与掌握,在性质上属长期投资,所负担的风险均较"训练"与"教育"为高。

训练与发展、教育,在概念上虽有所区别,但在实际的运作上,有时并不易于严格划分,盖因三者在总目标上有其一致性,在功能上又交互影响,如训练、教育之间的分别其实不大，但仍有一定程度的差异（见表1）；而训练和发展的分别，除期间长短较明显外，其他的特性皆非常相似。许多学者亦认为，学习、训练、教育、发展四者都是相通的，仅层次、范围不同而已。

**表 1　教育与训练之差异比较**

|  | 教育 | 训练 |
|---|---|---|
| 目标 | 使个人获得一般学识 | 获得工作上之专业技能 |
| 出发点 | 以个人为主 | 以工作为主 |
| 特性 | 较理想化，范围广 | 较具体化，范围狭 |
| 期间 | 较长 | 较短 |
| 影响 | 潜移默化 | 即训即用 |
| 效果 | 较难掌握评估 | 较易掌握评估 |
| 活动 | 偏重理论学科 | 理论、学科与实务并重 |
| 内容 | 基本知识，理论、科学并重 | 专业知识，学科、术科并重 |
| 应用价值 | 未来可能需要 | 立即需要 |

## 一、训练发展之重要性

企业的经营管理，便是将企业所拥有的人力、物力与财力等资源做最有效且经济的运用。为求企业营运绩效的提升与永续的成长，管理者必须将内外环境的各个因素加以调适，对外要适应企业外在环境的冲击，对内要维持企业不断的成长与发展。因此，管理者的素质显得格外重要，因为唯有良好的管理人员才能运用策略性的眼光，将企业的资源做最有效的配置与应用。

（一）训练发展的必要性

从某种角度来看，资本、资源（设备）及人力三者交互运用，产生企业运作和绩效。资本是被动的，设备或资源亦须借由人力的操作，才能发挥作用。因此，不论资本运用的妥当与否，或设备运用的有效与否，人力素质是关键因素。另一方面，设备会随着年月的消逝而折旧，资本也会因通货膨胀或时间而减值，唯人力的弹性较大。人力是企业的资产，也可能变为企业的负债。人力所以能变为资产或负债，应视管理方面对人力的基本观念和运用而定。假如管理方面有适当的人力训练发展的措施，其人力就能成为公司无限的资产。

现代产业环境的急速变迁，全球企业间的激烈竞争，以及经营管理的方法日新月异，迫使企业将管理人员的再教育与再训练视为维持竞争优势的重要策略。彼得·德鲁克（Peter F. Drucker）说："训练不仅要适应今日的需要，而且要培养能够胜任未来的能力。"

　　早期人事管理对人力的问题在于如何招募到适任某职务的人,仅考虑企业立即的需要。这种静态定点式的用人策略在稳定的环境下,不失为理所当然,但在当今高度的竞争及动荡的环境下,若继续运用诸如挖角等方式获取所需的人才,很容易造成"事不得其人""人不尽其才"的窘境。特别是近年来新科技、新方法、新制程、新材料不断发展,管理人员与专业人员仅在工作经验中历练,即会产生技能落后的现象。因此,当今之人力资源管理的重点,已由过去静态定点式的训练,改变为动态连续式的训练,追求人力素质的提升,强调人力充分的开发与运用,确保企业中的人力在经营企业的过程中,均能"人尽其才""事得其人"。动态连续式的训练发展,不仅让管理者及工作者能顺利执行目前的工作,更能为明日的需要做准备。这种前瞻性的人力发展策略,不但能使员工成长与满意,且能提高生产力与工作意愿,使企业适应明日的挑战、竞争、创新、发展。

　　除了应付外在的环境变化之外,管理人员本身也应该进行训练与发展。人力生理的研究指出,随着年龄的增加,经验、判断、处理问题、决策能力及组织忠诚的能力会随着增加,但也免不了:①惰性增加;②习惯性增加;③事业人力的老化;④创新能力降低。一般来说,大学毕业后十至十五年间各种能力发展到高峰,以后有逐年下降的趋势。身为一个管理者,训练与发展在意义上显得更重要。训练即在短期的改变措施下,提高技术性的做法与效率性的操作;而发展能给予管理者更具前瞻性、观念性和人际性的各种管理能力。

　　良好的管理制度与组织气氛亦是不可或缺的因素。根据研究,经验、忠诚、认真程度、慎重、纪律、统合力、责任心、注意力、系统力、判断力、分析力在良好的管理环境下,都会增加。也唯有在主管的支持以及良好的企业文化之下,训练发展才能顺利进行,而成果才能长久保存。

　　还有管理人员的"情境认知",亦即管理人员对其管理环境的整体了解所构成的心智构图(mental picture)。个人智识的增加,会改变他们的期待和行为。个体均由先有的知识,然后通过其与相关团队的互动,产生新的情报结构或知识结构,并作为工作的依据。所以训练的目的,乃是充实其情报结构和知识结构,并激发受训者根据此结构,去开拓工作的新面向。Riley 在《哈佛商业评论》(*Harvard Business Review*)里,强调企业实施教育训练的重要性,亦即企业环境变化急速,唯有加强企业内部的教育训练,促进企业内部形成组织学习的文化,才有能力适应新时代的挑战。

　　(二)训练发展对企业的贡献

　　多年来学者与业界的研究和实证表明,训练发展对于企业有许多贡献:

● 训练与发展能增进组织气氛及工作士气,从而提高工作的满意度和贡献的意愿。

● 训练与发展能导正企业运作中员工间的情感,更快达成共识,使沟通、协调、团队合作更能顺利进行。

● 训练与发展能提高员工的创新能力。在训练和发展的过程中,其思考能力、分析能力、观察能力、解决问题能力等也能提高。

● 训练与发展能提高生产力与经营绩效,进而提高顾客满意度。

● 训练与发展能实现组织再造工程,转化体质,使其变成更适当的组织,降低组织成本。

● 训练与发展能增强组织的安定性与适应力,保持该公司在蜕变的企业环境中有高度的适应力及竞争力。

● 训练与发展能使公司对人力的运用保持弹性,团队工作及项目工作更容易推行,以协助企业应对不稳定的环境。

总之,训练与发展对一个企业的贡献,在消极方面可以治疗组织的病态,诸如做事态度的消极、团队合作意愿的低落、技术能力的低落、观念与人际能力的不足、作业能力的未臻佳境,等等;在积极方面可促进一个企业体的健康、敏锐、积极的适应能力及高效率的做事能力,并能塑造出一个良好的组织学习的企业文化。

### 二、训练与发展的种类与方式

不同的训练方法的目的不同,进行的方式也不同。一般说来,没有一种训练方法是绝对完美的,为了达到最佳的训练成果,往往要考虑同时利用多种训练方法。因此一项训练计划可以采用多种训练方法,多样性的训练方式有助于训练目标的达成。

教育训练实施的方式,依组织之类型,可区分为公司内教育训练及公司外教育训练。公司外教育训练是指一个企业限于组织之规模及业务量或训练内容之特殊性,委托公司外之适当管理机构、训练机构,规划并执行提升员工之工作能力;而公司内之教育训练乃是公司依本身的需求制订训练计划,自行聘请讲师在特定的场所进行训练。

公司外的教育训练可分为"委托训练"及"派遣训练"两种。委托训练是在训练内容很专业,而公司本身无法举办时所采取的方式,因为此时委托其他团体、机构进行训练比自办更有成效。尤其是当需要训练的对象少,自办训练成本太高或无法达成训练目的时,采取公司外的教育训练较为适当。派遣训练是公司指派其员工离开工作岗位去参加的训练活动,如外界团体举办的训练课程、研讨会，或国内大学举办的推广教育课程、EMBA 等。

公司内教育训练大致说来有三种基本方式：工作上训练(on job training)方式、工作外训练(off job training)方式，以及自我启发方式。

"工作上训练"最能确实传达实务性知识和技能的方法，一般是由主管上司直接对部属实施个别业务指导的一种训练方式，可说是一种实际上的机会教育及亲身领会执行的训练。但这种教育训练，不能仅满足于单纯的职务训练，更应该在人类社会层次上教育所属员工具备正确的工作态度及积极的人生观，利用日常生活中的任何机会和场所，随时有计划地教育部属在职务上必需的知识、技能和态度，并激励部属奋发向上。

虽然"工作上训练"有其长处，但其短处也不容忽视，如工作与训练可能无法同时兼顾，员工人数较多时无法一次实施，且较专门及较高程度的知识无法教授。

"工作外训练"是指职务外或暂时离开工作单位的训练，由专门人员负责所有教育训练。"工作外训练"的训练内容与现场作业无直接关系，而系属于一般性的知识培养和能力开发，如一般工作的思考方式、事故的防止、作业方式的改进和人际关系的观念等。其内容涵盖甚广，一个现代的管理人所应具备的能力与特质，都可以借由"工作外训练"获得有效的提升。

"工作外训练"大致可分为讲授法、讨论法、个案研讨法、专题研究法等，在此对一些方式叙述如下。

（一）讲授法（Lecture Method）

讲授法一直是最传统又最盛行的训练方法。讲授法最经济、最有效，尤其是受训人数甚多、教学资源（师资、设备、教材）不足的情况下，大都采用这种方式。但是实施多年以来，使用讲授法必须考虑：①如何提升参与者的学习动机；②如何诱导、影响学习者的观念与态度，才能发挥最大效果，并了解下列几个重点：

● 讲者本身的知识、经验水平要高于受训者的知识或专业水平。若受训人的知识或专业相当高时，讲者要以引导或催化的方式进行。

● 受训人过多时，每讲到某一段落，可临时组成一个六七人的小组，讨论某问题，但这些活动题目，必须结合讲授大纲。

● 讲授法所提"事实""原则""原理""观念"，要以很清楚又简短的方法提出，且对这些因素要以案例来陈述。

● 受训人员看视听教材，如电影、电视、投影片、图表等配合讲授的过程，大约能吸收一半以上的材料；若仅听讲授，大约吸收 20%。

● 讲授法是单向沟通，没有练习、操作机会，同时也缺乏回馈的机会，更没有了解结果的机会,这将造成学习转移的效果变差。

* 讲授法也不适合于促进行为的改变、态度的改变及动作习惯的养成。讲授法在这几方面的教学,仅可作为引导部分,亦即作为"个案研讨"前的一段理论或说明。

* 讲授法的优点在于由讲者本身控制学习的局面,可直接说出事实、观念、情报等,并且可以很清楚地表达讲者自身的意思,非常节省时间。

* 讲授法的缺点是容易使受训者疲劳、被动、失去注意、欠缺参与等,从而丧失学习的效果。

在目前的训练机构中,讲授法仍占非常重要的地位,很多都采用它。现代的讲授法已不像传统那样呆板,都有配合小组讨论、辅助教材等,提高教学效果。

(二)个案研究法(Case Study)

个案研究法通常是参加者在讨论小组中提出一项案例或难题,经过问题的分析与讨论,发现其隐藏的原则,从而获得解决的方案。透过个案研究,可以增进参加人员分析复杂问题的能力,并且培养新的见解及客观的判断。

个案法在法律与医学的知识传授上,从早期就成为教学方法之一,法律上称个案为"案例"或"判例";医学上称个案为"病例"。在社会学及管理学方面,个案研究法应溯源于美国哈佛大学企业管理研究所,如今哈佛大学发行的个案,遍布世界各国教育机构,成为个案教学的重要来源。个案教学由哈佛大学的 Langdill 在 1880 年开始,在教学上采取非指导方法(non-directive way)去帮助学生学习法律、医学、企业及社会工作的方法。

个案教学有许多类型,公司内部每一部门的运作、所遭遇的问题、所能掌握的信息、各阶层主管的想法和认知都不相同,再配合上繁复的数据,可以构成很复杂的个案,但也可能将所有无关的数据全部删除,仅留下要探讨问题的相关部分,变成一个特定情境的个案。

大体而言,个案教学包含三大部分:要素、讨论方法、行动方案。要素即个案的主题、所陈述的事实数据以及问题状况的说明等,讨论方法包括探讨性、诊断性、可行性、比较性和确定性等的讨论,行动方案则包括对此个案的建议方案。

【个案教学的目的】

☐　教导各种管理概念及权变理论

☐　训练分析与解决问题的能力

【个案教学的效果】

☐　由各种现象中寻找出共同的真理,训练敏锐的观察和分析能力

☐　必须回顾过去的经验,可以自我反省

☐　借着投入案例的讨论，提高问题意识和行动能力

☐　可以理解解决问题的顺序和容易陷入困扰中的问题

【个案教学的基本原则】

☐　教师在操作个案教学时，扮演分析者的角色

在个案研讨时，教师的责任在于创造一个宽容的环境（permissive environment），使学习者能充分发挥其独立思考的能力，能将所读的理论应用到个案的分析及行动上，发现个案中的事实与观念。

☐　学员要有管理及组织行为的基本知识

在个案讨论中，若学员不具备基本的管理经验或常识，个案研讨是很难进行的。因此，一般大学管理学或组织行为学的课本，每章最后都安排一个简单的个案，配合该章的提纲，让学生能逐章地学习分析个案的方法。

☐　是一种以讨论为中心的学习方式

实行个案研讨时，讲师和学员都应以客观的立场来讨论问题背后的一般性原理、原则。

☐　个案教学是案例、学员及讲师三者的互动

讲师操作个案的方法，以及学员是否曾先行熟读及思考问题，是个案教学成败的关键。以下是各程序所应掌握的重点：

● 第一步，读个案，虽然学员已经读完，但上课开始后，宜全体再读一次。请学员注意"到底是什么问题""为什么产生问题"。

● 第二步，讲师提出"What""When""Where""How""Who"等问题，深入查验问题真相。

● 第三步，讲师要根据学员所提出的疑问，组成一系列的问题，供学员讨论，如：公司既然发生这样的状况，我们该关心的问题是什么？我们对所发生的问题如何采取行动？

● 第四步，讲师可以让学员个别写下解决问题的方案。

● 第五步，学员将个别所写的方案交给讲师，由讲师再分几个小组讨论学员个别所写的决定及支持原因。讨论后，各小组提出报告，相互比较及评价，最后由讲师做评价。

将讲授法与个案教学结合在一起，是一般大学的商管教育中是很常用的方法。通常个案与所讲的课题相关，讲师必须告诉学员相关的专业知识及讨论的方法，而后才能进入个案教学。在教学的过程中，讲师要教导学员从各种角度去分析问题。

个案教学的方法，有时会使学员感觉没有学到具体的东西，但个案教学却能通过一次又一次的讨论、分析、思考与决策，使学员提升解决问题的能力。个案

教学必须长期、有系统地进行，各种问题经由系列个案的学习，最后一定能累积达到某种效果。

### 三、人力资源发展与个案发展教学

由问卷调查研究发现，处于变动快速的经济体中，当科技与组织的变化十分快速时，一位具有 4～5 年工作经验的经理人，要表现好，应该具备：

- 对现状有办法运用分析能力；
- 正确定义问题的能力；
- 在团队中有效工作的能力；
- 倾听的能力；
- 评估可能方案的能力；
- 开发较好行动计划的能力；
- 有能力将各领域的主题纳入一般管理的见解；
- 有各功能领域的知识；
- 了解组织的程序与整个系统；
- 具有相关理论、观念以及架构的知识；
- 有认知道德议题、相关法令与规范的能力；
- 了解公司责任的范畴，与业务相关的基本法令、规定，以及公共政策。

企业中的经理人，如果工作年资超过 15 年，还要表现杰出，他们应具有的管理技能的优先次序就变成：

- 正确定义问题的能力；
- 在团队中有效工作的能力；
- 倾听的能力；
- 评估可能方案的能力；
- 开发较好行动计划的能力；
- 有能力将各领域的主题纳入一般管理的见解；
- 了解组织的程序与整个系统；
- 有各功能领域的知识；
- 有认知道德议题、相关法令与规范的能力；
- 具有相关理论、观念以及架构的知识；
- 对现状有办法运用分析能力；
- 了解公司责任的范畴，与业务相关的基本法令、规定，以及公共政策。

所以整个教育训练，培育人才的重点首先应该是在知识与信息上，加强利用正式教育中的资源，采用讲授法，努力加强理论、架构、工具的传授，包含企业的各式功能的才能。然后在管理技能上培养分析与确认机会、辨认问题与机会的类型、识别可能方案、评估可能方案、订出优先的规划行动、整合功能与工作、了解系统性质、"领导"与"倾听、说话、说服"、有效的人际与群育工作等方面的能力。第三个重点就是在更宽广的环境中,发展出不同的态度与观点,如行动的勇气、负起责任、沉着的自信、模糊中的安然、不完整下的安然、愿意工作、同理心、对于人的本质、组织目的、领导责任的想法与假设、学习的倾向、想象力与洞悉力。

可是这些临床又客观的判断、批判式的思考在哪里学得到? 对于事件艺术性的敏锐力如何学? 学生要如何学会使用知识的能力? 如何培养创新思考的能力,养成继续自我学习的能力,具备自我投资的学习态度?

所以在有关企业管理教育训练的课堂上,授课者不应该只是"精通材料",也要注意"课堂气氛""群体过程"、学生的"背景、兴趣与需求",要能够引导、协助、促进学生的学习,在课堂的学习过程中,作为学生学习成为一位"领导者"的榜样。

问一问:企业来的学员在这里,有没有发展出有用的技能与一定的道德观? 有没有对跨企业功能的工作做出有意义的整合? 有没有培养不一样的架构? 要鼓励与训练他们在学习上能够冒险一点,能够大胆地提出新想法,能够去想象"可能是什么"。但是在这个过程中,也会觉察到冒险与大胆的"界线"在哪里,而不会流于无纪律的不负责任。

我们认为参与式的个案教学法,应该是目前在商学管理推广教育方面的一项有效方法与程序,可以帮我们的学员达到学习的目的。

个案,是一个事件,包含大量的数据,数据既无一定的排列次序,也未必都和待解决的问题有显而易见的关系。所以参加个案讨论的学员,必须自己去发掘问题,发展可行之行动方案,并从中选择方案,以求解决该项问题。当存在资料不足或事实不明时,讨论者还得提出假设,作为解决问题的根据。

个案教学法与其他教学法相比较,有以下鲜明的特点:

• 由于个案来自企业或台湾当局的真实问题,可以弥补学员实际视野的不足;

• 由于个案主题非常多样化,可以弥补学院经验的不足;

• 由于个案来自多地区,可以拓展学员的地理文化视野;

• 个案重视应用而非原则,要求学员在具体情况下达致决策,而非建立一般性原则或理论;

• 个案重视培养学员思考问题及运用数据的能力,并非只是知识的传授。

因此个案教学所企图达到的,乃是从学习的认知层进入情绪层。这样的学习,才能代表一个人真正的学习和成长。

现今一般企业的短期问题在于二级主管缺乏独当一面的管理能力,而长期问题则在于缺乏有坚定人力资源政策引导的整体教育训练架构。解决短期问题可以采用类似"创新"的观念,偏重技术的突破与应用,采取跳跃式的规划方式(如引进大量的企管硕士),力求短期效果的呈现。因此,推广教育工作者,应该设计几套不同领域的课程,希望在最短的时间内满足不同的工作群的不同需求,如一般管理技能、营销专业能力、财务专业能力与工程管理能力等,使特定经理群的管理能力迅速提升至某一水平,以解决现阶段管理质量未达最佳状态的现象。而长期高级经营人员素质精进的问题则应采用"人文与管理并重"的观念,以渐进的方式,进行持续又稳健的改变。其重点在于管理人员整体思考素质的提升,而非只是特定项目的补强而已。

各个地区都有一些专业的训练机构,台湾地区也有生产力中心、管理科学学会、卡内基训练中心、美国KT管理顾问公司等民间训练机构,大型企业也有训练中心主办某些训练课程。由实施的方式来看,每个专业团体拥有的资源有所差异,形式风格也有不同。但是个案教学是一种"整合型"的"全情境"教育,大学中的推广教育部门是最有能力与资格,结合教师的实力以及学生的资源,实施这一教学架构、提升进修质量的机构。

# 非正规就业劳动力教育培训途径探索

西安交通大学　惠世恩　付　勇　张平川　李成福

**【作者简介】**

惠世恩，男，西安交通大学继续教育学院院长，教授，主要研究方向为继续教育管理及专业技术人才继续教育。

付勇，男，西安交通大学继续教育学院党委书记，副研究员，研究方向为继续教育管理。

张平川，男，西安交通大学继续教育学院培训中心主任，助理研究员，主要研究方向为继续教育管理体制及发展路径。

本文为 2009 年第十届海峡两岸暨港澳高校继续教育论坛收录论文。

## 一、非正规就业的概念及形式

1973 年国际劳工组织（International Labour Organization，ILO）综合就业问题代表团在考察肯尼亚的就业问题后，在一篇题为《就业、收入和平等：肯尼亚增加生产性就业的战略》的报告中首先提出了"非正规部门"（informal sector）这一概念。国际劳工组织在《1991 年局长报告：非正规部门的困境》中，进一步将非正规部门定义为"发展中国家城市地区那些低收入、低报酬、无组织、无结构的很小生产规模的生产或服务单位"[1]。分为三类：一为小型或微型企业，二是家庭企业，三是独立的服务者。"非正规部门"这一概念自提出以后就被很多国家不同程度地加以引用。虽然在不同国家对"非正规就业"的描述和界定有很大的不同，但基本上可以概括为：在发展中国家的城镇地区，那些发生在小规模经营的生产和服务单位内的以及自雇佣型就业的经济活动。广义地讲，它是不注册、不纳税的活动中的就业，即劳动者不依靠政府创造而自主就业的过程。

"非正规就业"这一概念至今仍无一个相对统一的国际标准，对其定义仍有争论。不同的国家由于历史、经济、文化和法律背景不同，对非正规就业的具体界定也不同。[2]在我国，与正规就业相比，非正规就业收入低、报酬低、技能要求低，在运营中无资金、无经营场所、无社会保障，处于社会、法律保护范围之外。就目前而言，其就业方式多种多样，主要包括摆地摊、临时劳务、沿街叫卖、家庭小作坊、各种内容的家教、钟点工、临时推销员等，广泛存在于城乡接合部、单位家属院、小区街道和住宅小区里。

## 二、非正规就业存在的意义

非正规就业是政策容易忽视的领域，但或许正是我们要找的充分缓解就业压力的重要路径。国际经验表明，失业问题和就业压力是"发展型"和"转轨型"经济国家面临的重要问题之一。

中国目前正处于从计划经济向社会主义市场经济转变、从农业经济向工业社会转变的时期，最大的挑战也是如何解决人口持续增长情况下及改革过程中的过渡性失业、农村剩余劳动力转移问题以及随之产生的巨大就业压力。

非正规就业在满足社会经济发展的需要、提供就业机会、增加收入、节约资金、提高资源利用效率、促进人力资本形成、打破工资刚性等方面具有十分积极的意义，主要表现在三个方面：首先，非正规就业是城市服务体系的重要组成部分。非正规就业所从事的行业，基本上都与城市百姓生活密不可分。其次，非正规就业是小企业的"孵化器"。对于初入市场的经营者来说，通过在市场中历练，积累经验，提高了管理素质和能力，为个人后期的自主创业打下基础。再次，非正规就业促进了社会和谐。正是因为非正规就业岗位的大量存在，缓解了就业压力，增加了居民收入，减少了其对政府及社会的依靠，缓解了社会矛盾，促进了社会和谐。

## 三、我国目前非正规就业的主体

（一）大学生

就业形势的日益严峻，推动了高校毕业生就业观念和方式的不断转变。教育部对2002—2003年全国高校毕业生就业进行的抽样调查显示，截至2003年底，高校毕业生就业率为80%，其余的20%中，大多数人在以非正规就业的形式从事各种工作，真正未就业的毕业生不到7%。[3]从此大学生的非正规就业方式开始引起了社会各界的关注，并于2004年进入高校就业率统计范围。以2008年559万大学毕业生为基数计算，当年即有70余万大学生处于非正规就业的状态，人数不可谓不多。

### (二)农村迁移劳动力及失地农民

农村劳动力向城市大规模流动,是改革开放以来推动中国劳动力市场发育的一支重要力量。城市劳动力市场存在着正规劳动力市场与非正规劳动力市场分割的现象。正规劳动力市场是不完全竞争的劳动力市场,受一定程度的保护,拥有较高的进入门槛;非正规劳动力市场是充分竞争的市场,劳动力供给量庞大,进入门槛较低。转移到城市就业的农村剩余劳动力,基本上只能在城市非正规劳动力市场上寻找工作,从而成为非正规就业的一支重要力量。

另外,在工业化和城市化进程中,由于城市扩张和小城镇建设而失去农用地的农民,由于教育程度所限,人力资本较低,也大部分进入非正规就业市场。

### (三)产业调整造成的失业、下岗人员

产业结构调整,关停并转一些消耗高、污染重的夕阳企业,或企业在市场竞争中被淘汰时,这类企业的不少职工就可能会下岗。由于技能、年龄所限,他们中的大多数很难再找到新的正式工作,不得已以非正规就业的状态艰难谋生。

### (四)退伍军人

城乡青年在服兵役期间,失去受教育和职业能力成长的机会。退役之后,在自主择业时,较其他人群而言由于人力资本的劣势,进入非正规就业市场。

除大学生群体之外,其他几类非正规就业者的共同特点是,文化和技术水准低,年龄较大,只能从事技能比较简单的劳动,而且,很少能得到良好的职业培训。大学生就业者虽然拥有较高的文化水平,但是实用性的职业技能也很欠缺。同时,由于我国劳动力市场管理还不到位,规范的非正规就业劳动力市场尚未建立起来,非正规就业者缺乏政府提供的市场信息服务体系、咨询服务体系和创业培训体系等,因此经常遭受各种非法的职业中介组织的侵害。

对这些非正规就业者而言,教育和培训具有非常重要的影响,主要表现在:一方面,经过培训的劳动者在获取就业信息方面占有优势,培训可以提高非正规就业者获得工作的概率;另一方面,雇主一般把受教育程度作为从申请工作的人中选择高能力者的识别方法,并根据教育程度给予不同的报酬。教育和培训有助于提高非正规就业劳动力的报酬。

### 四、非正规就业教育培训现状与存在问题

我国现行的教育培训管理分属不同行政部门,条块分割,各自为政。教育行政部门依托下属各类学校开展基础理论知识及职业教育,而职业技术等级的考核、鉴定、发证等工作则由政府的劳动就业部门管理,并依托其下属的技工学校或者新建各级就业培训中心开展就业培训。除此以外,农、工、建筑、服务业等行

业主管部门在各自的管辖领域内,也开展自己的培训。这种多头管理的体制,导致非正规就业教育培训市场较为混乱,存在以下主要问题。

(一)教育培训产品不能有效适应社会和市场需求

(1)教育培训内容和形式缺乏针对性。一些教育机构盲目与普通教育攀比,造成职业培训机构忽视职业教育,片面追求向普通教育看齐,造成技能培训缺乏针对性,许多培训内容与生产实际脱节,培训课程和教学与岗位需求脱节,逐渐丧失了职业教育应有的办学特长与功能。

(2)教育培训内容与就业形式不匹配。目前针对非正规就业者的教育培训产品,大多数培训项目集中在服务、营销等领域,而且普遍培训时间短、培训内容过于单一和简单化,培训的针对性、层次性不够,不能满足不同层次技能培训的需求,就业适应面较狭窄,不能适应就业形势的发展。

(3)教育培训内容与资格证书脱离。由于用人单位在招聘时,往往要查看能够证明专业特长或接受培训并达相应水平的资格证书等证件,所以,非正规就业人员希望把转岗培训与任职资格考核结合起来,获得培训、考核、资格鉴定甚至就业推荐一条龙服务。参加培训而没有考核认定的权威证件,用工单位不承认,结果无助于就业。因此,对于无证培训,非正规就业人员缺乏参加意愿。[4]

(二)教育培训形式不科学

(1)为了追求短期效益,最大限度地减少培训资金和时间的投入,培训往往是实时性、快餐性的,培训质量得不到保证。

(2)培训常常流于基础性知识的灌输,实训不足。作为教育培训的主要形式,不仅应加大实训力度,而且对于非正规就业劳动者来说,实训中的现场模拟、指导符合其较低的知识与技能基础,实训环节的弱化甚至缺失,就会使培训的意义大打折扣。

(三)教育培训配套服务不健全

(1)就业服务不到位,培训机构本身没有专门针对非正规就业劳动者就业的服务和管理,同时与社会性、公益性的职业中介机构缺乏合作。

(2)目前的非正规就业劳动者培训多为一次性培训,一期培训结束后,极少有培训机构对学员进行追踪调查和服务,非正规就业劳动者再培训机会很少,知识与技能难以获得持续性提高。例如,按规定每个农民工只能享受一次免费培训,而根据农民工择业的需求,常常需要掌握两三门技术,才能更好地找到工作。

(四)教育培训质量难以保证

针对非正规就业者的教育培训,具有教育对象分散且流动性大、教育层次不齐、教育时间不定、约束力不强等特点,这使得教育培训质量难以保证。

### 五、促进非正规就业教育培训的途径

基于非正规就业在我国经济社会发展中的重要地位,以及非正规就业人群规模的庞大,规范非正规就业教育培训市场,促进非正规就业者职业技能及就业能力的提高,对于改善其生存状况,促进社会和谐具有非常重要的意义。

（一）采取多样化的非正规就业劳动力教育培训方式

我国全面建设小康社会的一项重要目标和任务是推进以全民学习、终身学习为主题的学习型社会建设。非正规就业的劳动者,作为社会的一分子,同样享有学习的权利和基本保障。针对非正规就业者的教育和学习情境与路径要多样化和相互关联,教育和学习的形式也必须丰富多样。

首先,建立多样性的培训形式。根据非正规就业分散性、流动性、季节性,工作时间长、不固定的特点,采取课上授课和课下自学结合、长训和短训结合、分阶段教学、现场教学等方式方便非正规就业者半工半读、工学交替,分阶段完成学业。

其次,建立开放、灵活的学制。建立模块式课程结构,并在教学管理上实施完全学分制和弹性学制,某些课程内容也可通过自学与辅导考核方式进行。

最后,建立灵活的成绩认定制度。允许培训学校通过考核将非正规就业者已有的知识认定为学分,将这类学分折算成接受本校学习的学历学分,凡是参加培训的非正规就业者累计达到所需学时,或完成各个阶段的教学要求（通过阶段考试）即可颁发证书。

（二）建立以就业市场需求为导向的非正规就业劳动力教育培训模式

将处于非正规就业领域的农村转移劳动力、下岗失业人员和城市新增就业人口等一视同仁,统一划归为非正规就业群体,对这一群体的教育培训实施整体规划和部署。应该在政府的主导下,将非正规就业与城市化发展、调整地方产业结构、合理配置人才资源等结合起来长远考虑,对非正规就业人员进行必要的职业培训,促进地方经济的发展。

（三）加强教育培训配套服务

建立统一、开放、竞争、规范的非正规就业劳动力市场,成立公益性服务组织,向非正规从业人员提供就业指导、就业服务、政策咨询、基本社会保险参保登记、社会保险申报及保险费缴纳等活动。同时提供免费培训机会,把非正规就业纳入劳动保障部门的"阳光工程"和"再就业工程"的覆盖范围。

（四）引入竞争机制，提高非正规就业劳动力教育培训的质量和效率

在培训机构的选择上可以改变政府指令性的做法，而采用"市场提供、政府购买"的市场化运作模式，向符合条件的申请承办"非正规就业教育与培训工程"相关项目的机构招标。职业技术院校、普通学校继续教育机构、企业培训中心以及其他各种教育培训机构等，均可以根据当地发布的教育培训需求情况和招标信息，提出承办相关教育培训项目的竞标方案。经评审批准后，可获得非正规就业人员教育培训项目的资格。政府则注重于建立科学的教育培训质量监控和评价体系，组织由教育培训、经济管理等方面的专家和来自用人单位的专业人员构成的教育培训质量监督与评估委员会，对教育培训产品质量进行定期评价。

（五）改革非正规就业劳动力教育培训资金的给付方式

在非正规就业劳动力教育培训资金的给付上，可以采取以下三种方式：一是购买社会培训机会；二是直接补贴培训对象，如可以参照美国米尔顿·费里德曼教授提出的"教育券制度"，对在部队服役达到一定年限的服役人员，退伍时由政府一次性发给由政府提供补贴的"教育券"，由退伍兵本人持券选择培训教育机构，接受本人就业需要的教育培训，由实施培训教育的机构，持券到政府结算相应资助；三是直接设立培训机构。

此外，还应设立专项经费，为非正规就业人员教育培训的调研、论证、信息收集、课程开发和教师聘用提供经费，并向具体承担教育培训项目的机构通过"政府购买"的方式提供必要的经费。

**参考文献：**

[1] 姚宇.国外非正规就业研究综述[J].国外社会科学，2008(1)：91-95.

[2] 高玲芬，贾丽娜.论"非正规就业"的定义与测量[J].统计研究，2005(3)：74-77.

[3] 汪瑞林，张庆国.非正规性就业：拓展就业新管道[N].中国教育报，2004-5-7.

[4] 燕晓飞.非正规就业劳动力的教育培训研究[M].北京：经济科学出版社，2009.

# 金融危机下的华南地区商学院 EDP 项目
## ——机遇、挑战与应对

中山大学　肖燕菲

【作者简介】
　　肖燕菲，女，中山大学管理学院 EDP 教育中心常务副主任。
本文为 2009 年第十届海峡两岸暨港澳高校继续教育论坛收录论文。

## 一、国内及华南地区 EDP 项目发展情况综述

### 1. 全国商学院 EDP 项目发展情况

　　EDP 项目全称为高层管理人员发展深造项目，是近年来全国高校商学院最具活力和影响力的继续教育项目。它脱胎于高校商学院的成人教育管理部，原只是作为学历教育的有益补充，随着终身学习观念的普及和社会经营环境的变化，企业和个人越来越重视在职的学习与培训，而学历教育因入学门槛要求、课程设置的不灵活性、学习时间的约束性等因素，无法满足这种大量的社会需求，EDP 项目开始因其独特的优点得到社会的普遍认可，从而得到快速发展。国内商学院 EDP 阵营目前排在第一梯队者以长江商学院、中欧商学院、清华大学经管学院、北京大学光华管理学院为代表，年业绩量预测在 6000 万元以上；第二梯队以人民大学商学院、上海交通大学安泰管理学院、厦门大学商学院等院校为代表，年业绩预测在 3000 万～6000 万元；其余大部分为第三梯队，年业绩量在3000 万元以下。

### 2. 华南地区商学院 EDP 项目发展情况

　　经济活跃的华南地区，有发展 EDP 项目的良好土壤，目前华南几家著名高校中山大学、华南理工大学、暨南大学，都很早建立了自己的企业培训部门，并在2006 年左右改名为 EDP 教育中心。但目前华南几大院校商学院的 EDP 项目份

额都做得不够大,业绩规模基本在 3000 万元以下。主要原因在于两点:一是北方院校普遍重视南方市场,如北大、清华、长江、中欧都通过设立研究院或分部的形式在华南立足,利用他们强有力的品牌优势,吸引了不少华南地区优质企业的高端培训需求;二是华南毗邻的港、澳、新加坡等地商学院,有国际性的品牌和良好的教学质量,以及地域和交通的优势,也分摊了不少的组织培训需求;三是华南地区社会培训市场活跃,有特色的培训公司非常多,满足了部分企业的中低端培训需求,并通过中低端培训的介入,用为外地院校 EDP 项目做广东代理的方式,将企业的高端需求外包,使本地商学院难以进入。

### 二、中山大学管理学院 EDP 项目发展情况

1. 中山大学管理学院情况介绍

中山大学管理学院成立于 1985 年,是国内最早成立的商学院之一,学院现有工商管理、会计学、市场学、财务与投资、旅游酒店管理、管理科学等 6 个系,9个博士点,13 个硕士点,7 个本科专业,15 个研究机构。有企业管理和会计学两个国家重点学科。1993 年成为当时华南地区唯一的有企业管理专业博士学位授予权单位,1998 年设立工商管理博士后科研流动站,2000 年获得工商管理一级学科博士学位授予权,2005 年获得管理科学与工程一级学科博士学位授予权,2007 年工商管理一级学科被评为全国重点一级学科。

2. 中山大学管理学院 EDP 项目发展情况

EDP 教育中心是中山大学管理学院进行非学位教育的专业机构,2006 年10 月正式成立,为各类组织及其高层管理者提供终身学习与发展平台。目前,中山大学管理学院 EDP 项目分两大板块,一是公开课系列,向社会推出企业总裁 EMBA 研修班、在职经理 MBA 研修班、奢侈品投资管理研修班、股权投资高端研修班等课程;二是为各类组织团队量身定制管理类培训课程。中山大学管理学院做 EDP 项目的优势在于:

(1) 中山大学在华南地区的巨大影响力;

(2) 管理学院齐全的学科设置和与之相匹配的师资队伍;

(3) 管理学院在 EMBA、MBA 项目中建立的品牌优势;

(4) 管理学院在华南地区庞大的校友群体。

3. 2008—2009 年金融危机期间中山大学管院 EDP 项目发展情况

自 2008 年底爆发金融危机以来,有一种观点认为教育培训业是一个反周期行业,危机对教育培训业不仅无害,反而是促进。这种说法持有的理由是:一是金融危机来了,造成企业的不景气,企业和个人更有时间投入学习当中;二是金

融危机让大家更深刻意识到学习的重要性,越是危机来了越要培训好。有些报刊也提出了一些教育培训业 2009 年的业绩增长数据来支持这种说法。但笔者认为,在接受这种观点前,首先要看到,教育培训业本身就是一个快速增长的朝阳行业,统计数据显示,培训行业多年来一直保持着每年超过 30% 的增长率。在金融危机背景下,当其他受危机冲击较大行业负增长时,培训业仍保持快速增长,会让人产生联想。但这种增长只能表明培训业受危机影响较小,而不能确定它就是受益于危机。同时,如果将培训业再细分,这种论断,只适合于针对个人的一般技能性培训,而不太适用于面向组织和高端管理人员的 EDP 项目。

从中山大学管理学院的情况看,金融危机期间,其 EDP 项目业绩量仍是保持高速增长,见图 1。

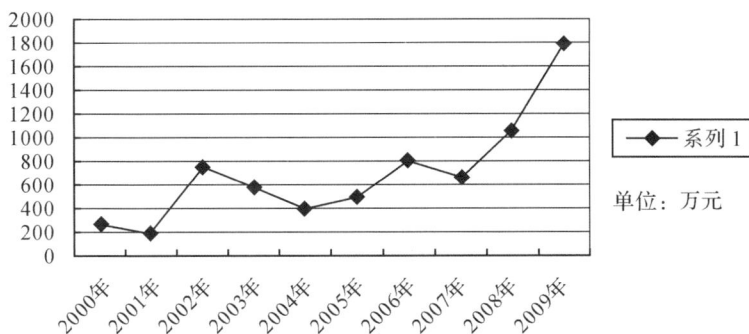

图 1　中山大学管理学院 EDP 项目业绩分布

从图 1 中可以看到,在经过 2000—2007 年不稳定的业务状态后,中山大学管理学院 EDP 项目 2008—2009 年发展迅速。如从实际情况来分析,造成中山大学管理学院 EDP 项目这种逆势上扬局面的原因,除了这个行业本身是一个持续高速增长的行业外,还有其内部因素:在 2006 年前,中山大学管理学院未正式成立 EDP 中心,对 EDP 项目的定位是在满足学术型项目需要后,利用富余资源开展管理培训。虽然在后来的发展中逐步重视管理培训项目,但因运营机制和专业团队问题没有解决,业务发展不稳定。至 2006 年底成立 EDP 中心后,开始规划激励机制、组建团队,2006 年度到 2007 年是一个试运行期,涉及部门和人员的重组、市场机制的摸索,造成业务量下滑。从 2008 年开始,尽管下半年有金融危机到来,但 EDP 中心整个运营机制和队伍开始成熟,运作逐渐走上正轨,带来业绩的上升。2009 年扩充团队之后,业绩更上新高。

从客户资源角度看,中山大学管理学院 EDP 中心在金融危机前后的企业客户资源对比见图 2 和图 3。

由图 2 和图 3 可以看到,金融危机后的 2009 年,与之前相比,EDP 项目企业

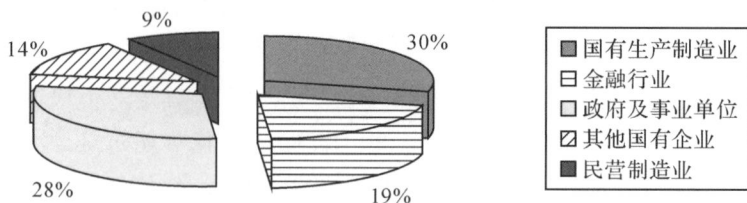

图 2　中山大学管理学院 2000—2008 年 EDP 企业客户来源分析

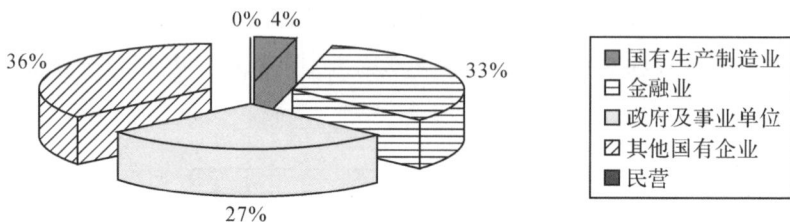

图 3　中山大学管理学院 2009 年 EDP 企业客户来源分析

客户群体有两增两减的变化:

两增:金融行业和非生产制造型的国有企业份额在增加;

两减:民营企业和生产制造型的国有企业份额有显著减少。

华南地区是国内重要出口导向型生产基地,华南区的民营企业,其经济形态以来料生产加工、出口销售为主。在此次全球化的金融危机中,因外部需求的大量萎缩,受灾最严重的就是出口导向型的生产制造业。华南地区的制造业在这次金融危机中遇到严峻挑战,企业停工停产较多。在这种情况下,民营企业的首要目标是维持企业生存,国有生产企业的首要目标是保证员工基本生活补贴发放,投入到培训特别是高层管理类培训的经费自然大幅削减,因此,图中两减客户正是这两种类型的企业。而在金融危机背景下,份额增长较大的两块客户源,一个是金融业,一个是非生产制造型的国有企业。它们也有两个共同的特点:首先都是内需型企业,如金融行业客户里的工商银行、农业银行,都是以国内业务为主的传统型银行;其次这两块客户在今年金融危机的背景下,企业的赢利状况普遍较好。也正因为如此,他们才有精力和充足的经费开展 EDP 项目。

所以,仅从金融危机来了,企业停工减产后更有时间做培训,所以这个行业是反周期行业的说法缺乏科学依据。笔者认为,针对组织高层管理人员的 EDP 项目,是与整个社会的实体经济密切相关的,哪个行业发展得好,哪个组织经营得好,随着经营管理的难度加大,面对的市场复杂性增强,对管理人员的培训就越发凸现其必要性,这个行业或组织在高管培训的投入上就会增加。组织做培训,特别是送到商学院做高层管理人员培训,有两个必要条件:首先,组织经营规模和人员达到一定规模以上,中高层管理人员形成群体。其次,组织的经济实力较强,有较固定和宽裕的培训经费。在当前,高层管理培训对组织而言,仍然只是发展的助力,而不是主要动力。当危机来临,组织的第一反应首先是保住资金流动、保住员工队伍这些动力源,只有在保障足够的情况下,才会考虑发展的问题,才会考虑高管培训。

### 三、金融危机后华南地区商学院 EDP 项目发展的机遇与挑战

(一)机　遇

此次全球金融危机对华南地区商学院 EDP 项目的影响,笔者认为体现在机遇和挑战两个方面。机遇体现在以下三个方面。

1. 从思想上加强了组织和个人对培训必要性的认识

金融危机让中国企业家从多年的高增长美梦中惊醒,开始产生危机意识,并开始关注全球经营环境的变化,更加注重知识的更新与积累,以跟上急剧变化的外部环境。而管理培训,正是开阔视野、学习新知识新方法的有效途径与手段。因此,金融危机确实可以增强组织和组织管理者对培训必要性的认同。

2. 危机带来的冲击,推动了行业的洗牌

EDP 教育做的是高端群体的事业,但在国内这个行业的进入门槛较低,社会上的培训机构鱼龙混杂,一些欠缺教学资源,但品牌推广能力强的机构和个人,通过有效的市场化运作,就可以开办培训公司,做 EDP 项目,但质量不能保证。这部分机构的存在,不光是对高校商学院 EDP 项目带来市场份额的冲击,同时他们较差的培训质量,会带给参加培训的组织和个人不好的体验,从而影响社会对 EDP 项目的认同感和有效性评价。危机的到来,使一部分只靠包装生存,质量上没有形成口碑效应的培训公司被淘汰出局,对整个行业而言是一个净化提升的过程。

3. 对华南地区商学院而言,金融危机给了本地优秀企业认真面对本地商学院的机会

华南地区是一个观念开放、经济实力强的地区,很多优秀企事业单位,原来培训喜欢往外走,如欧美地区以美国、英国的商学院为主,亚太地区以新加坡、中国香港的商学院为主,中国内地以清华、北大、人大为主,但对近在身边的优秀院校视而不见。此次金融危机,政府提倡精简节约,培训经费也受到影响,在选择培训单位时开始转向本地高校。通过此次金融危机带来的机会,让本地高校得以向这些优秀企业展示自己的实力,从而为以后的合作打下基础。

### (二)挑　战

金融危机后,随着全球经济的复苏,各类组织在新一轮的发展壮大过程中,对管理培训的需求上升,对高管培训的投入将会是一个充分释放的过程,无疑会刺激 EDP 项目的更进一步发展。与此同时,华南地区商学院也面临更严峻的竞争挑战,主要体现在以下两个方面。

#### 1.在靠品牌带动的资源整合中处于劣势

EDP 项目想要超常规发展就必然要超越学院自身资源的局限,在更大的范围内整合资源来支撑发展。而品牌时代,只有最优质的品牌才可以整合到最优质的资源。中山大学管理学院在学科建设上,在 EMBA、MBA 项目上都有不俗成绩,但如同华南其他高校商学院一样,其品牌影响力仍受地域和社会观念限制,暂时还没有形成全国性的品牌影响力,从而在师资资源、客户资源整合上仍然存在局限,阻碍了项目的进一步发展。

#### 2.华南区域内 EDP 项目竞争激烈

因品牌影响力所限,华南地区商学院着力开拓的市场也受限于华南区,各机构都在尽力拓展自己在华南区的影响力和市场份额,内部竞争非常激烈。同时,具有全国影响力的几所院校都很看重南方市场,如前所说北大、清华、长江、中欧已经直接设立分部,人民大学商学院等也已设立按地域划分的业务团队,重点开拓南方市场,还有华南毗邻的东南亚各地区商学院。目前国内只有华南区的 EDP 市场呈现出如此激烈的竞争格局。

### 四、华南地区商学院的应对措施

华南地区商学院 EDP 项目如何在这新一轮的扩张中争取更大的市场份额,笔者认为,还需要在如下方面加以改进与提升。

#### 1.必须冷静定位自己 EDP 项目的特色和细分市场

目前华南地区商学院都以综合管理培训为主,你有什么需求我就给你做什么培训,定位自己为全能选手。但全能也意味着没特色,大家千篇一律,没有特别突出的地方。同样一个培训需求,大家都可以做,拼的就是市场能力,而不是真正的学科与课程实力。实际上,所有商学院都有自己的学科定位,在某些学科领域特别强,而某些相对较弱。在 EDP 教育当中,也要结合商学院自身的特点,充分发挥自己的学科优势,形成自己鲜明的特色,让组织在提到某类型的培训时,不由自主就想到你,这样才会形成自己的独特性和不可取代性。

全国其他优秀商学院 EDP 项目的定位如下:

清华EDP——金定塔尖的生存：完善的，占据每一层级EDP市场的课程。

北大光华EDP——高度动态化：不能用一成不变的知识提供给企业，需求在深化，EDP提供的知识也应高度组合。

北大国际MBA——自断一臂，只做一个战略选择：给企业做一个量身定制或者是管理团队设计的特设课程。

厦大EDP——做南方之强：综合管理培训领域的南方之强，财务金融培训领域的中国沃顿。

中欧EDP——掌握选择客户的主动权。

长江EDP——要做高门槛：商学院不能办成培训公司，商学院的核心竞争力体现在知识创新的能力。

从它们的定位分析，中欧注重客户对象的选择，长江定位引领市场的创新产品；清华、北大强调课程的全面性；厦大强调项目特色。以上商学院这种EDP项目的定位是与学院本身的定位相吻合的，如厦门大学商学院，在会计与财务金融领域居于国内前列，其EDP项目的定位就是"力争成为中国的沃顿"，这就是一个基于自身优点的准确定位，将自己与其他商学院EDP项目清晰地区分开来。华南地区商学院，要思考如何结合本地域和本校本院的特点与优势，找准自己的定位，让自己在众多的竞争者中脱颖而出。

2. EDP项目需要结合自身资源优势进行产品创新

高校是追踪学术前沿的研究机构，其触觉相应要比社会一般民众更灵敏，比如有些高校的经济学教授就提早洞察到金融危机的发生。但是，他们需要一个平台把这些研究成果传播给需要知道的人。而EDP项目就可以是这个平台，它可以是国际、国内经济形势和组织发展趋势的风向标与前哨站，它可以传播一些对组织和个人有指导意义的前瞻性知识。这就要求EDP项目一要有专业方向的研究人员。二要有强力的课程开发部门，将相应的研究成果转化为可传授的EDP课程。基于这两个要求，目前国内几乎没有民营的培训机构可以承担这个职能，只有高校才有这个能力。当前的商学院都很重视师资队伍建设，有非常优秀的师资，但却缺乏科研成果与教学相结合的中间环节，即一个专业的课程研发队伍，能够将本院这些前沿的研究成果转化为可引领市场的EDP特色课程。目前清华、北大等高校以课程主任制的形式在做这方面的探索，鼓励学院教授参与到EDP课程的建设当中。华南地区商学院EDP课程的建设仍处于落后位置，各学院优秀的师资资源和科研成果还难以直接运用到EDP课程建设当中，这也是华南地区商学院急需改进的方面。

3. 加强商学院EDP项目与组织的关系

传统的学历项目，主要针对个人层面，与他背后的单位是松散型关系。但

EDP项目,特别是针对组织开设的定制课程,不仅仅是要满足学员个人的学习需求,更重要的是必须达到委托单位的培训目标,通过培训来帮助组织实现更大价值。因此,EDP项目是商学院最重视与组织关系的项目。目前很多商学院与委托单位之间还仅仅是购买培训课程的关系,培训结束了,关系也就中止了,对培训为委托单位带来的短期收益和长期价值缺乏跟踪与反馈,导致委托单位和商学院都无法对培训的效果进行有效评估。当组织培训经验累积后,传统的购买课程已经不能让它们满意。因此,商学院必须更加重视对组织培训需求的分析和课程的设计研发,与组织建立战略合作关系,长期深入观察了解目标组织,并根据目标组织不同发展阶段的现实需要,设计研发相关课程,这样才能真正体现EDP课程的价值。

### 4.更加重视对EDP高端品牌的建设

现代社会是品牌社会,品牌代表了产品形象、品质和历史文化。EDP项目定位在高端,高端的学员群体、课程品质以及费用标准。目前,国内只有以完全市场化机制运作的长江商学院、中欧商学院这两个独立商学院,在行业内已经树立起高价高质的EDP品牌,被社会认可。其他传统综合性高校,因规模大,学科多,在同一学校内,从事高层管理培训的二级学院也较多。这些有培训项目的二级学院,在培训项目的定位、市场策略以及学院文化与内涵上都不尽相同,但又同时依存在学校这个大品牌之下,这样给社会传递的本校品牌信息就容易混乱,让人产生混淆,从而模糊了学校及学院品牌的特色。中山大学管理学院EDP中心曾在2009年3月分别与清华、北大、人大等院校商学院EDP项目组进行交流,大家普遍都有品牌问题的困扰。它们采取的策略是在品牌推广时,弱化学校的大品牌,突出商学院自身的品牌元素,但效果也并不理想。华南高校商学院在进行品牌建设和推广时,如何既维持学校和学院品牌的同一性,又突出自身品牌的个性特点,从而与校内其他单位区别开来,在公众中建立自己独树一帜的品牌形象,是当前需要认真思考的一个议题。

**参考文献:**

[1] 2007—2008年中国培训市场分析及投资咨询报告[EB/OL].广州教育培训资讯网.

[2] 马永斌,吴志勇.中国培训市场分析与高校继续教育培训发展报告(1)[R].北京:清华大学继续教育学院研究中心,2005-07.

[3] 商学院EDP:为企业持续补养[R].商学院EDP与企业关系高峰论坛.五洲在线,第一财经日报社.

[4] 周海旺,寿莉莉.金融危机对我国教育培训业的影响及建议[J].中国培训,2009(5):24-25.

# 台湾大学推广教育部拓展
# 企业人力资源训练的经验

台湾大学　郭瑞祥　廖倩谊

【作者简介】

　　郭瑞祥，男，台湾大学进修推广部主任，美国麻省理工学院机械工程博士，台湾大学管理学院商学所研究教授，研究方向包括质量与服务管理、数据采掘与商业智情、供应链与流通管理、高科技创新模式等。

　　廖倩谊，女，台湾大学进修推广部营销长，台湾师范大学教育学博士，研究方向为卫生教育、行为科学、继续教育。

本文为 2010 年第十一届海峡两岸暨港澳高校继续教育论坛收录论文。

## 一、前　言

　　处于一个高科技与全球竞争的时代，组织要具有竞争优势，人力资源的优势相当重要。要建立一个具有战斗力的工作团队，教育训练与发展扮演着十分重要的角色。全世界均强调教育训练与发展的重要，如日本企业向来以重视卓越的教育训练著名；美国克林顿任总统期间建议企业至少要投入 1.5% 的薪资费用于教育训练活动(Lin,1996)，其他如 General Electric, U. S. Robotics, W. H. Brady, Texas Instrument, Andersen Consulting 以及 Federal Express 等企业亦投入其营收的 3% 到 5% 在员工教育训练方面(Raymond,1999)。中国台湾企业也有类似的现象，有研究(Fei,1990)显示，在员工训练与发展方面表现最好的前十家企业，投资在训练与发展的费用平均为薪资费用的 3.3%。投资员工教育与训练与企业竞争力的提升有相当大的关联。员工训练与竞争力之所以息息相关，乃因员工训练有助于企业解决其所面临的挑战(Raymond,1999)。从诸多实例发现，凡是懂得成功运用创新训练与能力发展实务的公司，其财务的表现多较突出,而员工训练与能力发展亦可协助公司迎战接踵而来的竞争压力(Raymond,1999)。

面对日益激烈的全球化竞争,如何让人才变成"人财"是目前台湾大学推广部开发课程时考虑的重点之一。以管理课程为例,台湾大学推广部开办管理硕士实体与网络学分班,以及考虑企业中高级主管在管理专业训练方面的特殊需求,另规划非学分性质、包含多项主题及总学时较少的"精练高级管理研习班",皆受到社会各界的肯定。近年来为适应整体大环境的变化,本部开始思考新的经营策略与开发目标族群,积极拓展北部地区企业教育训练的经营模式,其主要考虑有下列三项因素:

(1)本部所处台湾北部地区各大专院校近年来广招 EMBA 学生,不具学位的推广教育学分及非学分课程多少受到冲击。

(2)近年来许多优秀企业皆意识到运用训练与发展,可以促使组织更具生产力,且为达成企业策略经营及作业目标的不二法门,此外,企业结构的改变、组织缩减及组织购并等也直接或间接促成工作环境中的训练与再训练的机会,其中"管理类"课程属各领域企业普遍需求之专业课程。

(3)台湾的企业系以北部地区占率较高,本部兼具北部交通便利与师资优良充足的有利条件。

综上,本部近年着手拓展台湾北部地区企业教育训练的经营模式,提供多元化、多层次,理论与实务并重的课程,并积极承办企业委托教育训练,以期能协助企业通过人才培育,改善企业体质,提升竞争力,并拓展本部经营范畴。

**二、台大推广部经营策略**

台湾大学推广部基于台湾大学的社会责任,作为提供社会人士进修充电的场所。分析本部学员的个人属性数据发现,本部修课学员受教育程度高(92.1%以上具备大专以上之受教育程度,其中大专毕业者占 63%,研究生以上占29.1%),工作与住家地点皆以北部地区为主(台北市、台北县及桃园县等三县市合占 80%以上),年龄分布以 26~50 岁者居多(占 83.1%),工作类别以从事一般管理、财务金融、营销业务、专业职业等人员居多(占 62%),职阶则以专业人员及主管人员居多(占 64.2%)。本部在目标群体的界定与经营策略上,以社会中、高级在职人士的课程需求为主要规划及推动重点,设计包括管理类、法律类、生活艺术类(哲学、红酒品尝、咖啡官能鉴定、健康体适能与健康管理等)、其他类(辅助医疗整合、医疗器材人才、生命教育、临床护理师、农业等),并配合本校相关单位推动语文、电机、信息、科技等课程,以"终身学习,成就卓越"为愿景,并制订"提升学习质量""活用台大资源""发挥知识影响""建立效能组织"等四大策略方向(见图 1),现分述如下。

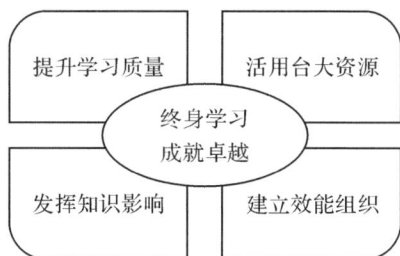

图 1　台湾大学推广部愿景与经营策略

(一)提升学习质量

本部以顾客需求为导向,主动邀约校内优秀师资,开发有价值的课程,通过良好的服务流程与硬件设施,有效率地传递给学员们。学习的质量是学员们最关切的,而良好的学习质量主要建构在优秀的师资、多样的课程、顾客导向的服务流程、硬件设施及数字平台建设等四大方面。

(二)活用台大资源

台湾大学最珍贵的资源,就是校内 2000 多位学养俱佳的教授。而这也是许多社会人士到本部进修的重要原因之一。因此本部致力于协助台大教授们了解推广教育的重要性,辅导其挑选合适的课程及营销给社会人士。分析台湾大学目前众多的学院课程中,最具市场需求及最适合开发的课程包括管理课程、法律课程、人文课程及科技课程等四大领域。课程通过实体面授、远程数字等方式提供给不同的客户群,以活化台大教学资源。

(三)发挥知识影响

如何通过知识的力量,影响学员的观念,并对潜在社会大众产生口碑效应,以吸引他们前来修课,是本部目前努力的方向。本策略虽较难量化,但也是本部最能产生差异化之处。本部以下列四大方向来落实这项策略:

(1)开发特色课程——提供台大独有或质量最佳的课程。

(2)影响社会精英——邀请全球知名人士进行论坛或新知发表。

(3)促进终身学习——善用多重途径,让社会大众有机会体验与重视终身学习。

(4)提供高级训练——与大型机构和公司进行定制的高级训练,培养接班人。

(四)建立效能组织

如何建立效能组织,以"经营管理"的理念落实上述目标,亦是最基本的要

求。目前本部推动的四点重要工作如下:

(1)专业导向。加强本部工作同人专业的态度与做事能力的培养,在形象塑造上与实际表现上,都必须坚持"以专业服务专业人员"。

(2)效能导向。本部的经营,不管在个人的层次还是整体的层次,皆订有量化的指针及质化的目标,作为评估及奖励的依据。

(3)合作导向。通过小组的合作机制加强横向联系与合作,产生综合效应。

(4)创新导向。建立工作同人有动力、主动学习、主动改进、主动创新的态度。

### 三、台湾大学推广部课程特色

台湾大学推广部目前开设的课程根据课程主题与学习过程方式而有所不同。以管理类课程为例,为适应外部整体社会与经济环境的快速变迁,职场人士随着工作经验及管理职分的提升,"管理知能"逐渐成为企业界人士重要的必备技能。要成为专业经理人或杰出的领导者,除需具备专业知能外,更需培养经营管理能力、跨领域的整合能力、领导者变革能力及具备全球视野的人格特质。

台湾大学推广部推出的管理课程,皆邀请台湾大学管理学院教授任教,规划理论与实务并重的课程内容,在卓越严谨的教学质量监控下,让学习者可以在最短的时间内,迅速提升个人职场竞争力,并协助企业茁壮成长与永续经营。台湾大学推广部提供在职人士进修学习的机会,依不同的管理需求规划各类型专业管理课程(见图2),分为基础专业课程、经营与管理课程、企业成长创新课程、高级领导人课程等数种类型,现说明如下。

(一)基础专业课程

台湾大学推广部每季固定开设"财务报表分析研习班"与"财务分析与企业评价研习班"。"财务报表分析研习班"通过企业会计报表解说以及个案导读,建立学员对财务报表的完整认识,并介绍各项财务报表与指标。"财务分析与企业评价研习班"则是涵盖与评价有关的会计、财务与企业策略的概念,通过评价方法深入了解各种财务报表的组成要素,强调财务报表分析与公司评价的架构,以及深入探讨与评价有关的过程。这两种班级是以短期课程的方式快速培养在职人士的财务报表分析能力,建立与提升他们的个人基础专业知识。此外,正在规划"经济学""财务报表分析""管理概论""管理统计"等在线学习之基础专业课程,提供给无管理及商学相关背景者作为修读学习管理知能之入门课程。

(二)经营与管理课程

台湾大学推广部为满足职场人士对于管理知能的需求,规划"管理硕士

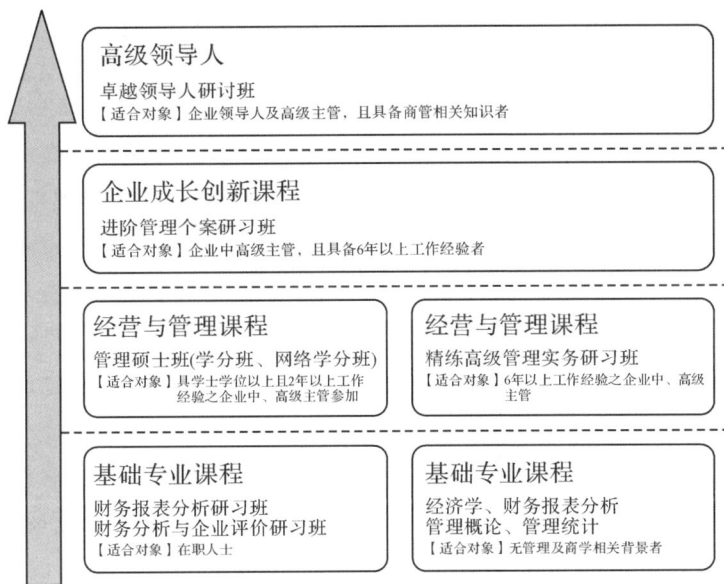

图 2　台湾大学推广部专业管理课程

(EMBA)学分班"及"管理硕士(EMBA)网络学分班",每学期固定开设,目前业已分别招收至第 17 期及第 15 期。课程安排从管理公司的哲学到实务经营的策略,包括"营销""生产""财务""会计""策略"等环环相扣的系统化课程,从基础到进阶进行系统的完整学习与扎实的训练,借由台湾大学教学经验丰富的管理学院 EMBA 教授整理归纳的经验知识,以深入浅出并且强调个案的教学方式,让学员掌握管理策略的要领,并将管理知识活用于职场,以适应市场环境的快速变迁,迅速做出最佳管理决策。

此外,为使企业负责人或高级主管人才能在最短的时间内迅速获取管理精髓,台湾大学推广部特规划"精练高级管理与实务研习班"。课程内容着重理论实务的结合,精选八大管理主题,包括:"策略成本管理""财务管理与财报分析""决策与领导""谈判:合作之决策""营销管理与消费者行为研究""质量提升与流程创新""策略管理""知识与信息管理"等,由台湾大学管理学院教授整理归纳的经验知识,搭配最新的管理个案分析,提供企业人士利用假日修读。

(三)企业成长创新课程

台湾大学推广部开办"进阶管理个案研习班",旨在培养企业中、高级主管具备全方位管理思维,提升管理决策能力。课程由台湾大学管理学院专业师资授课,精选"创业与新事业发展""产业竞争分析""领导与变革""企业重组与购并""创新管理""全球企业经营策略"等六大企业成长与创新相关领域主题,搭配经典个案及 HBR 文章导读，剖析产业实务上的做法及策略，着重个案研讨与学员参与式学习。

(四)高级领导人课程

台湾大学推广部开办"卓越领导人研讨班"，以企业领导人及高级主管为对象，培养企业领导人具备全球观与全方位策略思维能力，建立宏观视野格局，带领企业永续成长。本班程由台湾大学专业师资授课，精选"跨世纪卓越领导""领导经营团队""人才与接班培育""全球布局与总部管理""策略性投资与并购""策略变革"等六大主题课程，搭配哈佛商学院经典个案及 HBR 文章导读，并邀请 IBM 公司全球企业咨询服务事业群提供实际案例与解析，全程通过讨论式个案教学，剖析产业实务。

除了管理相关课程外，台湾大学推广部的特色课程在学分课程方面还包括"法律学分班""生命教育类学分班""临床研究护理师学分班""农业技术学分班"等。其中"法律学分班"由台湾大学法律学院专任师资以深入浅出的解说方式，佐以充足而有条理的教材，结合时事案件分析，探讨法条概念，让无法律背景者亦能理解法学之精神与脉络，并可应用于工作和生活中；"生命教育类学分班"则以培育高中生命教育师资为目标；"临床研究护理师学分班"以培养专业优质的临床研究护理师为目标；"农业技术学分班"则是为提升农业技术并推广专业农业教育训练，提升农业技术并强化学员专业竞争力，特与本校生农学院合作开办的班级；"逻辑、语言与计算"暑期研习营为第四次举办，希望培养学员独立进行基础计算科学研究之能力。

在非学分班课程方面，本部较具特色的课程包括"咖啡官能专业鉴定人员培训班""茶叶官能专业鉴定人员培训班""时尚生活红酒品尝研习班""体适能与健康管理研习班""医疗器材人才培训研习班""辅助与整合疗法研习班""中国与西洋哲学研习班""宋词之美""东坡词""佛学思想与人生"等。其中"咖啡官能专业鉴定人员培训班"与"茶叶官能专业鉴定人员培训班"旨在训练专业咖啡/茶叶质量鉴定人才，具备亲手操作咖啡/茶叶官能鉴定各项技术的能力，并能充分说明表达各项咖啡/茶叶质量的鉴定方式与原理；"时尚生活红酒品尝研习班"则教导有关选择、品尝、收藏、辨识、保存红酒技巧，期能达到文化交流的目的；"体适能与健康管理研习班"则是结合体育室及台大医院的体育及医疗专业，培养与建立企业中、高级主管的健康体适能；"医疗器材人才培训研习班"则是为培育台湾高级医疗器材的跨领域人才，以跨领域合作、临床需求导向、创新产品研发与新事业开创等核心精神，期能协助建立台湾医疗器材产业之优势；"辅助与整合疗法研习班"则是提供医疗、健康促进与管理相关背景之人士具备辅助与整合疗法的知能；"中国与西洋哲学研习班"则是以"哲学概论"深入浅出地推广哲学研究普及化；"宋词之美""东坡词"则以选读宋代名家词作品，探究词的演进发展与词体的美感特质；"佛学思想与人生"则是通过经典的导读，体会佛教的精神，并汲取与现代社会生活相应的智慧。

**四、台湾大学推广部开发企业教育训练之经验——以台达电子企业专班课程为例**

台湾大学推广部拥有台湾大学整体充沛的教学资源、一流的师资及专业的行政团队，可以依据企业团体需求规划办理各类教育训练，包括管理类及各类专业等。依规划方式之不同，可区分为学分班与非学分研习班。目前本部在办理企业委托教育训练的方式包括企业荐派、企业包班，或针对企业专业需求另行规划教育训练等几种方式。近年办理企业包班之课程设计与执行企业包括金融界南山人寿、富邦人寿、全球人寿等，电子、通讯与工程产业如台达电子、威盛电子、友达光电、立琦科技、飞捷科技、台湾大哥大、中鼎工程等，服务业如国宾饭店、康迅数字、阿瘦皮鞋、敏盛医疗体系等，在培育上述企业人才上皆获得极佳之评价。

台达电子集团是世界第一的交换式电源供应器与风扇产品的领导厂商，并且在多项产品领域亦居世界级的领导地位，该集团营运据点遍布全球，在亚、欧多地设有制造工厂。台达电子工业股份有限公司为培育高级经营管理人才，拓展相关知识，自2007年起持续委托本部规划专业管理课程，其中"管理硕士网络学分班"的学分课程在2007年3月至2008年6月间举办，通过修读"管理会计""财务管理""营销管理""策略管理""科技与营运管理""全球企业管理"等课程，加强受训人员对管理知能的理论基础。2009年另就该企业之中高级主管与领导人才续开"精练高级管理实务研习班"及"卓越领导人研讨班"等，旨在让同人依职级、分阶段，按部就班学习扎实的管理知能。其中为该企业规划的"精练高级管理实务研习班"主要课程包括"策略成本管理""企业领导""策略管理""质量提升与流程创新"等四门；"卓越领导人研讨班"主要规划课程包括"跨世纪卓越领导""策略创新""人才与接班培育""变革管理""有机成长与策略性投资""全球布局与管理"等六门。

在本部与台达电子合作开办"卓越领导人研讨班"这项针对高级主管人员授课的班级中，让本部承办同人与授课教师印象最为深刻的是每次上课都会看到该集团董事长郑崇华先生准时亲自出现在教室内，与该公司同人一同听课参与学习。郑崇华先生除了是位好学不倦的学生，也是一位重才惜才的经营者，他曾对本部表示个人最大的兴趣就是要解开疑问，其管理哲学是要求下属"第一次就把事情做对"。郑先生的理念是——创业者不一定都是专家，领导人也不一定要是所谓的专家,但其视野要够广,要能知道公司需要哪种人才,该往哪个方向发展。台达电子副总裁暨总经理蔡荣腾也是该班级的学员,在修读完本课程之后曾对本部表示,修读台湾大学推广部开办的管理课程,让他学习到全方位的策略思维,更能以宏观的视野格局,带领组织成长和提升。与台达电子合作的教育训练班程,是从管理学分课程着手,进而规划以管理个案研讨为主的班级,通过有规划、系统的方式,循序渐进地提升与建立该企业的学习质量与氛围。这是目前本部推动企业包班课程的主要模式。从台达电子修课学员与主要领导人的学习所得,应可作为未来规划企业教育训练之参考。

### 五、结 语

现今产业与产业、企业与企业乃至人与人之间的竞争愈来愈激烈。想在这场白热化的竞争中,有机会取得优势且脱颖而出,各企业无不竭力思酌如何在有限的资源下,通过各种方法来提升自身的生产力。其间诸多优秀企业运用训练与发展,来使组织更具生产力,因为训练与发展是协助公司改善生产缺失的重要工具。许多优秀企业亦一致认同"训练与发展"是达成公司策略经营及作业目标的不二法门。训练与发展不但可以提升生产力,更能增加员工忠诚度,减少离职及缺勤(黄同圳,1996)。以台达电子为例,当别家企业高层还忙于接待客户或在公司加班之际,该企业董事长郑崇华先生却是积极鼓励员工学习,每个月至少都会挑选其中一天,率领着公司的一级主管从早到晚聚集在公司内进行学习,其学习新知的态度数十年来如一日,方造就今日台达电子耀眼的荣景。台大推广部在推动推广教育的过程中,基于台大的社会责任,通过"活用台大资源""建立效能组织",以期能"发挥知识影响""提升学习质量",不论就个人或企业整体的学习,务求达到终身学习,成就个人与企业组织之卓越。从台达电子与本部合作办理企业教育训练的成效而论,本部深信,优质的课程与有计划的企业教育训练,确可达到教育机构、学习者与企业三赢的目的,更有助于整体教育与人才素质之提升。

**参考文献:**

[1] Lin,Carol Y. Y. Training and development practices in Taiwan[J]. *Asia Pacific Journal of Human Resources*,1996,34(1):26-43.

[2] Raymond,A. *Employee Training and Development*[M]. New York:McGraw-Hill, Inc. ,1999.

[3] Raymond, A. 员工训练与能力发展[M].简贞玉,译.台北:五南书局,2002.

[4] 黄同圳.员工训练与管理发展[J].工业杂志人力培训专刊,1996(11):60-64.

# 落实两个"纲要"精神，大力发展
# 自学考试与职业教育的衔接

武汉大学　黄　宏　钱　耕

【作者简介】

　　黄宏，女，武汉大学继续教育学院国际教育中心副主任，馆员，研究方向包括继续教育自学考试、国际教育发展现状等。

　　钱耕，男，武汉大学继续教育学院培训管理办公室，硕士，职员，研究方向包括国际教育发展现状、非学历教育培训管理。

　　本文为2011年第十二届海峡两岸暨港澳高校继续教育论坛收录论文。

## 一、两个"纲要"精神，是高等教育发展的指南针

"百年大计，教育为本"，"国运兴衰，系于教育"，"教育是民族振兴、社会进步的基石，是提高国民素质、促进人的全面发展的根本途径"，《国家中长期教育改革和发展规划纲要（2010—2020年）》（以下简称"教育规划纲要"）序言就这样讲述。

（一）发展高等教育是亿万人民群众的迫切需要

新中国成立以来，我们党和国家重视教育发展，努力探索，大胆实践，摸索出一条中国特色社会主义教育发展道路，建成了世界上最大规模的教育体系，保障了亿万人民群众受教育的权利。特别是进入21世纪以来，教育发展更是被提到前所未有的高度，并取得可喜成绩。"教育的发展极大地提高了全民素质，推进了科技创新、文化繁荣，为经济发展、社会进步和民生改善做出了不可替代的重大贡献。我国实现了从人口大国向人力资源大国的转变。"

（二）发展高等教育是应对世界形势不断变化的需要

然而，"世界格局深刻变化，科技进步日新月异，人才竞争日趋激烈。我国经

济建设、政治建设、文化建设、社会建设以及生态文明建设全面推进,工业化、信息化、城镇化、市场化、国际化深入发展,人口、资源、环境压力日益增大,调整经济结构、转变发展方式的要求更加迫切。国际金融危机进一步凸显了提高国民素质、培养创新人才的重要性和紧迫性"。因此,党和国家提出了"中国未来发展、中华民族伟大复兴,关键靠人才,根本在教育"的重要思想。面对前所未有的机遇和挑战,教育工作者们应该有清醒认识,认真学习"两个纲要"精神,并在工作中认真落实、贯彻,为国家发展、民族复兴做出应有贡献。

(三)以两个"纲要"精神为指导,开展适合我国国情的各种高等教育办学形式

我国是发展中国家,"我国教育还不适应国家经济发展和人民群众接受良好教育的要求""接受良好教育成为人民群众强烈期盼,深化教育改革成为全社会共同心声"。因此,广大教育工作者要认清形势,认真思考,立足社会主义初级阶段基本国情,开动脑筋想办法,挖掘资源潜力,进一步深入拓展办学形式,并做大、做强办学规模。

在"教育规划纲要"第八章继续教育部分,特别提到:"搭建终身学习'立交桥'。促进各级各类教育纵向衔接、横向沟通,提供多次选择机会,满足个人多样化的学习和发展需要。健全宽进严出的学习制度,办好开放大学,改革和完善高等教育自学考试制度。建立继续教育学分积累与转换制度,实现不同类型学习成果的互认和衔接。"这给继续教育工作者,特别是自学考试工作者指明了发展方向。

(四)高等教育自学考试是我国高等教育的重要组成部分

高等教育自学考试(简称自学考试)是我国高等教育的重要组成部分,是改革开放以来我国教育制度上的一项重要创新。李岚清同志称它是"发展中国家办大教育的有效形式,是中国特色的社会主义教育制度的一项创举"。目前,全国已经有 4300 万人参加自学考试,每年参加自学考试的人数始终保持在 1000 万人次。如今,自学考试已经从单一的学历教育发展成为多层次、多规格、多功能的教育考试制度,在促进我国经济社会以及教育变革等方面具有重要地位和作用。这些说明自学考试已经成为世界上规模最大、最能体现终身教育理念与学习型社会特点的教育形式。在构建全民教育体系、终身教育体系、优质教育体系中,发挥了无与伦比的巨大作用,是广大有志青年立志成才及国家人才培养的有效途径。

## 二、两个"纲要"精神为新形势下自学考试和职业教育衔接提供了发展方向和广阔空间

同样在"教育规划纲要"第六章职业教育部分,提出"大力发展职业教育","增强职业教育吸引力,完善职业教育支持政策",对职业教育提出了更高要求。把自学考试形式和职业教育这两者有机结合,努力开拓两种学习形式的有效衔接,在大环境、大市场的背景下,相信有广阔前景,笔者愿就此学习形式进行分析、探讨。

(一)自学考试和职业教育衔接有广阔的前景、巨大的市场

自学考试要大力发展,必须开拓广泛的市场。自学考试与职业教育的有效衔接可以提升职业教育的层次,增强职业教育学生的就业竞争能力。与此同时,也为自学考试提供广泛开拓空间,其互为补充,双赢发展,前景是光明的,实施是可行的。在《国家中长期教育改革和发展规划纲要(2010—2020 年)》中,明确要求职业教育事业发展主要目标是,人数规模逐年增长:

| 在校学生人数(万人) | 2009 年 | 2015 年 | 2020 年 |
|---|---|---|---|
| 中等职业教育 | 2179 | 2250 | 2350 |
| 高等职业教育 | 1280 | 1390 | 1480 |

由此可见,中等职业教育、高等职业教育发展规模是要求稳步上升的。

(二)湖北省职业教育的发展目标和要求

同样在《湖北省中长期教育改革和发展规划纲要(2010—2020 年)》(公开征求意见稿)中,职业教育事业发展的主要目标是:

| 在校学生人数(万人) | 2009 年 | 2015 年 | 2020 年 |
|---|---|---|---|
| 中等职业教育 | 129.18 | 95 | 98 |
| 高等职业教育 | 58.39 | 68 | 73 |

由此可见,湖北省的中等职业教育、高等职业教育发展规模也是要求稳步上升的。

(三)湖北省自学考试与职业教育衔接的政策

在"教育规划纲要"中明确指出,"大力发展职业教育","政府切实履行发展职业教育的职责。把职业教育纳入经济社会发展和产业发展规划,促使职业教育规模、专业设置与经济社会发展相适应"。国家政策的重视,社会发展的需要,

职业教育的市场前景一片光明。为了促进湖北省高职高专、中职中专与自学考试独立本科段、专科段衔接试点工作持续协调发展,根据全国考委有关精神以及湖北省实际情况,湖北省考委多次发文,指导、规范衔接试点工作,要求:"充分整合现有教育资源,提高教育资源的利用效益,实现自学考试教育与普通高等教育优势互补,协调发展;坚持教育质量标准,发展考生的实践能力;提高考生的学历层次,帮助考生建立合理的知识体系,增强考生的自主创业能力与就业竞争力。"这一指导思想,极大地促进了湖北省中职中专、高职高专与自学考试专、本科衔接工作的开展,从 2006 年至今,衔接工作平稳、大规模铺开,被越来越多的学校、学生接受。这一举措,有效地解决了学生的学习需求,符合职业学校发展利益,也有效解决了自学考试发展的生源困境,是互利双赢的发展方向。

(四)湖北省自学考试与职业教育衔接的市场空间巨大

以 2009 年湖北省中职、高职在校生分别为 129.18 万、58.39 万计算,如果其中10%的学生参与衔接学习,一年就有 18.6 万人规模;如果其中 30%的学生参与衔接教育,一年就有 56.27 万人;如果其中 50%的学生参与衔接教育,一年就有 93.79 万人。然而,衔接教育的学制是两年半至三年,按两年计算,也就是说,在校衔接的规模分别是:37.52 万人、112.54 万人、187.57 万人。其人数之多,数量之大,为各高校自学考试衔接教育提供的极大的市场和发展空间。因此,广大自学考试教育工作者应以两个"纲要"为准绳,抓住衔接教育发展契机,真抓实干,大力宣传,让衔接教育的前景、优势、办学理念、发展方式深入广大职教学生心中,并切实做好各项服务工作。

**参考文献:**

[1]《国家中长期教育改革和发展规划纲要(2010—2020 年)》[EB/OL].

[2]《国家中长期人才发展规划纲要(2010—2020 年)》[EB/OL].

[3]《湖北省中长期教育改革和发展规划纲要(2010—2020 年)》[EB/OL].

# 依托学科优势，推进专业人才培养①
## ——以浙江大学继续医学教育为例

浙江大学　祝怀新

【作者简介】

　　祝怀新，男，浙江大学继续教育管理处副处长，浙江大学成人教育研究所副所长，教育学博士，教授，主要从事比较教育学、教师教育、继续教育等研究。
　　本文为2011年第十二届海峡两岸暨港澳高校继续教育论坛收录论文。

## 前　言

　　专业人才是指特定行业中具有扎实的专门知识和专门技能，进行创造性劳动的高素质劳动者，是各行各业事业发展的重要推动力量。专业人才具有不可替代性的特征，如医生、律师、教师等，需要持续不断地进行专业性培养，特别是在岗工作生涯中的专业性的继续教育。

　　专业人才是国家的宝贵财富，因为他们能较好地运用自身的科学技术和专门业务的知识存量，了解和把握科学技术和社会经济发展的规律，从而在市场激烈竞争中自如发挥专长，对社会做出重大贡献。因此，国家提出了由人力资源大国向人才强国转变的战略，希望通过"培养和造就规模宏大、结构优化、布局合理、素质优良的人才队伍"，在21世纪中叶把我国建设成为社会主义现代化强国。

　　国家的人才强国战略对高等院校提出了挑战。高素质人才离不开高品质的人才培养。随着我国高等教育事业的发展，我国高等教育已基本实现大众化，并

① 浙江大学继续教育管理处非学历教育管理办公室钱启、柳樨，浙江大学医学部耿小北、韩魏等为本文提供了相关数据与材料，特此鸣谢。

正向普及化发展。这意味着越来越多的人能够获得基本的高等教育。各行各业的专业技术人才中,越来越多的人业已完成了高等教育。在科学技术日新月异地发展的今天,站在学术研究最前沿的高等院校理应担负起专业人才大学后的继续教育任务。同时,高等院校学科门类丰富的特征,在培养专业人才综合素质方面,具有显著优势。因此要充分利用并整合高校学科资源,在提升专业人才专业水平的同时,扩大他们的人文、管理等方面的视野,促进综合素质的发展。

浙江大学是我国最早进行继续医学教育的试点单位,并与地方卫生主管部门在国内率先共同制定、实行了医学继续教育学分制管理制度,将继续教育与医生晋升挂钩。25 年来,浙江大学继续医学教育工作不断发展,为国家,特别是浙江省及西部地区医学专业技术人才的培养发挥了巨大作用,同时,对我国继续医学教育事业的发展也做出了重大贡献。

## 1　大学开展继续医学教育的必要性

随着人才竞争日趋激烈,一些国家相继立法,规定了从业者继续教育的权利与义务,原先自发、分散的教育活动,转变为一种国际性的有组织、有规模的新型教育活动。诸如医学、法律、教育等专业性特点较为显著的行业对从业人员的专业素质要求越来越高。人们清楚地认识到,专业人才不再能够简单地依赖于前半段全日制正规教育来为社会未来发展做贡献,而是需要在从业过程中,通过不断的知识更新和素质提升,来跟上社会发展的步伐,为社会做更大的贡献。

二战后,医药科学迅猛发展,临床一线的卫生专业人才面临着越来越大的挑战,职前的全日制医学教育对他们而言,只是一个打基础的阶段,如果要使自己跟上医药科学的发展步伐,就必须在职继续学习。由此,20 世纪 50 年代,继续医学教育(continuing medical education,CME)开始萌生,并在 70 年代后逐步成熟,一些发达国家相继通过立法的手段使继续医学教育制度化。根据美国医学会(AMA)1983 年的界定,继续医学教育的目的是保持、发展和增进医生服务于病人、公众和同行所要的知识、技能、专业工作能力及人际关系的各种教育活动。

改革开放以来,我国政府一直高度重视卫生专业人才的继续医学教育工作。1986 年 4 月,经卫生部批准,原浙江医科大学(浙江大学医学部前身)和杭州市卫生局协作在国内率先开展继续医学教育试点工作,同年 7 月,原浙江医科大学、浙江省卫生厅、杭州市人民政府联合成立了"医学继续教育试点工作领导小组",9 月,原浙江医科大学与杭州市卫生局发布《关于实行医学继续教育学分制的暂行规定》,规定"凡属试点单位的试点对象,必须获得继续教育修业期满成绩合格证书,才能参加职务评审"。1988 年,浙江省成立继续医学教育委员会,下设继续医学教育办公室,挂靠在原浙江医科大学,成为全国最早成立的省级继续医学教育组织。由此,我国继续医学教育事业在卫生部和地方卫生主管部门的支持下,在原浙江医科大学试点的基础上,得到了持续的发展与完善。

随着我国社会的不断进步、医疗事业的长足发展,卫生专业人才的专业素养提升越来越受到政府及卫生系统的重视。1996年,卫生部成立了继续医学教育委员会,颁布了《卫生部继续医学教育委员会章程》《国家级继续医学教育项目申报、认可试行办法》《继续医学教育学会授予试行办法》等重要文件。2003年,该委员会更名为全国继续医学教育委员会,其办公室的职能移交给中华医学会,制定继续医学教育的方针政策,领导我国继续医学教育工作的开展。

2010年,国家颁布了《国家中长期人才发展规划纲要(2010—2020年)》,其中明确指出:"到2020年,培养造就一批医学杰出骨干人才,给予科研专项经费支持;开展住院医师规范化培训工作,支持培养5万名住院医师;加强以全科医师为重点的基层卫生人才队伍建设,通过多种途径培训30万名全科医师,提高基层医疗卫生服务能力。"

由于卫生专业人才的专业化程度较高,因此,发达国家对医生职业的学历要求较高,要成为医生,首先必须完成全日制医学专业学习,获得相应的资质,然后经过一定年限的临床一线的住院医师规范化培训和专科医师培训(毕业后教育)后,才能正式进入医疗领域从事医疗工作。由此可见,在岗的卫生专业人才的学历起点高,有不少已具有临床医学博士学位,并已经历了高度专业化的培训,因此,对他们进行的继续医学教育必然要求非常高,必须由高水平的医学院校及其附属医院来承担。

世界上继续医学教育机构最健全的美国,由教育机构和认定机构两部分组成,其中开展继续教育的机构包括医学会、专科学会、大学、研究机构等。大学和研究机构均担负着科学研究和高层次人才培养的重任。认定机构是美国继续医学教育认定委员会(ACCME),其中一项重要职责便是使继续医学教育成为医学教育连续体中的一部分,即与医学院校全日制教育相衔接的教育过程。

和美国一样,英国的继续医学教育由皇家医学会、大学、国家医疗中心等机构实施,英国综合医学委员会(GMC)作为从医人员的管理组织,制定医学教育的标准,并监督医学院执行。

加拿大继续医学教育由大学来实施,并接受由16所医学院校组成的加拿大医学院协会(ACMC)和加拿大医学协会的审批与监督。

许多国家继续医学教育工作由医学协会来主持,但实施主体一般都离不开医学院校及其附属医院。发达国家医学人才专业化发展的经验表明,充分利用综合性大学的优势,是推进继续医学教育向高水平发展的必由之路。我国继续医学教育从一开始,就是由研究型医科大学作为实施机构介入的。

　　继续医学教育之所以要由大学介入,是由培训对象的层次和培训内容决定的。我国当前十分重视卫生专业人才的培养,医护人员的学历层次越来越高,一些较发达地区,许多执业医师已获得了临床医学硕士乃至博士学位,并经历了住院医师规范化培训和专科医师培训,具有较高的专业化水平。即使在一些欠发达地区,医生的学历层次也大多在大专以上。因此,继续医学教育离不开那些站在医药科学研究最前沿的医科院校。

　　目前,我国高等医学教育大多成为综合型大学的重要组成部分,这十分有利于提高继续医学教育的成效。因为综合性大学学科门类齐全,所以在继续医学教育过程中,不仅能够传授最新的医学知识,同时,也能整合全校不同学科的力量,促进医生的综合素质发展。

　　浙江大学自1998年四校合并以来,十分重视继续医学教育,并始终坚定不移地推进继续医学教育向高水平发展。浙江大学医学部成立了医学部继续教育中心,成为与本科生、研究生教育办公室相平行的一个重要部门,专门从事继续医学教育和主管医学部所属各院系、附属医院的继续医学教育工作,并接受学校继续教育管理处的统一领导和管理。浙江大学在继续医学教育实践过程中清醒地认识到,局限于医学学科专业领域的继续医学教育已不能适应时代的需要,必须发挥学校多学科交叉融合的优势,将专业人才的继续教育从继承型向能力型、从单一技术型向跨学科复合型、从单纯技术型向提高人文素质型转变,培养融创新能力、专业技术、人文素质为一体的全面发展的高素质人才。近几年来,浙江大学医学部及其所属各单位每年平均培训1.5万人次,培训项目240余项,占全校继续教育的四分之一,为浙江省乃至全国医学事业的发展做出显著成绩,已连续三年被浙江大学评为突出社会贡献奖。

## 2　继续医学教育项目的开发与实施

　　2006年12月,浙江大学继续教育实行管办分离,成立浙江大学继续教育管理处,作为全校所有继续教育办学的归口管理部门,各专业学院依托专业、学科优势,开展相关行业专业人才的大学后教育培训。为此,浙江大学确立了"高层次、高质量、高效益"的办学方针。在学校发展战略框架下,浙江大学医学部确立了继续医学教育的方向,即注重一线医生的继续专业发展(continuing professional development,CPD),着眼于医务人员在整个职业生涯中的持续不断的教育培训,使他们能跟上国际医学发展的步伐,并能保持良好的人格和全面素质,以适应现代社会的需要,实现其人生价值。

### 2.1　发挥医学学科优势,培养一线临床专业人才

　　浙江大学医学部下设基础医学系、临床医学系(分一、二、三系)、护理学系、

口腔医学系、公共卫生系、药学院（含中药科学与工程学系和药学系），以及六所附属医院。医学部目前共有两院院士4名，长江教授5名，教授及正高职人员568名，其中博士生导师212名。

医学部及其所属各院系、附属医院均开展高层次继续医学教育工作。从2007年到2011年9月底，经学校继续教育管理处审核批准实施的项目共达202个，约达29170人次（见表1）。其中由各附属医学研发开展的项目为160项，由医学部继续教育中心研发开展的项目为42项；授予国家级继续医学教育项目学分证书的项目共79项，省级继续医学教育项目学分证书的项目35项。这些项目广泛涉及各具体医学领域最先进的新技术、新理论和新方法，如浙江大学附属邵逸夫医院开设了"疝和腹壁外科新技术、新进展""改良MICCOLI模式微创内镜甲状腺手术新技术新进展"等项目，附属第一医学开设了"器官移植（肝、胰、肾）新进展""颅脑损伤诊治新进展""器官移植及外科危重病脏器功能评估和支持"等项目，附属第二医院开设了"CT、MR影像学新技术及其高级临床应用""颌面部创伤、种植、肿瘤与整复的诊治进展"等项目，附属妇产科医院开设了"妇科门诊特色疾病的规范化诊治及新进展""盆底功能障碍性疾病诊治进展""高危产科麻醉及分娩"等项目。

**表1　2007—2011年浙江大学医学部开展的继续医学教育项目数及培训人数**

| 年份 | 2007年 | 2008年 | 2009年 | 2010年 | 2011年<br>（1—9月） | 总计 |
|---|---|---|---|---|---|---|
| 培训项目 | 28 | 30 | 41 | 45 | 58 | 202 |
| 培训人数 | 3135 | 6710 | 7308 | 5543 | 6474 | 29170 |

培训项目的研发与实施，一定意义上反映了浙江大学当前的研究重点和研究水平。因为继续医学教育与全日制教育不同，后者较多地偏重于基础知识，而前者是针对已完成了全日制教育的一线专业人才的培训项目，大多是在专家学者最新的研究成果的基础上开展的，具有较强的针对性和应用性。这些项目较好地在科学研究与社会医疗实践之间架起了桥梁，使更多的医生及时了解相关领域的最新发展，掌握最先进的理论和技术，使更多患者获益。换言之，继续医学教育是实验室成果转化为临床资源的最快捷有效的手段。

### 2.2　发挥非医学学科优势，延伸继续医学教育

浙江大学拥有许多理工类优势学科，这些学科开发的高层次继续教育项目中，有个别涉及医药科学领域，对临床医学有非常大的吸引力。在学校继续教育管理处的正确引导下，在医学部的积极配合下，这些项目被有效地纳入学校继续

医学教育范畴之中,使高水平的继续医学教育内涵得以丰富,外延得以有效扩充。

较为典型的案例是浙江大学纳米技术研究院开发的"流式细胞术基础与应用"项目。流式细胞术(Flow Cytometry,FCM)是一种在功能水平上对单细胞或其他生物粒子进行定量分析和分选的检测手段,它可以高速分析上万个细胞,并能同时从一个细胞中测得多个参数,与传统的荧光镜检查相比,具有速度快、精度高、准确性好等优点,是当代最先进的细胞定量分析技术。纳米技术研究院利用自身的学科优势研发了这一项目,一经推出,即受到医学界的关注,大量医学专家、博士主动参与到该项目的学习之中(见表2)。2008年,学校继续教育管理处代表学校向国家继续医学教育委员会申报,使该项目被成功地纳入国家级继续医学教育项目,可授予国家级Ⅰ类继续教育学分10分。

**表 2   流式细胞术基础与应用培训项目主要课程内容**

- 流式细胞术基本原理、技术要点及主要应用
- 流式细胞仪技术应用中的质量控制和实施方法
- 样本制备与保存的基本方法,避免制样误差的要点
- 细胞分型的策略及技术要点
- 流式细胞术在肿瘤研究中的具体应用
- 全血流式细胞术的技术要点、优势以及应用领域
- 白血病细胞分型的方案及技术要点
- 淋巴瘤分型的技术方案
- 白血病微小残余病变流式细胞术诊断以及对临床治疗的指导意义
- 流式细胞分选术的原理及应用策略
- DNA与细胞周期分析应用原理、数据分析方法
- 细胞凋亡的流式细胞术分析以及在医学研究中的应用
- 流式细胞术在分子生物学和可溶性分子检测中的应用
- Beckman Coulter CXP,Summit 软件介绍及实习
- BD DIVA,Cell Quest 软件介绍

再如,为了配合医疗系统管理队伍素质提升和医院管理专业化的需求,浙江大学管理学院研发了"现代医院管理高研班"(MHPA)项目(见表3)。该项目针对医院这一特殊机构,从管理者的特征出发,吸收了 MBA、MPA 课程体系的优点,开发了广泛涉及管理学、公共管理学、经济学、心理学、哲学、国学等领域的课程,师资来自管理学院、公共管理学院、经济学院、理学部、人文学院、医学部等,充分体现了综合性大学在继续医学教育中的优势,受到全国各地医院管理者的普遍欢迎,成为国内医学领域继续教育的一个亮点。

**表 3 现代医院管理(MHPA)项目核心课程(部分)**

| 医院战略管理方面 | 医院卓越领导力方面 |
| --- | --- |
| • 宏观经济与国际形势分析 | • 医院卓越领导力 |
| • 医院战略环境分析 | • 领导科学、艺术与实践 |
| • 医院核心能力分析 | • 职业情商与领导力 |
| • 医院战略制定 | • 有效的授权管理艺术领导力与执行力提升 |
| • 医院战略实施 | • 儒道禅与现代管理 |
| • 医院国际标准化经营 | • 管理者心理构架 |
| • 中外医院管理模式 | • 中国传统文化与修身立志 |

### 2.3 优势互补,开发跨学科继续医学教育项目

目前,在继续医学教育领域中,由医学学科专家主讲的纯临床医学项目占主导地位。但随着科学事业的发展,医学领域也越来越多地与其他学科相关联。因此,相应地,继续医学教育的内容也随之扩展。浙江大学的继续医学教育充分发挥综合性大学的优势,通过与相关学科的合作,开发了一些由非医学学科专家参与讲授的课程,卓有成效地开发了一些跨学科性的继续医学教育项目。

浙江大学医学部附属口腔医院在研发"口腔修复的新材料和新技术"项目时,与浙江大学材料化工学院合作,由该学院相关教授开设了有关粘接材料在口腔中的应用,并邀请美国密歇根大学彼德·玛教授开设了组织工程技术在口腔中的应用。通过跨学科和国际的培训与交流,近年来附属口腔医院在口腔材料研究方面成绩斐然,分别获得了国家自然基金、科技厅、省部共建等多项基金,占医院科学研究经费 60% 以上的份额。

纳米技术研究院开发的"基因组科学研习班"对生命科学的理论与实践具有重大意义,该项目充分发挥了综合性大学学科优势,体现了交叉学科特点,集生命科学院、医学部、农生学院、纳米研究院等科研、教学资源,引进世界生命科学的圣地、分子生物学的摇篮——美国冷泉港实验室的专家,共同搭建培训师资队伍,原浙江医科大学校长、浙江大学发展委员会副主任、我国著名肿瘤学专家郑树教授亲自执教"基因组与肿瘤应用性研究"课程,受到相关医学领域的高度关注。该项目已连续举办了 35 期,受到普遍欢迎,被学校评为"优秀项目创新奖"。"基因组科学研习班"项目虽然尚未纳入继续医学教育范畴,但在一定程度上丰富和扩大了浙江大学继续医学教育的内涵。

浙江大学在开展继续医学教育工作中,强调"宽、专、交"并举的方针,推出高水平的继续医学教育和与医学领域相关的继续教育项目。所谓"宽",是指培训内容体现跨专业、跨领域的特点;"交",是在紧扣医学学科的主题,精选交叉学科的相关内容,以项目主题为中心进行凝练;"专",是指师资是相关领域的高水平

专家,同时也是善于表达的培训专家。

### 3    继续医学教育的发展策略

#### 3.1    加强地方合作,扩大社会服务空间

根据中央西部大开发战略,同时充分发挥我校综合型大学知识密集、学科交叉的优势,学校与云南、贵州、青海等省份签订了省校全面合作协议,在科技合作、教育合作、人才引进为主要内容的合作框架下,学校各院系分别在经济、管理、医疗、旅游、政法、教育、农业等领域开展管理干部和专业技术人员培训。

为了配合学校"服务西部"的战略决策,医学部仅向云南省卫生厅就提供了"肝胆移植手术""心导管技术""ICU 新技术""妇科内窥镜临床应用"及"卵巢恶性肿瘤的诊断与治疗"等 20 余项国家级项目的培训,培训 2800 人次。浙江大学附属第一医院院长、中国工程院院士郑树森教授等各项目的负责人积极参与,亲自授课,在办学过程中采用了理论研讨与手术观摩相结合的办学模式,灵活的办学形式、全新的培训模式、精湛的教学技艺,使学员拓宽了知识面,掌握了新方法,开拓了思路,为提升西部地区卫技人员的专业素质做出了应有的贡献。

#### 3.2    依托学科优势,促进国际合作

浙江大学利用自身研究型综合性大学的优势和国际资源,积极探索继续教育领域的国际合作渠道,以便引进国外优质教育资源,借鉴国外先进的办学理念、办学思路。

浙江大学医学部与美国罗马琳达大学建立了良好的交流合作关系,并联合创办了浙江大学附属邵逸夫医院。近年来,附属邵逸夫医院引进美国罗马琳达大学的优质师资和先进理念,开展了全科医生培训,为社区医疗事业的发展做出了直接的贡献。

在项目研发中,浙江大学医学部十分重视继续教育的国际化发展,如 2005 年开展的国际护士职业证书培训,引进了美国优质教育资源和教材。同时,学校与美国加州州立大学富尔顿分校(CSUF)洽谈并签订教育管理、公共管理和护理管理的合作协议,选拔临床优秀护士长赴美接受培训,实现中外结合的培训模式,促进继续医学教育的国际化发展。

#### 3.3    突破学科壁垒,丰富继续医学教育内涵

随着社会的发展,医学领域的专业人才不仅需要掌握高深的专科知识与技能,同时,也需要提升个人的素质与修养。换言之,现代社会的专业人才是有思想、有头脑、有理论、有技术的高素养人才。而这样的人才培养,离不开跨学科性的教育培训。

目前,浙江大学已开发并有效实施了一些跨学科项目,但从如前所述的项目来看,其课程设计,或者是非医学类项目,如现代医院管理项目(管理类)和流式细胞术项目(工程类);或者是医学类中技术层面的项目,如口腔修复项目中的材料工程方面课程。对于大量面向临床医生的医学项目,仍未能从医务专业人才的特殊性及其从业专科出发,开发出有利于医务专业人才综合素质发展的课程,虽然个别项目已经充分考虑到医务专业人才"从单一技术型向跨学科复合型发展"的目标,但离"从单纯技术型向提高人文素质型转变,培养融创新能力、专业技术、人文素质为一体的、综合素质全面发展的高素质人才"的继续医学教育目标尚有一定距离。

浙江大学是国内规模较大、科研水平较高、教学资源丰富的研究型综合性大学,如何利用学校的优质教学科研资源来提升继续教育品质,是摆着医学教育工作者面前的一个重大课题,也是未来继续医学教育发展的一个重大方向。

近年来,无论是发达国家,还是一些发展中国家,都十分重视继续医学教育的理论研究与实践探索。浙江大学在近30年的继续医学教育探索与实践中,取得了一些成绩,为我国继续医学教育的发展与完善发挥了一定的作用,同时,也为其他领域的专业人才继续教育提供了重要的借鉴与参考。

**参考文献:**

[1] 管华. 中外继续医学教育比较研究[J]. 继续医学教育,2005(4):12-13.

[2] 中华人民共和国国务院. 国家中长期人才发展规划纲要(2010—2020 年)[EB/OL].
http://www.gov.cn/jrzg/2010-06/06/content_1621777.htm. 2010-06-06.

# EDP 高级管理培训中心发展思路探析

浙江大学　孙建平

【作者简介】

　　孙建平,男,浙江大学管理学院高级管理培训中心主任,副研究员,主要从事继续教育、高教管理研究。

　　本文为 2011 年第十二届海峡两岸暨港澳高校继续教育论坛收录论文。

　　EDP 是英文 the Executive Development Programs 的简称,即高级经理人发展课程,中文意思是高层管理者培训与发展中心。它是基于现代公司企业的具体特点开设的一整套具有针对性的短期强化课程,旨在满足企业高层经理人员对时间较短、针对性较强的管理课程的学习需要。

　　中国 EDP 教育方兴未艾。大量的事实表明,能切实解决企业经营管理问题、不授予学位的 EDP 课程潜力巨大,正在成为培训市场的"新宠"。不仅中国本土商学院加快了跑马圈地的步伐,北美、欧洲多所顶尖商学院也纷纷登陆中国。面对群雄逐鹿的激烈竞争局面,各 EDP 如何在本行业找准自己的发展定位,如何在高级管理培训市场占据一席之地,值得大家深思。

　　浙江大学管理学院 EDP 中心成立于 2004 年,经过七年多的稳健发展,从起初只有四位工作人员,发展到现今拥有三十多位员工、部门设置齐全、分工合理的高级管理培训中心,在浙江省甚至全国都具有了一定的影响力,并树立了自己的品牌特色。本文结合浙江大学管理学院 EDP 中心在高级管理培训行业的成功做法,从 EDP 整体发展、业务拓展、规范管理、特色服务四方面展开论述,为国内 EDP 高级管理培训中心的健康、持续发展提供可行思路。

## 一、EDP 整体发展的思路

　　EDP 要实现自身的整体跨越式发展,必须遵循匹配、多元、扶持、生态的八字发展方针。

（一）匹　配

EDP的持续发展要考虑三方面的匹配：一是员工个人能力与中心业务发展相匹配；二是中心教学教务要与中心的业务发展状况相匹配；三是中心的组织机构设置与中心整体的发展战略相匹配。如浙江大学管理学院EDP中心根据自身整体发展需求及每位员工的知识、能力、性格和心理特点，实施定岗定人定薪制度、建立优胜劣汰的竞争机制等，建立了专门的教务管理团队和专职班主任队伍，增设相应业务部门，并对全体员工进行定期岗位培训，这些措施极大地提升了EDP中心的匹配性，从而使事得其人，人得其所，增强了中心对员工的吸引力，提高了员工的工作积极性，形成了良好的工作氛围，EDP中心业绩量迅速提升。

（二）多　元

EDP要增强内部活力，必须坚持以下三方面的多元：一是员工思想的多元。员工由于知识水平、工作经历、考虑问题的角度各有差异，大家的思想也会存在差异。EDP允许每位员工有自己工作的新思路、新看法、新主张，鼓励并包容员工思想的多元。二是员工需求的多元。员工需求的内容、需求的强度、实现需求的手段各有差异。EDP可以根据员工的多样化需求，进行多元的有效激励方案设计，完善管理机制，加强EDP内部文化建设，引导员工的价值取向。三是业务拓展的多元。EDP有多种业务，有政府合作业务、集团合作业务，有银行系统业务、医院系统业务，等等。EDP可以根据自身的业务情况，设置各有不同侧重点的业务拓展部门，如政府合作部、集团合作部等，并划分各部门的业务范围。另外，不同的业务拓展部门在业务的拓展思路方面也不尽相同，对此EDP鼓励开展合理竞争，实现思路、方式、途径的多元化发展。

（三）扶　持

EDP要想取得持续发展，对内而言，EDP需要对每位员工及各方面业务进行扶持，帮助新老员工在整体素质上得到提升，扶持业务拓展部门员工在新领域、新方向上的业务拓展工作。对外而言，需要外界各方面对EDP进行扶持，包括政策扶持、资金扶持及精神鼓励。各高校、各学院下设EDP的发展，离不开学校、学院的倾力扶持，离不开各地政府、合作方、各培训班级及班级学员的大力支持。因此，EDP的发展要全面兼顾到学校、学院、合作方及学员的切身利益，从而使自身更容易得到扶持，在良好的外界环境下实现更快更好的发展。

（四）生　态

EDP要想实现跨越发展必须考虑发展的生态性需求，即用生态发展的观点作为评价 EDP 发展、制定 EDP 发展战略及发展政策的依据。EDP 的发展不应与生态环境相分离,其在实现自身发展的同时要注意建设和保护生态环境。这里的生态环境包括内环境与外环境,内环境指 EDP 自身及每位员工方面,EDP 的发展及各项工作的实施要综合考虑自身发展的可持续性,并兼顾到每位员工的切身利益,切实保障员工在责权利等方面的相对公平;外环境包括合作方、学员等方面,EDP 的发展要恰当处理好与合作方及学员的关系,用实用的课程、优质的服务、良好的品牌赢得他们的认同。正确处理好 EDP 与社会上各培训机构的竞合关系,充分利用自身的学科优势、师资优势、品牌优势,发挥特长,形成特色。通过内外双管齐下的努力,可以使自身的发展处于良好的生态环境之中。

### 二、EDP 业务拓展的思路

业务量是 EDP 发展的灵魂和保障,是衡量其发展状况的指标之一。EDP 要实现跨越发展,必须有相应的、足够多的业务量做支撑。EDP 业务拓展思路可做如下考虑。

#### (一)做　条

"做条"是指 EDP 可从纵向方面考虑业务的拓展。EDP 可将某一领域、某一行业、某一地区方面的培训方案、培训思路、课程设置、师资配备等,移植、调整并运用到其他领域、其他行业,发展条状式培训业务。如浙江大学管理学院 EDP 中心的经典培训项目——企业总裁高级工商管理研修班,现已开设到第十九期,中心将总裁高级研修班的培训思路、办班经验整合到成长型高级研修班中,相继开设了七期浙江省成长型中小企业高级工商管理研修班、十期宁波市成长型中小企业高级工商管理研修班等,中心还将担保班项目不断条状化发展,相继开设了七期浙江省担保班、四期山东省担保班,并在杭州、丽水、嘉兴、宁德等地开设担保专业工商管理高级研修班。中心在条状化业务拓展方面的尝试,使自身保持了在经典培训项目上的优势,极大地增加了中心的业务量。

#### (二)做　块

"做块"是指 EDP 可从块状角度考虑业务的拓展。一是找准块状培训项目中的关键因素。块状培训是一种基于一定人脉基础形成的地区性培训,其中有一些"酵母"作为特定要素而起重要作用。EDP 需深入分析"酵母"因素,找准并攻克这些要素,使 EDP 业务实现块状的快速发展。二是深挖培训项目。EDP 可在已有培训项目的基础上,对其进行更深层次的挖掘,如可深挖各经济开发区、县市区等地的培训项目,将这些地方所有人员分班、分批汇集起来进行培训,实现培训项目的块状发展。

（三）做　砣

"做砣"是指 EDP 可从团状并不断发展壮大的角度来考虑业务的拓展。一是打造凝聚优秀资源的高端培训品牌,专门为高端学员和社会商界翘楚量身定制培训项目。如浙江大学管理学院 EDP 中心就专门为已读过 EMBA 和 EDP 课程、有继续提升自身素质需求的骨干精英打造了以凝聚优秀、塑造卓越为主旨的浙江大学求是精英班。二是可以将本行业内部及行业之间的前几强聚集起来,以这些高端学员为依托辐射到其他领域,从而可以使班级学员汇集更广的人脉,提升培训品牌的吸引力。这种通过设置门槛的形式,可以达到对社会精英资源进行合理整合,使同层次学员之间更好地实现深层次互动和交流的目的。

（四）做　帮

"做帮"是指 EDP 可从发展朋友群的角度来实现业务的拓展。一是 EDP 需要与合作单位建立紧密联系。如果 EDP 与合作方之间关系融洽,当双方之间产生矛盾时,双方会在相互理解的基础上使矛盾迎刃而解,当 EDP 的发展遇到困难时,合作方也会在力所能及的范围内给予相应的帮助。二是沙龙、讲座、班级联谊活动等形式打破班级隔阂,为 EDP 各班级学员提供更多校际、院际、班际之间沟通交流的机会,让学员扩大朋友群,对 EDP 增强信任感与归属感,从而使 EDP 更好地扩大自身的影响力,拓展更多的业务。

### 三、EDP 规范管理的思路

任何 EDP 的有序发展都离不开规范的管理,细节决定成败。因此,EDP 可从以下思路着手,抓好内部管理。

（一）标准化

EDP 的标准化管理是指符合外部标准(法律、法规或其他相关规则)和内部标准(企业所倡导的文化理念)为基础的管理体系,即将 EDP 里各种规范(如规程、规定、规则、标准、要领等)形成文字化的材料,让员工依照标准付诸行动。标准化是防止 EDP 管理水平下滑的制动力。如浙江大学管理学院 EDP 中心制定了优秀业绩者(优秀班主任、优秀服务者)评价标准、部门及员工考核标准等员工工作标准化服务手册,使每位员工在工作中都有章可依、有规可守,标准化使中心处于有序管理的良好状态。

（二）模块化

EDP 的模块化管理强调 EDP 在管理上应把问题细化,分级管理,各司其责,构建金字塔状的管理模式。EDP 的任何部门和员工都有具体的职责范围,高层负责制定战略,中下层负责提供决策建议并保证战略的正确实施。如浙江大学管理学院 EDP 中心就根据自身发展的需要设立了不同的部门和岗位。在组织架构上,设置了企业合作部、集团合作部、招生部、市场部四个业务拓展部门,以更好地适应不同类型、不同层次学员的培训需求。还设置了教务部和办公室两个运营部门,保证了教学计划和教学服务工作的顺利进行。在岗位上,设置了中心主任、中心拓展副主任、中心运营副主任、部门主任(副主任)及部门员工,各岗位的工作各有侧重点,保障中心工作有条不紊地进行。

### (三)流程化

EDP 的流程化管理指 EDP 应建立以流程为主线的管理方法。流程化管理是在管理大师哈默提出的流程再造的基础上发展而来的。哈默认为,所谓流程有两个关键要素:一个是顾客,一个是整体。他认为流程必须是以客户为导向、以公司整体目标为出发点的。但是 EDP 许多所谓的流程,大部分都是以各个部门为主体来设计自己的工作程序,只是基于职能需要而各自经营自己的"一亩三分地",缺乏整体观念,更缺乏客户导向。因此,EDP 在发展壮大的过程中,需要进一步做好规范工作,统一梳理各项工作流程,如财务报销流程、班主任工作流程、教务工作流程等,将各项工作用流程的形式固定下来,并让各位员工学习并熟练掌握,以提高工作效率。

### (四)信息化

EDP 的信息化管理强调将现代信息技术与先进的管理理念相融合,运用信息技术重新整合 EDP 内外部资源,提高工作效率和效益,增强 EDP 竞争力。其精髓是信息集成,通过信息化管理把 EDP 工作的各个环节集成起来,共享信息和资源。信息化管理是 EDP 提升管理水平、理顺内部机制、提高工作效率的有效手段。EDP 应加大对信息化工作的投入,建立方便信息发布和员工交流的网上内部办公系统,让学员管理、班级管理、合同管理、教师库、文档资料、库存管理、项目计划等内容,在网上实现资源共享,使管理更为规范、顺畅。

### 四、EDP 特色服务的思路

在竞争日益激烈的培训市场中,EDP 的特色服务是保持客户满意度、忠诚度的有效举措,也是加强核心竞争力的重要举措之一。因此,EDP 需深化服务工作,打造自身一流的服务品牌,向国际一流大学靠拢。

来 EDP 参加学习的学员几乎都是企业、集团的董事长、总经理、总监、经理或政府官员,他们有一定的社会地位和经济基础,这更需要 EDP 为学员提供细致、周到、优质的服务,做到"精、尊、细、美"四字服务要求。

### （一）精

"精"指 EDP 需要为学员提供精益求精的服务。在与学员或项目合作方保持密切联系，了解他们的培训需求，在充分协商基础上制订具有针对性的培训方案，设置实用的课程体系，检查、评估并确保师资水平，并对课程产品进行随时跟踪与合理调整。在班级运行过程中，EDP 需配备专职班主任为学员提供全程服务，教务部、教学部、办公室等实际运营部门要全力支持班级的正常运行。在各项服务赢得学员或项目合作方认可的基础上，EDP 还需给自己提出更高的要求，用精益求精的服务态度和无可挑剔的服务质量树立自身品牌。

### （二）尊

"尊"指 EDP 需在尊重学员的基础上为他们提供服务，对每一位学员，不论其企业的规模大小、学员自身的影响力、性格及所提要求如何，在任何情况下，都需要一视同仁，平等地对待每一个学员，认真倾听、充分尊重学员的想法和要求，全心全意为学员做好服务工作，务必让学员体验到自己的尊严感。另外，EDP应充分考虑不同学员、班级的不同需求，及时解决学员的困难，给学员提供个性化服务，使学员充分感受到尊重。

### （三）细

"细"指 EDP 需给学员提供细致周到的服务，在服务的细节上下功夫，完善细化服务。EDP 应在学员报到前充分考虑他们的吃、住、行等方面，为学员提前办好饭卡或订好用餐场地，安排好入住宾馆；编写实用的学员生活指南，开课前将资料学习包发给学员；利用短信平台将天气、日程安排等信息发送到学员手机上；留意学员的生日及特殊节假日；上课期间为学员准备好热水、纸杯、茶歇、纸巾、水果等；外出考察安排好车辆、线路，甚至车上播放的音乐都可以根据学员喜好精心挑选；班级外出活动时，EDP 带班老师也要准备好服务箱，包括各类药品、纸巾等。

### （四）美

"美"指 EDP 需给学员提供美观舒适的服务，让学员产生宾至如归的感觉，全身心地投入到学习之中。这需要 EDP 为学员营造干净整洁的上课环境，做好充分有序的课前准备工作，周到细致地安排学员的吃住行，设置实用实效的培训课程，开展丰富多彩的课余活动。另外，员工的着装需大方得体，言语沟通需有技巧性，要时刻用微笑的态度为学员服务，用高品质的服务使学员获得美的享受。

总之，EDP 高级管理培训中心要想得到长久持续的发展，需要制定正确的发展战略，不断思考整体发展思路，大力拓展培训业务，完善内部管理制度，打造特色服务品牌，树立培训的品牌意识，提升市场竞争力，使自身在日趋激烈的环境中获得良好的生存和发展，从而做大做强。

**参考文献：**

[1] Henry Mintzberg. 管理者而非 MBA[M]. 杨斌，译. 北京：机械工业出版社，2005.

[2] 彼得·德鲁克. 卓有成效的管理者[M]. 许是祥，译. 北京：机械工业出版社，2007.

[3] 李月庆，孟群舒. 中欧神话——亚太第一商学院的传奇创业史[M]. 北京：中信出版社，2009.

[4] 马永斌，吴志勇. 中国培训市场分析与高校继续机遇培训发展报告[DB/OL]. http://wenku. baidu. com/view/da9dbac66137ee06eff91897. html，2005-07.

# 香港成人持续教育对推普的影响

香港浸会大学 张羡英 韩仰泓

【作者简介】

张羡英,女,香港浸会大学持续教育学院通识专业课程总监,曾于中国香港地区和加拿大及澳洲学习,获香港中文大学荣誉文学士,主修历史,加拿大多伦多大学教育硕士及西澳洲大学教育研究院教育博士。在港从事持续及高等教育课程发展及行政工作多年,其间亦曾出任大专院校兼任客席讲师,研究兴趣包括成人教育、持续专业教育、幼儿教育等。

韩仰泓,女,香港浸会大学持续教育学院通识及专业课程学部学术统筹主任,负责由学部管理的梁球琚汉语中心辖下各项课程的设计及教学等工作,包括主持浸大普通话培训测试中心的日常运作。曾于中国陕西渭南师范学院主修中国语言文学专业,获香港大学深造文凭、香港公开大学教育硕士学位。在港从事中文、普通话教育近30年。研究兴趣包括成人教育、持续专业教育等。

本文为2013年第十四届海峡两岸暨港澳高校继续教育论坛收录论文。

## 一、前 言

任何一个社会的政治、经济环境,都对其语言政策起着举足轻重的作用。香港在回归前近150年的历史中,整个社会,英语和粤语是主流语言,即以英文为其传统官方语言,粤语则为口语沟通的主流用语。殖民地时期的中文教育包括来自北方的普通话,往往被置于边缘化的境地。

1985年5月27日,《中英联合声明》正式生效,香港特区政府行政局决定贯彻中英双语立法政策,制定中文法律文本。1987年公布了《法定语文(修定)条例》,规定"新法例须以中英文同为法律正式文本",确定了中文在香港的法律地位。但整个社会普通话流通程度很低,能听懂普通话的人都不多,更不要说会说了[①]。

1990 年 4 月 4 日第七届全国人大第三次会议通过了《中华人民共和国香港特别行政区基本法》,在第一章"总则"第九条规定"香港特别行政区的行政机关、立法机关和司法机关,除使用中文外,还可使用英文,英文也是正式语文"[②],形成了香港官方语言中英文并存的情况,同时,也提升了中文的地位。

1997 年香港回归,时任特首董建华在其首份施政报告中指出,"我们的理想,是所有中学毕业生都能写流畅的中文、英文,并有信心用广东话、英语和普通话与人沟通","特区政府的一贯宗旨,是培养两文三语都能运用自如的人才"[③],第一次明确提出了"两文三语"的语言教育政策及贯彻这一政策的具体措施,普通话的运用能力正式得到肯定。特区政府要求市民具备两文三语的能力,认为这是本地的一项竞争优势[④],推广普通话(推普)、学习普通话渐渐成为香港人的生活中不可或缺的一部分。

香港的成人持续教育始于 20 世纪五六十年代,发展于八九十年代,在这个历史阶段,香港经历了不少急剧的社会变革、经济转型,而持续教育院校所担任的角色,是既能补足正规教育的不足,亦为普通大众提供终身学习的途径。持续教育机构勇于响应外围环境的挑战,与时俱进,灵活运用资源及多元文化的课程设置,为香港特区政府落实其教育政策及终身教育的目标做出了贡献[⑤]。顺应语言环境的转变,持续教育平台担当了推普的重要角色。

## 二、香港推普情况

(1)从基础教育入手,扩展至全社会。

根据香港教育统筹委员会建议,1998 年开始普通话科成为中小学核心课程(必修课程),99%以上的中小学开设了普通话课;2000 年又把普通话科列为香港中学会考的一个独立科目,直至 2011 年因中学改制才停止[⑥]。而在各个大学

① 田小琳.一国两制精神与香港语言政策.载于:香港语言生活论文集.北京:人民教育出版社,2012.

② 1990 年 4 月 4 日第七届全国人民代表大会第三次会议通过,1990 年 4 月 4 日中华人民共和国主席令第二十六号公布,自 1997 年 7 月 1 日起施行《中华人民共和国香港特别行政区基本法》第一章"总则"第九条.

③ 香港特别行政区施政报告,1997 年 10 月第 69 节及第 72 节.

④ 香港特别行政区语文教育及研究常务委员会(语常会).提升香港语文水平行动方案,2003.

⑤ 张羡英.香港高校发展持续教育的空间与困难.载于:第十一届海峡两岸暨港澳高校继续教育论坛论文集,2010.

⑥ 何国祥.普通话科教学在香港.载于:张本楠,郭思豪,郑崇楷,张国松,刘慧.香港普通话科教学理论与实践.香港:三联书店(香港)有限公司,2005.

的语文中心，也纷纷推出普通话课程，供在校的大学生选修，部分大学如岭南大学、香港教育学院、树仁大学、香港浸会大学等，先后将国家语委的普通话水平测试列为出校测试之一。

2002年4月起，香港特区政府推出了"持续进修基金"计划。香港教育统筹局发言人表示，该计划的目的是为有志进修的人士提供资助，让本港劳动人口为知识型经济做好准备。对象为所有年龄介于18～60岁的香港居民，合资格的申请人完成认可课程或该等课程的部分单元后，可获发还有关课程费用的80%，每人最高可获资助的上限为10000港元①。语文课程包括普通话学习是其中一项可获发还款项课程。这一政策的推出，激励了一大批有意进修普通话的在职人士，推动了职业普通话的发展。

随着推普活动的持续进行，各种普通话水平测试应运而生。1996年起国家语委先后与香港13所大专院校及公营机构签署了合作协议，联合在港举办"普通话水平测试(PSC)"，截至2013年6月，香港已有9万多人次参加了PSC。此外，香港考试及评核局为了适应社会对不同群体普通话水平的要求，开设了不同的普通话水平评核及测试，如2000年，针对教师推出的"教师语文能力评核(普通话)"考试(即基准试)，要求任教中小学普通话科的教师必须通过基准试评核，才可以上岗任教，以确保师资的教学素质。近年香港语常会又拨款2亿港元，推动以普通话教授中文，增强了中文教师进修普通话的积极性。

| 考试名称/年份 | 测考机构 | 测考对象 |
| --- | --- | --- |
| 普通话水平测试/1988—2013 | 香港考试及评核局 | 公众人士 |
| 普通话高级水平测试/1990—2008 | 香港考试及评核局 | 公众人士 |
| 香港中学会考(普通话)/2000—2008 | 香港考试及评核局 | 中学生 |
| 教师语文能力评核(普通话)/2001至今 | 香港考试及评核局 | 教师 |
| 计算机化普通话水平测试（PSC）/2013开始 | 香港考试及评核局与国家语委合作 | 18岁以下人士 |
| 普通话水平测试(PSC)/1996至今 | 香港13所大专院校、机构*与国家语委合作 | 母语为汉语人士 |

* 港大、中大、岭大、教院、城大、科大、公大、浸大、理大、珠海、VTC、恒管、考评局。

---

① 香港特区政府一站通网页《财委会通过拨款成立持续进修基金》2002年4月2日。http://www.sfaa.gov.hk/cef/cnnews.htm.

香港特区政府拥有 16 万公务员[①],是最大的雇主,2002 年 9 月,时任公务事务局局长王永平曾明确表示,本港市民要增强国家观念和民族意识,最实际而又基本的做法,应该是每一个公务员都要尽快学好普通话[②]。"特区政府的政策是要维持一支通晓两文(中英文)三语(粤语、普通话和英语)的公务员队伍,以配合香港特区的持续发展,并确保特区政府能够与市民大众有效地沟通"[③]。各大学持续教育学院的办学规模、教学设施、师资力量、教学管理人员的经验等,为承办各类公务员普通话培训课程建立了良好的基础,当中包括香港浸会大学持续教育学院、香港大学专业进修学院、香港中文大学专业进修学院、香港教育学院持续专业教育学院等。

(2)商界的需求推动在职人士重返校园

香港普通话教学与测试专家、香港中文大学普通话教育研究及发展中心专业顾问宋欣桥教授指出:"招聘广告在有限的简短篇幅里可以集中体现雇主对雇员的希望和要求。"他曾对香港一份集中刊登招聘广告的,称为"揾工杂志"的《星期五报 Recruit》(2002 年 11 月 15 日)进行了粗略的统计,约 60%～70% 的雇主对求职者提出了语言能力的要求。由于该期招聘职位包含部门经理/主管、销售/营销人员、计算机操作/工程人员、推销/采购人员等方面,其中对普通话程度的要求包括五类:略懂、懂/能操、流利、良好及把普通话作为优先/附加条件[④]。而香港大型求职网站 JobsDB 2012 年 5 月底提供的数据显示,最近半年有 11% 的招聘广告中明确要求应聘者必须会讲普通话[⑤]。

(3)香港持续教育在推普中的重要角色

香港八所大学的持续教育学院积极配合社会所需,开办多种普通话培训课程,以满足社会需求,为香港数以万计的学员提供了灵活、实用的普通话课程,令学员在短期内有效地学以致用。

由下列三家大学成人持续教育学院提供的部分普通话课程,包括普通话学习、普通话师资培训及普通话水平测试备试,可以看出,课程由浅入深,照顾不同程度学员。

---

① 香港特别行政区公务员事务局:实际人数(计至 2013 年 6 月 30 日).http://www.csb.gov.hk/print/tc_chistatquarterly/541.html.

② 《香港大公报》网站报道,参见 2002 年 9 月 20 日.

③ 香港特别行政区政府公务员事务局网页——入职要求.

④ 宋欣桥.从广告招聘用语看香港雇主对雇员普通话水平(等级)的要求.载于:宋欣桥.香港普通话测试研究发展.香港:商务印书馆(香港)有限公司,2007.

⑤ 新华网.香港回归 15 年普通话在港使用日趋广泛.http://www.sina.com.cn.

| 院校 | 课程 | 课时（小时） |
|---|---|---|
| 香港浸会大学<br>持续教育学院 | 普通话证书 | 135 |
| | 普通话高级证书 | 120 |
| | 普通话传意专修证书 | 165 |
| | 初级普通话 | 35 |
| | 中级普通话 | 35 |
| | 高级普通话 | 35 |
| | 普通话正音班 | 30 |
| | 旅游业普通话 | 35 |
| | 商贸普通话 | 35 |
| | 普通话教师证书 | 135 |
| | 普通话高级教师文凭 | 108 |
| | 中国语文教师法（普通话）专业文凭 | 180 |
| | 国家语委普通话闯标课程阶段一、阶段二 | 70 |
| | 国家语委普通话水平测试备试课程 | 10 |
| 香港大学<br>专业进修学院 | 普通话基础证书 | 80 |
| | 普通话证书 | 80 |
| | 普通话高级证书 | 120 |
| | 金融业普通话基础证书 | 60 |
| | 医护人员普通话 | 42 |
| | 普通话汉语拼音 | 16 |
| | 普通话教学法证书 | 120 |
| | 小学中国语文教学法（普通话）高等证书 | 135 |
| | 国家语委普通话水平测试应试技巧辅导班 | 60 |
| 香港中文大学<br>专业进修学院 | 普通话系列证书初级 | 100 |
| | 普通话系列证书中级 | 100 |
| | 普通话系列证书高级 | 100 |
| | 普通话文凭课程 | 120 |
| | 幼儿普通话教学法 | 39 |
| | 普通话教学法专业文凭课程 | 150 |
| | 对外汉语教学法证书课程 | 168 |

香港回归祖国以来,随着特区政府一系列推普政策的落实,随着香港与内地在经贸、社会文化及教育等领域的交流越发频繁,普通话在香港使用日趋广泛。特区政府统计处 2013 年 2 月发布的 2011 年香港人口普查报告显示,在 700 万人口中,近 47% 的人口能使用普通话,比 2001 年大幅上升约 14%,其中有 1.4% 的人口以普通话为最常用语言,这也高于 2001 年的 0.9%[①]。普通话的普及程度在香港这个粤语方言区,首次超越英语,成为香港的第二大语言。

### 三、香港浸会大学持续教育学院推普平台

(1)先知先觉,早于 20 世纪 80 年代初开始推普。

翻开历史,中英两国就香港主权问题谈判始于 20 世纪 80 年代,1985 年中英联合声明发表后,内地与香港的经济、贸易、人员往来等开始解冻,1997 年香港回归祖国。

香港浸会大学持续教育学院的前身,是 1975 年成立的"香港浸会学院校外进修部"。而我院开办最早的、有迹可循的普通话课程,是于 1980 年秋季,当时只有一班"初级普通话",授课语言为粤语。1981 年,陆续开办"中级普通话""高级普通话",授课语言由粤语/普通话,过渡至普通话。也就是说,在 20 世纪 80 年代初期,学习普通话的人士,其基础几乎为零,老师需要辅以粤语作为授课语言,用"普通话注音符号"教授课程。据粗略统计,学院先后开办过普通话课程达 70 余种,仅 1986 年至 2013 年期间,曾修读过我院普通话相关课程的人士达 10 余万人次。

(2)梁銶琚汉语中心担任推普重要角色

如上所述,SCE 早已洞悉培训普通话教师的先机,1991 年开始着手筹办汉语中心,至 1993 年更得本地慈善家梁銶琚博士慨捐 200 万元协助筹建工作,使其能进一步致力于拓展及推广汉语。中心的宗旨为继承正统汉语教学及研究之优良传统,推动本港及东南亚之汉语学习,以及中国文化的发展;依据标准汉语水平考试和普通话水平测试,帮助香港居民、华侨及外国人士参加专业考试,以便取得汉语水平考试证书和普通话水平测试证书。同时与内地学府合办不同类型的汉语证书、教师证书、文凭、学位课程,以满足社会发展对这方面人才的需求;培训汉语教师,使普通话逐步成为香港主要的授课语言之一。

鉴于社会上对普通话学习的需求越来越大,在 1997 年回归前数年,在清华

---

① 2001 年、2006 年及 2011 年五岁及以上人口能说选定语言/方言的比例(A111).香港特别行政区政府政府统计处 2011 年人口普查办事处.网址:http://www.census2011.gov.hk/tc/main-table/A111.html.

大学韩家鳌教授及北京师范大学张锐教授派往浸大持续教育学院的首二任访问学人大力协助下,在港陆续开办普通话教师培训课程。自 1994 年起,在与北京师范大学前中文系及文学院合作的框架下,所开办高素质的"普通话教师证书""普通话高级教师文凭"课程,均由北京师范大学文学院教授以访问学人身份来港亲自教授,至今连续开办 38 届证书课程及 28 届文凭课程,先后有 26 名教授来港任教,同时,由访问学人张锐教授、朱家珏教授编著的"普通话教师证书教程"、朱小健教授编撰的"普通话高级教师文凭教程",为本院普通话教师培训课程持续发展,提供了坚实的教学基础。至今本院培养了 5000 多位专业的普通话老师,普通话课程成为一个甚具口碑的品牌课程。这批学员毕业后,大部分分布在本地各大学、中小学、幼儿园及教学中心等,从事普通话教学与推广工作,或全职,或兼职,扩大了普通话教育的影响范围。

(3)成立"香港浸会大学普通话培训测试中心",推动高阶普通话教学与测考工作。

国家语委普通话水平测试是唯一一个具权威性、认受性的国家性质的普通话水平考试。2007 年 6 月,香港浸会大学与国家语委签署合作协议,同时成立"香港浸会大学普通话培训试中心",由我院负责运作,也是唯一一个负责普通话培训测试中心运作的持续教育单位。这与我院多年来坚持不懈做了大量的推普工作不无关系。

测试是手段,学习与提高为目的,我校测试中心以测促学,开发了多个以普通话水平测试为目标的培训课程。如今,我校测试中心已举办了 13 届普通话水平测试,测考人数超过 4000 人次,合格率达 96%(三级乙等或以上),取得二级乙等或以上(香港特区政府对普通话教师自身普通话水平的要求)佳绩者也有近49%。参加测试的群体除了本科学生外,还包括行政管理人员、文职、专业人员、教师、服务性行业、销售推销人员、家庭主妇等。

(4)高端课程,推普与文化传播相结合。

"语言是一种特殊的文化,是文化的重要载体。所以语言理解就包含着文化理解,语言习得也就包含着文化习得。"[①]

随着推普工作深入而广泛的开展,以语言带文化、以文化促进语言学习的需求日益增加。为适应这样的变化,2010 年我院又与北师大文学院在友好合作十多年的基础上,在更高的层次延续推广中国语言文化,开办"中国语言文学硕士学位课程",为对中国语言、文学、文化、语文教育的学习与研究有兴趣之人士增

---

① 　朱小健.普通话教师文凭课程教程.香港:香港浸会大学持续教育学院,2010.

强中国语言文化知识和素养，培养鉴赏能力，提升专业修为和教学研究能力；并为编辑、记者、撰稿员、文字工作者及文化界人士提供专业进修平台。

该硕士课程内容全部由北京师范大学编订并委派教授来港以普通话授课。"中国文化概论""儿童文学理论研究""美学与当代文化研究""中国古代文学史专题""中国现当代文学专题（包括港澳台文学元素）""比较文学专题""语文课程与教学论"等科目，深受学员欢迎。报读的人士有在职教师、家庭主妇、医生、高级管理人员、退休人士等。第一届学员已顺利通过毕业论文答辩，并取得毕业证书及学位证书。

开办硕士课程的同时，我们也举办"国情文化专题讲座系列"10 余次，先后邀得北师大文学院康震教授、刘勇教授、岑运强教授、周一民教授等 8 位学者，以普通话，就语言、文学、文化等不同范畴做了精彩的讲座，出席者达 500 人次。

（5）为社会各阶层提供优质课程。

自 2000 年始，通过标书竞投的方式，本院多次获得为香港特区政府公务员培训处开办各项不同类型及程度的普通话培训课程的合约，如初级、中级、高级基础普通话课程，高级公务员普通话复修课程，小组课程，一对一课程等，同时还有多个特区政府部门的包班课程，为不同部门、不同职系的公务员提供具有高度针对性的职业普通话训练，包括法院、海关、惩教署、房屋署、渠务署、食环署、社会服务署等。而令人感到欣慰的是，十几年来，我们真真切切地感受到公务员整体普通话水平提高相当快。

香港回归祖国以后，香港市民学习普通话不断掀起高潮，本院的普通话课程也因市场的需求而越办越多，课种更是不断推陈出新，除了初、中、高、深造班普通话以外，为适应在职人士的需求，旅游、保险、医疗、法律等各种职业普通话课程陆续推出。

**四、香港推普面临的机遇与困境**

不同社会环境的持续进修课程，均会受到当地政府推行的政策、人口变化、社会环境等的影响，普通话也不例外。下图是本院不同年份部分普通话课程学员人数统计表，从中可以看到，2002 年香港特区政府推出持续进修基金，随后受益阶层扩至持有大学学士学位人士，学习普通话的人数达至高潮，全年约有3000 多人次。

随着近二十多年学习普通话的普及性中小学、幼儿园、大专院校均设有普通话课程，内地每年约 4 万余人来港定居，香港高校每年约有 10% 大学学额留给内地来港升学的学生，特别是 2003 年后，自由行人数急剧增加，令香港人学习普通话的语言环境大为改善，促进了香港人普通话水平的大幅提升，以致走进课堂学习普通话的人士逐年减少。从以下对本院自 1986 年至 2013 年每年修读普通话课程的人数的粗略统计图中可以看出,传统的、以课堂为本的普通话课程面临着收生下滑的状况。

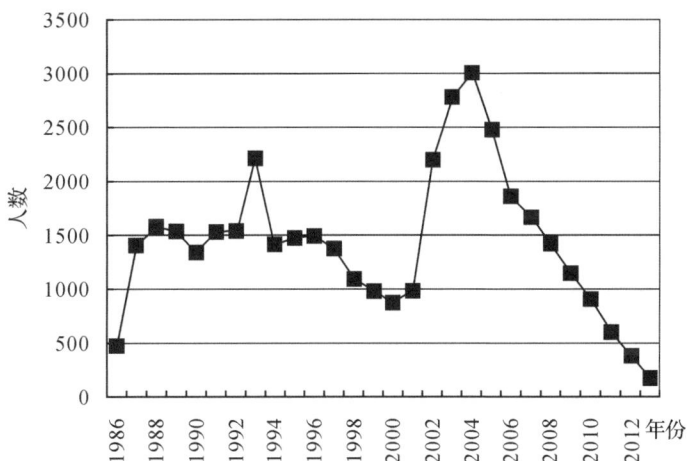

SCE 1986—2013 年普通话短期课程报读人数统计

　　虽然如此,作为推普一分子,我们希望能集思广益,积极面对,另辟蹊径。如着眼于普通话学习者语音的精、准,开展测试及开办课程;针对不同专业人士群体,度身订造,开发功能性课程,以提升学习者的普通话水平为目标;与优质国际办学伙伴合作办学,把普通话学习视为认识中华文化的一部分,把经典文学诵读与普通话教学相结合。同时,积极配合特区政府推动课程素质保证工作,如统整课程名称、学分制等,配合大学展开课堂教学与评估等,以提高课程的质量及知名度。展望未来,只要有适当的语文政策及资源支持,相信香港的推普工作仍然有继续发展的空间。

# 小议学分银行的推广

复旦大学　乔琴生

【作者简介】
　　乔琴生,女,复旦大学继续教育学院学生事务办公室主任,历史学博士,讲师。
　　本文为 2013 年第十四届海峡两岸暨港澳高校继续教育论坛收录论文。

　　2007 年 11 月,在上海举办全民终身学习周活动之际,上海市成人教育协会院校教育专业委员会举办了关于学分银行问题的高层论坛。这次论坛,对学分银行的概念、内涵以及发展趋势等有关问题进行了有益的探讨,使“学分银行”这一名词出现在广大普通高校继续教育工作者面前。2008 年秋季,院校委员会受上海市教委终身教育处委托,正式启动“上海普通高等学校成人高等教育学分银行研究与实践”课题。2012 年 7 月,上海市教委决定建立上海市终身教育学分银行(以下简称“学分银行”)。从理论到实践,学分银行正式出现在了学习者的面前。目前,学分银行的具体运行由上海开放大学负责,学分银行管理中心设在上海开放大学,各区县设立学分银行分部负责受理相关业务。同时,为了更好地服务学习者,还在本市成人高校建立了学分银行的高校网点。值此,学分银行工作全面展开。然而,对于学习者来说,学分银行仍是一个新鲜事物。学分银行制度对学习者有着积极影响,如何做好推广工作,是当务之急。

## 一、做好学分银行的宣传工作

### 1. 让学习者感受到学分银行的积极作用

　　上海市终身教育学分银行是面向上海市民,以继续教育(学历教育、职业培训和文化休闲教育等)学分认定、积累和转换为主要功能的学习成果管理与终身学习服务中心,为学习者搭建四通八达的终身学习“立交桥”,推进上海市学习型社会的建设。① 这是上海市终身教育学分银行官网对"什么是学分银行"所下的界定。然而,在实际工作中,学习者对于"立交桥"的概念并没有切身的感受,学习者更关心的是,加入学分银行能带来什么便利与优势。这一点恰恰是在推广学分银行中较为薄弱的一个环节。宣传上,仅仅侧重一些理论化、研究化的讲法,对于学习者并没有明显的吸引力。正如在实际工作中,当学习者对加入学分银行进行询问时,常常问的第一句就是:"老师,我加入学分银行有什么好处吗?"这当然是在当今社会的正常反应,但是从学分银行的服务工作性质来说,确实要在让学习者接受和加入上下足功夫。

2. 网站和宣传册是推广工作中必须重视的部分

当前,学分银行拥有专门的官网。但除此之外,网站上的推广还可依托政府、教委等公共网站的友情链接,尤其可以在各高校学习者相对集中的校园网站上增加学分银行的友情链接。高校网站仅仅以短期通知形式进行宣传,效果不是很好。此外,宣传册的发放还远远不够,除了中心、分部集中发放宣传册外,高校网点的发放量还不足。当然,在公共场所也可以适当放置学分银行的宣传手册,方便学习者取阅。近期,学分银行官网上举办的"学分银行 LOGO 征集"活动,也不失为一种积极的尝试。

3. 帮助学习者便捷地完成学分银行的各项业务

烦琐的流程往往成为学习者止步的又一个重要因素。清楚明了的业务流程,简单便捷的办事方法,才能够更好地服务学习者,使学习者加入学分银行。为学习者提供便捷的服务,前提是内部流程的理顺和资源的共享。目前,作为工作者而言,笔者的感受是业务流程相对清晰,但在各类数据资源的共享上还存在很多问题。可以说,学分银行的数据基础还不够丰富。很多数据的核实仍是通过人工调查沟通的方式完成,一来不具严谨性,二来使操作流程趋于复杂和不规范性。例如,加入学分银行的上海市普通高校成人高等教育的相关工作者,建立了工作 QQ 群。当出现学习者到本校网点申请学分银行相关业务时,涉及其他学校的课程成绩,工作者就只能通过 QQ 群或电话来核实。即使有纸质的成绩单,但仍然在数据核实上有不确定性。所以,各类学历教育课程成绩、非学历教育资格证书、其他实践类培训结果等各类数据要尽快充实到学分银行数据库中,用以完善学分银行的数据基础。

---

① http://www.shcb.org.cn/doc/doc1.jsp.

## 二、做好学分银行的研究工作

学分银行工作的实践已经开始,但是学分银行课题的研究仍然需要不断地前行。如前所述,由于学分银行数据基础还在不断充实中,当前学分互认的难度是非常大的。尤其是各个数据库之间的共享与查询、非学历证书与学历教育课程之间的认定、教学计划的更新变化与学分银行学分数据库相对固定之间的矛盾,都需要深入的思考和不断的探索。

作为学分银行一个重要实践环节的高校学分银行网点来说,不少学校仍停留在诸如核算学分、受理个别学生的免修和选修等初始阶段,甚至是"纸上谈兵"的科研阶段,根本还未深入到观念的革新和教学资源的整合等纵深环节。所以,实践的同时,持续做好研究工作,努力建立与之适应的培养模式,是进一步推进学分银行工作的重点。笔者仅从实践工作的角度,提出以下几点思考。

### 1. 招生、教学管理方面的突破

我国现行的招考制度是缺乏灵活性和开放性的。无论是普通高校还是成人高校,学习者都按专业录取,将来毕业仍是这个专业。虽然,不少学校也推出了通识教育,转换专业制度,设立第二专业等,但学习期间能够调换专业的学习者仍占极小比例,尤其对于成人学习者来说,数量更少。现在主要是有些普通高校允许在学院内部即在专业大类内换专业,有些普通高校试行在大学二年级时再确定专业,这虽然给学习者多了一次选择机会,但总体上还是相对封闭与固定的,根据学习者自主意愿和自身能力进行交叉选择的余地很小。

在教学管理方面,成人高校一般实行的是班级教学制,也就是说所有学习者必须服从统一的课时安排,学生跨专业、跨系、跨校学习有很大难度。而且课程选修制度也不完善,可选课程比例较低,学习灵活性差。同时,考试实行的是课程期末考试,只有按时通过规定时间和地点的期末考试才能获得相应学分。这与学分银行希望建立常设考场,方便学习者根据情况或早或晚完成学业的初衷有一定差距。

成人高校普遍实行的所谓学分制,并不是真正意义上的学分制,充其量只能说是"半学分制"。学生入学有时间规定,毕业也有时间规定。也就是说,除健康状况等特殊原因外,学生修学年限是固定的。学习者修满学分不能立即毕业,必须等到学年结束才能获得毕业证书。提前毕业的情况在实际操作中很少出现,即使学籍有最长保留时限的规定[①],延期毕业的情况也与选修、辅修无关,主要

---

① 各高校可自行规定最长修业年限。我校成人学习最长年限为学制加四年。

是由于健康、工作、家庭等原因导致。因此，现行的所谓学分制尚不能适应终身学习的学分累积要求。所以，建设学分银行和学习"立交桥"，需要在高校中普遍推行完全学分制，包括要取消学习时限、学籍保留时限等规定，实行弹性学制、灵活修学等制度，保证学习的灵活性和学分终身有效，促进终身学习。

### 2. 学历教育与非学历教育的融合

学分银行制度的主要特点在于学分可以积累，不一定要连续修读，还可以将技能培训、非学历培训和学历教育结合起来。学习者可以将一定的社会经验折合成相应的学分，还可以根据自己的时间和能力自行选择各类课程修读的顺序，只要累计学分总数达到相应学历层次的要求，就可以获得该学历证书。但是，操作难成为阻碍学分银行推行的最重要因素之一。虽然教育部曾指出了公益活动、军训、入学教育、毕业教育学分折算办法，为学分的折算提供了依据，但是，制定一个普遍公认的折算办法仍有一定难度。通兑更是如此，系数的制定所涉及的范围很大，难度也比较大，不仅需要整个教育体系的参与和支持，还需要强有力的监管体制。因此，要想把学习者在教育计划之外的某些努力结果折合成有效学分，甚至于在全国所有高校之间进行无差别的"学分通兑"，在短时间内很难做到。这方面，"上海普通高校成人高等教育认定非学历证书指导手册"研究丛书的出版，可谓填补了空白。这项研究工作需要不断加强，持续进行，才能逐渐解决学分银行在通兑学分方面的困扰。

### 3. 贷分机制还仅仅停留在虚拟功能阶段

贷分是学分银行体现银行职能的重要功能之一。但是，高等教育主要实行专业教育，课程普遍体现专业特性，一般不具备可替代性。假设，有学生申请一门课程以贷分形式通过了该门考试的考试，那么分数应该如何给予？然后，所贷的学分又应该通过何种途径进行"偿还"？还是可以通过再次参加这门课程的考试来完成学分的"偿还"，那么这样的贷分制度与缓考或者重修免听有什么本质上的区别呢？如果学生可以通过其他课程的学分进行偿还，那么如何选定还贷的课程？选定的还贷课程是否可以代替原课程呢？而且，时效性方面如何做出界定？贷而不还应该如何处理？等等。所以，贷分在现阶段还仅仅停留在理论研究的方面，也就是说，贷分机制还仅仅是学分银行作为银行职能的一个虚拟功能而已。贷分的真正实现必须有待于社会整体信用体系的完善和学习者信用水平的提高。

以上仅是笔者从一名学分银行高校网点工作者的实际工作体验出发，从学分银行的宣传及与之相紧密关联的体制机制上提出的一些思考。笔者认为，归根到底，学分银行的推广必须落到实现教育公平和教育服务上来。

　　高等教育已经进入了大众化阶段,在高等教育层次上的公平性已经引起各方的关注和重视。而高等教育大众化阶段的一个重要特色就是教育的多样化。学分银行体系所提供的无时间、空间限制,将学历教育、非学历教育培训、文化休闲教育等都纳入其中,不仅真正体现了以人为本的精神,而且将高等教育的公平性作为基本原则之一和运行的基础,真正将公平性落到了实处。

　　首先,学分银行的推广就是要将自身教育公平的特质充分体现出来,为广大学习者所认同,才能够使学分银行深入人心。

　　其次,学分银行运行需要有效的服务。不仅是学分银行,教育本身就是一种服务。近年来,认为教育是一种自上而下、一种由老师向学生单向传递的模式的观点已经有了很大的改变。教育的各个环节都是在向学习者提供一项获取知识、理解知识、应用知识的服务。学分银行亦是。从学分银行概念的提出,到学分银行的实践,都是带着一种服务学习者的观念展开的。尤其到了实践阶段,学分银行的工作者开始与学习者进行面对面的交流与沟通,因此更加要在服务意识上下大力气。优质服务本身就是对学分银行推广的最大助力。

　　总而言之,作为学分银行高校网点的一名工作者,同时结合继续教育工作者的身份,笔者对学分银行满足学习者多元化的学习需求,有利促进终身教育方面充满信心;同时也坚信,随着学分银行研究与实践的不断深入,将会有更多的学习者选择学分银行来完成各个阶段和各种形式的学习成果累积,从而最终推动人才培养模式的改变,使学习者的知识观念持续更新,使学习者不断获得新的适应力。

# 服务基层医疗，高校可否有为

## ——中山大学"健康广东"项目的经验与启示

中山大学  王少鑫  张妮洁  陶亚男  李冠宏  黄奕祥

【作者简介】

王少鑫，男，中山大学医学继续教育中心主任，广东省继续医学教育委员会委员，广东省本科高校临床教学基地教学指导委员会委员，广州市全科医生规范化培训工作领导小组成员，副研究员，承担中华医学会医学教育分会、广东省卫生计生委、广东省成人高等教育学会、深圳市卫生计生委和中山大学的教育研究课题，获全国继续医学教育论坛优秀论文一等奖和中华医学会继续医学教育年会优秀论文奖。

本文为2014年第十五届海峡两岸暨港澳高校继续教育论坛收录论文。

本文发表于《中国医院》，2014(12)：35-36。

《中共中央、国务院关于深化医药卫生体制改革的意见》将"人人享有基本医疗卫生服务"作为医改的目标，将"保基本、强基层、建机制"作为医改的工作重点，提出"加强基层医疗卫生人才队伍建设，特别是全科医生的培养培训，着力提高基层医疗卫生机构服务水平和质量"。中山大学（以下简称"我校"）作为教育部直属"985"重点院校，拥有教育、科研、医疗、校友等丰富的资源，如何利用这些资源主动服务于基层医疗卫生建设、履行高等院校应尽的社会责任？本文以我校负责策划与实施的"健康广东——基层医疗服务能力提升计划"（简称"健康广东"项目）为例，分析我校的工作思路与经验做法。

## 一、"健康广东"项目背景

基层医疗卫生服务是我国医疗卫生体系的薄弱环节，近年来各级政府对基层医疗卫生服务体系建设给予了大量投入，基层医疗卫生机构的服务能力得到了一定程度的提升。但是，广大农村基层医疗卫生服务机构的服务能力仍然无法满足群众对高品质卫生服务的需要,原因是农村医疗卫生服务机构人才数量少、技术水平不高、缺乏适宜的医疗设备和科学有效的运行机制等,在总体上还需要更长时间和更多投入与帮助才能彻底改观。

广东省卫生资源的配置在区域之间很不平衡,除了珠江三角洲以外,粤东西北地区尚处于欠发达地区,基层医疗卫生服务能力十分薄弱。在专家充分讨论的基础上,我校决定基于新医改的政策背景,以提升欠发达地区基层医疗服务能力作为服务基层医疗的切入点。毋庸置疑,我校拥有优秀的卫生技术资源,于是资金缺乏成为学校服务基层医疗的重要瓶颈。

机遇总是恩惠于有准备的头脑。2010年底,刚刚卸任我校校长的黄达人教授担任广东省合生珠江教育发展基金会理事长。黄达人教授在担任10多年校长期间,一直主张高校不仅要秉承"培养人才、科学研究"的办学理念,还要尽力服务社会。这是高校的三大使命,其中培养人才是最根本的任务。广东省合生珠江教育基金会捐资人是我校校友朱孟依先生,朱孟依先生一向热心公益慈善事业,对教育卫生等事业慷慨捐助。黄达人教授与朱孟依先生的价值观相同,双方一拍即合,随即于2011年初共同确定设立"健康广东"项目。项目由我校组织实施(项目办公室设在我校医学继续教育中心),接受广东省卫生计生委的指导。

## 二、项目内容及实施情况

"健康广东"项目计划通过人才培养、设备捐赠、管理咨询等手段,全面支持欠发达地区基层卫生服务能力提升并构建起相对先进的基层医疗服务网络,以更好地满足群众的基层卫生服务需求。项目于2011年6月正式启动,试点地区选在典型欠发达山区——广东省梅州市,设立了三个子项目,即全科医生转岗培训及学历教育计划、卫生技术及管理人员专项技能培训计划、乡镇中心卫生院急救网络及检验检测中心援建计划。

项目实施中与梅州市政府、卫生行政部门紧密合作,三年的运行顺利而有成效。第一、二期全科医生转岗培训已经结束,其中第一期100人参加培训,98人获得结业证书;第二期88人参加培训,80人获得结业证书;第三期已于2013年7月份启动,共有95名学员参加培训,目前学员们正在各教学医院进行轮转培训,预计今年6月份结束。自2012年以来共有402名梅州市基层医生通过广东省统考被我校录取,成为我校成人本科学历教育学员,目前正在参加为期三年的业余学习,预计2014—2016年毕业。根据基层卫生院的需要,我校赴梅州开展了乡镇卫生院急救技术培训、乡镇卫生院检验检测技能培训、卫生院院长管理能力培训、培训基地师资培训等专项培训13期,1000多名基层医护人员和管理人员参加学习。学习过程及学习结果均获得了学员的好评。为了给全科医生执业创造必要的条件,广东省合生珠江教育发展基金会于 2011 年度向丰顺县丰良、潭江和留隍等卫生院捐赠医疗设备 58 件(套),2012 年度向五华县、平远县六家中心卫生院捐赠医疗设备 42 件(套),2013 年度向梅县区、大埔县、蕉岭县、兴宁市和梅江区十家卫生院捐赠医疗设备 80 件(套),完成整个梅州地区急救网络及检验检测中心援建计划。广东省合生珠江教育基金会、广东省卫生计生委和梅州市人民政府合计投入本项目 3800 多万元。

### 三、"健康广东"项目在梅州市产生的效果

至 2013 年 6 月,"健康广东"项目预计为梅州市培养全科医生 279 人,加上梅州市原有的 159 名全科医生,全市全科医生人数达 438 人,平均每个卫生院拥有 3.9 名全科医生,大大超出国家和广东省的要求;平均每万人口拥有 1.06 名全科医生(广东省欠发达地区为 0.66 人),居广东省欠发达地区前列。至 2016 年底,将有 300 多名乡镇医生获得我校成人教育本科学历,使梅州市乡镇医生本科学历比例超过 25%,比项目实施前提高一倍以上;"健康广东"项目已经从人才和设备两方面为梅州市构建了 30 分钟急救医疗网络。作为贫困山区的梅州市在拥有全科医生人数、全科医生受教育程度(本科学历教育和专项技能培训)和急救医疗网络建设等方面已经跃居广东省 14 个欠发达地市前列。

为了保证"健康广东"项目的实施效果,我校和广东省合生珠江教育基金会指派我校公共卫生学院课题组对项目进行全过程跟踪评估。课题组通过大量访谈记录和数据材料,证明"健康广东"项目取得较好效果。调研报告指出,学员对培训的满意率超过了 90%,而且对学员临床工作的帮助已经开始显现;捐赠的医疗设备已经产生明显的效益,受捐卫生院的医疗服务能力明显提升,医疗业务量明显增加。调研报告认为,项目设计合理可行、地方政府强力推行、高校的人才技术优势和充分的资金支持是"健康广东"项目取得较好效果的主要原因,而"政府—高校—社会团体"联合运行机制为整合各类社会资源共同给力基层卫生事业提供了机制保障。

"健康广东"项目受到梅州市领导、医务人员和广大群众的热烈欢迎和高度评价。梅州市谭君铁市长代表梅州市政府感谢广东省合生珠江教育发展基金会和我校对梅州卫生事业发展的大力支持。他表示"健康广东"项目真正解决了地方政府及山区基层人民的需要,对山区基层人民的卫生保健起到了非常重要的积极作用。他认为这是一个使大城市医疗资源向山区基层渗透、有效解决基层医疗力量薄弱的好项目。今年初广东省医改办到梅州市检查验收医改工作,称赞"健康广东"项目为梅州市基层医疗卫生建设做出了杰出贡献。

### 四、"健康广东"项目的政策意义和推广价值

1."健康广东"项目充分表明高等院校在服务基层医疗卫生建设应该且能够有所作为

我校对"健康广东"项目高度重视，由主管医科的常务副校长担任项目负责人，调动了学校教育、医疗、科研、校友等各方面资源，派出数百人次专家赴梅州讲学和开展教学指导、技术指导和管理咨询，其中有学院院长、系和教研室主任，更有多位广东省医学会二级专业委员会的主任委员、副主任委员，可以说优秀的师资和严密的组织是保证教学质量的关键。广东省合生珠江教育基金会对项目捐资达 3000 多万元，为梅州项目的实施提供了资金保障。

"健康广东"项目为基层医疗机构培养了大量适用人才，通过提升基层医疗机构服务能力服务社会，同时探索出了一条基层医疗机构服务能力提升的实现途径，可以说"健康广东"项目践行了高等院校培养人才、科学研究、服务社会的三大使命。"健康广东"项目的实践证明了高校应该且能够在国家政策实施中发挥应有的作用。

2."GULF"新型基层卫生服务支持和发展的运作模式具有推广价值

"健康广东"项目充分发挥了政府（government）、高校（university）、基层医疗卫生机构（local health service center）和慈善基金会（foundation）的各方所长和工作意愿，在卫生领域开辟了政府协调顺畅、高校实施得法、基层医疗卫生机构配合积极和资金赞助有力的"GULF（高而福）"项目运作模式。卫生行政部门的管理优势、高等医学院校的卫生技术和人才优势、慈善基金会的资金优势得到很好发挥，参与各方均实现了各自的社会价值，很好地整合了高校、企业、社会团体及专业人士等资源，共同服务于基层医疗卫生事业。该项目是探索社会力量参与基层医疗卫生建设的有益尝试。"GULF（高而福）"新型运作模式具有推广价值。

**参考文献：**

[1] 梁鸿,贺小林. 我国基层医疗卫生服务体系建设的目标、成效与改进路径[J]. 中国医疗保险,2012(12):11-14.

[2] 孙忠人,吴红艳,刘世斌. 基层医疗机构人才队伍建设的探讨[J]. 中国医院管理,2012,10(10):67-68.

[3] 王宇,胡惠华. 河南省基层医疗机构卫生资源现状的研究[J]. 现代医院管理,2011,8(4):15-18.

# 第二篇

# 课程建设与创新

# 创特色课程　求优势发展

北京大学　张玫玫

【作者简介】

张玫玫，女，北京大学继续教育学院教学研究办公室主任，法学硕士，副研究员。曾任北京大学继续教育部培训办公室工作副主任、自考办副主任，北京大学培训中心主持工作副主任。长期从事继续教育管理工作。研究方向包括继续教育课程研发、战略管理等。

本文为2006年第七届海峡两岸暨港澳高校继续教育论坛收录论文。

探讨继续教育的特色化课程首先应该明确课程的结构体系和运作规律，这就需要对继续教育课程的表征进行系统分析。

## 一、继续教育课程的表征分析

第一，目标的兼容性。继续教育的课程是在个体发展与岗位需求基础上形成的，课程目标既要满足个人需求又要兼顾组织能力的提升。在培训过程中，许多培训机构都注重创造环境让学员集体分析案例、集体研究并合力解决问题，从而使整个团队的能力得以提高。随着培训市场的发展，现代继续教育课程在具备传统的教育导向功能的同时，还拥有某些咨询功能，也就是在培训中为学员或委托单位解决各种实际问题，这是一种新颖的思路，也是继续教育课程目标在实践指引下的一种发展趋势。

第二，内容的综合性。在实际工作中，无论是行政管理、市场运营还是科研生产岗位，决策的推出、技能的运用、产品的开发都需要相关的工作人员具备综合的专业知识和技术能力，运用多种学科、多门专业的组合知识。为了服务于实践，继续教育改变了传统教育一门自成体系的学科由一门课程独撑门面的状况，它的课程打破了学科专业的界限，可以包括独立学科、多门学科、跨专业学科和综合学科等多种形式,根据岗位需求与技术任务的具体需要来确定教学内容。继续教育的课程把不同的学科组成一个整体来教学,通过对学科之间的整合,达到综合课程体系的最佳效果,培养学员的创新精神和综合能力。

第三,时间的短期化和资源的国际化。参加继续教育培训的学员,很多是单位的骨干力量,岗位工作任务繁重。减少培训时间,提高单位时间的培训效率,既是学员的需要也是培训机构课程设置的重要出发点。大部分非学历教育是短期培训,如"新加坡政府规定每年根据形势有20～100课时的培训,既考虑到培训成本又补充了公务员的知识"[①]。"欧洲工商管理学院的全部培训项目为5天以内或者多模块;剑桥制造学院领导者硕士班课程的集中学习为4个模块,每个模块20天"[②]。同时,伴随着经济发展的全球化,继续教育也在拓展课程资源,利用国外优秀案例、聘用国际知名讲师、进行国际考察交流,帮助学员在国际化大潮中把握形势、提升竞争力。

第四,注重实效性与前沿性。继续教育培训一般不像正规教育那样由国家专项拨款,培训机构与培训学员都需要进行相应的投资,支出必要的费用。使培训课程经受市场考验,为学员带来实实在在的收益,是继续教育的客观要求。继续教育课程同时也具有前沿性,超前培训是继续教育培训的一个显著特点。继续教育的课程内容包括最前沿的科学理论、最先进的技术知识、最现代的管理理念;要融入当今世界的新观念、新理论、新方法,不仅带给学员高屋建瓴的前沿瞻望,而且促进先进理论、技术、方法的日臻完善和不断成熟。

第五,执行模式的多样化。继续教育课程具有灵活多样的执行模式,课程形式、课程手段、教师队伍都具有多样化的特征。在广义上,课程的形式不仅包括课堂讲授,而且涵盖专题讲座、学术研讨、科研时间、考察交流等多种类型,目前的培训机构对这些形式都加以利用。随着科学技术的进步和培训项目的增多,继续教育的手段也呈现多样化特征,通信卫星、计算机模拟教学实验、自动化实习设备、多媒体教学设备、网络等现代化设施被逐渐运用,并产生可观的收效。继续教育课程内容的实效性、新颖性和广泛性给教师队伍提出了很高的要求,很难组织这样一支稳定的专职教师队伍,因此继续教育教师的组成也具有灵活性,一般采用专兼结合、以兼为主的方式,使得教师资源实现共享。

今天,继续教育正从人们视野的边缘转向中心,不少大学都针对继续教育开展了卓有成效的实践,笔者主要结合北京大学的继续教育,探讨科学的特色化课程设计。

---

① 孙卓华,邢同卫.外国公务员培训特点及启示[J].山东理工大学学报(社会科学版),2004(2):61-63.

② 李雪峰.现代管理培训的十个新特点[J].中国培训,2001(10):47-48.

### 二、特色课程的科学开发

科学的课程开发是继续教育成功举办的重要基础。北京大学的继续教育借鉴先进的国际培训理念、结合各阶段的评估成果、发挥各个课程要素之间科学的耦合关系，促进整个课程体系实现实效、持续、前瞻的教学效果。

北京大学的继续教育结合课程论、知识观、成人学习心理、社会变迁、岗位需求确定课程目标。在课程设计方面，其一项重要特色是选用国际培训通用的"模块化课程"（Modules of Employable Skill，简称 MES），通过"模块化课程"的理念和原则对课程各个环节、进程、结构进行规划和编制。模块化课程是一种单元课程，它是根据某一职业特征或工作需求，根据实际工作程序和规范，将一项工作划分为若干部分，划分出来的每一部分即为一个模块，在此模块基础上产生实际授课课程。"北京大学浙江省企业家高级研修班"的三十余门课程即被设计为六大模块："经济管理与战略管理课程模块""市场营销管理课程模块""企业财务管理与资本运营课程模块""组织行为与人力资源课程模块""企业创新经营课程模块""中国传统文化与企业文化建设课程模块"（见表1）。

表1　北京大学继续教育部培训中心开办的
"北京大学浙江省企业家高级研修班"课程设置

| 第一模块：经济管理与战略管理 | 第二模块：市场营销管理 |
| --- | --- |
| 教学目的：<br>　掌握国家政策、世界经济格局与经济发展的特点，以及现代企业的长远战略发展和各项能力的修炼。 | 教学目的：<br>　透彻解析营销理论，把控市场全局，塑造清晰的营销理念。 |
| 教学内容：<br>　兵战与商战<br>　战略管理<br>　现代企业管理<br>　中国经济发展战略<br>　现代企业制度与公司治理结构 | 教学内容：<br>　销售渠道管理<br>　品牌与广告<br>　企业执行力提升<br>　现代企业营销管理<br>　切割营销 |
| 第三模块：企业财务管理与资本运营 | 第四模块：组织行为与人力资源 |
| 教学目的：<br>　高级财务管理是企业不断成长的总后勤，也是企业不断发展壮大的坚实后盾。 | 教学目的：<br>　全面提升企业领导的运营组织理念，建立优秀的企业文化；管理优秀的人才。 |
| 教学内容：<br>　财务管理<br>　税务筹划<br>　资本运营<br>　预算管理<br>　报表分析与风险防范<br>　现代企业法律实务 | 教学内容：<br>　压力管理<br>　学习型组织<br>　领导角色的转变<br>　人力资源管理<br>　职业生涯规划<br>　组织行为理论与实践<br>　绩效管理与激励 |

续表

| 第五模块:企业创新经营 | 第六模块:中国传统文化与企业文化建设 |
|---|---|
| 教学目的:<br>　创新、变革和战略转型是企业成长和发展的主要瓶颈。了解企业成长的生命周期,把握企业变革和转型的基本规律和管理手段,是企业可持续发展的基础。 | 教学目的:<br>　企业文化是企业成长的基因载体,企业文化的诊断、建设与管理,实际上企业核心竞争能力的培育和再造,树立企业价值观、企业伦理是整合团队和社会资源的秘诀。 |
| 教学内容:<br>　组织再造<br>　项目管理<br>　运营模式创新<br>　管理创新与实践<br>　集团管理与控制<br>　企业生命周期理论与实践 | 教学内容:<br>　企业文化<br>　易经与管理智慧<br>　道家的精神气质<br>　儒家文化与管理<br>　重塑企业团队精神<br>　中国古代友道观与现代人际关系 |

北京大学继续教育的课程开发与质量评估紧密联系,通过质量评价推动课程的科学开发。北京大学的继续教育力图做到培训课程的综合诊断性评价、形成性评价、总结性评价的有机结合,在课程方案拟定之后、开班之前进行准入性评价、审批;在课程实施阶段实行班主任随堂听课、学员随机评课的过程性评价;在课程完成以后,对包括开设课程在内的各类培训效果以问卷、会谈等多种方式进行总结性评价。多主体参与、多层次反馈的课程评估,不仅使师生交流互通、教学良性互动,也使课程开发在不断总结、反思的基础上渐次推进,使培训课程"不再被视为固定的、先验的跑道,而成为达到个人转变的通道"[①]。

### 三、特色化的课程模式设计

北京大学的继续教育"主动"适应市场需求、"主动"服务国家发展战略需要,为各界学员探索高品质的培训课程模式。

1. 结合热点问题,彰显时代特色

适时调整培训模式,紧扣时代脉搏是继续教育与时俱进的一个重要体现。当前,随着 2008 年北京奥运会的推进和北京市奥运经济工作的全面启动,奥运会给北京乃至全国带来的一系列影响将逐步显现。针对由此产生的积极影响,北京大学在继续教育的课程中增加"城市建设与奥运"专题,聘请北京大学、清华大学、中国人民大学等著名高校的奥运研究专家、教授和国家奥运机构官员为学员讲解"人文奥运、和谐奥运"的内涵与实质、奥运经济与奥运的文化产业模式,帮助学员了解"数字城市"的规划与建设,指明首都北京由经济中心到宜居之地

---

① 小威廉姆斯·E.多尔.后现代课程观[M].王红宇,译.北京:教育科学出版社,2000:6.

转变的必然趋势。北京奥运专题的课程收效显著、好评如潮，北京大学继续教育的课程设计却并未就此满足，奥运建设对北京住宅产业发展的推动、在奥运建设中企业观念的更新、生态型环保项目的开发、为奥运提供绿色产品等新型课程在进一步探索、研发。

与此同时，为满足和谐社会构建和管理科学创新的需求，北京大学的继续教育推出党政干部"和谐社会与科学发展观""应急能力""公共财政与预算"，公务员"依法行政""社区建设与社区社会保障管理"等相关课程，紧扣时代背景，使学员的素质得以提升、知识得到增加、精神受到鼓舞，具有较强的指导性和实用性。

2. 以创新求特色，以特色促发展

"自主创新"是北京大学继续教育的应时之策，也是贯穿其发展的特色主线。"北京大学管理创新大讲堂"是北京大学继续教育课程的一个重要创新，它由北京大学继续教育部主办、北京大学培训中心承办，是以市场需求为导向，以管理创新为目标的公益性大讲堂。通过邀请海内外著名经济学家、管理专家、知名企业家来北大演讲的方式，大讲堂搭建了北大师生与经济学家、管理专家、企业家沟通互动的平台，吸引着越来越多的人前来观摩听课。目前"北京大学管理创新大讲堂"已经成为高端培训市场上的一个知名品牌。

"北京大学高端培训黄金周——继续教育与自主创新"活动是北京大学创办继续教育特色课程的又一成功范例。这次活动开全国高端培训"黄金周"之先河，以"营造创新氛围，发展创新文化，培养创新人才，提高创新能力"为主旨。该项目由"西部大开发前沿报告系列""台湾卓越人士系列""海外专家学者纵横谈系列"等组成，还通过北大各相关院系的高端培训精品课公开观摩、优秀企业家联谊会、"进修教师访问学者奖励工程"颁奖会、专题研讨会、成果展览等多种形式公开展示北大高端培训的成果。此次高端培训黄金周活动不仅是北京大学继续教育的创新与宣传，同时也是继续教育课程在理论层面的交流与研讨。

**四、独具特色的"隐性课程"**

优化教育成效不仅需要合理计划、组织、实施传统的"正式课程"，即"显性课程"，也需要科学开发、利用以间接、内隐方式存在的"隐性课程"。北京大学历史悠久、名师如林、学科齐全、学术精深，是中国最具精神魅力和学府气质的高等学府，也是国际上知名度最高的中国大学。北京大学优越的文化环境、学习氛围和紧扣前沿的学术讲座、学术交流不仅是继续教育的重要资源，也是其独有的"隐性课程"，校园的湖光塔影、题词碑刻无不展现着百年北大的儒雅学风。

北京大学所独具的"隐性课程"深潜于正式课程的各个阶段，渗透于学校生活的各种细节，学员在潜移默化中接受"隐性课程"的暗示和感染，自然而然地实现内隐学习。内隐学习所获的知识主要是程序性知识，储存于潜意识领域，不能有意识地加以储存或按需提取，甚至难以用言语来表达，但却能在特定的情景下自动激活、自行发挥作用。"知识的大量储存会产生积累效应"①，这种积累效应则会实现美国心理学家韦伯尼克（Webnick）所界定的创造性。通过隐性学习获取的知识是学员在无意识的状态下习得的，虽然对于"隐性课程"，学员的学习具有模糊性，但其产生的效果却稳定、持久。鲁迅先生所提及的北大"常为新"精神、蔡元培校长"研究高深学问"的大学之说、季羡林大师的"杂家"诙谐……数代学者的深邃洞见与北大承载的人文精神交相辉映。"常向湖光会意思，偶从塔影悟精神"同样是继续教育学员在北京大学累积知识在一定域限的顿悟。

几天、几个月甚至几年的"显性课程"培训教给学员的知识都是有限的，但"隐性课程"的收获在学员的记忆中无意却恒久地留存着，学员的创造性在顿悟中激发，在不知不觉中接受的百年北大的学术氛围、精神品格会让学员终身受益。

**五、特色化的课程内容选择**

1. 传统思想与现代理念的偕行

随着经济全球化步伐的加快，知识经济潮流的到来不可抗拒，开发高素质的人力资源、开展高质量的继续教育是我国在知识经济大潮中的必对之策。学习先进理念、借鉴国际卓越成果是我国继续教育发展的必然之选，但作为一个拥有五千年光辉灿烂文明的泱泱大国，我们的选择并非仅限于此。

国学是中华民族五千年文明的文本载体，蕴含着深邃的哲学洞见和自然法则，它重视人与自然的和谐、人与人的互助，主张义利共生的价值取向。源远流长的国学思想对我国企业也有极其重要的影响，儒家和道家的经济伦理、《孙子兵法》的经营之道为企业管理带来日日翻新的经营智慧和自内而外的无限潜能。北京大学的继续教育立足传统文化精髓、浓缩五千年的管理精华，以国学课程作为特色之举，帮助企业家培养思考问题的能力，提高企业可持续发展所需的人文素养。国学精神博大精深、传承过去、启迪未来，它不是一个静态的概念，只有通过"全球的新视野、和合的新思维、变通的新理念、现代的新方法，才能对国学做出新阐释"②。国学思想的挖掘必须和引进先进文化相结合，要传承、吸纳，更要

---

① 孔凡芳.从课程的基本要素看隐性课程的界定[J].当代教育论坛，2005（12下半月刊）：100-101.

② 张立文.国学的新视野和新阐释[J].中国人民大学学报，2006（1）：1-8.

思考、鉴别,北京大学继续教育的国学课程与现代理念环环相扣,"兵战"与"商战"融会贯通,"周易""中庸"与"现代管理"一起上阵,将传统文化的哲理与思辨转化为富有操作性的具体准则。

2.理论知识与实务能力的并举

北京大学是一所文、理、医、工协调发展的研究型综合性大学,理科、文科和医科的国家重点学科数均居全国第一,全校共有 81 个国家重点学科,在全国高校中遥遥领先,基础学科根基雄厚,前沿学科成果卓越。北京大学的中国科学院院士、"973 项目"首席科学家、教授、博士生导师、长江学者的数目也居全国高校之首。以理论见长的北京大学,在继续教育方面充分利用此项优势,集约、深入地将经济、管理、营销、公共关系、国际贸易、领导科学等理论知识完整、系统地带入培训课堂。一些管理课程,一个课时的内容就是一个博士生三年的课题成果展示,一个培训项目的内容往往是一个正规科研课题的成果。北京大学的继续教育课程以系统的理论知识结合经典的职业案例,给予培训学员高屋建瓴的理论指引、稳健务实的专业技能。

构建特色化的课程体系是起步未久的大学继续教育向纵深发展的必由之路。但是继续教育课程的推陈出新不应冒进,不能一蹴而就,而是一个不断试错、不断扬弃的过程,它需要先进理念的汲取、学术力量的介入、多方主体的参与。走好特色化之路,我们任重而道远。

# 合作无界:继续教育在香港浸会大学
# 持续教育学院的课程发展模式

香港浸会大学　张羡英

【作者简介】

张羡英,女,香港浸会大学持续教育学院通识专业课程总监,曾于中国香港地区和加拿大及澳洲学习,获香港中文大学荣誉文学学士,主修历史,加拿大多伦多大学教育硕士及西澳洲大学教育研究院教育博士。在港从事持续及高等教育课程发展及行政工作多年,其间亦曾出任大专院校兼任客席讲师,研究兴趣包括成人教育、持续专业教育、幼儿教育等。本文为2007年第八届海峡两岸暨港澳高校继续教育论坛收录论文。

## 一、为何要合作推行课程

在香港经济转变为知识型经济之时期,不同的新技术范畴及新增行业对培训的需求出现了急速且持久的增长。香港主要的成人及持续教育机构都不能坐视此庞大的市场需求,需要与时俱进,不断增开新课程或调适旧有课程,以适应在职人士新的学习需求。面对这一挑战,有关院校采用的一种应对策略就是"借助外力",与其他单位或组织联合起来,利用相互共享资源的优势,合作办学。这些组织可以是同行人士、专业学会、社会团体、政府部门,以至海内外高等学府等。

根据笔者多年观察及检视文献所得,发现促成此等合作办学关系的背后之理据最少有下述五项原因:

(1)由于"高等教育的普及化及终身教育的社会需求迅速增长",全港共有数百个不同的继续教育及培训的机构相继投入持续教育领域,形成激烈的竞争态势。一些提供相类似课程的机构会联手合办课程,避免正面的恶性竞争。如香港理工大学、香港科技学院、明爱教育机构、工人业余进修中心等便曾结盟合作，在学分累积及转移上做出互认。

（2）"以学员为本"的课程设置需要。持续教育机构考虑到学员个别具体情况和工作中学习的需要，在发展课程时，会采用新的设计模式，往往需要跨出教学界与行业内人士及由他们组成的"专业"团体合作，吸纳他们的专业意见从而保证课程的重心不会失之于纯理论。

（3）合营的另一吸引力是"共同承担财务风险"，减轻合作者个别单一的财务责任。如合作一方可以负责提供教室场地、课程推广及基本教学设施，另一方则可主要负责教学及课程素质保证工作。

（4）"名誉之获得及地位提升"。在考虑开办某项特殊课程，或是否响应来自其他私人机构的办学邀请时，持续教育机构会检视联营者或委托机构的社会地位及组织规模，借合作的机会提升自身地位。

（5）对于拨款机构如政府等公营组织，它们会更愿意接受持续教育个别机构的联盟，共同参与提供课程，以保障某些教育改革政策的落实。如为香港中五离校生而设的"毅进"计划便是一种由"香港专上及持续教育联盟"成员相互合作为香港特区政府开办的课程。

## 二、合作办学的种类及其相关用词

合作办学可以有多种不同类型和伙伴关系。要明了其异同，最重要的是区分合作者之间关系发展的持久性及形式化程度。当一种合营关系趋向成熟时，它们之间的相互依赖性便会由一些基本共同运作移向较深入的协作。从这些角度考虑，著名成人持续教育学者 Cervero(1988)认为，举办成人持续教育课程可以有以下六种方略：

（1）独家经营（monopoly）。在这种情况下，某成人持续教育机构所提供的课程为同类机构中的唯一一所，与市场上其他相关机构没有太大的直接竞争。以香港女青年会（YWCA）为例，这所非营利机构便经常独力经营一些培养女性领导能力的课程及活动；又如香港大学专业进修学院与伦敦大学校外部合作的法律学系列课程，在课程于本地市场上的占有率而言，也可算是独占鳌头。

（2）和平共存（parallelism）。面对全球化及知识经济的冲击，教育市场的不断扩张，在同一地区的潜在学员人数往往远超所提供的学额。在这种情况下，两所或以上的持续教育机构各自提供相同的课程及教育活动，彼此间纵然知悉对方的情况，但根本不在乎对方的存在，且不会着意响应或预测对方的动向。例如，香港各大学的持续教育单位均设有英语培训中心，如香港理工大学专业进修学院的英语教学中心、香港浸会大学持续教育学院的赛马会专业英语进修中心及英国文化协会辖下的英语课程,多年来都同时运作而没有产生正面及恶性竞争。

(3)互相竞争(competition)。这情况与上一种情形中所描述的恰好相反,在现时香港的本地教育市场内,提供同一类的课程,彼此间又充分知悉对方的情况并会主动响应或预测对方动向的持续教育机构便有好几十个。例如,八所本地大学附设的社区学院近年便同时开办了200多个副学士学位课程,各自会以自己的优势竞争同一批符合资格的学员。

(4)弹性合作(cooperation)。鉴于市场的客观条件转变及形势需要,依上述三种方案运作的持续教育经营机构有时会为某一特殊项目而彼此提供协助,设立一些临时合作的安排,例如它们会为"毅进"计划课程、"技能提升"计划课程及近期的"应用学习"课程等一同宣传推介计划,或互相推荐导师,或协调素质保证工作甚至发展教材共享资源等。

(5)深入协调(coordination)。典型的情况是持续教育机构在推行任何课程前,往往会先考虑其他单位或伙伴院校的情况。例如,一所大学的本部商学院会重点提供工商管理硕士课程,而相关持续教育单位便会只集中提供其他程度的工商学专业课程。这样,通过互相协调,大学内的不同部门或不同的院校便可避免资源重叠,并可在各自的市场领域中建立独特的定位,避免直接竞争。

(6)合营模式(collaboration)。这是最高层次的机构合作伙伴关系。在这种情况下,持续教育机构会与不同组织及界别的办学单位结成合作伙伴,朝一特定的目标展开并落实推行某项课程。最常见的例子便是本地持续教育机构与港外大学于20世纪90年代期间一起合作开办的"2+2"港外学士学位或以上课程。据调查,截至2007年11月,有超过200家港外高等院校在港与不同的持续教育机构提供了超过1000项学士学位或修读式研究生课程。

### 三、HKBU-SCE兼读制课程与不同界别的合作经验

香港浸会大学是香港八所政府资助的大学之一,其持续教育学院(简称HKBU-SCE)是浸大7个学院之一,是大学唯一一所完全以自负盈亏方式经营的学院,也是大学对外合作办学,为社会开拓终身学习机会的重要延伸部门。

HKBU-SCE于1975年成立,当时称为香港浸会书院校外课程部。开办初期,整个部门只有5名全职员工。当每季招生时期,每一位同事都得身体力行,每一样工作都需要分担。在开办的前十年中,SCE的课程大多以短期兴趣科或独立的商业科目为主。至20世纪80年代初期,SCE开始拥有了自己第一个港岛区教学中心及第一代商业科目组合证书课程。从1984年开始,学院根据当时香港高等教育界的情况及社会需要,富有创意及冒险地从海外引进了当时香港尚没有开设的大学副学位课程,和美国俄亥俄大学的终身教育学部展开了漫长

的 20 多年的合作办学关系。在整个 80 年代至 1997 年之前,在职成人的学历和非学历教育是当时香港持续教育界办学的主要内容。为了抓住办学的发展机会及减轻财务上的风险,与港外大学合作办学是当时 SCE 的主要课程发展政策,也是当年香港成人持续教育界的主要办学策略。如表 1 所示,SCE 在这一时期陆续引进香港缺乏的专业课程及提供精英教育以外的一种另类进修途径,为当年香港社会积累了不少人才资本。

表 1　SCE 于 20 世纪 80 年代及 90 年代与港外大学合作开设的兼读课程

| 年份 | 课程名称 | 学员注册人数 |
|---|---|---|
| 1984 | 美国俄亥俄大学校外学生课程 | 800 |
| 1989 | 英国斯特拉斯克莱德大学工商管理硕士课程、国际市场学硕士课程 | 1500 |
| 1991 | 澳大利亚西悉尼大学健康科学(护士)学位课程 | 3500 |
| 1994 | 南澳洲大学工商(行政管理)/(银行及财务)学位课程 | 5000 |
| 1995 | 北京师范大学中文系(现为文学院)普通话教师培训证书课程 | 3700 |

除表 1 所列,至 20 世纪 90 年代后期,SCE 陆续开办了不少硕士程度的专业课程。概而言之,学院与这 5 位长期合作伙伴的合作关系密切,而办学运作模式最常见的安排是由港外大学运用其学科优势,负责学术上的责任及课程教学,而学院则提供管理资源,负责实际的行政操作,包括收生、宣传、编班及课检等活动。

自 1997 年后,受香港特区政府大力宣传终身教育的影响,香港成人持续教育界的历史又迈进了另一发展的新阶段。在不断的自我反思及重新定义自身的教育角色时,本地的持续教育机构更多地参与香港社会人力资源的发展及热心响应政府在改革正规教育上的多项新思维。慢慢地,持续教育不再处于教育边缘的位置。不同界别而又有员工培训需要的组织希望与持续教育机构广泛合作,形成联盟,共同策划及提供多种多样创新的课程。

从表 2 可以看到,单在 2006 年一年内,SCE 与其他机构合作开设的部分课程就来自三大不同界别,让香港本地的居民不用脱岗就能继续进修,提升我们的劳动人口在现代化社会中被雇用及更好地被雇用的工作能力。

表 2　SCE 于 2006 年期间与本地不同界别合作开办之部分兼读课程

| 课程名称 | 合作机构 | 界别 |
|---|---|---|
| 物流管理专业文凭<br>医疗辅导专业文凭<br>质素管理专业文凭<br>商业设计专业证书 | 香港物流协会<br>香港护理员协会<br>香港质素管理学会<br>亚洲商业设计学会 | 专业学会 |
| 在职员工英语课程<br>在职员工普通话课程<br>职业安全及健康专业文凭<br>实用钻石切割工作坊<br>英语写作课程 | 香港上海汇丰银行<br>香港贸易发展局<br>俊升安全顾问公司<br>周生生金行,镇金店<br>九龙巴士公司 | 商业机构 |
| 在职员工普通话课程<br>职业导向基础普通话<br>护理人员沟通及辅导工作坊<br>朋辈辅导员戒毒治疗证书<br>在职房署督导英语写作课程<br>基础投资推广普通话<br>技能提升计划下之医疗护理、珠<br>　宝首饰及导游培训课程 | 公务员培训署<br>香港警察<br>卫生署<br>禁毒署<br>房屋署<br>投资推广署<br>教育统筹局 | 政府部门 |

## 四、合作办学对持续教育发展课程的启示

通过近 20 年来与其他机构合作办学的实践,HKBU-SCE 对这种课程发展策略,可以总结为以下几个方面的启示:

(1)若能体现合营的利益,参与合作的机构必须对相互的角色有清晰的分工,避免错误的期望而影响有效的课程运作及学员学习。

(2)成功的合作关系,绝对需要合作伙伴之间长期相处而建立的互信互助关系。持续教育机构因合作而联结起来,这种群体网络本身亦是一种组织形态。这种组合有别于寻常所见的机构,一般较短暂,难以持久,故所能采用的管理方法会较依赖一些非正式的模式运作。

(3)合作关系的形成需经过一个发展过程(如图 1),这个过程包括截然不同却未必互不关联的四部曲,而整个发展过程的各种活动如教学内容、师资安排、课程监控等亦在时刻变动及调整。只要其中一方有重大政策的方向性转变或人事重整,合作的正式关系便有可能发生变化,以至停顿,甚至终止。

(4)在机构的合作关系中,一些"正式"与"非正式"的运作机制常常产生矛盾。合作关系能否维系及发展,取决于在开始洽谈合作、做出承诺、实行协议、落实及评估课程计划的过程与结果的全过程中,双方负责员工与领导层的积极性

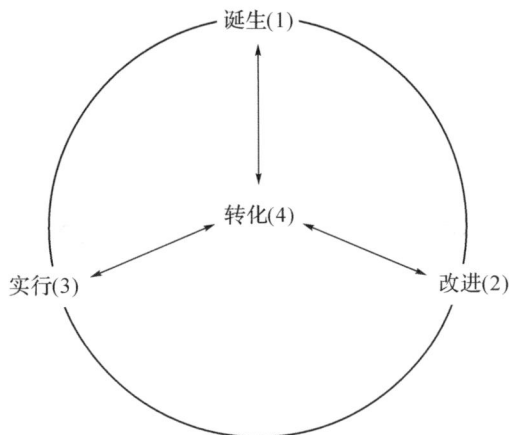

图 1　合作关系的发展过程

及其是否能在"正式"与"非正式"之间取得适度的平衡。

（5）在合作发展的过程中，持续教育自身也在不断地学习和丰富其办学经验。合作办学策略的兴起，有其特有的时空和背景，一旦引入香港，其应用成效究竟应做何种程度的本土化修饰和补充，才能更适合本地学员的需要，这是值得专业的持续教育工作者多作思考的课题。

在本文中，作者尝试概念化地分析 HKBU-SCE 的办学经验，事实证明孤身独行去办事的发展空间将越来越小；要勇闯高峰，成功开办新课程，寻求互信互赖的合作伙伴是更为可取的一种战略化办学策略。以前的社会，人们可以互不理睬，各自为政，在全球一体化的浪潮下，若要生存并获得成功，所有组织群体均需合作互补，一同上路。

**参考文献：**

［1］Cervero，R. M. *Effective Continuing Education for Professionals*［M］. San Francisco：Jossey-Bass，1988.

［2］Donaldson，J. F. & Kozoll，C. E. *Collaborative Program Planning：Principles，Practices and Strategies*［M］. Malabar，Florida：Krieger Publishing Co. ，1999.

［3］Non-local Higher and Professional Education（Regulation）Ordinance（Cap. 493）& Statistical Information［EB/OL］. from http：//www. edb. gov. hk/.

［4］张羡英. 不再边缘：香港的大学成人持续教育发展新趋向［C］.第六届海峡两岸暨港澳高校继续教育论坛文集. 香港：香港中文大学专业进修学院，2005.

# 打造一个强而有力的品牌:
## 台湾东吴大学日本语文推广教育

台湾东吴大学　林炳文

**【作者简介】**

　　林炳文,台湾东吴大学国际经营与贸易学系兼任教授,台湾政治大学经济学系硕士,研究方向包括国际贸易理论与政策、个体经济学、总体经济学、经济分析。

　　本文为2009年第十届海峡两岸暨港澳高校继续教育论坛收录论文。

## 一、前　言

　　一种好的产品是成功之钥。如果我们有一种好的产品能够迎合消费者的需求,那么消费者就会购买它。基本的商业信念告知我们:针对某一既有的需求创造出一种产品这件事,要比为某一既定产品的商业目标来创造一种被认同的需求容易太多了。每一个当事人都相信他能预见产品未来的潜力,然而无人知道潜力究竟有多大。

　　台湾东吴大学推广部于1971年8月设立,翌年7月开办日本语文推广教育,至1983年已办理48期,共365班,受业学员13387人。自17期以后,还特别开办晨班实用会话与日间班,以适应社会需求;此外,于1983年9月接受教育主管部门委托办理公务人员日语训练班,2000年又接受台北市政府公训中心委训日语班,由于两者性质相近、重叠性高,第二年起停办公务人员日语训练班。本部日文经常班课程从初级班至高级班,共分十级,在迎合消费者差异的需求、使用超额数量情况下,2001年起,我们不断地扩张经常班课程,目前延伸至高级班十八级,另积极推出日语检定考专修班、加开周末班及双溪学苑(2005学年起开办),学员反映热烈,学员人次年年增加。本文旨在说明台湾东吴大学日本语文推广教育如何打造一个强而有力的品牌(powerful brand)。

在推广教育市场中,台湾东吴大学日本语文学员知觉质量佳、学员满意度与忠诚度高,打造出台湾东吴大学日本语文推广教育强有力的品牌形象与定位。

### 二、竞争性环境分析

自 20 世纪 90 年代末期起,企业界对竞争与市场环境常用的分析有二:SWOT 分析与竞争对手分析。

1. SWOT 分析

SWOT 分析通常适用于新产品开发初期,企业进一步评估当前商业环境影响的基本营销工具。企业在制定企业发展策略前利用 SWOT 分析对该企业进行深入全面性的分析和竞争优势定位。SWOT 为首字母缩写,它代表优势(strengths)、劣势(weaknesses)、机会(opportunities)及威胁(threats)。台湾东吴大学日本语文推广教育的 SWOT 分析如表 1 所示。

**表 1 台湾东吴大学日本语文推广教育的 SWOT 分析**

| 优势(S) | 劣势(W) |
| --- | --- |
| 1. 本校日语系持续培养出许多日语教学领域优秀人才,可直接支持日语教学的推广教育。<br>2. 推广部日文班课程设计经过 30 多年来的不断沉淀,已打造出最适合社会大众取向之基础课程类型。<br>3. 拥有十分强大的师资阵容,能随时配合社会趋势,开设各种优质专修课程。<br>4. 从最基础课程至最高级课程,从完全不会任何日语至听说读写独当一面,在台湾东吴大学日语推广部就可以获得。<br>5. 依据旧有资料的分析,老学员连报的折扣,是吸引众多老学员不断回流的重要原因。 | 1. 支持整个部门运作的行政架构明显不够严谨,未曾建构中级主管的缺失,不仅造成政策推动难以顺遂,更使得最高主管必须分神处理过于基层的问题,影响甚巨。<br>2. 约聘组员的设立虽可解一时之急,却非长久之计,不仅难以留住优秀人才,更使得部门推动各种政策时,不能不考虑业务衔接的困扰。<br>3. 若无法留住优秀人才,将使技术的传承步履维艰。<br>4. 必须依赖学校各种教学、行政等设备,却常常因为维护困难使得需求永远无法被满足。 |
| 机会(O) | 威胁(T) |
| 1. 在线学习、在线浏览需要尽快建构完成,才可提供一万多名日语班学员试听、自行测验、回复相关学习问题等功能。<br>2. 赴日旅游观光诱因,可提供学员学习日语的动机。<br>3. 日语检定班、专修班的开设,使得学员更加强持续学习的意愿。 | 1. 物价膨胀、经济停滞使得学员不再愿意负担学习经费。<br>2. 缺乏其他学校机动性强的优势,不论是开发新课程或各种行政支持都将影响开班效益。<br>3. 主管机关的政策改变、本校最高指导人员的更迭,都将严重影响开课或行政推动等相关事宜。 |

综观上述台湾东吴大学日本语文推广教育的 SWOT 分析表后,我们确信台湾东吴大学推广部所推出的日本语文推广教育课程是好的产品,而且可以克服压力迈向成功。不过,值得注意的是企业在做 SWOT 分析时,常犯的错误就是往往将机会视为理想情况(auspicious conditions)的描述,而认定它将会有助于企业下一步策略的推出。例如台湾同胞赴日旅游观光人数较多,对日本语文推广教育是一种良机,但企业不一定就会大力提倡日语教育策略。

2. 竞争对手分析

竞争对手分析(competitor analysis)适用于企业产品开发过程与整个产品生命周期,是对企业竞争对手做有系统的思考与分析的工具。它旨在评估竞争对手对本企业的竞争性行动可能采取的策略和反应,从而有效地制定自身的策略方向与措施。了解竞争性市场环境是每一家企业开发一项健全营销计划整体的一环。竞争对手分析一般分成四个步骤[①](杜富燕、张邦基,2003),兹简述如下:

步骤 1:认定竞争对手

- 建立当前竞争对手的档案
- 建立潜在竞争对手的档案

步骤 2:认清竞争对手的优势所在

- 检视竞争对手过去做得很好的因素与目前正在做的优势,举凡:

  营销

  产品

  分布

  技术

  业绩

  公司策略等项目

步骤 3:认清竞争对手的劣势所在

- 检视竞争对手易受责难的弱点
- 从竞争对手过去的失败中学习,吸取教训
- 寻找竞争对手可以成功被击倒之处

---

① 另外,McCalley(1996)提出竞争性市场占有率(competitive market share)的计算,比较同行每一种竞争性产品的市场占有率变化趋势,从而找出企业产品跟竞争对手与整个市场变动的相对位置。参见 Russell W. McCalley. *Marketing Channel Management*:*People*,*Products*,*Programs*,*and Markets*[M]. Westport,Connecticut:Praeger,1996:153-157.

步骤 4:厘清竞争对手的反应

- 寻找竞争对手过去对于新产品或市场变动如何适应
- 检视竞争对手对于新产品的反应措施
- 针对竞争对手预期反应展开回击措施

在对企业进行竞争对手分析后,营销团队即可清楚了解竞争对手既存的威胁和即将发生的威胁到底是什么并公开积极宣战。然后,营销团队利用有效且持久的营销策略,将成功导向强有力品牌的建立。

### 三、打造强有力的品牌

好的产品相信很快会成为流行的品牌,但最佳产品与品牌并不一定是一推出就已经树立其最佳形象,而是隐匿在品牌背后的人士不屈不挠地开发好产品,提供销售的基础平台并营销之。换言之,这些人士坚定不移地将产品带入市场并努力让它开花结果,使其逐渐成长为最佳产品与品牌。

一个品牌有形的部分莫过于其品牌名称,而品牌内涵却远比其名称和图形形象重要得多。一个品牌最重要的成分应是该品牌在消费者心中的知觉。于是传达清晰和一致的品牌形象给消费者,乃是确保消费者了解期望的品牌形象及与该品牌相关联的根本之道,它也是创造与维持顾客忠诚度(customer loyalty)的关键成分。至于品牌背后的商业团队可经由广告、销售推广等方式去传达品牌形象。开创品牌形象成功的关键在于所传达相关信息须保持其一致性。因为一致性也是创造品牌忠诚的不二法门。一旦所传达的品牌信息不一致,消费者将会混淆,不但不知道对品牌的期望,而且也丧失了构成顾客忠诚的两大因素(稳定性与安全性)。

一个伟大品牌的诞生、培育、逐渐成长,最后到达茁壮成长,其中推动至正确方向的种种过程可能是摇摇晃晃的,但最后所呈现的是枝繁叶茂。一个好产品创造顾客忠诚在于产品本身与消费者的知觉。一般而言,一个好产品能够吸引消费者并创造势不可当的忠诚意识,所依靠的是所谓的顾客忠诚度的 3S:稳定性(stability)、永续性(sustainability)及安全性(security)。Gobé(2001)指出:"一个好的品牌要能够让消费者感动。"消费者消费行为不再只是购买一样东西,而是承载消费者的期待,他/她所选择的品牌系来自一个重视社会责任的企业,既值得信赖,也与消费者间存在着强烈的情感联结。当一个产品有越多消费者关注时,将会有越多消费者情感的联结,进而导向顾客忠诚度。这就是说,打造一个强有力的品牌必须迎合上述 3S 准则。

1.创造强有力的品牌

一个强有力的品牌所享有的是消费者心中的品牌知名度(brand awareness)

与忠诚度。营销人员如何有效执行其营销策略以获取顾客青睐，使其愿意持续不断地购买产品或服务，并进而建立企业与顾客之间的长期关系，关系营销(relationship marketing)至关重要。所谓的关系营销是指企业在承认现有顾客价值前提下，采取吸引、维持及强化与顾客间的长期关系，进行一对一的营销过程，以满足消费者终生价值，且能避免漫无目标的市场开发策略所造成的资源浪费，为企业创造更多利润。

当顾客数目规模不大时，基于成本和效益考虑，企业亦可透过 BBS 与顾客维持密切关系；当企业逐渐增长，顾客数目逐渐庞大时，企业可进行数据库营销(database marketing)，既便捷又实惠，另外顾客感受到关系营销的热情，与企业间存在着强烈的情感联结。近年来随着信息科技的进步与成本降低，顾客数据库的建置与运用，已成为企业执行关系营销的必要手段。

此外，企业也流行通过互联网的双向沟通方式，直接将其产品、价格、服务、营销计划等信息存放在该企业所建置的网站(websites)上，供消费者使用。此时，互联网是一种营销通路(marketing channel)，也是一种营销媒介。

### 2.推广强有力的品牌

消费者的需求是易变无常的，时尚也常常会领导消费。品牌推广应首重市场需求，时时以消费者角度去生产消费者所需的产品，营销处处以吸引顾客青睐与购买意愿为出发点，于是顾客将会再三光顾，累积消费实绩。这种做法跟大学推广教育的宗旨"为适应市场需求办理推广教育"不谋而合。企业拟推广一个强有力的品牌，应进行所谓的拉式营销(pull marketing)而非推式营销(push marketing)。企业从事品牌推广将消费者需求资本化的战略与手段不外有以下几种：

- 广告
- 直效营销
- 销售推广(如折价券、优惠活动)
- 口碑营销(word-of-mouth marketing)
- 参展

### 四、经验分享

推广教育者理应投入时间、使命及金钱，以期获取更大的知名度和更高的曝光率，建立企业形象和品牌权益，进一步强化与学校的关联。首先确立任务陈述与口号，接着刻画推广的标准与蓝图，这样做的目的就在于建构一个正面的企业形象，进而协助学员建立推广教育品牌忠诚度。虽然大学推广教育机构广告预算有限,我们仍然可以通过一种整合方式营销获益。换言之,想尽办法去打造强而有力的品牌。

虽然推广教育课程和大多数消费产品不同,但整合营销可以在信息市场中建立并拓展品牌权益。推广教育课程学习是学员牵涉甚广的抉择,它不是一时冲动或经常性的重复购买行为。学员消费推广教育课程需要付出时间、承诺及金钱,其中决策牵涉到的个人感情因素很多。事实上,我们不知道为何这些人会成为忠诚的推广教育课程消费者,他们是如何取得关于我们产品和服务的信息的,更重要的是他们又如何愿意取得我们产品和服务的信息。诉诸感情,至少学员有被重视的感觉。我们依据学员数据库,每一期招生报名前发简讯给旧学员,传递我们最新产品和服务的信息。台湾东吴大学日本语文推广教育充分依赖关系营销策略,数据库营销做得相当成功。

台湾东吴大学推广部自 1972 年 7 月开办日本语文推广教育班,至 1983 年已办理 48 期,共 365 班,受业学员 13387 人。1994 学年至 1999 学年已办理 36 期,共 639 班,受业学员 26624 人,参见表 2。从表 2 统计得知:1994 学年至 1996 学年间,东吴大学推广教育收入几乎全靠日本语文推广教育班打天下。1997 学年起增开企贸班、文化班、体育营、游学团,日文班总收入占推广部总收入比重仍高居 67.72％。1998 学年起开办学分班,日文班总收入占推广部总收入比重才逐渐降低,1999 学年日文班总收入占推广部总收入比重还占 47.4％。

**表 2　台湾东吴大学日本语文推广教育班收入、人次及比重统计**

单位:新台币元

| 学年 | 1994 学年 | 1995 学年 | 1996 学年 | 1997 学年 | 1998 学年 | 1999 学年 |
|---|---|---|---|---|---|---|
| 日文班总收入 | 31819376 | 27262700 | 24722750 | 15493150 | 16407549 | 19834446 |
| 日文班总人次 | 5727 | 5058 | 4552 | 2756 | 3919 | 4612 |
| 推广部总收入 | 33836567 | 30462440 | 30237150 | 23053762 | 32443649 | 41842902 |
| 日文班总收入占推广部总收入比重 | 94.04％ | 89.50％ | 81.76％ | 67.72％ | 50.57％ | 47.40％ |

表 3 展示的是 2000 学年至 2007 学年日本语文推广教育班开课统计情况。

### 表3　台湾东吴大学推广部日文班开课统计情况

单位:新台币元

| 学年 | 2000 学年 | 2001 学年 | 2002 学年 | 2003 学年 | 2004 学年 | 2005 学年 | 2006 学年 | 2007 学年 |
|---|---|---|---|---|---|---|---|---|
| 推广部<br>年度总收入 | $43692935 | $51371668 | $59832957 | $73286657 | $83490773 | $110195087 | $118753674 | $120507983 |
| 日文班收入 | $21165737 | $24562809 | $26739610 | $29014017 | $33495451 | $48880425 | $53190848 | $54949126 |
| 日文班占<br>总收入比重 | 48% | 48% | 45% | 40% | 40% | 44% | 44% | 45% |
| 开课明细 | 【经常班】<br>双日<br>三日<br>【密集班】<br>【专修班】<br>文法阅读 | 【经常班】<br>双日<br>三日<br>【密集班】<br>【专修班】<br>日能一<br>日能二<br>J14 特别班 | 【经常班】<br>双日<br>三日<br>【密集班】<br>【专修班】<br>日能一<br>日能二 | 【经常班】<br>双日<br>三日<br>【密集班】<br>【专修班】<br>日能一<br>日能二<br>电视日语 | 【经常班】<br>双日<br>三日<br>【密集班】<br>【专修班】<br>日能一<br>日能二<br>电视日语<br>D11~D13<br>企业人日语<br>文法魔鬼 | 【经常班】<br>双日<br>三日<br>【密集班】<br>【专修班】<br>日能一<br>日能二<br>二级冲刺<br>欢乐日语<br>文法魔鬼<br>企业人日语<br>高级阅读<br>进阶阅读<br>全方位标准<br>文法<br>新闻 & 写作<br>Enjoy 读解 | 【经常班】<br>双日<br>三日<br>【密集班】<br>【专修班】<br>日能一<br>日能二<br>日检实力养成<br>欢乐日语<br>文法魔鬼<br>企业人日语<br>高级阅读<br>进阶阅读<br>全方位标准<br>文法特别班<br>新闻 & 写作<br>Enjoy 读解<br>散文 reading<br>日语精华博览<br>华丽一族<br>日本文化<br>歌曲赏析<br>童话听解<br>动画日语<br>美之壶讲座<br>经典句大游行<br>上级会话沙龙<br>旅游会话<br>中级独解·<br>文法 | 【经常班】<br>双日<br>三日<br>【密集班】<br>【专修班】<br>日能一<br>日能二<br>日检实力养成<br>欢乐日语<br>文法魔鬼<br>企业人日语<br>高级阅读<br>进阶阅读<br>全方位标准<br>文法特别班<br>新闻 & 写作<br>Enjoy 读解<br>会话沙龙<br>三级听解<br>听解密码<br>劲爆欢乐日<br>语<br>欢唱学日语<br>快捷文法补<br>给站<br>动漫日语<br>观光日语<br>儿童日语<br>初阶读解<br>留日记述<br>丹尼敬语 |
| 专修班<br>收入约略 | 162000 | 982200 | 1538700 | 2301600 | 4577000 | 10467000 | 12613130 | 12772640 |
| 占日文班<br>比重 | 1% | 4% | 6% | 8% | 14% | 21% | 23% | 23% |
| 日文班<br>总人次 | 4643 | 5438 | 5596 | 6075 | 7366 | 10178 | 13074 | 12823 |
| 专修班人次 | 36 | 187 | 223 | 344 | 893 | 2132 | 3548 | 2901 |
| 占日文班<br>比重 | 1% | 3% | 4% | 6% | 12% | 21% | 27% | 22% |
| 日文班<br>总班次 | 177 | 195 | 202 | 195 | 238 | 306 | 362 | 400 |
| 专修班班次 | 1 | 7 | 4 | 5 | 13 | 44 | 95 | 102 |
| 占日文班<br>比重 | 1% | 3% | 2% | 2% | 5% | 14% | 26% | 26% |

## 五、结　语

一个强有力的品牌可为企业赚取更多的利润,达到企业增长目标。如何营造推广教育课程信誉品牌(trusted brand)形象,追求绩效永续成长,乃当今推广教育主管的梦想。而品牌管理是创造并维持学员知觉价值的艺术。为了追求成效,大学推广教育管理者有责任增强品牌活力、强化品牌核心价值,以及勾勒品牌愿景与创新思维。

Kolter(2000)指出:"企业今天失去一位顾客,代表的不只是失去一笔销售金额而已,它也失去该顾客此后终身购物所带来的未来利益,还须承担吸引新顾客来取代老顾客的成本。"因此,大学推广教育管理者除了开发新客源外,如何留住老客户更是重要的课题。

如果把消费者视为一整个同构型的市场,那是很不切实际的。他们各有不同的姓名、年龄、住址、教育程度及收入。除了这些表面上的差异外,他们各有不同的抱负、经历、家庭结构、处事方式、个性及情绪特质。推广教育者应该注意的是,每一位消费者和每一粒种子一样都是很独特的,值得去耕耘。因此本部自2001年起努力建立学员数据库并积极运用学员数据库从事关系营销。

**参考文献:**

[1] Gobé,Marc. *Emotional Branding*:*The New Paradigm for Connecting Brands to People*[M]. New York:Allworth Press,2001.

[2] Gunelius,Susan. *Harry Potter*:*The Story of a Global Business Phenomenon*[M]. Hampshire:Palgrave Macmillan,2008.

[3] McCalley,Russell W. *Marketing Channel Management*:*People*,*Products*,*Programs*,*and Markets*[M]. Westport,Connecticut:Praeger,1996.

[4] 杜富燕,张邦基.服务业关系营销发展之探讨[J].电子商务研究,2003,1(1):93-112.

[5] 林炳文.台湾东吴大学推广教育之发展[C].第六届海峡两岸暨港澳高校继续教育论坛文集.香港:香港中文大学,2005:104-106.

[6] 林炳文.品牌延伸:台湾东吴大学日本语文推广教育做法[G]//郑学益.继续教育在学习型社会的创新与发展.北京:北京大学出版社,2007:246-253.

[7] 林炳文.推广教育如何营造信誉品牌形象[C].2007年第一届台湾推广教育论坛.台北:台湾大学,2007.

[8] 尚荣安,林炳文,刘宗哲.教育与服务——推广教育学员质量知觉对满意度之影响[J].顾客满意学刊,2006,2(1):27-54.

# 运用职能分析发展产业需求导向之职能培训规划

台湾"中国文化大学"　吕新科

【作者简介】

　　吕新科,男,台湾"中国文化大学"推广教育部执行长,台湾大学信息管理博士,信息管理研究所(在职专班)所长,副教授,主要从事企业架构、IT规划及治理、数字学习、高教与终身学习等研究。

　　本文为2009年第十届海峡两岸暨港澳高校继续教育论坛收录论文。

## 一、前　言

　　面对全球化时代迅速变化的商业环境,企业经营者必须加速产品的开发,提供更好的服务,并以最具效益的营运模式开创组织绩效。随着互联网技术的进步及信息环境的成熟,许多企业借由采用 ERP(企业资源规划)或电子商务来提高企业营运效率。但台湾绝大部分中小企业规模小,业务性质繁杂,普遍面临 e化人才招募困难,且职能无法满足产业需求的窘境。

　　本研究邀请相关产业的职能专家发展职能模型,主要经由企业 e 化人才访谈、问卷调查及业界专家座谈会,分析商业服务业 e 化人才的职能状态,并明确地定义企业 e 化人才应具备的专业知识、技能及态度,以便企业在招募、选才、育才之时做重要参考;同时,也作为基础模型,以指导发展产业需求导向的培训计划。

## 二、职能模型发展架构

### (一)职能的定义与内涵

　　20 世纪 70 年代初期,哈佛大学教授 David McClelland 首次以理论观点提出职能(competency)相关的研究。他对高等教育普遍使用智商(IQ)指标作为影响学习成效的唯一标准提出了批评,并经过许多研究得出,实际影响学生学习成效的因素还包含态度、认知与个人特质等。他将这些态度与特质统称为"职能"。它不仅全面地影响个人工作的绩效,而且由于其根植于人格特质与态度,因而并不会因种族、性别或社会经济产生决定性的改变。

有别于 McCelland 对职能的定义,Boyatzis 提出,职能是有效执行工作所必需的但非充分的特质,他强调潜在特质可能是无法直接知晓或说明的,因而将职能定义为"促使个人有效执行工作的潜在特质,这些特质包含个人动机、特质、技能、自我形象以及社会角色或是知识本身"。

融合 McClelland 与 Boyatzis 的观点,Spencer & Spencer(1993)将职能做了更精确的定义,视"职能"为个人本身的"底层特质"(underlying characteristics),而这种特质可以预测个人与工作绩效之间的交互影响。他们同时强调职能是以思考或行为、情境反应的形式呈现出来的,具有持久性。这些特质分为动机(motives)、特质(traits)、自我概念(self-concept)、知识(knowledge)与技巧(skill)。

统合各学者的相关论述,职能的特性可被归纳为:①一个包含知识、态度及技能的相互交织综合体,为影响个人工作绩效的主要因素;②与工作绩效密切相关并能通过可接受的标准来衡量;③可经由训练和发展提升。

(二)职能内容

比较前述职能的定义与内涵,Spencer & Spencer(1993)对职能的描述较为完善,后续的学者乃延伸其定义再加以厘清,并进一步提出职能群组的概念(Parry,1998)。因此,本研究以 Spencer & Spencer(1993)所提出的职能描述作为探讨的基础。

(1)知识(knowledge):指一个人在特定领域中所拥有的知识或信息。

(2)技巧(skills):执行有形或无形任务的能力,心理或认知技巧的才能包括分析性思考与概念性思考。分析性思考属于逻辑性或程序性的线性思考;概念性思考则是将数据重新组合后形成新的信息。

(3)自我概念(self-concept):指一个人的态度、价值及自我印象,如自信心。

(4)动机(motives):是指一个人的信念或自我期许,动机会驱使自己进行相关的选择。

(5)特质(traits):指一个人的心理特质以及对情境所产生的情绪反应。

(三)职能模型发展的方法

职能模型发展方式依其特定目的与性质有不同选择:McBer & Company 研发的工作职能评鉴法、单一工作职能模式(Spencer & Spencer,1993;Mansfield,

1996)、Mansfield 提出的核心职能模式与整合式职能模式,以及简易职能模式(Spencer & Spencer,1993)。

综合前述职能定义、内涵、模式发展过程的理论,本研究的职能发展过程,由于考虑时间因素及需进行多家企业的深度访谈,因此采用工作职能评鉴的专家基础模式(简易职能模式)(JCA-expert-based method,short competency model)的职能建构方法,研究过程中运用专家调查、专家会议与焦点团体法进行职能分析,选取职能类别中的知识、技能与态度为分析标的,以进一步探讨商业服务业e 化人才所需的职能内涵。

此简易职能模式的发展时间与流程,主要以专家为基础的简易职能模式(Spencer & Spencer,1993),其发展过程直接采用人力资源专家、卓越工作者及其主管所共同组成的专家团体,经由以下四个步骤建立职能:

(1)召集专家;

(2)深度访谈;

(3)分析数据发展职能模式;

(4)验证职能模式的有效性。

采取简易职能模式发展工作职能,其深度访谈与职能分析可运用专家调查、专家会议与焦点团体等方式来进行。

(1)专家调查(expert surveys):聘请外界专家进入组织,调查员工管理能力、职能的一种调查方式。由组织外的专家通过问卷、观察或访谈等方式,找出企业的职能模式。

(2)专家会议(expert panels):邀请组织内外的专家组成项目小组共同建立职能模式。由项目小组进行职能模式分析。专家会议法可分为以下三个步骤:①成立项目小组;②分析工作能力资料;③验证能力模式。

(3)焦点团体法(focus group):焦点团体是由组织内外关系成员挑选出一小群人为代表,并将其关心焦点集中在组织主题上。施行步骤如下:①选出焦点团体成员;②召集沟通会议;③由主持人引导成员表达意见;④由焦点团体会谈结果、汇整资料。

### 三、职能模型研究设计

本研究着重在商业服务业 e 化人才专业职能评估分析,并经由实务领域的职能分析建构职能模型,再经由此模型发展针对商业服务产业的职能调查,以促进对产业职能的分析与了解。为能严谨地导引研究进程,本研究架构与设计(如图 1)共分为四个阶段。

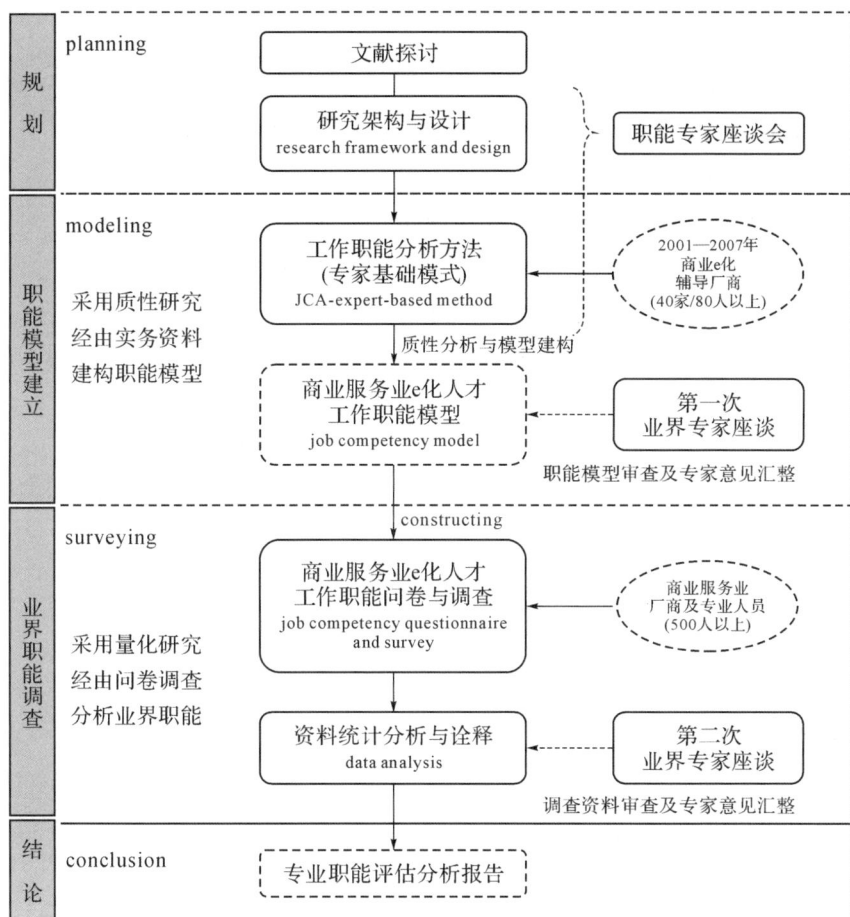

图 1 研究架构与设计

（一）规划阶段（planning）

经由文献探讨，剖析职能分析领域的相关理论与研究，发展本研究的理论基础，并经由"职能领域专家"的咨询，发展研究架构与设计，作为指引本研究的总体框架。

（二）职能模型建立阶段（modeling）

针对 2001—2007 年接受商业服务业辅导案例的企业，对这些企业员工进行 e 化专业职能分析，并发展商业服务业的职能模型。

为能更系统地进行职能分析与模型建立，本研究采用：①广受实务领域应用的职能评鉴法（job competence assessment，JCA）；②为能精进职能模型的发展焦点与研究进程，以专家为基础的简易职能模式（Spencer ＆ Spencer，1993）。其发展过程直接采用人力资源专家、卓越工作者及其主管所共同组成的专家团体,经由以下四个步骤建立职能。

步骤一:召集专家

(1)对象:相关专业团体、人力资源专家、主管、杰出工作者。

(2)访谈与讨论下列主题:

· 重要职责——最重要的职务与责任、产品或服务成果。

· 确认上述服务成果的评估之具体指标,并决定杰出标准。

· 汇整出该工作的职业生涯发展路径。

· 员工从事该工作所需的能力(knowledge and skills)(分为基本与卓越两个层次)。

· 全体回答或共同讨论由"专家系统"所提出的问题。

· 或经由相关职能模型的共同检视来进一步讨论,形成共识,并完成共同认知。

步骤二:深度访谈

(1)对象:杰出工作者。

(2)访谈重点:

· 依据专家共塑的能力模型,进行案例/事例的故事性发展与整理。

· 特殊案例的分享与讨论。

步骤三:分析数据发展职能模式

(1)对象:专家座谈与行为事例访谈所汇集的资料。

(2)分析重点:

· 进行分析以确认出哪些行为与个性特色,可作为杰出能力区分因子。

步骤四:验证职能模式的有效性

(1)对象:标准样本与杰出样本的回填、访谈及讨论的资料。

(2)分析重点:

· 着重以质性研究的开放性与探索性,经由具经验导向的行为事件访谈法(behavioral event interview,BEI),建立具备实务取向的职能模型,所提出的研究成果经由业界专家的审视与意见交流,提升研究的严谨性。

(三)业界职能调查阶段(surveying)

为能扩大并了解产业 e 化人才专业职能发展的现状,本阶段依据"职能评鉴法(JCA)"所建立的职能模型,发展产业职能调查问卷,同时经由网络及书面形式双轨进行,针对商业服务业的 e 化人员访查,预计回收有效问卷将超过 500份。资料统计分析与诠释所提出的报告,也将采取第二次业界专家座谈,协助统计报告的解析与补强,以完善本阶段研究成果。

## （四）总论阶段（conclusion）

商业服务业 e 化人才专业职能模型，经专家业界座谈、企业访谈、问卷调查资料等研究，分析商业服务业 e 化人才于执行某项特定工作时，所需具备的关键职务能力，包括知识、技巧（技能）、态度等特质，以完成评估分析报告，并提出实务应用意见与商业服务业 e 化人才职能未来发展方向的相关建议，以便商业服务业甄选、培育人才时做参考依据，有效提升企业 e 化发展能力。

### 四、职能模型建构

#### （一）质性资料收集与分析架构

依据研究架构设计的方式，商业服务业 e 化人才职能模型建立须收集各种来源的质性数据，再依据质性数据进行内容分析，以建构最贴近实务现状的商业服务业 e 化人才职能模型。图 2 为质性资料收集与分析架构。

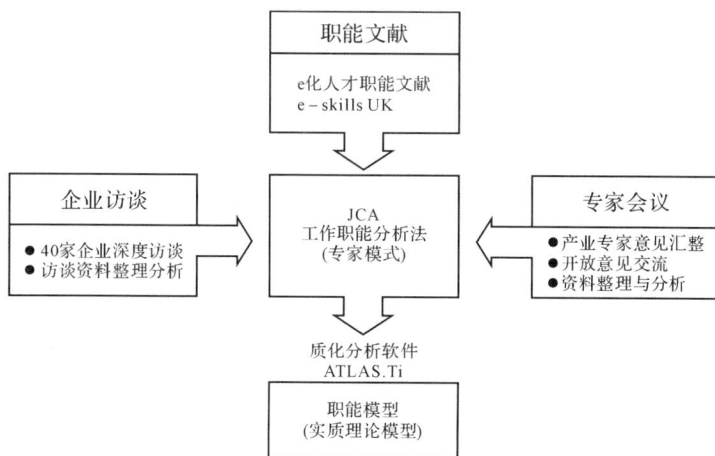

图 2 质性资料收集与分析架构

各种质性数据收集方式说明如下。

1. e 化人才职能文献

经由收集已建置完成 e 化人才职能的相关文献，发现针对 e 化人才职能的专门文献，已有完整职能模型架构，但其 e 化人才之研究范畴涵盖所有产业，并无聚焦于商业服务业 e 化人才职能的专门文献。为了解商业服务业 e 化人才职能与其他产业的差异，仍须再深入相关商业服务业企业进行深度访谈。而 e 化人才职能的文献资料，仍可作为建置商业服务业 e 化人才职能模型的参考。目前 e 化人才职能模型主要的参考文献有：资策会信息技术技能鉴定规范、e-skills UK、全球职能文献。

**2. 专家会议**

共举行四场专家座谈会，邀请职能专家确认研究架构设计与研究执行方法，并设具有 e 化专业背景的主持人，协助职能专家的讨论与意见收集，并进而深化不同的产业实质经验。

**3. 企业访谈**

（1）访谈母群：2001—2007 年度接受经济主管部门商业 e 化辅导案例共 185 家企业厂商。

（2）访谈样本抽取方式：电访 2001—2007 年度接受经济主管部门商业 e 化辅导案例的 185 家企业厂商，询问所有能联系上的企业的 e 化人员是否愿意接受访谈，并进一步安排访谈时间。

（3）访谈企业：深度访谈 40 家商业服务业相关企业的 e 化人员。

**（二）质性分析方法**

收集上述文献、专家意见与企业深度访谈的资料后，进入质性数据内容分析阶段。

**1. 研究工具**

使用 ATLAS.TI 质化分析软件。因为运用"编码与搜寻软件"（code-and-retrieve programs）可辅助研究者组织文本，建立初始编码作业，即对数据进行标示、剪贴、分类、重组与搜集整理的工作。图 3 为运用分析软件分析质化数据的画面。

图 3　质化分析软件——编码管理画面

2.质化分析过程

运用 ATLAS.TI 软件,首先将专家意见的文本、深度访谈整理后的摘要文本录入分析软件,整理得到 245 条有意义的文本引述。分析此 245 条文本引述资料,汇整归纳为 474 条职能编码,最后抽取出 107 个职能类组。

(三)商业服务业 e 化人才职能模型

根据质化数据分析结果,建立了商业服务业项目管理师、系统分析师、程序设计师与信息应用管理师四类职别的职能模型,同时归纳出四类 e 化人才皆应具备的共通核心职能与四类 e 化人才各应具备的专业职能。

在共通核心职能的统合上,除参照"信息技术技能规范"中的职能模型外,充分考虑根据专家基础模式行为事例访谈记录发展出的职能类组(code families),及由实务界专家与主管针对工作态度、人格特质与创新能力等共通核心职能提出的观点与诉求。

| | |
|---|---|
| 人格特质 | 1. 人格特质:人际关系管理的能力(7) |
| | 2. 人格特质:工作情绪管理与抗压能力(7) |
| | 3. 人格特质:自我管理与协同作业(5) |
| | 4. 人格特质:自律与责任感(5) |
| | 5. 人格特质:良好的工作与学习态度(5) |
| | 6. 人格特质:良好的沟通协调能力(3) |
| | 7. 人格特质:具备热忱与配合度(2) |
| | 8. 人格特质:创新思维与做法的特质(3) |
| | 9. 人格特质:操守与品德的重视(1) |

许多实务专家认为,e 化人才必须参与跨领域与单位的开发或导入项目,因而人际关系管理与协同作业能力就相对重要。

| | |
|---|---|
| 沟通协调 | 10. 沟通协调:具备人际关系管理的技能(9) |
| | 11. 沟通协调:具备协调使用者与技术团队间沟通与交流的能力(20) |
| | 12. 沟通协调:具备会议管理与团队协商的能力(3) |
| | 13. 沟通协调:具备与主管沟通与协调的能力(13) |
| | 14. 沟通协调:相关团队间的沟通与协调(30) |
| | 15. 沟通协调:开发团队内沟通协调之能力(1) |
| | 16. 沟通协调:跨组织间的协商与沟通(3) |
| | 17. 沟通协调:运用工具模型改善沟通的能力(3) |
| | 18. 沟通协调:对内外团队间的互动与协调(13) |
| | 19. 沟通协调:应具备相关的技术与产业知识(1) |

另外,信息系统开发、维护与导入均具有相当程度的复杂度与时效性,因而从业人员的抗压性与情绪管理就显得格外重要。其余各重要项目,汇整如下。

| 专业基础 | 20. 专业基础:系统化观点与思维能力(5) |
| | 21. 专业基础:具备商学基础知识与能力(5) |
| | 22. 专业基础:逻辑分析的能力(2) |
| 基础能力 | 23. 基础能力:具备多元的知识与经验(3) |
| | 24. 基础能力:商学基础知识与能力(1) |
| | 25. 基础能力:问题分析与解决的统合能力(14) |
| | 26. 基础能力:管理知识的必要能力(2) |

### 五、产业调查分析

(一)问卷编制

依据研究架构设计的方式,进行产业调查分析。依据质性研究所收集的资料编写问卷题目。初步编写问卷题项,再经过研究团队专家检视后进行修改。因产业调查方式以网络与书面两种渠道同步进行,为考虑回收率与填答意愿,问卷题项编写与设计以精简扼要为原则,但包含了质化资料研究结果涵盖的所有范畴(图 4)。

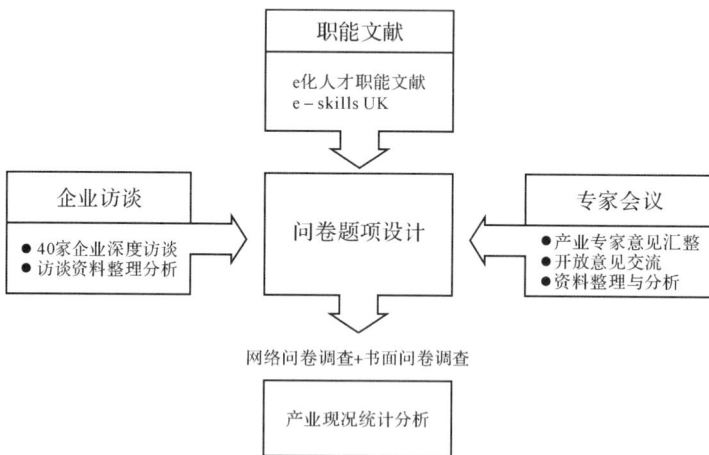

图 4　问卷题项设计及产业调查架构

（二）调查方式

1. 网络调查

（1）信息社群入口网站：将问卷上传至信息人员参与社群的入口网站，请信息社群会员填写。

（2）商业服务业企业：将网络问卷网址通过 e-mail 发至商业服务业各企业，请企业内负责信息 e 化的工作人员填写。

2. 书面调查

（1）商业服务业企业：将书面问卷邮寄或亲送至商业服务业各企业，请企业内负责信息 e 化的工作人员填写。

（2）硕士在职专班学生：因就读硕士在职专班资管所的学生均为在职工作者，且大多从事与信息相关的工作，因此书面问卷亦发放至硕士在职专班资管所学生填写。

（三）样本描述

1. 样本数

（1）总发放份数：网络与书面问卷总计 2503 份。

（2）回收样本数：网络与书面问卷总计 807 份，回收率 32%。

（3）有效样本：回收问卷经过产业分析，扣除非商业服务业的样本后，有效样本为 673 份。

2. 样本背景数据

| 产业类别 | 人数 | 百分比 |
| --- | --- | --- |
| 专业、科学及技术服务业 | 297 | 44.13 |
| 金融及保险业 | 75 | 11.14 |
| 教育服务业 | 70 | 10.40 |
| 批发零售业 | 79 | 11.74 |
| 运输、仓储及通信业 | 46 | 6.84 |
| 文化运动及休闲服务业 | 39 | 5.79 |
| 医疗保健及社会福利服务业 | 38 | 5.65 |
| 不动产及租赁业 | 14 | 2.08 |
| 住宿及餐饮业 | 15 | 2.23 |

样本结果显示，填答样本数以专业、科学及技术服务业最多，金融保险业、教

育服务业与批发零售业次之。

(四)职能调查结果

1.商业服务业 e 化人才共通核心职能:工作态度

| 工作态度 | 人数 | 百分比 |
|---|---|---|
| 对工作充满热忱,勇于接受挑战 | 590 | 87.67 |
| 工作时积极认真,总是能自动自发按进度完成 | 557 | 82.76 |
| 对工作内容的批评是具有建设性的 | 385 | 57.21 |
| 对担任目前的工作与职务引以为荣 | 210 | 31.20 |
| 遇事要想办法解决不可回避的问题时不钻牛角尖 | 1 | 0.15 |
| 解决问题的能力 | 1 | 0.15 |
| 整合能力 | 1 | 0.15 |
| 配合度要高,学习新知识 | 1 | 0.15 |
| 自我测试 | 1 | 0.15 |

商业服务业 e 化工作人员普遍认为,一位优秀的信息工作人员的工作态度必须具备"对工作充满热忱,勇于接受挑战""工作时积极认真,总是能自动自发按进度完成""对工作内容的批评是具有建设性的"这三项工作态度。

2.商业服务业 e 化人才共通核心职能:人格特质

| 人格特质 | 人数 | 百分比 |
|---|---|---|
| 配合度高,能接受主管合理的指挥与调度 | 444 | 65.97 |
| 情绪稳定,不因工作压力和挫折而情绪化 | 440 | 65.38 |
| 个性随和,能与其他同人相处融洽 | 355 | 52.75 |
| 热心助人,常协助同人完成任务 | 346 | 51.41 |
| 为人正直,从不收取不当利益 | 246 | 36.55 |
| 协助同人,但不当滥好人 | 1 | 0.15 |

商业服务业 e 化工作人员普遍认为,一位优秀的信息工作人员应具有配合度高、情绪稳定、个性随和与热心助人的人格特质。

3.商业服务业 e 化人才共通核心职能:创新能力

| 创新能力 | 人数 | 百分比 |
|---|---|---|
| 面临工作上的问题时能多方面思考,找出新的解决办法 | 573 | 85.14 |
| 对既有的作业流程能提出新的改善方案 | 418 | 62.11 |
| 能提供满足客户需求的新服务 | 301 | 44.73 |
| 对组织发展能提出创见,并形成具体方案 | 295 | 43.83 |
| 在开会或沟通时能提出新的观念和思维 | 258 | 38.34 |
| 以上都需要 | 1 | 0.15 |

　　商业服务业 e 化工作人员认为"面临工作上的问题时能多方面思考,找出新的解决办法"与"对既有的作业流程能提出新的改善方案"这两种创新能力对于从事商业服务业信息工作具有极高的重要性。

### 六、讨论与建议

（一）人力资源管理应用

　　本研究结果可作为商业服务业人力资源管理的参考,以利于企业甄选适合的 e 化人才、设计 e 化人才的训练课程,并可作为 e 化人才绩效考核规划的参考依据。

　　罗伯特·伍德在《职能招募与选才》(*Competency-Based Recruitment and Selection*)一书中提到,职能可以用在绩效、文化变革、训练与发展、招募与甄选、企业目标/竞争力、生涯/职位继任规划、技能分析、弹性、角色的明确、整合人力资源策略等十个方面。职能应该强调的是未来应拥有的能力,而非专注于过去所拥有的能力。

　　美国训练发展协会专员 Pat McLagan 在 1996 年提出一论点,他认为职能模型(competency model)可视作一种决策的工具,主要用来描述在执行某项特定工作时应具备的关键能力。一般而言,职能模型比工作说明书更具效力,更能帮助主管遴选人才。职能模型可以用于下列几个方面:

- 训练课程设计
- 招募、甄选与评估
- 指导、咨商与督导
- 生涯发展与职位接班方案

- 组织发展

职能模型可视为彼得·德鲁克所提出的"知识工作"的基本工具,这些工作需要高水平的创造力、判断力、对模糊不清情况的忍耐力,而这些工作也不容易用项目或活动来适当描述。知识性的工作是需要用职能与要求标准来界定的,所以职能模型是决定工作职位候选人的最佳工具。职能模型在企业中可运用的范围甚广。

### (二)商业服务业 e 化人才特殊性

因商业服务业 e 化人力编制属于企业支持单位,企业主不会聘雇大量员工从事信息工作,因此,商业服务业的信息工作人员必须同时从事不同职务类别的信息工作,而非仅从事单一专业的 e 化工作。其重点工作为系统建置的项目执行、委外工作的执行、信息应用管理的执行。因此,有别于其他产业,商业服务业的信息应用管理人员所从事的工作范畴涵盖硬件、软件与维护。因此,建议主管部门未来针对商业服务业进行 e 化人才培训工作时,应考虑商业服务业 e 化人员工作的特殊性,将其列入课程设计中。

### 致　谢

项目计划补助:2008 年商业服务业 e 化培训计划(编号:PCCU200801-P404-039)——商业服务业 e 化人才专业职能评估分析报告。

**参考文献:**

[1] Mansfield, R. S. Building competency models: approaches for HR professionals [J]. *Human Resource Management*, 1996, 35(1):67-85.

[2] McClelland, D. C. Testing for competence rather than for intelligence [J]. *American Psychologist*, 1973, 28(1):1-24.

[3] McLagan, P. Great ideas revisited: Competency models, creating the future of HRD [J]. *Training & Development*, 1996, 50(7):60-65.

[4] Parry, S. B. Just what is a competency? And why should your gare? [J] *Training*, 1998(1):8-64.

[5] Richard, Boyatzis. *The Competent Manager: A Mode for Effective Performance* [M]. Now York:John Wiley & Sons, 1982.

[6] Spencer, L. M. & Spencer, S. M. *Competence at Work: Models for Superior Performance* [M]. New York: John Wiley & Sons, Inc. , 1993.

[7] 罗伯特·伍德. 职能招募与选才 [M]. 汕头:汕头大学出版社,2003.

# 实施人才战略规划 推动继续教育事业发展
## ——兼论高校继续教育人力资源开发与人才队伍建设之策

武汉大学 杜晓成 胡 锐

**【作者简介】**

杜晓成,男,武汉大学继续教育学院院长,教授,法学博士,研究方向为法学、继续教育、干部教育培训等。

胡锐,男,武汉大学继续教育学院主任,硕士,讲师,高级职员,中国管理科学研究院研究员,研究方向为经济学、法学、教育管理、继续教育等。

本文为2010年第十一届海峡两岸暨港澳高校继续教育论坛收录论文。

"十二五"期间是我国继续教育事业发展的重要时期,也是高校继续教育事业改革与发展的关键时期,更是继续教育办学实体单位发展的重要时期。为了更好地适应高校大力发展继续教育事业的需要,适应国家构建终身教育体系的需要,建设高素质的继续教育人才队伍是实现高校继续教育改革目标任务的基础和保障,我们必须牢固树立人才资源是第一资源的理念,把人才工作和队伍建设摆在更加突出的位置,为高校继续教育事业的发展提供强有力的人才支撑和队伍保障。

### 一、高校继续教育人力资源建设存在的问题

高校继续教育人力资源建设在过去的十多年中,在开发中稳步推进,在发展中不断提高,管理人员素质结构不断优化,人力资源培养渠道、职工学习研究氛围与环境不断改善,人力资源配置与使用、有序流动不断优化,人力资源激励机制、奖励制度不断建立。但高校继续教育人力资源建设还存在以下一些问题。

1. 我国继续教育事业科学发展的高要求和大趋势与高校继续教育人力资源的结构性矛盾凸现

职工的结构性矛盾主要体现在,职工的专业结构、能力结构、年龄结构不合理,与工作岗位需求不匹配;管理干部年龄偏大,流动难,知识老化,观念旧,各部门工作人员没有形成年龄梯队;专业技术岗位与技术职称或技术专业不对口,技术专业对口的技术管理人员或技术人员偏少;高层次的管理人才和技术拔尖人才更少;人才资源开发投入不足,人才流失的现象仍然存在。

2. 职工管理长效机制有待健全,职工培养、管理和使用的机制有待完善,人力资源环境需要进一步改善

留住、用活现有人才仍然面临体制、机制、环境制约,特别是学校事业单位人事制度改革相对滞后,培养、管理和使用现有人才的机制不够健全;继续教育人才培养机制与培训体系还不够完善;用人机制不顺畅、不透明,"能上不能下,能进不能出,干好干坏一个样"的弊端仍然存在;管理不规范,服务意识、职业道德意识有待加强。

3. 职工队伍建设缺乏规划,人才引进、选拔与考核评价机制有待健全

高校继续教育缺乏人才引进与选拔制度,继续教育人才校内招聘引进或校外招聘引进困难;业务管理人员出现断层,职工专业知识背景与专业素质薄弱;没有建立相应的岗位工作规范与绩效考评体系;缺乏规范的激励机制与管理规范,重形式、轻实绩现象依然存在。

## 二、高校实施继续教育人才战略的构架

### (一)高校继续教育人才战略的指导思想

坚持以科学发展观和人才观为指导,着眼于学校的长远发展,根据学校继续教育事业发展的需要,紧紧围绕继续教育发展的战略目标,根据继续教育实体办学需求和职工自然减员的实际,以现代继续教育管理理念为指导,坚持"以人为本"的管理理念,把"树立科学发展观和人才观,深化体制改革和着力机制创新"作为工作重点,通过完善机制、优化结构、强化培训、营造环境,使继续教育职工队伍结构不断优化,职工队伍数量与实体办学规模的要求相适应,职工素质显著提高,职工工作环境显著优化;逐步建成一支与继续教育管理职能、发展水平、办学规模相适应的职工队伍,以加强队伍思想道德、职业道德与职业能力建设为重点,以人力资源考评与激励机制建设为核心,打造一支懂教育、会管理、善经营、开拓创新、勇于进取的实体办学职工队伍,建设一支高素质、负责任、充满活力的

继续教育领导班子和部门团队班子,为继续教育实现跨越式发展提供有力的智力支持和人才保证,促进继续教育持续、健康、快速发展。

(二)优化继续教育人才战略的基本原则

1. 统筹规划,着眼当前,坚持突出特色、适应需求

要实现高校继续教育发展的目标,人才是关键,队伍是基础。继续教育人力资源既包含校内编制的院级领导和管理干部、职工,也包括办学实体按企业劳动合同聘用的人员。一方面要对人才开发实行统筹规划,切实加大人才资源开发力度,使人才开发与继续教育事业发展相互促进、协调发展。另一方面,必须采取有力措施,着眼当前,立足长远,实施人才开发重点突破、突出特色、整体推进,以适应继续教育事业又好又快发展的需求。

2. 遵循规律,优化结构,坚持精干高效、分类管理

十年树木,百年树人。要遵循人才成长的规律,对不同类型、不同专业的干部职工,采取不同的教育培训途径和方式;不断优化队伍的年龄和专业结构,加大职工队伍的培养力度,采取校内分类引进与校外招聘相结合;根据继续教育办学的优势和特色,加强非学历教育管理人才、实体办学经营管理人才、网络教育及学历教育管理人才、专业技术人才的培养,培育培训项目策划、市场拓展人才,提高继续教育办学与管理的核心竞争力及人力资源优势;着重培育复合型人才、重点岗位人才。

3. 提高素质,增强能力,坚持德才兼备、以评促用

职工素质贵在德才兼备,人才开发贵在能力建设。坚持品行为本育人才,唯才是举用人才;以求实创新为先导,以落实培养、激励、使用机制为重点,以提高素质、增强能力为目标,全面加强职工队伍教育培训工作,不断提高培训质量,增强培训实效;加强德才兼备、以德为先的教育和考核,把热爱继续教育、献身继续教育,有敬业精神、科学精神和奉献精神的职工作为重点培养对象,努力实现继续教育职工队伍素质能力建设新的突破。

4. 构建平台,动态管理,坚持以人为本、优化环境

职工队伍建设要努力做到使想干事的人有机会、能干事的人有平台、干成事的人有地位。对不同的职工提供不同的平台,使各类职工表现有机会、干事有平台、发展有空间,使一流的人得到一流的待遇,一流的贡献得到一流的报酬和地位;在努力改善继续教育在学校的形象和工作大环境的同时,重点优化继续教育职工成长与工作的小环境,职工队伍建设规划要落实到具体岗位和个人,制度建设要分类别、分层次制定;坚持以人为本,着力开发好、培养好、使用好现有职工,

积极引进、招聘急需岗位,新人引进与招聘要立足于引得进、留得住、用得上,人才培养立足于高层次、多元化、重成效;对各类人才要实行竞争机制下的动态管理,制定职工轮岗、换岗和岗位交流制度,注重能力和实绩考核。

### 三、实施继续教育人才战略重要举措

为实现继续教育职工队伍建设的总体战略目标,应采取一系列积极有效的政策和保障措施,促进职工队伍建设有序、有效地发展。实施继续教育人才战略,重点是建设好"六大工程"。

#### 1. 实施"实绩工程",增强执行力

激发队伍活力是职工队伍建设与继续教育和谐发展的重要手段。坚持以责定岗、以岗定酬、优劳优酬、绩效优先、兼顾公平的分配原则,在定编定岗的基础上,实行任务量化、定编调控、分类设岗、津贴切块的分配办法,加强对个人的绩效考核,强化激励机制和考核机制;创新和完善职工评价培养、使用配置、评价激励、监督管理机制,营造员工健康成长和干事创业的环境;树立科学人才观,坚持德才兼备的原则,把思想道德、知识、能力、业绩、廉洁等五个要素作为衡量评价员工的主要标准,按照合理配置人才资源、优化人员结构、强化岗位管理的原则,最大限度调动全体职工的工作积极性。

实施"实绩工程",将干部、职工的选拔任用、提职晋级、年度考核、评先评优与工作实绩挂钩,把职工的现实表现与个人的成长进步和物质利益挂钩,破除在晋级和增长工资上的论资排辈、迁就照顾现象,破除正式工、招聘工的身份差别,改变干差干好一个样的状况,形成良好的利益导向,走出一条能者上、平者让、庸者下的用人路子,做到不拘一格选人才,鼓励人人都做贡献,人人都能成才,把一切积极因素都凝聚到继续教育发展上来。

实行全员聘用制,按需设岗,按岗聘工,竞争上岗,让人才在流动中到位,在考核中定位,在竞争中入位,基本做到"闲人不养、懒人不留、能人不亏"的目标,实行利益分配向关键岗位和贡献突出人员倾斜的政策,让职工真正认识到"今天工作不努力,明天努力找工作",大大提高职工的积极性和劳动生产率。

打造一流的执行力主要依靠干部,加强管理就是管理优化、服务高效。服务是手段更是目的,管理是目的更是手段。一个部门正职对一个部门风气的形成与事业的拓展有极其重要的影响,因此要特别加强部门正职建设,加强党性教育和职业道德素质建设,增强执行力;要提倡"做主任的事、操院长的心;做院长的事、操校长的心";继续教育管理干部要走群众路线,有民生意识,有大局意识。

#### 2. 实施"阳光工程",增强透明度

在校人事部门的指导下,通过制定和完善继续教育管理岗位竞聘机制,实施

继续教育全员岗位竞聘方案，坚持程序透明、过程公开、操作规范、全员参与；继续教育广大干部职工对竞聘工作有知情权、参与权、选择权和监督权，逐步建立职工考核量化评价体系、职工民主议事制度、职工交流沟通机制、院务公开制度、廉政勤政制度，健全绩效考核与激励机制，坚持责任为重，品德为本，引导职工忠于继续教育、锐意进取，求真务实、埋头苦干，不事张扬、默默奉献。

建立人员合理流动、岗位交流与换岗制度，积极疏通政工人才、专业技术人才、非学历教育管理人才、成人与网络教育管理人才、实体办学经营管理人才和后备人才六支队伍间的流动渠道；建立岗位工作目标考核办法，培育继续教育软环境，科学评价人，正确激励人，形成人人想做事、人人有事做、人人做成事的氛围。实施"阳光工程"是让所有人有机会，努力做到能者上、庸者下。

3. 实施"素质工程"，增强竞争力

通过开展职工思想政治理论学习与培训、思想道德与职业道德教育与培训、形式多样的业务素质培训与考察拓展活动，采取校内外培训结合的措施，全面提升队伍的综合素质。对职工教育培训要进行规划，提出要求，并经常检查督促，不断增强职工在本职岗位上学习的自觉性。

坚持培训分层次、分类别，突出重点，强化引导，建立多元化教育培训机制。采取多种形式提高职工队伍的思想政治素质、职业道德素质、业务素质和管理能力，通过在职学习、短期培训、考察调研、评优创优等活动，引导职工学习业务，提高能力；有选择、有目的地选派一些管理骨干参加专题学习班或研讨会，开展校外专题调研，学习借鉴兄弟高校继续教育管理经验。

坚持培养模式多样化。把技术过硬、管理有方、服务优质的干部、技术骨干作为重点培养对象；将后备干部放在关键岗位和重要工作中锻炼；对年轻干部通过以岗位工作为课堂又以部门内岗位为单元、以老带新、以强带弱等手段进行培养，提高职工队伍的整体素质。

4. 实施"文化工程"，强化主人翁意识

企业文化是企业之魂，继续教育文化是继续教育发展之基；理念是文化之魂，抓住了灵魂就把握了方向；要树立"用文化管队伍""以文化兴继续教育"的理念。

实施继续教育文化工程的总体思路是：按照以人为本、讲求实效，领导垂范、系统运作，突出特色、追求卓越的原则塑造继续教育文化；重点做到主攻精神文化、规范制度文化、推进行为文化、提升物质文化。主攻精神文化是通过挖掘和弘扬继续教育精神内涵，通过教育、宣传、奖惩、创建群体氛围等手段，形成继续教育价值观和精神理念，塑造继续教育"灵魂"。规范制度文化是建立规范完善的制度体系和科学有效的考评机制，加大制度文化建设力度，有效规范继续教育管理、服务、育人的行为。推进行为文化是大力推进职工行为管理标准,抓好员工的行为养成规范,建立并完善"继续教育部门员工行为规范",推进职工作风建设。提升物质文化是改善继续教育办公硬件环境,优化办公环境视觉形象,营造良好工作氛围,提升继续教育整体形象。

同时,把文化建设与创建"学习型继续教育"有机地统一起来。开展学习型继续教育部门"创、建、做"活动,打造学习型继续教育文化建设,用继续教育文化建设的理念,指导学习型继续教育的建设,把"自我超越、改善心智模式、建立共同愿景、团队学习和系统思考"五项学习型继续教育建设标准,贯穿于"讲求育人之道、培育继续教育精神、塑造继续教育形象"的文化建设之中,把"学习力"和"文化力"紧密地融合在一起,成为更加强大的"学习文化力"。通过积极宣传爱岗敬业和团结协作的精神,开展评优、评先表彰大会树立典型,增强全体职工服务规范意识、敬业奉献意识、艰苦创业意识、自律自强意识;组织员工开展丰富多彩的文体娱乐活动,丰富生活;通过开展多种形式的考察活动,坚持既能"走出去",又要"请进来"的方式,拓宽职工视野,增强队伍活力。用继续教育的事业发展目标凝聚人心,推进改革,稳定队伍。

实施文化工程重在"内打基础,外树形象",坚持科学管理,引入竞争机制,提升服务水平,以学校领导满意、服务对象满意、继续教育职工满意为目标,坚持科学发展观,构建和谐继续教育与可持续发展战略。

5. 实施"关爱工程",增强归属感

大力推行继续教育党群工作一体化的机制,实施"关爱工程"。通过完善职工的利益协调、诉求表达、矛盾调处、权益保障机制,建立职院双赢的模式,促进职工立足岗位创新、创业做贡献,工作生活有活力。通过开展形式多样的活动,关心青年职工成长成才,关爱职工特别是女性职工的身心健康与家庭和美,为职工发展、晋升创造平台与机会,解决困难职工实际问题等方式,优化继续教育人文环境,为职工成长成才和发展提供便利和条件。

从解决职工最关心、最直接、最现实的利益问题入手,为职工多办实事、多办好事,着力改善职工福利与发展事业并重,将关爱渗透到各项工作中去,将关爱体现到最需要关爱的职工身上。

6. 实施"养贤工程",注重人才开发

实施"养贤工程"就是通过实行岗位聘任制、任期制和任期目标责任制,完善后备干部培训制度。进一步规范后备干部推荐、培养、管理及使用,储备高素质的后备干部队伍。对后备干部既要保持常量,又要实行动态管理,对不适合继续保留在后备干部队伍中的要及时调整,新发现的优秀年轻干部要及时补充。

　　打通壁垒,广纳贤才,建立多渠道后备干部流动引进机制。坚持德才兼备、任人唯贤的原则,坚持群众公认、注重实绩、备用结合、动态管理的原则,有计划地实施交流、轮岗,建立健全年轻干部的选拔任用制度、谈话制度、跟踪考察管理制度、培养教育制度、年度工作汇报制度等;按照"培养有计划,使用靠竞争"的工作思路,鼓励和支持后备干部参加继续教育公开选拔和竞争上岗,在同等条件下,优先使用后备干部。对后备干部采取交流、轮岗等形式,有计划、有目的地安排关键岗位、重点工作、复杂任务,引导后备干部加强自身修养,坚持高标准、严要求,提高勤政廉政的自觉性。

### 四、落实高校继续教育人才战略规划保障机制

#### (一)政策机制

**1. 优化机制,促进队伍建设良性循环**

　　建立继续教育机构科学设置方案、继续教育部门职责及工作规范,制订继续教育部门工作量化与考核评价体系,对现有队伍优化组合,加强部门团队建设。制订继续教育全员岗位竞聘实施方案,制订继续教育部门员工岗位工作规范及标准体系,建立职工岗位量化考核评估体系;按照"三公开"的原则(即岗位公开、岗位职责公开、聘任程序与结果公开)、"三定"的原则(即定岗、定编、定责),实施全员竞聘、择优录用。建立继续教育部门职工民主议事制度,完善继续教育部门职工沟通交流机制。继续教育领导主动听取职工代表对继续教育重大事项决策的意见,部门负责人落实继续教育部门每周工作通报与研讨制度,主动沟通本部门工作。做到事前听意见、事后有监督、工作有规范、绩效考核有标准和责任追究制度能落实,对继续教育改革发展、干部提拔、职工福利规划、薪酬分配等重大事项应经过职工代表大会研究通过。健全激励机制,制定职工奖励制度,建立健全职工薪酬福利体系,优化年终分配体系。

**2. 健全制度体系,做到队伍建设有章可循**

　　建立继续教育部门职工岗位工作管理规范、继续教育部门日常行为规范等;建立继续教育部门职工培训制度,有计划、有组织、分类别对职工进行培训培养与教育;以岗位责任制和建设学习型组织为载体,倡导广大职工的自我发展,有计划地组织职工参加考察与交流活动,确保职工培训有充足的经费。建立继续教育部门勤政廉政制度,形成四个作风(优质服务的作风、依规办事的作风、注重工作效率的作风、精益求精的作风)。让职工立足岗位,熟悉业务,提高政策的执行力。抓住工作中的各关键环节、细节,求实、求严、求细,不断提高工作效率。建立继续教育部门后备人才选拔培养制度,加强干部队伍梯队化建设;建立继续

教育部门院务公开制度,促进决策科学化、管理民主化、沟通制度化、信息透明化、文件公开化。建立继续教育部门合同制员工聘用标准与管理办法,在新职工引进、聘用上,严格遵循职工聘用标准和管理办法。

3. 优化工作方法,提高思想政治工作的有效性

加强党支部建设,发挥党支部战斗堡垒作用和党员模范带头作用,增强思想政治工作的有效性。建立党员干部联系制度,改善干群关系,促进人际和谐。建立部门正职责任制度,促进部门团队思想政治工作建设。推进党、团、工会、妇女组织,关注队伍建设制度化,协会、群众组织积极参与协助职工队伍建设。

4. 多元化、多途径开展多样化活动,增强队伍活力与可持续发展

利用学校寒暑假,组织职工开展多种形式的考察、学习、调研活动,加强员工之间的交流沟通;利用政治性、公益性节假日,开展多样化的纪念活动。与兄弟院校继续教育部门联合开展交流会、联谊会、研讨会等。根据继续教育职工的年龄特征,定期组织职工体检;举办健康知识讲座、心理保健知识讲座、养生知识讲座、疾病预防与干预讲座、家庭和谐与子女教育知识讲座等。成立各类协会或兴趣小组,引导职工培养良好的生活情趣和品味。

5. 进一步加强人文环境建设,为建设学习型继教、法治继教、效率继教、服务继教、和谐继教打下文化基础

优化团队文化与执行力建设,促进班子、"部门正职"建设,建好班子、部门团队;科学稳妥地实施优化考评与绩效方案,营造公平、和谐、健康的竞争环境;构建网络学习平台,促使职工进步和发展;构建良好的人际互动氛围,激发大爱之心。构建继续教育有效决策、有效沟通、有效评价、有效互信与有效互动体系,开展"单位是我家的"的活动,让人人都成为主人!

6. 员工队伍是继续教育发展之本

加强继续教育用人机制建设,形成良好的选人用人导向,坚持品行为本,用靠得住的干部,引导全员职工讲党性、重品行、做表率,创造出经得起实践、舆论、服务对象、历史检验的实绩。

(二)保障措施

建立、健全人力资源开发与人才队伍建设制度规范和工作体系,逐步实现继续教育机构科学设置、职工队伍稳定、制度体系健全、职工队伍总量增加、结构更优化、素质更过硬的目标,使职工队伍建设步入健康、和谐的良性循环。

1. 统一思想,提高认识

继续教育人力资源开发与人才队伍建设是落实和实现高校继续教育发展战

略目标的核心工作,继续教育职工要站在讲政治、讲大局的高度,提高认识,高度重视,立足本职,积极主动,扎扎实实地把工作做好,为高校继续教育跨越式发展做出应有的贡献。

2. 加强领导,精心组织

继续教育人力资源开发与人才队伍建设规划的落实是一项系统工程,涉及继续教育工作的方方面面,工作任务重。为了使职工建设工作确有成效,高校应成立学校继续教育人力资源开发与人才队伍建设领导小组。

建立"校领导抓规划,校职能部门抓协调,继续教育职能部门抓建设与实施"的机制,层层分解目标任务,加强分类指导,将高校继续教育人力资源建设的各项政策、措施落实到位。分管继续教育的校领导是继续教育人力资源规划实施的第一责任人,学校人事、组织部门和继续教育职能部门主要负责人是具体责任人,继续教育职能部门是高校继续教育人才队伍建设的具体落实部门,他们的职责分别是统筹规划、协调指导、完善制度、落实方案等。继续教育各业务部门和实体单位要做好人才的具体使用和培养工作,特别是重点岗位人员的培养工作,做到工作出成效的同时出人才。

3. 加大宣传沟通,强化监督

围绕高校继续教育人力资源开发与人才队伍建设和继续教育事业的发展,继续教育职能部门要加大与学校领导、学校职能部门沟通的力度,加大宣传力度,及时宣传报道继续教育人力资源开发与人才队伍建设的成效,努力营造良好的舆论范围;建立健全督查制度,继续教育职能部门要及时掌握和反映人力资源开发与人才队伍建设的进展情况和职工的心声,加强协调、监督、检查各项工作,促进高校继续教育人力资源战略规划落到实处。

4. 加大经费投入与预算

加大高校继续教育职工队伍建设各项经费的投入力度,建立高校继续教育部门职工队伍建设专项资金管理制度,同时还要加强对高校继续教育职工队伍建设资金的使用和落实情况的监督管理、评估。

**参考文献:**

[1] 丁克勇,杨芙蓉. 普通高校继续教育发展中存在的问题及其对策[J]. 高等函授学报(哲学社会科学版),2007(3):28-29.

[2] 杜战其,关海玲,杨斌鑫. 新时期我国高校继续教育面临的主要问题研究[J]. 机械管理开发,2006(4):148-149.

[3] 方光荣,易长发. 关于普通高校继续教育的现状及其发展的思考[J]. 高等函授学报(哲

学社会科学版),2006(1):4-5.

[4] 郭志勇. 普通高校继续教育的特点问题和管理模式[J]. 继续教育,2007(4):13-14.

[5] 胡锐.国际继续教育发展趋势及借鉴[J]. 继续教育,2010a(7):10-12.

[6] 胡锐.论我国继续教育发展趋势与战略取向[J]. 继续教育,2010b(8):29-32.

[7] 林楠,余利平. 校企联合推动继续教育发展[J]. 高等函授学报(哲学社会科学版),2009(1):54-55.

[8] 刘会彦,马爱民. 以美国为例探讨开展继续教育的方式[J]. 长春医学,2008(4).

[9] 刘翔. 对我国当前继续教育的几点思考[J]. 继续教育,2005(1):52-53.

[10] 刘雅丽. 从资源整合角度看继续教育的发展[J]. 成人教育,2008(9):44-45.

[11] 吕新月. 高校继续教育办学新模式探索[J]. 继续教育研究,2005(4):7-9.

[12] 任允熙,王滨. 论普通高校中的继续教育的创新与发展[J]. 教育探索,2005(4):18-19.

[13] 王明钦. 论普通高校继续教育的模式与途径[J]. 河南大学学报(社会科学版),1999(1):98-101.

[14] 赵惠琳,葛天诗,甘鹏飞. 论我国高等继续教育的发展与对策[J]. 中国建设教育,2008(1):35-37.

# 成人高等学历教育课程设置的目标、问题与对策

中山大学　潘金山　蒋海红　梁征宇

【作者简介】

　　潘金山，男，中山大学教务处副处长，助理研究员。研究领域：教育管理、高等教育。

　　蒋海红，女，中山大学教务处科长，助理研究员。

　　梁征宇，男，中山大学教务处科长，助理研究员。

　　本文为2012年第十三届海峡两岸暨港澳高校继续教育论坛收录论文。

## 一、成人高等教育课程体系设置的目标

　　教学目标是教育目标的具体化，而课程体系设置则是教学目标的具体化，课程建设的重要性是由成人教育的人才培养目标与类型所决定的。《中国教育改革和发展纲要》明确提出："成人教育是传统学校教育向终生教育发展的一种新型教育制度，对不断提高全民族素质，促进经济和社会发展具有重要作用。"

　　成人高等教育目标有两种取向：①侧重于个人发展需要的价值取向；②侧重于社会发展需要的价值取向。一般而言，发达国家成人教育课程的目标侧重于前者，主张服务于个人发展需要，具体反映在教学过程与课程设置强调以受教育者为中心。我国则侧重于后者，主张服务于社会发展，以社会需要为中心。两者各有存在的基础，笔者认为，根本而言，两个目标并不矛盾。"服务于个人"是首要与显在的教育目标，长期来看，"服务于社会发展"则是其必然结果，两者存在着因果关系，而非对立与割裂。但两种价值目标与教育理念的确在成人高等教育课程体系设置的内容与倾向性方面存在差异。如何协调课程体系设置，一方面，有利于培养成人学生的社会适应能力，满足受教育者的现实需要，另一方面，促进学生拓展社会发展所需的能力，是一个值得探讨的问题。

成人高等教育有其特殊性,相比于普通高等教育,其特点表现为:

(1)多元化教育对象与终身性教育过程。成人高等教育对象涵盖社会各类成员,其年龄、职业、原有教育程度都非常多样化,显示出社会化与分散化特征。因而,成人高等教育是贯彻终身教育理念的一种教育实践。

(2)职业性教育需求与实用性教育内容。中国高校现有成人高等教育是以提高社会从业人员的履职能力、适应市场职业变化能力及终身学习能力为目标的教育,对应用能力与个人素质的培养是核心概念。教育内容与成人的职业需求联系紧密,受教育者也往往把提高职业知识和技能作为学习的首要目标。

(3)多维性教育结构与快速性教育效益。多元化教育对象意味着体系多维组合的教育结构,业余学习方式则要求教学内容"少而精","购买教育服务"的付费学习过程则要求"教育供给"满足市场需求与个体需要。因而,成人高等教育的内容与方式必须落实于课程内容与课程体系,并根据市场需要及时调整。

教育目标毕竟需要落实在教学的具体实践过程中,课程建设问题则成为一个重要方面和着力点。建立起切合学校自身优势、满足成人付费求学需求及具有成人教育特色的课程体系,在客观与操作实践上都要求高校管理部门与具体教学承担院系树立起"课程意识",即教育主体对课程的敏感程度,蕴含着教育者对课程理论的自我建构意识、课程资源的开发意识。"课程意识"指导下的课程改革引发两大改变:一为技术指向,一为理念指向①。前者包含课程方案、教材教法、教学环境资源的改变,可将其命名为"教学意识";后者则包含课程观甚至教育观的改变、思想与行动的改变及学习经验的改变,关注教学目的与价值问题。课程体系设置则是"技术指向"与"理念指向"的综合,是"服务于人"与"服务于社会"的共同目标具体而微的体现。

西方成人高等教育经过长期发展,形成了比较成熟的体系,课程设置与建设成为成人高等教育整个教育过程的核心,拥有大量专门从事课程开发的人员,实践经验丰富,课程意识导向十分明确。笔者认为,仅从教学方法、手段及教学工具的改进方面着手,并不能使教学效果获得根本性的提高,因为教育受制于教学、教学受制于课程。把"教育"落实到"教学",把"教学"落实到"课程"是一个以小见大、见微知著的操作过程,值得重视。但实际情况则是高校成人教育在新专业拓展方面非常努力,关注人才培养方案和专业教学计划,却大多不能根据社会需求及学员的特点进行课程开发或调整。忽略或无视课程开发环节,这是有违教育与教学初衷的。与此形成对比的,则是各高校纷纷推出的 MBA、EMBA 及

---

① 周淑卿.课程政策与课程革新[M].台湾:台湾师大书苑,2002:199.

MPA 项目，却能够紧密结合市场需要与社会发展不断推出新的系列课程。这说明，成人教育不是缺乏课程开发能力，而是缺少意识与动力。这固然与办学机构成人教育较低的"教育收益"相关，但也与多年"固化"的"传统"相关。

### 二、成人高等教育课程体系有待改进的问题

课程作为联结教育目标与教育过程的枢纽，影响着人才培养的规格与质量，决定着教育机构自身的发展速度与规模。在国内外各类办学机构不断抢占成人教育市场的今天，"品牌"成为有力的竞争筹码，"质量提高型"的发展模式必将逐渐取代和淘汰"数量扩张型"的发展模式，教学课程设置必须进行相应调整，这将是成人教育教学改革的核心问题。审视当前成人高等教育的课程建设，存在以下亟待改进的问题：

（1）课程体系注重全面，但需加强对象针对性。现有成人课程大多是正规本科学历教育的拷贝，比较注重"学科"与"专业"，强调系统的学科基础与理论建构，倾向于知识体系的完整和逻辑结构的严密，重视学术。成人高等教育"普教化（普通教育）"部分地忽略了成人高等教育的特点及受教育者的特殊性，而这种"知识本位"的教学定位在一定程度上偏离了成人高等教育服务于个人需求的目标。重技能、重实践、重应用等体现成人教育特点的课程未能受到足够重视，课程体系还需扩大开放探究、针对实用的课程比例。

（2）课程内容有待更新，增加时代内容。教学内容陈旧的原因，一方面是高速的时代发展步伐"加速折旧"现有知识与信息，一方面是由于教材建设、出版发行及版权保护制度存在漏洞，其直接结果就是学习已经落后或者已被淘汰的知识，获得的是过时信息。没有知识价值就很难说有实有价值，有碍于教学质量与教育目标。占据课程较大比例的基础理论也与成人学生实际工作中所需的现代知识、技能缺乏紧密联系，很大程度上割裂了成人学习与现实生活的联系。

（3）课程结构需要进一步合理化。现在的结构问题表现在两点：其一，基础理论课占据相当大的比例；其二，必修课几乎一统天下，技能型与应用型课程、选修课程方面则"发育不全"。活动课程与实践教学课程的匮乏，是许多高校"权衡利弊"后功利性取向的结果，在"教育产业化"的概念下，不能奢望这一状况能够迅速得到改观，但扩大高质量选修课程的比例，满足成人学生多样性与差异性的学习需求，却是课程结构调整的一个方向。

（4）课程的深度与难度上下起伏。成人具备成熟的逻辑思维能力与分析判断能力，具备丰富的工作经验与社会理解力，对知识的接受、分析、判断、综合、应用能力并不弱，具备较强的学习潜能和自学能力，但因学习目标、投入精力、年龄的差异性，机械记忆能力有所不足。目前矛盾在于，部分课程严格要求而部分课

程"放水"现象严重，不同课程甚至同一课程深度与难度的变化较大。

（5）课程考评方式的单一化。"知识化""学科化"的课程设置使其考核方法较为单一。考评注重笔试，以理论考试内容为主。笔者认为，有必要结合成人教育学习的特点与具体课程的要求，突出对知识应用的考核含量，从考核分析与解决问题的能力着眼，适当增加理解、分析和判断的分量，减少死记硬背的内容；在考试形式上可采取开卷、闭卷、论文、调查报告、实验报告、小组专题讨论等多种形式，使之更加适合成教学生能力，又可以为学生确立正确的学习方向和标准，以达到考核目标。这是具体课程考核一个可以多重选择的方法。

综上，普通高校具有以学科为中心的教学模式与课程体系，成人教育则带有明显的模仿痕迹，暴露出专业知识、教学内容与实践需求脱节的问题，这有碍于适应市场对"技能型人才""复合型人才"的需求，实现高校为生产第一线培养应用型人才的社会目标还有相当的提升空间。成人高等教育对象的复杂化、教育目标的多样化，以及部分高校对成人教育"收益性"的定位，无疑都是其中的因素。基于现有教学内容、课程体系存在的诸多问题与矛盾，如何优化成人教育课程体系已经成为一个提升教育质量的解决之道。

### 三、成人高等教育课程体系建设的对策建议

教育目的和培养目标的实现是通过教学内容和课程体系来实现的。笔者认为，成人高等教育需要注重"成教化"特色，虽然不是从"我教什么你就学什么"到"我学什么你就教什么"这样一百八十度的转身，但重视学习内容时代化的更新、应用技能的提高与学习能力的培养是符合个人与社会发展需要的，如此，教学方法、教学手段、教学设施、教学工具的现代化等技术性与工具性方面的提升才会更有意义。

（1）重视市场需求。教学改革、课程开发首先要对教育对象的职业特征和职业岗位群体类型、通用型与专业型的能力类型等市场需求进行分析。德国成人教育课程设置就充分体现了重视市场与学习实用的特点，具体做法是：首先对职业岗位进行系统全面的调查，分析岗位现状、劳动者身份、使用工具等因素；基于分析预测职业发展的未来趋势；采用"倒推法"确定需要向学员传授何种知识和技能；以课程大纲形式制定下来成为教学内容与主导方向。中国高校现有的MBA、EMBA、MPA 等的课程开发经验也值得借鉴。在学科基本确定的情况下，投入适当资源进行课程设置的市场调查研究是保证教学目标与教育目标协调一致的有效方法。

（2）重视应用性。现代设计鼻祖包豪斯提出"干中学"（learning by doing），提倡的是实践精神，倡导在实践中学习；与此类似，还有一种叫"学中干"的名词。

两者结合即工作学习化,学习工作化,打破学习与工作的严格界限,以利用所有可能的机会最大限度地扩大学习成果,并在第一时间将学习成果应用到工作实践中去,形成良性循环。现代教育价值观看重知识的基础地位,但更重视能力的培养;思维、创造和想象能力通常不是"学"所能直接提供的,而是在学习与应用的过程中获得的。成人接受高等教育,是典型的"干中学"与"学中干"需求的表现,因而课程具体内容与系统设置有必要重视以应用性知识为导向,通过设置更多的专题课、实验课、学术论坛课等传递时代知识与应用技术,优化传统课程系统,重视兼顾专业知识与实践技能。

(3)重视课程安排比例。可以考虑合并内容相同或互有重叠的课程成为综合性课程,特别是必修课程中的基础理论课程或重复性通识课程、素质课程可以考虑加以凝练,专业课程开设则需要考虑其内在逻辑联系,避免成为基础理论课的"大拼盘"。在此基础上,为适当增加选修课创造机会,目的在于适当淡化基础理论,强化应用技能的培养。减少课程门类,有利于成人学员"聚焦"其时间与精力专注于关键课程,或选修切合实际需要的课程。在教学目标指向上由理论主导向能力主导转变,结合专业规定与市场需求,增强针对性和应用性,改变课程设置大而全、大而散、大而浅的诸多缺点,不仅节约课时,而且传授有效信息。

(4)重视课程的综合性。北京大学于2001年正式启动了酝酿已久的按学科大类招生的"元培计划",后多家重点大学先后实施了这一制度。"本科生的大类招生政策在'厚基础,宽口径'的原则下,建立'全校通修课程+学科通修课程+专业发展课程+开放选修课程'的新型模块化课程体系,引入第二课堂资源,建立多元化的实践教学育人体系。从通识教育平台和专业特色培养两个方面进行学分制,以落实培养应用型人才,实现学生的自主学习、持续发展和个性发展的培养目标。通过模块化课程体系、多元化实践教学育人体系、学分制运行管理机制来贯彻落实服务国家和地方经济社会发展的宗旨。"①正规本科教育重视基础教育与应用价值是教育发展的客观要求,并因此出现了大规模学科、课程的综合化现象,这当给以视本科教育为圭臬的成人教育以启示。如果说基础课程需要相对"收缩"和"聚焦",而专业性应用课程则需相对"释放"和"发散"。

(5)重视课程内容的时代性。在教学内容上要根据社会需要和大类专业发展情况进行精选和增减,突破成人高等教育"普教化"问题,精选终身学习必备的基础知识与技能,重点传授具有应用价值的课程内容,改变课程内容繁、难、窄、旧的现状,及时补充新的知识血液,删减过时知识、无效信息,对基础课程的内容

___

① 引自百度词条[EB/OL] http://baike.baidu.com/view/2514764.htm.

贯彻"够用"为度的原则，对专业课必须以"实用"为主，强调接受信息的"新鲜性"与"关联性"，以确保教学内容与社会发展、个人需求的协调。在教学方式上通过增加案例分析、实践环节和开设大量应用讨论型课程等实践教学方法，既可调动成人学员学习的积极主动性，又可满足个人发展需要。

(6)重视教材的建设开发。从"教育—教学—课程—教材—课堂"的层层具体化与操作化推进可知，教材的建设开发是成人高等教育合乎逻辑的发展要求，也是贯彻教育理念、落实教育目标的强力支持。对某一具体学科或专业而言，教材内容的组织需要反映本学科或本专业的最新成就或前沿进展以及其现实应用价值。教育资源的丰富化，使得传统的纸质教材向现代的集语言、文字、图片、动漫、视频、电子书于一体的多媒体教材、立体教材方向发展；现代教学手段等技术性操作提倡运用案例、讨论、观摩、模拟、实际操作等教学形式，无一不对应相应的教材支持。因此，加快教材建设步伐是课程内容更新的必需载体。根据人才培养定位、职业发展需求、成人学习特点等编写适合成人教育的教材，突出理论的应用价值、强调以解决实际问题为目标的教材编写模式并定期更新，这一工作在课程内容陈旧凸显的背景下已经被提上了议事日程。

终身教育理念已经成为当代共识，这必然要求成人教育的"成人化"特色渗透到具体的教育实践、教学实践工作中去，课程体系与教学内容将是推动成人教育创新的核心内容。这方面的研究有待继续深入。

**参考文献：**

[1] 常杉杉.科学发展观指导下的普通大学成人教育课程体系构建[J].成人教育,2011(6)：27-29.

[2] 陈大学,等.成人高等教育课程体系存在的问题、成因及对策[J].继续教育研究,2009(9)：135-137.

[3] 杨会喜.成人教育存在的问题及发展途径新探[J].中国成人教育,2008(3)：14-15.

[4] 张伟.成人高等教育课程设置：问题与理论思考[J].教育探索,2010(3)：43-45.

[5] 张春.对我国成人教育课程体系设置的思考[J].继续教育研究,2009(1)：131-132.

[6] 周淑卿.课程政策与课程革新[M].台湾：台湾师大书苑,2002.

[7] 周文根.创新教育视野下成人高等教育课程体系的构建[J].教育理论与实践,2011(3)：28-29.

[8] 朱建文.成人高等教育课程体系改革与创新的初步思考[J].中国成人教育,2007(4)：131-132.

# 基于高校继续教育项目的
# 课程开发与营销模式分析

北京大学 杨学祥 安会泳

【作者简介】

杨学祥,男,北京大学继续教育部副部长,经济学博士,研究方向包括教育管理、继续教育等。

安会泳,男,北京大学继续教育部教学管理与研究办公室副主任,研究方向包括教育管理、继续教育等。

本文为2013年第十四届海峡两岸暨港澳高校继续教育论坛收录论文。

## 一、前 言

当前,中国正朝着构建终身学习体系、建设学习型社会的目标不断迈进,高等学校作为社会优质教育资源的聚合体,承担着人才培养、科学研究、文化传承、社会服务四大职责。这四大职责不仅体现在高等教育领域,同样体现在继续教育领域。基于继续教育项目对高校课程进行重新开发与营销,就是要以满足社会成员不同人生阶段的不同教育需求为目标,通过对细分市场进行充分分析,从前瞻性、实用性、针对性和时效性等方面对高校既有课程进行重新设计与开发,并以继续教育项目的方式输出给不同的社会组织和个人。

高校继续教育项目课程开发与营销包括两种基本模式,即基于课程内容模式和基于用户需求模式。基于课程内容模式是高校课程的常用开发模式,具体是指:根据继续教育的实际需要对高等院校的在职教师及其讲授的学历教育课程全面评估后再进行开发,并包装成一个继续教育项目进行营销;某个项目可能只有一位老师及其讲授的继续教育课程,也可能包括两位甚至十几位老师及其讲授的继续教育课程;开发和营销的主体是高等院校的教学单位,教学单位与全部或者绝大多数任课老师及其讲授的继续教育课程存在紧密关系。基于用户需求模式是企业在人力资源培训时常采用的模式，具体是指：根据继续教育市场的需求策划继续教育项目，并以高校继续教育项目的名义进行项目推广和课程营销；同时对符合项目要求的高等院校的在职教师或者社会成员及其讲授的课程进行开发，某个项目可能只有一位老师及其讲授的继续教育课程，也可能包括两位甚至十几位老师及其讲授的继续教育课程；开发和营销的主体可能是高等院校的教学单位，也可能是别的社会机构，开发和营销的主体与全部或者绝大多数任课老师及其讲授的继续教育课程都是简单的合作关系。下面，本文拟对高校继续教育项目的理论研究、项目策划与课程开发、项目推广与课程营销等问题进行探讨。

## 二、概念界定

为了明确不同课程开发与营销模式的不同，我们首先需要对高校继续教育项目，高校继续教育项目的教学资源、项目策划与课程开发、项目推广与课程营销几个概念进行区分。

高校继续教育项目。特指由高等院校出面开办的继续教育项目，办学模式主要有两种：高等院校的教学单位单独开办，高等院校的教学单位与合作伙伴联合开办。项目的主要形式是举办高级研修班或者专题讲座并且招收学员参加学习；办学方式分为委托（合作）办学和面向社会招生两种；核心内容就是聘请教师与讲授课程，以及招收学员；工作重点就是策划项目并且设计、开发和营销课程。

高校继续教育项目的教学资源。高校继续教育项目属于教育类产品的一种，消费者看重的是高校品牌或者教学单位品牌、项目品牌和具体教学过程；高等院校的学校品牌、高等院校的教学单位品牌、具体课程授课教师的社会影响与实际水平构成高校继续教育项目的核心要素。按照传统的思维方式定义，高校继续教育项目的教学资源和课程资源，应该全部或者主要来源于策划项目的教学单位的正式编制的在职教师及其讲授的课程；但是，随着中国经济社会的发展变化，高校继续教育项目的教学资源和课程资源也出现了一些新的情况，主要来源大致分为两类：①高等院校教学单位的教学资源和课程资源，包括教学单位正式编制的在职教师及其讲授的课程、固定合同制教师及其讲授的课程和临时聘任的教师及其讲授的课程，以上资源统称为教学单位资源。②其他类型的教学资源和课程资源，包括其他高等院校的在职教师及其讲授的课程、科研机构的研究人员及其讲授的课程、政府官员及其讲授的课程、企业高级管理人员及其讲授的课程，还有一些知名人士或者自由职业者及其讲授的课程等，以上资源统称为社会资源。本文论述中多次提到的"高等院校教学单位的教学资源"特指"高等院校教学单位的正式编制或者固定合同制的在职教师及其讲授的课程",不包括其他类型的教学资源。

高校继续教育项目的策划与课程开发。项目策划与课程开发环节,目前主要有六种操作模式:①教学单位利用教学资源独立策划项目并开发课程,同时拥有全部知识产权。②教学单位利用教学资源与委托办学单位联合策划项目并开发课程。③教学单位利用教学资源与合作伙伴联合策划项目并开发课程。④教学单位利用自身教学资源并借用外部的教学资源单独策划项目并开发课程。⑤教学单位没有可以开发的教学资源,只是利用平台单独策划项目并开发课程。⑥教学单位没有可以开发的教学资源,只是利用平台与合作伙伴联合策划项目并开发课程。

高校继续教育项目的推广与课程营销。项目推广与课程营销环节,目前主要采用四种操作模式:①"自产自销"的模式。高等院校的教学单位利用全部的品牌资源单独策划和对外推广所有继续教育项目并营销课程,承担运行风险并获得全部预期收益。②"多种经营"的模式。高等院校的教学单位利用品牌资源单独推广一部分继续教育项目并营销课程,同时也与合作伙伴联合对外推广一些继续教育项目并营销课程,降低部分风险,让出部分预期收益。③同一个项目采用不同的推广形式。高等院校的教学单位利用品牌资源对外推广继续教育项目,同时也与合作伙伴联合对外推广继续教育项目并营销课程,降低部分风险并且让出部分的预期收益。④"贴牌经营"的模式。高等院校的教学单位出让品牌资源,由合作伙伴对外推广继续教育项目并承担课程营销费用和投资风险,双方按照协议约定分享预期收益。

### 三、高校继续教育项目的策划与课程开发

高校继续教育项目的策划与课程开发主体是高等学校的教学单位,根据教学资源来源和项目实施方式的不同可以划分为以下六种模式。

| 模式 | 主体 | 教学资源 | 项目实施 |
|------|------|----------|----------|
| 模式一 | | 内部资源 | 独立运行 |
| 模式二 | | 内部和外部资源 | 与委托办学单位合作 |
| 模式三 | 高等学校 | 内部和外部资源 | 与合作伙伴合作 |
| 模式四 | 教学单位 | 内部和外部资源 | 独立运行 |
| 模式五 | | 外部资源 | 独立运行 |
| 模式六 | | 外部资源 | 与合作伙伴合作 |

1. 教学单位利用全部的教学资源独立策划项目并开发课程,拥有全部知识产权

这种操作模式的特点是高等院校的教学单位的声望、社会地位和品牌资源能够支撑起该项目的需要,并且拥有项目需要的全部师资,所有师资都处于行业顶级位置,项目都是独立策划。这一操作模式的运作难度相对比较大,目前只有极少数知名高等院校的部分教学单位采用。根据对北京大学 40 个教学单位 3 年来已经开办的 2000 多个继续教育项目的粗略统计,目前仅有两个教学单位完全采用了这种模式。

2. 教学单位利用教学资源与委托办学单位联合策划项目并开发课程

大部分委托单位都是根据高校继续教育项目的招生简章直接组织学员参加学习,但是也有一些委托单位的经办人参与课程开发与教师聘请。委托单位的经办人组织学员到高等院校参加学习,根据本单位的实际情况对学习内容和任课教师提出具体要求,高等院校的教学单位没有这方面的教师或者教师的知名度不够,只能去请符合要求的老师,也就等于双方联合策划项目并开发课程。北京大学国家发展研究院的"第二期中国公立医院院长专业化职业化培训项目"受"卫生部国际交流与合作中心"委托举办,14 门课有 12 个外请教师,3 名来自卫生部,2 名来自社会培训机构,还有一些来自其他大医院。

3. 教学单位利用教学资源与合作伙伴联合策划项目并开发课程

这种操作模式出现的主要原因有三个方面。①教学单位课程设置或者教师资源的原因。高等院校的教学单位一般都是根据学历教育的教学计划配备师资和设置课程的,学历教育的教学科研是基础任务,学生来源于统一招生;而继续教育的教学属于应用范围,继续教育项目必须面向市场,因此,双方协商策划合作项目时,高等院校的教学单位的教学资源如果不能满足项目需要,就必须与合作伙伴联合开发课程。②合作伙伴属于市场经验特别丰富的社会培训机构,这些社会培训机构储备或者长期聘用了一些教学资源,已经能独立操作继续教育项目;他们寻找高等院校的教学单位进行合作,往往是为了扩大所办项目的社会知名度、招收更多的学员参加学习,联合开发课程与聘请师资是必要条件。目前通过各种媒体发布的继续教育项目,大部分都是这些社会培训机构策划的。北大经济学院的"金融衍生品与期货高级研修班",23 门课有 16 个外请教师,合作伙伴是深圳市东方华尔街教育服务有限公司。"大国崛起进程中的金融与文化博弈""股票与房地产分析""股票指数期货投资""股指期货运用与实战分析""期货期权理论及投资策略""行为金融与投资策略""系统化交易方法"等课程,都是双方联合开发的。③合作项目成本分摊的原因。目前国内的继续教育项目,教

学成本、招生成本、管理成本及正常利润基本上各占三分之一；而且教学成本是刚性成本，无法进行削减；而教学单位的教师讲课费往往高于社会成本，为了降低整个项目的教学成本，教学单位常常要求合作伙伴开发一部分普通课程并且聘请一部分师资，承担讲课费用。

4. 教学单位利用教学资源并借用其他的教学资源单独策划项目并开发课程

这种操作模式的特点是高等院校的教学单位的声望、社会地位和品牌资源能够支撑起该项目的需要，并且拥有项目需要的大部分师资，继续教育的项目都是独立策划。但是教学单位的教学资源不能满足项目的全部需要，还需要聘请一些外部的教学资源进行补充。北大光华管理学院的"中国企业经营者——工商管理硕士第 26 期研修项目"属于院系独立办班，26 门课有 6 个外请教师。这种操作模式目前被广泛采用。

5. 教学单位可以开发的教学资源很少或者没有，只是利用运行平台单独策划项目并开发课程

这种操作模式的特点是高等院校的声望、社会地位和品牌资源能够支撑起该项目的需要，教学单位只是独立策划继续教育项目，利用所在高等院校的声望、社会地位和品牌资源，开发高等院校内部和外部的教学资源，获得发展的机会。北大继续教育学院已经举办了 600 多个班，其中的许多项目都是独立举办，但是没有本院师资，只是利用运行平台整合各类资源、策划项目、开发课程。

6. 教学单位可以开发的教学资源没有或者很少，只是利用运行平台与合作伙伴联合策划项目并开发课程

这种操作模式的特点是高等院校的声望、社会地位和品牌资源能够支撑起该项目的需要，教学单位只是利用所在高等院校的声望、社会地位和品牌资源，与合作伙伴联合策划继续教育项目并开发各类教学资源，获得发展的机会。例如，北京大学信息科学技术学院已经举办了 145 个班，但是开发的都是外部的教学资源，全部属于与公司合作办班。

### 四、高校继续教育项目的推广与课程营销

高等学校继续教育项目推广和课程营销过程中，根据品牌使用情况、有无合作单位、项目推广方式和风险收益分担方式的不同可以划分为以下四种模式。

| 模式 | 教育品牌 | 合作方 | 推广方式 | 风险与收益 |
|------|---------|--------|---------|-----------|
| 模式一 | 独占品牌资源 | 无 | 自我推广 | 自担风险,独享收益 |
| 模式二 | 共享品牌资源 | 部分项目合作 | 不同项目不同推广方式 | 分担风险,分享收益 |
| 模式三 | 共享品牌资源 | 部分项目合作 | 同一项目不同推广方式 | 分担风险,分享收益 |
| 模式四 | 出让品牌资源 | 全部项目合作 | 多种推广方式 | 分担风险,分享收益 |

1. 教学单位利用全部的品牌资源单独策划和对外推广所有项目并营销课程,承担运行风险并获得全部预期收益

采用这种所有继续教育项目都是自产自销的模式,不需要合作伙伴帮助推广所有项目并营销课程,必须具备几个前提:①教学单位的声望、社会地位和品牌资源能够支撑起该项目的需要。②教学单位有资金进行前期投入并且能够承受某个继续教育项目经营失败甚至某个项目不能开办的经济损失,不需要合作伙伴进行前期投入或者分担损失。③教学单位已经积累了一批继续教育项目的潜在消费者,能够保证项目推出之后不会经营赔本,更不会出现项目不能开办的情况,也就不需要合作伙伴进行市场开拓。④教学单位在推出继续教育项目之前,能够自行进行相关的市场调查,掌握市场需求。目前,北京大学继续教育项目规模比较大的教学单位中,只有光华管理学院的全部项目采用的是这种模式。

2. 项目采用多种经营的模式

教学单位利用品牌资源单独推广一部分继续教育项目并营销课程,同时也与合作伙伴联合对外推广一些继续教育项目并营销课程,降低部分风险并且出让部分预期收益。

这种操作模式目前被广泛采用。根据项目预期招生的难易程度主要分两种情况:①教学单位对比较容易从社会招生和能够直接联系到委托单位的项目,一般都是单独推广,包括承担前期投入和投资风险、组织招生和安排教学,并获得全部预期收益。②教学单位对不容易从社会直接招生和没有直接联系到委托单位的项目、社会培训机构主动要求合作推广的项目,一般都是联合推广,合作伙伴承担前期投入和投资风险、组织招生和聘请部分教师。多数高等院校举办的继续教育项目目前主要选择这一模式。

3. 同一个继续教育项目采用不同的推广形式

教学单位利用品牌资源对外推广项目,同时也与合作伙伴联合对外推广该项目并营销课程,降低部分风险并且出让部分预期收益。这种操作模式有时也被采用。

4. 贴牌经营的形式

高等院校的教学单位出让品牌资源,由合作伙伴对外推广项目并承担课程营销费用和投资风险,双方按照协议约定分享预期收益。

这种操作模式也被部分高校教学单位采用,合作伙伴承担前期投入和投资风险、组织招生和聘请部分教师甚至全部教师、安排教学等事务性工作;教学单位只是继续教育项目的名义举办者,只发挥一些协调性作用。主要合作形式分为所有继续教育项目都与单一固定伙伴合作、不同项目与不同伙伴合作两种情况。

**五、结  语**

高等学校在继续教育市场领域必须走品牌化运营的道路,一方面是为了维护高校自身的声誉,另一方面也是为了维持高校继续教育项目的长远发展。高校继续教育项目理想的操作模式是通过课程开发与营销的过程创立品牌,实现品牌与市场的良性互动;然后通过品牌的维护、增值和溢价,树立行业标杆,避免恶性竞争或者过度市场化而出现的问题,引领市场健康发展。在这一过程中,需要以市场需求为导向,根据细分市场需求的不同设定差别化的继续教育项目,通过精品化的课程开发、品牌化的市场推广、多元化的合作实施实现高效继续教育的可持续发展。

# 企业培训课程创新与发展

香港中文大学　伍时丰　方思琪　陈健清

【作者简介】

伍时丰,男,博士,香港中文大学专业进修学院医疗保健及应用科学学部总监,研究方向为继续教育。

方思琪,女,香港中文大学专业进修学院课程统筹,研究方向为继续教育。

陈健清,男,香港中文大学专业进修学院内地事务总监,研究方向为继续教育。

本文为2013年第十四届海峡两岸暨港澳高校继续教育论坛收录论文。

## 一、前　言

香港中文大学专业进修学院成立 40 多年来不断为不同阶层人士提供持续进修的机会,且为香港、内地及海外不同类型的企业,如工商机构、慈善机构、非营利机构、政府部门与学校,设计及组织专业进修及培训课程。学院具有开办优质持续及专业教育的丰富经验,并有大量具丰富经验的导师,能了解员工在工作中所需的实际知识及技术,并设计课程加以配合。学院所举办的不同专业进修及培训课程均广受欢迎,尤以语文、翻译、信息科技、商业、医药及管理最为显著。与此同时,本院亦提供一站式的全方位培训服务,有课程设计、教授、评估及检讨等,同时为企业员工提供优质的遥距课程。[1]近年来,也为内地机构提供多种类的培训,以满足不同行业的进修需求。

## 二、香港企业培训概览

百年发展历史,造就了香港国际大都市的风采。香港拥有东西方文化水乳交融的绚丽特色,拥有国际先进的管理理念和卓有成效的管理方法,中文和英语同时广泛使用的独特环境,十分有利于内地和香港进行更大范围的交流。毫无疑问,香港这个地区是内地走向世界的桥梁,是内地各类人员难得的培训课堂选择地。

在香港的企业培训市场,一般可以分为公、私营两类市场提供者,私营市场的课程由个人培训师、中小型培训机构或上市的大型国际机构提供服务。公营机构包括大学、职业培训团体以及一些非营利机构,它们提供不同类别的课程和服务。[2]

### 三、香港中文大学专业进修学院企业培训分析

本文以香港中文大学专业进修学院为个案分析,从 2012 年 1 月至 2013 年 8 月期间,学院所举办的内地来港参训项目包括 10 多个省市,涵盖政府、事业单位、国企,领域覆盖广泛。学习安排包括各领域专家与学者授课、与相关机构或单位交流,以及学员讨论分析等教学活动,让学员除了学习知识外,也能亲身感受校园的氛围及自由自主的学习环境。

1.项目来源省市分布

企业来港培训项目主要来源于广东省,占项目的 62.16%,一线城市如北京、上海、广州、深圳来港项目占到 70% 以上(见表 1)。

表 1　项目来源省市

| 省市名称 | 百分比 |
| --- | --- |
| 广东 | 62.12 |
| 上海 | 6.06 |
| 北京 | 9.09 |
| 河南 | 4.55 |
| 河北 | 1.52 |
| 浙江 | 7.58 |
| 四川 | 1.52 |
| 黑龙江 | 3.03 |
| 陕西 | 1.52 |
| 重庆 | 1.52 |
| 山东 | 1.52 |

### 2.项目来源单位分布

来港培训项目中，91.91％的学员来自政府机构与事业单位，尤以事业单位最多。各地政府及企、事业单位都与香港有不同程度的合作与交流机会，同时各地政府均有年度预算为成员提供到先进地区学习与交流的资金，以便提高机构的管理与服务水平（见表2）。

表 2　学员来源单位

| 学员来源 | 百分比 |
|---|---|
| 政府 | 39.39 |
| 事业单位* | 51.52 |
| 国企 | 7.58 |
| 私企 | 1.52 |

注*：事业单位，一般指以增进社会福利，满足社会文化、教育、科学、卫生等方面需要，提供各种社会服务为直接目的的社会组织。事业单位不以营利为直接目的，其工作成果与价值不直接表现或主要不表现为可以估量的物质形态或货币形态。事业单位是相对于企业单位而言的，事业单位包括一些有公务员工作的单位，是国家机构的分支。

### 3.项目学习领域

来港培训项目学习主题主要覆盖九大领域，包括政府管理、教育、医药、经济、制造、能源、艺术、法律和物流。而学习专题大概分为四类：行政管理、卫生管理、各行业相关的专业技能以及创新管理。培训需求大多是希望学习香港先进的理念，完善的管理体系，专业化的人才、技能以及优质的服务等内容（见表3、表4）。

表 3　学习领域

| 领域 | 百分比 |
|---|---|
| 医药 | 31.82 |
| 教育 | 21.21 |
| 经济 | 16.67 |
| 政府 | 13.64 |
| 制造 | 1.52 |
| 能源 | 1.52 |
| 艺术 | 1.52 |
| 法律 | 9.09 |
| 物流 | 3.03 |

表 4 学习专题分类

| 专题 | 百分比 |
| --- | --- |
| 行政管理 | 50.00 |
| 卫生管理 | 25.76 |
| 专业技能 | 22.73 |
| 创新管理 | 1.52 |

4.项目开展时间

来港企业培训项目根据不同的安排分布在 1 年各个季度和月份,但培训高峰期出现在夏季 6～9 月之间(见图 1)。

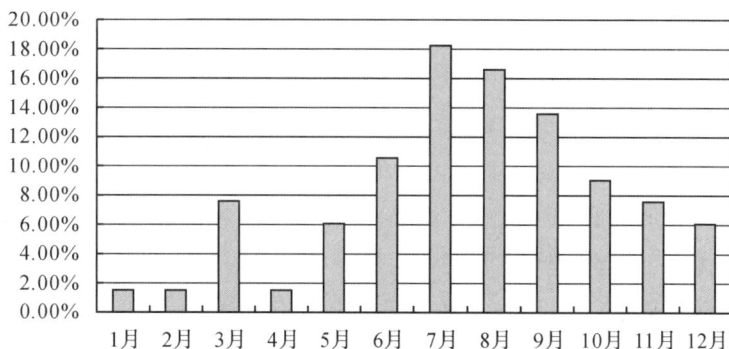

图 1 项目开展时间

5.项目学员数量

来港培训项目大多根据计划和预算设定来港人数,故不同的项目之间的差异会比较大。大部分项目每期成员会在 30～40 人之间(见图 2)。

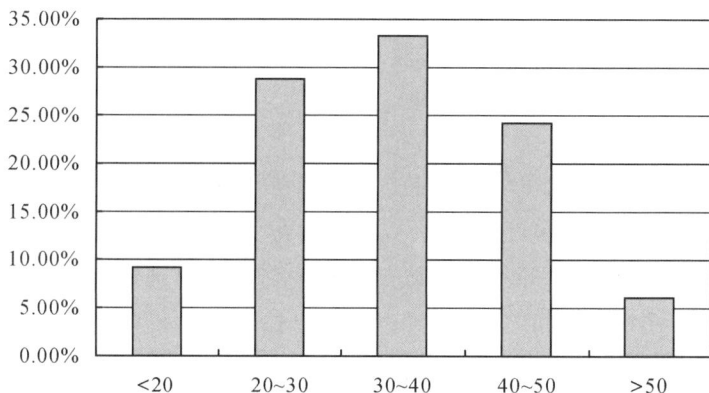

图 2 项目学员数量

6.项目学习时长

根据学习需求与学员接受知识的程度,来港学习项目之间的时间长度差异比较大。过半项目选择5天的培训行程(见表5)。

表 5　项目学习时长

| 时长(天) | 1 | 2 | 3 | 4 | 5 | 6 | 7 | 10 |
|---|---|---|---|---|---|---|---|---|
| 百分比 | 1.52 | 6.06 | 10.61 | 15.15 | 51.52 | 1.52 | 4.55 | 9.09 |

7.数据分析

从以上数据分析,我们可以总结以下几个特点:

(1)由于地理位置的便利,广东省来港培训项目数目占比大,涉及领域广;而进一步分析一线城市,特别是沿海城市,基于改革发展基础和对西方政策理念较其他城市更为熟悉,故来港学习的项目更容易得到支持。

(2)学习项目覆盖领域广泛,包括政府职能运作体系、人员素质、市场经济、教育、医疗卫生、金融及服务业等方方面面的问题,而学员更希望了解香港与内地的异同、香港地区的实际运作方式等,从而可以在理论和实践层面都做到取其精华、借鉴优点、分清劣势、汲取失败的经验教训等。

(3)内地一般进行财政总结和制定财政预算为第四季度,11—12月为财政预算制定的高峰期,而第一季度因为农历新年的原因,故第四季度和第一季度来港学习项目会较少。本学院一般也会在制定财政预算后与各地政府、企事业单位协商制订第二年度的学习计划;第二、三季度为来港项目高峰期。

(4)为了保证课程质量,以便学员更好地与授课老师交流互动,并便于安排参观,学习人数在20～30人之间为合理数量,部分高端学习项目会在10～20人之间;而学习天数为期5天也比较合理。

### 四、企业培训成功因素

1.项目及课程设计

各地区政府、企事业单位的需求差异会相对比较大,在项目初期的沟通非常重要。必须跟项目负责单位的高层人员确定学习项目的领域、范围及学习的具体需求,同时对学员背景等基本情况有所了解,才能更好地进行项目设计与讲授老师的安排。而在此期间,学院也可以基于以往的经验和对项目的认知给予专业的建议和意见。通常,在项目前期会进行多次沟通与交流,并经过双方确定,才能保证项目设计与需求相匹配。

### 2.讲授专家的专业知识与经验

关于选择授课专家方面,本院会选择有深厚的专业知识水平,同时具有行业丰富工作经验的专家,以便在理论知识和实践经验上都可与学员有更多的交流和互动。香港的部分资深专家由于在国外接受教育与工作,对普通话不是非常熟练,故在选择的时候也需要考虑专家是否可以用普通话与学员进行交流,必要的时候可以辅以英文补充或提供普通话翻译服务。

### 3.项目的质量保证

香港中文大学专业进修学院有着一套完整的质量保证体系,确保项目在前、中、后期得到系统的保障。其中包括项目设计、课程教授、课程评估及课程检讨全过程的跟进。[3]下面列举一些课程结束后学员对课程的定性评价。

● 收获较大的是感染控制的实行:各种措施或用具的合理使用,纠正了一些以前认识中的误区,明确了相关的概念,更新了理念。

——医疗专业技能培训班学员,上海

● 了解了香港医院与内地完全不同的结构和模式。联网、医院管理局统一管理,医生护士专心救死扶伤,不用考虑医院收益,把医疗满意度提到最终目标。现在上海医院也在转变观念。

——医疗管理培训班学员,上海

● 最大收获是"小政府大社会"的理念及实践。对香港特区了解更多。对行政管理、人文生活的感受较深,开放、活泼的精神让我感受到香港的活力;中文大学校园非常美丽。

——市场监督培训班学员,深圳

● 经济体系的完善,先进的理念,政府与企业之间积极的互动和沟通,整体环境让经济活跃且有序。

——经济相关培训班学员,重庆

● 个别老师的普通话需要提升。

——城市建设培训班学员,北京

● 政府机构参观交流的广度和深度可以适当增加。

——政府职能及素质提升培训班学员,黑龙江

## 五、挑战、机遇与创新

### 1.广大的市场需求

通过分析我们可以发现,内地 31 多个省(区市)中,尚有相当多的省(区市)未曾与我们有合作,而他们恰恰是有着学习提升需求的群体,未来相信会有更多

的省(区市)希望获取学习提升的机会。同时在项目课题方面,从广度和深度上也有很大的发展空间。

2.高校相互合作的机会

在来港学习项目当中,不乏与内地大学合作的项目,如清华大学、陕西科技大学等知名院校。为了能让学员在学习知识和技能的同时具备国际视野和前瞻性思维,各地高校也可以考虑与香港各高校开展更多的合作项目,包括定制化或常规化的项目,以便对学员进行全方位的培养与发展。

**参考文献:**

[1] 香港中文大学专业进修学院.企业培训[EB/OL]. http://www.scs.cuhk.edu.hk/cuscs/tc/training-intro.php.

[2] China Executive Education Guide 2012[R].

[3] EDB/HKCAAVQ/JQRC. Good Practices in Quality Assurance, A Handbook for the Sub-degree Sector[R]. Tripartie Liasion Committee, 2009.

[4] Hoffmann W. J. & Enright, M. J. *China into the Future-making Sense of the World's Most Dynamic Economy*[M]. New York: John Wiley & Sons, 2008.

# 关于继续教育课程设计的几点思考

武汉大学　宋　蓉

【作者简介】

　　宋蓉，武汉大学继续教育学院院长助理，高级职员，研究方向为网络教育、继续教育等。

　　本文为 2013 年第十四届海峡两岸暨港澳高校继续教育论坛收录论文。

　　《国家中长期教育改革和发展规划纲要（2010—2020 年）》指出："继续教育是面向学校教育之后所有社会成员特别是成人的教育活动，是终身学习体系的重要组成部分。"联合国教科文组织 1997 年通过的《国际教育标准分类法》中界定"成人教育"为：所有被社会视为成人者，为个人的充分展示和参与平等与独立的社会、经济、文化发展而加强自己的能力，丰富自己的知识，改变自己的技术或专业水平，或改变自己的专业方向，或改变自己的态度及行为的有组织的教育活动。

　　随着社会的发展和进步，新理论、新知识、新技术、新工具和新方法不断涌现，这向广大的社会从业者和即将步入社会的各层次就业大军提出了崭新的职业要求。为跟上社会发展的步伐，更新知识储备，提升能力和素质，增强自己在岗位上的工作竞争力，更多的从业人员需要通过一定的教育途径得到相应的教育资源。由此看来，继续教育在整个教育体系中的作用就更为重要。

## 一、部分发达国家继续教育的发展情况和基本特点

### （一）部分发达国家继续教育的发展情况

　　20 世纪 30 年代，美国主要针对工程技术人员进行必要的再次培训，建立了继续教育工程（continuing education engineering）。随着新技术革命的进一步深入和终身学习思想的广泛传播，广大社会公民逐步认识到了继续教育的重要性。

美、英、德等很多国家通过各种手段推行继续教育政策,不断扩大、深化继续教育的范畴,使其成为终身教育的重要组成部分。

(二)部分发达国家继续教育的基本特点

(1)政府部门高度重视继续教育,颁布相关法律条文,且配套措施落实到位。在实施继续教育的过程中,会涉及管理和运行机制、经费支持等多方面的问题。为了做好有关工作,有些国家从法律的角度对继续教育的实施进行了规范。如英国在1988年和1992年相继颁布了《教育改革法案》和《继续高等教育法案》,由政府给予继续教育充足的经费支持,并对经费管理和使用对象及条件进行了明确规定。

(2)继续教育课程设计针对性和实用性强。国外继续教育课程在设计时具有极强的针对性和实用性,这与其国家的人事管理体系有着密切的联系。很多公司和部门除了要求员工的学历外,更重视个人能力和素质,以及员工对岗位工作的适用性。因此,继续教育实施机构在课程设计上能够因材施教,且提供了丰富的继续教育资源。同时,学习者也能有针对性地选择更适合自己的课程,更新知识和提高技术及能力。

(3)获得继续教育机会是公民的权利。很多国家把获得继续教育机会作为公民的基本权利。因此,其继续教育是向全社会真正开放高等教育资源,提供更多获得教育的途径和机会,任何一个有学习需求的社会公民都可以通过不同方式和途径获得与其需求相适应的继续教育资源。

(4)继续教育的规范性和严谨性保证了教育质量。国家给所有有能力和有意愿学习的公民提供了很多参与继续教育的机会和途径,但并不意味着降低学习的衡量标准,而是实行"宽进严出"。学习者参与课程学习后,要想获得最后的学位证书,是非常不容易的事,但如果一个学习者真正完成了所有规定课程,学校会给予其与在校学生相同的毕业证书。

**二、我国继续教育的发展、现状和基本特点**

(一)我国继续教育的发展和现状

1949年中国人民政治协商会议制定的《共同纲领》里指出"要加强对劳动者的业余教育和在职干部教育",开启了新中国继续教育的大门。经过60余年的发展,其中虽然也有波折,但通过成人高等教育、自学考试以及网络高等教育等学历教育形式和各类岗位的职业培训,继续教育在我国社会发展和经济建设中做出了巨大的贡献。

(二)我国继续教育的基本特征

(1)国家对继续教育工作的重视程度不断提高,但配套落实措施尚待进一步解决。新中国成立以来特别是改革开放以来,随着经济的快速发展,社会建设对人才培养的数量和质量需求更多、更高,这是普通高等教育不能解决的,继续教育在一定程度对这种人才培养的需求提供了支撑,也做出了相当的贡献。国家对继续教育的重视程度也越来越高。

但由于我国人口众多,需要经费投入的基础建设领域很多。目前国家还只能从政策层面进行指导,并不能真正从资源建设和经费投入上给予广大社会公民的学习需求以更多支持,社会公民如需参加继续教育,除其所在单位或组织在时间和经费支持这一途径外,一般尚要靠公民自己个人的力量来解决经费。

(2)继续教育作为普通教育的补充,其教学模式没有完全摆脱普通教育的体系和框架。普通教育的教育对象主要是刚完成中等教育的青少年,他们的知识体系尚未完全建立,普通教育通过系统的教育体系帮助其建立较为完整的知识框架是非常有必要的。但作为其补充的继续教育则再延续这种教学模式,就无法起到其应有的作用。我国继续教育特别是学历教育任务基本由普通高校完成,其培养目标、课程设计、课程安排,教学方式、考核办法等基本上沿用了普通教育的教学模式,不能真正起到知识和技术的更新和提高作用。

(3)继续教育资源数量较大,但内容和质量尚不能满足学习者多样化的学习需求。我国目前能够提供的继续教育资源特别是网上课程资源一般由高等学校和社会教育机构投入经费进行建设,数量较大,但相当一部分资源是重复、低水平追求数量上的开发和建设,其内容上远不能满足社会和学习者日益更新的多样化学习需求;而在一些知名网站上的国外名校提供的网上公开课资源,又因为语言翻译问题,学习者还不易学习。

(4)继续教育社会开放程度不足。我国继续教育特别是学历教育有一套较为完备的管理框架和体系,基本保证每一程序和环节的严格管理;同时也人为地制造了许多限制和障碍,如对招生对象、报名资格、学制年限等多方面的要求,加上没有经费上的充足保障,能够参加满足自己学习需求的继续教育活动的人数有限。同时我国不同地区经济发展水平严重不平衡,要建设学习型社会和终身教育体系任重而道远。

### 三、课程设计和学习需求

(一)课程设计的理解

设计(design):可以理解为在任何活动开始之前的预先的计划和规划过程,

包括了解期望、需要、动机，业务、技术和行业上的需求和限制，并将所了解和理解到的内容转化为对产品的规划或者产品，使得产品（的规划）在形式、内容和行为上变得有用、能用，令人向往，并且在经济和技术上可行。

依笔者的理解，继续教育中的课程设计应该是指根据社会和经济的现状和发展趋势，社会公民的学习目的和学习需求，对继续教育课程的目标、内容、体系、手段、途径和管理进行有针对性的改革和创新，以形成符合社会和社会成员学习需求的教育产品的过程。

（二）主要学习需求

《国家中长期教育改革和发展规划纲要（2010—2020 年）》提出搭建终身学习"立交桥"，促进各级各类教育纵向衔接、横向沟通，提供多次选择机会，满足个人多样化的学习和发展需要；到 2020 年，基本实现教育现代化，基本形成学习型社会，进入人力资源强国行列；从业人员继续教育参与人次从 2009 年的 1.66 亿人次提高到 2020 年的 3.5 亿人次。这是国家政策层面的继续教育规划。

（1）社会进步和经济发展的需求。随着社会进步和经济发展，新理论、新知识、新技术、新工具、新方法不断涌现，这要求广大社会从业人员必须跟紧发展和变化的趋势，及时更新理论、知识和技术，否则就会被社会淘汰。

（2）建设终身学习型社会的要求。国家教育发展规划已明确为继续教育提出推进文化传播，弘扬优秀传统文化，要为普遍提高社会大众的科学素质和人文素质起到助力作用的任务。

（3）学习者提升学历层次的需求。现实社会中，知识和技术日新月异，更新速度非常迅速。为更好地适应工作岗位，从业人员就要不断学习和充电，更新知识结构，提高能力和素质，保证在激烈的竞争中能立于不败之地。

（4）丰富人生、提高生活品质的需求。除了适应社会竞争而产生的学习动力外，也有相当一部分人已将学习需求提高到个人养生和艺术修养的层面，这个时候的学习已经完全是发自内心的、完全主动的，为了提高个人生活品质的自主学习活动，更具个性化。

**四、继续教育课程设计方面的几点思考**

继续教育目标应该满足基于个人发展需要和基于社会展需要的两种价值取向，课程设计则是实现继续教育目标的核心。

（一）继续教育的教育目的

继续教育一方面应培养受教育者的社会适应能力，满足其共性化和个性化的现实需求，另一方面也应培养受教育者进行拓展的想象力和创造力，这样才能适应和推动社会进步和经济发展。

《中国科学报》2013 年 6 月 10 日发表了题为"史上'最难就业季':为什么毕业即失业"的文章,笔者强烈感受到教育界要对我国高等教育的教育目的进行反思,过度重视对学生进行知识体系的塑造,忽视其职业素养的培养,忽略实际工作能力和创业、创造能力的培养,这是高等教育体制程序化教育导致的结果。

(二)继续教育的教育目标

面对着社会各领域中理论、知识、技术和方法的不断变化和更新,继续教育就是要为不同领域内、不同层次的受教育者提供满足其学习需求的课程体系、教育内容、学习途径、学习手段和学习支持服务,让其个人能力得到提高。

(三)继续教育课程设计理念

"以人为本"、建设和谐社会的实质,延伸到教育领域内就是"以学生为本""以受教育者为本"。要改变维护传统的教学体系和框架,忽视受教育者的多样性和个性化的特点,用"一把尺子"作为衡量标准,想把所有人都塑造成同一个模型的教学理念。继续教育课程设计要考虑真正"以受教育者为本",把如何为受教育者提供更为丰富、更符合个性化需求的教育资源、学习途径和学习支持服务作为课程设计的核心理念。

(四)继续教育课程内容

(1)根据受教育者的成人特点和特殊性,关注其在社会工作和生活中遇到的需要通过继续教育来提高的实际问题,注重课程的应用性和实践性,设置与技能、实践和应用关系更加紧密的课程内容。

(2)增强课程设计者对新理论、新知识、新技术、新工具和新方法的敏感度,注重捕捉新的时代信息,及时对原有课程内容提出修订和更新。

(3)减少过分强调机械记忆的学习内容,增加适合成人特点的需要进行逻辑判断和综合分析的课程内容。

(4)进一步摆脱传统教学框架的束缚,改革课程体系,把培养目标定位于让受教育者获得可用、有用的知识和能力上。

(5)增加通识课程、人文艺术素养和优秀传统文化的课程内容比重,引导受教育者主动进行个人素养的提升。

(五)继续教育课程设计的扩展

(1)学历教育课程和非学历教育课程的衔接。把继续教育作为一个工程来做,其中的学历教育和非学历教育应该要形成有机的结合。这也是"立交桥"要起到的作用,将各级各类的教育形式和内容衔接,为受教育者提供多样的学习渠道和课程内容认定途径。

(2)继续教育师资建设。继续教育本身的特点决定了能够更为广泛地依托于高等学校之外社会各领域和机构的专门技术研究人员和高层次专门人才作为其师资,若真正做到建立这样一支继续教育师资队伍,将是对现有继续教育师资建设的有效突破。

**参考文献:**

[1] 胡锐.论我国继续教育发展趋势与基本策略[G]//毛金波.武汉大学继续教育发展与转型.武汉:武汉大学出版社,2013.

[2] 刘增辉.教育正在扼杀学生的创造力[J].中国远程教育,2012(12):42-44.

[3] 鲁婧,胡锐.国际继续教育发展趋势及借鉴[G]//毛金波.武汉大学继续教育发展与转型.武汉:武汉大学出版社,2013.

[4] 宋浩平.成人高等教育人才培养模式创新的思考[J].成人教育,2013(11):34-36.

# 台湾东吴大学推广部日文班的
# 变革与课程特色

台湾东吴大学　刘宗哲　陈永基

【作者简介】

　　刘宗哲,男,台湾东吴大学推广部主任,企业管理系教授,美国克里夫兰州立大学企业管理博士,研究方向包括信息管理、顾客关系管理、统计分析。

　　陈永基,男,台湾东吴大学推广部日文班主任,日文语文学系讲师,日本语文学系博士毕业,研究方向为日本语学。

　　本文为2013年第十四届海峡两岸暨港澳高校继续教育论坛收录论文。

## 一、前　言

　　台湾东吴大学推广部日文班从 1973 年开办到现在已经将近 40 年历史,提供之课程主要分为"日语经常班"和"日语专修班"。

　　"日语经常班"开设之级数从初级到高级都有,适合各种不同程度的人学习,授课方式比照大学的分科设计,内容包括发音、读本、文法和会话课,可以让想要学好日语的学员达成听说读写全方位掌握的目标。

　　"日语专修班"则主要是针对日语有一定程度的学员为加强某项实力而设计的。多元化面向之专修班是东吴大学推广部日文班最大的特色。除了有发音、会话、文法、阅读等不同专修班,还有协助学员取得证照的"日语能力检定班"和"日文秘书专修班"。另外还有一些广受学员喜爱的课程,如"劲爆欢乐日语会话系列""新闻导读暨日语写作精修班"以及"中级读解文法解析"或"Enjoy 读解",等等,都可以了解当今日本现状和日本社会的新知,更能达到生活加值、职场加分之附加效果。

目前台湾东吴大学推广部的日文班主要分经常班、专修班与日语能力检定班。其中经常班依学习的天数分成三日班、双日班、平日单日班与假日单日班;专修班含日语检定班和各种专业性的班级。目前开班的班别介绍如下:

1.经常班

三日班(一、三、五晚班)

双日班(二、四晚班与三、五早班)

平日单日班(周二与周四晚班)

周六假日单日班(周六上午班与下午班)

星期日上午班

2.专修班

目前共有 20 几种班别,班级数之多在推广教育中可以算是颇具特色。

日语发音专修班

丹尼欢乐日语会话教室

日本留考综合加强班

高级会话サロン班

日文秘书班(星期日上午)

Enjoy 日语会话初阶班

Enjoy 日语会话进阶班

全方位中级会话初阶班

全方位中级会话进阶班

劲爆欢乐日语会话入门

劲爆欢乐日语会话初阶班

劲爆欢乐日语会话进阶班

口语会话 easy 学班

日本留学考记述班

Enjoy 读解班(周末)

Enjoy 读解班(平日)

新闻导读暨日语写作班

中级读解文法解析班

高级读解文法解析班

N3 文法实力养成班

丁老师中级文章导读班

3. 日语能力检定班

N1～N3 日语能力检定班

N4 日检文法快捷补给站

## 二、课程设计与特色

（一）经常班课程设计与特色

经常班因为上课的天数不等，课程设计与科目也不尽相同，以下分别介绍各班别成立的缘起与特色。

1. 三日班

1-1 缘起

台湾东吴大学推广部日文班开班之初仅有一、三、五及二、四、六的三日班，并没有其他专班。并依程度的不同，分成十级，每期两个月，学完年限为一年零八个月，大约等于大学部二年级的中级日语程度。

而目前三日班只有一、三、五的班级，J1 的课程内容有：发音课、读本以及会话三科；J2 以上的课程内容则是读本、会话和文法。由于考虑学习效果，课程设计采取大学部的分科教学方式，由专精于不同专业领域的老师来上课。J1 的课程里一周有两次"日语发音"课，是推广部日文班一直以来不曾中断过的课程，已经有持续 40 年的历史。

1-2 特色

三日班 J1 的发音课采取中文日文对照比较的方法来学习，通过理论与实际的模仿达成自然、流利而且地道的日语发音为目标。环顾坊间补习班以及各大学推广部日文班，至今都没有单独开设过这门科目，可以说是本校推广经常班的特色之最。

2. 双日班

2-1 缘起

由于周六晚上学员出席上课的意愿不高，又加上当时周六还在上半天班，下班回到家之后再度出门上课甚感不便。因此学员报名大多集中到一、三、五的班级，造成排课困难。为适应这一现状，推广部日文班将二、四、六上课的三日班改为二、四上课的双日班，此为双日班的开端。

2-2 特色

由于每周学习时数的缩短，课程内容也大幅改变，课程设计由读本、文法以及会话三个学科改成读本（将文法并入）与会话两个学科，学习日数减少。为了加深学员学习的印象,"双日班"的老师在课堂上开始实施"当场学习当场记忆"的强迫记忆学习法,效果比回家后再复习显著;此外有的老师会利用上课前的时间让学员背一段书,而学员也很乐意配合,无形中促进了师生的感情,因此续班率远远超越了三日班,成为日文班的首度高峰。

### 3.假日单日班

### 3-1 缘起

台湾地区自2001年正式实施周休两日,起初认为大家在重视休闲的条件下,于周末来上课的意愿应该不高,但是实际上并不是每个人既有闲暇又有钱外出度假或安排自己的时间,想利用假日学习日文、自我充实的人反而不在少数,因此我部于2004年首度试探性地在周六开设假日"单日班"的结果是出人意料地契合了当时社会人士利用休闲时间进行自我充实的需求,报名学习的人数逐期成长,数年之后竟然成为日文班成长的二度高峰(图1)。

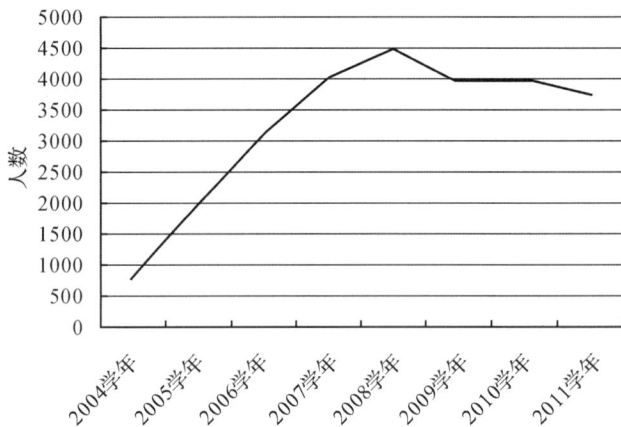

图1 假日班历年报名人数

### 3-2 特色

周六假日班的课程设计和双日班一样只有读本与会话,只是学习天数少了一天,因此进度是双日班的一半。但是周六假日单日班因为一周上课一次,同学有问题想问也要等一个星期后,才有机会提问题,所以学员们反而很珍惜上课的时间。在下课时如果有同学提问题,大家都会聚集过来围着老师仔细聆听,师生不用下课急着赶回家,这是晚班的班级所没有的情形。此外,报名周六班的学员基本上是不会有加班的情形出现的,因此出席率比较理想。许多老师也会善于利用这个优势多跟学生相处,深入了解学生学习的困难之处,相较之下学习效果比起夜间的班级更好,这就成为周六单日班的特色之最。同时老师也会鼓励同学组织读书会,利用下午的时间练习会话等。因此学习日文不再是孤单的学习,而是众乐乐之下快乐的学习,这一点又是另外的一个特色。

(二)专修班的课程设计与特色

1.发音专修班

1-1 缘起

一般的学习者都会认为日语发音很简单,但是程度越好反而觉得自己的发音不够理想,在发音上想要进一步说得像日本人的学员越来越多,所以在学员的要求之下,自 205 期(2010 年 7 月)开始设立发音班以来,截至目前 218 期为止已经整整满三年,其间不曾间断过。

1-2 特色

本班对报名的学员要求有半年以上的学习基础,但事实上学员之中不乏学过三年左右或留学过的学员,甚至还有从事口译工作的学员来报名学习。修完前期的课程后有半数以上的学员会继续报名学习后期的课程。

2.读解・文法解析专修班

2-1 缘起

一些学习过中级课程的学员希望继续有系统并且扎实地学习日语,因此,一些教学经验丰富的老师主动策划了这个课程。

2-2 特色

希望借文章导读达成下列目标是本班的特色:

(1)高级日文阅读的方法以及分析句子结构的技巧。

(2)借由句型分析正确掌握长句和段落的语意。

3.劲爆欢乐日语会话专修班

3-1 缘起

长期任教会话的老师有感于:

(1)学生还不能正确使用自然口语的方法以及在什么样的场合之下使用才得当。

(2)希望能避开口语和俗语的误用。

(3)希望学习者能将口语化的日文活用于日常生活当中,提高在日常生活中对话的能力。

(4)希望借由这个课程的学习,跳脱"中文式翻译的日文"。

(5)日文里有许多不同的句型在翻成中文时意思一样,但是语感却大不相同,往往会令学习者感到困扰,希望借由本课程简单的说明与分析,指导学生正确的说法。

(6)训练学员用简单的日文与感情语来响应对方的会话练习,借此提高日语会话与应对能力。

3-2 特色

本班的特色是在欢乐当中学好日语。老师会播放剪接过的影集或画面教导学生使用自然的口语。在学习之后让同学分组各自扮演剧情中的角色,分组会话竞赛,经过实际的演练,说过的日语会比传统式的学习来得印象深刻。在扮演角色之际,往往会有爆笑之处,学生还感到意犹未尽时,课就已经在这样的欢乐气氛之中结束了。

4.周二、周六"Enjoy 读解"专修班

4-1 缘起

(1)本班以学完经常班 J10 告一个段落还想继续学习的学生为对象。

(2)有鉴于推广部之同学虽于本部之经常班课程中建立了日语文法的完整系统,但却因阅读文章之时数不足,以至常常发生即使每一句的句意文法似乎都懂,却仍无法充分理解日本人于文章中想表达之语感,此种情形尤以迈入中级班之后更为明显,因此希望借由成立此阅读专修班协助同学们能顺利迈入中级,奠定中级的基础,为进升高阶班做好准备。

(3)希望通过文章的阅读成为不只是懂得日文的人,而是能更进一步了解日本人的思维与行为模式。

4-2 特色

利用分析句型的结构来了解文章的内容,阅读的方式有略读和精读等训练方法,同时训练学员能够自己分析句型的结构,以正确掌握文章的内容。

## 三、成　效

1. 双日班

日文班原本二、四、六上课的三日班之所以改成二、四上课的双日班,是由于当时还没实施周休两日制(2001 年起正式实施),星期六还要上半天班,学员在下班回到家之后还要出门来上课甚感不便,适逢当时经济成长时有加班,又加上周末应酬多、杂事多,以致周六的出席率不高,学习成效不佳。正是基于这样的考虑才决定将课程改成二、四上课的双日班。在这个变更之后,配合了工作繁忙之下只能抽出两个晚上学习日语的人的需求,之后报名双日班的人数逐年增加,已经远远超过一、三、五三日班的人数。

2. 周六假日班

周六假日班的增设是因为前述的双日班快速成长之下,教室严重不足而另

辟的时段。原本不很看好周六会出门上课的,结果因为周休两日制的实施让平时没时间学习日语的人有空可以利用周休两日多出的一天来学习日语。出乎意料的是,周六假日班逐期快速成长,即将超越当红的双日班。

3. 专修班

专修班的开班首先是配合学员要报考日语检定的需求而开设检定班。之后逐渐开设各个不同的专修班以适应学员的各种需求。其中陈庆彰老师的丹尼欢乐日语会话教室以及洪筱萍老师的劲爆欢乐日语会话入门、初阶与进阶班,因为洞烛先机得知电视节目的对白才是台湾年轻人想学的日语,上课的内容实用,深受学员的欢迎,往往一开放报名很快就额满。日语发音专修班完全是在学员主动的要求下开班的。因为开班之前并不看好有学习者愿意花钱来学习发音。但是自开班以来整整三年中,一期也不曾中断过。在良好的口碑相传之下,想学好发音以及矫正发音的学习者都知道来东吴大学学习发音,此班目前在稳定成长之中。专修班与经常班的开课性质完全不同,是由学员主导的(应学习者的需求开课),因此历年来人数增加快速,即将成为日文班的第一主力(图2)。

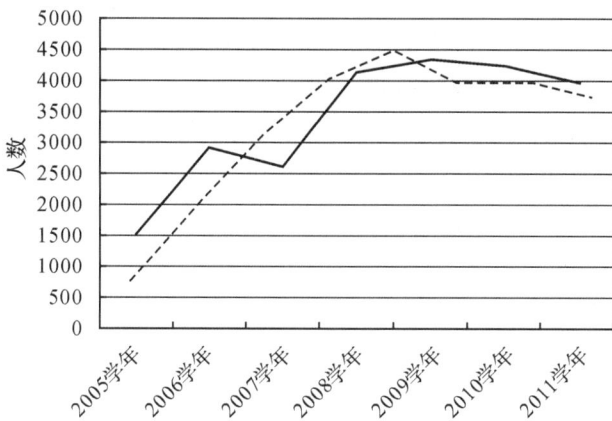

图 2　专修班历年报名人数

## 四、结　语

综观以上对日文班的介绍,我们得知课程要随着学习者需求的改变而改变,也就是说目前语文的生态与过去不同,是由"学"领导"教"的时代。唯有配合学习者的需求改变课程才能受到学习者的欢迎,提升学习者的日语能力。因为需要什么日语能力,学习者最清楚不过了。这可由专修班的增长窥见一斑。短短十年之内专修班的营收就占了日文班的三分之一。这种改变可作为今后面临"少子化"时代来临的借鉴。

# 中国高端培训课程开发与营销

四川大学　王　珣

【作者简介】
　　王珣，女，四川大学教育培训管理委员会办公室副主任，四川大学继续教育学院高管中心主任，副研究员，研究方向为高等教育管理。
　　本文为2013年第十四届海峡两岸暨港澳高校继续教育论坛收录论文。

随着中国学习型社会的逐步建立，以企业总裁、高管为首的高端人士逐渐认识到："我们再也不能一劳永逸地获取知识了，而需要终身学习如何去建立一个不断演进的知识体系——'学会生存'。"巨大的市场需求促使中国高端培训进入了一个快速发展的时期。

高端培训学员的特点决定了应该量身打造适合的培训模式和培训课程。为此，原有的以"名校、名师、名课程"等为优势和重点的讲授型培训，必须转变为从学员的需求出发，重新构造培训项目的内容，进而从时代发展潮流出发，主动引导学员需求。这一转变或会成为各高校和培训机构在下一阶段赢得竞争的关键，从而体现差异化竞争。这个竞争的胜负，将取决于谁拥有能更好满足学员需求的培训产品和后续服务。

## 一、企业高层内训，校企协同创新

四川大学积极贯彻实施教育部、财政部实施的"高等学校创新能力提升计划"和党中央领导人"协同创新"理念，高度重视校企合作，校领导与企业高层领导多次会商、研究、决策合作事宜，以充分发挥高校服务社会的功能，在国家人才培养中发挥独特作用，支撑地方经济社会又好又快发展。现以川大与宜宾五粮液集团的校企合作为例，浅谈校企协同创新课程开发与营销服务的模式。

1.提供保障,领导高度重视

在四川大学与五粮液集团有限公司战略合作框架协议下,四川大学高管培训中心与五粮液集团有限公司就人才培养进行了反复研究,并迅速达成了项目合作协议。五粮液集团唐桥董事长亲自确定培训项目、培训重点和培训课程。四川大学副校长步宏全程督促四川大学继续教育学院完成前期准备工作,并亲自参与优秀讲师的确定。双方决策层领导高度重视,为培训班的顺利实施提供了有力保障。

2.找准需求,科学设置课程

川大高管中心在学校领导指导下,迅速组建项目组,于课前与五粮液集团反复沟通,对本次继续教育的目的和目标进行反复的思考,针对五粮液集团中高层管理人员综合素质提高项目的具体需求,经过与人力资源部门的反复沟通后,就课程设置、师资配备以及论文评选流程等进行商议,并最终拿出令各方满意的继续教育方案。在两个月内制定出针对性、科学性较强的继续教育方案。五粮液两期中高层管理人员综合素质提升班每期各进行了200个学时的教学,课程设置采取了模块化的形式,从个人身心健康与保健、企业发展战略、企业文化建设、管理人员综合素质提升等四个模块兼顾了企业的发展和管理人员个人综合素质的提升。

3.灵活创新,校企高度配合

企业的继续教育方案,需要企业人力资源部门的高度配合,也需要学校的诚恳服务与创新精神,五粮液的两期中高层管理人员综合素质提升班正是两方员工协同创新、紧密合作的结果。川大高管中心项目小组成员与五粮液集团人力资源部的工作人员真正做到了开课前的积极沟通。通过双方实施部门的有效沟通,授课老师对课程中学员的提问进行了针对性的解答,并且在课程准备中提供了较多的案例分析,帮助学员深刻理解课程内容。特别是在第二期课程筹备过程中,根据人力资源部门的反馈,项目组及时调整了部分不能灵活创新的师资,增添了更有针对性的课程和课堂内容。

一个项目,两个月。对五粮液集团而言,意味着高层领导对人才培养的重视,意味着创造产品和创造财富的能力提升,意味着短时间、低成本的投入将换来高回报的创造力和高效益。对四川大学而言,体现了校企合作的协同创新精神,体现了学校、学院和高管中心培养人才的高度责任心,体现了"为人民服务,让人民满意"的办学宗旨。

### 二、总裁课程授渔,业务精英两推

课程是培训产品最基础的部分,是一种培训产品区别于另外一种培训产品的根本。对总裁班的精英学员来说,为了事业的进一步发展,在知识上他们往往需要补充前沿知识和改善结构,在职业指导上需要更先进的管理理念和商业模式来帮助突破瓶颈。

川大高管中心针对总裁班学员的此种需求,我们精准定位四川大学现代企业高级工商管理总裁(CEO)班,以川大 EMBA 的教学方式和学术资源为依托,以百年积淀而来的川大精神和人文底蕴为基础,利用广泛的国际国内资源,以"同道共创,宁静致远"为培养理念,以国家 EMBA 课程内容为主导,以核心课程、拓展课程和实战课程为主线,荟萃高校顶级教授、知名企业精英、政府国策高参及政府官员,通过现代管理理念的传授、经典案例分享、现场咨询答疑讲解、实战演练等形式,让学员掌握宏观经济形势,开阔经营视野,培养创新思维,提高决策核心战略规划能力。

我们以强烈的服务意识对总裁班课程进行创新,以总裁学员的需求为中心,改造了以往以讲授型为主的课程体系,并形成了自己的课程特色。

1. 实战课堂

通过定期组织座谈会(成员由高校顶级教授、知名企业精英、政府国策高参及政府官员、最具实战经验的专家、学员构成)、到知名企业考察和海外游学等活动,让学员第一时间掌握政策走向、项目开发、税务筹划、成本控制、兼并重组、资本运营等方面的知识,最终帮助企业高层管理者掌控政策转型期的投资开发方向,具备丰富的实战操作技巧,提升企业资本竞争力。

2. 资本对接

定期举办"资本沙龙",组织国内外知名私募投资机构投资人点评、对接学员的优秀项目,最大限度地解决学员企业的融资渠道。

3. 项目推广

发掘学员优秀项目,在整个川大高管培训中心上万人的培训平台上进行最大限度的推广。

4. 高端论坛

每年定期组织大型论坛,与国内外管理专家、企业高层、政府官员及中心新老学员同台交流,最大限度地扩大人脉关系。

5. 同学联盟

成立总裁同学会,以"学习、提升、真诚、合作、共赢"为联盟宗旨,以搭建"资源共享、合作共赢、携手共进"的发展平台为途径。在同学会的建设过程中,大力创新管理模式,将学员自身的管理积极性充分调动起来,形成学校搭台、学员唱戏,既注重学校统一规划、统一指导,又实现同学会的自我管理、自我发展的新型管理模式,以在同学间共同形成整合资源、促成项目的多功能平台。

四川大学现代企业高级工商管理总裁(CEO)班的课程推广和营销工作由川大高管中心选取业务精英来进行。主要采用缘故法和转介绍法两种方法来进行实际推广。使用缘故法推广营销总裁班课程的业务精英,自身拥有人脉关系广。他们通常先分析客户,挑选有潜力的客户着重服务,与之交朋友。然后,通过经常和客户在一起活动,如打羽毛球、旅游、跳舞等,逐步推广总裁班课程。我们还有一些业务精英,他们习惯用转介绍法。转介绍的方式主要有以下两种:为客户公司培训或主持活动。客户的公司如有庆典或活动时,可为其做主持,也可为其员工进行培训。这些业务精英本身的语言表达能力和综合素质都较高。

### 三、创意商业私塾,助富二代接班

党的十八大后,中国发展仍处于重要战略机遇期,中国企业也将面临前所未有的机遇与风险并存的局面。一方面,大批中国创一代企业家已过知天命的年纪,再不舍得也身不由己。随着他们的退隐,富二代们逐渐浮出水面,愿意或不愿意地接受这样安排:出国留学,归国后在家族企业较为基层的位置锻炼一段时间,接着接管一部分股权,逐渐升到高层,进入董事会,最后接班。另一方面,长辈们的精心布局未必能保障富二代接班之后的步步稳妥。如何为西部企业家尤其是四川企业家打造恰如其分的高端课程?川大高管中心开展多次讨论会,希望通过有针对性的市场分析,通过发掘其内在需求来进行课程创新。

商业私塾!我们把课程开发的思维锁定在这四个字。接下来,就是更发散的思维:古之私塾带来的不是四书五经,精粹在独立精神,自由人格;今之商业私塾,融新旧、东西、经典为一体,企业家方能因此积淀企业经营的气象与格局,锤打经营人才的胸襟与境界。针对创一代、富二代的学习需求点,商业私塾班设置了七大智能课程。

智能一:观局势。企业家危机感和应对能力的锤炼。

智能二:练内功。解除企业家的生命价值和商业模式的迷茫。

智能三:跨蓝海。市场红海与关系营销的真正价值,客户资源的最大利润化。

智能四:巧转型。把握行业生命周期,放眼新政局下产业格局投资风向标。

智能五:早布局。商业模式创新,为企业铺垫未来业务。

智能六:论经典。东西学说学以致用,在复杂的国际国内竞争格局中正确定位坐标与前进方向。

智能七：善醒思。习古习今习以自强，从失败学来重审自己的核心价值，看穿事物的本质、重组、再创新的策略思考。

考虑到创一代和富二代各自的特点，川大高管中心把专题论坛、公开课和学员俱乐部的功能融为一体。在公开课的现场时而"煮茶论英雄"，时而"煮咖啡谈时局"，把创一代和富二代的学习场地变为感情的熔炉、智慧的集结点，在这里，他们可交友，在这里，他们可经商，真正锻造了一个高端生活的服务平台。

逐渐地，富二代们开始意识到：只有"顺势而为，御风而行"，集百家之智，方能共创企业腾飞的神话。他们不会像创一代拘泥于东方、西方的学说，他们只想能学其精华，运用于现实，做到知行合一；他们也不会固执于古今文化，只希望能习其智慧，指导生活，做到自立自强；他们渴望具备深度洞悉人性、对信息中的商机有超级解读能力，一眼洞察事物本质……他们在川大高管中心创办的一次又一次沙龙、论坛活动中接受了商业私塾课程。

综上所述，针对高端培训，必须精细化思考各个群体的学习需求，并进行充分的培训需求分析。只有挖掘到学员的真正需求，才能对症下药，设计出具有针对性的培训课程，达到成功营销培训课程并取得最佳培训效果的目的，以期形成良好的口碑效应和品牌化课程的良性循环。

# 继续教育之新课程规划与质量管理系统

台湾"清华大学"(新竹) 自强科学工业基金会

萧德瑛 巫勇贤 徐秀燕 郑淑樱 钟慧仪 何淑铃

本文为2013年第十四届海峡两岸暨港澳高校继续教育论坛收录论文。

## 一、前 言

继续教育对于社会的发展有相当重要的作用,尤其在目前产业变化相当快速的情况下,继续教育是让人有第二专长的最佳管道,对人才的利用及社会的安定有相当的重要性。以2009年金融风暴时期为例,其间台湾为了失业与休无薪假的人员推出了一些继续教育计划以安定社会。例如教育主管部门"大专以上人力加值方案"、科学工业园区主管部门"光电技术人才培训计划"及"半导体制程人才培训计划"等,其辅助的比例为教育主管部门计划(100%补助)、科管部门补助比例提升(提高至80%补助)、职训长班(80%~100%补助),甚至有些班别还有生活补助,而台湾"清华大学"率先推出"心灵发电厂"免费进修活动回馈社会,鼓励被迫放无薪假的竹科人借由这个充电计划,寻求重新出发的契机。凡此种种,在高失业及很多人休无薪假的状况下,对社会的安定产生了很大的作用。自强基金会及台湾"清华大学"推广教育组在这个过程中对台湾社会尽了一分力量。一般来说,继续教育对于产业的在职训练也有重要作用。但是到底要开设何种课程以满足需求,且能吸引顾客是继续教育的困难之一。台湾的产业变化很大,因此继续教育对市场变化有不能不敏感的压力,要知道谁是顾客并了解顾客之需求及如何将顾客之需求转化成训练课程。自强基金会及台湾"清华大学"推广教育组对培训的流程包含:需求调查、满足产业需求之人员资源规划、依各个不同人员专长需求、满足专长需求之课程规划、课程师资之找寻、课程实现、学员考核、证书发放、职业介绍及成效追踪。

课程开发固然重要,但效果也是相当重要的因素,故在整个课程执行过程中的质量管理是非常重要的。训练机构本身之质量管理系统是继续教育一定要执行的工作,本文将介绍台湾训练质量管理系统(TTQS)①。质量管理系统的原意是希望台湾不论是企业机构还是训练机构,都能有一套对于教育训练的质量管理流程,就训练之规划、设计、执行、查核、成果评估等阶段拟订训练质量管考制度,以确保训练流程之可靠性与正确性。通过这个系统的认证可让一个训练机构的训练质量达到一定的水平。

### 二、培训流程——以自强基金会为例

培训的流程可由图 1 来说明,整个过程包含需求评估、执行策略、实施推动及管理考核。需求评估可依产业政策、趋势研究、市场情报及人力需求分析、产官学座谈会、问卷调查及课后学员意见反映做分析。执行策略可由产学研专家共同规划课程、师资评鉴、延聘、教学环境设备之建置、建立教材数据库等方式获得。实施推动则包括课程推广及执行、教学质量控管、学员出勤管理、建立教材及师资与学员数据库。管理考核则可由学员意见分析、授课讲员意见分析、课后学员训练评量、绩效评估等方式来达成。

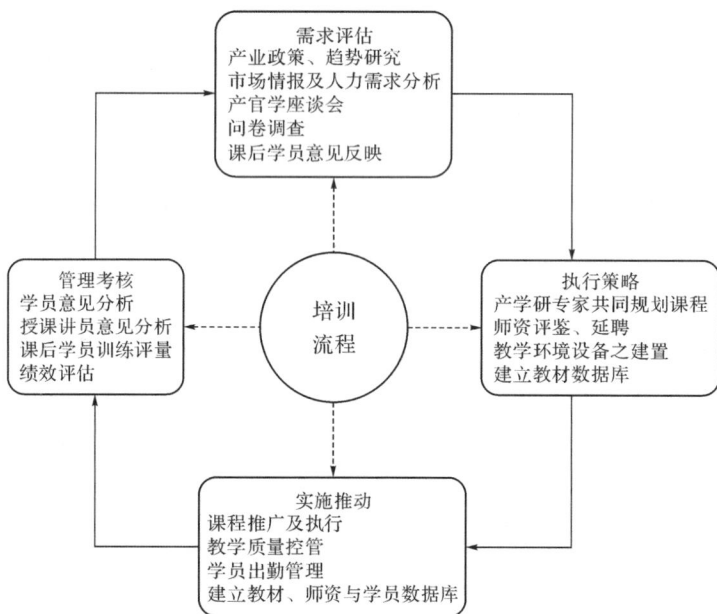

图 1　培训流程

---

① 　http://ttqs.evta.gov.tw/pc_detail.asp? fb=93484.

　　需求评估主要是找到开授的课程,对于一个推动继续教育的机构来说,要开什么课就像一个公司要卖什么产品一样必须有良好的规划,才能打动学员的心。但就如公司一样,产品在研发之初就要知道顾客是谁,顾客要的是什么,首先应从谁是顾客来着手,在决定顾客后再决定顾客需求,接着再依顾客需求定出产品。以教育训练来看,顾客可分成国家、社会、公司与个人。管理部门有管理部门的目标,社会有社会的需求,公司有公司的策略,个人有个人的规划。因此新课程开发的困难度相当高,而需求评估是整个课程规划中最重要也是最难的一件事,因为顾客的需求非常复杂。为了将复杂度简化,顾客群可分成管理部门政策需培训的人才、企业所需的人才及学员个人生涯规划等三个大群组。当然产业政策与产业趋势等有不可分的关系,但一个社会并不会只有政策推动的产业,故以社会及公司为主的顾客仍然是重要的群组。这三种顾客各有不同的需求,一般来说配合政策发展方向的课程,将有管理部门资源的投入,也就是训练管理部门推动之产业的人才需求,由于需求方向相当确定,大部分是属于长期课程或重点之短期课程。而公司需求之课程大多由企业人力资源部门来确定,一般公司内部的训练时数都以短期班为主。至于学员本身的自我生涯规划,则常常会以各训练机构所开立的课程为参考,再依个人的喜好来决定修习哪门课程。

　　短时数课程的规划是经由与授课讲师、专家及学员(问卷)等讨论,并参照目前各训练机构的课程,搜集产业信息及关键词查询等,才决定下来的。

　　长时数课程分为两类:第一类为深度课程,针对某一产业,由浅入深,较深入及整体地了解。第二类为广度课程,包含两种或两种以上领域或产业。长时数课程,因为时数较长,且包含较多的课程主题,故规划的方法可分两个方向。第一方向:可将相关领域开办过的短时数课程,针对连贯性或实务技术性做组合或搭配,初步规划后,再征询相关领域之专家学者意见,使课程更加完整。第二方向:参考台湾"清华大学"及其他学校现行举办之学程课程,分析其优缺点后,再依据学员之需求,重新设计及规划。

　　执行策略中最重要的是讲师的筛选,而讲师之来源可经由台湾"清华大学"授课讲师及外界产、学、研之专家推荐。由于自强基金会及台湾"清华大学"推广教育组办理继续教育多年,拥有非常庞大的师资数据库,而台湾"清华大学"素以学术研发知名,因此在课程规划上,亦获得相当大的支持。一般来说理论或先修基础课程以安排学术界的老师为主,而实务课程则以业界精英为主。

　　实施推动中首要重视招生,宣传的方法可由自强基金会宣传管道、免费宣传网站、台湾著名的人力求才网站等各种途径宣传。认真回答每一通学员询问电话,让学员能充分了解训练的目的及产生的绩效。

　　管理考核部分最重视的是质量管理系统,工作内容包含学员意见分析、授课讲员意见分析、课后学员训练评量及绩效评估。这些工作有许多问卷的建立之工作,借由问卷分析以抓取课程成效及改进之方向。

下面将介绍自强基金会及台湾"清华大学"所接受认证之台湾的训练质量系统(TTQS),以说明训练机构如何保持授课质量。严格来说,TTQS中也包含了前述的需求评估、执行策略、实施推动及管理考核,但主要的是以原则为重,确保训练机构本身的质量,并督促其持续改进。

### 三、TTQS 的缘起及执行内容

面对经济环境变迁,优秀的人才是企业竞争力最重要的基础。为提升竞争力,世界各主要先进国家和地区莫不运用各种方法来鼓励企业培养优秀的人才。因此,企业的人才培育与训练不仅有助于就业机会的创造和经济成长,更有助于企业竞争力的提升。

台湾的劳工委员会职业训练部门于 1998 年成立企业训练联络网[①],通过研习跟辅导的方式来加强企业主对劳工教育与训练的投资,强化人资主管的专业能力。其目的是扩大企业训练的广度与深度,使其结合个别企业单位建立分区联络网,提供企业单位有关企业训练的各项信息、辅导与服务工作,借由企业人力资源发展服务网络协助企业人力培训及发展,以培育有准备之劳动力。尔后为提升企业人力素质,增进企业竞争力,达到稳定就业与促进就业之目标,运用就业安定基金,依企业办理进修训练计划,向中小企业提供教育训练经费补助。但大部分企业往往着重申请训练补助的金额多寡,而非期待借由训练补助来提升训练质量,因此迫切需发展一套完整的评鉴制度。

台湾行政主管部门 2004 年提出"服务业发展纲领及行动方案(2004—2008年)",针对"人才培训服务产业发展措施"明列建立人才培训产业质量认证制度。因此,劳委会职训部门乃于 2005 年规划推动训练质量规范,参酌 ISO 10015、欧洲职业训练政策、英国 IIP 人才投资方案(Investors in People,IIP)、澳洲的积极性职业训练政策,最终制订出一套台湾自己的"训练质量系统"(Taiwan TrainQuali System,简称 TTQS)。TTQS 以"训练质量计分卡"为工具,作为企业与培训机构制订训练质量规范政策与方案之指针,并于 2006 年起正式实施。

提升人才培训专业能力与产业发展,将有助于提升培训产业的训练质量及绩效。因此,劳委会职训部门于 2007 年针对"在职劳工进修计划""产业人才投资方案""协助企业人力资源提升(个别型)""协助企业人力资源提升(联合型)计

---

① http://ttqs.evta.gov.tw/.

划"等四项计划,以"训练质量计分卡"辅导协助事业机构与训练单位参与评核作业,予以计分为白金牌(96.5 分以上)、金牌(85.5~96 分)、银牌(74.5~85 分)、铜牌(63.5~74 分)、门槛(53.5~63 分)及未达门槛(53 分以下),再提供不同等级的训练补助及分级辅导的依据。训练质量系统运用 PDDRO(P—计划、D—设计、D—执行、R—查核、O—成果)训练管理循环的概念,以多元面向的质量要求为训练之行动基准。TTQS 训练流程的原则在于强调每一训练机构进行任何训练规划(P)时,须有完整的计划形态,且执行程序与内涵皆须依循既定的系统设计(D),并予以彻底执行(D),过程中及计划完成后,皆能采取量化的数据作查核(R),最后的成果(O)能以多元且完整方式评估,并续为转供下一阶段训练时参考改进之方案,以制订完整的计划形态的基础性价值,其流程架构如图 2。

图 2　TTQS 之评估循环

## 四、结　论

　　本文介绍了自强基金会与台湾"清华大学"推广教育组在继续教育之课程规划及所认证通过的质量管理系统。自强基金会及台湾"清华大学"推广教育组一向重视社会的变化并随时随着社会的改变及产业的变化而改变课程,也因而能够适应继续教育的任何变局而达成教育训练的目标。

# 继续教育与学习型社会建设中的课程新发展

## ——香港中文大学专业进修学院(CUSCS)经验分享

香港中文大学　陈宝安　伍时丰　文婉莹　陈健清

【作者简介】

　　陈宝安,女,博士,香港中文大学专业进修学院院长,研究方向为继续教育。

　　伍时丰,男,博士,香港中文大学专业进修学院医疗保健及应用科学学部总监,研究方向为继续教育。

　　文婉莹,女,香港中文大学专业进修学院课程主任,研究方向为继续教育。

　　陈健清,男,香港中文大学专业进修学院内地事务总监,研究方向为继续教育。

本文为2014年第十五届海峡两岸暨港澳高校继续教育论坛收录论文。

## 引　言

继续教育与终身学习已经成为推动香港社会进步的共识,它让更多人才去达成他们的奋斗目标。为了应对经济挑战与创新的需求,各阶层人士需要不断地提高个人整体素质和专业技能,以便迅速适应和融入社会。各个教育体系必须为继续教育和终身学习的推行提供丰富的资源和充足的动力,让每个人都能更便利地得到自我提升的机会,这也是香港可持续发展的关键因素之一,同时也是建立学习型社会不可或缺的条件。香港中文大学专业进修学院(CUSCS)秉持此信念,不断地为社会人士提供优质的继续教育机会。本文将阐述学院在学习型社会建设中如何发展新课程,及其在实施过程中得到的经验,并探讨所遇到的挑战及应对策略。

### 一、继续教育与终身学习在香港的发展

回顾世界各国的教育发展,继续教育与社会的发展有着密不可分的关系,也是当今全球化与知识型经济体系建设的重要工具之一。

21世纪以来,香港特区政府在倡导和推动继续教育与终身学习中做出了多项积极的努力和贡献。①制定终身学习的政策措施,颁布有关终身学习的咨询及法律文件,如在1999年发表了《教育制度检讨:教育改革建议——终身学习、自强不息》及2000年公开了《教育制度检讨:改革方案——创造空间、追求卓越》咨询文件,明确提出重视人的全面发展和终身学习的重要性,并在2010年以后确定了终身学习在教育改革中的重要地位。②建立终身学习的经费保障机制,如2002年设立了总额50亿港元的"持续教育基金",为18~65岁市民提供继续教育资助,鼓励市民终身学习。香港特区政府在2010年还规定,在职学习的费用享受入息税减免,不断培养市民的终身学习的理念。③完善终身学习体制,在政府、学校和家庭教育层面都积极传递和灌输终身学习的理念,同时为学生提供多元化且便利的接受高等教育的机会。④提供丰富的终身学习的技术支持,互联网技术和社交网络的迅猛发展,进一步推动了继续教育及终身学习的浪潮。网络教育满足了市民不拘泥于课堂教育,随时随地获得知识的需求。⑤设立资历架构,2004年行政会议通过一个跨界别的七级资历架构及相关的质素保证机制,特区政府设立资历架构的目的在于清楚说明不同资历的水平,并确保这些资历的质素,以及为不同程度的资历提供衔接阶梯。

### 二、CUSCS 简介

香港中文大学于1965年成立校外进修部,在1994年易名为香港中文大学校外进修学院,并于2006年易名为香港中文大学专业进修学院。学院秉承服务社会、提供优质持续专业教育的使命,配合香港发展步伐及不同行业人士的进修需求,课程日趋多元化。学院于2012—2013年已开办160多项学历课程及逾1900项短期课程、遥距课程及企业培训课程,学生人次近31000人。CUSCS的学科部门有五个,分别为艺术、设计及人文学科,商业及管理,医疗保健及应用科学,语文及传播,社会科学及教育学部。课程方面分别有不同科目及水平,可以分为以下几个方向:①基础教育文凭(香港资历架构三级);②高级文凭(香港资历架构四级);③学位衔接课程(部分已获得香港资历架构五级);④研究生课程;⑤证书及文凭课程(香港资历架构三或四级);⑥专业考试预备课程;⑦短期课程;⑧遥距课程及网上学习课程;⑨企业培训课程。除香港本地学生以外,遥距及网上学习课程更有很多来自不同国家和地区的学员。

### 三、CUSCS 在终身学习课程发展中的经验

学院在课程发展方面,各学部总监及团队经常探讨新项目及课程的新发展方向,更与大学本部各学系合作,例如文学院、工商管理学院、医学院等。学院层面设有专业进修咨询委员会;学部层面设有专业顾问团,为学部提出适合市场需求课程的宝贵意见和建议。同时,为了更好地满足市场需求和提升课程吸引力,五个学部之间也会进行内部协调和合作。

学院课程主要发展模式(图 1)有以下六个方面:①国外学位衔接项目;②专业人士技能培养项目;③量身定制的企业培训项目;④素质教育项目;⑤第三龄教育项目;⑥遥距教育项目。学院同时也正致力于开拓更多新的方式来设计多项学历和短期课程。

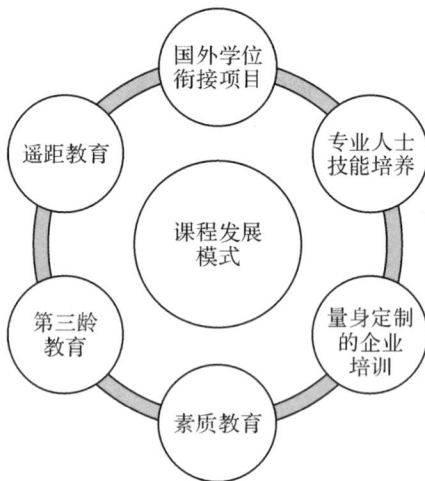

图 1　学院终身学习课程主要发展模式

发展模式更注重主动创新合作,下面将举两个有特色的案例。其中一个成功案例,学院引进全球职涯发展师(global career development facilitator)的培训课程,成为香港首个"全球职涯发展师"专业认证课程。课程通过应用学员的人生经历的反思和应用人际沟通技巧,帮助处于不同阶段的服务对象,反思个人职业生涯发展需要,并配合相关的决策及执行,以达到职业生涯发展的目的。全套课程采用"混合教学法",即同时提供 6 天(48 小时)互动式课程教学及 60 小时网上学习,既灵活又富有弹性。从 2014 年 5 月至今,已有近百名学员完成该课程。

学院更积极发展全球合作机会。如学院与加拿大多伦多大学专业进修学院(School of Continuing Studies,University of Toronto)签订合作协议,提供多元

化的遥距课程。其中有一个名为"网上中医基础班",以英语为教学语言,在整个课程制作、推广和招生各方面都由两个院校共同合作开展,将中医理念传播至北美及其他地区,开拓了新的院校合作模式。

以上两项新课程作为具体例子响应了建设学习型社会的要求,其特点如下:

(1)应用先进科技在继续教育的推行上,尤其是利用互联网去支持学习;

(2)学员参与继续教育不受地域和时间的限制,从而拥有在学习上相对的自由度;

(3)帮助学员满足不同的个人需要,从而去应付各种转变;

(4)个人可以通过先进科技在全球化的带动下去获取本地以外的学习资源/资格。

### 四、CUSCS 在课程发展中遇到的挑战及应对策略

学院虽然有着 50 年的发展历史,目前也面对不少的挑战。社会上有其他大学竞争对手也在推行继续教育;同时在高等教育方面,本院亦提供副学位高级文凭课程,也属于财政自给的运作。但其他财政自给院校(俗称私立大学)同样也提供副学位课程,而在香港目前已有十所财政自给的院校。针对这些竞争,学院方面为现有的三十多个高级文凭毕业生提供更多的大学衔接机会,更有开办由海外大学在香港授课的非本地学位课程,而多项课程已通过香港学术及职业资历评审局(HKQAAVQ)的评审,并在香港教育局的资历名册内登记,为学员提供更有保障及吸引力的个人提升机会。同时,为了保证课程的持续竞争力,现有课程内容也做定期检核及更新。

### 五、总 结

香港的教育虽然受到一定的规管,但高质素课程的创新是获得社会大众推崇的非常重要因素。该因素不仅是设计终身教育课程的重要成功要素之一,同时也是构建学习型社会源源不绝的驱动力。

**参考文献:**

[1] Duckworth,V. & Tummons, J. *Contemporary Issues in Lifelong Learning* [M]. London: Open University Press,2010.

[2] Jarvis,P. Globalization,the learning society and comparative education[J]. *Comparative Education*,2000,36(3): 343-355.

[3] O'Grady,A. *Lifelong Learning in the UK: An Introductory Guide for Education Studies*[M]. New York: Routledge,2013.

[4] Saar,E. ,Ure,O. B. & Holford,J. *Lifelong Learning in Europe*,*National Patterns and Challenges* [M]. London:Edward Elgar Publishing Limited,2013.

[5] 丁辉,任建华. 香港终身学习政策发展探析[J]. 职业技术教育,2012(1):81-84.

[6] 香港教育局. 2014. http://www. edb. gov. hk/tc/edu-system/postsecondary/local-higher-edu/institutions/index. html.

[7] 香港学术及职业资历评审局. 2014. http://www. hkqr. gov. hkHKQRcommonMaint. do? go_target=aboutUsQualityAssurance.

[8] 香港中文大学专业进修学院. 2014. http://www. scs. cuhk. edu. hk/cuscs/tc/index. php.

[9] 香港中文大学专业进修学院开办香港首个"全球职涯发展师"专业认证课程[N]. *Apple Daily*,26 August,2014.

# 第三篇

# 教学与培训方法

# 从网络学习英语看跨地域
# 进行人才培训的一些问题

*香港科技大学　张启祥*

【作者简介】

张启祥,香港科技大学持续及专业教育办公室。

本文为2002年第三届海峡两岸暨港澳高校继续教育论坛收录论文。

　　近年来,互联网科技发展迅速,互联网用户不断增加,这种趋势对高等教育的学习模式有一定程度的影响。虽然网络企业的热潮在2000年时急速冷却,唯高教界在发展网络学习方面有增无减,但投入开发互联网教育涉及庞大资源,工作十分艰巨。网络学习的一个好处是学员可以不受时间及地点限制选修自己需要的科目。因为它能超越时、地的限制,这些课程如在有需求的地区推广,有助这些地区的人才培训。本文从香港科技大学持续进修学院开办网络英语课程的经验出发,探讨跨地域人才培训、院校间合作及共同开发网络课程的问题。

　　香港科大持续进修学院(下简称CL3)在过去两年间,开发了一套课程管理系统(course management system,CMS),其中包括学院的入门网站(college portal)及专为语文学习而设的课程系统。后者运用多媒体及互联网的互动性能,发展了一个多元化语言学习的平台。到目前,它的教学性能比市场上一些较受欢迎的课程系统,如WebCT,LearningSpace,Blackboard等更为多元化。目前该课程系统已开办了数期英语研习班,且学员亦给予这些课程甚佳评价。有了一个比较完整及成熟的课程系统,下一步是利用互联网可跨越地域的优点,把一些优质的英语课程,在一些有需要及合适条件的地区推动网上语言培训。科大持续进修学院目前已有个别来自澳门及内地的学员,成功修读网络英语课程。

　　除上述英语课程外,CL3也有学员透过互联网进修北美洲大学及社区学院的本科及副学士课程。利用互联网跨境进修课程在香港地区而言,可说是正在缓步发展。

上文提及,运用互联网学习的一个好处是能够跨地域选修本地以外的课程。CL3 在这方面亦作了一些推动跨地域网络学习英语的尝试,并获得了一些经验,现简报如下。

(1)课程解说(instructions)所用语言。在学习外语时,有些地区惯用本地文字解说课文要求,故在设计系统时,最好课程平台能容纳多种语言使用。CL3 正在和韩国汉城(今首尔)方面筹划在该地区推广网络英语课程。韩国方面要求课程解说必须辅以韩文,否则当地人很难习惯。幸好在设计课程系统时,已包含容纳多种语文输入,否则要做系统更改,就会涉及时间及额外资源。

(2)因各地区生活水平有差异,故跨地区开办的课程收费可能需作调整。此外,假如某些地区有外汇限制,如何把学费送出境外也需要事先考虑安排。CL3 跟韩国及中国内地城市洽谈合作时,都遇到如何将学费汇送到香港基地的问题。

(3)因学员的文化习俗及地方用语有别,跨区域开办网络课程可能需在用语或设计方面做一些修改,避免遇到教材用语使别区学员不明所指或不习惯的情况。CL3 跟韩国合作就曾遇到课程平台的色彩不合当地习惯的问题。韩国方面因此要求更换平台设计用的颜色。这是两地文化风俗不同引起的小问题。

(4)网络学习在亚洲地区还不算十分普及,CL3 在 2002 年初进行过一次问卷调查,有 410 人参与。调查显示,进修持续教育的人士,约有 11％愿意修读完全网上传授的课程,另有 33％希望修读面授及网授混合学习的模式(blended mode),有 50％的人还是选择完全面授的修课形式。CL3 从一年前开办首期网络英语课程时已考虑到学员需求,除开办纯网络英语课程外,亦开办了网络学习兼面授(f2f)的辅助课,后者亦颇受学员欢迎。但因涉及额外资源,混合式学习课程的学费亦须相应提高。计划跨地区在网络教育方面发展的院校,应做好市场调查,了解地区互联网发展情况及同类课程在该地区受欢迎的程度,避免耗费人力资源,却得不到预期的市场反应。

(5)跨地区推广网络课程有多种途径。常见的途径之一是在当地委任地区代表,负责课程推广及招生等工作;之二是和当地大学的持续教育单位合作。后者的好处是当地单位对市场有认识,且有好的联络网,这些优势有助于课程推广。但如果该单位已开办同类课程,可能引起推广上的矛盾。

(6)地区采用互联网宽频传讯的发展状况,对一些采用多媒体教材的网络课程有直接的影响。事先了解及测试这方面的情况,可免除学员上网时要花大量时间才可以使用到部分教材的困扰。在香港,过去一年中因用户月费大幅下调,目前有接近六成用户是用宽频上网的,相信各地城市亦有类似发展。

(7)学员在电脑运用方面,需要一些技术支援。如果当地有代表人员或代理课程的院校,能提供电邮及电话上的技术支援,对解答学员在硬件或软件使用时遇到的问题,十分有帮助。且本地人员用方言去解答问题,学员较易明白。

在过去数年间,各地开办网络课程院校的数目不断增加。根据国外的经验,每所开办网上课程的大学,际遇亦各有不同。有些院校是独立发展,有些是合作发展。在独立发展网络课程的高校中,NYUonline 花了 2500 万美元开发互联网课程,最终因学生人数低于预期而结束业务。此外,马利兰大学的 UMUConline 及谭堡大学的 VirtualTemple 皆于 2001 年停止提供服务,并将原来的网络课程转移到校内各有关学系运用。这些失败的例子似乎有两个共同点:一是成立网络学院时,市场信息了解不足,对网络学习的市场估计错误;其次是有部分大学在没有广泛咨询教员的情况下,便由校方决定成立网络学习的企业,以为这类事业一定有利可图,结果却令人失望。宾夕法尼亚州立大学 Graham B. Spanier 校长曾表示,欲大规模投资进行网络学习企业的大学应小心策划,这并不是一项快速致富的途径。参与者应有长远计划及实际的期待,不要期望网络学习会为大学带来大笔赢利。

然而在市场汰弱留强的定律下,成功者也不少。如凤凰大学(Phoenix University),学生人数自 2000—2001 年的 16000 人增加到本年度的 29000 人,一年内增幅近一倍。凤凰大学成功的原因之一是在各地设立学习中心,学员可到这些中心获得课程辅导。此外,由芝加哥大学商学院、斯坦福大学、哥伦比亚大学商学院、伦敦经济学院等多家合作开办的 Cardean University,主力发展网上商业管理及英语课程,当中包括 MBA,也办得相当成功。

由十八校联手创办的 Universitas 21,成立三年,近期更有出版商 Thomson Learning 参与,投资数千万美元,发展网络课程。这跨国跨州的合作,其成果如何,尚需拭目以待。此外,环球大学联盟(Global University Alliance,GUA)两年前在香港大力宣传网络课程,因在港招生人数不理想,至今在香港已鲜有见到其广告了。过多院校合作,因涉及问题太多,要办得成功,并不容易。

高教院校在发展网络学习的过程中,相信遇到的问题也不少。其中主要的是人才、资源及校内教员的支持度这几个问题。在有限人才及资源的情况下,各院校在开办网络课程时,为了照顾市场需求,很多时候都出现花大量人力物力各自发展相类学科的情况。要更好地利用有限的资源,院校合作开发课程是值得推荐的。CL3 开始至今仍在尽力发展网络语文学习,其中一个原因是人力资源问题。此外,互联网学习是一项比较新的学习方式,当中涉及颇多非学术的技术问题,故 CL3 采用了缓步发展的方向。目前 CL3 的课程系统已十分成熟,现正在港外地区寻觅合适伙伴,共同推动跨地区的语言学习。

各院校的课程设置互有差别,如个别院校愿意选出较为优越的学科,与其他院校取长补短,互利互惠,诚意合作发展网络课程,相信会更有效地运用人才及资源,也能减少资源重复的浪费。从过去数年间各类发展网络学习的院校及企业的经验来看,网络学习及培训人才将逐渐变成未来主要学习模式之一。在发展网络教育的共同目标下,院校之间跨地域合作,在相互配合、相互愿意付出及分享的条件下,相信能加快这方面的发展,同时亦为各地区人才培训提供优质多样的学习机会。

**参考文献:**

[1] Carlson, S. & D. Carnevale. Debating the demise of NYUonline [J]. *Chronicle of Higher Education*. 2001(12):A31-A32.

[2] Farrell, Glen M. *The Changing Faces of Virtual Education* [M]. Vancouver:The Commonwealth of Learning,2001.

[3] Maslen, G. 9 universities collaborate on online instruction in Asia [J]. *Chronicle of Higher Education*,2000(6).

[4] Parkins, G. China logs on to online universities [J]. *Times Higher Educational Supplement*, 2001(10).

[5] The Business of Borderless Education:UK Perspectives—Analysis and Recommendations CVCP & HEFCE [R],July 2000.

# 互联网上的合作学习社群

台湾东吴大学 林炳文 尚荣安

【作者简介】

林炳文,男,台湾东吴大学国际经营与贸易学系兼任教授,台湾政治大学经济学系硕士,研究方向包括国际贸易理论与政策、个体经济学、总体经济学、经济分析。

尚荣安,男,台湾东吴大学企业管理系教授,台湾大学商学研究所博士,研究方向包括电子商务、网络用户行为、计算机中介传播、信息与通信技术的组织与社会影响。

本文为 2003 年第四届海峡两岸暨港澳高校继续教育论坛收录论文。

## 一、前 言

由于技术的快速发展,网络应用已成为影响现在社会发展与企业经营的重要因素。在许多不同的产业中,新兴的信息技术已经改变了企业的经营模式与产业结构。特别是由于网络提供了快速、成本低廉的信息传播通道,再加上数字信息本身容易复制、再制成本低,以及复制失真小等特性(Shapiro & Varian,1998;Messerschmitt,2000),信息技术对信息内容相关产业更造成重大的影响。同样,信息与网络技术也成为影响教育事业发展的重要因素,在线学习与远距教学系统,已经成为一种新兴发展的应用。Cisco Systems 总裁 John Chambers 就曾经说过:"网络的下个杀手级应用是在教育。互联网中成长最快,日后也会证实是促成变革的最大动力,就是在线学习。"这类在线学习系统一方面可以提供学生更加个人化的学习经验,满足个人的学习需求;能提供互动性更强、更为丰富的媒体,加强学习者的学习成效;此外还能加强教师与学生以及学生间的互动程度,减少学生在时间和地理上的限制。另一方面,这类在线学习系统似乎也可供较多数的学生使用,因此能发挥规模经济的效果,可用来解决教育成本日渐增加的问题。

在这些理想下,管理部门、企业、学校都投入了许多资源,希望能够利用网络技术建立新的教学模式。事实上由于网络发展成熟,信息大量增加,网络已经成为许多人个人学习、吸取新知识最重要的通道。如能善用网络的资源,将能提升学习者的学习能力,学生增加了取得信息的能力,老师不易垄断信息的来源,也会对教师教学造成影响,但到目前为止,对于如何应用这种新的技术,仍然没有很好的模式。组织引进这类新兴的信息技术,并不是单纯的技术移转,而涉及一个组织与技术间相互适应的再创造过程(Leonard-Barton,1988)。在新的技术下,教育理念、教学单位的组织结构以及课程设计等,都需要有相对应的改变,新技术才能发挥效能。到目前为止,新模式仍然没有明显的成效,这个学习过程仍在持续。本文即希望能借由了解网络教学的相关理念、实务社群的发展以及开放软件运动的做法,探讨在互联网上建立合作学习模式可能产生的问题。

## 二、远距学习系统

受到互联网上标准化的开放式网络环境已趋成熟的影响,目前的在线学习系统主要都是整合在 WWW 中。在线学习系统可以提供整合文字、语音、影像等互动的多媒体教材,此外也包括了作业练习、学习评量、课程活动参与记录、与教师联络以及群体讨论的功能,系统更可以记录个人学习历程档案,分析个人的学习成效与需求,以提供个人化的教学。由于网络上超本文链接文件的特性,使用者可以迅速获得所需信息,教师在课程的编排上,更可以通过互联网连接至世界各地的网站,获得丰富的内容。Web 上提供了异于传统的知识学习和传达的方式,使得教学和学习更具有弹性。由于 Web 提供了多媒体的功能并具有容易操作的接口,能够以异步传送的方式突破传统教学活动在时间与空间上的限制,因此逐渐成为目前整合各项学习支持功能的发展重点。

然而在目前的应用中,大多数的网络教学系统仍只是以教材的传播为主,其中就算有群体讨论的功能,也很少有学生使用。事实上,学生在在线学习和传统教室教学中所面临的社会情境有很大的差异。在传统教学中,师生间必须面对面地沟通,受到时空的严格限制,教学主要由老师主导,而网络教学则无此情形。表 1 显示了传统教学方式和网络教学方式的差异。教学网站提供了由学习者主导的学习方式以及各式互动的能力,与传统的以教师为主的教学活动有明显的差异,教学活动也并不只是教师将教材传授给学生而已。由于在线学习中缺乏社会情境的刺激,因此更需要学生的承诺,设法引发学生主动学习的意愿,才能维持学习的成效。因此在建立教学网站时,必须采取适合的学习理论观点,才能发挥网络教学的特色。目前常被用来说明网络教学特性的理论包括建构学习与合作学习两种("Teaching at an Internet Distance",1999)。

**表 1 传统教学方式和网络教学方式的比较**

| 项目 | 传统教学方式 | 网络教学方式 |
|---|---|---|
| 学习方式 | 教师课堂授课,师生间课堂的问答及讨论 | 学习者自己上网浏览教材,通过网站所提供的互动功能来讨论 |
| 教学地点、时间 | 师生需同时同地进行 | 不受时空的限制 |
| 教学/学习进度 | 全班进度一致 | 学习者可根据自己的学习情况控制进度 |
| 课程内容 | 教师讲义或课本,内容有限 | 教学网站内容及相关链接的网站,课程内容无限且容易更新发展 |
| 沟通、讨论方式 | 面对面,通过说、听及肢体语言等,受限于时间和地点 | 同步和异步的方式 |
| 教学/学习中心 | 教师是学习过程的主导者,学习必须依赖教师 | 以学生为主的学习环境 |
| 教学/学习方法 | 单调,缺少变化 | 新的学习方式 |
| 互动类型、对象 | 老师对学生、学生对学生 | 老师对用户、用户间及用户对系统 |
| 学习者心态 | 趋于被动 | 用户具有主动参与学习的特性 |

（一）建构学习

近年来计算机辅助学习(computer aided learning,CAL)和计算机辅助教学设计的理念,已经渐渐地由传统的客观主义(objectivism)转移至建构主义,认为学习是一种建构的认知和沟通的过程(Bagley & Hunter,1992)。建构学习理论常被用来说明网站教学以学习者主导的学习模式,建构主义(constructivism)学习理论是近半个世纪以来新兴起的一套知识论(epistemology)主张。相对于以往客观主义所着重的以知识为认知客体的观点,建构主义强调以人为中心,主张人才是认知的主体,人类的认知并不是像白纸一样被动地接纳外界的信息,而是具有选择信息与建构知识的功能。

建构主义强调认知与学习皆来自人为的诠释,有意义的学习必须建立于学习者的"先备知识"基础上。知识的获得与学习是由具备认知能力的个体,以现有的知识基础而主动建构新知识而来的,就此理论而言,已将知识的重心——知识的内容,转为学习者,因此教学的角色也由过去知识的传授者转变为知识的促进者。根据这一观点,有意义的建构与社会脉动紧紧相连,只有在学习者就他们的了解与社会情境作互动后,才有交互作用,才能深探或更进一步发展概念想法,所以这是一种概念学习。建构主义应用在计算机辅助教学上,则应注意以下几点原则(朱则刚,1994)。

(1)强调"引导式"学习者"内在控制"设计:传统上教学软件的设计,强调对学习者的"外在控制",但在建构主义的观点之下,学习者应主动地通过自己的背景经验和知识来建构新知识。由教师是学生学习的促进者观点而言,学习者的"内在控制"则需要在教师的引导下进行。

(2)由"设计教学"转为"设计环境的设计":Kember & Murphy(1990)对过去教学软件以行为派为基础的线性教学设计及过于僵化抽离情境的运作方式提出了批评,认为教学模式应更具弹性、动态及互动,应由"教学设计"转为真实化与互动的"学习环境设计"(Hannafin,1992)。

(3)提供学习者一个能审视不同观点的情境:社会学派主张教室可被视为一个小型的社会,学生处在一个"社会言说"(social discourse)的情境中,通过有意义的沟通、协调、分享和评鉴,来达成观念的厘清及建立共同的意义,因此有必要提供学习者一个"社会言说"的情境。

(4)教材的多元化呈现:认知的模式并非是单一的,以不同的观念和视野来呈现、探索同一主题,可以加深学习者对认知的复杂度。

在教学上,建构主义的主张和计算机的应用有密切的关系,已经得到许多实证研究的支持(Becker,2000;Ravitz et al.,2000)。建构主义也和网络教学的特性有关,学习者能主动研读教材、彼此讨论学习心得,是网络学习能发挥成效的前提。而超文件的教材设计,改变了知识的结构,学习者可以依据个人的理解和需求,自行选择阅读的程序,即控制教学程序的权力从教学者移转到了学习者自己手上。此外,网络的互动功能则必须能提供学习者所需要的社会情境。由于强调学习乃是个人诠释的结果,而不是客观知识传授,因此不同学习者的学习成果必不相同,而其中的差异与彼此的互动则创造了产生新知的机会。

(二)合作学习

学习者间互动的过程,可以用合作学习理论来说明。合作学习是以建构主义为基础,利用社会互动的方式以合作来解决问题,鼓励个人学习,发展个人知识结构,建立自己的知识,目的在于提升个人参与社会建构的技能(朱国光,1997)。合作学习强调学习过程以团体合作的方式进行,不管是学生间还是师生间,大家共同参与,一起努力获得知识。教师主要是作为一个辅导者的角色,提供学习机会、资源并鼓励学生共同合作建构知识。在合作学习中知识被视为社会建构的认知,而教育、学习的过程就是通过同伴间在社会环境中互动、评估、合作并达成共识。在网络中,合作学习可通过两种途径来达成:首先,合作的活动可能是老师课程设计中一项刻意的要求;此外,网络提供了学习者间彼此互动的场所,也能使学习者间形成学习社群(learning community),有助于在社群内建立互为主观性(intersubjectivity)的知识(Bruckman,2002;Hiltz & Turoff,2002)。

　　虽然建构主义与合作学习提供了网络教学可能的解决方案,但在实务与理论上,网络教学的概念仍持续受到批判与质疑。Dyrud(2000)整理相关的文献后,即指出网络教学有许多仍无法处理的问题:首先,证据与经验显示如讨论区等网络沟通技术并不一定能增加使用者的相互了解,反而会制造激烈的冲突或促进孤立的活动;虽然网络课程的效果相当依赖学生的主动学习与承诺,但证据也显示学生对网络学习的满意度常较低,无法完成课程的比例也较大。University of Illinois 曾在 1998—1999 年间进行为期一年的校内研讨,结果认为如果能有新的教学方法以弥补技术的限制,网络教学也可以有很好的质量;但如果要维持同样的质量,教授数量相同的学生,网络教学通常需要老师投入更多的时间,并需要投入更多金钱。就大学的教育而言,老师与学生以及学生间实体与情感的互动仍是教学的主要活动,而网络目前并无法替代这项功能("Teaching at an Internet Distance",1999)。Noble(1998)甚至认为学校与厂商推广网络教学和提升教学质量没有任何关系,而是展现了一个教育商品化(commoditization of education)的发展,其目的是将教育由一种老师与学生间的活动,转变为一种可以设计、制造与贩卖的商品。主宰这种应用发展的因素并非教育,而是市场。

　　Noble(1999)进一步指出,教学的目的可分为训练(training)与教育(education)两项,这两项目的互相冲突。训练是指要磨炼一个人的心智,使得这个人能为其他人所用,因此强调知识要和个人分离。此时知识是指在所需要的情境中,一组可以使用、可以操作的技术或信息。这个情境通常是指所处的组织,如果要在组织中强调个人,不但会影响生产力,也会造成破坏性的结果。另一方面,教育的目的却是希望能培养并建立受教者的自我,使受教者拥有批判思考的能力,此时知识与受教者是无法分开的,因此教学以必然涉及教师与学生间的互动。换言之,教育的目的在增进一个人的自主性(autonomy),而训练的目的却希望能减少人的自主性("Teaching at an Internet Distance",1999)。Noble(1999)认为,由于教育涉及人的互动,因此无法成为商品化的产品。对于训练的目的而言,Noble 也将网络教学与过去的函授教学比较,说明了在商品化的过程中,这些产品的成本常被低估,因此也影响了其质量与成效。

　　此外,"Teaching at an Internet Distance"(1999)也根据 Noble(1999)的分

类,进一步将网络教学的使用目的分为训练、教育、专业训练(professional training)以及推广教育(graduate education)等四类。其中专业训练是指对已经受教者的训练(training of the educated),此时受教者已经拥有成熟的专业能力,而面临着无法经由尝试与试验来学习的复杂的学科的材料,此时学习者本身有足够的动机,学习过程也不太需要社会情境的介入,因此使用网络学习可以得到比较好的成效。过去的研究也发现,目前仅有少数由厂商开发的教授专业信息技术的课程有比较多的使用者(尚荣安、黄云龙,2003),这个结果和"Teaching at an Internet Distance"(1999)的推论一致。对组织来说,这类专业训练的目的常在于引进组织外部的知识与技术,对学习者提升本身的能力也有帮助。但同样,就这类专业训练而言,网络教学目前也仅是传递教材的工具而已,成功地结合课程、社群等学习机制的应用仍未出现,网络教学与其他学习媒介的差异仍然是需要探讨的。

### 三、实务社群

在上述教育与训练之分类中,过去学校正规教育较着重于教育的功能,而企业及其他推广教育则重视训练的目的。然而由于知识经济的发展,这种差异目前也受到挑战。Nonaka & Takeuchi(1995)研究了日本企业,认为这些企业所以能够成功,乃是来自于它们在"组织知识创造"上的能力与技术。所谓的组织知识创造,就是企业整体创造新知识、将新知识传播至整个组织,并且将其融入公司产品、服务系统的能力。在这种需求下,员工教育训练对企业的价值并不在于让员工习得某些标准的技术或作法,而在于提升员工学习及创造的能力。

为适应全球化竞争下这种创新与知识管理的需求,许多企业也开始调整其组织学习机制,并提出了一些新的做法。其中,实务社群(communities-of-practice,CoP)乃近十年来备受重视的新发展(Senge et al.,1999)。实务社群之所以受到重视,或许主要源自全录的 Palo Alto 研究中心于 20 世纪 80 年代初期开始的研究。根据 Wenger & Snyder(2000)的分类,组织形态可分为实务社群(CoP)、正式工作群体(formal work group)、项目团队(project team)以及非正式网络(informal network)等四种类型。其中正式工作群体与项目团队皆为所谓的"团队",团队之目的是由组织所交付,也为了更大的组织目的而存在,团队之形成与运作主要来自正式赋予之职权,而团队的持续时间则视组织任务而定。另一方面,社群可区分为非正式网络与实务社群两种形式,两类皆是由成员自我组织而成的,其目的由社群成员自定义,其中非正式网络较偏重于信息交换与情感联谊,而实务社群通常由共同专业的成员所组成,因此要加上发展专业、解决专业问题、交流与创造专业知识等作用。社群内聚的缘由,除非正式网络之情感与关系的维持外,实务社群亦会发展出该社群的专业自我认同,此自我认同与专业认定、鉴别与荣誉有关,以及随着自我认同而来的承诺与热情等。

王思峰、陈凯铭(2002)曾经指出,实务社群有三项重要的特征。

首先,在实务社群观点下,工作与学习是难以分离的(Brown & Duguid, 1991)。这样的观点涉及知识论与知识的本质。这个观点和建构主义的要求一致,即强调所谓的"情境学习"(situated learning):知识必须放在一特殊脉络下方能有效地学习(Parson, 1997;Lave & Wenger, 1991)。学习者在特殊脉络下,将概化的理论知识与具体的脉络比对,学习者不仅要知道"如何"使用这些概化知识,更要学习"什么时候""为什么"在如此脉络下使用,以及这脉络是"什么"性质才因之而适用。概化理论知识是较具客观存在的性质,然而,在脉络下的行动知识,不仅是条件式的,也常为程序性知识的表征形式,此等知识具有相当的主观成分,乃反映个人经验的现实(张静嗜,1995)。

实务社群的第二项特征为"集体性的协同合作"(Brown & Duguid, 1991)。在 Orr(1990)对全录之复印机维修工程师的研究中,维修工程师的社群运作实际上是"集体化"的,他们采用的知识语言,并不是教育训练中的"概化知识",而是以故事或经验的"行动知识",发展出其共同语言与记忆。当社群拥有愈多这样的"高级语汇"时,其所共同建构的集体记忆也愈丰富,而社群的集体思维就愈能顺畅地运转。或者以 Nonoka 的语言而言,群体能在内隐与外显的知识层面顺利地转换(Nonaka & Takeuchi, 1995),而学习与创新就在这样的集体语汇与记忆中,集体性地产生学习与创新。

实务社群的第三项重要特征乃有关于专业社群的自我认同(identity)以及伴随专业认同的联结感、承诺与社会关系。Brown & Duguid(1991)指出,最佳了解工作场所学习的方式,乃社群的联结与形成后个人自我认同的改变,学习的核心精义乃"成为专业实践者"(becoming a practitioner),而非"学习实践方法"(learning about practice)。即学习的重点并非知识的获取,而是获得合法外围参与(legitimate peripheral participation)的社群融入与角色认同(Lave & Wenger, 1991)。

王思峰、陈凯铭(2002)也指出实务社群的观点,可以作为设计在线学习的理论架构,并有助于突破网络学习社群的困境。举例而言,以现有的网络教学为例,一群学生要在短短一个学期中形成学习社群,不论对于人际实体互动或网络在线互动,都似乎过于短暂。根据 Wenger & Snyder(2000)的架构,引入实务社群机制时,首要的工作是"发现"既有社群,然后才是"孕育"形成新社群的土壤以及"促进"新旧社群的演化发展。因此对在线教学而言,重点应该是发现并融入既有的社群,而非创造新的独立社群。实务社群目前已经成为组织学习的重要工具,借由网络技术的帮助,社群的范围更可突破组织的界线,成为一跨组织的活动(Yamauchi et al.,2000)。在这个网络的学习社群中,参与者可包括不同学校的教师、学生、业界的实务工作者以及其他有进修需求的人。在这个场域中,每个参与者有不同的背景、对专业有不同的认识,也面临不同的问题与需求,因此也会扮演不同的角色,提供不同的服务。这种社群不但能达成在线学习中建构教学与合作学习的理想,也有助于达成培养学生对专业之认同的教育目的。

## 四、开放原始码运动

虽然借由网络技术的帮助,社群的范围可以突破既有组织与地理区域的限制,但到目前为止,发展完整的社群并不多。其中开放原始码软件(open source software)社群,可以说是发展最成熟、影响最大的。自 20 世纪 90 年代初期 Linux 系统的发展开始,开放原始码软件已经逐渐发展成为一种重要的软件来源,许多企业与计算机公司,都已经开始投入开放原始码软件的应用与发展。而开放原始码引发的相关议题,近年来也引起了研究者广泛的兴趣,这些议题包括技术面的系统协同开发、版本管理、产品的安全与质量,经济面的企业经营与获利来源、版权的概念与价值,以及作业面的社群经营、文件管理、知识创造与传播等(Fitzgerald & Feller,2001;2002)。

实务社群的概念虽然有助于理解开放原始码软件社群的模式,但由于目的与环境不同,这两类社群间仍有许多差异(Sharma et al.,2002)。例如开放原始码社群主要是借由计算机系统来沟通的,社群的会员资格是开放的,社群的组成差异较大,而且成员的活动是有记录可循的,此外,在开放原始码社群中,也有很多"外围"成员(peripheral members),平时很少在社群活动中现身(Zhang & Storck,2001)。实务社群主要是以学习与创造为目的,但在过去,开放原始码软件社群的目的主要是在软件开发,较少被设计作为教学的工具,而推广与学习也被认为是开放原始码软件应用的一项主要障碍(Lakhani & von Hippel,2000)。事实上,对程序设计人员而言,加入开放程序代码社群是一个学习并熟练软件技术、培养团队工作能力以及建立专业认同的好方法。而对其他专业来说,开放原始码社群的发展,对如何利用网络,建立跨越组织与地理区隔限制的专业社群,也可以提供许多指引。

首先,开放原始码的运动,主要是要解决过去软件质量不佳、成本高昂、产品昂贵,以及修改及创新缓慢等问题(Brooks,1975)。开放原始码社群的核心理念认为,只有把使用者视为协同开发人,通过尽早发表、同行的评估(peer review)与测试、大量用户的共同测试与除错等手段,才是能有效解决软件质量的方法(Raymond,1999)。在这种前提下,开放软件的原始程序以供检视与除错,乃成为一项必要的条件。另一方面,由于使用者较清楚本身的需求,又可以在既有的基础上扩充新的功能,因此也使得软件开发能避免不必要的重复投资,并且能提供多样性的产品,满足不同的需求。

事实上,这种开放而合作的环境,长久以来一直是网络社群中一种重要的意识形态。网络是一个信息流通的管道,而信息使用本身,有很显著的规模报酬递增的效益。一方面,就量而言,信息产品生产的固定成本很高,但增加使用者引发的变动成本却很低,因此一个产品如果能有越多人使用,其平均成本就越低(Shapiro & Varian,1998;Messerschmitt,2000)。另一方面,就质而言,多种不同的信息聚集在一起,是创新的主要来源,信息聚集所造成的效益,会比片段信息的效益加总更大。开放原始码的理念强调,"优秀程序设计师知道要写程序,伟大的程序设计师知道要改写程序"(Raymond,1999)。就教学而言,教材也是属于拥有这类特质的信息产品,这种信息并不应该成为可以贩卖的商品,而应该是经由集体创作而得到的开放性信息。但教材并不只是内容的聚集而已,还包括教材的结构与内容间的逻辑关系,如何在集体创作的过程中适当地安排内容,以呈现多样的观点,仍然是技术上需要克服的问题。

第二,Noble(1998)认为学校与厂商推广网络教学是一个教育商品化的发展过程,其目的是将教育由一种老师与学生间的活动,转变为一种可以设计、制造与贩卖的商品,这种商品化的目的和开放式网络环境及开放版权(copyleft)的理念有很大的冲突。虽然开放原始码运动一开始的参与者以少数计算机黑客为主,其目的主要是追求个人满足感与名望,但是此模式之后的发展,还是有赖于许多企业的参与,才能投入大量的资源,加快发展的速度。对这些企业来说,在软件免费的情形下,就必须创立新的企业经营模式,另寻其他获利来源。

在开放软件的产业中,企业获利的来源主要是所提供的服务,而非产品销售。由于不同的软件差异较大,用户仍然有很大的进入障碍,因此通常需要有专业人员的帮助,才能选择并修改较适当的软件,满足本身的需求(Lakhani & von Hippel,2000;Lerner & Tirole,2002;Sharma et al.,2002)。同样,对教学而言,教育事业经营者必须体认教学并不只是教材呈现而已,还涉及教学活动的安排、学生与老师间的互动,以及相关资源的协调与整合。这些教学活动的设计,必须满足学习者个别的需求。在数字信息时代,可以贩卖、有市场价值的商品并不是静态的信息,而是利用这些信息所提供的服务。

第三,开放原始码社群的主要目的在开发高质量的软件,对学习软件开发的人而言,加入社群可以了解软件的架构、典范的程序、软件专家们开发的理念,了解并参与相关议题讨论,建立对专业的认同;此外也可以从中寻找有待解决的工作,从软件开发、接受他人测试及检视的过程中,实际得到软件开发的体验。这种学习是一个任务与问题解决导向(task and problem-solving oriented),并强调从做中学(learning by doing)的过程。这种学习和许多强调行动学习(action learning)、实践学习(experiential learning)、反映思考(reflection thinker)等学习的理念一致(Argyris & Schön,1978,1996;Schön,1983)。

其他的专业领域该如何复制这种问题导向的学习经验呢? 对于某些以设计为导向的学科来说(Simon,1981),类似软件开发的工作,由社群中实务的参与者提出一些需要解决的问题,而要求学生尝试提出可能的解决方案,这仍是一个可以仿效的模式。此外也可考虑以特定议题或教材为主题,进行互相修正、评鉴的协同创作,例如可以利用 Wiki web(http://www.wikipedia.org)的技术,Wiki web 系统目前已被用于集体创作百科全书。在这种架构下,一方面学习者与教学者之间的区别减少,学习者不再只是被动地接受教材与教学活动,而能成为主动的知识创造者;另一方面这个集体创造的结果既能显现群体共同的观点,也能同时保留个别的差异(Neus & Scherf,2002)。

第四,在这种群体学习的架构下,教学的获利来源并不在内容,而在所提供的服务。教师的工作,不在提供与解释教材,而在整合与协调社群资源。根据开放原始码社群的经验,有几件事情是经营这类学习社群时须特别注意的。

首先,开放原始码的理念强调"好软件都是始于程序开发者要解决切身之痛",此时开发者比较熟悉相关的问题、比较了解程序的目标需求,也会有比较强的动机。而在一个问题导向的学习社群中,教师必须根据学生的背景,选择适合的问题,并提供足够的资源,才能让学生了解问题的内容,并引发学生解决问题的兴趣。

其次,同行的检视与回馈在开放原始码社群中,是一个确保产出质量的关键机制。参与者的动机、参与得到的声誉,都与这个回馈机制有关。与其他问题比较,软件的侦错、评估与回馈,都有比较明确的标准。在开放原始码社群中,如果软件的目标与评估标准有差异,社群就会产生分歧。同样,在其他问题导向的学习社群中,如果没有明确的评估标准,比较不易得到有价值的回馈,社群的讨论甚至会引发争议(Hiltz et al.,1989;Seigel et al.,1986)。此时必须有赖于教师的介入与控制,才能维持回馈机制有效运作,得到学习的效果。

最后,提升软件的质量是开放原始码社群的重要目标,也是使开放原始码软件受到欢迎的主要原因,因此质量控制也成为开放原始码社群的重要任务(Gallivan,2001)。但就学习的目的而言,学生的产出并不一定有足够的质量,因此虽然依附在现有的实务社群发展,但是学习的活动仍需和原本的实务社群有所区隔,以避免影响原有社群的发展。

## 五、结　论

随着知识经济时代的来临，创新是价值主要的来源，学习的目的也已从单纯的知识吸收转变为知识的创造，因而实务社群也成为组织中一种重要的学习方式。而互联网的发展更使得这类学习活动能跨越组织与地理区域的限制，教师也可利用这类实务社群达到其教学的目的。到目前为止，开放原始码社群是少数以网络为基础发展成功的社群。本文即以开放原始码社群为例，探讨以这类网络实务社群为教学工具的可能性。初步的分析指出，要建立共同的学习社群，目前教学单位的经营模式以及教师所扮演的角色都需要改变，而未来的发展仍有待教师未来的创造来实现。

**参考文献：**

[1] Argyris，C. & Schön，D. *Organizational Learning：A Theory of Action Perspective* [M]．Boston：Addison-Wesley，1978．

[2] Argyris，C. & Schön，D. *Organizational Learning II：Theory，Method and Practice* [M]．Boston：Addison-Wesley，1996．

[3] Bagley，C. & Hunter，B. Restructuring，constructivism，and technology：forging a new relationship[J]．*Educational Technology*，1992，32(7)：22-27．

[4] Becker，H. J. Pedagogical motivations for student computer use that lead to student engagement[J]．*Educational Technology*，2000(9/10)．

[5] Brooks，F. P. *The Mythical Man-Month*[M]．Boston：Addison-Wesley，1975．

[6] Brown，J. S. & Duguid，P. Organizational learning and communities-of-practice：Toward a unified view of working，learning，and innovation[J]．*Organization Science*，1991(2)：40-57．

[7] Bruckman，A. The future of e-learning communities[J]．*Communications of the ACM*，2002，45(4)：60-63．

[8] Dyrud，M. A. The third wave：a position paper[J]．*Business Communication Quarterly*，2000，63(3)：81-93．

[9] Fitzgerald，B. & Feller，J. Guest editorial：investigating the software engineering，psychosocial and economic issues[J]．*Information Systems Journal*(Special issue on open source software)，2001(11)：237-276．

[10] Fitzgerald，B. & Feller，J. Guest editorial：a further investigation of open source software—community，co-ordination，code quality and security issues[J]．*Information Systems Journal*(Special issue on open source software)，2002(12)：3-5．

[11] Gallivan，M. J. Striking a balance between trust and control in a virtual organization：a content analysis of open source software case studies[J]．*Information Systems Journal*，

2001(11):277-304.

[12] Hannafin,M. J. Emerging technologies, ISD and learning environments: Critical perspectives[J]. *Educational Technology Research & Development*,1992,40(1): 49-63.

[13] Hiltz,S. R. & Turoff,M. What makes learning network effective? [J]. *Communications of the ACM*,2002,45(4):56-59.

[14] Hiltz,S. R. , Turoff, M. & Johnson, K. Experiments in group decision making: Disinhibition, de-individuation, and group process in pen name and real name computer conferences[J]. *Decision Support Systems*,1989(5):217-232.

[15] Kember,D. & Murphy, D. Alternative new directions for instructional design[J]. *Educational Technology*,1990,30(8):42-47.

[16] Lakhani,K. & von Hippel,E. How Open Source Software Works:"Free" User-to-user Assistance. MIT Sloan School of Management Working Paper ♯4117,May,2000.

[17] Lave,J. & Wenger,E. *Situated Learning: Legitimate Peripheral Participation*[M]. Cambridge: Cambridge University Press,1991.

[18] Leonard-Barton,D. Implementation as mutual adaptation of technology and organization [J]. *Research Policy*,1988(17):251-267.

[19] Lerner,J. & Tirole, J. Some simple economics of open source[J]. *Journal of Industrial Economics*,2002,(52):197-234.

[20] Messerschmitt,D. G. *Understanding Networked Applications—A First Course*[M]. San Francisco,CA: Morgan Kaufmann Pub. ,2000.

[21] Neus,A. & Scherf, P. Peer-to-peer knowledge management: overcoming bottlienecks and improving information quality [C]. Proceedings of the Second International Conference on Electronic Business. Taipei,December 2002:476-478.

[22] Noble,D. F. Digital diploma mills: the automation of higher education[DB/OL]. *First Monday*,1998. http://www. firstmonday. dk/issues/issue3_1/noble.

[23] Noble,D. F. Digital diploma mills,Part IV: rehearsal for the revolution[DB/OL]. *First Monday*,1999. http://www. communication. ucsd. edu/dl/ddm4. html.

[24] Nonaka,I. & Takeuchi, H. *The Knowledge-Creating Company* [M]. New York: Oxford,1995.

[25] Orr,J. Talking about machines: an ethnography of a modern job[D]. Unpublished doctoral dissertation,Cornell University,1990.

[26] Parson,R. Ways of learning on the World Wide wed[DB/OL]. 1997. http://leahi. kcc. hawaii. edu/org/tcc_conf97preswaysof. htm.

[27] Ravitz,J. L. ,Becker, H. J. & Wong, Y. T. Constructivist-compatible beliefs and practices among U.S. teachers[R/OL]. Report ♯4,Teaching,Learning,and Computing 1998 National Survey. http://www. crito. uci. edu/tlc/html/findings. html .

［28］ Raymond，E. S. The cathedral and the bazaar［DB/OL］. O'Reilly & Associates. 1999. http：//www. tuxedo. org~esrwritings/cathedral-bazaar/.

［29］ Schön，D. A. *Educating the Reflective Practitioner：Toward a New Design for Teaching and Learning in the Professions*［M］. Now York：Jossey-Bass Pub. ，1987.

［30］ Senge，P. M. ，A. Kleiner，C. Roberts，R. Ross，G. Roth & B. Smith. *The Dance of Change：The Challenges of Sustaining Momentum in Learning Organizations*［M］. New York：Currency Doubleday，1999.

［31］ Shapiro，C. & Varian，H. R. *Information Rules：A Strategic Guide to the Network Economy*［M］. Boston，MA：Harvard Business School Press. 1998.

［32］ Sharma，S. ，Sugumaran，V. & Rajagopalan，B. A framework for creating hybrid-open source software communities［J］. *Information Systems Journal*，2002(12)：7-25.

［33］ Siegel，J. Dubrovsky，V. ，Kiesler，S. & McGuire，T. Group processes in computer-mediated communication［J］. *Organizational Behavior and Human Decision Processes*，1986(37)：157-187.

［34］ Simon，H. A. *The Sciences of the Artificial*［M］. Cambridge，MA：The MIT Press，1981.

［35］ Teaching at an internet distance：the pedagogy of online teaching and learning［EB/OL］. The Report of a 1998—1999 University of Illinois Faculty Seminar，December，1999. http：//www. vpaa. uillinois. edu/tid/report/tid_report. htm.

［36］ Wenger，E. C. & Snyder，W. M. Communities of practice：the organizational frontier ［J］. *Harvard Business Review*，2000，78(1)：139-145.

［37］ Yamauchi，Y. ，Yokozawa，M. ，Shinohara，T. & Ishida，T. Collaboration with lean media：how open-source software succeeds［C］. Proceedings of the Conference on Computer Supported Cooperative Work 2000. Philadelphia，PA，December 2-6，2000：329-338.

［38］ Zhang，W. & Storck，J. Peripheral members in online communities［C］. AMCIS 2001. Boston，MA，2001.

［39］ 尚荣安，黄云龙.组织学习与异步远距学习系统之应用［C］.第四届电子化企业经营管理理论暨实务研讨会.彰化：大叶大学，2003-5.

［40］ 唐文华.课程随选系统在网络应用环境下的效能评估［J］.教学科技与媒体，1999，44(4)：57-59.

［41］ 王思峰，陈凯铭.实务社群对创造力的理论影响与政策意涵［J］.社会教育学刊，2002，(12)：235-266.

［42］ 张静嚳.何谓建构主义［J］.建构与教学，1995(3).

［43］ 朱国光.网络辅助学习系统之研究［D］.台南师范学院信息教育研究所硕士论文，1997.

［44］ 朱则刚.建构主义知识论与情境认知对教育科技的意义［J］.视听教育（双月刊），1994，(208)：1-15.

# 个案教学在继续教育中的运用

台湾大学　郭瑞祥

【作者简介】
　　郭瑞祥,男,台湾大学进修推广部主任,美国麻省理工学院机械工程博士,台湾大学管理学院商学所研究教授,研究方向包括质量与服务管理、数据采掘与商业智情、供应链与流通管理、高科技创新模式等。
　　本文为2008年第九届海峡两岸暨港澳高校继续教育论坛收录论文。

## 一、前　言

　　继续教育旨在提供专业人员有系统的维持、改善和增广知识与技术的教育,俾以发展其执行专业责任时所需的工作质量,增进工作的效率和效能。其教育须兼顾理论与实务,而传统的教学方法,如演讲法或再加上部分的学生报告及讨论,学习者无法由同侪的经验中学习,也无法有系统地训练学习者的批判思考能力。在众多教学法中,个案教学法被认为是作为理论与实际中介点的好方法(Knirk,1991;Kowalski,1991),因此目前开始重视个案教学法的运用。

　　个案教学法起源于1870年美国哈佛大学法学院院长蓝德尔(C. C. Langdell)以个案教学法进行教学。此法要求学生阅读与分析案例的事实及法院判决的见解,然后置身于这些事件之中去思考他们自己的解决策略和行动方案,并在教师的提问下从复杂的案例内容分析出案例的事实及隐含的法律原理原则(吕执中,2008)。他将个案研究当作一种教学的典范,鼓励学习者参与,包含教学目的、师生角色与作用、课程安排、教学过程、教学方法、个案教材编撰等,目的在于提供一个逼真、风险低、受督导的学习环境,使学习者探讨问题解决的技巧,俾能将所获得的知识应用到实务上,并学会反省与修正实践之技巧。由于哈佛应用个案教学法不用花费太高成本,又使学生觉得刺激有趣,故受到其他学校与教授的欢迎与采用(吕执中,2008)。2005 年哈佛商学院开办"个案教学与学员中心学习法(Program on Case Method and Participant-Centered Learning,PCMPCL)学程",邀请了亚洲地区很多重点商学院共同参与此教育模式,个案教学法开始在华人地区成为重点。而目前台湾仍只有少数学校深究其教学重点,并着手运用于继续教育的相关课程,因此如何推广个案教学在继续教育中的运用实有其必要。

### 二、个案教学的定义与内涵

个案教学法是一种以个案为基础进行讨论的教学方法,它除了可以用来传授信息、概念以及理论外,也可以训练学生的推理、批判思考、问题解决的技巧(Kowalski,1991)。Mucchielli 把个案教学法定义为"一种方法,用以创造研习环境,使得一群未来的专业人员或实习人员能在其中,经由长期的、具体的、以问题为导向的研讨,根据丰富真实的详尽资料,对情境获得精确的了解"(王丽云,1999)。它被认为是一种有效的教学方法,因为这种教学法结合知识提供者与吸收者双方的参与,以一个可以引发学习兴趣的知识作标的物(个案),在良好设计下进行,并引发学生主动学习,与传统教学法中学生被动听讲的情况有所不同。个案教学法也有助于沟通技巧的改进,有利发展团体思考技巧,达成共识。一般认为,针对问题分析、独立思考以及决策判断能力的培养,个案教学的效果将远大于传统课程讲授的方式;同时对于企业实务的学习认识以及团队人际关系的建立,个案教学也可达到一定的效果。

个案教学法包括两项重要的内涵——个案教材与讨论。个案教学法使用的个案教材,通常是一篇对真实或接近真实的事件做详尽描述的文章,目的是使学习者应用书本或教师授课中所介绍的概念或理论,对这些数据与内容进行分析与讨论,并提出合适的解决方案。越接近真实情况的个案价值越高,数据、情境、人物的描述越详尽越好,因为它提供了模拟的机会,能协助人们了解及处理他们将来在工作上或其他场合中可能碰到的情况(Knirk,1991;Kowalski,1991)。个案教学法同时强调讨论的进行,讨论式教学是个案教学的主要方式,强调学生应主动、积极地参与课程的进行,俾以产生自我学习的成效。教师仅扮演从旁指引、协助讨论进行的角色,并创造一个能激发学生主动参与学习的讨论气氛。

虽然个案教学是以学生为中心的教学方法,但是教师在个案教学中仍扮演相当重要的角色。依据哈佛大学推动个案教学多年的经验,教师的表现是决定个案教学成败的关键因素。教师对个案讨论事前的规划及课堂进行中充分掌握课堂讨论的效率、密切注意个别同学的表现与学习情形、适时给予激励与引导学习效果的实现等,在讨论式教学进行的过程中是相当重要的。如果教师无法适当扮演这种类似导演的角色,个案讨论随时可能失控,学生也可能因为无法产生学习上的收获与成就感,进而丧失继续投入讨论的意愿(刘常勇,2005)。

### 三、如何运用个案教学于继续教育中

使用个案教学法,必须先让学生了解个案教学法的特质,特别是学生于课前仔细阅读思考个案的重要性,此外,教师需先说明讨论的原则(Lang,1986)。个案安排的顺序也应由浅入深,使学生能逐渐熟悉个案分析的方式(Blumenthal,1991)。其次要求学生在上课前先详读个案,并思考所提出的问题,这个部分可以用指定学生或作业要求的方式,要求学生在上课前先做初步的思考。在上课时,教师应要求学生界定问题,进行事实的陈述,其次针对个案中的情境进行分析,包括人物所面临的两难情况、误解与沟通的障碍、不同团体之间的权力运作等,再者引进理论,考验不同理论架构能否解释个案中所面临的问题。在这些过程中,学生必须厘清理论概念,并重新思考个案情境。最后则要求学习者归纳,用自己的譬喻来说明个案(Benham,1996)。

台湾大学进修推广部在运用个案教学于继续教育上,皆先透过个案训练研习会与修读基本管理功能课程,让学员具备基本个案讨论之概念与能力,且授课教师需选择适当的个案教材配合教学主题,进行课程的设计,并熟悉教学的技巧与进行的程序,如个案负荷、学生参与评分的核定、小组作业的指派、对助教的要求、上课讲演、个案影片及其搭配顺序之安排等,并辅以相关周边环境设施的配合,现说明如下。

#### 1.新生个案训练研习会

台湾大学进修推广部要求所有修读管理硕士学分课程的学员必须参与新生个案训练研习会。该研习会的主要目的在于让学员能初步了解何谓个案教学及其特质,授课教师会说明个案讨论的原则,如发表与倾听的重要性、个案讨论未必有唯一正确的答案、在讨论的过程中学员可以发问也可以回答问题等,此外,说明个案教学进行的流程,并让学员进行小型个案分组讨论。这种通过个案的事前研读、小组讨论到上课互动全体讨论的做法除了能让学生了解应如何准备个案教材,并能与同组成员达到良好的互动外,最重要的是能够从个案中获得知识,并将所学的知识应用到实务工作中。

#### 2.基本管理功能训练

目前个案教学大多应用于与管理相关的课程,个案内容多是通过真实或接近真实的事件,情境中主人翁常需面临企业重大决策,并着手分析与解决企业相关问题,因此,修课的学员必须先具备基本管理功能的训练,例如管理会计、财务

管理与营销管理等,才能有效解读与分析个案中经常出现的公司年度报表,并对个案公司进行财务分析或做出营销决策,以利后续参与整体个案教学课程。

3.个案的挑选与老师的角色

个案的挑选必须适合课程的性质与目的,例如课程的目的是希望学员了解如何在创业中做好风险管理,那么挑选的个案情境可能就是有关创业时应如何评估各种风险,并且做出适当的决策。个案可以是自己撰写或是从现有个案(如哈佛个案)中挑选出适合者,只是自己撰写个案可能需要花费较多的时间与心力。此外,筛选个案时应考虑个案的长度、难度与所需具备的专业知识等。

授课教师在个案教学中扮演着很重要的角色,教师是个案教学主要的引导者,需对上课学员发问、提供讨论的架构与方向、归纳论点、指出其他可考虑与讨论的方向,并要确保讨论过程不致离题。此外,教师也要控制讨论的速度与方向,确保大家都有公平的发言机会,更要适时挑战学员,要求学员对毫无根据或语意不清的论点提出说明。

4.硬设备与教室设定

"工欲善其事,必先利其器",个案教学必须配合好的学习环境,方能使学习效果相得益彰。由于个案教学进行过程中必须通过老师发问与学员回答的方式进行,因此,在台湾大学进修推广部进行个案教学时,所使用的教室必须至少每三个座位就有一个发言用的麦克风,让学员每次发言都可以使用麦克风,使大家都能听清楚其所述论点;此外,授课教室的座位安排需采取类似圆形剧场的形式,期使每一位学员都能看到彼此;教室前面黑板设计成双层可移动式,俾以增加授课教师可资书写的空间,以利随时写下学员发言的重点,同时还必须配备投影屏幕,方便在课程进行时播放个案相关影片,增加个案教学的生动性。

5.作业指派

进行个案讨论前,学员必须先详读个案,并针对提出的问题进行思考,以确保上课讨论时的深度与质量。授课教师可通过指派小组作业,要求学员在上课前上交个案讨论问题的报告。通常讨论的问题都是开放式的,其主要的目的在促使学员在上课前思考,以作为与小组讨论的基础。

6.参与评分与规范助教

进行个案教学的课程最好安排一位了解课程内容的人担任课程助教,并随时从旁协助。助教除了在上课前需要协助老师准备上课所需的器材设备外,临时遇到问题也可以协助解决问题,助教也必须担任学员与老师沟通的桥梁。此外,由于学员发言是对课堂的一种贡献,为增加个案教学之学习效果,可借由助教登记学员发言情形来鼓励学员参与个案内容的讨论和发言,并作为教师评分学员上课参与表现之参考。授课教师应注意不可让学员任意发表与个案讨论议题无关之言论。

### 7.课程设计

运用个案教学时,课程设计也是很重要的一环。首先是个案的负荷,该课程预定运用多少个案?每个个案的内容深度为何?每个个案的讨论问题为何?在讨论该个案前,修课学员必须先具备哪些知识?授课教师必须安排课程演讲与个案教学的先后次序,并补充相关数据,以利个案教学顺利进行,必要时搭配播放与个案相关之影片,以期使学习效果更佳。

### 8.课程录制

台湾大学进修推广部进行个案教学时,有时会运用侧录的方式将课程进行的过程录制起来作为远距教学使用,其具体做法是在课堂一开始便征得全体学员同意录制,并告知其将作为未来网络课程教学使用,随即在课程的进行中,由工作人员将老师与学员互动讨论的过程录制下来,再由工作人员重新制作老师在黑(白)板书写的讨论重点,使之成为精美的投影片,使学员在通过远距教学观看教学影片时画面清晰。此外,通过远距教学上课的学员仍需先行分组别,事先与小组成员进行个案讨论,并在观看课程影片前先行上交个案分析问题报告。学员在学习的过程中如果发生问题可以随时上网询问该课程助教。这种网络教学的方式,其学习的质量和要求与实体授课并无太大不同,唯一美中不足的地方是通过远距教学的方式,学员缺少与授课教师直接面对面的互动讨论,但是对于工作繁忙,没有时间到学校上课的学员而言,仍不失为一种好的学习方式。

## 四、个案教学运用于继续教育的实例介绍

笔者在台湾大学进修推广部进行个案教学的课程包括"科技与营运管理""创业与创新管理"与"高阶管理研讨"等三门课程。现说明其实施过程如下。

### 1.课程概述

"科技与营运管理"课程内容分五大部分:策略性营运管理、流程改进、供应链管理、信息促成企业转型与科技项目管理。"创业与创新管理"课程研讨的主题包括:创业型专业经理人、创业机会之辨识、商业模式与策略、创业资金取得、创业团队与管理、企业成长之管理、风险管理、获利模式、企业内创新与创业等。"高阶管理研讨"课程的主题包括管理:企业转型、管理人才、管理企业成长、管理全球营运、管理企业创新、管理购并与整合、管理企业变革、管理价值与文化。本课程也强调高阶管理的执行力,借由整合策略流程、人员流程、营运流程,以达到

执行力的加值循环。其运用之个案产业横跨餐饮、医疗服务、航空运输、食品、电梯、产品设计、IC 设计业等。

上述三门课程修课学员人数为 60～70 人，修课学生并无特定之产业背景或工作性质。其授课方式以哈佛经典个案为主，并搭配录像片播放、文章导读、上课演讲等。"科技与营运管理"课程甚至安排模拟游戏，期以提升同学学习兴趣。此外，为减轻学员负担，所有个案均附中文翻译，同学必须事先研读教师提供的相关书籍，并分组上台报告。

**2. 课堂授课情形**

纯粹由教师讲授课程的传统教学模式，学生的学习方式是以老师为中心；个案教学则是以学生为中心，思考是个案学习过程中不可或缺的元素。上述三门课程的进行以个案讨论为主，授课教师在进行个案教学前会先介绍相关的理论，学员在准备小组的报告内容方面则需与个案有关。由于修课学员多数皆有多年的工作经验，拥有不同产业的实务经验，因此，学员在讨论个案时往往多能符合实务且具深度思考经验，举出其经历或曾发生的事件来佐证个案内容，并与全班学员一同分享事件发生的经过与共谋解决的方法。

**3. 学员建议与满意度**

上述三门课程，无论是实体面授还是远距网络授课方式，授课教师在课程结束时都会请修课学员填写问卷，针对授课教师、助教、硬设备环境等部分进行评分，并写下开放性的意见或建议。问卷调查采用李克特（Likert）五点量表。结果显示，就教师教学内容、表达方式、上课态度、教材、作业与助教表现、学识专业与学习效果等方面，皆获得平均四分以上（满分为五分）的分数，显示修课学员对于这三门以个案教学为主的课程给予极高的评价与肯定，只有在远距教学平台与讨论平台的稳定性方面得分略低（平均 3.5～4 分）。此外，实体面授学员也针对硬设备，如麦克风音响等问题提出建议，显示硬件环境仍有再求进步之空间。

**4. 讨　论**

针对在职但有接受再教育与吸收新知需求的学员而言，个案教学的授课方式若能做好学员课前之准备、配合教师提供适当的个案教材与课程设计，并运用适合的教学技巧与进行程序，辅以周全的周边环境设施，则较传统教学应更能帮助修课学员在实务职场领域的效益。从修课学员提出希望能增加更多类似课程的建议来看，本部期望未来将结合更多不同领域与专长的教师，累积、发展与互相沟通个案教学之经验，以提升学员学习质量。

## 五、结　论

个案教学是众多教学方法的一种,其特色在于运用具体、生动、实际的教材,通过教师的引导、学习者主动分析与参与讨论的方式,获得学习的效果,对于管理教育希望培养经理人的独立思考、问题解决与分析决策的能力的目标而言,个案教学相对于传统讲授式的教学方式,更能让学习者获得独立分析、群体合作、人际关系、决策行动等能力,因此被列为管理教育中的一项重要的教学方法。个案教学的成效取决于适当的个案教材、教师引导教学的技巧与方式及学生投入参与的意愿。从台湾大学进修推广部实际运用个案教学于管理领域的三门课程而论,不论是实体面授教学还是利用远距的教学方式,若能妥善规划课前准备与课程设计、让学员具备基本个案讨论之概念与能力、选择适当的个案教材、适当运用教学的技巧与教学程序,并辅以相关的周边环境设施,将能帮助学员落实于实务工作的运用。

**参考文献:**

[1] Benham,M. K. P. The practitioner-scholar's view of school change:a case-based approach to teaching and learning[J]. *Teaching & Teacher Education*,1996,12(2):119-135.

[2] Blumenthal,J. Use of the case method in MBA education[J]. *Performance Improvement Quarterly*,1991,4(1):5-14.

[3] Knirk,F. G. Case materials: research and practice [J]. *Performance Improvement Quarterly*,1991,4(1),73-81.

[4] Kowalski,T. J. *Case Studies on Educational Administration*[M]. New York:Longman Publishing Group,1991.

[5] Lang,C. *Case Method Teaching in the Community College*[M]. Boston,MA:Education Development Center,Inc. ,1986.

[6] 刘常勇. 管理教育中的个案教学[DB/OL]. 2005. http://cm. nsysu. edu. tw/~cyliu/paper/paper5. html.

[7] 吕执中. 个案教学法精神及其影响[DB/OL]. 公务人力发展中心电子报 83 期,2008. http://epaper. hrd. gov. tw/83/EDM83-0502. htm.

[8] 王丽云. 个案教学法之理论与实施[J]. 课程与教学, 1999,2(3): 117-134.

# 3G 时代继续教育的 e 化策略探讨

上海交通大学 阮林涛 刘路喜 孙 龙

【作者简介】

阮林涛,男,上海交通大学继续教育学院信息中心主任,助理研究员,研究方向为信息技术在继续教育中的应用。

刘路喜,女,上海交通大学继续教育学院副院长,教授,研究方向为应用语言学、成人教育管理与研究、职业教育。

孙龙,女,上海交通大学原成人教育学院总支书记,副教授,研究方向为行政管理、组织行为学。

本文为 2008 年第九届海峡两岸暨港澳高校继续教育论坛收录论文。

3G(3rd Generation,第三代移动通信技术)主要的进步在于传输声音和数据的速度提升,它能让使用者通过移动电话在全国甚至全球范围内更好地实现无缝漫游,并处理图像、音乐、视频流等多种媒体形式,提供包括网页浏览、电话会议、电子商务等多种网络信息服务,是将无线通信与互联网等多媒体通信结合的新一代移动通信系统。3G 在中国市场虽已宣传多年,但直至 2008 年方进入商业试运行阶段,重新获得市场关注。它意味着开创移动通信新的阶段,在这样的技术背景下,继续教育机构的 e 化策略当与时俱进,赋予新的内容。

移动多媒体和宽带数据传送是 3G 最大的发展,其主要业务也依赖于此,继续教育机构 3G 时代的 e 化策略就是要充分利用它们来创新现有教学手段和管理服务系统,打造一个新的继续教育 e 平台。

**一、借助 3G 流媒体服务,建设无线教学平台**

2G 移动通信业务的主体是语音,而音视频的传输是人们对 3G 最期待的地方,包括即时音视频广播(视频电话、PTT(Push to Talk)、移动可视会议)和流媒体点播,目前互联网上视频点播随着宽带普及已经成为一项非常热门的业务,3G 这一随身的宽带可以让继续教育部门扩展延伸现有的教学手段。

继续教育领域中,远程教学、网络教学一直是其独具特色和宣传的教学模式,但目前实践中,并没有得到很充分有效的发展。主要受限于如下原因:

(1)技术限制。远程和网络教学要求受众拥有相应的网络和计算机等电子设施,甚至需要相应的计算机操作技能,教学过程中管理服务机构和师生经常要花费较多时间精力去保证设施正常运转。

(2)收费模式难以设计。速度现已不成为互联网上音视频传输的障碍,但如何保证盈利是一件困难的事情。现有的视频网站主要还是以广告模式而非向用户收取费用的模式来盈利,加上国内信用体系的不足,网络支付的不普及,继续教育机构难以可持续地发展远程、网络教育。

(3)师生互动困难,教学效果受到影响。普通的电视广播式远程教学就只有教师的单向传递,而丝毫没有师生的即时交流,互联网环境下师生即时交互已经可以通过文字输入解决,但彼此声音画面的即时交流仍然欠缺。

3G 无疑较为完美地解决了上述障碍。3G 可以利用多种移动终端,3G 手机更是可以看作一个随身携带、操作简易的个人计算机,音视频的传输可以真正做到随时、随地、随身。这既是无线娱乐休闲市场的扩大,也是继续教育机构远程教学手段和市场的扩大。

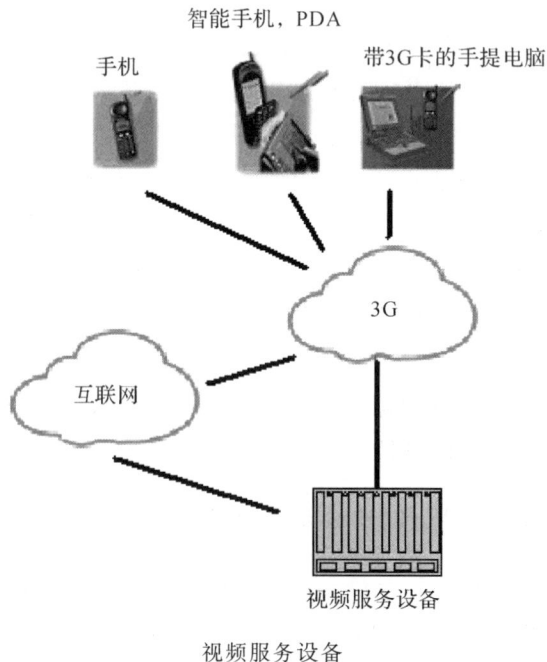

视频服务设备

同时,继续教育以在职人士为主,由于工作时间和地点的限制,许多人士压抑了接受继续教育的需求,或在日常教学过程中因出差、公务、生病等不能及时完成正常教学,无线教学无疑是正常教学的有力支持。

除却可能的国家政策法规的限制,继续教育部门在规划其 3G 无线教学的时候应遵循实用、便捷原则,并应当具有自己的特色:

(1)不一定需要高清晰的图像,但要保证声音足够清晰。3G 无线教学对画面质量的要求不如电影、游戏那么高。即使板书,也只需要看得清即可,低质量的画面并不影响教学效果,且手机狭小的屏幕并不适合观看清晰的画面,但却有利于无线传输。

(2)注重互动性。传统的面授教学的一大优势在于师生可以即时交流,3G 的无线教学设计规划中要摆脱传统电视式教学模式,通过手机让师生进行交互。PTT 可以实现群组通话,移动可视会议可以实现群组画面,借助这些技术基本可以打造一个虚拟的教室。即时信息(即时消息、移动 ICQ)、统一消息、点对点 SMS/MMS 等其他正常业务可以保证线下师生持续交流。

(3)灵活的收费模式。由于用户 3G 业务都捆绑手机号码,对即时进行的视频教学传送可以做到按次收费并不用担心支付问题。这对于培育高端继续教育市场是有利的,可以分散总的费用而扩大受众市场。

(4)促进教师的教学质量提升。类似于学生选课,受欢迎的教师与教学会得到更多的选择,学员的手机就是一个点播器,其选择就是一个最直观的评估,管理机构甚或可以通过与教师按比例分享所获得的收益,来促进教师积极参与设计制作专门适用于无线教学的教案等。

(5)内容至上,实现可持续发展。许多课程的教学内容并非如新闻、电视剧那样面向大众市场,所以用户愿意为之付费,高端继续教育项目更是如此。内容是最重要的,无线或面授只是一种形式,因此,要以可持续发展的观念去建设无线精品课程,不断充实更新内容,并在音视频制作传播上不断技术创新。

## 二、与现有信息系统集成化建设全方位数据服务平台

自互联网时代开始,它就被称为报纸、广播和电视传统三大媒体外的第四媒体,而 3G 时代,人们寄望手机能够成为第五媒体。传统媒体是受众只能被动接受的信息传递模式。互联网中信息发布成本大为降低,web 2.0、web 3.0 等技术的普及大大提升了普通人参与互联网的主动性。而 3G 摆脱了对使用者须有相应的使用技能、网络与计算机设施和固定环境的限制,更有能力将这一主动性参与度提升到新的高度。

因此,3G 时代继续教育机构在 e 化过程中,首要的策略是将 3G 与现有信息

管理系统全面集成。

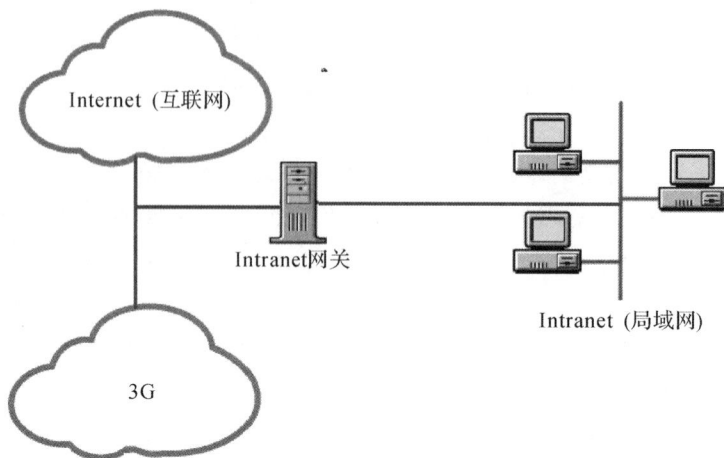

目前，各类继续教育机构一般都有基于互联网/局域网的管理信息系统，有些已经附加了手机信息通知处理，而3G的全面集成不仅限于该简单信息通知，而是与管理信息系统整个数据业务处理链各个环节的集成。

（1）3G移动网络与互联网和局域网后台数据库的无缝连接。管理信息系统的发展经历了从单机到局域网到互联网，再到3G网络这样一个过程，每一次发展都是网络范围的扩大。不同网络之间彼此融合是一种趋势，3G时代同样应顺应这一趋势，现有管理信息系统要升级，实现3G网络与原有网络的融合，进行无缝连接，让数据管理员与普通使用者感觉不到网络之间的差异。

（2）更为安全和方便快速的数据入口。3G手机越来越趋向于成为一个操作简便的简易电脑，借助这一终端，教师和管理人员对于数据的输入可以更为安全和方便。信息安全一直是困扰网络应用的重要问题，而成绩、学生资料都是较为隐私重要的信息，随着网络的扩展，安全问题也愈显突出。由于每个手机拥有自己独一无二的卡号，可以捆绑手机号进行高效便捷的身份验证，而数据输入比如成绩输入甚至可以让教师通过手机摄像头拍摄二维码进行自动转换。

（3）更为即时人性化的信息服务。即使2G时代，一些机构和企业已经提供即时短信通知服务，3G时代无疑可以做得更好，比如手机成绩查询、课表按时提醒等。电信运营商为各项应用搭好了基础平台，继续教育机构需要针对学员和管理人员的要求，在这些平台上面依据自身技术条件进行二次开发，保证学员和管理者可以随时随地获得自己所需要的信息。

**三、一些不能忽略的问题**

3G虽然描绘了一个美好的前景，但要真正付诸商业普及还有一段时间，同时也会对原来的 e 化模式带来冲击,继续教育机构在 e 化过程中必须对可能发生的问题做出综合考虑判断。

(1)运营商技术不够,导致原先设想的音视频等数据流畅传输不能实现。中国所采用的 3G 是 TD-SCDMA 标准,与现有各国和地区已经运行的 3G 网络并不一致,有其自己独特的标准。然而,相关的研发机构和运营商迟迟没有解决其顺畅运行的诸多技术问题,导致 3G 迟迟在中国不能运行,这让人担心,一旦正式商业运行,该 3G 是否能真正提供我们所一直期待的网络。

(2)费用、成本和效益问题。彩信未能在中国普及的重要原因就是其过于昂贵的费用,而价格低廉的短信却大行其道。因此,继续教育机构在 3G 中推广相应项目时务必考虑受众的经济承受能力。对高端继续教育项目而言,受众对价格不敏感,可以在推广项目的时候预先包含可能的 3G 费用。而对其他普通项目或者正常教学过程中,相关的费用是必须考虑的问题,是机构自己承担或是受益者承担,管理者需综合判断。

(3)机构自身的技术条件。3G 对应的软件需要新的架构和开发技术,不是每个继续教育机构都有足够的技术能力去开发,不是每个需求在技术上都能实现,而当一些用户要求不能实现时,会让人们对 3G 的有效性和能力产生怀疑。

(4)学员的接受程度不够。普通人对新技术的接受都需要一个过程,机构和运营商对市场的培育不一定符合用户的需求,这会导致受众对 3G 接受程度降低,使其超出 2G 的卓越性能不能被充分应用。

## 四、综　述

其实,3G 的诸多业务应用在 2G、2.5G 已经存在,但它能更好地、成本更低地完成 2G 时代提供的所有服务,其大大增加的数据传输能力和功能越来越完善的终端(主要是手机),可以将大量的 2G 应用提速,使众多互联网和局域网业务转移到移动终端上,实现信息沟通的全面飞跃。

3G 在中国宣传多年,已经透支了人们的注意力和许多相关技术公司的生命力,但也积累了足够的技术储备,一旦正式商业运行,将飞速带动相关行业发展,继续教育机构应未雨绸缪,做好相关准备,让自己的 e 化与时俱进。

参考文献:

[1] 鲍可进. 3G 流媒体服务器的研究与实现[J]. 计算机工程与设计,2008,29(1):
2595-2597.

[2] 宋颖. 海外主要 3G 市场发展状况[J]. 通信世界,2008(15):6-7.

# 专业知能提升计划
## ——台湾大学 CSR 经验

台湾大学　郭瑞祥　廖倩谊

【作者简介】

　　郭瑞祥,男,台湾大学进修推广部主任,美国麻省理工学院机械工程博士,台湾大学管理学院商学研究所教授,研究方向包括质量与服务管理、数据采掘与商业智情、供应链与流通管理、高科技创新模式等。

　　廖倩谊,女,台湾大学进修推广部营销长,台湾师范大学教育学博士,研究方向为卫生教育、行为科学、继续教育。

本文为2009年第十届海峡两岸暨港澳高校继续教育论坛收录论文。

## 一、引　言

　　近年来,随着自然环境破坏加剧、人道主义思潮风起云涌、企业角色力量增强以及大众意识觉醒,学界与业界对于"企业"与"社会"的关系以及企业该如何善尽社会责任(corporate social responsibility,CSR)提供了更多深沉的辩论与反思。Baron(1995)和 Burke & Logsdon(1996)的研究指出,企业除了必须关注传统的产品市场与要素市场外,对于非市场的环境也必须投注更多心力。IBM市场报告书"未来企业"(2007)也指出,企业社会责任对于企业维持市场占有率有举足轻重之影响力,因为更多具备社会责任概念的新一代客户、员工、合作伙伴、活动者和投资者正在关注公司的行为。许多 CEO 更认为未来企业社会责任将与企业形象一同在企业差异化方面扮演重要角色,企业社会责任已逐渐由不可忽视的管理议题转变成企业经营的内涵原则,因此企业除了被动性地响应外部对其履行企业社会责任的期望外,也有将企业社会责任纳为组织核心精神的压力。Porter & Kramer(2006)指出,企业的成长获利与社会福祉并非零和游戏,因企业与社会间互相依存——企业运用社会各项资源成长,社会借由企业缴纳税收、提供商品与劳务而稳固发展,故企业应该将"企业社会责任"视为"企业社会契机",运用核心业务的决策架构以及现有的竞争优势分析回馈社会的机会,使 CSR 成为社会进步的一大动力,为社会与自身创造价值,营造双赢的局面。

目前各大高等教育学府广设推广教育,其究属营利机构或非营利机构,一直备受讨论。台湾大学作为台湾第一所最完整、历史最悠久,且最具代表性之综合性高等教育学府,肩负高深学术研究及教学之重任,而高等教育中之推广教育单位或属营利单位,但亦应兼具非营利单位的特色,不应全以利益为唯一导向。台湾大学进修推广部自许应善尽台湾大学的社会责任,更具体地说,就是要"通过台大推广,增加对社会的影响力,以知识的平台,产生正面向上的力量"。为了发挥这个功能,它本身必须有财务能力维持运作;为了发挥效能,它必须有现代化"经营管理"的理念,有效利用台大的资源。

2008 年,金融风暴席卷全球各地,台湾也受到世界经济危机的冲击,经济指标下行,失业率持续创下新高,整体市场经济低迷,消费能力与意愿下降,各行政主管部门纷纷推出各项降低失业率的对策与振兴景气的方案。台湾大学为善尽高等教育之社会责任,以企业推动 CSR 精神,于 2009 年初推动"专业知能提升计划",在短期内提供免费的课程,不仅善尽社会责任,亦配合政府的人力加值计划提供课程。就中长期而论,除了提供多样优质的课程,以强化在职人士的职能提升,亦能强化企业委训,提供客制化的课程,从而提升推广教育的策略地位,且有效利用学校及业界资源,发挥知识影响力。本文拟就企业社会责任之定义、概念之发展及其策略类型作一探讨,并以台湾大学推动专业知能提升计划为个案研究,阐述企业社会责任推动之服务流程及机制设计,供推广教育者参考。

## 二、企业社会责任之定义与概念之发展

有关"企业社会责任"(CSR)的定义与范畴的界定直到 20 世纪才有较多的文献进行深入探究。主因之一乃源于"企业社会责任"一词的定义较难明确,对企业决策者而言,"企业社会责任"能够带给公司的价值创造(value creation)也显得极为有限,因而降低公司实行企业社会责任相关作为的意愿。Moon et al. (2005)研究指出,定义何谓"企业社会责任"之所以困难重重,除了因为这个字词本身具有四大特质:评判性(being appraisive)——具有评价性的意象、本质上的争议性(essentially contested)——难以采用一套恒常的制式标准进行裁判、内部复杂性(internally complex)、在概念的应用执行面却有相对开放的规则(having relatively open rules of application)。也因为 CSR 一词包含了企业——

社会关系中的数种概念,是一个总称性的语汇(umbrella term),其在意义上却又与其中内含的某些概念相互重叠,这种隐晦的动态特质(the implicitly dynamic attributes)使 CSR 难以被精确定义(Carroll,1999)。许多学者甚至评论 CSR 本身是既模糊又不明确的概念(Preston & Post,1975)。Votaw(1973)认为它是一个包含多种定义的概念,而 DeFillipi、Post 和 Preston 则认为它是一个缺乏理论整合以及实证核查的概念(DeFillipi,1982;Preston & Post,1975;Post,1978),Berger & Luckmann(1966)以及 Dahlsrud(2005)也指出,发展毫无偏误的 CSR 定义不可能成真,即使成真也难以通过实务数据获得验证。目前归结各组织及中外学者对于企业社会责任概念之看法,企业社会责任可被广泛地定义为:企业在恪守法规与追求利润之余,须考虑到其营运与决策行为对自然环境以及员工、顾客、供货商、小区等内外部利害关系人的影响,最小化其营运活动所带来的负面外部效果,并借由实践"道德上获得认同许可的"管理措施与方针,使全体人类生活与社会更臻完美之境界。

　　Carroll(1999)指出,文献上对于社会责任议题的关注早于 20 世纪三四十年代即有迹可循,但直到 50 年代才有较为具体成形的概念,并自 50 年代起,将其相关之研究发展进行分期,分别为:50 年代——初始期、60 年代——概念形塑与延伸期、70 年代——扩散激增期、八九十年代——CSR 相关理论发展期(冯燕,2003)。50 年代 CSR 的概念尚未完整成形,当时的 CSR 实际上仅有 SR(social responsibility)之意涵。该时期有"社会责任之父"之称的 Bowen 提出,企业家对所从事的组织管理、决策,或是组织执行企业目标及愿景中的相关组织运作过程都应有道德上的义务和责任(Carroll,1999)。60 年代是社会责任概念的形塑期,Davis(1960)认为,所谓的企业社会责任应是"企业家在决策及行动过程中至少应达到不与企业经济利益有直接关系的最低标准"。Frederick(1960)则认为,社会责任意味着企业家必须监视管理整体企业运作,以达到符合社会期许的目标,亦即企业在生产及营运过程中都应该以增加社会福利为主。McGuire(1963)对社会责任的定义是"社会责任这个新概念展露了企业与社会之间的亲密关系,企业高阶管理者应对这样的关系时应牢记心中,并且清楚认知到与企业相关的群体各自的目标追求"。70 年代有许多 CSR 的相关研究与文献,Heald(1957)强调当时企业界将社会责任视为社会慈善或小区公共关系等,他也提出未来企业社会责任的概念将与公司实务决策息息相关。Johnson(1971)提及企业应寻求多重目标,而不仅仅是利润最大化,因此企业应该为其目标进行优先级之排列,而有企业社会责任的公司即是那些能够平衡各种关系之利益的企业。Backman(1975)主张社会责任是构成企业社会表现(social performance)的诸多面向之一。在这个时期探讨企业社会表现的文献与研究企业社会责任者已几乎可等量观之。当学者逐渐将研究的重点由单纯的企业社会责任定义延伸至其他范围,或将企业社会表现纳入讨论议题时,也代表着许多重要的企业社会责任模型正逐渐成形。

### 三、企业社会责任之策略类型

Porter & Kramer 主张企业的社会责任可依据其为企业本身加值与否进行分类,区分为"响应式"和"策略性"两类,也为企业该如何实行社会责任点出较具策略含义的明确方向,然而除了从企业本身作为进行考虑(inside-out),也不应忽视外界环境对企业的影响力量(outside-in),且 Porter & Kramer 仅提出两项分类,在实务应用上仍略显不足。基于 Porter & Kramer 之分类,以 Carroll 等前人发展社会责任定义时所提及的两大概念——强制性与自愿性作为发展基础,纳入外在环境对企业施加之压力程度为另一项分类考虑,理论分析架构可由一维度扩展成为以下二维度的四类型策略矩阵:①行动层级。企业社会责任可分为平衡型企业社会责任(balanced CSR)与增值型企业社会责任(value-added CSR)两种类型。前者指企业为了单纯扮演好良好社会公民的角色,或降低企业活动今后可能会对社会带来的不利影响而采取的社会行动,可为社会带来利益,但无法为企业增加策略利益;后者则不仅为社会带来利益,也为公司本身带来明确、可观的利益。②环境动能。企业在选择社会责任计划时,其社会责任行动有可能是受到外界压力影响而产生的,此种压力为"环境动能"。以 Carroll 等人发展社会责任范畴解释时所提及的两大概念——强制性与自愿性作为此维度发展基础,可以将环境动能依照程度强烈区分为强的环境动能及弱的环境动能。通过这两个维度的划分,我们可以将企业的社会责任分为以下四类:①加值典范(value-added paragon),②协进拓荒者(co-working trailblazer),③救火队(firefighter),④朴钻(rough diamond)。以下将说明四种类型的内涵(图 1)。

#### 1. 加值典范

通过替公司增值的企业社会计划或策略来适应强大的外部压力。外界对于此类型公司是否须实行企业社会责任相关行动有较多要求与专注,这些规范可能来自正式的官方机构或非营利事业组织。此类型公司之所以引起外界关注主要由于产业先天性——其所属的产业特质本身有伤害环境或个人的高风险,因此促使外部压力团体要求公司谨慎避免企业营运对环境或社会造成重大影响。虽然面临强大的外部压力,然而此类型的企业社会计划通常经过详细规划,因此能为社会及企业均带来利益。具有这样的社会责任作为的企业是产业中可作为楷模并值得效法的加值典范。

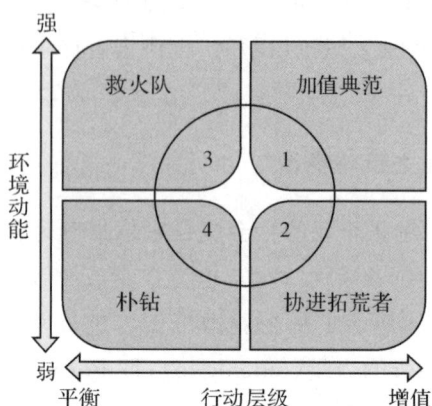

图 1　企业社会责任矩阵

数据来源:林芝后,2009。

### 2.协进拓荒者

即使面临的外界压力不大或甚至尚未面临压力,仍执行为公司增值的企业社会计划。执行此类型社会作为的公司就如同开垦荒地的拓荒者一般,率先进入社会大众尚未关注的社会责任领域,不但能借此唤醒外界对特定议题的觉察与重视,也通过实际营运得以照顾到以往被疏忽的弱势群体。因此,公司所推动的社会行动不但提供社会进步之动力与触媒,还能借此造福公司、维持企业本身的存续,是能够帮助企业自己与社会协同进步、获益的协进拓荒者。

### 3.救火队

企业面临较强大的外部压力或要求,并努力扮演好社会公民角色或降低公司营运活动可能或已经对社会造成的伤害与影响。此类型的企业作为通常是较为典型的社会责任作为——由于外界施加的压力大,因此在外部的监督与关注下,企业恪守本分实行社会责任计划。然而,此类型的社会计划通常是较为简单的一次性计划(one-shot program),或是有期限的项目(time-specific project),因此对于公司加值效益不大。企业的社会责任作为若属于此象限,表示企业执行社会计划作为是为了应对外界压力,为其所带来的社会或企业危机灭火。

### 4.朴　钻

虽无面临外界压力或关注,仍谨守其企业社会公民责任,或降低公司营运对社会造成的影响。此类型的社会责任作为与企业所面临的环境动能虽然不强,却仍对社会责任议题保持一定关注,就如同低调而未经琢磨的朴钻,尽力为社会贡献其一己之力。

### 四、专业知能提升计划之内涵

有鉴于整体大环境经济状况虽受不景气之影响,部分社会人士短时间暂时失业或被要求暂休无薪假,但对于个人生涯规划而论,实为积极自我进修的好机会。因此台湾大学推动"专业知能提升计划",主要包括"随班研习项目"及"管理课程网络专班"两部分,提供失业或暂休无薪假者提升专业知能的机会。其中"随班研习项目"规划校内千余门课程 10% 的修课名额供需求者报名选读,课程包括电机信息类、工学类、法律类、社会科学类、文学类等。此外,针对职场上非常需要的管理专业知能,及为扩大服务范围,台湾大学与台湾"中华电信"公司合作建立网络平台,扩增在线同时上课容量,推出"管理课程网络专班",精心规划管理类的网络专班课程,包括经济学、管理概论、财报分析等 11 门管理类的重点课程,嘉惠因时间、地域受限的需求者,让学习者可以不受时空的限制,提升个人管理专业知能。"管理课程网络专班"每门课程授课时间自 7~34 小时不等,皆由台湾大学管理学院专任教师亲自录制。此外,为提升课程教学质量,每门课程皆聘请专责助教,在线辅导学员修课,实时解决学员在线学习的各项问题。

"专业知能提升计划"的所有课程,除要求报名资格应符合该班程规定外,另有别于同期其他各校推出免费课程之方式,要求报名选读课程者需先缴每门课程 2000 元保证金,该项金额将于修毕全程课程,成绩及格并获得研习证明后,全额无息退还修读学员,否则,该项金额将由本校统一作为清寒奖学金之用。其主要用意在于鼓励修课者积极参与、认真学习,以免影响原课程之教学质量并浪费资源。

### 五、专业知能提升计划之推动与执行过程

(一)校内行政流程沟通协调

为提供失业或暂休无薪假者提升专业知能的机会,台湾大学于 2009 年 2 月上旬着手研议"专业知能提升计划",并经校内一级主管策略会议决议,包括工学院、电资学院、文学院、法律学院及社科学院等五个学院提供相关课程,全面推动本项目,该校李校长续以电子邮件方式,协请全校授课教师支持与协助本项目,显示校方对该计划之重视与推动之用心。具体流程见图 2。

(二)新闻媒体发布与营销倡导

专业知能计划在通过行政程序作业后,随即进行招生简章的拟订与确认,同时建置完成在线报名系统与数据库链接,并对媒体发布新闻稿,各大媒体(电子、网络与报刊等)以大幅版面刊载本专案,致台湾大学推广部网站在招生首日的在

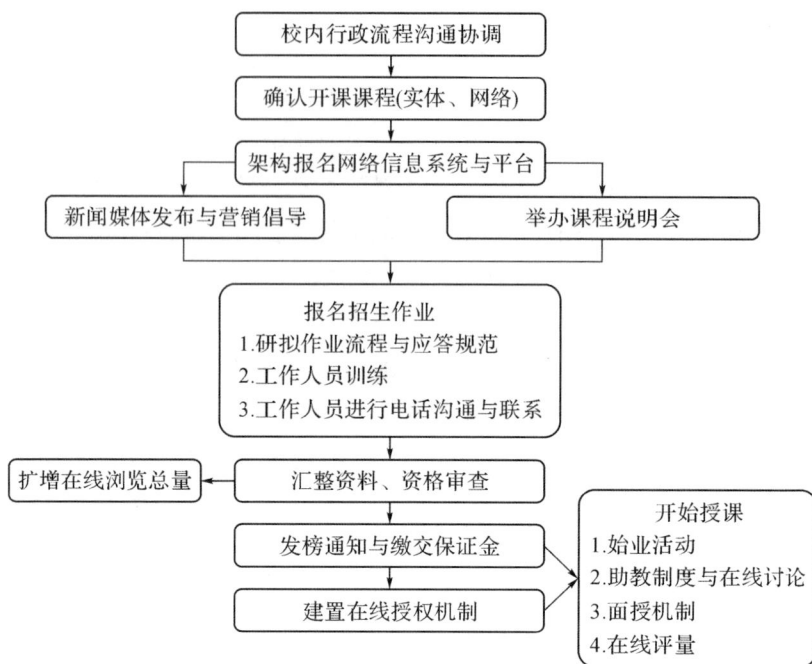

图 2　专业知能提升计划推动与执行流程

线浏览总流量增至 32460 余人次,较之过去平均流量足足提增近百倍。由于媒体的披露与网络用户之人际传播,也让关心本项目的咨询电话不断涌入,台湾大学进修推广部所有工作人员全员待命投入作业处理,整天电话应接不暇。社会大众对本校推动本项目多数持正面评价与响应。

综观本项目之所以引发各媒体大篇幅的报道与关注,主要原因有:

(1)推动本项目时值整体环境经济景气受到影响,各公、民营机构无不竭尽心力研议各类型振兴景气方案,与此相关之议题皆为媒体关注之焦点,教育政策与措施也不例外。

(2)本项目之策略规划是以善尽台湾大学之社会责任为出发点,纯以社会利益为导向,其所规划设计之课程类型多元,不仅包括最受社会各界接受的管理类课程,还包括社会科学、人文艺术、法律、工学及电机信息等,同时设计实体课室授课与在线网络授课等考虑不同层面需求的授课方式,与同期其他高等教育学府推出的相关教育课程方案相比有明显的特色与优势。

(3)本项目虽未对受教者收取学费,但要求报名选读课程者需先缴每门课程 2000 元的保证金,并声明该项金额将于修毕全程课程、成绩及格并获得研习证明后,再全额无息退还修读学员。对该项措施确实有部分社会人士持不同的意见与看法,因此引发了部分媒体的关注与争议。但因这项措施的主要用意是鼓励修课者积极参与、认真学习,避免影响原课程之教学质量与浪费教育资源,因此这一颇受争议的做法随后也随着本校的说明而得到社会大众认同。

(4)本项目包括"随班研习项目"及"管理课程网络专班"两项计划,整体报名作业流程从 2009 年 2 月份的"随班研习项目"延续到 3 月份。为扩大"管理课程网络专班"的授课容量,台湾大学进修推广部续于 3 月初办理"管理课程网络专班"课程说明会,数百位报名学员的积极参与及与台湾"中华电信"的资源合作,本项目再度受到媒体的关注。

(三)报名招生与审查作业

1.随班研习专案

本项目开放报名之总课程数为 1160 门,自 2009 年 2 月 16 日至 2 月 22 日间受理报名,规定每位报名者至多选修 2 门课程。总计通过在线完成报名人数为 836 人,报名人课次为 1438 人课次。为提高服务质量与管控流程,特由单位行政主管研拟作业流程与应答规范,针对主责本项目的台湾大学进修推广部全体工作人员进行说明与训练,再依据报名流水编号分案交予工作人员进行电话沟通与联系,要求在报名期间内针对所有在线报名者逐一进行电话联络,回复报名者的各种问题,同时确认报名资格、在线报名数据填写的完整性及催促书面数据送件等。

初步审查总计在线有效报名人数为 695 人,占在线总报名者的 83%。进一步分析有效报名者的基本资料,结果发现主要以失业者居多(占 78%),其次为休无薪假者(占 22%);教育程度以学士学位者居多(占 53%),其次分别是其他(27%)及硕士以上(20%)。在审查相关文件后,随即将所有符合报名资格者的数据亲递各院系授课教师审查,并通知录取者缴保证金,共计 77% 的人完成缴费。进一步分析报名者的选读课程如图 3,选读社科学院课程的人次数最多(占29%),其次分别为文学院(26%)、法律学院(16%)、电资学院(15%)及工学院(14%)。

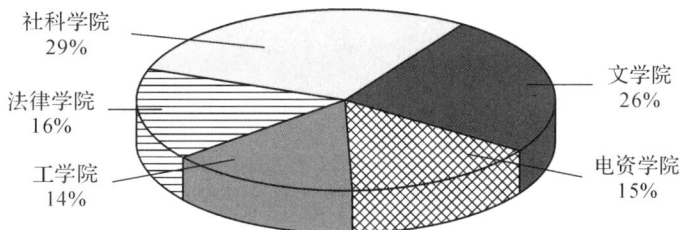

图 3　随班研习项目选读课程数比例分布

**2.管理课程网络专班**

本项目规划之初,即考虑到管理类课程将为需求主流,故特别规划管理类的网络专班课程,征求管理学院任课教师同意,提供由管理学院教师亲自录制的管理网络课程,课程包括经济学、管理概论、财报分析、管理统计、管理会计、营销管理、创业与创新管理、国际企业管理、投资学、财务管理、策略管理等11门,并与台湾"中华电信"合作建置网络平台,提供失业及休无薪假人士选读,同时扩增在线上课容量,扩大服务人数及服务范围,让学习者可不受时间与空间的限制,提升个人管理专业知能。此外,为提升学习质量,本班程还聘请专责助教,通过在线讨论辅导学员修课。本班程自2009年3月底至6月间通过在线方式进行授课。为加强学员修读效益,部分课程还增开1~2次面授授课,由授课教师与学员进行面对面实体讲授。2009年3月30日举办了始业活动,会中除介绍管理课程网络专班信息平台系统使用与课务外,亦进行现场双向讨论。

本班程自2009年2月16日至3月15日间受理报名,综合考虑了报名人数、系统的在线学习容量、助教在线辅导的负荷量及学员实际的学习质量等因素,除学习时数较少的三门课程(管理概论、经济学及管理统计)尽量扩增在线修读人次容量外,其他选读课程则规定每位报名者至多可选读3门课程。结果共计1115人报名,选读人次达4050人次,远远超过原定可容纳1100上课人次的浏览总量,于是与台湾"中华电信"协商,再度扩增在线浏览容量。

鉴于管理网络专班需运用网络信息平台,有别于传统实体课室讲授方式,为提供报名者了解课程进行方式与使用机制,于报名期间办理"网络专班管理课程说明会",介绍本班程推出的11门管理课程。通过在线完成报名管理网络专班报名者共计1115人,经审查符合资格人数为746人,占总报名人数的67%。主要以失业者居多(占70%),其次为休无薪假者(占30%);女性(54%)略多于男性(46%);年龄以26~35岁者居多(占47%);教育程度则以学士学位者最多(占58%),其次分别为硕士以上(25%)及其他(17%);居住地以台北县市居多,占68%。

管理网络专班提供的11门专业课程,经审查有83%人课次符合资格,发榜后随即针对符合资格者进行缴保证金的通知,共计77%的人完成缴费。进一步分析报名管理网络专班选读课程结果如图4,其中以选读"创业与创新管理"课程者最多(占14%),其次为财务报表分析研讨(占12%)。

**六、服务流程与机制设计及其成效**

教育的本质实为服务业,而对服务业来说,顾客也是生产的一环。由于顾客

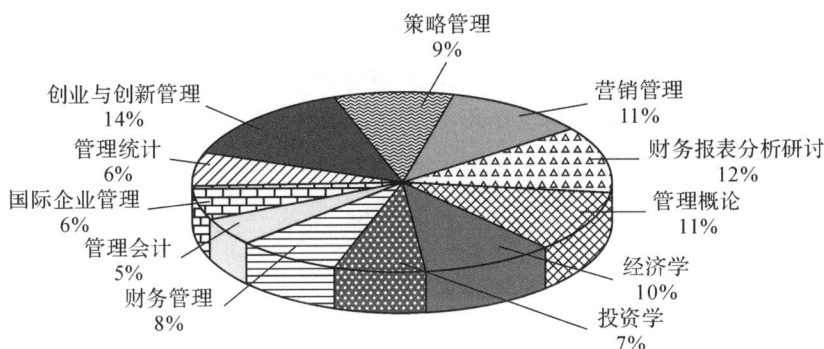

图 4　管理网络专班选读课程分布比例

的差异化为服务业者带来了大幅的改变,顾客"干扰"服务流程的状况也屡见不鲜。因此,如何处理服务"差异化"(variability)问题,是服务质量的关键挑战。面对顾客带来的服务差异化,服务业者需先厘清类型,再一一对症下药、设计对策。而"专业知能提升计划"是以休无薪假与失业者为对象的免费项目,所面对的差异化与其不确定性的预期更具挑战,如何设计流程与机制极为重要。

顾客服务差异化可分为下列五类:来客差异化、要求差异化、能力差异化、付出差异化及主观偏好差异化(Frei,2006)。对服务业者而言,无论顾客带来的服务差异化对公司造成什么样的营运问题,服务业者皆必须配合或减少其差异化。而台湾大学在对专业知能提升计划的服务差异化类型及其因子进行探讨后,亦针对各类型之差异化研拟对策,设计服务流程及机制。以下以管理课程网络专班为例进行论述(见表 1)。

表 1　专业知能提升计划面对的顾客服务差异化及服务流程与机制设计

| 服务差异化类型 | 服务差异化因子 | 服务流程与机制设计——以管理课程网络专班为例 |
| --- | --- | --- |
| 来客差异化 | 学员不会全都在相同的时间需要服务,数量变异大 | 采取网络课程 |
| 要求差异化 | 学员喜好各异 | 课程多元;举办说明会与始业活动;个别电话提醒服务 |
| 能力差异化 | 学员知识、年纪、经验各异 | 选课科数限制;资格审查;助教制度;在线评量;成立读书小组;面授 |
| 付出差异化 | 因为是免费项目,有些学员不会认真学习 | 保证金制度 |
| 主观偏好差异化 | 学员背景各异,对于学校教育认知不同 | 在线讨论机制 |

就顾客差异化类型而言,由于学员数量变异大,且不会全都在相同的时间需要服务,故本计划与台湾"中华电信"公司合作建立网络平台,采取网络方式授课,让学员的学习可不受时间及空间的限制。就要求差异化类型而言,因学员喜好不同,本计划规划了多元丰富的课程,包括经济学、管理概论、财报分析、管理统计、管理会计、营销管理、创业与创新管理、国际企业管理、投资学、财务管理、策略管理等11门管理类的重点课程,并于3月7日举办"网络专班管理课程说明会",亦于3月30日举办始业活动。鉴于学员能力之差异化,本计划通过课前的资格审查、选课科数限制、课中的助教制度、在线评量、营造学习风气的读书小组及面授等方式协助学员学习。而因为本项目为免费项目,为减少有学员不认真学习的付出差异,故台湾大学采用要求报名选读课程者需先缴每门课程2000元的保证金。对于学员的主观偏好差异化,本计划建立了在线讨论机制,让学员通过与同学们的意见讨论,减少其对学校教育认知的相异程度。

在上述机制设计下,学员学习成效良好,选读管理网络专班课程人数及结业人数如图5,修课总人课次为1739人,结业总人课次为1385人,总结业比率为80%。

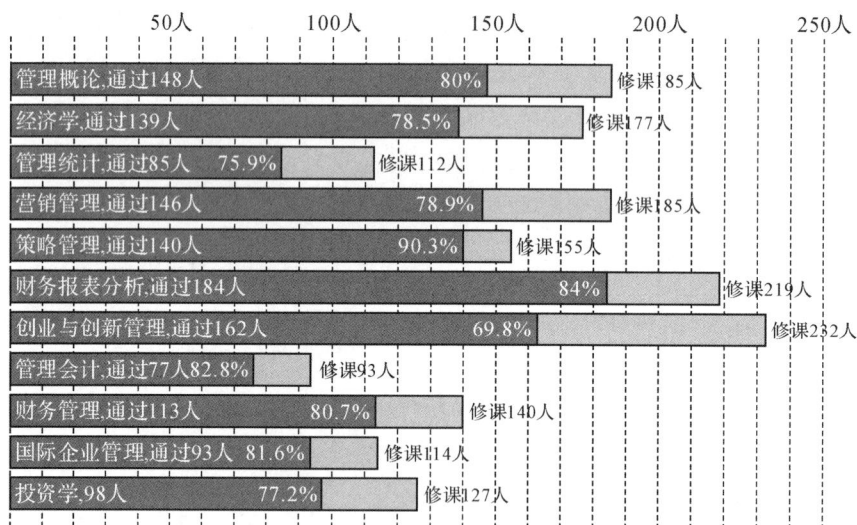

图5　管理网络专班课程修课及结业人数

以管理网络专班选读学员最多的"创业与创新管理"课程为例,在始业式活动后,该课程即进行面授课程,进行课程内容引导,鼓励学员组成小组定期讨论。学员们亦利用在线讨论区沟通,依地缘组成小组,自行举办读书会,进行个案讨论。除了通过网络平台管道授课外,该课程亦进行了二次面授课程,强化了学员的互动机制。在课程结束后,有些小组仍持续运作。

## 七、结　论

（1）企业社会责任（CSR）并非社会救助,不同类型 CSR 之推动方式有其不同效益。推动永续且有效的社会责任行为,可为企业及社会建立双赢的基石。推广教育应平衡商业（学校财源）与社会责任（知识影响）,目前在 CSR 推动上,推广教育大多介于朴钻与协进拓荒者之间。

（2）台湾大学推动"专业知能提升计划"是以企业推动 CSR 之精神进行规划,善尽社会责任并与其他机构合作,通过精致的课程内容与优质的服务态度,与学员建立良好互动及沟通机制,并获得社会舆论的支持与肯定。台湾大学利用本身的竞争优势,同时为社会与自身创造价值,显见推动永续且有效的社会责任行为,可为企业及社会建立双赢的基石。建议未来相关机构可在不损害其重要利润情况下,斟酌善尽社会责任,并与其他公、私部门合作,或运用市场机制从事社会服务,提升社会公民意识以及社会关怀。

（3）"专业知能提升计划"在规划失业或休无薪假者的教学课程与授课模式时顾及课程的多元性与需求性,兼采实体课室与远距网络之授课模式,故能提供较具弹性的服务,建议未来规划相关课程模式时应考虑提供课程内涵与方式的多元性与弹性,提供受教者更具操作性的协助。

（4）执行 CSR 活动应有良好的服务流程与机制设计。如台湾大学推动的"专业知能提升计划",选读课程者需先缴保证金,并于修毕课程后退还,该项措施虽引发部分媒体与社会人士的不同意见与看法,但它对鼓励修课者积极参与、认真学习,并避免影响原课程教学质量与浪费教育资源确有帮助,建议未来推动类似项目时可视需要参考办理。

（5）面对金融危机,推广教育提供免费课程,善尽社会责任是短期应对策略。未来应着重提升推广教育的策略地位,有效利用学校及业界资源,发挥知识影响力。

**参考文献：**

[1] Backman,J. *Social Responsibility and Accountability* [M]. New York：New York University Press,1975.

[2] Carroll,A. B. Corporate social responsibility：Evolution of a definitional construct[J]. *Business & Society*,1999,38(2)：268-295.

[3] DeFillipi,R. J. Conceptual framework and strategies for corporate social involvement research[G]//Walters, K. D. *Research in Corporate Social Performance and Policy.*

Connecticut：JAI Press，1982.

[4] Dahlsrud，A. A comparative study of CSR-strategies in the oil and gas industry［C］. Paper presented at Navigating Globalization：Stability，Fluidity，and Friction，Trondheim，Norway，2005.

[5] Davis，K. Can business afford to ignore social responsibilities？［J］. *California Management Review*，1960，2(3)：70-76.

[6] Frederick，W. C. The growing concern over business responsibility［J］. *California Management Review*，1960，2(2)：54-61.

[7] Frederick，W. C. Toward CSR3：Why ethical analysis is indispensable and unavoidable in corporate affairs［J］. *California Management Review*，1986，28(2)：126-141.

[8] Frei，F. X. Breaking the trade-off between efficiency and service［J］. *Harvard Business Review*，2006，84(11)：92-101.

[9] Heald，M. Management's responsibility to society：The growth of an idea［J］. *The Business History Review*，1957，31(4)：375-384.

[10] Johnson，H. L. *Business in Contemporary Society：Framework and Issues*［M］. Belmont，CA：Wadsworth，1971.

[11] McGuire，J. W. *Business and Society*［M］. New York：McGraw-Hill，1963.

[12] Moon，J.，Crane，A. & Matten，D. Can corporations be citizens？［J］. *Business Ethics Quarterly*，2005，15(3)：429-453.

[13] Post J. *Corporate Behavior and Change*［M］. Virginia：Reston Publishing Company，1978.

[14] Preston，L. & J. Post. *Private Management and Public Policy*［M］. New Jersey：Prentice Hall，1975.

[15] Votaw，D. Genius becomes rare［G］. //Votaw，D. & Sethi，S. (eds.). *The Corporate Dilemma：Traditional Values Vs. Contemporary Problems*. New York：Prentice Hall，1973.

[16] 冯燕.企业基金会公益资源运用个案研究［R］.台湾"科学委员会"专题研究计划,2003.

[17] 林芝后.企业社会责任之策略类型与分析［D］.台湾大学管理学院商学研究所硕士论文,2009.

# 会计学专业应用型创新人才培养的
# 实践教学新模式

西安交通大学　花　莹

【作者简介】

　　花莹,女,西安交通大学继续教育学院,副教授,研究方向为成人会计教育、继续教育、职业教育。

　　本文为2012年第十三届海峡两岸暨港澳高校继续教育论坛收录论文。

## 一、会计学专业应用型创新人才的内涵和应具备的特征

1. 应用型创新人才的内涵及特征

培养应用型创新人才是我国高等院校人才培养的共同目标,是高等教育时代化的具体要求,是复合型人才需求下的必然选择。所谓应用型创新人才是指能运用科学原理,创造性地将思想、理论、知识转化为具体的行为或实施方案,并且能灵活多变地进行设计和策划,为社会创造经济效益的专门人才(王晓梅,2007)。可以说,应用型创新人才是将科学技术创造性地应用于具体实践的人才,是能够将科学技术转换为生产力的活的载体。这种人才既掌握某一学科的基本知识和技能,同时也掌握有关的非技术知识,他们最大的特点是擅长技术的应用,能很好地将知识转化为实际,能够解决实际过程中的具体问题。

应用型创新人才的基本特征为:第一,具有坚实的理论基础。应用型创新人才只有在充分掌握了知识技能之后,才能将所学和所用结合起来,所学应以使用为主,以基本理论够用为原则,其对实践知识和技能的要求更为具体。第二,具有突出的实践特点。应用型创新人才与研究型人才一个最显著的区别就是强调实际操作能力,他们能运用所获得的基本知识和方法,科学地处理实践中出现的问题,不断强化实践环节的教学和训练,使得理论与实践有机结合起来。第三,

具有良好的创新才能。应用型创新人才的创新能力是能够科学地、灵活地解决实际问题，并在解决问题中创造新的事物，主要体现在对产品的不断更新能力。第四，具有优秀的复合能力。应用型创新人才注重的是实践能力，但同时还必须具备应有的理论知识，所以他们同时拥有知识转化和创新的能力、理论与实践结合的能力、协调合作的能力和独立操作的能力等（蒋文生等，2010）。

2. 会计学专业应用型创新人才的特征

会计学专业属于管理类中比较重要的一个专业。随着经济的不断发展，社会对会计学专业人才的需求越来越多，层次要求也越来越细化。会计学专业要求学生不仅要掌握理论知识，更要注重实践知识。一份关于"企业对现阶段会计专业学生应具备能力的比例"报告显示，实际操作能力占60％，协调能力占28％，创造能力占5％，专业能力占7％。因此，社会需要我们培养的人才是全面的、有实际操作经验的、有创新精神的专业化人才。会计专业又有其特殊的职业特点，它要求必须在具备专业知识的条件下，才能适应工作的要求，所以，我们培养的应用型专业人才应该是"注重基础、提高能力、勇于创新"的多元化人才。

## 二、目前高校会计学专业实践教学中存在的主要问题

经过调查研究，目前高校会计学专业实践教学中存在的主要有以下问题。

1. 对实践教学的重视程度不够

实践是对理论学习的进一步深化，也是对理论知识的验证阶段。实践能力的培养与理论知识的传授，在各方面都存在很大不同。我国很多院校的学科建设刚刚起步，并没有形成系统的实践教学体系。在这种情况下，学校对学生的考核只能以理论知识为主，而对实践教学如沟通能力、动手能力、处事能力、领导能力、合作精神等重视程度不足，忽视了综合能力的考评（孟焰、李玲，2007）。

2. 理论教学与实践教学相脱节

应用型创新人才的培养应强调知识和技能的有机结合，以应用为主，在应用中不断创新，所以他们既要有一定的理论知识，又要有丰富的实践经验。然而，目前大多数高校都比较重视理论知识的传授，忽视实践教学的要求。即便有些院校设置了社会实践、毕业实习等教学环节，但彼此之间相互孤立、缺乏联系，同时也缺少与理论知识的衔接，同样使学生没有掌握应有的综合能力，不利于培养应用型新人才。

3. 实践教学体系建设相对薄弱

目前，一些院校规模不断扩张，资金资源不充足，导致学校不能为学生提供

良好的基础设施,特别是图书资料、实验室、社会实践单位等跟不上学校扩招的速度。这种实践教学条件的不足使学生所学的理论知识不能及时应用到实践中,最终缺少对理论知识的操作能力训练。同时在实践基地缺乏和滞后的情况下,学生无法深入实际去了解有关企业的工作流程。这种没有进行实地操作和亲身体验的实践教学对于学生的综合培养是极其不利的。虽然不同专业具体课程内容和要求不同,对实践教学条件的要求不等,但实践教学建设的薄弱环节却是共同面临的问题。

4.对学生知识转化能力培养的忽视

应用型创新人才的培养注重理论应用和技能操作,但一些高校在实践教学体系的建设上,忽视了对学生应用能力的培养(杨日晨、刘井飞,2009)。尤其是高校会计教师队伍存在一些问题,具体表现为:不同高校之间以及同一高校内部教师水平参差不齐;基础学科知识较差,主要体现在会计教师的外语水平和计算机水平偏低,这一状况在45岁以上的教师中更显突出;专业基础知识不扎实,主要体现在经济学、管理学、金融和税收知识欠缺;专业知识面窄,主要体现在教师分工太细,各高校普遍存在着某一教师长期只教一两门课,教会计的教师不擅长财务,教财务的教师不擅长会计的现象;教学方法死板,没有创新,对学生的实践能力培养不够;基础专业课、理论环节和实践环节缺少统筹安排;缺乏对知识的加工和转化能力;创新实践缺乏载体操作,等等。以上这些实践教学的不足导致学生只停留在最基本的教学阶段,没有进一步的实践应用能力,缺少系统性、自主性和启发性,不能灵活地运用所学的知识和技能来进行创新。因此,学生知识的转化能力较弱,实践能力仅仅停留在知识的初级阶段,不能真正将所学知识运用到实践之中。

### 三、会计学专业应用型创新人才实践教学模式的改革取向

1.转变教学观念,将应用型创新人才培养中的实践教学放在首位

应用型创新人才的培养是教学体制和人才培养模式的创新,其前提条件是转换传统的教育观念,树立正确的创新教育理念。培养会计学应用创新型人才更是如此。首先,要确立正确的教育观。会计学人才的培养不仅要重视理论知识,更重要的是培养学生的应用能力,因此,高校对这类人才的培养应主要围绕提高教育教学和实践教学来进行。其次,要建立正确的培养目标。培养目标是充分体现办学指导思想的具体表现,要根据社会的需求和院校自身的特点进行定位,重视个性化的教育模式,注重学生的独立意识、创造性和主观能动性的培养。第三,转变教育观念还应改变以往教育中妨碍创新型人才培养的传统教育

模式。各高校必须以先进的思想观念为先导,树立适应创新时代的教育理念,摒弃传统的教育模式,观念一旦转变,应用型创新人才的实践教学培养自然会被放到重要位置(冯理政、夏建国,2009)。

2.改变教学方式,注重"学、研、产"相结合

要积极探索各种开放性、互动性、实践性的教学方法,改革传统的教学方法,探索面向应用型人才培养的教学方式和手段(龚日期、刘玲,2009),"学、研、产"三者的关系在于:教学水平和科研能力促进生产,生产的最终结果可以反过来应用于教学和科研;教学为科研和生产提供相关理论依据,科研进一步补充教学、检验教学;三者有机组合有利于形成"学、研、产"相结合的一体化实践教学方式。它们的关系如图 1 所示。

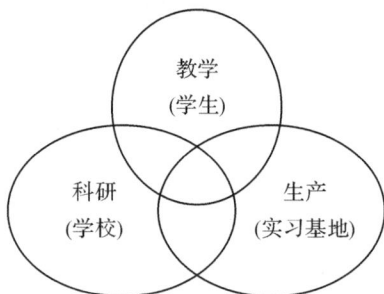

图 1　教学、研究和生产三者的关系

因此,狠抓应用型实践环节,积极构建"学、研、产"相结合的一体化教学方式,将基础理论知识和技能直接应用到生产过程之中,是提高学生综合素质与创新能力的有效途径。"学、研、产"相结合的一体化教学方式有很多益处,主要体现在:以技术应用和科技创新带动教学活动;以科研项目作为培养应用型创新人才的载体;以满足市场化需求作为课程设置的出发点;以工作环境为背景,强化教育与技能训练的适应性。这种教学方式不仅能够使学生形成良好的职业道德和正确的价值观,而且能提高学生的综合职业素质。

3.加强实践教学体系建设,建立"实学、实练、实用"的多层次模式

实践教学体系具有适应性、先进性和系统性等基本特征。加强对实践教学体系的建设,要以整体优化的思路来考虑,注重各门课程和各教学环节之间的紧密配合,实现相互之间的优势互补,建立"实学、实练、实用"的多层次实践教学模式。具体的实践教学体系如图 2 所示。

"实学"主要强调将理论知识学习与生产实际相结合。一方面要求学生具备扎实的基础理论知识;另一方面要求教师的教学过程不断更新,运用真实案例和

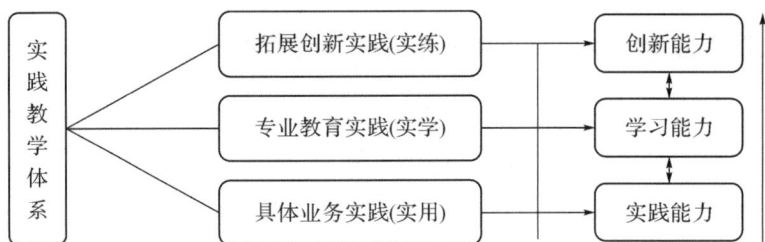

图 2　多层次实践教学体系

模拟实际场景讲解问题,学生通过积极配合、模拟训练,理解并掌握其中的基本理论。"实练"主要强调实践过程。学生要具备良好的技能,单靠在课堂上学习远远不够,必须经过一定的实践过程,在实际应用中获取经验,掌握技能,提高能力。因此,要组织学生进行实习活动,充分培养学生的动手能力、创新能力、组织协调能力等。"实用"主要强调学以致用。高校培养应用型创新人才,不仅指将书本上的知识转化为自身的东西,更强调将其延伸为解决实际问题的能力。因此,学校应通过广泛开展"实习基地""创业实践""模拟企业"等活动,积极培养学生的实践技能,促进学生职业素质和创新能力的全面协调发展。

　　4.创新教学内容,重视对学生实践教学的培养

　　在实践教学过程中,要不断创新教学内容,改善教学方法;补充全新的教学内容,积极开展互动式、探究式的课堂教学实践;摒弃"重理论,轻实践"的教学,进行问题式、讨论式、案例式、情境式教学方法;鼓励开设专门研讨课,促进教师与学生相结合的教学体制。此外还应坚持开展校企结合形式,让学生走进企业,到企业中学习。通过校企合作,使高校了解企业对人才的最新需求,及时更新课程内容和实践计划;使学生能切身知晓前沿技能,体会到企业的需求和自身的不足,及时进行改善。对于培养会计学专业应用型创新人才而言,高校教学可采用特色的六步教学运作法来进行实践教学。具体运作如图 3 所示。

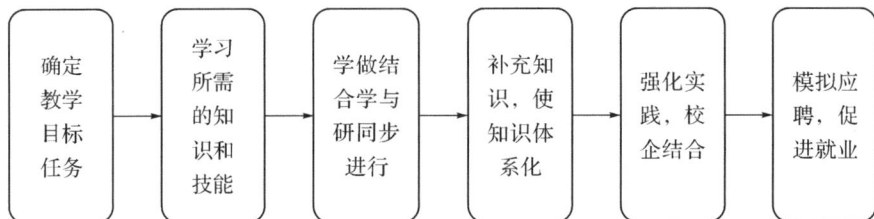

图 3　六步教学运作法

　　在六步教学运作法中,要将理论知识和技能应用两者结合起来进行培养,真正让学生"在实践中学理论,在实践中促发展,在实践中长知识",从而做到"学以致用"。

### 四、探索会计学专业应用型创新人才的新模式

在培养会计学专业应用型创新人才的模式上,许多学校都进行了各种形式的尝试。丁佩芬(2007)提出建立"双导师制"教学模式,程艳林(2008)提出"3+1"人才培养模式,沈英(2006)设计了国际化人才培养新模式,殷辉、李德才、江玉荣(2010)以实际案例将德国大学人才培养模式进行剖析,选择性地对我国人才培养提供借鉴。钟仕伦、谢名春、李树勇、杜伟(2004),陈钿、宋捷、拜根兴(2008)等人也结合本校特点,提出了"2+2"的人才培养模式。为了培养应用型创新人才,我们继承发展了前人关于人才培养的模式,结合自身的发展方向,提出了新"2+2"人才培养模式(西安财政学院教务处,2010),即2年的基础理论学习加2年的专业知识学习。将理论学习与实践教学紧密联系起来,是实践教学改革的一项探索。

1.“2+2”新模式的培养原则

各高校在遵循教育部大原则下,结合自身特点,构建了"宽口径、厚基础、重实践、强能力、高素质"的人才培养模式。打通大类平台课,夯实学生的基础知识和技能,增强学生的适应能力,为学生学习学科专业知识及拓展专业面奠定基础。加大实践教学力度,增加实践教学课时,培养学生的创新精神与实践能力。根据会计学专业的人才培养目标、人才培养要求,整合课程设置及教学内容。进一步深化教学内容和课程体系改革,构建融会贯通、紧密配合、有机联系的专业教学内容和课程体系。同时,合理控制总学时。

2.“2+2”新模式的培养途径

“2+2”大类教学改革将本科四年人才培养的进程分为两个阶段,即基础教学阶段(2年)和专业教学阶段(2年)。在基础教学阶段淡化专业界限,强化基础教育,新生进校后前两年集中学习共同的公共基础课程和学科大类课程;从第五学期开始进入专业教学阶段,实施专业教学。2年基础课程学习完毕后,进行专业分流考试,专业分流依据"志愿"和"成绩"的方式进行。①专业分流的"志愿":学生对自己所在大类内的专业进行排序填报志愿;②专业分流的"成绩":前三学期必修课平均成绩×70％＋分流考试成绩×30％。根据志愿的填报情况和总成绩排序对各专业进行录取分流,第一志愿满额,则分流到第二志愿,依此类推。

3.“2+2”新模式的效果评价

“2+2”新模式充分体现了时代特性,注重社会对人才的需求,也提高了学生的基本素质,尊重学生的自主选择,强化了基础教育,同时也优化了课程体系,使高校的教学资源得到了合理的配置,教学质量也因此得到了保证。西安财经学

院从 2009 级本科学生中实施开展新模式以来,效果非常明显。学生在前两年的基础学习中,打牢了基础,并且每个学生在两年的学习内不松懈,为两年后选择感兴趣的专业奠定了扎实的基础。2009 级刚刚进行完专业分流,该院 800 多学生中,有 500 余名学生通过自身努力,选择了会计学专业的继续学习,这些学生基础知识扎实,对以后 2 年的会计学专业学习提供了必要的保证,适应了社会的需求。

**参考文献:**

[1] 陈钿,宋捷,拜根兴."2+2"人才培养模式下实施本科生导师制的调查分析[J].陕西师范大学学报(哲学社会科学版),2008(S2):88-91.

[2] 程艳林.基于"3+1"人才培养模式改革的教学管理创新[J].教育艺术,2008(6):23-25.

[3] 丁佩芬."双导师制"会计人才培养模式的研究与实践[J].职业教育研究,2007(3):56-57.

[4] 冯理政,夏建国.校企合作应用型人才培养模式的创新探索——以上海电机学院为例[J].江苏技术师范学院学报(社科版),2009(3):68-69.

[5] 龚日朝,刘玲.经管类创新型应用人才培养的教学科研互动模式研究[J].当代教育理论与实践,2009(1):46-49.

[6] 蒋文生,刘樾,王亮.工商管理类本科应用型人才知识结构和素质特征探析[J].中国集体经济,2010(9):131-132.

[7] 孟焰,李玲.市场定位下的会计学专业本科课程体系改革——基于我国高校的实践调查证据[J].会计研究,2007(3):55-63.

[8] 沈英.国际化会计人才培养模式研究[J].财会通讯,2006(4).

[9] 王晓梅.创新型人才教育培养模式的研究与实践[J].中国市场,2007(5):74-75.

[10] 西安财经学院教务处.西安财经学院关于大类专业分流的指导意见.2010 年 3 月.

[11] 杨日晨,刘井飞.强化实践教学,加快高校应用型创新人才培养[J].湖北函授大学学报,2009(4):17-18.

[12] 殷辉,李德才,江玉荣.应用型工商管理类专业实践教学体系的构建与改进——德国应用科技大学模式的借鉴与启示[J].现代教育科学,2010(11):63-66.

[13] 钟仕伦,谢名春,李树勇,杜伟."2+2"人才培养模式改革的实践与思考——以四川师范大学为例[J].西南民族大学学报,2004(4):301-304.

# 高校做好干部选学工作的问题与对策研究

复旦大学　张亚玲

【作者简介】

　　张亚玲，女，复旦大学继续教育学院培训部部长助理，法学博士，研究方向为马克思主义中国化。

　　本文为 2012 年第十三届海峡两岸暨港澳高校继续教育论坛收录论文。

　　在我国全面进行小康社会建设的进程中，各个方面都面临新情况，突发新矛盾，出现新问题，这种社会现实决定了对广大党员干部的教育与培训需要顺应社会发展的新要求，全面提升干部的政治素养，提高其面对难题、分析问题和解决、处理问题的水平。2008 年，中组部在内蒙古、江苏、吉林、四川、湖南、天津等省、自治区、直辖市和南京大学等高校陆续开展干部自主选学试点工作。同年，中组部在全国范围内开展的一项问卷调查结果显示，传统干部教育培训的"教什么学什么"的方式已不能满足干部需求，自主选学成为最受干部欢迎的参训方式。2009 年 6 月，中组部在呼和浩特召开干部自主选学工作交流会，将自主选学作为干部教育培训改革的一项重要举措推向全国。

## 一、自主选学的要义与内涵

### 1. 自主选学的要义

　　自主选学，就是干部根据组织要求、岗位需求和个人愿望，自主选择培训机构、培训内容和培训时间，最终实现组织意图的一种新培训方式。这种教育培训方式是把组织要求和个人需求结合起来，鼓励干部自愿参训，逐步扩大干部选择培训机构、内容、师资和时间的自主权。干部选学不是"自由"选学，也不是传统意义的为了"镀金"、消遣、捞资本，甚至把培训学习看作是"养养神、认认人"的信息交流形式或待遇。

2.自主选学的内涵

自主选学是一个具有丰富内涵的综合概念,可以从不同层面和角度来分析、归纳:

第一,从制度的角度看,自主选学是制度安排的结果。自主选学是干部根据自己的实际需要与意愿,自觉选择学习内容的一种教学制度。这种制度并非干部"一厢情愿",而是由干部教育的组织、行政部门所决定的,目的是保证干部教育培训质量,提高教育培训的实际效果。

第二,从培训方式的角度看,自主选学是培训方式变革的结果。自主选学改变了传统"一对一"的固定配给式的培训方式,是"多对一"选择式、菜单式的教育方式,这既是对传统教学方式的反拨、颠覆,也是对传统教学方式的丰富、发展。

第三,从培训内容的角度看,自主选学是教学内容丰富化的结果。狭义的自主选学指干部根据培训机构提供的课程菜单选择自己愿意学习的课程;广义的自主选学指干部根据自己的学习意愿选择培训院校、班次、课程、方式等。无论从狭义的角度来讲,还是从广义的角度来讲,干部选学的机制有助于实现由原来的"教什么学什么"到"缺什么补什么"的培训方式的转变,实现了以需求为导向的培训主旨。

## 二、高校与干部自主选学的关联

1.高校参与干部自主选学工作的意义

长期以来,我国的干部教育工作主要依靠各级党校、行政学院来完成,干部自主选学将高等学校纳入干部教育培训机构体系,是对这种传统教育培训格局的创新和突破。高校的主要职能是教学与科研,鼓励高校参与干部教育培训的自主选学领域,承担起干部教育培训职能,运用国民教育体系来教育干部,为社会提供更多的学习机会和优质学习资源,是对干部教育形式的创新和发展;是继续教育事业的延伸和探索,是高校育人职能的深化和拓展。

高校的教学体系以"知"为中心,高校参与干部教育培训工作,可以借助优秀的学科进行专业化训练、思维方式训练和人文素质的培养;党校和行政学院的教学体系以"行"为中心,在学习和实践中达到知行统一。把高校纳入干部教育培训体系,使高校成为党校和行政学院干部培训的重要而有力的补充,与党校和行政学院的干部培训形成优势互补,是壮大培训力量、提高培训质量的有效途径之一,可以进一步增强对干部教育培训的统筹性、针对性和实效性。

2.复旦大学参与上海市干部选学工作的两点经验

以复旦大学为例。2009 年 9 月,中组部与教育部联合下发《关于建立和规范高校干部培训基地的意见》,确定全国 13 所教育部重点高校为首批全国干部教育培训高校基地,复旦大学是其中之一。同期,上海市委组织部遴选出全市 11 家高校及科研院所作为上海市市管干部自主选学培训机构。复旦大学承担起以"公共管理能力与领导者素养"为主题的干部选学工作,每年举办两期,每期选学人数约 150 名,至今已成功举办七期。总结三年多来的干部选学工作,我们在以下两个方面有所体会:

第一,干部的学习需求是做好培训工作的关键。大学能够给选学的干部提供什么? 现在看来应该是大学的文化和精神。高校作为干部培训机构,应该与党校和行政学院有所区别,参加选学培训的干部多数都已经参加过较高级别的党校和行政学院的学习,在政治理论、党性修养方面无须多讲,那么大学就该在思想引领、文化感召和视野开拓方面多做文章,用大学悠久的文化和精神,教授开放的思维、渊博的知识和高尚的人格修养感染干部、引导干部、教育干部。

第二,干部的培训意见反馈信息是不断提高培训质量的关键。根据上海市委组织部的工作部署,我们对每一节培训课程和授课教师均进行学术功底、知识理论前沿性、案例的准确性针对性及启发性、师生交流互动等多方面情况的即时评价意见收集和反馈,综合评价分数低于 90 分的教师不能继续担任干部选学主讲教师。高校倡导学术自由,教授给干部授课完全不同于给大学生上课,因此,预先做好干部学习的实际需求分析,做好授课反馈意见与建议的评价分析,与授课教师在课程内容与授课方法等方面做足沟通,成为影响培训质量和效果的关键环节,不可忽视。

### 三、高校要做好干部自主选学工作面临的困难

干部选学有固定的工作规范和管理制度,主要体现在"供、选、教、管"四个方面。具体到高校参与干部选学而言,供,是指大学可以提供给干部什么课程;选,是指如何发布培训信息更方便干部自主选学;教,是指让谁来教;教什么内容,用什么方式来教;管,是指高校干部选学工作的组织和管理部门的职责是什么,该怎样管。

我们从以上四个方面梳理出高校做好干部选学工作存在的难题,下面进行具体分析。

1. 大学应该为干部选学提供什么样的课程

干部选学最大的特点在于它的自主性,如何让干部选择到你这里来学习,关键在于你提供了怎样的课程,你的菜单是否对其胃口,课程有没有吸引力? 这就要求培训主题一定要与时俱进,课程内容一定要跟紧社会发展步伐,授课教师一

定要掌握最新鲜的数据资料和生动的案例。我们应该做到,课程设置要避免"老三篇",课程内容不能多年一贯制,授课方式不断创新,理论学习与工作实际紧密结合,提高课程的针对性和有效性,既要"保鲜",又要"保先"。

2. 信息如何管理与发布才能让干部选学更直接、方便

干部选学是开放式、个性化的培训方式,选学干部人数多、规模大、分布广、流动性大,要在短时期内将选学工作的信息发布、报名管理、审核汇总、需求调研、考核评估等烦冗的细节协调处理好,不出差错,是一项纷繁复杂的工作。上海市干部在线学习系统(网站)在这个问题上有效地协调了干部选学主管部门、高校和选学干部三层主体间的关系,通过不同权限的设置,使干部选学工作的各个环节均在网络上完成,网络直接、便捷、高效、快速的特点缓解了高校在选学工作具体细节中操作的烦冗,也减少了差错的发生。

3. 究竟谁是选学干部愿意倾听、主动交流的主讲教师

大学不缺乏教授,但同一门课程,不同风格的讲授风格会带来完全相反的课堂效果。干部选学的课程不同于给大学生上课,干部愿意接受的是那些能够将理论研究联系、运用于实际,解决工作中的现实难题的教授。干部选学的课堂不需要天马行空的歌功颂德,而是要挖掘社会现实,分析矛盾问题,剖析社会真相,寻求解决路径。从另一个角度而言,教授的研究也需要收集、掌握鲜活信息和案例,这正是来自各行业、各领域的选学干部所拥有的资源;广大干部将自身工作中所遇到的难题与教授切磋、研讨,在理论中探源,最终回归现实。师生互动、共同研讨的培训课堂是最受选学干部和主讲教师双方满意的授课方式。

4. 应该如何定位干部选学工作的服务和管理职责

这个问题体现为两层含义。第一,高校如何协调处理好人才培养、科学研究与干部培训(选学工作)之间的关系? 如何在宏观指导、政策配套及资源调配方面做出努力? 从长远来看,高校应该建立起一整套适应干部培训(选学工作)的约束机制、激励机制和人力资源配套机制。第二,就具体工作而言,干部选学工作的服务和管理职责应该如何定位? 我们应该明确的是,服务先于管理,服务优于管理;坚持崇尚学术,尊重知识,不为级别和权力降低原则。

**四、高校做好干部自主选学工作的解决对策**

以上我们结合复旦大学几年来承担上海市干部选学工作的经验,总结分析了高校要做好干部选学工作所存在的问题和难题,要逐步解决好这些问题和难题,我们提出如下对策。

1.合理调配学校优秀教育资源,深度挖掘文、史、哲等学科领域的优势师资,优化培训课程,做好、做响复旦品牌

从干部选学发展的视角出发,紧密结合社会发展实际,研究干部教育培训的新特点、新需求,进一步提升现有的培训课程,创建一个高质量的干部选学培训主题,培养一批适合干部选学课堂的资深教授,形成若干个具有复旦大学特色的、社会影响力广的、深受干部欢迎的选学精品课程。

2.准确分析把握选学干部实际需求,遵循"以人为本"的原则,切实增强选学课程科学实用性,按需求制定选学培训计划

要把干部选学看作是干部发展和成长的有机变量,进行系统的规划和精细的设计。要从干部选学"解决问题、开拓视野、提升素养"的目标和原则出发,科学安排选学课程,精心遴选主讲教师,合理设计学习进度,设身处地地帮助选学的干部处理好学习与工作的矛盾,以达到选学的最大效益。

3.完善干部选学师资评价和选用机制,建立健全培训质量监督评估制度,以高质量赢得好品牌

继续坚持尊重学术自由的原则,同时强调课堂纪律,要不拘一格引用人才,组建一支具有扎实科研功底、积累相当科研成果、适合干部选学课程的授课教师队伍;继续开展干部选学的监督和评估工作,根据干部选学的特殊性,建立师资的选聘、培养、评估管理办法,并一步完善,形成制度,使之成为做好高质量干部选学工作的约束杠杆。

4.增强服务意识,完善管理制度,不断提高干部选学工作服务管理水平

服务为先,管理为辅。高校应在干部选学工作中完成好上级组织、管理部门的工作部署,协调好选学干部工作与学习间的矛盾关系,处理好工作中涉及的校内各环节的问题,保障选学工作的顺利开展。同时,要注重总结经验,归纳出成熟的制度和行之有效的运行管理机制,进而使干部选学工作在规范化、制度化、常态化的轨道上走得更好更远。

**参考文献:**

[1] 李源潮.增强干部教育培训的针对文从主人原则性实效性[N].人民日报,2010-2-28.

[2] 刘晓鹏,温素威,董宏君.中央集训 2 千司局级干部走进干部"自主选学"课堂[N].人民日报,2010-5-28.

[3] 谭浩,董宏君.创新路·求实效·促发展——党的十七大以来全国干部教育培训工作改革创新综述[N].人民日报,2010-8-13.

[4] 赵耀.构建适应科学发展的干部教育培训新机制[J].领导科学,2008(16):42-43.

# 成人高等教育教学方法探讨

## ——以"微观经济学"教学为例

西安交通大学　窦育民

**【作者简介】**

　　窦育民,男,西安交通大学继续教育学院副教授、经济学博士,研究方向为微观经济学、商业银行经营管理、公司金融。

　　本文为2012年第十三届海峡两岸暨港澳高校继续教育论坛收录论文。

　　"微观经济学"是成人高等教育经济管理类专业(本科)的核心基础课之一。学生学好这门课将为他们学习专业基础课和专业课奠定坚实的基础。一般来说,从我国大部分高校使用的教材看,微观经济学课程的核心内容主要包括:供求理论、消费者行为理论、厂商理论、成本理论、市场理论、生产要素定价理论、一般均衡理论和福利经济学、博弈论以及市场失灵理论。由于该课程内容较多地使用高等数学、立体几何以及概率论与数理统计等知识,而成人学生由于基础相对较差,学习和掌握这门课程还存在一定的困难。在长期的微观经济学教学实践中,我主要采用以下四种教学方法给学生讲授该课程的难点和重点。

## 一、比较分析法

　　在《微观经济学》课堂教学中我经常采用比较分析法来讲授,例如,在讲授需求的概念和影响因素后,讲授供给的概念和影响因素时,我将它们放在一起比较,主要强调两者的共同点是市场主体在一定条件下愿意购买或提供而且能够购买或提供。在讲授供给和供给量的变化时,我将需求和需求量的变化放在一起进行比较分析,强调供给和需求各自变化的共同点、供给量和需求量各自变化的共同点。讲授厂商的等成本线时,我将消费者的预算线放在一起比较分析,并将厂商的生产函数与消费者的效用函数放在一起比较分析。在讲授厂商均衡时,我将消费者均衡放在一起比较分析。讲授边际技术替代率时,我将商品的边际替代率放在一起比较分析。讲授厂商的等产量线时,我将其与消费者的无差异曲线进行比较分析,主要探寻两者的共同点。讲授不完全竞争市场时,我将其与完全竞争市场的特点、图形放在一起比较分析,并告诉学生在现实生活中几乎不存在完全竞争市场,现实生活中主要是不完全竞争市场。尽管完全竞争市场的假设条件非常苛刻,但它是研究不完全竞争的基石,只要放松条件就逐渐回到现实中来。在讲授帕累托效率时,我将生产的帕累托最优条件的埃奇渥斯方框图与交换的帕累托最优条件的埃奇渥斯方框图进行比较分析,在此基础上解释为什么生产可能性曲线是凹向原点,为什么商品的边际转换率是递增的,最后得出生产和交换的帕累托最优条件是商品的边际替代率等于商品的边际转换率。

在微观经济学教学过程中,我常常将教科书中的四个递减规律放在一起比较分析,它们分别是边际效用递减规律、边际报酬递减规律、商品的边际替代率递减规律、边际技术替代率递减规律。在讲授生产要素的定价时,我将商品的定价放在一起比较分析。我将劳动的供给曲线可能向后弯曲和资本的供给曲线也可能向后弯曲放在一起比较分析,同时告诉学生在以后学习《宏观经济学》课程时,有著名的拉弗曲线,即当税率高到一定程度时税收不但不增加反而减少,拉弗曲线也是向后弯曲的。我将厂商的成本最小化与产出最大化、利润最大化原则放在一起比较分析,引导学生一定要记住:在进行比较分析时,千万不要忘记约束条件。例如,厂商追求产出最大化的约束条件是成本不变,或者厂商追求成本最小的约束条件是产出不变。我将理性人假设与有限理性假设放在一起讲授,同时与完全竞争市场和不完全竞争市场原理进行比较,使学生了解到放松理性人假设后,便有了行为经济学的产生和发展。将市场完全信息假设与不完全(不对称)信息假设放在一起分析,使学生了解信息经济学的产生与发展。将早期认为企业是黑箱与现代企业是不完全契约的组合放在一起比较分析,使学生了解现代企业理论。将亚当·斯密的个人追求自身利益最大化导致社会财富最大化原理与个人理性可能导致集体的非理性行为的非合作博弈理论结合起来分析讲授,使学生初步了解博弈理论的重要性。

总之,我通过使用比较分析法讲授内容使学生容易理解和掌握这些抽象理论,使学生深刻理解消费者行为理论和厂商理论的原理本质上是相同的,交换的帕累托最优和生产的帕累托最优的原理是相同的,等等。

**二、教具演示法**

在"微观经济学"课程中,无差异曲线和等产量线是理解消费者均衡和厂商均衡的关键工具。无差异曲线也称等效用线,是序数效用理论的主要分析工具。

消费者均衡是反映消费者在给定消费函数和收入约束条件下消费两种商品（也可是多种商品和价格，为了作图方便，一般假设两种商品和各自的价格），实现其效用最大化的均衡解。这个均衡点图形实际上是立体的，所有的无差异曲线都分别在空间上（参见：高鸿业主编，《西方经济学（微观部分）》，第六版），商品 2（$X_2$）和商品 1（$X_1$）的数量在平面坐标系上分别用纵坐标和横坐标表示。由于无差异曲线在空间上，假设映射到平面上是凸向原点的连续曲线。学生对这方面的理解存在一定的困难。同样等产量线是反映厂商均衡的关键工具，它们也是在空间上。假定厂商投入资本和劳动，在一定的生产函数和成本约束条件下，厂商实现产出的最大化。将空间中的等产量线映射到平面上假设是凸向原点的连续等产量线。我在讲授这些内容时，强调消费者均衡和厂商均衡分别是内点解，即消费者的均衡解必须包含商品 1 和商品 2 的数量，厂商的均衡解必须包含资本和劳动的数量。教科书中交换的帕累托最优、生产的帕累托最优以及生产和交换的帕累托最优中同样用到消费者的无差异曲线和厂商的等产量线。为了使学生能更好地理解和掌握无差异曲线和等产量线，我在教学过程中主要通过教学模具来演示讲授这部分内容。这个教学模具说起来简单实用，它是一个长方形铁皮，纵坐标是商品 2 的数量（$X_2$），横坐标是商品 1 的数量（$X_1$），原点为 $O$ 在左下角，原点处平面的上方有一根铁丝与该平面垂直（参见：高鸿业主编，《西方经济学（微观部分）》，第六版，p.68），在平面 $X_2OX_1$ 的上方放一个圆锥体，从该圆锥体的顶点向下垂直切一刀将右半部拿走，剩下的部分不动（我的教学模具是半个圆锥体，从高鸿业主编的教科书图形可以看出，好像是四分之一的圆锥体，厂商的等产量曲线图与消费者的无差异曲线基本相同），那么半个圆锥体从其顶点到该平面有无数条无差异曲线，即消费者的效用函数不变，每一条曲线代表的效用值不同。将不同高度的无差异曲线映射到平面 $X_2OX_1$ 上就是该平面上凸向原点 $O$ 的等效用线。演示完毕让学生自己从圆锥体侧面的不同高度垂直于平面 $X_2OX_1$ 各切一刀，其中高度较高的点落在收入较多的预算线上，而高度较低的点落在收入较少的预算线上。西方经济学教科书中通常假定消费者既买商品 1 又买商品 2，在给定消费者效用函数和收入约束的条件下，不同的收入水平，其均衡点不同。学生通过动手、动眼、动脑可获得消费者在收入约束条件下达到效用最大化的感性认识。需要说明的是，圆锥体顶点到 $X_2OX_1$ 平面之间存在无数条无差异曲线，但按照有些教科书上讲，将圆锥体不同的高度直接映射到平面 $X_2OX_1$ 上就是无数个大小不同的圆，随着消费者收入的不断提高，预算线向外扩张，先是与平面上大圆（等效用线）的左下侧相切，收入越高时可能与同一圆上的右上侧相切，难道收入越高反而效用值降低了，显然，这与消费者收入越高其均衡点的效用值越大相矛盾。另外，平面上圆的左下方凸向原点 $O$，而映射到平面上圆的另半部分则凹向原点 $O$,这与无差异曲线的特点相矛盾。因此,我做的教具要从圆锥体的顶点垂直切一刀,将圆锥体的右半部去掉只留下左半部,使之符合无差异曲线的特征。这个教具同样也适用演示讲授厂商均衡理论。将教具中的商品 2 换成资本,用 $K$ 表示资本的数量,商品 1 换成劳动,用 $L$ 表示劳动的数量,原点为 $O$ 不动。用上面表示消费者效用值的半个圆锥体来表示厂商的等产量线。将这半个圆锥体的不同高度映射下来就是凸向原点的等产量线。离原点越远,等产量值越大。让学生从半个圆锥体左侧面不同高度垂直各切一刀,圆锥体侧面的两个点分别是均衡点,垂直高度较高的点落在成本较大的等成本线上,垂直高度较低的点落在成本较小的等成本线上。当厂商的等成本线给定时,过这条等成本线作垂直于平面 $KOL$ 平面时,圆锥体侧面上只有一点就是均衡点,这点的高度就是等产量值。映射到平面 $KOL$ 上就是厂商的均衡点(参见:高鸿业主编,《西方经济学(微观部分)》,第六版,p. 110)。厂商在给定生产函数和等成本线约束的条件下,假设实现均衡时既需要资本投入又需要劳动投入,均衡点就代表在等成本线上的等产量水平。这个教学模具,同样可以演示:商品的边际替代率的概念以及在消费者效用不变时,商品的边际替代率下降;边际技术替代率的概念以及在厂商的产出量不变时,边际技术替代率下降。

在讲授帕累托最优条件时,一般需要三个埃奇渥斯教具盒来演示交换的帕累托最优、生产的帕累托最优以及生产和交换的帕累托最优。由于无差异曲线和等产量线分别是从空间上映射到平面上,消费者 1 和消费者 2 的无差异曲线的切点的轨迹也称之为交换的契约线,在交换的契约线以外的配置点都可以通过消费者 1 和消费者 2 的交换实现帕累托改进,在这条契约线上的资源配置点都实现了交换的帕累托最优,即两个消费者的商品的边际替代率相等。厂商 1 和厂商 2 的等产量线的切点的轨迹也称之为生产的契约线,在这条契约线以外的资源配置点,都可以实现生产的帕累托改进,只有在这条生产契约线上的点才达到了帕累托最优,即两个厂商的边际技术替代率相等。生产可能性曲线是通过生产契约线每一点代表的两种产品(商品 1,$X_1$ 和商品 2,$X_2$)的最大产出量组合描绘出来的,在资本和劳动投入一定的条件下,描绘出的生产可能性曲线是凹向原点的,过生产可能性曲线上任意一点做切线,再过这点分别向 $X_2$ 和 $X_1$ 作垂线,只要消费者的商品的边际替代率等于两种商品的边际转换率时就实现了生产和交换的帕累托最优(参见:高鸿业主编,《西方经济学(微观部分)》,第六版,p. 271)。

### 三、数学推导法

《微观经济学》教科书中使用了较多的高等数学和几何图形。例如,需求和供给的价格点弹性、消费者均衡和商品的边际替代率、厂商均衡和边际技术替代率等都要使用极限和导数、约束条件下求极值、偏导数以及全微分等知识。由于学生的数学知识比较弱,我在讲授这部分内容时,先给学生复习相关高等数学知识,然后给学生讲授需求和供给的价格点弹性、消费者实现效用最大化的均衡解、厂商实现产出最大化的均衡解以及商品的边际替代率和边际技术替代率。我将厂商在一种可变生产要素投入下生产的第二阶段用导数知识推导出第二阶段的区间,即在边际产量等于平均产量(这时达到平均产量最大值)和劳动的边际产量等于 0 之间(参见:高鸿业主编,《西方经济学(微观部分)》,第六版,p. 107)。同时,运用拉格朗日函数和多元函数求偏导数等相关的数学知识讲授消费者均衡解和厂商均衡解、寡头理论中的古诺模型、斯塔克伯格模型等。这样一来,学生既复习掌握了相关的数学知识又能够比较熟练地运用学过的高等数学知识解决微观经济学的基本问题,能比较深刻地理解和掌握微观经济学的重点和难点知识。

关于正常商品降价后带来的总效应(价格、效应)、替代效应、收入效应,目前许多教科书的图解说明很不一致,有些教科书的图解说明将新的均衡点描述为低于原始均衡点,实际上是夸大了总效应(厉以宁;平狄克和鲁宾费尔德;杨仁发),而有些教科书的图解说明将新的均衡点描述为高于原始均衡点,实际上是缩小了总效应(黄亚钧;尼克尔森)。在给定消费者效用函数和预算线以及另一种商品价格不变的条件下,运用消费者均衡的数学公式推导得出以下结论:只要商品 2($X_2$)的价格不变,正常商品 1($X_1$)的价格变化导致消费者购买正常商品 1 的数量变化才是正确的总效应,而商品 2 的购买量不变。只有在此基础上度量正常商品价格变化后的替代效应和收入效应才是正确的,即图形中新的均衡点与原始均衡点的纵坐标是相等的(购买商品 2 的数量不变)。这一结论只有通过数学推导法才能完成,图示法无法判定哪一种描述是正确的。

### 四、案例分析法

除了采用以上的方法讲授该课程外,我还时常运用案例分析法讲授该课程的重点和难点内容。例如,通过案例分析现实生活中富有弹性的商品、缺乏弹性的商品,要增加厂商的销售收入,首先分析厂商生产的产品是富有弹性还是缺乏弹性的,然后才能决定是通过降价还是提价来增加其销售收入。还有通过案例分析法讲授:边际效用递减规律、边际收益递减规律、生产和消费的正外部效应和负外部效应、机会成本、企业的成本、信息不对称和公共产品造成的市场价格扭曲以及政府采取矫正市场失灵现象的具体措施等。将微观经济理论与现实经济生活紧密地结合起来,使学生深深体会到微观经济学课程不仅是核心基础理论课,而且是我们现实生产生活中一种非常有用的分析工具。

**参考文献:**

[1] Nicholson,W. *Microeconomics Theory:Basic Principles and Extensions*（ninth edition）[M]. 北京:北京大学出版社,2007.

[2] Robert S. Pindyck,Daniel L. Rubinfeld. *Microeconomics*（sixth edition）[M]. 北京:清华大学出版社,2008.

[3] 窦育民,李富有.正常商品的替代效应与收入效应研究[J].西安石油大学学报(社会科学版),2012(6):31-36.

[4] 高鸿业,主编.西方经济学(微观部分)(第六版)[M].北京:中国人民大学出版社,2014.

[5] 黄亚均,主编.微观经济学(第三版)[M].北京:高等教育出版社,2010.

[6] 厉以宁,主编.西方经济学(第二版)[M].北京:高等教育出版社,2008.

[7] 杨仁发,主编.西方经济学实用教程[M].北京:北京大学出版社,中国农业大学出版社,2011.

# 在线教育的战略思考与探索
## ——上海交通大学成人高等教育对传统教学模式的变革实践

上海交通大学 尹雪莹 刘路喜 张 伟

**【作者简介】**

　　尹雪莹，女，上海交通大学继续教育学院经管类专职教师，管理学硕士，研究方向为财务管理等学历继续教育。

　　刘路喜，女，上海交通大学继续教育学院副院长，教授，研究方向包括成人教育、职业教育。

　　张伟，男，上海交通大学继续教育学院党委书记，副教授，研究方向包括高教理、继续教育。

　　本文为2013年第十四届海峡两岸暨港澳高校继续教育论坛收录论文。

## 一、机遇与挑战：推行在线教育的环境背景

1. MOOCs(Massive Open Online Courses)在美国一流大学的迅速崛起

被称为印刷术发明以来最重要的教育革命——MOOCs(大规模开放式在线课程)，正如一股洪流向全球高等教育渗透，大有从传统教学模式下的辅助性课程演变为主流课程之势，这将冲击和变革全球五百年的大学教育，重塑高等教育版图。MOOCs 以对传统教学模式的颠覆和"翻转"之特性，绽放出未来高等教育的曙光。在对高等教育模式的发展和创新上，美国顶尖一流大学对在线教育的广泛认同和主动出击，成为推动其快速发展的重要动力，目前较为活跃的三大主流 MOOCs 课程平台有：Coursera、edX、Udacity。三大主流课程平台的比较见表1、表2。

**表 1　MOOCs 的三大主流课程平台**

| | Coursera | edX | Udacity |
|---|---|---|---|
| 创立时间 | 2012 年 | 2012 年 | 2011 年 |
| 平台网址 | http://www.coursera.org/ | http://www.edx.org/ | http://www.udacity.com/ |
| 影响力 | 由斯坦福大学的两位教授创立,现已有普林斯顿、斯坦福等 33 所一流大学参与合作共建,提供约 380 多门课程,吸引了全球近 400 万学习者,约有三分之二的学生来自美国之外。 | 由麻省理工学院和哈佛大学联手整合两所名校师资创立,第一批课程的学生人数突破了 37 万。 | 由斯坦福 Google X 实验室创始人 Sebastian Thrun 与友人建立,因开设了一门"人工智能"课程,吸引了全球 190 个国家的 16 万学生报名选修。 |

**表 2　MOOCs 三大主流课程平台的经营模式比较**

| | Coursera | edX | Udacity |
|---|---|---|---|
| 经营模式 | 免学费,但收取认证费 | 免学费,但收取认证费 | 免学费,但收取认证费 |
| | 创投基金及大学投资的营利公司;目前主要商业模式试点是向人才咨询中介服务收费,已与 Facebook、Twitter、AppDirect、TrialPay 等公司合作。 | 哈佛与麻省理工共同出资的非营利基金会 | 创投资金投入的营利公司 |
| | 认可机制:修课证明 | 认可机制:修课证明 | 认可机制:修课证明 |

由此可见,信息技术的快速发展,使知识获取的方式发生了根本性的变革,教与学可以不受时间、空间和地点条件的限制,知识获取渠道更加灵活和多样化,使"未来大学变得没有国界"的梦想成为一种可能。MOOCs,更是打破了现代大学的壁垒和围墙,可以为不同教育背景、不同教育水平、不同年龄的人提供更多的学习机会,在给全球高等教育带来巨大挑战的同时,也为成人高等教育及终身教育创造了巨大的发展机遇和空间。

2. 教育信息化被列为《国家中长期教育改革和发展规划纲要(2010—2020年)》的战略重点

《国家中长期教育改革和发展规划纲要(2010—2020 年)》第十九章明确指出,"加快教育信息化进程","把教育信息化纳入国家信息化发展整体战略,超前部署教育信息网络。到 2020 年,基本建成覆盖城乡各级各类学校的数字化教育服务体系,促进教育内容、教学手段和方法现代化";"建立开放灵活的教育资源公共服务平台,促进优质教育资源普及共享。创新网络教学模式,开展高质量高水平远程学历教育";"构建国家教育管理信息系统。制定学校基础信息管理要求,加快学校管理信息化进程,促进学校管理标准化、规范化"。

诚然,教育信息化已成为中国国家信息化工程的战略重点,必将给教育理念和教学模式带来深刻革命。上海市教委于 2012 年迅速启动了"上海高校课程资源共享"项目,旨在落实"以学生为中心,以能力提升为核心"的理念,促进优质教学资源共享,实现跨校间的优势互补;同年还成立了"上海高校课程资源共享管理中心",以更好地推进上海市高校优质课程教学资源的开发和共享,提升上海高校人才培养质量。在这种发展契机下,中国高校的成人教育学院将会联手共同开启中国教育信息化时代的新篇章。

3. 创建世界一流大学、提升高等教育内涵和质量的重要举措

在线教育课程打破的不仅仅是大学围墙,更是带来了崭新的教育理念和教学方式,促进了高等教育领域的交流与合作。上海交通大学作为国内最早推进在线教育的高校之一,"南洋学堂"网站(http://ocw.sjtu.edu.cn)于 2013 年 4 月正式上线,向全社会免费开放;2013 年 7 月 8 日与在线课程联盟 Coursera 建立合作伙伴关系,成为又一所加盟的中国高校,与耶鲁、麻省理工、斯坦福等世界一流大学一起共建共享全球最大的在线课程网络,向全球提供在线课程。

上海交通大学在积极引进国外先进教育理念和教育资源的同时,也致力于广泛传播中国的优质教育课程:与 C9 高校及部分 985 高校合作建立"中国高水平大学课程共享联盟",共同打造中国自己的高水平在线教育平台;积极推进基于 MOOCs 的教育教学改革,提升中国的高等教育质量,深化高等教育的内涵发展,拓宽新渠道,开创新格局,服务于社会。

4. 解决在职学生工学矛盾、提高办学效率与效果的重要手段

高等教育全球化的时代,互联网创造了跨时空的生活、工作和学习方式,使得终身学习的渴求成为一种趋势和可能,不同年龄、不同学习基础、不同工作背景的人对在线教育存在着巨大的潜在需求。在成人高等教育传统的课堂教学模式中,不仅不可能解决在职学生的工学矛盾,更不可能同时实现"扩大教育规模、提高办学质量、维持较低教育支出"的三大教育发展目标。如果把这三大目标用一个三角形来表示,传统教学模式使三角形成为一个固定的铁三角,阻碍了成人高等教育的可持续发展。当今信息技术和在线教育的发展,则使铁三角可以转换为一个灵活的"金三角",可同时达到"大规模、高质量、低成本"的三大目标要求,使教育经济学中的办学效率和办学效益得以均衡体现。

### 二、特色与优势:推行在线教育的历程回顾

1.厘清成教办学理念

面对大规模在线开放课程的发展浪潮,学院从领导层至教职员工反复讨论,统一思想,致力于建设"人人皆学、处处可学、时时能学"的学习型社会,以此促进中国教育公平的实现。

为解决在职学生最突出的工学矛盾,学院于 2009 年对专升本专业部分课程实施信息化辅助教学模式,2013 年春向 10 个经管类专业同时提供面授和远程在线教学两种模式,并将数字化开放课程(digital open course,DOC)提供给校内外学生选修,满足在校生和社会人员在工作之余对经济管理知识的需求。

信息化教学模式采用"课堂直播、课后视频点播或下载"的方式,使学生在课堂之外就能达到与课堂同样的教学效果;网络教学平台还提供"课件下载、作业上传批改"等功能,方便学生下载课堂视频和课件文档,保障完成作业并及时得到授课教师的答复。

对在职学生实施信息化辅助教学模式,是对以课堂面授为主的传统教学模式的变革,真正做到了选择在适宜时间完成自身的课程学习,最大限度地保证学习活动的连续性和完整性,真正实现了"让学习就在身边",提高了学习效率和效果,对营造学习型社会、促进城市化进程,做出了巨大贡献。

2.激发学生学习兴趣

在线课程建设无论是从总体上的各专业培养计划、教学计划,还是具体到每一门课程的设计理念,都应注重加强教学内容和教学方式的创新,力争为学生提供资源丰富、路径便捷的个性化学习环境,认真做到三性:实用性、前瞻性、趣味性,以此最大限度地调动学生的热情。

培养目标重在全面提升学生的职业素质和能力,使高校成人教育真正成为终身学习基地。课程设置分为三大类:公共课、基础课、专业课;在教学内容上,适当减少理论课程,相应增加实用性强的实践课程。

通过"选取最新教材、参照补充社会热门职业技能证书考试内容、开设专家讲座"等多种形式,让学生及时了解本行业最新发展动态。

在教学方式上,实行"案例教学法+教学视频+扩展资源(热点事件视频、Flash、在线练习)+课程论坛",寓教于乐,激活学生的思维。

3.挖掘教师建设潜力

计划建成 70 门在线课程,并逐步向社会开放,使得社会大众享受

到优质的教育资源,彻底改革成人教育长期以来完全以课堂面授为主的传统教学模式,引导成人高等教育开辟新路,走出困境。

2010 年 12 月至 2012 年 3 月,修订教学计划,确定 MOODLE(Modular Object-Oriented Dynamic Learning Environment,模块化面向对象的动态学习环境)课程平台,前往英国公开大学调研,由学院专职教师承揽建设 45 门课程。2012 年 6 月至 9 月,首批 18 门课程建设完成;2012 年 10 月至 2013 年 3 月,第二批 14 门课程完工;2013 年 4 月至 9 月,第三批课程完工。

2013 年春,10 个专升本经管类专业全面实施远程教学模式,学校体育明星班 45 名学生,修读了 7 门课程;华东理工大学、东华大学、上海大学、上海财经大学等 20 余所兄弟院校,分 3 个批次先后到我院交流学习。

4.搭建教育技术平台

学院数字化开放课程教学平台是一个与内部教务管理系统 MIS 同步,专门为学生、教师和管理人员提供全方位网络教学服务的信息系统,它以微软 Net 框架为基础,融合了"教学视频直播和制作发布、在线 MOODLE 课程建设、海量学生教学数据高速查询、教学实时评价、作业教案智能上传批改、学生线上线下同步考勤、短信消息通知"等教学管理服务的每项内容,见图 1。为适应中国目前的互联网状况,平台同时通过教育网和多种公众网提供网络服务,使学生获得最有效的网络反应。

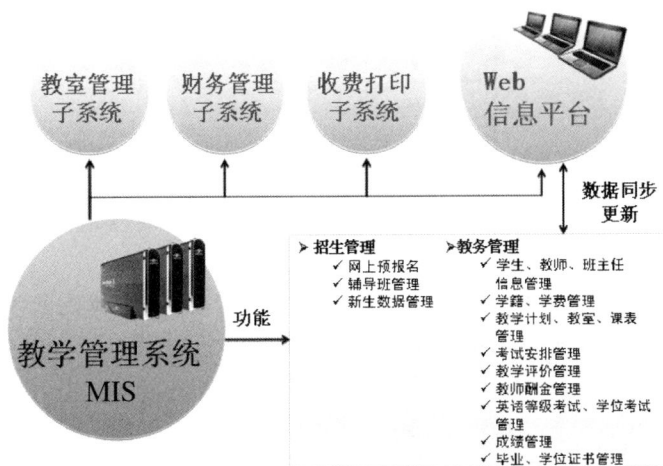

图 1　教务管理系统(MIS)的主要功能

5.教学运行管理数据统计

在大数据时代,从拥有数据,到预判需求,这就是大数据的威力。我院学生使用平台的数据显示(点击量、下载量),仅 2013 年上半年的登录人数为 407295 人次,平均每天 3879 人次;2013 年春季学期 20 门信息化课程(含 6 门 MOODLE 课程),秋季学期 28 门信息化课程(含 13 门 MOODLE 课程),预计在未来 3 年内 70 余门 MOODLE 课程全部上线。

为了进一步提升在线课程建设质量和应用效果,学院借助社会第三方技术力量,对"金融学概论""财务管理""会计学"三门 MOODLE 课程进行了试点包装,即在现有 MOODLE 平台框架内和已建内容的基础上,重点加大网页优化、课件 PPT 美化、Flash 动画开发制作、在线作业等技术含量的效果提升,见图 2。

图 2　MOODLE 课程"金融学概论""财务管理""会计学"页面

### 三、方向与前景:打造无围墙一流大学理念下的终身教育体系

1.建立区域联盟,实现优质教育资源共享

MOOCs 打破了大学的壁垒,给高等教育带来了巨大变革和新的发展机遇。尽管传播载体变化了,但是教育的本质并没有变,它依然是人与人之间知识、情感、道德等多方面的传递,因此在迎接新的教学模式变化之际,加强校际之间的合作极为重要。中国高校成人教育应致力于筹建"在线课程共享联盟",共同携手打造"在线开放课程"共享平台,探索基于在线开放课程共享的跨地区跨校选

课联合培养模式,向教育资源匮乏的甘肃、宁夏、贵州、云南、西藏、新疆等中国西部省份及江苏、浙江、福建、广东等省的二线城市或三线城市输送优质教育资源,扩大共享群体范围,推动中国教育公平和城市化进程,以期推进大规模在线教育,创建中国一流的在线课程。

2.创立便捷平台,促成师生信息渠道的畅通

MOOCs 三大主流平台的建立,开创了在线教育的先河,为中国高校提供了大量宝贵经验。而在新加坡、日本等国家的许多知名学校使用的 MOODLE 平台,则是由澳大利亚教师 Martin Dougiamas 基于建构主义教育理论而开发的,即教育者(老师)和学习者(学生)都是平等的主体,在教学活动中,师生相互协作,并根据自己已有的经验共同建构知识。MOODLE 是一个免费的开放源代码的软件,也是一个用来构建网络学习环境的软件包,堪称当今世界上最优质的网络课程系统之一,其优点主要在于:强调远程教育的网络学习过程,强调教师与学生、学生与学生或学生与资源的互动,强调网络学习的环境建设。MOODLE 平台与 MOOCs 所包含的主要功能比较见表3。

表3　MOOCs 与 MOODLE 平台所包含的主要功能比较

| 课程资源及呈现方式 | MOOCs | MOODLE 平台 |
|---|---|---|
| 教材:课程介绍<br>　　课程影音<br>　　课程教材 | √<br>√<br>√ | √<br>√<br>√ |
| 互动:讨论区/课程论坛<br>　　评量(作业/测验)<br>　　实时网络直播教学 | √<br>√<br>√ | √<br>√<br>√ |
| 开放:免费视频下载<br>　　免费教材/讲义下载 | √<br>√ | √<br>√ |

3.探究经营模式,保障在线课程的可持续发展

教育部于 2012 年颁发的《关于加快发展继续教育的若干意见》征求意见稿要求,要"稳步发展学历继续教育。以提高教育内容和教育方式的针对性为重点,稳步发展各级各类学历继续教育";"探索建立课程证书、结业证书、毕业证书、学位证书等多证书衔接的管理运行框架"。中国高校的成人教育学院应借"政策东风",通过筹建"中国高校成人教育在线课程共享联盟",向急需优质教育资源的中国西部贫困落后及二线城市进军,借用社会第三方技术支持,实现"优质资源设计＋开发＋输送＋共享"的经营模式。

4.把握前沿技术,实现学历教育与非学历教育的无缝连接

针对中国广大社会成员对继续教育的巨大需求,中国高校应致力于推行"学历教育与非学历培训并重、沟通、衔接"的培养模式,做好在线教育的发展规划、研究和创新,利用"在线开放课程共享平台"和"在线开放课程共享联盟",根据自身条件和优势,充分发挥自身特色,积极打造自身的课程品牌,做好优质课程资源的建设和推广。可利用"微课堂"短小精湛、方便及时的优势,作为对传统教学模式的一种补充和辅助。非学历教育可利用学历教育所累积的平台技术、教学内容、在线师资等优质学习资源和办学经验,探索基于在线开放课程共享的"菜单式"个性化非学历培训模式,促进中国教育公平的实现。

**参考文献:**

[1] 国家中长期教育改革和发展规划纲要(2010—2020 年).

[2] 教育部.关于加快发展继续教育的若干意见.2012.

[3] 黄震.重视在线教育的革命性意义[N].文汇报,2013-5.

[4] 廖肇弘.华文 MOOCs 元年何时到来?[J].中国远程教育,2013(2):95-96.

[5] 王木林,洪伟林.MOODLE 和电大在线平台之比较研究[J].现代远程教育研究,2007(5):53-55.

[6] 新竹交通大学高等教育开放资源研究中心.基于 MOOCs 在线课程设计原则及要领[R].2013.

[7] 约翰·丹尼尔.现代远程教育的目的、手段、挑战和机遇[C].上海国际终身学习论坛,2010-5.

# 论学习型继续教育组织的建设

中山大学　曾祥跃

【作者简介】

　　曾祥跃，男，中山大学高等继续教育学院（网络教育学院）院长助理，副研究员，研究方向包括网络教育、继续教育等。

本文为 2014 年第十五届海峡两岸暨港澳高校继续教育论坛收录论文。

本文发表于《继续教育》2015 年第 2 期。

　　学习型组织理论源于 20 世纪 90 年代，是由美国哈佛大学佛睿斯特教授在系统动力学原理基础上提出，由他的学生彼得·圣吉博士完善的。学习型组织是指通过营造弥漫于整个组织的学习气氛、充分发挥员工的创造性思维能力而建立起来的一种有机的、高度柔性的、扁平的、符合人性的、能持续发展的组织（罗春燕，2009）。学习型继续教育组织是指在终身学习理论的指导下，依据学习型组织的理念所建构的继续教育组织。这里的继续教育组织是指从事继续教育的教育机构，包括高等学校的继续教育机构以及各类社会培训机构。

## 一、学习型继续教育组织建设的必要性

　　对于继续教育组织来说，建构学习型继续教育组织具有社会、组织、个人层面的必要性。

### 1. 社会发展需要

　　我们身处学习型社会，全民学习、终身学习已经成为当今社会的共识。作为现代社会的一分子，继续教育组织以终身学习为理念，建构学习型继续教育组织，是适应社会发展的必然要求。继续教育组织自身只有不断学习，不断更新知识，才能保持自身活力，获取可持续发展动力。

### 2. 组织发展需要

信息技术的发展,特别是远程教育的出现,彻底打破了继续教育办学的时空限制,使得每个继续教育组织都具有了扩大办学规模的实力和潜力,而学历继续教育市场日渐饱和,非学历继续教育市场也逐渐成熟,激烈的继续教育市场竞争已不可避免。激烈的市场竞争将引导继续教育组织走专业化发展的道路,通过提升组织的专业化水平,培养专业化人才,打造自身的核心竞争力,促进组织自身的可持续发展。而打造学习型的继续教育组织,则可以通过组织内的不断学习和研究,培养组织内的专业化人才,提升组织自身的专业化水平。

### 3. 个人发展需要

继续教育组织作为学习型社会建构的核心力量,其功能就是倡导和促进社会成员的终身学习。在开展继续教育过程中,我们会不断地向学生灌输终身学习理念,倡导学生进行终身学习。我们作为继续教育组织中的成员,自身更应该终身学习。每一个继续教育组织中的成员又是社会成员的一分子,也必须终身学习。为此,建构学习型继续教育组织,开展终身学习,是继续教育组织中每个成员的内在要求。

## 二、学习型继续教育组织的基本特征

在终身学习理念的指导下,学习型继续教育组织具有如下基本特征。

### 1. 全员学习的组织

学习型继续教育组织首先是一个全员学习的组织,即所有的组织成员(包括领导和员工)都应该在终身学习理念的指导下,自觉、主动地学习。通过全体员工的不断学习,提升员工的业务能力和业务水平,继而提升继续教育组织整体的办学能力和水平,树立继续教育组织的声誉和品牌。

### 2. 倡导分享的组织

信息技术的高速发展,使得我们的学习不再孤单。分享式、协作式学习已成为当下学习的主流。学习型继续教育组织也应该是一个倡导分享的组织。继续教育组织可以利用各种信息技术手段,促进组织成员间的沟通和交流,实现知识、经验、体验、信息的分享。通过组织内的分享互动,提高员工的学习效率和学习效果。

### 3. 鼓励创新的组织

学习型继续教育组织在倡导学习的同时鼓励创新,如果说学习是实现学习型继续教育组织的手段和方式,那么创新则是学习型继续教育组织的目的和任务。学习型继续教育组织建构的最终目的,旨在通过组织内部的不断学习和交流,获取创新的灵感和动力,促进组织的完善和发展。可以说,在学习型继续教育组织中,学习是为了创新,创新是为了发展。

4. 自我修复的组织

学习型继续教育组织能够通过对问题的自我识别、自我分析、自我解决,实现组织内问题的自我修复。我们知道,每一个组织在发展过程中必然会遇到这样或那样的问题,在常规的继续教育组织中,领导往往是问题的解决者。而在学习型继续教育组织中,全体员工是问题的解决者。由于员工处于工作的第一线,由员工解决问题,则能使问题更快速、更有效地解决。因为所有员工都是问题的解决者,因此,组织具有很强的自我修复功能,是真正意义的自我修复的组织。

5. 超越自我的组织

学习型继续教育组织以终身学习理念为指导,倡导全体员工终身学习、持续学习,因此继续教育组织中的成员不能安于现状,需要通过不断学习,超越自我。组织成员通过超越自己的知识局限、认识局限和工作局限,扩大自己的视野和视角,实现对自身业务能力和水平的不断提升。

6. 跨界融通的组织

学习型继续教育组织倡导分享、倡导自由平等的交流,因此,继续教育组织应该是一个跨界融通的组织。通过实现组织内的跨界融通,可以为员工创造无隔阂的沟通与交流环境,促进组织内成员之间的深度交流和分享。跨界融通的学习型组织,也有利于组织成员对继续教育组织的全面了解,增强组织成员对继续教育组织的归属感和依附感,同时也能为继续教育组织集中全体员工的智慧,促进组织发展奠定基础。

### 三、学习型继续教育组织的建设路径

(一)建设学习型组织文化

组织文化是组织自身发展完善的精神支柱和灵魂,每一个组织都有其自身的组织文化。以终身学习理念为指导的学习型继续教育组织,其组织文化的建设应围绕终身学习展开,在终身学习的指导下,确定组织的发展理念、发展路径和发展目标。

1. 发展理念

在发展理念上,继续教育组织应该以"入职即入学、工作即学习"为理念,将入职的员工当成需要学习的学员,将员工的工作过程看成学习的过程,员工通过

研究探讨工作中的问题,实现工作过程中的学习,实现自身能力的提升。继续教育的竞争,归根结底是人才的竞争,树立"入职即入学、工作即学习"的理念,能够将员工的工作过程转变为人才培养的过程,实现组织内人才培养的最终目的。

### 2. 发展路径

基于学习型继续教育组织的学习性,其发展起点应该是学习,而学习的目的是为了创新,为了实现工作内容和工作业绩的突破,最终是为了组织发展。为此,继续教育组织应该以"学习—创新—发展"为发展路径,通过全体组织成员的不断学习,促进继续教育组织的不断创新,最终促进继续教育组织的可持续发展。

### 3. 发展目标

在组织的发展目标上,专业化是学习型继续教育组织的发展目标。专业化发展目标可以用"专心—专注—专业"作为概括,组织成员专注于自己所负责的工作内容,专心做好每一项工作,从而能够专业地做好所负责的工作。每一个组织成员的专业化工作,必然会提升继续教育组织整体的专业化水平,实现继续教育组织的专业化办学。

### (二)建构学习型领导体制

学习型继续教育组织的成功建设,依赖于学习型领导体制的形成。具体来说,对于学习型继续教育组织,需要建立引领式的领导机制,建构自上而下的服务模式,形成学习型的领导集体,提升领导者的决策能力。

### 1. 建立引领式的领导机制

在学习型继续教育组织中,组织内的各种问题主要由员工在工作中通过自身的学习研究自行解决,即全体员工是问题的发现者、分析者以及问题的解决者,领导者的工作更多的是对其负责工作的引领和规划。由于领导者退居到了幕后,领导者也就变成了各项工作的幕后指挥者。为此,学习型继续教育组织应该建立引领式的领导机制,即领导者主要负责对所负责的工作领域进行规划、引领和协调,尽可能不干预员工对问题的分析和解决。相对于传统指令式的领导机制,需要领导者的管理方式从指令式转变为引领式,领导者应将更多的权力下放给负责具体工作的员工,让员工有更多的决策权力。当员工拥有更多权力的时候,他也就被赋予了更多的义务,为此,也就能够促进员工更主动地在问题中学习,通过解决问题获得成功的满足感。

引领式的领导机制对领导者提出了更高的要求,不仅要求领导者舍弃手中的部分权力,而且对领导者的引领能力有了更高的要求。为了做好对员工的引领工作,领导者需要有较高的行业发展趋势掌控能力、系统解决和分析问题的能力。只有当领导者具有比一般员工更好的知识水平和能力的时候,领导者才能发挥对员工的引领作用。

2. 建构自上而下的服务模式

传统的继续教育组织,其组织内的服务模式往往是自下而上的,即员工按照领导的安排开展工作,员工服务于领导。然而,在学习型继续教育组织中,需要改变这种模式。我们在开展继续教育的时候,倡导以学生为中心,全心全意地为学生服务。对于学习型的继续教育组织,职员即学员,继续教育组织也应该以员工为中心,为员工的工作和学习提供服务。只有当领导者为员工提供服务,员工为教师、学生等服务对象提供服务的时候,就自然而然地形成了自上而下的服务模式,也就能够真正体现管理就是服务的理念。

3. 打造学习型的领导集体

学习型继续教育组织作为一个全员学习的组织,领导者自身也需要不断学习、不断超越自我。由于员工在不断学习、不断进步,领导者自身只有不断学习,才能维持比一般员工更高的能力和水平,才能实现对所负责工作领域的规划,以及对员工工作的引领。因此,在学习型继续教育组织中,领导者不仅要不断学习,而且还要更高效地学习。学习型领导集体的形成,有利于保持较高的集体领导智慧,也容易在集体决策时达成共识、获得共鸣。

4. 提升领导者的决策能力

学习型继续教育组织的领导者,仍然是决策者,而且需要更高的决策能力。由于学习型组织中员工在不断地学习,员工自身的工作能力也在变得越来越强、越来越专业。对于学习型员工解决不了的问题,往往是更难、更棘手的问题,这就要求领导者拥有更高的决策能力,通过更系统、更全面的分析,引领和帮助问题的解决,同时也能在问题的解决过程中,获得员工对领导者能力和水平的认可。

(三)培养学习型员工

学习型继续教育组织的成功实现,除了需要建设学习型组织文化、形成学习型领导体制外,还需要培养学习型员工。员工是组织中的最大群体和核心构成,培训学习型员工是学习型继续教育组织的核心工作。继续教育组织能否培养学习型员工,是学习型继续教育组织建设成功与否的关键。学习型员工的培养主要有两种方式,一种是专门培养,一种是工作中培养。

1. 专门培养

专门培养是指继续教育组织通过专门组织的培训对员工进行系统的培养,

根据员工的工作阶段，可以分为入职培训和进阶培训。

（1）入职培训。入职培训是指员工入职时，专门组织的面向新员工的培训。系统设计的入职培训不仅能够帮助新员工熟悉工作内容、提升工作技能，而且也能够帮助新员工理解"入职即入学、职员即学员"的发展理念，为今后基于工作的学习做好思想准备。

（2）进阶培训。进阶培训是指在员工入职后，为了提升员工的业务能力和水平所专门安排的培训，包括组织内的专门培训（如邀请专家做讲座，举办工作沙龙等）和组织外的专门培训（如对口的外出开会、考察以及培训等）。进阶培训，有利于突破员工工作中遇到的发展瓶颈，开拓员工的视野，更新员工的知识和技能，快速提升员工的业务能力和水平。

### 2．工作中培养

由于员工绝大部分时间都是在工作，因此，在工作中培养员工的业务能力和水平显得更为重要。要实现在工作中培养学习型员工，需要做好以下几方面的工作。

（1）明确培养主体。在学习型继续教育组织中，领导者是学习型员工培养的主体，也是学习型员工的"导师"。领导者培养员工，正是领导者对员工引领作用的充分体现。为了能够做好对员工的培养工作，领导者要发挥对员工工作方向的引领作用、问题解决的引领作用以及能力培养的引领作用。

（2）创设培养环境。学习型员工的培养，需要有一个良好的培养环境。对于领导者来说，一是要充分放权，让员工能够真正解放思想，开动机器，主动做好所负责的工作，并在工作中通过不断学习，提升自身发现问题和解决问题的能力。二是要尽可能创设轻松的工作氛围，使员工在工作中既严肃，也活泼，只有这样，才能使员工在工作中产生灵感的火花。三是要打破员工之间的工作隔阂，在明确员工工作职责的同时，也要模糊员工之间的工作界限，打破员工工作内容之间的壁垒，防止各自为政，促进员工之间自由的交流。

（3）创新培养方式。应根据员工及其工作的特点，创新培养方式，采取多种形式培养学习型员工。比如，可以是基于某一改革措施或问题的专题讨论，基于继续教育发展前沿的工作沙龙；也可以是员工之间的学习资料分享（如 QQ 群的资料分享），在员工中开展的读书活动等；还可以采取课题式培养方式，拓展深化学习内容，着力在全局性、根本性问题上学深学透（李战军、陈寒鸣，2013）。

（4）建立激励机制。学习型员工培养的顺利进行，还依赖于组织内配套的激励机制。继续教育组织在鼓励员工进行基于工作的学习和研究时，也要对其工作相关的学习成果进行表彰和奖励，如基于工作内容的研究报告或论文、创新性的工作改进意见和建议等。

　　总的来说,学习型继续教育组织建设具有深远的战略意义,其建设过程也是一项系统工程,不仅涉及组织内体制、机制的改革,观念、理念的更新,而且还涉及组织的价值取向和发展取向。本研究仅是对学习型继续教育组织建设的初步探讨,有待于进行更深入、更系统的研究。

**参考文献:**

[1] 李战军,陈寒鸣.儒学传统与学习型组织建设[J].江苏高教,2013(3):54-55.

[2] 罗春燕.学习型组织理论在建设科研团队中的应用[J].西北成人教育学报,2009(3):55-57.

# 第四篇

# 质量保证与评估

# 北京大学网络教育质量保证体系

北京大学　侯建军

【作者简介】

　　侯建军，男，北京大学继续教育部部长，理学博士，北京大学地球与空间科学学院教授、博士生导师。研究方向包括继续教育战略研究、继续教育质量建设研究、网络教育质量保障研究、网络教育课程设计和研发等。

　　本文为 2006 年第七届海峡两岸暨港澳高校继续教育论坛收录论文。

　　北京大学创办于 1898 年，是国内最早的综合性大学之一，以优良的治学校风、齐全的学科门类、雄厚的师资力量、显著的科研成果而著称。为迎接信息时代的挑战和落实科教兴国战略，北京大学利用现代信息技术，积极开展网络教育，于 1998 年初开始筹建北京大学现代远程教育，面向成人学习者提供优质远程高等教育服务，并于 1999 年开始招生。2005 年 3 月北京大学网络教育学院正式成立，更好地整合了北京大学的优质教育资源，开展北京大学现代远程教育的教学、管理、技术开发等工作。北京大学网络教育学院目前开设有法学、国际经济与贸易、金融学、财务管理、市场营销、风险管理与保险学、行政管理、汉语言文学、信息管理与信息系统、计算机科学与技术等 10 个专科起点本科专业。同时，开设了"对外汉语教学""中小学教师教育"等非学历课程。北京大学网络教育至今已培养毕业生 23000 余人，目前在校学生 25140 人。

## 一、树立以学生为中心的服务理念

　　网络教育的本质是教育，教育的核心是质量。质量是网络教育长期发展的根本和生命线，网络教育要实现质量、规模和社会效益的均衡发展。人才培养是教育的根本任务，网络教育质量最终体现在培养对象的质量上，学生是网络教育教学质量保证体系关注的核心。北京大学网络教育始终坚持以学生为中心,加强教学工作。重视学生学习效果和学习者质量的提高,坚持"一个中心,两个基本点"的质量管理思路,"以学生和学生的学习活动为中心",一切为了学生,一切为了学生的学习;以"网络基础设施和网络教育资源为两大基础",提供"以学生为中心的服务,实施以教师为主导的教学和以学生为主体的学习,开展以管理为保证的教学秩序",全面实施教学质量管理。

## 二、夯实技术支持服务和资源建设基础

### 1. 技术支持服务

网络教育质量保证体系的运作要充分发挥信息技术手段的优势,以技术支持服务和资源建设为基础。北京大学网络教育采用卫星和网络相结合的网络教学传输技术方案(如图),开发了课件制作系统、VOD课件点播系统、语音答疑系统、文字答疑系统、网上作业系统、短信发送平台、网络教育管理系统等网络教育技术系统,提供网络课程、网上课堂、BBS讨论、文字答疑、语音答疑、网上视频会议等课程内容传输和教与学活动,借助网络教育管理系统实现了招生报名、入学考试、网上录取、网上注册、网上选课、作业提交、课程考试、成绩管理、学籍管理、毕业审查等各教学环节的咨询、指导和助学服务,有效地支持了学分制、弹性学制的教学管理模式。

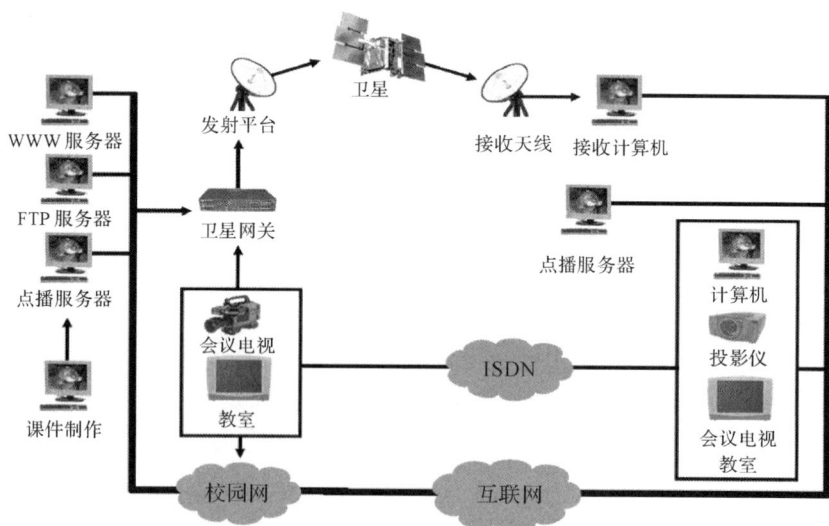

### 2. 资源建设与共享

教学资源是实现人才培养目标和教学质量目标的必要条件,是网络教育教

学活动的支撑。要保证网络教育的教学质量,必须建设适当的资源和组织必要的活动。网络环境的最基本优势是资源共享,资源共享即资源的交流、互动、完善和增值的过程。知识资源具有共享性和增值性的优势,知识在生产、传播和使用过程中,不断地丰富和充实,产生更大的价值,网络资源在共享中得到发展和增值。为满足学生网络学习需要,北京大学网络教育开发的课程学习资源有教材、网络课件、光盘课件、网络学习资源库等,适应了学生多样化的媒体资源选择。

### 三、注重教学过程的管理与服务

网络教育丰富的教学资源和多样化的交互手段实现了在教师指导下的学生自主学习,即教师通过导学、助学促进学生自主学习。北京大学网络教育学院以学生为中心,教师导学、助学与学生自主学习相结合,在教学活动上加强实习、实验环节,强化导学和助学相结合的教学过程支持服务,实现了在教师指导下的基于资源的自主学习和师生互动式学习。学生在基于资源学习的基础上,参加网上答疑、讨论、提交作业,并参加安排在当地教学中心集中进行的实验课和课程考试。

网络教育的教师和学生、学校和学生在时空上处于相对分离的状态,教学过程管理尤为重要。北京大学网络教育学院实施了"以班级为基础,以课程为主线,以关键教学环节为重点"的远程教育管理与服务路线。班级为基础的管理增强了学生的团队精神,学习的全过程以课程为主线,允许学生跨年级选课选考试;抓住课程学习、辅导答疑、作业、考试等关键教学环节,重点抓好教师导学、学生自主学习和多向互动,有效地保证了教学质量和管理质量。

1. 教师导学

教师的导学工作早在网络课程开发时已经开始了,并自始至终担负着引导、指导、辅导学生的任务,既体现在教师对教学资源的设计开发中,也体现在网络教学辅导过程中,做学生自主学习的引导者和促进者。

网络教育导学过程中,教师可以根据课程内容和教学对象的不同特点,采用知识体系导学、案例导学、实践导学、情景导学等多种教学方式进行导学。

案例导学是锻炼学生解决实际问题能力的有效方式。在辅导中,教师有目的地提出案例,引导学生运用所学的知识全面地、综合地、深入地分析实际问题,从而达到学生认识水平的升华。教师创设学习情景让学生主动去发现问题、探究问题,组织学生到实践中进行学习实验、调查研究,使学生感受社会、参与实践、知行结合,启发和提高他们观察社会、发现问题的能力,也是促进学生学习质量提高的重要方面。

### 2. 学生自主学习

网络教育学生在教师的指导下充分发挥自主性、进行自主学习是网络教学的核心。行为主义心理学认为，自主学习主要有自我监控、自我指导、自我强化三个过程。而认知建构主义学派认为，自主学习是元认知监控的学习，是学习者根据自己的学习能力、学习任务的要求，积极地调整自己的学习策略和努力程度的过程。网络教育的自主学习，以学生为中心，强调学生对知识的主动探索、主动发现和对所学知识的主动建构。即要求学生由外部刺激的被动接受者和知识的传输对象转变为信息加工的主体、知识的主动建构者，同时要求教师由知识的传授者、灌输者转变为学生学习的帮助者、促进者，学生在教师引导下自主学习，实现自主设计、自主学习和自主发展。学习者在教师指导下，自觉有效地开展基于资源、基于问题、基于实践、基于研究、基于过程的学习活动，掌握知识，提高自身素质，形成终身学习的能力。研究性学习也是网络教育学习的重要形式，学生在教师指导下，从学科领域或现实社会生活中选择和确定研究主题，通过学生自主、独立地获取知识并应用知识去解决问题。

### 3. 教、学互动

建构主义理论认为社会交互在学习过程中起着至关重要的作用，社会交互能够支持认知能力的发展，学习发生于对话和社会交互的过程之中。通过学习者之间的对话和人际交互，学习者可以检验和调整自身的观点，认识他人的观点，进而形成关于事物认识的理解与意义。建构主义学习理论主张并鼓励师生之间、学生和学生之间进行积极有效的对话、交流和沟通。

网络技术丰富的交流和通信手段为网络教育教学互动提供了可能。北京大学网络教育学院鼓励并加强学生与教师之间的互动和联系、促进学习者之间的互助及彼此的合作关系。教师依托网络教学平台，整合各种教学资源，采用多种教学媒体交互手段，通过重点难点辅导、相关学习资料提供、作业、自检自测、网上实时和非实时的讨论等多种教学活动，实现与学生多方位的交互。北京大学网络教育学院在周一至周五每晚提供两个小时的网络实时语音答疑辅导，并于双休日进行全天辅导，有效地保证了学生的学习质量。

学生通过电子邮件、BBS 讨论区等方式与导师联系并获得反馈，指导教师在48 小时内给予回复。网络环境为学习者提供了无限的交流空间，学生通过协作化交流进行思维的碰撞。学生根据地域和自愿的原则，组成学习小组进行学习活动。

### 四、严格规范的教学管理

北京大学网络教育办学过程中,抓住教学过程这个核心及人才培养全过程的教学管理和评价等环节实施全面质量管理,对实施教学和教学管理、技术支持的所有人员提出质量要求,对影响教学质量的环境和因素实施有效监控,实现全面、全过程、全员的质量管理。

1. 学生的入学、学籍、学习信息的管理

网络教育学生入学、学籍管理在网络教学管理中具有特殊地位。由于网络教育学生的分散性、开放性,学生入学、学籍、学习信息的管理是保证学生顺利参加有组织学习的前提,因此需建立完善的管理规程,各项工作按照规定管理到位,确保学生信息准确。

北京大学网络教育学院在招生、录取工作中,严格学生资格审定,举行入学考试,科学合理地确定录取标准,建立科学严密的招生、录取制度,执行过程严肃规范。加强学生学籍、毕业、学位资格及证书管理,加强档案建设与管理,学生档案规范、齐全,按规定时间完成办理学生毕业、结业证书等工作。学生毕业后,将"北京大学成人高等教育学籍表""成绩单""优秀毕业生审批表"立卷成册后交校档案馆永久保存。

2. 学习效果的考核

网络教育机构应当定期地、可靠地、正确地对学生学习效果进行评价,并根据反馈改进教学。北京大学网络教育采取形成性考核与终结性考核相结合的课程考核制度。

学习是一个动态、渐进和不断积累的过程,形成性考核是对学生学习过程进行考察和有效监控的重要手段。北京大学网络教育的形成性考核包括有平时作业、小论文、自测练习、参加教学活动考查等几种形式,并形成平时成绩,占课程综合成绩的 20%～40%。作业成绩由网络教育学院的作业管理系统直接给出或由各教学中心评定给出。教学活动成绩由教学中心根据学生参加教学活动的情况给出,平时成绩由教学中心将以上两项成绩合成后提交。

终结性考核充分地评价了学生对预期学习结果的完成情况。北京大学网络教育终结性考核主要有课程结束后的期末考试和论文写作。期末考试成绩一般占课程综合成绩的 60%～80%。在终结性考核中,北京大学网络教育加大考试改革力度,严格考试管理。考试命题注重实践性,考查学生运用知识的能力和分析解决实际问题的能力。考试采取闭卷考试、开卷考试两种形式。闭卷考试主要是检验学生要求牢固掌握知识和应用知识的能力,开卷考试考查学员知识综合运用能力。在每次考试中,加大巡考力度,向所有组织考试的教学中心派出巡考教师,严肃考风考纪,确保学生学习质量。

3.对教师的管理与服务

教师在教学过程中、在教育质量形成过程中具有极为重要的作用,有一支高水平的师资队伍,是高水平教育质量的前提。北京大学网络教育学院与相关教学院系合作,聘请各专业学科的优秀教师进行网络教育教学工作,担任网络教育主讲教师或辅导教师。各位老师在各自的院系承担着教学和科研任务,大都是各专业学科的骨干力量,具有副教授以上职称的教师占到了80%。此外,经各教学院系推荐,还选聘了一批优秀的博士生担任教学辅导和答疑工作,辅导老师对待学生辅导工作耐心认真,及时解答学生问题。2005年,指导教师与学生的比例约为1∶40,在毕业设计环节,大多数专业都在1∶20以内,有的专业甚至达到了1∶14,较高的师生比,保证了每一个学生都能得到更为充分和细致的指导。

北京大学网络教育学院还成立了由主讲教师、教学设计人员、技术人员、编辑、美术设计人员等组成的课程开发小组,负责远程教育课程资源设计与开发工作。还建立有技术支持人员队伍,帮助教师和学生解决教学中出现的各种技术问题。

4.对教学管理人员的管理与服务

网络教育质量既要以高质量的教学资源、教学活动为基础,又要有严格的教学管理做保证。网络教育的教学管理包括教学计划管理、教材管理、学籍管理和考试管理等,北京大学网络教育学院建立了严格的管理人员队伍标准,组建了思想、业务素质好,具有较高的思想水平、政策水平和管理水平的教学管理人员队伍。

## 五、建立了有效的评价机制

评价是质量保证体系的重要组成部分,通过评价,形成质量改进机制,达到不断改进的目的。网络教育质量评价分为学生、教师的内部评价和社会机构进行的外部评价。

(一)内部评价

质量保证的落实与全员参与密切相关,网络教育机构管理者、教师、学生各级人员形成强大的质量保证工作的合力,才能使网络教育的质量保证工作能有效开展并起到积极的作用。北京大学网络教育高度重视学生的评价、教师和管理人员的评价,积极发挥网络教育教学各方的作用。

1.学生的评价

学生能够对教育质量的保证和评价做出有价值的贡献,作为网络教育的主体,学生评价是网络教育质量保证极为重要的方面。北京大学网络教育采取学生自评、同学互评和教师评价相结合的方式,从多个方面、多个角度对学生的学习活动进行全面、客观、科学的评价,达到检验学生学习结果和评价学习过程的目的。

在网络教育学生评价中,强调对网络教学过程的监控,注重评价的过程性,利用网络实现及时反馈信息,指导、调控网络教学与学习活动,主要从交互程度、答疑情况、资源利用情况以及学习态度等几方面对学生进行评价。

在网络环境下,由于有了功能强大的网络交流和沟通平台,学生的自我评价、同学间的相互评价等在学生学习平台上可以方便地实现,使评价成为一个学习的重要过程。实践证明,学生自我评价,使学生由评价的对象成为评价的主体,提高了学生的学习积极性和主动性,促进了学生对自己的学习进行反思,培养了学生的独立性和自我发展、自我成长能力。学生互评的过程也是学习和交流的过程,使学生在评价别人的同时能够更清楚地认识到自己的优势和不足。

网络教育学生评价既需要发挥网络自主学习、自我监控、自我反馈和自我调节等主动性和自律性的一方面,还需要来自教师的指导和帮助。网络教学平台对学生学习过程的跟踪记录和监控,如资源访问率、讨论参与程度、交互率等使教师能够及时掌握学生的学习进展和学习效果,对学生学习给予监控和评价,及时提供学习指导。

通过自我评价和教师评价,网络教育学生在学习过程中了解了自己的学习成效,通过调整学习过程,学生学习活动的计划、检查、评价、反馈、控制和调节等环节得以顺利开展。

2.教师和管理人员的评价

在网络教育中,教师和管理人员分别担任着学生学习指导和学习支持等任务,教师和管理人员的分工与协作共同保证了学生学习效果的达成,开展学生对教师的评价、管理人员对教师的评价、教师对管理人员的评价是网络教育质量评价的重要方面。

对教师的评价,主要是对教师指导活动的评价,包括教学活动开展、学习资源开发与提供和教学过程指导等方面;对管理人员的评价,主要是对提供教学支持服务工作的评价,包括教学条件提供、教学活动组织、教学秩序维护、咨询服务等方面。

网络教学过程中技术支持服务是教师、管理人员和学生在网络环境下顺利进行教与学的保障之一，很大程度上影响着网络教学的顺利进行。要加强学生、教师和管理人员对技术支持服务的评价，包括对网络教学平台的管理与维护水平、技术帮助服务水平、教学功能和资源提供水平的评价。

（二）外部评价

获取社会对网络教育教学质量和满意程度的评价的信息，并进行分析，将有利于网络教育质量保证体系得以持续改进。

学生毕业后的教育效果评估是教育质量评估体系的重要内容，北京大学网络教育学院坚持开展毕业生质量跟踪调查，获取毕业生对教学的评价和社会对毕业生水平的评价信息，改进教学。北京大学网络教育毕业生质量追踪调查反馈结果表明，用人单位对网络教育毕业生的综合素质、专业理论水平、知识面、创新能力、工作业绩等方面给予了充分的肯定；毕业生表示自己参加网络教育学习后，各方面都得到了明显的提高，其中有不少毕业生在本职工作中取得了突出的成绩，绝大多数人成为行业系统、单位的骨干，在单位受到好评。

网络教育的质量最终要接受社会的检验，所以应发挥社会对学校网络教育的监督作用。网络教育机构可委托有资质的社会评价机构或专业机构对本校网络教育质量进行评价，可以进行综合评价，也可以开展关于教材、教学水平、教师质量、教学服务、考试命题质量、教学中心工作等专项评估。

**六、制定整改措施，提高教学质量**

北京大学网络教育办学 7 年来，实施全面质量管理，取得了高质量的教育目标，在建立有效的质量监控和管理机制方面将进一步重点做好以下工作。

1. 不断修订、完善各类规章制度，促进教学管理工作的规范化

健全教学管理过程的管理制度，明确主要教学环节质量标准，完善各类教学文件，形成规范的教学管理工作流程和协作机制。

2. 设立质量监督岗位，负责内部教学质量检查、评估

设立负责内部质量检查、评估的部门或岗位，负责内部教学质量检查和评估，对教学各环节现状和教学、管理和技术等部门执行质量的程度进行经常性质量检查和研讨，并向有关部门反馈质量检查结果，针对问题提出改进措施。

3. 加强教学检查和督导，形成内外部结合的教学质量监督机制

成立教学督导组织，开展经常性教学检查和研讨。定期、不定期组织有关专家和学者，对教学有关环节或部门进行质量检查，将教育部指导下的"试点高校网络教育部分公共基础课全国统一考试"作为检查教学质量的一项重要指标，积

极迎接教育部即将开展的对网络教育学院的教学评估,形成内外部结合的教学质量保证和监督机制。

**参考文献:**

[1] 侯建军.现代远程高等教育的质量问题[J]. 开放教育研究,2006(1):9-15.

[2] 黄艳芳.远程教育教学质量保证体系的实践研究[J]. 广西广播电视大学学报,2005,15(2):5-12.

[3] 李福芝.远距离教育的质量保证体系[J].中央电大教育,1995(5):26-33.

[4] 余善云.远程高等教育质量控制浅议[J]. 中国远程教育,2005(5):18-22.

# 电子化学习满意度概念模型研究

南开大学　白长虹　刘　炽　邵　刚

【作者简介】

白长虹,南开大学现代远程教育学院、继续教育学院院长,商学院教授,博士生导师,研究方向为顾客价值及其管理系统研究、基于顾客价值的服务竞争力评价和组织卓越绩效管理评价研究、传媒营销、城市品牌与营销传播。

刘炽,南开大学商学院博士研究生,研究方向为服务管理、市场营销与品牌管理。

邵刚,南开大学高端继续教育(EDP)中心副主任。

本文为2008年第九届海峡两岸暨港澳高校继续教育论坛收录论文。

## 一、前　言

在信息时代,知识的可用性时间快速缩短,人们只有不断学习,充实自我,吸取新知识,才能让自己永远走在时代的前列,而不至于落伍甚至被淘汰。学习必须是自发性的,并由学习者自行掌控,而非被动地等待学习(Dixon,1994),如此才能实现个人知识的建构与工作效率的提升。由于人们对学习的迫切需求与日俱增,传统的课堂学习模式因有时空的限制,已无法满足人们终身学习的需求与期望。我们需要重新思考获取知识和技能的方式,以及如何重新配置学习资源,以跟上知识经济的步伐。在提升学习效率的需求下,有效率、具弹性的电子化学习(e-learning)因应而生。电子化学习的出现,将有可能彻底改变我们取得知识和技能的方式。

美国著名的管理思想家彼得·德鲁克(Peter Drucker)在评论美国互联网大爆炸时代来临和信息技术革命时提出,电子商务除了对营利组织产生深远影响外,其最大的影响还在医疗保健和教育领域(张隆高,2003)。思科(Cisco)总裁

John Chambers 认为,"互联网应用的第一次浪潮是电子支持和电子服务,第二次浪潮是虚拟生产,第三次浪潮则是电子化学习"。Alavi & Leidner(2001)将学校比作组织,发展出知识分享模式的理论,并认为电子化学习的实施将产生极大的效果,对学校教育带来莫大的冲击。加上信息技术与互联网技术的蓬勃发展,于是全球将掀起一场"学习革命",无论是学校教育还是社会教育,e-learning 都已成为未来的教学趋势,并据以实践全民自主终身学习的理想。

满意度是被广泛用来衡量学习环境中学习成效的变量(Piccoli et al,2001)。Binner,Bean & Melliger(1994)认为学习满意度是衡量电子化学习的效果和成功与否的关键指标。先前的研究证明,学习者特性、课程特性、学习系统特性和教学互动特性等因素是在电子化学习环境中,影响学习者满意度的关键因素。在电子化学习的研究中,学者们对于信息技术能否提高学习满意度这一核心问题仍有争议(Piccoli,et al,2001)。

电子化学习是科技介入学习的一种形式(Alavi & Leidner,2001),从其特征上讲属于自助服务科技(SST)的范畴(Meuter,Ostrom,Roundtree & Bitner,2000)。电子化学习系统的最大特征就是为学习服务,为学习者服务。为了建立一个更好的电子化学习系统,应该对此领域进行不懈的研究以获得正确的测评方法(如维度,dimensions)(Tallent-Runnels et al.,2006)。互联网强大的功能给予了学习者更多的选择与期待,他们需要一个服务驱动的学习价值链,包含个性化的关注、即时的反馈、在每个接触点上持续的教学指导(Shaik N. et al. 2006)。SERQUAL 和 e-SQ 已被广泛地用于传统服务环境和电子化服务环境来测评服务质量,但目前还没有测评电子化学习服务质量的工具来应对高速发展的电子化学习市场。另外,自 Davis(1989)提出科技接受模型(technology acceptance model,TAM)后,陆续出现许多探讨使用者与系统使用意向的研究,许多学者以科技接受模型为理论架构,结合感知有用性以及感知易用性,探讨信息系统或网站对使用意图的影响,并将 TAM 中的使用态度视为信息系统使用者满意度,进而研究使用者后续的使用行为意向。

因此,本研究拟以科技接受模型为理论架构,并加入服务质量为外部变量,建立一个电子化学习满意度的概念模型,探索在虚拟学习环境中提供高质量教学服务的维度及其如何通过感知有用性(perceived usefulness,PU)、感知易用性(perceived ease of use,PEOU)和感知娱乐性(perceived playfulness,PP)影响学习者的学习满意度和对电子化学习系统的使用意愿。

## 二、电子化学习的定义

Govindasamy(2002)认为,e-learning 提供了另一种教与学的方式。广义来说,所有经由电子化媒介传递的教学皆属之,包括互联网(Internet)、企业内部网(Intranet)、企业间网络(extranet)、卫星广播(satellite broadcasts)、录音/录像带(audio/video tape)、交互式电视(interactive TV)、光盘(CD-ROM)等。Cassarino(2003)认为,e-learning 主要是利用网络进行不同地点、不同时间、顾问指导、自我步调的对等教学,并能够将其发展应用于在职培训。

电子化学习者网站(www.elearners.com)将电子化学习定义为:任何使用网络来进行传递、交互和简化学习的形式。网络可以是互联网、学校的局域网或公司的万维网。学习可以分别进行或作为班级教学的一部分。在线学习与同步学习或异步学习同时或混合进行。Ryan(2001)的研究也将电子化学习分为三种:自治独立学习、异步交互学习和同步交互学习。前两种方式比较普遍,而也有可能是两种或更多方式的混合。

根据 Pollard & Hillage(2001)的研究,随着信息和交互技术的发展,电子化学习将不再仅仅是限于利用电脑学习。这是因为电子化学习的元素在十年内已经发生了形式变化。电子化学习传统意义上是指通过电脑进行学习,但这个概念的核心内涵已经随着一系列的学习选择、管理方式和辅助工具的发展而得到拓展。他们提出了包括三个层次的整体概念:信息、交互学习和多维度。e-learning 可由不同层次的技术支持。举例来讲,从使用简单的电子邮件,或是校园课堂使用 PPT 简报等,只要经由多媒体传递,且可以在任何地点进行存取使用的活动即属于其范畴。Thornton et al.(2004)认为,e-learning 是一个可以增进学习与教学的工具,目的并非取代教学。它的有效与否在于工具是否妥善运用,而不是在使用数量的多寡。Rossett(2002)同样证实了上述广义的电子化学习的内涵,认为电子化学习包括 5 个功能:①学习;②信息支持和训练;③知识管理;④交互和合作;⑤指导和跟踪。

Naidu(2006)的定义是:电子化学习一般指在教学中使用的网络信息和交流技术。对此种类型的教学方式常常还有其他一些术语,包括在线学习、虚拟学习、分布式学习、网络化学习等。基本上,它们均指在教育过程中的同步或异步的教学活动。但是,更严格地讲,它们描述的教学过程还是具有微小的差异,因此还不能用它们取代电子化学习这一概念。而且,Naidu 认为电子化学习不仅包含在线学习、虚拟学习、分布式学习、网络化学习,而且电子化学习还涵盖了所有的个体或组织的在线或离线、同步或异步、网络或单机或通过其他电子设备的学习活动。表1代表了各种不同类型的电子化学习模式。

**表 1　电子化学习分类**

| 个人自治在线电子化学习 | 个人自治离线电子化学习 |
| --- | --- |
| 组织同步电子化学习 | 组织异步电子化学习 |

资料来源：Naidu，S. *E-learning*：*A Guidebook of Principles*，*Procedures and Practices* (2nd Revised Edition)[M]. New Delhi：CEMCA，2006.

本研究认为，使用新的多媒体技术和互联网技术来协助存取资源和服务，能够改善学习的质量，通过使用信息和通信技术的方式进行学习，即可称为 e-learning。e-learning 真正的价值不仅可以提供给任何人随时、随地的训练，还可以培训适当的人在适当的时间获得适当的技能和知识。电子化学习的优点是灵活和方便，学习者可以根据自身的情况和特点自行安排学习进度而无须严格按照统一进度执行，其要达成的最终目的就是可以自动地管理学习中所涵盖的教与学的过程。

### 三、文献回顾

（一）学习满意度

1. 定义

目前，对于电子化学习的研究中使用了多种指标，以衡量学习者的学习成效。我们可将这些衡量学习成效的指标归纳为两大类：态度（attitude）以及知识取得（knowledge acquisition）。态度指标为学习者采用电子化学习的意图与行为，这类指标包括学习者的满意度、态度、教学评估等变量；而知识取得指标主要是个体获取和使用知识的能力，包括学习绩效、学习自我评估、学习成就、自我效能等因素。

Knowles（1970）认为学习满意是学习者对学习活动的愉快感受或态度。高兴的感觉或积极的态度是"满意"；反之，不高兴的感觉或消极的态度是"不满意"。因此，学习满意可用来解释学习者参与学习活动的动机和结果。Martin（1994）则指出，满意是指个人在获得经验之期望，以及他所感受到该经验的实际结果之间的一致性，当所感受到的等于或超出所期望的，便觉得满意；反之，则不满意。Long（1989）认为学习满意是指学习者对学习活动感觉愉快的感受或态度。

许多行为领域的研究者也认为满意度会影响未来使用意图和行为。从营销的观点来看，可以将学生视为一个最终的顾客，而教学者与学习者之间将会经由教育化的产品或服务的结果产生满意度。学生若能有较高的满意度，在未来将会有再次使用的意图与较少抱怨的情形产生(Wang,2003)。满意度是学习者或是教学者是否持续使用此学习系统的重要指针(Arbaugh,2002)。

2.相关研究

■ Alavi,Yoo & Vogel(1997)的研究

该研究以视讯会议及 GSS(group support system)来建构两个大学间的同步学习课程。课程内容为信息科技的影响,由两个大学的老师共同决定课程设计及教学计划,而课程进行则依照内容由负责教师授课并带领讨论。此研究发现:①在与教师面对面(近端)以及视讯会议(远程)学习环境中的学生,对于课程的参与以及教材的熟悉程度并无显著的差异;②远程的学生觉得和教师之间的关系较为疏远,亦较不喜欢上课的过程;③综合而言,科技中介的合作学习增加了学生对于课程的参与感与满意度。

■ Marki et al.(2000)的研究

此研究比较了学生在 WWW 环境以及面对面教学环境的学习成效。课程为大学部心理学概论,并由两位教师分别负责两个在线课程及一个面对面的教学课程。在不同环境下,教师皆采用相同的教学方式与相同的教材及测验方式。此研究以学习成就(learning achievement)、计算机焦虑(computer anxiety)、计算机使用指针(computer usage scale)和满意度(satisfaction)来衡量学习成效。研究的主要发现有三:①在线学习的学生不仅成绩优于面对面教学环境的学生,而且进步较多;②在线学习的学生较常使用各项计算机软件,且能较快克服计算机焦虑;③然而,面对面教学的学生对课程的整体满意度较高。这个研究指出,信息技术未能促使学习成效的整体提升,在线学习的学生固然有较好的成绩,但对于课程却较不满意。

■ Piccoli,Ahmad & Ives(2001)的研究

此研究定义了网络导向的虚拟学习环境(VLE)的概念,且指出与计算机辅助教学(CAI)间的差异。调查研究通过信息科技以提高学生自我学习控制的学习方式是否增进学习成效。此研究结果显示在虚拟环境拥有较高学习控制权的学生具有较高的计算机自我效能,却较不满意学习的结果。

在电子化学习的研究中,学者们对于信息技术能否提高学习满意度这一核心问题仍有争议(Piccoli et al,2001)。Alavi & Leidner(2001)分析目前电子化学习的文献后指出,信息技术的功能并非决定学习成效是否提升的主因,未来针对电子化学习的研究应了解人们如何运用信息科技来帮助教学的过程,进而提升学习的成效。

(二)电子化服务质量

从传统的电子商务模式(e-commerce)向电子化服务(e-service)的转变是一

种范式的变革(Rust，R. T. & Kannan，P. K.，2003)。互联网的本质其实就是 e-service，它将成为今后 100 年内信息经济潮流中恒久的主题(Rust，R. T. & K. N. Lemon，2001)。电子化学习是科技介入学习的一种形式(Alavi & Leidner，2001)，从其特征上讲属于自助服务科技(SST)的范畴(Meuter，Ostrom，Roundtree & Bitner，2000)。

　PZB 的 SERVQUAL 被广泛地应用于不同的传统服务市场环境，并取得了不错的实证效果。但是，通过电子化渠道传递的服务质量反应了与实际物理环境的不同特征，学术界依旧在争论是否能够将 SERVQUAL 直接应用于虚拟环境来测评电子化服务质量。Parasuraman et al.(2005)认为传统的服务质量构面并不适用于网络交易环境。在过去，服务是通过人员来传递的，但网络交易却是通过网站与顾客进行互动，是人与科技的互动，互联网为顾客提供了基于技术的自我服务的选择，因此也将顾客与员工之间的互动改变为顾客与网站之间的互动。对 e-service 质量的研究很明显属于服务营销与管理信息系统之间的结合领域(Yang & Fang，2004)。过去许多学者将服务质量模式应用在信息系统服务质量(information system service quality，ISSQ)的研究中，如 Wastion，Pitt & Kavan(1998)使用 SERVQUAL 量表衡量信息系统服务质量。由于信息系统与使用者的互动并非人与人的互动，因此无法直接利用 SERVQUAL 量表评估信息系统服务质量，而是通过使用者对信息系统部门服务的感受来衡量。电子化服务网站在本质上属于信息系统的一种，因此 Wastion et al.(1998)的结果暗示 SERVQUAL 量表不适合评估网站所提供的服务。以下是学者们在该领域的部分研究进行的梳理。

　1. e-SQ 和 E-S-QUAL

　Zeithaml et al.(2000)将 e-service 质量(e-SQ)定义为"网站促进有效率和有效果的购买、采购，以及产品或服务的传递的程度"。因此，e-SQ 的内容比较丰富，涵盖了一个顾客与网站之间发生交互活动的全部阶段。Zeithaml et al.(2000)根据 SERVQUAL 之概念架构及电子化服务质量研究文献发展出电子化服务质量概念模式——e-SERVQUAL 模式，包含 11 个构面。分别是：能否成功进入(access)、导航便利性(ease of navigation)、效率(efficiency)、定制化/个性化(personalization)、安全性/隐私性(security/privacy)、响应性(responsiveness)、保证性/信任性(assurance/trust)、定价知识(price knowledge)、网页的美观性(site aesthetics)、可靠性(reliability)和灵活性(flexibility)。

　在概念性模型 e-SQ 的基础上，Parasuraman，Zeithaml & Malhotra(2005)通过严格的概念化、建构、修订和测试，建立了一个测评与评估不同类型网站 e-service 质量的多项目量表。经过两个阶段的实证数据采集和分析,证明了 E-S-QUAL 和 E-RecS-QUAL 基本能够帮助理解在线消费者是如何评估 e-service 质量的。E-S-QUAL 是以 e-SQ 量表为基础和核心的,包括四大构面的 22 个项目,而 E-RecS-QUAL 是一个电子化服务补救量表,包括三大构面的 11 项目,于顾客在网站遇到非常规问题时采用。但是,娱乐性或愉悦性没有出现在 E-S-QUAL 的概念模型中,因为 Parasuraman et al. 认为这类享乐主义方面的内容具有独特性,未必适合于任何环境或顾客对网站服务质量的评价。

(1)核心维度(core dimensions)。效率(efficiency):使用者容易使用该网站搜索产品或信息;有效性(system availability):网站的功能皆可使用;符合需求(fulfillment):服务承诺的准确履行,包括不缺货和准时送货;隐私性(privacy):保障交易资料和用户个人信息的安全。

(2)补救维度(recovery dimensions)。反应性(responsiveness):使用者有问题可随时解决;补偿性(compensation):能否降低使用者成本;沟通性(contact):是否有在线客服和 24 小时服务热线。

2. WebQualTM

Loiacono et al. (2002)以理性行为理论(theory of reasoned action,TRA)和科技接受模型(TAM)为基础,对网站服务质量的文献进行梳理并大量访谈从业者后,发展出用以测量网站质量的量表 WebQualTM。WebQualTM 从信息系统的角度评估网站质量,可用于预测消费者再度拜访网站的意图。WebQualTM 共有十二个构面,各构面详细内容如下所述。

(1)易解性(ease of understanding):使用者能轻松地阅读并理解。

(2)直觉操作(intuitive operation):便捷的操作与浏览性。

(3)信息适合度(informational fit-to-task):包括信息质量与功能适合度(functional fit-to-task)。

(4)适合的沟通(tailored communication):网站能依照使用者需求,对沟通方式进行适度的调整。

(5)信任(trust):拥有安全的网络连接并保护顾客个人信息的隐私。

(6)响应时间(response time):网页服务器对使用者要求的响应时间。

(7)视觉吸引力(visual appeal):美观的网站。

(8)创新性(innovativeness):网站的创新性与独特性。

(9)情感吸引力(emotional appeal):网站对使用者情感与涉入程度的影响。

(10)在线完成度(online completeness):允许大部分必要的交易通过网络完成。

(11)相对优势(relative advantage):拥有不亚于竞争对手的互动方式。

(12)一致的形象(consistent image):网站所表达的企业形象与在其他传播媒体的形象一致。

Wolfinbarger & Gilly(2003)认为,WebQualTM 是衡量网站接口最为基础性的实证研究。但 Loiacono et al.（2002）并未要求受试者完成交易,因此 WebQualTM 仅能测量网站使用者接口的质量,无法测量购买后的顾客服务与产品配送。Parasuraman et al.（2005）更认为 WEBQUALTM 的主要功能是提供网站设计者参考,而非衡量消费者感受的服务质量。

3. SiteQual

SiteQual 量表由 Yoo & Donthu（2001）提出。该量表的目的与 WEBQUALTM 类似,主要以评估网站质量为主。SiteQual 包括四个维度共 9 个项目,即易用性(ease of use)、美观设计(aesthetic design)、处理速度(processing speed)和安全性(security)。从上述四个维度可以发现,SiteQual 量表仅能从信息科技的角度来衡量网站质量,缺乏服务流程的概念。

4. eTailQ

消费者的网络经验包括信息搜寻、产品评估、决策制定过程、退货和客户服务等。Wolfinbarger & Gilly(2003)的研究发现,大部分的网络购物者是目标导向型(task-oriented),而非体验型(experiential)。Wolfinbarger & Gilly(2003)根据过去有关网站质量的相关研究,如 WebQualTM、SiteQual 等,发现过去的研究都将焦点置于网站的使用者接口,而忽略了隐藏在网站接口后的服务质量,也忽视了目标导向型消费者对服务质量的需求。因此,Wolfinbarger & Gilly(2003)提出了 eTailQ,包括的四个网站服务质量维度如下所述。

(1)满足与可靠性(fulfillment/reliability):网站能正确地展示和描述商品,使消费者能买到所需要的产品。此外,业者也应于承诺的时间内,将商品送达消费者手中。

(2)网站设计(website design):消费者浏览网站的体验(不包括顾客服务),包括浏览、信息搜寻、订单处理、适当的个人化服务和产品选择性。

(3)顾客服务(customer service):公司有意愿响应顾客,提供有用的服务,并能立即回复客户的询问;

(4)安全与隐私性(privacy/security):信用卡交易的安全性与顾客私人信息的保护。

5. IRSQ(Internet retail service quality)

Janda,S.,Trocchia,P. J. & Gwinner,K. P.（2002）经由第一阶段深度访

谈，及第二阶段电话访谈取得 446 个可用样本，发展出对互联网零售服务质量测评的量表，该量表含五个构面 22 个题项。其主要维度为：网站效能（performance）、网站存取（access）、安全性（security）、知觉（sensation）和信息（information）。

6.网站成功因素

Liu,C. & Arnett,K. P. (2000)调查 *Fortune* 1000 大公司的网站管理者，探讨网站成功的关键因素（the factors associated with website success）。研究结果显示，网站成功的关键因素如下所述。

（1）信息及服务质量（quality of information and service），包括信息质量：相关性（relevant）、准确性（accurate）、及时性（timely）、定制性（customized）和完整的信息演示（complete information presentation）；服务质量：快速响应（quick response）、保证性（assurance）、移情性（empathy）和延续性（follow-up）。

（2）系统易用性（system use），包括安全性（security）、正确交易（correct transaction）、顾客对交易的控制（customer control on transaction）、订单追踪便利性（order-tracking facility）和隐私性（privacy）。

（3）享乐性（playfulness），包括顾客的快乐感觉（customer's sense of enjoyment）、互动性（interactivity）、魅力特征（attractive feature）和对顾客的吸引力（enabling customer concentration）。

（4）系统设计质量（system design quality），包括超链接的设置（organized hyperlinks）、定制化的搜索功能（customized searching functions）、接入速度（speed of access）和更改错误的易用性（ease of correcting errors）。

7.顾客感知在线服务质量（customer perceived online service quality）

Yang,Z. ,Jun,M. & Peterson,R. T. (2004)通过整合和引入顾客服务、信息系统质量和产品组合领域的理论与概念，提出一个测评在线服务质量的概念性方法。研究者们调研了 848 位使用网络银行的顾客，使用了在先前在线服务质量领域研究最频繁引用的因子以及通过文献回顾和访谈的结果来开发问卷，研究结果发现在线服务质量的六个关键构面分别是：可靠性（reliability）、响应性（responsiveness）、能力（competence）、易用性（ease of use）、安全性（security）和产品组合（product portfolio）。

8.D&M 成功信息系统模型（D&M IS success model）

在 1980—1990 年间，许多探讨信息系统成功影响因素的研究成果产生。DeLone & McLean(1992)汇整了相关的研究，提出成功信息系统模型（见图 1）的六大维度，分别是：

（1）系统质量，指对信息处理系统本身的评估，是技术上的成功，包含系统的可靠性、弹性、易用性等。

（2）信息质量，是对信息系统产出的衡量，包含信息正确性、可靠性、完整性、相关性等。

（3）系统使用度，指使用者对信息系统产出的消耗使用。

（4）使用者满意度，指对于使用信息系统产出的反应。

（5）个人影响，指信息系统对使用者行为产生的影响。

（6）组织影响，指信息系统对组织绩效产生的影响。

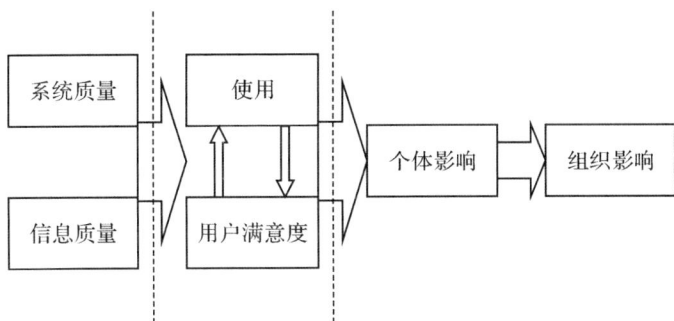

图 1　D&M 成功信息系统模型

资料来源：DeLone，W. H. & McLean，E. R. Information systems success：The quest for the dependent variable[J]. *Information Systems Research*，1992，3（1）：60-95.

DeLone & McLean 于 2003 年提出的成功信息系统的更新模式（见图 2）中，采纳 Pitt et al.（1995）的建议，增加了服务质量维度，并认为此更新后的模式可适用于电子商务成功的衡量，将信息系统成功归纳为系统质量、信息品质、服务质量、使用者满意度、使用（或使用意愿）以及净利益等六个构面。在更新模式

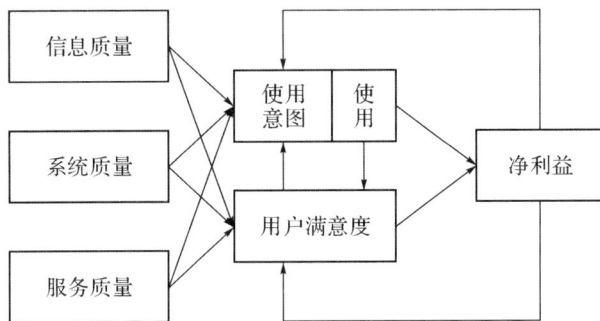

图 2　更新的 D&M 成功信息系统模型

资料来源：DeLone，W. H. & McLean，E. R. The DeLone and McLean model of information systems success：A ten-year update[J]. *Journal of Management Information Systems*，2003，19（4）：9-30.

中,加入服务质量这一新构面,又因考虑到有时"使用度"难以有效衡量,因此建议在某些情况下可用"使用意愿"作为替代构面。此外,简化"个人影响"与"组织影响"两个构面,以"净利益"(net benefits)代表使用信息系统造成的影响或利益。

### (三)科技接受模型(TAM)

目前,在对信息系统采用方面的研究运用最为广泛的是科技接受模型(TAM)(Davis & Venkatesh,1996;Gefen & Straub,2000)。大量的学术研究利用 TAM 模型来预测、检验和解释用户接受和使用 IT 系统的决定因素。近年来,在电子商务和互联网技术的采用中也得到应用(Gefen & Straub,2000;Lederer et al.,2000)。

TAM 模型修编自 Ajzen & Fishbein(1980)创建的理性行为理论(TRA)和Ajzen(1991)的计划行为理论(theory of planned behavior,TPB),这两个理论被广泛地用于解释和预测人类的行为。两个理论均假设人类是理性的,并系统性地使用对他们有用的信息,以及在决定行动前考虑行动的后果。

科技接受模型为不同领域使用者接受和使用 IT 系统提供了一种解释(Davis,1989)。该模型认为采用者对于某一新的信息技术或信息系统的接受(acceptance)或采用(adoption)是由其对该信息技术或系统的行为意图(behavior intention)决定的,而行为意图是由其对信息技术或系统的态度(attitude)和使用者对于科技有用性的感知共同决定(见图 3)。TAM 指出感知易用性(PEOU),即"一个人对运用特定系统节省他(她)付出的体力或智力的程度的判断",会影响感知有用性(PU),即"一个人感觉运用特定系统能够增强其工作绩效的程度"(Davis,1989)。进而,它们同时通过影响人们使用一项信息技

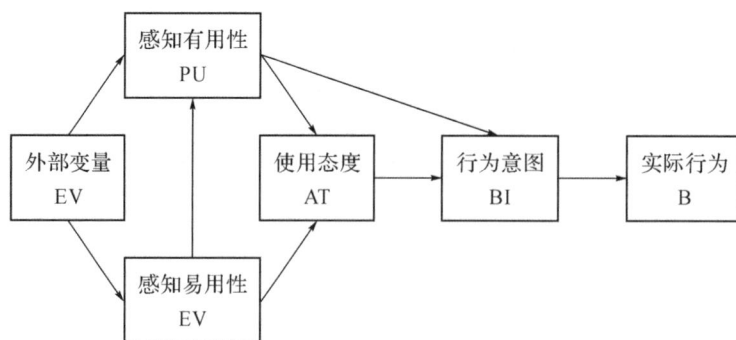

图 3    科技接受模型

资料来源:Davis, F. D. Perceived usefulness, perceived ease of use, and user acceptance of information technology[J]. *MIS Quarterly*,1989,13(3):319-340.

术的态度来影响对其使用的行为意向(behavioral intention,BI)。

科技接受模型已经在不同情景和不同样本的情况下经过广泛的测试并被证明在解释信息系统的采用方面具有信度和效度(Davis & Venkatesh,1996;Ma & Liu,2004)。先前大量的研究证明感知有用性是影响使用意图和使用行为的重要因素(Taylor & Todd,1995b;Davis & Venkatesh,1996;Chau & Hu, 2002)。外部变量,如系统特性、训练、系统设计阶段的使用者涉入、系统建置过程的性质等(Davis,1989)被认为是通过影响感知有用性和感知易用性而间接影响对信息技术的接受(Szajna,1996)。

(四)感知娱乐性

娱乐性(playfulness)最早是由 Lieberman(1977)提出的。Barnett(1991)在研究人类行为时,提出对于娱乐性的两种看法。第一项看法主要着重在娱乐性的特征(trait of playfulness),将娱乐性视为是个体激发性的特征,主要是指个体比较稳定不变的状态,这些特征不会随着情境而改变。第二种看法着重在娱乐性的状态(state of playfulness),认为娱乐性是个体与情境互动所产生的特征状态,主要是个体在经历某些事情或被事情所影响时,会随着时间,受情境因素以及互动状态所影响。

早期的沉浸研究主要应用在生活、工作、休闲、运动、阅读等活动情境上(Moneta & Csikszentmihalyi,1996)。而近几年由于网络快速的发展,在计算机中介环境(computer-mediated environments,CME)中,即产生两种不同的互动形态,一种是通过超媒体进行人与文本内容的互动,即机器互动(machine interactivity);另一种是人们使用计算机为媒介进行人与人之间的互动,即人际互动(person interactivity)(Hoffman & Novak,1996)。近年来有学者以沉浸来解释人与计算机之间互动的经验,并将这种互动视为一种乐趣和探索的经验(Webster et al. ,1993)。之后则陆续有学者将其应用到计算机软件的学习及网络活动的情境中,学者们发现网络同样会让人进入沉浸的状态(Chen et al. , 1999),并得到与其他活动同样的感受。更有许多信息系统领域的学者,发现以沉浸理论为基础来了解娱乐性与探讨 IT 使用的个人评价上很有帮助。Trevino & Webster(1992)在研究计算机中介沟通环境时,就发现科技模型、容易使用与计算机技能会影响沉浸情况。

Moon & Kim(2001)认为,若是以科技接受模型的研究来看,这些研究并无法完整解释娱乐性对个人的态度与实际行为的影响,他们在探讨感知娱乐性对互联网使用的科技接受度的影响时,对感知娱乐性定义为"使用者与互联网互动会实现的内在动机的信念强度,其中此内在动机包含了专注程度、好奇心以及愉悦"。

Moon & Kim(2001)在研究感知娱乐性对互联网使用的科技接受度的影响时,认为先前学者对有趣性研究的概念需要深入,因此,他们以 Csikszentmihalyi (1975)的沉浸理论为基础,定义出感知娱乐性应该有的三项构面:

(1)专注程度(concentration),认知到他/她的注意力会专注在与互联网的互动上。在这个娱乐性的状态,个人的注意力会集中在活动上。注意力集中在一个狭窄的范围,所以一些不相关的想法和感觉都会被忽略掉,并且丧失自觉,全神贯注在活动上面,并深刻地意识到心智过程。如果人们在浏览网络时陷入娱乐性状态,代表他们的注意力将会集中在互动上。

(2)好奇心(curiosity),在互动过程之中充满好奇。Malone(1981)提出,当个人在娱乐性状态时,他的知觉或认知到的好奇心将会被激发。例如,互联网可以利用技术特性,如超链接和多媒体效果来激发一个人的好奇心,也可以通过超链接这一技术来辅助探索的能力,激励探索欲和提升能力的愿望。

(3)愉悦感(enjoyment),互动过程中,在本质上是令人感到愉悦的、有趣的。当处于娱乐性状态时,他们会发现互动的内在愉悦性,他们会因为满足与愉悦而投入某项活动中,而不是因为外在的报酬。

## 四、研究方法

信息技术的迅猛发展,改变了学习的方式,也使得在电子化学习环境中学习者满意度成为一个值得深入研究的课题。本研究旨在对电子化学习全面分析的基础上,以科技接受模型为基础,从服务质量的视角分析影响电子化学习者满意度和持续使用意愿的因素。本研究中,主要采用文献回顾的方法,正如 Easterby-Smith et al. (2002)的阐述,文献回顾是建构一个研究领域,并形成研究模型的一个必要步骤。文献回顾帮助我们识别出电子化学习领域中的关键概念,并结合教育学、社会心理学、服务营销学和管理信息系统等领域的研究成果形成研究模型。

我们的研究按照如下的技术路线展开:首先,本研究界定电子化学习、学习满意度、电子化服务质量作为我们的分析领域。其次,本研究用上述主题作为关键词及其组合在 EmeraldManagementXtra、Wiley InterScience、Springer LINK、EBSCO、JSTOR 等英文数据库中进行搜索。由于信息技术和互联网的兴起基本是在 20 世纪 90 年代以后,因此本研究也以 1990 年作为文献搜索的起点。第三,本研究分析了收集的相关文献,并提出一个电子化学习满意度的概念模型。最后,本研究提出一些未来的研究问题和重点。

### 五、模型建构

图 4 是根据上述文献回顾提出的电子化学习满意度概念模型,该模型包括系统质量、内容质量、交互质量、感知有用性、感知易用性、感知娱乐性、学习满意度和使用意愿等八个变量。本研究认为,系统质量、内容质量和交互质量构成电子化学习系统整体服务质量,并通过感知有用性、感知易用性和感知娱乐性影响学习者的满意度和对该电子化学习系统的持续使用意愿。其中模型的基础架构来自于 Davis 的科技接受模型,以电子化学习服务质量作为其外部变量,并增加感知娱乐性因子作为对学习者满意度和持续使用意愿的影响因素。

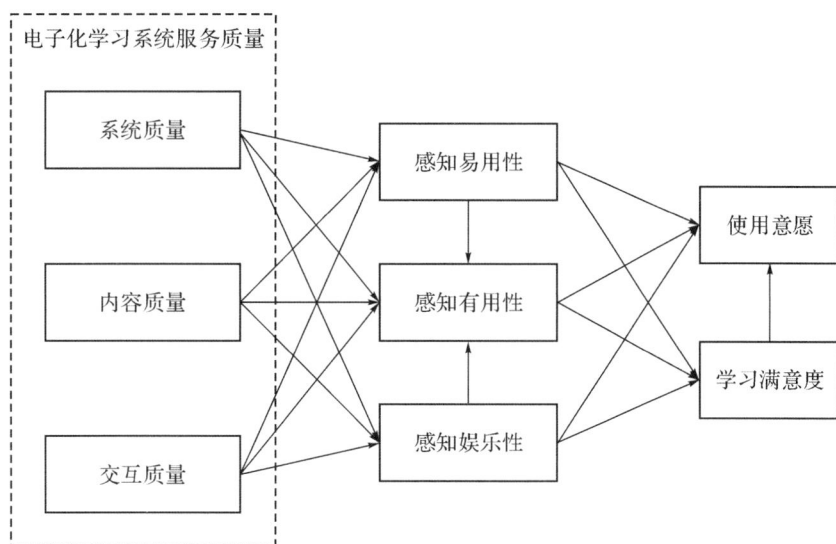

图 4  电子化学习满意度概念模型

资料来源:本研究整理。

系统质量包括可靠性、接入性、处理速度、安全性和视觉吸引力等五个维度。信息技术的质量及可信赖度愈高则会有愈高的学习效率(Piccoli et al.,2001)。网络传输的质量为电子化学习效率的重要决定因素(Webster & Hackley,1997)。因此,本研究选择系统质量作为电子化学习系统服务质量的构成要素之一,研究其对学习满意度的影响。Lin & Lu(2000),McKinney et al.(2002),Rai et al.(2002)等学者都曾在研究中发现系统质量对感知有用性和感知易用性的正向影响作用。

内容质量包括电子化学习系统提供的电子化学习材料内容的完整性、相关性、定制化、易理解性等四个维度。Yang et al.(2005)依据 Liu & Arnett(2000)

与 Aladwani & Palvia(2002)所发展出的评估架构，结合科技接受模型进行研究，在其研究中发现内容质量对感知有用性与感知易用性都有正向影响关系。也有多位学者对企业采用管理信息系统时，对于信息内容质量与系统操作的认知、态度与意愿进行研究，研究中也发现内容质量对感知有用性、感知易用性都有正向影响关系(Morris,2000;Keeney,2000)。

交互质量包括反应性、沟通性和移情性等三个维度。Yang et al.(2005)所进行的研究也发现服务交互程度对感知有用性、感用性成正向影响关系。而Barnes & Vidgen(2002)在其研究中探讨网络书店和网络拍卖网两类性质的网站，作者在此研究中，加入网站使用性(usability)，试图以使用性反映能否得到更好的信息与服务互动，结果证明感知有用性与感知易用性分别对服务交互质量有正向影响关系。

Moon & Kim(2001)在探讨感知娱乐性对互联网使用之科技接受度的影响时，对感知娱乐性定义为"使用者与互联网互动所会实现其内在动机的信念强度，其中此内在动机包含了专注程度、好奇心以及愉悦"。Ahn,T.,Ryu,S. & Han,I.(2007)调研了感知娱乐性对在线销售接受度的影响以及网站质量因素与用户接受行为之间的关系。研究结果表明，娱乐性对增强顾客对网站的态度和行为意愿作用重大，而且以系统质量、信息质量和服务质量为整合的网站质量对于感知有用性、感知易用性和感知娱乐性具有显著影响，进而影响到对网站的使用。因此，本研究认为系统质量、内容质量和交互质量正向影响感知娱乐性。

## 六、结束语

随着全球经济一体化的加速进展和信息技术的迅猛发展，电子化学习作为一种全新的学习形式的出现，使得教育也正在经历着一次全新的飞跃。e-learning 真正的价值不仅可以提供给任何人随时、随地训练，还可以培训适当的人在适当的时间获得适当的技能和知识。本研究通过对教育学、社会心理学、服务营销学和管理信息系统等领域的研究成果分析梳理，借助 Davis(1989)的科技接受模型(TAM)建立了一个电子化学习满意度的概念性模型，探索在虚拟环境中学习系统提供高质量教学服务的维度，及其如何通过感知有用性、感知易用性和感知娱乐性影响学习者的学习满意度和对电子化学习系统的使用意愿。

由于电子化学习的概念是随着信息技术发展和互联网的繁荣兴起的，从其产生到目前不过十几年时间，理论界和实践界对于如何形成一个成熟的电子化学习发展模式和规范的评估方法都未形成共识，因此本研究充分借鉴了其他学科的成熟理论和已被广泛接受的研究框架用于此领域的研究。本研究认为，加强电子化学习领域理论框架研究，从学习者视角出发，以学习者满意度为核心，强化对电子化学习系统评估的规范性,是真正发挥电子化学习的价值、推进我国学习型社会的建设和提高全民文化素质的一大前提。

同时,本研究的概念性模型大量借鉴来自其他领域的研究成果,其研究样本不同于虚拟环境中的电子化学习者,会对本研究的概念模型的应用造成很大的限制。另外,其理论和模型均是在国外特有的经济文化环境中形成的,在中国的适用程度必须经过大量的实证检验。

**参考文献:**

[1] Ahn,T.,Ryu,S. & Han,I. The impact of Web quality and playfulness on user acceptance of online retailing[J]. *Information and Management*,2007,44(3):263-275.

[2] Ajzen,I. & Fishbein,M. *Understanding Attitudes and Predicting Social Behavior*[M]. Englewood Cliffs,New Jersey: Prentice-Hall,1980.

[3] Ajzen,I. The theory of planned behavior[J]. *Organizational Behavior and Human Decision Processes*,1991,50(2):179-211.

[4] Aladwani,M. A. & Palvia,C. P. Developing and validating an instrument for measuring user-perceived web quality[J]. *Information and Management*,2002,39(6):467-476.

[5] Alavi,M.,Yoo,Y. & Vogel,D. R. Using information technology to add value to management education[J]. *Academy of Management Journal*,1997,40(6):1310-1333.

[6] Alavi,M. & Leidner D. Research commentary:Technology-mediated learning—A call for greater depth and breadth of research[J]. *Information Systems Research*,2001,12(1):1-10.

[7] Arbaugh,J. B. Managing the on-line classroom:A study of technological and behavioral characteristics of web-based MBA courses[J]. *Journal of High Technology Management Research*,2002,13(2):203-223.

[8] Barnes,S. & Vidgen,R. An integrative approach to the assessment of e-commerce quality[J]. *Journal of Electronic Commerce Research*,2002,3(3):114-127.

[9] Barnett,L. A. The playful child:Measurement of a disposition to play[J]. *Play and Culture*,1991(4):51-74.

[10] Binner,P. M.,Dean,R. S. & Millinger,A. E. Factors underlying distance learner satisfaction[J]. *The American Journal of Distance Education*,1994(4):232-238.

[11] Cassarino,C. Instructional design principles for an e-learning environment:A call for definitions in the field[J]. *The Quarterly Review of Distance Education*,2003,4(4):455-461.

[12] Chau,P. Y. K. & Hu,P. J. Examining a model of information technology acceptance by individual professionals:An exploratory study[J]. *Journal of Management Information Systems*,2002,18(4):191-229.

[13] Chen,H. ,Wigand, T. R. & Nilan,S. M. Optimal experience of web activities[J]. *Computers in Human Behavior*,1999,15(5):585-608.

[14] Csikszentmihalyi,M. *Beyond Boredom and Anxiety*[M]. San Francisco: Jossey-Bass,1975.

[15] Davis,F. D. Perceived usefulness, perceived ease of use, and user acceptance of information technology[J]. *MIS Quarterly*,1989,13(3):319-340.

[16] Davis,F. D. & Venkatesh,V. A critical assessment of potential measurement biases in the technology acceptance model: Three experiments[J]. *International Journal of Human-Computer Studies*,1996,45(1): 19-45.

[17] DeLone,W. H. & McLean, E. R. Information systems success: The quest for the dependent variable[J]. *Information Systems Research*,1992,3(1):60-95.

[18] DeLone,W. H. & McLean, E. R. The DeLone and McLean model of information systems success: A ten-year update[J]. *Journal of Management Information Systems*,2003,19(4):9-30.

[19] Dixon,N. M. *The Organizational Learning Cycle. How We Can Learn Collectively*[M]. New York: McGraw-Hill,1994.

[20] Easterby-Smith,M. ,Thorpe,R. & Lowe,A. *Management Research—An Introduction*[M]. London: Sage Publications,2002.

[21] Gefen,D. & Straub,D. The Relative importance of perceived ease of use in IS adoption: A study of e-commerce adoption[J]. *Journal of the Association for Information Systems*,2000,1(8):1-20.

[22] Govindasamy,T. Successful implementation of e-learning pedagogical considerations[J]. *Internet and Higher Education*,2002,4(3/4):287-299.

[23] Hoffman,D. L. & Novak, T. P. Marketing in hypermedia computer-mediated environments conceptual foundations[J]. *Journal of Marketing*,1996,60(7): 50-68.

[24] Janda,S. ,Trocchia,P. J. & Gwinner,K. P. Consumer perceptions of Internet retail service quality[J]. *International Journal of Service Industry Management*,2002,13(5):412-431.

[25] Keeney,R. L. The value of internet commerce to the customer[J]. *Management Science*,2000,45(4):533-542.

[26] Knowles,M. S. The modern practice of adult education: Andragogy versus earning and the learning organization: Examining the connection between the individual and the learning environment[J]. *Human Resource Development Quarterly*, 1970, 9 (4): 365-375.

[27] Lederer,A. L. ,Maupin,D. J. ,Sena,M. P. & Zhuang,Y. The technology acceptance model and the World Wide Web[J]. *Decision Support Systems*,2000,29(3):269-282.

[28] Lieberman,J. N. *Playfulness*[M]. New York: Academic Press,1977.

[29] Liu,C. & Arnett,K. P. Exploring the factors associated with web site success in the context of electronic commerce[J]. *Information and Management*,2000,38(1):23-33.

[30] Loiacono,E. T.,Watson,R. T. & Goodhue,D. L. WebQual: A measure of website quality[J]. *Marketing Theory and Applications*,2002(13): 432-437.

[31] Long,H. B. Contradictory expectations? Achievement and satisfaction in adult learning [J]. *Journal of Continuing Higher Education*,1989,33(3):10-12.

[32] Ma,Q. & Liu,L. The technology acceptance model: A meta-analysis of empirical findings[J]. *Journal of End User Computing*,2004,16(1):59-72.

[33] Maki,R. H.,Maki,W. S.,Patterson,M. & Whittaker,P. D. Evaluation of a web-based introductory psychology course: I. Learning and satisfaction in on-line versus lecture courses[J]. *Behavior Research Methods*,*Instruments and Computers*,2000,32 (2):230-239.

[34] Malone,T. W. Toward a theory of intrinsically motivating instruction[J]. *Cognitive Science*,1981(4): 333-369.

[35] Martin,B. L. Using distance education to teach instructional design to preservice teachers[J]. *Educational Technology*,1994,34(3):49-55.

[36] McKinney,V.,Yoon,K. & Zahedi,F. The measurement of web-customer satisfaction: An expection and disconfirmation approach[J]. *Information Systems Research*,2002,13 (3):296-315.

[37] Meuter,M. L.,A. L. Ostrom,R. L. Roundtree, & Bitner,M. J. Self-service technologies: Understanding consumer satisfaction with technology-based service encounters[J]. *Journal of Marketing*,2000,64(7): 50-64.

[38] Moneta,G. B. & Csikszentmihalyi,M. The effect of perceived challenges and skills on the quality of subjective experience[J]. *Journal of Personality*,1996,64(2): 275-310.

[39] Moon,J. W. & Kim,Y. G. Extending the TAM for a World-Wide-Web context[J]. *Information and Management*,2001,38(4):217-230.

[40] Naidu,S. *E-learning: A Guidebook of Principles,Procedures and Practices* (2nd Revised Edition)[M]. New Delhi: CEMCA,2006.

[41] Parasuraman,A,Zeithaml,V. A. & Malhotra,A. E-S-QUAL: A multiple-item scale for assessing electronic service quality [J]. *Journal of Service Research*,2005,7(3): 213-234.

[42] Piccoli,G.,Ahmad,R. & Lves,B. Web-based virtual learning environments: A research framework and a preliminary assessment of effectiveness in basic IT skills training[J]. *MIS Quarterly*,2001,25(4):401-426.

[43] Pitt,L. F.,Watson,R. T. & Kavan,C. B. Service quality: A measure of information systems effectiveness[J]. *MIS Quarterly*,1995,19(2):173-187.

[44] Pollard,E. & Hillage, J. Exploring e-learning [J]. *The Institute for Employment*

*Studies*,2001,No. 376.

[45] Rai,A. ,Lang, S. & Welker,R. Assessing the validity of is success models： An empirical test and theoretical analysis[J]. *Information Systems Research*,2002,13(1)： 50-69.

[46] Rossett,A. *The ASTD E-learning Handbook： Best Practices，Strategies，and Case Studies for an Emerging Field*[M]. New York： McGraw Hill,2002.

[47] Rust,R. T. & Lemon K. N. E-service and the consumer[J]. *International Journal of Electronic Commerce*,2001,5(3)：85-101.

[48] Rust,R. T. & Kannan,P. K. E-service： A new paradigm for business in the electronic environment[J]. *Communications of the ACM*,2003,46(6)：36-42.

[49] Shaik,N. ,Lowe,S. & Pinegar,K. DL-sQUAL： A multiple-item scale for measuring service quality of online distance learning programs[J]. *Online Journal of Distance Learning Administration*,2006,Ⅸ(Ⅱ).

[50] Szajna,B. Empirical evaluation of the revised technology acceptance model [J]. *Management Science*,1996,42(1)：85-93.

[51] Tallent-Runnels,M. K. Teaching courses online： a review of the research[J]. *Review of Educational Research*,2006,76(1)：93-135.

[52] Taylor,S. & Todd,P. A. Assessing IT usage： The role of prior experience[J]. *MIS Quarterly*,1995(12)：561-570.

[53] Thornton,M. ,A. Jefferies,I. Jones,J. Alltree & E. Leinonen. Changing pedagogy： Does the introduction of networked learning have an impact on teaching[C]. Netowred Learning Conference 2004,Symposium 8,April 5-7,Lancaster University,UK.

[54] Trevino,L. K. & Webster, J. Flow in computer-mediated communication： electronic mail and voice evaluation[J]. *Communication Research*,1992,19(2)：539-573.

[55] Wang,Y. S. Assessment of learner satisfaction with asynchronous electronic learning systems[J]. *Information and Management*,2003,41(1)：75-86.

[56] Watson,R. T. ,Pitt,L. F. & Kavan,C. B. Measuring information systems service quality： Lessons from two longitudinal case studies[J]. *MIS Quarterly*,1998,22(1)：61- 79.

[57] Webster,J. ,Trevino,L. K. & Ryan,L. The dimensionality and correlates of flow in human-computer interactions[J]. *Computers in Human Behavior*,1993(9)： 411-426.

[58] Webster,J. & Hackley, P. Teaching effectiveness in technology mediated distance learning[J]. *Academy of Management Journal*,1997,40(6)：1282-1309.

[59] Wolfinbarger,M. & Gilly, M. C. eTailQ： Dimensionalizing，measuring and predicting etail quality[J]. *Journal of Retailing*,2003,79(3)：183-198.

[60] Yang,Z. ,Jun,M. & Peterson, R. T. Measuring customer perceived online service quality： Scale development and managerial implications[J]. *International Journal of*

*Operations & Production Management*,2004,24(11):1149-1174.

[61] Yang,Z. & X. Fang. Online service quality dimensions and their relationships with satisfaction: A content analysis of customer reviews of securities brokerage services[J]. *International Journal of Service Industry Management*,2004,15(3):302-326.

[62] Yang,Z.,Cai,S.,Zhou,Z. & Zhou,N. Development and validation of an instrument to measure user perceived service quality of information presenting Web portals[J]. *Information and Management*,2005,42(4):575-589.

[63] Yoo,B. & Donthu,N. Developing a scale to measure the perceived quality of an internet shopping site(SiteQual)[J]. *Quarterly Journal of Electronic Commerce*,2001,2(1):31-45.

[64] Zeithaml,V. A.,Parasuraman,A. & Malhotra,A. A conceptual framework for understanding e-service quality: Implications for future research and managerial practice [R]. MA: Marketing Science Institute,Cambridge,Working paper,2000,Report No. 00-115.

[65] 张隆高. 德鲁克论电子商务[J]. 南开管理评论,2003(5):4-6.

# 高等教育机构在小区教育中
# 所扮演的角色与效益初探

澳门大学    郑庆云

【作者简介】

郑庆云,男,澳门大学持续进修中心主任。

本文为 2007 年第八届海峡两岸暨港澳高校继续教育论坛收录论文。

## 一、前  言

小区教育(community education)最早可追溯至 20 世纪 20 年代,当时芝加哥大学社会学学院进行了一项有关都市小区的人口分布与小区组织发展之间关系的研究(Park,Burgess & McKenize,1925),是为小区教育的启蒙。不过,实际小区教育研究,应始于 20 世纪中叶(Hollingshead,1949;Seely,Sim & Loosley,1956),这些研究的范围广泛,围绕教育、社会化、教学及学习等方面。

到了 21 世纪,有学者认为,小区教育已经进一步成为都市教育(urban education)与多文化教育(multicultural education)的代名词。而所谓的都市教育只是一个统称,并非一种以地理来划分教育范畴的概念。而实际上都市教育所涵盖的范围包括城市、乡镇、农村以及大都会等(Willie,2000),然而它所关心的内容,离不开"小区"这一概念。随着社会的都市化与全球化,从前的单一或简单的小区结构已渐渐转变为多文化、多种族及多阶层的环境。澳门特别行政区在过去数年的整体发展,对此可算深有体会。

要进一步对澳门这个蕞尔小都会的小区教育发展作出分析,需要先简要地回顾一些有关小区教育的定义。北京师范大学厉以贤教授认为:"小区教育是提高小区全体成员素质和生活质量以及实现小区发展的一种地区性的教育活动过程。"笔者以为,由于此定义不带具体规限和条件,故可广泛应用于不同的社会环境,而笔者亦将以此作为本论文的工作定义。

虽然不同的学者对小区教育的定义与界定有着差异,但它们都有三个共同点:①教育对象必须为小区全体成员;②开展的教育必须与小区及其成员相关;③教育的出发点离不开小区的整体可持续发展(sustainable development)。而依厉教授的定义,这个整体发展不限于经济活动,其人文素质的培养亦应占有相当的分量。

### 二、澳门小区教育发展概况

小区教育传统上由政府与非政府组织共同承担,但随着社会的发展,高等教育机构在未来大概要扮演更积极的角色,甚至有可能成为小区教育的主导者。小区教育与成人教育的分别是前者所涵盖的面(指对象)远比后者为大,因此政府的正规教育加上成人教育约相当于本文所讨论的小区教育。不过由于前者受政府的既定政策所限,弹性空间有限,加上本文的讨论以高等教育机构为骨干,所以本文有意把小区教育的讨论集中在成人教育部分,其他方面另作探讨。下面首先回顾过去澳门本地成人教育的发展。

澳门成人教育的发展,由政府、非政府组织如澳门成人教育协会、澳门成人教育学会、澳门生产力暨科技转移中心等及一些高等教育机构如澳门大学、澳门科技大学、澳门理工学院及其他官办及民办高等院校等共同完成。依政府每年的统计,每年接受成人教育学员的数字可汇总如表1[①]。

表1  历年澳门成人教育非学历性培训学员数字统计

| 年度 | 1998/1999 | 1999/2000 | 2000/2001 | 2001/2002 |
|---|---|---|---|---|
| 政府部门 | 1880 | 2941 | 4733 | 7259 |
| 高等教育机构 | 3675 | 8357 | 16618 | 25791 |
| NGO | 5781 | 4733 | 3968 | 4310 |
| 总数 | 11336 | 16031 | 25319 | 37360 |
| 年度 | 2002/2003 | 2003/2004 | 2004/2005 | 2005/2006 |
| 政府部门 | 9264 | 16463 | 12885 | 12505 |
| 高等教育机构 | 23355 | 22062 | 29863 | 35170 |
| NGO | 5597 | 4754 | 6028 | 8515 |
| 总数 | 38216 | 43279 | 48776 | 56190 |

---

① 资料来自澳门特别行政区教育暨青年局网站:http://www.dsej.gov.mo.

从表1可以看出，最近几年由高等教育机构开办的成人教育课程的比重日渐增高，到2006年已约占成人教育培训总份额的62%。这说明澳门整体社会对教育层次的需求，已由纯粹的技能管理提升到带有某种资历认证的层面。表1有两点值得略作分析：

(1)在2001至2002年间，培训数字大幅飙升，这是因为当时的特区政府为了再培训大量因结构性转型而失业的市民，推出了一系列带有补贴的课程，让失业者得以全心全意进修，不用为家庭生活方面的安排而担心。

(2)随着经济转好，本来因此而上升的培训数字应在近年逐渐有所回落，然而，2004—2006年度的培训数字，尤其有关高等教育机构方面，有增无减。这是因赌权开放带来的外来投资者的投资项目陆续投入使用，他们所需的各阶层技术及管理层职工数以万计，因此特区政府也必须为他们提供恰当的人选，以满足他们对人才的需求。

自澳门回归祖国以来，成人教育课程的种类还是以职业技能包括管理等占绝大多数，人文文化方面的课程，如果撇除语言类，则恐怕不到总数的3%(具体数字过于琐碎，这里不一一细表，有兴趣者可自行到特区政府教育暨青年局网站自行下载)。毫无疑问，鉴于特区政府成立之初所面对的治安与经济问题，有这方面的侧重实无可厚非。而后来的事实也证明这都是必要的，使特区政府的经济发展规划得以顺利完成。不过，如果从厉教授对小区教育的定义出发，目前澳门小区教育还不算是完整的，因为有关人文素质培养方面所占的比重太微不足道了。这是本地区小区教育需多加注意的地方。

### 三、澳门小区教育的未来展望

澳门小区教育的发展主要有两个方面：

(1)澳门地区的发展，在可见的未来，肯定还是围绕在与博彩业相关的领域，而这将决定小区教育的中短期发展方向。

(2)目前澳门可持续发展所面对的问题，最主要的还是人才的培养。粗略估计，在未来三年澳门所需要的各方面的人才在3万～5万之间，远高于目前澳门本地所能培养供给的数字。因此，毫无疑问，政府必须在人才来源方面努力，以应付这一中短期需求。不过无论政府的规划最终如何，其中一种必然出现的结果是大量外来人口的涌入，这会对目前的小区教育，包括正规教育，带来颇大的冲击。而冲击将主要出现在多文化、多种族与多阶层之间的互动所带来及衍生的矛盾。

以本中心的课程计划而言，近两年的课程设置按这两方面做出了调整。对上述第一点而言，政府的侧重在直接培养赌场的技术人才，而对博彩业所衍生的社会问题及外围行业发展的需要未能有效兼顾,因此本中心已设置有如针对病态赌徒的心理课程及有关会展业管理、设施管理等课程,以应对未来的需求。对第二方面而言,本中心已从单纯针对本地学员的计划进一步扩展至照顾外来人员的需要,最近的安排主要是增设本地语言的讲授,作为外来人员融入澳门小区的第一步工作。本中心已有计划增设一些文化融入的课程,提供一个环境,好让外来人员与本地人员产生良性互动,借以减轻并消除双方面已出现及可能出现的矛盾。对澳门来说,这是一个前所未有的发展方向。事实上,本中心曾接到有关多元文化培训方面的查询,可见这方面的需求,将会逐步增加。目前的首要任务,反倒不是急于设计文化融入的课程,而是在于本地导师的培养,以应付可预见的发展所需。

### 四、高等教育机构的角色与效益

英国 Surrey 大学的 Wehrmeyer & Chenoweth 在 2006 年发表了一篇与本文相类的研究报告,他们以教育的可持续发展为主轴来作出探讨。该论文的作者们采用惯用的问卷调查手法,于 2001—2004 年间,针对某些一次性的短期课程,设计了一组课前与课后的问卷,发给相关学员,然后作出分析。

他们的结论,大略与我们的经验相吻合。他们认为,要提升课程的效益,主要有五个方面:

(1)必须审慎做好课程设计,以有效运用教学双方所投入的资源。课程设置的内容按所要达成的目标而设定,而有关的目标,必须明确清晰,因此成人教育课程的设计是一个重要的关键。

(2)必须有效地设置一种环境,以引导并鼓励学员间及学员与导师间坦诚分享彼此的经验。按经验,如果为了照顾学员繁重的工作时间表,而简单地运用网上讨论区等形式让学员们及学员与导师作出交流,效果并不明显,故此面对面地交流似乎是一种必不可少的手段。

(3)目前成人教育的实施存在一大悖论,即短课程的效益远不如长课程与学员能负担的面授时间之间的矛盾。该论文的作者指出,虽然有人建议提供网上学习及自习材料等让学员可以有更弹性的时间修习,以提高课程的效益,但结果是大部分学员(超过三分之二)没有跟从指示,适时地安排自我学习。

(4)由于学员的背景不一,为了获取最大的效益,作者建议可考虑适当拓展相关内容,以吸引不同背景学员的注意力,促使他们积极参与学习。为了达成这个目标,导师们便必须拥有良好的组织能力。故此,成人教育的效益有颇大的部分是建立在导师的培训上。

(5)作者指出,如果对单一企业或组织进行培训,那么培训机构不可以不对该企业或组织的文化作出探讨,然后根据其形态对相关的课程作出相应的安排与设计。

回到澳门,本地的高等教育机构所扮演的角色与效益又是怎么一回事?从数字上看,高等教育机构所担当的角色是越来越重,甚至该起着一个主导作用,这和全球知识化的大趋势是一致的。但有两点要在这里提出来讨论。

(1)按厉教授有关小区教育的定义,小区教育必须含有提高小区成员素质的部分。目前的课程设置过分侧重职业技能与管理技术的提升,有关人文素质的培养,少有触及。就这角度而言,这并不是一个全面的小区教育。如果高等教育机构在小区教育是一个主导者,那么,这方面的教育安排,是不可或缺的,因此这方面是仍有待努力完成。

(2)作为主导者,高等教育机构必须有前瞻性,勇于为未来的发展需要早日作出准备,因为毕竟人才不是三两天可以制造出来的。

至于在效益方面,笔者同意上面 Wehrmeyer 及 Chenoweth 的分析,这是大家都有的经验。不过,在澳门方面,还有一些课题需要作出关注。

(1)从数字来看,本地的成人教育发展似乎越趋成熟,但坊间仍有不少雇主,包括外来投资者,抱怨本地从业员的素质未达他们的需求,碍于僧多粥少,他们仍只得权且接受。要改善教育成果,提高整体效益,笔者以为其关键在诱因(incentive)的建立,要诱使从业人员乐于接受终身教育,以改善他们的经济生活与人文生活的素质。诱因可以是经济性的,也可以是社会性的(如经济资助、回报及社会资历、学历及生活素质等方面)。由于本论文旨在抛砖引玉,故不打算做更深入的探讨。

(2)是现实问题,高等教育机构与政府机关的办学成本往往比其他团体来得要高。要有效益地推展小区教育,便要想办法解决或者纾缓这方面的问题。具体大可参照邻近地区的安排,如引入持续教育基金机制,让学员更有弹性地选择适合他们的课程。

(3)本地区的成人教育团体应建立强有力的联盟关系,互相协作而不是相互竞争,以减省各方的资源重叠。

(4)要适当地引入高素质的合作伙伴,完成两个目标。①对他们已成功建立的课程本地化,一方面可以加速课程的设置,另一方面又可确保课程的素质。②借助他们的师资队伍,以培养本地导师,为更多成员服务。

## 五、结　论

本文首度对高等教育机构在小区教育所扮演的角色与效益作出探讨,结论的片面性不能避免。不过,为了未来的研究得以延续,也要在本节略表一二。

　　高等教育机构所扮演的角色日益重要,甚至成为小区教育的主导者。因此高等教育机构除了要满足实时的教育需求外,更重要的是必须具有前瞻性,以配合小区的整体发展,而发展当然不能只着眼于经济方面。文化教育,在任何一个小区,都是一个难题,因为文化教育所解决的是非物质性的问题,所以文化教育的诱因相当薄弱,有待发展与发掘。

　　而有关小区教育的效益,则关乎课程的设置、学员与导师的投入度、导师的培训、组织文化等方面。而笔者指出这其中的关键其实在教育诱因的确立。而与本地或外地机构组成合作联盟,将产生巨大的效益。政府如果能积极提出一种客观的经济资助制度,将会更有效地推动小区教育。事实上,有人忧虑这种制度不会进一步形成一种向高等教育机构倾斜的态势,笔者以为相反,因为这种制度将会更正面地鼓励更多的 NGO 参与其事。

　　放眼未来,笔者以为高等教育机构在小区教育的工作,大可加强在多文化、多种族及多阶层的文化与管理方面的研究。因为这方面的影响不局限于成人教育,外来人员的家庭成员亦有需要进入本地的正规教育,高等教育机构在这方面的经验,将有重大的参考作用。这对本地区而言,是一种新的挑战。

**参考文献:**

[1] Hollingshead,A. B. *Elmtown's Youth*[M]. New York: John Wiley & Sons, 1949.

[2] Park,R. E. ,Burgess,W. E. & McKenzie,R. D. *The City*[M]. Chicago: University of Chicago Press, 1925.

[3] Seeley,J. R. ,Sim,R. A. & Loosley,E. *Cresswood Heights*[M]. New York: Basic Books, 1956.

[4] Wehrmeyer,W. & Chenoweth,J. The role and effectiveness of continuing education training courses offered by higher education institutions in furthering the implementation of sustainable development [J]. *International Journal of Sustainability in Higher Education* ,2006,7(2):129-141.

[5] Willie,C. V. The evolution of community education: content and mission[J]. *Harvard Educational Review* ,2000,70(2):191-210.

[6] 张华. 我国小区教育面临的十大困惑与挑战(上)[J]. 成人教育,2007(7):24-28.

# 台湾继续教育导入国际质量管理之探讨

台湾"中国文化大学"　吕新科

【作者简介】

　　吕新科,男,台湾"中国文化大学"推广教育部执行长,台湾大学信息管理博士,信息管理研究所(在职专班)所长,副教授,主要从事企业架构、IT规划及治理、数字学习、高教与终身学习等研究。

　　本文为2008年第九届海峡两岸暨港澳高校继续教育论坛收录论文。

## 一、前　言

　　当今世界,服务业市场开放不断加快,高等教育逐渐转由市场力量来主导资源分配。哈佛教育学者 Gumport 在探讨高等教育本质之变化时,提出两种截然不同的观点:一类是将高等教育视为产业(an industry);另一类则视其为社会机构(a social institute)。事实上,当今高等教育已面临传统文化之法统与产业需求之机能两者间的平衡问题,许多学校仍坚持法统与市场需求(market smart)之间存在矛盾。然而,Gumport 则认为,未来大学若无法将此两者加以统合共构,势必造成学校生存与尊严的结构性冲突。(淡江高教中心,2005)

　　总体而言,台湾高等教育的经营环境正面临知识经济时代、学习型组织的发展、高龄化社会趋势、注重精神生活及终身学习的社会文化,这些发展趋势也促使推广教育产业的蓬勃发展。因而,各大学的经营方针也积极平衡"研究与教学"的社会志业,发展以市场为导向的"推广教育",并逐步发展出整合志业与产业的办学架构。

　　有鉴于此,大学推广教育正在逐步整合正规教育与非正规教育的办学取向,并积极发展"培育与培训共构的统合策略"(integrated model of educational and professional system),将这两个截然不同导向的学制,经由共同基础与流程衔接共存共构,作为大学定位与治理的厚实基础。同时,大学推广教育面对产业化的冲击与挑战,更加关注学校内部效能(internal effectiveness)与市场效能(market effectiveness),教育质量管理系统已成为高等教育追求卓越的核心策略之一(蔡燕祥,2005)。综观世界高等教育的发展,先进者均已逐步建构出一套完善的评鉴机制,督促各大学落实"自我评鉴"措施,以建构持续改善质量的高教体系。

为了将此质量持续改善机制经由国际认证体系的强化,根植于学校治理与经营的体制上,目前台湾有许多大学相继导入 ISO 9001 质量保证体系。由于 ISO 9001:1994 及之前版本系以制造业为主的质量认证架构,而 2000 年的修订版中,根据服务产业的需要,也纳入服务产业特性的条文及程序,但若要掌握教育产业的办学需要,并敦促全员参与持续改善教学质量,在应用策略方面势必要有所调整。针对 ISO 9001 的适切性与充分性的疑虑,许多学校也实行其他针对教育产业调整的质量认证体系,例如 IWA 2:2003、ISO 10015 及 TTQS(Taiwan TrainQuali System)等。本文也针对这些广被应用在教育产业的质量管理系统进行探讨。

## 二、大学推广教育之培育与培训机制

面对全球终身学习的发展趋势,世界知名大学开始提高"推广教育机构"的组织位阶,并积极强化办学内容与范畴。以美国哥伦比亚大学(Columbia University)为例,其于 1995 年根据学校策略规划委员会的建议,于通识教育学院(College of General Studies)下成立项目教育部门,为继续教育学院的前身;后来认识到终身学习的发展趋势,因此于 2002 年将该部门升格为继续教育学院(School of Continuing Education),成为可以颁授学位的学院。与通识教育学院定位为提供社会人士接受博雅教育的大学文凭不同,继续教育学院则偏重于专业教育,并且提供研究所程度的硕士课程。

纽约大学(NYU)的继续暨专业进修学院(School of Continuing and Professional Studies)更是现代大学推广教育的标杆,除了提供各式各样非学位的进修课程外,于正规学制方面,至 2006 年,开设有 14 种硕士学位课程,22 种学士学位课程,与 5 种副学士课程,学位包括数字传播与媒体、全球事务、饭店与旅游管理、健康管理、出版、人力资源管理与发展等。

在亚太区域,香港大学由于受到英国教育制度与开放教育思潮的影响,在推广教育的办理上更为积极,于 1956 年成立校外课程部门,并于 1992 年改名为香港大学专业进修学院,目前该校为香港最大的推广教育机构,根据统计资料,每年报读的人数已超过 10 万人。

为促进台湾大专院校加入终身学习计划,台湾教育主管部门于 1989 年颁布了"大学院校办理推广教育共同注意事项"、1991年颁布了"大学院校夜间部设置办法"。1997年,依据所谓"大学法"第二十六条第二项衍法制定了"大学推广教育实施办法",于第二条明定"本办法所称推广教育,系指依大学教育目标,针对社会需求所办理有助于提升大众学识技能及社会文化水平之各项教育活动";另于第四条指出"大学推广教育,分为学分班及非学分班二类,学分班授予学分之上课时数必须符合所谓"大学法"相关规定。大学推广教育得采校外教学、远距教学及境外教学等方式",充分地界定了推广教育的范畴及实施形式,以利对此类主要终身学习机构的管理及辅导。

大学推广教育的范畴与内涵,深受上述法源增修的影响,而真正迫使各大学思考其推广教育如何统合正规学制与非正规学制(进修课程)的原因主要在于台湾教育主管部门于1994年所谓"大学法"修正后,删除"夜间部"学制名称,更于1996年公布各校"夜间部"将于1997年起径自转型为大学第二部或进修推广教育。因而,也间接地促成大学推广教育正式由"培训导向"转向"培育与培训并构"的新经营模式。

本研究根据大学推广教育实务运作之经验,整理联结培育与培训体系的整合模型,此架构可以区分为两个重点。首先为共同营运基础的统合,无论正规教育或非正规教育都根植在此共同的营运基础上,以建立更明确的资源分配与管理,同时也提升质量管控的有效性。另一个重点则为建立持续学习的流程系统,由于考虑流程层面的衔接与整合,不仅建置两种教学体制共存共构的流程架构,同时也刻意地将两体系加以联结,创造以产业需求为导向的终身学习机构,同时也相互联结为持续性的学期循环(图1)。

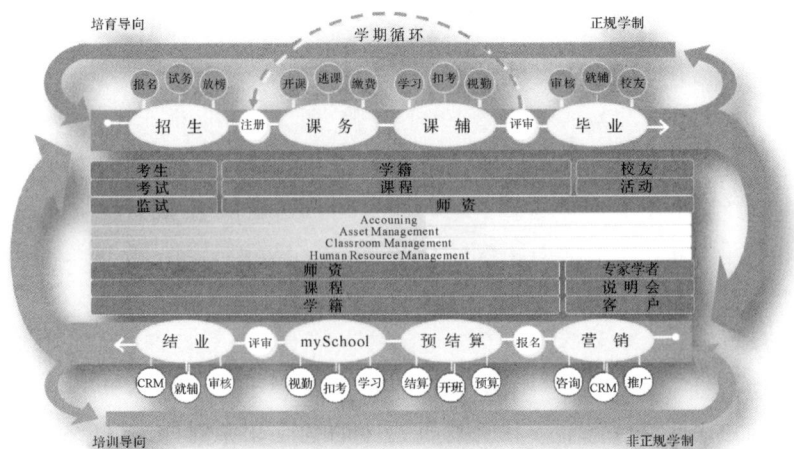

图1　培育与培训共构的统合策略

### 三、高等教育质量保证体系的发展

全球化知识经济的冲击与挑战，加速了教育的"产业化"①发展，WTO 将教育文化产业定位为十二类服务业中的第五类，联合国则将其定为第三类产业，其教育服务可以通过跨境交付、境外消费、商业存在、与自然人流动等服务模式提供。

运用"教育产业"的思维重新界定高等教育的经营，势必面对教育资源整合、提高效率与营收及增加社会生产力等管理议题，因而，学校在治理与办学之内部效能或市场效能的质量效能的确保，逐步成为高等教育落实其办学卓越的核心策略（蔡燕祥，2005）。世界先进国家和地区在高等教育的发展上，均建构了一套完善的评鉴机制，督促各大学落实"自我评鉴"机制，以确保其持续改善质量的办学方针。

1. ISO 9001:2000

ISO 9001 质量认证系列，由 ISO 组织技术委员会（ISO/TC 176）于 1987 年规划拟订，此系列 1987 年及 1994 年版本中的条文，均以制造业之营运流程为核心架构。根据全球服务产业发展之需求，于 2000 年的修订版中，刻意将 ISO 9000 质量管理系统调整为更通用化，以提高服务业采用的适切性。因而，也不再区分 ISO 9001、ISO 9002 或 ISO 9003 的标准系统，而是提出一套统合性（unified and generalized）的标准规范。

ISO 9001:2000 以流程方法作为管理组织基础，以系统化管理作业间的相互关联（input-process-output），从顾客需求作为输入（input），然后通过系统之运作而产生顾客满意之产出（output），而在系统的运作上特别强调持续不断的改善。参照全面质量管理（TQM）的精神，主要依据下列八大原则作为建立的基础：顾客导向的组织（customer focused organization）、领导（leadership）、全员参与（involvement of people）、流程管理（process approach）、系统方法与管理（system approach to management）、持续改善（continual improvement）、事实基础之决策（factual approach to decision making）与互利的供应链关系（mutual beneficial supplier relationship）。

近年来，台湾的大学相继导入 ISO 9001 质量保证体系。早期认证的学校均

---

① 斯坦福大学提出的"教育产业化"泛指将教育视为市场导向的一种产业，并且以产业经营的方式经营教育机构，以及将教育机构的知识和技术优势直接转化为社会生产力的各种策略，其目的在筹措更多教育资源，提高教育机构经营的效率，获致经济的创收，增加社会的生产力。

以 ISO 9001:1994 版本为主,并于 ISO 9001:2000 修正版推出后陆续转换。整体而言,ISO 9001:2000 与 ISO 9001:1994 最主要的差异在于:流程导向、持续改善与顾客满意。其中对"持续改善"的要求更为具体且明文化,有关章节包括 5.3 的质量政策、5.4 的质量管理系统规划与 7.1 的产品实现之规划、7.3 的设计与发展,再结合 8.2.2 的内部稽核、8.2.1 的顾客满意度、8.4 的数据分析、8.5 的改进、5.6 的管理审查,形成 PDCA(plan-do-check-action)的持续改进循环之机制(图 2)(郑丰聪,官志高,2002)。

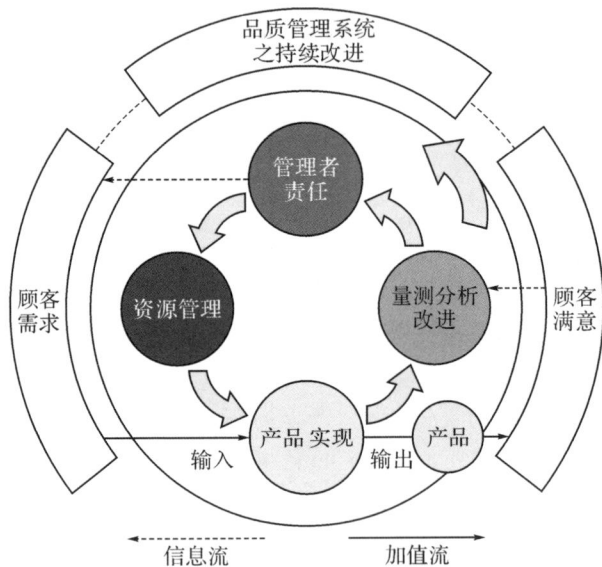

图 2　ISO 9001:2000 流程导向质量管理体系模式

2. ISO/IWA 2:2003

由于 ISO 9001:1994 及之前版本的内涵,主要是以制造业为主的质量认证架构。即使 ISO 国际标准化组织在 2000 年的修订版中,根据服务产业的特定需要,纳入服务产业特性的条文及用语,并将之调整为更通用化,以提升服务业采用的适切性。但针对教育产业仍存在部分独特性的适切性之疑虑,于是 ISO 国际标准化组织于 2002 年在墨西哥举行的项目研讨会中通过,由标准总局(DGN)、拉丁美洲质量机构(INLAC)与墨西哥的相关质量团体联合办理,召集了全球教育质量的专家学者,以及专业标准制定之技术委员,共同拟定适用于教育领域之国际标准规范 ISO/IWA 2:2003(International Workshop Agreements),确保能将 ISO 质量保证标准适切地应用在教育领域,借由考虑教育的产业特性,期望能符合教育环境变迁与教育实务领域的需要,进而演变成全球教育产业认同的教育质量保证之标准与规范。

ISO/IWA 2:2003 是一种以学生(顾客)为导向的教育流程设计模式,并以 ISO 9001:2000 质量保证体系为架构,应用于教育产业的质量管理标准规范。由于它的条文架构和 ISO 9001:2000 完全一致,在共同应用上也完全地兼容,因而,在教育领域的实务中,通常会运用 ISO 9001:2000 标准作为质量确认机制的基础框架(framework),再采用 ISO/IWA 2:2003 的内涵诠释作为实施质量细则的基准。在此应用模式中,输入、过程与输出变项内涵(I-P-O)实已融入系统模型理论,过程变项中设置"测量分析改善"措施,以为质量改善之机制;而其中输出结果则经由"回馈机制"衡量其顾客满意程度,并将回馈统计数据至质量管理中枢,以落实持续改善的质量保证机制。

ISO/IWA 2:2003 教育质量管理标准,可将学校蕴含在核心流程中的知识,经过文件化、标准化及系统化处理,达到知识外显(knowledge explicating),并借由 ISO/IWA 2:2003 中由领域专家所汇整的经验知能,有系统地指引学校逐步地将办学与经营中的专业知识加以统合、归纳、分类及储存等过程,以建置学校持续累积与改善的质量保证机制。台湾目前均以 ISO 9001:2000 质量管理系统认证为主,近年来已有相关的计划导入 ISO/IWA 2:2003 以发展"学校教育质量管理系统",并针对教育现状,整合学校现行行政与教学系统之主要教育活动,建构一个符合国际标准且适用的教育质量系统。而在高教体系的案例中,南开技术学院也已通过 ISO/IWA 2:2003 教育质量管理认证。由于这种质量系统与 ISO 9001、ISO 9004 等质量认证系列相通,后续将有更多的学校导入应用。

3. TTQS

ISO 10015 训练质量管理系统是以 ISO 9001:2000 为指导纲要,以人力资本标准规范制拟,作为规范企业组织人力资源训练的标准。目前,WTO 体制也参照并作为其成员投资开发人力资本的程序标准与实际操作依据。ISO 10015 标准旨在检视如何借由训练为组织愿景及营运计划目标有所贡献,改善组织训练的流程,提升组织之产品及服务的质量,以增进组织之营运绩效。因而,ISO 10015 不但能够支持 ISO 9001,协助组织达成 ISO 9001 中关于人力资源和训练方面的要求,同时,由于 ISO 10015 本身的实用性,许多企业也将其视为一套独立完整的系统,用来管理其训练流程。用质量大师戴明的 PDCA 流程,包括了四个步骤:①界定训练需求;②训练设计与规划;③训练提供;④训练成果评估。而每一个步骤都必须被监控,并持续地改进。

由于人才培训产业质量认证制度的需要,劳委会负责规划引进国际训练质量规范,并依台湾教育及企业产业的特质,着手整合符合国际发展潮流与所在地产业所需的可行质量认证方案。此计划于 2005 年综纳 ISO 10015、欧洲职业训练政策、英国 IIP 人才投资方案(Investors in People,IIP)、澳洲的积极性职业训练政策,以及台湾产业发展之特色,研拟出一套适合台湾的"培训质量管理系统(Taiwan TrainQuali System,TTQS)"。该系统强调符合台湾企业组织之训练管理流程与提升训练质量,并能与 ISO 10015 标准接轨,提升人才培训专业能力与服务产业发展,强化劳动生产力与竞争力。

TTQS 训练质量管理系统参照 ISO 质量管理系列规范,引用其一致性定义并进行整体性调整,同时引用这些主要的国际训练质量标准规范的既有量表(如 ISO 9000 系列、ISO 10015、ISO 17021、ISO 17024、ISO 19011、IBSTPI 计分卡、ASTD 计分卡、英国 Investors in People(IIP))的架构及精神进行修正,旨在建构规划人力资本开发体系,并设计与建置这一训练质量绩效保证体系。

TTQS 训练质量管理系统具备"训练规范衡量""训练策略管理"及"组织沟通工具"三个功能。TTQS 源自于 ISO 10015 训练质量管理系统,并将其 PDCA 四阶段模型发展成 PDDRO 五个循环构面(如图 2)。其核心程序划分为 P(规划,planning)、D(设计,design)、D(执行,delivery)、R(查核,review)及 O(成果,outcome),此即所谓"PDDRO"的运作模型,其中训练质量持续改善机制包括 16 项指标及其计量权重分配,评量流程是持续循环之循环。

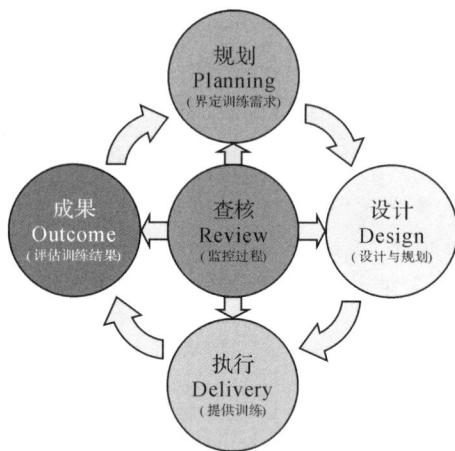

图 3    TTQS 的 PDDRO 五个构面循环模型

在有关部门的推动下,台湾的产业培训体系也逐渐地导入 TTQS 训练质量管理系统,以辅助培训机构落实持续改善的质量管理机制,大学推广教育也在参与产业培训课程,并从自我要求与提升质量的角度出发,导入 TTQS 认证体系。

4. Modified TTQS

大学推广教育正在整合正规教育与非正规教育的经营策略,发展"培育与培训共构的统合策略"(integrated model of educational and professional system),将两个截然不同导向的学制,经由共同基础与流程衔接之规划,发展成统合的经营体系。根据此体系,各大学在质量保证策略上,积极发展整合型的质量确保框架,以统合核心流程与稽核查验措施,落实学校质量持续改善之机制(continuing improvement)。

质量确保框架与策略之拟定将取决于各大学的经营特性,ISO 9001 质量保证系列仍以 PDCA(plan-do-check-action)的持续改进循环为核心理念,ISO 10015 训练质量保证体系,以及经由技术委员会针对教育产业拟制的 ISO/IWA 2:2003,其质量确保框架均延续 ISO 9001 系列之基础。为能更细致呈现质量确保的关键程序及查核点,TTQS 将来自 ISO 质量确保的 PDCA 持续改善模型重新定义为 PDDRO 五个构面的循环模型。各构面的内涵为:①规划(planning),关注训练规划与企业营运发展目标之关联性以及训练体系之操作能力;②设计(design),着重训练方案之系统化设计(含利益关系人之参与、与需求之结合度、遴选课程标准、采购标准程序);③执行(delivery),强调训练执行落实度、训练记录与管理之系统化程度;④查核(review),着重训练的定期性分析、全程监控与异常处理;⑤成果(outcome),着重训练成果评估之等级与完整性、训练之持续改善。

在教育产业的思维下,大学推广教育更积极扮演高等教育面向市场的界面,无论在教育资源整合、提高效率与营收及增加社会的生产力等各方面,都必须纳入经营的思维,强调学校内部效能或市场效能。许多参与 TTQS 认证的教育训练机构发现 TTQS 训练质量管理模型着重在教育训练流程的质量导向,适合应用在企业内部人力资源发展之训练及委托培训之计划型项目。但在大学推广教育体系的训练范围内,除了委托培训项目外,包含许多面向市场的训练学程(programs),即使依据 TTQS 的 PDDRO 的循环模型可纳入业务拓展、招生及市场反馈等程序与质量查核指针,但此权宜的做法,反而无法凸显业务导向与计划导向训练课程的根本差异。

由于质量管理模型的程序及查核指针反衬出整个质量系统的核心理念,促使 TTQS 认证更适切地符合大学推广教育体系的办学需要,同时兼顾计划导向与业务导向训练流程之间的平衡,又提出了 TTQS 的 PDDRO 循环模型的修正版本——"Modified TTQS 的业务与质量整合循环模型",将质量管理活动区分为:"教育业务循环"(educational business assurance)及"学习质量确保循环"

(learning quality assurance)。业务循环强调市场需求取向的流程,整体而言,规划、设计与营销三个构面由业务查核机制(program and market review)统合,并达到各核心构面间的内部效能确认,同时也呈现出对市场需求响应的积极程度,以追求市场导向的训练课程规划与设计。

另外,在学习质量循环则强调质量确保取向的流程,包含执行(上课)、成果与规划三个核心构面,并由质量查核(learning quality review)机制统合,以凸显教学运行时间(delivery)的质量管控与监督(图4)。

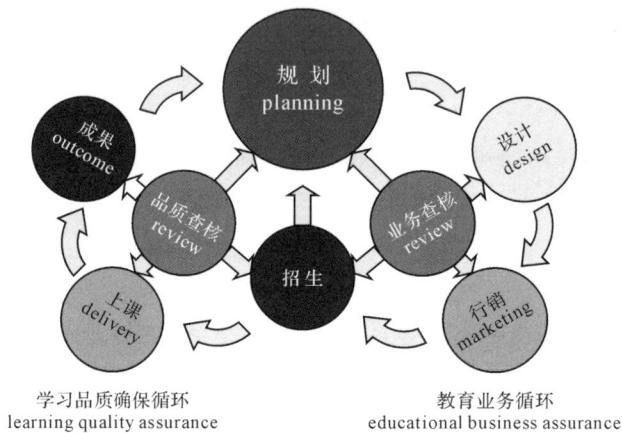

图 4  Modified TTQS 的业务与质量整合循环模型

## 四、结 论

为了将此质量持续改善机制经由国际认证体系的强化,根植于学校治理与经营的制度上,相继导入 ISO 9000 质量保证体系。根据教育产业的办学需要,许多学校也陆续导入针对教育产业的质量认证措施,如 IWA 2:2003、ISO 10015 及 TTQS 等。大学推广教育体系实行教育质量管理认证的规划,将受制于各大学的经营特性与资源,为能建构具备统合性与持续性的质量架构,必须考虑本文所强调的两个原则。

首先,发展自己学校的质量管理框架(或架构)。由于大学推广教育的经营范畴与需求各异,而各质量管理系统大部分仍以 PDCA 的持续改进循环为共同架构,即使 ISO 10015 训练质量保证体系,以及经由技术委员会针对教育产业拟制的 ISO/IWA 2:2003,其质量确保框架均延续 ISO 9001 系列之基础。

第二个原则,统合业务取向与计划取向的培训质量管理系统。大学推广教育体系,包含市场导向的进修课程及项目导向的训练课程,此两者的核心构面、程序与质量查核指针应统合在单一的培训质量管理框架中,不仅考虑质量系统维护的综效,更是持续改善经营体系的基础。

**参考文献:**

[1] 蔡燕祥.教育范式转变——效能保证[M].上海:上海教育出版社,2005.

[2] 陈茂祥.台湾大学推广教育现存的问题及未来发展策略之研究[M].朝阳学报,2002(7).

[3] 戴晓霞.高等教育的大众化与市场化[M].台北:杨智文化,2000.

[4] 黄振育.解构 ISO 9001:2000 标准的理念[J].质量月刊,2001,37(10):67-70.

[5] 台湾淡江大学高等教育研究与评鉴中心.21 世纪高等教育的挑战与响应——趋势、课程、治理[M].新北:淡江大学出版中心,2005.

[6] 郑丰聪,官志高.ISO 9001:2000 在软件质量保证应用之研究[C].台湾质量学会第 38 届年会暨第 8 届质量管理研讨会,2002:384-395.

# 保证质量,转变模式,不断提升继续教育的竞争力
## ——来自复旦大学继续教育学院的经验

复旦大学  周  珽

【作者简介】

　　周珽,女,复旦大学继续教育学院学历部部长助理,助理研究员,研究方向为继续教育。

　　本文为2010年第十一届海峡两岸暨港澳高校继续教育论坛收录论文。

## 一、继续教育与高等教育的区别和联系

　　人类社会进入20世纪40年代以后,科学技术迅猛发展,其间科学知识量的猛增使得知识陈旧的周期不断缩短,科学研究规模不断扩大,新成果、新发明层出不穷,科学技术从发明到推广应用的周期也越来越短。国际上曾经有人形象地称这种现象为"知识爆炸"。显然,要想在工作和生活上跟上这个时代的步伐,融入这个社会,就必须时时接受新信息、掌握新技术,不断地完善知识结构,仅仅满足于学校里正规学习的知识是不够的,因此,这就引出继续教育这个概念,以及终身学习的重要性。

　　继续教育不同于高等教育,在某种程度上,是高等教育的追加和延续。而两者最大的相异之处即为培养目标的不同。继续教育更加着眼于工作实际,有利于解决工作过程中遇到的问题,旨在对已有一定教育基础的在职人员不断进行知识的更新、补充和提高,是以适应社会经济和科技迅速发展而形成的一种新型的教育。高等院校开办的继续教育不能是对普通全日制教育的简单照搬,而要利用高等院校里充裕的教育资源,对受教育人进行专业化的、符合其工作需要的技能培养与技术提升。对每个个体而言,如果说普通高等教育是助其走向工作岗位最基础的踏脚石的话,继续教育就是人才成长的第二课堂,是为其增补知识

的"充电器";对现今社会而言,如果说普通高等教育为企业和机构培养了一个个坚实可靠的螺丝钉的话,继续教育就是使其效益增长的加速器,更快更好发展的翅膀和车轮。

而继续教育和高等教育的相同之处则在于都须依托高等院校,需要借助这个厚实的平台来作为培育人才的摇篮。

高校作为教学中心和科研中心,集教学、科研、产业于一体。国家对高校给予大量的投资,使之具有宏大的办学规模。高校学科门类多,人才荟萃,有实力雄厚、教学经验丰富的教师队伍,有大量现代的教学设施、科研设备,有丰富的图书资料、良好的实验条件和先进的信息手段。高校的大批教授、专家、学者熟悉国内外现代科学技术的最新成果和发展动态。高校具有的这些其他机构所远远不及的自身优势,极大地有助于继续教育对人力资源的进一步开发,更为有效地提高企业劳动者的整体素质。因此,高校承担起继续教育发展和探索的责任,是时代赋予的历史使命。

### 二、中国继续教育现今的发展概况

以 1979 年清华大学张宪宏教授出席了在墨西哥城召开的第一次世界继续工程教育大会为标志,中国融入了世界继续教育的发展洪流。

从系统的角度来看,中国继续教育的发展受到社会经济发展水平的制约,受到经济社会的思想意识和文化传统力量的影响,是以体现国情和社会的普遍性需求而得以存在和成长的。这些年来,继续教育不断变化出各种开放性和多层次的模式,主要表现在以下几个方面。

1. 成人学历教育

成人学历教育主要包括网络教育、高等自学考试、成人夜大学、电视大学等几个主要模块,招收的主要对象为希求获得一定学历的在职工作人员,同时也面向未上大学者和高考落榜者。

成人学历教育在很长的一段时间内始终是中国继续教育的核心,可说与中国的历史发展和现状是分不开的。一方面,在 20 世纪 90 年代中期,社会里大量的中坚力量由于历史原因失去了求学机会而重新通过成人学历教育弥补不足,使其发展得如火如荼,也诞生了不少各个岗位上的精英分子和劳动标兵;另一方面,由于现今中国高等教育仍未得到全面彻底普及,仍有相当多的学生与高等院校失之交臂,成人学历教育为他们圆了大学之梦。从这个角度看,成人学历教育的萎缩趋势虽然是不可避免的,但在短期内仍然有继续存在的客观环境。

2. 岗位职业技术教育

岗位职业技术教育是实施某个特殊领域的知识更新的教育活动,是实施提高职业能力的教育活动。事实上,专业化的职业技术教育更符合联合国教科文组织对于继续教育的定义——"是指那些已脱离正规教育,参加工作和负有成人责任的人所接受的各种各样的教育"。

以发达国家为例,早在 20 世纪 80 年代,工程继续教育就已经极为普遍了,已经成为工科大学本科教育之后的又一教育阶段。所不同的是没有固定的学制,而是贯彻在工程师活动的一生之中;没有固定的科系专业设置,而是一些目标集中的课程的短训班,或时间不太长的学习研讨班等。发展到现在,从很高级的科技人员的进修假期,到帮助工程师从事性质不同的工作,都可列入继续工程教育。在美国、法国、北欧等地,继续工程教育已经和本科大学生教育、研究生教育形成鼎足而立的大学结构了。

而在中国,加强职业技术教育在继续教育中的比重,将其作为输送人才、推动社会发展的重要窗口,其实正是提高继续教育竞争力的一种有效途径。

3. 外语培训教育

外语培训教育主要满足了那些到外企工作、到跨国公司工作的社会群体的需求。对这部分受众来说,需要的不仅仅是书本上死记硬背的条条框框,而是一种学习方法的更新、学习技巧的灵活掌握,即使短期内无法达到水平的迅速提升,也能在进行培训教育后,通过自身的融会贯通和业余努力得到进步,将自己在工作上交流和业务上往来的沟通障碍消除掉。

一般而言,继续教育发展速度缓慢的原因是多方面的,比如教育目的的僵化定义、现行教育结构的限制和形式主义、不考虑社会需求的重要性,以及缺乏系统的理论基础指导,等等。在中国,要发展继续教育其实就是对以上内容进行逐个研究,既要保证成人学历教育教学质量的完备,更要大力推进继续教育的专业化道路建设,这样才能满足人们对自身水平提高的期望,也切实符合社会对人才的要求。

## 三、成人学历教育的质量是基础

复旦大学继续教育学院自开办成人学历教育以来,不断在成人教学制度上进行摸索,在适合成人教育的教材上进行改进和完善,至今已有了一套比较成熟的成人管理模式,并编写开发出了部分适合成人学习的教材,为提高成人教学质量做出了重要的贡献。

从管理上来说,成人学生毕竟还是以在职人员居多,对他们来说无法做到和普通全日制学生一样将全部心力倾注于学习上,因此在教学环节上需要配合成人学生的实际情况,在严格规范的管理体系下,为有特殊原因的学生给予最大的方便,帮助其在尽量不影响工作的前提下,学到知识,拿到学历。

如复旦大学继续教育学院于 2006 年实行的英语分级制度,便是考虑到了成人学生在英语基础上的参差不齐,为了确保每位学生都能获得最适应自身情况的英语学习而将水平不均的学生进行分级分班教学,解决了教学进度无法均衡的矛盾。

而在其他予以成人学生学习方便的细节上,复旦大学继续教育学院也做出了种种努力,例如为了鼓励成人学生克服工作上的困难积极来参与课堂学习,建立了班主任点名制度,全数出席并认真完成课堂作业的学生能在考试成绩上获得一定程度的加分;为了弥补成人学生因粗心未带证件而错失考试机会的情况,放宽了考试期间补送证件的等待时间等。

同时,对于成人学生取得学士学位的年限标准也在符合上海市教委原则的基础上进行酌情放宽和改善,并且对于成人教学大纲和教学计划的进一步修订也在和各个教学院系进行研究和讨论,从根本上提高成人教育的教学质量。

从教材上来说,成人学生的学习重点并非书本上的理论知识,他们的学习目的也不是成为研究型人才,对他们来说,如何将知识最快地转化为工作上需要的内容才是最为重要的。

复旦大学继续教育学院秉持以成人学生自身特点为重的观念,在深入研究英语教材后,邀请教学经验丰富的英语教师编写出集合教材的难点重点,辅助成人学生更好地进行英语学习的教参,收效良好。另外,由于现今的高等数学教材更为适用于普通高等教育的理工科学生,对成人学生来说复杂的运算公式既难以理解掌握,也无法运用到实际的工作中去,复旦大学继续教育学院又邀请若干在高等数学教学领域深有研究的资深教师,专门编写出适合成人学生学习的教材,降低了难度,却保证成人学生更有利地吸收知识。

总而言之,成人教材的编写需要考虑到层次教学,对于不同的学生根据其特点进行专门编写,理论知识作为基础却不是重点,应用方法的传播和培养才是核心和发展方向,这样才能达到教学质量的有效提高和进步。

### 四、探索职业培训的道路是发展

提高继续教育的竞争力,从成人学历教育走向专业化的职业培训几乎是必然的发展趋势。

职业培训的专业化是指对已经取得某个职业的任职资格者继续进行专业化的培训和提高,促进其个体素质的加强和工作能力的提高,从而推动企业经济发展的一种劳动力再生产的过程。由此可以看出,要在职业培训上有所突破的重点就是全面透彻了解社会对不同类型劳动力的需求程度,以及走进企业内部,和企业建立良好的合作办学机制,进行有针对性的培训教育,这样既达到了企业获得高素质人才的目的,又使得继续教育的发展道路更为坚实,可谓互有裨益,彼此双赢。

1994 年 7 月 3 日,《国务院关于〈中国教育改革和发展纲要〉的实施意见》指出:"要建立和完善现代企业教育制度。通过立法,明确企业举办职业教育及对在职职工进行岗位培训和继续教育的责任。"1996 年 9 月 1 日,《中华人民共和国职业教育法》规定:"各级人民政府应当将发展职业教育纳入国民经济和社会发展规划。行业组织和企业、事业组织应当依法履行实施职业教育的义务。"

不仅仅是国家的政策保护企业员工再次受教育的权利,企业自身也需要通过员工能力的提高来促进自身的蓬勃壮大,因此,高校联合企业作为发展继续教育的一个良好基地是由各种客观条件所决定的。

首先高校可以利用自身具有研究性的特点,进行广泛的社会调查,对目前社会的紧缺人才精确定位,有针对性地开展专业的办班培训。教学内容的专业性可以在相关科系中调研和开发,设计出有实际效用的一系列培训课程,授课教师则可以不仅仅局限于高校内部,还可以通过联系该类型企业的经验丰富的老员工来进行专门的技术指导,使紧缺人才的培养在集中的一段时间内能迅速踏入正轨,获得教育的学生能尽快在工作岗位上发挥作用。

其次,一个大型企业里拥有各种不同性质的员工,既有决定组织政策的高层经营管理人员,也有以技术创造生产力来推动企业前进的专业技术人员。高校的继续教育可以和某个企业建立长期的良好合作关系,借助高校本身教育内容的兼容并蓄和范围广阔,对其中不同的对象辅以不同的教育,例如对新进企业毫无准备的大学毕业生可以加强其在心理素质和人际交往上的辅导,对已有一定技术基础的员工可以在提升能力方面进行定期的技术传播、信息交流,对企业管理人员适时举办各类心理学、管理学的讲座,使他们获得管理方法的新思维、管理理念的新提升。

最后,由于企业的职业培训不同于成人学历教育以取得学历为最终目的,其办学方式也可更为轻松灵活,以体现企业的特点。诸如短期内的课堂面授、远程网络的自主学习、到其他机构企业的参观考察、小组座谈,等等,无须被耗时长久的学制所局限,这也给了高校教师相对宽松的教授环境,在教课同时,也有一定的时间去了解自己所从事工作的国内外动态,掌握新理论、新技术、新方法,再进行知识的增新补缺,同时还可以实现技术转移。这些手段和方法,对继续教育来说是一个不断进步的良性循环。

总之,就中国各地区的现状而言,继续教育应该以培养"职业性"和"创造型"能力为重点,培养"学术性"和"知识性"能力为辅助。

受到严峻挑战的继续教育应进一步优化结构,改善师资质量,改革课程内容,改善教学方法,多途径多形式地开展内容广泛的继续教育,这样才能逐步实现真正意义上的终身教育。

**参考文献:**

[1] 陈邦峰.企业继续教育创新:学习型企业的理论与实践[M].北京:中国经济出版社,2002.

[2] 芦香滨.继续教育管理概论[M].哈尔滨:哈尔滨地图出版社,2007.

[3] 庞学铨,Ekkehard Nuisslvon Rein,主编.面向二十一世纪的继续教育[M].杭州:浙江大学出版社,2008.

[4] 宋江洪,邓生庆,主编.探索·实践——四川大学继续教育文集[M].成都:四川大学出版社,2006.

[5] 文锦.继续教育新视野[M].长沙:中南大学出版社,2005.

[6] 张志鸿,李俊庆,主编.继续教育效益 100 例[M].北京:中国人事出版社,1998.

[7] 郑慕琦,刘政权.继续教育与新技术革命[M].长春:吉林教育出版社,1991.

# 优化质量评价机制　加强远程教育教学督导

武汉大学　梁玉兰　胡　锐

【作者简介】

　　梁玉兰,女,武汉大学继续教育学院副院长,副研究员,高级职员,研究方向为高等教育、公共管理、社会学、高校师资培训等。

　　胡锐,男,武汉大学继续教育学院主任,硕士,讲师,高级职员,中国管理科学研究院研究员,研究方向为经济学、法学、教育管理、继续教育等。

本文为2010年第十一届海峡两岸暨港澳高校继续教育论坛收录论文。

　　现代远程教育实现了教与学的分离状态,利用各种现代技术媒体联系师生并传输教学内容,为偏远地区和基层的学习者提供了均等的受教育机会,为在中国实现高等教育大众化进而实现普及化以及实现终身学习提供了有效途径和手段,目前在世界范围内,远程教育系统已实现了教育的全球化。

　　教学是学校教育的关键环节,教学质量的高低直接决定培养出来的学生的质量。现代远程教育是指学生和教师、学生和教育机构之间采用多种媒体手段进行系统教学和沟通的教育形式;远程教育的教学质量意味着使学习者获得知识增长和技能发展。现代远程教育实现教与学的分离,强调学生以在职、业余、自主学习为主,并不等于不要教学,不要教师的辅导,恰恰相反,现代远程教育对教师的教学提出了更高的要求,它要求教师不仅要有较高的职业道德水平、不断更新的学科知识、宽厚的文化素质、娴熟的教学能力,还要具有综合能力和创造性,能根据远程教育的特点安排教学。因此,加强教学督导就是通过对招生入口、教学环节、教学过程、教学管理、教学资源、学习支持服务、教风学风建设等教学评价指标体系进行检查评估,确保人才培养质量,实现规模、质量、结构、效益协调发展。

### 一、转变观念,重视教学督导的地位和作用

在远程教育实践中,学员对教师照本宣科的讲授、教科书目录式的课件等很有意见,他们希望教师能对每门课的精髓、重点难点有提纲挈领式的导学,而这种导学的能力不是轻而易举就能做到的。这就对远程教育的主讲教师提出了更高的要求,需要通过教学监督机制对其教学过程进行督导。相对于传统教育的督导,远程教育教学的督导,显得更为重要,作用也更为突出。

1. 实现全面质量管理的作用

目前随着高等教育规模的不断扩大,教学质量问题已引起社会各方面的重视和关注,远程教育发展势头更是超乎寻常,入学门槛较低,入口较宽,因此,加强全面教学质量,显得尤为重要。教学督导可以促进教师增强质量意识,使教师尽快适应教育大众化和远程教育国际化过程中的竞争环境,促进自身素质不断提高。可以把企业的全面质量管理理念引入高等教育教学质量监督体系之中,一些高校已探索出一些成功的经验,远程教育可以借鉴运用,实现全面的、多方位的质量管理。

2. 协调沟通作用

在远程教育教学过程中实施监督机制,可以让学生参与评价教师、挑选自己喜欢的教师;使学校能及时了解学生所需,及时修订教学计划;教师能及时校正自己的不足,从而增强教学的计划性、科学性和针对性,避免盲目性和不适应性。远程教育中,师生的沟通很难面对面,大多只通过网上问卷调查、学生选修等方式了解学生对教师的评价。这就要求学校要经常开展学生对教师的评价活动,加强学校和学生、教师与学生之间的联系与沟通、协调,促进学校、教师不断改进教学方式,提高教学质量。

3. 导向示范作用

在教学督导过程中,通过督导人员听课、评价,激励、引导教师努力实现教学目标,达到培养人才的目的。因为评价的标准是一定教学目标的分解,教学目标又是根据国家的教育方针和教育价值观确定的,因此科学、合理的评价标准具有一定的导向示范作用。远程教育的听课、评价活动较传统教育的听课、评价难度更大。由于学生水平参差不齐,接受条件各异,师生又不能面对面交流,因此,督导人员在制定评价标准时要有别于传统教育,制定出适应各类学生需求、体现教学大纲要求、符合教育目标的评价标准。在评价过程中,要为教师指明教学方向和奋斗目标,激励其在教学过程中不断完善、提高,使教学适应远程教育特殊教学方式的要求,摆脱传统教育模式的束缚,促进教师在教学组织、语言表达、课件

制作、创新意识等方面全面提高。

## 二、优化机制,构建督导质量评估体系

评价指标体系的设计应进一步体现远程高等教育评估特有的价值标准。指标设计的基本方法是将评价属性加以具体化。陈玉琨教授的指标设计方法对教学评估有普遍的指导意义:第一,从内涵分析入手,抓住事物的本质属性,然后把这一属性的现象性外观表现确定为指标。这是最简捷有效的方法,需通过深入的分析才能抓住所评价事物最本质的属性。第二,从分析事物的相互关系着手,抓住事物变化后产生的效应,把效应确定为指标。这种方法认为,事物与事物是有一定联系的,可以通过测定一事物变化后产生的效应,从而对这一事物的变化作出判断。第三,抓住事物的全部属性和相关属性,把因素群作为相关指标。这是一种最不经济的方法,然而却是用得最多的方法。例如评价教学质量,在无法获得反映教学质量最本质信息的情况下,可以通过评价教师的教学态度、教学内容、教学方法等因素,综合形成对教学质量的判断。

1.建立督导检查、评价机制

在建立远程教育的督导检查队伍的基础上,还要建立由专家组评价、学生评价、教师自评、同行评价、教学管理部门评价所构成的完整的评价体系。制造一种教师人人都处在被评地位,同时又都是评委的环境,每个人都关注教学质量,全员参加教学质量管理的氛围,教师认真备课、上课,做到每一堂课都是精品,经得起考验和推敲,使远程教育的质量监督成为提高教师素质的有效途径。

2.督导组和专家组评价

远程教育办学单位,通过成立教学督导室或聘请来自不同学科、专业的著名教授、专家为督学,建立一支稳定的高素质的教学督导队伍,以课堂质量监督为中心,从备课、评课、实践环节、辅导、个别指导、网上资源建设等多方面进行教学检查,全方位、多角度督导,强调教师对学生创新能力、表达能力、动手能力的培养,不能停留在传授知识的要求上,更要把远程教育的优势发挥出来,使远程教育学生真正学到知识、增长技能、具备创新意识和职业道德水平。发挥督导人员和专家熟悉教学规则、教学内容、教学方法的优势,由他们对教学随时检查。检查的目的在于及时发现存在的问题,并及时告知教师本人,共同分析、研究问题的症结所在,提出改进意见。尤其是对青年教师,要起到良师益友的作用,通过传帮带、结对子等方法促进青年教师尽快进入角色,尽快挑起教学重任,成为教育教学的主力军。

### 3. 学习者学习质量评价

远程学习质量如何评价？王永玉和米力安的研究认为，网络学习主要使用三种评估方法：正式的、非正式的、正式与非正式相混合的。正式的评估方法用测验和作业评定学生成绩；非正式的评估方法评定学生出席或参与课程的程度、学生是否参与讨论等；混合型评估方法为一种选择性的评价策略，如评定学生专题写作与展示的能力等（writing and presentation），以保持学生学习的探索性，使学习与真实的生活经验相联系。在文科、科技等类型的课程中，正式方法的使用频率高于其他评估方法，测验和作业两者都用的课程数目超过80％；在所有课程中，非正式的评估方法使用频率最低；文科类使用选择性方法的频率（32％）比科技类（6％）高。这个结果呈现了当前网络学习质量评价中的一些问题，教育者对学习者的学习结果往往采取单向的、封闭式的评估。研究者称，这种与传统教育相似的评估手段可能是因为教育者对多种评估手段缺乏了解，不知如何将多种评估手段用在网络课程上。学生是远程教育的服务对象，是教学的接受者，教学质量的高低最终体现在学生的专业知识、专业技能、思想道德情操等方面，即培养出的人才质量和综合素质。因此，学生对教师的评价能较客观地反映教师的教学水平和服务质量，因而制定切实可行的评价指标，让学生参与质量监督是很有必要的，并且应在评价体系中占有较大的权重。

### 4. 教学者教学质量评价

远程教育的教师分为"课程开发教师""课程主持教师"和"导修教师"。负责课程开发或教材编写的专家学者的劳动主要由课程和教材质量体现。本文讨论的是直接面向课程实施的主持教师和分布在各远程教育站、面向学生辅导的导修教师的教学工作质量。在国外一些有经验的远程大学，课程主持教师多数是各院校专职的学科专家，对他们的工作有一定的评价制度，以教师承担课程资源的设计和开发以及远程学习者的反馈来评价教师教学工作质量。而在我国开展网络教育的大多数院校，对远程教育教师的评价与对传统教育教师的评价基于相同的学术化的评价准则，对教师远程教育教学实践和研究成果没有予以足够重视。在远程教育系统中，各类远程教育教学站或学习中心都处于不同的地位、承担不同的职责，在评价体系中要加强面向"导修教师"的比较完整的评价指标，加强对课程主持教师的评价指标权重。

### 5. 教学管理部门评价

教学管理部门是直接管理者，由于对教师、学生、教学计划等情况比较了解，其在教学质量监督中起着重要的作用。教学管理部门在远程教育学院的校本部一般为教务处；在教学点，有的设在教务处，有的设在其他部门。不论设在哪个部门,管理职能是一样的,在教学质量监督过程中的作用是相同的。教学管理部门要制定任课教师的岗位职责和岗位规范,并进行严格的学期、年度考检。教学管理部门还负责教学计划及学生选课指导等任务,要根据教师和学生各自不同的情况给予指导,并根据学生对教师的选择来掌握教师的教学情况,结合其他相关考核指标对教师教学质量进行评价。

6.教学设计质量评价

多种媒体课程材料的开发、设计、发送是远程教学的重要环节。教学设计不再同传统教学那样以教师和教材为核心,而是以学习资源和学习过程为核心,因此系统设计和开发的含义得到强调。考察世界各国的远程教育,教学设计的主要特点是重视技术、资源、材料和环境。传统教学通常由主管部门指定教科书,由教师个人准备教案;而在远程教育中,学科专家和教育技术人员共同设计、开发、发送学习材料,以电子或印刷文本方式呈现的多媒体课程资源取代了某一本特定的教科书。因此,教学设计的重点是课程资源开发和学习支持服务,并由此构建远程教育的教与学模式。在我国,关于远程教育的教学设计在理论与实践上都在不断完善,对其质量的评价也需要不断改进。

7.系统管理质量评价

在传统高等教育中,教学管理对教学质量的影响通过对院校内部教学工作的组织来体现,管理围绕课堂教学而展开。在远程教育中,情况就要复杂得多。教学资源的开发、发送以及对远程学习的支持服务对教学质量起着十分重要的作用,评价远程教学质量不能不考虑系统管理的因素。教学管理系统化、网络化是远程高等教育教学质量的要旨之一。

### 三、有的放矢,加强重点环节督导与网上督导的力度

1.课程录制时的教学督导

远程教学除实时交互、直播课堂以外,很多采用教学光盘,由教学点组织集中上课,或学生自学。教师在录制课程中的教学质量,直接影响到教学效果。各远程教育学院在选聘教师时一定要选择教学责任心强、经验丰富、教学效果好的教师担任主讲教师,在录课或直播课堂播放时,要由教学督导人员参与,发现不足及时指出。要充分考虑远程教育的特点,不能只是面授课的翻版。

2.教学指导环节的督导

教师能否在课下及时对学生指导、根据学生不同的情况有针对性地解决学习中出现的问题,是激发学生学习积极性、创造性的有效途径。通过上网查询、

学生调查等方式督促教师实现教学情况反馈,及时了解学生的学习情况并有针对性地个别答疑,可以有效地监督教师指导学生的情况,增强教师对不在身边、未曾谋面的学生的服务意识,真正发挥远程教育教学资源的作用。

3. 对辅导教师的督导

有些远程教育采取由教学点教师辅导的形式进行教学。由于各教学点办学层次不同,有省级、地市级、县级等不同办学层次,教师队伍也有很大的差异,一些地市级和大部分远程教学点聘用的辅导教师的专业结构、知识能力结构等存在着不适应教学要求的情况,要保证教学质量,教学监督检查显得尤为重要。

4. 加强网上督导的力度

一要制定网上教学督导要点。教学督导处成立以来,按学校领导的要求,把建立网上教学督导制度和强化对分校网上教学工作指导、检查作为督导工作的重点,在充分调研的基础上制订了南京电大开放教育网上教学督导要点。具体内容是:开放教育课程网上教学督导要点;课程有无双媒体资源;网上教学实施细则内容是否符合规范;内容是否涵盖课程性质、教学目标以及教学内容说明、课程多种媒体资源与应用建议、导学模式设计和教与学的进度安排、教学实施、课程实践办法、教学与素质教育、课程的形成性考核要求、教学研讨活动期末考试八个方面;本学期是否按时刷新;面授教学时数安排是否符合要求;形成性考核构成比例是否符合要求;有无课程责任教师值班时间、联系电话;有无课程实践性环节具体要求和安排;本学期有无网上实时教学设计安排(时间、内容);本学期有无新的网上教学辅导资源,网上教学辅导资源是否丰富,内容是否符合科学、合理、全面、先进和易学的要求;BBS 讨论版是否在规定时间回复学员提问,讨论是否热烈,教师是否有效引导,是否及时维护讨论版面。二要开放教育网上教研活动督导要点。有无网上教研活动计划安排(时间、方式、内容等);网上教研活动内容及成效,是否涵盖以下内容:开放教育教学模式研讨,教学大纲与教学实施细则研讨,教学内容和问题研讨,教学方式、方法交流,复习,其他网上教研活动的组织管理情况;网上教研活动的组织实施的检查内容:责任教师是否在网上发布研讨主题,参加教研活动的教师人数,网上发帖交流情况(是否热烈等),责任教师主持、引导、组织管理情况等。三要开放教育网上实时教学督导要点。有关网上实时教学有无计划安排(时间、方式、内容等);网上实时教学检查内容:教学内容,作业讲评与解答,案例和问题讨论,师生之间、学生之间学习交流,组织收看视频课件,答疑;网上教学的组织管理检查内容:责任老师是否及时引导和组织,辅导教师是否积极参与配合,是否将网上实时教学内容安排挂在网页上,师生、学生之间互动情况,对学生提问和讨论进行及时评价和回复情况,其他。

### 5.认真组织实施网上教学督导

根据网上教学督导要点,督导处按学科分组,组织专家重点对南京电大网上统设课和省开课程教学过程和教学支持服务工作进行连续跟踪式督导,并将督导结果及时向校领导汇报和向教务处、教学系反馈,为学校教学管理部门进一步做好开放教育教学质量控制工作起到反馈、咨询、参谋作用。如我们在网上教学督导中发现存在以下问题:一是课程网页上教学资源问题,主要表现在部分教学资源比较陈旧,个别课程辅导资源不丰富,辅导资源栏目很少,不能满足学生多样化要求;有的课程 IP 媒体课件反复点击很难打开;教学资源重点不突出;网上资源虽已解决"有无"问题,但精品不多。二是课程网页的导学、助学、促学和教学支持服务方面的问题,主要表现在教学实施细则内容有待进一步改进完善,部分课程网页中查不到本课程的网上实时教学和教研活动的时间和具体内容安排,确实存在部分责任教师 BBS 不回复或回复不及时的现象。三是课程网页维护、管理存在的问题,主要是部分课程由于历史原因出现多人管理问题,没有及时清理;部分课程管理教师在网页上用英文代名,不便学生和各教学点辅导教师联系沟通。四是部分课程的网上教研活动组织不理想,主要表现在有的课件在规定的网上教研时段内未发现教师之间互动讨论的痕迹,教研活动内容主题不清晰。五是部分课程网上实时教学效果不尽如人意,主要表现为网上教学准备不足、主题不明确,教学组织化程度有待提高;学生有相互转帖的现象;存在部分课程责任教师对学生案例讨论引导、回复、总结不力的现象。

**参考文献:**

[1] 安均富. 专家访谈:如何看待远程教育的教学质量问题[J]. 中国远程教育,2002(4):6-9.

[2] 丁兴富. 远程教育学[M]. 北京:北京师范大学出版社,2001.

[3] 方维.高校网络教育质量保障体系研究[D].武汉理工大学硕士学位论文,2005 年 5 月.指导教师尚钢、杨德平.

[4] 王永玉,米力安,李艳玲. 远程教育中如何评价学生的成绩[J]. 中国远程教育,1999(Z1):57-60.

[5] 肖俊洪.英国开放大学的学生支持服务评估及其启示[J].中国远程教育,2008(3):74-78.

[6] 谢绍平.试论现代远程教育的质量保证[J].河南广播电视大学学报,2005,18(2):13-14.

# 网络分析法在提高继续教育教学质量中的应用

天津大学 薛 晖

【作者简介】

薛晖,男,天津大学继续教育学院继续教育管理办公室主任,助理研究员,研究方向为继续教育管理。

本文为 2011 年第十二届海峡两岸暨港澳高校继续教育论坛收录论文。

## 前 言

继续教育作为我国高等教育的重要组成部分,在整个教育事业中具有与基础教育、职业技术教育、普通高等教育同等重要的地位[1]。继续教育是面向学校教育之后所有社会成员特别是成人的教育活动,是终身学习体系的重要组成部分。随着我国经济的快速发展,越来越多的人需要知识更新、补充、拓展和能力提高,然而继续教育在新形势下面临诸多问题,其中最突出的是继续教育教学质量问题。教学质量评价是学校教学工作的重要环节,是检查教学效果和教学质量、取得教学反馈信息的重要手段与方法。因此系统研究影响继续教育质量的关键因素,建立科学的教学质量评价体系,是教育科学的一项重要工作。本文利用网络分析法(analytical network process,ANP)全面分析影响继续教育质量的各个影响因素,计算了每个因素自身的权重,将主观决策数字化,为决策者提供了一种解决问题的新方法。

## 1 基于 ANP 评价的一般流程

1996 年 Saaty 在 ISAHPIV 上较为系统地提出了网络分析法(ANP)的理论与方法[2,3]。

其基本思想是将系统内各元素的关系用类似网络的结构表示. ANP 理论的

核心是充分考虑各层次之间以及同一层各元素之间的相互作用关系,对各方案进行综合评价并得出最佳决策,是一种帮助组织进行决策的高效实用的计算工具。网络分析法的基本步骤可作如下描述[4]:

(1)明确问题,将问题分解为各组成元素,分析判断元素层次是否内部独立或存在依存和反馈。

(2)把这些元素按属性分组,构建 ANP 的典型递阶层次结构[5,6]。

(3)构建 ANP 超矩阵,计算权重。

设 ANP 的控制层中有元素 $P_1, P_2, \cdots, P_m$,控制层下网络层有 $C_1, C_2, \cdots, C_N$,其中 $C_i$ 中有元素 $e_{i1}, e_{i2}, \cdots, e_{in}$。以控制层元素 $P_s (s=1,2,\cdots,m)$ 为准则,以 $C_j$ 中元素 $e_{jk} (k=1,2,\cdots,n_j)$ 为次准则,将元素组 $C_i$ 中的元素按其对 $e_{jk}$ 的影响力大小进行间接优势度比较,即在准则 $P_s$ 下构造判断矩阵:

| $e_{jk}$ | $e_{i1}$ | $e_{i2}$ | $\cdots$ | $e_{in}$ | 归一化特征向量 |
|---|---|---|---|---|---|
| $e_{i1}$ | | | | | $W_{i1}^{(jk)}$ |
| $e_{i2}$ | | | | | $W_{i2}^{(jk)}$ |
| $\vdots$ | | | | | $\vdots$ |
| $e_{in}$ | | | | | $W_{in}^{(jk)}$ |

根据一致性检验,如果上述矩阵的特征向量满足兼容性条件,并由特征根法得权重向量 $W_{i1}^{(jk)}, W_{i2}^{(jk)}, \cdots, W_{in}^{(jk)}$。对于 $k=1,2,\cdots,n_j$ 重复上述步骤,得到式(1)所示矩阵 $W_{ij}$。

$$W_{ij} = \begin{bmatrix} W_{i1}^{(j1)} & W_{i1}^{(j2)} & \cdots & W_{i1}^{(jn_j)} \\ W_{i2}^{(j1)} & W_{i2}^{(j2)} & \cdots & W_{i2}^{(jn_j)} \\ \vdots & \vdots & \vdots & \vdots \\ W_{in}^{(j1)} & W_{in}^{(j2)} & \cdots & W_{in}^{(jn_j)} \end{bmatrix} \tag{1}$$

这里 $W_{ij}$ 的列向量就是 $C_i$ 中的元素 $e_{i1}, e_{i2}, \cdots, e_{in}$ 对 $C_j$ 中元素 $e_{j1}, e_{j2}, \cdots, e_{jn}$ 的影响程度排序向量。若 $C_j$ 中元素不受 $C_i$ 中元素影响,则 $W_{ij}=0$。对于 $i=1, 2, \cdots, N; j=1,2,\cdots,N$ 重复上述步骤,最终可获得准则 $P_s$ 下的超矩阵 $W$。

$$W = \begin{bmatrix} C_1 & W_{11} & W_{12} & \cdots & W_{1N} \\ C_2 & W_{21} & W_{22} & \cdots & W_{2N} \\ \vdots & \vdots & \vdots & \vdots & \vdots \\ C_N & W_{N1} & W_{N2} & \cdots & W_{NN} \end{bmatrix} \tag{2}$$

在超矩阵 $W$ 中,元素 $W_{ij}$ 反映元素 $i$ 对元素 $j$ 的一步优势度;还可以计算 $W^2$,其元素 $W_{ij}^2$ 表示元素 $i$ 对元素 $j$ 的二步优势度,$W^2$ 仍然列为归一化矩阵,以此类推,可以计算 $W^3, W^4, \cdots$,当 $W^\infty$ 存在时,$W^\infty$ 的第 $j$ 列就是准则 $P_s$ 下网络

层中各元素对于 $j$ 的极限相对权重向量。于是可得

$$W^{\infty} = \begin{bmatrix} W_{11}^{\infty} & W_{12}^{\infty} & \cdots & W_{1N}^{\infty} \\ W_{21}^{\infty} & W_{21}^{\infty} & \cdots & W_{2N}^{\infty} \\ \vdots & \vdots & \vdots & \vdots \\ W_{N1}^{\infty} & W_{N2}^{\infty} & \cdots & W_{NN}^{\infty} \end{bmatrix} \tag{3}$$

其中每一行的数值,即为相应元素的局部权重向量;当某一行全部为 0 时,则相应的局部权重为 1。将局部权重按元素顺序排列即得到局部权重向量。

$$Q = \begin{bmatrix} q_{11} & \cdots & q_{1n1} & q_{21} & \cdots & q_{2n2} & \cdots & q_{N1} & \cdots & q_{NnN} \end{bmatrix}^{\mathrm{T}} \tag{4}$$

本文用经修正的一致性指标 $C_R$ 来检验矩阵的一致性。

$$C_R = C_I / R_I。 \tag{5}$$

其中 $C_I$ 为矩阵的一致性指标(Consistent Index),$R_I$ 为矩阵的平均随机一致性,其具体取值随矩阵阶数的不同而有所变化(表 1)。

表 1　平均随机一致性指标 $R_I$

| 矩阵阶数 | 1 | 2 | 3 | 4 | 5 | 6 | 7 | 8 | 9 | 10 |
|---|---|---|---|---|---|---|---|---|---|---|
| $R_I$ | 0 | 0 | 0.52 | 0.89 | 1.12 | 1.26 | 1.36 | 1.41 | 1.46 | 1.49 |

## 2　基于 ANP 继续教育教学质量综合评价

### 2.1　影响继续教育教学质量的因素

教学质量是继续教育全面评估的基础,又是继续教育评估工作的核心。提高教学质量必须从学员、教师和学校三者角度出发,深入研究他们之间的相互关系,才能较好地揭示其内在的联系。首先,根据不同学员不同的教育和专业背景,针对学员的学习动机、学习过程、学习效果进行全面的评价,包括对学员的学习质量水平做出判断,肯定成绩,找出问题,促进学员对学习过程进行积极的反思。其次,关注学习过程是继续教育的重点和关键。学员在学习的过程中会采取不同的学习方式,不同的学习方式又会导致不同的学习结果,这可以使学员逐步把握正确的学习方式。最后让学员树立正确的学习动机,掌握适合于自己的学习策略,从而真正提高学习的质量与效果。提高教学质量,对教师也提出了新的要求,教师的专业素质、职业道德素养、教师和学员的互动状况及教师授课状况将受到更多的关注,最后,提高教学质量,学校要对整个学校教育状况有清醒的定位和价值取向;要深入研究教学规律,要在财力、人力、组织上做好保障,加强继续教育教学管理,突出教学效果的评价方式的改革,因此继续教育只有从多方面出发,才能切实提高教学质量。

　　基于以上分析,根据网络分析法列出提高教学质量的三级指标和网络结构。表 2 中,将一级指标视为准则,二级指标视为元素组,三级指标视为元素,并分别编号为 $P,C_1,C_2,C_3,C_4,C_5,e_{11},e_{12},e_{21},e_{31},\cdots$ 考虑到各元素之间相互影响,相互制约,而其余各元素组及其包含的元素之间是相对独立的,故根据其内部依存的递阶层次建立指标体系和网络结构。并根据二级指标建立各自三级指标的相互权重,判断其一致性。

表 2　继续教育教学质量综合评价表

| 一级指标 | 二级指标 | 三级指标 |
|---|---|---|
| P 继续教育教学质量综合评价 | $C_1$ 学员学习状况 | $e_{11}$ 学员上课的认真程度 |
| | | $e_{12}$ 学员投入的学习时间 |
| | | $e_{13}$ 学员上课出勤率 |
| | | $e_{14}$ 学员自学能力 |
| | $C_2$ 生源素质状况 | $e_{21}$ 学员的学习动机 |
| | | $e_{22}$ 学员的专业背景 |
| | | $e_{23}$ 学员学历背景 |
| | $C_3$ 师资素质状况 | $e_{31}$ 教师的专业背景 |
| | | $e_{32}$ 教师职业道德素质 |
| | | $e_{33}$ 教师知识更新状况 |
| | $C_4$ 教师业务状况 | $e_{41}$ 教师授课方式 |
| | | $e_{42}$ 教师和学员的互动状况 |
| | | $e_{43}$ 教师的业务能力 |
| | $C_5$ 学校的导向作用 | $e_{51}$ 学校教学状况评价 |
| | | $e_{52}$ 学校对继续教育工作的重视程度 |
| | | $e_{53}$ 学校对教师的激励状况 |
| | | $e_{54}$ 学校教学效果考核状况 |

### 2.2　运用 ANP 建立教学质量相对权重

建立 $e_{11}$ 次准则下的判断矩阵(表 3):

表 3　$e_{11}$ 次准则下的判断矩阵

| $e_{11}$ | $e_{12}$ | $e_{13}$ | $e_{14}$ | 相对权重 |
|---|---|---|---|---|
| $e_{12}$ | 1 | 3 | 1/2 | 0.3196 |
| $e_{13}$ | 1/3 | 1 | 1/4 | 0.1220 |
| $e_{14}$ | 2 | 4 | 1 | 0.5584 |
| 一致性 $C_R$ | 0.0176（<0.1） | | | |

建立 $e_{12}$ 次准则下的判断矩阵(表 4):

**表 4 $e_{12}$ 次准则下的判断矩阵**

| $e_{12}$ | $e_{11}$ | $e_{13}$ | $e_{14}$ | 相对权重 |
|---|---|---|---|---|
| $e_{11}$ | 1 | 2 | 1/2 | 0.2970 |
| $e_{13}$ | 1/2 | 1 | 1/3 | 0.1634 |
| $e_{14}$ | 2 | 3 | 1 | 0.5396 |
| 一致性 $C_R$ | 0.0089（<0.1） | | | |

建立 $e_{13}$ 次准则下的判断矩阵(表 5):

**表 5 $e_{13}$ 次准则下的判断矩阵**

| $e_{13}$ | $e_{11}$ | $e_{12}$ | $e_{14}$ | 相对权重 |
|---|---|---|---|---|
| $e_{11}$ | 1 | 1/2 | 1/4 | 0.1428 |
| $e_{12}$ | 2 | 1 | 1/2 | 0.2857 |
| $e_{14}$ | 4 | 2 | 1 | 0.5714 |
| 一致性 $C_R$ | 0.0000（<0.1） | | | |

建立 $e_{14}$ 次准则下的判断矩阵(表 6):

**表 6 $e_{14}$ 次准则下的判断矩阵**

| $e_{14}$ | $e_{11}$ | $e_{12}$ | $e_{13}$ | 相对权重 |
|---|---|---|---|---|
| $e_{11}$ | 1 | 1/2 | 2 | 0.2403 |
| $e_{12}$ | 2 | 1 | 3 | 0.5499 |
| $e_{13}$ | 1/2 | 1/3 | 1 | 0.2098 |
| 一致性 $C_R$ | 0.0147（<0.1） | | | |

由(1)式得矩阵 $W_{44}$:

$$W_{44} = \begin{pmatrix} 0 & 0.2969 & 0.1428 & 0.2403 \\ 0.3196 & 0 & 0.2857 & 0.5499 \\ 0.1219 & 0.1634 & 0 & 0.2098 \\ 0.5584 & 0.5396 & 0.5714 & 0 \end{pmatrix}$$

以此类推,建立所有判断矩阵,并得到全部 2 个 $W_{44}$ 和 3 个 $W_{33}$ 矩阵,并得超矩阵:

$$W = \begin{pmatrix} 0 & 0.2969 & 0.1428 & 0.2402 & \cdots & 0 & 0 & 0 & 0 \\ 0.3196 & 0 & 0.2857 & 0.5499 & \cdots & 0 & 0 & 0 & 0 \\ 0.1219 & 0.1634 & 0 & 0.2098 & \cdots & 0 & 0 & 0 & 0 \\ 0.5584 & 0.5396 & 0.5714 & 0 & \cdots & 0 & 0 & 0 & 0 \\ \vdots & \vdots & \vdots & \vdots & \vdots & \vdots & \vdots & \vdots & \vdots \\ 0 & 0 & 0 & 0 & \cdots & 0 & 0.1919 & 0.1692 & 0.2297 \\ 0 & 0 & 0 & 0 & \cdots & 0.5396 & 0 & 0.4433 & 0.6483 \\ 0 & 0 & 0 & 0 & \cdots & 0.1634 & 0.1744 & 0 & 0.1220 \\ 0 & 0 & 0 & 0 & \cdots & 0.2970 & 0.6337 & 0.3875 & 0 \end{pmatrix}$$

进而得到极限矩阵:

$$W = \begin{pmatrix} 0.1958 & 0.1958 & 0.1958 & 0.1958 & \cdots & 0 & 0 & 0 & 0 \\ 0.3005 & 0.3005 & 0.3005 & 0.3005 & \cdots & 0 & 0 & 0 & 0 \\ 0.1476 & 0.1476 & 0.1476 & 0.1476 & \cdots & 0 & 0 & 0 & 0 \\ 0.3559 & 0.3559 & 0.3559 & 0.3559 & \cdots & 0 & 0 & 0 & 0 \\ \vdots & \vdots & \vdots & \vdots & \vdots & \vdots & \vdots & \vdots & \vdots \\ 0 & 0 & 0 & 0 & \cdots & 0.1690 & 0.1690 & 0.1690 & 0.1690 \\ 0 & 0 & 0 & 0 & \cdots & 0.3658 & 0.3658 & 0.3658 & 0.3658 \\ 0 & 0 & 0 & 0 & \cdots & 0.1321 & 0.1321 & 0.1321 & 0.1321 \\ 0 & 0 & 0 & 0 & \cdots & 0.3331 & 0.3331 & 0.3331 & 0.3331 \end{pmatrix}$$

对准则 $C_1 \sim C_5$ 做相同处理得矩阵 $W_{55}$:

$$W_{55} = \begin{pmatrix} 0 & 0.4673 & 0.2382 & 0.2844 & 0.2398 \\ 0.2903 & 0 & 0.5167 & 0.4279 & 0.5232 \\ 0.0851 & 0.0954 & 0 & 0.0872 & 0.0852 \\ 0.1280 & 0.1601 & 0.0769 & 0 & 0.1519 \\ 0.4966 & 0.2772 & 0.1682 & 0.2005 & 0 \end{pmatrix}$$

之后同样得到极限矩阵:

$$W^{\infty} = \begin{pmatrix} 0.2522 & 0.2522 & 0.2522 & 0.2522 & 0.2522 \\ 0.2969 & 0.2969 & 0.2969 & 0.2969 & 0.2969 \\ 0.0815 & 0.0815 & 0.0815 & 0.0815 & 0.0815 \\ 0.1234 & 0.1234 & 0.1234 & 0.1234 & 0.1234 \\ 0.2460 & 0.2460 & 0.2460 & 0.2460 & 0.2460 \end{pmatrix}$$

## 2.3　ANP 分析结果

根据 ANP 极限矩阵所得到的二级指标权重可以见表 7。各二级指标可以设定为：

1 生源素质状况；2 学员学习状况；3 师资素质状况；4 教师业务状况；5 学校的导向作用。

**表 7　各级指标的局部权重以及全局权重**

| 一级指标 | 二级指标 | 二级指标权重 | 三级指标 | 三级指标局部权重 | 三级指标全局权重 |
|---|---|---|---|---|---|
| $P$ | $C_1$ | 0.2522 | $e_{11}$ | 0.1958 | 0.0494 |
| | | | $e_{12}$ | 0.3005 | 0.0758 |
| | | | $e_{13}$ | 0.1476 | 0.0372 |
| | | | $e_{14}$ | 0.3559 | 0.0896 |
| | $C_2$ | 0.2969 | $e_{21}$ | 0.4112 | 0.1220 |
| | | | $e_{22}$ | 0.2243 | 0.0665 |
| | | | $e_{23}$ | 0.3645 | 0.1085 |
| | $C_3$ | 0.0815 | $e_{31}$ | 0.3544 | 0.0288 |
| | | | $e_{32}$ | 0.2278 | 0.0185 |
| | | | $e_{33}$ | 0.4178 | 0.3407 |
| | $C_4$ | 0.1234 | $e_{41}$ | 0.4112 | 0.0406 |
| | | | $e_{42}$ | 0.2243 | 0.0275 |
| | | | $e_{43}$ | 0.3645 | 0.0449 |
| | $C_5$ | 0.2460 | $e_{51}$ | 0.1690 | 0.0416 |
| | | | $e_{52}$ | 0.3658 | 0.0890 |
| | | | $e_{53}$ | 0.1321 | 0.0325 |
| | | | $e_{54}$ | 0.3331 | 0.0819 |

## 3　结　论

通过以上分析，ANP 通过对关于教学质量各个因素之间的关系进行对比分析，得到各个影响因素的相对权重。根据权重的大小将这这一极具主观特点的问题，通过计算加权超矩阵的方法加以量化，以数字这一更为直观的形式展现在决策者的面前，客观真实地评价继续教育中提高教学质量的各个因素。这对促进继续教育的发展,对提高继续教育的教学质量将起到积极的推动作用。

**参考文献:**

[1] 倪俊峰,李琦. ISAPI 和 Java 技术实现黄页网站的电子地图系统[J]. 计算机应用研究,2000,17(12):91-94.

[2] Saaty, T. L. Inner and outer dependence in the analytichierarchy process:The super matrix and super hierarchy[C]. Proceeding of the 2nd ISAHP,Pittsburgh,1991.

[3] Saaty, T. L. *Decision Making with Dependence and Feedback* [M]. Pittsburgh, PA:RWS Publication,1996.

[4] 孙宏才,田平. 网络层次分析法(ANP)与科学决策[M].北京:海洋出版社,2001:54-62.

[5] 许树柏. 层次分析原理[M]. 天津:天津大学出版社,1988.

[6] 孙宏才. 决策科学理论与实践[M]. 北京:海洋出版社,2003.

# 台湾大专院校推广教育质量保证体系之发展与标杆案例分析

台湾"中国文化大学" 颜敏仁 吕新科 张冠群

【作者简介】

颜敏仁,男,台湾"中国文化大学"推广教育部质量长,"中国文化大学"国际企业管理研究所副教授,美国西北大学客座学者,台湾实验研究院科技政策研究员,工程科技管理博士,主要从事产业经济与科技政策、国际企业营运管理、继续教育等研究。

吕新科,男,台湾"中国文化大学"推广教育部执行长,台湾大学信息管理博士、信息管理研究所(在职专班)所长,副教授,主要从事企业架构、IT规划及治理、数字学习、高教与终身学习等研究。

张冠群,男,台湾"中国文化大学"推广教育部教育长,"中国文化大学"国际企业管理学系副教授,韩国龙仁大学名誉经营学博士,主要从事财务、企业管理研究。

本文为2012年第十三届海峡两岸暨港澳高校继续教育论坛收录论文。

面临全球化竞争与数字学习科技的冲击与挑战,大学推广教育质量与执行效能标准急剧提升。为适应教育产业的办学需要,许多学校也陆续导入针对教育产业的质量认证措施,希望有类似于 ISO 9001 国际质量认证体系这样的标准体系,来认证学校治理与经营制度,并强化教育质量。

近十年来台湾大专院校数量快速增长,高度的市场竞争环境也促使各大学设法不断提升推广教育质量标准以彰显办学价值。而主管部门为加速促进训练管理系统制度化发展,提升推广教育价值,亦由有关部门融合国际质量认证体系与台湾人才培育训练需求特色而设立了"台湾训练质量评核系统"(Taiwan TrainQuali System,简称 TTQS),结合法规以作为持续检讨及修正各机构办理训练课程质量的标准。

本文以双获 ISO 9001 国际质量认证以及 TTQS 标杆单位金牌奖的台湾"中国文化大学"推广教育部作为案例,分析其近十年来在台湾率先导入 ISO 国际质量认证,到整合 TTQS 标准的推广教育质量保证体系发展策略,以及如何达到兼顾推广教育法规体系、质量保障、风险管理等标准的具体成效。本案例分析着重于四点特色机制作说明:①ISO 与 TTQS 的整合体系;②强化支持市场发展的质量管理系统;③信息科技的应用与智能型风险管理;④持续改善与学习型组织的机制设计。期望本案例能作为海峡两岸暨港澳高校办理继续教育与质量标准提升的参考。

## 一、前　言

全球市场经济的发展,包括高等教育在内的服务贸易的开放,加速了台湾教育产业与全球市场的接轨,更迫使台湾的高教机构慎重地思考如何面对这些挑战、危机或转机,并因此逐渐转向由市场力量来主导资源分配的经营体系。事实上,当今高等教育已面临传统文化的法统与产业需求的机能两者间的平衡问题。美国斯坦福大学(Stanford University)提出的"教育产业化"泛指将教育视为市场导向的一种产业,并且以产业经营的方式经营教育机构,以及将教育机构的知识和技术优势直接转化为社会生产力的各种策略。因而,各大学的经营方针也积极平衡"研究与教学"的社会志业,发展以市场导向的推广教育,并逐步发展出整合志业与产业的办学架构,如哥伦比亚大学(Columbia University)、纽约大学(NYU)等世界知名大学以及身处亚太区域的香港大学等皆提高推广教育机构的组织位阶,并积极强化办学内容与范畴。

有鉴于此,大学推广教育正在逐步整合正规教育与非正规教育的办学取向,并积极发展"培育与培训共构的统合策略",将这两个截然不同导向的学制,经由共同营运基础与流程衔接共存共构,作为大学定位与治理的厚实基础[1]。运用"教育产业"的思维重新界定高等教育的经营,势必面对教育资源整合、提高效率与营收及增加社会生产力等管理议题,因而,学校办学质量效能的保障机制逐渐成为高等教育落实其办学卓越的核心策略[2]。近十年来台湾大专院校数量快速增长且多元发展[3~4],高度的市场竞争环境促使各大学不断提升推广教育质量标准,彰显办学价值,同时提供学校机构的营运管理参考架构,协助学校适应推广教育法规和学习产业的迫切需求。

## 二、台湾推广教育质量保证体系的发展

基于教学质量的重要性与推广教育持续改善的目标,台湾教育主管部门依赖"财团法人高等教育评鉴中心基金会"统筹办理台湾大专院校的校务评鉴及系

所评鉴工作,并依评鉴结果对学校进行考核。同时,为了将质量持续改善机制经由国际认证体系的强化,根植于学校治理与经营的体制上,目前台湾已有许多大学相继导入 ISO 9001 国际质量保证体系。另有许多学校也实行其他针对教育产业调整的质量认证体系,例如 ISO/IWA 2、ISO 10015 及 TTQS(Taiwan TrainQuali System)等。特别是在推广教育方面,许多办学机构以 ISO 系列为最普及的质量标准体系。但自 2005 年起,TTQS 系统亦逐渐成为法定认证的重要质量标准体系。

(一)ISO 质量保证体系

ISO 9001 质量保证体系,由 ISO 组织技术委员会(ISO/TC 176)于 1987 年规划拟订,此系列在早期均以制造业的营运流程为核心架构。根据全球服务产业发展的需求,于 2000 年的修订版中,刻意将 ISO 9001 质量管理系统调整为更通用化,以提高服务业采用的适切性,目前则以 ISO 9001:2008 为最新版本(图1)。ISO 9001 质量保证体系是一套统合性(unified and generalized)的标准规范,以流程方法作为管理组织基础,以系统化管理作业间的相互关联(input-process-output),以顾客需求作为输入(input),然后通过系统之运作而产生顾客满意之产出(output),而在系统的运作上特别强调持续不断的改善。

延续 ISO 9001 系列的基础,针对训练质量与教育产业,另有 ISO/IWA 2 以及 ISO 10015 等质量保证体系也被广泛采用。ISO/IWA 2 是一种以学生(顾客)为导向的教育流程设计模式,并以 ISO 9001:2008 质量保证体系为架构,应

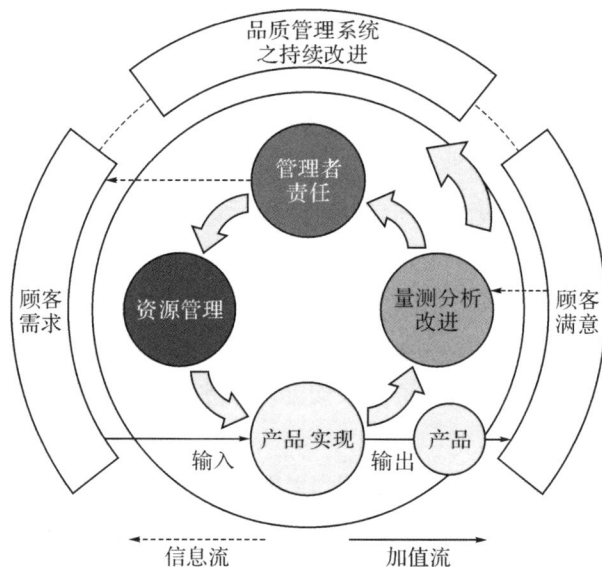

图 1 ISO 9001:2008 流程导向质量管理体系模式

用于教育产业的质量管理标准规范。ISO 10015 训练质量管理体系是以 ISO 9001:2008 为指导纲要，以人力资本标准规范制拟，作为规范企业组织人力资源训练的标准。

### （二）TTQS 训练质量评核系统

由于人才培训产业质量认证制度的需要，有关部门负责规划引进国际训练质量规范，并根据台湾教育及企业产业的特质，着手整合符合国际发展潮流与在地产业所需的可行质量认证方案。此计划于 2005 年综纳 ISO 10015、欧洲职业训练政策、英国 IIP 人才投资方案（Investors in People，IIP）、澳洲的积极性职业训练政策，以及台湾产业发展的特色，研拟出一套适合台湾的"训练质量评核系统（Taiwan TrainQuali System，TTQS）"。该评核系统强调符合台湾企业组织的训练管理流程与训练质量提升，并能与 ISO 10015 国际标准接轨，提升人才培训专业能力与服务产业发展，强化劳动生产力与竞争力。

TTQS 参照引用国际训练质量标准规范的既有量表（如 ISO 9000 系列、ISO 10015、ISO 17021、ISO 17024、ISO 19011、IBSTPI 计分卡、ASTD 计分卡、英国 Investors in People（IIP））的架构及精神进行修正，旨在建构规划人力资本开发体系，并设计与建置这一训练质量保证体系。

为能更细致呈现质量保证体系的关键程序及查核点，TTQS 将来自 ISO 质量保证体系的 PDCA 持续改善模型重新定义为 PDDRO 五个构面的循环模型。各构面的内涵为：①规划（planning），关注训练规划与企业营运发展目标的关联性以及训练体系的操作能力；②设计（design），着重训练方案的系统化设计（含利益关系人的参与、与需求的结合度、遴选课程标准、采购标准程序）；③执行（delivery），强调训练执行落实度、训练记录与管理的系统化程度；④查核（review），着重训练的定期性分析、全程监控与异常处理；⑤成果（outcome），着重训练成果评估的等级与完整性、训练的持续改善。此即所谓"PDDRO"的运作模型（图 2），其中训练质量持续改善机制包括 19 项指标及其计量权重分配，评量流程是持续循环的循环。

TTQS 被相关部门用来确保各项人才培训项目或训练流程的可靠性与正确性，同时，也成为主管部门委托民间机构办理人才培训项目时的共同质量标准和机构资格审查时的门槛条件。TTQS 评核委员实地评核后，依其总分分为"未过门槛""通过门槛""铜牌""银牌""金牌"以及"白金牌"等六个等级。目前在台湾每年约有 3000 家企业或训练机构申请 TTQS 认证，通过门槛的比率约在 44%，但真正能够获得"金牌"认证的比率仅为 1% 左右，且至今未有机构获得"白金牌"等级，故 TTQS 金牌乃目前 TTQS 实际核发的最高认证。

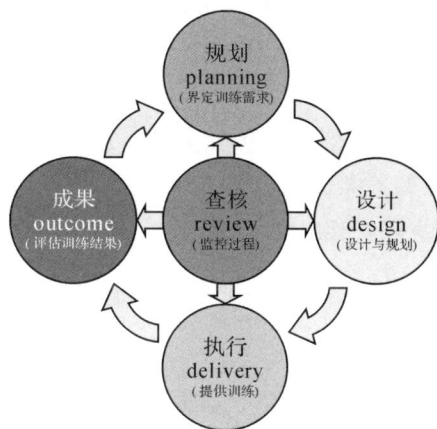

图 2 TTQS 的 PDDRO 五个构面循环模型

2007 年至 2010 年，为树立 TTQS 学习楷模，有关部门每年定期办理
"TTQS 标杆单位表扬活动"，借以表扬导入 TTQS 具优异成效的标杆单位。
2011 年，为持续奖励推行训练质量管理，树立学习楷模，强化整体训练质量水平
及提升人力资本，制订了"训练质量奖表扬计划"，选拔并表扬训练质量持续改
善，以及训练效益在组织内外部具显著扩散性的组织。"训练质量奖"的基本报
名门槛乃必须获得 TTQS 金牌或银牌的单位，因此，是台湾最高级别的训练质
量系统荣誉。

### 三、台湾的 TTQS 品保发展标杆案例机构

由于台湾的产业培训体系逐渐导入 TTQS，大学推广教育也基于参与产业
培训课程和自我质量提升的考虑，导入 TTQS 认证。台湾目前有 163 所大学，
获得金牌认证者仅有"中国文化大学"、勤益科技大学、修平技术学院、昆山科技
大学等四所大学，而"中国文化大学"则是唯一获得金牌认证并入围"训练质量
奖"的机构。因此，本研究选择其为个案分析对象。

"中国文化大学"推广教育部（以下简称"文大推广部"）于 1971 年成立，以提
倡终身学习为目标，致力于提供社会人士所需要的学位与非学位的多元学习课
程。2000 年率先成为台湾第一所通过 ISO 9001 国际质量认证的大学推广教育
机构。为追求持续提升办学质量，更积极导入 TTQS 训练质量评核系统，曾在
2007 年及 2010 年两度荣获职训部门评选的 TTQS 标杆机构，更在 2011 年入围
"第一届 TTQS 训练质量奖"。至今连续十二年获得教育主管部门评鉴私立学
校办理推广教育之优等。据教育主管部门的统计数据，文大推广部的办学规模
与营业收入皆为台湾之最[5]，近三年来的开课数量与培训学员人数逐年攀高，教

学及服务的复杂度与难度都大幅增加,而课程满意度依然保持良好水平甚至成长。2009—2011年这三年的平均满意度达86分(依据问卷尺度,80分即为满意),其中前10%的课程满意度更高达90分以上。若进一步从变异数分析资料来看,满意度的变异量也能逐渐降低且趋于稳定,学员申诉数量亦是逐年降低,显见文大推广部所开设的各类课程经过不断改善,训练质量已能够保持稳定良好,并获得学员的高度肯定。详见图3、图4。

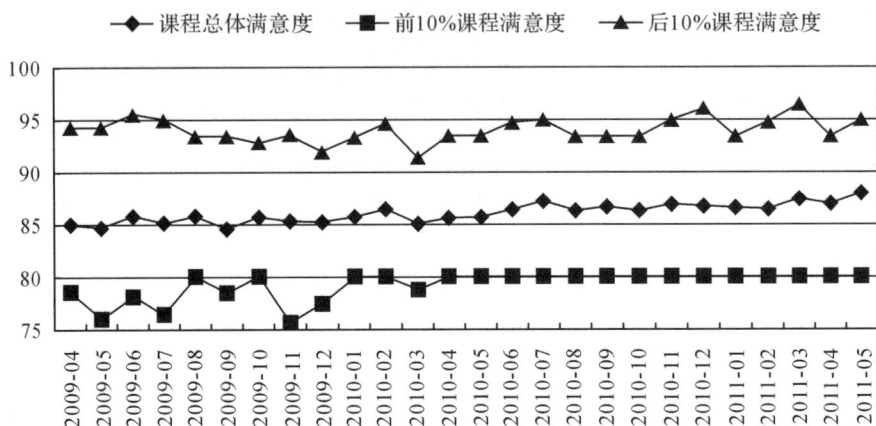

图 3　课程满意度趋势分析

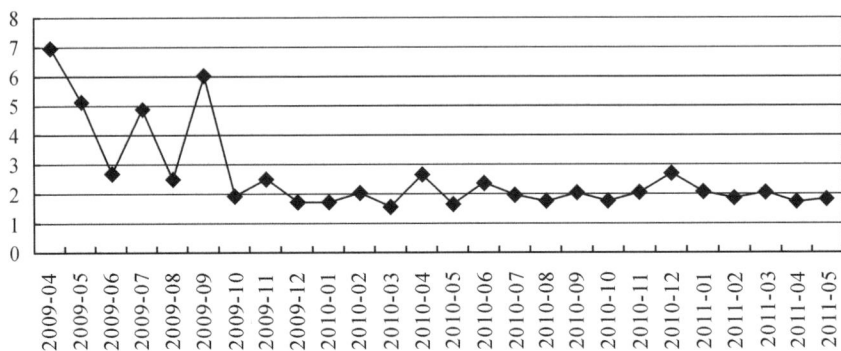

图 4　课程满意度稳定分析

鉴于前述个案的发展背景,本研究将进一步分析其发展模式以及如何达到兼顾推广教育法规体系、质量保障、风险管理等标准的具体成效。本案例分析着眼于四点特色机制:①ISO 与 TTQS 的整合体系;②强化支持市场发展的质量管理系统;③信息科技的应用与智能型风险管理;④持续改善与学习型组织的机制设计。

### 四、ISO 与 TTQS 之整合体系

推广教育与社会就业职能和生活技能需求联结度高,所以,产业化后的教育服务业对学员提供的是体验性商品,不像一般商品银货两讫。学员满意度建立在一次又一次的教学与学习服务流程细节中,因此必须兼顾教学的质量以及整体营运管理作业的顺畅化,才是全面性强化教学及服务质量的有效方法。虽然文大推广部很早就导入 ISO 9001 国际质量管理标准,但发现很多行政窗口填写都需再根据教育产业特性进行调整,直到整合导入 TTQS 系统后,让教学质量的内涵更为扎实。因此,现在文大推广部是引用 ISO 9001 框架加上 TTQS 的内涵来进行质量管理。

我们运用 ISO 的框架开发各项内部作业流程及标准程序文件,并发展电子化文件管理系统,这一套电子化文件管理系统能够协助我们有效地整合跨部门文件,并具备文件变更、签核功能,为文大推广部的系统及流程改善建立了良好的基础。由于 TTQS 系统着重于课程的规划、设计、执行、检核、成果追踪,因此,一般机构在导入时往往只能应用在课程发展的层次而较不容易整合成为整体机构的营运管理作业规范。基于文大推广部的办学规模需求以及跨地区分部之间的质量管控需求,我们更强调要将 TTQS 系统的内涵融入整体营运管理体系,以发挥更高效用的质量管理成效。虽然 ISO 与 TTQS 系统需要很多 SOP 标准作业流程并产生大量的文件,但更能够让我们发挥电子化文件管理系统的效能。通过信息化将作业流程整合于在线,跨地域之分部都可进入共同的操作系统平台,并同步接收到总部想传递的工作标准规范。此外,为强化组织流程及规范文件管理,由专责的质量保证单位定期出具各单位所属作业流程变更数量与执行情况的统计分析报告,协助各单位进行异常改善。同时,针对更动后的流程,协助各权责单位从实务作业链接回溯修订 ISO 标准程序及相关文件,并且经由定期举办组织内部稽核与质量保证相关内部教育训练活动,让 ISO 与 TTQS 之整合体系融入日常营运作业。详见图 5。

### 五、强化支持市场发展的质量管理系统

许多参与 TTQS 认证的教育训练机构发现,TTQS 训练质量管理模型着重于教育训练流程的质量导向,适合应用在企业内部人力资源发展的训练及委托培训的计划型项目。但在大学推广教育体系的训练范围,除主管部门的委托培训项目外,企业委托训练以及民众自费报名的许多面向市场的训练学程(programs),即使依据 TTQS 的 PDDRO 的循环模型可纳入业务拓展、招生及市场反馈等程序与质量查核指针,但此权宜的做法,反而无法凸显业务导向与计

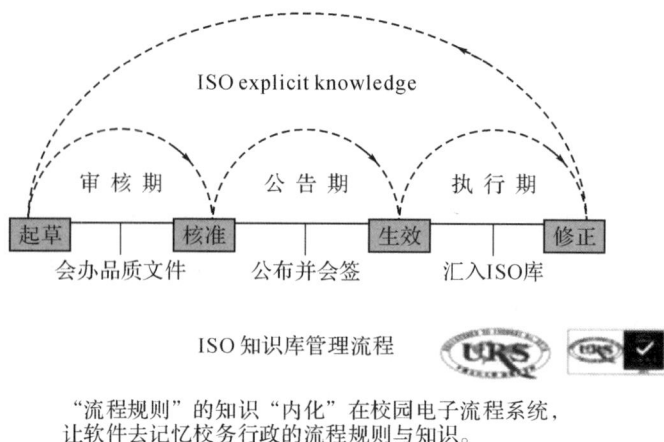

图 5　ISO 知识库管理流程

划导向训练课程的根本差异。

由于质量管理模型的程序及查核指针反衬出整个质量系统的核心理念,促使 TTQS 认证更适切地符合大学推广教育体系的办学需要,同时兼顾计划导向与业务导向训练流程之间的平衡,文大推广部发展出 PDDRO 循环模型的修正版本——"Modified TTQS 的业务与质量整合循环模型",将质量管理活动区分为"教育业务循环"及"学习质量确保循环"[6]。业务循环强调市场需求取向的流程,整体而言,规划、设计与营销三个构面由业务查核机制统合,并达到各核心构面间的内部效能确认,同时也呈现出对市场需求响应的积极程度,以追求市场导向的训练课程规划与设计。另外,在学习质量确保循环则强调质量确保取向的流程,包含执行(上课)、成果与规划三个核心构面,并由质量查核机制统合,以凸显教学运行时间的质量管控与监督(图 6)。在教育业务查核与质量查核机制上,则设有定期的部级会议以追踪改善。

## 六、信息科技的应用与智能型风险管理

良好的训练质量成果必须以良好的训练课程系统设计及流程为基础。从资源基础理论观点(resource-based view)来看,信息科技(information technology,IT)的运用在文大推广部扮演着非常重要的角色。我们建立系统及流程改善,相当依赖的是管理系统信息化。卓越的 e 化是文大推广部最有力的竞争优势,整个数字化的基础架构命名为 EduRP(education resource planning,学校资源规划)。EduRP 是将今日企业界盛行的企业资源规划系统(ERP)观念导入教育产业而成的,是大学建置数字校园(digiCampus)的核心概念与技术,而 EduRP 必

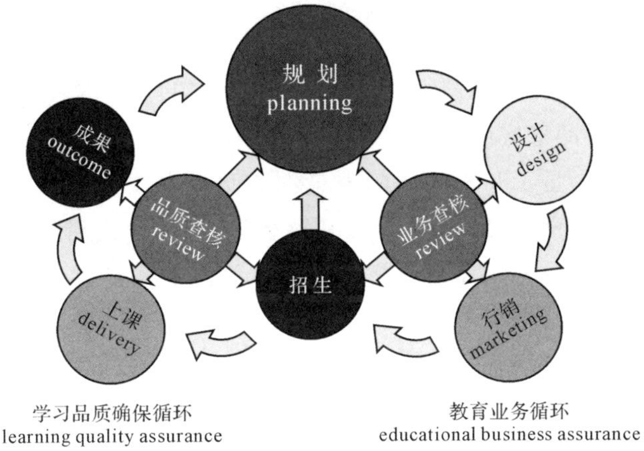

图 6　Modified TTQS 的业务与质量整合循环模型

须采用模块化设计,除了具备功能完整性外,也兼具扩充及延伸的弹性。校园 e 化建置是条长远的路,为了能让成果有系统地堆栈,进而成就愿景,"整体规划、阶段建置"的发展策略是重要的成功关键。

　　IT 的充分应用不仅提升了作业效能,更重要的是能够达成组织内共同作业标准的控制以及智能型风险管理功能。目前文大推广部每年开设的课程数量约有 7000 门,培训学员可达 10 万人次,而不同专业类别的课程亦有 2000~3000 门甚至散布于"中国文化大学"所属的台湾北、中、南部等不同地区共 7 处办学场所。因此,整体营运管理的复杂度颇具挑战性,而风险管理的功能显然不可或缺,才能够同步支持所需数量规模与多元属性课程模块,以达到快速反映市场的多元学习需求,并保证专业、稳定的教学质量。

　　我们根据学习产业的需求和指标,设计一套管理平台,所有开课的程序变成标准化流程,就可以掌控开课状况,也不会随着人员流动产生数据和经验的断层。e 化对管理效率的帮助很大,可节省很多沟通成本,让我们可以把更多力量放在开发新课程、挖掘新师资方面,形成良性循环,课程的质量也可以大幅提升。目前文大推广部的各项 e 化作业窗口共有 300 多种,机构内部以及对外部学员的行政服务等将近有 28 万个作业流程皆在电子系统上监控完成,足见我们的 e 化成效。而电子表单管理系统也让我们能够建立行政与服务效率的追踪、异常发现与持续改善工作,不断地改善流程并提升质量。而针对课程质量与服务质量,我们也积极发展课程企划与整合营销系统的应用价值,协助企划同人了解市场趋势,同步提升课程企划质量的稳定度,也大幅降低作业流程中人工输入数据错误的次数及处置成本。总体而言,当我们以 IT 为基础的作业流程异常监控管理日趋成熟时,智能型风险管理的成效更能发挥。

### 七、持续改善与学习型组织的机制设计

一个组织的质量保证体系发展过程中，最困难的往往是组织文化价值思维的改变。由于质量的落实必须体现在细节里，因此在窗口管控、流程设计及事后检讨中，都容易因为员工和管理者的观点不同而产生冲突。但为了让质量意识深植于组织中，文大推广部成立了专属质量保证单位，并由高阶主管领导在组织内部推动质量管理，阶梯式地引导员工将质量管理的规范逐步内化为习惯。当大家建立了质量意识，也有了共同的基准，质量自然不断提升。

文大推广部的质量保证体系发展，可分为导入期、发展期、成熟期等三个重要阶段：①在导入期，由教育长及执行长等高阶领导人亲自带领全体教职员工建立质量保证制度并通过 ISO 国际质量认证；②在发展期，由质量长建立内部质量稽核制度，持续精进 ISO 系统并整合 TTQS 体系，此时期较强调以查核为主的质量保证思维；③在成熟期，由营运长兼任质量长，落实持续改善机制，直接辅导营运团队设定质量标准并将质量稽核工作联动至作业流程革新。此外，还建立了组织全员学习与作业流程改善提案制度，提倡全面质量保证体系的成熟组织文化。

我们相信质量的持续提升，绝对不是只靠一个人或一个单位能够完成的，而是需要有良好的全面质量保证体系以及全员同步提升的质量意识为基础。因此，在组织的设计及运作上，我们扩大部级核心主管的共同权责，让持续改善的精神作为整体组织的核心价值。在每月/每季召开的部级主管会议中，讨论组织的目标、发展策略以及具体提升训练质量和培训成效的方案。同时，每月定期召开的经营会议、营运会议、教务行政会议等，都由高阶主管亲自主持，以讨论各项业务的重要规划、服务提供等过程与营运目标的链接。详见图 7。

文大推广部为了让训练课程的重要规划、服务提供等过程及营运绩效持续提升，相当重视采用科技化、量化指标的管控，师资、课程、服务、环境等方面都订有对应的质量指针。虽然文大推广部的每一个单位都能够高度自主地提升训练质量，我们仍然重视在组织中建立中立监控与查核的机制，以帮助同人发掘跨部门的共同问题缘由并开发共享管理平台。为了推动组织的全面质量保证作业，特别成立了中立、专责的质量保证中心，由质量保证中心统筹整合 TTQS 的内涵后，建立各项规划及检核工作来确保质量。至于执行面则由各单位进行，相辅相成，以持续提升训练质量。

文大推广部由最高阶领导团队支持，发展组织层级的全面质量确保任务，并持续不断地进行质量价值推广，让更多人了解质量的意义。包含质量稽核、教学评鉴、满意度管理、客户抱怨处理、质量指针及信息系统建立、行政流程检审与再

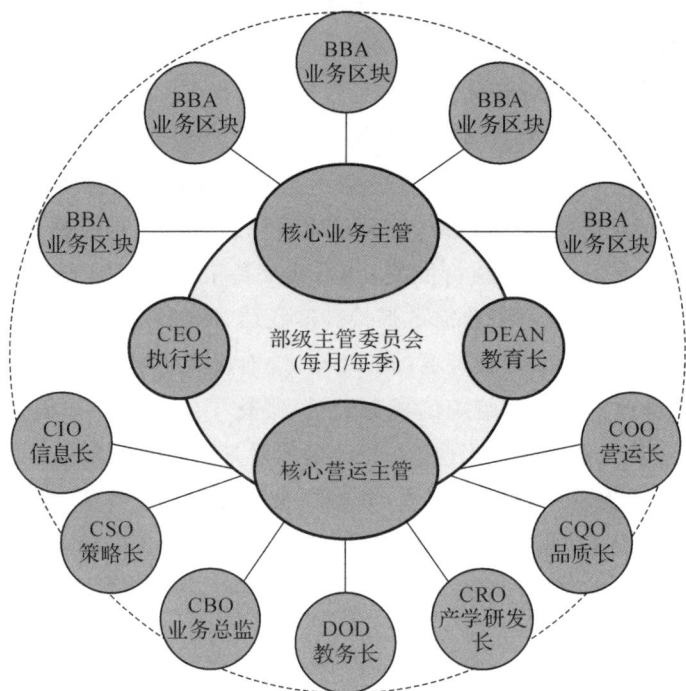

图 7　核心主管权责联系

造等的持续改善,不仅能减少工时浪费及作业成本,亦能支持市场成长。至今我们仍持续累积已建立的基础,以创新、卓越精神不断地追求更高质量,并努力将质量管理系统从"制度化管理"到"信息化管理",再达到"智慧化管理"。我们希望不断地采用"活化质量稽核制度""强化质量信息系统""深化组织质量意识"等发展策略,达到更好的训练质量,创造共享价值。

### 八、结　论

对于致力终身学习教育的大学或训练机构来说,良好的课程与训练质量就是最大的竞争优势,因此,为了强化质量持续改善功能并将其根植于学校治理与经营的制度上,ISO 国际质量保证体系及 TTQS 系统便产生了提升教育机构营运效能的重要功能。学校若能成功地导入教育质量管理标准,可将学校蕴含在核心流程中的知识,经由文件化、标准化及系统化的知识外显(knowledge explicating),并借由质量保证体系中的各项机制以及来自各领域专家所汇整的经验知能,有系统地指引学校逐步地将办学与经营中的专业知识加以统合、归纳、分类及储存,以建置学校持续累积与改善的质量保证机制。然而因各大学的经营特性与资源差异,亦必须考虑各校推广教育的经营范畴与需求来发展自己学校的质量管理体系；同时，还须兼顾法规、市场、教学质量、风险等因素，以创造最高质量管理效能。

　　策略性地发展质量保证体系能够有效提升企业及机构的办训能力。本研究以"中国文化大学"推广教育部作为案例，所提及的四点特色机制是"中国文化大学"推广教育部在 40 年办学过程中根据产业需求和组织特性而渐进发展出来的。①ISO 与 TTQS 的整合体系，让教学质量标准融入机构的整体营运管理体系中，创造质量兼备的办学执行能量；②强化支持市场发展的质量管理系统，让推广教育课程规划与学习产业需求保持高度联结，落实教育产业化；③信息科技的应用，让机构办学的风险管理更加智能化，进而成为稳定作业效率与效能的厚实基础；④持续改善学习型组织的机制设计，强化了组织内部知识管理的功能，并带动永续经营的适应力。因此，从 ISO 国际质量认证体系到整合 TTQS 标准的推广教育质量保证体系发展策略，兼顾了推广教育法规体系、质量保障、风险管理等标准，且取得了相当好的成效。期望本案例能为各高校举办继续教育及质量提升提供有益的参考。

**参考文献：**

[1] 吕新科.大学继续教育导入国际质量管理之探讨[C].第九届海峡两岸暨港澳高校继续教育论坛,2008.

[2] 蔡燕祥.教育范式转变——效能保证[M].上海：上海教育出版社,2005.

[3] 杜佩萦,郭建良,吕新科,张冠群.台湾大专院校之推广教育类型初探[C].第六届台湾推广教育论坛,2012.

[4] 郭瑞祥,廖倩谊.台湾大专院校推广教育演进、挑战与未来[C].第十二届海峡两岸暨港澳高校继续教育论坛,2011.

[5] 郭建良.台湾推广教育产业化与社会化程度初探：从布点与课程谈起[C].第五届台湾推广教育论坛,2011.

[6] Lu,H. & Lo,C. Toward a comprehensive quality assurance framework for continuing education in universities[J]. CSEDU,2011(2)；213-220.

# 暑期英语密集营训练之成效

台湾东吴大学　刘宗哲　李书芬

**【作者简介】**

刘宗哲，男，台湾东吴大学推广部主任，企业管理系教授，美国克里夫兰州立大学企业管理博士，研究方向包括信息管理、顾客关系管理、统计分析。

李书芬，女，台湾东吴大学推广部专员，德国语文学系，研究方向包括推广教育。

本文为2012年第十三届海峡两岸暨港澳高校继续教育论坛收录论文。

## 一、前　言

ETS多益（TOEIC）台湾区代表处发表的"2009年台湾与全球产学英语能力差距报告"指出，2009年台湾考生多益平均539分，进步6分，但比全球平均成绩566分落后27分，甚至比2008年台湾落后全球20分，差距还拉大7分，显示全球化的大趋势迫使全球都在努力改善民众的英语能力，台湾进步，全球进步更大。2009年亚洲地区多益成绩及排行见表1（王彩鹏，联合晚报，2010）[①]。

比较大陆与台港澳地区的英语能力，台湾赢香港56分，但大幅落后大陆171分，2009年大陆分数710分，比前一年大幅提高74分，排名也跃居第三。ETS台湾区代表处总经理王星威分析指出，精英人员的英语能力大幅升高，台湾上班族及拟赴大陆就业者要有危机意识（王彩鹏，联合晚报，2010）。

---

[①]　见《联合晚报》，http://mag.udn.com/mag/campus/storypage.jsp?f_ART_ID=282434.

### 表 1　2009 年亚洲地区多益成绩排行榜

| 排名 | 国家和地区 | 总成绩<br>(与 2008 年比较) | 2008 年排名 |
|:---:|:---:|:---:|:---:|
| 1 | 印度 | 821(+12) | 1 |
| 2 | 菲律宾 | 729(+1) | 2 |
| 3 | 中国大陆 | 710(+74) | 6 |
| 4 | 土耳其 | 656(−21) | 5 |
| 5 | 韩国 | 612(+8) | 7 |
| 6 | 中国台湾 | 539(+6) | 8 |
| 7 | 日本 | 508(+13) | 10 |
| 8 | 泰国 | 500(+9) | 11 |
| 9 | 中国香港 | 483(−36) | 9 |
| 10 | 印度尼西亚 | 483(+206) | 14 |
| 全球平均 | | 566(+13) | |

数据来源:王彩鹏,《联合晚报》,2010。

　　ETS 多益台湾区代表处总经理王星威说,香港在 1997 年回归祖国后,曾引起一场民众语文教学大论战。有人认为除了学英语外,还要学中文。"独尊英语"氛围被打破后,香港中小学的英语授课时数减少,英语程度也逐年减弱。王星威表示,香港人多益平均成绩输给台湾,不代表台湾人英语能力比香港人好,只能说台湾和香港非精英阶层的英语能力愈来愈接近。香港精英阶层不会去考多益,主要是高中或职业学校毕业的人报考(林志成,"中国时报",2009)①。

　　王星威指出,大陆是精英阶层报考多益,而韩国近年国际化程度很高,这两个地区的多益成绩赢过中国台湾地区,很正常。他提醒,台湾地区科研人员的多益分数平均仅 507 分,英语程度弱,不利于接受全球信息,将影响科学发展(林志成,"中国时报",2009)。

　　马英九先生表示,台湾教育主管部门正在研议开办英文"短期魔鬼训练班",准备通过三个月或半年集训,二十四小时采用全英文课程,"看能不能够把英文拉到某一个水平"。他解释说,开办"短期魔鬼训练班",利用三个月或半年时间与外界一定程度隔绝,每天二十四小时吃的、看的、听的、用的都使用英文,把英

---

① 见"中国时报",http://news. chinatimes. com/2009Cti/ChannelLifelife-article/0,5047,
11051801+112009102000033,00. html.

文能力拉到某一个水平,"到那个水平之后,就自己会继续维持下去"(李明贤、陈智华,《联合报》,2011)①。

台湾教育主管部门于 2011 年提出"大学院校学生暑期密集英语训练试办计划",此试办计划以"奖励大学院校设立区域教学资源中心计划"为推动宗旨,在全台湾 100 多所大学中,选中北区、中区及南区的教学资源中心办理,共设计开设三大主题——"商管"4 班、"科技"2 班与"学术"3 班,开设课程见表 2。

**表 2    2011 年台湾教育主管部门"大学院校学生暑期密集英语训练试办计划"开设课程**

| 区域教学中心及学校 | 类别 | 开设课程 |
|---|---|---|
| 北一区区域教学资源中心——台湾东吴大学 | 商管 | "暑期英语密集特训班——商管类" |
| 北二区区域教学资源中心——台湾大学 | 学术 | "跨国学术竞争力"精英班 |
| 桃竹苗区域教学资源中心——中原大学 | 商管科技 | "国际化商务人才"培训班<br>"科技产业精英人才"培训班 |
| 中区区域教学资源中心——逢甲大学、静宜大学 | 商管 | "英语密集训练班" |
| 云嘉南区域教学资源中心——长荣大学、成功大学 | 科技学术 | "园区英语"训练班<br>"学术英语"训练班 |
| 高屏区域教学资源中心——台湾"中山大学" | 商管学术 | "商管英文"<br>"学术英文" |

台湾东吴大学(以下简称本校)根据台湾教育主管部门的安排,由北一区区域教学资源中心委托推广部负责协调学校资源,规划出一班"2011 年暑期英文密集特训班——商管类",招收 30 名大学在校生(二年级升三年级、三年级升四年级)及研究所在校生,课程结合就业或工作职场所需的英语知能以及商业管理专业课程,营造全面的英语学习环境,以培养具有商业管理知识及英语能力的人才,增进未来求职及职场所需的能力及自信为目的。预期经过四周的英文密集课程以及全英文的学习环境训练,学生的英语(文)程度能大幅提升,期望学生能从 B1 级(相当 TOEIC 550 分)提升至 B2 级(相当 TOEIC 750 分)。借由英语(文)能力的增进使学生对职场接轨及学术领域交流能有更多的自信与竞争力。

---

① 见《联合报》,http://city.udn.com/65396/4615263? tpno=9&cate_no=95690.

### 二、课程设计与特色

1. 打造英语村模式的全英语环境

自 2000 年以来,很多教授外语的国家和地区(包含韩国在内)有意创造出与加拿大类似的沉浸式①外语教学环境,因此有了各种不同的语言村,即语言村是建立沉浸式语言课程的理论基础。语言村中所学习的外语可能是法语、西班牙语、意大利语或英语。教学的对象可以是学龄中的学生,也可以是工商业的专业人员。(陈锦芬,2009)

陈锦芬(2009)提出,设计一个真实且自然的英语环境,由以英语为母语的人士来教学,其目标如下:

(1)提供学习者能真正经历自然且真实的英语情境。

(2)提供学习者令人心安的学习环境,让学习者了解语言上的犯错不会影响到他们表达自我的能力,有助学习者自信心的提升。

(3)训练学习者的耳朵侦测和分辨不同的英语语音。

(4)强迫学习者戒掉以母语思考外语的坏习惯,沉浸式教学让学生没有翻译的时间,强迫其以英语来思考。

(5)使学习者明白有效地使用英语,不只是无误的文法和大量的词汇量。

只要持续暴露于大量目标语言之中,且采用个别、活动的方式来教学,其效果会更理想。英语村建置的模式与课程内容因学习者的需求不同而有所差异。英语村的规划与执行是另一个英语教学的有效替代方案,以弥补正常学校或教室内传统英语教学的不足。

随着受教环境、教学策略的有效应用,学生比起传统长时间的课程更倾向于密集式英语课程,并且能在短期内受益良多(Scott,2003)。密集式英语课程受教环境与教学策略必然与传统的长期课程不同,本校采用英语村的模式,规划了为期四周的"暑期英语密集特训班——商管类"课程,打造沉浸式的英语教学环境,每天二十四小时与外界隔绝,除所有课程皆以全英语的教学方式进行外,用餐时、课后活动时等课堂外的时间,也都规定学生须以英语交谈,训练学生以英语思考,让学生在"唯有英文(English only)"的语言环境下学习,以强化学习成效。教学课程规划如下:

---

① 在 20 世纪 60 年代,加拿大开始尝试作沉浸式(immersion)实验教学,让学生在学校中完全使用 second language(L2);像数学、社会科学、历史等课程都直接用 L2 来进行教学,在课堂外的生活,像用餐、日常活动等,也完全使用 L2。实验的过程和结果都经过了深入的研究和评论,变成了后来大量类似实验课程的基础。

(1)密集训练。课程以四周为期,每周上课五天,每天上课八小时,以住校供膳的方式训练,使参加学员妥善利用时间,强化研习效果。

(2)小班教学与教学助理。以听、说、读、写均衡之课程设计,并由助教跟课,从旁协助学生,随时反映并追踪学生状况,帮助教师掌握学生学习情形,并安排教学助理于课后的自习时间,直接以面询讨论的方式辅导学生,协助学生复习并且整理一天所学,加深学习的印象。

(3)全天候英语环境。除教室内进行之教学外,学员还可使用学校视听器材、图书馆及非书数据室等设施,学生可以于课后观看英文电影或 CNN 新闻等英语节目,营造全面的英语学习环境。

(4)企业参访活动。由两位老师共同带领学员参访知名企业或组织,于参访期间全程以英语解说,并由老师带领学生分组以英语进行小组讨论、活动。课程规划及上课时数如表 3。

**表 3　课程规划及时数**

1.商管知能

| 课程名称 | 时数 | 总计 |
|---|---|---|
| 大陆金融产业现状与两岸金融合作 | 12 小时 | |
| 企业参访 | 24 小时 | |
| 商务简报及会议英语 | 12 小时 | 68 小时 |
| 英文商业书信及履历表撰写 | 8 小时 | |
| 职场英语口说训练 | 12 小时 | |

2.英语课程

| 课程名称 | 时数 | 总计 |
|---|---|---|
| 英语听力训练 | 15 小时 | |
| 电影英语 | 4 小时 | |
| 英语文法与阅读 | 15 小时 | |
| 新闻英语 | 6 小时 | 58 小时 |
| 英语会话 | 6 小时 | |
| 英文阅读与讨论 | 12 小时 | |

课程总时数:126 小时

2.采用 i+1 的教学方式

语言数据输入说(input hypothesis)认为,我们习得(非学习)语言是因为能够了解输入的语言数据(input),而这些语言数据往往比我们目前程度还难一点。我们不妨用公式来解释输入说的道理,假若学习者目前的程度只有 i,再进一步就是 i+1。要达到 i+1 的阶段,他就一定要接触 i+1 的语言数据。(Krashen & Terrell,1983:32)

采取 Krashen 的 i+1 理论,设计出以下的方式,去了解并追踪学生的学习状况,再配合学生的学习状况给予适当的语言数据输入(input):

(1)了解学生受训前的程度。于开训当天以 TOEIC 模拟测验,测试学生受训前程度,了解每位学生目前的程度在哪里,也就是先知道学生的 i,让授课老师取得学生程度的信息,在准备课程时可以知道要如何给予学生目前语言程度略高一筹的语言数据输入,也就是+1。

(2)每周再安排一次模拟测验,追踪学生学习成效。在受训期间,每周再安排一次模拟测验,包含开课当天第一次模拟测验,总计四次,以此检测追踪四周的学习成效,并且让授课老师可以随时调整教学的内容以及速度,以期达到最高的效果。知道现在的程度在哪里,再往前推进一步,这样的语言输入才能促使学生的学习成果更上一层楼,而不是一直在学生原有的程度不停地打转。此外,Hyland(2000)指出,学生可以从测验回馈中得知自己的学习效果,判别自己的优势及具体不足,有针对性地加强、改善未来表现。

3.专业商管知能

Wubbles & Levy(1993)指出,假如老师有良好的专业知识、优良的教学质量,并且与学生和谐互动,将会提升学生对学习的兴趣以及分数。本计划除了语言的训练课程外,还以增进学生将来就业能力为导向,邀请跨院系包含文学院及商学院的专业师资,并选聘业界专家(简称业师),通过在专业上有优良表现的业师们与学生密切互动,深化职场导向之实务。本计划为此设计了以下课程:

(1)大陆金融产业现状与两岸金融合作。通过检视大陆现今的金融体系,来探讨台湾在两岸经济合作架构协议的金融合作状况,并且评估海峡两岸的潜在利益及障碍对于台湾金融情势的影响。

(2)商务简报及会议英语。学生会学习到如何成为一个聪明的听众、演练讲稿的写作和分析,以及成为一个自信的讲者。此外,课程更针对想在国际会议有所表现的学员,提供了国际会议准备的相关内容。本课程结合了课堂学习、小组讨论以及上台报告,以达到上述之学习目标。

(3)英文商业书信及履历表撰写。让学生学习到商业书信的基本写作技巧及英文求职书信的重要细节,并让学生实际练习,并由老师协助修正,让学生为将来进入职场做准备。

（4）职场英语口说训练。以沟通及任务为基础来学习职场英文口说，并通过小组的演练来模拟真实的商业情境以及决策的过程。课程的核心目标是使学生能和其他组员积极沟通和提供有效解决方案的沟通办法。

（5）企业参访。企业参访是本校英文营的核心特色，重点在带领学员参访著名的企业或组织。在参访过程中，所有的简报和解说都以英语进行，并由两位老师带领学生分组以英语进行小组讨论以及活动，不仅提升学员的英文能力，也帮助学员了解真实的企业内部组织运作情形。参访的地点包括台北港、金车宜兰威士忌酒厂、美商优派国际股份有限公司、华硕计算机股份有限公司等。

### 三、成　效

从四次 TOEIC 模拟测验中可以看出，30 名学生在这四周密集训练下，英文的能力都有大幅提升。每周一次的模拟测验成绩提供了评估受训成果的最佳观察数据，也印证学生的英文程度都能达到当初此计划所预期达到的目标，学生能从入训前的程度 B1 级（相当 TOEIC 550 分）提升至 B2 级（相当 TOEIC 750 分）。四次模拟测验的结果如表 4。

**表 4　TOEIC 模拟测验成绩**

| 学生编号 | 1 次测验 | 第 2 次测验 | 第 3 次测验 | 第 4 次测验 |
|:---:|:---:|:---:|:---:|:---:|
| 1 | 690 | 685 | 915 | 840 |
| 2 | 825 | 850 | 865 | 缺考 |
| 3 | 575 | 590 | 685 | 缺考 |
| 4 | 585 | 720 | 885 | 855 |
| 5 | 725 | 815 | 900 | 925 |
| 6 | 615 | 700 | 695 | 870 |
| 7 | 460 | 675 | 715 | 740 |
| 8 | 625 | 685 | 820 | 820 |
| 9 | 630 | 740 | 835 | 810 |
| 10 | 705 | 810 | 855 | 810 |
| 11 | 800 | 855 | 900 | 920 |
| 12 | 665 | 缺考 | 875 | 缺考 |
| 13 | 485 | 610 | 缺考 | 750 |
| 14 | 515 | 720 | 730 | 820 |

续表

| 学生编号 | 1 次测验 | 第 2 次测验 | 第 3 次测验 | 第 4 次测验 |
|:---:|:---:|:---:|:---:|:---:|
| 15 | 555 | 805 | 795 | 815 |
| 16 | 550 | 655 | 805 | 765 |
| 17 | 600 | 715 | 705 | 840 |
| 18 | 650 | 610 | 765 | 785 |
| 19 | 805 | 缺考 | 835 | 900 |
| 20 | 890 | 885 | 910 | 985 |
| 21 | 690 | 725 | 775 | 870 |
| 22 | 540 | 缺考 | 760 | 865 |
| 23 | 535 | 830 | 760 | 795 |
| 24 | 615 | 740 | 缺考 | 780 |
| 25 | 505 | 缺考 | 810 | 830 |
| 26 | 625 | 705 | 855 | 865 |
| 27 | 690 | 655 | 780 | 缺考 |
| 28 | 700 | 760 | 795 | 870 |
| 29 | 580 | 685 | 805 | 795 |
| 30 | 620 | 770 | 905 | 815 |

　　每位学员的前测后测进步分数都至少超过 95 分，其中又以进步 151 分到 200 分、201 分到 250 分、251 分到 300 分为最大宗，都大约各占总人数的 20%。模拟测验前测后测成绩进步统计如图 1。

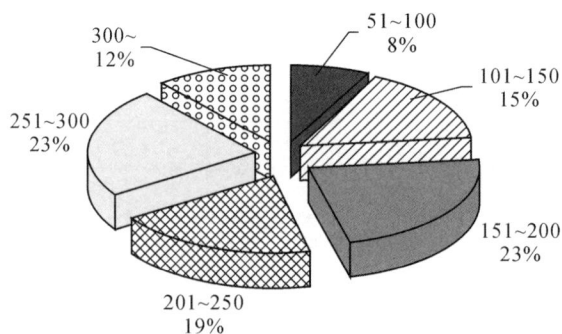

图 1　多益（TOEIC）模拟测验成绩进步统计

### 四、结　语

"大学院校学生暑期密集英语训练试办计划"的规划与执行是另一个英语教学的有效替代方案,以弥补正常学校或教室内传统外语教学的不足。通过此试办计划一个月的密集授课,可以了解到不是一定要暑期出境游学才能增进英语能力。此计划由教育主管部门全额补助,让无法出境游学或是补习英文的学生,只要有心学习,同样有机会可以利用暑假增进自己的英语实力。本计划依据 i+1 理论设计,并且计划中期就有显著的效果。依据不同时期学生程度修改课程内容使得资源不重复,学生在每分每秒都能吸收到最扎实的内容。成果显示多数学生能在四次成绩中稳定成长。

接受全方位的英语密集训练课程能在短期内提升英语程度到一定的水平。学生在看到自己的成绩大幅进步的同时,也增强了学习英语的自信心。密集英语课程的成功关键在于"全英语环境""小班教学"和"密集训练",身处在全英语的环境下学习,使得学生的吸收更为快速,学习的印象更为深刻。由于课程是以实用的商管英文为主,不仅能让学生获得丰富的专业英文知识,更提前帮助学生做好面对职场挑战的准备。

2011 年本校首次接受台湾教育主管部门补助办理暑期英语密集营,受训的30 名学员都认同本训练营是值得被推荐与推广的。2012 年本校持续提出申请计划,并扩大为招收两班 60 人。目前此试办计划受惠的学生仍是少数,期许将来能持续办理,让更多的学生接受此训练,并进而扩大至毕业后待业青年,协助青年顺利与职场接轨。

**参考文献:**

[1] Hyland,K. & Hyland,F. *Feedback in Second Language Writing: Contexts and Issues* [M]. Cambridge: Cambridge University Press,2006.

[2] Scott P. A. Attributes of high-quality intensive courses[J]. *New Directions for Adult and Continuing Education*,2003,97:29-38.

[3] Wubbles,T. & Levy,J. *Do You Know What You Look Like? Interpersonal Relationships in Education*[M]. San Francisco: Jossey-Bass,1993.

[4] 陈锦芬.英语村建置理论、模式与预期成效[C/OL].台北教育大学儿童英语教育研究所论文,2009. http://s16. ntue. edu. tw/flame/teachers/fen/英语教学/英语村建置理论模式预期成效. doc.

[5] 杨懿丽,译.自然教学法——如何在教室内促进语言的习得[M].台北:幼狮文化事业股份有限公司,1988. 原著: Krashen Steven D. & Tracy D. Terrell. *The Natural Approach: Language Acquisition in the Classroom*[M]. Hayward, CA: Alemany Press,1983.

# 提高继续教育学历教育质量的几点思考

哈尔滨工业大学　　王永志

【作者简介】

　　王永志,男,哈尔滨工业大学继续教育学院副院长,助理研究员,研究方向为继续教育。

　　本文为 2012 年第十三届海峡两岸暨港澳高校继续教育论坛收录论文。

## 引　言

继续教育包含非学历的培训与远程、夜大、自考、函授等形式的成人学历教育。不同于西方发达国家,我国的成人学历教育颁发的证书与全日制统招学生的不同,证书上有明确的成人教育字样,相对来说证书的"含金量"就要低很多。另一方面,由于培养标准的不统一、教育监管的缺失,成人学生的培养质量明显偏低,甚者有"买证"行为,导致目前成人学历教育的认可度逐年下滑。

成人学历教育曾经有过辉煌,现在有些教学名师、省(区市)领导等都曾是当年夜大学培养出来的。成人入职后的继续教育不可或缺,必须采取一些措施提高成人学历教育质量,重树成人学历教育形象。

提高成人学历教育质量,各有高招,笔者认为以下几点可以着重考虑。

### 一、淡化或取消强制性外语教育

首先看一下目前部分高校成人学历教育中外语课程所占比例情况(表 1)。

由表 1 可以看出,各学校在外语教育上的投入都比较大,学生基本上要用 1/8 左右的时间来学习外语,如果加上学生自己报读补习班的情况,学生学习外语所用的时间就更长。

表 1　部分高校成人学历教育中外语课程占比

| 学校名称 | 外语学分 | 总学分 | 外语课所占比例 |
|---|---|---|---|
| 哈尔滨工业大学 | 10 | 80 | 12.5% |
| 北京大学 | 12 | 85 | 14.1% |
| 华中科技大学 | 10 | 80 | 12.5% |
| 对外经济贸易大学 | 12 | 84 | 14.3% |
| 大连理工大学 | 8 | 80 | 10.0% |
| 浙江大学 | 8 | 75 | 10.7% |
| 北京理工大学 | 10 | 75 | 13.3% |

为什么要用这么多时间来进行外语教育呢？因为对成人学历学生来说，需要参加英语统考，要取得学位还需要参加学位外语考试，为此学校不得不教，学生不得不学。为什么需要学位外语考试呢？一个比较普遍的说法是"依据国家学位授予条件确定"。《国务院学位委员会关于授予成人高等教育本科毕业生学士学位暂行规定》第三条明确说明："授予成人高等教育各种办学形式培养的本科毕业生学士学位的标准，应符合《中华人民共和国学位条例》第二条和第四条以及《中华人民共和国学位条例暂行实施办法》第三条规定，达到下述学术水平者，可授予学士学位：（一）通过学习教学计划规定的政治理论课程，能够掌握马克思主义的基本理论，并具有运用马克思主义的立场、观点和方法分析、认识问题的初步能力；（二）通过成人高等教育，经审核准予毕业，其课程学习（含外国语和教学实验）和毕业论文（毕业设计或其他毕业实践环节）达到本科教学计划应有的各项要求，成绩优良，表明确已较好地掌握本门学科的基础理论、专门知识和基本技能，并具有从事科学研究工作或担负专门技术工作的初步能力。"可以看出，国家文件并没有获得学位还需要学位外语考试的要求。

另一个说法是参考全日制本科学位要求，的确目前还有部分高校将英语四级考试与学位挂钩，如武汉大学、南京大学、天津大学等，要求学生要拿学位必须先过英语四级或本校的学位外语考试。但这种情况在这几年已经改变了，目前很多院校已经取消这条规定，如哈尔滨工业大学、清华大学、北京大学、浙江大学、中国人民大学、上海交通大学、西安交通大学、复旦大学、同济大学、中国科技大学、南开大学、中山大学等高校学士学位均不与英语四级挂钩。这种趋势还将进一步发展。

再看，外语教育在成人学生日常工作中有用吗？表 2 是随机调查了几个远程教育校外学习中心的情况。

表 2　远程教育校外学习中心外语使用情况调查

| 校外学习中心 | 学生数 | 工作中能用到外语人数 | 外语使用率 | 备注 |
|---|---|---|---|---|
| 哈尔滨某中心 | 1070 | 102 | 9.5% | 大部分是机场人员 |
| 天津某中心 | 740 | 145 | 19.6% | 多数晋升职称需要 |
| 镇江某中心 | 300 | 2 | 0.7% | |
| 威海某中心 | 342 | 10 | 2.9% | 大部分需要韩语 |

由表 2 可以看出，大多数成人学生在日常工作中是用不到外语的。另据报道，普通高校学生毕业后工作中能用到外语的也不足三成。如果我们的教育和政策还是强调外语教育，那就是舍本逐末，浪费学生的财力和物力。

综上，成人教育的外语教育应该取消学位外语考试及英语统考，主办学校可以开设外语选修课给需要外语教育的学生选学，让学生把更多的精力投入到专业知识的学习中，以便能更加适应工作实际的需要。

### 二、加强实践教学

教育部在《关于进一步加强高等学校本科教学工作的若干意见》中明确提出，要"大力加强实践教学，切实提高大学生的实践能力"。现代教学论认为，掌握知识的最终目的，是要到实践中去运用。学生获得的知识只有回到实践中去才有生命力。高等教育是理论与实践教学的统一体，实践教学与理论教学贯穿于整个教学过程之中。理论知识最终要回到实践中运用，指导和完成工程实践，而实践教学的真正内涵就是培养学生的动手能力、科研能力、适应能力和创新能力为代表的综合素质（孙伟民，2006）。实践教学，尤其是工科专业的实践教学在整体教学过程中有着不可替代的作用。

对于远程教育来说，全部实现现场实验比较困难，这就需要各网络教育学院开设一些网上实验及虚拟实验，让学生对实际操作有个大体的认识，至少知道需要哪些器具，如何进行操作，实验结果应该在什么范围，等等。但是建设网上实验或虚拟实验需要网络学院投入比较大的精力和物力，既不可能在短时间内建设好，也不可能每个实验都做得很出色。这需要教育主管部门加大协调力度，比如建设网上虚拟实验交流平台，集中各网院建设的精品实验；同时建立相应的选用规则，让各个网院可以依据规则自由选择其他网院提供的实验，实现真正的资源共享。网院既节约了成本，又能给学生提供出优质的网上虚拟实验，同时，也对精品实验的制作单位起到了推广作用，可以形成全面的互利共赢。相反，如果还是寄希望于各网院自己搞小联盟，效果怕是要大打折扣了。

另一方面,还要通过各种措施逐步加强现场实验的力度,毕竟在计算机上做个解剖实验离真正的手术刀还有很大的差距。现场实验或者说实际动手实验应该随着远程教育条件的逐步改善而逐渐得到加强,最后实现以网上实验为辅,现场实验为主的实践环节教育。远程学生大多数无法到主办学校内进行现场实验,主办学校应在异地选择有实验条件的合作单位,并聘请教师指导学生动手实验,完成实践环节。

### 三、促进学分互认

学分互认是学分制的最高层次,在国外历史比较悠久(李志宏,1994),在我国尚处于起步阶段,目前为止也只在小规模上实现联盟性质的学分互认,比如1986年,上海市26所职工大学和11所独立设置的区办成人高校分别创办了联合学分制,采取"选课自由、形式多样、就近入学、课程互通、学制灵活"等措施(刘华、姜为,2004)。2007年,基于现代远程教育公共服务体系,华中师范大学、华南师范大学和福建师范大学三所师范类网络学院实施了资源共享、学分互认等(牛犇,2012)。

由于各学校在培养目标与培养人才层次方面的不同、学分设置及质量标准不统一等客观原因及物价、利益分配等问题,学分互认现在还很难大面积自发推广起来。这就需要教育主管部门承担起相应责任,主动进行引导、部署与协调。据全国远程教育协作组秘书长严继昌教授介绍,国家正在筹备学分互认系统工程,初步拟定将在统一的平台上,先强制要求各高校必须至少选择一门其他院校的课程认定学分。我认为这是好事,为迅速推动广泛的学分互认,采取一些强制性措施是必要的。先运行起来,发现不足即刻完善。第二,国家还要逐步统一成人教育培养标准与质量评价规范,扩大学分互认课程数量。第三,制定统一合理的利益分配原则,既避免讨价还价影响效率,又能快速推动学分互认进展。

### 四、制止恶性竞争

由于普通高校扩招,成人学历教育需求量降低,远程教育主办高校之间、公共服务体系之间等便存在着一些为争夺生源而发生的恶性竞争,尤其是大打价格战,已经严重影响了远程教育的质量。"不仅伤及远程教育本身的声誉,阻碍了远程教育作为国民教育体系一个新生事物的健康发展,而且也对原有的大学学历教育体系产生了一定干扰,对学历教育的其他形式也造成了一定的负面冲击。"(王少军、霍英秀,2012)

一些学校为争抢生源,将学费标准降得很低,甚至有的地方连函授教育全部学费总额都不足2000元。由此,收费低,学生数量又大,导致主办学校根本没有能力提供相应的教育服务,这样的学校就完全变成了卖证机构,严重破坏了成人学历教育质量。教育主管部门必须制定相应措施,严惩相关院校,还成人学历教育一个健康向上、平等竞争的教育环境。

### 五、增强主办院校自主权

远程教育试点之初,主办院校的自主权是比较大的。随着试点的进行,教育部门逐步出台了一些文件、通知,这些规定一方面使远程教育趋于规范,另一方面也逐渐压缩了主办院校的自主权。

其一,限制成人学历学生修业年限,专科和专升本学生 2.5～5 年,高起本学生 5～8 年,不得提前,不得延后。众所周知,美国是最早实行大学学分制的国家,也是世界各国大学学分制改革最具代表性的国家之一。美国的学分制是自由学分制,即我国所称的完全学分制,学生自主选择专业、课程和授课教师,自己安排学习计划、自己决定毕业时间,不受修业年限的限制,只要修满毕业要求的总学分即可毕业。而我国,主办院校必须严格按照教育部所规定的修业年限操作,而且每年只有固定的两次注册时间(3 月和 9 月)。学生不能随到随学,也不能在学有余力的情况下提前毕业,一旦超期就要重新入学。我们一直在提要建立"学分银行",用户存在银行里面的钱是不会因为存储时间长而被清空的,也不会被禁止提前支取,所以要建立学分银行,就应该取消修业年限规定。

其二,普通高校的成人学历教育禁止招收脱产学生,而一些民办院校可以招收成人脱产学生。这应该是支持民办产业的一项措施,肯定不是为了保障教育质量而出台的规定。现在的国家网络精品课、中国公开课都是单视频流课件,有学生听课,有教师讲解,不一定必须有互动交流,但至少有学生在听课可以激发教师授课激情。有些教师讲,只对着一个摄像头授课,一是很多东西讲不出来,二是很难控制速度,也不清楚学生是否听懂。如有学生在场,即使不用对话交流,也可以从表情、眼神中了解到学生对课程内容理解了多少。中央电大蒋国珍教授的网络课程很受学生欢迎,关键一点是他的课跟学生的互动很多,课件也是现场授课情景。综上,应该至少允许主办学校本地招收少量的脱产学生,通过录制教师与这部分学生授课的实景来提高课件制作质量,进而提高远程教育质量。

其三,不应限制远程教育课件形式。虽然现在国家没有对课件形式做出具体规定,但无论评选国家网络精品课还是网络公开课,都要求单视频流课件,不允许三分屏课件,这就形成了一个导向,远程教育主办院校只好沿着这个方向走。什么样形式的课件是好课件,这是很难明确下来的。三分屏课件、单视频流课件、可汗微课程课件等各有短长,要根据课程内容进行取舍,百花齐放、百家争鸣,最适合的就是最好的。

## 小 结

提高继续教育学历教育质量与信誉度势在必行,国家教育主管部门应该集思广益,充分听取主办院校的意见,制定更加合理规范的规则,并切实进行监督、指导和帮助。另一方面,主办院校也应珍惜自己学校的声誉,将教育质量视为第一要务,共同促进我国继续教育的繁荣发展。

**参考文献:**

[1] 李志宏. 美国、日本、中国学分制之比较及完善我国学分制的设想[J]. 中国大学教学,1994(2):11-13.

[2] 刘华,姜为. 成人高等教育学分互认:现状、成因与对策[J]. 学术论坛,2004(7):20-22.

[3] 牛犇. 远程开放教育高校学分转换分析[J]. 天津市财贸管理干部学院学报,2012(2):56-60.

[4] 孙伟民. 大力加强实践教学 提高人才培养质量[J]. 中国大学教学,2006(3):42-43.

[5] 王少军,霍英秀. 关于普通高校现代远程教育之定位及角色[J]. 科技与教育,2004(12):64-66.

# 我国网络教育评估趋势研究：
# 从规则性评估到发展性评估

中山大学　赵过渡

**【作者简介】**

　　赵过渡，男，原高等继续教育学院(网络教育学院)院长，教授。研究方向包括教育管理、行政管理等。

　　本文为2012年第十三届海峡两岸暨港澳高校继续教育论坛收录论文。

　　网络教育的开展在我国已逾十年，尚处于试点阶段。教育评估对于试点状态的网络教育具有不同于其他教育评估的意义。基于网络教育更为长远的发展，分析网络教育评估的现存问题，探讨网络教育评估的发展趋势，对于网络教育的试点工作，以及可能进一步开放的网络教育事业，理应成为网络教育的应有课题。本文将以体制为起点，对规则性评估作功能性评价，对规则性评估的问题加以分析，在此基础上，提出规则性评估向发展性评估转变的趋势，并讨论发展性评估的主体构成、机制完善和功能强化等问题。

## 一、体制与规则性评估

　　我国高等教育评估从理论形态看，源于20世纪初西方教育测量理论的传入；从体制形态看，形成于20世纪80年代，其标志是1985年《中共中央关于教育体制改革的决定》。该决定首次从中央决策层面对高校教育评估提出了要求："教育管理部门还要组织教育界、知识界和用人部门定期对高等学校的办学水平进行评估。"这段表述，成为中国高校教育评估制度建设的政策起点和基本方针。

　　中国高校网络教育的评估，开展较晚，起步于21世纪初。此项评估是网络教育试点工作的基本构成，以国家教育行政部门为主体，围绕国家教育部对高校网络教育试点工作的要求，建立评估指标体系，评估工作按年度进行，具有极强的规则性评估的特征。

规则性评估的评估指标主要包括网络教育学院和校外学习中心的办学条件、基本的制度建设、教学和管理人员配备、支持服务的一般情况等，其指标的确认、评分的权重，均以教育部门管理文件的政策规定为依据，可以确定为政府管理文件执行和落实情况的测定与评估。

规则性评估对于办学行为的规范、教育管理的科学性的追求是十分必要的，网络教育更是如此。

我国网络教育的开展与大学教育体制改革具有较强的关联性。从教育部最初的文件看，开办网络教育的大学，能由此获得较多的办学自主权，包括办学性质（全日制或非全日制）、招生和录取（计划自定，考试入学与不须考试入学，考试录取分数线的划定，招生地区的确认）、学费（数额，分配构成，缴费方式）、文凭（性质，样式，条件）等。这些办学权基于网络教育向大学的下移，对于办学权受到高度限制的大学，具有十分强烈的吸引力。获取更多的办学权是我国大学网络教育发展的较为深层的内在动机。事实上"获权行为"可以成为诸多网络教育问题的制度性解释，如为什么网络教育长期处于试点阶段、为什么大学热衷于网络教育办学许可的争取、为什么已经下移的网络教育办学权会逐步回收、为什么网络教育办学问题屡屡发生、为什么网络教育办学的违规行为屡禁不止。

尽管本文无意讨论评估之外的问题，但笔者愿意在讨论评估问题之前提出以上问题，将以上问题作些许归结并作为讨论评估问题的预设前提：一是在大学体制未作根本性改革的状态下，借由网络教育撬动大学自主权的门禁不仅难见成效，而且易于引发所谓的规则性问题；二是在国家教育管理没有改革的原有制度内，基于获权动机的办学者（大学）与基于行政权力的管理者（国家和省级政府教育行政部门）之间，难以消除的"违规与纠正"具有极为明显的规则性质；三是在管理规则不变的条件下，依规则对办学者进行评估是网络教育制度化管理的基本机制。

尽管规则性评估对于网络教育具有十分必要的管理需求和体制惯性，但从网络教育发展和创新的要求看，规则性评估是有其局限性的，因其局限性而带来的问题，理应引起研究者的关注。

## 二、规则性评估问题及其分析

本文对规则性评估问题的分析，集中于主体、机制和功能等体制领域，不涉及评估工具和评估技术。

### （一）评估主体的单一化和行政化

评估主体不同于评估工作的参与者，评估主体是评估政策的决策者，是评估原则、评估指标的制定者，是评估行为、评估工作的组织者，是评估结果的确定、处理的决定者。评估主体的确认，不仅由评估性质决定，而且对评估效果具有巨大影响。

我国网络教育评估属于规则性评估，这种评估性质决定了评估主体的参与，即评估主体概由中央政府和地方省级政府教育行政部门构成。换言之，网络教育政策和管理规则的制定主体，其自身就是网络教育的评估主体。虽然政府部门在网络教育评估工作过程中经过聘请方式，在一定程度上体现了专家参与，但丝毫未改变评估主体的行政化性质和单一化构成。依规则管理和依规则评估，在行政集权式教育管理体制内具有完全的逻辑一致性。

虽然在行政管理体制内对规则性评估作问题分析是难以置喙的，但笔者认为，任何形式的高等教育，其评估主体如果缺乏大学、用人部门（如行业、企业、事业单位）、其他非政府组织（如教育类、传播类、信息技术类）的参与，那么由其制定的评估指标、评价标准和评价方式，是难以全面反映教育发展规律、大学对教育规律的认识与把握、社会对人才培养的需求、公众对教育发展评判之真实性的。而这些恰恰是包括网络教育在内的高等教育改革和发展的更为重要的指标。

（二）形成性评估的不足

网络教育作为基于互联网和信息技术的远程教育模式，对学习者的学习过程应当有更多的关注，因此，网络教育的评估应当具有更强的形成性评价机制。这对于网络教育发展所具有的意义，远大于对规则性的、资源性的条件评价。

目前网络教育评估的指标体系，更多的是针对办学规则和学习资源而设计的，这些指标很有必要，问题是形成性的指标与这些指标相比，在构成比例上过于单薄，而且在评估效应上远低于规则性的指标。某些规则性指标具有"一票否决"或具有"伤一指而痛全身"的性质，这些刚性要求，在形成性评估指标中是缺乏的。

形成性评估指标的构成与刚性的不足，不利于促进网络教育办学者对教育过程的重视，不利于强化网络教育资源建设的针对性和资源利用的实效性，不利于引导网络教育办学者对学习者自主学习能力培养的高度关注。网络教育的管理部门和办学组织，面对大学教师和社会公众对网络教育的"学习过程是否真的发生了"的疑问，不应该也不能再避而不答了，把已有的规则性评估向发展性评估提升的课题应该摆上网络教育发展的台面了。网络教育试点工作已逾十年，在此期间有多种办学模式，其中公共服务体系承担办学功能的模式，已引起种种议论和社会关注。对此若作规则评估是难以形成共识的，但若将评估的着眼点放在学生学习过程,相信这个问题的共识性评价是不难形成的,这也就是说,公共服务体系承担办学功能是否有利于高校对学习者学习过程的引导,是否有利于学生网上学习行为的发生,应该成为对此模式的最高评价标准。

(三)发展性功能的缺失

所谓发展并不等于规模的扩张和数量的增加,发展的实质是新质要素的增强,是已有模式的创新,是事物的质变。我国网络教育试点工作的根本性价值到底为何? 是办学规模和学生数量,还是高等继续教育模式的创新? 笔者以为该问题的答案只能是后者,即高等继续教育的发展途径和发展方式是网络教育试点工作的最终价值和最高评判。

基于试点工作的网络教育评估指标的应然性而言,评估指标应当突出网络教育发展性的问题,应当有较为充分的能体现网络教育发展的评价维度,应当具有更为明显的引导网络教育发展的价值导向。唯此,网络教育的评估工作方能与网络教育试点工作形成一致,方能真正体现和落实“以评促建”“以评促发展”的宗旨。

但就目前网络教育评估指标的实然性看,其价值导向主要的不在于网络教育的发展,而在于网络教育办学行为的规范。这样的价值导向,应该说是所有规则性评估共有的。只要是规则性的评估,其评估的价值导向必然是管理者对被评估者行为的规范。

规则性评估是必要的,因此规范办学行为的价值导向是不可或缺的,但现在网络教育面临的问题,不是要不要规则性评估,而是规则性评估能否满足网络教育的发展。

我国高校网络教育的发展面临许多有待解决的问题,其中包括以下问题:一是网络教育的课程设计是否能充分满足社会所需人才培养的需求;二是网络教育学习资源的建设是否能与在职学习者的实际需求相一致;三是网络教育学费收入与办学成本是否相吻合;四是网络教育的经费投入是否能满足提升学习支持服务水平的需求;五是网络教育是否能与其他继续教育类型相贯通。这些问题,在现有评估体系中是没能得到应有体现的。

网络教育评估发展性功能的缺失,不仅不利于对发展性问题的认识和评价,而且不利于对一般的规则性问题的认识和评价。如网络教育办学规模。我国网络教育试点高校在办学规模上有极大差距,有些高校网络教育办学规模已是其在校全日制学生的一倍或数倍。又如网络教育学费价格。学费价格在试点高校之间同样是具有极大差距的问题,有的高校其网络教育学费价格已经低至令人怀疑其能否有效开展支持服务的水平。这样的问题,其合理性究竟如何,如果不是基于"市场"而是基于"发展",如果不是基于"招生竞争"而是基于"学生服务",是不难作出评价的。

### 三、发展性评估

如果说规则性评估是基于教育管理规则的,那么发展性评估则是基于教育发展需求的。因规则性评估的局限,更因解决网络教育发展问题的要求,加快形成并积极推进网络教育发展性评估是值得关注和讨论的课题。

2010 年,网络教育评估指标体系做了较大的修订,增加了能对网络教育发展有所体现的要素。尽管经过修订的评估指标体系还不能完全称之为发展性评估,但网络教育的评估从规则性向发展性改变的趋势还是不难看出的。

随着尽快结束网络教育试点工作和进一步开放网络教育呼声的增强,发展性评估趋势的出现更加具有政策指导之意义。笔者认为就政策指导而言,网络教育发展性评估的形成,应突出以下问题。

其一,建立以需求为导向的评价原则。《国家中长期教育改革和发展规划纲要》《国家中长期人才发展规划纲要》是指导网络教育发展的重要文件,以需求为导向是"双纲要"的基本精神,这一精神应当在网络教育评估指标体系中得以充分体现,要通过"需求—满足"的功能评价,对网络教育的各项工作展开评估。

其二,形成多元化模式的评价指标。网络教育的试点理应鼓励和支持各试点高校根据自身条件、办学优势、所在地人才培养需求等因素,形成与其相适应的网络教育发展模式。"一刀切"的评价指标对于规则性评估具有一定合理性,但对于多元化模式的评估是不适宜的。试点高校网络教育的模式已经呈现多元化特征,各模式的条件性、利弊比较、社会满意度等评价,在规则性评估中都是欠缺的,而这些恰恰是网络教育发展所应有的,因此发展性评估于此具有补缺价值。

其三,强化"规模—成本—质量"相互关联的评价机制。网络教育试点高校的办学规模之大,办学成本之模糊,办学质量之难言,已是教育界、行政部门、大众传媒和社会公众的普遍认识,并引起广泛的深度担忧。只有强化"规模—成本—质量"关联性评价机制,网络教育评估的真实性、客观性、科学性才能得到保障,网络教育的可持续发展才能得以实现。而这些,已有的规则性评估是难以满足的。

其四,依据分类评估原则完善评估主体的构成。可以考虑将一般性的规则评估与多元化的发展性评估相区分,并由此对评估主体的构成加以完善。一般性的规则评估可以延续已有的评估方式,以教育行政部门为评估的主体;多元化的发展性评估则应该构建包括教育行政部门、高校、行业机构、代表性用人单位等组织在内的评估主体,侧重于网络教育的发展指标,对网络教育的办学模式、人才培养方式、学习资源利用途径等进行发展性评价。

其五,引入服务对象的评价机制。网络教育的服务对象包括所有接受学习支持服务的人,其中最为重要的是获得网络教育学籍并参加网络教育学习的学生。网络教育的学生是网络教育的最终受众,是网络教育所有学习过程的最直接的体验者,是网络教育的最基本的需求者,他们的评价对于网络教育的教学过程,对于网络学习的真实情景,对于网络教育资源的利用效果,都具有不可替代的意义和指标性价值。在规则性评估中,由于学生不是规则的制定和执行者,他们在规则性评估中要么处于缺席地位,要么只是点缀性和参考性指标的应答者,难以起到和发挥评价机制的作用。在发展性评估中,作为网络教育支持服务对象的学生,在评估过程中却处于不可或缺的地位。网络教育的学生,对于其所在读高校网络教育学习支持服务的各项指标的评价,不仅能完善网络教育评估的机制,而且对于网络教育的发展具有积极的促进功能。

### 四、结　语

就本文所选的研究问题,这篇文字大多内容是表面性的。它对问题的论述尚属泛泛之言,对问题的解决亦有想当然的成分,对问题成因的研究既缺乏实证性的数量分析,也缺乏对相关文本的比较。笔者之所以提交如此文字,全在于多年网络教育的参与对网络教育评估所产生的关注,并怀有将此问题请教于同行以期引发更广泛关注的愿望。若能得以实现,则幸甚焉。

# 论继续教育质量工程实施路线图

武汉大学　胡　锐

【作者简介】

　　胡锐,男,武汉大学继续教育学院主任,硕士,讲师,高级职员,中国管理科学研究院研究员,研究方向为经济学、法学、教育管理、继续教育等。

　　本文为 2012 年第十三届海峡两岸暨港澳高校继续教育论坛收录论文。

　　教育是立国之本,是科技进步、经济振兴和社会发展的基础,在国家建设中处于优先发展的战略地位,已成为世界近现代社会发展的不争事实。只有把教育搞上去,才能从根本上增强我国的综合实力,才能在激烈的国际竞争中取得战略主动地位。为此,必须大力发展教育事业,培养同现代化要求相适应的高素质的劳动者和专门人才,发挥我国巨大人力资源的优势。在建设学习型社会的过程中,终身学习是当今社会发展的必然趋势,接受教育应成为贯穿于人的一生持续不断的过程。因此,应当积极发展继续教育的规模,发挥学历教育与非学历教育的功能,为终身教育、继续教育开辟新的天地,从而适应社会的发展和个人的选择。

　　教育质量是继续教育的生命,转变继续教育思想,树立质量至上的观念,有效提高教育质量,是继续教育快速发展、建设学习型社会的必然要求,更是继续教育工作面临的重要任务。通过实施继续教育质量工程,促进继续教育规模、结构、质量、效益协调发展和可持续发展,促进继续教育人才培养模式改革取得突破性进展,使继续教育在落实科教兴国和人才强国战略、建设创新型国家、构建社会主义和谐社会中发挥更大的作用。质量工程对于引导和带动继续教育教学改革具有极其重要的意义。

### 一、我国继续教育的质量存在的问题分析

我国继续教育存在的质量问题,突出地表现在以下四个主要的方面。

（一）人才培养模式普教化

区别于普通高等教育,继续教育的重要特征之一是其鲜明的职业岗位针对性。培养目标是否清晰明确、教育教学过程是否按培养目标组织实施,是继续教育质量保障的基础。

目前的继续教育教学及管理,主要模仿普通高等教育,实施以学科为中心的教学模式,没有按职业岗位分析去开发课程与教学。继续教育的培养目标脱离了面向基层、面向生产服务和管理一线的实用型、技术型、管理型人才培育目标,其培养模式模仿本科院校,成为本科的压缩,继续教育办成了纯学历教育,培养特色不鲜明,人才质量不高,即或是非学历教育培训在课程设置与教学模式上也有本科生教育教学的影子。

（二）理论教学与实践环节脱节

在继续教育教学中重书本、轻实践,重共性、轻个性,灌输有余、启发不足,传承有余、创新不足,不能针对成人学员学习上、人格上的独立性、自主性和学习压力主要来自于社会角色变化及自身毕业发展需要的特点,设计出以成人学员为中心和面向未来与现实的教育模式,导致了继续教育的理论与实践的脱节,结果导致所培养的学员社会实践和实验能力不强,创造和创新意识不强,从而影响了继续教育教学质量的提高。

（三）师资教学质量有待改进

授课教师队伍教学质量与水平是制约继续教育质量的关键性因素。目前,从我国继续教育的师资力量来看,一方面继续教育的任课教师大多是普通全日制学生的任课老师,理论教学是其特长,但动手能力相对不足,离成人教学需要的双师型教师标准相差甚远;另一方面,多数教师因袭传统的思维定式和教学模式的巨大惯性,在教学中惯于三个中心,即以教师为中心、以教材为中心、以课堂为中心,使学习者成了知识的被动接受者。因此,师资质量成为影响我国继续教育质量的重要因素,继续教育师资质量有待改进。

（四）继续教育质量标准定位不准确

发展继续教育,既是我国现代化建设的客观要求,也是加快高等教育大众化进程的重要举措。当前,制约继续教育发展的瓶颈问题,在于仍然是本科教育的压缩版,对自身的质量标准定位不准确。对继续教育的认识,存在两种错误倾

向：一是向普通全日制高等教育看齐,脱离继续教育教学对象、教学方式和需要,使继续教育缺少特色;二是过于强调适应需要,片面强调成人特色,造成成人学历教育不具备应有的层次规格,不被社会所认同。事实上,继续教育质量标准定位不应简单地照搬普教标准,一味强调成人教育要与普教同层次、同规格、同水平,而是要与高等教育的基本规格和学科水平为基准,同时兼顾成人教育自身的特点与规律。单一强调学科尺度,照搬全日制普教经验和片面强调成人特点,而忽视基本规格的做法,是不全面的,也是不合理的。

（五）继续教育质量监控机制的缺失

科学的继续教育的评估体系,是继续教育质量的"软件"保障。然而,教学质量如何,在我国是教育行政主管部门一家认同即可,至于教学方法、教学内容、教学手段、授课课时、学业考核等是否充分体现教学管理的要求,教育行政主管部门很少过问,以致出现乱办班、乱收费、乱教学、乱管理的"四乱"现象,严重地影响了继续教育的质量。同时,继续教育立法滞后,法律、法规不健全,缺乏必要的法律法规的引导与规范,同时缺乏政府管理下的社会中介机构监督,影响了全社会范围内继续教育质量的健康、有序及可持续提高与发展。

## 二、实施继续教育质量工程的意义

国家要想在科学技术日新月异、知识经济方兴未艾、全球化浪潮势头强劲、综合国力竞争日趋激烈的国际竞争中立于不败之地,要想实现全面建设小康社会、建设创新型国家、构建社会主义和谐社会的战略目标,关键在人才,特别是高等教育培养出来的高级专门人才。因此,国家适时启动继续教育"质量工程",不但具有重大的政治意义,而且具有深远的战略意义。

（一）实施继续教育"质量工程"是落实党中央、国务院的教育战略部署

党中央、国务院根据我国高等教育快速发展的现实背景,作出了"要切实把重点放到提高质量上"的战略决策,实施质量工程是促进我国高等教育规模、结构、质量、效益全面协调发展,构建和谐发展的高等教育新体系的需要,是办人民满意的高等教育的需要,是培养高素质人才的需要。因此,"质量工程"的实施是国家在教育上重大战略决策的具体体现。继续教育实施质量工程也是广大人民群众对教育均衡发展的需要和终身教育体系、学习型社会建设的需要。

（二）实施"质量工程"是提高教学质量的战略抓手

专业设置和专业结构调整是人才培养的基本前提;课程和教材建设是提高高等教育质量的关键环节;实践教学与人才培养模式改革创新是提高高等教育质量的重要内容;建设一支高水平的教师队伍是提高高校本科教学质量的重要

保证;建立教学质量监控体系和评估制度是保障高校教学质量的重要手段;对口支持西部地区高校是实现高等教育协调发展的战略举措。由此可见,"质量工程"重点建设项目都是带有基础性、引导性的项目,在提高高校本科教学质量方面起着"火车头"的作用。而继续教育实施质量工程是本科生教育质量工程的延伸,具有广泛的现实意义。

(三)实施"质量工程"是构建和谐发展的继续教育体系的需要

虽然我国高等教育在较短的时间内取得了举世瞩目的成就,实施本科生教育"质量工程"已经取得了阶段性成果,但继续教育质量还存在不可忽视的问题。推行继续教育质量工程是全面落实科学发展观,以改革促发展,实现继续教育规模、结构、质量和效益的协调发展和可持续发展,构建和谐发展的继续教育新体系的需要。

(四)实施"质量工程"是顺应广大人民群众对继续教育的新要求

随着经济的发展与进步,社会对人才素质的要求越来越多,人民群众不但希望有更多接受教育的机会,而且希望能够接受高质量的继续教育,以增强自身的就业能力,尤其是在当前实行学生缴费上学的情况下,群众对高等教育的期望值越来越高,因此,继续教育机构应该对人民群众高度负责,对广大学生的未来发展负责。实施继续教育质量工程的目的之一就是提高继续教育人才培养质量,满足成人对职业技能知识的需要,提高成人适应岗位工作的能力。

(五)实施继续教育"质量工程"是促进全面发展的需要

人才培养是学校最根本的职能,无论是何种类型的学校,都应把人才培养作为中心工作,把培养高素质的人才作为提高继续教育质量的重要着力点。

实施"质量工程",就是要全面贯彻党的教育方针,树立正确的继续教育人才培养质量观,为学习者的成长、学习、生活营造良好环境,通过人才培养模式、课程设置、教学方法等方面的大力改革,促进学生全面发展,提高受教育者可持续发展的能力。

### 三、继续教育质量与质量工程的内涵

(一)继续教育质量的内涵

继续教育质量的内涵可以理解为:在遵循成人教育规律的基础上,继续教育活动满足受教育者和社会(市场或用人单位)需要的程度,也是教育目标和需求目标相互结合与共同实现的程度。继续教育的质量体现在向受教育者提供的教育服务质量、受教育者素质能力提高的水平、对社会提供的教育成果(人才)的质

量以及对社会或用人单位经济效益的贡献。

（二）继续教育质量工程的内涵

实施继续教育质量工程就是真正把质量放在重要的突出的位置。质量工程是一项复杂的系统工程，涉及继续教育人才培养各要素和教学过程各环节。作为提高继续教育质量的抓手，质量工程表现为以项目的形式，引导继续教育教学改革的方向。所以，质量工程的实施不在于学校能获得多少立项项目，而在于获得这些立项项目后，如何进一步加强项目建设、实现项目目标、达到预期效果，从而提升办学水平，提高办学质量。

继续教育机构要深刻理解质量工程的内涵，进一步优化学科专业和人才培养结构，建立专业管理和课程建设的新机制。开展高等学历继续教育的专业和课程体系综合改革试点，根据现代产业体系建设的要求，重点建设一批专科、本科示范性专业点和精品课程。创新教育教学方法，倡导参与式、探究式、讨论式、启发式教学。搭建公共服务平台，加强对学习过程的支持服务，为学习者提供便捷、灵活、个性化的学习环境。加强实践环节，与行业企业等方面合作建设继续教育实训基地和产学研基地。

继续教育质量工程的最终目标是提高人才培养质量，所以培养人才也是继续教育最本质的要求，树立正确的人才质量观是推进质量工程的本质要求。

### 三、继续教育实施质量工程的总体思路

继续教育质量工程的实施，对于扩大优质教育资源受益面，形成重视教学、重视质量的良好环境和管理机制，实现继续教育规模、结构、质量和效益协调发展，具有十分重要的意义。

（一）实施质量工程的基本思路

实施质量工程必须坚持以人为本，将质量意识贯穿于继续教育服务的每个过程，强调最大地满足服务对象的需求，以教学过程和项目实施为重点，以专业设置、课程建设、学习支持服务与平台建设作为提高学历继续教育质量的突破口，以需求调研、项目研发、课程创新并满足培训对象差异化需求作为提高非学历继续教育质量的突破口，以细节服务、优化管理和人本服务作为提高项目实施、学生管理与服务、技术服务与管理等各项管理和服务工作质量的突破口，全方位推行继续教育质量工程的实施。加强教学过程管理、项目管理、项目实施与开发全过程管理以及细节管理是实施"质量工程"的重要内容。

建立各类质量评估体系及监督机制，完善继续教育督导评估组织与机制；建立符合学校继续教育实际的质量评估考核与管理体系，强调继续教育质量"项目

责任制"和"学校负责制",按照科学化、规范化、人性化要求,实施质量工程,促进继续教育管理效能和办学水平。同时,积极探索、研究和引进 ISO 9000 系列质量管理体系标准,推进继续教育质量工程建设。

（二）质量工程建设内容

由于继续教育的复杂多样性,虽然不能简单地用一个统一的尺度来衡量继续教育的质量,但可以分类别、分层次地针对不同的继续教育类型制定基本的质量标准架构。对于高校的继续教育、具有各行业特色的继续教育培训、社会各类继续教育都应在一个基本的质量标准指导下,结合各自继续教育特点制定全面系统的质量标准体系,建立质量管理或控制系统,持续推进继续教育质量提高。

继续教育质量工程总体上讲应当包括六个方面的建设内容:一是加强专业结构调整与专业认证;二是推进课程、教材建设与资源共享;三是改革人才培养模式和创新实践教学;四是加强继续教育师资队伍建设和精品课程建设;五是建立教学评估与考核制度;六是用远程教育手段拓展继续教育受益面。

（三）质量工程的质量观

1. 坚持分类指导和注重特色相结合

继续教育机构要坚持发挥各自优势,确立个性化发展目标,合理定位,形成各自的办学特色,从而满足社会多样化的需求。在质量工程项目建设上,继续教育机构应根据自身发展的优势和特色抓好质量工程的顶层设计工作,结合自身实际,精心设计各级各类继续教育项目,以学科优势和行业特色为主角,重点打造具有鲜明特色的质量工程项目,以便争取更多的建设项目。

2. 加强质量文化建设和制度建设相结合

质量文化是全体师生员工在质量意识和质量工作中的共同价值观,它对全体师生员工有一种内在的感召力,能够引导全体师生员工把个人的目标和理想维系在同一个目标上,朝着一个共同的方向努力前进。如果长期沐浴在浓厚的质量环境中,人们就会被一种无形的力量所牵引,自觉地心系质量、关注质量、维护质量并将其转化成实际行动和自觉行为,这就是高校质量文化的神奇力量,是其他手段无法比拟的。所以,加强质量文化建设,营造追求卓越的质量氛围,有利于质量工程的实施。质量文化可以引领质量工程的实施,而实施质量工程彰显着质量文化,只抓质量工程不抓质量文化,质量工程建设就不可能发挥持续的功效。为此,在营造质量氛围的过程中,应通过不同渠道、不同方式、不同场合,全方位、立体化、多层次地宣传质量工程建设的必要性、重要性,让质量工程的抓手意识深入到每一位教职员工心中,引导广大教职员工树立正确的质量标准,并形成质量制度。这种制度一旦被认同,就能内化为自觉抓教育教学质量的长期行为。

### 3. 坚持教学质量与资源建设相结合

对继续教育教学质量内涵的不同理解与价值判断,制约着人们运用不同的方式和手段实现对教学质量的追求,继续教育质量工程的基本要求是提供优质的教学资源。

优质教学资源是实施质量工程的基础。优质的教学资源不仅可以激发学生的学习热情,从而更好地保障优质教学的实施,而且可以提高教师教学的积极性。优质的教学资源包括先进齐全的教学实验设备、充足的教学经费、丰富的图书资料、完善的校园网建设等,同时,在优质资源基础上重点扶持,沿着分批次、分层次、整体推进的思路,促进课程建设、专业建设,加强共享资源建设,努力创建精品课程、名牌专业等优质教学资源。

### 4. 坚持过程质量与保障质量相结合

过程质量是优质教学的核心,优质教学质量是一个长期积淀的结果。质量要想有保障,就必须加强教学团队与高水平师资队伍建设;同时,狠抓学生主动的学习动机、积极的学习心态等。所有这些都是优质教学保证的关键因素。教学质量保障是提高教学质量的关键环节,也是继续教育教学管理的中心和重点。要建立完善的教学质量监控体系,可以通过督导制度、听课制度等多渠道、多层次来监控教学质量。建立继续教育教学工作的投入机制、激励机制、领导机制和考评机制,从而充分调动广大教师和教学单位的积极性和主动性,展现自我管理的水平与能力、自主发展的潜质,逐步建立由行政管理为主导向行政管理与学术管理相结合转变的教学管理保障体系。

## 四、提高我国继续教育质量的对策与建议

继续教育的质量是继续教育追求的目标。提高继续教育的质量,主要应从以下几方面采取积极措施。

### (一)转变教育思想,增强质量意识

转变教育思想是提升继续教育教学质量、促进继续教育发展的重要一环,没有思想上的转变,就没有行动上的新举措。转变教育思想,应当在理念上做出新颖性、突破性的认识。对继续教育的理解不应当仅仅从学习者的年龄、身份上来区分,也不应当把它视为弥补受教育机会的一种补偿性教育手段,而必须用一种新的眼光,站在新的高度来理解和认识继续教育。具体来讲,一是要树立依法治教的观念,这是发展继续教育的保障。主要是要根据经济社会发展的变化,不断

完善各种继续教育法规,在实践中进行修订调整。二是要培育继续教育的市场化观念。继续教育的主办者要运用产业化的经营思想,通过市场导向、市场交换的运作方式,对继续教育的办学主体实行成本核算,通过继续教育的投入与产出比较,树立继续教育的市场化观念。三是要树立继续教育质量至上的观念。通过提高认识、实践检验和市场竞争等途径,树立继续教育质量至上的观念。

### (二)加强继续教育质量评估与监控

管理的追求境界是走上标准化管理之路。随着继续教育事业的发展,各办学机构应真正树立"质量至上"的理念,加大教育经费投入,加强师资队伍建设,强化教学管理,建立并完善自己的评估与监控渠道。

主要从四个方面加强多渠道评估与监控:一是要设置教育中介机构,开展评估和监控职能,以保证评估结果的客观性和公正性;二是要充分发挥执法机关和教育行政机构的督导作用,严格执法,同时,要积极倡导社会公众、新闻舆论评价和监督;三是要建立与国际接轨的 ISO 9000 教育质量认证体系,形成与国际接轨的管理模式;四是要完善继续教育质量评估体系。建立教育行政部门和有关部门共同制定质量标准,政府、办学机构、社会多元评价相结合的新机制;研究制定继续教育办学机构资质认证标准、教师资格认证标准和培养质量标准以及评价办法;以提高应用能力和综合素质为导向,建立完善各级各类学历继续教育质量标准,将继续教育的教学质量评价纳入学校教学质量评价体系。

### (三)强化继续教育的教学管理

强化继续教育的教学管理,首先是要加强学科管理水平和课程质量控制。主要是要在对继续教育学科进行管理和课程设计时,增加实践环节,多开展最新应用技术在实践中应用的介绍,使学生掌握前沿技术,站在本学科工作领域应用的前沿,投身于以后的业务工作中。只有这样,才能使继续教育达到贡献社会的目的,成为终身教育体系中最有决定意义的教育形式。其次,要强化教学环节的组织与监督。主要是要对教学效果、教师资格审查、教学实践环节的强化、教育方式的更新、教学设施的更新等进行监督管理,并对办学机构进行资格审查,以保证教育质量的提高。再次,要强化继续教育师资队伍建设。主要是要建设一支专、兼职教师相结合的队伍,注重培养"双师型"教师队伍,建立继续教育教师的资格认证制度。

### (四)加大继续教育经费投入力度

我国教育发展和经费投入的状况,可以用"穷国办大教育"来形容,各级各类教育的发展都受到经费投入的制约,继续教育的发展更是如此。投入严重不足是长期困扰继续教育活动的突出问题之一。继续教育的人财物的投入是继续教育质量的"硬件"保障,它与产出成正相关。从继续教育的主办者来说,师资的配置要求不应低于全日制教育,因为受教育者已是具有一定实践经验的对象,他们对理论与实践结合已有一定的发言权,常常会带着实际问题来学习。从受教育者的所在单位来说,在目前工薪阶层收入水平普遍不高的情况下,应在基本学习费用上给予保障;对于受教育者本人来说,要从生存与发展的要求来认识自我投入的必要性。

(五)创新继续教育办学模式

知识经济时代,学习型社会的一个重要特征是"学者有其校",也就是社会要为每一个想学习的人提供合适的学习场所、学习机会以及同等的成就机会。因此,有必要通过合理利用所有教育资源,搞好教育系统内外的沟通。

加强继续教育与社会的沟通,即加强继续教育的社会化。继续教育既要为社会服务又要依靠社会办继续教育。加强继续教育与普通教育的相互沟通,为成人开设获得学分的课程,以及通过继续教育机构获得的学分,能得到普通正规学校的承认。搞好资源共享,提高教育资源利用效率。加强继续教育系统内部的沟通,包括教学目标、课程设置、教材使用、学历层次的横向沟通和纵向衔接,要把现有的继续教育资源有机地联系起来,让其各展所长、互补其短,共同协调,充分发展。

(六)以课程建设为重点,攀登质量工程高峰

学校教育是人类再生产的一种重要方式和手段,研究和认识学校教育活动提供的课程对于正确定位学校教育的任务和功能,明确学校办学的目的和方向,提高教育活动的水平和质量具有重要意义。要从内心把教学作为学术研究,把课程教学作为学术活动。学校管理者和教师要强化"课程是我们的产品"的观念,增强自觉意识,提高参与积极性。继续教育质量工程建设也必须以国家级精品课程建设带动一流的队伍建设、一流的教材建设,丰富一流的教学内容、一流的教学方法、一流的教学管理。因此,以课程建设为重点,整体规划,分步实行,深化改革,螺旋上升是继续教育质量工程的基础。

(七)大力推进激励导向机制和双向评估机制的探索与实践

与实践质量工程平行的一项工作是建立以人为本、以激励导向为主的科学评价机制。

当产品能够满足客户的使用需求、使其受益时,该产品的客户满意度就会很高。如果该产品的客户满意度在一段时期内持续很高,它就会成为同类产品市场中的品牌。可见,在继续教育中,客户就是广大学员和送培单位,他们面对的是施教机构及其教育培训项目。具有较高声誉、教育质量高的施教机构才会设

计出高质量的品牌培训项目,最终赢得客户的满意。同样,教育培训项目质量也会直接影响施教机构的办学质量、社会声誉和机构的发展。两者相辅相成,互为依托。

因此,对施教机构及教育培训项目进行双向的质量管理必须是系统而科学的,同时运用评估进行监控,持续改进,形成良性的循环系统,才能全面提高继续教育的整体质量。

(八)正确处理质量工程中的四个关系

要使质量工程在实施过程中取得实质性效果,应该处理好如下四个关系:一是"立项"与"建设",项目是牵引,落脚点是为人才培养探索成功的经验、营造更好的环境、搭建创新的平台,切勿将项目建设搞成表面工程、形象工程、虚假工程,而应该是改革的工程、建设的工程、应用的工程、提升质量的过程。二是"亮点"与"全局",要注意避免"只见树木,不见森林"的现象,即非常重视"亮点"的突破却没有进一步强化教学工作的中心地位;"以点带面"变成"以点代面",即把质量工程等同于只抓立项项目建设,而不是通过质量工程建设来全面推进教育教学改革。三是"质量工程"与"质量文化",应当营造两者相结合的育人环境。四是个人与团队,每个项目都是由一个团队来承担,其带头人与团队成员之间是一种相互作用、互为影响的关系。

提高继续教育质量是一项系统工程,需要全社会的共同努力。继续教育质量工程对于各继续教育机构而言既是发展的新机遇,同时也是挑战。在实施质量工程过程中要做到始终坚持以教学为中心、以学生的发展为根本目的、以充分调动教师主动开展教育教学活动的积极性为学校各项工作的出发点。这将决定质量工程能否在学校切实有效地贯彻执行下去。继续教育质量工程实施将有助于推进终身教育体系的构建与学习型社会的建设,一旦实施将深得人心,但又困难重重,继续教育市场化对质量工程来说是一把"双刃剑"。

**参考文献:**

[1] 曹静江. 浅议提高继续教育质量的必要性及解决途径[J]. 农村经济与科技,2009(11):98-99.

[2] 桂菁,彭清. 成人教育中实施战略质量管理的思考[J]. 湖北大学成人教育学院学报,2007(4):11-12.

[3] 胡小平,胡爱武. 高等工程教育质量的问题和对策研究[J]. 杭州电子科技大学学报(社会科学版),2006(2):40-44.

[4] 李长青,张仁兰. 关于成人高等教育目标下教学质量监控的问题研究[J]. 继续教育,2010(8):81-83.

［5］李丽珊,蒋志湘. 继续教育的质量控制问题[J]. 中国成人教育,2010(21):124-126.

［6］李艺,邹京,马维东. 军队院校继续教育质量评估与监控研究[J]. 继续教育研究,2009
(5):9-10.

［7］卢菊江. 提高继续教育质量必须实现五个转变[J]. 教育与职业,2005(2):17-19.

［8］马成. 基于利益相关者理论的高校继续教育质量管理机制[J]. 继续教育,2011(7):
21-22.

［9］穆虹,李汝胜,郭英杰. 试述评估是提高继续教育质量的重要手段[J]. 继续教育,2011
(6):30-32.

［10］王启友. 市场机制:高等教育质量的有力保障[J]. 石油大学学报(社会科学版),2004
(5):99-101.

［11］王守祯. 关于建立继续教育质量评估管理体系的设想[J]. 继续教育,2006(3):7-8.

［12］韦雁仙. 论高校继续教育质量管理的优化[J]. 继续教育,2008(10):15-16.

［13］祖宾. 对我国继续教育质量问题的思考[J]. 继续教育研究,2010(1):25-27.

# 基于职业素质提升的继续教育
# 教学效果评价体系研究
## ——以统计学课程教学为例

西安交通大学　王富民

【作者简介】

　　王富民,男,西安交通大学继续教育学院,副教授,研究方向为成人教育、继续教育、职业教育。

本文为 2012 年第十三届海峡两岸暨港澳高校继续教育论坛收录论文。

　　公正的人才培养质量评价,对于促进继续教育的可持续发展和人的全面发展具有现实意义。本文从当前我国经济形势发展及人才所处的环境出发,探讨新的形势下,继续教育如何适应经济的发展,如何适应社会对人才的需求,如何为经济的发展及人才本身的可持续发展服务;对继续教育的现状进行客观评价,进而提出完善评价体系,建立适应经济建设对人才需求的培养模式。

　　对教学质量进行科学、全面和有效的评价,是教学管理工作的主要环节,是不断提高教师教学水平和教学质量,确保教学目标实现的重要环节,建立科学、客观、可行的教育评估指标体系。选择适当的评估方法对于完善成人教育评估体系,增加教育评估的公平性、合理性、准确性及有效性,乃至成人教育的健康发展都具有重要的理论意义和实际价值。

## 1　为什么要以职业素质为基础建立教学效果评价体系

　　职业素质是劳动者对社会职业了解与适应能力的一种综合体现,劳动者能否顺利就业并取得成就,在很大程度上取决于本人的职业素质。职业素质越高的人,获得成功的机会就越多。实践告诉我们,素质首先是教育的结果。它是在先天素质的基础上,通过教育和社会环境影响逐步形成和发展起来的。其次是自身努力的结果。一个人素质的高低,是通过自己的努力学习、实践,获得一定知识并把它变成自觉行为的结果。再次,素质是一种比较稳定的身心发展的基本品质。素质教育是成人高等教育的本质要求,也是成人教育的最终目的。职业素质是人才选用的第一标准,也是职场制胜、事业成功的第一法宝。

### 1.1　学校教育的最终目的是提高受教育者的素质

职业素质是所有人做好一切工作的基础。就我院的实际而言,成人学员年龄大多在20～30岁之间。这一年龄段,无论是世界观的形成,还是专业知识的掌握,都是打基础的关键时期。这一时期如果夯实专业基础,并树立正确的职业素质和世界观,将会受用一生。高的职业素质要比高的专业技能显得更为重要。

### 1.2　市场经济发展的客观要求

随着市场竞争的加剧,企业倒闭、转业、兼并的可能性越来越大。受其影响,职业的供给数量、市场价格也在不断变化。另外,因择业者的才能、素质水平存在差异,求职预期与现实社会存在矛盾,择业者要想得到一份满意、适合自己的职业变得越来越困难。因此,求职者应该不断调整自己的求职预期与职业定位,提高自己在职业社会中的生存与发展能力。这正是一个高素质的劳动者所应具备的特质。

### 1.3　是基于教学对象的现实所提出来的

本文的研究范围是职业素质的提升及教学效果的评价,有两个要点:一是职业,二是素质。结合我院的实际,就素质教育来说,当前继续教育的对象以高考落榜生、待业青年、打工族为主,且主要就业于非公有制经济单位,这一群体在学习态度、工作态度、人生态度等方面的确有许多有待商榷之处,主要表现在进取精神差、学习新知识的能力差、自我约束能力差、知行不一、道德价值观念模糊、缺乏竞争意识及责任感、自主性强、自律性差、基础较差、上进心不强。在长期的教学实践中我们发现,由于种种原因,当前部分成人学员没有树立正确的价值观,学习比较消极、被动。大量高中毕业生以获得文凭为目的,而不是为了获得技能和职业进修。这些方面是人才走向成功的大忌。

### 1.4　是基于人才成长规律和学校教育的局限性所提出来的

就人才的成长规律而言,在当代,如果要适应市场的需求,不被市场大潮所淘汰,劳动者只有树立正确的成才观,不断地学习,才能走向成功。要做到这一点,劳动者必须具有良好的素质。就学校教育的局限性而言,学校教育偏重于理论教育,而理论教育总有一定的滞后性,劳动者必须具有良好的素质,才会不断地通过实践学习,在激烈的市场竞争中始终立于不败之地。

## 2　教学效果评价体系的设计原则

教学效果评价是指依据一定的标准,通过系统地收集信息,在对信息与标准进行比较的基础上作出价值判断。因此教育评价的本质是一种价值判断。完成这种价值判断,最主要的是要进行价值标准研究,为评价对象提出一个合适的价值标准。对教育行为来说,就需要进行价值标准的研究,确立一个符合评价宗旨的价值标准。价值标准的确定应符合如下原则。

### 2.1　以全面质量管理的理念为指导

全面质量管理必须以质量为核心,其目的在于让顾客满意、社会受益。就教育而言,全面质量管理就是要让学生满意、社会受益。所谓学生满意,就是指学生观察问题的角度较前有所变化,学生更加具有进取精神,所需要的新知识、新技能得到补充。总而言之,学生的素质得到提高。所谓社会满意,就是指学生通过学习,能够在岗位上做出更大贡献,工作质量能够较前有很大提升。

### 2.2　以市场评价为主

高度重视业界对学生质量的评价,以能否吸引学生为质量标志,确立以市场评价为中心的质量观,适应市场的要求,及时调整教学计划,调整教学内容,强化学生的实际动手能力。

### 2.3　教学质量评价应分为过程评价和结果评价

规范合理的教学过程是保证教学效果的基础,只有规范合理的教学过程才会有高水平的教学结果。过程控制是质量控制的重要组成部分,结果评价最好交由第三方进行。就过程评价而言,它包括教学管理、教材建设、师资队伍建设,等等。就结果评价而言,成人学员的考核的确应区别于在校本科生的考核方式,摒弃传统的考核方式,应特别注重对理论联系实际的考察。

### 2.4　教学计划的设计及教学内容安排

教学计划的设计和教学内容的安排应以学生的需求和市场需求为指导方针,可以根据成人学习的特点重新构建知识体系,采取灵活的模块化设计,以适应不同的学习对象对知识的不同需求,以制订合适的教学计划。

### 2.5　树立学术性与职业性协调发展的质量观

学术能力与职业能力协调发展是判断成人教育质量的一个重要标准。承认在职教育的学生有其自身的特点,他们大多是已经参加工作的人,具有一定的社会实践经验,因此,在关注他们学术成长的同时,应从实际出发,加强实践教学环节,重点培养成人学生分析问题解决问题的能力,引导他们积极参加社会实践,使其学术能力和职业能力协调发展。

### 2.6　坚持效果评价的长期性

教学效果的提高是一个动态过程。随着经济社会的发展、经济环境的变化，对人才的要求也在不断变化。所以，人才的评价标准也应不断变化，只有坚持效果评价的长期性，才会使教学过程不脱离实际。

### 2.7　坚持素质评价与专业知识评价并重

从某种意义上讲，素质评价要比专业知识评价更重要，因为素质是人才获得成功的必要条件。

## 3　教学过程的质量评价

### 3.1　教学梯队是否完善

是否以一支高素质的教学队伍为依托，教师是否掌握经济发展的动态，是否熟悉经济实践，是否能应用现代化的教学手段，教师的自身形象、自身素质、自我修养是否达到一个合格教师的要求，教师是否从事过成人教学，是否熟悉成人学员的学习规律，等等，都是教学梯队是否完善的具体而微的衡量要求。

### 3.2　是否具有高素质的教学管理团队

教学管理是否规范，考勤制度、学籍管理制度等文件是否齐全和规范，是否动态制定教学计划，教学计划的制订是否在充分调研、充分论证的基础上，教学计划和经济发展有否脱节之处、是否满足学生的需求，案例教学在教学过程中是否占有一定的比例，等等，都是对教学管理团队的具体要求。

### 3.3　是否拥有现代化的教学设备与手段

实验室建设是否齐全，图书资料是否达到一定的要求，课堂教学是否达到国家规定的要求，学生是否拥有充分的自学时间，实践教学和理论教学在教学过程中所占比例是否合理，等等，都是考察教学设备与手段的具体标准。

### 3.4　是否拥有一套适合成人学习的专业教材

教材建设方面，继续教育教材应有别于全日制本科学生的教材。财经类成人教材应根据行业特点和成人学员的特点编写。对于财经类课程的教学而言，案例教学是理论联系实际的有效途径，课程教学中要有一定比例的案例，这些案例要紧密结合经济实践的发展，并且随着经济实践的发展而不断充实、完善。

### 3.5　是否坚持知识传授与教书育人并重

教师应在教学过程中，对知识不断进行提炼，通过这种提炼发掘出书本知识背后所存在的一般规律。这种提炼的作用是使学生既看到树木，又看到森林，让学生充分理解某一知识点在整个知识体系中的地位以及在实践中的运用。

### 3.6　教学过程中是否强化学生的动手能力

在每一门课程的教学中，教师应结合学科，归纳出带有实践性的几个板块，通过案例教学，强化学生的动手能力。以统计学教学为例，如问卷的设计、利用 Excel 制统计图表、利用 Excel 进行统计运算、建立统计模型等都是培养学生动手能力的很好的知识点。

### 3.7　学生的学习时间能否得到保证

这里的学习时间包括课堂学习、自习、网上学习、和老师交流学习，学生在学习中所遇到的问题能得到及时解决。

## 4　教学效果的质量评价

### 4.1　学生所学知识在实践中的应用程度

很显然，如果学生能把在学校所学到的知识应用到工作中，并对学生的工作能力有所提高，则教学就达到了较好的效果。

### 4.2　通过学习，学生的世界观有无明显变化

通过在校学习，学生对待工作和生活的态度应有明显进步，能意识到把任何一项工作都力求做到最好，比学习之前更富有进取心、上进心和敬业精神，精神风貌有明显改善。

### 4.3　学生所在单位的反馈意见

前已述及，对成人教学效果的评价不应当仅仅局限在理论范畴，不应当仅仅局限在学校里、课堂上，更应当坚持实践是检验真理的唯一标准。教学效果的评价应该是一个动态的、长期的过程。

### 4.4　学生的应变能力

当代，市场竞争十分激烈，新兴行业如雨后春笋般涌现，而一些传统行业又在不断没落，这就要求学生要不断适应市场形势的变化，学习新知识，掌握新技能。从某种意义上讲，学校教育应教会学生学习的能力，

### 4.5　通过学习，学生是否对自己的职业生涯有明确的规划和定位

经验证明，一个人对自己的专业稳定性越明确，就越有良好的精神状态，走向成功的机会也就越大。

### 4.6　第三方评估

引入第三方评估，保证评估的客观公正性。

# 继续教育项目的风险评估与控制
## ——以台湾大学进修推广部为例

台湾大学　郭瑞祥　廖倩谊

【作者简介】

　　郭瑞祥,男,台湾大学进修推广部主任,美国麻省理工学院机械工程博士,台湾大学管理学院商学所研究教授,研究方向包括质量与服务管理、数据采掘与商业智情、供应链与流通管理、高科技创新模式等。

　　廖倩谊,女,台湾大学进修推广部营销长,台湾师范大学教育学博士,研究方向为卫生教育、行为科学、继续教育。

本文为2012年第十三届海峡两岸暨港澳高校继续教育论坛收录论文。

## 一、前　言

　　质量(quality)是决定一个组织或机构是否能永续经营及具备竞争力的重要因素。随着社会的不断进步,消费者对于产品或服务质量的要求标准逐渐提高,因此,企业经营无不以提升质量为重点。继续教育旨在提供社会及专业人员有系统的维持、改善和增广知识与技术的教育,以发展其执行专业责任时所需的工作质量,增进工作的效率和效能,因此,提升继续教育的质量关系到人力素质的优劣,进而影响到社会整体的竞争力。

　　随着社会形态的改变及世界潮流的发展,各推广教育组织皆应投注更多心力来倾听不同顾客的多元需求,并有效整合内部的教育系统(尤其是产品及过程创新)、推广能力及资源分配,以利提升组织效能及维持市场竞争力,进而创造出"差异化"的顾客价值,争取广大消费者的认同,使其愿意再回来接受教育。继续教育不应只有传道、授业、解惑而已,也应包括人际关系、职业生涯的辅导。时值现今多变市场中,推广教育面对的是一个动态且复杂的环境,在同质化的竞争下，组织本身不仅要具备足够自主性与灵活性，更要推动最佳的应对策略，提升教学及服务质量，特别是"顾客满意"已成为现今服务业重要的经营核心因素之一，因此，继续教育必须提高"教学质量"与"服务质量"，方足以契合社会整体的需求。若教学与服务质量未能达到顾客的期望，将使顾客满意度降低，从而影响顾客的学习成效与再接受教育的意愿，造成双方的损失。因此，提高继续教育的教学与服务质量可视为一种控制风险的管理行为。而要达到顾客满意的服务质量，就必须融入顾客的需求，建立稳定且标准的顾客服务操作系统，并做好风险评估与控制，亦即必须兼具策略管理（重策略）、经营管理（重操作）与风险管理（重不确定性）。本文拟将提升继续教育的教学与服务质量视为一种控制风险的管理行为，并以台湾大学进修推广部为例，提出质量与风险控管之流程与举隅。

### 二、质量管理

服务质量与顾客满意度具有高度的相关性，"以顾客为导向的服务"是服务性企业在追求永续经营过程中必须重视的议题。Saxe & Weitz(1982)将"顾客导向"定义为：在员工与顾客的互动中，顾客对于需求的满意程度。因此，若要有效提升服务绩效，就必须充分了解顾客之期望需求，并不断改善服务系统质量。

Parasuraman 等人(1985)将服务质量定义为"顾客对于服务的期望与所接受服务的知觉两者间之差距"。若知觉服务小于期望服务，服务质量则为负；反之，知觉服务若大于期望服务，则得到正向的服务质量。有关顾客对服务质量的衡量模式如图1，其中顾客对于服务的期望可能受口碑效应、个人需求、过去经验与外部沟通等因素的影响。为了提供一个衡量服务质量较具体的依据，Parasuraman 等人(1988)曾提出服务质量的五个构面：①有形化(tangibles)，如建筑物设施、设备、人员与文宣文件等的外观；②可信赖性(reliability)，能将承诺的服务准确、一致地完成；③反应性(responsiveness)，愿意尽快帮助顾客解决问题；④确保性(assurance)，员工的专业技能与应对与顾客对他们的信赖；⑤同

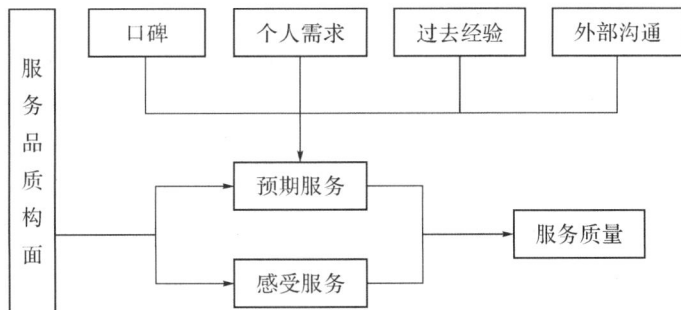

图 1　顾客对服务质量的衡量

理心(empathy)，对于顾客的关心与个别化的服务。

顾客对于服务的期望与所接受服务的知觉两者间产生差距时，便可能造成服务质量的损失，造成预期服务与感受服务间的差距主要发生之状况与可能因素如图2。

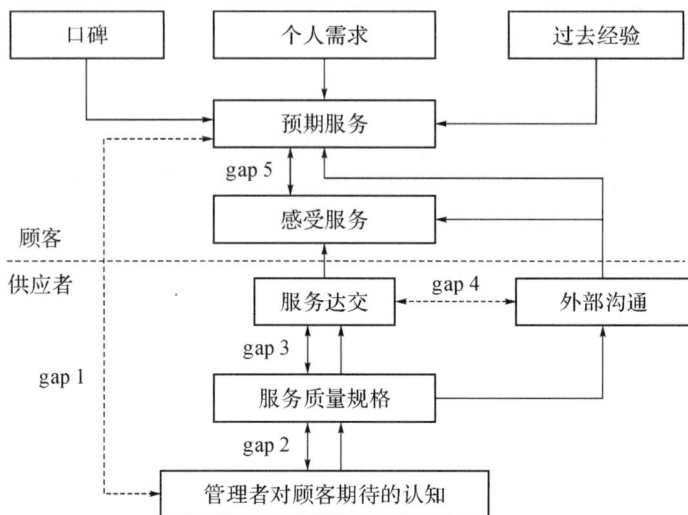

图 2　服务质量的损失模式

(1)顾客预期—管理者对顾客期待的认知：高层管理阶层不了解顾客真正的需求时，就可能作出不明智的决策，造成次佳的资源分配。

(2)管理者对顾客期待的认知—服务质量规格：管理阶层可能因为认为顾客的预期不合理、系统的变异导致无法制定服务质量标准、服务需求不确定、公司营运方式与内部人员无法改变以配合顾客需求等因素，因而没有尽心设定适当的服务质量规格。

(3)服务质量规格—服务达交：当系统缺乏训练有素的员工或内部技术与资源不足时，即可能产生服务无法顺利达交。

(4)服务达交—外部沟通：造成外部沟通失效的原因可能包括夸大的宣传或过于保守的营销与服务宣传。

当顾客对于服务的期望与所接受服务的知觉两者间产生差距，造成服务质量的损失时，便需要尽速消除其间之差距，针对顾客预期—管理者对顾客期待的认知的差距，可以通过顾客满意度调查与市场研究来搜集顾客声音；至于管理者对顾客期待的认知—服务质量规格的差距则可通过制定标准→测试、示范、执行、导入质量机能展开，正确转换顾客需求；服务质量规格—服务达交的差距可透过员工训练、授权来改善；至于服务达交—外部沟通的问题，则应秉持"不夸大"的传媒控制与营销。不过最重要的,则是要重视顾客的抱怨,倾听客户声音,因为"客户永远是对的"。处理顾客的抱怨,可以通过个案处理法、系统反应法、早期介入法、替代服务补救等方式进行处理。

（1）个案处理法。个别解决每位顾客的抱怨,成本不高,很容易实行,但是可能杂乱无章。例如,最坚持或好斗的抱怨者往往会获得满意的响应,然而比较理性的抱怨者就无法获得满意的响应。这种方法可能产生不公平感。

（2）系统反应法。使用一份协议来处理顾客的抱怨。这个方法比个案处理法可靠,因为它是一种借由确认关键的失败原因,以及事先制定适当的补救标准,做出有计划的反应。只要反应的指导方针持续更新,这个方法就非常有利,因为它提供一致且具时效性的反应。

（3）早期介入法。在顾客受到影响之前,提早介入并修复服务过程中出现的问题,例如,运输业者得知某次货运因为卡车故障而受阻,于是立刻通知顾客,以方便顾客找寻必要的替代计划。

（4）替代服务补救。利用竞争者的失败来赢取顾客的替代方式,有时则可能是反过来被竞争对手运用这个方法。例如某家饭店的订房超额,而将顾客送到对手饭店。如果对手能提供适时且有质量的服务,将能够从此机会中获益。然而,这个方法很难实行,因为有关竞争者失败的信息通常会受到严密监控。

### 三、风险评估与控制

所谓"风险"是指一定时期一定条件下发生损失、遭受威胁的可能性,或是未来收益的不确定性,其可能源于外部威胁或内部的弱点。过去较多人将"风险"解读为企业或个人的经营风险、投资风险,较少人认为教育组织内也会存有风险,然而事实上任何活动或企业经营都会有风险,继续教育业务亦复如此,其间可能涵括因为发生突发性重大事故的安全事故风险,以及在竞争环境中能否保持优势的经营管理风险与生存风险等。由于风险可能会给教育组织带来损失或巨大的影响,因此,推广教育有必要防范与控制风险,并实施"风险管理",使教育组织能适应市场经济环境,并稳定发展,亦即不仅单纯地规避风险,也要能利用风险管理提高组织的竞争力。

风险管理（risk management）是一个管理过程,包括对风险的定义、测量、评估和发展应对风险的策略,其目的是期能将可避免的风险、成本及损失极小化。具体的做法就是根据风险评估的结果,斟酌权衡各种可供选择的政策,征求有关各方之意见,考虑风险/利益比、本/益比、公众评价、保护消费者健康、提供研究和促进公平贸易等相关因素,并且在需要时选择和实施适当的防止、控制和监测方案,包括规章管理措施的过程。因此风险管理包括五个部分:确认风险概况

(风险评估)以确定安全问题等级和优先次序、选择有效且技术可行的风险管理方案、管理措施的执行、预防、监控和审议。因其牵涉到机会成本(opportunity cost),风险管理同时也要面对如何运用有效资源的难题。理想的风险管理系期能以最少的资源化解最大的危机。

由于市场的不确定性、科技的不确定性与竞争的不确定性,因此需要采取风险管理策略以管理大量不确定性。企业一般常通过寻求信息、将投资极小化与保持弹性等方式来处理风险不确定性的问题。

(1)寻求信息。如果想降低组织的风险,应该先有计划,而不是马上采取行动。行动前必须在不同领域的关系中搜集信息,审慎思考并评估机会,避免追求实现机会不大的目标,投下资源前确认假设的正确性以降低风险。

(2)投资极小化。想降低组织的风险,必须将不会有残留价值的资产投资极小化,例如使用标准品或原料,而不要采用专门设计的供应品;借用或租用资产,不要购买资产;投资在变动成本上,而不是固定成本上,并寻找能将固定成本转变为变动成本的机制;由小规模开始,再逐渐扩张并且事前定下损益点。

(3)保持弹性。必要时能迅速转变经营方向,降低组织的风险。

实务运作时,处理风险常见的方法还包括:

(1)避免风险。消极躲避风险,例如避免火灾可将房屋出售,避免航空事故可改用陆路运输等。唯其因为可能会带来另外的风险以及可能会影响企业经营目标的实现,所以一般不采用这种方法。

(2)预防风险。采取措施消除或者减少风险发生的因素,例如为了防止水灾导致仓库进水,采取增加防洪门、加高防洪堤等,可大大减少因水灾导致的损失。

(3)自保风险。企业自己承担风险,途径包括:

1)小额损失纳入生产经营成本,损失发生时用企业的收益补偿。

2)针对发生的频率和强度都大的风险建立意外损失基金,损失发生时用它来补偿。带来的问题是挤占了企业的资金,降低了资金使用的效率。

3)对于较大的企业,建立专业的自保公司。

(4)转移风险。在危险发生前,采取出售、转让、保险等方法,将风险转移出去。

近年来,风险管理将质量的概念纳入,称之为质量风险管理(quality risk management,QRM)。QRM 是为了确保产品生命周期中产品质量的系统性程序,其中包括风险评估(risk assessment)、风险控制(risk control)、风险沟通(risk communication)与风险回顾(risk review)四个主要程序(胡凯杰、贾凯杰、刘欣怡,2012)。不同于一般制造业,推广教育的主要产品为课程与服务,其价值在于必须符合顾客的需求及使其能满足该产品与服务,不仅要优于竞争者,而且还要具有持续性优势(sustained advantage)。因此,课程设计必须抓住市场脉动(市场导向),以符合消费者的需求,并能适度地将市场及顾客的信息在内部有效地进行分享与沟通,形成正面的学习文化(学习导向)。质量风险管理的步骤如下(Claycamp,H. G,2007):

(1)第一阶段——风险评估。

(2)第二阶段——风险控制。此阶段主要工作包括风险监控(risk inspection)、风险降低(risk reduction)与风险接受(risk acceptance)。风险监控即实时掌握服务流程中何处可能发生质量不良的问题,是质量风险管理的重要工作,通常包括内部监控与外部监控。前者系指管理者在组织内部利用管理程序、系统工具或信息技术等方法,随时监测运作过程的质量状态;后者则指利用调查、访谈或观察组织外部顾客的行为,从顾客的观点察觉服务流程的质量是否符合他们的期望,例如满意度调查。若质量风险的发生会对组织带来较大的损害时,管理者应适当地使用管理行为,以有效控制质量风险之发生率以及发生所产生的不良后果,亦即运用管理手段降低质量不佳的发生,或者在发生质量不良或服务失误时,能立即采取有效的补救措施以降低顾客不满度的扩大,此即风险降低。相反,若质量风险的影响并不足以对组织产生严重的伤害或发生的几率相对较低,则管理者并不一定要花费大量资源实行某种行动,可以选择接受或承担适当的风险,避免风险承担所需的成本太大,此即风险接受。

(3)第三阶段——风险沟通。管理者应先进行质量风险因子的确认与定义,并与组织内所有成员进行沟通,确保大家对于质量风险有一致的概念。

(4)第四阶段——风险回顾。强调管理者应持续检视并监控各项执行活动的过程,同时将各项新的知识与经验回馈到质量风险管理的程序之中。

### 四、台湾大学进修推广部推动继续教育项目的风险评估与控制

根据 Parasuraman,Zeithaml & Berry 所提出的"服务质量概念模式",顾客是服务质量的决定者,企业要满足顾客的需求,就必须弥补此模式的五项缺口。其中顾客期望与经营管理者之间的认知缺口、经营管理者与服务规格之间的缺口、服务质量规格与服务传达过程的缺口、服务传达与外部沟通的缺口等四项可由企业通过管理与评量分析去改进其服务质量;顾客期望与体验后的服务缺口则是由顾客决定缺口大小。台湾大学进修推广部推动服务质量的概念与风险模式如图 3,其服务质量的前四项缺口分别以市场风险、课程内容设计风险、营运风险(师资、场地、行政服务)及广告传播风险。

为弥补由管理与评量分析去改进服务质量所造成的服务质量流失问题,台湾大学进修推广部采取的具体做法简述如下。

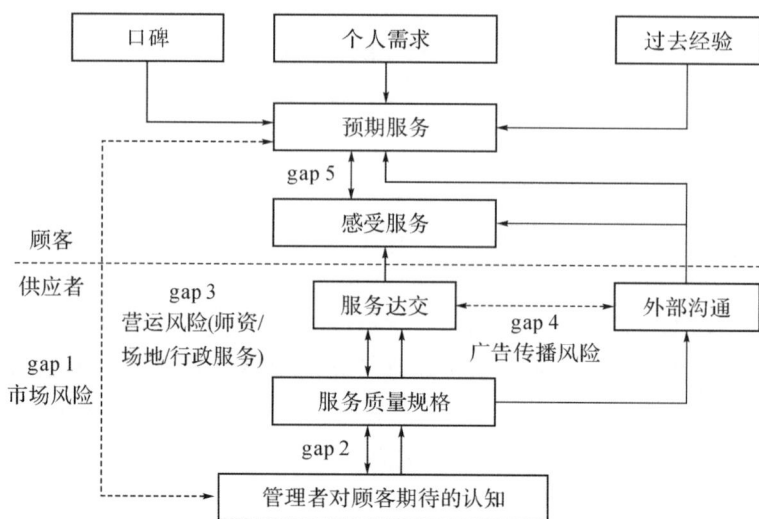

图 3　台湾大学进修推广部服务质量的概念与风险模式

(一)造成顾客期望与经营管理者之间的认知缺口的"市场风险"

1.进行市场需求调查,探讨消费者选读本部课程的过程

本部主责台湾大学继续教育业务,在开办课程之初,必须运用敏锐的判断能力,准确地把握市场脉动,除了探讨本部课程在市场的主要竞争对手与主要消费者,还针对本部现有顾客与外部潜在顾客进行课程需求调查,分析影响消费者选读本部课程的原因及改变购买决定时的行为模式,同时了解外部与内部整体环境的各项主客观因素,定调本部开办课程的顾客属性,并评估可能存在的风险,规划市场较受欢迎与适当的课程。

目前本部开办课程包括管理类、法律类、生活艺文类及其他专业培训等四大领域课程,此外,本部亦与企业合作办理多项教育训练。其中管理类课程为本部最重要的课程类属,该类课程依是否授予学分分为"学分班"与"研习班";依课程内容及深度分为"一般专业课程""经营与管理课程""高阶管理课程"。在学分班方面,为提升授课质量,将课程结构化,规划为"预修课程""核心必修课程""核心选修课程"及"一般选修课程",进行方式则通过实体与网络两类方式。

考虑到学分班修读期间过长,无法配合企业主管依限到校上课,以及市场整体学制班(在职学位专班)招生人数渐增之环境改变,因此,本部另行规划仅需每月利用一次周末上课,八个月共计 96 小时即可汲取管理精髓的 Mini MBA 课程——"精练高阶管理实务研习班",结果大受市场欢迎。同时酌减管理硕士学分班数,释出有限的教师资源,重新调整管理学分班及研习班比重,积极规划符

合顾客需求且具前瞻性的短期研习班,如"财务报表分析研习班""财务分析与企业评价研习班""投资理财研习班""商务谈判与协商研习班""职场心理学研习班""营销与品牌实务研习班""数字营销研习班""服务营销与管理研习班"等专题管理班程,并引进企业界实务教师授课,为本部另辟了一个新的经营模式,并控制可能引发的风险。

2.建立课程规划人制度

鼓励提升教学与服务质量及经营绩效,减少可能发生的市场风险,针对专业性较高的学程,邀请 program director 进行课程与师资规划。以本部所开办并受到相当好评的法律学分班为例,该学程至少需修读 6 门课程,18 个学分始得毕业。该学程邀请本部法律学院某资深教师统筹规划课程组合,并聘请所有授课的师资,一方面可依市场所需规划符合市场需求与期待的课程组合,另一方面可就授课实施专业监督与管控教学质量。

3.成立推广教育审查小组

课程规划后,本部即提送由校方等一级主管所组成的推广教育审查小组进行审查,该组织包括财务、教务、会计、人事、研究发展等领域的专业人士,提供相关咨询与风险防范的考虑,降低风险发生的可能性。

(二)造成经营管理者与服务规格之间的缺口的"课程内容设计风险"

本部发展策略之一是为发挥台大的知识影响力,故本部开办课程以台大师资,且系在台大学制学程之讲授课程为主。为确认授课质量,在邀约授课教师前,皆会与授课教师就学员背景、学员需求、市场其他类似属性、课程内涵等议题进行沟通,授课教师依相关信息调整授课方向与内容,拟订教学大纲与教材内容,送本校推广教育审查小组审查,以降低可能造成的风险。

此外,为适应目前的 e 化社会,本部持续规划开发多元化课程,并针对网络课程,定期检视课程内容,力邀教授参与新课程规划录制,以提供优质的课程,进而符合市场需求。

(三)造成服务质量规格与服务传达过程的缺口的"营运风险"

1.师资方面

本部在考虑师资人选方面,皆参酌授课教师的学历与专长、过去的教学评鉴结果及学员口碑,再进行选聘作业,确保教学服务质量的规格。课程开办后,进行期中与期末学员意见调查,其结果除为授课教师参酌外,也作为本部是否续聘授课教师或修正课程方向的参考。

2.场地与硬件设备方面

为提供更舒适的教学空间及优质的教学内容,本部持续在软硬件方面更新改善。硬件方面在整体外观与建筑结构无法调整的前提下,于大楼内部做了许多改善美化设计,如设计规划专属的个案研讨教室、学员休息室、教授休息室与一楼大厅接待区,同时全面建置无线网络,供学员上网,并改善多媒体教室录像机器设备等。

有准备、有训练,就能在发生异常时及时处理,不让事件扩大,造成伤害。为应对各种突发状况,本部拟订紧急事件处理流程,并设置与维护消防安检设备。此外,本部委托设置保全人员维修,在本部大楼周围架设保全系统与加保公共意外险,让本部公务财物得以有保障,以应万一之需要。

3.行政方面

(1)制定推广教育管理流程。

第一,建置 MIS 系统,建立标准作业流程,统整处理各类班程业务。本部主要业务为推广教育班程办理,班务处理属繁杂业务,一个班程从开始到结束,如何在班程的时间内迅速且有效地完成应尽的工作,SOP 及其施行细则就是确立的基础,并每年执行 SOP 的检测,顺利推动业务。本部自开班至结业,皆订有标准作业流程供课务承办人遵循,包括开办班程、报名、选课、退费、休退学、课程评鉴等,使工作得以顺畅进行,维持良好的服务质量。本部课务运作之标准作业流程如图 4。

各课务承办人除按照标准作业流程处理及管理班级业务外,亦通过部门自行开发的教务信息系统(MIS)作为处理班程作业的主要工具,以便精确迅速地完成工作。不仅简化学员报名流程,缩短报名时间,更减省同人庶务工作的时间。信息管理系统以无纸化作业达到数据共享,学员各项信息均可由授权之职务代理人随时查询,提供学员实时服务,有效提高同人工作效率并改善服务品质。此外,为提醒课务承办人应执行事项,不漏失流程中的任一环节作业,特拟定作业时程表。班务管理的标准作业流程中,每个步骤都有施行细节。

第二,行政作业与人事管理。本部为一自给自足单位,除建立金流系统处理收支决算、进行会计内控外,在各类品项采购等除依校方规定外,另有库存系统维护管理,可轻松、有效地管理品项进出,对品项项目、数量做有效控制。此外,通过每周组务会议汇报,使每位同人了解彼此的业务进度,主管可对各同人工作提出质询、建议、修正、讨论、沟通、协调等,使同人之作业流程更加精进。在人员管理方面,本部执行职务代理人制度,使同人请假时能由职务代理人顺利执行业务。由于学员大多于夜间及周末上课,因此,特别设置夜间值班主管,搭配数名

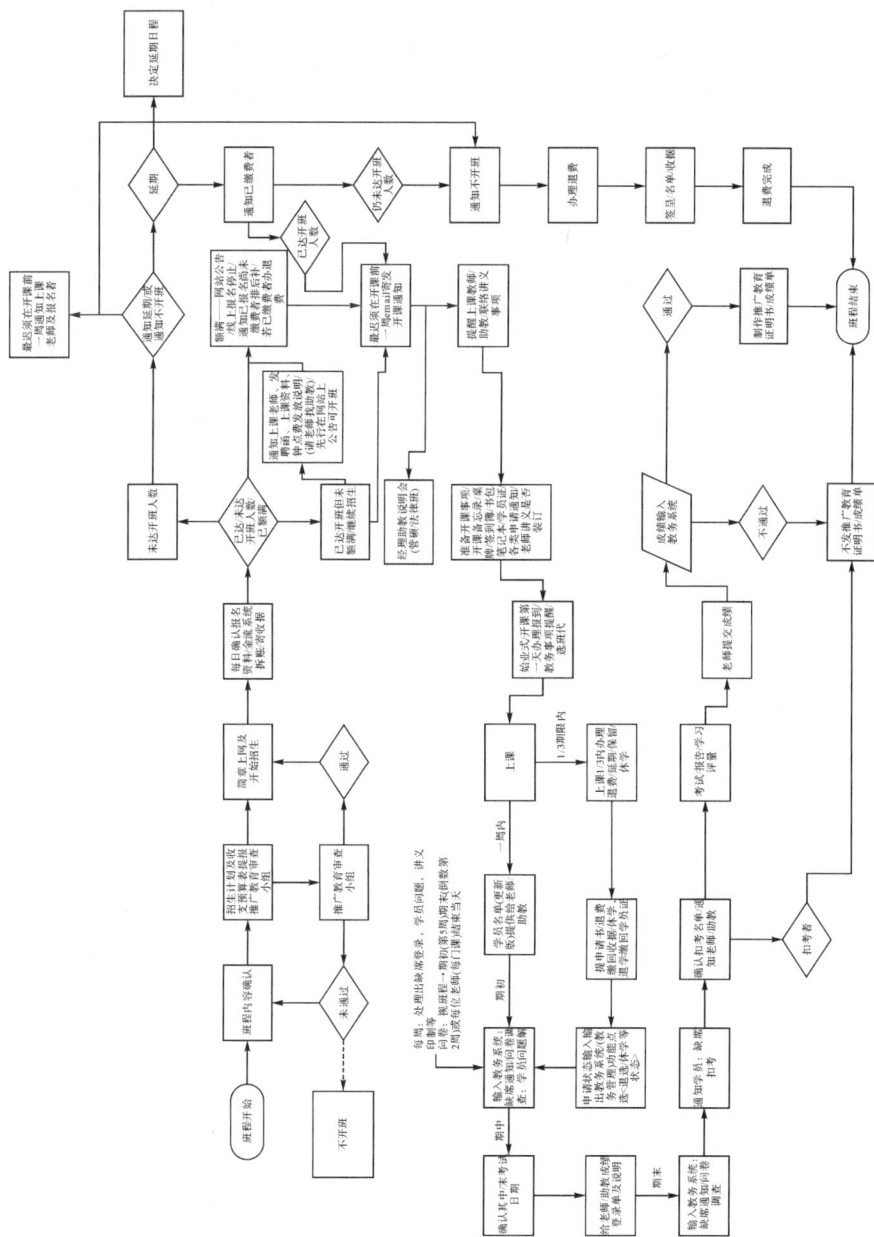

图 4　台湾大学进修推广部课务运作的标准作业流程

协助课务庶务的计时人员,周末亦安排值班同人处理业务,每日均有值班管理表,确保各班程课务顺利进行。

为提高内部工作效率,本部建立了内部管理 ERP 系统,用信息系统简化作业流程,不仅有效率,还能系统化地保存学籍数据、标准化地产出各类文件与报表,随时提供管理者充分信息以供决策使用。EIP 系统包含信息金流账务管理系统、报名志愿查询系统、公文管理系统、管理个案查询系统、案件登录管理系统、内部行事历、库存管理系统、异地备援系统和网络资安防御系统等。

第三,妥善处理客诉案件。为处理顾客抱怨或申诉案件,本部特于内部网站建立相关网页供承办人员联结查询及处理客诉问题。案件管理系统内提供追踪、查询、统计、回复、寄信及结案等功能,便于同人快速响应客诉问题及追踪整体进度。至于客诉案件逾期程序则于每日自动检查,并寄发信件通知承办人员持续处理,直到结案为止。

第四,学员意见调查与回复。依据课程时间长短,分别于期初、期末进行教学意见调查、人员服务调查、场地及机器设备调查或单次性调查,以随时接受学员的意见回馈,持续改善与提高。此外,针对学员在网络上表达的实时意见,本部皆指派专人每日管理及追踪,并针对问题与意见于 3 天内完成回复。

(2)强化顾客经营与服务质量。

本部通过各式在线交流与数据分享,并举办多样化的学员活动,包括定期发送电子报与 EDM、发行纸本报刊、举办学员始业与结业活动和大型专题演讲活动、企业参访、康乐性联谊或聚餐活动、课程说明会、管理个案竞赛等保持与本部学员间的联系与互动。

近年社群网络营销兴起,在台湾,脸书(Facebook)最受青睐,本部于 2010 年 11 月成立"精英会客室"粉丝专页,除了定期推出各种活动,吸引网友粉丝加入,并不定期提供管理类、法律类与艺文生活类等诸多信息,与粉丝分享。其次,推动"台大精英宝宝"IM 机器人,定期发送 MSN 信息,推介本部相关课程与活动情报。此外,建置"台大精英志"电子刊物(电子书),定期发送、刊载最新课程与活动信息。2012 年本部还通过 Google 平台,着手建置"i-knowledge"协作平台,配合本部课程属性,推出 EMBA、法律、艺文生活等三类精英俱乐部,依不同信息属性,提供粉丝更精进的信息,并提供粉丝分享知识的平台。

在提升本部服务质量方面,本部特办理"服务礼貌运动",分办理服务礼貌人员训练、订定电话礼貌规范并进行抽测及礼貌服务绩优人员票选等三方面进行,奖励表现优良的工作同人。

(四)服务传达与外部沟通的缺口的"传播风险"

为了避免因为广告宣传的影响,造成消费者期望过高,以致实际接受服务感受不如预期,降低其对服务质量的认知,本部通过"台大推广教育网"免费在线试读及在 Youtube 上制播课程介绍影片,让消费者可以因为更加了解本部课程内涵,进而选择适合自己的课程。在学分课程方面,本部特别为管理类及法律类长期班学员设计选课系统,以应对两班程学员每学期的选课作业。选课系统内有课程介绍、任课老师介绍、选课规定、选课步骤等,每学期学员通过在线选课系统完成课程选课、注册等作业,成效良好。一旦遇到消费者对本部开办课程之实际接受服务感受不如预期而要求退费,本部亦制订了相关的退费流程规范,让学员依退费机制申请退费。

此外,本部也设置多元申办、咨询、发布管道,除各班程有专人专责处理学员之各项申办与咨询外,另特置"精英会客室",提供学员及咨询者随到随办理之各类问题咨询、申请,学员可以通过电话、e-mail、网站、Facebook、Youtube、简讯等公告管道,以及网站"留言板""意见信箱"等咨询管道,询问相关信息。

## 五、结　语

维持一个稳定且优质的服务系统,并不断地了解顾客需求,随时检视组织的经营现状,缩短与顾客的认知差距,以求做好顾客满意的企业文化是相当重要的课题。现今继续教育受到整体环境的影响,必须洞察先机,并掌握内外环境变化,适时排除与处理可能危及组织运作的各种问题与风险。通过质量风险管理(QRM)的做法,应能有效提升继续教育的作业效率,达成顾客满意、员工满意及企业满意的教育目标。

**参考文献:**

[1] Claycamp,H. G. Perspective on quality risk management of pharmaceutical quality[J]. *Drug Information Journal*,2007,41(3):353-367.

[2] Parasuraman,A. ,Zeithaml,V. A. & Berry,L. L. A conceptual model of service quality and its implications for future research[J]. *Journal of Marketing*,1985,49(4):41-50.

[3] Parasuraman,A. ,Zeithaml,V. A. & Berry,L. L. SERVQUAL:A multiple-item scale for measuring consumer perceptions of service quality[J]. *Journal of Retailing*,1988,64(1):12-40.

[4] Saxe,R. & Weitz,B. A. The SOSO sale:A measure of the customer orientation of salespeople[J]. *Journal of Marketing Research*,1982,19:343-351.

[5] 胡凯杰,贾凯杰,刘欣怡.客运业服务质量风险评估之研究:以台北新竹线为例[J].运输计划季刊,2012,41(1):81-112.

# TTQS 对继续教育的实务探讨

自强基金会　台湾"清华大学"(新竹)

徐秀燕　黄雅婷　萧德瑛　巫勇贤

【作者简介】

徐秀燕,财团法人自强工业科学基金会资深处长。

黄雅婷,财团法人自强工业科学基金会副研究员。

萧德瑛,财团法人自强工业科学基金会执行长,台湾"清华大学"(新竹)动机系教授。

巫勇贤,台湾"清华大学"(新竹)教育推广组组长。

本文为2012年第十三届海峡两岸暨港澳高校继续教育论坛收录论文。

## 一、背景说明

为适应知识经济时代的竞争环境,以增强个人能力为主要目的的成人教育工作的重要性日益突出。多数学者认为,迈入全球化的终身学习已是全球趋势,每个人皆须依生涯发展、社会变迁、职场工作知能的变化不断学习成长,以展开个人潜能,增进生涯成长的知能,以利维持、扩增职业、学术知识或促进个人发展(蔡培村,1999;杨国德,2007;陈静仪,2009)。

台湾教育主管部门于1997年制定"大学推广教育实施办法",明确制定各大学应依大学教育目标,根据社会的需求,办理提升大众学识技能及社会文化水平的各项教育活动。因此,台湾各大学陆续设置推广教育单位,推广学分班和非学分班课程。但目前,教育政策的变革及主管部门对各大学的经费补助愈来愈精减,各校均面临沉重的财源筹措压力。因此,各大学无不纷纷寻求转型,以期能在推广教育市场中生存。

同时,台湾高等教育的许多措施已明显地趋于市场导向或商业化,如开放设立大学、大学学费自由化、校务基金的实施等,使各大学之间的竞争越来越激烈(郭昭玫,2011)。另外,少子化导致人力市场提供人力的减少,也使得培训市场渐趋饱和而竞争更加激烈。为了增加竞争力,课程规划与培训过程必须更加重视服务质量与成效(汤玲郎、邱文瑛、邱嘉萍,2012)。因此,推广教育必须花费更多的心思与资源来加强其产品及服务的质量,以提升学员满意度,创造教育的质量与绩效(尚荣安、刘宗哲、林炳文,2006)。本文着重介绍如何应用质量系统提升教育质量与绩效,并探讨台湾训练质量系统(Taiwan TrainQuali System, TTQS)对推广教育的成效,以供各大学推广教育中心参考。

### 二、TTQS 的缘由

优秀的人才是企业竞争力最重要的基础。为提升竞争力,世界各主要先进国家和地区无不运用各种方法来鼓励企业培养优秀的人才。因为企业的人才培育与训练不仅有助于就业机会的创造和经济成长,更有助于企业竞争力的提升。

为提升整体训练质量,达到与世界接轨的目标,台湾行政主管部门于 2004年提出的"服务业发展纲领及行动方案(2004—2008 年)"中,针对"人才培训服务产业发展措施",明列建立人才培训产业质量认证制度。因此,台湾职训部门乃于 2005 年规划推动训练质量规范,参酌 ISO 10015、欧洲职业训练政策、英国 IIP 人才投资方案(Investors in People, IIP)、澳大利亚的积极性职业训练政策,最终制定出一套台湾的"训练质量系统"。

TTQS 以"训练质量评核表"为工具,作为台湾事业单位、训练机构与工会团体办理各项训练计划流程的指针,并于 2007 年起正式实施,迄今已推动 5 年。TTQS 推动前期主要以发展系统、建立标准为主,目前正迈入成长阶段,以完备机制及扩大适用为主要工作。

### 三、TTQS 的理念

TTQS 训练质量评核表是一个以过程为基础的质量管理系统,涵盖PDDRO 五个构面(如图 1),依序是计划(plan)、设计(design)、执行(do)、查核(review)及成果(outcome)。其计量权重分配及评量流程周而复始地持续改善,循序进行分析评核,予以计分,作为分级的依据。台湾训练质量评核系统秉持不断创新与改进的理念,于 2012 年公布新版训练质量评核表。虽保留 PDDRO 五大构面,新版各项指标稍有整并,权重亦有调整,且明确地陈述内容,以促进实际需求为目的,进行指标的改善,期望符合现实需要。

因 TTQS 训练质量评核表包含 PDDRO 五个构面,而每一个阶段的输出都将为下一个阶段提供输入,是一个循环系统,因而构成一个训练管理循环(如图 2)。

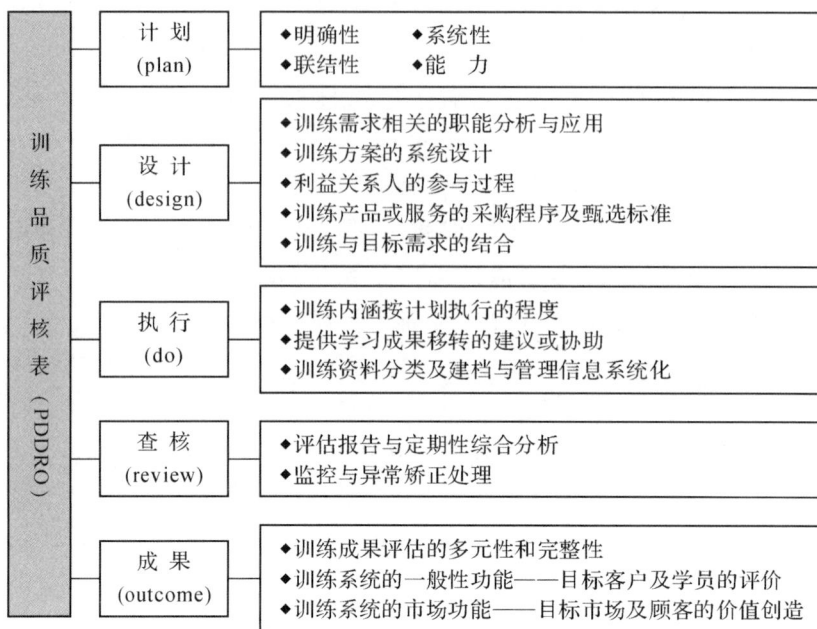

图 1　TTQS 的 PDDRO 五大构面

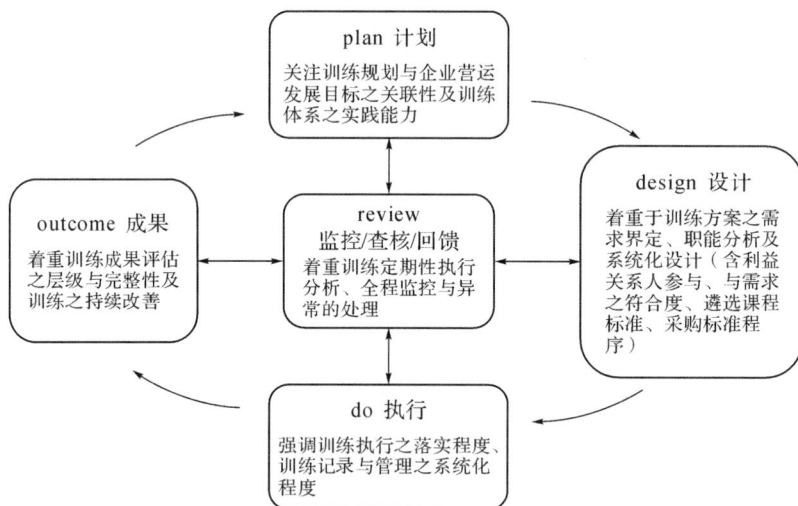

图 2　训练质量评核表的训练管理循环

计划，可定义为关注训练规划与组织营运发展目标的关联性及训练体系的运作统筹，而训练涵盖明确性（训练机构未来经营方向与目标的制定、对外明确的训练政策、明确的 PDDRO 训练体系及明确的核心训练类别）、系统性（训练质量管理的系统化文件数据）、链接性（训练规划与经营目标达成的链接性）、能力

（训练机构的行政管理能力与训练主管相关职能）。设计的定义为运用与训练需求相关的职能分析来制定系统化的训练方案，利益关系人适当地参与过程，采购程序规格化，以促成训练与目标的结合。执行的意义为着重强调训练方案执行的落实程度、训练记录与管理的系统化程度。查核的定义是为训练方案执行过程的监控、异常处理与定期性执行结果追踪分析。成果则意为训练成果评估的完整性，以及训练质量管理的持续改善和扩散效果。

鉴于此，训练质量评核系统乃运用 PDDRO 训练管理循环的概念，以多元面向的质量要求为训练的行动基准。其训练流程的原则，在于强调每一训练机构，进行任何训练规划时，须有完整的计划，且执行程序与内涵皆须按照既定的系统设计，并予以彻底执行，过程中至计划完成，皆能采取量化的数据做查核，最后的成果能以多元且完整方式评估，并能作为下一阶段训练时的参考。

TTQS 训练质量评核表可作为训练机构随时检视办训流程、办训成果的工具。只有深刻了解 TTQS 的理念与内涵，并确实执行 TTQS，方能不断提升人才培训产业的发展与专业能力，增进培训产业的训练质量及绩效。台湾职训部门于 2007 年针对"在职劳工进修计划""产业人才投资方案""协助企业人力资源提升（个别型）"及"协助企业人力资源提升（联合型）计划"等四项计划，以训练质量评核表辅导事业单位与训练机构参与评核作业，按总分分为白金牌（96.5 分以上）、金牌（85.5～96 分）、银牌（74.5～85 分）、铜牌（63.5～74 分）、门槛（53.5～63 分）及未达门槛（53 分以下）六个等级，并提供不同等级的训练补助。2011 年开始颁发"训练质量奖"，奖励评核的绩优单位，以鼓励其扎实、完善的办训质量，并作为训练质量的卓越典范。

### 四、TTQS 的导入成效

教育与质量管理相结合的概念发展已久，20 世纪 80 年代末期，教育界开始注意到全面质量管理（Total Quality Management，TQM）应用在教育上的重要性，且对成人教育而言，更需要可靠的质量评核系统（杨政谊，2008；林孟蓉，2010；石美芳，2012）。根据研究，就成人继续教育质量管理而言，首先要了解学员的需求，再将学员的需求设计在服务流程中，经过管理者责任、资源管理、服务实现以及评量分析与改进，构成一个管理循环，周而复始，形成一个不断改善的服务质量（赖美娇、蔡武德，2005）。

而台湾训练质量评核系统充分应用管理循环及持续改善的概念，在职训部门及各界努力推广之下，已逐渐为学术界与产业界接受。目前台湾办理训练的机构包括法人机构、大学的推广教育中心、工会团体，以及企业的训练单位。根据巫春莉（2007）选择两家大学推广教育中心进行的个案研究分析验证，PDDRO

是评鉴训练机构的良好架构，训练机构可经由评鉴模式提升其规划能力及设计质量，增进其执行成果与绩效；训练实务上，能设计符合训练机构自身要求的严谨的训练质量评核表，于平日训练时进行自我检核。元智大学终身教育部的实践证明，遵循 TTQS 的精神，通过 PDDRO 五大构面，其绩效成果明显，不仅学员满意度高达 98％，愿意进修学习的学员也逐年增加。

以职业工会为例，学习与运作 TTQS 最真实的价值是，能让职业工会摆脱长期仅向会员收取劳健保费用而存在的目的，改以培训会员职能为主要诉求，促使工会会员在全球化竞争下，提升自我竞争力，且工会自身亦肯定 TTQS 制度，认同导入该系统有助于训练的执行(李威颖，2009；黄淑惠，2011)。张翠玲(2008)综合分析职业训练机构导入 TTQS 的成效显示，职业训练机构导入训练质量评核系统之前后办理教育训练的情形确实有差别，导入前训练机构较无完整性的教育训练流程；导入 TTQS 后，对组织及成员有正面改善，且更加专业化。陈威世(2011)对于训练机构方面的导入成效研究显示，导入 TTQS 五大训练要素与 19 项指针评分项目后，单位目标与财务面、学习技能面、系统流程面及社会面(顾客面)等皆获得改善，并使教育训练质量获得一定水平的提升。

台湾"清华大学"自强基金会(2011)针对桃竹苗区 460 个单位进行了训练质量评核系统导入成效暨满意度调查，计有 224 个单位有效问卷回复，回收率达48.7％。导入 TTQS 的具体原因中，以"检视办训能力，提升质量，健全训练系统"(70％)为主因，其次为"申请政府补助，开拓训练经费资源"(25％)，第三为"提升人力素质"(11％)。导入 TTQS 的好处中，以"建立标准化训练系统"(48％)为主因，其次为"检视并持续改善办训绩效"(28％)，第三为"提升人力素质"(16％)。

综合上述，TTQS 带动的效益，包含组织整合教育训练的系统管理，以增进组织效能为目的，同时重视顾客需求，强化利益关系人的涉入，强调持续性的改善；另一方面于社会成效，可鼓励社会大众进修，促进就业机会，提升社会大众的职场竞争力，创造内部组织与外部学员双赢的局面。

**五、结　论**

人力资本一直以来是最重要的生产力要素之一，而人才培训已成为人才发展的基础工作。各大学的推广中心在人力资源发展中扮演着非常重要的角色，应该根据社会的需求，办理多元化的课程，以满足社会大众的需要。但因社会、经济及人口结构的转变，造成竞争激烈，推广教育要在这巨变的环境中生存，唯有持续不断地改进教育质量及绩效。TTQS 的 PDDRO 概念，可协助各大学的推广教育中心建立完整的教育训练系统，通过持续不断的改善，来满足学员的训练需求,并增进个人及组织的绩效。

**参考文献:**

[1] 蔡培村.终身学习教师发展与培育[J].教育数据集刊,1999,24:101-120.

[2] 陈静仪.大学推广教育发展策略之比较研究——以中兴、逢甲、东海三校为例[D].台湾中兴大学政策与公共事务研究所(硕士论文),2009.

[3] 陈威世.训练机构导入 TTQS 个案研究——以台湾东南科技大学推广教育为例[D].台湾东南科技大学工业管理研究所(硕士论文),2011.

[4] 郭昭玫.提升继续教育服务品质因素之研究[D].台湾育达商业科技大学企业管理研究所(硕士论文),2011.

[5] 黄明怡.台湾北区人才培训机构采用训练质量计分卡认证之评估[D].台湾师范大学工业科技教育学系(硕士论文),2008.

[6] 黄淑惠.职业工会办理训练导入 TTQS 执行构面之探讨[DB/OL].2011.浏览自 2012 年 9 月 12 日,取自 http://www.tcu.org.tw/supervise.html.

[7] 赖美娇,蔡武德.继续教育学生学习形态、动机与满意度之探讨——以进修学院为例[J].教育经营与管理研究集刊,2005,94(1):189-209.

[8] 李威颖.训练机构运作 TTQS 有用的 7 张图表[EB/OL].2009.浏览自 2012 年 9 月 12 日,取自 http://ttqs.evta.gov.tw/pcdetail.asp? fb=15861.

[9] 林孟蓉.技职院校校外实习课程发展之研究[D].台湾海洋科技大学航运管理研究所(未出版硕士论文),2010.

[10] 尚荣安,刘宗哲,林炳文.教育与服务——推广教育学员质量知觉对满意度之影响[J].顾客满意学刊,2006,2(1):27-54.

[11] 石美芳.应用 TTQS 管理技职校院学生工读实习质量[J].技职评鉴,2012,37:45-48.

[12] 汤玲郎,邱文瑛,邱嘉萍.服务质量、关系质量与顾客价值对顾客满意度之关联性研究——以大学推广教育机构为例[J].质量学报,2012,19(4):325-336.

[13] 吴思达,王涌泉,刘彦慧.导入训练质量系统(TTQS)提升技职训练成效之探讨[C].全球化、产业变迁与技职教育发展学术研讨会,台湾屏东科技大学,2011.

[14] 杨国德.国际终身学习的特色与发展趋势[J].教育资料与研究(双月刊),2007,77:141-158.

[15] 杨政谊.高等教育实施全面质量管理架构与流程之个案研究[D].台湾长荣大学企业管理研究所(未出版硕士论文),2008.

[16] 张翠玲.职业训练机构导入训练质量系统成效追踪研究[D].台湾师范大学工业科技教育学系在职进修硕士班(未出版硕士论文),2008.

# 北京大学与企业合作培训的质量管理与创新

北京大学　胡　鹏　杨学祥　侯建军

【作者简介】

　　胡鹏，男，北京大学继续教育部教学管理与研究办公室主任，管理学博士，研究方向包括教育管理、继续教育等。

　　杨学祥，男，北京大学继续教育部副部长，经济学博士，研究方向包括教育管理、继续教育等。

　　侯建军，男，北京大学继续教育部部长，理学博士，北京大学地球与空间科学学院教授，博士生导师。研究方向包括继续教育战略研究、继续教育质量建设研究、网络教育质量保障研究、网络教育课程设计和研发等。

　　本文为2014年第十五届海峡两岸暨港澳高校继续教育论坛收录论文。

## 导　论

　　校企合作开展继续教育，是将大学的优质教育资源与企业的实际需求相结合的有效形式，具有很强的针对性和实效性，有利于促进企业的战略发展与创新。同时，企业发展和进步的成果，通过继续教育的通道及时反馈到学校，补充和丰富了教学内容，指引了研究方向，促进了学科的发展。因此，校企合作开展的继续教育，体现了互利共赢、共同发展的内涵，调动了双方的积极性。近年来，北京大学与企业合作开展继续教育的规模持续快速增长（图1、图2）。越来越多的企业选择与北京大学合作，举办企业内部培训。这些企业既包括知名的跨国公司，也包括众多的国内中小企业。北京大学与这些企业在合作中，探索出了具有创新性和个性化的校企合作模式。

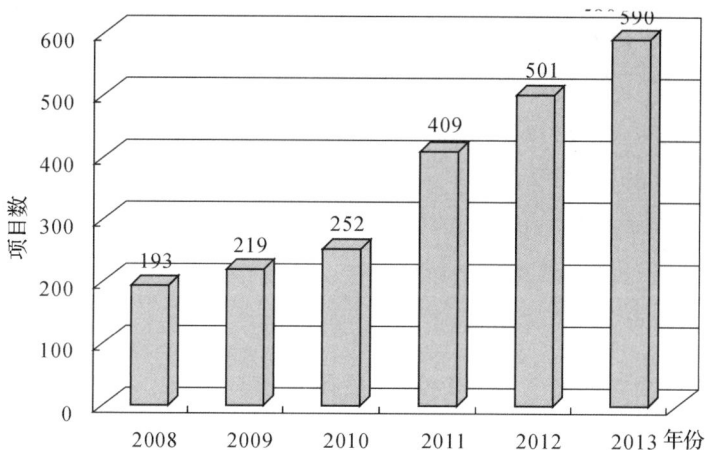

图 1　北京大学与企业合作举办非学历继续教育培训项目数统计

数据来源:北京大学继续教育部。

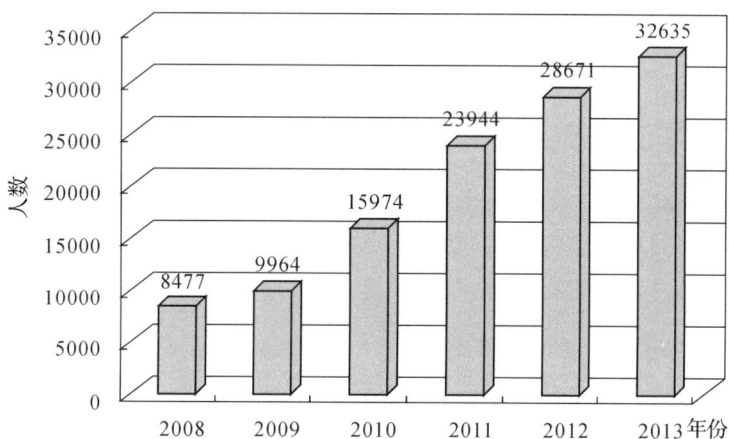

图 2　北京大学与企业合作举办非学历继续教育培训人数统计

数据来源:北京大学继续教育部。

## 一、继续教育领域校企合作的动因

人力资本投资是促进经济增长、改善企业绩效的重要手段。员工培训是企业人力资本投资的重要方式。而人的知识和才能基本上是教育投资的产物。继续教育是一种特殊形式的教育,主要是对专业技术人员的知识和技能进行更新、补充、拓展和提高,进一步完善其知识结构,提高其创造力和专业技术水平。大学利用自身的学科和师资优势开办继续教育,支持企业人力资源开发,增加整个社会的人力资本存量,具有天然的优势。

另一方面,大学的目标之一是影响社会。继续教育是大学影响社会的直接手段。发展继续教育也是大学推动教育教学改革的催化剂,是学科、课程建设的孵化器。也正是继续教育与社会、企业的紧密联系,带动了大学自身的学科建设、课程建设、师资队伍建设和科研成果转化,促进了大学开放式办学体系的形成。继续教育也为大学发展提供了必不可少的资金支持。

因此,企业与大学在继续教育领域具有双赢的合作基础——企业增加了人力资本,大学通过继续教育直接影响社会,推进了学科建设,并获得了更多的资金支持,企校均得到了长远发展。

## 二、北京大学与企业合作培训的质量管理与创新

目前,每年北京大学与企业合作培训已超过 500 个班次,已经有了非常成熟的模式。合作模式兼顾了企业和大学双方的需求,使得校企合作的继续教育更倾向于是一种双方对等的合作,而不只是一方向另一方提供的服务。北京大学光华管理学院更明确提出了"以研究为基础,以学员为中心,以企业绩效为导向,以共创价值为目的"的校企合作培训模式。具体地说,北京大学与企业合作培训模式有以下特点。

1.宽松自主的发展环境

北京大学鼓励各个学院自由地与企业开展合作培训。北京大学既有专职开展综合性培训的继续教育学院,也有开展专业培训的其他数十个学院。各个学院均可以根据自身的学科优势,与不同类型、规模的企业开展合作培训。

2. 科学灵活的合作培训流程

北京大学建立了一套科学而又灵活的校企合作培训流程(图 3)。

(1)培训需求分析。培训需求分析由北京大学与企业共同来完成,包括组织分析、任务分析、人员分析和学科分析四个方面。

组织分析着重分析企业的经营战略目标、文化、资源和环境,兼顾近期利益和长远发展,并由此决定相应的培训目标。任务分析确定各个职位的工作任务、各项工作任务要达到的标准,以及完成这些任务所必需的知识、技能和态度。人员分析,重点评价员工实际具备怎样的知识、技能、能力和态度,查找绩效差距,寻找差距原因,确定解决方案。学科分析包含两个方面,一方面是北京大学的哪些学科、课程可以在何种程度上支持企业的培训,可以纳入到解决方案中。另一方面是通过校企合作培训,能够为大学的哪些学科、课程的建设带来何种程度的发展。最终,北京大学和企业将共同完成的培训需求分析作为双方达成该项合作的基础。

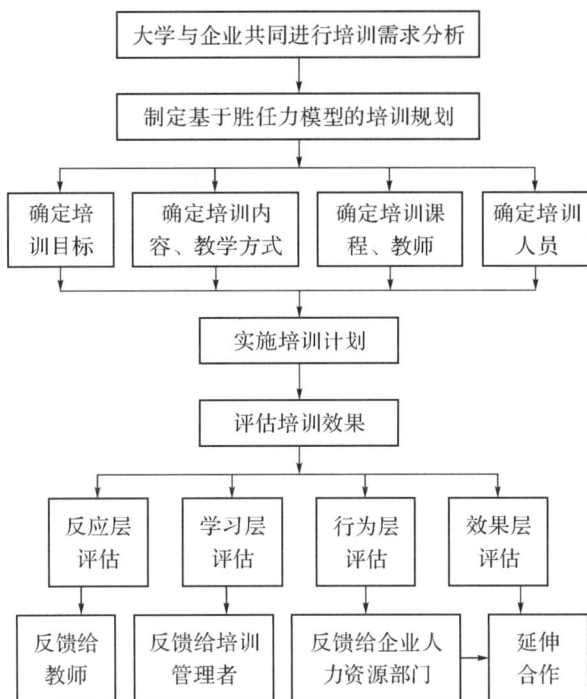

图 3　北京大学与企业合作培训的流程

（2）个性化定制培训规划。北京大学根据培训需求分析报告，为企业个性化定制培训规划。第一，明确的培训总体目标和各层次的具体目标。第二，结合人员分析和学科分析，确定培训内容。一般来说，包括四个类别，即知识培训、技能与能力培训、观念与态度培训、心理与潜能培训。设计基于任职资格体系或胜任力模型所要求的培训课程。北京大学不仅注重一般的知识培训和能力培训，也很注重观念与态度培训、心理与潜能培训。通常来说，北京大学都会建议在培训规划中加入职业道德、价值观、人文艺术、心理调适、压力管理、营养保健等类型的课程。北京大学的哲学系、历史学系、中文系、心理学系、艺术学院等院系以及医学部，为这些方面提供了丰富而卓越的课程。第三，根据企业的要求和大学的条件，确定能为双方带来便利并节省培训支出的培训地点、培训时间和培训频率。

（3）多样化的教学方式。单一的讲授式培训已经远远不能满足企业的要求，也不能为大学提供很好的信息反馈。因此，北京大学充分运用各种教学方法和技术，如讲授法、演示法、案例法、参观法、讨论法和角色扮演法等。同时采用面授课堂、在线点播课堂、在线实时交互课堂等多种教学环境。教学地点也可以选择在大学、企业或是其他利于增强课程效果的地方。多样化的教学方式与个性化的培训规划很好地结合在一起。例如,北京大学国家发展研究院联合中国人民解放军军事科学院、国防大学共同开发的实地考察课程,是目前国内顶级的专门培养和训练激烈竞争环境下的领导力和执行力的高层团队课程,包括"四渡赤水——逆境突围与不确定环境下调整与变革"实地考察课程、"库布齐大沙漠穿越"实地考察课程、"竞争战略与执行力"实地考察课程等。课程将训练高级军事指挥官的经验借鉴到商学院管理训练之中,将现代管理学起源之一的军事组织和战争案例引入现代企业管理中的培训。实地考察课程由顶尖管理学家与资深军事专家联合执教,通过再现和体验军事战例中的胜败得失,培养现代企业管理者的"统帅之道"和艰难环境下的领导力,是一种全新的亲身体验式教学。

(4)培训实施过程中的全面质量管理。在培训实施过程中,北京大学和企业均有专门的负责人全程跟踪,随时根据教师和学员的反应,对培训规划进行动态的调整。除了注重课堂本身的教学活动,也为学员提供诸多教学辅助活动以支持核心课程。北京大学有专职的、独立的继续教育质量管理部门,建设了全套的质量管理手册和信息化管理系统,来支撑全面质量管理。

(5)多角度的培训效果评估。培训效果评估是对培训成果的一个验收。北京大学尝试采用的是柯克帕特里克(Donald L. Kirkpatrick)的"四阶层评估模型",其评估角度比较全面。对学员的培训评估可分为四个层面:反应层评估——学员对课程及学习过程的满意度的评估,主要通过调查问卷和访谈获得信息;学习层评估——对学员的知识、技能、态度、行为方式方面的收获进行评估,主要通过考核来检验;行为层评估——学员的行为改变情况的评估,主要通过企业内部测评来获得信息;效果层评估——对企业获得的经营业绩或培训的整体投资报酬率进行评估,主要通过企业的绩效指标改变情况来进行分析。行为层和效果层的评估一般在培训完成一段时间后进行。

培训效果的评估结果,将会分别反馈给教师、大学培训管理者和企业人力资源部门,用于持续的课程改进、培训方案改进和员工人力资源开发计划改进。

### 3.丰富的后期延伸合作

校企合作培训并非大学与企业合作的唯一形式,它仅仅是合作的起点。北京大学与企业开展合作培训后,这种合作一般会延续。首先是合作培训的延续,培训可能会延伸到该企业的各个部门、各地分公司,或者企业所处行业的其他公司。例如北京大学与四大国有银行总行的培训合作,一般都会延伸至各省(区市)的分行。其次,可能延伸到具有其他学科优势的院系来主办其他领域的培训,例如从领导力类课程,延伸至法务类课程或者财务类课程。例如,中国农业银行先后与光华管理学院、经济学院、国家发展研究院、信息科学技术学院、继续教育学院五个院系合作开展了"城镇化与金融服务专题""支行行长培训示范""中小微客户金融服务专题""新兴金融服务专题""现代商业银行 IT 管理专题""党性学习与经营方略专题""风险与合规管理专题""领导力提升专题""城市市场竞争力提升专题""县域支行行长专题培训"等十余个系列培训项目,共举办培训班 69 个班次。各个院系不同的学科优势在与中国农业银行的合作培训中形成了合力。第三是其他合作的延续。例如北京大学为企业提供延伸的咨询服务,成为企业智库。第四,企业的一些经验丰富的负责人也会进入北京大学的师资库,企业的课程也充实到北京大学的课程库。第五,企业与北京大学共同完成课程研发、培训方案研发甚至产品研发。第六,企业的实习、就业岗位更多地面向北京大学学生。第七,北京大学的科研成果更快地被企业转化和应用。

4.多渠道的校内资源整合,应对企业多样化的需求

北京大学各院系在充分发挥各自学科优势与特色发展校企合作培训的同时,也非常注重整合校内资源,形成合力应对企业多样化的需求。校内资源整合的方式主要有以下几种:一是院系联合设计、开发某些交叉学科领域的培训项目,如光华管理学院与历史学系合作推出的"从历史看管理项目",集中了这两所院系在管理与历史学科的优势。二是院系在开展继续教育培训师资方面进行合作,各院系之间可以互聘教师,如管理学院的教授受聘于工学院,讲授有关工程管理的课程。三是院系与大学校友会等部门合作,利用各地校友会联合开发继续教育培训市场资源。四是与国内合作部门合作。北京大学与全国各省(市、地区)建立了省(市、地区)校合作关系。通过将校企合作纳入省校合作框架内,北京大学和企业均从中获得了更多的政府支持,合作过程更为顺畅。

5.关注校企合作对大学学科建设的反作用

继续教育定位于大学服务社会的重要载体,沟通大学与工业、企业之间的桥梁与纽带,也是传播知识、培养人才、推广科研成果的主要平台。校企合作为大学了解社会需求,更新研究方向,推广科研成果提供了丰富的信息流和资金流。北京大学要求各院系开办的校企合作项目必须与自身的学科高度相关。这也保证了各院系在合作中获得有效的学科建设支持。

### 三、北京大学校企合作培训的案例

1.外资企业

世界知名大型跨国公司,如花旗银行、宝马汽车、诺华制药、德国拜耳、德勤会计师事务所等企业,均与北京大学建立了校企合作培训。外资企业一般本身已有现代化的企业管理制度和规范,管理水平较高,但是外资企业在中国市场要

获得更好的发展,需要全面了解中国经济社会的发展趋势,了解中国的人文历史环境,熟悉中国的政治制度、法律制度、财税制度。北京大学帮助外资企业更好地适应中国市场,帮助外资企业的中国雇员提高管理水平和工作能力。例如,法国赛诺菲(Sanofi)公司,是全球知名的跨国制药企业,从 2010 年起委托北京大学为该公司的高层经理人团队开展继续教育培训项目,从 2010 年至 2013 年共举办了三期项目,四年来三期项目的课程评估结果都是非常良好,且是明显的上升趋势(表 1)。

**表 1　赛诺菲领导力发展项目教学评估结果**

| 教学评估内容 | 课程评估 | | | | 授课教师评估 | | | |
|---|---|---|---|---|---|---|---|---|
| | 课程体系的完整性 | 课程内容的实用性 | 教科书及教学资料 | 对课程的整体评价 | 所教授课程知识的丰富程度 | 对所教授课程的准备充分 | 授课方式得当 | 对授课教师的总体评价 |
| 第三期 | 4.71▲ | 4.71▲ | 4.75▲ | 4.76▲ | 4.91▲ | 4.90▲ | 4.89▲ | 4.89▲ |
| 第二期 | 4.58 | 4.54 | 4.59 | 4.61 | 4.79 | 4.77 | 4.79 | 4.78 |
| 第一期 | 4.40 | 4.35 | 4.42 | 4.40 | 4.66 | 4.67 | 4.65 | 4.64 |

资料来源:北京大学国家发展研究院。

### 2. 本土企业

与北京大学合作培训的本土企业中,既有著名的大型企业,如联想集团、工商银行、中国石油、中国移动等,也有大量的中小型发展中企业。北京大学促进了本土大型企业的国际化,也促进了中小型企业的现代化管理。例如,北京大学创办的私募股权投资(PE)与企业上市高级研修班,已经在五年时间里举办了 68 期。上千家中小型企业通过该课程的培训,了解到如何寻求、选取和运作私募股权投资基金,制定科学的公司发展战略,并在此基础上选择相应的资本运营与管理模式,提升公司投资价值。中小企业经营管理领军人才战略发展高级研修班,在工业与信息化部的支持下,为河北、河南、湖南、广东等地的数百家中小企业提供了宏观经济形势与战略管理、现代企业管理、创新营销管理、资本运营与投融资决策、领导力提升与领导艺术等全方位的课程,极大地提升了中小企业的经营管理水平和创新能力。

### 3. 学科发展

北京大学从校企合作中获得的不仅是资金,还包括学科的发展、课程的更新和科研成果的转化。例如,Trout & Partners Ltd.(特劳特伙伴公司)是一家全球领先的战略定位咨询公司,由"定位之父"杰克·特劳特先生创建。2002 年,特劳特中国公司成立。十多年来,特劳特定位咨询已助力加多宝凉茶、东阿阿胶、香飘飘奶茶、方太厨电等一大批中国企业打造强势品牌。其中,加多宝凉茶用七年时间将销售额从 1 亿元提升到了 200 亿元。北京大学汇丰商学院与特劳特中国公司合作,成功引进了特劳特定位课程作为精品培训课程,已连续开办了 15 期。北京大学新闻传播学院与企业合作开办的网络舆情管理与危机应对高级研修班、互联网战略与数字营销研修班,在帮助企业应对网络危机公关、增强互联网营销的同时,也为该院教授在网络传播、媒体经营管理、新媒体营销等方向提供丰富的研究素材,使相关领域的研究能紧紧跟随社会的最新发展趋势。2014 年 2 月,北京大学正式成立了新媒体研究院。该研究院是专注于新媒体创新发展的科研教学机构,其教师和科研人员的学科背景横跨传播学、情报学、管理学、社会学、心理学、计算机科学等多个领域,能够胜任跨专业、跨学科、多视角的教学科研要求和产学研互动的需求。可以说,校企合作培训为北京大学的学科发展和课程建设发挥了重要的作用。

### 四、结 论

校企合作培训不仅应有助于企业的人力资本投资和绩效改善,也应支持大学学科建设。为了实现这些目标,大学必须创造宽松自由的合作环境,建立科学灵活的合作培训流程;必须整合校内多种资源,以面向多样化的企业需求;必须充分利用校企合作培训对学校学科建设的回馈作用。校企合作培训是校企全面合作的一个起点,也是大学持续影响社会的重要途径。

**参考文献:**

[1] Marian, J. & Hurt, J. C. Partnerships for innovation[R]. Washington, D. C. : National Science Foundation, 2001.

[2] 李宝元,于然,王明华. 现代人力资源开发学[M]. 北京:北京师范大学出版社,2013.

[3] 理查德·斯旺森,埃尔伍德·霍尔顿三世.人力资源开发效果评估[M]. 陶娟,译. 北京:中国人民大学出版社,2008.

[4] 石金涛. 培训与开发[M]. 北京:中国人民大学出版社,2013.

# 中国高等院校继续教育评估体系研究

上海交通大学　李艳君　张　伟　刘路喜　余　海　李　才

**【作者简介】**

　　李艳君,女,上海交通大学继续教育学院学历教育教学办公室主任,管理学博士,副教授,研究方向包括公司战略金融、继续教育等。

　　张伟,男,上海交通大学继续教育学院党委书记,副教授,研究方向为继续教育。

　　刘路喜,女,上海交通大学继续教育学院副院长,教授,研究方向包括成人教育、继续教育等。

　　本文为2014年第十五届海峡两岸暨港澳高校继续教育论坛收录论文。

教育评估是按照特定社会的教育性质、教育方针和政策所确定的教育目标,对所实施的各种教育活动的效果、教育任务完成情况以及学生学业成就和发展水平进行科学判定的过程。经过数十年的发展,我国继续教育已经从外延发展进入到内涵发展阶段,继续教育机构更加关注教育质量和管理绩效,迫切需要通过设立继续教育评估体系监控教学质量,提升管理绩效。

## 一、中国高等院校继续教育的发展现状

中国高校的继续教育开启于20世纪50年代,改革开放后成人教育发展态势良好,始于1999年的网络教育也发展迅速。目前,高校继续教育主要包括成人教育、网络教育、自考等学历教育,以及各种形式的非学历培训项目。

### (一)中国高等院校继续教育的现状

高等院校由于具有专业的课程体系、雄厚的师资力量、完备的培训层次、灵活的教学方式、良好的学习氛围等优势,成为中国继续教育的主力军。我国90%以上的高等院校开办了继续教育(阎桂芝、王爱义,2010),2000年成人学历

教育的在校生规模为 353.6 万人，2012 年这一数字达到 583.1 万人，网络学历教育更是从 1999 年的零起点发展到 2012 年 570.4 万的在校生规模[①]。伴随着培养规模的扩大，如何保证教学质量、提高教学效率、提升教学效益，成为继续教育发展的新课题。

高等院校继续教育的管理机构一般为高校下属的名为继续教育学院、成人教育学院或远程教育学院的二级学院。由于高校继续教育脱胎于全日制普通高等教育，在管理体制上存在多头管理、资源浪费的现象；在教学设计上存在复制普教、特色不足、战略定位不清晰的现象。目前，各高校继续教育机构已经将注意力从追求教育的规模效益，转移到追求整体教育效果和组织核心能力的培养上。比如，清华大学继续教育学院主动放弃学历教育，成功进入培训市场，创造了骄人的业绩。

（二）中国高等院校继续教育的发展趋势

伴随着中国高等院校继续教育从规模竞争向质量竞争乃至能力竞争的转变，相关教育机构正在做出或已经做出相应调整。

一是加快教学组织和教育资源的整合。由于历史原因，不同的继续教育形式在高校内部往往分属于两个以上的机构管理，存在继续教育各部门独立运作、机构重叠、教育资源浪费的现象。目前，部分高校已经实现了成人教育、继续教育、远程教育、自学考试、培训等继续教育形式的组织合并和资源整合[②]，有利于对继续教育资源的综合有效利用。

二是加快从学历教育向非学历教育转型。由于普通高等教育本科招生的扩大，改变了继续教育市场的需求结构，文凭热在降温，以提高能力为目的的非学历继续教育成为越来越多人的选择。高校继续教育的工作重点势必逐渐从学历教育转移到非学历教育上来，对继续教育的需求方向、办学机制、教学内容、品牌建设等进行重新定位。

三是加快建立和完善适合继续教育的质量监控和评价体系。高校学历继续教育脱胎于普通高等教育，课程体系和课程内容存在同质化倾向，无法突出继续教育针对成人学生的特点。非学历继续教育起步较晚，存在办学主体参差不齐、办学不规范的问题。目前，高校继续教育机构的质量意识和自律意识明显增强，在我国还缺乏针对继续教育的、行之有效的质量认证评估标准的情况下，一些继续教育机构通过国外认证体系实施质量管理。

---

[①]　中华人民共和国教育部网站，统计数据栏目。

[②]　以上海部分高校为例，上海交大成人教育学院和网络教育学院 2009 年合并为继续教育学院，华东师范大学网络教育学院和继续教育学院 2013 年合并为开放教育学院。

## 二、中国高等院校继续教育评估的重要性

### (一)中国高等院校的教育评估工作

1994 年初,国家教委开始有计划、有组织地实施对普通高等学校的本科教学工作水平评估。评估分为三种形式:合格评估、优秀评估和随机性水平评估(王红,2011)。2003 年,教育部将三种评估方案合并为《普通高等学校本科教学工作水平评估方案》后,开始实施五年一轮的普通高等学校本科教学工作水平评估(杨若凡,2010)。该评估是典型的外部行政性评估,是教育管理部门对高校教育水平的整体评价。同年,教育部制定了高职高专院校的人才培养工作水平评估方案,评估工作主要由省级教育行政部门负责。高等教育评估对普通本科高校和高职高专院校的教学定位、教学投入和教学管理有明显的促进作用。

我国高校继续教育评估还处于起步阶段。作为普通高等教育评估的一个组成部分,评估体系参照我国普通高等教育的评估体系建立,并未体现成人继续教育的特点,难以有效控制教学质量和保证组织绩效。

### (二)教育评估对高校继续教育机构发展的作用

近年来,我国继续教育规模逐年扩大,教学内容和形式丰富多样。保证继续教育的质量成为中国继续教育长远健康发展的基础,而继续教育评估则是保证这一基础的关键环节。继续教育质量外部评估体系的不健全和自评估体系的缺失,导致继续教育培训机构在教育远景目标和规划、专业设置和课程安排、教学和管理方式、资源建设方面缺乏合理依据。

继续教育评估可以为继续教育机构的管理实践提供依据。首先,促进继续教育机构梳理办学思路,明确发展目标和办学定位,形成办学特色。其次,促进继续教育机构合理利用资源,努力提高人才培养的绩效。再次,促进继续教育机构的教学管理规范化,加强教学质量和管理绩效内部控制。对继续教育评估的理论研究,可以对国家继续教育的总体教育目标及教育决策进行适时调节提供指引,有利于教育主管部门监督、指导继续教育机构可持续、高质量办学。

## 三、国外继续教育评估的经验

发达国家对成人教育和教育评估都非常重视,通过对继续教育机构的评估来保证教学质量和培养效果。按照评估主体的不同,国外继续教育评估方式分为外部评估和自我评估。

### (一)外部评估

美国政府通过拨款和项目设置进行间接调控,保证成人继续教育投资得到

高质量的利用。联邦和州政府制订了继续教育项目的政府审批和管理办法,要求开办继续教育的机构,必须到州教育主管部门注册并得到权威认证机构的认证。美国继续教育认证机构主要有机构认证组织和专业性认证协会。1974年成立的美国继续教育与培训认证委员会(ACCET)就是一个全国性的继续教育机构认证组织,其颁布的认证标准是一套综合性标准,包括机构的使命、办学目标、发展战略、管理、教学条件、师资力量,等等,在美国继续教育与培训领域具有一定的权威性和影响力。另外一种是专业或者是项目认证,即只对机构的某一方面,比如对培训项目、课程、专业进行认证(上海市教育评估考察团,2005)。

德国成人教育研究所(DIE)和教育研究机构(ArtSet)研制了"面向学习者的继续教育质量测评模型(LQW)"。LQW模型树立了质量评估的一个基本准则,即培训机构能否以学习者为中心、引导学习者进行"成功学习"。围绕这一基本准则,培训机构的各个质量领域将受到评估检验。该模型包含11个继续教育质量测评范围,即办学宗旨、市场需求、关键环节、教学过程、工作考核、办学设施、领导因素、人力资源、控制手段、客户关系和战略目标。每个质量测评范围均包含测评项目、质量标准以及用来证明达标的要求。测评结束后,测评组织将为培训机构颁发一个LQW质量测评鉴定证明,对外公布质量测评鉴定结果。该证明有效期为4年。未达到质量最低标准的培训机构必须改进,改进后重新评估(于导华等,2010)。

英国教育标准化办公室遵循2006年颁布的《教育督导法案》,制定了继续教育机构督导通用框架。英国继续教育培训机构的评估由成人学习督导团负责,依据继续教育督导通用框架对继续教育机构进行评估。评估范围主要包括教学效果、教学质量、办学条件、管理效率、社会效益等方面(胡东成、王爱义,2011)。

美国、德国和英国的评估方式均属于外部评估,但又有一定区别。德国是民间评估机构为主导,英国是政府为主导,而美国则是政府与民间机构各司其职。

(二)自我评估

除了政府背景的评估认证机构积极从事高等继续教育的评估工作,民间和大学也积极参与其中。2000年,由芬兰赫尔辛基理工大学(TKK)、英国伦敦帝国学院(ICL)、葡萄牙波尔图大学(UP)、西班牙瓦伦西亚理工大学(UPV)、佐治亚理工学院(GT)等八所大学合作开发了继续工程教育自我评估模型(EFQM)。该模型由9大指标构成,包括领导力、战略和政策、员工、合作伙伴和资源、过程管理、客户满意度、员工满意度、社会满意度和关键绩效结果。继续工程教育自我评估的指标方便获取,结构合理,其基本框架、指标体系、评估方法适用于大学的继续教育学院和各类企事业培训机构的继续教育(胡东成、王爱义,2011)。

### 四、构建中国高校继续教育自我评估体系

高等学校继续教育一方面要主动接受社会相关主体的评估,另一方面要加强自我评估,逐步建立以教学评估为核心的教育质量监控系统,提高办学水平,适应社会需要。

(一)评估指标体系

借鉴国外继续教育评估体系,结合中国高校继续教育的现状,本文尝试建立一套中国高校继续教育自我评估指标体系(表1)。该体系由三大类指标组成:

资源指标体系。资源指标体系主要是针对继续教育学院的有形资源和无形资源,评估其承担和完成成人继续教育的客观条件和主观能动。具体包括使命与战略、领导和激励、组织和人力资源、教学条件。对教学条件的评估,主要通过对教学设施及条件利用的评估,来评价一个学院的办学条件是否充分。

能力指标体系。由教学内容、教学过程管理等指标构成。对教学内容的评估,通过对课程设置、课程建设、教材建设等方面进行评估。考核课程设置和教学计划是否符合培养目标,体现成人学习的特点,课程内容和教材是否既有针对性和实用性,又具有知识体系的前沿性;考核课程建设是否具有助学性和促学性,提升学习效果。对教学过程管理的评估,包括对招生计划设计和实施、教学过程和学生服务全过程质量监控等方面进行评估。

效果指标体系。继续教育学院教学活动的效果包括实际教学效果和经济社会效益等。实际教学效果应该包括对学员和教师的双向促进,应注重教学资源的投入和人才培养的产出比;同时,还要注重对社会效益和经济效益的考核,包括对客户满意度、员工满意度和社会满意度的衡量。

表 1　继续教育评估指标体系

| 一级指标 | 二级指标 | 主要观测点 | 分值 |
|---|---|---|---|
| 1.战略与使命 | 1.1 愿景与使命 | 1.1.1 愿景与使命的确定 | 2.67 |
| | 1.2 发展战略 | 1.2.1学院发展战略的制订、实施与管理。有明确的发展战略和中长期规划,有具体的保证措施 | 2.67 |
| 2.领导与激励 | 2.1 领导者与激励 | 2.1.1 领导班子建立了管理人员的评价与激励机制 | 3.33 |
| | 2.2 领导者与外部关系 | 2.2.1 领导班子为学院发展争取外部资源 | 3.56 |
| | 2.3 规章制度建设 | 2.3.1 由领导班子和管理人员制订组织的规章制度 | 3.33 |

续表

| 一级指标 | 二级指标 | 主要观测点 | 分值 |
|---|---|---|---|
| 3. 组织与人力资源 | 3.1 人力资源管理 | 3.1.1 组织机构健全,权责对等<br>3.1.2 由专职行政和技术人员保证教学实施 | 3.44 |
| | 3.2 师资队伍建设 | 3.2.1 有规范的专兼职教师管理制度和程序<br>3.2.2 每个专业或培训项目都有一名本领域的专职教师负责组织和管理 | 3.61 |
| | 3.3 合作伙伴管理 | 3.3.1 有效管理与其他培训机构、大学的合作关系 | 3.33 |
| 4. 教学条件 | 4.1 教学设施与资源 | 4.1.1 有相对独立的教学和实验场地。有多媒体教室,为学员提供图书馆服务 | 3.33 |
| | 4.2 后勤支持 | 4.2.1 有复印、打印等教学辅助设施 | 4.00 |
| 5. 教学内容 | 5.1 课程设置和教学计划 | 5.1.1 课程设置是否符合成人学员的特点,有针对性和实用性;教学计划是否符合培养目标 | 3.44 |
| | 5.2 信息化课程建设 | 5.2.1 课程建设是否具有完整性、易学性、促学性,能否利用网络教学、移动教学等先进教学手段 | 3.60 |
| | 5.3 教材建设 | 5.3.1 教材建设是否符合教学需要 | 3.33 |
| 6. 教学管理 | 6.1 招生与培养方案 | 6.1.1 在需求分析和竞争对手分析基础上,设计招生培养方案 | 2.89 |
| 6. 教学管理 | 6.2 教学过程管理 | 6.2.1 落实教学计划,做好教学各环节的管理工作<br>6.2.2 组织学习活动,在学习过程中对学生提供答疑和咨询 | 3.83 |
| | 6.3 质量监控 | 6.3.1 及时了解学生、教师和管理人员对教学及管理工作的意见和建议<br>6.3.2 建立考试和考核制度 | 3.72 |
| 7. 效果 | 7.1 客户满意度 | 7.1.1 客户/学院对学习效果和教学服务的满意度 | 3.44 |
| | 7.2 员工满意度 | 7.2.1 员工对工作目标、工作环境、工作内容的态度<br>7.2.2 员工素质和精神面貌 | 3.28 |
| | 7.3 社会满意度 | 7.3.1 社会形象和品牌影响力 | 3.44 |
| | 7.4 实际成果 | 7.4.1 经济效益<br>7.4.2 培养规模和学术成果<br>7.4.3 培训质量 | 3.29 |

### （二）评估实例

利用表 1 的评估指标，上海交通大学继续教育学院近期尝试进行了自我评估。评估人员为来自学院各部门的 10 余名基层员工和中层管理人员。为了保证评估的真实性和全面性，参与评估的人员要求在部门、岗位、级别等方面具有一定的代表性。参评人员根据主要观测点对二级指标打分，有四个分数等级：1 代表没有做到，2 代表达到基本要求，3 代表做到且方法规范、效果较好，4 代表做到且方法完善、效果突出。参评人员打完分后，对各项二级指标的分值求平均值，代表最终的评估分值。一个二级指标的分值越高，代表学院在该指标上的工作越规范、效果越突出。

从自我评估的平均分看，参评员工明显地感觉到学院在未来发展战略规划上和愿景使命的制定与传播上有一定欠缺，在 1.1 愿景与使命和 1.2 发展战略两个二级指标的打分为最低分 2.67。这一指标真实地反映了学院目前发展的困惑。上海交大继续教育学院由原成人教育学院、网络教育学院、技术学院三院合并，三个学院各有自己的发展规划和组织文化，合并后又面临战略转型，交大的高层对继续教育的发展方向有待于进一步明确，导致学院在战略规划和组织文化工作上有一定阻碍。

而评分较高的二级指标有师资队伍建设、信息化课程建设、教学过程管理、质量监控和后勤支持等项，也真实反映了继续教育学院在教学和管理上多年的积累。比如，学院有一支稳定的专职教师队伍，这非常有利于推进信息化课程建设和保证教学质量。

### 五、结　语

中国高校继续教育评估工作还处于摸索期，同时相当一部分的高校继续教育机构也处于转型期，本文试图找到通过继续教育评估推进继续教育机构转型的一条新路径。上海交通大学继续教育学院就处于从外延成长到内涵成长、压缩学历教育拓展培训市场的转型期，通过自我评估，希望可以从新的视角发现学院的优势和劣势，为下一步的工作提供有益的参考。

**参考文献：**

[1] Knox，Alan B. *Evaluation for Continuing Education：A Comprehensive Guide to Success*[M]. San Francisco：Jossey-Bass，2002.

[2] 陈妍茹，等. 我国高等继续教育机构的自我评估模型[J]. 继续教育，2013(9)：9-13.

[3] 胡东成，王爱义. 国际继续工程教育协会继续教育自我评估模型研究[J]. 成人教育，2011(11)：4-8.

［4］胡东成，王爱义.英国继续教育机构督导标准研究［J］.成人教育，2011(12)：4-7.

［5］冀燕丽，陈赓.现代远程教育评估之探析［J］.中国远程教育，2005(1)：20-22.

［6］上海市教育评估考察团.国外教育评估机构运行机制分析与借鉴［J］.教育发展研究，2005(8)：29-33.

［7］王红.我国高等教育评估分类与现实选择初探［J］.中国高等教育，2011(7)：44-45.

［8］王阳，孙河川.经合组织 2012 年教育评估指标概述［J］.世界教育信息，2012(7)：17-20.

［9］温恒福，王丽丽."卓越绩效准则"对完善大学教育质量评估标准的启示［J］.现代教育管理，2012(9)：45-49.

［10］阎桂芝，王爱义.高校继续教育标准化建设思考［J］.成人教育，2010(5)：4-7.

［11］杨若凡.技术本科院校评估指标体系研究［D］.上海：华东师范大学学位论文，2010.

［12］于导华，陈晋南，王清.国内外继续教育质量评估体系比较研究［J］.继续教育，2010(10)：13-16.

# 综合性院校高端培训质量保障体系构建方法初探

浙江大学　　阮连法　　陈莉华　　潘靖之　　包洪洁

【作者简介】

　　阮连法,男,浙江大学继续教育学院党委书记、副院长,全国干部教育培训浙江大学基地副主任,硕士,研究员,主要从事土木工程、继续教育研究。

　　陈莉华,女,浙江大学干部培训研究中心秘书长,本科,副研究员,主要从事教育管理、干部培训研究。

　　潘靖之,女,浙江大学干部培训研究中心教师,助理研究员,主要从事继续教育、高教管理研究。

本文为2014年第十五届海峡两岸暨港澳高校继续教育论坛收录论文。

　　建立综合性院校高端培训质量保障体系是指为了保证高端培训的质量水平、探究高端培训质量生成的过程,把那些对高端培训质量水平产生重要影响的因子具体化,并将它们有机结合,使之成为一个保障和提高培训质量的稳定而有效的组织系统。通过对体系中各质量因子的评估,促使整个培训活动不断满足培训学员个体和社会的需要。因此,它应是为有效地发挥高端培训功能而建立的对高端培训过程予以规范化、流程化和持续化关注的保障体系。

## 一、构建高端培训质量保障体系的原则和步骤

### 1.构建质量保障体系的原则

（1）一致性原则。质量评价指标应符合党和政府对干部教育培训的方针政策,并与浙江大学继续教育现行管理体制相适应。

（2）全面性原则。指标体系要能够涵盖高端培训质量生成的整个过程,要能全面如实地再现各质量因子构成,要能与现行的干部教育工作条例互相适应、互

相衔接。

（3）科学性原则。对各项指标进行定性分析，明确其质的属性和内涵，再对其进行定量分析，以揭示其本质和规律。

（4）可回馈性原则。建立质量保障指标体系的目的是改善并保证高端培训的质量，这就要求培训机构能够通过质量保障体系，厘清自身的优势和不足，明确其改进的主要方向，从而达到自身办学的目标。

（5）责权利相结合原则。质量保障指标体系要切实反映高端培训的实际效果，应与培训机构的利益挂钩，使质量保障体系具有生命力。

2. 构建质量保障体系的步骤

高端培训质量保障体系相关指标的形成具体分三步：

第一步，在对学校高端培训办学方针、办学规模、培训质量、师资队伍、组织管理、基础设施等现状具体分析的基础上，结合借鉴现代培训研究成果与经验，分解出影响和制约高端培训质量生成的各项因子，形成高端培训质量保障指标体系初稿。

第二步，采用问卷调查、座谈访问等方法向相关专家、委托单位、培训学员、任课教师、培训中心主任和教学管理人员进行调访，逐步完善质量保障指标体系的质量因子构成，同时采用德尔菲法，综合各方咨询建议对各质量因子的重要程度作主观区分，确定质量保障体系中的重点指标项目。

第三步，在质量保障指标体系最终形成后，应用 FAHP 法确定各个具体指标的权重，并针对权重值对质量因子进行分析研究。

## 二、建立高端培训质量保障指标体系的方法

根据上述步骤，我们首先确定了制约高端培训质量生成的各项因子，然后运用德尔菲法，对各指标进行两两比较判断和结果计算。

1. 确定质量生成因子（表 1）

**表 1　高端培训质量保障因子的构成**

| | P1 | | P2 | | | P3 | | P4 | | P5 | | | | P6 | | P7 | |
|---|---|---|---|---|---|---|---|---|---|---|---|---|---|---|---|---|---|
| 一级指标 | 办学理念 | | 运行机制 | | | 教学计划 | | 师资队伍 | | 教学质量 | | | | 校友服务 | | 办学条件 | |
| 二级指标 | 指导思想 | 办学目标 | 组织架构 | 管理模式 | 评估制度 | 需求分析 | 课程设置 | 师资构成 | 队伍建设 | 授课质量 | 现场教学 | 教学方法 | 教务管理 | 组织体系 | 服务平台 | 教学条件 | 后勤服务 |

2. 各指标两两比较判断

采用 1～9 标度对各指标两两比较打分，打分方法与传统的 FAHP 法一样，

采用调查表法和专家打分法。在此基础上对打分进行模糊扩展。模糊扩展采用三角模糊数的形式。如在给定准则下,指标 $i$ 比指标 $j$ 重要,可以用三角模糊数 $a_{ij}=(l,5,u)$ 表示,其中左右扩展 $l$、$u$ 表示判断的模糊程度。当 $u-l$ 越大,则比较判断的模糊程度越高;当 $u-l=0$ 时,则判断是非模糊的,与一般意义下的判断标度 5 相同。指标 $j$ 与指标 $i$ 的重要性比较,利用三角模糊数的倒数运算。

若 $a_{ij}=(l,m,u)$

则 $a_{ji}=a_{ij}^{-1}=(1/u,1/m,1/l)$

表 2 给出了 1~9 标度的含义和三角模糊扩展。

表 2　1~9 标度的含义和模糊扩展

| 标度 $a_{ij}$ | 含义 | 三角模糊扩展 |
|---|---|---|
| 1 | $i$ 因素与 $j$ 因素同等重要 | $(2/3,1,3/2)$ |
| 3 | $i$ 因素比 $j$ 因素略重要 | $(5/2,3,7/2)$ |
| 5 | $i$ 因素比 $j$ 因素重要 | $(9/2,5,11/2)$ |
| 7 | $i$ 因素比 $j$ 因素重要得多 | $(13/2,7,15/2)$ |
| 9 | $i$ 因素比 $j$ 因素绝对重要 | $(17/2,9,19/2)$ |
| 2、4、6、8 | 介于以上两种判断之间的状态的标度 | $(m-0.5,m,m+0.5)$ |
| 倒数 | 若 $j$ 因素与 $i$ 因素比较,得到的结果为 $1/a_{ij}$ | $(1/u,1/m,1/l)$ |

根据以上方法对一至三级指标进行两两比较。表 3 为一级指标比较。

表 3　一级指标两两比较

| 目标层 P | 办学理念 P1 | 运行机制 P2 | 教学计划 P3 | 师资队伍 P4 | 教学质量 P5 | 校友服务 P6 | 办学条件 P7 |
|---|---|---|---|---|---|---|---|
| 办学理念 P1 | 1 | | | | | | |
| 运行机制 P2 | / | 1 | | | | | |
| 教学计划 P3 | / | / | 1 | | | | |
| 师资队伍 P4 | / | / | / | 1 | | | |
| 教学质量 P5 | / | / | / | / | 1 | | |
| 校友服务 P6 | / | / | / | / | / | 1 | |
| 办学条件 P7 | / | / | / | / | / | / | 1 |

二级与三级指标两两比较方法同上。

3. 权重结果计算

对收回的问卷表,利用"权重和"型模糊综合程度值计算公式,求得每个指标与其他指标相比较的综合重要程度值。

### 三、高端培训质量保障指标体系

最终构建的质量保障指标体系及权重值如表 4 所示。

**表 4　高端培训质量保障指标体系**

| 一级指标 | 相对权重 | 二级指标 | 相对权重 | 三级指标 | 相对权重 | 最终权重 |
|---|---|---|---|---|---|---|
| 办学理念 P1 | 0.267 | 指导思想 P11 | 0.687 | | | 0.184 |
| | | 办学目标 P12 | 0.313 | | | 0.084 |
| 运行机制 P2 | 0.196 | 组织架构 P21 | 0.423 | | | 0.083 |
| | | 管理模式 P22 | 0.383 | | | 0.075 |
| | | 评估制度 P23 | 0.194 | | | 0.038 |
| 教学计划 P3 | 0.116 | 需求分析 P31 | 0.719 | 社会需求 P311 | 0.483 | 0.040 |
| | | | | 组织需求 P312 | 0.372 | 0.031 |
| | | | | 个体需求 P313 | 0.145 | 0.012 |
| | | 课程设置 P32 | 0.281 | 课程设计 P321 | 0.446 | 0.014 |
| | | | | 教学内容 P322 | 0.266 | 0.009 |
| | | | | 师资配备 P323 | 0.288 | 0.009 |
| 师资队伍 P4 | 0.158 | 师资构成 P41 | 0.591 | | | 0.093 |
| | | 队伍建设 P42 | 0.409 | | | 0.065 |
| 教学质量 P5 | 0.166 | 授课质量 P51 | 0.435 | 课程准备与授课态度 P511 | 0.183 | 0.013 |
| | | | | 理论体系与深度 P512 | 0.224 | 0.016 |
| | | | | 语言表达与课堂控制 P513 | 0.162 | 0.012 |
| | | | | 案例引用与互动效果 P514 | 0.185 | 0.013 |
| | | | | 针对性与有效性 P515 | 0.247 | 0.018 |
| | | 现场教学 P52 | 0.221 | 教学点构成的科学性 P521 | 0.181 | 0.007 |
| | | | | 总结提炼深度 P522 | 0.220 | 0.008 |
| | | | | 现场讲解质量 P523 | 0.111 | 0.004 |
| | | | | 借鉴启发作用 P524 | 0.489 | 0.018 |

续表

| 一级指标 | 相对权重 | 二级指标 | 相对权重 | 三级指标 | 相对权重 | 最终权重 |
|---|---|---|---|---|---|---|
| 教学质量 P5 | 0.166 | 教学方法 P53 | 0.236 | 课堂讲座 P531 | 0.343 | 0.013 |
| | | | | 学员论坛 P532 | 0.158 | 0.006 |
| | | | | 情景模拟 P533 | 0.194 | 0.008 |
| | | | | 小组讨论与沙龙 P534 | 0.140 | 0.005 |
| | | | | 体验式培训 P535 | 0.166 | 0.007 |
| | | 教务管理 P54 | 0.107 | 师资聘请 P541 | 0.341 | 0.006 |
| | | | | 资料准备 P542 | 0.203 | 0.004 |
| | | | | 场地落实 P543 | 0.138 | 0.002 |
| | | | | 教学考核 P544 | 0.318 | 0.006 |
| 校友服务 P6 | 0.039 | 组织体系 P61 | 0.680 | | | 0.027 |
| | | 服务平台 P62 | 0.320 | | | 0.013 |
| 办学条件 P7 | 0.058 | 教学条件 P71 | 0.656 | 教学场地 P711 | 0.535 | 0.020 |
| | | | | 图书资料 P712 | 0.269 | 0.010 |
| | | | | 管理信息平台 P713 | 0.197 | 0.007 |
| | | 后勤服务 P72 | 0.344 | 住宿条件与服务 P721 | 0.427 | 0.008 |
| | | | | 就餐环境与质量 P722 | 0.378 | 0.008 |
| | | | | 文体配套设施与服务 P723 | 0.195 | 0.04 |

对于高端培训质量保障指标体系,应用 FAHP 法计算各指标权重,结果表明,有 4 个一级指标在整个评价系统的一级指标中都占有较高的相对权重值:办学理念 0.267,运行机制 0.196,教学质量 0.166,师资队伍 0.158。这一结果与课题组对相关专家学者、教师学员和管理单位的调访结果非常一致,说明这些质量因子在保障培训质量的重要性上得到了一致的认可。

**四、关于权重结果**

尽管学界对模糊层次分析法的使用存在较多争议,但目前仍是各类权重计算选择比较多的方法。我们在本文中只列出权重值,没有对该权重值进行进一步的评价,也是鉴于该方法存在的争议及该次问卷调查对象的广泛度等原因。

### 五、关于高端培训质量保障的几点措施和建议

高端培训质量保障体系的建立，对于培训质量的保障有了具象的把握，但是体系的建立与实施同时也要与各办学实体自身的实际情况相结合。从浙江大学自身的角度来说，只有结合浙江大学的办学特点和国内已有的办学经验，才能探索出适合我校特点的高端培训质量保障体系。课题组围绕高端培训质量保障的核心要素，针对浙江大学的具体实践，对高端培训质量保障体系建设提出以下几点措施和建议。

#### 1. 加强质量管理，完善培训评估制度

针对目前存在的质量保障方面的不足，我们要从三方面加强质量管理，以保障高端培训质量。

首先要建设良好的质量保障环境。进一步提升全校高端培训质量观，是当前的重中之重。只有当培训质量成为全校所有成员共同信奉的价值观，才能促使高端培训质量保障体系深入人心，顺利运行。除了加强宣传教育外，学校还需制定出台相应的政策措施，通过引导、激励等机制，传播质量信息，奖励质量成就，促进质量观的转变，营造良好的质量保障环境。

其次要加强内部质量管理与监控。学校外部质量监控多是从教育产出来评价和促进教育机构，只有内部质量保障机制能够把住源头，才能从质量输入和过程中调控高校的有序运作。因此，要建立校、院、培训中心三级培训质量管理制度，建立培训质量督导体系，完善校内的培训质量评估考核项目及指标，建立一支高素质的具有专业评估水平的培训质量管理队伍。

再次要完善高端培训评估标准。要研究制定教学质量评估办法和指标体系，定期评估培训项目、课程设置、师资水平、教学管理、服务保障等，把评估结果作为深化教学改革、提高培训质量的重要依据。参照国际标准化组织（ISO）确定的 ISO 10015 标准，针对高端培训过程的划分，设立多元的、系统的高端培训质量评价指标，包括确定培训需求指标、设计和策划培训指标、提供培训的指标、培训结果评价指标、培训过程的监控和改进指标等。

#### 2. 采取有力措施 优化师资队伍结构

浙江大学虽已有一定量的高端培训师资队伍，但状况不容乐观，具体表现在：①浙江大学的学科优势、专业人才优势未能在师资构成中得以充分体现。在高端培训的师资中学校自有师资所占比例不高，学科带头人、高水平师资比例很小。②校外师资尚未有效整合。当前各培训中心在师资的选聘上各自为政，未能形成全校高端培训的师资库。③师资专业结构不均衡，所涉及的领域有待进

一步拓展。④资源利用尚未形成梯度,没有根据不同培训对象、不同地域、不同经济发展水平,作合适的配比与区分,存在"一刀切""一招遍天下"的现象。⑤学校政策与制度导向存在严重缺陷。部分学院对本院优质师资过分垄断,对教师从事高端培训等继续教育活动设置障碍,致使优质资源只能存在于学历教育范围内,未能服务社会和造福高端人才。

针对上述问题,急需采取下列措施来加强我校高端培训师资队伍建设:①不断提高全校干部、教师,尤其是领导干部对高端培训的认识,进一步提升师资在高端培训中的核心地位。②不断完善师资选聘管理考核办法,努力增加师资队伍建设的资金投入。③积极打造专业化的师资团队,实现理论派与实践派相结合、高校师资与社会师资相结合、国内师资与国际师资相结合。④争取荟萃全校名师,凝聚起一支由两院院士、长江学者、国家级教学名师、"百千万人才工程"为主力的高层次师资队伍。

3.重视制度建设,打造高效管理团队

继续教育管理队伍在提高教学质量中扮演着不可替代的角色,其素质和能力的高低直接影响办学质量与声誉。高端培训管理队伍的现状是:①队伍庞大,员工素质参差不齐,身份定位不准确。②培训中心负责人任务重、压力大,对质量的把关心有余而力不足。③管理人员队伍结构不合理,且流动性大。④从业人员专业管理知识欠缺,岗位培训不够。⑤缺乏行之有效的绩效考核制度,不利于调动员工积极性,留住人才。

针对上述问题应取下列措施:①管理部门要加强制度建设,制定合理的绩效考核办法,对各项待遇及奖惩措施要做出明确规定,最大限度地调动从业人员的工作积极性。②优化队伍结构,加快引进和招聘高素质且具有实战经验的优秀管理人才。在引进专业强、学历高的管理人员的同时,要考虑他们的职业发展平台。③制定有效的培训和学习制度,让管理者及时了解国内外继续教育发展的最新动态,不断更新、补充知识结构,拓宽知识面,提高综合素质和管理水平,增强竞争能力。

4.适应形势发展,深化高端培训研究

针对当今干部培训需求差异化、培训方式多样化、培训机构多元化、培训手段现代化的发展趋势,要加强对相关教育培训工作的战略性、前瞻性问题的研究。注意吸收我国干部教育培训的历史经验和国外相关教育培训的有益做法,及时总结和推广各地区各部门在实践中创造的新鲜经验和成功做法。高端培训管理部门和干部教育培训机构每年确定一定数量的调研课题,积极开展理论研讨活动,运用理论研究成果更好地指导高端培训工作实践。

**参考文献：**

[1] 从春侠. 干部培训院校培训质量保障的实践与思考——以国家教育行政学院为案例[J]. 国家教育行政学院学报,2011(8):59-64.

[2] 王一兵. 高等教育质量保证机制:国外趋势和中国面临的选择[J]. 高等教育研究,2002(1):37-42.

[3] 刘忠学. 英国高等教育质量保证体系的发展及现状分析[J]. 比较教育研究,2002(2):38-42.

[4] 曲莲,瞿光耀. 干部培训质量评估体系的建立和实践[J]. 卫生软科学,1998(1).

[5] 李小三,吴黎宏. 干部教育研究[M]. 北京:党建读物出版社,2006.

[6] 陈玉琨等. 高等教育质量保障体系概论[M]. 北京:北京师范大学出版社,2004.

[7] 周志平. 干部教育培训教学质量评估研究[J]. 中国浦东干部学院学报,2009(1):112-116.

[8] 胡威,蓝志勇. 现代公共人力资源管理的新挑战——公务员提升"学习性向"的重要性[J]. 中国行政管理,2008(5):43-46.

[9] 韩映雄. 高等教育质量研究基于利益关系人的分析[M]. 上海:上海科技教育出版社,2003.

[10] 潘懋元. 教育基本规律及其在教育研究中的运用[J]. 江苏教育研究,2009(2):3-6.

[11] 熊志翔. 高等教育质量保障体系研究[M]. 长沙:湖南人民出版社,2002.

[12] 赵云昌,王春,孟凡茹. 加强普通高校继续教育管理队伍建设初探[J]. 继续教育,2012(5):6-7.

# 职业训练的效益评估

## ——以企业内训为例

自强基金会　台湾"清华大学"(新竹)

徐秀燕　张慧慈　萧德瑛　巫勇贤

【作者简介】

　　徐秀燕,财团法人自强工业科学基金会资深处长。

　　张慧慈,财团法人自强工业科学基金会副研究员。

　　萧德瑛,财团法人自强工业科学基金会执行长,台湾"清华大学"(新竹)动机系教授。

　　巫勇贤,台湾"清华大学"(新竹)教育推广组组长。

本文为2014年第十五届海峡两岸暨港澳高校继续教育论坛收录论文。

## 一、前　言

　　过去,训练成效的评估多数仅停留在训练满意度调查上,但是训练后的行为改变及成果则是最直接影响企业营运绩效的主因(Kirkpatrick,2006)。有鉴于此,美国训练与发展协会(ASTD,2014)及中国台湾的训练质量系统(TTQS,"台湾劳动力发展署",2014)等,皆关注参训者于训练时所习得的新知识或技术是否能应用于职场中,以利于直接提升企业的实际效益。

　　对企业而言,人才是企业主要的资本,关系公司未来的发展与竞争力,但人才的培育对公司而言是高成本的投资。然而,在职场多年的员工,对于自己所负责的工作内容驾轻就熟,一成不变的状况下则容易被世代交替或市场轮动的环境所淘汰。郭芳煜(2010)研究证实,劳动市场因全球竞争,使得部分劳工面临薪资所得下降或失业的困境,因此为了避免类似的问题一再发生,员工除了加强自己的竞争力外,雇主也需协助员工进行教育训练,无论是新进员工还是具备经验的员工,职业训练是帮助自己往上提升的管道之一。

本研究的目的是通过在职员工培训后的绩效调查以及主管评估计划成效等,来了解训练课程对于员工能力提升的状况。另外,进一步探讨在职员工的背景因素对训练绩效的影响。最后,探讨在职员工培训后的绩效调查与主管评估计划成效间是否具有关联性。系列性的研究目的主要是想厘清哪些因素对于受训学员的训练绩效最具影响力,以便在后续课程设计时针对各族群进行个别化安排,使其更符合不同族群的上课需求。

## 二、文献探讨

### 1. 训练成效的定义

训练是企业为提高营运绩效,通过教育训练的实施,加强员工的职业能力,期望对组织产生具体的成效的重要手段。而效益评估的目的是改善或提高组织员工的工作表现及公司对员工之训练绩效(Noe,2006)。根据不同的观点有不同的定义。McDermott(1999)认为,训练绩效须由评估来决定,是以客观及可衡量的指标来衡量训练规划是否达成预期的目标,并作为未来训练规划之参考。林丽惠(2000)指出,训练绩效是对训练成果的评估,评估的向度可分别由训练方及受训方的角度来进行探讨。因此,训练绩效对于员工而言是自评受训后个人知识、技术的迁移效果,以及薪资、职位提升的状况;对主管而言则是评估资源投入与收益间的关系。Bushnell(1990)认为,训练绩效是由短期的产出和长期的结果所构成的。而训练绩效的评估则是一个动态的过程,以投入(input)、过程(process)、产出(output)及结果(outcome)的系统观念进行训练绩效的评估,在训练的投入与过程中,每一项活动皆可能影响训练绩效。

### 2. 训练成效的评估模式

Kirkpatrick(1959)的四层次评估模式(见图 1)被世界广泛使用。该模式强调训练的成效与贡献,每一层次有不同的评估面向,层次愈高,评估的难度与复杂程度愈高,需耗费的资源与成本也愈高,但评估所得的结果则更具价值。模型内涵为:①反应(reaction),衡量受训者对训练课程中的各层面之感觉,即受训者的满意程度;②学习(learning),衡量训练所传递的信息与受训者所接收的程度,包括受训者从训练课程中学习到的内容、知识、技能、态度之评量,了解受训者对课程的吸收程度;③行为(behavior),衡量受训者因参与训练所学习到的知识与技能,应用于工作上所产生的行为改变程度,亦即所谓的训练迁移,了解受训者于训练结束后,返回工作岗位时个人行为、能力、效率等是否有所改变;④结果(results),衡量训练实施对组织所产生的结果,即受训者行为改变对组织带来的影响,如销售增加、生产力提高、利润增加、降低成本、稳定人事、提高士气、质量改善等。这四个层次是评估训练成效的一个连续过程,每一个层次皆有其重要性,当评估从一层次移至下一层次时,评估的过程就愈显费时与困难,但同时也愈增加评估的价值。

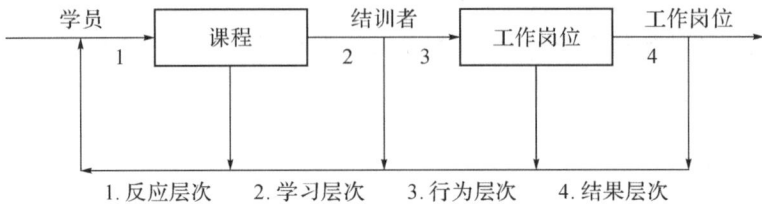

图 1　Kirkpatrick 四层次评估模式

### 3.训练成效相关研究

Bates(2004)指出,Kirkpatrick 的四层次评估模式之所以会受到欢迎,主要是因为该理论有系统化的方法,它提供了一个简单的系统策略,让使用者了解训练结果和评估训练课程是否达到预期目标。该理论也说明了提升员工能力的架构,此架构能让实务中的训练者,以明确的指标向上位者说明训练课程的重要性以及如何训练员工的能力。该理论也提供了一个简化的训练评估模型,它将复杂的评估过程简单化,将重点放在训练之后的成果数据,不考虑训练过程中的影响因素,而希望能专注于评估训练的结果。Sugrue & Rivera(2005)在美国训练与发展协会产业年报中指出,参加该协会的组织中,采用 Kirkpatrick 各层次评估的比例依序分别为 91%、54%、23% 和 8%,但是获得协会最佳奖项的组织皆采用第四个层次的评估,以了解学习与组织绩效的关联。Kirkpatrick(2006)认为,越高层次的评估越困难,建议所有训练班次都要在评估反映后,再考虑评估资源和高级主管的兴趣及要求等。

## 三、研究设计

### 1.评估架构

以相关的实证研究和 Kirkpatrick(1959)评估模型中的行为及成果层次为基础,从在职学员及企业主管角度评估教育训练计划实施的效果。评估时间点参照美国劳工部通用测验标准(United States of America Labor of Department,2012),在训后三个月进行调查。分别调查在职学员自评训后职务及薪资的升迁状况,以及所学是否能运用于工作中之各项状况,并调查企业主管评估在职员工训后能力提升状况,以及课程对于公司的帮助程度。最后验证在职员工及企业主管评估训练成效的平均得分,和在职学员背景资料对训练成效的影响,以及考验在职员工及企业主管评估训练成效间的关系。评估架构如图2所示。

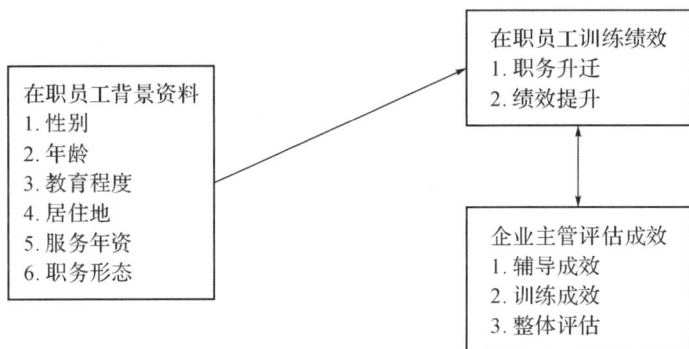

图2　评估架构

### 2.调查工具

本研究的调查工具为自编问卷。在职员工填写"学员训练绩效调查表",目的是为了解在职员工培训后是否能将课程所学内容运用于工作上,以及训练是否有利于升迁及加薪,问卷于培训后三个月进行资料搜集。分为两个构面:①职务升迁,乃学员评估培训后个人的职位及薪资提升的程度。②绩效提升,乃评估课程内容对于个人职务的帮助状况,以及是否可以将课程内容运用在实务中。

企业主管填写"企业主管评估计划成效调查表",目的为了解训练后,主管对于在职员工能力提升的成效表现,问卷于培训后三个月进行资料搜集。分为三个构面:①辅导成效,评估辅导顾问于课程规划对公司及员工需求的适配性。②训练成效,评估课程实施后对提升员工职业能力的满意度。③整体评估,评量计划实施后对企业整体的帮助。

### 3.实施方法与样本来源

本研究于2014年5~6月期间,协助台湾地区65家企业单位进行培训后追踪评估,于课程结束后三个月,联系企业主办人并进行"学员训练绩效调查表"及"企业主管评估计划成效调查表"的寄送。学员部分考虑参训时数与绩效间的关系,研究依照劳动力发展署统计每年劳工平均参训时数后,再扣除英文课程18小时,因此各公司抽取上课时数18小时以上之在职员工为调查对象,回收有效样本为429份;量表整体信度为0.92,分构面为0.89~0.93之间。企业主管则是一家企业抽取一位主管进行调查,有效样本为65份;量表整体信度为0.87,分构面为0.80~0.92之间。回收样本以社会科学统计软件SPSS 18版进行描述性统计、$t$检定、单因子变异数分析及相关分析等方法,考验研究假设。

### 四、资料分析

#### 1. 在职员工训练成效评估

429位在职员工中,男生占46.9%(201人)、女生占53.1%(228人);年龄分布25～34岁最多,占46.4%(199人),其次为35～44岁,占29.4%(126人),45岁以上占15.6%(67人),最少为24岁以下,占8.6%(37人);教育程度部分以大学人数最多,占49.4%(212人),其次为高中职占20.3%(87人)、专科占18.2%(78人)、中学以下为12%(52人)。

表1为在职员工训练绩效的描述性统计,采用李克特5点量尺。从表中发现各题项的得分皆在2.83～3.91之间,其中"受训后我会使用受训中习得的新知识或技术""受训后我会将受训内容应用于实务工作中""受训后能帮助我提升工作表现"此三项得分最高,显示大部分学员有从训练中获得其工作上所需之新知识或技术,并会将学习内容应用在工作中,以提高个人的工作表现。而在量表构面方面以"绩效提升"得分最高为3.76,而"职务升迁"得分较低为2.90,其中职务升迁构面中之"受训后您的薪资有明显的提升""受训后您的工作职位有升迁变化"得分较低,显示大部分员工多不认为可借由课程的训练提升自身的薪资水平及职位升迁。

**表1　在职员工训练成效评估**

| 构面 | 题项 | 平均数 | 整体 | 排序 |
|---|---|---|---|---|
| 职务升迁 | 受训后您的薪资有明显的提升 | 2.83 | 2.90 | 2 |
| | 受训后您的工作职位有升迁变化 | 2.97 | | 1 |
| 绩效提升 | 受训后我对目前工作满意度有明显提升 | 3.56 | 3.76 | 8 |
| | 受训后能帮助我提升工作表现 | 3.79 | | 3 |
| | 受训后对我的工作绩效有帮助 | 3.72 | | 6 |
| | 受训后我的工作能力进步了 | 3.70 | | 7 |
| | 受训后能增进解决工作问题的能力 | 3.77 | | 4 |
| | 受训后我会使用受训中习得的新知识或技术 | 3.91 | | 1 |
| | 受训后我会将受训内容应用于实务工作中 | 3.85 | | 2 |
| | 本次计划训练的成果有助于个人职涯发展 | 3.76 | | 5 |

接着进行差异分析,主要目的是了解不同背景条件的在职员工,对于训后的绩效表现是否有差异。背景变项包含性别、年龄、教育程度、居住地、服务年资及

职务型态等六项,训练绩效包含职务升迁及绩效提升等两个构面。"性别"对于职务升迁($M=3.03/2.86$)及绩效提升($M=3.83/3.77$)皆有显著影响,也就是男生培训后获得加薪及职务调整的几率高于女生,且男生从训练中习得新技术、新知识、问题解决能力、工作能力提升等现象的比率高于女生,但两者群体的共同性皆为绩效提升的平均得分高于职务升迁。另外,"居住地"对于绩效提升有显著影响力,特别是新竹县受训学员最明显。至于"年龄""教育程度""服务年资"及"职务形态"在训练绩效的两个构面中并无影响力。

2.企业主管训练成效评估

有 65 位企业主管参与成效评估。表 2 为各家公司主管评估计划成效的描述性统计,采用李克特 5 点量尺,主管追踪量表合计回收 69 份有效问卷,各构面平均得分"辅导成效"为 4.04 分,该构面中的题项平均得分介于 3.86～4.23 之间;"训练成效"构面平均得分为 3.94 分,该构面中的题项得分介于 3.70～4.17 之间;"整体评估"构面得分为 3.84 分,该构面中的题项平均得分介于 3.51～4.13之间。整体上主管对于辅导成效的评价较高。

**表 2 企业主管训练成效评估**

| 构面 | 题项 | 平均数 | 整体 | 排序 |
|---|---|---|---|---|
| 辅导成效 | 本课程规划能符合公司的训练需求 | 4.00 | | 4 |
| | 辅导顾问对企业发展具有效益 | 4.13 | | 2 |
| | 辅导顾问的建议具实用性 | 3.86 | 4.04 | 5 |
| | 本训练课程对企业训练承办人员具有帮助性 | 4.23 | | 1 |
| | 辅导顾问对企业经营往后的发展具效用性 | 4.03 | | 3 |
| 训练成效 | 训练后能提高员工对目前工作的满意度 | 3.70 | | 5 |
| | 训练后能提升员工的工作表现 | 3.93 | | 3 |
| | 训练后能提升员工的问题解决能力 | 3.93 | 3.94 | 3 |
| | 训练后员工有获得新知识或技术 | 3.99 | | 2 |
| | 训练内容有助于员工应用于实务工作 | 4.17 | | 1 |
| 整体评估 | 本计划可降低组织的营运成本 | 3.78 | | |
| | 本计划可提高组织的营运绩效 | 3.91 | | 2 |
| | 本计划能协助组织目标的达成 | 3.91 | 3.84 | 2 |
| | 本计划能提高公司的获利能力 | 3.51 | | 5 |
| | 整体而言本计划的实施对员工表现有所帮助 | 4.13 | | 1 |

3.在职学员及企业主管成效评估的相关性分析

表3为各量表构面间的皮尔森绩差相关性分析。本研究将两个量表以公司为单位进行数据配对,目的要检视主管评估计划成效及在职学员评估训练绩效间是否有关联性。从相关矩阵中发现,在职员工自评训练绩效与企业主管评估计划成效间无相关($p>0.05$),仅有量表内各构面有相关($p<0.05$)。

**表3 在职学员及企业主管成效评估的相关性**

| 对象 | 构面 | 1 | 2 | 3 | 4 | 5 |
|------|------|---|---|---|---|---|
| 在职员工 | 1.职务升迁 | 1 | 0.32* | −0.28 | −0.20 | −0.07 |
| | 2.绩效提升 | | 1 | −0.21 | −0.00 | −0.01 |
| 企业主管 | 3.辅导成效 | | | 1 | 0.62** | 0.30* |
| | 4.训练成效 | | | | 1 | 0.56** |
| | 5.整体评估 | | | | | 1 |

## 五、结 论

本研究从在职学员培训后的追踪调查中获知,在职员工认为培训后获得职位升迁的比率高于薪资提升,因本次调查之训练为短期的课程,多数学员无法在受训几小时后就获得薪资、升迁机会,但过程中还是有少部分学员训练后受到公司肯定,给予加薪与职务调整的机会。而学员培训后"绩效提升"的效果则较为明显,特别是会将所学应用于实务中及参训可习得新知识与技术,另外训练课程对于学员的问题解决能力及工作表现都有帮助。然而,企业主管给予"辅导成效"($M=4.04$)的评估最高,认为辅导顾问的课程对公司的训练需求、企业发展的效益、建议的实用性、承办人员的帮助性等具有实施成效,且课程实施后员工的实务应用能力、知识与技术收获、问题解决能力及工作表现等面向的训练成效($M=3.94$)具有提升效果,训练计划实施后对于降低组织的营运成本、提高营运绩效、组织目标达成及获利能力等也都具有明显的改善。

从在职员工背景资料与成效评估的差异分析中发现,特定族群给予训练绩效评估的回馈有共通之处,如受训者为女性、教育程度中学以下、服务年资6~10年者,对于训练绩效的反应最差;但是居住在新竹县且为男性者族群,绩效表现优于其他族群,可能是新竹县为科技重镇,多数优秀的科技人才集中在此,这群人因工作性质的竞争性,学习动力较强,迁移效果较佳。最后相关鉴定结果发现各量表内的构面具有显著相关,但量表间则仅有少数构面具有相关性,此现象可能是在职员工的训练成效界定与企业主管之间有落差,员工训练绩效的指标可能局限于薪资及职位升迁的改变,而企业主管则较在意企业整体的营运,因此测量构面间无法呈现相关性。此问题未来可进一步探讨。

　　本案例的研究验证了训练的有效性,此模式可作为企业内训的评估模式,借此进一步了解企业内部办训的成效,作为未来续办及修正的参考依据。

**参考文献:**

[1] ASTD. American Society for Training & Development[DB/OL]. 2014-09-07. Retrieved from http://www. astd. org/.

[2] Bates,R. A critical analysis of evaluation practice: the Kirkpatrick model and the principle of beneficence[J]. *Evaluation and Program Planning*,2004,27(3):341-347.

[3] Bushnell,David S. Input,process,output: A model for evaluating training[J]. *Training and Development Journal*,1990,44(3):41-43.

[4] Kirkpatrick,D. L. Techniques for evaluation programs[J]. *Journal of the American Society of Training Directors*,1959(11):3-9.

[5] Kirkpatrick,D. L. Evaluating training programs: The four levels[DB/OL]. 2006. Retrieved from http://astd2008. astd. org/PDF/Speaker％20Handouts/ice08％20handout％20TU102. pdf.

[6] McDermott,D. Using regression-match graphs to control search in planning[J]. *Artificial Intelligence*,1999,109(1-2):111-159.

[7] Noe,R. A. *Employee Training and Development*[M]. Irwin: McGraw-Hill,2006.

[8] Sugrue,B. & Rivera,R. J. 2005 State of the Industry Report: ASTD's Annual Review of Trends in Workplace Learning and Performance[R]. U. S. A. :ASTD,2005.

[9] United States of America Labor of Department. Trade Adjustment Assistance for Workers: Fiscal Year 2012 Report to the Committee on Finance of the Senate and Committee on Ways and Means of the House of Representatives[R]. Washington,D. C. : U. S. Department of Labor,2012.

[10] 郭芳煜.怎样做好员工训练[M].台北:管拓文化,2010.

[11] "台湾劳动力发展署".人才发展质量管理系统 TTQS[DB/OL]. 2014-09-18. 取自 http://ttqs. wda. gov. tw/Default. aspx.

[12] 林丽惠.成人学习评量面面观[J].北县成教辅导季刊,2000,17:4-13.

# 第五篇

# 教学与运营管理

# 网络教育资源建设与共享

北京大学　　侯建军

【作者简介】

侯建军,男,北京大学继续教育部部长,理学博士,北京大学地球与空间科学学院教授,博士生导师。研究方向包括继续教育战略研究、继续教育质量建设研究、网络教育质量保障研究、网络教育课程设计和研发等。

本文为2003年第四届海峡两岸暨港澳高校继续教育论坛收录论文。

## 引　言

经济全球化给世界经济带来了新的繁荣和发展机遇,同时也对高等教育提出了新的要求。教育资源在全球乃至局部地区的分布存在着较大的差异,传统模式的高等教育发展很难迅速缩小这种差别。以现代信息技术为支撑的网络教育可以使教育资源不受时空限制地迅速流通,给高等教育的发展带来了无限生机,已成为教育全球化过程的重要组成部分。

普通高等学校有较丰富的教学资源和长期积累的教学经验,如何将这种优势转化为适合学生自主学习的网络教育资源,如何将学校的教育资源与企业、行业的实践教学资源结合,这是普通高校开展网络教育所面临的挑战。教育资源的网络化需要大量的设备、技术和资金的投入,这就促使高校走出校园与企业合作,共同开发网络课程。现代信息技术的发展为网络教育资源共享提供了便捷条件,资源共享是降低开发成本、优势互补、提高教学质量的有效途径,由此带来的全球教育融合将促进经济全球化进一步发展。

## 一、网络教育资源建设

网络资源是指通过互联网将分布在不同地方的计算机硬件资源、软件资源和各种信息资源组成充分共享的资源集成,其中与教育相关的资源称为网络教育资源。网络教育资源通过网络的联通,为人们提供了一种高效、便捷的施教、学习、管理和服务的途径,从而打破了教育过程在时间和空间上的限制,大大推动了教育全球化的进程。

网络教育资源包括网络教育信息资源、知识资源和人力资源。教育信息资源的开发,主要是对有关教育类信息的基本元素,包括数字、词汇、声音和图像等进行采集、编码、数字化、存贮、分类、传输、检索等,使这些基本元素或素材彼此之间建立一种关联。教育知识资源的建设,则是对教育信息资源的组织、加工和提炼,是将众多的教育信息资源的内在联系进行综合分析,从而得出系统结论的过程。换句话说,教育信息资源是教育知识资源的"子集",人们通过获取和吸收信息,并寻找信息间的内在关系来构建知识。知识与知识、信息、数据等的碰撞,将会产生智能,智能是创新的灵魂。

网络教育资源建设中,人力资源的开发至关重要。人们只有掌握了一定的知识,才能够更有效地将数据、信息等转化为新的知识。普通高校学科门类较为齐全,师资力量雄厚,教学经验和教学资源丰富,建设网络教育资源有着独特的优势。要充分发挥这种优势,就必须摆脱长期积累的课堂教学的思维定势,避免简单的课堂搬家,或者将教材简单地搬上网。对于学习者来说,利用互联网等多种知识载体获取知识固然重要,但是更需要受到教师的关注,需要师生交流,需要掌握有效的学习方法。因此,应充分考虑将新的教学理念、教学设计和教学模式融会贯通于网络教学资源的建设中,并且要注重加强学校教育资源与企业、行业实践教学资源的融合与互补,使网络教育资源既具有一定的理论基础,又适应社会实践的需要。

网络教育使以前封闭的院校教学成为开放的、社会化的教学,可满足不同层次、不同类别的人对高等教育的需求。优秀教师的授课内容被编制成课件放在网上,学生根据需要,可随时调出、反复学习,聆听名师教诲不再是奢望。校园的围墙被打破,使高校丰富的教育资源得到充分的利用和发挥。

网络教育课程的开发需要资金、技术和内容的统一。高校的教师提供教学内容,由国家投资和提供技术服务制作成课件,是政府解决我国远程教育资源短缺的有效途径。教育部于 2000 年 5 月启动"新世纪网络课程建设工程",目前已建设了 300 多门网络课程。同时,政府还鼓励院校开发自己的网络教育课程,发挥各校的特色。学校也制定了相应的政策,鼓励教师将自己的教学素材、信息和知识资源搬上网。这种由国家、学校和教师建设的网络教育资源,在网络教育实施过程中正在显示出优越性和实用性。

## 二、网络教育资源共享

网络技术的发展促使教育越来越走向社会化、全球化。网络教育不仅使一所高校内的教学资源得以深入的挖掘，而且可以实现资源共享。在校学生可跨校选课，校外网络教育学生的学分可以得到承认和转换，为学生的个性发展提供了广阔的空间。因此，高等院校是网络教育的一个重要组成部分，无论何种形式的网络教育，都必须充分发挥高校的作用。

目前，网络教育资源建设大多处于孤立分散状态，而且标准不统一，能够用来交流与共享的少。要解决这些问题，必须统一教育资源建设的标准，按照国际通用的 TCP/IP 协议和有关技术标准，以互联网为主要传输和交流的媒体，同时考虑与电视、数字电话等其他传输媒体的兼容性，这样才能避免低水平的重复建设，做到降低成本，提高质量。

网络环境下的教育资源共享有三个方面：一是自身共享。信息资源的基本元素或素材是网络信息资源建设的基础，人们在投入精力构建素材的同时，也是这些素材的使用者和受益者，即这些资源的使用不是一次性的，而是在使用中不断地丰富、修改、完善和再使用。二是与他人的共享，即在一定范围内的共享，包括个体与个体、个体与群体、群体与群体之间教育资源的交流与互动。三是全球教育资源共享。教育资源是人类共同的财富，任何人的知识获取和增长都是在交流、互动和共享的过程中实现的。例如，人们把自己掌握的个性化的知识传播出去，他仍然拥有这种知识，甚至通过传播、交流和互动，原有的个性化知识会得到进一步的提高和升华。

## 三、网络教育资源建设与共享中的几个问题

### 1. 个性与共性问题

世界是多民族的融合体。一个民族的优秀文化是其生存与发展的基础，不同民族多元文化的发展强调了民族的个性文化，即不同民族文化相互独立的价值。但是，一个民族要融入世界，就必须寻找共性，吸收其他民族的优秀文化。交通和通信技术的现代化促进了经济全球化的进一步发展。随着各民族之间的经济活动日趋频繁，民族个性文化在更便捷的环境下快速地交流和互动，不断产生碰撞、冲突和融合。正确处理民族个性文化与共性文化的差异与融合，才能在吸收外来优秀文化的同时，保持民族个性文化的发展，进而使得民族文化进一步发展和升华。

网络教育资源建设中要注意突出个性，激发潜能，突出特色，展示教育机构、

民族、国家的优秀文化;共享中要寻找共性,吸收外来优秀教育资源,求同存异,取长补短,相互促进,共同发展。

2.产业化问题

高等教育具有社会公益性和产业性特征。首先,高等教育是一种公益事业,作为 21 世纪社会经济发展的最重要的基本建设,高等教育具有从社会长远利益出发追求社会最大价值的功能。但是,如果只强调其公益性特征,将会导致教育的投入和运行是非生产性消费,不可能形成良性循环。因此,高等教育仅仅具有培养人才和新知识产生的源泉的功能是不够的,必须充分发挥其转化知识的作用,即把知识转化为技术、转化为物质产品和精神产品,才能产生最大的社会效益和经济效益。

网络教育资源的建设是投入,包括资金、技术、设备和人员的投入;网络教育资源的共享则是资源的交流、互动、完善和增值的过程。知识资源与自然资源不同,知识资源具有共享性和增值性的优势,知识在生产、传播和使用过程中,可以不断地丰富和充实,产生更大的价值。在经济全球化和知识经济条件下,知识的增值作用远远大于传统资本。在网络技术飞速发展的今天,人们可以通过互联网快速地搜索和查找,获取相关的信息和知识,带来新的经济增长。例如,依靠知识增值作用而迅速成长起来的知识型企业越来越多,这样的企业具有更强的竞争力,进一步推动了经济全球化的进程,促动了教育全球化的发展。因此,在网络教育的发展中必须充分考虑高等教育所具有的公益性和产业性,两者兼顾,使网络教育资源在共享中得到发展和增值,将获取的经济效益又投入到高质量的网络教育资源建设中,建立起自身的投入产出机制和教育效益的经济观念,形成投入—建设—共享—增值的良性循环。

网络教育是在传统教育的基础上发展起来的。随着通信技术的发展、计算机网络的普及,以及接受高等教育的学生人数的变化和降低教育费用的需要,由院校和企业联合开展网络教育成为当今的潮流。网络教育在教育方法、教学环节、教学的组织、知识的讲授及图书数据的占有等诸多方面,都离不开高校,而企业在资金、技术和经营理念上又具有独特的优势。因此,在网络教育中,高校与公司、企业紧密结合起来,高校负责教学的内容以及教务的管理,公司、企业出资金、技术,两者是内容与形式的关系。

我国长期以来教育经费来自政府。一方面,政府官员任职的短期特征与教育效应的长期规律势必发生矛盾;另一方面,长期以来高等教育实行直接受益者不负担任何教育经费的政策,结果造成国家的负担越来越重,要求投入的经费越来越多。解决这一矛盾的有效途径是调动全社会的力量,鼓励国内外企业和民间资金介入高等教育。尤其是我国的网络教育,启动资金的短缺制约着高技术、高质量、高水平远程教育方案的实施。多渠道的投资与融资政策,是推动我国远程教育"高起点、跨越式"发展的有效措施。因此,应鼓励高校与企业进行多方面的合作,包括技术、资金和市场运作等,鼓励支持国内高校与国外高质量大学和IT类跨国公司在境内和境外联合办学,构建新的产业结构。

## 结束语

网络教育通过技术连接时空上分离的师生的交流方式,已成为全球化过程的重要组成部分。因此,发展网络教育可以帮助中国缩小和世界的时空距离,给更多的人以更多的教育,这在全球向着信息时代转变的过程中是有意义的服务和目标。对于作为发展中国家的中国来说,网络教育可以缩短中国和世界在人的素质、社会发展与教育发展水平上的距离。网络教育在发展中国家的教育发展中起着越来越大的作用,在这层意义上,网络教育不仅促进了国家的发展,而且还会对这个国家的全球化发展产生影响。发展中国家在发展它们的教育基础设施中凭借网络教育手段,应用进口课程可以使它们跃过某些发展阶段,即充分共享世界优秀的网络教育资源,使发展中国家比发达国家取得更快的进步,最后成为全球社会、经济和政治体系中的更平等的伙伴。

**参考文献:**

[1] 谭尚渭. 远程课程的质量保证与效果评价[J]. 中国远程教育,2002(12):6-8.

[2] 肖君. 网上教学资源支持服务系统的建设[J]. 中国远程教育,2003(5):51-53.

[3] 杨圣华. 浅谈网络教育优势及其发挥[J]. 中国远程教育,2002(12):37-39.

[4] 郑仁星. 开放远程教育成本效益研究的现状及思考[J]. 中国远程教育,2003(5):26-32.

# 澳门国际管理人教育初探

澳门大学　郑庆云

**【作者简介】**

郑庆云，男，澳门大学持续进修中心主任。

本文为 2008 年第九届海峡两岸暨港澳高校继续教育论坛收录论文。

**摘　要**　澳门自开放赌牌及外来投资具体落实后，每年整体经济均录得双位数的增长。虽然经济收入仍倚重博彩业的收益，但与博彩娱乐相关的其他行业如会展业、表演业等也见实质进展，这发展符合澳门特区政府近年所提倡的适度多元施政政策。澳门地小人少，要长足发展这些新行业，澳门政府需要与企业通力合作，制造足够诱因，吸引世界各地人员造访本地，才能巩固其发展。要实现这一目标，澳门本地必须培养有国际视野的管理人。本文首先介绍国际管理人所应具有的特质，然后按照目前情况，提出国际管理人教育的方案。大要有三项：一、软技术的培养；二、学校—企业合作；三、区域性合作开拓。

**关键词**　管理人教育，成人教育，区域性合作

## 一、引　言

澳门自赌权开放、外来投资者正式进驻营业后，居住人口与非本地劳工的变化如表 1 所示。总居住人口由 44 万增至 55 万，增幅为 25％，年增长 5％。而非本地劳工则由 2.35 万增至 9.85 万，增幅约 320％，年增长 64％。

**表 1　人口统计数据①**

|  | 2003 | 2004 | 2005 | 2006 | 2007 | 2008 |
|---|---|---|---|---|---|---|
| 居住人口估计 | 445100 | 454300 | 476700 | 503000 | 525800 | 551900 |
| 非本地劳工 | 23498 | 24961 | 31097 | 50247 | 75391 | 98505 |

同期公布的就业数据,则载有管理与专业工作人员(包括政府、公营与私营企业)的数字如表 2。为方便比较,数据仍以每年第二季度之数字参考。2003 年至 2008 年总增长为 6200,增幅 32%,年增长约 6.4%。

**表 2　就业人口统计②**

| (以千人为单位) | 2003 | 2004 | 2005 | 2006 | 2007 | 2008 |
|---|---|---|---|---|---|---|
| 总就业人数 | 203.2 | 213.6 | 232.1 | 260.8 | 296.4 | 321.4 |
| 政府及公私营组织管理人员 | 11.3 | 12.3 | 14.8 | 17.4 | 13.8 | 14.6 |
| 专业人员 | 7.8 | 7.1 | 7.1 | 9.0 | 9.5 | 10.7 |
| 总管理级别人数 | 19.1 | 19.4 | 21.9 | 26.4 | 23.3 | 25.3 |

从上述数据看,澳门劳动力结构有两大特色:①非本地劳工已经由 2003 年占总就业人口 11.6% 激增至 2008 年的 30.6%。②管理级别人员的比重则从 2003 年的 9.4% 轻微下调至 2008 年的 7.9%。这微妙的变化说明了澳门管理人的工作量比五年前更吃紧,而工作内容则由于有不同文化背景的人员加入,比五年前更复杂(郑庆云,2008)。因此,目前澳门管理人所面对的问题有两方面:①管理效益的提升;②多元文化与国际视野的培养。本文希望从这两方面切入,提出澳门国际管理人的教育推展方向。

## 二、国际管理人

"国际管理人"(international manager)是一个众人皆知但模糊的概念,有关国际管理人所应具备的技能也曾有不少讨论(Dowling & Schuler,1990;Barlett & Ghoshal,1989)。下面且先回顾一下这个概念的出现。

国际管理人很容易叫人联想到海外雇员,而事实上,众所周知,20 世纪 60 年代到 80 年代的国际管理人实质上是海外雇员,通常指由跨国企业指派到海外

---

① 以该年公报之第二季度数据为准。见澳门特别行政区政府统计暨普查局资料:http://www.dsec.gov.mo/index.asp? src=/chinesehtmlc_demgraphic.html.

② 以该年公报之第二季度数字为准。见澳门特别行政区政府统计暨普查局资料:http://www.dsec.gov.mo//chinese/pub/c_ie_pub.html.

分公司的主要主管人员。这时期的海外分公司往往开设于发展中国家，而海外雇员的身份既然是主要主管人员，那么他们就可以置文化上的差异不管，专注于实务管理与规划。严格来说，他们还不算是真正的国际管理人。到了90年代中后期，互联网技术的迅速发展，使全球化（globalization）变成生活的一部分，地区之间的界线逐渐变得模糊，而企业雇员不但需要为随时派往企业在世界的另一据点做出准备，他们同时也需要为与来自不同文化背景的人共事而做出准备，多元文化管理不再是从前海外雇员所有的专利。按 Harris & Kumra（2000）的报告，促成这样的转变有三要素：①国际收购合并潮与国际贸易中 SME（中小企）的涌现改变了企业的本质。②企业本土化的进程让企业的海外分公司由当地人负责管理。③派往海外的雇员由已婚事业型男士转变为不限性别身份且曾接受过良好教育的雇员。

Barlett 的研究显示，一家跨国企业要构建一个共同的文化以有效应付全球业务的复杂性，培养管理人团队有一个全球心态（global mindset）是必由之路。这里所指的全球心态显然包括管理人对全球文化有一定的敏感度。

于是笔者尝试概括地为国际管理人下一个工作定义：

> 国际管理人指一个管理人，①可以随时接受派驻海外分公司之任命；②拥有全球心态，充分理解和尊重不同文化，并乐意与不同文化背景人士共事；③明白并理解不同地域的市场需要。

### 三、国际管理人所需求的新能力

理论与实务往往存在一定的差异，经济全球化所引起的问题如笔者的论文所强调的，已仅非管理技能这类硬技术可以处理，澳门目前所面对和将要面对的问题就是一个明证。这也就是为什么近年各地的 MBA 课程都不断地进行革新的一个重要原因。

诚如 Ashridge Management Centre（AMC）所揭示，有关国际管理人所应具备的能力有六，其中四项正是前述的软技能：与新环境的融合能力、对不同文化的敏感度、能与不同文化背景的人共事和语言能力（Barham & Devine，1991）。虽然有作者指出，在此四项能力之上，还可以加上关系处理（Birchall et al.，1996），但其实这已隐含在 AMC 所提及头三点之中。

有趣的是，Wills & Barham（1994）在他们的讨论中，从心理学角度审视这个题目，提出了国际管理人所需具备的整体能力，是三个相关联的部分：认知复杂性（cognitive complexity）、情绪能量（emotional energy）及心理成熟度（psychological maturity）。所谓的"认知复杂性"包含文化融入、主动聆听及幽默感。而情绪能量则包含自我情绪的警觉、情绪适应力及风险接受度。心理成熟度包含保有好奇的学习心态、时代感及个人道德。Wills提出这些观点,也确实拓宽了管理这门学问所应包含的领域,也为我们这些教育提供者指出了一些培训的可能方向。

综上所述,国际管理人教育中的要素,还是集中在软技术的培养。下面以澳门为例,对国际管理人教育的设置作出探讨。

### 四、澳门国际管理人教育方向

在引言部分,笔者从澳门的就业数据分析得出澳门管理人所面对的两大问题:日益繁重的工作量与日渐复杂的多元文化问题。而在其后的讨论中发现,这其实并非澳门的特殊问题,而是经济全球化发展必然产生的新挑战。下面的构想虽仍以澳门为出发点,但相信对其他地域也不无参考价值。

#### 1. 软技术的教育

软技术的培养,不如其他术科般有系统,还是比较模糊,不容易为它编写出一套教程。然而,我们总可以从教育的结果,亦即其目标出发,来拟定教育的方向。Hofstede(1980:398)曾为此提出七点跨文化的技能,这也就是国际管理人教育所应达成的目标:①传达尊重的能力;②免除成见的能力;③接受别人因背景与文化差异所造成的立场歧异的能力;④表达文化融入的能力;⑤灵活变通的能力;⑥尊重并给予别人发表意见的能力;⑦容忍模棱两可的能力。

很明显,上述能力的培养不是单纯的面授就可以完成的。在过去,不少专家对此提出了不同的"体验式"教程,并希望借此来总结出一些简单的理论,然后通过投入实践,再整合巩固,并利用这种循环来丰富并建构这方面的教育理论(Kolb et al.,1991)。

Harris & Kumra(2000)提出了一种面授、体验相结合的建议,他们指出软技术培养可分为两部分:一般文化培训与特殊文化培训。前者仍以体验式为教学主模式,向学员提供面对多元文化时所需要的一般信息,让他们自我体验、评估其成效。而后者则集中讨论学员将要面对的某单一文化,教学形式则以面授为主,向学员提供该单一文化的历史背景、主要价值观、习俗及文化忌讳等。

软技术的培养虽然并不系统,但上面的讨论相信已足够让教育提供者可以就其特定的环境规划出一系列软技术培养课程。这也将是本中心在不久的未来所要努力的事情。

#### 2. 学校—企业合作

近年澳门的经济发展可以用惊人来形容,所以本地的院校和企业,包括外来投资者,并没有足够的时间为国际管理人教育做好准备并提供合适的培训。加上新投资者为了更快地收回投资成本,各企业往往把培训集中于纯技术层面,而有关多元文化方面的培训,则只会集中于 Harris & Kumra 所说的特殊文化培训,且用最少的时间来完成。这里所产生的问题显而易见,因为缺少了体验式的训练,Hofstede 所提出的七个目标培养便不可能完成,而文化上的冲突也将无可避免地出现。

为此,笔者以为必须加强企校两者的联系,最近我校商学院与威尼斯人集团共同成立的教育中心是一个好的开始。但在软技术方面的培养,则仍有待企校两方面努力认可,这是一个不可或缺的课题。

在澳门要让企业承认软技术的重要性,并不是一件容易的事情,可能需要比较长的时间来达成。为了推广这方面的意识,教育提供者需要扮演主导的角色,从举办一些工作坊开始,邀请相关的企业参与,让他们明了软技术对企业长远发展所起的作用,这相当于 Harris & Kumra 所提出的一般文化培训。笔者希望能从这方面入手,为软技术培训打开一个突破口,让它能正常地发展。

3.区域性合作的开拓

澳门不仅缺乏天然资源,就是人力资源也因为供求的问题,变得相当紧张。再者从前的澳门可以说处于一个濒于封闭的社会形态,只要有稳定的博彩业,便可以不需要多元发展,因此本地培养的人才在视野、技术、文化水平等方面与邻近地区有相当的差距。鉴于此,国际管理人的教育便不是一项澳门本地可以独立完成的项目。

要圆满完成这方面的工作,澳门院校的唯一出路是展开广泛的区域性合作,首先利用港台已发展的优势与经验,一方面借以加速为澳门本地培训出符合要求的师资,巩固教学平台;另一方面帮助澳门规划出相关的教程(这是我们正在做的)。然后再谋求往东南亚乃至欧美等寻找更多不同的合作伙伴,以丰富软技术教程方面的内容、理论及教学方法等。

区域性合作在澳门很可能是单向的,就是单边输入知识与技术,因此这项目所牵涉的资源,要比通常的区域性合作为高,也是本地院校要谨慎考虑的地方。

五、结　论

如前所言,国际管理人教育并非澳门所独有的需求,就是一些经济发达的国家和地区也在这方面下了不少功夫(Okazaki-Ward,2001)。日本在 20 世纪 90 年代所历经的经济衰退,间接打开了日本的大门,让更多的外国企业进入日本与本土企业进行并购等。它们的 MBA 教育为此而进行了一系列的研究,开拓了不少有关国际业务方面的硬技术课程,它们的课程与美国的课程的区别在于它们的课程没有采纳以美国文化,即为增加学员能在不同企业服务的流动性,为本的基调,而是以本土文化——鼓励学员在完成课程后继续留在原企业服务——的假设来设计,这使得两地的课程存有相当大的文化差异,最后日本 MBA 课程大都采用项目为本来讲授,使学员可以解决他们所服务的企业的特殊问题。至于大程度的软技术培训,则未多见。

　　由是可知,笔者在本文所提出的论点,虽毫不新颖,但实质在课程设置与实施方面,在世界上仍可归入起步阶段。为达成国际管理人教育的目标,要走的路仍远,仍需各同业先进予以扶持。

**参考文献:**

[1] Barham,K. & Devine,M. *The Quest for the International Manager*:*A Survey of Global Human Resource Strategies*[M]. London:Business International Press,1991.

[2] Bartlett,C. & Ghoshal,S. *Managing across Borders*[M]. London:Hutchinson Business Books,1989.

[3] Birchall,D. Hee,T. & Gay,K. Competences for international managers[J]. *Singapore Institute of Management*,1996(1):1-13.

[4] Dowling,P. & Schuler,R. *International Dimensions of Human Resource Management*[M]. Boston,MA:PWS-Kent,1990.

[5] Harris,H. & Kumra,S. International manager development[J]. *Journal of Management Development*,2000,19(7):602-614.

[6] Hofstede,G. *Cultures Consequences*:*International Differences in Work-related Values*[M]. Beverly Hills,CA:Sage,1980.

[7] Kolb,D. A.,Rubin,I. M. & Osland,J. M. *Organizational Behavior*:*An Experiential Approach*[M]. Englewood Cliffs,NJ:Prentice-Hall,1991.

[8] Okazaki-Ward,L. I. MBA education in Japan:Its current state and future direction. *Journal of Management Development*[J],2001,20(3):197-234.

[9] Wills,S. & Barham,K. Being an international manager[J]. *European Management Journal*,1994,12(1):49-58.

[10] 郑庆云.转型下推广教育的因应策略[C].第二届台湾推广教育论坛,2008.

# 台湾大专院校推广教育演进、挑战与未来

台湾大学　郭瑞祥　廖倩谊

【作者简介】

　　郭瑞祥,男,台湾大学进修推广部主任,美国麻省理工学院机械工程博士,台湾大学管理学院商学研究所教授,研究方向包括质量与服务管理、数据采掘与商业智情、供应链与流通管理、高科技创新模式等。

　　廖倩谊,女,台湾大学进修推广部营销长,台湾师范大学教育学博士,研究方向为卫生教育、行为科学、继续教育。

　　本文为2011年第十二届海峡两岸暨港澳高校继续教育论坛收录论文。

## 一、前　言

　　近数十年来信息科技突飞猛进,社会变迁加速,传统教育制度已难以适应变动中社会的需要,于是产生了"终身教育"的新教育观。大学的推广教育成为终身教育中极受重视的一环,盖因大学具备充沛的人力、物力资源,且有丰富的教学、办学经验,且大学办理推广教育的途径与方法也随着科技的进步,屡有改革与突破,实可谓最适合成人学习的管道。

　　"继续教育"与"终身教育"的意义相当接近。教育学者何普斯(J. W. Apps)认为,继续教育(continuing education)系指个人参与促进人类的发展及知识的学习活动,包括在职及进修教育,它主要关心个人与专业发展,包括领导训练、人事管理、财务、物质、人力资源等能力的改进。继续教育是20世纪60年代随着终身教育理念的形成而发展起来的一种新的教育类型,是高等教育的重要组成部分。目前,继续教育已成为世界性的教育运动。"推广教育"(extension education)一词于19世纪中期由英国剑桥大学首创,意指由大学所提供的各种高等成人教育活动的总称,其后流传至美国而被广泛使用。台湾目前多以"推广

教育"一词涵盖大学所办理的推广教育活动。推广教育的功能在于满足个人及社会的需求,大学推广教育是成人进修教育最重要的管道之一,承载了满足个人及社会需求的任务以及各界的期许,故致力于发展多方面的教学内容及管道以方便各界进修,乃大学推广教育当前努力的方向。

　　知识的增加速度与日俱增,人们必须时时进修学习最新的知识,以确保不被社会淘汰。因此,各种公民营教育训练机构在台湾甚为普遍。台湾各大专院校多设有推广教育单位,提供多元而丰富的进修课程。此外,诸多行政单位亦提供相当多的教育训练经费,提供各类教育训练。其他则包括各种民营企业教育训练中心、财团法人训练机构以及各类短期补习班等。但随着台湾人口负增长的情况发展,未来台湾大专院校推广教育单位将面临日趋激烈的竞争,因此,未来台湾大专院校推广教育单位的经营管理与校际的整合策略就愈显重要。本文拟就台湾推广教育与台湾推广教育组织链接的现状先行论述,并介绍以整合各院校推广教育组织为宗旨的"台湾大专校院推广教育协会"。

**二、台湾大专院校推广教育发展与现状**

　　1. 台湾大专院校推广教育发展演进

　　台湾自 1954 年起开始办理夜间部,1957 年开办教师在职进修,然大学推广教育业务直到 1962 年才开始。当时推广教育并无相关明确法规得以依循,且多以夜间进修部业务为主,因此,真正的推广教育工作除了少数几所学校积极办理外,多由教务处、进修部或建教合作处兼办,直到 1988 年才正式将大学推广教育与大学夜间部的界限澄清(陈茂祥,2002)。然而台湾大专院校推广教育因为在体制上一直没有明确的组织单位及专业人员,没有正式财源支持,也没有相关的教育理论研究及明确的教学方向,因此造成了各校各自发展、课程及类型五花八门、程度参差不齐等现象。台湾民众对大学推广教育的角色与功能的理解尚有偏误,推广教育单位及其角色仍多处于台湾大专院校的边缘地位。1994 年台湾修正大学管理规定,规定各公立大学需自筹校务基金,大学推广教育于是被列为各校开辟财源的重要管道,开始受到重视。1997 年颁布"大学推广教育实施办法",作为较为完整的执行依据,加之近年来适逢终身教育理念推行,台湾各大专院校推广教育的提倡与推展终于让广大民众有机会接受高等教育,获得广泛高深的知识。这种状况的出现给大学推广教育提供了重新发展的转机。

　　2. 台湾大专院校推广教育发展现况

　　台湾大专院校成立的数量在 20 世纪 90 年代与 21 世纪第一个十年有极大的增长(图 1)。根据 2011 年的统计资料,台湾大专院校总计 163 所,其中大学

112 所,独立学院 36 所,专科学校 15 所,并以私立院校(66.9%)居多,其校址分布主要以北部与南部为主(分别约占 45% 及 32%),推广教育单位的设置亦以北部与南部为主(分别约占 42% 及 28%)(郭建良,2011)。就组织层级而论,各校推广教育单位有隶属为各校之一级单位(如台湾大学、台湾"中国文化大学"等)或二级单位(如台湾"清华大学"),其运作模式包括由学校推广教育专责单位统筹运作(如台湾"中国文化大学"),或推广教育业务原则由专责单位统办,但仍有部分课程由校内其他单位自行办理(如台湾大学),或推广教育业务部分委请外部民间或财团法人单位承办(如台湾"清华大学")等方式,它们各有发展之缘由与运作上的优势及劣势。

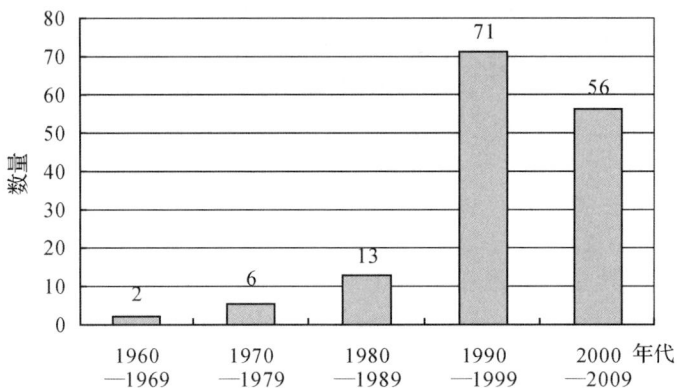

图 1　台湾大专院校成立的年代分布

在办理推广教育课程方面,多以"学分班程"与"非学分班程"为主,在"学分班"方面,各大专校院多依各校的师资专长和进修人士的需求进行规划推动,多分为"学士"和"硕士"学分班程两大类别。过去这两类班程颇受台湾社会各进修人士的青睐,然随着各校具有学位的在职专班陆续开办,仅具学分证明的"学分班"已不如过去受欢迎,所以各校转而办理各类"非学分"课程。依据台湾大专院校推广教育课程资训入口网资料分析,2011 年台湾大专院校推广教育单位开办"非学分班程"总课程数约占总开办课程数的 83.56%,显示"非学分班程"俨然已成为目前台湾推广教育开办课程类型的主流,特别是语文学习类、健康养生与艺文生活类、企管经贸与证照检定类、计算机信息类等课程。值得一提的是,若扣除总开课数最多的前三名私立大学(台湾"中国文化大学"、台湾东吴大学与台湾中原大学),其他各大专校院开办"学分班程"的比重则上升至 30%;若进一步扣除前五个总开课数最多的私立大学,则发现学分班开课比重甚至高于非学分班的数量(郭建良,2011)。

3.台湾各大专院校推广教育单位的 SWOT 分析

SWOT 分析能够让业务执行单位的经营者了解单位内部的优势和劣势,同时能够察知单位外部的机会和威胁,便于学校发挥各自的特色和专长,以提升推广教育单位的绩效。现综述台湾大专院校推广教育单位之 SWOT,分析如下(李国义、傅文俊,2008):

| 内部优势 | 内部劣势 |
|---|---|
| 办理教育训练的经验日趋成熟、数字网络环境良好、信息设备优良、校园停车方便和研习费用低廉等 | 教学设备逐渐老旧、校内教师以升等为主开班授课意愿低、报名及缴费程序较繁杂、开办课程班别弹性较低等 |
| 外部机会 | 外部威胁 |
| 新型委办训练形态出现、公务部门组织精简、新型科技工业园区陆续出现、东西向快速公路和都会区捷运道路陆续建置完成等 | 整体社会经济环境影响学员报名动机、公民营机构委托办理的机会与经费缩减、其他潜在推广教育市场具有训练资格机构的竞争等 |

### 三、台湾大专院校推广教育的联结与交流

随着高新科技的迅速发展,世界经济向全球化方向迈进,终身教育在台湾越来越受到社会各界关注,"继续教育"已逐渐从教育边缘走向教育中心。继续教育的资源在全球化下加速流通,师资、学员、教育理念、教学管理经验、教学内容、教学方法等的互通促进了继续教育的发展,因此继续教育需有创新的机制,才能迎接全球化挑战。为有效凝聚台湾各大专院校推广教育工作者致力推动推广教育工作,并有机会进行业务经验交流,提升推广教育的质量,台湾大学特于 2007年邀集台湾多所大专院校共同筹备、举行了首届"台湾推广教育论坛",并以"台湾推广教育之特色及策略选择"为主题,以专题演讲、论文发表及综合座谈的方式,邀请海外专家学者莅临专题演讲,并邀请各高等教育学府参与,以期能与台湾大专院校各推广教育单位交流办学理念,促进台湾推广教育良性发展。尔后每年由台湾各公私立大专院校轮流举办这项活动,迄今业已顺利举办五届"台湾推广教育论坛"活动:第二届由台湾东吴大学主办,主题为"转型下推广教育之因应策略、转型下推广教育之校际合作";第三届由台湾"清华大学"主办,主题为"两岸教育政策交流与合作机制、经济风暴下的推广教育";第四届由台湾东海大学主办,主题为"推广教育交流与合作机制及发展策略";第五届由高雄师范大学主办,主题为"台湾推广教育的发展与未来展望"。

台湾各大专院校在连续举办五届推广教育论坛之后,为更积极推动校际推广教育的合作,在多所台湾公私立大专院校的促成与推动下,于 2010 年起积极

筹备推动"台湾大专校院推广教育协会"的成立,并于 2011 年 5 月 30 日顺利举办第一次会员大会,同时完成第一届协会理事与监事选举,由台湾大学进修推广部主任郭瑞祥教授担任理事长,台湾"中国文化大学"推广教育部吕新科执行长担任副理事长,共计 11 所学校代表担任理事,3 所学校代表担任监事。

"台湾大专校院推广教育协会"成立宗旨:以非营利为目的之社会团体,以组织推广教育专业人员,结合大专院校资源,形成社会向上之力量。

"台湾大专校院推广教育协会"任务:组织、凝聚台湾大专院校推广教育机构专业人员;推动海峡两岸暨港澳及全球推广教育机构的交流合作计划;结合产官学资源,研究发展新形态之终身教育;办理、参与、赞助相关学术研讨会议及推展终身学习观念、实践之宣传活动;办理其他符合本会宗旨之相关活动。

"台湾大专校院推广教育协会"使命:建立推广教育交流平台(construct the platform of continuing education)、提升推广教育社会价值(enhance the social value of continuing education)、推动社会终身学习理念(promote the concept of lifelong learning)。

"台湾大专校院推广教育协会"推动策略:推动推广教育学术与宣传活动、促进产官学合作与沟通、促进台湾推广教育组织联结与合作、推动两岸推广教育交流合作。详见图 2。

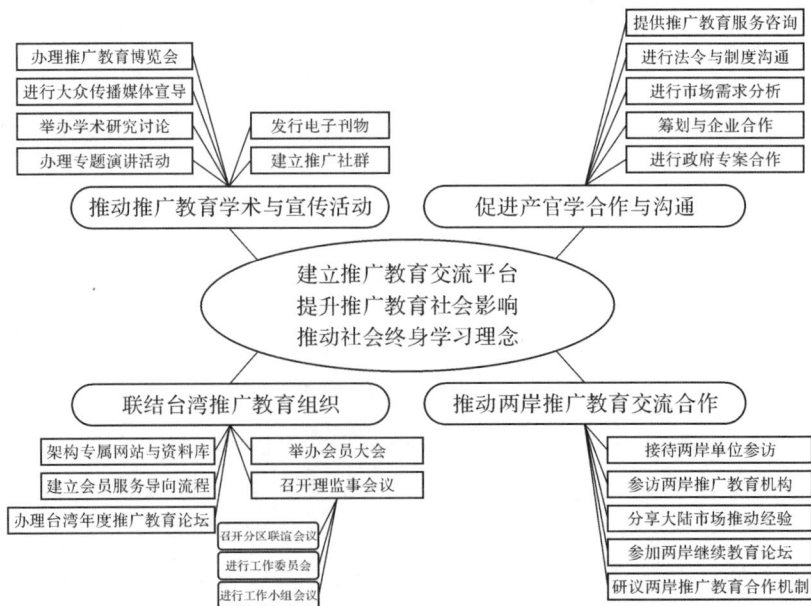

图 2　台湾大专校院推广教育协会策略

## 四、结　语

大学推广教育是大学回流教育的重要环节之一。然而,台湾大专院校推广教育正面临社会环境与经济形态变迁、少子高龄化的时代,以及不同训练机构的竞争威胁,且台湾教育行政主管单位对各大专院校的评鉴特别重视学术研究的成果,使得各校教师多将心力投注在学术论文的发表,较少在推广教育部门授课的意愿,因此,台湾大专校院推广教育对未来所扮演的角色及功能的定位应有新的体认与作为。如何让大专院校推广教育在未来能发挥更大的社会功能,并成为学校重要的高教市场,实为再定位台湾大专校院推广教育的重要目标。因此,在建立一个整合与沟通的机制与平台,有效联结台湾各大专院校的资源与经验的共同愿景下,台湾各大专院校于2011年正式推动组织"台湾大专校院推广教育协会",以期能组织台湾推广教育专业人员,结合台湾大专院校资源,形成社会向上的力量,提供校际与教育主管单位一个良性的整合与沟通平台,并推动海峡两岸暨港澳高校与企业间的交流,期能在面对社会责任及经营压力下,建构大学推广教育的发展新契机。

**参考文献:**

[1] 陈茂祥.大学推广教育现存的问题及未来发展策略之研究[J].朝阳学报,2002,7(1):261-287.

[2] 郭建良.台湾推广教育产业化与社会化程度初探:从布点与课程谈起[C].第五届台湾推广教育论坛大会手册,2011.

[3] 李国义,傅文俊.大学推广教育单位经营策略新思维之探讨[C].第六届管理学术研讨会手册,2008:258-264.

[4] 张雅雯.大学推广教育单位之定位与竞合策略:以企业教育训练为例[D].台湾元智大学经营管理硕士在职专班硕士论文,2011.

# 新形势下成人继续教育学籍管理工作初探

西安交通大学　吴养文　马　延　朱彦萍

【作者简介】

　　吴养文,男,西安交通大学继续教育学院继续教育中心副主任,副研究员,研究方向为成人教育管理体制。

　　马延,女,西安交通大学继续教育学院继续教育中心学籍科科长,助理研究员,研究方向为成人教育。

　　朱彦萍,女,西安交通大学继续教育学院继续教育中心学籍科科员,职员,研究方向为成人教育。

　　本文为 2012 年第十三届海峡两岸暨港澳高校继续教育论坛收录论文。

　　成人继续教育是高等教育的重要组成部分,是高等教育体制中不可缺少的教育形式,是教育"大众化"和全民教育行动的重要举措。学籍管理是成人继续教育教学管理工作的一项重要内容,是建立和维护成人继续教育教学秩序,形成良好学风的重要条件,是促进教学质量提高的重要保证。

## 一、成人继续教育学籍管理工作的重要性

　　学籍管理是指对取得入学资格的学生从入学注册,成绩考核与记载,升、留(降)级、转(专业),停学、复学、退学,奖励与处分,毕业与毕业资格审查等方面进行的管理,它贯穿于学生学习的始终。科学、合理的学籍管理不仅能为学校教学工作的正常运行提供有力保障,而且能充分调动学生的学习积极性,形成严肃认真、公平竞争的优良学风,保证教学质量的提高和育人功能的实现。为此,学籍管理人员务必主动适应新形势的要求,更新观念,提高管理能力与工作效率,探索更加适应国情与校情的新方法、新思路,达到"育人为本"的教育目的。

### 二、成人继续教育学籍管理中存在的问题

成人教育的对象广、内容宽,教育过程具有开放性和终身性的特点。因此,学历教育和非学历教育共同发展、学校教育和非学校教育共同发展、全日制教育和非全日制教育共同发展、知识型和技能型教学共同发展等是成人教育区别于普通高等教育的主要特点。与此相对应,成人继续教育在学籍管理上也有其特殊性,主要表现为"学籍异动",即保留入学资格、转学、转专业、休学、留级、退学等变动较多,加之管理不到位,管理手段落后等,给管理工作带来了一定的难度。管理过紧,难以适应和体现成人教育的特点;管理过松,又会失去成人教育的初衷,使成人教育变相成为自学考试形式的翻版。

1.学籍异动带来的问题

(1)一些被录取的学生因种种原因不能入学时,学校往往不按学籍管理规定在毕业生信息采集过程中删去,更不会在"新生入学注册"结束后注销。一些学生因某种原因需要文凭时,交上"应交的费用",通过几场所谓"补考",就可以拿到相应的文凭,有的甚至交了钱就会拿到文凭! 尽管这是极个别的现象,但这极大地亵渎了国家学历文凭的严肃性。

(2)转学、转专业、休学、留级等学籍异动的学生,异动前与异动后的教学大纲、修读课程不尽相同,教学要求也存在较大差异,因此,以前所学的课程所获的学分在学籍异动后能否被认可是一个关键问题。倘若在办理学籍异动时不予重视,可能会影响到学生正常毕业。所以,必须在学籍异动后采取有效的措施,使学生按时完成新的教学要求,正常毕业。

2.学籍管理不到位和资料不健全产生的问题

成人继续教育的学习形式不同于普通高等教育,学生的生源广泛、成分复杂,既有业余学生,又有函授学生;授课方式多样,有的实行定期集中授课,有的要委派老师异地授课。因而,在建立新生个人信息档案、学籍卡档案等方面存在一定难度。加之学籍管理不到位,学生提供给学校的个人信息资料不全面、不准确,甚至随意改动等,造成学生学籍信息资料不完整,影响了学籍异动档案、班级档案、毕业生名册档案等的登记、整理、归档,最终导致学籍电子注册、学生课程选择、学习成绩记载、毕业资格审核等工作无法顺利实施。

3.学籍管理手段落后导致的问题

成人继续教育学籍管理工作是一项十分复杂烦琐的工作,政策性强,工作量大,影响因素多,它要求管理人员应具备较高的业务素质和运用现代信息技术处理具体问题的能力。目前,许多高校在成人教育学籍管理中,除学历证书电子注

册工作按国家要求采用计算机管理外,常规工作如学籍记载、成绩填写、数据统计、毕业生登记等绝大部分工作仍然采用手工处理。这种落后的管理方式导致管理工作劳动量大、效率低,准确性难以保证。此外,大多数成人继续教育学籍管理人员未经过系统的专业培训,现代化知识和管理知识明显欠缺。第三,人员配备不足,存在工作量大、管理人员体力严重透支的现象。上述现象,不仅不利于学籍管理工作效率的提高,也不适应社会发展对成人继续教育的需要。

### 三、改进成人继续教育学籍管理的措施

#### 1. 坚持原则,严格把关

为维护学籍管理工作的严肃性和公正性,体现公开、公平、公正的原则,防止因学生转学、转专业、转学习形式等问题引发不稳定现象,影响学校正常的教学秩序,成人继续教育学籍管理人员应克服工作中的随意性,应对在籍学生从转学、转专业、休学、退学到毕业、结业等学籍管理全过程进行动态监控,应逐步完善学籍管理的系统化、网络化建设,建立相应的规章制度,设立数据终端信息的不可更改性,从根本上堵塞学籍管理中存在的漏洞。比如,对"学籍异动"严格把关,未入学注册或中途辍学者的学籍要给予"注销",并及时将学生学籍自动消失等信息输入计算机处理;对学生的学业成绩实行分级管理,由任课老师或授权的教务管理人员直接将成绩输入计算机,并由管理部门把关,每一门课程设置"正常考试""缺考""补考""作弊"等多个项目,以便查询、统计;对申请变动学籍的学生,须经审批并办理相关手续后,方可进行变更,严禁"先斩后奏"和"斩而不奏"等违规现象的出现。

#### 2. 健全学籍管理制度,规范办事程序

学籍管理是对学生从招生录取、注册入学到毕业证书发放的整个过程的管理。实行网上招生后,应按照教育部的规定从最原始的学籍材料入手,规范地建立学籍表、成绩表、毕业生登记表及毕业证书等,并与计算机学籍管理系统的信息保持一致。同时,制定和完善适合本校实际的成人教育管理制度,做到学籍管理有法可依、有章可循,既要体现高度的政策性,又要使管理符合实际,切实可行,并要随着社会发展对成人教育提出的新要求,不断修订完善,以适应形势发展的需要。比如,考虑到成教学生在职、分散、业务忙、工作学习矛盾大等特点,相关学籍管理规定应相对灵活。要结合实际逐步推行弹性学分制,对学习时间充足、学习能力强的学生,允许其提前修完学分,在规定的学制前拿到毕业证;对业余时间少、学习能力较弱的学生,允许其延长学习时间,修完全部学分后毕业。

### 3.加强学籍管理队伍培训,提高管理手段

学籍管理是一项严谨细致的工作,它贯穿于整个教学工作的始终,因此,从事成人继续教育的领导和相关工作人员必须在以下几个方面不断改善和提高:各级领导要重视学籍管理工作,增强学籍管理工作者的管理意识、法律意识和创新意识;要配备必要的软硬件设备,将学籍管理纳入科学化、现代化、信息化的轨道;要结合成人学籍管理信息系统的使用,加强管理队伍的培训。管理人员要边工作、边学习、边总结经验,及时领会教育部对成人继续教育管理工作的要求,准确掌握信息材料,实现管理信息的规范化和程序化,确保数据管理准确、及时、全面,促进学籍管理工作质量和效率的提高;要充分利用学校成人教育网站,实现信息资源与管理平台的共享,不断加强与学生的交流、沟通,为学生提供全方位的服务,充分体现"以人为本"的管理理念。

综上所述,成人继续教育学籍管理是一项繁杂、琐碎、政策性强、责任重大的工作,管理人员应切实根据成人教育的特点,灵活制定管理制度,并从规范制度入手,达成原则性和灵活性的相对统一,从而全面做好成人继续教育的学籍管理工作。

**参考文献:**

[1] 李栋,常思亮,陈卓.湖南高校学籍管理改革的若干思考[J].当代教育论坛,2005(5):21-23.

[2] 李淑芳.对成人教育学籍管理的思考[J].陕西师范大学继续教育学报,2004,10(S1):64-65.

[3] 杨干忠.普通高校成人教育管理实务[M].北京:中国人事出版社,1997.

[4] 周耀.高等学校学籍管理工作的探讨[J].井冈山医专学报,2006(5):22-23.

[5] 周永.转变观念 完善学籍管理[J].引进与咨询,2005(4):40-41.

# 推广教育的成功因素
## ——PDDRO 与职能分析的应用

自强基金会　台湾"清华大学"(新竹)

徐秀燕　　张慧慈　　萧德瑛　　巫勇贤

**【作者简介】**

　　徐秀燕,财团法人自强工业科学基金会资深处长。

　　张慧慈,财团法人自强工业科学基金会副研究员。

　　萧德瑛,财团法人自强工业科学基金会执行长,台湾"清华大学"(新竹)动机系教授。

　　巫勇贤,台湾"清华大学"(新竹)教育推广组组长。

　　本文为 2013 年第十四届海峡两岸暨港澳高校继续教育论坛收录论文。

## 一、前　言

随着全球化及科技的快速发展,企业在产业界要扩大营运市场及产品要在全球范围具备竞争力,都须依赖人力素质的提升。为适应人力资本的竞争,发展训练质量管理机制成为当前重要课题。国际劳工组织(International Labor Organization,ILO)1999 年发布 ISO 10015,ISO 10015 是 ISO 9001 系列标准中关于教育训练部分的指导方针,强调劳工技能与职业训练及再训练的重要性(Hori & Shimizu,1999)。世界第一个人力质量验证标准(Investors in People,IIP)是一套适合各种行业及各式规模产业运用的人力质量验证机制,此制度起源于英国,其目的就是为提升竞争力,鼓励组织有系统地链接员工发展及企业营运,以提升人力素质,改善企业营运绩效(Investors in People,UK,2004)。

台湾职训部门于 2005 年规划推动训练质量计划,融合 ISO 10015、英国 IIP 人才投资方案、欧洲职业训练政策,最终制定出一套符合台湾人力提升要求的质量管理系统，称为"训练质量系统（Taiwan Train Quali System，TTQS）"。该评估标准以"PDDRO"的五项程序及 19 点计分项目做评估。主要功能为深入了解机构培训供需状况与本身的优劣势，且配合职能分析与对应之训练，以改善组织人力素质（台湾职训部门，2013）。而组织发展要搭配职能分析才能精准找出人力缺口，针对人才能力低落的部分进行课程规划，加强员工职业能力发展，方能达成组织的运作目标（陈信安，2011；黄诗宜，2009）。因此为解决目前科技产业的职务及职能缺口，本研究结合 PDDRO 与职能分析的运用，先建构产业人才职能模式，再依据职能模式设计课程教材，并将课程实际实施于两个职业训练班级进行验证。

**二、PDDRO 与职能分析的运作机制**

TTQS 训练质量计分卡是一个以过程为基础的循环管理体系，该循环周期涵盖了五个训练阶段，依序为：计划（plan）、设计（design）、执行（do）、查核（review）及成果（outcome），简称为 PDDRO，内容涵盖五项评核及 19 项指标。PDDRO 的运作机制落实于人力策略发展脉络中，其关系如图 1 所示，从组织的愿景/使用为发展形成的开始，接着拟定组织策略/目标，借此建立年度经营计

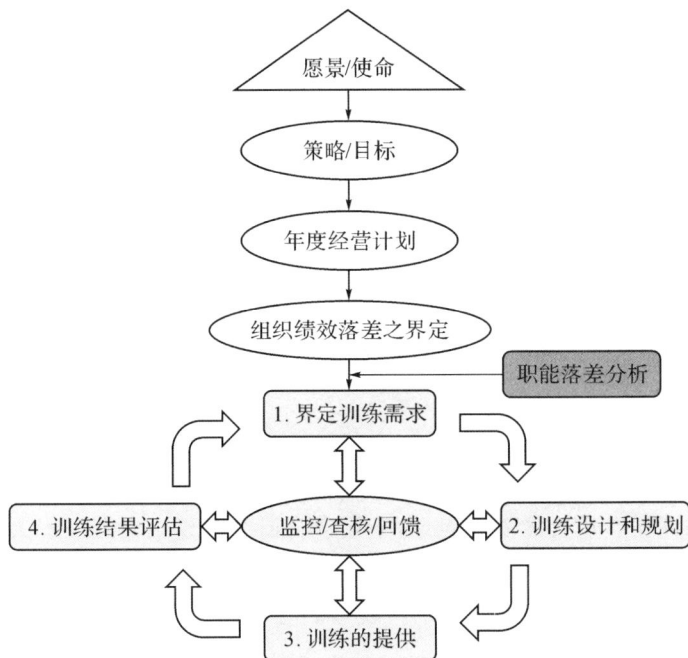

图 1　TTQS 策略性人力资源发展体系

资料来源：台湾职训部门 TTQS 训练质量系统，2013。

划,从中发现绩效落差的界定,运用职能落差分析进行培育工作规划(陈瑞阳,2013)。PDDRO训练循环的内涵为:①计划,着重训练规划与企业营运发展目标的关联性及训练体系的运作能力;②设计,着重训练方案的系统化设计;③执行,强调训练执行的落实、训练纪录与训练管理系统化;④查核,强化训练的定期检核与监控异常的处理;⑤成果,着重训练成果评估的完整性及训练的持续改善等。训练单位又分为企业训练与培训单位两大体系,其组织目标及课程规划目的有所差异(林文灿、孔庆瑜、林丽玲,2009)。

组织绩效提升涉及员工职能素质。职能(competency)一词由美国哈佛大学教授 Dr. McClelland(1970)提出。他对高等教育普遍使用智力测验来筛选学生的现象提出了挑战。他认为,影响绩效的关键因素不是智力,而是职能。职能由知识(knowledge)、技能(skill)及态度(attitude)组合而成。于是,McClelland 开始建构工作能力评估法。他更新了以往在职场上重视的工作分析及职务说明书,希望从主管人员或高绩效工作者身上,找出达成高绩效能力的因素组合,之后再进一步归纳这些高绩效人员所拥有的共同性能力,形成职能模型(competency model)。此模式主要是用来描述在执行某项特定工作时需具备的关键能力(林文政,2000)。"职能"一词有许多学者给出了定义,一般来说泛指担任某一任务所必备的知识、技能和态度三方面的行为表现(简真玉译,2002;Jarvis,1983)。而英国教育学者 Jarvis(1983)认为,知识、技能与态度并非孤立存在,而是与环境作交互作用后综合展现出来。Spencer & Spencer(1993)提出的"冰山模型"更是丰富了职能的内涵,他们将职能分成五种基本特质:技巧(skills)、知识(knowledge)、自我概念(self-concept)、特质(traits)以及动机(motives),并依外显的(浮现于水面上的冰山)、隐藏的(隐藏于水面下的冰山)和容易训练发展与改变的程度分为表面职能与潜在职能。

### 三、PDDRO 及职能分析导入 IC 设计产业的研究方法

1. 研究流程

本研究以桃园职训中心委托 A 机构所进行的 2012 年 IC 设计产业类产业技术人才培训据点建置计划为对象,采用混合研究设计。研究流程为:先通过各家人力网站搜集、统计 IC 设计产业类职缺人数,并从中挑选可通过职训培育的职类;依据该职类搜集国内外相关文献,进行访谈问题编制,随后进行 10 位产业界技术主管的访谈。访谈数据搭配文献进行数据归纳并建构职能问卷,问卷初稿送交三位委员进行专家效度审查,再依据审查意见进行修改,修改后为正式问卷。以 IC 设计产业为母群进行问卷调查,调查后的资料通过统计分析,删除信

效度较差的题项,并建构职能模型。依据职能模型进行课程设计,并实施于2013 年度该职类的各个职训班级,于训后施以满意度调查及训后三个月的就业率调查,以获知成果。

2.研究样本

访谈部分通过合作厂商进行技术主管的约访,共约访 10 位来自新竹县市服务于 IC 设计产业的高阶人才,受访者年龄主要为 35～45 岁之间,其中 9 位男性1 位女性。在问卷调查部分则以登记于经济主管部门的 IC 设计公司名单为主,抽取目前担任 IC 布局工程师及技术主管的样本,通过比例抽样收集 79 家公司,合计 391 份有效问卷,以 25～40 岁的男性居多。课程实施时先对报名者进行面访,筛选具适合参与培训特质者,两个班皆有 30 位受训者,但训后满意度调查则因样本流失使得第一班有效样本为 24 份、第二班为 26 份。

3.研究工具

访谈采用自编的开放性问题,主要询问技术主管对担任 IC 布局工程师的员工主要负责哪些职务内容,需要具备哪些专业知识、技术及态度,以及目前产业对于该职类人才背景条件的要求等问题。在问卷调查部分主要以自编的 IC 布局工程师职务职能量表为测量工具。该量表包含专业知识(13 题)、专业技术(12 题)及核心能力(13 题)等三个构面。训后满意度问卷使用职训部门的“学员满意度调查表”,包含课程与教材(3 题)、师资与教学(5 题)、学习环境与行政支持(6 题)、学习效果(6 题)、证照与工作(2 题)及职训与工作(3 题)等六个构面。

**四、研究结果分析**

1.组织导入 TTQS 的成果

A 机构于 2007 年导入 TTQS 训练质量评核系统,在高阶管理层的支持下,近 6 年来以 PDDRO 训练循环为训练课程发展的基准,实施后有以下几点具体效果。在 TTQS 内部增值及扩散效益部分为:①经营策略及培训质量的有效链接;②遵循 TTQS 管理系统,建构完善信息系统;③推广学习分享平台,创新开发学习市场。在组织成果与社会成效评估部分为:①办训的具体成效;②社会成效。进一步比较 2012—2013 年导入 TTQS 的成效,两年比较之下:①第二专长班满意度提升 2％;②委办满意度提升 2.8％;③客诉率下降 33％;④企业会员家数提升 192.3％;⑤执行计划数增加 10.8％;⑥考照率提升 5.6％。因此 A 机构导入 TTQS 后,训练体系更为完整,组织效能得到提升。

2.PDDRO 与职能分析的执行成效

A 机构由于 TTQS 的执行成效优良,成为职训部门进行 IC 设计产业人才培育的委托训练单位。于 2012 年 11 月通过各大人力网站搜集 IC 设计产业类职缺,发现 IC 布局工程师为十大热门职缺之一。而 A 机构对于该职类已具备培育经验,且评估后认为在 IC 设计产业中所用的布局工程师是可通过培训来提升职业能力并能进入职场的职类之一,因此挑选 IC 布局工程师为人力发展对象。首先,在职能建构部分,本研究通过访谈、专家座谈及量化调查进行数据搜集,回收后数据做建构效度考验,各职能分量表之信度分别为:专业知识 0.942、专业技能 0.900、核心能力 0.943,各分量表题项平均数在 3.72～4.64 之间,表示目前的 IC 布局工程师及主管人员皆认为各职能题项具有重要以上程度。模式建立如图 2 所示,此职能模式也作为受训者职能衡量的工具。

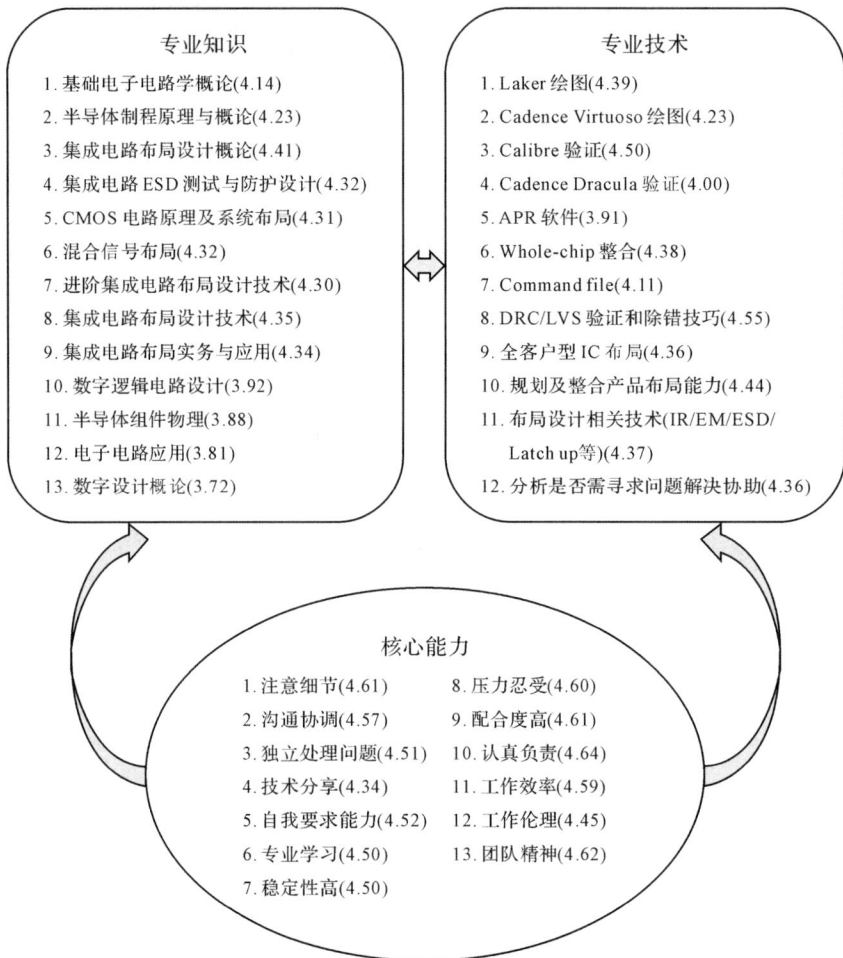

**专业知识**

1. 基础电子电路学概论(4.14)
2. 半导体制程原理与概论(4.23)
3. 集成电路布局设计概论(4.41)
4. 集成电路 ESD 测试与防护设计(4.32)
5. CMOS 电路原理及系统布局(4.31)
6. 混合信号布局(4.32)
7. 进阶集成电路布局设计技术(4.30)
8. 集成电路布局设计技术(4.35)
9. 集成电路布局实务与应用(4.34)
10. 数字逻辑电路设计(3.92)
11. 半导体组件物理(3.88)
12. 电子电路应用(3.81)
13. 数字设计概论(3.72)

**专业技术**

1. Laker 绘图(4.39)
2. Cadence Virtuoso 绘图(4.23)
3. Calibre 验证(4.50)
4. Cadence Dracula 验证(4.00)
5. APR 软件(3.91)
6. Whole-chip 整合(4.38)
7. Command file(4.11)
8. DRC/LVS 验证和除错技巧(4.55)
9. 全客户型 IC 布局(4.36)
10. 规划及整合产品布局能力(4.44)
11. 布局设计相关技术(IR/EM/ESD/Latch up等)(4.37)
12. 分析是否需寻求问题解决协助(4.36)

**核心能力**

1. 注意细节(4.61)
2. 沟通协调(4.57)
3. 独立处理问题(4.51)
4. 技术分享(4.34)
5. 自我要求能力(4.52)
6. 专业学习(4.50)
7. 稳定性高(4.50)
8. 压力忍受(4.60)
9. 配合度高(4.61)
10. 认真负责(4.64)
11. 工作效率(4.59)
12. 工作伦理(4.45)
13. 团队精神(4.62)

图 2　IC 布局工程师职能模型

依据职能模式进行 IC 布局工程师的课程规划设计。核心能力主要涉及基础工作能力及态度,属于情意教育,无法在课堂上立即看到学习成效,因此规划"通识课程"作为培育受训者的核心能力,主要的课程有:职业训练与就业服务介绍、企业伦理与职场文化、沟通与人际关系、劳动相关法规及性别课程等;在专业知识部分则依知识深浅差异,区分为"基础课程"及"进阶课程","基础课程"主要学习:基础电子电路学概论、半导体制成原理等,"进阶课程"主要学习:数字逻辑电路设计、集成电路 ESD 测试与防护设计、IC 布局设计概论;在专业技术部分主要以"实作课程"来加强受训学员实际操作技巧,主要课程为:电子电路应用与实作、IC 布局设计基础技术、IC 布局设计进阶技术、IC 布局设计实务与验证技术等。师资来自学界与产业界,训练目的为让受训者的职业能力与产业界接轨,并能达到立即就业的效果。

课程实施过程中除每堂授课教师评鉴学生学习成效外,又可通过学生的学习满意度检视教师教学的质量。在期中评量部分,主要反应课程与教材、师资与教学、学习环境与行政支持、学习效果等,其满意度百分比落在 76%～84% 之间,表示学生对教师教学表现及行政表现感到满意。而在训后满意度调查部分,主要反应课程与教材、师资与教学、学习环境与行政支持、学习效果、证照与工作及职训与工作等,满意度百分比为 75%～80% 之间,第一班培训学员训后三个月的就业率达 70% 以上,显示这些原为失业者的受训学员通过有效的训练课程,能够提升职业能力,达到立即就业的效果,从社会的层面也能降低失业率。

### 五、结论与建议

#### 1. 结　论

依据研究结果可发现,A 机构 2007 年通过 TTQS 评鉴后,通过 2011—2012年具体的量化指标,在专程班、委办班、客诉率、会员数、计划执行率及考照率等方面,相比较而言,2011—2012 年的表现更卓越,优良指标也成为办训的最佳利器。基于此,A 机构 2012 年接受委办训练的委托,将 TTQS 中的 PDDRO 及职能分析运用在 IC 设计产业人才培训课程,找出产业人才缺口为提升失业者就业率的第一个步骤,接着再通过该职务缺口建构职能模式,有效了解产业所需人才职能,以及培训学员的职能落差现象,并通过课程设计提升受训学员的能力。课程实施过程皆以双向评量(教师评鉴学生、学生评鉴教师)作为质量管控的方式,最后于受训后进行训练满意度调查,及训后三个月的就业率统计。研究结果显示,学员对于训练课程期中及训后满意度百分比皆达 75% 以上,而训后就业率达 70% 以上。这些数据显示运用 PDDRO 及职能分析进行失业者的训练发展,能有效提高失业者职业能力,促进就业。

## 2.建　议

在研究设计方面,使用 PDDRO 及职能分析实施人才培育规划在客观指标上可看见实施成果。由于课程实施需四个月时间,再加上训后三个月的就业追踪,共为七个月时间,因此若要得知 PDDRO 及职能分析在课程训练的运用上是否持续维持高就业率,建议本研究可持续做后续追踪。在职能调查上,先通过产业界相关人才的资料搜集来建构 IC 布局工程师的职能模式,此模式运用在课程规划及受训者职能评估上,建议可将职能量表运用在学习成效的测量上,受训者在未接受课程辅导前先进行实测,于受训后再做第二次的追踪调查,统计两次施测结果可获知受训者的学习成效。本研究的职能建构样本取得不易,建议可将职能模式标准化并公开发表,供相关单位、企业使用,避免重复进行职能建构。

**参考文献:**

[1] Hori,S. & Shimizu,Y. Designing methods of human interface for supervisory control systems[J]. *Control Engineering Practice*,1999,7(11):1413-1419.

[2] Investors in People,UK. Benefits of Being an Investor in People[J]. *Investors in People*,2004,17(11):1-4.

[3] Jarvis,P. *Professional Education*[M]. London:Croom Helm,1983.

[4] Raymond,A. Noe. 员工训练与能力发展[M].简真玉,译.台北:麦格罗希尔,2002.

[5] Spencer,L. M. & Spencer,S. M. *Competence at Work:Models for Superior Performance*[M]. New York:John Wiley & Sons,Inc.,1993.

[6] 陈瑞阳.知识创新观点下的 TTQS 导入服务的质量蓝图[J].品质月刊,2013,49(1):19-23.

[7] 陈信安.TTQS 中的职能管理[DB/OL].2011.http://www.wsibc.com/blog/? p=99.

[8] 黄诗宜.企业导入 TTQS 训练质量系统之关键成功因素研究[D].台湾中正大学企业管理研究所(未出版硕士论文),2009.

[9] 林文政.制造业人力资源专业职能之研究[J].中山管理评论,2000,9(4):621-654.

[10] 林文灿,孔庆瑜,林丽玲.IIP、ISO 10015 与 TTQS 差异分析[J].品质月刊,2009,45(4):53-56.

[11] 台湾职训部门.TTQS 策略性人力资源发展体系:TTQS 训练质量系统[DB/OL].2013.http://ttqs.evta.gov.tw/.

# 运用科技整合营运模式探讨
# 终身学习机构之经营管理

台湾"中国文化大学"　张冠群　吕新科　颜敏仁　郑亦修

【作者简介】

　　张冠群,男,台湾"中国文化大学"推广教育部教育长,国际企业管理学系副教授,韩国龙仁大学名誉经营学博士,主要从事财务、企业管理研究。

　　吕新科,男,台湾"中国文化大学"推广教育部执行长,台湾大学信息管理博士,信息管理研究所(在职专班)所长,副教授,主要从事企业架构、IT规划及治理、数字学习、高教与终身学习等研究。

　　颜敏仁,男,台湾"中国文化大学"推广教育部质量长,国际企业管理研究所副教授,美国西北大学客座学者,台湾实验研究院科技政策研究员,工程科技管理博士,主要从事产业经济与科技政策、国际企业营运管理、继续教育等研究。

　　郑亦修,男,台湾"中国文化大学"推广教育部教育质量管理处副处长,信息管理学系讲师,主要从事电子商务、网络营销、顾客关系管理、服务业质量管理等研究。

　　本文为2013年第十四届海峡两岸暨港澳高校继续教育论坛收录论文。

## 一、前　言

　　为建构终身学习体系和建设学习型社会,教育产业的办学需要持续提升,许多学校不仅需要导入针对教育产业的质量标准体系,也需要根植于学校治理与经营的制度上强化执行效能。运用"教育产业"的思维重新考虑高等教育机构的经营管理,势必面对教育资源整合、提高效率与营收及增加社会生产力等管理议题。为了将质量持续改善机制经由国际认证系统的强化,根植于学校治理与经营的体制上,目前台湾亦有许多大学相继导入 ISO 9001 国际质量保证系统以及其他针对教育产业调整的质量认证系统,例如 IWA 2:2003、ISO 10015 及台湾的 TTQS(Taiwan TrainQuali System)等。

近年来面对社会对于教育需求的转变,各级学校积极引入与建立多元化的教育方式与课程,尤其在成人继续教育领域,为适应快速变化的社会与就业环境,有更多不同的课程需求被提出。当组织面对快速变化的环境与多样化的需求时,必须思考适应对策以及寻找合适的处理方针。我们认为,在日益成熟的信息化社会,信息科技整合营运模式可以作为面对快速变化的继续教育市场需求的对策。在实务上,组织内应用 IT 已经证实有许多不同的影响。IT 驱动组织变革的研究探讨了各种因素以及应用的范围,并且发展了数种 IT 驱动组织变革的分析模型;然而,在整合组织营运各层面上,除了策略与科技之外,更需要将组织成员与组织文化加以考虑。因此,结合不同 IT 驱动组织变革的模型,更能够完整描绘信息科技整合营运的全貌。科技整合营运模式正是基于上述考虑,整合了策略定位模型(Strategic Alignment Model,SAM)与科技影响模型(Technology Impact Model,TIM)等两种 IT 驱动组织变革分析模型,从策略面、技术面、人员面与文化面来说明运用信息科技整合营运模型来适应组织变革,借以强化多元课程发展与质量管理效能。

## 二、理论背景

### 1. 策略定位模型

Henderson & Venkatraman(1993)提出了策略定位模型(SAM),建议推动信息科技策略应依据外部领域及内部领域的观念进行规划。此模式包含四个面向的策略选择,即企业策略、IT 策略、企业基础建设及 IT 基础架构。推动信息科技是否能在组织中产生效果,取决于 IT 与企业流程整合及内外部市场选择的策略适配。有效推动的关键是要这四个面向中至少三项之间的配合。

MacDonald 在 SAM 的概念之下提出了策略定位流程(Strategic Alignment Process,SAP)。此流程着重于企业策略、IT 策略、企业基础建设以及 IT 基础架构相互动态定位与调适。此四种面向彼此互动模式如图 1。

### 2. 科技影响模型

Rockart & Morton(1984)提出了科技影响模型(TIM),说明社会经济环境与信息科技影响组织策的方式与过程。这个过程的第一阶段着重于会计功能的自动化;第二阶段着重于帮助第一线的业务人员;第三阶段强调提供充分信息给中高级管理人员。此过程所产生的变化对于管理阶层的好处在于借由更好的

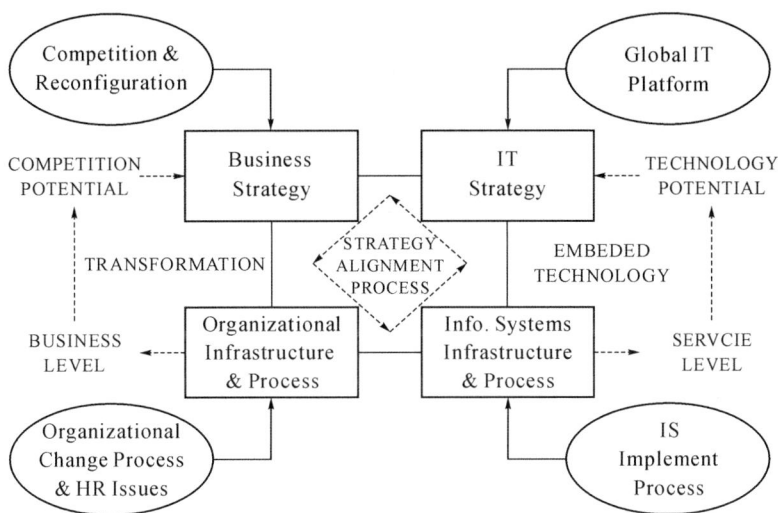

图 1　SAM 模型架构

软硬件与沟通方式获取更多的信息,协助规划与监控组织的运作。

图 2 呈现了科技影响模型的概念。管理程序为科技影响模型的核心,也为组织运作的核心角色。科技则直接或间接影响管理策略,同时也影响其他组织运作的要素,如组织中的个人与组织文化。

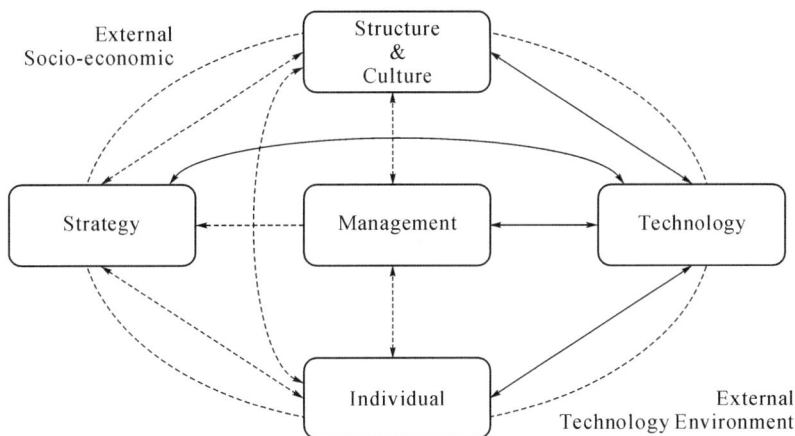

图 2　TIM 模型架构

### 三、"中国文化大学"案例探讨

秉持"中国文化大学"的办学理念,"中国文化大学"推广教育部(以下简称"文大推广部")于 1971 年成立,以提倡全民终身学习为目标,致力于提供社会人士所需要的学位与非关学位的多元学习机会与高质量的培训与教育课程。因此,文大推广部开设的课程种类与形式相当多元,包含各项政府项目、企业委训、证照考试、远距教学、专业性与生活性终身学习等课程,每年超过 2000 种课程,且在台湾北、中、南及台湾地区外皆设有办学点。近年来的开课数量与培训学员人数逐年攀高,教学及服务的复杂度与难度都大幅增加。为了保持高度的营运能量与质量效能,科技整合营运模式的应用尤其重要。

从资源基础理论观点(resource-based view)看,科技整合营运模式的运用在文大推广部推动终身学习业务中,扮演着非常重要的角色。在以 IT 支持的资源基础战略上,文大推广部经营团队认为,良好的训练质量成果必须以良好的训练课程系统设计及流程为基础,提高服务流程效率与服务质量,更能够提高学员学习的成效。因此,文大推广部不断地投入改善各项系统及流程,让组织所从事的训练课程设计与开发,以及学员上课受训期间所接受的服务,都能具备持续改善的机制,进而能够提升整体营运绩效。而推动这些改变的基础是管理系统信息化。

本研究探讨文大推广部运用信息科技整合营运模式以强化多元课程发展与质量管理效能的做法,从教育服务作业流程管理系统,课程企划、开课、整合营销系统,实时服务整合信息系统,质量信息系统等四个方面综合描述。

1.教育服务作业流程管理系统

推广教育与社会就业职能和生活技能需求联结度高,所以,产业化后的教育服务业对学员提供的是体验性商品,不像一般商品银货两讫。因此,学员满意度建立在每一次的教育服务流程细节中。为落实教育服务作业流程标准化,文大推广部运用 ISO 的框架开发了各项内部作业流程及标准程序书,并发展出电子化文件管理系统。这套电子化文件管理系统能够有效地协助整合跨部门文件,并具备文件变更、签核功能,为文大推广部的教育服务作业流程标准化建立了良好的基础。随着文大推广部的发展,我们将绝大多数的作业流程电子化,并具体呈现在电子表单管理系统中。目前文大推广部的各项电子表单共有 300 多个窗口(图 3),电子表单的年使用量已超过 7 万张,机构内部及对外部学员的行政服务等将近有 28 万个作业流程皆在系统上监控完成,足见 IT 整合作业流程的成效。电子化文件管理系统也让我们能够建立行政、服务电子表单效率的追踪、异常发现与持续改善工作,不断地改善流程并提升质量。相关整合成效如下所述。

(1)帮助各单位建立流程品保机制:组织内各单位主管可通过共同联机操作平台与质量信息系统查询功能,进行权责归属内电子表单流程执行成效检视。

(2)提升跨部门单位作业协调整合:当电子表单新增异动需求提出涉及作业

流程变更时,可确保流程相关单位进行联系协调。

（3）强化组织流程及规范文件管理:本部质量管理处定期出具各单位所属电子表单流程变更数量与执行情况的统计分析报告,协助各单位进行异常改善。同时,针对更动后的流程,协助窗口责权单位从实务作业链接回溯修订 ISO 标准程序书及相关文件,并且经由定期举办组织内部稽核与品保相关内部教育训练活动,让服务质量持续提升。

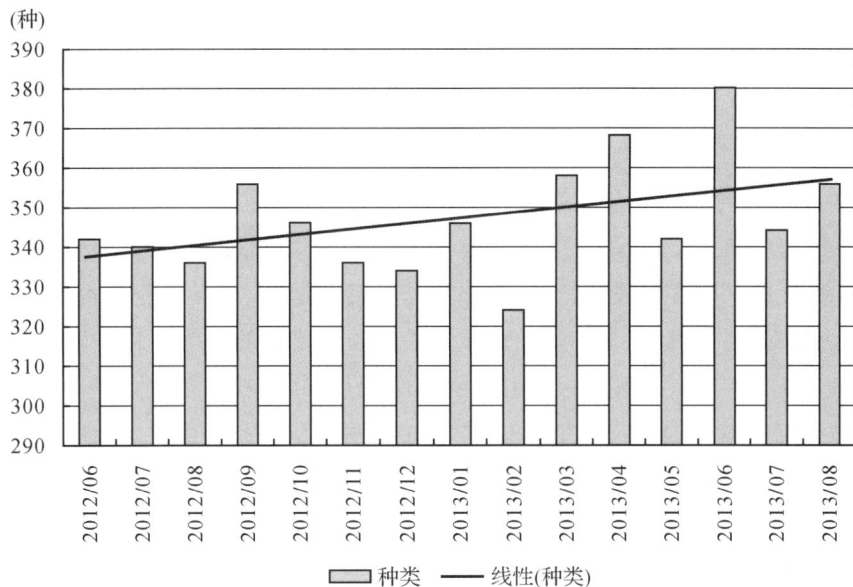

图 3　电子表单使用种类趋势

2.课程企划、开课、整合营销系统

文大推广部的课程企划、开课、整合营销系统在不断演进下,积极发展其应用价值。根据社会与继续教育的需求和指标,设计一套课程企划管理平台,所有开课的程序标准化,以掌控开课状况,也不会随着人员流动产生数据和经验的断层。电子化对管理效率的帮助很大,节省了很多沟通成本,团队成员可以将更多力量放在开发新课程、挖掘新师资方面上,形成良性循环,课程的质量可以大幅提升。目前文大推广部每年开设的不同专业类别的课程超过 2000 门,分布于台湾北、中、南部等校区,整体营运管理的复杂度高,因此课程企划、开课与营销管理的功能必须通过数字化,才能够同步支持所需数量规模与多元属性课程模块,以达到快速反映市场的多元学习需求以及专业且稳定的教学服务质量。相关实例如下:

（1）各类别课程皆于课程企划系统中建立企划模块数据,提供后续课程企划与开课模板，并持续更新市场信息，协助课程企划人员了解市场趋势，同步提升课程企划质量之稳定度。目前累计共有150余种课程系列，超过一万种课程模块数据供同人查询使用。

（2）于课程企划系统内设定课程企划审查流程，借由信息系统控管流程，减少课程数据发生错误的机会。

（3）建立整合性柜台系统，让本部的教育顾问同人能够通过整合性接口得知更多课程信息，满足学员来自网络、电话以及面谈咨询的需求，进而辅导其报名合适的训练课程。

（4）各课程皆有独立的课程平台，开课单位能在系统上管理开设课程的学员数据，并进行实时更新与联系。

3.实时服务整合信息系统

除了教学层面之外，在后勤营运上，文大推广部相当重视服务流程的系统化管理，从学员咨询课程开始，一直到课程结束后的服务，都有专业专责的团队为学员提供高质量的服务。这套后勤服务体系的主要目的是为了提升顾客价值。整体来说，顾客价值是消费行为的重要预测变量，并被视为多元竞争下，比顾客满意度更能确保市场占有率的指标；再加上顾客价值能指引企业发展新产品，俨然已成为当代营销的重要议题（黄淑琴、陈姿君，2007）。这样的观点，对于市场走向成熟期、同业竞争增加、顾客选择变多的服务产业而言，亦相当适用。大前研一（1988）认为："企业策略的首要目的，不是打败竞争对手，而是提供顾客真正需要的价值。因此，唯有如此，方能与顾客维持长久友好的关系，并从其身上获取更大的利益。"这样的概念，其实对于推广教育亦非常适用。当推广教育的客群与目的改变时，顾客价值的掌握也变得越来越重要。

过往的推广教育主要强调课程师资与内容，希望通过提升顾客知觉度，达到差异化；但是根据张冠群等（2011）针对推广教育顾客价值的分析，除了传统核心服务与顾客满意度导向典范中就很重视的师资、课程内容、教学方式、课堂气氛外，服务环境与软硬件建设、课程选择，以及支持服务与课程管理等，早已成为关注重点。此外，广义的顾客感知成本（时间、金额）、贴心设计、空间规划、艺文展示、延伸场域的特色化等元素，亦可在属性层次中窥见。反映完整顾客体验所论及的体验营销及服务蓝图内涵，皆成为顾客价值衡量的重要外显项目。因此，文大推广部在课程设计之外，更加强学习环境与设备、空间规划与设计、服务流程等项目的质量管理与经营，并且借由服务蓝图的规划与应用信息科技，建置实时服务整合信息系统，让学员能够有更好的体验，同时也能搜集更多的信息，提升服务质量的绩效。成果列举如下：

(1)设立网络虚拟校园,通过网络向学员提供整体学校信息与服务接口,让学员能够更方便查询学校相关信息,并且直接在网络上接受各项服务,让学习的场域延伸至实体校园之外,无所不在。

(2)校园内设立电子课程广告牌,向老师与学员提供详细的课程信息。

(3)个人信息查询专区,让老师与学员更方便查询个人课程、图书借阅状况、校园 u-Dollar 余额等信息。

(4)于各教室安装 Roomis 系统(图4~图7),供老师与学员查询空间信息,并且提供便捷服务需求接口,利用触控屏幕与结构式选单,快速将设备、清洁、班导、无障碍等服务需求传递至服务中心,并且借由信息系统的记录,顾客的需求与处理能够有效被追踪与检讨改进,为日后顾客满意与顾客价值的改进提供目标与方向。

图 4　各教室入口 Roomis 系统

图 5　Roomis 系统服务需求接口

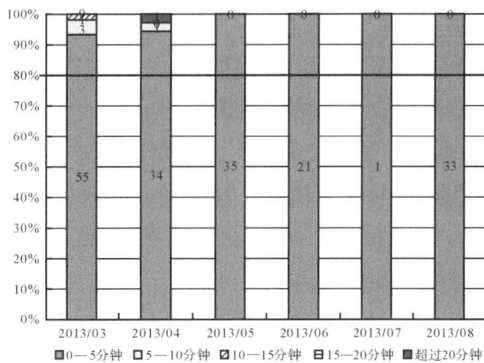

图 6　Roomis 系统服务效率统计

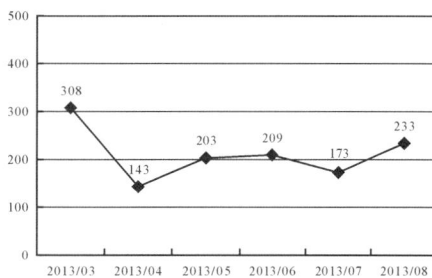

图 7　Roomis 系统服务效率趋势

4.质量信息系统

文大推广部导入信息系统整合流程,目的在于强化多元课程发展与质量管理效能,加强课程开发的弹性与提升服务质量,增加顾客的价值感,进而提高顾客满意度与忠诚度。而落实追踪顾客满意度则是整合信息系统的最后一块拼图。顾客满意度的追踪借由顾客满意度问卷,针对空间、设备、服务、清洁、教师授课内容等各项学员回馈,再加上开放式问卷,可了解顾客的需求及我们待改进的事项,并通过建立"质量信息系统"持续追踪学员问卷调查及意见,经专责单位分析后定期提出报告,若发现异常或学员的特别申诉案件则实时处理,期望能达到持续改善的效果。文大推广部导入"质量信息系统"之后的主要成效是课程满意度有持续提升,课程满意度的变异性也趋于稳定(图8)。同时,系统也会汇整每月的质量统计数据,让同人能够随时了解营运状况,也能加强同人的质量意识,更能让中高级主管获得更多的信息,以利决策与策略规划。

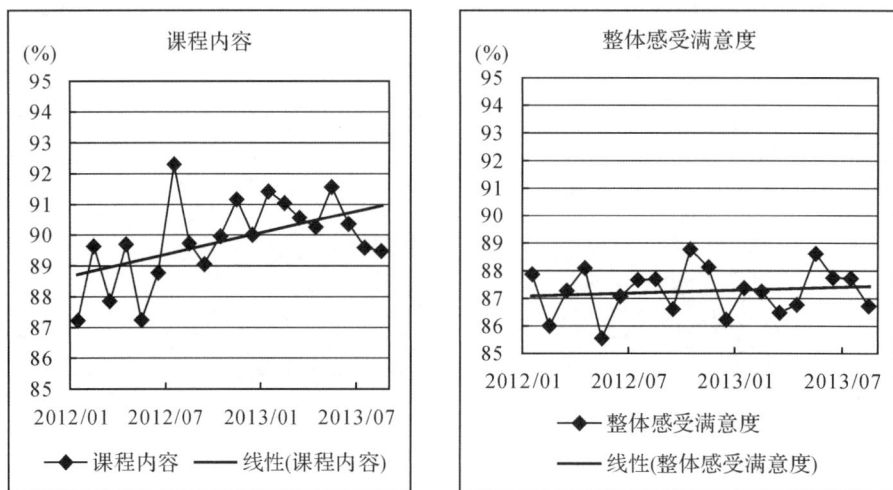

图 8  整体营运管理与服务满意度

### 四、结  论

教育产业化的观念已经带动许多学校与终身学习机构的变革与创新。而当学校及终身学习机构面向社会开设多元学习课程,且开课数量与培训学员人数成长到一定规模时,教学及服务的复杂度与难度都大幅增加,整体营运管理工作颇具挑战性。为了保持高度的营运能量与质量效能,必须应用科技整合营运模式,才能同步支持所需数量规模与多元属性课程模块,以达到快速反应市场的多元学习需求以及专业、稳定的教学质量。本文以"中国文化大学"推广教育部作为案例的研究结果显示,科技整合营运模式的应用对于学校及终身学习机构的经营管理创造了更高的执行能量与质量。然而,有效的科技整合营运模式亦非一蹴可成,需要综合考虑机构办学方向的产业需求与组织需求后,再予以统合规划、阶段导入。此外,在规划与导入期间,除了硬件设施方面的精良,亦需要考虑教职员工与学生对环境与工作文化适应的议题,通过持续的教育训练与研讨,不断地优化营运管理模式,以融合成为具备科技整合营运模式的组织文化,进而发挥导入科技整合营运模式的经营管理优势。

**参考文献:**

[1] Henderson, J. C. & Venkatraman, N. Strategic alignment: a framework for strategic information technology management [R]. Cambridge, Massachusetts: Center for Information Systems Research, Massachusetts Institute of Technology, 1989.

[2] Lu, H. K. Toward a Dual-Loop Analytic Model of IT-driven organizational change[C]. Proceedings of the 2nd International Conference on Computer and Management, 2012.

[3] MacDonald, H. Business strategy development alignment and redesign[G]//M. Scott Morton (ed.). *The Corporation of the* 1990s. Oxford: Oxford University Press, 1991.

[4] Rockart, J. F. & Morton, M. S. S. Implications of changes in information technology for corporate strategy[J]. *Interfaces*, 1984, 14(1): 84-95.

[5] 陈茂祥. 台湾大学推广教育现存的问题及未来发展策略之研究[J]. 朝阳学报, 2002(7).

[6] 大前研一. 企业变革期的体质转变[M]. 洪腾岳, 译. 台北: 书泉出版, 1988.

[7] 淡江大学高等教育研究与评鉴中心. 21世纪高等教育的挑战与响应——趋势、课程、治理[M]. 新北: 淡江大学出版中心, 2005.

[8] 黄淑琴, 陈姿君. 租书休闲活动之顾客价值内涵: 区域与性别观点[J]. 管理与系统, 2007, 14(4): 603-621.

[9] 黄振育. 解构ISO 9001:2000标准的理念[J]. 质量月刊, 2001, 37(10): 67-70.

[10] 林南宏, 何幸庭. 顾客价值与顾客关系管理绩效之研究: 来自台湾银行业的顾客观点[J]. 顾客满意学刊, 2009, 5(2): 1-36.

[11] 颜敏仁, 吕新科, 张冠群. 台湾大专院校推广教育质量保证体系之发展与标杆案例分析[C]. 第十三届海峡两岸暨港澳高校继续教育论坛论文集, 2012: 45-53.

[12] 张冠群, 吕新科, 郭建良, 杜佩萦. 台湾推广教育的顾客价值内涵与创新机会初探[C]. 第十二届海峡两岸暨港澳高校继续教育论坛论文集, 2011.

# 运用数字科技提升大学营运与服务之效能

## ——以"中国文化大学"推广教育部为例

台湾"中国文化大学"　吕新科　颜敏仁　郑亦修

【作者简介】

吕新科,男,台湾"中国文化大学"推广教育部执行长,台湾大学信息管理博士,信息管理研究所(在职专班)所长,副教授,主要从事企业架构、IT规划及治理、数字学习、高教与终身学习等研究。

颜敏仁,男,台湾"中国文化大学"推广教育部质量长,国际企业管理研究所副教授,美国西北大学客座学者,台湾实验研究院科技政策研究员,工程科技管理博士,主要从事产业经济与科技政策、国际企业营运管理、继续教育等研究。

郑亦修,男,台湾"中国文化大学"推广教育部教育质量管理处副处长,信息管理学系讲师,主要从事电子商务、网络营销、顾客关系管理、服务业质量管理等研究。

本文为2014年第十五届海峡两岸暨港澳高校继续教育论坛收录论文。

## 一、前　言

全球市场经济的发展,包括高等教育在内的服务贸易的开放,加速了台湾教育产业与全球市场的接轨,更迫使台湾的高教机构慎重地思考如何面对这些挑战、危机或转机。高等教育机构因此逐渐转向由市场力量来主导资源分配的经营体系。事实上,当今高等教育已面临传统文化的法统与产业需求的机能两者间的平衡问题。美国斯坦福大学(Stanford University)提出的"教育产业化"泛指将教育视为市场导向的一种产业,并且以产业经营的方式经营教育机构,以及将教育机构的知识和技术优势直接转化为社会生产力的各种策略。

总体而言,台湾高等教育正面临知识经济时代、学习型组织的发展、高龄化社会趋势、注重精神生活及终身学习的社会文化,这些发展趋势也促使推广教育产业的蓬勃发展。有鉴于此,大学推广教育面对产业化的冲击与挑战,更加关注学校内部效能(internal effectiveness)与市场效能(market effectiveness)。运用"教育产业"的思维重新界定高等教育的经营,势必面对教育资源整合、提高效率与营收及增加社会生产力等管理议题,因而,学校办学之质量效能的确保,逐步成为高等教育落实其办学卓越的核心策略(蔡燕祥,2005)。

为适应市场快速变化与学员需求的提高,学校的行政作业与服务必须随之调整,更需要具备弹性与快速反应能力。除了行政流程电子化之外,还必须对实际服务场域与服务流程进行改造,才能够有效地发挥学校的内部效能,提升市场效能。因此,将数字化校园进一步提升为智慧校园,将校园空间升级为能够符合终身教育多元学习的目的以及提供优质服务的环境,可以作为推广教育强化效能的有效手段。

## 二、文献探讨

### 1. 营运效能

面对高度竞争与变化的终身教育市场,有效利用资源提升内部效能与市场效能,对于学校经营阶层来说是一项重要课题。一般来说,学校有限的教室空间与使用时间是学校营运上非常重视的资源。为了达到资源最有效的利用,必须依赖有效的资源分配。依据资源分配(resource allocation)的概念,在经济活动中,由于资源稀有性(scarcity of resource)的产生,造成可用资源的匮乏与不足。在资源稀有的状况下,如何使既有的资源发挥使用的效率,达成公平、合理的原则,就要注意资源有效分配的问题。一般而言,可以优先级(priorities)或取舍(trade-off)等方式来达成分配效果。另外,为了能让有限的空间资源尽可能得到最大的利用,必须尽可能减少因取消使用而发生闲置的状况,超额订位(overbooking)的概念可以解决此问题。以航空业为例,超额订位是指在某班次之机位需求超过机位容量时,为了避免因为已订位旅客取消订位或起飞时未报到,而造成空位起飞的损失所采取的措施(陈昭宏、张有恒,1999)。亦就是接受比座位容量更多的订位要求,以期与取消订位或起飞时未报到的旅客数目相抵,使运输工具在出发后达到满载,从而提高营收与利润。这就是航空公司采用超额订位的原因。

以大学推广教育来说,课程数量众多且为短周期类型,为了符合成本效益,上课人数必须达到设定的最小开课人数,否则只能停开课程。因此,推广教育课程教室空间时段安排上就不能以一般大学课程概念进行规划。为了能够达到教室空间的最大效能,有限的教室空间与时间安排必须尽可能达到100%的利用率,如同饭店与航空公司针对订房与订位的策略,须采取超额订位与动态资源分配(dynamic resource allocation)的概念进行教室空间的分配。

2.服务效能

顾客价值是消费行为的重要预测变量,并被视为多元竞争下,比顾客满意度更能确保市场占有率的指标;再加上顾客价值能指引企业发展新产品,俨然已成为当代营销的重要议题(黄淑琴、陈姿君,2007)。这样的观点,对于市场走向成熟期、同业竞争增加、顾客选择变多的服务产业而言,亦相当适用。尤其是面对供需双方专业与信息不对称情况逐渐递减的趋势,维系顾客与创造顾客价值的课题就变得更为重要。大前研一(1988)认为:"企业策略的首要目的,不是打败竞争对手,而是提供顾客真正需要的价值。因此,唯有如此,方能与顾客维持长久友好的关系,并从其身上获取更大的利益。"这样的概念,其实对于推广教育亦非常适用。当推广教育的客群与目的改变时,顾客价值的掌握也变得越来越重要。

过往的推广教育主要强调课程师资与内容,希望通过提升顾客知觉度,达到差异化;但是根据张冠群等(2011)针对推广教育顾客价值的分析,除了传统核心服务与顾客满意度导向典范中就很重视的师资、课程内容、教学方式、课堂气氛外,学员的服务与学习环境的管理已经是另一项重要的课题,让学员在上课过程中享受更完整与更有效率的服务,是让学员更能知觉顾客价值的部分。

### 三、"中国文化大学"案例探讨

"中国文化大学"推广教育部(以下简称"文大推广部")于1971年成立,致力于提供社会人士所需要的学位与非关学位的多元学习机会与高质量的培训与教育课程。"中国文化大学"推广教育部近年来的开课数量与培训学员人数逐年攀高,教学及服务的复杂度与难度都大幅增加,维持办学质量与营运效能是文大推广部的首要目标。

从资源基础理论观点(resource-based view)看,信息科技(information technology,IT)的运用在文大推广部推动终身学习业务中扮演着非常重要的角色。卓越的电子化是文大推广部最有力的竞争优势,整个数字化的基础架构,命名为EduRP(education resource planning,学校资源规划)。EduRP是将今日企业界盛行的企业资源规划系统(ERP)观念导入教育产业而成,是大学建置数字校园(digiCampus)的核心概念与技术。文大推广部推动智慧化校园有五项策略性目标:提升校园经验质量、提升组织绩效、强化资源管理、个人信息隐私保障、提高学校竞争力。基于这五项策略目标,文大推广部积极推动数字化校园建置,分三阶段针对数字化校园所需各方面架构进行:①持续构建与更新数字校园基础建设;②数字校园应用建设;③数字校园整合服务建设。

当数字化校园基础建设、应用建设、整合服务建设架构建置完成后,针对使用者设计的使用环境也必须随之进行调整。数字化校园所服务的使用者可以分为两大类,一类为在校提供教学与行政服务的教职员,另一类为在校接受教育的学生与学员。因此,文大推广教育部通过推动数字化校园整合服务,进行空间管理的改造,通过实时服务整合信息系统——Roomis,于教学场域提供融合智能、All-In-One 设计的整合性平台,以降低教室成本及有效管理空间,并解决教学空间安全、管理与质量等难题,降低教学机构成本,并成为塑造一流人才的教学环境的新典范。以下将进一步说明如何利用教室空间管理系统与实时服务整合信息系统——Roomis 达到提升教育服务产业的营运效能与服务质量。

1. 教室空间管理系统

文大推广部认为学校的有限教室空间适用超额订位与动态资源分配的概念进行管理。课程规划单位通过教室管理系统提出空间需求,依据动态资源分配概念,课程规划单位可以指定使用时段,但无法指定教室,而是通过系统规划,在确定报名人数到达开课标准进行开课确认后,再进行教室分配。通过教室空间管理系统可以随时查询教室空间的使用状况,课程规划单位也能掌握可以规划的课程时段,除了减少空间使用冲突之外,也能够动态调整使用教室,以达到最大空间使用效能。

弹性调整使用教室必然会使学员困扰。为了能让学员清楚知道当天课程使用教室状况,相关配套措施则是通过建置完整的数字校园平台,将教室空间管理系统的空间信息实时同步链接至学校入口大厅的电子公告广告牌与每间教室门口所建置的实时服务整合信息系统——Roomis,公告当日教室使用信息,让学员能够在抵达学校时可知道当天课程使用教室,或是可以在任何教室方便地查询教室信息(图 1)。

2. 实时服务整合信息系统——Roomis

文大推广部在课程设计之外,更加强学习环境与设备,并且借由服务蓝图的规划与应用信息科技,通过实时服务整合信息系统——Roomis,让学员来到文大推广部能够有更好的体验,同时也能搜集更多的信息,提升服务质量的绩效。

过去在教室中常发生的设备与环境的问题,例如投影机故障、教室清洁等,往往都需要通过电话或专人至柜台通知状况,再由服务中心通知相关人员到场处理,这样的联系方式会浪费宝贵的上课时间,也会影响学员的满意度。面对此

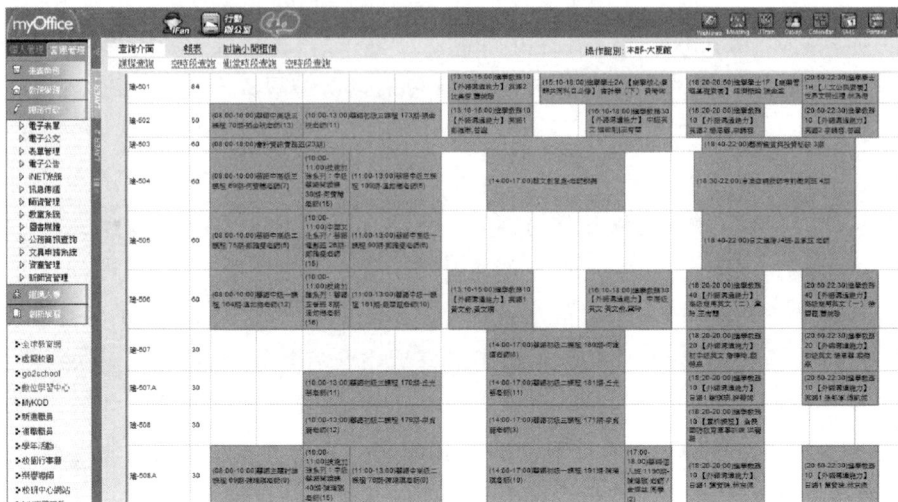

图 1　教室空间管理系统接口

状况，文大推广部的信息团队吸取各服务业的经验，并配合本身的 IT 专业，提出实时服务整合信息系统的构想，将原本已经使用多年的数字化门禁系统，提升为数字化的整合服务接口，成为学员实时服务的重要平台。

　　现在通过在每间教室所安装的实时服务整合信息系统——Roomis，上课过程中发生任何环境与设备的问题，都能通过触控屏幕所提供的结构式菜单，快速将设备、清洁、班导、无障碍等服务需求传递至服务中心的维修人员，并且借由信息系统的记录，顾客的需求与处理能够被有效追踪与检讨改进，可作为顾客满意与顾客价值改进的目标与方向。此外，实时服务整合信息系统——Roomis 也是自我服务的重要接口，感应学生证之后，学生可实时查询上课教室的空间信息，以及网络教学平台的课程信息，不需再通过服务柜台查询，除了可以更快速获得信息，也可减少服务人员的负担，间接提升服务质量。

　　导入实时服务整合信息系统——Roomis 之后，文大推广部通过持续倡导使用方式，让学员能逐渐熟悉并愿意使用，更方便地找到所需要的协助。通过管理上对于服务效率的要求，服务实时到场处理的效率已经能够缩短至五分钟以下，减少了教师与学员的等待时间，也减少了教师与学员的抱怨，由此满意度也获得了提升。同时通过系统的记录，也可呈现服务过程中未达标准的部分，并针对缺失进行检讨与改善，提升服务的效率。整体而言，通过实时服务整合信息系统——Roomis，确实能提高学员对学习服务与学习环境的满意度，提高顾客知觉的价值，除了增加顾客的忠诚度之外，亦有助于学校的办学形象。实时服务整合系统——Roomis 的功能架构见图 2。

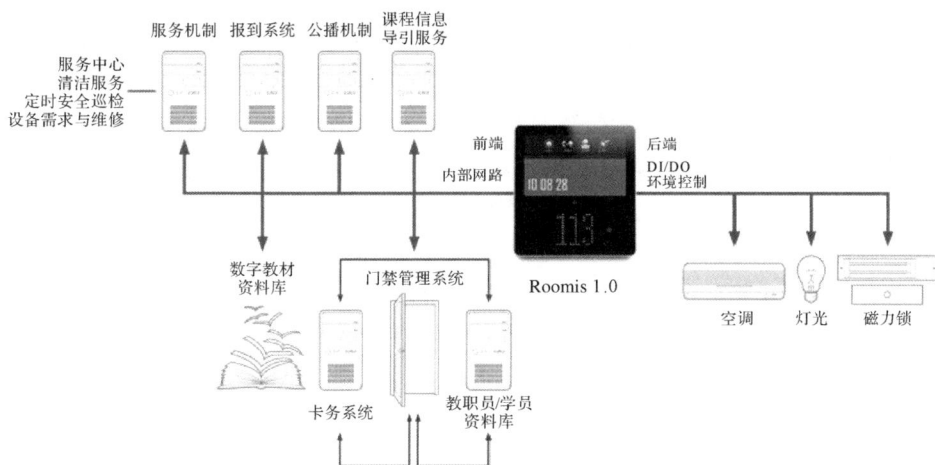

图 2　实时服务整合信息系统——Roomis 功能架构

## 四、结　论

对于致力终身学习教育的大学或训练机构来说,课程与服务是学员最重视的项目。本文以"中国文化大学"推广教育部作为案例,分析其以信息科技为基础,针对快速变化的终身教育学习市场进行跨部门合作,设计学员所需要的学习课程;同时也通过构建完善的 IT 平台,提供学员实时服务整合信息系统,除了提供方便、实时的服务接口,还能翔实记录各教室状况,供后续管理者分析、改善,提高教室使用的完善性。

智慧化校园的运作,能够提升空间效能与服务效能,借由快速反应控制成本支出与提升生产力,维持学校持续发展。更进一步,通过智能化校园的推展,不仅可以提升空间使用效能,更能提高服务质量,也能增进所有学员的满意度。此外,亦可以经由自我服务(self-service)的推展,通过便利的方式,加强学员与学校的互动,如此便可达到内部效能与市场效能同步提升的目的。文大推广部认为,完善的智慧化校园将可以吸引并留住学生,亦可以提升学校品牌,以符合社会的期待。因此,推广教育顾客价值的落实,通过信息系统的建置得以呈现具体成效,期望本案例能为各校办理推广教育提供参考。

**参考文献:**

[1] Burns,T. & Stalker,G. M. Mechanistic and organic systems of management[G]// Richard,D.(ed.) *Introduction to Organizational Behavior: Text and Readings.* Homewood,Illinois: Irwin,Inc.,1980:419-424.

[2] Kurland, N. B. & Bailey, D. E. When workers are here, there, and everywhere: A discussion of the advantages and challenges of telework[J]. *Organizational Dynamics*, 1999, Autumn: 53-68.

[3] 蔡燕祥.教育范式转变——效能保证[M].上海:上海教育出版社,2005.

[4] 陈茂祥.台湾大学推广教育现存的问题及未来发展策略之研究[J].朝阳学报,2002(7).

[5] 陈昭宏,张有恒.航空公司动态营收管理策略模式之研究[J].运输计划季刊,1999,28(4):593-608.

[6] 大前研一.企业变革期的体质转变[M].洪腾岳,译.台北:书泉出版,1988.

[7] 淡江大学高等教育研究与评鉴中心.21世纪高等教育的挑战与响应——趋势、课程、治理[M].新北:淡江大学出版中心,2005.

[8] 黄淑琴,陈姿君.租书休闲活动之顾客价值内涵:区域与性别观点[J].管理与系统,2007,14(4):603-621.

[9] 林南宏,何幸庭.顾客价值与顾客关系管理绩效之研究:来自台湾银行业的顾客观点[J].顾客满意学刊,2009,5(2):1-36.

[10] 刘宗哲.推广教育学员服务质量、服务价值与顾客满意对顾客忠诚之影响[J].管理科学研究,2006,3(2):25-44.

[11] 刘宗哲,林炳文,尚荣安.服务价值与顾客满意对顾客忠诚意愿之影响:以大学继续教育为例[N].中华管理学报,2005,6(3):29-46.

[12] 邱文瑛.服务质量、顾客满意度、顾客价值与行为意向之关联性研究——以大学推广教育机构为例[D].台湾元智大学企业管理学系硕士论文,2009.

[13] 颜敏仁,吕新科,张冠群.台湾大专院校推广教育质量保证体系之发展与标杆案例分析[C].第十三届海峡两岸暨港澳高校继续教育论坛论文集,2012:45-53.

[14] 张冠群,吕新科,郭建良,杜佩紫.台湾推广教育的顾客价值内涵与创新机会初探[C].第十二届海峡两岸暨港澳高校继续教育论坛论文集,2011.

# 后　记

　　《继续教育发展研究：海峡两岸暨港澳高校继续教育论文集》终于付印了。这是海峡两岸继续教育论坛创办 15 周年纪念活动的重要成果，也是所有海峡两岸暨港澳高校继续教育工作者们的共同心愿。文集分"理论与研究""探索与实践""教学与改革"3 册，分别为上册、中册、下册，力求客观反映海峡两岸暨港澳高校继续教育的发展历程、研究水平和办学成果。文集的出版，将对高校继续教育实现新常态下的跨越式转型发展提供理论与实践借鉴，也将为构建终身教育体系，建设学习型社会做出新的贡献！

　　十五载岁月更替，春华秋实，见证了"海峡两岸继续教育论坛"的不断发展壮大。论坛成员从首创的 9 所高校，发展到如今已有 22 所高校成员。论坛坚持创办宗旨，创新发展，树立了引领海峡两岸暨港澳高校继续教育发展的一面旗帜。

　　十五载弦歌不辍，海峡两岸暨港澳高校继续教育的引领者们，积极探索，踏浪前行，在开拓中创新，探索出一条属于自己的发展道路。论坛已经确立的地位、产生的成果和发挥的作用为高校同行所赞誉。

　　十五载薪火相承，海峡两岸暨港澳高校继续教育同人为论坛倾注热情，奉献青春，探索成长，也收获硕果。《继续教育发展研究：海峡两岸暨港澳高校继续教育论文集》经过一年多艰苦的编纂工作，终于付梓。现在，我们用这套凝结了十五载继续教育工作者心血和精华的文集，代替我们驻足回望，共同纪念我们曾经一起奋斗过的流金岁月：

　　2000 年 5 月，来自浙江大学、清华大学、北京大学、香港大学、澳门大学、台湾东吴大学等 9 所高校的继续教育同人，聚首位于美丽的西子湖畔的浙江大学，共同见证了首届"海峡两岸继续教育论坛"的成立！从那一刻开始，海峡两岸暨港澳高校的继续教育工作者们拥有了一个交流经验、共享成果、促进合作、共谋发展的崭新平台。首届论坛通过了"海峡两岸继续教育论坛章程"，以"21 世纪继续教育在社会与经济发展中的作用"为主题，开拓性地迈出了海峡两岸暨港澳高校继续教育论坛交流的第一步。

　　2001—2005 年，在经济全球化及海峡两岸加入 WTO 的形势下，第 2 届至第

5 届论坛围绕"加入 WTO 后继续教育面临的新挑战""推进海峡两岸继续教育合作与发展""共同促进区域经济发展"等主题进行了广泛深入的交流,提出了许多建设性意见和观点。

2005—2008 年,面对以信息化、全球化为特征的 21 世纪知识经济时代的到来,第 6 届至第 9 届论坛就"推进继续教育专业化、特色化、国际化""构建海峡两岸继续教育合作机制与模式"等方面开展了积极有效的探讨,共谋高校继续教育发展策略。

2009—2010 年,为应对全球金融危机和高等教育普及化的影响,第 10 届、第 11 届论坛就"金融危机带给继续教育的机遇和挑战""高等教育普及化下继续教育的理念、发展与改革"等方面,共商高校继续教育大计。

2011—2012 年,当新世纪进入第 2 个十年,随着形势的进一步变化,转型成为继续教育界面临的重大课题。第 12 届、第 13 届论坛聚焦"继续教育的转型重构、健康发展"等主题,做出了前瞻性的战略思考。

2013—2014 年,"特色发展、融合创新、合作共赢"成为论坛新的使命。第 14 届、第 15 届论坛以更宽泛而创新的视野,深入探讨了"终身学习的国际化与特色化""继续教育在学习型社会建设中的融合、创新、发展"等主题,充分展示与分享了构建终身教育体系的积极探索和大胆实践。

2014 年 10 月,在中山大学承办的第 15 届海峡两岸继续教育论坛预备会议上,成员高校提议并商定汇集出版 15 周年论文集事宜。会后,秘书长单位浙江大学积极落实,组织文集出版的相关工作,于 2015 年 3 月完成了历届论坛论文的收集整理,拟定了文集的收录方案及目录,并于 2015 年 4 月在杭州召开了专题会议。会上,成员高校代表就文集出版的细则进行了进一步商讨,明确了论文内容尊重历史、尊重原文的原则,论文数量每所高校每届收录 1~2 篇,当届主办高校可收录 3~4 篇,收录总数累计不超过 20 篇,收录出版以各校授权反馈的结果为准。最后,文集从历届的 400 余篇论文中,收录了具有代表性的论文 186 篇,并根据论文内容分为上、中、下 3 册。文集呈现了海峡两岸暨港澳高校继续教育同人广阔的研究视野和敏锐的思想哲理,既是理论积淀,又是实践深化,凝聚着海峡两岸暨港澳高校继续教育共同的理论研究与实践成果。文集深刻剖析了不同时期高校继续教育的热点、难点问题,凝聚了高校继续教育发展的实践成果和宝贵经验,具有很强的借鉴作用与指导意义。而随文集附上的纪念图册,直观呈现了论坛的发展历程,记录了 15 年来的精彩瞬间,生动展示了成员高校和同行的风采。岁月无声,光影留痕,可谓弥足珍贵。

在文集编录过程中,编委会深切感受到了成员高校与继续教育同行倾注的巨大热情。15 年来,他们见证了我国继续教育事业的发展历程,并为此贡献了青春。正因为有了以他们为代表的众多继续教育工作者们长期以来孜孜不倦的辛劳与努力,海峡两岸暨港澳高校继续教育事业才能继往开来、革故鼎新。在此特别感谢浙江大学张土乔教授,他作为论坛发起人之一,倾力付出,开启了海峡两岸暨港澳高校继续教育人沟通交流、竭诚合作的先河;感谢香港大学杨健明教授,他全程参与了 15 届论坛的工作,身先力行,将香港继续教育的经验成果介绍给内地,为内地同行打开了一扇借鉴境外继续教育办学思路的明窗;感谢清华大学严继昌教授、北京大学李国斌教授、浙江大学朱善安教授、台湾大学汤明哲教授、香港中文大学李仕权教授、香港科技大学陈显邦教授、澳门大学梁文慧教授,他们为论坛的推动与发展及促进海峡两岸暨港澳高校继续教育的交流与合作,倾力付出,无私奉献,做出了卓越贡献;感谢清华大学邓丽曼教授、北京大学侯建军教授、西安交通大学惠世恩教授、复旦大学方晶刚教授、南京大学凌元元教授、台湾大学郭瑞祥教授、台湾东吴大学林炳文教授、香港大学沈雪明教授、香港浸会大学黄志汉教授、澳门大学郑庆云教授,他们在论坛的创新、传承和发展过程中,给予了极大的支持,发挥了重要作用;感谢浙江大学应新法教授和陈小亚教授,他们克服重重困难,从卷帙浩繁的历届论文集中,归纳、筛选出了 3 册文集的初稿,才有了今日的硕果。在文集编录和纪念册图片的收集过程中,得到了香港中文大学陈健清总监、澳门大学梁成安教授、上海交通大学刘路喜教授以及各会员高校联系老师的大力支持与协助,从资料收集、授权到校对,反复斟酌,多有叨扰,感激不尽!

由于时间仓促,加之经验匮乏,文集中难免有诸多疏漏和错误,恳请专家、同行、读者宽容和理解,并给予批评指正。

编 委 会

2015 年 5 月

**图书在版编目(CIP)数据**

继续教育发展研究:海峡两岸暨港澳高校继续教育
论文集:全3册/张宏建主编. —杭州:浙江大学出
版社,2016.10
　　ISBN 978-7-308-16330-9

　　Ⅰ.①继… Ⅱ.①张… Ⅲ.①继续教育－文集 Ⅳ.
①G72-53

　　中国版本图书馆 CIP 数据核字·(2016)第 251222 号

**继续教育发展研究:海峡两岸暨港澳高校继续教育论文集(全3册)**
张宏建　主编

| | |
|---|---|
| 责任编辑 | 张颖琪 |
| 责任校对 | 陈晓璐　陈慧慧　韦　伟　董凌芳 |
| 封面设计 | 项梦怡 |
| 出版发行 | 浙江大学出版社 |
| | （杭州市天目山路 148 号　邮政编码 310007） |
| | （网址:http://www.zjupress.com） |
| 排　　版 | 杭州中大图文设计有限公司 |
| 印　　刷 | 浙江海虹彩色印务有限公司 |
| 开　　本 | 787mm×1092mm　1/16 |
| 印　　张 | 87.25 |
| 字　　数 | 1609 千 |
| 版 印 次 | 2016 年 10 月第 1 版　2016 年 10 月第 1 次印刷 |
| 书　　号 | ISBN 978-7-308-16330-9 |
| 定　　价 | 280.00 元(全 3 册) |